1939년	9월 1일, 제2차 세계대전 발발. 무장 지원병으로 자원하여 104일 동안 군복무를 하다.
1945-1946년	본 대학교에서 여름학기 강연을 하다. 독일에 머물면서 동과 서의 대립을 직접 체험하다.
1948년	암스테르담 세계 교회 협의회 총회에 참가하여 주제 강연을 하다. 『교회교의학』 III/2 출간.
1956년	아들 마르쿠스와 영국 여행을 하다. 변증법적 신학의 변모를 잘 보여주는 아라우 강연을 발표하다.
1959년	『교회교의학』 IV/3 출간.
1960년	8월, 발레 주에서 빌리 그레이엄을 만나다.
1962년	3월, 바젤 대학교에서 고별 강의를 마치고 은퇴 생활에 들다. 미국을 여행하며 여러 대학에서 강연하다.
1964-1965년	몇 차례 병원에 입원해 수술을 받다.
1966년	마지막 로마 여행을 하다.
1967년	『교회교의학』 집필 중단. (미완의) 『교회교의학』 IV/4 출간.
1968년	12월 10일, 82세의 나이로 바젤에서 세상을 떠나다.

복 있는 사람

오직 여호와의 율법을 즐거워하여 그 율법을 주야로 묵상하는 자로다.
저는 시냇가에 심은 나무가 시절을 좇아 과실을 맺으며 그 잎사귀가 마르지 아니함 같으니
그 행사가 다 형통하리로다. (시편 1:2-3)

20세기 신학자 가운데 바르트만큼 국내 신학계와 교회 안에서 오해를 많이 받은 신학자는 없다. 자연 신학을 배격하고 오직 하나님 말씀에 의존하여 철저하게 삼위일체론적인 신학을 하고자 했음에도, 그는 오랫동안 자유주의 신학자로 낙인찍혀 왔다. 내가 암스테르담에서 칸트 철학을 주제로 박사 학위 논문을 쓰던 시절, 매주 금요일 신학부 도서관에 가서 그의 『교회교의학』을 독일어로 읽을 때마다 받은 충격과 감동을 아직도 간직하고 있다. 이 책 부쉬의 『칼 바르트』는 바르트 신학의 변화 과정을 그가 살던 시대와 그의 삶과 관련해서 누구보다도 소상하게 보여준다. 각 부분에서 다루고 있는 내용은 간략하고 논의는 짧으나, 그와 같은 방식으로 저자는 바르트의 삶과 사상에 관해서 거의 빠짐없이 모든 것을 다루되, 자신은 감추고 바르트가 스스로 말하게 한다. 질풍노도와 같은 삶의 체험, 시대의 정치와 문화, 교회가 처한 현실에 대한 관심, 역사와 사상과 문학과 예술을 끝까지 손에서 떼지 않고 읽고 생각하고 대화하는 태도, 강연이나 토론 등을 통한 교회 성도들과 학자들과의 끊임없는 소통, 집필을 위해 해마다 어김없이 실행한 칩거, 그리고 심지어는 논쟁적인 성격까지, 그 모든 것들이 한 신학자를 키워내고 그에게 쉬지 않고 작업할 수 있는 밑거름이 되었음을 우리는 이 전기를 통해 알게 된다. 정치 현실에 그토록 많은 관심을 가졌음에도, 정치 운동이 아니라 9천 페이지가 넘는 『교회교의학』을 통해 인류에 공헌하고자 했던 한 신학자의 삶과 사상을, 이제야 우리말로 읽을 수 있도록 애써 준 역자의 노고와 출판사의 헌신에 감사를 드린다. 신학생이나 목회자뿐만 아니라 일반 성도들도 유익을 얻게 되리라 믿는다. 진심으로 이 책을 추천한다.

강영안 서강대학교 철학과 교수

에버하르트 부쉬가 쓴 『칼 바르트』는 평생을 칼 바르트 연구에 바친 부쉬 교수의 가장 빛나는 저술이다. 칼 바르트를 이해하는 데 더할 나위 없이 귀중하다. 이 책은 바르트의 생애뿐 아니라, 삶 속에서 발전되고 변천된 바르트의 신학도 깊이 연구된 저술이다. 또한 바르트의 신학의 배경이 되는 역사적 경험이나 신학적 갈등, 새로운 시대적 흐름 등이 자세히 연구되어 있고, 그 속에서 바르트의 삶과 신학적 반응과 변화가 깊이 있게 논구된 저술이다. 20세기의 신학을 태동시키고 주도한 바르트는, 신학도뿐만 아니라 모든 그리스도인이 공부하고 알아야 할 20세기 최고의 신학 교부다. 부쉬의 『칼 바르트』는 이 신학 교부를 깊이 있게 이해하도록 우리를 인도하는 매우 귀중한 저술이다. 번역이 쉽지 않음에도 손성현 박사의 헌신적인 노력으로 이 책이 한국어로 출간된 것은 매우 기쁜 일이다. 이 책은 칼 바르트를 깊이 이해하고 20세기 신학의 깊은 세계를 이해하는 데 귀하게 공헌할 것이다.

김명용 장로회신학대학교 총장

칼 바르트는 신학사에서 거대한 산맥을 형성한 신학자이지만 그만큼 오해도 많이 받은 신학자다. 그렇지만 칼 바르트라는 산맥을 넘지 않고서는 현대 신학을 논할 수 없을 정도로, 그의 삶과 신학은 큰 영향을 끼쳐 왔다. 그를 가장 가까이에서 지켜보고 오랫동안 연구해 온 에버하르트 부쉬가 쓴 이 전기가 이렇게 한국어로 번역되어 출판된 것이 참으로 기쁘다. 특히 뛰어난 독일어 번역으로 이름을 알린 손성현 박사의 번역이 이 책을 더욱 빛냈다. 『칼 바르트』가 널리 읽혀, 한국의 신학계는 물론 한국 교회의 성숙한 성장에 도움이 되기를 기원한다.

채수일 한신대학교 총장

에버하르트 부쉬가 쓴 전기 『칼 바르트』는 칼 바르트의 신학을 그가 살았던 시대와 삶과의 연관 속에서 조명해 준 탁월한 책이다. 바르트의 방대한 교회교의학이라는 산맥에서 헤매 보았던 사람이라면, 이 책이 잘 짜여진 지도처럼 훌륭한 안내를 해준다는 것을 알게 될 것이다. 부쉬의 지도를 가지고 바르트의 산맥으로 들어갈 수 있도록 번역해 준 손성현 박사에게 감사의 마음을 전한다.

박종천 감리교신학대학교 총장

한 신학자와 그의 신학을 잘 이해하려면 그의 시대와 문화의 배경을 아는 것이 중요하다. 신학도 성경의 인도를 받아 문화 속에서 형성된다. 양질의 전기(傳記)는 이런 배경을 들추어내면서 독자에게 질문하여 문화를 비판적으로 반추하도록 돕는다. 에버하르트 부쉬의 「칼 바르트」 전기는 이런 요소들을 잘 아우르는 뛰어난 작품이다. 본 전기는 바르트와 다른 문화 속에서 반성적으로 신학하여야 하는 독자들에게 좋은 길잡이가 될 것이다.

유해무 고려신학대학원 교의학 교수

『칼 바르트』는 격렬한 시대의 중심과제를 놓고 씨름했던 칼 바르트의 인생을 가로지르는 사건들과 사상들을 연대기적으로 그리고 있다. 이 전기는 나에게 세 가지 깨달음을 주었다. 첫째로, 선조들이 남긴 신앙 유산을 철저하게 공부하되, 무엇보다 기독교 영성의 맑은 상류에 해당하는 교부들과 그들의 삶을 추동하던 하나님 말씀을 더욱 열심히 공부해야겠다는 생각이 들었다. 둘째, 기독교 신앙의 위대성과 대사회적 영향력, 그리고 신자들의 신앙고백이 갖는 위력을 실감했다. 바르트의 교회투쟁 시절과 본(Bonn) 대학교 시절의 영적 분투는 기독교 신앙이 얼마나 세계변혁적이며 신앙고백이 얼마나 장엄한가를 다시금 깨닫게 한다. 셋째, 신학 공부와 수련의 가치를 잘 모르는 한국의 젊은 그리스도인들이 이 책을 정독해, 시대의 요구에 응답하는 신학적 어젠다를 구축해 주었으면 하는 바람이 간절해진다.

바르트의 생애는 하나님에 대한 흔들림 없는 사랑과 동지들에 대한 굳건한 우정, 그리고 성경말씀과 교부들의 사상에 붙들린 초지일관의 달음박질이었다. 이 전기는 바르트의 비서 샤를로테 폰 키르쉬바움과 관련해 바르트의 연약한 점과 그의 가족이 겪어야 했던 고통스러운 시간들에 대해서도 굳이 부인하지 않는다. 그럼에도 불구하고 이 책을 다 읽고 나면, 아마도 독자들은 자신 안에 폭풍 같은 격정을 안고서도 깊은 호수 같은 평정심으로 신학 저술을 끝없이 감당했던 바르트의 고단한 여정에 정죄보다는 동정심을 갖게 될 것이다. 한글 번역 또한 탁월한데, 독자들이 책의 두께에 주눅 들지 않고 이 책을 읽어, 부디 신학 공부의 즐거움, 목회의 감격, 교회와 예배, 기독교와 사회의 바른 관계를 더욱 깊이 생각하게 되기를 원한다.

김회권 숭실대학교 기독교학과 교수

몇 년 전, 세계적으로 잘 알려진 어느 한국 신학자와 칼 바르트에 대해서 이야기를 나누게 되었다. 그는 바르트의 신학이 사회 문제에 무관심하다며 그를 비판했다. 내가 바르트의 신학이 정치와 얼마나 밀접하게 관련되어 있는지를 설명하자, 그는 깜짝 놀라며 앞으로 바르트의 변증법적 신학을 더 깊이 공부해야겠다고 말했다. 칼 바르트의 신학을 이해하려면 제1차 세계대전의 정치적 맥락과 히틀러 독재정권의 정신사적 배경 등을 깊이 고려해야 한다. 바르트 이전의 서구 개신교 신학은 수 세기 동안 하나님에 관한 인식과 관련하여 인간 이성의 능력을 과대평가했다. 바르트는 스콜라 시대 후반의 유명론자들이 발견한 것, 즉 인간의 인식 능력이 얼마나 유한한 것인지를 제대로 파악했고, 나아가 종교개혁자들의 신학 안에 있는 새로운 출발을 철저하게 고려하여 변증법적 신학, 계시 중심의 신학을 발전시켰다.

칼 바르트의 변증법적 신학을 이해하기 위한 또 하나의 길은 그의 인격과 일생을 보는 길이다. 에버하르트 부쉬는 1965년부터 1968년 바르트가 사망하기까지 바르트의 조교였고, 바르트가 직접 그에게 자신의 전기 집필을 제안했다. 부쉬가 쓴 『칼 바르트』는 칼 바르트의 인격과 삶, 변증법적 신학의 출발과 전개를 일목요연하게 볼 수 있도록 해준다. 이 위대한 전기를 한국어로도 읽을 수 있게 해준 복 있는 사람 출판사와 번역자에게 감사를 드릴 수밖에 없다. 신중하고 면밀하게 작성된 이 한국어판 전기가 많은 관심을 얻기를 바란다!

이말테 루터대학교 신학과 교수

유럽에서 바르트가 어거스틴, 칼빈 이후에 출현한 '20세기 개혁 신학자'로 분류되고 있을 때, 한국에서 '바르티안'(Barthian)은 불온한 좌경 신학의 대명사처럼 소개되었다. 유럽에서 바르트의 『로마서 주석』이 "자유주의 신학자들의 놀이터에 떨어진 폭탄"으로 평가되고, 19세기 자유주의 신학에 종지부를 찍고 "개신교 신학의 코페르니쿠스적 전환"을 가져온 기념비적인 저작으로 소개될 때, 북미 개혁 신학의 대변자 코르넬리우스 반 틸은 바르트에게 자유주의 신학 혹은 이단자라는 딱지를 붙여 버렸다. 한국 보수 신학계가 말하는 '그 바르트'는 반 틸의 시각을 투영한 단골 레퍼토리이거나 재반영인 셈이다. 바르트는 신학적으로 공헌을 남겼지만, 분명 비평될 부분도 있다. 어쨌든 이제는 바르트 신학을 연구하는 학자에게 신학적 순교를 강요하는 불행하고도 시대착오적인 발상은 걷어 내야 한다. 뒤늦은 감은 있지만, 바르트의 제자이자 독일 개혁파 교의학자인 에버하르트 부쉬에 의해 쓰인 이 책은 바르트를 알고자 하는 모든 이들이 가장 먼저 읽어야 할 책이다.

김동춘 국제신학원대학교 조직신학 교수

우리 시대는 두 개의 신학에 정통한 박사를 필요로 한다. 바로 개신교 신학과 가톨릭 신학이다. 금세기에 이 둘을 모범적으로 섭렵한 사람이 하나 있으니, 그가 바로 칼 바르트다. 그는 복음을 바탕 삼아 가톨릭 교회를 날카롭게 공격해 왔다. 그야말로 우리가 아는 가장 탁월한 프로테스탄트 신학자다. 칼 바르트는 복음에 바탕을 둔 신학자로서 가톨릭 교회에 심오한 영향을 끼쳤다. 물론 그것은 간접적이지만, 매우 구체적인 영향이었다. 따라서 그는 제2차 바티칸 공의회가 이룬 교회갱신의 정신적 아버지라 해도 과언은 아닐 것이다. 그는 오늘날 우리 모두의 신앙의 산 증인이라 하여도 손색이 없다. 그는 죄인이 오직 믿음으로 의롭다 함을 받는다는 450년 전 종교개혁의 위대한 신앙을 그 누구보다 명료하게 가르쳐 줄 수 있다.

한스 큉

칼 바르트는 이제껏 내가 만나 본 적 없던 신학자였다. 그는 나에게, 단순히 하나님에 대해 말하는 것이 아니라 진정한 하나님에 대해서 알고 싶게 해준 신학자였다. 그의 책은 나의 얼어붙은 내면을 깨뜨리는 도끼와도 같았다. 그는 증인이었다. 그는 그리스도인의 살아 있고 풍성한 삶, 성경의 서술과 복음의 기쁜 소식에 대해 주목하고자 했다. 바르트는 "올바르게 만드는" 데 무관심하지 않았지만, "삶을 살게 하는" 데 자신의 온 열정을 다하는 사람이었다.

유진 피터슨

『칼 바르트』는 바르트의 생애와 작품을 학문적으로 연구하려는 모든 이에게 없어서는 안 되는 중요한 자료다. 이 책이 지닌 의미는 아무리 높게 평가해도 지나치지 않다. 이 책의 자료들은 최대한 공정하게 선별된 것이므로, 누구든 이 책을 읽은 후에는 이렇게 혹은 저렇게 가공된 칼 바르트의 모습에 빠져드는 일이 없을 것이다.

에버하르트 윰엘

칼 바르트는 그의 책보다 훨씬 뛰어나다! 그는 상당히 개방적이고, 어떤 반론이라도 수용할 준비가 되어 있는 사람인 동시에, 핵심에 철저히 집중하고, 그 핵심을 향해 격정적으로 파고드는 사람이다.

디트리히 본회퍼

칼 바르트는 그저 학문만을 가르치는 사람이 아니었다. 그는 한 사람의 선교사, 주일 학교 교사, 그리고 대중적인 연설가였다. 그는 수많은 활동들을 통해, 우리에게 유일한 희망이 되신 하나님을 증언하는 아름다운 책들을 남겼다.

스탠리 하우어워스

바르트는 당대 문화에 편승하려는 타협적인 종교에 대해 선을 그으며, 신앙의 이름을 가진 '종교'를 강력하게 비판했다. 국가사회주의가 그림자를 드리우는 시대에 바르트가 제기한 대담한 도전은, 여러 세대에 걸쳐 구약성경을 신학적으로 이해하는 모범이 되고 있다.

월터 브루그만

나는 칼 바르트의 삶이 이토록 생생하게 묘사된 것을 크게 기뻐하면서 이 탁월한 전기를 읽었다.

구스타프 하이네만

부쉬의 저작 『칼 바르트』는 칼 바르트의 출판된 저작은 물론 그의 편지와 메모들을 통해, 20세기의 거대한 전환점 속에 살았던 진지한 신학생들이라면 모두 주목할 만한 한 사람의 이야기를 하고 있다. 그는 의심의 여지없이 신학사의 위대한 거인들 가운데 한 사람이다.

『크리스채너티 투데이』(Christianity Today)

이 책의 정밀함은 지금까지 나온 바르트 전기를 압도한다. 게다가 바르트가 직접 남긴 자료들이 추가되었고, 바르트 가족도 이 책의 완성도를 높이는 데 도움을 주었다.

『개신교 논평』(Evangelische Kommentare)

칼 바르트는 그가 살았던 시대 속의 사람이었다. 그러나 그는 천부적인 재능을 가지고 있었고, 많은 사람들보다 좀 더 많은 것을 볼 수 있었으며, 하나님과 인간을 바라보는 새로운 통찰력을 제공해 주었다.

『타임스』(The Times)

에버하르트 부쉬의 『칼 바르트』는 칼 바르트의 인생과 그 신학자의 자기 성찰에 대해 그 어떤 책보다도 많은 자료를 담고 있다.

『새로운 취리히 신문』(Neue Zürcher Zeitung)

칼바르트

Eberhard Busch

Karl Barths Lebenslauf

Nach seinen Briefen und autobiografischen Texten

20세기 신학의 교부, 시대 위에 우뚝 솟은 신학자

칼 바르트

에버하르트 부쉬 지음 / 손성현 옮김

복 있는 사람

칼 바르트

2014년 1월 29일 초판 1쇄 발행
2021년 8월 20일 초판 4쇄 발행

지은이 에버하르트 부쉬
옮긴이 손성현
펴낸이 박종현

㈜ 복 있는 사람
주소 서울특별시 마포구 연남동 246-21(성미산로23길 26-6)
전화 02-723-7183, 7734(영업·마케팅) 팩스 02-723-7184
이메일 hismessage@naver.com
등록 1998년 1월 19일 제1-2280호

ISBN 978-89-6360-128-1 03230

이 도서의 국립중앙도서관 출판시도서목록(CIP)은
서지정보유통지원시스템 홈페이지(http://seoji.nl.go.kr)와 국가자료공동목록시스템(http://www.nl.go.kr/kolisnet)에서 이용하실 수 있습니다. (CIP 제어번호: 2014001671)

차례

일러두기

1. 노래, 강연 및 설교 제목은 ' '로, 시, 논문, 소책자, 신문, 오페라와 미술 작품은 「 」로, 잡지 및 단행본은 『 』로 표시했다.

2. 한글 및 외래어 표기는 국립국어원의 한글맞춤법과 외래어표기법을 따랐으며, 인명·지명의 경우 표기법을 준수하되 원 발음을 고려하여 표기했다. (예. 빌헬름 아돌프 비서트 후프트→빌름 아돌프 피스르트 호프트)

한국의 독자들에게

『칼 바르트』가 한국어로 번역·출간된다니 저에게는 큰 기쁨입니다. 저
는 바젤의 신학자 칼 바르트의 생애 마지막 몇 년을 그분의 조교로 일했
던 터라, 그분이 돌아가신 뒤 상당히 빠른 시간 안에 이 책을 쓸 수 있었
습니다. 그분이 남긴 텍스트나 문건은 모조리 섭렵한 상태였지요. 이 책
이 그다지 얇은 것은 아니지만, 제 스승의 두툼한 『교회교의학』 시리즈만
큼 광범위한 것은 아닙니다. 그 책이야말로 그분의 생각과 의도가 그대
로 드러난 1차 문헌이지요. 저의 책은 그 문헌을 이해하는 데 도움을 주
려는 것뿐입니다. 칼 바르트는 중요한 그리스도교 신학자 가운데 한 사
람으로서 일단은 철저하게 자기 시대를 향해 발언한 사람이었지만, 그의
말은 우리 시대에도 계속해서 새롭게 다가오고 있습니다. 그는 유럽인
이었고, 스위스 사람으로서 15년간 독일의 대학교에서 학생들을 가르쳤
습니다. (그러다가 나치스 시대에는 그의 꼿꼿한 태도 때문에 그곳에서 추방되었지
요.) 그러나 그가 자신의 삶의 여정에서 보여준 사유와 실천은 한국에 있

는 사람들에게도 분명 큰 교훈이 될 것이며, 앞으로 나아갈 수 있는 길을 제시할 것입니다.

바르트에게 신학의 사유란 심사숙고를 의미합니다. 바르트의 견해에 비추어 볼 때 이것은, 신학도 예수 그리스도의 뒤를 따르는 여러 가지 형태 가운데 하나라는 것을 의미합니다. 바르트는 이것이야말로 정말 중요한 문제라는 것을 생애 여정 가운데 서서히 배워야 했습니다. 그리고 실제로 그것을 **배웠습니다**. 바로 그렇기 때문에 그가 깨달은 것이 있는데, 그 배움이란 것이 중간에 그칠 수 없다는 사실, 끊임없이 나아가야 한다는 사실이었지요. 그렇습니다! 바르트는 매일매일 새롭게 자기가 그리스도교 신학자로 살아가고 있다는 사실에 감사했습니다. 그는 마지막 학기 강의 중에 이런 말을 했습니다. "신학에서 계속 앞으로 나아간다는 것은 처음부터 다시 시작하는 것을 의미한다." 그러나 이 시작은 우리가 하는 것이 아니라, 하나님께서 우리와 더불어 하시는 것입니다. 그러므로 그분에게, 그분의 말씀에 귀 기울이는 것은 아무리 해도 지나치지 않습니다. 그리고 그 말씀을 제대로 듣기 위해서는 다른 사람들과 함께 들어야 하며, 그 말씀을 아직 모르는 사람들을 초대하여 그것을 들을 수 있도록 해야 합니다. 바르트의 신학은 하나님의 말씀이 공적인 삶, 정치적 삶의 영역에서도 우리에게 참된 길을 제시한다는 것을 확실하게 보여주었기 때문에 많은 관심을 불러일으켰습니다. 그러나 바르트는 사람들이 듣고, 말하고, 행동하고자 하는 바를 무조건 좋다고 인정해 주지는 않았습니다. 오히려 그것과 정반대되는 말을 할 때가 많았지요. 그래서 많은 반대에 부딪히기도 했던 것입니다.

저는 최근에 괴팅겐 근교의 전철에서 열심히 성경을 읽고 있는 한국인 한 분을 만났습니다. 여기 독일에서는 찾아보기 힘든 광경이지요. 이

곳 사람들의 틈바구니에서 그렇게 성경을 읽고 있는 모습이 마치 고요한 선교와도 같았습니다. 그때 저는 1968년 가을, 바르트가 마지막으로 썼던 글 가운데 하나, 아시아의 어느 그리스도인에게 쓴 편지의 한 대목을 떠올렸습니다. "우리 모두는—당신네나 우리나—**하나**의 영, **하나**의 주님, **하나**의 하나님을 믿고, 신뢰하고, 따라야 합니다. 그러므로 우리 모두는 철저하게 똑같은 것을 선포하고, 증언해야 합니다. 그것은 결국 하나의 사건, 곧 '높은 곳에서는 하나님께 영광, 땅에서는 평화!'(눅 2:14) 그 둘이 동시에 진리가 되는 하나의 사건을 선포하고 증언하는 것입니다." 그러나 "여러분은 이 똑같은 것을 그곳에서 완전히 다르게, 아니 거기서 한 걸음 더 나아가, 우리 유럽의 그리스도인들이 하는 것보다 더 잘 선포하고 증언할 수도 있어야 할 것입니다." 저는 칼 바르트의 이 말을 한국의 그리스도인들에게도 그대로 전해 드리고 싶습니다.

『칼 바르트』를 번역하느라 수고한 손성현 박사에게 감사합니다. 이 책을 출간하여 널리 알리고자 계획하고 있는 '복 있는 사람' 출판사에도 감사의 마음을 전합니다. 또한 고요히 이 책의 독자인 여러분을 떠올립니다. 그리고 칼 바르트라는 그리스도인, 칼 바르트라는 한 사람을 만나는 것이 여러분에게 도움이 되기를 바랍니다.

2013년 가을, 괴팅겐에서
에버하르트 부쉬

옮긴이의 글

칼 바르트, 우리의 가슴을 뛰게 하는 신학자

이 책은 20세기 신학의 교부 칼 바르트의 마지막 조교(1965-1968)였던 에버하르트 부쉬가 위대한 스승의 편지와 회고록을 기초로 재구성한 '칼 바르트 전기'다. 젊은 제자는 스승의 마지막 나날을 고스란히 함께했을 뿐만 아니라, 스승의 죽음 이후에는 목회 활동을 하면서도 놀라운 집중력과 열정으로 스승의 글을 부지런히 모으고 읽고 갈무리하여 엄청난 분량의 전기를 완성해 냈다(1975). 그가 삼십대 중반의 나이에 완성한 이 역작은 바르트 (생애) 연구에서 독보적인 지위를 차지하게 되었다. 이 책은 "바르트의 생애와 작품을 학문적으로 연구하려는 모든 이에게 없어서는 안 되는 중요한 자료이며, 이 책이 지닌 의미는 아무리 높게 평가해도 지나치지 않다"(에버하르트 융엘). 모름지기 20세기의 신학을 연구하려는 사람은 칼 바르트를 지나쳐 갈 수 없다고 한다면, 이제 칼 바르트를 연구하려는 사람은 이 책을 그냥 지나쳐 갈 수 없다고 말할 수 있을 것이다.

여기서 제자는 자기의 목소리를 최대한 아끼면서 스승의 목소리, 최대한 스승의 목소리로 지면을 채웠다. 이 제자/저자가 스스로 고백하듯이 이 책은 바르트의 풍성하고 다채로운 글·말 조각을 한데 모아 만들어 낸 "거대한 모자이크"인 것이다. 훌륭한 모자이크 작품을 대할 때면 언제나 그러하듯이, 이 모자이크도 가까이서 보면 그 정교함에 놀라고 멀리서 보면 그 조화로움에 감탄하게 된다. 그리고 그 와중에 인간 바르트가 거부할 수 없는 강렬한 이미지로 성큼 다가온다. 길고 난해한 문장 뒤에 숨어 있는, 감히 범접할 수 없는 신학자 바르트가 아니라 언제라도 우리와 대화하면서 자기 안의 고민과 절망, 기쁨과 희망을 진솔하게 털어놓는 소탈한 신학자 바르트의 모습이 독자들에게 확연하게 부각되는 것이다.

이 책이 소개하는 바르트의 발언이 더욱 생생하고 친근하게 느껴지는 것은 그 가운데 상당수가 원래 편지로 쓰인 글이라는 사실과 무관하지 않다. 바르트에게 편지는 자신의 생각과 느낌과 의지를 가장 인간적으로 드러내는 사적인 영역이면서, 동시에 다양한 사람들과의 적극적인 소통과 공감과 연대를 도모하는 공적인 영역이기도 했다. 그 부지런한 편지쓰기를 통해서 촘촘한 우정의 그물망이 형성되었다. 에버하르트 부쉬의 바르트 전기는 그 우정이 바르트의 삶과 사상에서 얼마나 결정적인 역할을 했는지를 차분히 그려 낸다. 하여, 오늘 우리가 '바르트의 신학'이라고 부르는 20세기의 위대한 유산은 칼 바르트라는 한 사람의 천재 신학자가 일구어 낸 개인적인 성취라기보다는, 바르트의 삶이 친구들의 삶과 긴밀하게 맞물리는 과정에서 일어난 신학적 사건이라는 자각이 가능해진다. 오랜 친구 에두아르트 투르나이젠, 샤를로테 폰 키르쉬바움을 비롯하여 수많은 친구들과의 만남이 없었다면 바르트의 신학도 없었을 것이라는 추측이 가능해진다. 아니, 바르트는 바로 그런 만남 하나하나의 가치를 제대로 알아보고 상대방을 극진하게 받아들여 더 바르트다워진 것이라고 믿게 된다. 그런 맥락에서 이 책은 극도로 생산적인 대화적 삶에 대한 깊은 동경을 자극할 것이다. 이 책을 읽게 될 신학생, 신학자, 목회자, 신앙인을 그런 삶으로 초대할 것이다.

그런데 다른 한편으로는 바르트의 생애 여정 답사야말로 그 우정, 곧 인간적인 우정이 얼마나 유동적인 것인지를 생생하게 보여주는 사례라고 할 수 있다. 한때 뜨거운 열정으로 하나가 되었던 관계가 서서히, 혹은 급작스레 냉담한 관계로 변해 가는 아픔은 인간 바르트의 마음을 어둡게 한다. 그런가 하면, 맹렬하게 달려들어 공격하던 정신적 맞수와의 관계가 조금씩 존경과 인정의 관계로 은은하게 빛을 발하기도 한다. 그렇지만 결국 바르트는 그 시대와 사상의 흐름 속에서 마주친 수많은 관계의 산물로 환원될 수 없다. 바르트를 가장 바르트답게 만든 더 핵심적인 관계를 부단히 주시하는 것, 바르트의 삶과 사상에 육중한 무게를 부여하고 있는 그 관계를 되짚어 보는 것, 바로 그것이 이 책을 읽는 이들이 놓쳐서는 안 될 포인트다. (비록 그것이 본문에서는 주로 한 포인트 작은 글씨로 소개되어 있다 하더라도, 비록 그것이 바르트의 복잡하고 난해한 "학문적 저술"에서 발췌된 것이라고 할지라도 말이다.) 그것은 모든 관계의 유래(由來)와 미래(未來)가 되는 근원적인 사귐, 곧 영원히 풍성하신 하나님과 인간의 친교에 대한 끈질긴 천착의 흔적이다. 그 "푯대"에 대한 바르트의 강렬한 직관과 통찰, 스위스의 산과 계곡처럼 장쾌하고 심원한 사유, 박력 넘치는 글쓰기, 유쾌함을 넘어 아예 짓궂기까지 한 유머, 어떤 강력한 힘 앞에서도 물러서지 않는 대담한 말과 행동! 과연 그것은 누군가의 가슴을 뛰게 하는 것이다.

이 전기를 읽으며 가슴이 뛰는 사람은 자기 안에 '칼 바르트'를 간직한 사람이다. 어딘가 한 구석에는 바로 그 사람처럼 읽고 감탄하고 쓰고 대화하고 믿고 실천하려는 열망이 살아 있는 사람이다. 어쩌면 그에게는 칼 바르트의 이력 혹은 생애 여정Lebenslauf이 선두 주자의 바통처럼 느껴질 수도 있는 노릇이다. 바르트가 전력 질주해 온 평생의 경주Lebens-Lauf를 이제는 내가 어떤 식으로든 이어받아야 한다고 느끼는 것이다. 저기 바르트가 바통을 내밀고 바로 나를 향해 달려온다. 팽팽한 긴장감으로 가슴이 뛰지 않을 수 없다.

적어도 나는 그렇게 읽으면서, 이 책을 번역했다. 그 덕분에 이렇게 가슴 뛰게 만드는 바르트를 만나게 되었으니, 나의 만류에도 불구하고 여러 번 이 책의 번역을 종용해 주시고, 이렇게 영예로운 과제를 맡겨 주신 '복 있는 사람'의 박종현 대표님께 고개 숙여 감사를 드린다. 나보다 앞서, 나와는 비교할 수 없는 열정으로 그의 바통을 이어받아 한국 교회와 신학을 위해 각자의 자리에서 전력 질주하고 계시는 바르트 연구자들에게 감사를 드린다. 특히 번역 원고를 한 장 한 장 꼼꼼히 읽고 격려해 주신 이신건 교수님, 강영안 교수님, 이말테 교수님, 이윤석 목사님께 감사를 드린다. 끝으로, 내가 이 책의 번역에 매진하던 기간 내내 가장 든든한 정신적 버팀목이셨던 두 분, 번역가 안인희 선생님과 청파교회 김기석 목사님께, 그동안 고이 간직해 온 감사의 마음을 표하고 싶다. 두 분이 없었다면 이 번역도 나오지 않았을 것이라는 나의 고백은 그저 상투적인 표현이 아니다. 내게 안인희 선생님이 안 계셨으면 번역을 하지 않았을 테고, 김기석 목사님이 계시지 않았다면 신학을 하지 않았을 테니 말이다. 게다가 나는 안 선생님을 통해, 칼 바르트의 글과 삶에 의미심장한 영향을 끼친 프리드리히 실러, 야콥 부르크하르트를 만나지 않았던가. 김 목사님의 설교와 목회와 삶을 통해 내가 만난 것은 때로는 프리드리히 슐라이어마허, 때로는 칼 바르트 아니었던가. 길지 않은 인생에서 좋은 스승을 만나는 것은 인생의 모든 것이 아닌가, 싶을 때가 많다. 에버하르트 부쉬도 그럴 것이다.

2013년 10월, 인왕산 기슭에서

손성현

감수의 글

현대 신학의 위대한 스승 칼 바르트의 전기가 드디어 우리나라에서도 출판되어 나온다니, 바르트를 연구하는 한 사람으로서 진심으로 축하하며, 독자들과 함께 이 큰 기쁨을 나누고 싶다. 필자는 독일 서점에서 이 책을 처음 발견했을 때, 큰 보물이라도 발견한 듯이 무척 기뻤다. 1975년에 처음 출판된 책을 10년이 지난 후에야 비로소 읽게 되었는데, 어려운 문장을 해독하느라 끙끙대면서도 끝까지 읽었던 기억이 떠오른다. 이 책을 읽기 전만 해도 나는 바르트의 신학이 단지 그의 탁월한 사고력과 위대한 상상력에서만 나오는 줄로 착각했다. 우리의 스승들도 대개 바르트를 그렇게 소개한 듯하다. 그러나 이 책을 읽어 나가면서, 바르트의 신학이 그가 살았던 시대의 고민과 얼마나 밀접하게 연결되어 있었는지 비로소 생생하게 깨닫게 되었다.

이 좋은 책을 내 손으로 꼭 번역하고 싶다는 꿈을 품고 고국으로 돌아왔지만, 나의 꿈은 여러 가지 장애물 때문에 전혀 실현되지 못하고 있

었다. 비록 늦었지만, 이제 손성현 박사가 그 꿈을 대신 이루어 주니 참
으로 감사하고 감격스럽다. 바르트의 글도 그렇지만, 그의 전기를 쓴 부
쉬의 글도 결코 해독하기에 쉽지 않다. 두꺼운 부피와 난해한 내용이라
는 장벽을 하나하나씩 돌파하며, 번역의 산고 끝에 예쁘고 튼실한 옥동
자를 출산한 역자에게 진심으로 감사하며, 부족한 필자가 조금이라도 도
움을 줄 수 있어서 매우 기쁘다. 바르트와 부쉬와 손성현, 이 세 사람의
신명난 어울림을 통해 울려 나오는 바르트 신학의 위대한 심포니를 이제
라도 생생하게 들을 수 있게 된 것은 참으로 한국 신학계의 큰 행운이 아
닐 수 없다.

바르트는 자신과 평생 갈등을 빚었던 에밀 브룬너와의 관계를 "고래
와 코끼리"의 관계로 설명한 적이 있었다. 활동 및 관심 분야가 달랐기
때문에 서로를 만나고 이해하기 어려웠다는 설명으로 존중과 화해의 심
정을 표현하려는 의도였으리라. 바르트가 브룬너를 왜 코끼리에 빗대었
는지는 잘 모르겠지만, 자신을 고래에 빗댄 것은 참으로 적절했다. 잘 알
다시피 고래는 바다에서 덩치가 제일 큰 포유류 동물이고, 고래의 이동
거리와 먹이양은 엄청나다. 이처럼 바르트의 신학도 양적으로는 전무후
무하게 거대하고, 질적으로는 전대미문이라고 부를 정도로 위대하다. 고
래가 파도를 타고 지혜롭게 헤엄칠 뿐만 아니라 종종 거대한 격랑을 일
으키며 주위를 놀라게 하듯이, 바르트의 일생과 신학도 바로 그러하다.
그는 시대와 신학의 가파른 파도 속에서 복음을 힘차게 증언하려고 몸부
림을 쳤고, 그 결과로 신학과 교회, 그리고 세상에도 신선하고 놀라운 충
격을 안겨 주었다.

우리는 그가 남긴 신학적 충격을 아직도 제대로 소화하지 못하고 있
으며, 그가 만든 파도를 완전히 벗어나지 못하고 있다고 정직하게 말해

야 한다. 많은 사람들이 오래전부터 바르트의 신학을 낡은 것으로 치부해 버리고, 마치 그것을 완전히 극복한 듯이 치기를 부리는 모습을 본다. 하지만 그들이 바르트가 던졌던 진지한 신학적 고민을 바르트처럼 그렇게 지혜롭게 풀어 나가고 있는지, 그리고 바르트가 해결하지 못하고 남겨 두었던 새로운 문제를 바르트처럼 그렇게 창조적으로 해결하고 있는지는 여전히 의심스럽다. 우리는 바르트로부터 아직도 많은 것을 빚지고 있다. 아니 상당히 오랜 기간 동안 우리는 그로부터 많은 것을 배워야 할 것이고, 그의 고민과 대답을 놓고 여전히 창조적으로 논의해야 할 것이다. 이런 점에서 바르트 전기의 출판은 바르트 신학의 이해와 새로운 출발의 신호탄이 되리라 확신한다.

감사하고 다행하게도 번역자의 유려한 번역과 맛깔난 문장, 그리고 필자의 세심한 감수로 이 책은 다른 번역 책들과는 달리 독자들에게 매우 편안하게, 그리고 바라건대 매우 흥미롭게 다가갈 것이라 확신한다. 이 책을 읽기 전에는 바르트를 다시는 이러쿵저러쿵 가볍게 논하지 말기를 바란다. 이 책을 통해 새로운 깨달음과 영감을 얻고, 힘겨운 탄식의 자리를 박차고 다시금 높이 비상하기를 진심으로 바란다. 신학의 바다에서 갈팡질팡하는 신학생들과 신학자들에게만 이런 부탁을 드리는 것이 아니다. 점점 더 척박해지는 삶의 현장에서 치열하게 고민하며 교회와 세상을 섬기는 많은 분들에게도 일독을 권한다.

자, 우리도 한번 떠나 보자, 신학의 망망한 대해로! 우리를 기다리고 있는 멋진 고래 한 마리를 잡으러 가자! 결코 후회하지 않으리라!

2013년 12월, 부천 성지산 아래

이신건(서울신학대학교 신학과 교수)

서문

1909년 9월 26일, 종교개혁자 칼뱅의 도시로 유명한 제네바에서, 스물세 살의 칼 바르트는 수련목회자로서 첫 회중 앞에서 첫 설교를 하기 위해 설교단에 섰다. 그가 심사숙고 끝에 고른 그날의 본문은 빌립보서의 말씀이었다. "내가 이미 얻었다 함도 아니요……오직 내가 그리스도 예수께 잡힌 바 된 그것을 잡으려고 달려가노라"(빌 3:12). 당시 그는 이렇게 말했다. "우리 신학자들에게는 우리의 특별한 직업 안에서 모든 말과 행동을 언제나 하나의 시작으로 보는 것……그 완성이란 오로지 부단히 목표를 지향하는 것밖에는 없는 시작으로 보는 것"이 중요하다고. 그러므로 "목사를 위한, 교회 공동체를 위한 최초이자 최종적인 암구호는……이것뿐이다. 목표를 시야에서 놓치지 말라! 우리의 시작, 우리의 목표는 오직 그리스도다."

이 말은 그때부터 펼쳐질 그의 생애, 진지한 고민과 왕성한 활동이 조화를 이룬 생애를 암시하는 좌우명 같은 것이었다. 목사로서 설교하고 가르치고, 신학교에서 강의하고 수업을 이끌고, 수많은 책과 논문을 써내고, 여러 가지 형태의 저항에 개입하고, 명예의 표창을 수여받고, 자펜빌의 '빨갱이 목사'였다가 '로마서' 주석으로 새 시대의 나팔소리를 울리고, 1920년대 '변증법적 신학'에서 얼마 후에는 '유비(類比)로 전환'하고, 본에서는 교회투쟁에 앞장서다가 바젤에서는 『교회교의학』을 집필하게 될 바르트. 그러나 제네바의 젊은 바르트에게는 아직 모든 것이 미래의 일이었다. 당시 바르트는 여전히 자유주의 신학의 대변자였다. 하지만 바로 그곳에서 새로운 길을 걷게 된다. 길고도 우여곡절이 많은, 그런데도 이상하게도 반듯한 길, 자꾸만 앞으로 또 앞으로 나가게 되는 길이었다. 그때그때 새로운 깨달음과 만나게 되는 길, 마침내 "팔을 앞으로 뻗은 목표"를 향해 나아가는 길이었다. 칼 바르트가 걸어간 길에 뭔가 특별한 것이 있었다면, 그것은 누가 뭐래도 그의 부단한 길 떠남, 목표를 향한 평생의 '달음박질'(競走)이리라. 한숨을 쉬거나 크게 웃거나, 소리 높여 외치거나 침묵하거나, 인내하며 기다리거나 안절부절 못하거나, 격노에 휩싸이거나 기쁨에 들뜨거나, 배우거나 가르치거나, 신중하거나 경솔하거나, 이렇거나 저렇거나 항상 그 경주를 연습했다. 그 어떤 성취에도 "내가 이미 얻었다"며 만족하지 않았다. 그러나 이렇게 좌충우돌하는 불안한 여정 속에서도 그의 '경주'는 신비로울 정도로 고요한 확신, 그 무엇으로도 흔들리지 않는 확신에 의해 지속되었다. 그것은 "그리스도 예수께 잡힌 바 된" 후의 달음박질이었기 때문이다. 빌립보서에서 바울이 말하고 있는 이 움직임은 사실 모든 그리스도인의 삶 속에 숨겨진 비밀이다. 이 움직임은 칼 바르트의 경우 아주 특별한 방식으로 나타나는 삶의 비밀이었다. 이 책의 원제 '칼 바르트의 생애 여정'Karl Barths Lebenslauf은, 독자들이 이 사람의 본질이라고 할 수 있는 '삶의 **경주**'Lebens-Lauf에 주의를 기울이도록 하려는 의도가 깔려 있다.

또한 이 제목은 아예 처음부터 이 전기를 기술하고 있는 특별한 방식을 암시하는 것이기도 하다. 일반적으로 '생애 여정'Lebenslauf이라는 단어는—이 단어의 심오한 의미와는 별개로—상당히 건조한 의미로 쓰인다. 일반적으로 이 말은 어떤 사람의 일생에서 ("외적으로") 중요한 인적 사항과 데이터를 모아둔 것을 의미한다. 이 책도 그런 의미에서 칼 바르트라는 이름의 한 남자의 삶 속에서 중요하고 특징적인 '인적 사항과 데이터'를 최대한 객관적으로 수집해 놓았다. 그러므로 이 책이 추구하는 것은 아름다운 묘사도 아니고, 어떤 해석이나 평가도 아니다. 이 책의 일차적인 관심은 보도하고 보고하는 것, '객관적 자료'를 열거하는 것이다. 그의 삶이 이러저러했으며, 이런저런 일이 있었다고 나열하는 것이다. 이 책의 관심은 어떤 수채화나 유채화를 그려 내는 것이 아니라 **지도**를 그리는 것이다. 지금까지 나온 그 어떤 지도보다 알찬 '지도'를 손에 들고, 칼 바르트의 삶을 형성한 길, 변화, 작품, 행적, 사상, 만남의 '지형'을 제대로 답사하자는 것이다. 나는 이 지도가 기존의 지도들보다는 어느 정도 자세한 내용을 담고 있다고 확신하지만, 그래도 큰 지도이다 보니 여전히 몇 군데 '미답지'가 없지 않을 것이다.

칼 바르트의 삶을 이런 식으로 서술하게 된 데는 나름의 생각이 있었다. 그것은 이런 식의 진술도 이 신학자의 인품을 이해하는 데, **또한** 그의 작품을 이해하는 데 의미가 있으며 꼭 필요한 것이라는 생각이었다. 나는 실제로 이런 희망을 품고 있다. 그것은 이 전기가—그가 처해 있던 삶의 정황을 좀 더 자세히 드러내는 차원을 넘어서서—그의 신학을 이해하는 데도 도움이 되는 것이다. 칼 바르트가 "일반화에는 위험이 도사리고 있다"Latet periculum in generalibus는 경구를 좋아한 데는 다 이유가 있다. 그의 정치적 발언뿐만 아니라 신학적인 발언도, 나아가 그가 『교회교의학』
에서 말한 것도 어떤 '보편적인' 진리, 무시간적인 진리로 만들어 낸 개념
은 아니었다. 바르트는 ('교회투쟁' 기간 '독일그리스도인연맹'이 선전했던!) '시
대의 계명'에 대해서는 그 누구보다 단호하게 불복종을 외쳤다. 그런데
아주 가끔은 철저히 의도적으로, 어떤 특정한 순간에 특정한 구체적·역
사적 대상을 염두에 두고, 거룩한 말씀에 대한 결연한 복종의 의미에서
자기의 발언을 '빚어내'고자 했던 것도 똑같은 사람, 바로 그 바르트였다.
바르트의 추종자나 비판자나 지금까지는 그 점을 충분히 인지하지 못했
던 것 같다. 그런데 이 책의 서술이 하나의 계기가 되어, 바로 그 점을 사
람들이 조금 더 잘 파악하게 된다면, 그리스도교 교회를 위해 바르트가
이룩한 특별한 성과가 오늘 우리 시대에도 여전히 의미심장하다는 사실
을 깨닫는 데 상당한 도움이 될 것이다.

　이 책은 그런 의도에서 칼 바르트의 '생애 여정'을 (또한 위에서 언급한
일반적인 의미에서) 서술하려고 한다. 그래서 각 장의 분류와 순서도 내용
적 관점이 아니라, 바르트의 삶 가운데 일어난 사건의 **연대기적 순서**를
따랐다. 장이나 단락의 나뉨은 그때그때 바르트의 삶에 나타난 비교적
'외적인' 특징과 (때로는 그저 거주지 이동과) 그대로 겹친다. 바르트 삶의 여
러 단계 중에서 과연 어느 단계가 가장 결정적이고 중요한 단계일까? 이
질문은 벌써 자주 논의되어 온 질문이다. 아마도 그때그때, 질문을 던진
사람의 관심사에 따라서, 또는 그 시대의 정신에 따라서 각기 다른 대답
이 나올 것이다. 어떤 사람은 바르트의 교회투쟁을, 어떤 사람은 1920년
대 변증법적 신학의 '초창기'를, 최근 어떤 사람은 자펜빌 시절 젊은 바르
트의 활동을 그의 생애에 가장 중요한 시기로 생각한다. 또 누가 알겠는
가. 나중에는 어떤 대담한 연구자가 나와서, 지금 막 발견된 '사회주의적

인 바르트'에서 더 거슬러 올라가 '자유주의적인 바르트'가 더 중요하다
고 주장할는지? 어쨌거나, 이 책이 기대하는 열매가 하나 있다면, 그것
은 여태껏 대부분의 바르트 전기에서 유난히 짧게 다뤄진 1936-1945년
과 제2차 세계대전 이후의 시간도 바르트의 생애에서 나름대로 의미 있
는 기간이었다는 것을 확실히 볼 수 있게끔 도와주는 것이다. 물론 나는
그의 생애 여정에서 모든 단계가 (그 나름의 비중을 가지고, 또한 각각의 단계
에서 발견된 각각의 깨달음을 가지고) 긴밀하게 서로 연결되어 있으며, 그의
삶의 독특성은 그 **모든** 단계의 상호 연결과 앞뒤 관계 속에서 나타난다
는 입장이다. 칼 바르트는 자기 인생을 통틀어서 그냥 있는 모습 그대로
의 칼 바르트였다.

　이 책의 서술 방식도 똑같은 의도를 따르고 있다. 그래서 약간은 '다
큐멘터리'의 성격을 띨 것이다. 원래 부제 '그의 편지와 자서전적 텍스트
에 근거하여'Nach seinen Briefen und autobiografischen Texten가 암시하듯이, 『칼 바
르트』는 바르트가 직접 한 말에 많이 기대어 쓴 것이다. 그러므로 저자의
말은 최대한 바르트 자신의 말 뒤로 숨는다. 하여 이 책은 바르트 자신
의 손에서, 혹은 바르트 자신의 입에서 나온 풍성하고 다채로운 말을 거
대한 모자이크처럼 한데 모아놓은 것이며, 저자의 말은 그저 설명을 위
한 보조 텍스트 혹은 '이어 주는 말'에 불과하다. 2차 문헌은 아주 예외적
인 경우에만 첨부되었다. 그런 의미에서 이 전기는 상당히 주관적인 것
이다. 왜냐하면 이 전기가 주로 바르트의 견해, 곧 이 세상에 대한 견해
와 자기의 모습에 대한 견해를 제시하고 있기 때문이다. 그가 자기 자신
에 대해 언급한 것을 이해하기 위해 한 가지 유념해 두어야 할 것이 있
다. 그것은 바르트가 자기의 길에 대해서는 뚜렷한 확신을 가진 사람이
었지만, 그 과정에서 어떤 역할을 맡고 있는 자기의 모습에 대해서는 언

제나 약간은 자조적인 미소를 지으며 이야기하곤 했다는 사실이다. 학문적 관심에서 바르트를 연구하는 사람을 위해 인용구의 출처는 (그것만은!) 후주로 최대한 간략하게 제시했다. 본문은 비전공자도 충분히 읽고 이해할 수 있도록 다듬었다. 사진은 '다큐멘터리'로서의 성격을 부각할 것이다. 대부분의 사진이 비전문가의 '스냅 사진'이라는 점에서도 '다큐멘터리'의 가치를 지닌다.

끝으로 감사해야 할 분들이 있다. 누구보다 칼 바르트의 부인 넬리 바르트에게, 그리고 칼 바르트의 가족들에게 감사드린다. 그들은 내가 그의 '유고'와 다수의 사진을 사용할 수 있도록 해주었고, 많은 격려와 충고로 나에게 큰 도움이 되었다. 지금은 돌아가셨지만, 나에게 아버지와도 같았던 친구 에두아르트 투르나이젠 박사, 그리고 힌리히 슈퇴베잔트 박사께도 감사드린다. 두 분은 각각 자기만의 방식으로 이 책이 만들어지는 과정에서 결코 잊을 수 없는 도움을 주셨다.

1975년 여름, 위르크하임
에버하르트 부쉬

1. 유년기와 청소년기 1886-1904

카를리

아버지의 도시 바젤

칼 바르트는 1886년 5월 10일 바젤에서 태어났다. 월요일 새벽 5시경, 그는 처음으로 이 세상의 빛을 보았다. 그가 태어난 곳은 바젤의 그렐링거슈트라세 42번지에 있는 집이었다. 이름은 큰 외삼촌의 이름을 따라 칼Karl이라 하기로 했다.

아버지의 이름은 요한 프리드리히("프리츠") 바르트였고, 어머니의 이름은 안나 카타리나 바르트(결혼 전 성은 자르토리우스)였다. 그들이 바젤에 와서 살기 시작한 뒤 겨우 한 달이 지났을 때 첫째 아들 칼이 태어났다. 아버지가 새로운 직장에서 일을 시작한 지 정확하게 일주일 만의 일이기도 했다. 아버지는 "전에 아르가우Aargau 주 라이트나우 교회에서 7년간 목사로 재직"한 적이 있었다.[1] 그 교회에서 총각 목사로 5년간 지내던 프리츠는 안나를 만나 인생의 반려자로 삼았다. 그는 일찍부터 교부 연구(테르툴리아누스[Tertullianus]의 바울 해석)로 두각을 나타냈고, 1881년 그

33

에 관한 논문으로 신학석사 학위를 받았다. 그가 1886년 초에 갑자기 바젤 신학원의 교수로 깜짝 초빙된 이유 가운데 하나도 바로 그 논문이었다. W. 아르놀트Arnold라는 목사가 설립하고 운영하던 이 학교는 당시 막 10년의 역사를 뒤로 한 기관으로서 자유주의 신학에 맞서 '성경 말씀만 의지하는' 설교자, 대개는 루터 교회에 속하지 않은 자유 교회의 설교자를 양성하는 학교였다.

이렇게 프리츠와 안나는 바젤에 오게 됐다. 그러나 이 도시가 두 사람에게 아예 낯선 곳은 아니었다. 사실 두 사람은 이곳에서 태어나고 성장했다. 두 사람의 아버지, 그러니까 칼 바르트의 "친할아버지와 외할아버지는 19세기 중반과 후반에 바젤에서 목사로 일하셨다."[2] 원래 바르트 가문의 뿌리는 "아르가우 주의 뮐링겐Müllingen이다. 나의 증조부는 19세기 초반에 그곳을 떠나 소(小)바젤에 오셔서 담배를 거래하는 일을 하셨다."[3] 증조부 사무엘 바르트와 증조모 베로니카 엘리자베트(결혼 전 성은 오토[Otto]) 사이에서 태어난 장남은 프란츠 알베르트(1816-1879)였다. 그는 신학을 공부했고 "바젤에서 토비아스 베크Tobias Beck의 첫 제자들 가운데 한 사람이었으나, 드 베테de Wette의 강의도 열심히 들었으며, 1833년에 독립한 칸톤 바젤란트에 속한 부벤도르프의 목사가 되었다.……1840년에는 스승인 베크 교수의 주례로 사라 로츠Sara Lotz, 1817-1888와 결혼했고, 1852년에는 '고급 자매 학교' 교사가 되었다." 종교와 음악 과목을 가르치는 교사였다! "1861년에는 드디어 바젤의 테오도어 교회에서 당시 용어로 '디아콘'(3차 목사)이 되었다."[4] "그분은 언제나 정확한 관찰과 솔직한 판단으로 모든 조작과 거짓과 과장에 맞서셨다.……그분은 당시 교회의 상황에 탄식을 금치 못하셨는데, 그래도 폭력적인 변화나 재건이 아니라 오직 침묵과 희망만이, 그리고 무엇보다 하나님의 엄중한 경고에

겸허히 귀 기울이는 것만이 도움이 될 거라고 확신하셨다."[5] "레프가세에 있는 목사관에 살 때……저녁이 되어 식구들이 모두 모이면 (맥주도 한 잔씩 마시면서) 악기를 연주하는 시간도 가졌지만, 정치에 관한 이야기를 나눌 때도 자주 있었다." 사실 그들은 비스마르크에 대해서 상당히 호의를 품고 있었다.[6]

"로츠 가문의 따님이셨던 할머니(사라 바르트) 덕분에 나는 소바젤과 각별한 인연을 맺었다."[7] 칼 바르트의 할머니는 비단염색공이면서 조합장, 주(州) 의회 의원이었던 페터 프리드리히 로츠와 호이슬러Heußler 가문의 사라 사이에서 태어난 다섯 번째 자녀였다. 로츠 가문은 "일 잘하고, 사업 수완 좋고, 활기가 넘치다 못해 조금은 와일드한, 그래서 갑자기 화를 버럭 내는 것으로 유명한 가문이어서 '로츠 가문의 분노'라는 말이 아예 관용어처럼 쓰였다."[8] 추측건대 할머니 사라 바르트도 "생기발랄하고 아주 감성적이고 추진력 있는 성격의 소유자였기에, 그런 성격에 동반되는 부정적인 면이 없지는 않았던 것" 같다.[9] "할머니는 또한……아주 신실한 그리스도인이며, 열심히 기도하는 분으로서 이 세상에서 겪는 여러 가지 어려움을 지혜롭게 이겨 내는 분이셨다." 일곱째 아들이자 막내아들인 "우리 아버지와 할머니 사이에는 내면적으로 깊은 유대감 같은 것이 있었다." 하지만 아버지는 할아버지에 대해서도 "언제나 최고의 존경심을 담아" 말씀하셨다.[10]

1856년 10월 25일생인 요한 프리드리히 바르트(1856-1912)는 약간 쇠약한 편이었고, 주위 사람의 돌봄이 필요한 수줍은 사내아이였다. 1871-1874년 바젤 고등학교를 다니는 동안에 프리츠는 평생을 함께할 친구를 만나게 된다. 한 책상을 쓰며 바로 옆자리에 앉아 함께 생활했던 그 친구의 이름은 에두아르트 투르나이젠Eduard Thurneysen이었다. 에두아르트 투르나이젠의 아들도 아버지와 똑같은 이름을 썼는데, 그는 훗날 칼 바르트의 친구가 된다. 프리츠는 그 학교에서 야콥 부르크하르트Jacob Burckhardt, 에밀 카우츠Emil Kautzsch, 프리드리히 니체Friedrich Nietzsche의 강의 를 즐겨 들었다. 그는 나중에도 그 세 사람을 잘 기억하고 있었다. 니체 의 경우는 더욱 각별했다. "개인적으로 니체에 대해서는 그저 존경하는 마음으로 말할 수밖에 없는데, 이것은 내가 고등학교 학생이었을 때 그 가 선생님이셨기 때문이며, 그에게서 조금이라도 해로운 영향을 받은 적 이 없기 때문이다."[11] 프리츠의 형제들 가운데 이미 세 명이 대학교에서 신학을 전공했는데, 요한도 그들처럼 신학을 전공하기로 결심하고 바젤 에서 신학 공부를 시작했으며 (여기서는 특히 니체의 친구인 프란츠 오버베크 [Franz Overbeck]의 강의를 즐겨 들었다) 나중에 라이프치히로 갔다가, 마지 막에는 튀빙겐에서 졸업했다. 그를 라이프치히로 부른 것은 음악이었고, 그를 튀빙겐으로 부른 것은 신학이었다. 거기서 그는 당시 젊은 강사였 던 아돌프 하르낙Adolf von Harnack과 친분을 맺게 되었다. 노교수 토비아스 베크의 모습은 자기에게 지울 수 없는 인상을 남겼다고 직접 고백하기도 했다. "그 옛날 나의 아버지께서는 그분의 첫 강의를 들으셨다는데, 나도 그 존경스러운 분을 그분 인생의 밤 12시에, 그리고 대학생이던 내 인생 의 낮 12시에 만나 아무런 방해도 받지 않고 충분한 교분을 나눌 수 있었 다. 나는 그분에게서 깊고도 깊은 인상을 받았다. 그분은 나에게 그저 한 분의 선생님에 그치지 않고 신앙의 아버지가 되셨다. 그분은 나를 자기 만족적 비판의 메마른 광야에서 이끌어 내어 하나님의 말씀이라는 푸른 초장으로 인도해 주셨다. 내가 신학자이면서도 나의 신앙에 확신을 가 지고 그 신앙을 기뻐할 수 있게 된 것은 그분 덕택이다."[12] 프리츠는 아버 지가 세상을 떠난 후, 그리고 목사 안수를 받은 직후인 1879년 라이트나

우에 부임했다. 그곳 사람들은 그의 진지한 설교, 진리를 향한 용기, 겸
손한 품성을 오랫동안 잊을 수 없었다.

라이트나우에서 프리츠의 아내가 된 안나 자르토리우스(1863-1938)
도 바젤 출신이었다. 안나의 할아버지는 "19세기 초반에 인문주의 고등
학교로 발령을 받는 바람에 독일에서 바젤로 이주한 문학 교수 (칼) 자르
토리우스"였다.[13] (그의 선조는 프랑켄 지역에 살았으며, 그 가운데 한 명은 바이
로이트의 종교국 평정관을 지냈다.) 칼 자르토리우스Karl Sartorius는 "매우 재미
있는 사람이었고" "인쇄된 그의 설교를 보면……그는 상당히 합리주의
적인 신학자였다."[14] 그는 알코올 중독 때문에 1832년 대학에서 쫓겨났
는데, 열두 살이나 어린 아내 소피(결혼 전의 성은 후버[Huber])와 자기 자식
들을 그냥 남겨 두고 바젤을 떠난 후, 3년 만에 작센 주의 안나베르크 지
방 베렌슈타인에서 죽었다. 그래서 "나는 어릴 때 [그의] 이름이 비밀스
러운 주문에 걸려 있다고 생각했다."[15] 그의 젊은 미망인은 자녀들의 가
정 교사였던 철학 박사 칼 로트Karl Roth와 결혼했다. 첫째 아들 칼 아힐
레스(1824-1893)는 신학자가 되었는데 "검은 곱슬머리를 어깨까지 길렀
으며, 나이가 들어 그 머리가 하얗게 된 후에도 죽을 때까지 곱슬머리
를 고집했다."[16] 그는 브레츠빌Bretzwil에서 잠깐 일하다가 1851년부터는
바젤의 엘리자베트 교회에서 활동했다. 바젤에서는 "한동안 엄격한 정
통 개혁파 성향을 대변하는 꽤 유명한 설교자였다."[17] 그는 "1840년대에
는 베를린에서, 특히 후기 셸링에게서 배웠으며, 나중에는 하이델베르
크에 가서 R. 로테Rothe에게 수학했기 때문에, 어느 정도는 슐라이어마허
Schleiermacher, 1768-1834의 분위기를 받아들였다. 그러나 시간이 흐르자, 동
시대의 많은 사람들이 그랬던 것처럼 약간 단순무식한 보수주의로 기울
어졌다. 훌륭하신 내 할머니의 온건한 경건주의가 그나마 그의 신학적

보수주의를 조금 완화시켰다."[18] "이상주의자였던 아버지에 대한 억눌린 기억도……그를 완전히 정반대 방향으로 몰고 갔다.……어머니는 외할 아버지께서 직접 이런 말씀도 하셨다고 했다. '안나야, 성경과 교회의 가르침은 작은 돌멩이 하나라도 함부로 빼내서는 안 되는 건물과 같단다. 만약 그렇게 한다면 전체가 무너져 버린단다.'"[19] 게다가 그는 외손자에 게 "교회가 하나님이 세우신 '정부'의 편에 서는 것은 너무나 당연하다" 는 것을 보여주는 하나의 모델이기도 했다.[20]

그의 두 번째 부인이 바로 요한나 마리아 부르크하르트Johanna Maria Burckhardt, 1832-1915였다. 그녀 덕분에, 그러니까 "외할머니 덕분에 나는 바젤에서 유서 깊은 부르크하르트 가문의 후손이 되는 명예를 누리게 되었으니, 심지어 그 유명한 야콥 부르크하르트도 그리 멀지 않은 친척뻘이 된 것이다."[21] 야콥은 외할머니의 사촌이었다. 두 사람의 같은 할아버지, 요하네스 루돌프 부르크하르트는 "바젤의 교회사, 스위스 옛 개신교의 역사에서……빼놓고 생각할 수 없는" 바젤의 "베드로 기념 교회의 베테랑 목사보다 못한 인물이 아니었다." 그의 21번째 아이, 막내아들 요하네스는 칼 바르트의 조상 가운데서 그에게 "가장 강력한 신앙적 영향을 준" 중요한 사람이었다. 이 사람은 "확실한 경건주의자"였지만 "고집불통이거나 음산하거나 무뚝뚝한 경건주의자가 아니라", "즐거운" 또 "즐겁게 하는 경건주의자"였다. 그는 알베르트 크나프, 루트비히 호프아커,* 에밀 크룸마허, 그리고 요한 크리스토프 블룸하르트, 이사크 도르너와도

---

* 루트비히 호프아커(Ludwig Hofacker, 1798-1828): 독일의 목사, 부흥 설교자. 그의 경건주의적, 그리스도 중심적 설교는 폭발적인 호응을 얻었고, 원근각처에서 그의 설교를 듣기 위해 몰려온 사람들 때문에 그가 설교하는 날에는 예배 한 시간 전부터 예배당이 가득 찼다. 서른 살의 아까운 나이에 세상을 떠났지만 그의 설교는 오늘날에도 여러 나라 말로 재차 번역되며 많은 주목을 받고 있다—옮긴이.

활발하게 교류했다.[22] 그는 부퍼탈Wuppertal에서, 그리고 바젤의 성 야고보 교회에서 잠깐 활동하다가 1827년에 브레츠빌(바젤 주)의 목사가 되었다. 그러나 (1833년 8월 3일에) 바젤에서 전쟁이 일어나 '지방'이 도시를 이기고 도시에서 분리되면서, 바젤 시민이었던 그는 그곳에서 더는 활동할 수 없게 되었다. "그때 아주 작은 아기였던 외할머니는……바구니에 담긴 채로 프랑스를 거쳐 바젤로 돌아왔다." ("나의 친할아버지는 그때……시청에서 보초를 서고 계셨다."[23]) 요하네스 부르크하르트는 1833년 말에 샤프하우젠의 목사관으로 이사했는데, 그곳은 아내인 아말리에 파이어Amalie Payer의 고향이었다. 그녀는 취리히의 종교개혁자 하인리히 불링거Heinrich Bullinger의 혈통을 이어받았다. "나의 혈관 어딘가에는 그의 피도 흐르고 있다!"[24] 바로 그 샤프하우젠에서 부르크하르트의 셋째 아이, 곧 칼 바르트의 외할머니가 자라났다. 그녀는 1854년 2월 바젤에 와서, 칼 아힐레스 자르토리우스와 결혼했다.

두 사람의 아홉 자녀 가운데 일곱째가 안나 카타리나(1863년 4월 15일생)다. 그녀가 바젤 여학교를 졸업한 후에 맡은 과제는, 아직 총각 목사로 일하고 있는 큰오빠 칼의 살림을 맡아 주는 것이었다. 처음에는 플레리Fleurie, 그다음에는 벤빌Bennwil에서였다. 그런데 바로 이 칼 자르토리우스는 프리츠 바르트, 곧 "내 아버지와 학교에서 가장 친한 친구"였다.[25] 프리츠 바르트는 라이트나우에서 목회하던 중 벤빌의 목사관을 방문했다가 안나 자르토리우스를 만나 알게 되었다. 두 사람은 1884년 4월 15일 약혼했고, 4개월 후인 8월 28일에 결혼식을 올렸다. 칼과 프리츠의 오랜 친구인 투르나이젠은 "내 부모님의 결혼식에서 신부 인도자[대부]"를 맡아 주었다.[26] 프리츠 바르트와 안나 바르트는 성격이 완전히 딴판이었다. 프리츠는 신중하고 삼가는 성격이었으나 안나는 누가 봐도

에너지가 넘치는 여자였다. "어머니가 뭔가를 한번 계획하시면" 그 일
은 "벌써 이루어진 거나 다름없었다."[27] "아버지의 고요함과 진지함, 내
적인 강인함은 어머니의 생기발랄하고 쾌활한 성격을 훌륭하게 보완해
주었다."[28]

1886년에 라이트나우를 떠나 바젤에 도착한 두 사람에게 그곳은 참
으로 고향처럼 친숙한 곳이었다. 그곳에 도착하자마자 태어난 아들도
평생 자신의 고향 바젤에 대한 유대감을 느꼈다. 물론 그에게는 다른 독
특성도 있었고, 뼛속 깊이 바젤 사람임을 자부하는 부류와는 비판적인
거리를 유지했지만, 그래도 그는 영락없는 바젤 사람이었다. 그가 느끼
기에도 바젤 사람이라는 것은 뭔가 독특한 것이었다. 바젤에서 사람들
은 "특별한 공기"를 "마시고 산다."[29] 이곳에는 아주 특이한, "아마도……
저승과도 같은 정신의 전통"이 지배하고 있다.[30] 언젠가 칼 바르트가 그
당시 바젤의 신학, "어쩌면 지구 최후의 날까지 그런 식으로 지속될" 바
젤의 신학에 대해서 한 말이 전형적인 바젤 사람의 정신에도 그대로 적
용될 수 있을 것 같다. 즉 바젤 사람은 "선천적으로, 그리고 근본적으로
보수적인데……그러면서도 타인의 극단적이고 과격한 모습에 대해서는
왠지 모를 비밀스러운 관심, 공감 어린 관심을 보인다.……하지만 그런
모습에 대해서는 지독하게 관심을 기울이면서도, 그것을 받아들이는 데
는 대단히 조심스럽다." 바젤 사람이 오른쪽으로 기우는 것을 막아주는
것은 "이른바 태생적인, 살짝 인본주의적인 의심"이다. "끊임없는 관찰로
습득한 삶의 지혜"는 바젤 사람이 왼쪽으로 치우치지 않도록 지켜 준다.
"그는 이러한 극단의 중간 어딘가에 머물려고 하고, 조금 자유로운 사상
을 조용히 따르거나, 조금 경건한 열광주의도 조용히 따르기는 하지만,
겉으로는 자유와 절제를 건강하게 아우른 이미지를 항상 유지하며……

모든 토론의 핵심은 그저 말싸움이라고 생각하는 경향이 있고, 토론의
방법에서는 승자의 여유를 가지고 다른 사람이 가장 먼저 혹은 가장 마
지막에 말할 수 있게 해주면서도 자기의 관심사를 끝까지 놓치지 않고,
거래를 할 때도 결코 타협하는 법이 없다."[31]

바젤 사람의 두드러진 특징 가운데 하나가 바로 그 독특한 웃음이다.
그 웃음은 모차르트처럼 해맑은 미소가 아니라 신랄하고 공격적인 웃음,
누군가를 조롱하는 듯한 큰 웃음이다. "그렇다. 바젤은 잘츠부르크가 아
니다. 프라하도 아니고 빈도 아니다. 바젤은 바젤이다."[32] 칼 바르트도 바
젤 사람의 이런 웃음을 물려받았다. 그는 이 웃음으로 전형적인 바젤 사
람을 비웃기도 했다. "진짜 바젤, 순수한 바젤 혈통의 관점으로 볼 때 나
는 8분의 3만 바젤 사람인 것이 다행스럽다."[33] 그는 이 웃음이 매년 장엄
하게 분출되는 사육제에 같이 어울리는 것을 별로 좋아하지 않았다. "왜
냐하면 나는 가면 쓰는 것을 뼛속 깊이 혐오하기 때문이다."[34] 그래도 그
는 바젤 특유의 씁쓸한 유머 뒤에 무언가가 있다는 사실, 곧 죽음에 대한
정확하고 진지한 앎이 있다는 사실을 꿰뚫어 보았다. "예로부터 이곳 바
젤 사람들은 이 세상 모든 것의 무상함에 대해……모든 인간 존재의 덧
없음에 대해 깊이 생각하곤 했다.……중세 때부터 이곳에서 그 유명한
무도(舞蹈), 곧 '죽은 자들의 춤'이 있었던 것도 결코 우연이 아니다. 나는
2백 년 전 바젤을 방문한 어떤 프랑스인의 여행기를 읽은 적이 있다. 그
는 다른 어떤 도시에서도 보지 못한 책 한 권을 발견했다고 한다. 그가
바젤을 방문하기 80년 전에 출간된 이 책의 제목은『바실레아 세풀타』
(Basilea Sepulta), 곧 '매장된 바젤'이었고, 바젤에 있는 무덤에 대한 묘사
가 책 내용의 전부였다고 한다. 요한 페터 헤벨Johann Peter Hebel도 인생무
상에 관한 불멸의 시 한 편을 남겼는데, 바로 뢰텔른 성Röteler Schloß에 관

한 시였다. 바젤에서 사육제 때 사람들이 그렇게 요란하게 북을 쳐 대는 것도 이런 이유 때문이다. 그렇게 함으로써 소멸에 대한 생각을 며칠 동안 잊고 싶다는 듯 강렬하게, 지나치게 강렬하게 기쁨을 드러낸다. 그럼에도 그 생각은 다시 찾아오곤 한다. 그래서 바젤에도 타의 추종을 불허하는 화려한 공동묘지가 있으니, 회른리 공동묘지Hörnli-Friedhof가 바로 그것이다. 어쩌면 이 모든 것은 라인 강이 바젤을 흘러 지나가는 것과 관련이 있는지도 모른다. 지나간다. 항상 지나쳐 흘러갈 뿐이다. 바젤 대성당, 왕의 성, 장터, 견본 전시장, 바젤 대학교, 시민회관, 예술 박물관 등, 바젤 사람에게 크고 중요한 모든 것을 지나쳐 흘러간다."[35]

바로 이곳에서 칼 바르트가 태어났다. 아주 힘거운 출산이었다고 한다. "이모의 당시 증언에 따르면, 갓 태어난 아기는 그야말로 '끔찍스러운' 모습이었다"지만 어린 시절의 칼은 "갓난애였을 때 못생긴 애가 나중에 크면 제일 잘생긴 사람이 되는" 법칙을 운운하며 스스로를 위로했다.[36] 칼 바르트는 1886년 6월 20일 바젤 대성당에서 할아버지 자르토리우스 목사에게 세례를 받았다. (자르토리우스는 바로 그 즈음 '화장'[火葬]에 반대하는 성명서를 작성했다.) 외삼촌 칼 자르토리우스(1856-1906)가 칼의 대부(代父)가 되었다. 그 외삼촌의 집에서 칼의 엄마와 아빠가 만나 사랑을 꽃피웠던 것이다. 그는 프라텔른Prattein의 목사가 되어 있었다. 또 한 명의 대부는 외할머니의 동생인 한스 부르크하르트-부르크하르트(1840-1923)였다. 친할머니 사라 바르트도 대부가 되어 주었다. "안타깝게도 그분에 대한 기억은 별로 없다."[37] 그녀는 1년 반 뒤에 세상을 떠났다. 어린 칼 바르트가 바젤에서 보낸 시간은 겨우 3년이었다. 그 시절 칼은 부모님과 보모 한 명의 돌봄을 받으면서 무럭무럭 자라났다. 1887년 4월 27일자 아버지의 일기에는 충격적인 사건에 대한 기록이 남아 있다. "꼬마 칼이 방석에서 떨어졌다!" 1888년 6월 12일자에는 상당히 많은 것을 담고 있는 짧은 문장이 나온다. "카를리가 울부짖던 밤!" 그의 부모는 어린 칼 바르트를 카를리Karli라는 애칭으로 불렀다.

그에게 남아 있는 그 시절의 기억으로는 다음과 같은 것이 있었다. "어느 '신학원생'이 그렐링거슈트라세에 있는 우리 집에 들어왔는데, 그 '신학원생'이라는 개념이 어떤 식으로든 이미 그 어린 시절의 나에게 깊은 인상을 남긴 것 같다."[38] 그리고 "내가 꼬마였을 때 유모차에 실려 그렐링거슈트라세에서 애셴 시 변두리를 지나 성 엘리자베트 교회 목사관까지 가던" 기억도 남아 있었다. 그 목사관에서 "하얀 곱슬머리를 늘어뜨리고 안락의자에 앉아 계시던" 외할아버지 자르토리우스 목사의 모습도 기억하고 있었다. "나는 할아버지의 위엄, 그리고 멋진 목사의 모습에 깊은 인상을 받았고, 그것을 나의 손주들에게도 전해 주고 싶었지만, 그 아이들이 너무 먼 곳에 있어서 그러지 못했다." "착한 우리 할머니는—내가 아직 갓난아기였을 때인 것 같다—아마도 우리 어머니는 할 수 없었던 어떤 응급조처를 하시면서 그분의 날카로운 (평소에는 쓰지 않으시던 안경을 쓰셔서 더욱 날카로워진) 눈매로 나에게 어떤 트라우마를 안겨 주셨는데, 그 트라우마는 실제로 내가 거의 성인이 될 때까지 이따금 불안감을 일으키기도 했으니……그야말로 심층심리학의 연구 대상 아닌가! 물론 이것은 결코 할머니의 책임은 아니다."[39] 이모부인 빌헬름 베르누이Wilhelm Bernoulli의 팔에 안겨 있던 기억도 남아 있었다. "그분은 내가 가장 어리고 여린 시절……나의 건강을 보살펴 주셨는데, 청진기를 내 배와 등에 대고 소리를 들으시곤 했다."[40]

꼬마 칼 바르트에게 오래도록 막대한 영향을 끼친 것은 바젤 독일어로 된 어린이 노래였다. 어머니가 칼에게 그 노래를 불러 주었기 때문에 칼은 일찍부터 그 노래를 익혔다. 그 어린이 노래는 "아주 유명한 사람은 아니지만, 그래도 나를 위해서는 신기한 방식으로 큰 업적을 남긴 신학자, 아벨 부르크하르트가 만든 것이다. 그는 저 유명한 야콥 부르크하르트와 동시대인으로서, 바젤 대성당에서 제2목사('수석 부목사')였다." 그가 만든 어린이 노래는 "1890년대 초반, 아직은 성숙하지 못한 나에게 가장 적절한 형태로 최초의 신학 수업을 받을 수 있게 해준 교재였다. 나에게 결코 지워지지 않을 깊은 인상을 남긴 것은 그 소박한 노래가 예수의 탄생, 예루살렘 입성, 성금요일, 부활, 승천, 성령 강림과 같은 사건을 묘사하면서 마치 오늘 아침 우연히 바젤이나 바젤 근방에서 일어난 어떤 흥미진진한 사건을 다루듯이 너무나 친근하고 당연한 것으로 그려 냈다는 사실이다. 역사? 교훈? 교리? 신화? 아니다. 그 모든 것은 더도 덜도 없는 완전한 사건이었다. 너무나 익숙한 언어로 지은 그 노래를 듣고 또 따라 부르는 동안 바야흐로 그 아이는 어머니의 손에 이끌려 베들레헴 마구간에 갔다가, 또 예루살렘 거리에 가서는 자기 또래의 어린이들의 환영을 받으면서 성으로 막 들어오시는 구세주를 보았다가, 어두운 골고다 언덕에 올랐다가, 태양이 떠오를 때는 요셉의 뜰에 이르러……그 모든 것을 직접 보고 듣고 가슴에 새겼으니……그저 순진한 것에 불과한가?……물론 순진한 건 사실이다. 그러나 어쩌면 가장 깊은 지혜의 순진함 속에서, 가장 높은 능력으로, 그리고 언젠가 그것을 깨닫는다면, 훗날 그가 역사주의와 반역사주의, 신비주의와 합리주의, 정통주의, 자유주의와 실존주의의 망망대해를 헤매면서도—비록 시험과 유혹이 없지는 않았지만—비교적 무사히 그 바다를 통과하여 언젠가 핵심 그 자체로 되돌아가는 것이다."[41]

1888년 4월 중순 바르트 가족은 그때까지 살던 다가구 주택을 떠나

라인 강가의 구 바젤 슈팔렌토어,
1860년의 모습. 칼 바르트는 1886년 이 마을에서 태어났다.

인근의 단독 주택(그렐링거슈트라세 36번지)으로 이사했다. 카를리의 두 번째 생일이 지나고 일주일 만에 그 집 둘째 아들 페터(혹은 "배티")가 태어났다. 그해 성탄절을 얼마 앞둔 어느 날, 바르트 가족이 이제 겨우 새로운 집에 적응하던 시점에 베른의 "실증주의자들"Positiven이 찾아왔다. 프리츠 바르트가 아돌프 슐라터Adolf Schlatter의 후임으로 왔으면 좋겠다는 소망을 피력하기 위해 온 것이었다. 프리츠 바르트는 그 제안을 받아들였고, 그래서 바르트 가족은 정확하게 3년 만에 다시 바젤을 떠나 베른에 가게 되었다. 이렇게 해서 바르트 가족은 1889년 4월 하순부터 베른의 랭가스슈트라세 75번지 건물 2층에서 살기 시작했다.

베른에서 보낸 청소년기 초반

며칠 후 아버지는 새로운 활동을 시작했다. 한편으로는 베른 대학교의 조직신학 교수 자격을 갖춘 강사로, 다른 한편으로는 사람들이 '레르버 학교'라고 부르는 그리스도교 사립학교에서 종교 교사로 일했다. '레르버 학교'는 설립자인 테오데리히 폰 레르버Theoderich von Lerber의 이름을 딴 명칭이었다. 프리츠 바르트는 바젤에 있을 때부터 그와 친분을 맺고 있었다.

베른 대학교 동료 교수들 중에서는 구약신학자 사무엘 외틀리Samuel Oettli가 프리츠 바르트와 가장 가까웠다. 1895년 외틀리의 후임으로 온 칼 마르티Karl Marti는 자유주의적인 성향의 학자였는데, 프리츠와는 대학생 시절부터 좋은 친구 사이였다. 베른에 와서 새롭게 친해진 사람으로는 귀족 출신이면서 경건한 신앙인이었던 법학자 칼 힐티Carl Hilty가 있었다. 프리츠 바르트는 베른 주 정부에 의해 1891년 3월에는 조교수로, 1895년 6월에는 고대·중세 교회사 정교수로 승진했다. 그는 전공과목을 가르치는 데 필요한 독서 외에도 규칙적으로 신약성서 관련 서적을 읽었다. 어쩌면 그의 진짜 관심은 신약성서학이었는지도 모른다. 그의 주요 저서인 『예수 생애의 핵심 문제』와 『신약성서 입문』도 순수하게 신약성서 관련 서적이었다. 프리츠 바르트는 여러 가지 면에서 상당히 열려 있는 사람이었다. 조직신학에 대한 관심이 남달랐던지라 국내외에서 조직신학과 관련하여 다양한 주제로 강연하기도 했고, 베른 교회의 운영에 관여하여 (1895년 가을부터는 교회 의회 대표단으로) 중요한 자리를 맡기도 했다. 그는 시대의 문제에도 활짝 열려 있었는데, 특히 여성 문제와 사회 문제에 관심이 많아서 그 문제를 진지하게 다루기 위한 그리스도교적 사회 운동 단체를 세우는 일에 앞장서기도 했다. 이런 다각적인 활동 덕분에 그의 이름이 차츰 알려지기 시작했다. 그는 무슨 일을 하더라도 열심히, 사려 깊게, 견고하고 철저하게 하는 것으로 유명했다. 철저하게 원칙을 지키면서도 자유롭게 소통하는 사람이어서, 아돌프 슐라터든 아돌프 하르낙이든 아무 거리낌 없이 친하게 지낼 수 있었다. 두 사람은 이따금 바르트의 집을 찾아왔다. 프리츠 바르트는 '실증주의자'로 분류되었음에도 불구하고 신학의 학문적 과제를 진지하고 책임감 있게 받아들여야 한다는 입장이어서, 그 부류의 사람들에게 가끔 불쾌감을 안겨 주었다. 그는 온 힘을 기울여서—마치 다가올 위기를 예견하기라도 한 것처럼—전통 추종자와 전통 비판자 사이를 중재하기 위해 노력했으며, 복음의 말씀은 변화된 세상에서도 그 능력을 잃지 않을 것이라고 확신했다. 아마도 그는 "실증주의"와 "자유주의"의 첨예한 대결 너머의 대안을 추구했던 것 같다.* 어쩌면 그는 바로 이런 이유에서 "그 시대의 주요 신학자들에게 무시당하거나 약간 경멸당한 사람들" 가운데 하나가 됐을 것이다.[42] 이 때문에 그는 베른에 완전히 뿌리를 내리지 못했다. 또한 그가—스스로 품었던 큰 포부와는 달리—베른 대학교로부터 더는 초빙을

---

* 이 책에서 말하는 실증주의란 역사적으로 주어져 있는 그리스도교(특히 성서와 교리 전통)를 신학의 규범적 토대로 받아들이는 학파로서 19세기 초반부터 20세기 초반에 영향력을 행사한 실증적 신학(positive Theologie)을 말한다. 이성을 중요시하는 자유주의 신학(liberale Theologie)과 대결했던 실증주의 신학의 대표적인 학자로는 M. 켈러, H. 크레머, A. 슐라터 등이 있다―옮긴이.

받지 못한 것도 같은 이유에서였다. 할레와 그라이프스발트의 '실증주의
파' 교수들이 그를 염두에 두기는 했지만, 그가 이상하게도 동정녀 탄생
을 부정했다는 사실 때문에 "두 번이나 교수직을 놓쳤다."[43] 1903년에 할
레 대학교가 그에게 명예신학박사 학위를 수여한 것이 그나마 위로가 되
었다.

"그래서 나는 청소년기 전체를 베른 사람들과 보냈다."[44] 나중과 비
교해 볼 때, 그곳은 "완전히 다른 세상이었고 나는 천천히 그곳에 적응해
갔다. 지금도 어렴풋하게 기억나는데, 어린 나의 귀에는 사람들이 비스
마르크에 대해 마치 현역 정치인인 것처럼 말하는 것 같았다."[45] 한때 칼
은 비스마르크라는 남자를 그 시대 전체를 대표하는 전형적인 인물로
여겼다고 한다. 칼은 베른에서 보낸 시절을 대단히 행복했던 시간으로
기억했다. "내가 또렷하게 기억할 수 있는 최초의 기억은 그 당시만 해
도 아직은 시골스러웠던 랭가스 구역 끝자락, 브렘가르텐 숲의 가장자
리와 관련된 것이다."[46] "우리가 살던 곳은……베른 시의 경계 지역이어
서, 가장 오래되고 가장 또렷한 나의 기억 속에는 숲과 들판과 정원이 있
고, 그 밖에도 옛 베른 시의 노점시장, 분수, 탑, 베른 고지의 호수와 계곡
이 있다."[47]

칼은 쑥쑥 자라나는 형제자매들 곁에서, 그들의 우두머리로 그 시절
을 보냈다. 칼과 페터의 뒤를 이어 1890년 2월 3일에는 하인리히가 태
어났고, 1893년 1월 1일에는 카타리나, 3년 뒤 다시 초하룻날에 게르트
루트가 태어났다. 페터는 "이 세상에서 나의 첫 번째 놀이친구이면서, 오
랫동안 가장 충실한 놀이친구였다.……페터는 항상 뭔가를 웃기고 재미
있게 표현하는 데 열심이었는데, 페터의 다채로운 표현 능력은 실패하
는 법이 없어서, 우리의 진지하신 아버지께서도 그의 기발한 말이나 새

로운 시도 때문에 폭소를 터뜨리곤 하셨다."[48] 정반대로 하인리히("힌츠")
는 조용하고 수줍음이 많은 외톨이라서 쉽게 상처를 받았고, 낯선 유머
로 다른 사람에게 상처를 줄 때도 있었다. 하인리히의 특이한 성격은 그
가 11개월 때―1891년 1월―소아마비를 심하게 앓았던 것과도 관련이
있는 것 같다. 그 때문에 하인리히는 심한 보행 장애를 안고 살게 되었
다. 카타리나("캐티")는 정말 "다재다능하고 생기발랄한 아이"였다.[49] 게
르트루트("트루디")를 보고 있노라면 그 애보다 나이가 열 살이나 더 많은
칼은 그야말로 '아저씨' 같은 느낌이었다. 칼이 동생들 앞에서 분위기를
주도한 것은 분명한데, 그것이 동생들에게 항상 좋았던 것 같지는 않다.
"나는 장남이었으나……장남으로서의 위엄을 제대로 활용하지 못했던
것 같다. 그 결과, 특히 남동생들은 나이를 먹어서도 그때의 나를 용서
해 주지 않으려고 한다. 당시 내가 그들에게 마치 독재자처럼 군림했으
며, 좋은 것은 모두 독차지했다는 것이다."[50] 동생들은 칼(카를리)을―(K)
A(r)l(i)에 축소형 어미 '-헨'chen을 붙여서―울헨Ulchen이라 불렀는데, 얼마
후 교황 비오 10세Pius X가 새로운 교황으로 선출되었을 때는 한동안 자
기를 새로운 교황이라 생각하면서 제멋대로 "성(聖) 울리헨"St. Ulichen이라
는 호칭을 지어내기도 했다. ("나의 사랑하는 백성들이여, 내 말을 잘 들어라/이
제부터 나는 학교에 가지 않을 것이니/이는 그대들이 나를 교황으로 뽑았기 때문이
니라…….")

　부모님은 그 시대의 교육 스타일을 따라 아이들을 엄격하게 교육하
긴 했으나 그래도 자상하고 이해심이 많은 편이었다. "내가 나중에 분
명히 고백하기도 했거니와……부모님은 우리를 선한 그리스도교 정신
으로 길러주셨다."[51] 아버지의 교육관은 다음과 같았다. "부모는 하나님
의 도우심을 받아 자녀를 교육하는 것이니, 미숙한 자녀에게 규율과 훈

계를 베풀어 그들에게 도움을 준다. 부모의 마음은 어린이와 명랑한 놀이를 즐기면서 젊음을 유지할 수 있다. 부모는 자신의 어린 시절을 다시 한 번 경험하며, 어떤 경우에는 이런 고백을 하게 된다. '그렇습니다, 주님. 당신은 미숙한 자들의 입에서도 주님을 향한 찬양이 나오게 하십니다!' 모든 자녀는 우리 인간에게 유익이 되는 율법의 계명 아래에 있다. '너는 네 아버지와 어머니를 공경하여라.' 그런데 때로는 자녀가 부모를 교육하기도 하나니, 이는 자녀를 보면서 우리 자신의 죄를 깨닫거나, 그 어린 마음에도 죄의 성향이 얼마나 깊이 뿌리를 내리고 있는지를 본다거나, 그 죄의 성향과 맞서 싸울 때에 우리의 힘이 얼마나 자주 마비되는지를 보면서 겸손에 이르기 때문이다. 이런 것을 통해서도 자녀는 우리에게 축복이 된다."[52] 어머니는—훗날 아들의 말에 따르면—하나의 기본 원칙, 곧 "아주, 아주 사랑해 주기"의 원칙을 너무나도 옹골차게 준수하면서 교육을 했다. 그리고 그 원칙을 (어머니만의 원칙을!) 때로는 묵묵히, 때로는 큰 소리를 지르고 고개를 흔들어 대면서 끊임없이 율법적으로 준수하셨다."[53] 이런 방식의 교육 때문에 온갖 "충돌이 일어났고⋯⋯그런 충돌로 인해서 내 맘에는 여러 가지 질문이 남았다." 그렇지만 "다른 사람들의 경우와 비교해 본다면, 분명한 것은 그래도 우리는 아주 괜찮은 편이었으며, 우리가 무의식적으로 배운 많은 것에 대해서는 감사할 수밖에 없다는 사실이다."[54] 칼은 아버지를 무척이나 존경했으며, 어머니를 진심으로 좋아했다.

음식과 관련해서 "우리의 훌륭하신 어머니께서는 나를 키우는 동안⋯⋯빌헬름 [베르누이] 이모부의 조언을, 그리고 나중에는 슈토스 교수의 조언을⋯⋯꼼꼼하고 엄격하게 실천하셨다.⋯⋯지금 우리는 어린이에게 그렇게 많은 우유를 먹이는 것이 좋은 일이라고 생각하지 않는다."[55] "내가 어렸을 때 수년 동안 아침마다 어유(魚油) 한 잔을 마셔야 했던 것을 결코 잊지 못할 것이다. 그건 정말 끔찍한 일이었다. 하지만 나의 건강에는 도움이 되었던 것 같다."[56] 그 밖에도 "진정한 만족을 누리기 위한 결정적 요인으로 타당한 것일 텐데" 최대한 많이 햇빛을 쬐라는 충고를 들었다.[57] 처벌이 교육의 일환이 될 때도 있었다. "아버지가 1890년 (내가 네 살 되던 해)에 쓰신 편지 하나를……읽었는데, 거기에는 '카를리가 오늘 또다시 맞을 짓을 하고 말았다'고 적혀 있었다."[58] 랭가스슈트라세에는 '붙박이장'이 하나 있었는데, "한번은 내가 그 거리에서 떼를 쓰며 울어대자 그 붙박이장에 나를 가둬 버렸다."[59] 그런데 칼은 이런 조처를 당해도 전혀 기가 꺾이지 않았다. 오히려 그 붙박이장 안에서 어떤 [생리적인] 욕구를 해결하겠다고 큰소리를 쳐서 부모님을 당황스럽게 만들었다. 그러나 원칙적으로는 처벌을 통해서가 아니라 좋은 말로 설득해서 아이들의 잘못을, 예컨대 형제간의 다툼을 바로잡아 주려는 것이 두 사람의 교육 방침이었다. "아버지는 우리가 어렸을 적에 무슨 일이 일어나면 검지를 치켜세우시고는 '보라 형제가 연합하여 동거함이 어찌 그리 선하고 아름다운고!' 하고 큰 소리로 외치셨다."[60] 어머니는 바젤 사투리로 이렇게 소리쳤다. "저것들 가운데 하나를 가지고 다른 것들을 때려야 돼!"Me sott dr aint vonene näh und mittem die andere durrebriigle 칼은 이것이 어머니의 독창적인 낱말 조합이라고 생각했다. 아버지는 꼬마들이 맘껏 뛰놀고 싶은 욕구를 어느 정도 이해했기 때문에, 가끔은 점심 식사 후에 짬을 내어 막 커가는 사내 녀석들의 레슬링이나 복싱 상대가 되어 주기도 했다.

아벨 부르크하르트의 어린이 노래는 베른에서도 계속 불렸다. 부모님은 칼을 '주일학교'에 보냈다. "루우, 루우, 루우, 루우, 힘리쉬 루우!'(고요, 고요, 고요, 고요, 하늘의 고요함이여)−어린 시절 주일학교에서 이 노래를

부르면서 아프리카의 어떤 짐승(아마도 캥거루……)을 떠올리곤 했던 기억
이 난다."[61] 거기서는 이런 일도 있었다. "그때 주일학교 여자 선생님은
선량하긴 했지만 약간 단순무식한 사람이라서 우리 어린이들한테 지옥
에 대해, 그리고 그 지옥에서 악한 사람들을 기다리고 있는 영원한 심판
에 대해 자세하게 설명하는 것이 당연하다고 생각했다. 물론 우리는 그
런 이야기에 관심을 보였고 상당히 흥분되기도 했다. 그러나 이런 방식
으로는 어떤 어린이도 지혜의 시작, 곧 하나님에 대한 경외심을 배울 수
없었다."[62] 아버지는 칼을 더는 그 주일학교에 보내지 않고, 동생들과 함
께 아버지의 공부방에서 어린이 예배를 드리도록 했다.

칼은 상당히 일찍, 그러니까 "다섯 살짜리 꼬마"였을 때 "처음으로 로
마 가톨릭 교회를 알게 되었다." "나는 할머니와 함께 휴가 여행을 떠났
는데……어떤 가톨릭 교회 사제관에서 묵었다. 그곳의 신부님이 술을
잘 드셨던 것이 오래 기억에 남아 있다. 나는 그분이 집전하는 미사를 보
기도 했다. 물론 나는 뭐가 뭔지 전혀 몰랐고 라틴어도 알아듣지 못했
다. 다만 도미누스 보피스쿰*dominus vobiscum*이라는* 말이 반복됐기 때문에
'도미누스'라는 단어를 분간해 낼 수는 있었다. 하지만 나는 그 말이 도
미노 게임과 관련된 것쯤으로 생각했다."[63] 어린 칼은 먼 곳에서 일어나
고 있는 그리스도교적 사회 운동의 이슈와도ー프리드리히 나우만Friedrich
Naumann이라는 이름을 통해ー아주 일찍부터 접촉하게 되었다. "나는 이
따금 아버지의 책상에서 『디 힐페』(*Die Hilfe*)라는 잡지를 보았다. 당시
잡지의 소제목이 '하나님의 구제, 형제의 구제, 국가의 구제, 자기의 구
제'였던 것, 그리고 그 강렬한 낱말이 나에게 깊은 인상을 남긴 것은 아

---

* 라틴어로 "주님이 너희와 함께(하시길)!"의 뜻. 가톨릭 미사에서 사제가 회중에게 하는 말ー옮긴이.

직도 기억난다. 비록 내가 그 말의 뜻을 이해하지는 못했지만, 뭔가 강력하고 위대하고 새로운 것이 다가오고 있다는 것을 느꼈던 것이다."[64]

"사내아이들은 학교에 가고……"

칼은 1892년 4월 21일 학교에 입학했다. 이로써 칼의 인생에 또 하나의 교육적 힘이 작용하기 시작했다. "아버지께서 나의 초등학교 입학 전날 밤에 격려 차원에서 읽어 주신 구절이 아직도 귀에 생생하다. '사내아이들은 학교에 가고, 병사들은 격전장으로 가듯 모두가 자기의 길을 가야 하나니…….' 입학 첫날부터 수학은 별로였고, 내 글씨는 전혀 나아지지 않았다. 그 대신 나는 진작부터 책벌레가 되었다."[65] "나는 기초반 1학년부터……고등학교 졸업반까지를 '레르버 학교'에서 다녔는데, 얼마 후에는 학교 이름이 '자유 김나지움'으로 바뀌었다."[66] 베른의 네겔리가세에 위치한 그 학교는 프리츠 바르트가 1889-1912년 종교 교사로 있었고, 1896년부터는 운영 이사로 활동했던 곳이다. 그 학교는 1859년 폰 레르버가 설립한 학교로서, 그 당시 단호하게 진보적 교육 원리를 표방하고 나섰던 일반 학교 교육에 반대하여 의식적으로 "성서에 충실하며 실증적인" 의미의 수업을 제공하려는 의도를 가지고 있었다. 그런 의도에 입각하여 이 학교에서는 매일의 수업을 기도와 찬송으로 시작했을 뿐 아니라 '종교' 과목을 가장 중요하게 여겼다. 칼 바르트가 입학하던 바로 그 해에 종교 수업이 주당 여섯 시간에서 세 시간으로 줄자, 거기에 항의하여 폰 레르버는 학교 운영에서 물러났고 자기의 이름을 학교명으로 쓰지 못하게 했다. 얼마 후에는 교감 선생도 프리츠 바르트의 '성서 비평적 견해'와 '좌편향'에 항의하여 사임했다.[67] 베른의 부유한 귀족 가문이 '실

중주의'의 가장 든든한 후원자들이었기 때문에 주로 그 가문의 자제들이
이 고등학교 학생이 되었다. 그래서 한때 사람들이 이 학교를 일컬어 조
롱조로 "높으신 분들의 아드님들을 위해 경건주의 정신에 입각하여 건립
된 학교"라고 부른 것도 완전히 틀린 말은 아니었다.[68] 칼은 반에서 한 번
도 수석을 차지한 적이 없었다. 그에게는 그런 욕심이 없었고, 어떤 과목
의 경우에는 아예 마음도 내키지가 않았다. "나는 반에서 2등 이상을 한
적이 없고 그것도 두어 번이 전부였다. 그 당시 베른의 고등학교가 중요
시했던 수학·과학 과목에 대한 극단적인 혐오감은 지금도 종종 꿈속까
지 나를 따라다닌다. 반면 고전어 과목을 독일 고등학교에서처럼 제대
로 배울 수 없었던 것이 너무나 안타깝다. 내가 온 마음으로 집중한 과목
은 역사, 그리고 특히 작문이었던 것 같다. 작문만큼은 내가 모든 학급에
서 모든 경쟁자를 가볍게 물리칠 수 있는 과목이었다."[69]

　여러 선생님들과의 만남은 당연히 칼에게도 다양한 감동을 남겼다.
사람마다 약간의 차이가 있긴 하지만, 전반적으로는 깊고 감동적이고 긍
정적인 만남으로 가득했다. 칼에게 "잉크와 펜으로 쓰는 법"을 가르쳐준
분은 피스터Pfister라는 선생님이었다. "만일 그분이 나에게 그것을 어떻
게 다루는지 가르쳐 주지 않으셨더라면 내가 일생 동안 그렇게 많은 책
을" 쓸 수 없었을 것이다.[70] 루돌프 후버Rudolf Huber 박사님은 수학에서 "나
를……최고 수준으로 끌어올리려고" 했던 선생님이다. 그분은 "나를 포
함해서, 그분의 말을 전혀 안 듣는 학생들"에 대해 이렇게 말씀하곤 했
다. "저 아이들은 도무지 배우려고 하지 않는군!" "아침 예배 시간에 그분
이 즐겨 낭독했던 성구는 시편 104편이었다. 하루에 네 번 드리는 기도
만은 아주 짧게 끝낼 때도 있었다. 제일 짧은 기도는 '주님, 우리에게 복
을 주소서, 아멘'이었다. 하지만 그 기도에는 참으로 모든 것이 다 담겨

있었다."[71] 칼이 잊을 수 없었던 것 하나는 "종교 과목 선생님이 예레미야의 이야기를 가르쳐 주실 때 들려주신 말씀인데, '흑인 아비멜렉도 섬세한 감성을 가진 사람이었다'는 그 말씀이 마음에 새겨졌다."[72] 또 잊을 수 없는 것은 프랑스어 선생님이 "교실에서 폭동이 너무 거칠게 번질 때면" 학생들을 향해 외치던 문구다. "너희는 서로 사랑해라!"*Aimez vous les uns les autres*[73]

칼은 학교에 가는 걸 결코 좋아하지 않았다. "나는 하급·상급 김나지움의 수업과 요구를 어쩔 수 없이 지고 가야 하는 십자가처럼 여겼다."[74] 그래서 그 학교의 모든 요구에서 벗어날 수 있는 여가 시간이 소중하게 느껴졌다. 그 시간은 칼이 자신의 재능과 판타지를 마음껏 발휘할 수 있는 시간이었다. "그 시절에 내가 학교 바깥에서 신나게 야단법석을 떨었던 기억이 학교에 대한 기억보다 생생하게 남아 있다."[75] 이런 모습을 보면, 칼 바르트의 독특한 양면성이 이미 그때부터 드러나고 있음을 알 수 있다. 칼은 한편으로 아주 예민한 감수성을 지닌 소년이었는데, 이런 감수성은 섬세하고도 집중력 있는 음악 청취로 나타났다. 그의 기억 속에 지울 수 없는 장면으로 각인된 것이 바로 "위대한 음악과의 첫 번째 만남"이다. "그때 내가 아마도 다섯 살이나 여섯 살이었던 것 같다." "아버지는 음악적 재능이 많은 분이어서 악보도 보지 않고 피아노 연주를 하곤 하셨다." 어느 날 아버지는 모차르트의 곡을 연주했다. "나는 그 순간을 지금도 생생하게 기억한다. 아버지께서 피아노로 치신 멜로디는 「마술피리」의 몇 소절이었다(나의 타미노, 이 얼마나 큰 행복인가……!). 그 멜로디가 나를 '흠뻑' 적셨다." 그리고 "내 안에 깊숙이 파고들었다. 어떻게 그런 일이 일어났는지 알 수는 없지만, 나는 그 즉시 느낄 수 있었다. 바로 이거다!"[76]

그런데 칼에게는 완전히 다른 측면도 있었다. 그것은 전투적인, 아니 어쩌면 호전적이라고도 볼 수 있는 측면이었다. "아마도 열여섯 살까지는 확실하게 전투적인 관심이 내 안에 숨겨져 있었고, 그것이 내 정신의 중심이었다. 납으로 만든 장난감 병정놀이는 나와 남동생들이 꽤 오랫동안 진지하게 집중하던 일이었다."[77] 칼은 이따금 '실제로' 주먹이 오고 가는 싸움에 끼어드는 것도 꺼리지 않았다. 역사 속의 전쟁을 소재로 한 책을 읽으면서 전투에 대한 환희를 충족시키기도 했다. "내가 7-8세 때 이 분야와 관련해서 처음으로 읽은 책은 정말 잊을 수 없는 것이다. 그 책은 니마이어Niemeyer의 『영웅 열전: 해방 전쟁에서 일어난 위대한 사건에 대한 기억』(Heldenbuch. Ein Denkmal der Großthaten in den Befreiungskriegen, Leipzig, 1818)이었다. 이 책은 아직도 나의 서가에 꽂혀 있다."[78] 여기에는 "처벌받아 마땅한 '보나파르트'에게 맞서 치른 전쟁의 피비린내 나는 이야기가 나온다.······수업 시간에 선생님이 목적어 문장을 하나 만들어 보라고 시키셨는데, 아직은 어린 나이였던 내가 마치 기다렸다는 듯이 '나폴레옹은 라인 동맹을 체결했다'는 문장을 말하자, 그 선생님은 너무 놀라고 기가 막혀 하셨다. 그런데 그런 내가 나의 신학에 '역사'가 너무 부족하다는 비난을 듣게 되다니!"[79] 칼이 좋아했던 다른 책은 1870-1871년 전쟁을 "엄청난 양의 삽화로 묘사한 양장본"이었는데, "그 책의 그림에는 개머리판을 휘두르며 달려가는 바이에른 사람들, 도망가는 '터키 사람들'이 많이 등장했다. 내가 읽는 법을 배운 다음에는 그 책에서 바이센부르크, 뵈르트, 제단 전투, 파리와 스트라스부르크 점령 등에 대해 엄청난 지식을 습득했다."[80] 비스마르크는 이 전쟁의 영웅이었는데, 마침 칼의 집에서 사용하던 호두까기 인형도 제국 수상의 옷을 입은 비스마르크의 모습이었기 때문에, 선연한 기억의 한 부분으로 남아 있었다.

"내가 의식을 가지고 소식을 접한 첫 번째 전쟁은—아주 먼 곳에서 일어난 것이긴 하지만!—1894년에 일어난 일본과 중국의 전쟁이었다. 그때 야마가타Yamagata라는 이름의 일본군 장군이 있지 않았던가? 어쨌든 나는 그 사람의 활약, 그리고 당시만 해도 유럽에 거의 알려지지 않았던 일본의 활약에 열광하고 몰입했으며, 큰 나라를 물리친 작은 나라의 승리를 철부지 사내아이답게 기뻐했다. 그때부터는 '일본'이라는 단어를 들을 때마다 내 안에서도 뭔가가 울려나는 듯했는데, 얼마 뒤에는 세계사적으로 일본 정부와 군대가 품고 있었던 명백하게 다른 의도를 알게 되면서 더 이상 갈채를 보낼 수 없게 되었다!"⁸¹ 그보다 흥미로웠던 것은 방콕에서 "쭐랄롱꼰 왕이……1897년 베른을 방문하여, 스위스 용기병(龍騎兵)의 호위를 받으며 위풍당당하게 베른 시를 행진했던 사건이다. 나는 그날 너무 흥분한 나머지 열이 올라서 침대에 누워 있어야 했다. 그때까지만 해도 그 나라의 이름은 아직 '시암 왕국'이었다."⁸²

이렇게 칼의 삶이 모든 방면으로 뻗어나가고 있었으니, 랭가스 구역의 생활은 그 일부에 불과했다. 1895년에 아버지 프리츠 바르트는 승진을 하게 되었고, 곧장 베른 시내에 있는 더 나은 집을 찾아 나섰다. 그러다 베른 시의 반대편 끝자락에서 집 하나를 구했는데, 베른 구 시가지를 감싸면서 흐르는 아레 강의 동쪽, 쇼스할데 구역에 위치한 집이었다. 한쪽으로는 베른 구 시가지가 보이고, 다른 쪽으로는 알프스가 보여 경관이 빼어난 곳이었다. 1895년 4월 말부터 1896년 10월 초까지 바르트 가족은 회에벡 13번지에서 살다가, 1896년 가을부터는 클라라벡 8번지에 새로 건축한 독립 주택에서 살게 되었다. 칼은 아홉 살 때부터 대학생 시절 초반까지 이곳 쇼스할데에서 살았다. "아레 강이 잔잔히 흐르고 또 흘렀으며, 구르텐 산과 슈톡호른 산과 융프라우 산이 언제나 고요하게 아름다운 대지와 베른 시를 내려다보고 있었다."[83]

방학

칼이 베른을 좋아하고, 또 새롭게 이사해서 살게 된 지역을 좋아하긴 했지만, 그래도 "나는 베른의 분위기하고는 왠지 잘 어울리지 못했다."[84] 시간이 흐르면서 칼의 내면에는 "어떤 기질, 어떤 정신적 성향에 반대하는 움직임이 형성됐는데, 나는 아버지께서도 그런 성향에 힘겹게 저항하고 계시는 것을 자주 보게 되었다. 훗날, 칼뱅이 바로 이곳에서 어떤 경험을 했는지 알게 되자 나도—사정은 많이 다르지만—그 당시 내가 왜 그렇게 부대꼈는지 이해할 수 있게 되었다."[85] 그가 보기에 베른에는 유난히도 "바젤 사람Baslerbeppi에 대한 무식하고 멍청한 적대감"이 횡행하고 있었기 때문에 그 혐오감은 더욱 강화됐다.[86] 그런 칼에게—칼은 집에서 동생들과 아예 바젤 독일어를 써 버릇했다—유년기와 청소년기의 하이라이트는 방학이었다. 단지 학교 공부의 부담에서 자유로워질 수 있었기 때문만은 아니었다. 방학이 되면 베른에서 벗어나 근처의 다른 마을이나 벨프베르크, 베아텐베르크, 지그리스빌로 가거나, 아예 바젤로 갈 수 있었기 때문이다. 열세 살 소년 칼은 이런 시를 쓰기도 했다.

방학이 되니, 이제야 인간은 비로소 느낀다네,
이제는 그가 죽도록 고생만 하는 종이 아니라는 것을,
이제는 그가 존엄한 인간이라는 것을!……

지금도 생각이 나는 것은 "우리 가족이―내 기억으로는 1893년이었던 것 같다―라우터브룬넨에서 보낸 시간이다. 거기서 나는 끔찍한 기침 감기(백일해)에 걸려서 거의 이 세상과 작별할 뻔했다. 1년 전인가 2년 전에는" 친척끼리 어울려 "칸더스텍에 갔다. 마차 여러 대가 열을 지어―마지막 마차에는 바젤에서 가져온 포도주 한 통이 있었으니!―그 번거롭기 짝이 없는 여행을 프리츠 자르토리우스 삼촌의 열띤 일장 훈계를 들으면서 가야 했고, 비가 억수로 내리는데 말 냄새, 마차의 가죽 장구에서 나는 냄새가 진동했으며, 게다가 오기 씨의 집은 너무나도 좁았는데……이 모든 것이 아직도 눈에 선하다. 에른스트 자르토리우스Ernst Sartorius 삼촌은 외시넨 호수에서 트럼펫으로 '하나님께서 너를 보호하시길, 정말 아름다웠어라……!'를* 연주했다."[87] "1896년과 1897년에는 게르첸 호수 근처, 벨프베르크의 쿠첸 아랫녘에 그 당시 무랄트Muralt 씨의 소유였던 별장에서 가족과 함께 잊지 못할 방학을 보냈다. 거기서는 규칙적으로 게르첸 호수까지 산보를 했고, 어머니의 심부름으로 상냥한 폰 비스von Wyß 부인한테 가기도 했으며, 주일이 되면 호프Hopf 목사님의 설교를 들으러 갔는데, 그분의 엄격한 모습은 내가 그곳에서 처음 들은 찬송가 '내 영혼아, 준비하라!'(Mache dich mein Geist bereit)와 결합하여 깊은 인상을 남겼다. 벨프베르크의 시골집은 내적으로나 외적으로나 진정 18세기의 보물이라 할 만했는데, 특히 벽에 걸린 호가스의** 그림은 나에게 많은 것을 생각하게 해주었다."[88]

---

*   19세기에 유명했던 빅토어 네슬러(Viktor Nessler)의 오페라 「제킹겐의 트럼펫 주자」(Der Trompeter von Säckingen)에 나오는 아리아의 한 대목이다. 요제프 빅토어 폰 셰펠(Josef Viktor von Scheffel)의 시에 곡을 붙였다―옮긴이.

**   호가스(William Hogarth, 1697-1764): 로코코 시대 영국의 화가―옮긴이.

베른에 사는 소년 칼에게 바젤은 그야말로 천국처럼 느껴졌다. 그곳
에는 할머니가 계시지 않던가! "규칙적으로 바젤에 가서, 사랑하는 할머
니 자르토리우스를 만나는 것은 언제나 하나의 축제"나 다름없었다.[89]
"논넨벡 60번지 할머니 집은 우리의 순례 성지였고, 우리는 언제라도 그
곳에 가고 싶어 했다. 할머니의 막내딸이셨던 엘리자베트 이모(우리가 열
렬히 좋아했던 "베티 이모")는 끝까지 할머니를 잘 돌봐 주셨다.……거기에
는 신기한 볼거리가 정말 많았다. 예컨대 라바터의* 사진이 있었는데, 거
기에 이런 말이 적혀 있었다. '이 형체에서 진리를 향한 사랑, 곧 신중하
게 탐색하여 스스로 찾아낸 것을 증언하는 그 사랑 외에는 아무것도 보
지 말 것이니!' 청교도들이 아메리카 땅에 도착하고 인디언들이 그들에
게 공손하게 인사하는 모습을 담은 큰 그림도 있었다. 또 구식 만화경이
하나 있었는데, 그 안을 들여다보면 정말 환상적인 형체들이 나타났다.
그 당시 우리가 그 만화경을 얼마나 좋아했던지, 나중에 좋아하게 된 영
화관보다도 더 좋아했던 것 같다. 또 하나 특별한 것이, 바젤의 주임 목
사 전원의 초상화 모음이 있었는데……거기에는 존경할 만한 옛 시절,
특히 18세기와 19세기 초의 향취가 배어 있었다. 그런데 할머니에게는
그 과거가 곧 현재였다. 할머니가 쓰고 계신 검은 모자가 너무나 자연스
럽게 할머니의 것이라면 저 빌로도 모자는 당연히 할아버지의 것이었
다."[90] 그래서 할머니는 역사와 관련된 모든 것에 엄청난, 적극적인 관심
을 보였다. 베른에 사는 어린 손자 하인리히는 몇 달간 달려들어 상당한
부피의 '역사·지리 달력'을 제작하기도 했고, 다른 손자 칼은 (대학 교수가

---

* 요한 카스파르 라바터(Johann Caspar Lavater, 1741~1801): 계몽주의 시대 스위스의 목사, 철학자, 시인—옮
긴이.

되고 난 뒤에도!) 과거와 현재의 '주요 인물'에 대한 방대한 기록을 모으고 또 그것을 수정하곤 했는데, 이러한 취미는 아마도 할머니의 유산이 아니었나 싶다.

"평생 작고 가냘픈 몸으로 사셨지만 그 속에는……아주 뚜렷하고 확고한 의지가 자리하고 있었으며, 가끔 할머니께서는 그 의지를 거침없이 관철시키셨다. 그러나 이 부정할 수 없는 엄격함을 완화시킨 것, 아니 그것을 다 덮을 정도로 위대했던 것이 바로 그분의 선함과 친절함이었다."[91] "명석한 이성, 건강한 유머와 결합된 그 깊은 마음은 그분과 만나는 모든 사람에게 큰 도움이 되었다. 그분의 판단과 조언은 풍부한 경험에서 길어 올리신 것이었고, 언제나 영원의 관점에서 말씀해 주시는 것이라서 상처가 되지 않으면서도 당황스러울 정도로 정곡을 찌를 때가 많았다."[92] 할머니만큼이나 인상적인 분이 바로 그 '베티' 이모였다. 칼에게는 더욱 그러했다. "베티 이모는 자주 바트 볼Bad Boll에 가서 블룸하르트 목사와 교류한 덕분에 하나님 나라에 대해 상당히 개방적인 견해를 갖게 되셨다. 그분은 자신의 신앙 때문에 배타적인 사람이 되지 않고, 오히려 모든 사람을 긍휼히 여기는 사랑을 품고 사셨다.……그래서 어디서나 환영을 받았던 것 아닐까? 이모는 어느 곳에 가든지 금방 그곳 사람들의 사랑을 받았다."[93]

칼의 대부 한스 부르크하르트도 바젤에 살고 있었다. 그는 "바젤에서 제법 오래된 비단 산업계 대표로서 명망 있는 사람이었기에……상당한 재산을" 모았다. "그는 열정적인 예술 애호가였으며 여든의 연세에도 매일 말을 타고 다니셨다. 우리 가족 안에서 그의 이름은 거의 마술적이고 신화적인 느낌을 주었고, 우리가 레온하르츠그라벤에 위치한 그의 아름다운 고택, 화려한 가구가 즐비한 그의 집을 찾아갈 때는 가장 반듯한 정장을 입고, 최대한 예의를 갖추지 않으면 안 됐다."[94] 칼은 대부에게 값 비싼 선물을 받기도 했다. 예컨대 한번은 "토르발센의* 「알렉산더 대왕의 정벌」 석고 부조"를 받고 열광했는데 "길이는 150cm, 높이는 50cm나 되 는 작품이었다."[95] 또 빌헬름 베르누이 이모부도 바젤의 셰르틀링가세 에 살고 있었는데, "그 모서리 많은 집의 모든 비밀은 거대한 양철 욕조 에 집중돼 있었으며, 우리는 진짜 물을 가지고 거기서 신나게 놀 수 있 었다."[96]

바젤의 교외 프라텔른에는 또 한 명의 대부 칼 자르토리우스가 살고 있었다. 그의 목사관도 칼 바르트가 방학 때 즐겨 찾는 곳이었다. 한번 은 이런 시를 쓰기도 했다. "환상적인 프라텔른이여! 넌 정말 사랑스럽구 나!……아, 나같이 가련한 사람도 너와 함께 있으면 얼마나 좋은지!" 그 때만 해도 이곳은 그야말로 사랑스러운 동네였다. 이곳에서 벌어진 흥 미로운 사건이 하나 있었다. (그리고 이것은 훗날 칼 바르트의 역할을 하나의 비유처럼 보여주는 사건이었다.) 칼은 "교회 탑으로 향하는 계단을 올라가고 있었다. 너무나 깜깜해서 계단이 잘 보이지 않으니 계단을 조심조심 더 듬으며 가고 있었는데, 그러다 난간을 잡는다는 것이 그만 어떤 밧줄을 잡았는데, 하필이면 그것이 종을 칠 때 쓰는 밧줄이었다. 그 거대한 종이 바로 머리 위에서 울릴 때 그도 소스라쳐 놀랐지만 그 종소리를 들은 사 람은 그 혼자가 아니었던 것이다."[97] "프라텔른 위쪽에 있는 옛날 탑, 꼭 그림책에나 나오는 것 같이 멋진 탑"도—사람들은 그 탑을 하겐배힐리 라고 불렀다—삼촌의 소유였다. "나는 레프베르크 산에 둘러싸인 그 탑

---

* 토르발센(Bertel Thorvaldsen, 1770-1768): 덴마크의 조각가—옮긴이.

의 그늘에서 달콤한 포도를 따 먹기도 했다. 그 탑에 올라가면 포게젠까지 펼쳐진 아름다운 풍경을 감상할 수 있었다."[98] 바젤 시내와 바젤 근교에는 더 많은 친척들이 살고 있었다. 베른에 사는 소년 칼은 증조부 후버가 지은 여름 별장에서 "최소한 다섯 번" 가족 결혼식 음식을 "같이 만들었다."[99] 물론 그는 이런 대가족과 어울리는 것이 불편했다. "삼촌, 고모, 이모, 사촌들과 어울려 다니면서 시시덕거리고 차나 마셔야 하다니!" 열여섯 살 칼의 탄식이었다.[100] "친척들 모임, 예컨대 한스 부르크하르트 삼촌 댁에 점잔을 빼며 모여드는 것은 내가 아직 꼬마였을 때도 딱 질색이었다."[101]

싸움꾼이면서 작가

바르트 가족이 쇼스할데에 살던 때부터 칼은 아주 난폭한 악동의 모습을 보이기 시작했다. 칼은 같은 학교 학생들과 시립 김나지움 학생들 사이의 패싸움에 가담하기도 했고, 베른의 귀족 자제들과 가난한 집, 혹은 새로 이사 온 집 자제들 간의 (자유 김나지움의 학생들 내에서도 이 두 부류 간에 갈등이 끊이지 않았다) 결투에 끼기도 했다. 한때 칼은 쇼스할데에서도 싸움깨나 하는 것으로 알려져서 동네 패거리의 두목 행세를 했는데, 한번은 이웃집에 사는 마르틴 베르너Martin Werner와 끝장 결투를 벌인 적도 있었다. 이 마르틴은 훗날 베른 대학교의 조직신학 교수가 된다. 겨울에는 근처에 있는 에겔 호수에서 신나게 스케이트를 탔다. 당시 일기장(1899년 1월 21일)에 적힌 메모가 눈에 띈다. "오늘 나는 많은 녀석들을 두들겨 팼고 많은 녀석들에게 두들겨 맞았다. 바로 이 능동태와 수동태 속에 찬란한 시문학이 있다." 또 이런 내용(1899년 2월 9일)도 있다. "나는 일어나면서 배티를 두들겨 팼고 녀석은 구슬프게 울어 댔다." 같은 해 4월 26일에는 이렇게 썼다. "오늘은 특이한 일이 없었다." 그다음 날도 "특이하게도 오늘 또한 아무런 일이 없었다." 그런데 어떤 때에는 (1899년 5월 25일) "카허 선생이 화가 머리끝까지 나서 내 머리카락 두 가닥을 뽑았다. 그 머리카락은 지금 나의 박물관에 보관되어 있다." 그는 친구들과 더불어 학교 안에서도 심하게 말썽을 피웠다. 어찌나 거칠게 말썽을 피웠던지, 그의 교사였던 루돌프 펠트만Rudolf Feldmann(훗날 스위스 연방 각료가 된 마르쿠스 펠트만의 조부)은 "보통 때도 그의 수업 시간에는 툭하면 야단법석이 됐지만, 그런 소란이 정점에 이르자……제일 고약한 녀석들에게 제대로 저주를 퍼부으셨다. 우리가 나이를 먹으면 지금 그에게 저지른 못된 짓에 대한 벌을 받게 될 거라고 말이다."[102] 칼은 1899년에도 후버 선생님과 "제대로 충돌했다.……나는 그때의 후유증을 그 후로 일주일 동안 매일 일기에 기록했다. '벌받는 거 너무 나쁘다.' 일주일 뒤에는 이렇게 썼다. '벌받는 거 아직도 나쁘다, 하지만 전처럼 그렇게 나쁘지는 않다.'"[103] 칼의 생활기록부에서 특히 행실과 관련된 항목에는 자연스럽게 이런 코멘트가 따라다니곤 했다. "딴 생각을 하고 있을 때가 많다" 혹은 "못된 장난을 쳐서 세 시간 동안 감금!" 혹은 종교 수업 시간 참여에 대해서는 "주의 요망!"

이런 상황에서는 바이올린 수업도 충분한 성과를 거둘 수 없었다. 칼은 대략 열 살 때부터 노년의 얀Jahn 선생님에게서 바이올린을 배우기 시작했다. 1899년 4월 28일 칼의 일기장에는 이렇게 적혀 있다. "할아버지는 바이올린 수업 때 기분이 안 좋았다. (그래서 나는 잘할 수 없었다.) 그때까지만 해도 내 기분을 맞춰 주려고 '무서운 녀석'이라고 부르셨는데, 이제 나는 '늙어빠진 멍청이'로 승진했다." 그러니까 "우리 집에서는 나름 열정적으로 음악 생활을 장려했는데도 불구하고 나의 바이올린 연습이 지지부진했던 것"도 그리 이상한 일은 아니었다.[104] 그래서 칼은 크면서—모든 형태의 딜레탕트를 비판하면서—점점 더 "진정한 음악 청취가가 되었다."[105] 어쨌거나 시간이 흐르면서 칼의 바이올린 실력도 어느 정도의 수준에는 이르렀다. 칼은 "학교 오케스트라에 끼어서……몰아치는 헨델과 명랑한 모차르트를 연주했다."[106] 칼은 바이올린 연주보다는 노래 부르는 것을 더 좋아했다. 게다가 칼은 아주 좋은 바리톤 목소리를 가지고 있었다.

1897년 칼이 베른의 교련 단원이 되면서 그의 전투적 충동은 다른 방향으로 발산될 수 있었다. "나는 그때까지만 해도 스위스에……남아 있던 교련 군단 가운데 한 곳에서 4년 동안 꽤나 엄격한 군사 훈련을 받았다. 사격 실력이 조금 부족하기는 했지만 하사 계급까지는 올라갈 수 있었다."[107] 그는 아직 군사주의의 문제를 느끼지 못했던지라, 오히려 "베른 교련 군단의 훈련과 행군에 열정적으로 참여"하는 모습 때문에 사람들의 눈에 띄었다.[108] 나중에—1905년—그는 군대에 징집되어 신병 훈련소에 들어갔으나 건강상의 이유로 (특히 근시 때문에) 병역을 면제받았다.

칼은 클라라벡 8번지로 이사 오자마자 엄청난 분량의 글을 쓰기 시작했다. "다른 사람들에게 포도주 병이 위험하다면, 바르트 가문 사람들에게는 잉크병이 위험하다는 말까지 생겼다."[109] 역사와 전쟁을 다룬 작품을 부지런히 읽은 것이 글쓰기의 자양분이었다. 게다가 프리드리히 실러Friedrich von Schiller를 발견한 것은 칼의 작품 활동에 날개를 달아 주었다. 위대한 작가 실러는 "학창 시절 나에게 그야말로 독보적인 존재였다. 나는『마리아 슈투아르트』,『오를레앙의 처녀』,『발렌슈타인』 같은 실러의 작품보다 감동적인 것은 없다고 생각했다.……실러는 어느새 나에

게 최고의 이상이었다." 칼은 실러 때문에 '이상주의자'가 되었다. "그 당
시에는 아직 이상주의자로 살 수 있었고, 나 역시 기꺼이 이상주의자였
다."[110] 칼은 실러의 작품을 무섭게 탐독했다. 거기서 그치지 않고, 동생
들이나 친구들과 함께 실러의 작품 가운데 어떤 대목을—클라라벡 8번
지 정원의 작은 움막이나 그 밖의 다른 곳에서—공연하기도 했다. 가령
"나는……「발렌슈타인의 진영」을 공연하면서 사냥꾼 1을 맡아 연기했
다."[111] 또 한번은 방학 때 베아텐베르크에서 남동생들과, 그리고 그곳 목
사님의 아들 한스 폰 뤼테Hans von Rütte와 함께 "'발렌슈타인의 죽음'" 가운
데 두 장면을 상연할" 계획을 짰고, 그래서 어머니에게 "장식으로 쓸 때,
수염 비슷한 것 등을 넉넉하게 챙겨서" 얼른 보내 달라고 부탁했다. "그
러면 우리는 어머니께 정말 고마워할 거예요. 하지만 안 보내 주신다면,
우리는 깊은 슬픔에 빠지고 말 겁니다!" 또한 칼은 알프스의 산들을 보면
서 이렇게 탄식하기도 했다. "실러가 이 멋진 광경을 볼 수 있었다면 감
탄해 마지않았을 텐데……!"[112] 이 모든 것을 감안할 때 "기회만 주어진다
면……연극배우가 되는 방향으로 나갈 수도 있었던" 시절이었다.[113]

　　이러한 열광적인 독서와 공연이 계기가 되어 마침내 칼은 "드라마
작가라는 대담한 시도"를 감행하게 되었다.[114] "나는 실러의 「빌헬름 텔」
과 쾨르너의** 「츠리니」(Zriny)를 읽고 감격해서 몇 년 동안 드라마 작가로
왕성하게 일했다."[115] 칼은 열 살의 나이에 자신의 첫 번째 드라마 「오이
겐 왕자」(5막)를 썼다. 그 후에도 줄줄이 희곡 작품을 써냈는데, 특히 비

---

*　　실러의 3부작 「발렌슈타인」의 제1부가 '발렌슈타인의 진영'이고 제2부는 '피콜로미니 부자', 제3부가 '발렌슈타인
의 죽음'이다—옮긴이.

**　　쾨르너(Theodor Körner, 1791-1813): 독일의 시인이며 극작가. 「츠리니」는 그가 1812년에 발표한 드라마다
—옮긴이.

극이 많았고, 그중에는 심지어 프랑스어로 쓴 것도 있었다. 11-12세 때는 「헨치의 반란」이라는 작품에서 베른의 귀족 계급에 대한 깊은 혐오감을 노골적으로 드러냈다. 이 작품은 막 반란이 일어나고 있는 장면으로 시작된다. ("하우리: 나는 귀족들의 피를 갈망한다.……요스트: 과두 정치를 끝장내자!……모두: 자유! 평등!") 한쪽에서는 민중의 굴욕적인 처지가 묘사되고 (광범위하게 통용되던 베른 독일어로: 우리는 "저 높으신 분들 앞에서는 한 마디도 해서는 안 돼!") 다른 쪽에서는 그 '비천한 평민'을 조롱하는 베른 귀족들의 오만함이 부각된다. (정부 지침: "모든 말은 우아하게, 비음을 섞어서, 거만하게 해야 한다.") 결국 사형 선고를 받게 된 헨치, 그러나 예언자처럼 미래를 내다보는 헨치의 독백으로 대단원의 막이 내린다. "나는 보고 있다. 저 권좌를 독차지하고 있는 권력자들이 마침내 거기서 내려오는 것을……모두가 평등하게 살아가는……오 아름다운 날이여." 칼은 이렇게 '자유'가 핵심 개념으로 떠오른 드라마 외에도 많은 시와 '역사 에세이'(가령 1798년에 베른 시민들이 참패를 맛본 '노이에네크' 전투, 곧 '에거의 피의 밤'에 대한 글)를 썼다.

1899년은 칼에게 특별한 다작(多作)의 해였다. 그는 그때부터 평생 안경을 쓰고 살아야 했다. 그해는 칼에게 또 다른 의미에서 기억에 남을 한 해였다. 5월 31일 밤, 여동생 캐티가 "여섯 살의 나이로 너무나 갑자기 우리 가족의 품에서 떠났다."[116] 사망 원인은 디프테리아였는데, 의사가 그것을 너무 늦게 알아차린 것이 문제였다. 칼은 그해 여름방학, 베아텐베르크에서 지금껏 자기가 썼던 글을 정리해서 모아 놓고 거기에 "칼 바르트 전집. 할머니에게 헌정"이라는 제목을 붙였으니, 그야말로 미래를 기약하는 제목이었다. 8월에는 세 살배기 여동생 '트루디'도 디프테리아에 걸려 고생했다. 9월 초에는 칼도 성홍열에 걸려 병원 신세를 졌다.

칼은 병으로 약해진 몸을 추스르기 위해 11월 중순까지 바젤에 있는 할머니 댁에서 보냈는데, 그때도 이런저런 글쓰기로 시간을 보냈다. 그 기간에 한번은 베티 이모와 개 극장에 가 보았다. "시작하는 데 시간이 너무 오래 걸렸다. 그래서 내가 그 점잖은 정적 속으로 깍깍, 꿱꿱, 멍멍 하고 소리를 내자, 모든 시선이 나한테 쏠렸다. 재밌었다!"[117]

그는 1900년 4월에 아버지와 제네바 호수로 여행했던 것도 글로 남겼다. 그가 쓴 드라마 중에서 가장 부피가 큰 것은 1901년에 쓴 작품 「몬테누오바의 레오나르도 혹은 자유와 사랑」이다. (1931년 본 대학교의 학생들은 이 작품을 찾아내서, 헬무트 골비처[Helmut Gollwitzer]의 비호 아래 무대 위에 올렸다.[118]) 그것은 "끔찍한 죽음의 장면으로 가득한……비극"이었다.[119] 그러나 이 작품에서는 기존의 전투적인 분위기와 나란히 부드러운 사랑의 언어가 등장하기 시작했다.

나의 아가씨, 내가 더 오래 숨어 있어야 하나요?
내가 그대를 본 순간부터 난 그대를 사랑하나니……
아, 나의 마음은 오늘 어찌나 기쁘고 고요하게 뛰는지
사랑이 나에게 새로운, 더 나은 힘을 주었고
내 안에 있던 오랜 압박감을 더는 느끼지 않으며
잿빛 근심의 고통은 사라지고
쾌활한 청춘의 밝은 빛 속에서
내가 보는 세상은 심지어 사랑스럽고, 장밋빛으로 반짝이도다.
내 눈길을 가만히 띄워 보내기만 하면
저 먼 곳에서 가장 사랑하는 여인의 모습이 보이나니……
그 여인의 품에서 영원한 행복을 누리는 것

그것이 목표, 그 길은 아직 찾아야 하도다.

이렇게 새로운 분위기가 가미된 것은 결코 우연이 아니었다. 칼이 사랑에 빠졌던 것이다. 선택받은 여인의 이름은 안나 히르첼Anna Hirzel이었고, 대학교에서 문학사를 가르치는 교수님의 딸이었다. 안나는 칼이 "함께 스케이트를 타곤 했던" 친구였다.[120] 칼은 안나와 "노이브뤼케에서 10상팀centime어치 뜨거운 설탕물을 마셨는데 그 값은 [칼이] 선뜻 지불했고", 춤 교습도 같이 받았는데, "나는 유감스럽게도 결코 '민첩한 춤꾼'이 되지 못했다." 그러나 그녀는 이 영역의 '최고 스타'로서 "내가 보기에는 거의 숭고한 모습"이었다.[121] 두 사람은 시간이 흐르면서 금방 헤어졌고, 70세 노인이 되어서야 티치노(테신[Tessin])에서 다시 만났다.

칼의 삶에서 친구들의 비중이 점점 커지고, 칼 스스로도 친구들과의 관계를 더욱 중요시하면서, 그의 글쓰기도 바야흐로 새로운 지평과 새로운 가능성을 확보하게 되었다. 칼의 친구는 대개 자유 김나지움의 학생들이었다. 칼과 가장 친했던 같은 반 친구로는 베르너 헤베를리Werner Häberli, 그리고 학급 수석 오토 라우터부르크가 있었다. 두 사람은 나중에 목사가 되었다. 그 밖에도 취리히 공장주의 아들로서 훗날 법조인이 된 빌헬름 슈푄들린Wilhelm Spoendlin이 있었다. 빌헬름의 아버지는 그라이펜 호숫가에 큰 별장을 가지고 있었는데, 그곳의 이름은 그라이펜제 슐로스였다. 칼은 1920년 초반까지도 거기서 즐겁게 휴가를 보내곤 했다. 칼의 학급에는 훗날 준장까지 오른 르네 폰 그라펜리트René von Graffenried, 구세군 장교가 된 에른스트 폰 마이Ernst von May, 의사가 된 알베르트 쉬프바흐Albert Schüpbach와 한스 추어린덴Hans Zurlinden도 있었다. 한스는 칼과 브레멘에서 다시 만난다. 한 학년 아래의 친구로는 칼의―그리고 동생인 페터 바르트의—좋은 친구 마르틴 닐Martin Nil (훗날 그린델발트의 목사)이 있었고, 한 학년 위로는 아돌프 피셔Adolf L. Vischer가 있었다. 아돌프는 나중에 노인학자gerontologist가 되어 바젤 대학교에서 칼을 다시 만난다. 칼은 몇 살 위의 형들과 아주 잘 어울리면서 그들을 우러러보았고, 그들의 여러 조언을 기꺼이 받아들였다. 거기에는 두 학년 위의 칼 북스토르프Karl Buxtorf(훗날 바젤의 목사)와 게르하르트 뤼페나흐트Gerhard Rüfenacht, 세 학년 위인 고트프리트 보넨블루스트Gottfried Bohnenblust(훗날 제네바 대학교의 문학 교수)가 있었다. 고트프리트는 칼에게 "지혜로우면서도 늘 새로운 앎을 추구하는 열정의 화신"이었다.[122] 칼에게 견신례 교육을 베풀어 준 목사님의 동생이었던 지크프리트 에쉬바허Siegfried Aeschbacher(훗날 의사)는 여섯 살이나 위였다. 칼은 '아버지 같은 친구'인 지크프리트를 위해 긴 송가를 짓기도 했다. 일곱 살 많은 친구로는 알베르트 셰델린Albert Schädelin이 있었는데, 그는 나중에 베른의 목사이자 실천신학자로서 평생 칼 바르트의 신실한 친구가 되어 주었다. 칼은 학창 시절 그 알베르트에 대한 특별한 기억을 간직하고 있었다. "네겔리가세 채플에서 열리던 자유 김나지움의 종업식 때가 되면 울리히 크리플러 선생님이 단조로운 멜로디로 전체 석차 리스트를 쭉 읽어 주셨는데, 내가 속한 등급보다 훨씬, 훨씬 더 위쪽의 석차는 (만일 내가 잘못 기억하는 게 아니라면, 언제나) 이렇게 시작됐다. '1등 알베르트 셰델린, 2등……' (나중에 가장 확실한 자료를 찾아서 조사해 보았더니, 나의 기억이 역사적으로 그렇게 정확하지는 않은 것 같았다. 그래도 나는 이 부분을 그냥 두려고 한다. 모든 걸 '탈신화화'하려고 할 필요는 없다.) 내가 속해 있던 마지막, 혹은 끝에서 두 번째 등급에서는 현재 연방 각료를 지내시는 분의 이름도 들렸으니" 그가 바로 에두아르트 폰 슈타이거Eduard von Steiger다.[123] 에두아르트와 칼은 벌써 그때부터 사이가 안 좋았다. 칼의 동생인 페터와 하인리히 바르트도 그 학교를 다녔다.

1900년 11월에 칼은 몇몇 친구들과 함께 '슈투디아'Studia라는 학생 동아리를 만들었는데, 목표는 '우정과 학문 증진'에 힘쓰는 것이었다. 이 동아리의 학생들은 함께 모여 카이사르Caesar를 번역하고 실러와 레싱Lessing을 읽었다. 여기서 칼(별명은 '피리새'[Fink]였다*)은 시 낭송과 강연('휘닝겐 성', '1833년 8월 3일', '루트비히 14세' 등)으로 빛을 발했다. 1902년에는 '파트리아'Patria라는 조금 오래된 동아리에 가입해서 (거기서는 '수은'[Zwaspel]이라 불렸다) "시간과 에너지를 모조리 고갈시키는, 그래서 더욱 재미있는, 극성맞은 동아리 활동"에 몰두했다.[124] 이 동아리는─정관에 따르면─"자유 김나지움의 젊은 금욕주의자들로" 구성된 모임으로서 "우정과 친교와 교육"에 기여한다. 이 동아리는 다른 동아리, 곧 주로 귀족 자제들이 찾아가는 (금욕적이지 않은) 동아리와의 차별성을 자랑스럽게 내세웠다. '파트리아'에서도 칼의 문학적 재능은 단연 돋보였다. 칼은 거기서 이따금 회장을 맡기도 했다. 칼은 예수회에 대해, 혹은 (입이 마르게 칭찬하면서) 리슐리외Richelieu에 대해, 혹은 '극장 관람'에 대해 강연했다. 그는 '극장 관람'을 예배와 동일시하고, 바그너의 「탄호이저」를 "강력한 선포"라고 부르며 칭송했다. "모차르트와 바그너의 천재성에서 신적인 것을 간파해 내지 못할 이유가 있는가? 사실 극장도 아주 구체적이고 직접적인 설교가 될 수 있다." 칼은 연극 공연을 함께하기도 했고, 동아리를 위해 시 몇 편, 드라마 몇 장을 쓰기도 했다. 가령 「고교 졸업반 학생의 꿈」이라는 제목으로, 모차르트의 아리아에 새로운 텍스트를 첨가

---

* 독일어 Fink는 참새 과의 작은 새(되새, 피리새)를 뜻하는 말인데, 스위스에서는 말을 떠들썩하게 늘어놓는 유쾌한 사람이나 말썽꾸러기를 의미하기도 한다─옮긴이.

하여 "위대한 로맨틱 스펙터클 오페라"를 썼다. 그가 작시한 '색채의 노래'(Farbenlied)는 수십 년 동안 그 동아리의 주제였다. 이 동아리 회원들은 이런저런 기회가 있을 때마다 청춘의 진지함으로 오랜 토론을 벌였다. 때로는 하나하나를 따져가며 조심스럽게, 때로는 폭풍우가 몰아치듯이 맹렬하게 '정신의 세계'로의 진입을 시도했다. "그 당시는 모두가 헤켈Haeckel과 니체를—'하나의 신이 존재하는가?'—논하던 시절이었는데, 그런 분위기가 자유 김나지움에까지 찾아온 것이었다. 학생들 가운데 나름 실력이 있는 이들은 벌써 쇼펜하우어를 논하기도 했고, 다시금 칸트를 논하기도 했다. 또한 그 위력적인, 약간은 폭력적인 헤르만 쿠터 Hermann Kutter도 우리의 지평에 이미 나타나기 시작했다."[125]

견신례

그것은 칼의 김나지움 생활 후반부에 일어난 일이었다. 이미 그 기간에 칼은 미래의 직업을 확실하게 정하게 되었다. 칼이 그런 결정을 하게 된 데는 뉘데크 교회Nydeggkirche 목사와의 만남이 결정적인 역할을 했다. 그의 이름은 로베르트 에쉬바허Robert Aeschbacher였으며, "그 당시 베른의 청중이……열광하던 탁월한 설교자였다."[126] 그는 "내 아버지의 학생이었으며 나중에는 아버지의 친한 친구가 되었다."[127] 신학적인 면에서는 "장차 새로운 흐름을 형성하게 될 노선에 최소한 한 발은 이미 내딛은 상태였다."[128] 프리츠 바르트에 따르면 이 사람은 "신학적 사유의 문제를 회피하려 하지 않고, 철저하고 양심적으로 그 문제에 파고들었다. 설령 그 과정에서 기존의 생각이 흔들린다 하더라도 말이다.……그러나 그는 그리스도교 사상의 질문을 그저 이론적으로만 다루는 것이 아니라 삶의 질문으로 받아들였다.……힘겨운 내적 투쟁을 거치면서 그는, 모든 인간을 위한 구원은 오직 예수에게 있다는 확신에 도달했다. 이 복음을 선포하는 것, 그것이 그의 최고 기쁨이었다. 하지만 그는 잃어버린 양을 찾아나선 목자의 마음으로 그것을 선포했다. 그는 복음의 명령을 단호하게 사회적 상황과 연결시켰는데, 일부 몰지각한 겁쟁이들은 거기다 대고 사회주의라는 비난을 퍼부었다." 에쉬바허의 견신례 수업은 "청소년의 이해 수준을 적절히 고려하면서 신선한 감동을 선사하는 매력적인 수업인지라 베른 전체에서 학생들이 몰려드는 바람에 여러 반으로 나누어서 수업을 진행하지 않을 수 없었다."[129]

칼 바르트도 이 수업을 들었다. "나는 1901-1902년에 그의 견신례 수업을 들으며 큰 기쁨을 느꼈다."[130] 이 수업은 "나를 완전히 매료시켰던 사건, 거의 흥분의 도가니로 몰아넣었던 사건으로 내 기억 속에 남아 있다.……그가 했던 '강의'의 초점은—내가 일부러 이 '강의'라는 단어를 쓰는 것은, 내가 기억하는 한 그는 교리문답식으로 수업을 진행하거나 뭔가를 '테스트'하는 듯한 모습을 보인 적이 없기 때문이다—꽤 진지한 신학적 주제들이었다. 예컨대 당시 한창 논란이 되고 있던 헤켈이나 유물론에 대한 반박이라든지 변증론이 큰 비중을 차지했다. 물론 예수의 삶과 죽음과 부활의 의미를 실증적으로 전개하기도 했다.……게다가 윤리에 관한 강의도 있었는데, 그 자리에서 사회적 문제에 대한 문제의식 같은 것을 (쿠터와 라가츠를 알기 훨씬 전에) 처음으로 접할 수 있었다."[131] "나는 이미 그 당시에, 예컨대 중세의 다섯 가지 신 존재 증명과 후기 정통주의의 성서 영감 이론Theorie von der Literalinspiration der Bibel은 대단히 미심쩍은 시도라는 것을 배울 수 있었다. 그런 시도보다 훨씬 중요한 것이 있었다. 그리스도교 신앙고백의 위대한 문장들을 그저 알고 긍정하는 데 그치지 않고, 그것을 내부로부터 이해하는 것이 아름답고 선한 일이라는 사실이었다."[132] "세기가 바뀌던 그 시기의 스타일에 따라 [수업은] 아무래도 변증론의 성격을 많이 띠고 있었다. 그러나 나는 그 수업을 통해서 모든 종교적 물음을 아주 가깝게 느낄 수 있게 되었고, 견신례 수업이 끝나고 나자 그 문제에 대해 더 많은 것을 경험해야 할 필요성을 확신하게 되었다."[133] "나는 견신례를 받은 날(1902년 3월 23일) 밤에 신학자가 되겠다는 대담한 결정을 내렸다. 설교나 상담 등을 생각한 것이 아니라, 지금 내 눈 앞에 어렴풋하게나마 어른거리는 것, 그리스도교의 신앙고백을 학문의 길을 통해 제대로 이해해보고 싶다는 희망이었던 것 같다."[134]

칼은 견신례 이후에도 계속 "사람들이 입추의 여지 없이 들어찬 뉘데크 교회를 찾아가 로베르트 에쉬바허의 설교를 (로마서 1:16에 대한 연속 설교, 시편 23:1에 관한 설교는 잊을 수가 없다!) 완전 몰입의 상태에서 하나도 놓치지 않고 들었다."[135] 칼 바르트가 신학을 전공하게 된 직접적인 계기가 로베르트 에쉬바허에게서 왔다면, 간접적이고 은밀하긴 했지만 훨씬 강력한 계기는 아버지에게서 왔다고 할 수 있다. "훗날 나와 신학의 관계에 전제가 되어 준 사람은 나의 아버지 프리츠 바르트였다.……그는 학자이면서 교수로서 고요한 진지함으로 그리스도교 신학을 대했으며, 이러한 모습은 나에게 결코 지워지지 않을 모범, 넘치도록 경고하고 권면하는 모범이 되었고, 지금도 마찬가지다."[136]

이제 칼의 대학생 시절이 손에 잡힐 듯 가까이 다가왔다. 그는 1904년 여름 수학여행에서 티틀리스와 우리로트슈톡을 등반했다. 7월 방학 때는 슈뷘들린과 함께 그라이펜 호수 근방에서 시험을 준비했다. 그때 독일인 비토어 목사 가정을 만났다. 그 집 딸과는 바이올린 연주를 같이 하고, 그 집 아들과는 노래를 불렀다. 심지어 호수에서 수영을 하면서도「마술피리」에 나오는 '한 소녀나 아내를 원하네'(Ein Mädchen oder Weibchen) 를 비롯하여, 위대한 모차르트의 아리아를 불렀다.[137] 그들은 호수에 배를 띄우고 "한밤의 항해"를 즐기기도 했는데, 칼은 큼지막한 파이프를 물고 "그 한밤의 공기를 오염시켰다."[138] 마침내 1904년 9월 15-16일, 고등학 교 졸업을 위한 필기 및 구술시험을 치렀고, 그다음 날 졸업 증명서를 받 았다. 이로써 "나는 졸업시험을 통과했다. 화학이나 물리 같은 과목에서 애를 먹은 탓에 최종 성적은 우수(제2급)에 그쳤다."[139] 그는 이틀 후 '졸업 생 연설'을 하게 되었다. 그 자리에서, 자기가 학교에 가는 걸 얼마나 싫 어했는지, ("너는 나에게 한없는 존경심을 표해야 할 것이다.……그러나 그 어떤 것도 나를 다시 그곳으로 돌아가게 할 수는 없다") 또 선생님들께서 자기네들 때문에 얼마나 힘드셨는지를 ("진실로, 성스러운 인내의 귀감인 오디세우스의 고난이나 욥의 고난도 그분들의 모든 분노와 고통에 비하면 아무것도 아니리니!") 아주 진솔하게 털어놓았다. "그 험한 시절을 잘 버틴 것에 대한 보상"으 로 빌헬름 슈뢴들린과 함께 "처음으로 저 넓은 독일 제국 땅, 프랑크푸르 트와 쾰른으로 경탄과 감격의 여행을 떠났다."[140]

할아버지 프란츠 알베르트 바르트. 토비아스 베크의 제자였으며, 부벤도르프와 바젤의 테오도어 교회에서 목사로 재직했다.

할머니 사라 바르트-로츠. 칼의 대모. "대단치 않은 바젤" 출신으로, 병약했으나 강력한 의지의 소유자였다.

아버지 요한 프리드리히 바르트. 바젤의 목회신학원 교수로 재직했다. 1888년 두 살 된 아들 칼과 함께.

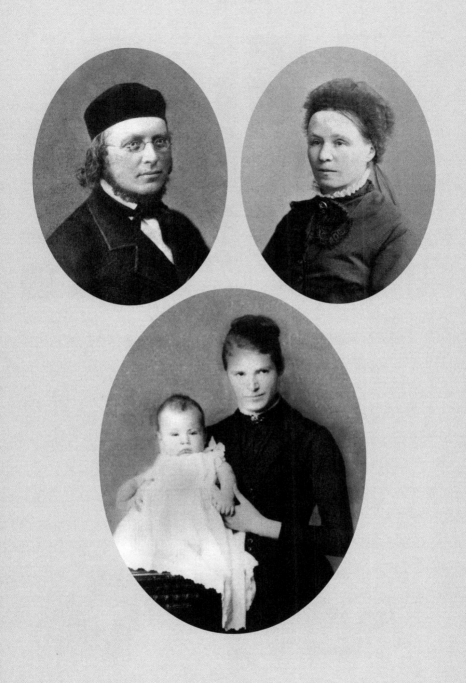

외할아버지 칼 아힐레스 자르토리우스. 보수적이고 정통주의적인 목사로, 바젤의 엘리자베트 교회에서 시무했다.

외할머니 요한나 자르토리우스-부르크하르트. 저명한 역사학자 야콥 부르크하르트의 사촌으로, 외손자 칼을 많이 사랑해 주었다.

어머니 안나 바르트-자르토리우스. 1886년 라이트나우에서 바젤로 이사 온 뒤 낳은 첫 아들 칼과 함께.

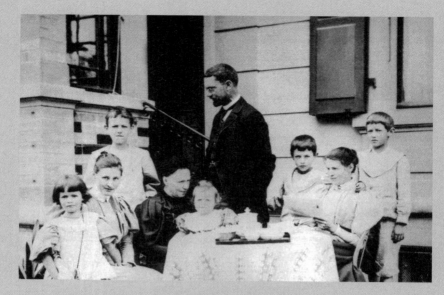

1897년 베른의 클라라벡 8번지로 이사한 바르트의 가족. 왼쪽부터 카타리나, 베티 이모, 칼(방금 아버지에게 혼난 흔적이 역력하다), 할머니 자르토리우스, 게르트루트, 아버지 프리츠 바르트(그 당시 교회사 교수), 하인리히, 어머니 안나, 페터.

1902년 견신례 수업을 받던 시기의 칼. 동생 페터, 게르트루트, 하인리히와 함께. 카타리나는 3년 전에 죽었다.

칼은 1903년 비오 10세가 교황으로 선출되자, 모든 그리스도인은 교황으로 선출될 수 있다는 사실을 깨닫고 상당히 흥분했다. 그는 한동안 자신을 새로운 교황이라 생각하면서 '성 울리헨'이라는 호칭을 지어냈다. 위 사진은 당시 바르트가 교황 행세를 하며 가족들에게 내린 회칙.

2. 대학생 시절과 수련목회자 시절 1904-1911

신학생

베른 대학교 시절

"나는 아버지의 친절하면서도 진지한 안내와 조언을 따라 베른 대학교에서 대학 생활을 시작했다."[1] 칼 바르트는 클라라벡에 있는 부모님의 집에 계속 살면서 대학교를 다녔다. 그는 1904년 10월 17일 베른 대학교 신학과에 등록했다. 그를 향해 열린 문을 통과하여 들어간 곳은 완전히 새로운 세계였다. 신학이라는 학문에 대한 첫인상은 그다지 강렬하지 않았다. 베른의 선생들은 그의 관심과 열정을 이끌어 내지 못했다. 그래서 그는 일단 그들의 강의와 세미나를 착실하고 주의 깊게 따라갔다. 그리고 "나는 그들의 건실한, 그러나 약간 건조한 지혜를……일단 처음에는 아무런 전체적인 조망도 없이, 그저 부지런히 받아 적었다."[2] 학기가 끝나면 대학생 칼 바르트는 학기 내내 꼼꼼하고 자세하게 필기한 노트를 제본하고, 표지를 온갖 조롱의 문구와 에피소드와 명언과 만화로 장식해 놓았다. 2학기가 끝난 후 제본된 공책 표지에는 화가 나서 얼굴이 일그러진 한 남자의 그림이 있고, 그 밑에는 이런 말이 적혀 있다. "게으른 바르트의 시험 후에 슬퍼하시는 아버지."

그의 선생들 중에는 대단히 독특한 사람들도 있었다. "그 당시 나는 베른의 노교수 루돌프 슈테크Rudolf Steck에게서 신약성서를 배웠는데" 그의 강의는 "친절하나, 지루하다 싶을 정도로 정밀한 분석"이 너무 많았다. 그는 "튀빙겐 학파의 마지막 대표자, 가장 열렬한 대표자"였으며, "바울의 이름을 달고 있는 서신은 바울이 직접 쓴 것이 아니라 모두 2세기에 기록된 것"이라고 주장했다.[3] 구약성서는 칼 마르티에게서 배웠다. 그는 "철저하게 벨하우젠Wellhausen의 제자"였다.[4] "그분도 위대한 학자이긴 했지만……그의 강의는 너무나 메마른 지혜였다."[5] "조직신학은 슐레스비히홀슈타인 출신의 용감한 남자 헤르만 뤼데만Hermann Lüdemann에게서 배웠다. 그분은 비스마르크에게 반대했기 때문에 고향에 남아 있을 수 없었다."[6] 그는 "슈테크와 마찬가지로 바우르Baur의 직계 제자였다."[7] 그는 "언제나 톡 쏘는 듯한 예리함"으로 "리츨 계열에 대해 신랄한 공격"을 퍼부으면서,[8] "한편으로는 철저하게 칸트의 입장에서, 다른 한편으로는 보통 실증주의라고 부르는─자기는 스스로 경험 비판주의자Empiriokritizist라 불렀는데─입장에서" 자신의 신학적 체계를 구성했다. "그가 우리에게 받아 적게 했던 명제는 이렇게 시작했다. '그리스도인은 자신의 종교적 의식의 힘으로 아노니……!' 종교적 의식, 곧 경험적인 실제 사실은……우리가 초월을 들여다 볼 수 있는 작은 구멍"이었다.[9]

칼 바르트는 이런 강의에 그다지 흥미를 느끼지 못했다. 그들은 "나에게 좀 더 깊고 지속적인 관심을 불러일으키지 못했다." 그럼에도 불구하고 "베른의 대가들 덕분에 나는 정체 모를 두려움 같은 것을 말끔히 지워 버릴 수 있었다. 그때 내가 '역사 비평' 학파의 초기 형태를 철저하게 섭렵했기 때문에, 나중에 그 후계자들이 나서서 하는 말이……더는 내 마음에, 아니 피부에 와 닿지 않았으며, 그 주장을 너무나 잘 알고 있던 터라 오히려 귀찮게 느껴질 뿐이었다."[10] "당시 열아홉 살 대학생이었던 나는" 몇 년 후에 "탈신화화라는 이름으로" 유행하게 될 "모든 것보다 훨씬 지독한 담배를 피웠던 셈이다."[11] 그러므로 "나는 이미 베른 시절에 '그 낡은 정통주의'에 대한 모든 비판을……그리고 하나님의 모든 길은 칸트에게서 시작해서, 어쩌면 결국 칸트에게로 귀결된다는 식의 주장을 심각하게 듣고 배웠던 것이다."[12]

"나는 아버지의 강의와 세미나를 훨씬 집중적으로 듣게 되었는데, 바로 그렇기 때문에 가끔 다른 방향의 신학에 대한 관심을 갖게 되었다."[13] 바르트는 베른에서 보낸 네 학기 내내 아버지의 수업 '예수의 비유', '신학 입문'(교회사 I-IV), '예수의 생애', '바울의 생애와 저술'을 들었다. 그러나 아버지의 강의도 아들을 완전히 매료시키지는 못했다. "아버지의 사진은 지금도 바로 내 앞에 있다.……나는 그분의 인격이나 신앙심은 차치하고라도 우선 그분을 건실한 학자로서 매우 존경했다. 하지만 그분의 신학, 곧 그 당시 (온건한) '실증주의'라고 부르던……신학적 태도와 방향을 그대로는 받아들일 수 없었다."[14]

베른 대학교 신학생 시절에 바르트의 정신세계를 비춰 주고 바르트가 기쁘게 들어선 그 길의 안내자 노릇을 했던 이름은 이마누엘 칸트 Immanuel Kant, 1724-1804였다. "대학생 시절 나를 깊이 감동시킨 첫 번째 책은 칸트의 『실천이성비판』이었다."[15] 몇 년 후에 바르트는 자신이 칸트를 읽은 이 사건을 무슨 회심의 체험처럼 묘사하기도 했다. "위대한 발견의 시간이 찾아왔다. 그것은 복음이 단순한 것이라는 발견이었다. 하나님의 진리는 수많은 주장과 추측의 말로 이루어진 복잡하고 어려운 구조물

이 아니라, 어린이도 다가갈 수 있는 소박하고 분명한 인식이라는 발견
이다. 나는 지금도 확실하게 알고 있다. 한 권의 책을 읽고 있는데, 그 인
식이 나에게 찾아왔다. 그 책의 내용은 무엇인가? 이 세상 안에서, 그리
고 밖에서 선한 것은 오직 선한 의지뿐이라는 것이다.* 선한 의지는 진리
이며, 나의 삶 속에 나타난 신적인 것이다. 나는 거기에 매달렸다. 대단
한 것은 아니었으나, 거기에는 뭔가가 있었다. 거기에서 뭔가 나올 것이
다. 내 머릿속 질문과 생각의 혼란이 잦아들기 시작했다. 그 대신 세 가
지 혹은 네 가지의 핵심 질문이 들어섰다. 하나님은 어떤 분인가? 우리에
게 예수는 무엇을 의미하는가? 우리 인생의 목표는 무엇인가? 어떻게 그
목표에 도달할 수 있는가?……나 나름대로 원칙을 잡아 보았다. 단순할
수록 좋다! 그렇다고 학문에 대한 기쁨이 사라져 버린 것은 아니다. 오히
려 전보다 더 열심히, 더 기쁘게 연구한다. 그러나 이제 내가 책을 읽으
면서, 교수님들의 강의를 들으면서 추구하는 것은 단순한 것에 대한 올
바른 인식이다. 그 인식 속에서 더 깊고, 더 명료하고, 더 확실해지는 것,
이것이 나의 목표가 되었다."[16]

　　그런데 바로 이 시기에 칼 바르트의 대학 생활은 또 다른 측면을 가
지게 되었으니, 그것은 동아리 활동이었다. 바르트의 삶에서 당분간은
신학 공부보다 동아리 활동이 더 충만하고 흥미진진한 것이 되었다. 칼
은 베른 대학교에 입학하자마자, 한때 아버지가 왕성하게 활약했던 동아
리에 가입했다. 칼은 "슈프렌첼"Sprenzel이라는 별명을 쓰면서, 그 옛날 아
버지처럼 열정적으로 동아리 활동을 해나갔다. "그 시절 나는 대학생 동
아리 초핑기아Zofingia에 엄청난 시간과 돈과 힘을 쏟아부었다. 이 동아리

---

*　　칸트의 「윤리형이상학 정초」(Grundlegung zur Metaphysik der Sitten)에서 인용—저자.

1905년 동아리 초핑기아 친구들과 함께.

그 시절 바르트는 대학생 동아리 초핑기아에 엄청난 시간과 돈과 힘을 쏟아부었다. 제일 오른쪽 맥주통 옆에 앉은 사람이 칼 바르트. 왼쪽에는 헤베틀리, 왼쪽 세 번째가 쉬프바흐, 오른쪽에 기를 들고 있는 사람이 추라우프.

는 그때 나지막이 부상하던 청년 운동에도 전혀 타격을 입지 않았다. 나와 평생을 같이한 친구들은 훗날 다른 삶의 여정에서 만나게 되었다. 하지만 이 시기의 에피소드도 화사한 빛깔의 추억으로 남아 있는 터라 이제 와서 후회하고 싶지 않다."[17] 칼은 그 동아리에 가입하자마자 친구들과 함께 "동아리 모자를 쓰고 베른 시내를 보란 듯이 휘젓고 다녔다."[18] 그러니까 금욕적인 학생 동아리 '파트리아'에서 나오기가 무섭게 저돌적인 술꾼이 되어 맥주를 마셔 댄 것이다. 기분 좋게 담배를 피우는 습관은 이미 오래되었다. 고등학교 졸업 시험에 합격했다고 할머니께 "긴 담배 파이프"와 "품질 좋은 담배"를 선물로 주십사고 부탁한 적도 있다.[19] 바르트도 처음에는 그 동아리의 "전체적인 분위기가 너무 맥주나 마시고 흥

청망청하는 것 같았다."[20] 그러나 얼마 지나지 않아 그런 분위기에 기꺼이 어울렸다. 베른 대학교 첫 학기 때부터 이 '초핑기아'의 모든 모임과 행사에—베른 대학교의 모임이든 다른 곳에서 열린 모임이든—열심히 참석했다. 거기에 들어가는 돈의 일부는 바이올린 개인 교습으로 직접 벌기도 했다. ("이건 그야말로 어리석은 짓 아닌가?"[21])

칼 바르트는 베른의 동아리 안에서, 그리고 베른 외부의 '초핑기아' 모임에서 다양한 부류의 신진 학자들, 또 장차 학자가 될 사람들을 만나게 되었다. 특히 바젤 출신 중에는 칼 바르트가 훗날 다른 이유에서 다시금 가깝게 지내게 될 사람들이 있었다. 나중에 바젤의 교회협의회 의장이 될 에큐메니칼 활동가 알폰스 쾨힐린Alphons Koechlin, 1885-1965이 그 가운데 하나인데, 바르트는 그를 "1905년 라우펜의 축제 때 처음으로 알게 되었다." 그는 총무라서 동아리의 깃발을 들고 다녔고 "나는 준회원이라서……오른쪽에서 그냥 따라갔다.……내가 어쩌다 조금 거칠게 대열 속으로 끼어들려고 하면 그가 부드러운 목소리로 충고해 주었다. '이봐, 다른 사람들에게 예의를 갖춰야지!' 이 말은 나에게……깊은 인상을 남겼다. 비록 내가 나중에도 다른 사람에게 그다지 예의 바른 모습을 보이지는 않았지만 말이다."[22] 훗날 바젤 지역 대표자 회의 의장을 맡은 루카스 크리스트Lukas Christ 1881-1958도 있었다. 그의 아버지는 바르트의 아버지와 친구였다. 바르트의 기억 속에서 루카스는 "언제나 바위 같은 존재"였으며 "아직 어렸던 나는 그 바위의 차가움과 가파름 때문에 약간 두려움을 느끼기도 했지만……결국 그는 나를 신뢰했고, 오랫동안 좋은 일과 나쁜 일을 수도 없이 겪었으나 그 신뢰를 거둔 적이 없었다."[23] 훗날 취리히에서 "스위스적인 신학자, 스위스적인 교회 리더십의 최고 가능성"을 보여준 오스카 파르너Oskar Farner, 1884-1958도 그때 만났다. 그는 "남자답고 반듯한 모습"과 "모든 방면의 진정한 개방성"으로 단연 돋보였다.[24] "자유주의적인 배경을 갖고 있었으나, 가장 중요한 문제와 관련해서는 나도 그의 생각에 완전히 동의할 수 있었다."[25] 이러한 상호 이해의 분위기는 시간이 흐르면서 더욱 강화되었다. 끝으로 빼놓을 수 없는 것이 에두아르트 투르나이젠(1888-1974)이다. 칼 바르트와 그가 "서로 알게 되었을 때, [투르나이젠은] 그 당시 격동기를 보내고 있던 바젤 초핑기아의 회원이었고, 역시 신학생으로서 파울 베른레Paul Wernle와 베른하르트 둠Bernhard Duhm의 제자였다."[26]

1906년 겨울 칼 바르트는 동아리 안에서 큰 논란을 불러일으켰다. 1906년 1월 20일 바르트의 강연이 그 원인이었다. "내가 초핑기아에 가입하던 때부터 고민했던 문제, 나의 마음 깊은 곳을 건드리던 문제, 곧 초핑기아와 사회적 물음"에 관한 강연이었다. 칼 바르트는 "우리 안에서도……자본과 노동, 맘몬과 결핍, 요컨대 부유함과 가난함 사이의 균열이 점점 커지고 있다." 그는 레온하르트 라가츠Leonhard Ragaz의 사상에 기대어 사회적 물음이야말로 "발전의 고리 가운데 한 부분, 아니 온 인류가 풀어 나가야 할 핵심 문제이며, 예수가 고대 사회에 제기한 문제도 바로 이 문제"라고 주장했다. 그래서 이 젊은 신학생은 초핑기아가 "후배들에게 '고상하고 고풍스런 대학생 풍습'을 최대한 옛 모습 그대로 전수하는 것을 본질적이고 국가적인(!) 과제로 여기는 고지식한 동아리의 모습"을 벗고 "새로운 정신, 곧 하층 민중에 대한, 특히 우리 자신에 대한 사회적 책임의 정신으로 가득한" 동아리로 변화할 것을 요구했다. 칼 바르트의 주장에 가장 극렬하게 반대한 사람은 같은 고등학교 출신으로서 당시 법학과 학생이었던 에두아르트 폰 슈타이거였다.

바로 그 겨울에 바르트는 두 개의 세미나 리포트도 썼다. (하나는 신약학 리포트, 하나는 교회사 리포트였다.) 그전 여름에도 어느 세미나를 들으면서 '아시시의 프란체스코의 상흔'에 관하여 (바르트는 그것을 '신경병증'과 관련된 것이지만 그래도 기적적인 현상이라고 보았다) 꽤 긴 분량의 소논문을 썼다. 1906년 3월 17일에는 그의 '문헌 목록' 제1호가 나왔다. 그것은 제10차 아라우 기독 대학생 총회에 대한 보도였는데, 그때 아돌프 슐라터의 강연도 있었다. 세미나 형태로 진행되는 이 총회를 처음 만든 것은 프리츠 바르트였다. 이후 수십 년 동안 이어졌던, 매년 봄에 사흘 동안 열리는 이 총회는 강연과 토론으로 구성되었으며—정관에 따르면—"대학생들에게 종교 문제에 대한 관심을 촉발하고, 그들에게 예수 그리스도의 대답을 제시하며, 그리스도교적 삶을 촉진하고자" 했다.[27] 한 달 후에 칼 바르트는 베른의 학문적 개신교 신학 동아리에서 최초의 신학 강연을 하게 되었는데, 그 강연은 '주기도의 근원적 형태'에 관한 것이었다. ("오늘 우리는 역사 비평의 작업실을 들여다보게 될 터인데, 이 역사 비평이란 것은 원래 가장 높고 거룩한 것 앞에서도……전혀 주저하지 않는다!")

그해 가을, 곧 1906년 10월 17일에 칼 바르트는 신학 수업의 첫 번째 관문이었던 예비 시험을 성공적으로(1등급!) 마쳤다. 그 시험공부도 그라이펜 호숫가 별장에서 했다. 스위스의 신학생은 철학, 종교사, 교회사, 성경 과목에서 자신의 실력을 검증받아야 했는데, 칼 바르트는 히브리어 때문에 고생을 했다. 히브리어는 "처음 만났을 때부터 나를 난감하게 만들었다.……아버지는 히브리어에 상당히 능통하셨기에 자주 나를 나무라셨지만, 안타깝게도 아무 소용이 없었다. 나는 히브리어에 매진할 수 없었고 그러고 싶지도 않았다."[28] "스위스의 관행에 따르면……이른바 예비 시험을 치른 학생에게는 외국에서 공부할 자격이 주어지기 때문에 나는 마르부르크로 가고 싶어 했다. 그러나 아버지는 내가 할레나 그라이프스발트에 가기를 원하셨다. 결과적으로는 그나마 중도적이라고 여겨지는 베를린으로 가게 되었다."[29] 고등학교 친구 빌헬름 슈뢴들린, 초핑기아의 형제 오스카 파르너가 그곳까지 동행해 주었다. 그들이 독일의 수도에 도착했을 때, 베를린 사람들은 대담무쌍한 쾨페닉의 대위 사건으로* 술렁이고 있었다. 칼 바르트는 1906년 말과 1907년 초의 겨울을 할레셰슈트라세 18번지 4층의 숙소에서 보냈다. 점심 식사는 거의 '아셍거 식당'에서** 사 먹었다.[30] 가족과 떨어져서 보내는 첫 번째 크리스마스 휴일 기간에 그는 그라이프스발트에 있는 사무엘 외틀리의 집을 찾아갔다. 외틀리 교수는 아버지의 친구로서 한때 베른 대학교에서 교편을 잡은 적이 있었다.

하르낙의 제자

베를린에서 칼 바르트는 대단히 집중력 있게 공부에 임했다. 물론 아버지가 들어 보라고 추천했던 라인홀트 제베르크Reinhold Seeberg의 강의는 전혀 열심히 듣지 않았다. (1924년 베를린을 방문한 바르트는 표본으로 만들어진 고래를 보면서 이렇게 말했다고 한다. "정말 끔찍하군! 제베르크 교의학의 살아 있는 반복, 아니 차라리 그 교의학의 박제된 반복이 아닌가!"[31]) "나는 제베르크는 지혜롭게 피해 갔는데, 아쉽고 멍청하게도 홀Holl은 전혀 생각하지 못했다. 그 대신 하르낙의 수업을 (또한 거의 그에 준하는 열심을 가지고 카프탄과

---

* 1906년 10월 16일, 장교복을 입은 한 남자가 열 명 남짓의 병사를 데리고 베를린 근교 쾨페닉의 시청으로 진입하여 시장을 체포하고 엄청난 돈을 탈취한 사건. 베를린 경찰에 의해 10월 27일 체포된 범인은 57세의 신발수선공 빌헬름 포이크트였다. 이 사건은 언론에 대서특필되었으며, 당시 베를린은 이 사건에 대한 이야기로 떠들썩했다─옮긴이.

** 1892년부터 베를린에 있던 큰 식당인데, 식사 값이 싸기로 유명했다─옮긴이.

궁켈[Gunkel]의 수업을) 열광적으로 들었다."[32] 카프탄 교수에게는 '특수 교의학'을, 궁켈 교수한테서는 구약성서신학을 배웠다. "나는 궁켈의 강의를 들으면서 처음으로······구약성서에도 뭔가 감동적인 것이 있다는 사실을 깨닫기 시작했다."[33] 그러나 칼 바르트가 가장 열중해서 들었던 것은 하르낙(1851-1930)의 강의, 특히 "그의 위대한 교리사 강의"였다.[34] 바르트는 하르낙이 "고대의 교리는······그리스 정신이 복음의 토양 위에서 자신을 설명한 것"이라고 말하는 것을 직접 들었다.[35] 칼 바르트는 "사도행전에 대한 하르낙의 교회사 세미나를 정식으로 수강했고"—거기서 바르트는 나이가 제일 어렸다—"그래서 파자넨슈트라세에 있는 [그의] 집에도 한두 차례 가 보았다." 그의 집에서 "나는······나중에 훗날 대단한 유명세를 타게 되는 한 남자를 만났다." 하르낙은 그 사람과 탁자에 앉아 "발트 지역에 관하여 이런저런 이야기를 나누었다. 그 남자는 바로 헤르만 카이저링Hermann Keyserling 백작이었다."[36] 또 하나 잊을 수 없는 장면은 "베를린 대학교 하르낙의 세미나에 그야말로 조무래기 같은 우리 틈으로 하인리히 숄츠Heinrich Scholz 선배가 들어오던 순간이다. 그 당시 그에게는 뭔가 번득이는 것이 있었다."[37] 바로 이 세미나에서 칼 바르트는 누가 봐도 엄청난 분량의 (158쪽이나 되는) 연구 보고서를 써서 제출했다. 제목은 '사도행전에 나타난 바울의 선교 활동'이었다. 이 연구 보고서의 결론은 "바울의 교리와 관련하여 사도행전은 예나 지금이나 2차 자료에 불과하다"는 것이었다. 스승 하르낙은 그 부분의 한쪽 구석에 이렇게 코멘트를 달았다. "나라면 1차 자료라고 하겠네." 하르낙이 손으로 직접 써서 돌려준 평가서에 따르면 이 연구 보고서의 저자는 "어떤 부분에서는 너무 많은 것까지 다루었으나" 그 밖에는 "대단히 부지런하고 대단히 유능한" 학생으로서 "전체적 조망과 진지한 사유 속에서" 작업을 했다.

바르트는 이제 그 누구보다도, "심지어 궁켈보다 하르낙을 높이 평가하게 되었다."[38] "당시 그곳에는 스위스에서 온 학생들이 많이 있었지만, 나처럼 그 사람의 인격과 강의에 매료된 사람은 없었다. 내가 그 세미나 보고서에 얼마나 몰두했던지, 프리드리히 황제 박물관을 비롯하여 베를린의 아름다운 관광 명소를 제대로 감상할 시간조차 내지 못했다."[39] 또한 "그 낯선 대도시의 다양한 볼거리를 두루 섭렵하며 일반적 의미의 교양을 갖출 기회도 만들지 못했다."[40] "나는 나 자신에게 이렇게 말하곤 했다. 이건 정말 위대한 순간이야. 지금 너는 이 시대 최고의 신학자와 함께 있는 거야. 그런데 박물관, 극장, 콘서트가 무슨 대수냐?……그래서 나는 베를린과 거의 사귀지 못했다. 황제가 성의 발코니에서 중앙을 향해, 사회민주주의를 향해 그 유명한 연설을 하는 것도 듣지 못했다."[41] 그 대신 "나는 하르낙을 보고 들었다. 그것도 아주 철저하게 보고 들었다고 말할 수 있을 것이다."[42] 훗날 바르트는 그 당시 베를린을 좀 더 자세히 돌아보지 못한 것을 후회했다. 자펜빌에 있을 때는 아돌프 바그너Adolph Wagner의 경제학 강의를 듣지 않은 것을 후회하기도 했다. 그래도 '그리스도교와 사회 문제'에 대한 발터 시몬스Walter Simons의 강의는 들었다. 그냥 지나치면서 본 것이라고는 하지만, 세계 도시 베를린의 위용도 어느 정도는 느낄 수 있었고, 아직은 공사 초기 단계였던 베를린 돔에서 최고 궁정 설교자 드리안더의 설교를 듣기도 했으며, 빌헬름 2세와 덴마크 왕의 행렬이 기병의 경례를 받으며 지나가는 모습을—바르트에게는 마치 동화 속의 한 장면 같았다—쉥켈의 위병소에서* 구경하기도 했다.

---

* 19세기 독일의 최고 건축가 칼 프리드리히 쉥켈(Karl Friedrich Schinkel, 1781-1841)이 디자인한 '신(新) 위병소' 건물을 말한다—옮긴이.

칼 바르트는 바야흐로 아버지의 '실증주의' 노선에서 확실하게 벗어나기 시작했다. "성서를 종교사의 관점에서 이해할 수도 있다는 생각이 점점 확고해졌으며, 이제는 칸트와 더불어 슐라이어마허가 내 의식 속에 뚜렷하게 자리를 잡았다."[43] 바르트는 『실천이성비판』에 이어 (처음으로, 그러나 역시 집중적으로) 『순수이성비판』을 읽고 난 다음" 마침내 슐라이어마허를 만났으니, 베를린 시절 이후로 줄곧 슐라이어마허는 바르트의 사유에 길잡이 노릇을 하는 별이 되었다.[44] "베를린에서 나는……빌헬름 헤르만Wilhelm Hermann, 1846-1922의 『윤리학』(Ethik)과……지금까지도 내가 보고 있는 책, 곧 루돌프 오토Rudolf Otto가 주해를 달아 새로이 펴낸 슐라이어마허의 『종교론』(Reden)을* 샀다. 유레카! 나는 오래전부터 '직접적인 것'을 찾고 있었는데, 이제 그것을—헤르만 쿠터가 저술한 책 『직접적인 것』에서가 아니라—슐라이어마허에게서 발견했다.……나는 그의 사유를 아예 전폭적으로 신뢰하게 되었다. 아무튼 나는 아이헨도르프도 좋아했고, 특히 노발리스Novalis를 좋아했다. 사실 그게 실제로 문제가 될 만한 것도 아니었다. 나 스스로도……약간은 낭만주의자가 아니었던가!……이것만은 확실하다. 1910년 이전부터 나의 깊은 내면은 리츨이나 그 제자들과 같은 부르주아적 세계와는 어울리지 못하는 이방인이었던 것이다."[45]

칼 바르트가 슐라이어마허에 관심을 기울이기 시작한 바로 그 즈음에 베를린 학창 시절은 그에게 또 하나의 중요한 변화를 가져왔는데, 바로 아버지인 프리츠 바르트가 아들의 마르부르크 유학을 반대함으로써

---

* 이 책의 원제는 '종교에 대해서: 종교를 멸시하는 교양인을 위한 강연'(Über die Religion: Reden an die Gebildeten unter ihren Verächtern)이다—옮긴이.

한사코 막으려고 했던 것이었다. 프리츠의 아들이 베를린에서 빌헬름 헤르만의 열렬한 제자요 추종자가 된 것이다. "나는 베를린에서 처음으로 헤르만의『윤리학』을 읽었던 날을 마치 오늘처럼 기억한다. 만일 내가 클라우스 하름스Klaus Harms의 기질을 가진 사람이었다면, 그가 슐라이어마허에 대해서, 혹은 슈틸링Stilling이 헤르더Herder에 대해서 말한 것과 비슷한 말을 했을 것이다. '나는 이 책에서 영원한 움직임으로 이어질 하나의 자극을 받았다.' 나는 그보다는 신중하게, 그러나 그에 못지않은 감사의 마음을 담아 이렇게 말하고 싶다. 바로 그때부터 나는 자주적인 관심을 가지고 신학을 하기 시작했다."[46] 그러므로 베를린의 학창 시절은 마르부르크에서 공부하고자 했던 바르트의 마음을 가라앉히기는커녕 도리어 더욱 강화시키고 말았다. 그러나 그 소원을 이루기도 전에, 바르트의 생애는 약간 엉뚱한 굴곡을 맞이하게 되었다.

바르트는 1907년 4월에 다시 베른 대학교에 들어갔다. 그리고 곧바로 뜨거운 선거전 끝에 (한때 같은 반 친구였으며, 훗날 베른 대학교의 의학 교수가 된 알베르트 쉬프바흐를 물리치고) 베른 대학교 '초평기아'의 대표로 선출됐다. 어느 논평가의 말에 따르면 그 선거는 엄청난 충격이었다. "충격: 이단자가 교황이 되셨다. 그와 한패인 이단자들은 기쁨에 겨워 춤을 추었고, 엄격한 믿음을 고수하는 이들은 시름에 겨워 울상이었도다. 그러나 희망과 두려움이 그대로 실현되지는 않았다. 교회의 새로운 수장께서는 과거의 거룩한 전승과 결별하려는 시도를 거의 하지 않으셨다. 그분께서는 완전히 정통 가르침을 따르는, 완전히 규칙과 조화를 이루는 행보를 보이셨다. 그리고 그것은 참으로 탁월한 일이었다. 만일 그분께서 억압과 강제를 쓰셨다면 원만한 발전에 방해만 됐을 것이다.……이로써 이번 학기는 '고요하고 정상적인 절차'를 밟아 나갈 수 있었다."[47] 실제로 한 학기 동안 바르트는 한때 베를린의 "할레셰슈트라세에 살면서 하르낙의 세미나를 듣던 때와 똑같은 집중력으로 동아리 대표 일을 했다." 바르트는 그 당시를 이렇게 회고했다. "신학은 완전히 뒷전이었다. 나는 대부분의 시간을 [동아리의 집회실] 슈타트바흐가르텐의 나무 아래, 혹은 소파 위에 관료 같은 모습으로 앉아 있으면서 모임의 대표로 군림했다."[48] 마르틴 닐은 보디가드처럼 바르트 옆에 꼭 붙어 있었다. "그는 신뢰할 만한 친구였고 언제라도 장난을 칠 태세가 돼 있었으며……늘 새로운 측면, 감춰진 꿈이 있는 베른의 정서를 고스란히 간직한 사람이었다."[49] 그 당시 바르트의 일상은 동아리와 관련된 이런저런 회의, 아침에 한잔 저녁에 한잔, 온갖 축제, 무도회, 술자리의 연속이었고, 동아리 깃발을 들고 베른 시내 혹은 취리히의 반호프슈트라세를 행진하거나, 갖가지 소풍이나 여행에 참가하는 것이었다. "컬러 깃을 뻣뻣하게 세워 올린 신사들, 전쟁 이전의 화려함이 배어나는 화려한 흰색 모자를 쓴 숙녀들"이 그렇게 어울려 다녔다.[50] "베를린에서 나는 '뭔가를 부지런히 해냈다.' 하지만 베른에서는 대학생의 영광을 실컷 누리는 나날을 보냈다.……아마도 내가 인생을 마음껏 즐겨 본 때가 바로 그때였던 것 같다. 나는 삶을 즐겼다. 철저하게!"[51] 칼 바르트는 이런 생활에 열광하고 있었던지라, 베를린 대성당 재단 지원자였던 (훗날 바르트의 친구가 되는) 귄터 덴Günther Dehn, 1882-1970이 집으로 찾아와 식사를 하며 대화를 나눌 때도 오로지 그런 얘기만 늘어놓았다. "내 희미한 기억으로는, 그날 저녁 식사 후에 나는 아버지에게 엄한 질책의 말을 들었다."[52]

그해 여름은 칼 바르트에게 아주 특별한 기간이었다. 첫사랑이 그 여름을 아름답게 장식했기 때문이다. 바르트는 뢰시 뮌거Rösy Münger라는 이름의 베른 아가씨와 사랑에 빠졌다. 그녀를 만난 것은 1년 전이었다. 그리고 "나는 그녀와 가장 행복한 시간을 맛보았다." 그러니 그녀를 위해 "길고도 서정적인(!) 시를 쓴 것"은 지극히 당연한 일이었다.[53] 그녀와의 만남은 "내 인생에서 가장 심오하고도 신비스러운 경험 가운데 하나였다."[54] 그러나 얼마 되지 않아 너무나 고통스럽고 복잡한 일들이 두 사람의 관계에 끼어들었다. 어느 노래 가사처럼 "두 사람은 함께 갈 수 없었다." 양측 부모는 두 사람의 사랑과 약혼에 찬성하지 않았다. 칼 바르트는 이 문제를 두고 다투는 과정에서 냉혹하기 그지없는 말을 듣기도 했다. "부모의 뜻이 곧 하나님의 뜻이다." 다른 이유도 있었지만, 무엇보다 부모님의 반대 때문에 칼 바르트는 1910년 5월 뢰시와 헤어졌다. "나는 그녀를―그녀는 1925년 세상을 떠났다―평생 잊을 수 없었다."[55] 그녀는 바르트의 기억 속에 "언제나 남아 있었다. (나에게) 뭔가를 물으면서, 그러나 친절하고 사랑스럽게."[56]

1907년 여름학기가 끝나갈 무렵, 프리츠 바르트는 아들의 거친 방황에 신물이 났다. 그는 아버지의 권위를 앞세워 아들의 삶을 온건한 길로 인도하려고 했다. 또한 아들이 뢰시를 잊고 다른 것을 생각하도록 돕고 싶었다. "그분은 지금이야말로 내가 나의 그 자유주의적인 성향을 내려놓고 뭔가 제대로 된 것, 그러니까 실증주의 신학을 좀 배워야 할 때라고 생각하셨다.……그래서 아버지는 나를 튀빙겐 대학교의 아돌프 슐라터에게 보내셨다. 슐라터 외에도 테오도어 헤링Theodor Häring의 강의를 들어 보라고 하셨는데, 헤링 교수는 리츨 학파에 속한 분이셨고, 아버지와도 친분이 있으셨다."[57] 아버지의 명령에 따라 튀빙겐으로 가기 전 8월에 "베른 고지 마이링겐Meiringen에 위치한 꽤 큰 교회에서 4주간 수련목회자 과정을 밟았다."[58] 거기서 바르트가 한 첫 설교(본문은 시편 121편)에는 마이링겐의 산악 지리에 대한 흐드러진 묘사가 등장한다. ("이 예배당에는 오르간 연주가 울려 퍼지고, 저기 저 위쪽에서는 언제나 그렇듯이 시냇물이 시원한 소리를 내며 흐르고, 저 산 위의 만년설은 영원한 순결함을 머금고 우리에게 인사를 건네니……'이런 광경은 천사들에게도 생기를 주리라!' 하고 느끼지 않을 사람이 어디 있겠습니까?') 바젤의 할머니는 "마이링겐의 그 오래된 교회당에서 어린 손자의 첫 번째 설교를, 기둥 뒤에서 반쯤 숨은 채, 잘 들었노라고 말씀하시는데, 할머니가 듣기에 내가 정말 잘했다고는 보지 않는다."[59] 바르트는 지난 학기에 설교학 세미나를 적어도 하나는 들었고, 그 기회에 첫 설교 원고(본문은 마가복음 8:34 이하)를 써 본 적도 있었던 터라, 그나마 수련목회자 과정을 밟을 준비가 되어 있었던 것이다.

10월이 되자 더는 미룰 수 없었다. 칼 바르트는 "자신의 충동이 아니라, 이제 점점 더 집요하게 파고드는 아버지의 권위에 순종하여" 튀빙겐으로 떠났다.[60] 튀빙겐에서 그의 첫 번째 거주지는 네카가세 10번지였다. "창밖으로 고개를 빼면 '횔덜린의 탑'이 보였고, 왼편으로는 '네카 다리'를 볼 수 있었다. 거기서 나는 자격 논문을 써야 했기 때문에 정말 부지런히 공부했다. 당시 베른 대학교에서는 논문이 졸업 시험의 필수 조건이었다."[61] 바르트 자신이 직접 고른 논문 제목은 「그리스도의 지옥행에 대하여: 그리스도교 초창기 3백 년간의 논의」(Der Descensus Christi ad inferos in den ersten drei Jahrhunderten)였다.[62] 이 논문은 '교리학' 논문이 아니라, 그 주제를 명백히 역사적 관점으로 다룬 논문이었는데, 최종적으로 194쪽 분량의 탄탄한 논문으로 완성됐다. 칼 바르트는 논문 작업을 하면서도 부지런히 시험공부를 위한 암기에 매진했다. 예컨대 교리학 시험에 대비하여 상당히 두꺼운 요약 노트를 만들었는데, 거기에 이런 제목을 붙였다. '반복적으로 동의된 그리스도교 신앙, 혹은 어린이를 위해, 또 어린이를 좋아하는 사람들을 위해, 루트하르트[Luthardt]에 의거하여 조성된 교리학의 환락 정원.' "나는 이른 아침부터 저녁 늦게까지 도서관과 숙소에서 공부를 했다. 그리고 그 당시 진정한 튀빙겐 신학생의 위엄을 갖추기 위해 큼지막한 파이프를 하나 사서 항상 내 옆에 두었다. 열심히 담배를 피우고, 열심히 공부했다."[63] 이따금 늦은 밤에 나가 "맥주 한 잔도 했고" "튀빙겐의 대학생 동아리인 '왕립 협회'의 손님으로서 그곳의 대학생들이 벌이는 온갖 야단법석에도" 동참했다.[64]

"그러나 딱 한 가지 내가 튀빙겐에서 성공하지 못한 것이 있으니, 그것은 내가 '실증주의자'가 되지 못했다는 사실이다."[65] 칼 바르트는 튀빙겐의 강의를 들으면서 심기가 불편했다. 그래서 그는 격분한 어조로 튀빙겐 신학과는 "더러운 술집", 튀빙겐은 "정말 형편없는 둥지"라고 불렀다.[66] (로마서에 관한) "혜링의 강의는 경탄하면서 들었다. 내가 기쁜 마음으로 들은 강의는 교회법학자 F. 플라이너Fleiner의 강의뿐이었다." 그러나 슐라터의 강의는 그야말로 띄엄띄엄 들어 보았고, 그때마다 "격렬한 저항감을 느꼈다."[67] "어려운 문제를 붙잡고 철저하게 파고드는 것이 아니라, 그것을 우아하게 그냥 비껴가는 그의 능력"을 조롱했다.[68] "나는 슐라터에 대해서는 아예 경악을 했다. 그래서 요령 있게 다른 방향으로, 가령 율리허나 하이트뮐러Heitmüller 쪽으로 비껴 나갔다. 그런 상황이었으니, 슐라터의 마태복음서 해석은 도저히 참을 수 없었던 것이다. 겨우 3주 지났는데 아버지에게 편지를 써서 (요나서의 언어로) 불만을 털어놓았다. '아, 주님! 내가 고국에 있을 때에 이렇게 될 것이라고 이미 말씀드리지 않았습니까? 한 마디로 총알이 빗나간 것이다. 나는 나중에, 한참 나중에 가서야 그 자유주의의 수렁에서 전혀 다른 방식으로, 독자적으로 빠져나왔다."[69] 바르트는 훗날 그 과정에서 결정적인 도움을 주게 될 사람을 튀빙겐 시절에 만나게 되었다. 1907년 12월 27일에 이루어진 크리스토프 블룸하르트$^{Christoph\ Blumhardt}$와의 첫 만남이 바로 그것이었다. 당시만 해도 아직 "철저한 인식은 없는" 상태였지만, 바트 볼에 있는 블룸하르트를 "여러 번" 찾아가 만났다.[70] 그러나 그것이 아버지의 충고의 결실이었던 것은 아니다. 그래서 그 아버지의 아들은 수십 년 후에 이런 결론에 도달했다. "자유주의 신학, 그리고 그 밖의 나쁜 신학에 맞서는 최선의 방책 가운데 하나는 그것을 아예 양동이째로 들이키게 놔두는 것이다. 인위적으로, 혹은 강제로 그 신학에서 떼어 내려고 하면 오히려 더 마음이 끌리고, 일종의 추적 망상(追跡妄想) 속에서 더더욱 그 세계에 빠져드는 법이다."[71]

헤르만의 제자

프리츠 바르트도 아들의 행동에서 같은 교훈을 얻었던 것일까? 잘은 모르겠으나, 억지로 튀빙겐에 간 아들이 결코 아버지가 원하는 쪽으로 방향을 틀지 않으리란 것을 그도 깨달았던 것 같다. 그는 마침내 아들의 마르부르크행을 허가했다. 1908년 4월 칼 바르트는 "나의 시온" 마르부르크에 도착하여 히르쉬베르크 4번지에 숙소를 잡았다.[72] 바르트는 학기가 시작되기 전에 아라우 대학생 협회에서 빌헬름 헤르만의 강연('우리를 향한 하나님의 계시')을 들을 수 있었다. 또한 레온하르트 라가츠의 강의도 듣게 되었다. 그 자리에서 라가츠는 오늘날에는 사회주의를 통해서 하나님을 만나게 된다는 도발적인 논제를 던졌다. "우여곡절 끝에 드디어 나의 꿈이 실현되었다. 저 헤르만이 있기에 이전부터 열렬히 원했던 곳, 마르부르크에 오게 되었으며, 진작부터 듣고 싶었던 강의를 들을 수 있게 되었다. 헤르만의 강의 외에도 특히 하이트밀러의 강의를 듣게 되었는데, 율리허의 방식에는 점점 흥미를 잃었다."[73] 바르트는 슈테판과 라데의 강의도 들었으며, 교리문답이나 설교학 세미나도 찾아 들으면서 마르부르크 신칸트학파의 철학도 주목했다. "거의 제사장처럼 진지한 철학이 존재한다는 것을……마르부르크에 있는 우리는……코헨이나 나토르프 같은 인물을 통해서 생생하게 알 수 있었다."[74]

그러나 "나의 대학생 시절 최고의 신학 교사"는 단 한 사람, 오로지 헤르만이었다.[75] 헤르만이 있었기 때문에, 오직 그 이유 하나 때문에 "마르부르크에서 보낸 세 학기는……나에게 가장 아름다운 대학생 시절로 기억에 남아 있다."[76] "헤르만은 한편으로는 칸트주의자였고……다른 한편으로는 후기가 아닌 초기 슐라이어마허의 제자였다.……헤르만에게 슐라이어마허의 『종교론』 1-4장은 절대적으로 중요한 것이었다. 그는 세미나 시간에 우리에게 말하기를……이 부분은 신약성서 정경 확정 이후에 나온 문헌 가운데 제일 중요한 문헌이라는 것이다. 나는 그런 견해를 곧바로 받아들일 수는 없었다." 하지만 그렇다고 해도 헤르만에 대한 "크나큰 존경심"은 조금도 약해지지 않았다. "게다가 나는 마르부르크로 순례하기 전에 이미 칸트의 저작을 통째로 읽어 버리지 않았던가! 결국은 그 덕분에 내가 여기 온 것이다. 나는 먼저 칸트의 『실천이성비판』을 읽었고, 그다음에는 마치 밭을 쟁기질하듯 꼼꼼하게 두 번이나 『순수이성비판』을 독파했다.……그 당시 우리는, 모름지기 신학이란 이렇게 시작해야 한다고 생각했다. 그러므로 나는 칸트를 거쳐서……슐라이어마허에 도달한 것이다."[77]

바르트는 헤르만의 교의학 I('종교' 개념 서론)과 윤리학을 들었다. 6월 5-6일에는 지난 학기의 강의 노트 (교의학 II) 전체를 베껴 썼다. "나는 헤르만의 강의를 온몸으로 빨아들였다."[78] "그때 내가 헤르만에게서 발견한 것은……신학이 단지 네 번째 학과의 기생적 학문에 불과한 것이 아니라, 그 자체로서 **독자적인** 학문적 진지함을 견지할 수 있다는 사실이었다. 헤르만의 목소리는 카랑카랑했다. 거기에는 강렬한 힘이 담겨 있었다."[79] "헤르만은 복음을 부끄러워하지 않았다. '조직'신학자에게는 일반적으로 세속적인 명민함의 흔적이 있어서, 멀리서도 조직신학자를 알아볼 수 있다고 하지만, 헤르만의 얼굴에서는 그런 흔적을 조금도 찾아볼 수 없었다. 헤르만의 신학에도 그런 흔적이 전혀 나타나지 않았다. 그래서 어떤 사람들은 그의 신학을 나이브하다고 느꼈으며, 마르부르크의 학생들 가운데 일부는 그의 강의가 '고급 견신례 수업' 같다고 투덜거렸다.……더욱이 그때는 트뢸치라는 별이 세계적 구상과 전망을 가지고 바야흐로 정점을 향해 달려가던 시기였다."[80] 그렇다. 칼 바르트는 심지어 이렇게 말하기도 했다. "헤르만은 칸트와 슐라이어마허의 영향력에 완전히 둘러싸여 있었지만, 헤르만에게서 결정적으로 중요한 것은 그리스도 중심적인 동기였으며, 내가 헤르만에게 배운 것도 바로 그것이다."[81]

그렇지만, 아니 어쩌면 바로 그렇기 때문에 헤르만의 신학은 그만의 비판적인 목소리를 갖고 있었다. "그의 신학은 과거의 자유주의와 구별되어야 하지만 모든 '정통주의'나 모든 '실증주의' 신학과도 구분되어야 했다. 우리는 그 두 부류를 대단히 경멸했다. 우리 스스로는 좌로나 우로나 치우치지 않는 자유롭고 우월한 신학을 하고 있다고 생각했으며, 그런 우리는―이미 그 당시에도―좁은 산마루를 조심조심 걸어 앞으로 나아가고 있다고 믿었다."[82] 칼 바르트는 그 당시를 결코 잊을 수 없었다. "그의 강의실에는 자유의 기운이 감돌았다. 수십 년 동안 일단의 대학생 무리들, 특히 스위스의 대학생들이 마르부르크가 순례 성지라도 되는 듯 몰려들었고, 이곳 마르부르크에서 그야말로 고향같이 편안한 느낌을 받은 것은 결단코 우연이 아니었다. 일체의 권위에 대해 사사건건 반항적인 기질이 여기서는 만족스러움을 느꼈던 것이다."[83] 그해 여름 마르부르크에 거주하는 스위스 신학생은 모두 15명이었다. 그들은 이따금 '마타이'라는 음식점에서 모임을 가졌다.[84] 바르트는 6월 중순, 몇 명의 친구들과 함께 기센Gießen에서 열리는 신학 컨퍼런스에 참석했고, 성령강림절 기간에는 베텔Bethel에서 개최된 '대규모 트럼펫 축제'를 보러 갔다.[85] 스위스 친구들 가운데 특별히 고트로프 비저Gottlob Wieser, 1888-1973라는 친구와 가깝게 지냈는데, 그와는 평생토록 신실한 관계를 이어 간다.

그해 여름은 바르트에게 아주 뜨거운 여름이었다. 7월 중순에는 신학과 졸업을 위한 논문을 써야 했고 "생애 두 번째로, 이번에는 베른의 유라Jura 지역에서 독자적으로 수련목회자로서 일했다."[86] 정확히는 프룬트루트Pruntrut라는 곳이었다. 그와 동시에 2차 시험, 곧 구술시험공부를 했는데, 그 공부란 것이 가끔은 이런 방식이었다. "알프스의 푸른 풀밭 위에서 벌거벗고 일광욕을 하면서, 짚단 모자를 쓰고 입에는 담배를 물고, 파라솔 아래서 책을 들고, 벌레에 뜯기고, 살을 태우고……."[87] 그렇게 "웬만큼 무장이 된 상태로 두 번째 시험(조직신학, 실천신학)에 돌입했다."[88] 드디어 10월 28일, 그는 평점 2(우)로 시험에 합격했다. "결국 그 마지막 순간이 되자, 나는 내 할아버지나 아버지와는 다른 방향, 곧 '근대적인' 학파의 전문가로 훈련을 받았음이 확실히 드러났다. 사실 그 학파는 제1차 세계대전 때까지만 해도 그 시대를 풍미하는 사조였으며 유일하게 인간적 품위를 갖춘 학파로 간주되고 있었다. 그 학파는 슐라이어마허와 리츨의 가르침에 따라 그리스도교를 이해했는데, 한편에서는 그것을 비판적 연구의 대상인 역사적 현상으로 해석했고, 다른 한편에서는 윤리적 성격이 강한 내적 체험으로 해석했다. 그 학파의 열렬한 지지자로 교육받은 나였으니, 그 학파의 주요 잡지로서 마르부르크에서 마르틴 라데Martin Rade 교수에 의해 출간되던 『그리스도교 세계』(Christliche Welt)의 편집 조교로 일하기에는 비교적 괜찮은 조건이었던 셈이다. 편집 조교의 한 사람으로 거기서 일을 시작한 것은 1908년 가을이었다."[89] 뉘른베르크-슈바바흐의 개혁 교회가 바르트를 청빙할 계획을 갖고 있었으나, 아직까지 바르트는 곧장 교회 현장으로 가고 싶은 마음이 없었다.

11월 4일 수요일, 아버지는 베른 대성당에서 칼 바르트에게 성별의 예식을 베풀었다(아버지의 설교 본문은 마태복음 10:26-27). 목사 안수는 받았지만 급하게 해야 할 일이 없었던 바르트는 바로 그다음 날 마르부르크로 달려가 하인벡 1번지에 방을 얻었다. 그는 계속해서 강의도 듣고 세미나에도 참석했던 것 같다. 율리허의 세미나에서는 스승의 바로 옆자리에 앉게 된 것을 자랑스러워했다. 하지만 대부분의 시간은 잡지 만드는 일에 쏟아부었다. "라데 교수 집에서 했던 노동은 재밌고 편했으며, 호기심 많고 지식욕이 강한 데다가 잘난 척하기 좋아하는 청년, 그러니까 그 당시 나 같은 젊은 남자에게는 흥미롭기 그지없는 일이었다. 그 노동이란 것이 주로 원고를 읽고, 나 나름대로 원고에 대해 평가하고, 그것을 라데 교수에게 적당히 보고한 다음에는 그가 선별한 원고를 인쇄 가능한 형태로 만드는 일이었다. 처음에는 내가, 그다음에는 대가께서 별 볼 일 없다고 간주해 버린 수많은 원고들은 다소간 오랜 대기 시간을 보내다가, 영원히 기다리기만 하다가, 결국에는 저 어둠의 계곡으로 사라져 갔다.……관대한 라데 교수는 약간의 한계는 제시했지만, 대개는 내가 소신껏 일을 할 수 있도록 허용해 주었다. 그래서 나는 스스로 (그 당시 나는 칸트와 초기 슐라이어마허 중간쯤의 입장이었는데) 서열 2위라고나 할까, 그렇게 나름 중요한 사람이라고 느꼈다. 어떻게 안 그럴 수 있겠는가? 적어도 『그리스도교 세계』의 출간과 관련해서는 트뢸치, 부세, 베른레, 궁켈 같은 대가들의 원고도 일단 나의 검열을 거쳐야 했고, 제일 마지막으로 그 원고를 검토하는 것도 내가 아니었던가! 시간이 흐르면서 나는 직접 몇 개의 짧은 서평을―나는 그것을 대작이라고 생각했다―싣기도 했다. 1909년 여름, 라데 교수가 휴가를 떠난 동안 『그리스도교 세계』 전체를 두 번이나 편집하고, 최종 승인 사인까지 하게 됐을 때는 그야말로 기고만장이었다."[90] 칼 바르트는 그 당시 라데 교수한테서―그의 연구실 혹은 "로터 그라벤에 있는 햇볕 잘 드는 방에서"[91]―많은 것을 "듣고 배우고, 나 나름대로 따라하려고 노력했던 것"을 숨기지 않았다. "지칠 줄 모르는 근면함, 교회와 세상을 둘러보는 탁 트인 시선, 그리고 펄럭이는 검은 넥타이까지……. 한참 뒤에도 사람들은 그런 것을 보면서 내가 어디서, 누구한테서 도제 수업을 받았는지 짐작하곤 했다."[92]

칼 바르트는 잡지 편집 일 외에도 자기만의 연구를 위한 시간을 남겨 두었다. 그는 "칸트와 슐라이어마허를 철저하게 공부하면서 신학적인 기초를 확실하게 다져 놓으려고" 했다.[93] 그는 호르스트 슈테판Horst Stephan이 근세에 대한 책을 펴낼 때(1909) 교정 작업과 '중요한 각주 작업'으로 도움을 주었으며, 6월에는 「하나님의 존재에 대한 우주론적 증명」이라는 논문을 (물론 칸트와 헤르만의 입장에서!) 썼다. 그는 이런 와중에도 자기가 과거에 몸담았던 동아리 '파트리아'의 연극 공연을 위해 "공포와 연민을 자아내는 비극"(「아울리스의 이피게니」)을 써주었다. 주일에는 가끔 마르부르크 주변의 시골 교회에서 설교를 하기도 했고, 친구들과 어울려 란Lahn 강에서 배를 타거나 도보 여행을 하기도 했다. "내가 아직 대학생이었을 때, 아름다운 마르부르크를 떠나 좋은 친구(빌헬름 뢰브[Wilhelm Loew])와 함께……인근을 여행한 적이 있었다. 어느 목사님 댁을 방문했는데, 우리 두 사람이 그분 대신에 설교하기도 했다. 마침 우리가 그 마을에 도착했을 때, 성대한 결혼 잔치가 있어서 마을 전체가 한바탕 축제 분위기였다. 우리는 그걸 전혀 모르고 있었지만, 어쨌거나 그 자리에 있었기 때문에 마치 성경의 비유에서 큰길과 산울타리에 있던 사람들이 경험한 것과 똑같은 일을 겪었다. 그 마을 사람들이 우리를 억지로 데려다가 잔치 자리에 앉히려고 했다.* 우리는 그들의 초대에 기꺼이 응했고, 헤센 주의 농촌 결혼식을 제대로 맛보았다. 그 결혼 잔치는 그 어떤 책에 묘사된 것보다도 아름다운 장면이었다.……신랑 신부는 식사 시간 내내 —그 시간은 결코 짧지 않았다— 한 접시에 담긴 음식을 하나의 수저, 하나의 포크, 하나의 칼을 사용해서 먹어야 했다."[94]

칼 바르트는 비슷한 또래의 친구들과 활발하게 어울렸다. 친동생 페터와 마르틴 닐도 마르부르크로 와서 대학 생활을 시작했다. 게다가 하이트뮐러 교수에게서 박사 논문을 쓰고 있는, 바르트보다 두 살이 많은 한 친구를 알게 되었으니, 그가 바로 루돌프 불트만Rudolf Bultmann, 1884년 출생이었다. 그리고 "그때부터 지금까지, 앞으로도 계속 친구로 남을 두 명의 친구가 생겼으니, 하나는 에두아르트 투르나이젠이요 다른 하나는 빌헬름 뢰브였다."[95] 투르나이젠은 이미 '초핑기아' 시절부터 알고 지내던 사이였다. "우리는 마르부르크에서 다시 만났다. 그러나 당시 독일 신학의 거성으로 이름을 날리던 이들 가운데 그를 매료시킨 사람은, 내가 좋아하는 빌헬름 헤르만보다는 에른스트 트뢸치Ernst Troeltsch였다. 어쨌거나

* 　누가복음 14:23 큰 잔치의 비유 참조—옮긴이.

그는 당시 자유주의 신학 최고의 경지를 열정적으로 그리고 성공적으로 받아들이고 있었다."[96] 바르트는 뢰브(1887년생)를 "내가 만난 친구 중에서 가장 심오한 사상을 가진 친구"로 여겼다. 그는 "아주 개성이 강했고, 고상하고 자립적인 지성인이었고, 신학뿐 아니라 그 주변 영역과 관련된 독서 이력이 풍부했으며, 나아가 보편적인 교양을 지닌" 친구였다.[97] 그 친구들은 조교 칼 보른하우젠과 함께 사적인 공부 모임을 만들어 규칙적으로 함께 모여 독서하고 마음껏 토론을 벌였다. 뢰브는 금방 '명예 스위스인'으로 승격됐고─이상하게도 그의 별명은 '증기선'이었다─그 모임의 실질적 리더 노릇을 했다. "그때 우리의 토론의 중심에는 트뢸치가 있었고, 트뢸치라는 이름은 내가 거부할 수밖에 없다고 생각했던 그 당시의 지배적인 신학의 경계선을 의미했다."[98] 바르트는 이미 그 당시에 트뢸치에게서─훗날의 바르트가 명토 박아 말한 것처럼─"(이 사람이) 교의학을 아무런 경계도 구속력도 없는 잡담으로 해체시키기 일보 직전"이라는 예감을 했던 것일까?[99] 비록 바르트가 1908년 말과 1909년 초 겨울에 1908년 트뢸치의 종교철학 강의 노트를 모두 베껴 쓰기는 했지만, 트뢸치에 대해서는 아직 별다른 관심을 보이지 않았던 것 같다.

그러나 칼 바르트는 다른 관점에서 근대 신학의 '결연한 지지자'였으며, "1909년 출간된 『신학과 교회』(Zeitschrift für Theologie und Kirche)가 그에 대한 증거다!"[100] 그는 대학교 시절을 마무리하면서 「근대 신학과 하나님 나라 활동」(Moderne Theologie und Reichsgottesarbeit)이라는 제목의 논문을 발표했다. 거기서 그는 자기가 그때까지 습득한 이른바 "책가방"(학교 공부)의 내용을 한 마디로 요약했는데, 그것은 "종교적 개인주의와 역사적 상대주의"였다. 또한 그는 이 논문에서 매우 의식적으로 하나의 전환, 곧 이론 연구에서 실천으로의 전환에 대해 고민했으며, 이 전환이 '근대' 신학을 배운 '학생들'에게는 유난히 어려울 것이라는 주장을 놓고 씨름했다. 그러나 그는 그 어려움이 극복될 수 있다고 주장했으며, 실천을 앞세우느라 그 '책가방'을 내팽개치는 어리석음을 강력히 경고했다. "아무 생각 없이 학교를 왔다 갔다 하는 꼬마가 아니라 진정한 학생이라면, 그리고 헤르만과 하르낙의 강의를 들으며 부지런히 공책을 채웠던 학생이라면, 무조건 '실천 속으로 도피'하는 길을 걸어가지 않을 것이다."[101] 나중에 바르트 자신도 놀란 일이었지만, "헤르만의 추종자 가운데서 나보다는 덜 열심이었던 사람들이 충격에 휩싸였을 정도로, 당시 스물세 살의 내가 기꺼이 목사 후보생 행세를 한 것은 그야말로 놀란 일이었다."[102] 실제로 그 논문은 너무나 도발적이어서, 두 명의 걸출한 교수, 곧 마르부르크 대학교의 에른스트 크리스티안 아헬리스Ernst Christian Achelis와 할레 대학교의 파울 드레브스Paul Drews가 즉각 반박을 해야겠다는 생각을 품었던 것이다. 그러나 칼 바르트가 그 반박에 대한 항변을 쓴 곳은 마르부르크가 아니었다. 그사이 그는 '실천'의 세계로 전환했던 것이다.

"대학생 시절이 끝나 갈 무렵, 당시의 '근대' 신학을 충실하게 믿고 따르는 일에서 내 또래 친구들 가운데 그 누구도 나를 능가할 수 없었다. 그렇다면 마음의 자세가 어떤 상태였는지는 어느 정도 짐작할 만한데, 바로 그런 상태에서 나는 1909년 목회의 세계로 넘어갔던 것이다."[103] 그래서 노년의 바르트는 그것을 '섭리'라고 말하기도 했다. "그 당시 내가 심취했던 마법, 곧 『그리스도교 세계』라는 마법을 통해서 바로 그 성급하고 기만적인 해법, 예컨대 제베르크 학파의 해법에 어느 정도 면역이 되어 있었다는 사실, 그래서 그 당시 신학 전체가 빠져 있던 곤경에서 헤쳐 나올 수 있는 더 나은 탈출구를 찾아낼 만한 능력을 갖추게 되었다는 사실을 나는 섭리의 선한 의지라고 부르고 싶다. 그러나 당시에는 그런 곤경이란 것이 있는지를 생각하지도 못했다. 내가 그 시기의 위대한 스승들에게 던졌던, 그로써 나 자신에게 던졌던 질문은 내가 확고하다고 여겼던 어떤 문제의 범위 안에 있는 질문, 순수하게 더 잘 이해하기 위한 질문이었다.……내가 그런 시절을 보낸 뒤 반쪽짜리가 아니라 완전한 마르부르크 사람으로서 삶으로, 교회로, 계속되는 나의 신학적 사유로 진입하게 된 것, 그것은 내가 『그리스도교 세계』에서 보낸 시간 덕분이다. 그때 나는—아마도 마르틴 라데와 그의 가족, 그의 친구들을 매일 만나면서—슐라이어마허 시대 끝자락의 정신과 그 분위기에 흠뻑 젖어 있었던 것이다. 청년기의 나는 그 시대를 철저하게 신뢰했으나, 약 7년 후에는 그 시대가 이제 정말 마지막에 도달했다는 관측을 할 수 있었다."[104]

제네바의 수련목회자

1909년 8월 18일, 칼 바르트는 마르부르크와 이별했다. 그리고 거의 한 달 뒤인 9월 16일 제네바에 도착했다. 몇 주간 휴가도 보냈고, 그사이 부모님의 은혼식 잔치도 있었다. 바르트는 제네바에서 거의 2년 동안 "그곳 국가 교회 안에서 독일어를 쓰는 교회를 위한 보조 목회자 직책을 맡았다."[105] 처음에 그가 잡은 숙소는 베르그백 21번지 4층이었고, 이듬해 5월부터는 쁘띠뜨 델리세슈트라세 9번지의 빌라 '레 마르게리뜨'에서 살았다. 바르트는 9월 26일 새로운 직무를 시작하면서 첫 번째 설교를 했다. 설교 본문은—수련목회자의 직임을 시작하는 마음가짐의 표현으로—빌립보서 3:12-15 말씀이었다. "그런데 내가 일을 시작하는 바로 그날, 강단에 올라가기 5분 전 우편물 하나가 배달되었다. 그것은 헤르만 교수의 『윤리학』 제4판이었다. 막 출간된 그 책을 저자가 직접 보내 주신 것이었다. 나는 우연과도 같은 이 사건이야말로 미래의 개막을 알리는 거룩한 징조라고 생각했다."[106] 바르트는 그 설교를 통해 자신의 목회관을 피력하기도 했다. "내적인 삶의 영역에서 좋은 친구, 길 안내자, 인도자가 되는 것⋯⋯그 이상은 우리가 할 수 있는 일이 아니다. 목사가 단지 복음을 전하는 자만이 아니라 주지사로 인정받기를 원했고, 그렇게 인정받았던 시대는 영원히 지나가 버렸다. 우리 같은 목사, 신학자는 종교의 세계를 배분하거나 관리하는 사람이 아니라, 종교를 일깨우고 촉진하고 형성해야 하는 사람일 뿐이다." 바르트가 자신의 향후 목회와 관련하여 특히 중요하게 생각한 것은 "하나님께서 우리 가운데 그리스도가 더욱 풍성하고 선명하게 나타날 수 있게 해주시기를 간구하는 것이다. 그러면 우리 교회 공동체, 우리 목사들은 서로에게 친구요 형제요 자매 같은 존재가 될 수 있으리라."

그 교회의 담임목사, 그러니까 실질적으로 바르트의 선임자였던 사람은 아돌프 켈러Adolf Keller, 1872-1963였다. 바르트가 보기에 그는 "비범하고 다면적인 정신의 소유자"였다. "나는 그 사람과⋯⋯신학적으로도 잘 통했다."[107] 켈러 목사는 그 나이에 벌써 세계 이곳저곳을 여행해 본 사람이었는데, 대학생 때는 시내 산을 답사하며 연구 활동을 했고, 카이로에서 목사로 일하기도 했다. 그 후에는 에큐메니칼 활동에 뛰어들어 전 세계를 누볐다. 그런 그가 10월이 되기가 무섭게 제네바를 떠난 것은 어쩌면 너무나 당연한 일이었다. 켈러 목사는 취리히에 있는 성 베드로 교회의 목사가 되었고, 그 바람에 바르트가 제네바의 그 교회, 곧 독일어를 쓰는 사람들을 위한 교회에서 "담임목사의 공백으로 말미암아 곧장 6개월 동안 혼자서 직임을 감당해야 했다."[108] 이 시기의 바르트는 목회 활동으로 눈코 뜰 새 없이 바빴다. 그래서 1910년 2월 말 새로운 담임목사가 부임했을 때, 바르트는 자유로움과 안도감을 느꼈다. 새로 온 발터^{Walter} 목사도 영국, 모스크바, 마르세유에서 일한 적이 있기에 외국 경험이 풍부한 사람이었다.

칼 바르트는 이미 그때부터 설교 준비에 상당한 정성을 기울였다. 한 편의 설교를 위해서 꽤 긴 원고, 평균 열여섯 쪽에 달하는 설교문을 작성하곤 했다. 1909년 12월의 어느 날, 설교를 준비하던 시간의 어떤 상황이 아주 특이하게 여겨졌던지, 바르트는 그 순간의 상황을 선명하게 묘사해 놓았다. "론 강 위의 섬, 나의 집 창문 아래에 며칠 전 미끄럼틀이 설치됐다. 전구를 잔뜩 달고 있는 크고 조야한 물체였고 꼭대기에는 스위스 국기가 달려 있었다. 어떤 장치가 움직임을 일으켜 어린이들이 미끄럼을 타고 내려갈 수 있게 돼 있었다. 일정 시간이 흐르면 음악상자에서 음악이 흘러나와 녀석들과 나의 기쁨이 배가되었다.……「명랑한 과부」라든가* 그 밖의 고전적인 노래가 최고였다. 이런 나날이 이듬해 1월 3일까지 지속될 거라는 사실을 나는 놀랍고도 기쁘게 받아들인다. 그리고 대도시에서 설교를 준비하는 것의 기쁨과 고통에 대한 경건한 사유에 잠긴다."[109]

제네바에서 바르트의 설교는 특히 (중간중간 끊길 때도 있었지만) 야고보서에 대한 주석이 많았다. 바르트는 신학 공부를 막 시작하던 때 로베르트 에쉬바허의 야고보서 설교를 들은 적이 있었는데, 이제는 자기가 직접 설교를 하게 된 것이었다. 의기양양했던 그는 이렇게 생각했다. 야고보가 "루터와 칼뱅, 칸트와 슐라이어마허를 알았더라면, 그러니까 내가 자주 인용하는 그 사람들을 알았더라면……그도 지금 내가 하는 식

---

* 헝가리의 작곡가 프란츠 레하르가 작곡한 오페레타의 제목—옮긴이.

으로 자신의 본문을 풀이했을 것이다.”[110] 게다가 바르트의 설교는 가장 영예로운 장소, “다름 아닌 칼뱅의 강당에서”,[111] 그것도 “칼뱅의 설교단”에서,[112] “성 피에르 대성당 옆”에 있는 바로 그곳에서[113] 선포되었다. 바로 그곳에서 한때 칼뱅이 강의했으며, 존 녹스John Knox가 설교를 한 적이 있다. “하지만 그때 내가 칼뱅의 설교단에서 선포한 설교를 칼뱅이 듣는다면, 그가 별로 좋아하지 않았을 것 같으니 두렵기도 하다.”[114] 바르트의 설교는 과하다 싶을 정도로 학문적이었다. (1910년 종교개혁주일 설교 때는 멜란히톤[Melanchthon]의 『신학총론』에 대한 분석을 시도했다!) 또한 그의 설교는 철저하게 자유주의적인 것이어서 그 교회에 출석했던 삼촌 에른스트 자르토리우스의 심기를 불편하게 했다. 훗날 바르트 자신도 고개를 설레설레 흔들며 이렇게 말했다. “그 당시 나는―뭐든지 모르는 게 없는, 정말 하나도 모르는 게 없는 백 퍼센트 마르부르크 사람으로서―베르나르 성인의 젊은 날을 연상시키는 엄청난 무모함과 미숙함과 꺾일 줄 모르는 확신 속에서 목회를 시작했고, 칼뱅의 설교단으로 오르는 계단에서 비트적거렸다. 그 당시의 내 모습을 떠올리면⋯⋯영락없이 ‘보덴제를 말 타고 건너는 사람’의* 모습이었다.”[115]

당시 바르트의 설교에 자주 나오던 말은 이런 것이었다. “가장 위대한 것은 우리의 가슴속에서 완성되는 것이다.” 혹은 “각 사람을 향하

---

* 보덴제는 독일과 스위스 경계에 있는 호수 이름이다. 19세기 초반 독일의 목사이자 문학가였던 구스타프 슈바프의 발라드에 등장하는 한 사람이 있는데, 그는 말을 타고 보덴제까지 가서 배를 타고 그 호수를 건널 참이었다. 때마침 한겨울이라 호수가 꽁꽁 얼어붙어 있었는데, 너무 경황이 없던 터라 그는 호숫가를 지나쳐, 눈이 덮여 있는 언 호수 위를 아무 생각 없이 달렸다. 그저 황량한 벌판이라고 생각했던 것이다. 호수 반대편에 도착한 다음에야 자기가 얼마나 위험천만한 행동을 했는지 알게 된 그는 너무 충격을 받은 나머지 의식을 잃고 말에서 떨어져 죽었다. ‘보덴제를 말 타고 달리다’는 말은 그것이 얼마나 위험한 일인지 모르고 저지른 무모한 행동, 나중에서야 그 위험을 깨닫고 놀라게 되는 그런 행동을 의미하는 말이다―옮긴이.

여, 자기 자신에게 진실해야 한다고 외치는 저 외침이 들려온다. 그것은
곧……각 사람이 도달할 수 있는 최상의 원형에 충실하라는 외침이다."
그는 회중에게 이렇게 외쳤다. "소중한 존재가 되려고 노력하십시오!"
그리고 그는 회중에게 이렇게 권고했다. "친애하는 친구여, 그대 자신을
진지하게 성찰하십시오!" 또 이렇게 설명했다. "나는 하나님을 알기 전
에 먼저 나 자신을 알아야 합니다." 괴테의 『파우스트』를 "의심할 나위 없
이 진정한 프로테스탄트"라고 소개하기도 했다. 교인들은 또 이런 말을
듣기도 했다. "성서의 권위에 대한 칼뱅의 이해는 우리에게는 전혀 진리
가 아닐 수도 있습니다." 십계명에 대한 비판적 조명도 있었다. 십계명이
"담고 있는 내용은 우리 삶의 필요와 관련하여 어떤 부분은 너무 지나치
고……어떤 부분은 너무 모자랍니다." 어떤 때는 설교 내내 이런 주장을
펼쳤다. "야고보 사도는 오늘 우리가 보고 있는 본문을 몸이 허약한 때
에 기록했습니다." 바르트는 그리스도에 대한 "고대 교회의 신조", 곧 칼
케돈 신조를 논박하기도 했다. "예수가 정말 그런 분이라면, 솔직히 고백
하건대 나는 그런 예수에 대해서는 별로 관심이 없을 것 같습니다." 그러
나 "그리스도께서 **우리** 안에 살기 시작할 때……그것이야말로 그리스도
교 신앙의 출발입니다."[116] 바르트는 이런 스타일의 설교 원고를 그때그
때 아버지께 보내드렸다. 아버지는 아들의 이런 설교 스타일이 전혀 마
음에 들지 않았지만, 아들을 나무라지 않고 조용히 지켜보는 지혜를 발
휘했다.

예배 참석 인원은 그리 많지 않았다. "한번은 나이가 많으신 남자 환
자 한 분을 심방한 적이 있었다. 그분과 대화를 나누다가 어느 교회 소속
이시냐고 물었는데, 대뜸 격앙된 목소리로 '아니, 목사 양반, 나는 지금
까지 늘 착하게 살아온 사람이오. 나는 교회에도 가지 않고, 경관을 만날

일도 없었단 말이오!' 하고 대답하시는 게 아닌가." 바르트는 "제네바에, 독일어를 쓰는 개혁 교회 안에……이 착한 분과 엇비슷한 사람이—특히 남자들이—꽤 많을 것" 같다는 인상을 받았다. 선거권을 가진 8백 명이 있는데, 교회에는 "유사 이래 그런 사람들이 거의 눈에 띄지 않고……여성 좌석조차도 완전히 다 찰 때가 별로 없었으며……자리가 차고 넘치는 것은 고사하고 다 채워지는 경우도 아직은 없었다."[117] 바르트가 생각하기에, 사람들이 이렇게 교회에 무관심한 것은 분명히 "경건주의 콤플렉스에 흠뻑 젖은 제네바 시민들의 의식 및 무의식"과 연관이 있었으며, 바르트는 그것 때문에 굉장히 난감해 했다.[118]

바르트는 설교 외에도 페피니에르슈트라세에 있는 교육관에서 견신례 수업을 지도했다. 거기서도 어른들의 경우와 비슷한 무지와 무관심에 맞닥뜨렸다. 그가 생각하기에 견신례 수업은 모름지기 "젊은 학생들이 앞으로 독자적인 삶을 살아가는 데 반드시 필요한 것, 곧 내적인 삶의 일관성과 명료함을 확보할 수 있도록" 도와주기 위한 수업인데, 제네바에서는 견신례 수업이 6개월로 한정되어 있었다. 그리고 바르트가 마주한 학생들의 그리스도교 기초 지식은 "황금 해안(가나)의 흑인 그리스도교 학생들" 수준이었다. 그가 수업 시간에 "구약성서에 나오는 예언자들의 이름을 한번 말해 보라고 했는데, 대답이랍시고 나온 이름이 고작 '아브라함과 하와'였다."[119] 이런 처참한 상황에 자극을 받은 바르트는 매주 수요일 저녁 시간에 '견신례 이후 수업'을 개설했다. 이미 견신례를 받은 학생들이 그리스도교를 더 깊이 알 수 있도록 하자는 취지였는데, 바르트는 부모들도 그 수업에 참여할 수 있도록 했다. 바르트는—격주로—남학생들에게는 '개신교 선교 입문'을 가르쳤고, 여학생들에게는 '그리스도교의 위대한 인물'을 가르쳤다. (그런데 그 '위대한 인물'로 아타나시우스, 그리고 소크라테스까지 소개했다!)

설교와 수업 말고도 젊은 보조 목사가 의무적으로 수행해야 하는 일이 있었는데 그것은 목회 상담이었다. 그 시기의 바르트는 정말 열정적으로 사람들의 집을 직접 찾아가서 이야기를 나누었고, 이른바 "가난한 사람들을 위한 상담 시간"에 많은 시간을 할애했다. 그는 상당히 의식적으로 실제적인 가난과 대면하려고 했으며, 그 가난의 문제에 대처하기에는 자신의 능력이 얼마나 부족한지를 뼈저리게 느꼈다.[120] 그가 이따금 사회 문제에 대한─칸트의 정언명령에서 유추하여─자신의 생각을 발표한 것도 분명히 그런 경험을 통한 자극이 있었기 때문이었다.[121] 한번은 공공연히 "쿠터와 우리의 종교사회주의자들"을 비판하기도 했다. 왜냐하면 그들이 "사회 문제에 대한 이런저런 견해는 많지만……실천 면에서는……가장 극단적인 주관주의자들"이며, 가난한 사람들과 실제로 "똑같은 처지가 되는 것에는" 무능했기 때문이었다.[122] 바르트는 한 달에 한 번 간행되는 "교회 회보"의 편집에도 관여해야 했다. 바르트는 이회보에 C. F. 마이어Meyer와 헤르더의 시를 실었고, 심지어는 바젤의 경건주의자 아노니Annoni의 시도 거리낌 없이 실었다. 가끔 자신의 글을 싣기도 했는데, 예컨대 1911년 3월에는 "옳은 일을 하고 아무도 두려워하지 말라!"는 문장에 대한 변증적인 기고문을 썼으며, 1910년 부활절에는 「예수는 실제 인물이었는가?」(Ob Jesus gelebt hat)라는 글을, 1910년 기도의 날에 맞춰서는 '조국과 하나님'에 대한 글을 실었다. 1910년 11월과 1911년 4월에는 찬송시 작사가 테르스테겐Tersteegen과 노발리스를 교인들에게 아주 긍정적으로 소개하는 ("구속적인 자기 부인의 선포자!") 두 편의 강연을 요약해서 싣기도 했다.

이런 짤막한 기고문 가운데 하나를 조금 자세히 살펴보자. 바르트의 '부활절 명상'은 그 당시 자주 논란이 되던 문제, 곧 "예수는 실제 인물이었는가?"라는 질문을 다루었다. 그러나 그는 이 질문에 대한 그 어떤 대답도 신앙에는 그다지 의미가 없다고 설명했다. "우리 신앙의 토대가 올바로 서는 것, 올바로 유지되는 것은 일체의 증거나 반증과는 **별개의 문제**다." 그도 그럴 것이 "신앙이란 외적인 사실을 수용하거나, 그것을 진짜라고 여기는 것이 아니다." 오히려 신앙은 "살아 있는 존재와의 직접적인 접촉, 살아 있는 접촉"이다. 그러므로 신앙의 존립은 "전승되어 내려오는 일련의 외적인 사실에 의지하지 않는다.……신앙의 토대는 예수의 인격적인 삶, 예수의 내적인 삶이다. 나는 그것이야말로 예수의 인간적 특성이라고 생각한다. 그의 특징적 이미지는 하나님을 향한 철저한 복종, 형제들에 대한 철저한 사랑, 그래서 철저한 자기 부정의 모습으로 나타났으며, 예수의 철저한 자기 부정은 죽음도 가로막지 못했다." 이것은 제자들이 지어낸 것이라는 말도 있지만 (바르트는 그렇게 믿지는 않았다) 이 특징적 이미지는 그 자체로 진실이라는 것이다. "만일 우리가 이 특징적 이미지와 마주하여 하나님이 어떤 분이신지, 또 우리는 어떤 존재가 되어야 하는지를 분명하게 깨닫는다면, 그러면 우리는 **믿는 것**이고, 우리가 기쁘고 자유로운 인간이 되기 위해 필요한 확고한 보장과 토대를 가지게 된다."

제네바 교회에 새로운 담임목사가 부임한 후로는 바르트에게도 가끔 제네바를 떠나 다른 곳에 다녀올 수 있는 여유가 생겼다. 1910년 6월 바르트는 베른에서 자신이 높이 평가했던 바흐의 「마태 수난곡」 공연에 협력했고, 그 밖에도 여러 번 베른에 가서 '사회·정치 협회' 세미나에 참여했다. 7월에는 급히 마르부르크에 다녀오기도 했다. 칼 보른하우젠의 교수 취임 강의가 있다는 이유가 있긴 했지만, 그보다는 헤르만, 하이트뮐러, 율리허, 라데 교수를 개인적으로 만나고 오려는 것이었다. 8월에는 아버지를 찾아뵈었다. 프리츠 바르트는 당시 심각한 병에 걸려 누워 있었다. (학기 중에는 아들 페터 바르트가 아버지의 강의를 대신했다!) 칼 바르트는 연이어 할머니와 함께 휴가를 보냈는데, 그동안에 코헨의 책을 탐독했다.

제네바의 목회 부담이 줄어든 덕분에 바르트는 다시금 신학 연구에 열중할 수 있게 되었다. 가끔 그는 "바젤 외할아버지의 유품을 노략질" 해 와서 자기의 서가를 키웠다. 그래서 마침내 슐라이어마허의 설교집을 얻었고 "그의 서간, 『그리스도교 도덕』(Christliche Sitte), 그 밖의 다른 작품을 손에 넣었다."[123] 다른 사람도 아니고 칼뱅의 설교단이 바로 자기의 설교단이라는 사실, 그리고 1909년 가을에 제네바의 극단이 칼뱅을 기념하는 작품들을 무대 위에 올렸다는 사실이 바르트의 신학적 사유에 그리 깊은 영향을 끼치지는 못했다. 전체적으로 볼 때 "나는 제네바에서도 철저하게 나의 마르부르크 시절, 특히 『그리스도교 세계』 동료들, 그리고 그 친구들과 공유했던 종교적 열정 속에서 살고 있었다."[124] "그 역사주의와 개인주의에 대한 부끄러움이 없었으니—나는 그 당시 제네바 사람들이 그런 역사주의와 개인주의에 빠져 있다고 생각했다—아무것도 제대로 되지 않았다. 그렇게 나는 내 일에 보잘것없는 투자를 했으나 만족스러운 큰 성과를 거두었다."[125] 어쨌거나 "내가 제네바에서 꾸준히 슐라이어마허를 읽으면서도 칼뱅의 『그리스도교 강요』에 심취하여 깊은 인상을 받게 된 것은……그 도시의 정신에 영향을 받은 것이리라. 나는 어떤 급작스러운 회심을 경험하지는 않았다. 오히려 [그때까지만 해도] 이상주의·낭만주의 신학과 종교개혁 신학을 내 안에서 결합시킬 수 있을 거라고 생각했다. 나는 그런 의도에서 신앙과 역사에 관한 긴 논문을 발표했는데, 그 논문은 차라리 인쇄되지 않았으면 좋았을 것이다."[126]

이 논문이 인쇄된 것은 1912년의 일이지만, 1910년 10월 5일 뇌샤텔Neuchâtel에서 열린 목회자 회의에서 이미 발표된 논문이었다. 바르트는 이 논문에서 다시 한 번 철두철미한 마르부르크 신학자로서의 면모를 보여주었다. 그는 "20세기 초반에 많이 논의되었던 주제, 당시 신학의 영역에서는 빌헬름 헤르만이 예리하게 꼬집어 낸 주제, 곧 '신앙과 역사'의 문제"에 온통 집중하고 있었다.[127]

고도로 학술적인 이 논문에는 당시 바르트 신학의 모든 요소가 요약되어 있다. 바르트는 '정통주의'의 신앙 이해, 곧 어떤 것을 진실이라고 여기는 것을 신앙으로 이해하는 생각에 대해 끈질기게 문제를 제기했다. 부분적으로는 종교개혁자들의 견해까지도 반박했다. 그는 신앙을 "내적인 체험"이라고 정의하면서, 그 체험의 (대상이 아니라) "근거"는 "예수의 내적인 삶"이라고 주장했다. 그 주장의 논거를 대기 위해 끊임없이 칸트와 슐라이어마허를 인용했고, 괴테와 실러까지 들먹이면서 그 주장에 정당성을 부여하고자 했다. 바울 이외에도 아시시의 프란체스코, 보델슈빙, 미켈란젤로, 심지어 베토벤까지도 "계시의 원천"이라고 거리낌 없이 주장했다. 트뢸치와는 확실하게 거리를 두었다. 하지만 그는 칼뱅을 "오지안더 식으로"* 해석했다. 그는 루터의 경구 "네가 믿는다면, 갖게 되리라!"Glaubst du, so hast du, 멜란히톤이 '그리스도의 선행'에 집중한 것, 그리고 앙겔루스 질레지우스의 격언("그리스도

* 안드레아스 오지안더(Andreas Osiander, 1498-1552): 독일의 신학자. 뉘른베르크에 프로테스탄트 종교개혁이 도입되는 데 이바지한 사람으로, 루터파 신학자들과 갈등이 있었다—옮긴이.

께서 수천 번 베들레헴에 태어나시더라도, 네 안에 태어나시지 않는다면……")
을 환영했다. 당시의 바르트에게서 어떻게 이런 것과 다른 주장을 기대할
수 있겠는가? 그에게 신앙이란 "삶의 실제성이 생겨나는 것, 선험적 기능 속
에 주어진 의식 가능성의 현실화"였는데 말이다.[128]

바르트가 「종교철학에 관한 생각」(Ideen zur Religionsphilosophie)이
라는 제목으로 한데 묶은 메모집도 비슷한 방향을 가리키고 있다. 그는
제네바에 있는 동안에도 마르부르크에서 발견한 인식에 머물러 있었다.
그러나 이제 그의 내면 가장 깊은 곳에서 "학문적 신학 작업은……설교
를 하면 할수록, 수업을 하면 할수록 '왠지' 낯설고 수수께끼 같은 것으로
느껴지기 시작했다." 이것은 그가 헤르만에게서 박사 논문을 쓰려고 꼼
꼼하게 계획했다가 그만두게 된 여러 가지 이유 가운데 하나였다. "마르
부르크에서 신학박사 학위를 취득하려던 나의 계획은 내적, 외적 망설임
때문에 실행되지 못했다."[129]
　　1911년 초반에 칼 바르트에게는 두 가지 특별한 사건이 일어났다.
하나는 2월 초의 일이었는데, "그 당시 여기저기서 이름이 언급되던 대
학생 선교사, 대학생 조직가" 존 모트[John Mott]가 제네바에 온 것이었다.
칼 바르트는 그의 강의에-비록 그의 미국식 비즈니스맨 스타일은 문제
가 있다고 보았지만-깊은 감명을 받았다. "그는 옛날 데사우 사람처럼
단 **하나의** 멜로디로 말한다. 그러나 그 멜로디가 좋다. 그것은 복음화,
예수를 위한 인류, 인류를 위한 예수다.……종교 체험의 강렬함과 집중
력이 느껴진다. 우리는……그 체험의 우월성을 인정하게 된다. 모트에
게서 마주하게 되는 실제성과 비교한다면, 우리의 개인적이고 사회적인
도덕 원칙은 약간은 빛이 바랜 것처럼 보이기도 한다." "그는 대단한 인

물이다. 우리는 바로 이 사람에 관한 연설을 하고, 책을 써야 한다." 이것이 "그의 제네바 강연을 듣고 나에게 든 생각이었다."[130]

또 다른 사건은 4월 28일 제네바 거리에서 벌어진 일이었다. 수천 명의 제네바 시민들이 시 당국의 인도 아래 연방 의회의 도박 금지에 반대하는 시위를 벌인 것이었다. 바르트는 그날 저녁 사람들이 "최소한 다섯 시간 동안 쉴 새 없이 소리를 지르는 것"을 목격하고서 이렇게 말했다. "나는 그렇게 강력하고 조화롭고 지속적인 휘파람 소리, 고함 소리, 욕지거리를 한 번도 들어 본 적이 없었다." 이런 "깡패들 분위기"보다 더 수상한 느낌이 들었던 것은 "이 나라의 상위 계층이라는 사람들이 거들먹거리면서 아무 생각 없이 늘어놓는 말들"이었다.[131] 바르트가 특별히 큰 충격을 받은 것은 "어떤 유명한 스위스 정치가가 '우리는 종교를 존중합니다. 하지만 종교를 가지고 우리를 귀찮게 해서는 안 됩니다'라고 말하는 것을 들었을 때였다."[132] 그 말을 한 사람은 앙리 파지Henry Fazy였다. 바르트는 이 제네바 시민들에게 결연히 반대하는 입장을 취하면서 도박 금지에 찬성하는 목소리를 냈다. 그는 이것이 "적대적인 노선 가운데 한 지점에 불과"하다고 주장했다. 그가 보기에 이 노선은 알코올, 맘몬, 방탕을 그 특징으로 한다. 바르트는 이 사건을 통해서 개인적인 교훈을 이끌어 냈다. "결연한 **부정**을 통해서 하나님 나라의 능력을 나타내는 것, 그것이야말로 '교회'가 해야 할 일이다."[133]

이 시기에 칼 바르트는 사적인 영역에서도 상당히 중요한 결정을 내렸다. 바로 약혼을 한 것이다. 약혼녀는 넬리 호프만Nelly Hoffmann이었다. 넬리는 바르트가 견신례 수업을 맡은 첫해 그의 수업을 들은 학생이었다. 그녀는 수업을 열심히 들었고, 1910년 예수 승천 주일에 제네바의 마들렌 교회에서 바르트가 집례한 견신례를 받았다. 넬리는 1893년 8월

26일생으로, 다섯 자매 가운데 막내였으며, 처음에는 로르샤흐Rorschach
에서 살다가 취리히로 이사했고, 1905년부터는 제네바에서 성장했다.
아버지는 법률가 로베르트 호프만Robert Hoffmann이었는데, 장크트갈렌
St. Gallen에서 수상청 장관을 지낸 분이었으나 1894년에 일찍 돌아가셨
다. 그래서 어린 자매들의 교육은 전적으로 어머니 안나 엘리자베트Anna
Elisabeth, 1854-1934(결혼 전의 성은 후겐토블러[Hugentobler])의 몫이었다. 그녀
는 딸들에게 언어와 예술 교육에 좋은 환경을 제공하려고 제네바로 이
사했다. 넬리는 제네바 음악 학교에서 바이올린 수업을 받을 수 있었으
나 약혼 때문에 음악 공부를 포기했다. 1911년 5월 16일 칼 바르트는 아
직 열여덟의 앳된 아가씨와 약혼식을 올렸다. 칼 바르트가 청혼을 하고
겨우 일주일 후의 일이었다. 그는 기뻤다. 그가 당시에 기록했듯이, 그는
"이 약혼으로 인하여 모든 것이 더욱 깊어지고 더욱 풍요로워지고 진지
해진 것을 기뻐했고, 이 약혼에 깃든 모든 환희와 친밀함"을 기뻐했다.[134]

　　2주 후인 5월 31일, 바르트는 제네바 목사연합회에서-프랑스어로
-강연했다. 거기서 그는 "신학에서 형이상학이 다시 등장하는 문제"에
대해 비판적인 자세를 취했다. 그는 완전히 헤르만의 견지에서, 또한 명
백하게 멜란히톤을 인용하면서 과거의 형이상학을 비판했다. 새롭게 논
의되고 있던 형이상학도 "신학의 입장에서는 마찬가지로 비생산적이고
위험천만한 시도"라고 혹평했다. 그 형이상학이 파악한 실재는 신적인
실재로 인정할 수 없으며 "종교의 핵심인 영혼의 실천적 고양"과도 아무
런 관련이 없다는 것이 그의 주장이었다. 이 강연은 제네바에서 바르트
의 고별 무대와 다름없었다. 그 즈음 바르트의 생애에 또 하나의 중요한
변화가 일어났기 때문이다. 1911년 4월 2일, 바르트는 아라우 주의 한
마을 교회에서 (본문은 마태복음 5:10-12) 설교하고 돌아왔다. 그리고 5월

도 되기 전에 그 교회의 목사로 청빙을 받았다. 1911년 6월 25일, 바르트는 제네바에서 고별 설교를 했다. 설교 본문은 그가 아버지한테 안수를 받던 그날에 아버지가 설교한 것과 같은 본문이었다. 그는 이 설교를 통해서 자신의 희망을 표출했다. "서로에 대한 무관심, 최상의 것들에 대한 무관심은 상호 탐색, 공동의 탐색으로 변화될 것입니다. 지금은 그저 잠정적으로 생각 속에, 종이 위에만 존재하는 것, 곧 그리스도교적인 공동체가 반드시 나타날 것입니다.……"

1906년 5월 초핑기아의 야유회 중 아레 강 위에서 구 베른을 배경으로 찍은 사진. 칼 바르트는 가운데에 있고, 오른편에는 친구 오토 라우터부르크가 있다.

1908년 여름 마르부르크에서 공부하던 스위스 신학생들의 모임. 뒷줄 제일 오른쪽이 칼 바르트, 그의 곁에는 고트로프 비저와 프리츠 추라우프가 서 있다.

독일의 스승들

(왼쪽 위부터 시계방향으로)

베를린의 교회사가 아돌프 폰 하르낙. 1906-1907년 겨울학기, 바르트는 그의 강의에 완전히 심취해서 베를린을 제대로 돌아보지도 못할 정도였다.

마르부르크의 조직신학자 마르틴 라데. 바르트는 1909년 라데 교수가 편집자로 있는 「그리스도교 세계」의 편집을 도왔다.

마르부르크의 조직신학자 빌헬름 헤르만. 칸트와 슐라이어마허를 연결시키려고 했던 그는 바르트에게 결정적으로 중요한 스승이었다. 바르트는 수년간 그의 발자취를 따랐다.

독일의 철학자 이마누엘 칸트. 베른 대학교 신학생 시절, 바르트는 칸트의 『실천이성비판』을 읽고 깊이 감동했다.

독일의 신학자이자 철학자 슐라이어마허. 베를린 시절 이후, 슐라이어마허는 바르트의 사유에 길잡이 노릇을 하는 별이 되었다.

3. 자펜빌 교회 시절 1911-1921

목사 동지

목사……

바르트의 인생에 새로운 시대가 열린 것이 분명했다. "1911년 나는 그 옛날 아버지처럼 아르가우 주에 목사로 왔다. 농부와 노동자로 구성된 자펜빌Safenwil의 목사가 되어 온 것이다."[1] 1910년의 통계를 보면, 그 마을에는 (247가구) 1,625명의 주민이 살고 있었는데, 그 가운데 1,487명이 개신교인이었고, 그 가운데 최소 318명은 학교에 다니는 어린 아이들이었다. 드넓은 계곡에 자리한 마을은 극심한 변화를 겪는 중이었다. 산업화가 가속화되고 있었고, 농업 인구는 점점 줄어들었다. 1913년 말부터는 전기가 들어왔고, 인구가 끊임없이 늘었으며, 얼마 전에는 새 학교가 건립되었다. 바르트는 그 마을 역사를 통틀어 네 번째 목사였다. 자펜빌 교회가—특별히 휘시Hüssy 가문의 도움을 받아—독자적인 교회가 된 것도 불과 40년밖에는 되지 않았다. 자펜빌 교회는 마을의 남쪽 언덕 위에 세워졌다. 강단의 왼쪽과 오른쪽에는—정면 벽의 중간쯤의 높이에—요한복음 13:35, 14:6의 말씀이 보였다. 교회의 아래쪽에 위치한 목사관에서 교회까지 가려면 언덕길을 걸어 올라야 했다. 그 길은 "내가 어떤 때는 더 좋은 설교, 어떤 때는 덜 좋은 설교를 머릿속으로 구상하면서 걷던 길이요, 장례 행렬의 선두에 서서 걷던 길이요, 견신례를 받는 학생들과 귀르휠츨리Gyrhölzli로 소풍을 가던……그리고 똥거름 지게 뒤로 자주 올라가곤 했던 길이다."[2] 아르가우 스타일로 지은, 아주 습기가 많았던 옛 목사관은 전에 학교 건물이었고, 우체국 건물인 적도 있었는데, 사람들은 그곳을 "쭘 펠렌베르크"Zum Fellenberg(펠렌베르크 산으로 가는 방향)라고도 불렀다.

1911년 7월 3일 칼 바르트는 이 목사관에 입주했다. 뒤이은 첫 번째 주일 곧 7월 9일 오후에 아버지의 집례로 취임 예배를 드렸다. 그 자리에는 약혼녀, 베티 이모, 친구 슈푄들린도 함께했다. 설교 본문은 고린도후서 4:1-2이었다. 아버지의 설교는 철저하게 "성경적 경험 신학의 아름답고 올곧은 노선"을 유지하고 있었다.[3] 칼 바르트 자신도 요한복음 14:24을 본문으로 취임 설교를 했다. 그는 "길고 긴 굴곡과 방랑의 세월을 마치고 이제 다시 여러분 안에서 하나의 고향, 친절한 내 집을 발견하게 된" 기쁨을 내비쳤고, 동시에 자기의 확신을 표명했다. "내가 여러분에게 하나님에 관해 말하는 것은 이제 내가 목사라서가 아닙니다. 오히려 내가 나 자신에게, 나보다 더 나은 나에게 진실하려면 하나님에 관해 말을 해야 하기 때문에 목사인 것입니다." 바로 다음 날 그는 이웃 마을인 위르크하임Uerkheim까지 걸어가서, 그곳에 살고 있는 친구 파울 쉴트Paul Schild를 만났다. 그와의 우정은 1966년에 그가 죽을 때까지 지속되었다.

칼 바르트는 이제 10년 동안 이곳 자펜빌에 살면서 활동하게 된다. 처음에는 아직 총각 목사로 지냈다. 그래서 가정부 한나가 목사관 살림을 맡았고, 고양이 여러 마리가 목사관에 들락거렸다. 그때부터 바르트의 인생은 특히 "그가 시골 목사라는 사실, 그리고 그가 이 시골 목사의 직분을 자기만의 독특한 열정과 헌신 속에서 진지하게 받아들이고 수행했다는 사실"에 의해 결정되었다.[4] "나는 이 아르가우의 마을에서 모든 사람과 아주 재미있게 지냈다. 그곳에서 비로소 나는 개혁 교회 설교자, 교사, 목사의 책무가 얼마나 큰 것인지를 서서히 깨닫기 시작했다."[5] 여러 가지 이유에서 "나의 신학 연구는 그 후로 수년 동안 아주 면밀한 설교 준비, 수업 준비에 한정되었다."[6] 그러나 바로 그 집중과 한정 덕분에 바르트는 이 시기에 중요한 발견을 할 수 있었던 것이다. "이 자펜빌 시절에……내 삶은 결정적이고도 실질적인 변화를 맞이하게 되었고, 그 변화가 외적인 행보에도 큰 영향을 미쳤다."[7] 바르트는 훗날, 자기 신학의 뿌리는 그 당시 목회 활동 속에서 형성되었다고 말하기까지 했다. "나의 신학은 내가 수업을 지도하고, 설교하고, 약간의 목회 상담도 수행해야 하는 상황에서 자라나기 시작했다."[8]

바르트는 주일 설교를 매주 새롭게 준비하고 작성하는 것을 가장 시급한 과제로 생각했다. 그는 취임 후 첫 주일부터 '주기도'에 대한 설교 시리즈를 시작해서 오랫동안 끌고 나갔다. 자펜빌에서는 모두 합쳐 약 5백 편의 설교문을 쓰고, 이를 설교했다. 바르트는 제네바 시절부터 자신의 설교 원고를 매번 "아주 꼼꼼히, 사소한 것 하나하나까지" 쓰는 버릇을 갖고 있었다.[9] 주일 설교가 "끔찍한 난산"이었던 때가 한두 번이 아니었다.[10] 이틀 내내 설교 원고를 쓸 때도 있었고, "다섯 번이나 새로 시작"할 때도 있었으며, 주일 아침이 되어서야 설교 준비가 끝날 때도 있었다.[11] "그런데 그는 이 설교 원고를 주일 예배 때 그냥 읽어 내려가지 않고, 아주 인상적인 방식으로 청중을 바라보며 자유롭게 설교했다." 물론

"교인들이 그의 설교를 이해하기 위해서는……내면적으로 상당한 수고를 해야 했다."[12] 바르트는 예배 시간에 대개 두 번만 찬양을 하도록 했는데, 그 대신 설교 시간은 아주 길었다. 그런가 하면, 바르트의 취임 직후에 열린 자펜빌 교회의 운영 위원회에서는 바르트의 장례 설교가 지나치게 짧아서, 기도 한 번 하고 고인의 약력을 읽는 걸로 만족하더라는 성토의 목소리도 나왔다.[13] 그 밖에도 바르트는 1911년 8월에 두 번이나 가까운 숲(귀르횔츨리)에서 야외 예배를 드리고 "만족스러운 성과가 있었다"고 평가했다.[14]

처음부터 바르트는 "언제나 우리의 설교가 이른바 텍스트, 곧 예수 자신의 말씀이나 예수 이전 구약성서의 선조들의 말씀이나 예수의 뒤를 이은 사도들의 말씀에 의거하는 것은 그저 아름답고 오랜 관습일 뿐만 아니라 꼭 필요한 일"이라고 생각했다.[15] 그는 짤막한 말씀을 본문으로 고를 때가 많았고, 한 가지 주제에─예컨대 기도, 종교개혁, 탐욕, 선교, 윌리엄 부스의 삶, 봄은 어린이의 계절 등에─초점을 맞춰 설교할 때가 많았다. 그리고 자유주의 스타일을 따라 설교 중에 교인들을 "나의 친구들이여" 혹은 "친애하는 청중 여러분"이라고 부르곤 했다. 초창기 바르트의 설교는 여전히─제네바에서와 마찬가지로─"『그리스도교 세계』 스타일의 현대 신학적 설교"였다.[16] 1912년에 바르트는 '확실성의 문제'를 다룬 칼 하임Karl Heim의 책에 대한 서평을 발표하는데, 이 서평은 당시 바르트가 어디에 서 있었는지, 그리고 앞으로도 당분간 어디에 서 있을 것인지를 잘 보여준다. 거기서 바르트는 슐라이어마허야말로 종교개혁을 천재적으로 갱신한 사람이라고 칭송한다. 그러나 "나는 목회를 하면서, 비록 슐라이어마허의 영향을 많이 받고는 있었지만─슐라이어마허 자신도 그랬듯이─예컨대 그의 『종교론』의 언어로, 혹은 거기 담긴 원래의 정신을 그대로 나의 의견으로 말한 적은 절대로 없었다."[17]

자펜빌 시절 초기 설교에 자주 등장한 핵심 개념은 그가 마르부르크 시절부터 즐겨 사용했던 개념, 곧 "생명"Leben 혹은 "체험"Erleben이었다. 또 하나 주목할 만한 것은 그가 '솔직함'을 유지하려고 상당히 노력을 했다는 점이다. 젊은 목사 바르트는 자신의 청중을 솔직하게 대면하고자 했다. 자신이 본문과 씨름하는 모습도 솔직하게 터놓고 고백할 수 있었다. "나는 아직 거기까지 가지 못했습니다. 지금까지 나는 내적으로 다른 것에 붙잡혀 있었습니다. 그것이 좋은 것이라고 해도 마찬가지입니다.……나는 오늘 말씀드리는 이 내용을 나 스스로도 낯설어 하고 있습니다. 나는 이것을 잘못이라고 느낍니다. 하지만 이것이 사실입니다. 나는 정직해야 합니다."[18] 그런가 하면, 벌써 이 시기부터 그의 단호함이 확연히 드러났다. 그는 용감하고 비판적인 발언을 하는 데 주저함이 없었다. 예컨대 이런 식이었다. "그렇습니다. 목사는 진리를 말해야 합니다. 그러나 음식점 주인에 맞서는 말을 해서는 안 됩니다. 교사에게, 공공 기관에서 일하는 사람에게, 스포츠클럽에 맞서는 말도 하지 말아야 합니다. 특히 나에게 반대하는 말은 해서는 안 됩니다. 그렇습니다. 친애하는 친구들이여, 진리는 누군가에게 맞서는 것이 아니라 모두를 위한 것입니다. 여러분, 저를 믿으셔도 좋습니다. 저는 여러분 모두를 똑같이 사랑합니다. 하나님께서 우리 모두를 똑같이 사랑하시는 것처럼 말입니다." 그러나 "내가 이 직분을 받은 것은 말하기 위함이요, 그것도 분명하게 말하기 위함입니다.……만일 내가 사랑을 받고자 했다면 침묵을 지켰을 것입니다."[19] 그 당시 바르트 설교의 마지막 특징은—훗날 그의 평가에 따르면—이 세상에서 일어나는 사건, 그 동네에서 일어나는 여러 가지 사건 사고들과 너무나 긴밀한 관련을 맺는다는 사실이었다. "나는 목회를 하면서……교인의 수준에 맞춘답시고 아주 황당한 실수를 저지르곤 했다. 1912년 '타이타닉' 호의 침몰 때문에 전 세계가 충격에 빠져 있었는데, 나는 곧장 다음 주일 설교에서 그 사건을 주제로 설교해야 한다고 생각했고, 그 결과 너무도 흉물스러운 '타이타닉' 설교가 되고 말았다."[20]

그런데 여기서 한 가지 언급하고 지나가야 할 것이 있다. 그것은 놀랍게도 자펜빌 시절 그의 초기 설교에 이미 그의 신학, 곧 그가 신학교에서 배운 신학, 일반적으로 그의 설교를 주도하고 있는 그의 신학을 완전히 부정하거나, 그 너머를 제시하는 몇몇 문장이나 그런 사유의 흐름이 가끔 눈에 띈다는 사실이다.

예컨대 그의 이런 말은 아주 직설적이다. "성금요일의 메시지는 능력의 말씀이다.……당신이나 내가 거기에 대해 무슨 말을 하든, 거기에 아무 영향도 끼칠 수 없다." 또는 "아름다운 종교적 감정이 사라진다고 해도……예수, 그분은 사라지지 않는다.……그분이 우리를 위하여 두 번 태어나시고 사시고 죽으실 필요는 없다." 또는 이런 변증법적인 말도 나온다. 예수를 통해서 "모든 기준이 완전히 뒤집어졌기" 때문에 불경한 사람들에게, 바로 그들에 대해 이렇게 말할 수 있다. "그들이야말로 하나님의 사람들인 까닭은 그들이 자신들은 하나님의 사람들이 아님을 알고 있기 때문이다." 다른 설교에서는 또 이런 말을 했다. "만일 우리가 다시금 하나님을 우리 **앞에** 서 계시는 분으로서 미래 안에서 찾는 법을 배웠다면, 우리는 어떤 그리스도교가 될 것인가?" 또는 "하나님 나라의 일은 오직 하나만 있으니, 그것은 하나님께서 직접 일으키시는 일이다." "우리가 가는 것이 아니라, 하나님과 그분의 나라가 온다.……이것은 아래에서 위로 올라가는 움직임이 아니라, 위에서 아래로 내려오는 움직임이다."[21] 하지만 바르트의 초기 설교에서 이런 식의 표현은 가뭄에 콩 나듯 드문 경우였다.

바르트의 설교는 큰 반향을 얻지는 못했다. 사실 "나는 언제나 벽에다 대고 소리치는 기분이었다."[22] 물론 그의 설교를 잘 이해하고 공감하는 충실한 청중도 있긴 있었다. 그러나 수가 그리 많지는 않았다. 어쩌면 그것은 이곳 주민들이 별로 교회에 관심이 없었기 때문이리라. "나는 교회에 대한 아르가우 사람들의 철저한 무관심을 설명할 때면, 목사가 태수와 마찬가지로 혐오스러운 귀족이 되어 '겨우 명맥이나 유지하던' [과거의] 베른 정부를 떠올리지 않을 수 없었다."[23] 그러나 바르트의 설교가 초라한 '성과'를 거둘 수밖에 없었던 또 다른 이유는, 그 설교가 아르가우 사람들의 정서와 맞지 않았기 때문일 것이다. 아르가우의 정서는 "한편으로는 합리주의적인 진보성을, 다른 한편으로는 감상주의적인 경건주의"를 그 특징으로 드러냈다.[24] 그래서 "나와 자펜빌 사람들은 마치……유리벽을 사이에 두고 서로를 바라보고 있는 것" 같았다.[25] 그야말로 "하품이나 하면서 텅 비어 있는 의자들" 앞에서 설교해야 할 때도 자주 있었다.[26] 그러나 그는 "일반적으로 너무나 열악한 교회 출석률"에도 흔들리지 않고 설교 한 편 한 편을 언제나 진지하게 생각했다.[27] 그는 설교에 대한 반향이 빈약한 것을 그 시절의 불안한 내적 상태와 연결하기도 했다. 내면이 차분하게 가라앉지 않고 뭔가를 찾아 헤매는 상황이 설교에 고스란히 나타났다는 것이다. "나중에서야 나는 그 모든 것을 감내해야 했던 교인들에게 미안한 마음이 들었다."[28] 1935년 대림절 첫째 주 예배 때 다시 한 번 자펜빌 교회의 강단에 오른 바르트는 과거 자신의 설교를 회상하며 이런 말을 했다. "지금 생각해 보니, 제가 여러분의 목사였던 그 시절에 여러분에게 명료하게 말하지 못한 것이 있는데, 그것은 바로 복음입니다. 어쩌면 그래서 잘못된 길로 간 사람들, 어쩌면 저의 설교에 화가 났던 분들, 벌써 돌아가신 분들, 그리고 저한테서 인간적인 기준으로 볼 때 필요한 만큼 복음을 듣지 못했던 분들을 생각할 때마다, 저는 정말 경악하지 않을 수 없습니다."[29] 그는 이전에도 이런 말을 남긴 적이 있다. "내가 자펜빌의 목사로서 결국 처절하게 실패했다는 사실을 떠올릴 때마다 괴롭다."[30]

바르트는 설교 외에도 견신례 수업에 특별한 노력을 기울였다. 수업은 목사관에 있는 작은 홀에서 열렸다. 그는 제네바에 있을 때와 마찬가지로 "지정 교과서가 아니라 자기가 직접 만든 공책을 가지고 수업하는 것을 뿌듯하게 생각했다." 수업의 내용을 각각 한 문장으로 요약하고, 거기에 상응하는 성경 구절을 덧붙인 후에 "나이 든 교수님처럼 그 문장을" 매번 학생들에게 불러주어 공책에 필기하게 했다.[31] 그 요점 문장을 쓰는 까닭은 "암기하기 위함이 아니라, 옷가지를 걸어 놓으라고 벽에 붙어 있는 쇠붙이처럼 그 내용을 기억해 내고 그것을 반복할 수 있게 하려는 것이었다."[32] 바르트는 12년간의 목회 활동 중에 적어도 여덟 번 이상 커리큘럼을 다시 구상했다.

바르트가 처음으로 구상한 견신례 수업은 2부, 곧 "예수님께 가는 길"과 "하나님께 가는 길"로 나뉘어져 있다(1장 복종, 2장 사랑, 3장 자기 부정). 그는 제1부를 시작하면서 학생들에게 두 개의 명제를 불러주어 적게 했다. "인간이 자연과 구분되는 것은 **이성** 때문이다. 곧 인간이 자기 안에 있는 특정 법칙에 따라 생각하고 의지하고 느끼기 때문이다. 인간은 자기의 이성을 적용하고, 진리와 선함과 아름다움을 추구함으로써 자신의 운명을 성취한다. 그런데 이 운명은 하나님을 위한 인간의 운명이다. 하나님은 영원한 진리 · 선

함·아름다움이기 때문이다. 하나님을 **찾는 것**이 곧 하나님을 **발견하는 것**이
다"(플라톤). 그리고 "인간의 이런 신적인 운명이 가장 명료하게 표현된 것은
의지의 내적 법칙이다. 각각의 인간은 스스로 판단하기에 '모두가 그렇게 행
동해야 한다!' 하고 생각하는 그 방식으로 행동해야 한다. 그런 의지가 곧 **선
한** 의지다"(이마누엘 칸트).

수업을 이끌어 가면서 바르트는 이런 원칙을 세웠다. "수업이란 것이
그저 가르치고 배우는 것일 수는 없다. 우리는 인격적으로 서로를 만나
좋은 친구가 되어야 한다." 그래서 바르트는 학생들에게 "적극적인 참여,
신뢰, 열린 마음, 질문을 던질 것!"을 요구했다.

바르트는 견신례 수업을 듣는 학생들이 억지로 예배에 참석하는 것
에는 단호히 반대했다. 그 대신 그는 수업에 규칙적으로 참여할 것을 더
욱 분명하게 요구했다. ("한 학생이 아버지를 통해서 물어 오기를, 과수 재배 일
정이 있으니 마지막 세 시간만 빠져도 되겠냐고 했다. 그래서 나도 그 학생에게 친절
하게 이렇게 물어 달라고 했다. 성금요일[견신례가 열리는 날]에도 과일나무와 함께
지내지 않겠니?"[33]) 바르트는 1911년 겨울에 이미 교회 운영 위원회의 허
락을 받아, 제4분기에는 견신례 수업 일수를 주 3회로 늘리도록 했다. 그
렇게 해야 "정말 실질적인 삶의 문제에 대한 논의를 더 자세하고 더 인격
적으로 진행할 수 있다"는 논거를 내세웠다.[34] 게다가 바르트는 견신례
수업이 (스위스의 관습에 따르면 견신례 대상 학생은 열다섯 살이다) 근무 시간
중에 열려야 한다고 주장했기 때문에, 얼마 가지 않아 그 지역의 공장주
인 호훌리Hochuli와는 영원한 앙숙이 되고 말았다. 호훌리는 학생들을 그
냥 공장에 붙잡아 둔 적도 있었고, 견신례 대상 학생은 아예 공장에 받지
않겠다고 선언한 적도 있었고, 학생들을 초핑겐Zofingen에 있는 견신례 수

칼 바르트

업에 보낸 적도 있었다. 결국에는 바르트가 아라우 지방의 교회 위원회 임원에게 도움을 요청했는데, 그 임원은 분쟁의 원인이 "목사의 인품에 도" 있다고 발표했다.[35] 한동안 바르트는 견신례 전에 학생 한 명 한 명과 개별 상담 시간을 갖는 것도 가치 있는 일이라고 생각했다.

아르가우 지역에서는 1912년 초반에야 비로소 견신례 준비 수업이 도입되었다. 바르트는 학생들이 성경을 잘 알게 되는 것, 특히 성경 인물과 친숙해지는 것이 이 수업의 목표라고 생각했다. 그는 1917년 들어 비로소 그 수업과 관련된 지도 원칙을 작성했던 것 같다. 그는 주일 설교가 끝난 다음에 12-14세 어린이들을 대상으로 이른바 '어린이 수업'을 꾸려, 아이들에게 성경 이야기를 들려주었다. (더 어린 아이들은 '처녀 빌헬름'이 맡아 가르치는 '주일 학교'에서 성경을 배웠다.) 제네바에서 그랬던 것처럼, 자펜빌에서도 초반에는 일주일에 한 번 저녁에 견신례 후속 교육을 실시했고, 남학생 반과 여학생 반을 격주로 운영했다. 그런데 이렇게 여러 가지 형태로 청소년을 가르치는 일이 바르트에게는 감당하기 버거운 짐처럼 느껴지곤 했다. 그 일은 "언제나 나에게 소름 끼칠 정도로 걱정이 되는 일"이었다.[36] 그는 "지루해서 어쩔 줄 몰라 하는 얼굴들을 보면서……너무나 불쾌할 때가 많았다." "잘 아는 내용을 가르치는데도 그냥 맥이 빠져 버리는 일이 다반사였다."[37] "하나님 나라를 나의 수업 자료로 만들려고 하는데 도무지 그렇게 되지 않았다. 아무리 기교를 부려도 번번이 실패였다."[38]

수업에서 바르트를 많이 힘들게 한 것은 규율 문제가 아니었다. 물론 "어떤 녀석은 나에 대한 항의의 표시로 교회 문을 세게 닫고 나가 버린 일"도 있었다. 또 "내가 열심히 아달랴의 이야기를 들려주다가 싸움질을 하는 두 녀석을 붙잡아 뺨따귀를 후려치고는 교회에서 내쫓아 버린" 적도 있었다.[39] 그러나 그것은 예외적인 경우였다. 일반적으로 바르트는 청소년들과 인간적으로 잘 지냈다. 자펜빌에 와서 처음 몇 년 동안은 여름이 되면 학생들과 야외로 나가서 수업을 하기도 했다. 때로는 학생들과 산책도 하고, "겨울이 되면, 함께함의 기쁨을 배가시키기 위해서 한바탕 눈싸움"을 벌이기도 했다.[40]

설교와 수업 외에도 자펜빌 교회의 겨울철 성경 공부 모임 강의, 청십자 협회의* 성경 강의와 교회사 강의도 목사 바르트의 몫이었다. 그리고 "내가 한창 청십자 운동을 홍보할 때, 다윗과 골리앗의 이야기를 들려줄 때는 자펜빌의 학교 교실이" 가득 찼다.[41] 당시 자펜빌에는 (스위스 전체가 그랬듯이) 청십자단 단원이 꽤 많았다. 그때는 "목사의 거의 절반이 금주·금욕의 삶을 살았다." 바르트도 자펜빌 지역에서 아주 적극적인, 그러니까 금욕적인 회원이었고, 수년 동안 그 단체의 회장직을 맡기도 했다. 그러나 몇 년 후에는 그 생활을 청산했다. 그리고 나서는 "더 이상 금욕적이지 않은 사람으로서……'다시 술 퍼마시는 사람'Wiedersäufer이라고** 불리는 신학자가 청십자단에 있더라"는 말을 들으며 빙긋이 웃었다.[42] 바르트는 한동안 청십자단의 대규모 합창단 지휘자로 선임되어 "이다, 뢰슬리, 엠마 등 온갖" 노래를 신명나게 지휘했고, 그나마 그 합창단에게 모차르트의 「아베 베룸 코르푸스」(Ave verum corpus)를∴ 가르칠 수 있었던 것을 자랑스럽게 생각했다.[43] 바르트는 다른 활동에 비해 가정 방

문을 많이 하지 않았다. 어쩌다 가정 방문을 하더라도 한꺼번에 여러 집을 몰아서 방문했다. 그래서 자펜빌 '교회 운영 위원회'는 바르트에게 가정 방문 횟수를 늘려 달라고 권고하기도 했다.[44] 그러나 그는 "그런 만남의 횟수를 늘린다고 해서" 많은 것을 기대할 수는 없다고 주장했다.[45] 바르트는 자펜빌만이 아니라 로트하커Rothaker와 발터스빌Walterswil에 흩어져 있는 교회 공동체까지 돌봐야 했다. 그 두 곳은 제일 가까운 주 경계 너머, 졸로투른Solothurn 주 소속이었다. 바르트는 교회 운영 위원회와 긴밀하게 협조하려고 노력했다. 자펜빌의 교회 운영 위원회는 여섯 명의 평신도로 구성된 모임으로서 목사와 함께 교회의 운영을 책임졌다. 아르가우 주의 관습에 따라 바르트는 그 위원회의 회장이 될 수 없었으나, 1911-1919년에는 '서기'가 되어 위원회 모임에서 논의된 내용을 기록하는 일을 맡았다. 그 모임이 "하나님에 대한, 그리고 자펜빌 사람들과 하나님의 관계에 대한 대화"가 되는 것이 바르트의 바람이었다. '목사관 벽돌을 새 벽돌로 교체하기' 등의 문제는 가급적 부차적인 일이 되어야 한다고 생각했다.[46] 그래서 운영 위원들이 칼뱅이나 츠빙글리Zwingli 등에 대한 강연을 시작하자 그는 무척 기뻐했다. 그는 운영 위원들과 마차를 타고 근교로 소풍을 나가기도 했다. 이따금 교회에서 강연회를 개최하기도 했다. 결혼 이후에는 부인 넬리가—가끔은 칼 바르트도 함께—악기 연주로 그 강연회의 처음과 마지막을 장식했다.

시골 목사로 일하다 보니 약간 엉뚱한 잡무를 맡아야 할 때도 있었다. 1911년 말-1912년 초의 겨울에는 가정 학교에 가서 '보건'과 '부기'(簿記) 과목을 가르쳐야 했다. 바르트는 그 수업을 하면서 모범 사례를 소개한답시고 짓궂게도 친구들이나 신학자들의 이름을 가져다 쓰기도 했다. 예컨대 이것은 "빵집 주인 율리우스 카프탄의* 재산 목록인데……" 하는 식의 장난이었다. 바르트는 수년 동안 '학교 운영 위원회'의 회원이었고 그 모임의 회장직을 맡기도 했다. 그 자리에 있으면서 그가 이뤄 낸 성과 중 하나는 여학생을 위한 체육 수업을 도입한 것이었다.

이 모든 영역에서 바르트는 주(州) 개혁 교회 목사로 일했다. 그런데 자펜빌의 개혁 교회 교인 일부가 주 교회의 예배에 참석하지 않고 어느 경건주의 공동체의 예배를 찾아갔는데, 그 공동체는 미국에서 영향을 받은 '알브레히트 형제단'으로서 이른바 '채플'에서 독자적인 예배를 드렸다. 예배 때마다 초핑겐에서 목사가 왔다. 바르트는 그 공동체를 통해서 경건주의의 문제점을 아주 구체적으로 경험하게 되었다. 자펜빌에는 가톨릭 교인이 거의 없었기에, 그들은 다른 지역으로 가서 미사를 드리고 왔다. "가까운 지역에 로마 가톨릭 마을", 곧 로트하커가 있었기 때문이다. "나는 그곳의 사제와 수년 동안 자주 만났다." 그의 이름은 그롤리문트Grolimund였고 "아주 진보적이지는 않았지만 경건한 사람이었다. 우리는 서로 많은 이야기를 나누었다. 트리엔트 공의회에 대해, 로마 가톨릭과 종교개혁파 간의 논쟁에 대해, 나아가 신비주의, 사회주의, 독신주의에 대해서도 이야기했다." 그래서 이 가톨릭 성직자 덕분에 "내가 처음으로 로마 가톨릭과 생생한 관계를 맺게 되었으니, 그가 아주 중요한 역할을 해준 셈이다."[47] 이 관계는 두 성직자가 노년에 이르기까지 지속되었다.

자펜빌에 온 지 얼마 되지 않아 칼 바르트의 신학적 관심이 목회에 집중되고 '제한'된 것, 그리고 자유주의 신학의 노선에서 계속 연구하려

* 율리우스 카프탄(Julius Kaftan, 1848-1926): 개신교 신학자. 바젤 대학교의 교수였다가 베를린 대학교 교수로 재직했다─옮긴이.

던 마음이 점점 약해진 것은—바르트 자신이 느끼기에—아르가우 시절 초반에 일어난 슬픈 사건과 잠재의식적으로 관련되어 있다. "1912년 아버지의 죽음이 거기에 영향을 주었을 것이다."[48] 2월 25일 주일에 이제 겨우 쉰다섯의 아버지가 패혈증으로 갑작스럽게 사망한 것이다. 그는 얼마 전까지만 해도 베를린과 베른에서 강연을 했고, 지난가을에는 둘째 아들에게 목사 안수를 주었다. "마지막 시간을 가족과 함께 지낸 것은 그분에게 아주 특별한 내적인 조화로움을 선사했다."[49] 칼은 자펜빌에서 주일 예배를 마치자마자 베른으로 달려가 아버지의 임종을 지켰다. "아버지는 가족·친지들과 평화롭게 작별 인사를 나누셨다. 그분이 마지막으로 남기신 말 가운데 그나마 알아들을 수 있던 말은 마치 강의실에서 학생들에게 말씀하시는 듯했다. '주 예수를 사랑하는 것, 그것이 전부다. 학문도 아니고, 교육도 아니고, 비판도 아니다. 우리에게 필요한 것은 하나님과의 살아 있는 관계다. 그러므로 우리는 주 하나님께 간절히 기도해야 한다.'"[50] 사흘 뒤 장례식에서는 칼 마르티도 송사를 했다. 그는 프리츠 바르트와 신학적 견해는 달랐지만 서로 가깝게 지내던 친구였다. 그는 고인을 "탁월한 교수요 빼어난 학자요 최고의 동료"였다고 칭송했다. 자펜빌에 돌아온 칼 바르트도 그다음 주일에 그 죽음과 관련된 감동적인 설교를 했다. 학창 시절에는 아버지가 걸어간 길에 대해 너무나 유보적이었던 그였지만, 이제부터는 그 아버지를 제대로 존중하고 주목하기 시작했다고 말할 수 있다. 3년 후에 그는 칼 구스타프 융의 사촌에게 상담을 받으면서 자기의 내면을 "꺼내 놓게" 되었는데, 그때 "굉장한 아버지 콤플렉스가 훤히 드러났다."[51]

······그리고 동지

거기에 또 다른 무언가, 그러니까 한때 그렇게도 열정적으로 떠받들며
몰두했던 신학에 대한 일종의 무관심이 바르트 안에서 더욱 짙어지도록
만드는 무언가가 찾아왔다. "신학 자체에 대한 나의 관심은 (비록 『그리스
도교 세계』, 『신학과 교회』, 그리고 트뢸치의 저작을 열심히 읽어서 더 풍성해지기는
했지만) 이 산업 지구 자펜빌에서 교회가 처한 상황으로 인해 사회주의,
특히 노동조합 운동에 뜨겁게 전념한 것에 비하면 눈에 띄게 후퇴한 게
분명했다."[52] "내가 우리 교회 공동체 안에서 구체적으로 목격한 계급 대
립에서, 나는 아마도 처음으로 실제적인 삶의 실제적인 문제와 맞닥뜨리
게 되었다. 그로 인해······나의 주된 관심은 [이제] 공장 입법, 보험제도,
노동조합 기초 이론 등이 되었고, 나의 내적인 에너지는 내가 노동자 편
에 서는 것 때문에 불거진 격렬한 싸움, 지역 차원의 싸움과 주(칸톤) 차
원의 싸움에 투입되었다." 그 때문에 특히 신학 서적은 이제 완전히 주변
으로 밀려났다. "나는 [1908년 마르부르크에서 이미 구입해 두었던] 좀
바르트Sombart와 헤르크너Herkner의 책을 읽었고, 스위스 노동조합 신문과
『섬유 노동자』(Textilarbeiter) 같은 잡지를 읽었다."[53]

　　1920년 통계에 따르면, 당시 자펜빌에는 780명의 자영업자가 있었
는데, 그 가운데 587명이 산업 노동에 종사하고 있었다.[54] 그 노동자 가
운데 소수만이 마을 외부에서 일했고, 대부분은 자펜빌 안에서 일자리를
찾았다. 호훌리 씨의 편물 공장이 있었고, 일반 시민과 교회의 존경의 대
상인 휘시 가문의 방직 공장, 염직 공장, 제재소가 있었다. 여기서 일하
는 노동자들은 극도로 낮은 임금을 받으면서 일했다. 하지만 노동조합
이 결성되어 있지 않았기 때문에 아무런 저항도 할 수 없었다. 젊은 자펜

빌 목회자가 보기에는 이런 노동자들에게 이론적·실천적 도움을 주는 것은 너무나도 당연한 일이었다. 사실 이것도 아버지의 모습을 본받은 것이었으니, 프리츠 바르트는 1894년에 공식적으로 "중대하고 심각한" 사회적 "위기 상황"을 지목하면서 "반드시 바뀌어야 할 것은 바뀌야" 한다고 주장했다.[55]

1911년 10월, 바르트는 자펜빌의 오래된 학교에서 '노동자 협회'를 대상으로 강연했다. 처음에는 그의 강의가 너무나 학문적이었고, 심지어 코헨을 인용하기도 했다. 하지만 그게 전혀 통하지 않는다는 사실을 금방 깨달았다. "그 사람들은 사회주의 이론을 전혀 이해하지 못한다.……그들은 자기 지역의 문제만 생각한다.……무슨 이야기를 듣든 그 기준에 따라 판단한다.……이따금 정조준하고 제대로 한 방 쏴서 사람들의 정신을 확 깨워주는 것이 물론 좋다.……그러나 대개는 뭔가 구체적인 것이 나오기만을 기다린다.……그런 게 나오면 군중은 갑자기 상황을 환하게 깨우친다. 수백 편의 사회주의적인 설교를 듣는 것보다 낫다.……되는 대로 허공을 향해 쏘아 대던 때가 나에게도 몇 번은 있었다." 물론 그 결과는 좋지 않았다.[56]

초반의 강의는 '인권과 시민의 의무', '종교와 학문'에 대한 것이었고, '돈벌이, 노동, 삶'과 같은 키워드를 다룬 강의도 (예컨대 1912년 4월, 파르방겐[Fahrwangen]에서) 있었다. 1911년 12월 17일 '예수 그리스도와 사회적 운동'에 관한 강의 내용은 그 강의가 끝나기가 무섭게 사회주의 일간지 「프라이어 아르가우어」(Freier Aargauer)에도 실렸다.

그 강연에서 바르트는 1천8백 년 동안 사회적 문제 앞에서 철저하게 무기력했던 교회를 예수와 대비시켰다. 가난한 사람의 편에 섰던 예수에게는 "오직 (가난한 자와) 연대하는 사회적인 하나님만이" 존재했으며, 그에 따르면 "인간이 되려는 자는 반드시 동지가 되어야 한다." 진정한 사회주의는 우리 시대의 진정한 그리스도교다. 그러나 진정한 사회주의는 지금의 사회주의자 들이 하고 있는 일이 아니라, 예수가 했던 일이다. 그 일이야말로 사회주의 자들이 궁극적으로 **원하는** (오직 "원하기"만 하는!) 일이다. 바르트가 이런 말 을 한 것은 노동자들의 마음을 움직여 교회로 향하게 하려는 것이 아니었 다. 그가 그런 것을 원할 리 없었다. "예수는 교회가 아니다." 물질적 곤경에 처해 있는 사람들에게 하늘나라를 가리키며 헛된 희망을 주는 교회는 차라 리 예수의 반대 세력이라고 해야 할 것이다. 바르트가 이런 말을 한 것은 하 나님 나라가 가난한 자들에게 가까이 다가왔고, 예수가 그런 사람들과 연대 했음을 믿었기 때문이다. 그런 의미를 담아, 바르트는 이렇게 말했다. "예수 의 인격의 진정한 본질은 두 낱말로 요약될 수 있다. 그것은 '사회적 운동'이 다." 그러므로 "하나님 앞에서 의미 있는 영은 사회적 영이다."

바르트의 강연이 이렇게 도발적이었기에, 자펜빌의 공장주 발터 휘 시Walter Hüssy는 즉각 바르트를 원색적으로 비난했다. 그는 바르트 목사가 무식한 이상주의자에 불과하다면서 바르트를 조롱거리로 만들려고 했 다. 여기에 대한 바르트의 대답도 아주 명료했다. 「아르부르크Aarburg의 휘시 씨의 공개서한에 대한 답변」은 바르트가 이 문제에 관하여 객관적 이고 해박한 지식을 소유하고 있음을 드러내 주었다. 그렇게 하자마자 익명의 편지들이 이 논쟁에 끼어들기 시작했다. 발터 휘시의 사촌으로 서 자펜빌 교회 운영 위원회 회장이었던 구스타프 휘시Gustav Hüssy는 2월 13일에 바르트 목사의 태도에 항의하는 표시로 그 자리에서 사퇴했다. 그 강연에 대한 소식을 접한 마르부르크에서도 바르트에 대한 비판이 날아왔다. 바르트 신학의 "피상성"(皮相性)이 그 이유였다!

　　그러나 바르트는 이러한 저항에 굴하지 않고 노동자 문제에 헌신적으로 개입했다. 왜냐하면 "나는 사회주의적 요구를 복음의 구현에서 상당히 중요한 부분이라고 [여기는데], 하지만 그 요구는 복음 없이는 제대로 실현될 수 없다고 믿기" 때문이었다.[57] 바르트는 이 요구에 대한 응답에 동참하는 의미로 노동자 교육과 계몽 사업에 뛰어듦으로써 노동자들의 편이 되고자 했다. 여기서 그가 정말 중요하게 생각했던 것은 "우리의 더 나은 인식에 따라 대중에게 그들 자신의 사명을 선명하게 보여주고 그것의 실현을 간곡히 부탁하는 것인데, 그러자면 당연히 더 심오한 전제 조건과 더 고원한 목표를 함께 보여주어야 한다." 노동자 문제에 개입하는 바르트의 모습에는 뭔가 특별한 점이 있었으니, 그것은 그가 애초부터 두 가지를 전혀 안중에 두지 않았다는 것이다. 하나는 사회주의자들 앞에서 교회의 입장을 변증하려는 것이요, 다른 하나는 사회주의를 종교적으로 미화하는 것이다. 또 다른 특징은 그가 한편으로는 사회주의자들에게 "그들만의 세계 너머를 보여주려고"[58]—여기서도 "더 심오한 전제 조건과 더 고상한 목표"를 지향했다—했으며, 다른 한편으로는 구체적 상황의 현실적 해결의 가능성을 제시했다는 점이다. 그는 그들에게 윤리적 충고를 하면서, 그들이 현재의 곤경을 피하기 위해 (아르가우 주에서는 특별히 선호되던) 부르주아적 감성으로 과도한 열혈 분자가 되지 않기를 바랐으며, 또한 더 나은 정의를 쟁취하려는 이 필연적인 싸움을 예컨대 또 다른 이기주의의 이름으로 추진하지 않기를 바랐다. 바르트는 노동자의 문제가 알코올 중독의 문제와 맞물려 있음을 분명하게 인식했다. 그래서 바르트가 자펜빌의 '청색분자'Blauen 모임 회장일 때는 그들도 종종 '적색분자'Roten들과 연대했다. 바르트는 사회 문제와 군사주의 문제의 연관성도 꿰뚫어 보았다. 이것을 잘 보여주는 것이 '전투기와 관련한 반대 연설'(1913년 3월 14일)이다. 바르트는 이 연설문을 통해서 당시 사회주의자들의 나이브한 평화주의와 분명한 거리를 두었다. "우리는 전쟁에 어정쩡하게 반대하는 모습을 보일 수 없다. 전쟁이 당분간은 여전히 필요할 수 있다는 것을 인식한 사람이 갑자기 거기서 물러설 수 없다. 예컨대 전투기를 투입하는 것과 관련해서 말이다. '전쟁은 전쟁이다.'" 그는 먼발치에서 독일 사민당SPD의 길을 따라갔다. "나는 아우구스트 베벨August Bebel과 리프크네히트Liebknecht에 관해 알고 있었으며, 독일 사회민주주의 위로 예언자적 구름이 피어오르는 것도 보았는데, 그 구름은 금세 어디론가 사라져 버렸다."[59] 이런 활약을 감안할 때, 1913년 초반에 이미 바르트가 스위스 사회민주주의 정당 주 의원 후보감으로 언급된 것도 결코 우연은 아니었다. 그해 6월 자펜빌 노동자 협회 의장이 바르트에게 당원이 될 것을 강력하게 권고했지만, 바르트는 오랜 숙고 끝에 그 권고를 물리쳤다. 아무튼 이 결정은 그가 그해에 '아모스'에 대한 시리즈 설교를 하고 있던 상황과 기막히게 어울렸다.

이렇게 안팎으로 동요가 많은 시기에 그의 결혼식이 있었다. 그 즈음 바르트는 약혼녀 넬리를 거의 못 보고 지냈지만, 열심히 편지를 주고받았다. 넬리의 어머니는 1912년 제네바에서 다시 취리히로 이사했다. 넬리는 그해 6월부터 10월까지 영국의 어느 장교 집안에 가정교사로 머물렀다. 칼 바르트와 넬리는 1913년 3월 27일—처가 쪽이 원하던 대로—베른의 뉘데크 교회에서 혼인 예식을 올렸다. 친구인 투르나이젠과 슈퇸들린도 그 예식에 참여했다. 결혼식은 "검소하게, 아주 가까운 가족 친지만 모인 자리에서" 거행되었다.[60] 새 신랑 신부는 루가노Lugano와 밀라노Milano로 짧은 신혼여행을 다녀왔다. 바르트는 그 결혼이 어떤 면에서 자신의 삶을 확 바꿔 놓았음을 느꼈다. "결혼은 인간의 본성에 달라붙어 있는 온갖 거칠고 못난 것에 맞서 부드러운 힘으로 싸운다.……또한 모든 선한 일에 좋은 자극과 지지를 받는다. 나의 모든 설교와 그 밖의 발언에 대한 사랑스러운 비판, 학문 활동에 대한 격려와 자극, 그리고 여학생 견신례 저녁 수업과 선교 수업을 맡아 주는 등 나의 일을 보완해 준다."[61] 훗날 넬리는 여성들을 위한 정치 토론 모임을 꾸리기도 했다. 그래서 그녀의 남편은 아내야말로 자기가 "제대로 보고 제대로 간직하게끔 도와 준" 여인이라고 고백했다.[62] 칼 바르트가 남편에서 1년 만에 또 아빠가 되었을 때, 그의 삶은 더 크게 달라졌다. 1914년 4월 13일, 두 사람의 딸 프란치스카 넬리(애칭 "프랜첼리")가 태어났다.

결혼 직후 바르트는 '인격적인 하나님에 대한 신앙'이라는 강연을 준비했다. 5월 19일, 렌츠부르크Lenzburg에서 열린 아르가우 지역 목회자 협회에서 그의 강연이 있었다. 이 강연은 바르트가 19세기 신학의 후예일 뿐 아니라 그 신학에 통달한 사람이라는 것을 여실히 보여주었다.

그는 이 강연에서 두 가지를 증명하려고 했다. 첫 번째 증명은 이것이다. 하나님을 인격적인 분으로 상상하는 것과 절대적인 존재로 상상하는 것은 서로 다른 "종교적 경험"의 표현으로 이해될 수 있다. 그러니까 한편으로는 영혼의 무한한 가치의 경험이고, 다른 한편으로는 초인격적인 '하나님 나라'의 경험이다. 그래서 그는 두 번째 증명을 시도한다. 두 가지 표상을 함께 **사유**할 수는 없지만, 그래도 바로 그 종교적 경험에 기초하여 두 가지를 종합해야 한다는 것을 증명하려고 했다.

바르트는 여기서 과거 자신의 '마르부르크'의 깨달음을('인격성', '영혼'

이라는 키워드) 새로운 사회주의적 통찰과('하나님 나라'라는 키워드) 어떻게 든 조화시켜 보려고 했던 것 같다. 물론 자유주의자들은 그의 강연을 듣 고 때마침 지원군을 만난 것 같은 반응이었다. 바르트는 이제 자기가 나 아가야 할 길은 『종교 철학』을 집필하는 것이 아닐까 자문했으나, 그런 일은 일어나지 않았다.

친구 투르나이젠, 그 밖의 친구들

그 강연이 있고 얼마 지나지 않은 6월 1일, 바르트는 걸어서 로이트빌 Leutwil에 갔다. 에두아르트 투르나이젠이 그곳의 목사로 막 부임했고, 마 침 바르트가 찾아간 날에는 투르나이젠이 존경하는 스승 파울 베른레도 와 있었다. 그전까지 투르나이젠은 2년 동안 취리히에 있는 '글로켄호 프'에서 CVJM(YMCA의 독일어 명칭)의 총무로 일했다. "아르가우에서 우 리는……젊은 시골 목사가 되어 다시 만났다."[63] 바르트와 투르나이젠 은 대학생 시절부터 알고 지내던 관계였다. 그러나 두 사람이 절친한 친 구가 된 것은 이때부터였다. 투르나이젠과 "나는 그 시기에 깊은 고민에 싸여 헤아릴 수 없이 많은 이야기를 나누었다."[64] "내가 있던 마을과 그가 살던 마을 사이에는 몇 개의 언덕과 계곡이 가로놓여 있었다."[65] 우리는 두 마을 사이를 이어주는 "프리젠벡Friesenweg이라는 길을 거의 뛰다시피 걸으며" 자주 왕래했는데, "두 세계를 왔다 갔다 하는 괴상한 방랑자 두 사람을 보면서 고개를 설레설레 흔든 사람은 율리허도 아니요 하르낙도 아니라, 기껏해야 홀치켄Holziken과 쇠프트란트Schöftland 주민들이었다."[66]

바르트는 그 먼 길을 "그 당시에는 두 시간 반 만에" 주파했다.[67] "나 의 충실한 자전거를 타면" 훨씬 더 빨리 갈 수 있었다.[68] 바르트는 그 주에서 자전거를 가진 최초의 목사들 가운데 하나였다. 들떠서 아침 일찍 길을 떠날 때도 있었으니, 그러면 로이트빌에서 "아침부터 한잔하기도 했다." "후끈 열기가 오르고 햇살도 환하게 비치면 금세 거창한 연설과 공상이 전개되었고, 이따금 다른 사람을 비웃고 욕하기도 했으며, 온갖 다양한 시가를 피워 댔는데, 우리는 그걸 '땅 파기, 뚫기, 두드리기, 씨름하기'라고 불렀고―실제로 그런 요소가 있기도 했다―그다음 주일에 모이면 분위기는 한층 더 고조되어 아르가우 사람들의 머리 위로 이런 외침이 울려 퍼졌다. '하나님은……이시다, 하나님은……으로 간주된다, 하나님은……을 원하신다.' 그러면 사람들은 깜짝 놀라 어안이 벙벙할 따름이었다. [이웃에 살던 동료] 에프레히트와 쉴트는 원하든 원치 않든 우리의 신학적 토론의 첫 번째 청중이 되어 주었다.……멀리서 할빌 호수^{Hallwilersee}가 우리에게 인사를 했고, 닭이 요란하게 울었으며, 태양은 모든 것을 친절하게 비추면서 우리를 바라보았다."[69] "그리하여, 지금은 지진으로 사라져 버린 로이트빌의 옛 목사관은 목회에 대한, 특히 설교에 대한 대화, 전체적으로는 교회에 대한 대화, 그리고 그 교회가 이 세상에서 감당해야 할 과제에 대한 무수한 대화의 무대가 되었다. 우리는 그때 얼마나 엄청난 변화가 다가오고 있는지 전혀 알지 못했다. 그 당시 우리가 알고 있던 것은 오로지, 우리가 흔히 듣는 것과는 다른 결정적이고 본질적이고 책임 있는 언어를 찾아야 한다는 사실뿐이었다. 또한 우리가 전통적인 스타일의 신학을 더는 할 수 없다는 사실도 알고 있었다. 그래서 그 당시 로이트빌에서도 우리는 전방위로 '아니오!'를 외쳤다."[70]

"우리는 쉴 새 없이 왔다 갔다 하면서 만났는데, 그것만으로는 충분하지 않았다. 그 당시 우리가 자주 쓰던 말마따나 교회·세상·하나님 나라 안에서 일어나는 모든 일에 대한 우리의 생각을 함께 나누는 진정한 형제가 되고픈 소망, 도저히 거부할 수 없는 소망을 품고 있었다. 그런데 그때만 해도 목사관에는 전화기가 없었기 때문에……거의 매주 대단히 활발한 서신 교환이 이루어졌다."[71] 두 사람이 주고받은 편지는 대략 1천 통이었다. "그때 우리의 언어는 각종 이미지로─흘러넘칠 정도는 아니라고 해도─가득했는데, 그 가운데서도 군대식 이미지, 특히 포병대 영역에서 나온 이미지들이 결정적인 역할을 했다.……당시는 전투 상황이었기에 우리의 글에서 그런 어투가 너무도 자연스럽게 흘러나왔음을 공정한 독자라면 이해해 줘야 할 것이다."[72]

바르트가 이미 밝혔듯이, "로이트빌과 자펜빌을 오고 간 우리의 관계는……내가 일방적으로 자극하고 뭔가를 주면, 투르나이젠은 그저 자극을 받거나 수용하는 그런 관계가 결코 아니었다."[73] "그를 만나면서 내가 받은 모든 인상을 한 단어로 집약한다면, 바로 **개방성**이다.……투르나이젠은 다른 사람에게 무엇이든 배우는 비범한 천성의 소유자다. 어떤 사람을 만나더라도, 바로 그 사람에게 있는 무언가 배울 만한 점을 찾아내어 배우고, 그것이 자기 안에서 활기를 띠도록 하는 것이다. 그는 어떤 공식화된 입장이나 정형화된 흐름에 쉽게 얽혀 들어가지 않는다. 그의 생각이 어떤 한 곳에 고착되는 일은 기대하기 힘든 일이다. 그는 엄청나게 단호하면서도 유연한 사람이라서, 가끔은 전혀 기대치 않았던 모습에 깜짝 놀라기도 한다.……그는 경탄스러울 정도로 다른 사람을 배려하고, 그 사람의 입장에 공감하고, 그 사람과 함께 걸어가 주는 사람으로서 상대방에게 언제나 도움이 된다. 결국 그는 상대방을─비록 약간 우월한 자리에서, 그리고 약간 미화하는 시선이기는 하지만(!)─이해하고 상대방의 슬픔과 기쁨을 고스란히 함께 나눈다. 그러나 그가 상대방을 비판할 때는 그 비판이 확실하게 느껴지도록 한다. 그의 비판은 백이면 백 급진적인 비판이며, 현실에 깊이 내재된 비판이라서 비판 그 자체로도 위로와 큰 도움이 되며, 친절하고 건설적이다.……그래서 그의 연구실과 그의 교회관과 세계관은 마치 노아의 방주와도 같았다. 온갖 동물이 들어와 멸망을 피하고, 마침내 하늘과 땅을 잇는 무지개의 표징이 나타나자 다시 그곳을 떠날 수 있었던 그런 방주 말이다."[74] 바르트는 투르나이젠의 이런 덕성을 높이 평가했으며, 투르나이젠이 "특히 나에게는 일종의 목회적 상담과 영혼 돌봄의 역할"을 하고 있다고 생각했다.[75] 바로 그렇기 때문에 투르나이젠도 바르트에게 실제로 "자극하고 주는 사람"이었다.

투르나이젠의 '개방성' 때문에 그 주변에는 개성 있는 친구들과 대화 상대들이 상당히 많이 모였는데, 투르나이젠은 그런 인맥을 곧장 바르트에게 연결시켜 주었다는 점에서 또한 "자극하고 주는 사람"이었다. 예컨대 철물상 주인이었던 루돌프 페스탈로치Rudolf Pestalozzi와 그의 부인 게르티Gerty(결혼 전의 성은 아이덴벤츠[Eidenbenz])가 있었다. 그 부부는 여행을 다니던 중—다양한 경로로, 특히 영국에서—그리스도교·사회 운동과 접촉하게 되었다. 취리히로 돌아온 페스탈로치는 YMCA의 투르나이젠 목사를 만났다. 투르나이젠은 페스탈로치의 마음을 잘 이해하는 친구가 되어 주었다. "페스탈로치는 그의 주선으로 종교·사회 협회에도 오게 되었다. 스위스 군대 중위 출신으로 경제계에 종사하고 있던 페스탈로치였기에 약간 낯설기도 했지만, 금세 흥미를 느꼈고 또 다른 사람들의 흥미를 불러일으키는 회원이 되었다." 그는 투르나이젠을 통해 칼 바르트와도 친분을 맺었다. 그때부터 "뤼디"(루돌프의 애칭)는 서서히 바르트의 삶에서 없어서는 안 될 중요한 사람이 되었다. 그는 여러 가지 면에서 바르트의 일을 도왔고, 그의 말에 경청하고 함께 대화를 나누었으며, 그에게 숙식을 제공해 주고 경제적 도움도 주었을 뿐 아니라, 그의 여행을 따라다녔고 사진사 노릇까지 담당했다. 그는 결코 가난한 사람이 아니었다. 그러나 바르트는 페스탈로치가 돈을 쓰고 내놓는 모습을 보면서, 저것이야말로 "최고의 의미에서 신앙을 강화하는 것"이라고 말한 바 있다. "그렇다. 페스탈로치와 같은 사람의 손에 있는 돈은 갑자기 뭔가 다른 것으로 변한다."[76] 바르트는 페스탈로치의 부인 게르티도 남편과 마찬가지로 신실한 사람이라고 여겼다. 그녀는 "기쁘게 남을 돕는 모습"으로 깊은 인상을 남겼다. 또 그녀는 "루치-푸르처Lucci-Purtscher와 비르허-벤너Bircher-Benner에서 시작하여 톨스토이와 간디에 이르기까지 삶의 변화와 관계된 모든 문제에 관한 교훈을 언제나 적극적으로 받아들이고 또한 남에게 전달하는 은사를 가진" 사람이었다.[77]

투르나이젠을 통해 바르트와 가까워진 중요한 사람 가운데는, 바젤의 신학자로서 종교사학파에 속한 파울 베른레(1875-1936)도 있었다. "베른레가 한창 빛을 발하던 시기, 스위스 신학계 전체가 베른레의 책과 논문 앞에서 얼마나 숨을 죽이고 긴장했는지, 이래저래 얼마나 그의 영향을 많이 받았는지"는 아무리 강조해도 지나치지 않을 것이다. 그는 "당시 제일 중요한 현대 신학을 대변하는 제일 중요한 학자로서……나에게 큰 의미가 있는 사람"이었다.[78] 바르트는 베른레와 서신을 주고받았고, 바젤에 있는 그를 방문했다. 바르트는 그를 만나자마자 그와 논쟁을 벌이기 시작했다. 그가 바르트의 입장과는 반대편에 서 있었기 때문에 더더욱 흥미로웠다. 바르트는 이해와 소통이 실패한 것을 안타깝게 생각했다. "만일 그가 조금만 더 이해심을 발휘했더라면 우리가 그에게 정말 많은 것을 배울 수 있었을 텐데……그와 우리 사이에는 아주 얇은 벽 하나밖에 없다. 나는 그가 다른 쪽 문을 두드리는 소리를 똑똑히 듣고 있다. 그러나 나는 그 전망이 머잖아 탁 트일 거라고는 믿지 않았다."[79]

그에 비해서 이 시기에 아주 긍정적인 자극을 준 만남이 있었으니, 그 당시 막 50세가 된 헤르만 쿠터(1863-1931)와의 만남이 바로 그것이었다. 이 만남도 역시 투르나이젠의 주선으로 이루어졌다. 쿠터는 1896년에 베른 대학교에서 학위를 받았고, 프리츠 바르트와도 가깝게 지냈다. 1898년부터는 취리히의 노이뮌스터 교회의 목사로 활동했다. 때마침 취리히에서 일하던 투르나이젠도 쿠터를 알게 되었다. 그는 로이트빌의 목사가 되자마자 바르트에게 쿠터를 소개시켜 주었고, 덕분에 바르트는 쿠터가 하는 일은 물론 쿠터라는 사람에 대해서도 잘 알게 되었다.[80] 바르트와 투르나이젠은 촐리커슈트라세에 있는 쿠터의 집을 찾아가기도 했고 쿠터의 설교도 들어 보았는데, 특히 그의 어린이 수업을 참관했다. 쿠터가 아르가우로 찾아올 때도 있었다. 그들은 만날 때마다 마음껏 대화를 나누었는데, 어떤 때는 아예 하루 종일 토론을 벌이기도 했다. 쿠터는 마치 "무시무시한 활화산"처럼, "용암과도 같은 달변"으로 대화를 완전히 주도했다.[81] 바르트는 "포탄에 맞아 움푹 파인 곳과 참호 위로 불이라도 내뿜는 것처럼 주위를 압도하는 그의 놀라운 지성과 정신적 추진력에 감탄했다."[82] 바르트는 "헤르만 쿠터에게 결정적인 자극을 받았다"고 고백했다.[83] "내가 쿠터에게 배운 것은 한 마디로 '하나님'이라는 위대한 단어를 다시금 진지하게, 책임 있게, 무게 있게 말하는 것이었다."[84] "그는 설교를 할 때, 아니 사적인 대화를 나눌 때조차, 이것이 그저 값싸게 취급될 수 없는 엄청나게 진지한 것임을 느끼게 해주었다."[85] 또한 "하나님의 능력의 나라가 참으로 교회의 영역보다 크다는 깨달음을 선포한 것도, 세속 세계의 여러 인물과 사건 속에서 그 교회를 향해 경고와 위로의 메시지를 던지는 것이 예나 지금이나 하나님을 기쁘시게 하는 일이 된다는 깨달음을 [그 당시에] 선포한 것도⋯⋯바로 이 예언자적인 사상가, 설교자였다. 이러한 사상은 수년 전에 출간된 그의 저서에 고스란히 담겨 있다. 『당신이 반드시 해야 할 일』(Sie müssen, 1903), 『정의』(Gerechtigkeit, 1905), 그리고 『우리 목사들』(Wir Pfarrer, 1907) 같은 저서는 세계대전 이전의 사회민주주의에 관심을 기울이고 있었다."[86] 그러나 바르트는 쿠터가 이러한 깨달음을 나누는 스타일, 곧 그의 격렬함("천둥소리")에 대해서는 그다지 높게 평가하지 않았다.

어쨌거나 바르트는 바로 이 쿠터 덕분에 비슷한 지향과 생각을 가진 사람들과 만나 금세 친해지게 되었다. 실제로 당시 스위스 신학자들 가운데 일부는 "하나님 나라를 위한 싸움을 아주 새롭고 놀라운 방식으로 이해하여, 종말론과 사회민주주의 노동자 운동의 희망을 아주 긍정적으로 평가했다. 거기에 주목하여 그것을 교회와 신학과 그리스도교의 모습과 비교했으며, 그것이야말로 예수가 이스라엘에서 발견한 신앙이 우리 시대에 맞게 구현된 것이라고 이해했다."[87] 그렇게 생각하고 실천하는 사람들 가운데 가장 두드러진 인물, 앞장서서 자기 목소리를 내던 사람 가운데 하나가 바로 레온하르트 라가츠(1868-1945)였다. 그는 1902년부터 바젤 대성당의 목사로서(1927년에는 그 자리에 에두아르트 투르나이젠이 왔다!), 1908년부터는 취리히 대학교의 신학 교수로서(그러나 바르트가 신학 교수가 되던 1921년, 라가츠는 교수직을 내려놓고 사회 문제와 평화 활동에 완전히 전념한다!) 이러한 '하나님 나라'의 관점을 대변하고 그것을 널리 퍼뜨렸다. 1906년에는 쿠터의 영향을 받아, 그러나 결정적으로는 라가츠의 활동을 통해 스위스에서도 종교사회주의 운동이 시작되었고, 기관지 『새로운 길』(Neue Wege)도 그해부터 출간되었다.

종교사회주의 운동은 스스로를 교회와 신학의 주도적 흐름을 폐지

하는 것으로 이해했으며, 당시의 '실증주의'와 '자유주의'에 대해 똑같이 대립각을 세웠다. 스위스에서도 점점 많은 사람들이 그 운동을 성원했고, 그 운동에 참여했다. 칼 바르트의 견해에 따르면 "물론 '종교사회주의'가 크리스토프 블룸하르트[아들]의 희망의 메시지에 자극을 받기도 했으나, 그 비판적이고 논쟁적인 모습으로 볼 때 너무나도 스위스적인 운동"이었다.[88] 바르트의 친구로서 베른에 살고 있던 알베르트 셰델린도 결연하게 이 운동에 가담했다. "그는 불처럼 타오르는 정신, 지칠 줄 모르는 비판적인 정신, 그러나 내가 아는 한 언제나 건설적인 방향으로 사유하는 그 정신으로 나에게 평생 한결같은 모습을 보여주었다.……그 친구를 떠올리는 일은 견고한 요새를 바라보는 것과 같은 일이었다."[89] 그는 "아마 그 당시 헤르만 쿠터의 말에 제일 먼저 귀를 기울였던 사람들 가운데 하나였을 것이며, 다른 친구들에게 그의 말을 들어 보라고 종용하던 친구였다. 그러나 나중에는 그 강력한 쿠터에게 제일 먼저 맞서면서 다시금 열정적으로 자립의 길을 시도했던 사람들 가운데 하나이기도 했다." "그 밖에도 한스 바더Hans Bader, 에마누엘 티쉬하우저Emanuel Tischhauser, 칼 폰 그라이에르츠Karl von Greyerz와 같은 친구들도 있었는데, 각각 독특한 개성과 열정을 지닌—겉으로는 일치를 이뤄 낸 것처럼 보였고 실제 그런 적이 있기도 했지만—그들의 조우와 상호작용으로 인해 어떤 세미나는 그저 활발한 만남의 자리가 되기도 했고, 그 만남이 계기가 되어 또다시 크고 작은 대화 모임이 생겨났다. 그 당시 스위스의 젊은 목사 중에서 잠을 안 잔다거나, 왠지 비현실적인 삶을 추구한다거나, 왠지 고집스러운 사람은 하나같이, 좁은 의미에서든 넓은 의미에서든 '종교사회주의자'였다. 우리는—어디에 찬성하느냐보다 어디에 반대하느냐가 확실했던 우리는—맹렬한 안티 부르주아였다.……어느 조롱꾼(하인리히 바르트!)이 나에 대해서, 그리고 아르가우 지역에서 내가 하고 있는 일에 대해서 '저쪽의 하나님 나라는 오직 능력에 있음이 아니요 말에도 있음이로다!'라며 야유의 운문을 지어낸 것도 바로 그때였다."[90]

이 운동의 주요 활동은—출판 활동을 제외하면—이른바 '대회'의 모습으로 나타났다. 그들은 이 대회를 대단히 중요하게 생각했다. 바르트도 이런 대회에 참가했으며, 『새로운 길』을 읽었고, 그 운동의 여러 지도자들과 접촉했다. '종교사회주의'와의 만남은 그의 신학적 탐색과 사회주의적 참여를 보증하고 해명하고 촉진했다. 그러나 '종교사회주의'와 자기를 완전히 동일시하는 데는 언제나 주저했다. "투르나이젠과 나도 라가츠의 '종교사회주의'에 관심은 있었지만, 약간의 거리는 두고 있었다."[91] 두 사람이 처음부터 왠지 불쾌하게 느꼈던 것이 있었다. 왜냐하면 "쿠터의 경우에는 시대의 징표에 대한 현실성 있는 관찰과 해석이었을 뿐 결코 하나의 강령으로 굳어지지 않았던 것이 레온하르트 라가츠에게 와서는 하나의 이론, 곧 하나님 나라의 전조인 사회주의에 대해 교회가 입장을 취해야 한다는 이론이 되었으며, 또한 '종교사회주의'라는 진짜 시스템이 되었기" 때문이다.[92] 바르트와 투르나이젠의 마음에 거슬렸던 것도 바로 이 시스템, 그러니까 종교사회주의자들에게서 나타난 조직론이었다.

바르트와 투르나이젠이 정기적으로 찾아가던 또 다른 만남과 토론의 장이 있었으니, 1년에 한 번 열리는 '아라우 대학생 대회'가 그것이었다. 대략 1910년쯤부터는 그 대회에서 마련한 강연과 토론의 주제도 명백히 '실천적·사회적 현실 문제' 쪽으로 기울어졌다.[93] "그때는 아라우 대학생 대회의 전성기였다. 원근각처의 교리학자, 예언자들이 그 대회의 고정 강사, 혹은 일일 강사로 초청되어 와서 자신의 의견을 피력했다."[94]

바르트는 한때 여기서 현대 신학의 대표 주자인 빌헬름 헤르만, 에른스트 트뢸치, 요하네스 바이스Johannes Weiß, 테오도어 헤링, 파울 베른레 등의 강연을 들었고, 철학자 루돌프 오이켄Rudolf Eucken, 교육학자 파울 헤베를린Paul Häberlin의 강연도 들었다. 또한 하인리히 로츠키Heinrich Lhozky, 요하네스 뮐러Johannes Müller, 프리드리히 빌헬름 푀르스터Friedrich Wilhelm Foerster, 그리고 아돌프 슐라터와 바르트의 부친 프리츠 바르트도 그 대회에 강사로 온 적이 있었다. 그런데 이제는 종교사회주의자가 이 대회의 연단에 오르는 횟수가 많아졌다. 그 가운데는 독일의 에밀 푹스Emil Fuchs, 베른의 알베르트 셰델린, 바젤의 루카스 크리스트와 에른스트 슈테헬린 Ernst Staehelin, 그리고 샤프하우젠에서 온 바르트의 사촌 알베르트 바르트 같이 비교적 젊은 사람들도 있었다.

칼 바르트는 아라우에서 매년 3월 사흘간 열리는 이 행사를 통해 좋은 친구들과 교류하는 것을 소중하게 생각했다. 참가자의 대다수는 이미 학창 시절, 혹은 초핑기아 동아리 시절부터 알고 지내던 사람들이었다. 그 가운데 또 상당수는 종교사회주의자 대회에서 자주 보던 얼굴이었다. 바르트의 동생들도 이 행사에 적극적으로 참여했다. 바르트는 여기서 젊은 대학생들과 접촉했고, 새로운 지인과 친구를 얻었다. 취리히에서는 에밀 브룬너Emil Brunner가 그곳까지 왔고, 베른에서는 의리 있는 친구이며 훗날 빌Biel의 목사가 된 고트프리트 루트비히Gottfried Ludwig가 왔다. 이 자리에서 바르트는-때로는 역시 바젤 출신인 투르나이젠의 주선으로-바젤 친구들과 사귀게 되었다. 법학도 막스 게르비히Max Gerwig는 1914년 '초핑기아'의 총회장으로서 "사회적 갱신을 위한 싸움"에 동참하기로 선언했다.[95] 그는 훗날 바르트의 바젤 대학교 동료 교수가 된다. 신학도로는 프리츠 호흐Fritz Hoch와 발터 슈타이거Walter Steiger가 있었다.

그 밖에도 알폰스 쾨힐린, 또 투르나이젠의 동창생 고트로프 비저, "신뢰할 만한 성품의 바젤인 루카스 크리스트"[96] 그리고 헤르만 쿠터의 사위로서 훗날 바젤 대학교의 교회사 교수가 된 에른스트 슈테헬린이 있었는데, 바르트는 그의 연구에 큰 기대를 걸었다.

그 당시에는 만남과 토론의 기회가 얼마든지 있었다. 마치 순례하듯 찾아가던 다른 '대회'도 많이 있었다. 목사들끼리는 친구의 목사관을 찾아가곤 했는데, 먼 길을 걸어서 다니는 것도 전혀 개의치 않았다. 바르트도 그렇게 이곳저곳을 찾아다녔고, 이 사람 저 사람이 바르트의 집에 찾아오기도 했다. 바르트가 "크렌츨리"Kränzli라고 부르며 좋아했던 모임이 있었는데, 그것은 비슷한 관심을 가진 목사들 소수 혹은 극소수가 자유롭게 함께 모이는 모임이었다. 모임은 다양한 장소에서 열렸다. 거기 모인 목사들은 성경 본문과 자기의 설교를 꺼내 놓고 이야기를 하고, 그것을 근거로 '정세' 일반을 논했다. 공식 목회자 모임에는 거부감을 느꼈던 바르트였지만 이렇듯 자유롭게 "목사들끼리, 우리만이 가질 수 있는 유대감을 느끼는 것"은 소중하게 여겼다.[97]

칼 바르트는 이런 잦은 모임을 통해서 아주 풍요로운 자극을 받았다. 이 시기의 바르트가—일반적인 목회 활동을 넘어서서—공적인 영역에 발표한 이런저런 글을 살펴보면, 제1차 세계대전 직전에 그가 정신적으로 어떤 지점에 서 있었는지, 그의 관심이 어디에 쏠려 있었는지를 알 수 있다. 바르트는 1913년 8월 24일 자펜빌에서 아르가우 절제의 날 행사를 열고, 루카스 크리스트를 강사로 초청하기도 했다. 또 크라이엔뷜Kreyenbühl 박사라는 사람에게 반대하는 글을 쓰기도 했는데, 예수는 그 비정상적인 특성으로 볼 때 전설의 인물일 수밖에 없다는 크라이엔뷜의 주장에 맞서 바르트는 이런 논리로 반박했다. 위대한 "천재"는 평범한 사람의 눈에는 "비정상적인" 존재처럼 보이지만 실제로는 위대한 "정상인"
이다! 또한 바르트는 1913년 가을에 열린 아르가우 지역 총회와 관련하
여 "빵점, 빵점, 빵점!"이라고 혹평한 글을「바젤 신문」(Basler Nachrichten)
에 실었다. 그러나 그가 관심을 갖고 바쁘게 뛰어다닌 일은 "목회를 제외
하면 주로 사회주의와 관계된 일이었으며, 그 결과 나는 조금씩 사회주
의에 대한 식견을 갖추게 되었다." 이로써 바르트의 이름은 자펜빌 외부
에도 서서히 알려지기 시작했으며, "이따금 노방 설교자"처럼 사람들 앞
에 나서서 체육관이든 학교 식당이든 음식점이든 상관없이 사회주의에
대해 이야기하곤 했다.[98] 11월 1일에는 엔트펠덴Entfelden에 있는 (온건한 사
회주의 성향의) '그뤼틀리 협회'에 찾아가, 스위스가 이제는 국가적, 정치적
차원의 민주주의를 넘어 **사회적 민주주의**를 달성해야 한다고 주장했다.

바르트는 1913년 말에서 1914년 초 겨울에, 자펜빌의 '노동자 협회'
사업을 위해 '노동자 문제'를 다룬 방대한 분량의 자료집을 직접 만들었
다. 그는 특히 '복음과 사회주의' 그리고 '새로운 공장법'과 같은 주제에
대해 언급했다. 그가 1914년에 카지노 사업 반대 시민운동을 위한 아르
가우 지역 위원회 (위원은 바르트 자신과 부인 두 사람이긴 했지만) 회장으로
활동한 것도 (그는 1920년까지도 그 문제에 적극 관여했다!) 같은 맥락에서였
다. 그는 1914년 6월 베른 시 '박람회'를 맞아 한 편의 설교를 했고, 그 설
교를 즉시『새로운 길』에 게재했다. 그 설교에 따르면, 자본주의의 '악'은
하나님 없는 세상의 외적 증거다. 그러나 이 세상과는 전혀 다른 새로운
세상, 오직 '살아 계신 하나님'으로 가득한 세상이 있으니 그 세상이야말
로 그리스도인의 희망이라는 것이다. 곧이어 7월에는 자펜빌의 강의에
서, 그리고『그리스도교 세계』에 기고한 글에서 프리드리히 나우만에 대
해 비판적인 입장을 취했다. 바르트는 나우만이 무조건 타협만 하려고

할 뿐, 더 나은 것, 곧 "전쟁과 자본주의 '너머'에 있는" 어떤 것을 그리워하지도 기다리지도 않는다며 비판했다. "우리는 하나님께 그 이상을 기대하고자 한다."[99]

이 시기 그의 설교에 나타난—바르트는 1914년 로마서 1:16과 마태복음 6:33에 대해 두 차례 연속 설교를 실시했다—주된 관심사는 무엇보다도 하나님에 대한 물음이었다.

> "나는 매번 설교를 하면서 '하나님'이라는 단어를 쓸 때마다……가장 조심스럽게 살피지 않을 수 없다." "그 말, '하나님이 계시다!'는 그 짧은 말은 혁명을 의미한다." 인간은 그분의 일을 "제발" 교회 조직과 혼동해서도 안 되고, "선하고 필수적인 다른 노력과" 혼동해서도 안 된다. 또한 하나님의 일이 항상 우선이어야 한다. "**먼저** 하나님의 일, 그다음 우리의 일." "하나님을 모든 면에서 최대한 진지하게 여기는" 그런 사람들이 있기만 하다면, 사회적 문제도 해결될 수 있을 것이다. "사회주의는 복음의 적용으로서 아주 중요하고 필수적인 적용이다." 예수는 하나님을 최대한 진지하게 받아들인 사람이다. "그는 하나님 안에서 살았다." 그러므로 그는 곤경을 이겨 낸 "인생의 시작"이다.[99a]

제1차 세계대전

1914년 8월 1일, 제1차 세계대전이 터졌다. 자펜빌 주민의 상당수도 '국경 점거'에 투입되었다. 그러나 자펜빌의 목사는 함께 갈 수 없어서 아쉬워했다. 그 대신 몇 주 동안 농가에 가서 건초 만드는 일을 거들었다. 물론 바르트도 서너 번은 소총을 메고 야간에 '동네 보초'를 서기도 했다.

자펜빌에 주둔하는 병사들을 위해 교실을 얼른 개조하여 독서실을 만들어 주기도 했다. 그러나 이것은 그 전쟁에 대한 그의 반응 중에서 가장 미미한 것이었다. 전쟁은 바르트의 내면 깊은 곳을 뒤흔들고 뒤집어 놓은 충격적인 사건이었다. "1914년에 전쟁이 일어나 전 세계가 숨을 죽이고 있었을 때, 나는 나의 모든 설교에서 그 전쟁의 광란을 드러내는 것이야말로 나의 의무라고 느꼈다. 급기야 어느 여자분이 내게 와서, 그런 내용 말고 좀 다른 걸 이야기해 줄 수 없겠냐고 부탁할 정도였다."[100] 그래서 그 후로는 설교 중에 전쟁에 관한 내용을 직접 언급하지는 않았지만, 계속해서―"나와 독일의 관계 때문에 특히 마음이 움직이긴 했지만, 그렇다고 마음이 온통 그것에만 휩싸였던 것은 아니다!―제1차 세계대전을 먼 곳에서나마 함께 성찰하고, 함께 아파했다."[101] 그런데 그 전쟁이 시작된 날짜가 바르트에게 극한의 비판적 성찰과 변화의 계기가 되도록 만든 사건이 있었다.

그것은 바로 그날 "93명의 독일 지성인들이 전 세계 앞에서 독일 황제 빌헬름 2세와 수상 베트만-홀베크Bethmann-Hollweg의 전쟁 결정에 찬성하는, 그야말로 처참한 성명서를 발표한 것이었다. 나에게 이것은 벨기에가 중립을 파기한 것보다도 괴롭고 끔찍한 사건이었다. 그런데 그 성명서에 서명한 지성인들의 명단에 나의 독일인 스승들의 이름이 거의 다 올라와 있는 것을 (영광스러운 예외는 마르틴 라데였다!) 보았을 때, 나는 경악을 금치 못했다."[102] "하르낙, 헤르만, 라데, 오이켄 등이 이 새로운 상황에 어떻게 반응하는지를 보았을 때", 어떻게 종교와 학문이 "모조리 지성의 42cm 대포"로 둔갑하는지를 보았을 때, "나는 이른바 신들의 황혼Götterdämmerung을* 경험했다."[103] 이로써 바르트는 "독일에 있는 나의 모든 스승들, 그 위대한 신학자들의 가르침에 의심을 품게 되었다. 나는 그들이 전쟁 이데올로기 앞에서 실패했다고 느꼈으며, 그 실패로 인해 그들은 그야말로 구제불능의 나락에 떨어져 버린 것처럼 보였다."[104] 그들의 "윤리적 실패"는 "그들의 성서 주석학과 교의학의 전제도 올바른 상태가 아닐 수 있다"는 사실을 암시했다.[105] 그래서 "내가 그때까지 철저하게 신뢰할 만한 것으로 여겼던 세계, 곧 성서 주석, 윤리, 교의학, 설교의 세계 전체가 뿌리째 흔들리기 시작했으며, 당시 독일의 다른 신학자들이 주장하던 내용의 진실성도 덩달아 흔들리게 되었다."[106] 바르트는 8월이 다 가기 전, 비교적 유보적인 입장이었던 마르틴 라데에게 보낸 사적인 편지에서 이 실패에 대한 저항감을 표현했다. 여기서 그는 그리스도교가 전쟁을 승인하는 것에 대해 반대의 입장을 표명했다. 11월에는 빌헬름 헤르만에게 보내는 신랄한 '질의'에서 "종교적 주장으로서의 전쟁 '체험'을" 비판했다.[107] 라데 교수는 바르트의 첫 번째 편지를 저자의 동의도 구하지 않은 상태에서 라가츠를 통해 『새로운 길』에 실었다. 바르트는 1915년 1월 초 베른을 찾은 라데 교수에게―종교사회주의자이며 프랑스 목사인 구넬Gounelle도 함께 있는 자리에서―자신의 우려를 직접 말로 표현했다. 바르트의 비판 범위는 점점 넓어지더니 금세 19세기 신학 전반에까지 확대되었고, 마지막으로 슐라이어마허까지 거슬러 올라갔다. "그 성명서를 통해, 그리고 그 이후에 (심지어 『그리스도교 세계』에도) 나타난 모든 것을 통해 정체가 드러난 그 신학의 기초를 세우고, 그 신학에 결정적인 영향을 끼친 사람이 바로 그(슐라이어마허)다!"[108]

---

*   '신들의 황혼'은 리하르트 바그너(1813-1883)의 4부작 오페라 「니벨룽겐의 반지」의 마지막 작품으로 널리 알려졌다. 바그너는 북유럽 신화 '에다'에서 이 오페라의 소재를 가져왔으며, '신들의 황혼'은 카오스의 힘에 맞선 신들의 싸움이 결국 패배로 돌아가고 온 세상이 태초의 혼돈으로 돌아가는 모습을 그리고 있다. 어떤 사건의 비극적이고 참혹한 결말을 의미하는 말로도 쓰인다―옮긴이.

세계대전의 발발은 칼 바르트에게 "이중의 혼란"이었다.[109] 그는 자신의 스승이었던 신학자들 때문에 혼란스러웠을 뿐 아니라, 동시에 '유럽의 사회주의' 때문에 실망과 환멸을 느꼈다. 우리는 (헤르만 쿠터의 『당신이 반드시 해야 할 일』을 읽으면서) "다소간 사회주의에 기대를 품고 있었다. 유럽의 사회주의가 하나님의 쇠망치 노릇을 할 것이며, 그 쇠망치가 국가 간 전쟁이 벌어지고 있는 전선으로 날아오는 것을 보게 되리라고 기대했던 것이다."[110] 불과 얼마 전까지만 해도 "온 나라의 사회주의자들이 바젤 대성당에 모여, 어떤 전쟁이라도 효율적으로 막아 낼 것이라고 자신들에게, 그리고 온 세계를 향해 장엄하게 선포하지 않았던가!"[111] 그런데 지금 어떤 일이 벌어졌는가? "이것은 이 정당의 엄청난 타락이다."[112] 특히 "독일 사회민주주의는 전쟁 이데올로기에 지고 말았다."[113] "우리 가운데 상당수가 철저한 의혹을 품게 되었다. 우리의 각성된 비판은 우리 자신을 향하기 시작했다. 이제 우리는 새롭게 마음을 열고, 마음을 가다듬어 더 깊은 깨달음을 받아들여야 한다는 사실을 알게 되었다."[114]

칼 바르트는 이렇게 사회민주주의를 비판했지만, 그 비판에도 불구하고—바로 이것이야말로 그의 독특한 점인데—하필 그 시점에 그 정당에 대한 연대를 공식적으로 표명하고 (투르나이젠과는 달리) 입당하여 당원이 되었다. 1915년 1월 26일의 일이었다. 그때부터 자펜빌의 노동자들은 그를 '목사 동지'라고 불렀다. 무엇보다도 강단 위에서 "주일마다 최종적인 것에 관해 말하려고" 노력했던 사람이었기 때문에 "나는 개인적으로 지금 이 사악한 세상 위를 떠다니는 구름 속에 있을 수 없었다. 지금이야말로 확실하게 보여주어야 한다. 최고의 존재에 대한 신앙은 불완전한 존재 안에 있는 노동과 고난을 내치지 않고 끌어안는다는 사실을." 뒤집어 보면, 바르트의 이러한 결단은 "이제 더는 2년 전처럼 이 '본질적인' 지향을 외면하지 않으려는" 바람 속에서 이루어진 것이었다.[115] 그러니까 바르트는 "이제는 내가 나의 사회민주주의 정당 친구들에게도······ 그저 그들과 어깨를 나란히 하고 있었던 과거보다는 더 나은 것을 내놓을 수 있다"는 생각이 들고 나서야 비로소 공식적인 연대를 감행했던 것이다.[116] 어쨌거나 "나는 아주 자유주의적이었기에—그곳의 자유주의자들과는 달리—사회민주주의자가 될 수 있었다. 사람들은 나를 '자펜빌의 빨갱이 목사'라고 불렀다. 그러나 상관없었다. 물론 요즘에는 그게 그다지 심각한 말은 아닐 것이다. 하지만 당시에 사회민주주의 정당원이 되었다는 것은 정말 '고약한' 일이었다. 그러면 곧장 볼셰비키라고 불렸다." 이런 상황은 노동자당원 가운데서 "소수의 골수분자를 제외하고는 저 위험한 국제 공산주의the red International에 속한 사람이 없었던" 아르가우에서도 마찬가지였다. 아니, 그런 아르가우라서 더욱 심했다.[117]

바르트는 2월 초에 다시 한 번 베른을 잠시 방문했다. 아들이 입당했다는 소식을 듣고 불안해하시는 어머니께 자신의 결단을 설명하기 위해서였다. 라우펜Laupen의 목사가 된 동생 페터도 그 즈음 '스위스 개신교 협회'에 가입했다. 칼은 페터에게 먼저 하나님의 나라를 추구해야지, "그 외의 것"을 얻고자 별도의 (예컨대 애국주의) 동아리를 만들어서는 안 된다고 충고했다. ("이런 젠장, 애국주의는 정치 원리가 아니란 말이다!"[118])

1915년 2월 14일, 바르트는 신입 당원으로서 초핑겐에서 '전쟁, 사회주의, 그리스도교'에 관한 첫 번째 강연을 했다.

바르트는 이 강연에서, 전쟁 발발 이후 그리스도교와 사회주의에는 '개혁'이 필요하며, 그 둘은 서로를 필요로 한다는 사실을 분명히 했다. "진정한 그리스도교인은 사회주의자가 되어야 한다. (그가 만일 그리스도교의 개혁을 진지하게 생각한다면!) 진정한 사회주의자는 그리스도교인이 되어야 한다. 만일 그가 사회주의의 개혁을 중요하게 생각한다면."

그는 그해 봄과 여름에도 마찬가지로 (제온[Seon]에서) '그리스도와 사회민주주의'에 대해, '사회민주주의의 내적인 미래'에 대해 강연했다. '사회주의자가 된다는 것은 무엇을 의미하는가?'라는 제목의 강연도 있었다. 바르트는 그 물음에 이렇게 대답했다. 마음속으로 사회주의자인 사람이야말로 사회주의자다. 이 강연에서 그는 인간보다도 상황이 먼저 개선되어야 하거나, 상황보다는 인간이 먼저 개선되어야 하는 것이 아니라, "그 두 가지가 함께 맞물려" 일어나야 한다고 주장했다. 언젠가 바르트의 과격한 '동지' 빌리 뮌첸베르크Willi Münzenberg가 자펜빌에 찾아왔을 때, 바르트는 그에게 미리 일러두었다. 여기서는 교회에 반대하는 말을 해서는 안 된다고!

크리스토프 블룸하르트와의 만남

그 시기의 바르트는 깊은 당혹감에서 헤어 나오지 못하고 있었다. 그것은 전쟁으로 말미암아 신학이, 또한 사회주의가, 그래서 최종적으로는 바르트 자신의 사유가 맞닥뜨린 당혹감이었다. "어떤 상황이라도 설교는 해야 했던 나의 처지가 오히려 나를 치유하고 교정하는 기회가 되었고, 나의 생각을 진척시키는 데 자극이 되었다.……그때 내가 점점 분명하게 깨닫게 된 것이 하나 있다. 지금 우리에게 부족한 것, 그것은 모든 도덕과 정치와 윤리" 너머에 있는 어떤 것이어야 한다는 사실이다. 모든 도덕, 정치, 윤리는 "끊임없이 '현실'과 타협하지 않을 수 없으며, 그렇기 때문에 거기에는 구원의 능력이 없으니, 이것은 이른바 그리스도교 도덕이나 이른바 사회주의 정치의 경우도 마찬가지다."[119] 그리고 "이러한 구제불능의 당혹감에 빠져 있던 나는……블룸하르트 부자의 메시지, 곧 철저하게 그리스도교적 희망을 지향하고 있는 두 사람의 메시지에 전적으로 공감했다. 나는 그 메시지를 알게 해준 나의 친구 에두아르트 투르나이젠에게 감사하지 않을 수 없다."[120] 바르트도 대학생 시절 한두 번 바트 볼에 찾아간 적은 있었다. 그러나 그에 비해 투르나이젠은 "아들 블룸하르트를 개인적으로 알고 있다는 엄청난 특권을 가지고 있었다." 투르나이젠은 학생 시절부터 부모님을 통해서 블룸하르트와 친분을 맺었다. 그런 투르나이젠이 자펜빌의 친구에게 "그의 사유 세계를……소개"해 주는 데 그치지 않고, 그를 직접 바트 볼로 데려가 주었다.[121] 크리스토프 블룸하르트는 바트 볼로 몰려온 순례자들과 함께 기도회를 열었으며, 그들에게 상담자가 되어 주었다.

　1915년 4월, 바르트와 투르나이젠은 전쟁으로 온통 뒤숭숭한 독일을 찾아갔다. 제일 먼저 달려간 곳은 물론 마르부르크였다. 4월 9일, 거기서 칼 바르트의 동생 페터가 마르틴 라데 교수의 딸 헬레네와 결혼식을 올렸다. 이로써 칼 바르트는 마르부르크의 이 스승과 한층 더 가까운 사이가 되었다("라데 아저씨"). 그에게 전혀 동의할 수 없는 부분도 많았지만 "그가 깨어 있는 정신, 적극적이고 개방적인 마음으로 모든 사람, 모든 사물을 대하고, 그들과 함께 아파하고 또 철저하게 논쟁하는 모습을 보면" 그를 더더욱 존경하지 않을 수 없었다.[122] 칼 바르트는 그 결혼식 자리에서 라데 교수의 자형 프리드리히 나우만을 만났다. (그 나우만의 사위가 칼 바르트의 친한 친구인 빌헬름 뢰브다!) "내가 그 사람을 만나게 되었을 때……그에게서 받은 인상은, 언제 봐도 확고함이 느껴지는 그의 책과 논문과는 달리, 자신의 주장을 철저하게 확신하지는 않는 사람이라는 것이었는데, 이것은 그가 대외적으로 말하고 있는 것보다 나은 무엇인가를 남몰래 알고 있기 때문인 것 같았다. 어쨌거나 이 불확실함이야말로 그 사람 안에 있는 가장 좋은 것이었다." 하지만 그는 "자기가 아는 더 나은 것을 끝내 말하지 않았다." 그래서 바르트는 그때 당시 나우만이 한 말에 대해—맥주 한 잔 마시면서—격렬하게 반론을 제기했다. 그가 한 말을 그대로 옮기면 이렇다. "우리가 전쟁을 견뎌 내도록 도와줄 수만 있다면, 그 이름이 구세군이든 이슬람이든……모든 종교는 옳은 종교다."[123] 그런데 이렇게 자기 자신을 진지하게 생각하지 못하는 그리스도교 신학 노선을 계속 따라갈 수는 없는 노릇 아닌가!

그리고 4월 10일부터 15일까지 바르트는 바트 볼에 머물렀다. 거기서 "나는……블룸하르트에게 나우만의 인사를 전해 주어야 하는 이상한 처지가 되었다. 아마도 그 인사가 마지막 인사였을 것이다. 나우만이 블룸하르트를 이해한 것은 서두름과 움켜쥠 속에서였다. 기다림과 귀 기울임 속에서는 제대로 이해하지 못했다.……블룸하르트의 메시지에서 만나게 되는 유일무이한 것, 아니 예언자적인 것(이것은 우리가 심사숙고하여 쓰는 표현인데)은 그 서두름과 기다림, 세속적인 것과 신성한 것, 현재와 미래가 그의 말과 행동 속에서 서로 만나고 통일하고 보완하며, 언제 어디서나 서로를 추구하고 서로를 발견한다는 사실이었다."[124] 바르트는 블룸하르트가 진행하는 기도회("너희에게 평화가 있기를")에 참석했고, 그곳에 있는 동안 블룸하르트와 수많은 대화를 나누었다. 바르트는 그 대화를 통해, 하나님 나라의 "도래"와 그 징표를 향해 나아가는 인간의 적극적 활동의 "서두름"과 하나님을 향한 고요한 인내의 "기다림", 곧 오직 그분만이 완성하실 수 있는 행위, 모든 것을 결정하는 행위의 정교한 결합이 얼마나 중요한 것인지 깨닫게 되었다. 그런데 바르트가 이보다 훨씬 중요하게 생각한 것은, 블룸하르트가 하나님 인식과 그리스도교적 미래의 희망을 철저하게 서로 연결시키고 있다는 사실이었다. 이로써 그는 하나님을 새롭게 이해하는 법을 배웠으니, 이제 하나님은 이 세상을 근본적으로 새롭게 만드는 분이신 동시에 그 세상과 마주하여 절대적으로 새로운 분으로 이해되었다. 바르트는 여기서 다시 시작할 수 있었다. 아니, 여기서 다시 시작할 수밖에 없었다.

칼 바르트는 독일 여행에서 돌아오자마자 블룸하르트[아버지]에 관하여 췬델이 쓴 책을 읽기 시작했다. 바르트는 바트 볼의 경험으로 감동에 젖어 있었다. "바트 볼에서 다시금 솟아오른 새로운 것, 신약성서적인 것을 한 단어로 표현한다면, 그것은 희망이다."[125] 블룸하르트는 이 희망에 힘입어, 교회와는 너무나도 동떨어진 모습이었지만, 1900년 독일 뷔르템베르크 주의 사회민주주의 정당 국회의원이 될 수 있었다. 그러나 이것은 위대한 정신의 자유로 이루어진 일이었으며, 이 자유로움은 바로 그 시기의 바르트에게 아주 깊은 인상을 남겼다. "그는 친절하게, 그러나 조금도 연연하지 않고 교리 신학자, 진보주의 신학자, '종교·도덕' 신학자, 우리 같은 사회주의 신학자들 곁을 지나간다. 그는 누구에게도 반론을 제기하지 않고, 그 누구도 그 사람이 자기에게 반대한다는 느낌을 받지 않는다. 그러나 어느 한 사람의 주장이 옳다고 말하지도 않는다.…… 추측건대, 그는 지금 우리의 대립에 대해, 지금 우리가 골몰하고 있는 문제에 대해 충분히 할 말이 있는 사람이다. 그러나 그는 그걸 말하려고 하지 않는다. 그것이 그럴 만큼 중요한 것이 아니며, 그에게는 다른 것이 더 중요하기 때문이다."[126]

바르트는 '평화'라는 주제로 글을 발표했다. "우리의 평화를 가로막는 것은 전쟁이 아니다. 전쟁이 평화 없음(불화)의 원인인 것도 아니다. 전쟁은 우리 모두가 불화의 땅에서 살고 있다는 사실을 드러낸 것에 불과하다." 그리고 "불화의 땅에서는 평화가 있을 수 없다." 그러나 "하나님은 평화이시다." 그러므로 평화가 없는 곳에는 하나님도 "거기 없으시니, 우리는 그분 없이 행하는 것이다." 블룸하르트를 만나고 난 뒤부터 바르트 안에는 "자기 자신에게, 그리고 다른 사람에게 본질적인 것을 보여주려는 갈망"이 꿈틀거리기 시작했다.[127] 하지만 어떻게? 그 시기의 "나는……닫힌 창문에 자꾸만 부딪히는 왕벌과도 같은 신세였다."[128] 그의 설교를 듣는 사람들은 "독일 여행을 다녀온 후 나의 설교가 유난히 어려워졌음을" 느꼈다.[129] 당시 그의 내적인 상태, 곧 사분오열하던 종교사회주의자들을 보면서 형성된 내적인 상태가 그에게 제시하는 방향은, 놀랍게도 그가 블룸하르트를 발견한 다음부터 추구했던 방향과 정확하게 일치했다. 바르트가 특별한 관심을 가졌던 문제, 그리고 그가 상당한 성과를 얻었던 문제는 쿠터와 라가츠 간의 대립이었으며, 당시 그 대립은 점점 날카로워지는 양상이었다. 두 사람 사이의 대립을 간단하게 요약하면 다음과 같다. 쿠터가 '살아 계신 하나님'을—예언자적으로—인식하는 것에 큰 비중을 두었다면, 라가츠는 프란체스코가 실천했던 가난의 이상과 같은 적극적인 제자도를 더 중요시했다. 그래서 두 사람이 제1차 세계대전의 충격에 대처하는 방법도 달랐다. 쿠터는 새로운 마음가짐으로 고요히 심사숙고할 것을 요청했고, 라가츠는 평화주의적 행동을 부르짖었다. 라가츠는 1913년에 이미 사회민주주의 정당에 가입했지만, 쿠터는 그러지 않았다는 사실도 확연한 차이였다. 그런데 칼 바르트가 그 대립을 극복할 수 있는 길을 찾아내야겠다고 마음을 먹은 것은 그야말로 놀랍고도 어이없는 일이었다. "쿠터의 부정과 라가츠의 긍정, 쿠터의 철저한 내적 평온함과 라가츠의 힘찬 대응과 실천……그 둘이 조화를 이루는 지점을 찾는 것이 더 좋지 않을까? 그게 어떤 것인지 지금 당장 설명할 수는 없지만, 나는 그런 입장의 가능성을 믿는다."[130] 1915년 9월 초순, 프라텔른에서 종교사회주의자 모임이 열렸다. 거기서 한스 바더가 쿠터와 라가츠의 차이에 관해 언급하던 그 순간 바르트는 분명히 깨닫게 되었다. 자신은 "중요한 강조점에서는 언제나 쿠터의 편에 서지 않을 수 없었지만……라가츠의 입장도 어느 하나 배제할 수 없었다." "라가츠의 경우 구체적인 실천을 향한 노력의 과정에서 명백히 '위험'이 존재함에도 불구하고, 그의 핵심 주장은—그것이 일차적인 것은 아니더라도—결코 없어서는 안 되는 중요한 것이다."[131]

바르트는 해답을 찾기 위해 노력했다. 그런 모색의 과정에서 교회라는 경계와 호되게 맞부딪쳤다. 그는 이 "종교라는 기계 장치"에 대해 극단적인 회의를 품게 되었다. 그 자신은 "목사로서 거기에 꼼짝없이 매인 몸"이었다. 사실 바르트는 이따금 한숨을 토하면서 이렇게 말하곤 했다. "목사 말고 다른 것이 될 수만 있다면!"[132] 바르트가 가장 격분했던 것은 "특히 지금 우리의 주 교회가 최고의 미덕처럼 외쳐 대고 있는 보편적 관용의 잡탕 수프"였다.[133] "나는 제1차 세계대전이 일어나기 전에도…… 아라우에서 열린 스위스 교회 대표자 총회 보고 기사를 「바젤 신문」에 실은 적이 있었는데, 아주 자극적인 언사로 그 글의 대미를 장식했다. '오 아르가우, 오 국가 종교여, 하나님께서 너를 불쌍히 여기시길!' 얼마 후 나의 분노를 누그러뜨리는 차원에서 또 다른 기사를 썼는데, 이번에는 1914년 베른 박람회(가설 전시장!)에 스위스 교회가—당시로서는 나름 유행을 따른 것이었는데—참여한 것에 관한 기사였다. 그러나 「바젤 신문」은 '감사의 마음을 담아' 그 글을 내게 돌려보냈다."[134] 특히 목사들의 공식 회의 모임, "카피텔"Kapitel이라고 불리던 그 모임에 갈 때마다 "나는 너무나도 불안하고 답답했다.……그러면 나는 회의장 한복판을 향해 뭔가를 부르짖고 싶은 심정이었지만 그럴 만한 목소리도 내용도 나에겐 없었으니, 나는 밧줄에 대롱대롱 매달려 있는 기와장이 같았다." 그런데 한번은 정말로 "그 회의장을 향해" 소리를 지른 적이 있었다. 1915년 11월 11일, 주 교회의 추계 총회 자리에서였다. 바르트는 총회를 예배로 시작하는 전통을 그만두자고 총회를 향해 정식으로 '제안'했다. 그렇게 함으로써 (바르트의 유일한 관심사는 그런 제안의 근거였는데) "이곳에서는 모든 것, 특히 국가와 관련된 모든 것을 하나님보다 백 배는 더 중요하게 여긴다"는 사실을 공식적으로 인정하자는 것이었다.[136] 이것은 교회를 겨냥한 신랄한 비판이었다. 그러나 이러한 비판은―바르트 자신도 주장하듯이―교회에 대한 거리두기에서 나온 비판이 아니라 "이 세상에서 교회가 감당해야 할 핵심적인 문제를 심각하게 받아들이고 그 문제에 내적으로 개입"하는 데서 나온 것이었다.[137] 또 하나 특징적인 것은 비판의 토대가 되는 관점이었다. 곧 "하나님"을 전혀 다른 방식으로, 다시금 "중요하게" 여겨야 한다는 관점이다. 하나님의 존재가 핵심적인 가치를 되찾게 되는 것은 바르트에게 가장 중요한 문제, 가장 근본적인 문제가 되고 있었다. 바르트는 이 문제를―블룸하르트를 알게 된 결과로―그리스도교적 희망의 종말론적 문제와 긴밀하게 결부시켰다.

그 총회가 끝난 후, 곧 11월 15일에 바르트는 바로 이러한 문제의식을 가지고 바젤에서 '전쟁 시기와 하나님 나라'라는 주제로 강연하면서 "이 세상의 모임에는 하나님이 계시지 않음"을 강조했다. 파울 베른레는 그 강연을 "혹평하려는 의도에서 '종말론적'이라는 말을 썼는데, 그 말이 아주 틀린 말은 아니었다."[138] 바르트의 주장에 따르면, 개혁을 위한 인간의 모든 노력도, 심지어는 교회도 "이 세상의 모임"일 뿐이며, 여기서는 그 어떤 새로운 것도 기대할 수 없다. "세상은 세상이다. 그러나 하나님은 하나님이다." 여기서 "그러나"라는 말을 쓴 것은, 하나님으로부터는 새로운 것을 기대할 수 있기 때문이다. 일주일 후, 바르트는 자펜빌에서 명상 주간을 인도하게 되었는데, '그리스도교적 희망'이라는 의미심장한 개념을 그 행사의 주제로 삼았다. 바르트 자신이 첫 번째 연사로 나섰고, 그 뒤를 이을 강사로는 투르나이젠, 그리고 근처에 살던 동료 로베르트 에프레히트Robert Epprecht, 파울 쉴트, 학교 친구였던 에른스트 폰 마이를 초청했다. 특히 폰 마이는 구세군 교인이 되어 있었는데, 바르트는 그에게 깊은 감명을 받았다. "나는 이 친구 앞에서 정말 부끄러웠다. 나는 약간의 내적인 활동을 하면서도 나의 향방을 찾기 위해 온갖 질문을 던지면서 티격태격하는데, 그는 하나님의 사랑 안에서 자연스럽고 소박한 삶, 모든 것이 전혀 인위적이지 않고 유기적인 삶이 어떤 것인지를 보여 주고 있었다."[139]

그사이 바르트는 사회민주주의 정당 활동도 지속하고 있었다. 그는 1915-1916년 겨울 자펜빌에서 "다시금 일상적이고 실제적인 주제(노동 시간, 은행 시스템, 여성 노동 등)에 대한 수업을 열었는데, 수업 시간은 매주 화요일이었고, 그 수업을 위해 내가 여태껏 모아 둔 자료를 최대한 활용했다." 그러나 이번에는 "열정을 담아서 하지는 않았는데, 그저 필요한 일이기에 한 것이다. 그 사람들에게 제일 필요한 것을 제대로 알려 주고 싶은데, 그것이 뜻하는 대로 되지 않았기 때문이기도 하다."[140] 그 수업 외에도 이따금 마을이나 외부에서 강연했다. 12월 4일 자펜빌에서 행한 강연('종교와 그리스도교')에서는 바르트 자신이 사회주의에 참여하는 방식에 관해서 비교적 자세하게 설명했다. "나는 모든 형태의 '정치 목사'

칼 바르트

를―그것이 사회주의적 형태라고 할지라도―하나의 착오라고 생각한다. 나는 그저 한 사람으로서, 시민의 한 사람으로서……사회민주주의의 편에 선 것이다." 12월 7일 바덴에서 행한 강연('종교와 사회주의')에서는 하나님 나라의 종교 비판적 의미에 대해 자세히 언급했다.

> 하나님의 나라는 "우리가 인간보다 돈을 중요하게 여기는 곳, 소유가 모든 가치의 척도가 되는 곳, 우리가 소심하고 비열하게 조국을 인류보다 중요시하는 곳, 미래에 대한 믿음보다 현재에 대한 믿음이 더 강한 곳에서는 발견할 수 없다." 만일 사회주의가 이런 유의 사고 너머의 지평을 보여준다면, 그런 사회주의라면 "비록 그것이 여러 가지 면에서 불완전하며, 그 불완전함에 대해 아주 차분하고 공개적으로 논의할 수도 있겠으나, 나에게는 그런 사회주의야말로 하나님 나라가 멈춰 서 있지 않으며 하나님께서 지금도 일하고 계심을 보여주는 가장 기쁘고 만족스러운 징표 가운데 하나다."

1916년 1월, 바르트는 '교회에 대한 우리의 입장'이라는 제목으로 강연했다. 물론 그 입장이란 교회의 '조직'과 '종교'에 대해 비판적인 입장을 의미했다. 같은 해 3월에는 (로어[Rohr]에서) '하나님의 뜻과 전쟁'에 관해 강연했다. 같은 달에, 이번에는 베른에서 열린 '여성 대회'에 가서 '노동조합 운동'을 주제로 강연을 했는데, 여성 문제에 각별한 관심을 보였던 바르트의 어머니도 그 행사에 참여했다. 그 행사가 있기 몇 주 전, 자펜빌 교회에서는 공장주 호홀리 씨와 바르트 사이에 격렬한 논쟁이 일어났다. 그 논쟁에 단초를 제공한 사건은, 호홀리 씨가 견신례 수업을 듣는 학생들을 꼬드겨서 술자리에 데려간 일이었다. 바르트는 이 사건에 대해 즉각 입장을 표명했는데, 그 방식 때문에 분노와 분란이 일어났던 것이다. 바르트는 바로 그다음 견신례 수업 시간에 학생들에게 이렇게 말했다. "너희들은 이제 지옥을 조금 알게 되었겠구나."[141] 그리고 1월 16일 설교에서는 시편 14:7에 나오는 '포로 된 백성'을, 모든 것을 허용하는 맘몬의 세력에게 사로잡힌 자펜빌 주민들과 동일시했다.

그러나 그 시기의 바르트를 훨씬 강렬하게 사로잡고 있었던 생각이 있었다. 바르트 안에서 점점 구체적인 형태를 띠기 시작한 그 생각은 "인생의 근본 진리와 관련된 **내적인** 방향 전환을 시도해 보려는 것이었다. 그것만이 보수적인 지성과 혁명적인 지성 간의 혼란스러운 갑론을박에서 우리를 건져 낼 수 있다." 바르트는 1916년 새해 벽두에 다음과 같은 말을 했다. 그가 보기에 라가츠의 문제의식은 충분히 급진적이지 않았다. "사람들이 말도 많이 하고, 글도 많이 쓰는 문제, 곧 '전쟁이냐 평화냐?' 등의 문제는 더욱 급진적이고 더더욱 진지한 신앙의 문제, 곧 '하나님과 함께할 것이냐, 아니면―지금까지처럼―하나님 없이 할 것이냐?'의 문제로 대체되어야 한다.……우리는 결연하게 '어떤 다른 것을 기다려야' 한다."[142] 자펜빌 교회에서 과격한 설교로 물의를 빚었던 날, 곧 1월 16일에 바르트가 아라우 시의 교회에서 행한 강연('하나님의 정의')도 같은 맥락 이었다. 여기서 그는 자신의 주장을 간단명료하게 설파했다. "우리가 그 무엇보다 중요하게 생각해야 할 것은……모름지기 우리가 하나님을 다시 하나님으로 인정하는 것이다.……이것이 과제다. 거기에 비하면 다른 모든 문화적, 사회적, 애국주의적 과제는……애들 장난이다."[143]

바르트가 이 과제를 진지하게 받아들였음을 구체적으로 보여주는 것은 무엇보다도 설교에 대한 바르트의 새로운, 그리고 집중적인 사색이었다. 설교의 문제는 그 자체로 하나님 인식의 문제에 다가설 수 있게 해

주는 중요한 열쇠가 되었다. (바르트는 설교와 학교 수업이 비슷한 일이라고 생각했다. 그는 수업을 엄격한 의미에서 "설교 과제의 특별한 사례"로 이해했으며 "그 목표는 성서 메시지를 잘 이해할 수 있게 하는 것이고, 여기서 교육적 고려는 뒤로 물러나 있어야 한다."[144]) 그는 오래전부터 설교가 "무한한 문제"라는 사실을 느끼고 있었다.[145] 바르트는 자기 스스로 설교하면서 경험하게 되는 것, 곧 설교자를 "의기소침하게 만드는 심리적 기복 상태"를 피할 수 없는 문제로 인식했다. 그것은 "우리가 처한 상황의 일부이며, 우리가 벗어던 지기를 바랄 수 없는 필연성이다."[146] 그래서 한번은 이런 불평을 늘어놓았다. "오늘은 설교하면서 분명하게 느꼈다. 이것이 파고들지 못하는구나.……이는 그것이 나 자신에게 전혀 파고들지 않았기 때문이다. 그런데도 우리는 강력하게 그것을 요구하고 있는 것이다."[147] 목회 상담이나 수업도 마찬가지였다. "나의 심방과 수업은 우스꽝스러울 정도로 서투르다. 나는 마치 양 볼이 불룩해질 정도로 열심히 트럼펫에 바람을 불어넣지만 신기하게도 아무런 소리도 내지 못하는 사람 같다."[148] 시간이 흘러도 설교하는 일은―다른 목회 활동도 마찬가지였지만―쉬워지지 않았다. 오히려 "나한테는 점점 더 어려워졌다." 심지어 "설교의 선험적 불가능성에 대한 깨달음이 깊어진다"고 말하기도 했다.[149] 그리고 이것은 설교가 철두철미하게, 근본적으로 '하나님'에 관한 것이어야 함을 바르트가 더욱 분명하게 의식하기 시작한 것과 관련이 있다. 이 시기 바르트의 설교가 어떠했는지를 보여주는 가장 확실한 자료가 있다. 그것은 1916년 1월 16일 설교가 있고 3주가 지난 후에 에스겔 13장을 본문으로 행한 설교였다. 그는 이 설교문을 비공식적으로 인쇄하여 자펜빌의 모든 주민에게 돌렸다. 이 설교에서 바르트는 예언자적인 목소리로 "하나님이 우리와 이야기하실 때, 우리는 엄청난 불안함을 느끼게 되며, 그 불안함은 도저히 피할 수 없는 것"이라고 말했다. 그리고 "사람을 만족시키는 목사"는 거짓 예언자라고 말했다. 당시 바르트 설교의 전형을 보여주는 또 다른 설교는, 3월 중순 아라우 대학생.대회에서 '필수적인 것 한 가지'(Das Eine Notwendige)라는 제목으로 행한 설교다. 이 설교에 따르면 결국 우리에게 처절할 정도로 필요한 것은, 우리에게 가능한 모든 것을 시도하는 것이 아니라 "처음부터 다시 시작하는 것"이며, "하나님은 하나님이시라는 사실을 인정하는 것"이다. 1916년 바르트는 요한 1서에 관한 연속 설교도 했는데, 여기서도 이와 비슷한 문제에 관심을 기울였다.

물론 설교가 철저하게 다른 방식으로 하나님에 관한 것이라는 깨달음이 바르트에게 설교 문제의 '해결'을 의미하지는 않았다. 오히려—이것이야말로 바르트 사유의 독특성인데—이러한 깨달음 때문에 설교는 그에게 본격적으로 당혹스러운 것이 되었다. 그런데 바로 이 당혹스러움 자체가 그에게 많은 것을 가르쳐 주었다. "나는 목사로서 사람들을 향해 말해야 한다. 그들의 삶 속에 나타난 모순, 한 번도 들어 보지 못한 엄청난 모순과 마주하여 그들에게 말해야 한다. 그러나 동시에 성서의 메시지에 대해 말해야 한다. 이것 또한 전대미문의 놀라운 것이다. 그 메시지는 삶의 모순 곁에 다가선 또 하나의 새로운 수수께끼다. 나는 이 두 가지, 그러니까 삶과 성서가……스킬라와 카립디스처럼* 여겨질 때가 한두 번이 아니었다. 만일 이것이 그리스도교 선포의 기원이자 운명이라

---

* 　귀환하는 오디세우스의 배는 힘겹게 사이렌의 무리를 벗어난 뒤, 또다시 두 개의 바위산 사이의 좁은 뱃길을 지나가야 하는 위기를 맞게 되었다. 왼쪽 바위산 기슭에는 바다의 괴물 카립디스, 오른쪽 바위산 중턱에는 머리가 여섯 개인 괴물 스킬라가 버티고 있었다. 오디세우스 일행은 동료 여섯 명을 잃지만 필사적으로 노를 저어 바위산 사이를 빠져나온다. '스킬라와 카립디스 사이에서'라는 표현은 서양어권에서 '진퇴양난'의 상황을 뜻하는 말로 쓰인다—옮긴이.

면 과연 누가 목사로서 설교를 할 수 있다는 말인가?" "목사라면 너무나 잘 알고 있는 이 상황, 곧 토요일에는 책상머리에서, 주일에는 설교단 위에서 겪게 되는 이런 상황이 나의 경우에는 모든 신학의 난외주(欄外註)로 응집되었다.……내가 이 심각한 상황에서 벗어날 어떤 탈출구라도 발견한 것처럼 생각해서는 안 된다. 그러나 나에게는 이 심각한 상황 자체가 모든 신학의 본질에 대한 해명이 되었다.……나는 묻지 않을 수 없었다. 목사의 실존 자체가 제기하는 물음표와 느낌표가 신학에서, 그러니까 내가 아는 신학에서 정말이지 아무런 역할도 하지 못하고 있는 것은 도대체 어찌된 일인가? 내가 모르는 탈출구를 다른 사람들은 알고 있다는 말인가? 어쩌면 그들이 탈출구를 발견하고 그리로 갔는지도 모른다. 그러나 나는 그것이 탈출구라는 것을 인정할 수 없었다. 그런데 왜, 내가 잘 알고 있던 모든 신학은 목사들의 그런 상황을 언급하면서 그것을 참을 만한 것으로, 극복할 수 있는 것으로 묘사하려고 하는가? 어째서 그 상황을 직시하고 한번쯤 제대로 붙잡고 씨름하지 않는가? 그렇게만 한다면, 목사들의 그런 상황이야말로 신학의 가장 고유한 주제가 너무나 참기 어려운 모습, 너무나 극복할 수 없는 모습으로 드러나는 자리임을 발견할 수 있지 않을까? 나는 나 자신에게 계속 물음을 던졌다. 바로 이러한 관점을 통해서 모든 신학이 얼마나 큰 빛을 받게 되는지 직접 확인하게 된다면, 그것은 정말 가치 있는 일이 아닐까?"[150]

바르트가 설교를 하면서 맞닥뜨린 당혹스러움은 설교의 기술이나 실제에 관한 문제(내가 **어떻게** 말할까?)가 아니라 설교의 근본적인 문제(내가 도대체 하나님에 관해 **말할 수 있는가? 그래도 되는가?**)였다. 그때 그가 발견한 것은 다음과 같은 것이다. 하나님에 관해 말하는 것의 근본적인 어려움을 인식하는 것 자체가 이미 하나님에 대한 적절한 인식이다. 그는 이 발견이야말로 중대한 **전환**, 곧 기존의 신학하기에서 벗어나 새롭게 시작하는 전환의 사건이라고 생각했다. 여기서 새로운 것은 하나님 물음에 대한 더 만족스러운 대답이 아니었다. 오히려 그 물음이 이제야 비로소 진지한 물음이 되었다는 사실이 새로웠다. 그러나 이것이 하나님의 존재에 대한 질문을 의미하는 것은 아니었다. 이 시기의 바르트에게 하나님의 존재는 그 어느 때보다도 분명했다. "처음부터 나의 질문은 이것이었다. 하나님이 계시다는 **사실**을 전제할 때, 우리는 어떻게 사유를 진척시킬 수 있는가? 이 전제 위에서 나는 목사로서 도대체 무엇을 말해야 하는가?……내가 그 당시 [목회 초년병 시절] 나의 모습에서 보게 되는 경솔함은, 내가 그 긍정적인 전제를 너무나 당연한 것으로 여기면서 변증론의 모든 관심사에 전혀 귀 기울이지 않았던 모습이 아니다.……정말 본질적이고 심각한 시험은 다름 아닌 그 긍정적 전제 위에서 비로소 가능해지고 실제적인 것이 된다는 사실을 내가 오랫동안 깨닫지 못했다는 것이야말로 한심한 모습이었다. 의심의 토대 위에 서 있는 사람들이 궁극적인 '문제 제기'로부터 과연 무엇을 배울 수 있겠는가? 그들은 '하나님이 존재하는가?'라는 질문을 그냥 열어 놓는다. 그들은 이 질문을 던지면서도 자신의 존재 깊은 곳에 아무런 충격도 느끼지 못한다. 그러나 만일 하나님이 존재하신다면, 하나님이 존재하시기 때문에, 또한 결정적인 질문이 우리 자신을 겨냥하기 때문에, 그리고 시작과 지속, '의심'과 자칭 신앙의 용기……한 마디로 인간의 모든 독립성과 자기 확신이 모조리 저울에 올려지고, 그래서 최종적으로 (회의적인 물음의 경우에는 전혀 그렇지 않지만) 너무 가볍다는 판정이 난다면, 이것은 생사가 걸린 문제가 되지 않는가? 이런 질문은 내가 대학생이나 풋내기 목사였을 때는 한심할 정도로 전혀 몰랐던 질문이었다. 그 질문은 1915년 어간에 '무장

한 용사처럼"* 나에게 달려들었다.[151]

바르트의 사유가 점점 더 이러한 문제의식에 빠져들기 시작하면서, 종교사회주의 진영으로부터는 점점 더 멀어졌다. 종교사회주의 운동은 이미 여러 가지 견해 차이로 인해서 사분오열되는 상황이었다. 이러한 위기의 상황을 극복하고 대통합을 이뤄 내기 위해서 한스 바더가 종교 사회주의자 대회를 소집했는데, 이 대회는 1916년 5월 23일 브루크^Brugg 에서 열렸다. 그런데 거기서 기이한 일이 벌어졌다. 그 많은 사람 중에서 하필 바르트가 종교사회주의자 협회의 회장으로 선출됐던 것이다. (거기 에는 투르나이젠, 페스탈로치, 그리고 바젤의 목사였던 잔트로이터가 배석자로 있었 다.) 아마도 그것은 바르트가 확실하게 쿠터의 추종자도 아니고 라가츠 의 추종자도 아니기 때문이었을 것이다. 이제 바르트는 가을에 열릴 다 음 대회 소집의 권한을 위임받았다. 그러나 10월 말, 바르트는 투르나이 젠을 통해 라가츠에게 소식을 전하기를, 회장단은 앞으로 일체의 대회를 포기할 생각을 하고 있노라고 했다. 지금은 조직적인 실천이 필요한 시 간이 아니라, (그 시기의 바르트가 즐겨 썼던 표현처럼) 고요히 자기를 키워 내 는 것이 필요한 시간이라고 주장한 것이다. 이러한 주장은 쿠터의 판단 과도 통했다. 쿠터는 "모든 대회를 신랄하게, 그리고 건전하게 비꼼으로 써……우리 젊은이 그룹을 우리의 '고향' 마을로 돌려보냈다."[152] 쿠터는 자펜빌에 있는 바르트를 10월 말에 방문했다.

그러나 바르트와 라가츠 사이의 불편한 관계는 이미 6월에 다른 이 유에서 시작되었다. 바르트는 블룸하르트의 『가정 예배』(Hausandachten)

---

*　잠언 6:11. 표준새번역 "네게 가난이 강도처럼 들이닥치고, 빈곤이 방패로 **무장한 용사처럼** 달려들 것이다"—옮 긴이.

에 대한 서평을—서평의 제목은 '하나님 나라를 기다림'(바르트는 "기다림"
이라는 단어에 강조 표시를 했다!)—라가츠에게 보냈다. 그 서평을 『새로운
길』에 실어 달라는 것이었다. 그런데 그 서평에는 누가 봐도 분명히 종교
사회주의 운동을 겨냥한 내용들이 담겨 있었다. "우리의 변증법은 이제
막다른 골목에 도달했다. 그러므로 우리가 건강하고 튼튼해지고자 한다
면 처음부터 다시 시작하지 않을 수 없다. 그렇다고 또다시 우리 자신의
일을 하는 것이 아니라, 고요히 하나님의 일을 '기다림'으로 다시 시작하
는 것이다."[153] 라가츠는 이 서평의 출간을 거부했다. 바르트의 주장은 정
적주의(靜寂主義)의 성격을 띠고 있으므로 반대한다는 것이었다.[154] (바르
트의 서평은 그해 9월 『자유로운 스위스 노동자들』[Freie Schweizer Arbeiter]이라
는 잡지에 실렸다.) 그래서 바르트와 투르나이젠은 이 문제를 놓고 근본적
으로 토론하기 위해서, 11월 3일 우미켄Umiken에 있는 친구 목사 리하르
트 프라이스베르크Richard Preiswerk의 집에서 라가츠와 만났다. 토론은 원
만하게 진행되었으나, 그때 이후로 바르트와 라가츠의 교류는 끊어지고
말았다. "라가츠와 나는 두 대의 급행열차처럼 서로를 휙 지나쳐 갔다.
그는 교회 밖으로, 나는 교회 안으로!"[155] 사실 라가츠는 그날의 만남을
통해서 바르트를 자기의 후임, 곧 취리히 대학교 교수직 후임으로 삼아
보려고 했다. 그는 교수직에서 사임할 뜻을 이미 굳혔던 것이다. 그러나
그 계획은 수포로 돌아갔다. 서로 헤어지는 시간, 부르크 역에서 라가츠
는 바르트를 바라보면서 투르나이젠에게 이런 귓속말을 했다. "신들이
사랑하는 사람은 일찍 죽게 한다"던데, 그게 두렵다고……

『로마서 주석』 제1판

이러한 논쟁이 계속 진행되는 동안에도 바르트의 생각은 점점 더 분명하게 어느 한 방향으로 나아가고 있었다. "나에게는 자유주의 신학 혹은 종교사회주의 문제의 영역을 넘어서 하나님 나라의 사상이 성서적으로 참되고 현세적인 의미에서 점점 더 절박하게 다가오기 시작했으며, 그와 동시에 내가 너무나 오랫동안 당연한 것으로 취급해 왔던 텍스트, 내 설교의 본문인 성서가 점점 더 문젯거리가 되어 가기 시작했다."[156] 6월 초, 바르트는 로이트빌에 있는 투르나이젠의 집에서 며칠 동안 휴식의 시간을 가졌다. 얼마 전 투르나이젠은 바젤 출신 아가씨 마르게리테Marguerite(결혼 전의 성은 마이어[Meyer])와 결혼했다. 마르게리테 투르나이젠은 넬리 바르트와 마찬가지로 음악을 전공했기 때문에 두 여인은 즐겨 함께 연주했으며, 때로는 바르트도 "영감에 사로잡혀……싸움이라도 벌이는 것처럼 격렬하게 끼어들어서 함께 연주를 했다."[157] 그 기간에 바르트와 투르나이젠은 "지금의 상황을 더 깊이 이해하기 위해서는 다시금 신학이라는 학문에 관심을 기울여야 한다는 사실"을 분명하게 인식했다.[158] 왜냐하면 바르트가 그때 이런 느낌을 받았기 때문이다. "나는 언제나 내적인 집중력과 강건함에서 우러나오는 말과 행동을 하고 싶다. 그런데 그 집중력과 강건함의 원천이 이제는 더 확대되고 깊어져야 한다.……그렇지 않으면 그곳이 말라서 사라질지도 모른다."[159] 무언가가 일어나야 한다는 **사실**은 일단 분명했지만, 해야 할 일이 **무엇**인지는 덜 분명했다. "단둘이 있으면서……나에게 나지막이 슬로건을 속삭여 주었던 사람이 바로 투르나이젠이었다. 우리의 설교와 교육과 상담을 위해 우리에게 필요했던 것은 '전적으로 다른' 신학적 기초를 놓는 일이다."[160] "이제 우리는……

슐라이어마허를 완전히 믿을 수 없다"고 "처음으로 소리 내어 말했던 것
은……로이트빌에서의 저녁 만남이었다."[161] "그렇다면 어디서 시작해야
하는가? 쿠터는 안 된다. 왜냐하면……그의 책『독일을 위한 연설』(*Reden
an die deutsche Nation*)로 인해서 그가 말하는 '살아 계신 하나님'이 대단
히 의심스러워졌기 때문이다."[162] 바르트는 아주 잠깐이지만 새로운 칸트
연구를 계획했던 것 같다.[163] 그런데 투르나이젠은 "할빌 호수 위편의 어
느 풀밭에서"[164] "이상한 질문을 던졌다. 우리가 헤겔을 공부해야 하지 않
느냐는 질문이었다. 물론 그런 일은 일어나지 않았다."[165]

　　"그러다가 실제적이고 실천적으로 절실한 과제가……우리에게 다가
왔는데, 그것은 신학의 기초를 새로이 연마하는 과정에서 구약성서와 신
약성서를 다시 한 번, 그리고 이전보다 더 깊이 있게 읽고 주석하려는 시
도였다. 그런데 보라! 성서가 우리에게 말하기 시작했다. 그것은 그 당시
'현대' 신학의 학교에서 말하고 들어야 한다고 생각했던 것과는 전혀 다
른 차원의 소리였다. 투르나이젠이 일반적인 의미에서 그 귀엣말을 들
려준 다음 날 아침부터, 나는 당시 내가 사용할 수 있는 모든 장비를 갖
추고 사과나무 아래 앉아서 로마서 읽기에 몰두했다. 그것은 옛날에 내
가 견신례 수업을 받을 때부터……핵심적인 내용을 담고 있다고 들어
왔던 텍스트였다. 나는 로마서를 한 번도 읽어 보지 못한 사람처럼 읽기
시작했다. 독서 중에 새롭게 발견한 것을 하나하나 조심스럽게 적어 나
갔다.……나는 읽고 또 읽었다. 쓰고 또 썼다."[166]

　　바르트는 갓 서른 살이 되어 시작한 이 글을 "먼저 나 자신과 나의 몇
몇 친구들에게 나의 변화된 입장에 대해 해명하기 위해 시도한 글쓰기
연습"으로 여겼다.[167] "내가 처음에 이 책을 쓴 것은 정말로 오직 나 자신
을 위해, 그리고 예컨대 에두아르트 투르나이젠이나 그 밖에 함께 걱정

해 주는 친구들을 개인적으로 감화하기 위해서였다."[168] 그러므로 "나는 박사 학위 논문 같은 것을 염두에 두고 쓴 것이 아니라 그저 내 마음이 이끄는 대로 써 내려갔다."[169] (정원에 있는 그 나무 밑이 아니면, 아주 작고 불편한 책상에서 작업을 했다. 그 책상은 한때 고조부 부르크하르트가 사용하던 것이었는데, 어쩌면 한때 라바터도 이 책상에서 명상에 잠겼을 것이다. 원래 이 책상은 바르트가 존경해 마지않던 할머니 자르토리우스의 소유였으나—한 무더기의 책들과 함께—바르트에게 도착했다. 바젤에 계시던 그 할머니가 얼마 전에—1915년 12월 26일—세상을 떠났던 것이다. 바르트는 그분의 무덤가에서 소박하게 성서의 말씀 몇 구절을 읽었다.)

지금 그가 "자기 자신을 위해" 기록한 것은 당연히 바르트 자신에게 충분히 의미 있는 것이었다. "이제야 나는 돌아가신 아버지를 정말 '존경과 감사의 마음으로' 추모할 수 있게 되었고, 그 마음을 『로마서 주석』 1판 서문에 내비쳤다.……아주 잠깐이지만 나한테 이런 생각이—모차르트의 『후궁으로부터의 유괴』(Entführung aus dem Serail)의 끝부분에 울려 퍼지는 경고 '복수보다 추악한 것은 없다!'를 생각하지 않고—스쳐 지나갔다. '내 아버지로 하여금 빛을 보지 못하게 만든 사람들, 그분의 지식이 (그들과 달랐을 뿐!) 그들에게 결코 못 미치는 게 아니었음에도 아버지를 그렇게 내버려 둔 사람들에게 일종의 보복을 하고 싶다!'는 생각 말이다."[170] 그러나 칼 바르트는 그렇게 하지 않았다. 이미 시작된 연구와 탐구의 과정 속에서 더 중요한 것이 그를 팽팽하게 긴장시켰기 때문이다.

그를 그토록 긴장시킨 것은 성서의 발견이었다. 이제 그는 "서서히 성서에 주목하게 되었다."[171] "다시 한 번 성서를 편견 없이 대하고, 성서로부터 그리스도교의 참 모습에 관해 이전보다 더 직접적으로 들으려고" 다시 노력함으로써 새로운 기초의 정립을 기대했다.[172] 그는 특별히 바울

사도의 로마서가 자기에게 말하도록 하고 싶었다. 1916년 11월 라가츠에게 말한 것처럼, 그가 로마서를 선택한 것은 "우리의 적대자들"에게서 벗어나기 위해서였다.[173] 그가 성서를 연구하면서 느낀 것은 일단 자기 자신에게 그야말로 놀랍고 낯선 것이었다. "그 일을 하는 동안 이런 느낌이 들 때가 자주 있었는데, 마치 저 멀리 소아시아나 고린도에서 태고의 신비, 그 옛날 오리엔트의 도저히 정의할 수 없는 따사롭고 거칠고 가장 순수한 어떤 것이—지금 내가 읽고 있는 문장 저 뒤편에 그런 것이 숨어 있었으니—나에게 불어오는 것 같은 느낌이었다. 바울, 그는 도대체 얼마나 대단한 사람인가! 또 그가 이렇듯 간명한 내용을 몇 개의 혼란스러운 조각에 담아 보내 주었던, 그러면서도 이 내용을 암시해 줄 수 있었던 그 사람들은 도대체 어떤 사람들인가!……또한 바울 뒤에는 도대체 얼마나 엄청난 실재가 존재하기에 이 사람을 그렇게 강력하게 움직일 수 있었단 말인가! 바울의 글에 담긴 원래 내용 가운데 어쩌면 99퍼센트 정도를 놓치고 있는 실정에서, 그의 글에 관해 우리가 써 모은 글이란 얼마나 곁가지에 불과한가!"[174]

물론 "바울의 로마서에 관한 글을 쓰면서도 괴테와 칼 슈피텔러Carl Spitteler를 수도 없이 인용했고" 실러의 말도 많이 인용했다. "당시의 나는 이제 막 스승들의 신학이라는 알껍데기를 벗고 나오려는 시점이었다."[175] 옛 스승의 대열에 새 스승이 추가되었다. 특히 아버지와 할아버지가 그렇게도 존경했던 토비아스 베크가 나의 새 스승이 되었다. "아버지에게 물려받은 책들 중에서 베크의 책을 많이 찾아내어 백분 활용하였다."[176] 바르트는 베크야말로 "성서 해설가의 세계에서 그야말로 탑처럼 우뚝 솟은 인물이며, 슐라터를 넘어서는 학자로서 그의 체계적인 접근법은 부분적으로 지금 우리에게도 충분히 활용 가능한, 모범적인 것"이라고 평했다.[177] 그런데 이 새로운 스승은 바르트가 성서에 접근하는 데 도움이 되기도 했지만, 어떤 의미에서는 방해가 되었다는 것을 바르트 자신도 나중에 깨닫게 된다. 그의 성서 주석은 "당시 나도 이미 느꼈지만 벵겔Bengel, 외팅거Oetinger, 베크, 그리고 (쿠터를 거치면서) 셸링의 사상에 지대한 영향을 받았다. 나중에 살펴보니, 그러한 것들은 내가 꼭 하려던 말에 비추어 볼 때 그다지 도움이 되는 것은 아니었다."[178] "그러니까 나는 그 당시 성서 텍스트를 읽을 때 (그 후에도 한동안 그랬지만) 수많은 안경을, 그것도 서로 성격이 전혀 다른 안경 여러 개를 가지고 읽었고, 또한 그 사실을 아주 거리낌 없이 드러냈다. 그러나 내가 모든 안경을 총동원하여 읽고 또 읽으면서 말로 표현해 내려고 했던 것은 바울의 말이었다. 그것이 나의 진정한 의도요 확신이었다."[179] 어쨌든 바르트는 로마서에 귀를 기울이면서, "사도 바울은 나를 성서적 증언의 진리와 명확함 속으로 인도해 줄, 나에게 아주 특별한 의미의 안내자가 되었다"고 믿게 되었다.[180]

이 연구를 통해 바르트가 깨달은 것은 무엇인가? 그 시대의 모든 그리스도교 단체, 사조, '운동'이 하던 방식으로 계속 나아갈 수는 없다는 것이다! "언제나 하나님 없이 모든 일이 끝났다. 하나님은 그저 인간이 시작한 일을 추진해 주시고 멋지게 마무리해 주시는 정도로 선하신 분이어야 했다. 객관적으로 볼 때, 주님을 경외하는 것은 지혜의 근본이 아니었다. 그저 얼른 스쳐 지나가면서 그분의 동의를 낚아채려고 할 뿐이었다. 하나님을 향한 열정이 강해질수록……하나님이 진정 원하시는 것에 대한 불복종도 강해졌다. 그도 그럴 것이, 애초에 이것을 제대로 알아차리지 못했다면, 거기서 나올 만한 결과도 하나님의 새로운 일이나 풍성한 도우심이 아니라, 결국 하나의 개혁이거나 구태의연한 세계 질서를 새롭게 주름잡는 것에 불과하다. 하나님의 관점에서 보자면 그런 것은 도움을 주기보다는 손해를 입히는 것이다. 왜냐하면 그것이 우리를 미혹하여 그분의 나라 도래의 필요성을 한동안 느끼지 못하게 하기 때문이다. 그렇게 되면 우리의 '운동'은 하나님을 움직이지 않게 만드는 직접적인 원인이요, 우리의 '일'(대의명분)은 하나님의 일을 가로막는 것이며, 우리가 맘껏 펼치는 '생명'은 이 세상에서 하나님의 생명이 고요히 커 나가는 것을 방해한다.……그러나 **우리의** 일이 모조리 무너져 내릴 때, 하나님의 일은 철저하게 **그분의** 일이라는 사실이 확연히 드러날 수밖에 없다. 오늘 우리는 그 자리에 서 있다."[181]

바르트는 특히 다음과 같은 두 가지의 핵심적 사상을 항상 새로운 방식으로 표현하곤 했다. 첫째, 인간은 "하나님의 입장을 자기 자신의 당파적 입장으로" 만들 수 없다. 그러므로 어느 누구도, 어떤 모임도 자기만 하나님 편에 서 있고 다른 사람이나 모임은 그 반대편에 있다고 말할 수 없다. 오히려 모든 사람이 함께 서로 "연대하면서 책임 있는 존재로" 하나님 앞에 마주 서 있다.[182] 이것은 일체의 개인주의에 대한 비판, 특히 개인주의의 종교적 형태에 대한 비판이다. 그리고 종교와 비종교, 도덕과 비도덕 등을 나누는 모든 인간적인 구분을 상대화하는 것이다. "산과 계곡의 차이는 정오의 태양이 그 둘을 환히 비출 때는 아무런 의미도 없다." 이것은 "모든 가치의 재정립이다."[183] 둘째, 하나님의 나라는 "옛 시대의 범위 내에서 뭔가가 치솟아 오르는 것이 아니라, 새로운 시대가 동터 오는 것"임을 바르트는 강조했다. 하나님 나라는 "이제까지의 가능성 안에서 일어나는 발전이 아니라 새로운 삶의 가능성이다." 이것은 인간의 모든 개혁 시도와 하나님 나라 사이의 명확한 구분이다. "그들의 빛은 한밤의 인공조명일 뿐, 태양이 떠올라 날이 밝는 것은 아니다." 그러나 이것은 인간의 종교적·도덕적 가능성과 하나님 나라

사이의 명확한 구분이기도 하다. "그들은 새로움을 창조할 수 없다!" 그러나 하나님의 나라는 이 세상에서 전적으로 새로운 것을 창조한다. "하나님을 참으로 아는 것은……그것이 가지고 있는 궁극적 확신 때문에……이제 그 일이 끝난 것이 아니라 막 시작된 것임을 알고 있다.……하나님을 아는 것은 순수한 이념의 세계로 도피하는 것이 아니라, 함께 아파하고 함께 만들어 가고 함께 희망하면서 지금 이 세상의 고난에 개입하는 것이다. 그리스도 안에서 일어난 계시는 단순히 이 세상의 공식을 전달해 주는 것이 아니다.……이 세상의 공식이 우리를 안심시킬 수는 있을 것이다. 그러나 하나님의 능력은 우리를 움직이게 만든다. 그 능력은 새로운 우주의 창조이며, 하나님을 대적하는 껍질의 막을 뚫고 하나님의 신성한 싹이 피어오르는 것인데……언제든 어디서든 계속되고 있는 노동과 투쟁이다."[184] 그러나 바르트도 얼마 후에는 하나님의 가능성과 인간의 가능성을 이렇게 구분하는 것이 충분히 명확한지에 대해 의문을 품게 되었다. 이것은 그가 시종일관 "공허한 이상주의에 맞서 신적인 존재와 소유가 인간 안에서 유기적으로 자라나고 있다"고 주장했기 때문에 더더욱 그러했다.[185]

바르트의 두 가지 핵심 견해는 다른 입장들과 경계를 긋는 것이기도 했다. 그는 낭만주의, 이상주의, 그리고 경건주의에 맞서 선을 그었다. 특별히 1916년 11월 중순, 페터[Vetter]라고 불리는 복음주의자가 자펜빌에 와 있는 동안 경건주의는 "너무나 사악한 종교 메커니즘"으로서 심각한 문젯거리라는 사실이 확연해졌다. 바르트는 슐라이어마허에게도 은밀히 등을 돌렸다. 그리고 마르부르크의 스승에게도! "내가 빌헬름 헤르만에게서 직접 받은 마지막 흔적은……그가 1918년에 써 보낸 헌사였다. '그럼에도, 최고의 인사를 담아, W. 헤르만 증정.' 짧고도 의미심장한 말이었다."[186] 그렇다. 바르트는 이제 라가츠와 종교사회주의에서도—그들을 충분히 인정하고 의지하면서도—확실하게 벗어났다. "평화주의와 사회민주주의는 하나님 나라를 대변하지 않는다. 오히려 그것들은 새로운 형태로 나타난 인간의 옛 나라일 뿐이다.……그들이 세계사의 흐름에 맞서 내던지는 비판과 저항은……세속적인 것이며, 곤궁에서 나온 것이지 도움에서 나온 것은 아니다."[187]

바르트의 '글쓰기 연습'은 서서히 '주석 공책' 한 권을 다 채워가고 있었다.[188] 그렇게 두 권, 세 권……. 어느새 두꺼운 책 한 권 분량이 되었다. 1916년 7월, 그러니까 제1차 세계대전이 한창이던 시기에 본격적인 집필이 시작되었다. 9월에는 벌써 로마서 3장에 도달했다.[189] 그런데 너무 일을 열심히 한 나머지 건강에 문제가 생기고 말았다. 어쩔 수 없이 10월에는 스위스 교회 총회에 요양 휴가를 신청해서 허락을 받았다. 겨울에는 속도를 많이 낼 수 없었다. 1917년 3월에는—로마서 5장을 준비하다가—완전히 손을 놓아 버렸던 것 같다. 반 년 뒤에야 다시 5장 주석을 이어 나갔다. 그리고 이제는 1년 안에 책을 다 써서 출간하려는 의도를 가지고 집필에 달려들었다. 마음껏 속도를 내기 위해서, 1917년 10월에는 총회에 4주간의 연구 휴가를 신청했다. 그는 부활절이 지난 후 취리히의 '크레엔뷜'Krähenbühl 산에 있는, 대단한 예술 애호가인 매부 키슬링의 집에서 이 연구 휴가를 보냈다.

바르트는 6개월 동안 집필을 중단하기 전에도—1917년 2월 6일—로이트빌의 명상 주간에 의미심장한 강연을 했다. 바르트 외에도 에밀 브룬너, 고트로프 비저가 강연했다. 그 강연에서 바르트는 처음으로 자신의 새로운 성서 연구의 성과에 대해 공식적인 해명의 시간을 가졌다. 강연의 제목은 '성서 안의 새로운 세계'(Die neue Welt in der Bibel)였다. 그 강연에 따르면, 성서는 우리가 전혀 예감하지 못했던 무엇인가를 보여준다. 그것은 "역사"가 아니고, 도덕이나 종교도 아니며, 그야말로 "새로운 세계"다. 그것은 "하나님에 대한 인간의 올바른 생각이 아니라 인간에 대한 하나님의 올바른 생각"이다. 이로써 성서는 우리를 "저 낡은 인간의 분위기에서 이끌어 내어 새로운 세계, 곧 하나님의 세계의 열린 문 앞에 데려다 놓는다."[190] 그 6개월 동안에도 몇 편의 강연문을 준비했다. 4월 말에는 자펜빌의 성서 연구 동아리 학생들에게 '일상의 능력'에 대해 강의했다. 또 한동안은 과거와 현재의 경건주의 인물들에게 비상한 관심을 보이기도 했으며, 그해 5월에는 경건주의 측에서 개최한 '바덴 대회'에 참가하여, 특히 호프아커의 설교를 집중적으로 공부했다. 7월 말에는 바젤의 부스Buus라는 곳에서 바젤 청년그리스도교인연합회 캠프에 (에른스트 슈테헬린과 함께) 초대를 받아 '그리스도교의 미래와 사회주의'라는 제목으로 강연했다. 마지막으로 10월 9일에는 소규모 교사 모임에 가서 '종교 수업'의 문제에 대한 견해를 피력했다('종교와 삶'). 이 강연에서는 "종교"(사적인 것, 철저한 내면성, 아무런 변화도 일으키지 않는 고요한 성향으로서의 종교)에 대한 바르트의 비판적 견해가 또렷하게 드러났다. 그런 식의 종교는 삶을 비껴갈 뿐이다. 이 세상의 삶도 그렇지만, 특히 성서가 말하는 삶(생명)을 비껴간다.

같은 달에 바르트는 투르나이젠과 함께 각각 여섯 편의 설교를 모아 책으로 펴내는 작업도 하고 있었다. 약간의 망설임이 없지는 않았다. 사실 "아브라함, 이삭, 야곱도 책을 펴내지는 않았다."[191] 그러나 바르트도 한 번쯤은 이런 방식으로 "우리가 지금 서 있는 입장을 객관화하고" 공론화하는 것은 나름 타당한 일이라고 생각했다.[192] 물론 그는 책이 인쇄소에 넘어간 뒤에도, 설교 때문에 겪는 부담이 훨씬 더 커졌다며 탄식하기도 했다. "우리가 하는 말은 하나같이……반쯤 짓다가 만 다리를 떠올리게 한다. 기대로 가득 차 있으나 슬프고 위협적인, 혹은 그저 허공을 응시하는 다리 말이다."[193] 그해 말 베른의 베슐린Bäschlin 출판사에서 『하나님을 찾으라, 그러면 너희가 살리라!』(Suchet Gott, so werdet ihr leben)라는 제목으로 설교집이 출간됐다. 서문에서 밝히고 있듯이, 이 책은 "현대 사회와 교회에서 하나님의 위대한 은폐성으로 인해 우리와 같이 불안해하는 사람들을 위해, 그리고 모든 결박을 깨뜨리시려는 하나님의 더 위대한 행동으로 인해 우리와 같이 기뻐하는 사람들"을 위해 집필되었다.

이 책에 실린 바르트의 설교는 자펜빌 목회 초기의 설교와 확연히 다르다. 이제 그의 설교 스타일과 분위기는 이런 식이었다. "때때로 우리는 그분을, 우리의 이전의 '하나님'을 정말 온 마음으로 지겨워한다. 오, 그렇지 않은가?……그러나 다행히도 우리 모두는 이제 혁명에 휘말려 들었다. 우리가 주장만 했지 찾거나 만나지 못했던 것, 그 없음을 아쉬워하고 힘들어하지만 어디서도 찾아내지 못했던 것, 그것은 **살아 계신** 하나님이다.……지금까지 우리에게 '하나님'이었던 것과는 정반대인 분, 곧 진정한 하나님 말이다!……단순히 다섯 번째 바퀴가 아니라, 모든 바퀴를 굴러가게 만드는 바퀴……그 어떤 사상이나 의도가 아니라 생명의 능력, 죽음을 극복하는 능력……이 세상의 장식이 아니라, 이 세상에 결정적으로 개입하는 지렛대로다! 우리가 놀이할 때 느끼는 감정이 아니라, 우리가 진지하게 받아들여야 할 사실이다.……지금 우리는 그분, 살아 계신 하나님을 예감하기 시작했을 뿐이다. 우리가 그분을 안다거나, 흔히 말하는 것처럼 그분을 '가진다'는 것은 말도 안 된다."[194]

바르트는 같은 달에 다시 한 번 식구들과 마음껏 휴가를 누렸다. 투르나이젠 가족과 페스탈로치 가족도 함께 휴가를 보냈다. 마르틴 라데 교수가 자펜빌에 왔다 간 후에 곧장 추크 호숫가의 리쉬Risch에서 보낸 휴가였다. 이 시기 바르트의 삶은 대단히 가족적인 면모를 띠고 있었다. 자녀들이 그에게 큰 기쁨이 되었다. 바르트는 첫째가 태어나기 전부터 그 기쁨을 감추지 못했다. 그래서 그 설레는 마음을 가누지 못하고 일기에 이런 말을 여러 차례 적어 놓았다. "우리 아가는 어디 있을까?" 그렇게 태어난 딸아이가 세례를 받는 날에 바르트는 자신이 직접 만든, 약간 진보적인 '신앙고백'을 큰 소리로 낭독했고, 세례 예식 후 가족끼리 축하 잔치를 벌일 때는 아기 엄마와 함께 '생각은 자유롭다'(Die Gedanken sind frei)를* 바이올린을 켜며 노래했다. 이제 그 딸이 벌써 세 살이 되었다. 그리고 그 사이 둘째 칼 마르쿠스Karl Markus도 태어났다(1915년 10월 6일). 게다가 셋째의 출생이 얼마 남지 않은 시점이기도 했다. 셋째인 크리스토프 프리드리히(애칭 "슈퇴펠리"[Stöffeli])는 1917년 9월 29일에 태어났다. 바르트가 자녀의 대부로 누구를 골랐는지를 보면, 바르트가 어떤 사람들과 가깝게 지냈는지를 알 수 있다. 첫째 프란치스카의 대부로 선택된 사람은 바르트의 여동생, 아내 넬리의 자매, 그리고 제네바에서 가깝게 지냈던 에른스트 자르토리우스 삼촌이었다. 헬레네 바르트-라데, 학창 시절부터 잘 알고 지냈던 친구로서 1915년 자펜빌에 군인으로 주둔 중이었던 법률가 칼 구겐하임Karl Gugenheim 박사, 그리고 로이트빌의 절친이** 둘째 마르쿠스의 대부

---

* 사상의 자유를 주제로 한 독일의 민요. 1780년 삐라를 통해 널리 알려진 가사에 1810-1820년 사이에 멜로디가 붙어 큰 각광을 받았다. 특히 정치적 억압과 위기의 시대를 살아가는 사람들에게 자유를 향한 갈망을 일깨우는 노래로서 중요한 의미를 지녀 왔다—옮긴이.

** 에두아르트 투르나이젠—옮긴이.

가 되어 주었다. 투르나이젠도 자신의 첫째 아기가 태어났을 때, 넬리 바르트를 그 아기의 대모로 선택했다. 칼 바르트는 페스탈로치의 가정이나 슈퀸들린의 가정과도 이런 대부 관계로 친밀함을 유지했으며, 두 가정은 크리스토프의 세례 예배에 증인 자격으로 참석했다.

리쉬에서 휴가를 보내던 중에 바르트는 며칠 동안 베른에 가 있었다. 스위스 사회민주당 전당 대회에 공식 대표단원으로 참여하기 위해서였다. 그 자리에서 '국토방위 거부' 안이 의결되었는데, 바르트가 보기에 그것은 "통 큰 결정이긴 했지만 그만큼 의미도 없는 결정"이었다.[195] 바르트는 지난겨울 "자신의" 노동자 협회에서 며칠 동안 저녁 시간에 (전쟁 상황에 대한 분석과 더불어) 이 문제에 대해 강연을 한 적이 있었다. 여름휴가를 보내고 자펜빌로 돌아온 바르트는 "심각한 싸움에 휘말렸다."[196] 하지만 그 문제 때문에 큰 충격을 입지는 않았다. "자펜빌의 목사로 있는 동안 그런 일에는 아예 이골이 나서……웬만한 일에는 눈 하나 꿈쩍하지 않는 정도가 됐다."[197] 이번 싸움의 핵심은 노동자들의 자체 조합 결성이었다. 공장주들은 노동조합 결성을 어떻게 해서든지 막으려고 했고, 바르트는 어떻게 해서든지 성사시키려고 했다. "그래서 남들 모르게, 하지만 때로는 직접적으로, 때로는 설교단 위에서 약간씩" 그 일에 대한 지지를 표명했다.[198] 노동조합의 결성은 정치적인 면에서 바르트의 주된 관심사였다. "사회주의와 관련하여 자펜빌에서 내가 가장 많은 관심을 보인 일은 노동조합 운동이었다. 나는 수년 동안 그 문제에 대해 공부했고, 자펜빌에 (전에는 전혀 찾아볼 수 없었던) 생기발랄한 노동조합이 세 개나 결성되는 데 일조한 뒤에 그곳을 떠날 수 있었다. 나는 그나마 이렇게라도 노동자들의 문제에 관여했고, 대단히 제한적이긴 하지만 사회주의에 관심을 가졌는데, 그 관심은 대개는 실천적인 관심이었다. 물론 다른 일에도 참여했다. 하지만 어떤 원칙이나 이데올로기에 대한 문제는 나에게는 지엽적인 것에 불과했다."[199] 특별히 1917년 8월 말-9월 초에는 자펜빌 노동조합 결성의 문제와 관련하여 심각한 충돌이 일어났다. 바르트는 시위대의 연설가로 나섰으며, 어느 노동자를 위한 조사(弔辭)를 써서 발표했는데, 여기서 "인류의 대의"를 위한 그 노동자의 헌신을 모범적인 것이라고 치켜세웠다. 그는 개인적으로 편물 공장의 소유주 호홀리 씨를 찾아가서, "대저택"에 사는 그 공장주와 "마치 모세가 파라오에게 이스라엘 백성을 광야로 보내 달라고 부탁하는 것처럼" 이야기를 나누기도 했다. 그러나 그 대화는 "확실한 거절과 전쟁 선포"로 끝이 났다. "그때 나는 그 사람의 평생에 '가장 지독한 원수'가 바로 나라는 말까지 들었다."[200] 바르트의 이런 태도 때문에 자펜빌 교회에 팽팽한 긴장감이 감돌았다. 교회가 두 패로 갈라졌다. 그해 6월에 (아르가우 지방의 관례에 따라) 열린 담임목사 재신임 투표가 그 상황을 단적으로 보여준다. 189표는 찬성이었지만, 85표는 반대 혹은 기권이었다. 그해 가을 사회주의자들이 '목사 동지'의 선거 전략 조언을 따른 결과 지역 의회에서 "3분의 2 과반수로 자유주의자들을 누르고 선거에서 이겼을 때" 그 긴장은 더욱 고조되었다.[201] 자펜빌 교회 운영 위원회가 바르트에게 이 문제에 대한 해명을 요구하자, 그는 이렇게 주장했다. 지금 사람들이 분노하는 것은 그가 "약간의 정치"를 했기 때문이 아니라 "내가 목사로서 대변하려고 하는 것" 때문인데, "그것은 '부르주아'들에게나 사회주의자들에게나 새롭고 낯설고 불편한 것"이라고 말이다. 교회 출석 인원이 감소했다. 심지어는 목사에 대한 항의의 표시로 버젓이 "교회 탈퇴 운동이 연출되기"도 했다.[202] 그러나 이런 부정적인 면만 있었던 것은 아니다. 목사 바르트는 무엇보다도 노동자들의 신뢰를 얻게 되었다. "그들은 목사관에 있는 나를 찾아왔지만, 때로 교회에 오기도 했다. 사회주의자들은 나의 설교를 가장 열심히 듣는 청중이 되었다. 그것은 내가 사회주의를 설교하는 목사였기 때문이 아니다. 내가 그들을 기꺼이 돕고자 하는 사람이라는 것을 그들이 알게 되었기 때문이다."[203]

교회 운영 위원회는 바르트가 일체의 정치 활동에서 손을 떼기를 원했다. 물론 바르트는 그 바람을 들어주지 않았다. 어쨌든 얼마 동안은 정치적 강연을 하지 않았다. 1917년 말에는 종교사회주의 진영에서도 탈퇴했다. 그 여름 종교사회주의 운동권은 실천력을 강화한다는 명목으로 조직 개편의 계획을 세웠는데, 바르트는 그 계획을 거부했다. "싸움이 나지 않고서는……함께 재출발한다는 것이 이제는 불가능하다"는 이유에서였다.[204] 그러나 12월 10일 올텐Olten에서 열린 종교사회주의자 대회에서 조직 개편이 결의되었고, 자연스럽게 바르트는 (투르나이젠도 마찬가지로) 위원회에서 탈퇴했다. 바르트는 다음 아라우 대회에서 라가츠 추종자들 앞에서 그와 관련된 "현안을 일소하는 것"이 필요하지 않을까 고민도 했지만, 그런 마음을 내려놓았다.

바르트는 종교사회주의에 관심했던 사람들 가운데서 특히 두 명의 ―각각 너무나 다른 성향의―바젤 출신 신학생을 알게 되었다. 두 젊은 이는 독자적인 길을 찾아가는 여정에서 바르트를 만나 충실하게 그와 동행했다. 한 사람은 당시 마르부르크에서 공부하고 있던 빌헬름 피셔 Wilhelm Vischer, 1895년생였다. 그는 섬세한 감수성을 소유한 심미주의자였으며, "우리가 일단 종교사회주의로부터 강한 자극을 받았지만 금세 그 운동의 더욱 철저한 형태 속에서" 그 당시 "새로운 해안을 향해 움직이고 있을 때" 이미 우리와 함께 있었다.[205] 다른 한 사람은 프리츠 리프Fritz Lieb, 1892-1970였다. 그는 피셔와는 달리 상당히 야성적인 사람이었고, 불꽃이

번뜩이는 정신의 소유자였다. 그는 투르나이젠 부인의 사촌으로서 나중에는 고트로프 비저와 에른스트 슈테헬린의 처남이 된다. 리프는 라가츠 밑에서 공부하고, 쿠터와 함께 살고 있었다. 그는 "놀랄 만한 스케일 및 신선함과 민첩성을 갖춘 사상가"로서 바르트에게 깊은 인상을 남겼다. "그는 근동 연구, 특히 앗시리아 연구에서 출발하여……칼 마르크스에 심취해 있었다."[206] 바르트는 "할빌 호수에서" 그를 처음 알게 되었다. "너는 그때 유행하던 파나마 모자로 단장하고……기차에서 내리자마자, 네가 방금 마음먹은 것, 곧 스위스 보병의 무기는 절대 손대지 않을 것이며 이를 위해서 위생병으로 보직을 바꾸겠다는 결의에 대해 열변을 토하기 시작했다. 이것은 라가츠 진영에서 볼 때 대단한 시위였으며, 그 당시 우리는 그 결단에─우리가 그것을 인정하건 인정하지 않건─깜짝 놀랐으며, 그것을 대단히 의미 있고 희망적인 일로 여겼다."[207]

바르트는 1918년 내내 '로마서' 주석 작업에 매달렸다. 가끔 회의가 밀려올 때도 있었다. "사랑의 하나님께서 이런 저작을 원하실까?"[208] 6월 초에는 '첫 번째 낭독'의 형태로 주석을 완성했다. 그 후 바르트는 원고를 꼼꼼히 검토했고 8월 16일 일기에 이렇게 적었다. "로마서 주석 끝." 그러나 그는 알고 있었다. "아직도 이해하지 못한 것이 너무나 많은데, 그것은 훗날 발견할 사람을 위해 남겨진 것이다."[209] 이 책을 출간할 출판사를 찾는 일은 쉬운 일이 아니었다. "스위스의 유명한 출판사 세 곳에서는 퇴짜를 맞았는데, 당시로서는 지극히 당연한 일이었다.……결국은 나의 친구 페스탈로치가 거액의 돈을……베른에 있는 G. A. 베슐린Bäschlin 씨에게 주면서, 그 출판사에서 책의 출간을 맡게 되었다. 1천 부 이상을 찍는 것은 생각하지도 못했다."[210] 그 책의 출간 연도는 1919년이었지만, 1918년 12월에 이미 인쇄가 완료되어 나와 있었다.

바르트가 한창 그 책의 교정 원고를 읽고 있을 때, 제1차 세계대전이 종료됐다. 1918년 11월, 전쟁이 막을 내리는 혼란의 시기 한복판에 스위스에서는 총파업이 일어났다. 그때 바르트는 탄식하며 이렇게 말했다. "만일 우리가 조금 더 일찍 성서로 되돌아갔다면, 지금 우리는 확고한 터전 위에 서 있을 텐데! 지금 우리는 신문과 신약성서를 왔다 갔다 하면서 고민하는데, 두 세계 사이의 유기적 연관성에 대해서는 사실상 끔찍할 정도로 잘 모르고 있다. 이제 우리는 그 연관성을 분명하고 강력하게 중언할 수 있어야 할 것이다."[211] 그해 7월, 그리고 가을에도 유행성 감기가 얼마나 극성을 부렸던지, 자펜빌 교회는 몇 주 동안 예배를 드리지도 못했다. 바르트도 감기에 걸려―바로 이 총파업 기간 중에―꼼짝없이 누워 있었다. 완쾌되어 일어나 보니 "나는 11인 비상 위원회의 의장이 되어 있었다. 그 위원회는 6천 프랑의 현금을 보유하고 있었는데, 그 비용은 우리의 공장주들께서 조달하신 것이었다." 그래서 바르트는 "후퇴하는 감기 바이러스 퇴치를 위한 최후의 일전을 지휘하느라" 눈코 뜰 새가 없었다.[212]

그런 일이 있고 얼마 안 있어, 자펜빌에는 바르트가 총파업을 '찬양' 했다는 소문이 돌았다. 바르트는 자신이 총파업을 (정치적 상황의 결과로) '설명'했을 뿐이라는 사실을 증명했지만, 그 소문만 믿고 자펜빌 교회 운영 위원 여섯 명 가운데 네 명이 11월 20일 사임했다. 그러나 바르트는 그런 일로 흔들리지 않았다. 오히려 1919년 2월에는 오랜 공백을 깨고 다시 노동자 협회에서 일련의 강연을 시작했으며, 그 강연을 통해 여러 가지 정치적 사건을 '주석'했으니, "우리의 노동자들은 그런 식의 설명을 '주석'이라고 불렀다."[213] 바르트는 예컨대 총파업에 관해 강연했고, 2월 초 베른에서 열린 '제2차 인터내셔널'과 이것을 거부하면서 동시에 개최된 스위스 사회민주당 전당 대회에 관해, 그리고 러시아 혁명에 관해 강연했다. 러시아 혁명에 관해, 바르트는 그것이 한 번은 시도되어야 할 일이라고 평가했지만 그것을 모방해서는 안 된다고 말했다. 왜냐하면 바르트는 그런 시도의 문제점을 분명하게 알고 있었기 때문이다. 그것은 바로 폭력적인 변혁(이것은 새로운 세상을 "옛 토대 위에서" 세우려는 것이다), 노동자 계급의 배타성(이것은 계급 철폐와 모순된다), 소수의 지배("민주주의의 오류는 이미 잘 알려져 있지만, 민주주의를 철폐한다고 상황이 나아지는 것은 아니다")였다. 그리고 5월 1일, 바르트는 노동자들과 함께 붉은 깃발을 따라서 초핑겐까지 행진하기도 했다.

이로써 일부 자펜빌 사람들은 인내심의 한계에 도달했다. 공장주 호홀리 씨는 몇몇 사람들과 함께 교회에서 탈퇴한 후에—그래도 종교 없이 사는 것은 원하지 않았던지라—독자적인 '종교 협회'를 세웠다. 8월 10일에는 두 개의 부르주아 정당이 아예 담합해서, 바르트로 하여금 자펜빌 목사직에 염증을 느끼도록 할 정도의 일을 밀어붙였다. 담임목사의 임금을 인상하는 일은 당시 시급하게 처리되어야 할 문제였는데, 바로 그 임금 인상을 거부하고 나섰던 것이다. (그가 처음 목회를 시작할 때 받은 월급은 230프랑이었는데, 당시 받던 월급도 그때에 비해 그리 많지 않았다. 이는 아르가우 주의 다른 목사들이 받는 월급에 못 미치는 금액이었다.) 목사의 사회주의가 그 근거로 지목되자 바르트는 "2년 전부터 자기에 대한 증오가 점점 증폭되다가 이제는 드디어 폭발한 것"이라고 설명했다. "그가 볼셰비즘과 스파르타쿠스주의를 찬양한다는 소문은 거짓말이다. 그가 한 일은 오히려 그런 것과 정반대되는 것이다. 그는 노동자들이 그런 이데올로기에 빠지는 것을 경고했다.……그는 사회주의적 선동에 나서지 않으며, 그런 일에 나선 적도 없다." 물론 "그는 노동자들의 편에 서는 것을 부끄러워하지 않는다."[214] 게다가 그는 자펜빌 목사의 월급 때문에 못마땅해하

지도 않는다고 말했다. 99표의 반대가 있었지만, 결국 그의 임금은 인상
되었다.

바르트가 이 시기에 정치적 사안에 대해 글로써 자기 입장을 표
명한 것은 두 번이었다. '아르가우의 시민 계급에게 고함'(Wort an das
aargauische Bürgertum)이라는 글에서 바르트는 사회주의가 과격화된
것은 바로 시민 계급의 책임이라고 주장했다. 그들이 온건한 사회주의
를 진지하게 수용하지 않는 바람에, 사회주의는 "러시아나 독일에서와
같이……본래의 근원을 부정하고, 모든 것을 황폐하게 만드는 불덩이
가 되고 말았다." 또한 바르트는 「일어나지 말아야 할 일」(Das, was nicht
geschehen soll)이라는 글에서 사회주의 정당의 (러시아에 종속된) 제3차 인
터내셔널 참가를 경고했다. 거기에 가담하느냐 마느냐의 문제를 놓고
스위스 사회민주당은 2년 동안 격렬한 논쟁을 벌였고, 존립이 위태로울
정도로 그 여파에 시달렸다. 1920년 12월 20일에 열린 베른 대회를 통해
서 비로소 최종 결정이 (제3차 인터내셔널에 참여하지 않기로) 내려졌다. 그
결정의 대가로 당내 소수파가 사회주의 정당과 결별하고 공산주의 정당
을 결성했다. "나는 1920년 스위스 사회민주주의 정당 전당 대회에서 제
2차 인터내셔널과 (너무 끔찍해서 말하기도 민망한 모스크바의) 제3차 인터내
셔널 사이에 날카로운 균열이 일어났던 것……그리고 결국에는 제3차
인터내셔널의 추종자들이 자기네가 소수인 것을 보고는 '민중이여, 신호
소리 듣고서 최후의 결전을 향하여……!' 노래를 부르면서 항의하는 몸
짓으로 대회장을 떠났던 것을 직접 보고 들은 산증인이다. 그들 가운데
서 가장 단호하고 반항적이었던 사람들 가운데 하나가 누구였던가?" 그
는 바로 (칼 바르트와는 완전히 다른) 프리츠 리프였다![215]

같은 해(1919년)에 바르트는 조금 먼 친척들과도 (특히 보수적인 친척들

과) 약간 갈등을 겪었다. 바젤에 사는 삼촌 에른스트 자르토리우스의 결혼 축하잔치에서 있었던 일이다. "나는 그 자리에서 식탁담화를 하게 되었고, 일반적인 가족생활과 특수한 가족생활에 관해 이야기하면서 그런 가족생활을 비판하는 내용도 이야기했는데, 그게 끔찍스러울 정도로 무례하게 느껴졌던 것이다. 지금도 그 기억이 생생하다. 한스 부르크하르트 삼촌은 나를 살벌한 눈으로 노려봤고, 프리츠 [자르토리우스] 삼촌은……구석에 있는 소파에 앉아 계셨는데, 턱 아래로 축 처진 살이 떨리면서(이것이 나에게는 대단히 인상적이었는데) 길게 '아이-아이-아이' 하고 소리를 내셨다. 아주 불쾌하고 못마땅하다는 표시였다."[216] 그러나 가까운 식구들과 바르트의 관계는 훨씬 좋았다. 바르트는 자펜빌에서 목회를 하면서도 정기적으로 어머니를 찾아뵈어, 자신이 하고 있는 생각과 활동을 어머니에게도 잘 알려드렸다. 어머니의 언니, 칼이 좋아하던 베티 이모는 벌써 오래전에 사망했다. 베티 이모는 할머니 자르토리우스가 눈을 감은 뒤 전쟁 포로 구제 기관에 들어가서 일을 하다가, 1917년 8월 불가리아에서 세상을 떠났다. 이 시기 칼 바르트는 두 남동생과 아주 가깝게 지냈다. 페터는 처음에는 라우펜에서 목회를 시작했는데, 1918년부터는 (죽는 날까지) 마디스빌Madiswil의 목사로 활동했다. 하인리히는 1913년 데카르트에 대한 논문으로 박사 학위를 받았고, 1918년에는 바젤 여자고등학교 교사가 되었다. 바로 그해에 어머니는 베른을 떠나 바젤의 라인베크Rheinweg에 있는 하인리히의 집으로 이사를 왔다. 거기서 아직 장가를 안 간 아들의 살림도 돌봐 주시고, '여성 구제 단체'의 임원이 되어 열정적으로 활동하셨다. 칼 바르트는 매제 칼 린트Karl Lindt를 특별히 좋아했다. 법학을 공부하던 여동생 게르트루트는 1919년 5월, 베른의 목사였던 칼 린트와 결혼했다. 자펜빌의 오라버니가 두 사람의 주

레 목사가 되었다. 칼 바르트가 남동생 페터의 아들 울리히, 그리고 여동
생 게르트루트의 딸 한니의 대부가 됨으로써 형제자매 간의 결속은 더욱
튼튼해졌다.

바르트는 『로마서 주석』을 끝낸 후에도 곧장 성서의 다른 부분에 관
한 연구에 뛰어들었다. 정치적 문제 때문에 논란이 한창일 때도, 바르
트는 끊임없이 성서 텍스트를 읽고, 숙고하고, '주석'했다. 이 시기의 성
서 연구는 부분적으로 설교 준비에 직접적인 도움을 주었고, 그 밖에
는 개인적으로 써놓은 글 속에서만 그 흔적을 찾아볼 수 있다. 1918년
말-1919년 초 겨울에는 사도행전을 연구했다. 바르트는 사도행전을 "독
창성과 보편성이 넘치는 탁월한 책"으로 높이 평가하게 되었다. 그다음
에는 고린도전서에 달려들었고, 1919년 5월에는 고린도전서 15장에 관
한 '작은 주석'을 썼다. "이 장(章)은 서신 전체의 열쇠로서 이런저런 문제
에 대한 심오한 깨달음, 궁극의 지혜에서 나오는 깨달음을 담고 있다. 최
근 그 깨달음 가운데 일부가 우리를 사로잡았는데, 마치 전기메기에 감
전된 것 같은 느낌이었다."[217] 바르트는 특히 에베소서에 매료되어 그 서
신을 정밀하게 연구했다. 그는 작년에도 견신례 수업을 듣는 학생들과
에베소서를 대략적으로 훑어가며 읽은 적이 있었다. 그리고 1919년 여
름에는 에베소서에 대해 몇 번에 걸쳐 설교했고, 겨울에는 짧은 주석을
썼으며, 그 이듬해 여름에는 성서 연구 모임에서 새롭게 에베소서를 고
찰했다. 이러한 성서 연구의 잠정적인 성과를 잘 보여주는 것이 1919년
6월 9일의 강연이다. 칼 바르트는 아라우 지역 그리스도인대학생연합회
CSV의 대회 기간에 '그리스도인의 삶(Christliches Leben)'이라는 주제로
강연했다. 푀르스터 대신 투입된 것이라, 강연문 초록을 하룻밤에 다 썼
다. 이 강연에서 새롭게 눈에 띈 인식이 하나 있었다. 그것은 그해 봄, 동

생 하인리히 바르트가 아라우 대회에서 ('하나님 인식'에 관해) 강연할 때, 바르트 자신도 중요하게 받아들이게 된 인식이었으니, 곧 '하나님 나라'는 인간의 모든 상황이나 운동과는 "전혀 다르다는 것"이 훨씬 강력하게 부각되어야 한다는 것이다.[218]

> "하나님의 나라는 **하나님의** 나라다. 신적인 것의 유비로부터 인간적인 현실로 넘어가는 과정은 아무리 철저히 생각해도 지나친 것이 아니다. 발전의 도식은 실패했다.……새 예루살렘은 새로운 스위스나, 혁명적인 미래 국가와 조금도 관련이 없다. 새 예루살렘은 때가 찼을 때, 하나님의 위대한 자유 안에서 이 땅에 도래한다." 하지만 이 희망은 "현재와 현세를 위한……용기와 능력을" 빼앗아 가는 것이 아니다. 오히려 그 희망만이 참으로 그런 용기와 능력을 부여한다.

이 강연은 바르트의 사상이 바야흐로 훨씬 더 집중력 있고, 훨씬 더 근본적인 '급진성'을 띠게 되었음을 보여주었다. 그래서 그 자리에 있던 그의 친구 아돌프 프라이스베르크Adolf Preiswerk는 이런 말까지 하게 되었다. "자네는 엄청난 일을 하고 있어, 나라면 할 수 없을 거야."[219]

탐바흐 강연과 그 여파

그해 늦여름, 칼 바르트는 아라우 강연의 핵심 사상을 토대로 또 하나의 강연을 준비했다. 바로 이 강연을 통해 바르트의 이름이 순식간에 독일 전역으로 퍼져 나간다. 그와 동시에, 여태까지는 바르트가 극히 제한된 범위 안에서 생각하고 말했던 그 말씀이 그야말로 그 시대가 나아갈 방향을 보여주는 새로운 말씀이라는 사실도 순식간에 명백히 드러났다. 바르트가 그 강연을 하게 된 배경은 다음과 같다. 독일 헤센 주 교회의 목사 오토 헤르펠Otto Herpel과 하인리히 슐타이스Heinrich Schultheis는 튀링겐 주의 탐바흐Tambach에 있는 빌헬름 셰펜Wilhelm Scheffen의 휴양소 '탄넨베르크'에서 9월 22-25일 종교사회주의자 대회를 열기로 했다. 그리고 그 자리에서 스위스 종교사회주의를 독일 사람들에게 소개하기로 했다. 처음에는 라가츠를 강사로 초빙하려 했으나, 그가 거절하는 바람에 (아마도 그 당시 마르부르크에서 공부하던 청년 알프레트 드 쿼르벵[Alfred de Quervain]의 제안에 따라) 바르트에게 강연 의뢰가 들어온 것이다. 그때만 해도 독일에서는 자펜빌의 목사 바르트를 알고 있는 사람이 거의 없었다. 『로마서 주석』의 독자, 비평가라고 해봐야 대부분 스위스 사람들이었다. (그 책의 출간을 가장 먼저 기뻐한 사람들 가운데 하나가 바로 에밀 브룬너였는데, 그는 1919년 2월에 이미 그 책에 대한 반응을 표했다.) 바르트는 7월 말에 일단 지친 몸을 좀 쉬고 보강하기 위해 투르나이젠, 페스탈로치와 함께 베른의 산간지대와 사스페Saas-Fee 근방의 산악을 마음껏 걸으며 등반했다. 9월 초에는 나우만과 블룸하르트의 서거로 인해 두 사람의 저술에 대한 서평을 쓰게 되었다. 바르트는 나우만에 대해서는 부정적인 평가를, 블룸하르트에 대해서는 긍정적인 평가를 내렸다. 그런 다음에는 "밤낮으로 쉬지 않고" 강연 준비에 몰두했다.[220] 바르트는 강연 하루 전날이 되어서야 독일로 출발했다. 종교사회주의 운동을 함께했던 친구 한스 바더, 그리고 바르트의 사촌으로 바젤에서 목회를 하고 있던 루돌프 리히텐한Rudolf Liechtenhan도 함께 갔다. (리히텐한은 훗날 바젤 대학교의 신약학 교수가 된다.) 그들은 일단 프랑크푸르트로 갔다. 거기서 동물원도 가고 오페레타도 감상한 다음 튀링겐으로 떠났다. 스위스의 다른 동지들, 특히 투르나이젠과 비저

등은 다른 곳을 경유하여 그곳으로 가고 있었다.

어림잡아 1백 명이 그 대회에 참가했는데, 참가자들의 성향은 그야 말로 천차만별이었다. 그러나 그들에게도 공통점이 있었다. 그들은 "지 난 몇 년 동안 일어난 혁명적인 변화로 인해 마음 깊은 곳이 흔들리는 체 험을 했으며, 이제 그리스도교인으로서 정치의 영역이나 교회의 영역에 서 새로운 길을 찾기 위해 고민하고 있었다."[221] 또한 그들은 "기존 교회 의 지침에서는 자신들의 개인적 삶을 위한 안식처를 발견하지 못하는 사 람들이었으며, 1918년의 몰락 이후 교회가 직면한 과제를 그런 지침으 로 해결할 수 있을 거라고는 믿지 못하는 사람들이었다.……그들 대부 분은 청소년 운동 출신이거나 특이한 라이프스토리, 너무나도 다른 성향 을 가진 아웃사이더들이었다."[222] 리히텐한의 강연 '교회 안에서의 그리 스도교인'(Der Christ in der Kirche), 바더의 강연 '국가 안에서의 그리스도 교인'(Der Christ im Staate)에 이어, 대회 마지막 날에는 바르트가 '사회 안 에서의 그리스도교인'(Der Christ in der Gesellschaft)이라는 주제로 강연 에 나섰다. 논찬자는 급진적 평화주의자요 경건주의자인 에버하르트 아 르놀트Eberhard Arnold였다. 그날 바르트의 강연은 "결코 단순한 기계가 아 니었으니, 앞으로 갔다가 뒤로 갔다가 사방으로 거침없이 돌아가는데, 드러난 이음새든 감춰진 이음새든 부족한 부분이 전혀 없었다."[223]

바르트는 강연을 시작하자마자 곧장 주제를 부각시켰다. 인간 사회 속으로 약속과 불안을 동시에 퍼뜨리는 그리스도인은 다른 모든 그리스도인이 아 니라 (종교사회주의 그리스도인도 아니고) 오로지 '그리스도'다. 바르트는 그 리스도와 하나님 나라를 인간의 보수적인 혹은 혁명적인 행위와 날카롭게, 그리고 근본적으로 구별했는데, 그 방식이 참으로 파격적이었다. "하나님 나라는 우리가 저항 운동을 한다고 해서 시작되는 것이 아니다. 하나님 나라는 기존에 존재하던 모든 것 **이전**의 혁명이며, 모든 혁명들 **이전**의 혁명이다." 하나님 나라는 양쪽 모두와는 달리 철저하게 새로운 것이며, 더 정확히 말하자면, 양쪽 모두에 대한 부정이다. 그 부정 안에서는, 어느 한쪽이 다른 한쪽에 대한 상대적 긍정을 통해 제한된다. 그러므로 하나님 나라는 한편으로는 기존 질서에 대한 저항을 포함한다. 그러나 바르트는 다른 한편 하늘나라의 '비유', 다시 말해 세상적인 것 안에 있는 "신적인 것의 유비"를 염두에 두고자 했다. 아무튼 바르트는 그 자체로 명백한 위험, 곧 "그리스도를 이래저래 세속화하는" 위험, "예컨대 과거 지식인들의 자유주의·조국·스위스·독일을 위해서, 또 요즘에는 사회민주주의·평화주의·반더포겔 Wandervogel을* 위해서" 그리스도를 세속화하려는 위험한 시도와는 확실하게 거리를 둘 필요가 있다고 생각했다.[224] 그런 의미에서 바르트의 이 강연은 결별을 의미했다. 그것은 바르트 자신이 한동안 매달렸던 신학과의 결별, 특히 종교사회주의와의 결별이었다. 이로써 바르트와 라가츠의 관계는 극도로 소원해졌다. 라가츠는 바르트가 종교사회주의 운동을 "변증법적으로 왜곡함"으로써 이 운동이 독일로 진출할 가능성을 망쳐 놓았다고 말했다.[225] 사실 이 강연은 바르트 자신이 앞으로 나아갈 방향을 미리 공표하는 사건이었다. 바르트가 향후 몇 년 동안 큰 폭으로 펼쳐 나갈 사상의 알짬이 이 강연에 담겨 있다고 해도 과언이 아닐 것이다.

---

* '철새'를 뜻하는 독일어 '추크포겔'(Zugvogel)의 고어이지만, 1896년 베를린의 슈테글리츠(Steglitz)에서 시작된 청소년·대학생 운동을 가리키는 말이 되었다. 점점 산업화되는 도시에서 갑갑한 일상을 보내는 젊은이들이 드넓은 자연을 여행하며 새로운 체험을 하게 하는 것을 목표로 삼은 운동이었는데, 1901년 칼 피셔(Karl Fischer)가 협회로 등록하여 정식으로 활동을 시작하였다. 20세기 초반 청소년·청년 운동의 효시로 간주되며, 개혁 교육학·생활 개혁 운동 등에 큰 영향을 끼쳤다—옮긴이.

그의 말은 탐바흐의 청중에게 유례없이 강렬한 반향을 일으켰다. "그로 인하여 다른 모든 말과 논의는 빛이 바랬다." 물론 어떤 사람들은, 예컨대 칼 메니케Carl Mennicke 같은 사람은 그게 못마땅하고 화가 나서 곧장 베를린으로 돌아가 버렸다. 그리고 그곳에서 바르트의 강연을 들은 사람들이 모두 같은 길을 간 것도 아니었다. 그들은 너무나도 다양한 삶의 여정을 계속해서 걸어갔고, 그 가운데는 심지어 '독일그리스도인연맹'Deutsche Christen의* 대열에 합류한 사람들도 있었다. 그러나 적어도 그 순간만큼은 "모두가 그 어떤 깨어남을 경험했다."²²⁶ "전쟁 이후 완전히 달라진 독일의 상황을 [탐바흐에서] 처음으로 확실하게 알게 되었는데, 그때 내가 비로소 분명히 깨닫게 된 것이 있었으니……그것은 내가 지금 여기 적잖은 규모의 대중에게 말한 것에 대해 앞으로 책임을 지게 되리라는 사실이었다.……여기서 나는 갑자기, 나의 강연을 자신들의 불안함 곧 자신들의 질문에 대한 대답으로 여기는 사람들과 대면했고, 또 그런 사람들이 더 늘어날 것이라는 전망과 대면하게 되었다. 그러나 내 입장에서 볼 때, 그 대답은 이런 독일 친구들과의 교류를 통해, 이제 갓 움터 올라 활기차게 개진되는 교류를 통해 아무도 모르게 다시 질문이 되어 갔다. 진정한 실재를 간절히 찾고 있는 지성들이, 그것도 한 명 이상의 지성들이 나의 생각을 긍정적으로 받아들이자 나는 좀 어리둥절했다."²²⁷

탐바흐 강연을 계기로 바르트는 나름의 비판적인 변혁 운동을 막 꾸려 내고 있던 더 큰 규모의 사람들과 접촉할 수 있게 되었다. 루돌프 불트만은 바르트가 마르부르크 학창 시절부터 알고 지내던 사람이었다.

---

* 1932년에서 1945년까지 나치 이데올로기에 동조하여 인종차별주의, 반유대주의를 선전하고, 히틀러에게 충성했던 독일 개신교 교파—옮긴이.

바르트의 새로운 길벗이 된 사람으로는 종교사회주의자이자 목사였던 데도 뮐러Dedo Müller, 볼프 마이어Wolf Meyer, 한스 하르트만Hans Hartmann(그의 연주로 탐바흐 대회가 시작됐다!)이 있었고, 그 밖에도 오토 헤르펠, 철학자 한스 에렌베르크Hans Ehrenberg가 있었다. 이 철학자는 얼마 후에 신학으로 넘어간다. 바르트는 또한 베를린 근교 모아비트Moabit의 목사 귄터 덴과도 친구가 되었다. 귄터 덴이 바르트에게 "결코 잊을 수 없는 깊은 인상을 준 순간"은 "우리가……탐바흐로 가는 기차에서 서로 맞은편에 앉아 있을 때"였다. 그는 "나를 (아마도 내가 겁 없이 늘어놓는 말을 가만히 들으면서) 비판적 친절함과 친절한 비판이 절묘하게 섞인 시선으로 바라보았는데, 그래서 나는 [그를] 루터의 교리문답서에서 사랑의 하나님과 우리의 관계를 언급한 부분에 나오는 말처럼, 두려워하면서 사랑하게 되었다." 탐바흐에 있는 동안 귄터 덴은 "아브라함이 주님께 세워 드린 제단에 대해 신비로움이 느껴질 정도로 강조하며 말했는데, 나는 거기에 매력을 느끼면서도 점잖게 거리를 두었다."[228] 그리고 "이곳에서 나는…… 슈텔첸도르프Stelzendorf의 목사 프리드리히 고가르텐Friedrich Gogarten, 1887-1967을 만났다." 고가르텐은 예나Jena의 반더포겔 시절 친구였던 오스카 치그너Oskar Ziegner, 오토 피퍼Otto Piper와 함께 탐바흐에 왔으며, "자기의 마을에서, 아주 다른 방식으로, 그러나 나와 아주 비슷한 염려와 고민에 빠져 있었다."[229]

탐바흐 강연의 영향으로 바르트에게는 독일로 가는 문이 그야말로 활짝 열린 셈이었다. 이것을 증명이라도 하듯, 바르트는 이듬해 2월에 또다시 독일을 방문하게 되었다. 아내와 투르나이젠을 동반하고 제일 먼저 찾아간 사람은 하이델베르크에 있는 한스 에렌베르크였다. 그는 바르트에게 의사인 리하르트 지베크Richard Siebeck와 빅토어 폰 바이체

커Viktor von Weizsäcker, 그리고 작가인 필립스Philipps를 소개해 주었다. 바르트는 하이델베르크를 떠나 슈투트가르트에 가서 오이겐 로젠슈톡-휘시Eugen Rosenstock-Huessy와 대담을 나누었다. 그는 바르트에 대한 이야기를 전해 듣고, 바르트를 한 번 만나고 싶어 했다. 비록 짧은 시간이었지만 두 사람 사이에는 활발한 교류가 있었다. 로젠슈톡-휘시와 에렌베르크 형제는 '예언자적' 성향의 파트모스(밧모) 서클에 속해 있었고, 그래서 바르트도 잠깐이나마 그 모임과 접촉하긴 했지만, 그들과의 교류는 곧 끊기고 말았다. 그들과의 관계는 "상당히 모호하긴 했지만, 그래도 긍정적인 관계"였던 것 같다.[230] 바트 볼에 들러 블룸하르트 부인과, 블룸하르트의 후계자인 오이겐 예크Eugen Jäckh를 만난 다음에 마지막 목적지인 뮌헨으로 향했다. 뮌헨 역에서는 루터 교회 "목사 메르츠가 『로마서 주석』을 무슨 신호라도 되는 양 높이 치켜들고서" 우리를 맞았다.[231]

게오르크 메르츠Georg Merz, 1892-1959는 여러 방면에서 개방적인 사람으로서 그 당시 뮌헨의 탁월한 지성들과도 활발하게 어울리고 있었다. 그에게 바르트의 『로마서 주석』은 하나의 혁명적인 발견이었다. 바르트는 바로 그 자리에서 메르츠와 친구가 되었다. "메르츠는 아주 좋은 사람이고, 나보다 『로마서 주석』을 잘 알고 있다. 그는 프리드리히 리텔마이어Friedrich Rittelmeyer의 영향을 많이 받았고, 그래서 그런 성향이 여기저기 남아 있긴 하지만, 우리가 함께 있는 시간 내내 아주 개방적인 자세로 끊임없이 질문을 던졌고, 인간적으로도 더할 나위 없이 괜찮은 사람이었다.……그의 소탈한 웃음과 이야기는 일품이다.……게다가 렘프 출판사Verlag Lempp를 맡아서 지휘하고 있는데, 신학적으로 대단히 높은 수준의 출판 능력을 보여주고 있다."[232] 메르츠는 바르트를 프리드리히 하일러Friedrich Heiler, 아르투어 보누스Arthur Bonus, 알로 뮌히Alo Münch에게 소개했고, 좀 더 작은 규모의 모임에 데려가기도 했는데, 그 모임에는 쿠르트 아이스너Kurt Eisner의 딸 힐데Hilde와 슈바벤 출신의 알베르트 렘프Albert Lempp, 1884-1943도 있었다. 크리스티안 카이저 출판사Christian Kaiser Verlag의 소유주였던 렘프는 그날 모임을 마치면서 슈바벤 사투리로 이렇게 말했다. "모든 게 도저히 믿을 수 없을 만큼 새롭군."[233] 그리고 얼마 후 그의 출판사가 『로마서 주석』의 판권을 넘겨받았다. "(그나마) 3백 권 팔린 뒤로는 스위스 시장의 수용 능력이 아예 소진된 것처럼 보이던 바로 그때" 그 책은 "크리스티안 카이저 출판사로 넘어간 것인데, 일단 이 출판사의 수중에 들어온 다음에는 재고 7백 권이 눈 깜짝할 사이에 독일 소매상과 독일 독자들의 손에 들어갔다."[234] 그리고 그 책에 대한 리뷰가 쏟아져 나오기 시작했다. 바르트는 바로 그해에 "당대 최고의 신약학자인 아돌프 율리허Adolf Jülicher"만이 아니라, 젊은 신약학자 칼 루트비히 슈미트Karl Ludwig Schmidt로부터 "대단히 품격 있는, 그러나 결정적인 거절"을 맛보았다. 두 사람은 바르트를 '이단자' 마르키온Marcion과 비교했다. 불트만도 어느 리뷰에서 "누가 봐도 분명히 느낄 수 있는 불쾌감을 역력히 드러내면서" 그 책을 "열광주의적 갱신 운동"으로 치부했다.[235] 발터 쾰러Walther Köhler는 그 책을 슈벵크펠트와* 비교했고, 하르낙은 토마스 뮌처Thomas Münzer와 비교했다.

이듬해 여름에는 새롭게 친분을 맺은 독일인 오이겐 로젠슈톡, 볼프 마이어, 한스 에렌베르크, 게오르크 메르츠, 리하르트 지베크, 프리드리히 고가르텐, 오토 헤르펠이 거꾸로 자펜빌을 찾아와, 그 마을 목사관에

---

* 카스파르 슈벵크펠트(Kaspar Schwenckfeld, 1489-1561): 독일의 신학자로, 슐레지엔에서 개신교 종교개혁을 주도했다. 가톨릭과 루터파 사이에서 중도노선을 추구했으나 그의 신학적 견해는 받아들여지지 않았고, 결국 루터파에 의해 추방당했다—옮긴이.

서 바르트를 만났다. "사랑의 하나님한테는 이토록 다양한 식객(食客)이 있구나! 바로 이것이 그 모든 만남을 통해 우리가 얻은 교훈이다."[236] 그 들은 바르트에게—정말 다양한 관점에서—"당시 젊은 독일의 이런저런 인물과 사건에 대해, 그곳에서 막 뜨고 지는 정신의 번뜩임에 대해, 밝은 충동 혹은 어두운 충동에 이끌려 찾고 또 찾다가 여러 가지 형태의 열광 과 심오함 속에서 발견된 새로운 길에 대해" 이야기해 주었다. 리하르트 지베크는 심지어 '신장병에 관한 책'을 주기도 했다. 그러나 "내가 그 책 을 읽으면서 뭘 좀 배워 보기도 전에……당시 우리 마을 전담 의사가 그 책을 낚아채 가더니 영원히 돌아오지 않았다." 그러나 바르트는 "내가 나 의 영역에서 그런 것처럼" 지베크도 자신의 영역에서 "상당히 유사한 심 적 동요를 경험하고 있음"을 알 수 있었다.[237] 바르트한테서 지베크의 책 을 가져간 의사의 이름은 에르빈 르죈Erwin Lejeune인데, 블룸하르트의 기 도집을 편집한 사람과 형제지간이었다. 쾰리켄Kölliken에 살던 그는 바르 트가 자펜빌에 사는 동안 종교사회주의에 대한 관심을 공유하며 친하게 지냈으며, 한동안은 둘이서 칸트를 공부하기도 했다.

바르트가 1920년에 시도한 또 하나의 작업은, 자신이 『로마서 주석』 에서 제기한 관점을 더욱 폭넓고 집중적인 연구를 통해 새롭고 비판적으 로 재검토하고 보완하는 일이었다. 그는 엄청난 분량의 신학 서적과 그 밖의 다른 문헌들을 읽었으며, 골로새서를 연구했고, 시편과 씨름하는 한편 (시편에서 발췌하여 『기도서』를 묶어 내기도 했다!) 마음껏 칼뱅을 공부했 다. 그와 동시에 고린도후서에 대한 연속 설교를 추진했는데, 바르트는 이 작업 덕분에 다시금 바울과 가까워지게 되었다.

이 설교는 하나님으로부터 인간에게 내려오는 위기를 강조한다. "만약 하나님이 안 계신다면……우리는 한숨을 쉴 필요가 없을 것이다.……그러나 우리의 한숨의 원인이 하나님이기 때문에, 바로 그렇기 때문에 우리는 한숨을 쉬지 않을 수 없다." 또한 바르트의 설교에서는 『로마서 주석』의 보편주의적 관점과는 달리 정교한 구분에 대한 감수성이 더 많이 나타나 있다. 그래서 그는 하나님의 행위가 자유로운 선택임을 강조하되, 그것이 우리로서는 감히 계산할 수 없는 양면성을 가지고 있음을 지적한다. ("빛은 우리의 눈을 기쁘게 해줄 수도 있고 우리의 눈을 멀게 할 수도 있다. 바람은 우리를 시원하게 해줄 수도 있고 우리를 추위에 떨게 만들 수도 있다.") 그리고 그는 이제 하나님 나라에서 '개인'의 의미를 발견한다. ("하나님과 인간의 관계는 법 앞에서 만민의 평등을 기본 원칙으로 내세우는 국가적 차원의 관계가 아니다.…… 하나님과 인간의 관계는 자유로운 관계다. 그것은 처음부터 모든 사람의 관심사가 아니라 우선은 개개인의 관심사다.") 그리고 그는 모든 시대가 똑같은 것이 아님을 강조한다. ("성서의 입장에서 볼 때, 하나님이 모든 시대에 똑같은 방식으로 하나님이라고 말할 수 없다.") 그리고 그는 성서의 시간과 현재의 질적인 차이를 여러 차례 지적한다. ("오늘날 반드시 그쳐야 할 것이 있다면, 그것은……예언자들과 사도들과 종교개혁자들이 말할 수 있던 것을 성령과 능력의 증거도 없이 그대로 따라 해도 좋다고 생각하는 오만함이다."[237a])

바르트의 사상은 이렇듯 더욱 폭넓은 연구를 통해 "과거 뷔르템베르크 지방의 신학과 그 밖의 사변 신학으로부터 점점 독립적인 방향으로 나아갔고, 이제는 슐라이어마허에 대한 반대 입장도 더욱 솔직하고 분명해졌다. 훗날 에밀 브룬너는 슐라이어마허 신학의 무용성을 좀 더 넓은 맥락 속에서 설명한다. 아라우 대회 때 발표된 강연문 「성서적 질문, 통찰, 전망」(Biblische Fragen, Einsichten und Ausblicke)은 이러한 변화의 첫 번째 증거 자료다."[238] 부활절 설교에 사상적 단초를 두고 있는 이 강연에서 새롭게 부각된 것은, 바르트가 그야말로 전무후무한 예리함으로 하나님을 "전적인 타자"로, 계시를 십자가에 못 박힌 분과의 만남으로, 하나님 인식을 "인간성의 한계에 대한" 인식과 "죽음의 지혜"로, 신적인 긍정을 부정의 형태 안에 변증법적으로 감추어진 것으로, 그리스도교적 실존을 "소유하고, 먹고 즐기고, 분배하는 것"이 아니라 "격렬하게 찾는 것, 구하는 것, 두드리는 것"으로 설명하고 있다는 사실이다. 바르트의 강연 (4월 17일, 아라우 대의원 홀)은 "아돌프 폰 하르낙과의 정면충돌로 이어졌고, 이것은 거의 교회사적인 의미가 있는 사건이었다."[239] 하르낙은 앞서 그곳의 청중에게 '역사학은 세계사의 해석을 위해 어떤 확고한 인식을 제공할 수 있는가?'라는 주제로 강연했으며, 바르트가 강연하는 동안 한 사람의 청중으로 그 자리에 앉아 있었다. 하르낙은 바르트의 주장에 엄청난 충격을 받았다. "나의 강연이 끝난 뒤 토론 시간에 그가 얼마나 경악한 상태였는지, 나는 지금도 똑똑히 기억하고 있다. 그는 키르케고르 이래로 (하르낙의 입에서 그 이름의 발틱 사운드가 울려 나오던 순간이 아직도 생생하다) 사태가 지금처럼 참담했던 적은 없었다(!)고 말했다. 하지만 그가 한참 어린 이 젊은이, 아직은 거의 알려지지 않은 시골 목사 앞에서 얼마나 깍듯하게 예의를 지켰는지도 분명하게 기억하고 있다."[240]

스승과 제자의 관계가 얼마나 서먹서먹해졌는지를 잘 보여주는 일이 또 있었다. 며칠 뒤 바르트는 바젤에서 "하르낙, 에버하르트 피셔 Eberhard Vischer와 한 시간가량 대담했다." 에버하르트 피셔는 빌헬름 피셔의 아버지다. "두 어르신께서는……하나님에 대한 나의 견해는 그냥 나 혼자서 품고 있는 게 좋고, 그걸 가지고 '수출 품목'을 만들어서는 안 된다고 이르셨다. 결국 그들은 나를 칼뱅주의자, 주지주의자로 몰아세

왔다. 그리고 교회사의 모든 경험에 비추어 보건대, 내가 소종파를 세우고 영감을 받을 것이라는 예언을 툭 던지면서 나를 밖으로 내보냈다." 바르트는 크게 실망했다. "우상이 흔들리고 있다. 이건 명백하다. 하르낙은 사실상 꺾인 남자일 뿐이라는 느낌을 주었다. 그는 자기의 고상한 위트 외에는 정말이지 놀라울 정도로 아는 게 별로 없었다." 며칠 후 "나는 오버베크 교수의 사모님을 찾아갔다. 그건 그래도 괜찮았다. 그분은…… 볼품없는 외모였지만 생기발랄하고 명민한 노부인이었다.……그분은 나에게 남편에 관해 이야기를 들려주었는데, 그 내용은 우리가 생각했던 모습과 거의 딱 들어맞았다."[241] 그녀는 "큼지막한 독일어 성경을 가지고 온 다음 고린도전서 15장을 펴서 보여주면서, 남편이 이 본문을 즐겨 읽었다는 식으로 뭔가를 말해 주었다."[242]

바로 이 남자, 프란츠 오버베크(1837-1905)는 니체의 친구였으며, "당시 바젤에서는 이름만 들어도 머리카락이 쭈뼛하는" 그런 사람이었는데, 바르트는 그의 가치를 새롭게 발견해 냈다.[243] 이제 그는 바르트에게 여러 가지 면에서 큰 도움을 주고, 바르트가 진일보하도록 인도하는 사상가들 가운데 하나가 되었다. 특별히 그의 "유작",[244] 그러니까 이 "괴상한 이방인"이 세상을 떠난 다음에 출간된 책들은 바르트에게 많은 생각거리를 제공해 주었고,[245] 1920년대 초반에 「오늘의 신학을 향한, 해결되지 않은 질문」(Unerledigte Anfragen an die heutige Theologie)이라는 의미심장한 제목으로 논문을 쓰는 데도 많은 자극을 주었다. 바르트가 이 논문에서 주장한 것은 이것이다. 오버베크의 급진적 그리스도교 비판이 **"부정적으로"** 아주 정확하게 "짚어 낸 지점"이 있는데, "바로 그 지점을 앞으로는 **긍정적으로** 다루게 될 것이다."[246] 바르트는 니체도 공부했다. 그러나 그가 받은 인상은 이것이었다. "오버베크의 통찰이 더 깊다."[247]

바르트는 입센도 읽고 도스토옙스키도 읽었는데, 바르트 자신의 생각을 더 명료하고 심오하게 하는 데는 도스토옙스키의 영향이 컸다. 그의 작품을 읽을 때는 "투르나이젠이 안내자 역할을 했다."[248] 투르나이젠은 이듬해(1921년) 아라우 대회에서 이 러시아 작가의 작품을 탁월하게 주석했다. 그러나 여기서 또 하나 잊지 말아야 할 것이 있다. 새롭게 자신의 길을 찾아가는 바르트에게 화가 마티아스 그뤼네발트Matthias Grünewald도 환한 빛을 비추어 주었다는 사실이다. 특히 "그뤼네발트가 그린 십자가 처형 장면, 거기 등장하는 세례자 요한의 손은 거의 불가능한 방식으로 무언가를 가리키는 손이다. 성경에 명시되어 있는 것은 바로 이 손이다."[249] 바르트는 이 그림을 자신의 책상 위에 걸어 놓았다. 그때부터 이그림은 바르트가 어디로 이사를 가든지, 바로 그 위치에서 바르트와 동행하게 되었다.

그 시기의 바르트가 발견한 또 한 사람은 쇠렌 키르케고르Sören Kierkegaard다. "그 사람의 책 가운데서 내가 처음으로 구입한 책은—그때는 1909년이었는데—『순간』(Augenblick)이었다. 추측건대, 나는 그 당시이 책을 읽었다. 하지만 그때 나에게 깊은 인상을 남기지는 않았던 것 같다.……1919년에 내가 『로마서 주석』 제1판과 제2판 사이의 중대한 전환기를 겪고 있을 때 비로소, 그가 내 사유 속으로 더 크게, 진지하게 걸어들어와, 이후 나의 글쓰기에서 중요한 역할을 하게 되었다. 그의 글에서 우리를 매료시키고 기쁘게 한 것, 우리에게 큰 가르침이 된 것은 가차 없이 자르고 가르는 그의 냉엄한 비판이었으니, 우리는 오로지 그 냉엄한 비판을 의지하여……하나님과 인간의 무한한 질적 차이를 희미하게 지워 버리는 모든 사변에 온몸으로 맞서 싸우는 그의 모습을 보았다. 당시우리가 처해 있던 상황, 곧 혁명의 제2차 단계에서, 가까운 곳이든 먼 곳

마티아스 그뤼네발트의 「십자가 처형」(이젠하임 제단화 중, 1512-1516).
이 그림은 "새롭게 자신의 길을 찾아가는 바르트에게……환한 빛을 비추어 주었다."

이든 우리에게 진정 새로운 날의 도래를 알리는 수탉들의 울음소리가 있
었는데, 그도 그런 수탉들 가운데 하나가 되었다."[250]

또 다른 사람이 당시 바르트에게 적지 않은 영향과 도움을 주었는
데, 바로 칼 바르트의 "철학자 동생 하인리히"였다.[251] 하인리히 바르트는
1920년 바젤 대학교 철학부에서 「플라톤 철학에 나타난 영혼」(Die Seele
in der Philosophie Platons)이라는 논문으로 교수 임용 자격을 취득했다.
11월 23일, 그는 '플라톤 철학에서 기원의 문제'라는 주제로 교수 취임
공개 강의를 하면서, 특별히 소크라테스의 '죽음의 지혜'Todesweisheit를 집

중적으로 다루었다. 자펜빌에 사는 그의 형도 그 자리에 와 있었다. "막내 남동생의 도움으로"[252] 칼 바르트는……플라톤의 지혜를 다시금 진지하게 대할 수 있게" 되었다.[253] 칼 바르트에게 "플라톤의 관점에서 칸트를 새롭게 이해할 수 있는" 가능성을 보여준 것도 바로 그 동생이었다.[254] 하인리히 바르트는 '죽음의 지혜'라는 그 개념으로 칼 바르트의 사유에 생산적인 기여를 했고, (특히 에밀 브룬너와 마찬가지로) 신학을 플라톤의 기원 철학과 결합하도록 자극을 주었다.

『로마서 주석』 제2판

바르트는 1920년 내내 집중적이고 포괄적인 연구를 한 끝에, 자신이 『로마서 주석』에서 말한 것과 '똑같은 것'을 다시 한 번 '다르게' 말해야 한다는 생각을 하게 되었다. 10월 말, 고가르텐이 자펜빌에 있는 바르트를 방문했다. 얼마 전 고가르텐은 바르트부르크에서 열린 『그리스도교 세계』 대회에서 '위기와 문화'(Krisis und Kultur)라는 제목의 강연으로, 바르트가 탐바흐에서 경험한 것과 비슷한 반향을 불러일으켰다. 바르트는 고가르텐을 높이 평가하면서 "우리 편을 위해, 우리의 원수들과 맞서 싸울 드레드노트Dreadnought"라고* 불렀다.[255] "오호! 네덜란드산 1급 순양함……독일이라는 싸움터에서 외치는 자의 소리가 될 남자임에 틀림없다."[256] 고가르텐이 돌아가자마자 "갑자기 『로마서 주석』이 허물을 벗기 시작했다."[257] 『로마서 주석』 개정판에 대한 요구가 나오자, 바르트는 자신의 주

---

* 1906년 제작된 영국의 전함으로, 이후 세계 함대를 장악했으며 군사력의 상징처럼 여겨졌다. '두려움'(dread)이 '전혀 없는'(nought) 사람을 뜻하기도 한다―옮긴이.

석을 다시 한 번 철저히 새롭게 쓰기로 다짐했다. 그가 보기에 "원래의 형태에서는 돌 하나도 돌 위에 남지 않을 정도로 개정 작업"을 할 "필요성"이 절실했다.[258] "제2판이 나오던 때에 우리 첫째……그때 당시 여섯 살짜리 우리 딸내미는 바로 그 소식을 듣고파 하던 모든 사람들에게, 아빠는 지금 '훨씬 더 좋은 로마서'를 쓰고 계셔요!" 하고 얘기해 주었다. 거기에 대해 천사들이 무슨 이야기를 했을지 모르겠다."[259]

바르트는 매우 부지런하게 『로마서 주석』 제2판 작업에 몰두했다. 그는 불과 11개월 만에 521쪽에 달하는 두꺼운 책을 썼다. 그때그때 일정 분량의 원고가 완성되면 그것을 곧장 출판사로 보내는 식이었다. 그 시기 "우리 교회 사람들은 담임목사가 서재에만 틀어박혀 있는 모습을 볼 때가 많았다."[260] 그렇게 치열한 집필 작업이 한창이던 1921년 1월 말, "수상스러울 정도로 큰 돌 하나가 연못에 떨어졌다." 바르트에게 괴팅겐 대학교 교수직 제안이 들어온 것이었다. 이 일로 인해 바르트는 집필에 더욱 박차를 가했다.[261] 그는 바울에 대해 곰곰 생각하면서 자기는 "꼭 늙은 도공 같다"고 느꼈다. "내가 언젠가 어느 나이 많은 도공이 가마에 들어가서 일하는 것을 본 적이 있었는데, 그때 눈에 보이는 것이라고는 오로지 그의 신발뿐이었다."[262]** 또 어떤 때는 "나이아가라에서 카누를 타는 것" 같기도 하고,[263] 때로는 "높은 공중그네에 매달려" 곡예 연습을 하고 있는 것 같았다.[264] 1921년 8월, 바르트는 투르나이젠에게 이렇게 말했다. "하지만 이 뜨거운 여름은 나에게 잊을 수 없는 시간으로 남을 것 같군. 나는 마치 술 취한 사람처럼 책상, 식탁, 침대를 왔다 갔다 했다네.

---

* 　바르트의 『로마서 주석』의 독일어 원제는 '로마서'(Der Römerbrief)다―옮긴이.

** 　그 정도로 열심히 몰두했다는 뜻―옮긴이.

1킬로미터를 갈 때마다 벌써 다음 킬로미터를 염두에 두고 있네."[265]

투르나이젠은 "막 책의 형태를 갖춰 가고 있던 원고 전체"를 집중적으로 읽어 주었다. 그는 "책의 내용을 더 심원하게 하고, 명료하게 하고, 엄격하게 해주는 논리 정연한 추가·보완 문장을 삽입해 주었는데, 나는 그의 제안 대부분을 고스란히 받아들였으니, 이런 헌신적인 도움은 숨겨진 기념비였다. 우리가 이렇게 긴밀하게 .협력하면서 일을 했기 때문에, 한 사람의 생각이 시작되고 다른 사람의 생각이 그치는 부분이 어디인지는 제아무리 전문가라도 알아낼 수 없을 것이다."[266] 투르나이젠은 1920년 초반부터 아르가우가 아니라 장크트갈렌 주의 공장지대 브루겐 Bruggen에서 일하게 되었다. 그러나 물리적인 거리는 멀어졌어도 두 사람의 협력에는 전혀 지장이 없었다. 오히려 『로마서 주석』 제2판 작업을 함께하면서 두 사람의 우정은 더욱 깊어졌다. 지인들 사이에는 두 사람과 관련하여 이런 일화가 떠돌아다녔다. "우리 두 사람이 어느 날인가는 오후 내내 담배를 피우면서 서로 마주하고 앉아 있었다지. 한 시간 후에 내가 이렇게 말했다더군. '어쩌면 그럴 수도!' 그리고 한 시간 침묵이 흐른 뒤에 [투르나이젠이] '어쩌면 아닐 수도!' 그랬다는 거야. 그게 우리의 대화였고, 우리 체계의 핵심 내용이라는 거야……."[267]

당시 바르트에게-조금 다른 방식으로-큰 도움이 된 사람은 프리츠 리프였다. 그는 1921년 5-6월, 자펜빌 교회에서 수련목회자 직책을 감당함으로써, 바르트가 집필에 전념할 수 있도록 도와주었다. 바르트는 다시 한 번 그의 "거침없는 지성과 솔직함"에 놀랐으며, 그의 정치적 극단주의를 (바젤의 과격파 공산주의자 W. 한트쉰[Handschin]이 자펜빌에 한 번 왔을 때 그런 경향이 더욱 심해졌는데) 조금 다른 방향으로 틀어 주려고 노력했다.[268] 바르트에게 찬연한 기억으로 남아 있는 하나의 장면도 바로 그 즈음에 일어난 일이었다. "자펜빌의 목사관에서는" 4월 17일 태어난, 바르트의 넷째 로베르트 마티아스Robert Matthias의 "유아세례식 준비가 한창이었다. 프리츠 리프는 나를 대신하여 그날 주일설교와 주일학교 수업을 맡았다. 주일학교가 끝난 뒤, 원근각처에서 몰려온 친척들 앞에서 내가 세례를 베풀기로 되어 있었다. 그런데 그게 그렇게 간단한 일이 아니었다. 리프가 자펜빌의 청소년 학생들을 재밌게 해준 말씀의 주제가 바벨탑 이야기였기 때문이다. 나는 그의 이야기를 지금도 생생하게 기억한다. 흥미진진한 디테일, 그리고 그것을 하나하나 오늘의 현실에 적용하는 그의 이야기는 힘차게 흐르는 강물이 되어, 열린 교회 창문을 통해 야외로 퍼져 나갔다. 그가 이렇게 하늘을 향해 솟구치던 이야기를 결국 밑바닥까지 곤두박질한 무상함으로 설명·조명한 다음에야 마침내 유아세례가 거행될 수 있었다."[269] 새로운 친구 지베크와 메르츠는 마티아스의 대부가 되었다.

바르트가 보기에 『로마서 주석』 제1판은 "여전히 구름이 잔뜩 낀 것 같은 사변적인 형태로" 집필되었으나, 1920년 가을부터 1921년 여름까지 써 내려간 제2판의 한 페이지 한 페이지는 "선명하게 윤곽이 드러난 반명제(反命題)"로 독자들에게 호소하였다.[270] 바르트는 제1판에서 제2판으로의 변화는 곧 "오지안더에서 루터로의 변화"가 일어난 것이라고 생각했다.[271] "이번에도 여러 가지 면에서 간과된 것, 뒤로 미뤄진 것이 있을 테지만, 그래도 전보다는 본질에 약간 가까워졌다고 생각한다. 어쨌거나 범신론적인 분위기는 이제 사라졌다. 물론 이렇게 넘쳐흐르는 충동을 가차 없이 잘라 버릴 때는, 아브라함이 이삭을 제물로 바쳐야 했을 때 들었을 법한 그런 마음이 들었다."[272]

이로써 제2판은 제1판보다 본질적으로 더욱 분명하게 "신학을 논의의 장으로 끌고 들어오려는" 대담한 시도가 된 것인데, "이 신학은 인간, 특히 종교적인 인간이 아니라 오로지 **하나님**, 오로지 그분의 자율성을 영화롭게 하는 점에서, 그리고 성서에서 그 하나님을 볼 수 있다고 주장하는 점에서 19세기 신학이나 20세기 초반의 신학보다는 나은 신학이 되기를 원한다."[273] 이러한 시도는 19세기의 자유주의 신학과 '실증주의' 신학에 대한 급진적인 비판, 곧 그런 신학이 하나님을 하나님으로 인정하지 않았다는 비판을 담고 있었다.

> "[그 신학의] 거의 모든 노선은, 적어도 그런 신학의 대표적 성향이나 대표적 인물들은 종교주의religionistisch가 되어 있었고, 그 바람에 인간중심주의 anthropozentrisch가 되었고, 그런 의미에서 인문주의humanistisch가 되어 버렸다.……그 신학에서 하나님을 생각한다는 것은, 감추고 자시고 할 것도 없이 인간에 대해 생각하는 것이다. 특히 종교인, 그리스도교적인 종교인을 생각하는 것이다. 격상된 어조로, 그러나 다시 한 번, 이제야 제대로 그 인간에 관해, 그의 계시와 신앙과 업적에 관해 말하는 것이다. 두말할 나위도 없다. 이런 신학은 **하나님**을 팔아서 **인간**을 위대하게 만드는 것이다." 그런 모습을 보면서 바르트가 깨달은 것은 "이런 식으로……계속될 수는 없다"는 사실이었다. 그런 신학과는 달리 바르트가 "발견한 것은, 성서의 주제는—우리가 배워 온 비평적 주석이나 교리적 주석과는 반대로—결코 인간의 종교라든가 종교적 도덕이 아니고, 인간 안에 은밀히 내재된 신성도 아니며—이것이야말로 우리가 제일 먼저 맞닥뜨리게 되는 견고한 반석일지니—하나님의 하나님되심die Göttlichkeit des Gottes……물리적인 우주만이 아니라 정신적인 우주와 마주한 하나님의 자율성과 독자성, 특히 인간과의 관계에서 하나님의 절대적 유일성, 하나님의 권능과 주도권이라는 사실이

다."274

그런 이유에서 바르트는 언제나 새로운—변증법적인—"굽이굽이 굴곡"을 통해서 하나님은 곧 하나님이라는 사실을 강조하고, 외치고, 설명하고, 명토 박아 두었다.275 이것을 분명하게 부각하기 위해서—그리고 이것이야말로 『로마서 주석』 제2판이 제1판과 다른 점이다—**부정적인** 규정의 언어를 아낌없이 활용한다. 그는 하나님의 불가시성, 하나님의 피안성, 하나님의 다르심, 멀리 계심, 생소하심, 숨어 계심을 강조했고, 하나님이 인간과 특히 신앙과 교회에 질문과 부정을 의미한다는 점을 강조했다. "하나님! 우리는 우리가 무슨 말을 하는지 모른다. 믿는 사람은, 우리가 그걸 모른다는 사실을 알고 있다." "마치 탄젠트 곡선과 원(圓)의 관계처럼" 새 세상은 옛 세상과 접촉하지 않으면서 접촉한다. "새 세상이 옛 세상을 건드리지 않기 때문에, 바로 그렇기 때문에 옛 세상의 한계로서, 새 세상으로서 옛 세상을 건드린다." 하나님의 계시야말로 "하나님을 알지 못하게 만드는……가장 강력한 것"이다.276 그렇다면 신앙, 교리, 예배, 교회의 진정한 특성은 언제나 '빈 공간', "포탄이나 벼락을 맞아 움푹 파인 곳", "허공 위의 받침대"와 같은 특성일 뿐이다. 그러므로 바르트에 따르면, 하나님은 인간을 진정시키고 가라앉히는 존재가 아니라, 인간을 한계와 맞닥뜨리게 하는 존재다. 하나님은 인간을 조화로운 균형 속으로 인도하는 분이 아니라, 인간을 불안과 '위기' 속에 빠뜨리는 분이다. 그러나 여기서 분명히 알아야 할 것은, 예컨대 '나는 정말 불안해!' 하고 말하면서 스스로 위안하려고 해서도 안 된다는 것이다! 세리라 해도 자신의 '불확실함과 연약함'을 자랑하면서, 최소한 그것을 통해 하나님께 이르고자 한다면, 이것은 그 세리의 '바리새주의'라고 할 수 있으며, 이런 모습도 비판을 받을 수밖에 없다. "하나님은 '차안'과 '피안' 모두의 피안das Jenseits"이시기 때문이다.277 하나님이 '피안'의 피안이기도 하다는 말은 예컨대-사람들은 바르트의 말을 흔히 그렇게 오해했는데-이 세상과 완전히 동떨어진 분이라는 말이 아니다. 아마도 하나님은 하나님을 붙잡으려 하고, 하나님을 붙잡았다고 생각하는 사람으로부터는 멀리 떨어져 계실 것이다. 그러나 그분에게서 멀리 있는 사람, 그분을 '알지' 못하고 '체험하지' 못하고 '갖지' 못한 사람에게 하나님은 멀리 계시지 않는다. 물론 그들의 '갖지 않음'이 어떤 주장의 근거가 될 수는 없다.

이 모든 것은 의심의 여지없이 대단히 비판적인 통찰이었다. 그러나 바르트는 이러한 통찰이 구세대에 대한 신세대의 반란으로 이해되거나, 일반적 의미의 문화 염세주의와 혼동되어서는 안 된다(바르트는 슈펭글러 [Spengler]의 『서구의 몰락』에 대해서는 반감만 느꼈다!)는 점을 강조했다.

훗날 바르트는 그 당시 자신이 내세웠던 명제와 반명제를 마음의 분명한 갈등 속에서 회상했다. "돌아보면, 그때 나는 일단 하나님의 초월에 대해, 접선(接線)과 사선(死線) 등에 대해 [아마도] 그런 식으로 무시무시하게 말할 수밖에 없었던 것 같다. 그리고 이런 식의 주장으로 바울에게 큰 부담을 안겨 줄 수밖에 없었다. 그렇다고 그것이 부담에 불과하기만 한 것은 아니다. 로마서에도 나와 있지 않은가. 하지만 나는 그 실마리를 처음으로 끄집어낸 것이다."[278] "나는 그 당시 로마서 8:24 이하를 주석하면서 이런 문장을 만들었다. '보이는 희망은 희망이 아니다. 하나님에 관한 직접적 통보는 하나님에 관한 통보가 아니다. 철저하게, 그리고 완전하게 종말론이 아닌 그리스도교는 그리스도와 철저하게, 그리고 완전하게 무관하다.……구원은 인간이 볼 수 없는 것, 접근할 수 없는 것, 불가능한 것이며, 그래서 희망으로 다가오는 것이다.'……멋진 포효였다, 사자여!……나는 지금도 그때의 내가 그 사람들, 그러니까 나의 이런 말이

거냥했던 사람들, 그리고 나의 이런 주장에 반발했던 사람들에 비하면 열 배는 옳았다고 생각한다.……그 당시 나의 글이 (우려스러웠다는 의미에서) 과격했던 것은 그 내용 때문이 아니었다. 어느 누구의 글도……나의 글에 견줄 만한 선명함과 예리함으로 내용을 보완하고, 이로써 그 내용의 총체성을 확실하게 증명해 낼 수 없었기 때문이었다. 우리는 복음서를 완벽하게 이해했다고 말할 수 없다. 그렇게 말하는 순간 우리는 그것을 전혀 이해하지 못하고 만다."[279]

이미 1921년 9월 26일, 책상 위에는 완성된 원고가 놓여 있었다. 그 원고가 바로 『로마서 주석』 제2판(1922년 출간)이다. 이 책은 "향후 수십 년간 저자의 명성에 거의 운명에 가까운 결정적인 역할을 하게 된다."[280] "나는 나 스스로 전혀 의식하지 못한 상태에서, 많은 사람들이 기다렸던 한 걸음을 내딛게 되었다. 많은 사람들이 이렇게 혹은 저렇게 그 걸음을 내디딜 준비가 되어 있었다."[281] 이런 놀라운 반응을 접한 바르트는 어렸을 적 프라텔른 교회 탑에 올라갔다가 종을 매단 밧줄을 실수로 잡아당겼던 때를 떠올리면서, 지금이 꼭 그때 같다는 생각을 했다. "이건 그가 원했던 일이 아니었다. 그리고 그런 일을 또다시 하고픈 생각도 없을 것이다. 그 사건에 충격을 받은 그는 최대한 조심스럽게 계속 기어 올라가는 것이다."[282] 책이 인쇄되어 나왔을 때, 바르트는 자기 비판적인 의미를 담아 "자기 책에, 마치 다른 사람에게 선물할 책에다 하듯이 '칼 바르트가 친애하는 칼 바르트에게, 1922'……하고 헌정의 글을 썼다." 그리고 루터의 인용문을 추가로 적었다. "만일 네가 느끼기에, 혹은 네가 생각하기에 너의 주장이 옳다면, 그리고 네가 쓴 책이, 가르침이든 저술이든 아주 훌륭한 작품이라고 여겨진다면……친애하는 이여, 그대의 귀를 잡고 느껴 보라. 그대가 제대로 잡았다면, 그것은 크고 길고 털이 텁수룩한 당나

귀 귀 한 짝일 것이니……."[283]*

지난 몇 달 동안, 자펜빌 교회 교인들이 본 담임목사는 대개 책상에 앉아 있는 모습이었는데, 그건 그의 가족도 마찬가지였다. 아버지는 대부분의 시간을 책상에 앉아 보냈던 것이다. 그렇게 빡빡한 시간을 보내면서도, 바르트는 네 자녀가 성장하는 과정을 주의 깊게, 기쁜 마음으로 지켜보며 아이들과 함께했다. 예컨대 그는 아들 크리스토프의 "머리를 매일 아침 빗겨 주었는데, [그 아이가] 기쁘고 좋으라고 한 것이라기보다는 내가 좋아서" 그 시간을 냈던 것이다.[284] 한번은 아이들을 기쁘게 해주려고 4중창곡을 만들기도 했는데, 그 가운데는 '자펜빌'이라는 노래도 들어가 있다. 제목 밑에는 각각 네 개의 개념이 나열되어 있었는데, 예컨대 '공무원: 시장 아저씨, 서기 아저씨, 대의원 휘시 아저씨, 꿀벌 탐정 담바하 아저씨', '유명 음악가: 쇼이어만 선생, 한스 엔트 선생, 목사의 부인, 미용사 빌헬름 부인', '중요한 인물: 간호원, 시체 묻는 사람, 건물 관리인, 목사', '당신이 하지 말아야 할 일: 싸움질, 고자질, 신경질, 정략질', '교회에 가지 않는 이유: 눈이 온다, 비가 온다, 너무 덥다, 늦잠 잔다'.

바르트가 『로마서 주석』을 집필하는 동안 자펜빌 교인들은 담임목사가 책상에 앉아 있는 모습만 많이 봤다고 하지만, 그는 어디까지나 그 교회의 목사였다. 『로마서 주석』 제2판에 나타난 '변증법적'이고 비판적인 변화는 그의 설교와 수업에도 나타났다. "나의 가르침이 가엾은 교인 대다수에게 끼친 극심한 부담"을 바르트 자신도 잘 알고 있었다.[285] "나의 말을 들은 사람들이 사실은 그다지 '행복하지' 않다는 것도" 알고 있었

* '뭔가 대단한 걸 해냈다고 착각하지 마라. 그래 봐야 멍청한 나귀일 뿐이니!'라는 뜻—옮긴이.

다.[286] 그러나 달리 할 수는 없었다. 그리고 그는 이제 "우리의 교인들과 함께" 이 좁은 문을 통과해 나가야 한다고 생각했다.[287] 바르트 자신도 그런 부담 때문에 분명 힘들어했다. 예컨대 이렇게 탄식하기도 했다. "나는……이 사람들에게 그래도 '뭔가'를 제공할 수 있었던, 이집트의 고기 가마를 그리워할 때도 많았다."[288] "내가 아모스가 아니라면 [차라리 호세아라면] 얼마나 좋을까! 고함을 질러 가을 축제를 방해하는 아모스……. 지금 내가 그런 일을 겪고 있는 것 같다."[289]

이 시기 바르트의 견신례 수업 구성과 진행 방식을 살펴보면, 바르트의 사상이 자펜빌 목회를 시작한 이래 얼마나 철저하게 변했는지 금방 알 수 있다. 이제 그의 노트에 끊임없이 등장하는 사상은 '두 세계'에 대한 것이었다. "알프스 산맥의 높은 곳에서 물이 갈라지듯이, 우리 존재의 신비이기도 한 하나님의 신비에서 두 세계가 발생한다. 그 둘은 하나님의 손에 놓여 있다. **한** 세계에서는 하나님이 감추어져 있으나, **다른** 세계에서는 그분을 얼굴과 얼굴을 맞대고 알게 된다. **지금 여기**에는 그림자와 어둠이 지배하고 있으나, **언젠가 저곳**에는 빛과 영광이 지배하고 있다. **옛** 세계는 물러가고 **새** 세계가 오고 있다." 이에 상응하여 바르트는 창조와 구원, 인간의 의와 하나님의 의, 지옥과 하늘, 죽음과 생명, 시간과 영원, 심판과 은총, 아담과 그리스도를 대치시킨다. 구체적으로 들어가 보면 예컨대 이런 말이 나온다. "지금 여기서 우리가 보는 것은 파악할 수 없으니, 이는 우리가 선과 악, 희락과 고통, 영광과 비참을 보기 때문이다. 그렇다, 하나님은 이 세계의 주님이시다. 호흡이 있는 모든 것들아, 주님을 찬양하라! 그러나 그 말은 진실이 되어야 한다. 이 세계는 **전적으로 다른** 세계가 될 것을 기다리고 있다." 또 이렇게 쓰여 있다. "길고 엄격한 사다리가 있으니, 가장 고상한 사람들로부터 시작하여, 그 아래 성실한 시민들, 그 아래 아무 생각 없는 대중, 제일 아래는 렌츠부르크의* 수감자들까지 이른다. 그렇다면 하나님은? 그분의 의는 가장 높은 곳에 있는 사람에게든 가장 낮은 곳에 있는 사람에게든 똑같이 멀고 똑같이 가깝다. 인간이 하나님 앞에서 의롭게 될 때는 **전적으로 다른** 세계가 동터 올 때다"(1921). 어느 수업 시간에는 '자펜빌'의 어제와 오늘을 옛 세계의 일부로 소개했다. "학교, 식당, 공장, 교회, 묘지, 그리고 모든 집들은 나름의 방식으로 사람들이 살고 싶어 하는 삶의 방식에 대해 이야기하고 있다. 그러나 우리의 아름다운 고향, 모든 지붕 아래, 모든 길 위, 모든 마음속에는 천국과 지옥의 격렬한 전투가 벌어지고 있다"(1918). 그렇다면 우리 인간은? "우리는 두 세계 사이의 방랑자, 이 세계에서는 고향을 잃어버렸고 저 세계에서는 아직 집에 도달하지 못한 상태다. 그러나 우리가 그런 방랑자이기 때문에 그리스도 안에서 하나님의 자녀인 것이다. 우리네 삶의 신비는 진실로 **하나님의** 신비다. 그분에 의해 감동하여 우리는 탄식하고, 부끄러워하고, 소스라쳐 놀라고, 죽을 수밖에 없다. 그분에 의해 감동하여 우리는 기뻐하고, 용기를 내고, 희망하고, 살 수 있다. 그분은 원천이다. 그래서 우리는 계속해서 움직임 속에in der Bewegung 있다"(1921). 자기가 그런 방랑자라는 사실을 아는 사람은 만족하지 못한다. "스스로 안심하지 못하고 많은 물음을 던진다. 이것이 옳다! 믿음은 이렇게 시작된다. 항상 만족하는 사람을 부러워할 필요 없다"(1919).

『로마서 주석』 제2판의 완성은 "자펜빌 교회와의 이별이라는 사건과 시간적으로 겹쳐" 있었다.[290] 다른 목회지로—바젤의 테오도어 교회 목사

---

* 아르가우 주에 있는 작은 마을. 중형을 선고받은 죄인들을 가두어 놓는 성이 있었다—옮긴이.

나 "성 마르틴 교회의 이른 설교자"로*—오라는 초청이 있긴 했지만 실제로 성사되지는 않았다.[291] 베른의 뉘데크 교회도 바르트를 놓고 저울질하기는 했지만, 결과적으로는 그를 선택하지 않았다. 그러나 이제 그는 괴팅겐 대학교의 초빙을 받아 가게 되었다. "미국 장로교도의 도움으로 괴팅겐 대학교에 신설된 개혁 신학 담당 교수로 청빙되고(1921년 초반), 그리하여 '학문적 신학의 주체'로 정식 등용된 것은 그 '유명한'『로마서 주석』제2판 덕분이 아니라, 얼마 후 망각의 어둠 속으로 떨어져 버릴 제1판 덕분이었다. 당시 독일 개혁 교회의 주요 인사들이 어떻게 그 책 한 권만 보고서 내가 그 자리에 적합한 사람이라고 판단할 수 있었는지, 예나 지금이나 궁금한 사람들이 있을 것이다. 어쨌거나 나한테는—그 책의 내용과 스타일을 아는 사람이라면 낯설게 생각하지 않겠지만—개혁주의 신학자로서 나의 자격이 이렇듯 진지한 방식으로 요청되었다는 사실이 상당히 신선하게 느껴졌다. 그리고 나는 사람들이 나한테 기대하는 그 기능에 최대한 익숙해져야 했다. 『로마서 주석』제2판 작업 덕분에 그런 일이 더 쉬워졌다. 사실 제1판에는 특별히 칼뱅주의라고 할 만한 요소가 거의 없다고 할 수 있다. 내가 괴팅겐의 교수로 초빙된 것은 무엇보다도 에를랑겐 대학교의 칼 뮐러 교수가 나를 추천했고, 괴팅겐의 원로 목사 아담 하일만Adam Heilmann이 현지에서 그 일을 강력하게 추진했기 때문에 가능했는데, 하필이면 나를 그곳으로 데려와야겠다고 두 사람의 마음을 움직인 것은 확실히 그 책의 형식이었으니, 내가 책에서 정말 치열하게 성경을 파고드는 모습이 그들의 눈에 띈 것이었다."[292] 괴팅겐에 개혁주의 신학 교수 자리가 허용된 것은 독일 북서부 개혁 교회와 프로이센 문

---

* 그 교회는 오래전부터 예배를 상당히 일찍 시작하는 전통이 있어서 그런 명칭이 붙었다고 한다—영역본 옮긴이.

화부 간에 수십 년 동안 지속되어 온 끈질긴 협상의 결과였다.

어쨌든 바르트는 "노목사 하일만이, 그리고 나중에는 프로이센의 문화부 장관이 나한테 괴팅겐에 새로 생기는 명예 교수직을 수락할 마음이 있냐고 물었을 때" 몹시 당황했다. "그렇지만 나는 아주 잠깐 고민한 다음, 그러겠노라고 답했다. 지금 상황으로 볼 때, 내가 있어야 할 곳은 다른 어떤 데가 아니라 독일의 젊은 신학자들과 함께할 수 있는 곳이라는 직감이 들어서였다. 거기서도 나의 학문이, 그리고 튼튼하게 자라나는 자식들을 건사하는 일이 어떻게든 잘 굴러가지 않을까 하는 맹목적인 믿음도 있었다."[293] 바르트는 루덴도르프Ludendorff와 샤이데만Scheidemann의 전기를 읽으며 준비한 뒤, 2월 말에 곧장 괴팅겐으로 떠났다. 그는 새로운 일터가 될 곳을 둘러보았고 2월 27일에는 거기서—강의가 아니라—(잠언 16:2에 관해) 설교했다. "그것을 통해서 나의 강의 능력까지 평가받고" 싶었다.[294] 이 설교에서 바르트는 이렇게 말했다. "정말 중요한 것은 우리가 말하는 것이 아니라, 우리에게 말해지는 것과 말해진 것이다." 또 이렇게 말했다. "하나님에 관한 질문이야말로 끊어질 수 없는 것, 그칠 수 없는 것, 완전히 해결될 수 없는 것이다.······그분과의 관계는 (우리가) 끝낼 수 없다. 우리는 그분과 더불어 늘 새롭게 시작하기를 그만둘 수 없다." 스위스로 돌아오는 길에 바르트는 마르부르크에서 마르틴 라데를, 리스베르크Lißberg에서는 오토 헤르펠을, 에를랑겐Erlangen에서는 칼 뮐러를, 그리고 뮌헨에서는 메르츠와 그의 친구들을 방문했다.

자펜빌에 돌아오자마자 잠시 유혹이 찾아왔다. "어떤 사람이 격앙된 상태로 나를 찾아와서, 이 지역에 남아 줄 것과 아르가우 주 의회 선거에 출마할 것을 권고했다. 끝까지 이 주에 남아서 주 정부 관료가 되어 달라고 했다."[295] 하지만 이런 권유는 '목사 동지'에게 큰 유혹이 되지 못했다.

바르트는 그 부탁을 가볍게 거절했다. 1921년 아라우 학생 대회 강연을 위해 고가르텐이 다시 스위스를 찾았다. 고가르텐과의 대화도 바르트가 자기 눈앞에 갑작스레 활짝 열린 신학 연구의 길을 과감하게 걸어가야 한다는 쪽으로 무게를 실어 주었다. 물론 바르트에게도 미래에 대한 두려움은 있었다. "앞으로 내가 가야 하는 길은 섬뜩한 빙판길이다." "그런 상황은 한 번도 생각해 본 적이 없다. 거기서는 그로테스크한 실패 말고는 다른 것을 상상할 수 없다."[296] 바르트는 7월에 다시 한 번 짧게 괴팅겐에 다녀왔다. 이번에는 페스탈로치와 같이 가서 이사를 준비했다.

아르가우 주 교회 본부는 바르트에게 그곳을 떠나기 전에 지난 8년의 목회에 관해 (시기에 따른) '총괄 보고서'를 작성하라고 요구했다. 바르트는 그 김에 「아르가우 주 교회에 드리는 작별의 말」을 할 수 있게 되었다. "나는 옛날과 같이, 격한 분노를 느끼며 글을 썼다."[297] 바르트는 이 글에서 현대 교회가 '어떻게, 어디서, 얼마나 많이'와 관련해서는 열심을 쏟아붓지만 '무엇'과 관련해서는 너무나 무관심하다며 통렬한 비판을 가했다. 그리고 이렇게 요구했다. "오늘의 교회는 자기가 사회주의에게 패했다는 사실을 인정해야 한다. 그런 다음 자기 자신에 대해, 자기에게 맡겨진 과제에 대해 곰곰 생각해 보고, 새롭게 떠오르는 질문에……다르게, 더 열린 자세로, 하나님을 위해 더 준비된 모습으로 다가서야 할 것이다."[298] 하지만 바르트와 교회 당국의 관계가 아주 나빴던 것은 아니었다. 바르트는 아르가우 주 교회와 어느 정도 긍정적인 관계를 유지해 왔다. 1920년 여름부터는 교회 규율 개정 위원회에 들어가서 적극적으로 활동하기도 했다. 그 모임에서 바르트는 교회 규율을 신앙고백 문구로 치장하는 관행에 반대했다.

6월 20일, 바르트는 취리히에 있는 매부 리하르트 키슬링Richard Kisling

의 집에서 세례를 집전했는데, 그곳에서 젊은 작가 헤르만 헤세Hermann Hesse와 개인적인 만남을 가졌다. "나는 이런 유의 예술가들이 경건주의적 협소함에 빠져서 너무나도 사적인 문제에 치중하는 것을 보고 다시금 깜짝 놀랐다."[299] 바르트는 전에도 매부의 집에서 두 명의 다른 예술가를 알게 되었는데, 이후로도 그들과 아주 만족스러운 관계를 발전시켰다. 한 사람은 조각가 헤르만 후바허Hermann Hubacher였고, 또 한 사람은 (드레스덴의 브뤼케 그룹에* 속한) 화가 쿠노 아미에트Cuno Amiet였다. 10월 초, 그러니까 『로마서 주석』의 집필을 마치자마자 바르트는 투르나이젠, 페스탈로치와 함께 주스텐파스Sustenpass를** 걸으며 아주 만족스러운 시간을 보냈다. 그러고는 서둘러 마을 이곳저곳을 찾아다녔다. 그렇게 작별의 시간을 가졌던 것이다.

자펜빌 교회는 바르트의 후임을 정하는 문제 때문에 다시 한 번 격동과 격앙의 시간을 겪었다. 바르트를 신랄하게 비판하는 신문 기사도 실렸다. 독자적인 성향이 강한 교인들은 나름의 후보를 내세웠다. 바르트 자신은 매제인 칼 린트가 후임이 되기를 바랐다. 그런데 정작 '단일 후보'로 선출된 사람은 취리히의 목사 한스 브렌들리Hans Brändli였다. 이로써 "자펜빌 주민들은……하루 속히 안정을 되찾으려는 욕망을 고스란히 드러냈다. 예외가 없진 않았지만, 그들의 목소리는 점점 사라져 갔다."[300] 자펜빌을 떠나면서 바르트가 느낀 감정은 양면적인 것이었다. 한편으로는 자신이 "지난 10년간, 우려스러울 정도로 쓸모없는 종"이었다고 말했다.[301] 그러나 다른 한편으로는 "마태복음 10:14("누구든지 너희를 영접하

* 브뤼케(Brücke, 다리) 그룹은 드레스덴에서 1905년 결성된 표현주의 화가 모임이다. 루트비히 키르히너, 에리히 헤켈, 에밀 놀데, 막스 페히슈타인 등이 여기에 속해 있었다—옮긴이.
** 스위스의 우리(Uri) 주와 베른(Bern) 주를 연결하는 45km의 길로서, 알프스의 유명한 산길—옮긴이.

지도 아니하고 너희 말을 듣지도 아니하거든 그 집이나 성에서 나가 너희 발의 먼지를 떨어 버리라")이 자꾸만 생각나기도 했는데……이것은 종교적 교만에서 나온 것이 아니었다."[302] 바르트는 10월 9일 고별 설교를 했다. "나의 마지막 설교문"에는 이런 말이 있었다. "모든 육체는 풀과 같고, 그 육체의 모든 아름다움은 풀의 꽃과 같다. 풀은 마르고 꽃은 시들어 떨어진다. (이것은 진리다!) 그러나 (이것은 더더욱 진리다!) 우리 주님의 말씀은 영원히 서리라."[303]

이로써 인생의 한 단락이 끝나고 새로운 단락이 시작됐다. "머잖아 우리는 온갖 문제와 갈등으로 부대끼던 그 시절, 지쳐 쓰러질 때까지 집요하게 파고들던 그 시절을 마치 행복한 유년 시절을 추억하듯 떠올리게 될 것 같다. 이제 다가오고 있는 것은 한여름의 더위이기 때문이다."[304] 바르트의 가족은 10월 13일 괴팅겐으로 출발했다. 그의 가족은 일평생 자펜빌을 매우 그리워했다. 자펜빌의 후임 목사가 괴팅겐에 있는 바르트를 방문했을 때, "나는 그 교회의 모든 식구들에 대한 소식을……이야기해 달라고 했다."[305] 그리고 바르트는 이후에도 기회가 있을 때마다 "기꺼이 그곳을 다시 찾았다."[306]

목사 바르트

칼 바르트는 1909년 가을부터 1911년 여름까지 제네바에 있는 독일-스위스인 교회에서 수련목회자로 일했다. 당시의 그는 대단히 자유주의적인 성향이었다.

1906년의 넬리 호프만. 그녀는 제네바에서 바르트의 견신례 수업을 처음으로 들은 학생들 가운데 하나였다. 바르트와 1911년 약혼했고, 1913년에 결혼했다.

바르트는 1911년 7월부터 1921년 10월까지 자펜빌의 목사로 재직하면서 이 집에서 살았다. 그는 여러 가지 면에서 불안한, 그리고 때로는 불안을 조장하는 목사였다.

자펜빌의 개혁 교회. 바르트는 이곳에서 10년 동안 사역했다. 이 자펜빌 시절에 그의 삶은 결정적이고도 실질적인 변화를 맞이하게 되었고, 그 변화가 이후의 외적인 행보에도 큰 영향을 미쳤다.

1919년 여름 엄청난 파장을 불러일으킨 탐바흐 강연 직전, 바르트는 사스페 근방의 산악 지대를 여행했다.

「로마서 주석」 집필이 시작되던 때, 부인 넬리와 아들 마르쿠스, 딸 프란치스카와 함께.

1920년 페스탈로치의 별장 베르클리에서, 그 시절 바르트의 질문과 탐색의 과정에서 누구보다 긴밀하게 함께했던 친구 에두아르트 투르나이젠과 함께. 바르트는 투르나이젠에 대해 이렇게 말했다. "그 친구와의 교류와 만남은 일용할 양식보다 절실한 것이었다.……나 자신을 제대로 이해하기 위해서는 그 친구를 이해하고 또 그 친구의 이해를 받지 않을 수 없었기 때문이다."

종교사회주의자들

(왼쪽 위부터 시계방향으로)

쉬리히 노이뮌스터의 목사 헤르만 쿠터.

종교사회주의 진영의 '행동파'였던 레온하르트 라가츠.

바트 볼의 목사이자 '예언자'였던 크리스토프 블룸하르트.

1914년 8월 1일 빌헬름 2세의 연설. "이제 나는 어떤 정당도 알지 못한다. 내가 아는 것
은 오직 독일인뿐이다." 제1차 세계대전이 시작되자 빌헬름 2세는 베를린 궁전의 발코니
에서 이와 같은 연설을 했는데, 이 연설문은 아돌프 폰 하르낙이 쓴 것이었다. 바르트는
그 전쟁을 계기로 스승들의 신학을 의심하게 되었다.

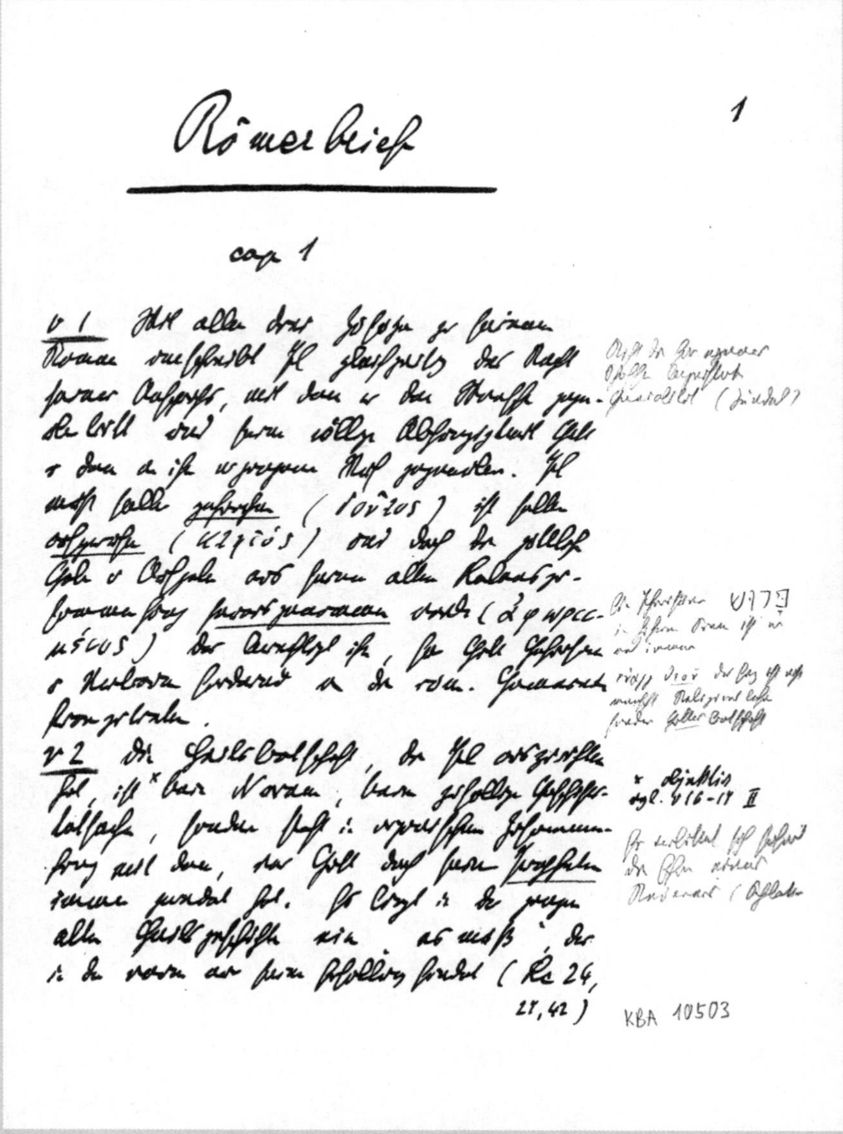
Römerbrief 1

cap 1

KBA 10503

1916년의 『로마서 주석』 초고. 1919년 출간된 바르트의 『로마서 주석』은 당시의 주류 신학이었던 자유주의 신학과 실증주의 신학과의 단절을 의미하는 것이었다.

1919년 전몰 용사 위령제에 참가하기 위해 가고 있는 베를린 대학교 교수들의 행렬. 학교 수위 두 사람 뒤에 총장 제베르크가 있다. 그 뒤로 신학자 카프탄, 바우디신 백작, 폰 하르낙, 말링, 다이스만, 홀, 슈트라크, 룬체, 그레스만, C. 슈미트, 리히터, 아이스펠트, K. L. 슈미트.

4. 괴팅겐과 뮌스터의 신학 교수 시절 1921-1930

시간과 시간 사이에서

교직에 몸담다

이렇게 칼 바르트는 "아름다운 아르가우를 떠나 '외국에서 근무하는 스위스인 가운데 한 사람'이 되었다." 그리고 "저 먼 도시, 알브레히트 리츨Albrecht Ritschl의 도시에 이르러, 오늘의 나에게는 도무지 이해할 수 없는 확신을 가지고 곧장 책을 펼쳤으니, 나는 당시 아무런 준비도 망설임도 없이 그 책의 내용에 대해 학문적으로 강의를 하라는 요청을 받았던 것이다."[1] 향후 4년간 바르트의 가족이 살게 될 집은 니콜라우스베르크벡 66번지였다. 그 집은 "괴팅겐에서는 '비교적 괜찮은' 지역에 위치한, 약간 위압적인 분위기의 건물"이었다.[2] 얼마 전까지는 조직신학자 아르투어 티투스Arthur Titus가 살던 집이었다. 그는 괴팅겐을 떠나 베를린 대학교에서 과거 슐라이어마허가 맡았던 자리를 맡게 되었다. 이웃으로는 자유주의·사회주의적 성향의 고집스러운 철학자 레오나르트 넬슨Leonard Nelson, 올덴베르크Oldenberg 교수(그의 부인은 프리츠 바르트의 친구였던 외틀리의 딸이었다), 변호사 뤼트게브루네^{Lütgebrune}, 그리고 (엄격한 독일 민족주의 성향의) 개혁 교회 장로가 있었다.

삶의 터전이 자펜빌에서 괴팅겐으로 바뀐 것은 바르트에게 결정적인 사건이었다. 근본적으로는 "자펜빌에서 말하던 것과 똑같은 것"을 말할 것이라고 확신했지만, 바야흐로 정말 많은 것이 달라졌다.[3] "운동은 끝나고 노동이 시작됐다." "온갖 오류와 폐해를 공격하는 시기는 이제 지나갔다. 우리는 갑자기 대열의 맨 선두에 서게 되었다. 그저 반대만 하고 있을 때는 전혀 알지 못했던 책임을 져야 했던 것이다. 우리가 원래하려고 했던 말을 신학 안에서 말하고, 우리가 원래 원했던 것과 하려고 했던 것을 교회 안에서 보여줄 수 있는 공간이 갑자기 우리에게 주어졌다.……정말 우리는 전혀 '준비되지' 않은 상태였다. 어떤 입장이 있어야 그것을 확대하거나 심화할 텐데, 정말 우리에게는 그럴 만한 입장조차 없었다. 우리는 이제 막 어떤 길에 접어들었다. 이제 각자가 자기 자리에서 그 길을 아주 힘겹게 걸어가야 했다. 세부적인 것들은 이제부터 발견하고 규명하고, 무엇보다 증명해 내야 했다. 가까이서 보니까 상당히 많은 것들이, 우리가 처음 봤을 때 생각했던 것과는 전혀 다른 모습이었다."[4]

괴팅겐에서 바르트는 설교를 거의 하지 않았다. 11월 중순에 설교단에 선 바르트는 '주님의 이름'(잠 18:10)에 대한 설교를 했는데, 설교의 내용은 그에게 주어진 새로운 과제에 대한 근본적인 성찰처럼 들렸다. 그는 이렇게 말했다. 신학은 "본질적으로 모든 인간적 이름에서 도망쳐 나와……주님의 이름, 계시된 그 이름에게 가는 것이다. **그분**에 대해 아는 것, 이것이 신학의 '학문성'이다."[5] 그러나 전체적으로 보았을 때, 설교는 이제 바르트의 삶에서 배후로 물러났다. 이제부터 바르트는 "지성소에서 어느 정도 거리를 두고서" 주로 학문적 영역에서 활동했다. "……아

마도 이것이 시편 1편에 나와 있는 것처럼, 주님의 율법을 밤낮으로 '묵
상하는' 사람의 상황인 것 같기도 했다."[6] "나는 기쁜 마음으로 결심했다.
이제 내 방식대로, 내 스타일대로 신학을 연구하고 가르치는 것을 한번
무서울 정도로 진지하게 해보자는 결심—라가츠와 쿠터는 전혀 박수를
보내지 않았던 결심—이었다. 물론 나는 그 결심을 이행할 준비가 별로
되어 있지 않았다."[7] 바르트는 교수직에 요구되는 학문적 수준을 존중하
면서 폭풍과 같은 열정으로 "그 자리에 필요한 최소한의 전제 조건을 갖
추기 위해……꽤나 지독하게 공부했다."[8] "강의 위촉이 비교적 불확실했
던 덕분에, 가장 필요한 내용들을 그나마 하나하나씩 습득해 나갈 수 있
었으니, 과거에는 이런 미래가 올 줄 생각도 못하고 소홀히 했던 것을 보
충할 수 있었던 것이다."[9] "그래서 나는 처음부터 교의학Dogmaitk 강의를
시도하지는 않고……순수하게 역사적인 강의를—실제로는 나 스스로
공부하기 위하여—개설했다."[10]

바르트가 그때부터 (은퇴할 때까지) 사용한 책상은 "훨씬 건실하셨던
나의 아버지가 쓰셨던" 바로 그 책상이었다.[11] "거기서 밤낮을 가리지 않
고 고서적과 신간 서적을 오가면서 공부에 열중한 결과, 최소한—멋진
말은 아니더라도—학문의 나귀쯤은 타고서 대학을 돌아다닐 수 있게 되
었다."[12] 바르트는 누구도 따라올 수 없는 열정으로 강의를 준비했다. "야
근은 다반사였다!"[13] "[아침] 7시 강의를 위해 새벽 3-5시까지 준비할 때도
한두 번이 아니었다."[14] "나의 평상시 속도보다 늘 약간 빠르게" 일해야
했다. "게다가 우리는 문제를 '복잡하게 만들고' 모든 것을 완전히 뒤집어
놓는 관점을 갖고 있었으니, 그 일이 간단할 리가 없었다. 자꾸만 기존의
고루한 틀로 복귀하려는 경향의 (강의) 자료와 우리의 '관점' 사이에는 끝
없는 전쟁이 있다."[15] 젊은 교수 바르트는 "내가 도저히 통제할 수 없는

산더미 같은 자료 앞에서" 탄식할 때가 많았다.[16] 그는 자신이 "가련한 노
새처럼 안개 속에서 길을 찾아가야 했지만, 무엇보다도 학문적 순발력의
결핍, 불충분한 라틴어 실력, 최악의 기억력(!) 때문에 번번이 어려움을
겪어야 했기에" 한탄할 때도 많았다.[17] "나의 머릿속은 마치, 먹이를 주기
전 하이에나 우리와 같은 모습이었다."[18] "당시 나는, 큰 장에 나갔다가
망치로 어떤 상자를 내리쳐서 반지라든가 뭐 그런 비슷한 것이 하늘 높
이 솟아오르도록 해야 하는데, 그게 자꾸만 그냥 떨어져 버리는 모습을
지켜보는 남자와 같다는 생각이 들었다."[19] "한 마디로 '교직=생고생'이었
다. '찬란한 광채'와는 아예 거리가 멀었다."[20] 그런데도 바르트가 짧은 시
간 안에 신학적 학문의 세계로 깊이 들어와서, 이 영역에서도 금세 많은
성과를 낼 수 있었던 것은, 어쩌면 그가 이미 그때부터 한 가지 원칙을
정하고 그것을 엄격하게 지켰기 때문일 것이다. 그 원칙이란 "그때그때
반드시 일차적으로 요구되는 일을 (마치 그 일이 우리를 기다려 주기라도 하는
듯)—충분히 그럴 만한 이유가 있어서 그러기도 하지만—슬쩍 회피하면"
언젠가는 반드시 그 대가를 치르게 된다는 것이었다.[21]

　　1922년 1월 말, 새로운 상황에 채 적응하기도 전에 들려온 "센세이셔
널한 뉴스" 때문에 바르트는 깜짝 놀랐다. 그것은 "뮌스터 대학교의 [개
신교] 신학부가 나에게 신학박사Dr. theol. 학위를 수여했다"는 소식이었으
니, 이는 "위의 사람이 종교적·신학적 문제 제기에 다양한 방식으로 기
여했기 때문"이라는 것이다.[22] 이렇게 받게 된 박사 학위는 "1938년에
더 높은 권위에 의해 다시금 박탈되었다." 어쨌든 나는 그 학위를 통해
서 "학문의 영역에서 합법적으로 일할 수 있는 자격을 나중에라도 얻게
된 셈이다."[23] 그리고 그 영예는 또한 바르트에게 '위로와 격려'를 의미했
다.[24] 그의 딸 "프랜첼리"의 반응도 흐뭇하게 받아들였다. "그럼 이제 아

빠도 아픈 어린이를 고쳐 줄 수 있는 거야?"[25]

첫 학기 때 바르트의 주요 강의는 두 시간짜리 강의였다. 강의 제목
은 '하이델베르크 교리문답' 해설이었는데, 제목을 통해 알 수 있는 것처
럼 이 시기의 바르트는 의식적으로 개혁 신학의 독특성을 해명하기 위해
노력했다.

> 그는 이 문헌(하이델베르크 교리문답)이야말로 "종교개혁의 불안정이 교회
> 적 안정으로 변한" 순간의 기록이라고 이해했다. 그러므로 이 문헌은 "두 개
> 의 얼굴"을 가지고 있다. "역사적 맥락과 그 의미를 고민할 때마다, 나는 거
> 의 모든 것을 '좋다'고도 말할 수 있고 또 '안 좋다'고도 말할 수 있을 것 같았
> 다. 그래서 그때그때 교훈의 목적에 맞게 전자를 택하거나 후자를 택한다."
> 가령 그 문헌의 첫 번째 물음, 곧 "나의 위로"에 관한 물음은 "결정적으로 안
> 좋다"이지만, "다행스럽게도 그에 대한 대답이 그것을 즉시 날려 버린다."[26]

그 이후로도 계속된 역사적-조직신학적 강의 제목을 통해 알 수 있
듯이, 바르트는 향후 네 학기 동안에도 개혁 신학의 '유산'을 알기 위해
의식적으로 노력했다. 바르트가 이 전통에 각별히 신경을 쓰게 된 데는
그가 특이한 성격의 교수직을 위촉받은 것도 한 몫을 했다. 1921년 8월
16일 프로이센의 베커 장관은 바르트가 맡을 교수직의 의무와 관련하
여 상당히 애매한 말을 했는데, 그에 따르면 바르트의 교수직은 "개혁 교
회 신앙, 개혁 교회 교리, 개혁 교회의 교회 생활에 입문시키기 위함"이
었다.[27] "이제는 허심탄회하게 말할 수 있지만……그 당시 나는 개혁 교
회 신앙고백 문헌을 읽어 본 건 고사하고 갖고 있지도 않았다. 다른 부분
에서도 지적으로 허점투성이였음은 말할 필요조차 없다." "다행스럽게

도 나의 신학은 내가 생각했던 것보다는 개혁 교회적이고 칼뱅주의적이었던 터라, 우리 교파만의 특수한 과제를 기쁘고도 양심적으로 이행할 수 있었다."[28] 그러나 일단은 그 과제가 어떤 것인지를 알기 위해 파고들어야 했다. "사실 나는 괴팅겐에 와서야 비로소……밤늦게까지 고되게 공부하면서, 개혁 교회 신학만이 지니고 있는 고유하고 실질적인 비밀을 새롭게 알게 되었고, 그것과 맞붙어 씨름하게 되었다."[29] 바르트는 이런 공부를 통해서 점점 더 의식적인 개혁주의 신학자가 되었고 "천천히, 그러나 확실하게 순수한 개혁주의 교리에 마음을 두게" 되었다.[30]

바르트의 『로마서 주석』 제2판, 곧 "더 칼뱅주의적"인 『로마서 주석』이 출간된 것도 바로 그때의 일이었다. 제2판 서문은 "호머 식의 비방과 험담으로 가득한, 거리낌 없는 선전포고"의 분위기였다.[31] 바르트가 첫 학기부터 역사적-조직신학적 강의 외에 성서 주석 강의까지 개설한 것은, '로마서'에 관한 연구로 '성서'를 재발견한 것과 일맥상통한다. 그의 첫 번째 주석 강의는 에베소서 강의였다. "지금의 나로서는 도저히 이해할 수가 없다. 어떻게 주당 한 시간의 강의로 에베소서를 주석할 엄두를 냈단 말인가? 실제로 그때 나의 강의는 2장까지 들어가지도 못했다."[32] 물론 바르트의 주석은 대단히 독특한 방식의 주석이었다. 바르트는—주로 역사적인 것에 관심을 두는 기존의 주석에 대한 원칙적인 반대가 아니라 그에 대한 "꼭 필요한 교정"으로서—"**신학적인** 주석을 시도"하는 것이야말로 자신의 일차적인 과제라고 생각했다. 그래서 바르트는 "다른 사람들[주석학자들]이 고민하는 몇 가지 문제는 나한테 전혀 혹은 거의 관심을 끌지 못하는 것 같고, 거꾸로 나의 질문과 염려는 그 사람들에게 거의 혹은 전혀 문제가 되지 못하는 것 같은……쌍방의 불쾌함"을 의식하면서 주석을 했다.[33]

그 당시 바르트의 학문 활동은 강의만으로 끝나지 않았다. 물론 아직
까지는 괴팅겐에서 정규 세미나를 개설할 정도는 아니었다. 그러나 바
르트는 세계대전의 파국 이후 혼란에 빠진 대학생들 속에 있는 뜨거운
열망을 피부로 느낄 수 있었다. 그것은 마음껏 "질문을 제기"하고 "반론
을 관철"하고 싶은 열망이었다.[34] 바르트는 그 열망을 분출할 수 있는 여
지를 마련해 주었다. 그는 1921년 가을학기부터 자신의 모든 강의에 대
하여 일주일에 한 번 추가적으로 질문을 제기하고 토론할 수 있는 시간
을 만들었다. 한 걸음 더 나아가, 자기 수업을 듣는 학생들을 정기적으로
집으로 초대하여 "열린 저녁"이라 부르는 시간을 가졌는데, 그곳에서는
충분한 토론이 이루어지곤 했다. 그런데 바르트는 그런 자리에서도 언
제나 어떤 텍스트를 가지고 토론하는 것이 좋다고 생각했다. 예컨대 블
룸하르트나 쿠터의 설교문, 도스토옙스키에 관하여 투르나이젠이 최근
발표한 논문, 조지 버나드 쇼George Bernard Shaw나 토마스 만Thomas Mann과
같은 현대 문인들의 작품, 혹은 (티르피츠[Tirpitz], 리프크네히트, 샤이데만 등
의) 정치적 자서전을 놓고서 토론을 벌였다.[35] 그것이 다가 아니었다. 바
르트는 또 다른 토론의 기회를 마련해 주었다. 토요일이면 관심 있는 사
람들과 만나서 소풍을 가곤 했다. 그때는 "가르치면서 산책"하거나 산책
하면서 가르치는 것이었는데,[36] "나는 쉴 새 없이 이어지는 질문 공세를
받았다. 교수님, 이 문제는 어떻게 생각하십니까?……그걸 어떻게 아신
거죠?……그건 무슨 의미에서 하신 말씀입니까?……"[37] "그리고 한 학기
가 끝날 때마다 (이것은 뮌스터[Münster]나 본에서도 학생들의 전통이었는데) 조
롱과 풍자와 자작 연극이 어우러진 시끌벅적한 파티가 열렸다. 교수들
을 우스꽝스럽게 흉내 내는 짓도 빠지지 않았다. 바르트는 직접 피아노
를 반주하면서 잊지 못할 '스위스 방랑자의 노래'를 들려주었다."[38]

바르트는 "처음에는 그리 많지 않은, 그러나 아주 잘 듣고 반응하는 청중" 앞에서 다양한 강의를 선보였다.[39] 바르트는 그저 명예 교수였기에 학생들이 의무적으로 그의 강의를 들어야 하는 것은 아니었다. 더욱이 '하노버'에서 소수에 불과했던 개혁 교회 사람들의 수는 그나마도 점점 줄어들고 있었고, 게다가 경멸의 대상이기도 했다. 그럼에도 불구하고 바르트의 강의는 "총인원이 180명 정도인 신학생들 사이에서" 금세 어느 정도 성황을 이루게 되었다.[40] "학생들은 스스로를 학생이라고 여기는 어떤 교수에게 관심을 보이기 시작했다. 물론 학생들은 내가 모든 강의를……이제야 부랴부랴 연구하며 준비하고 있는 상황이라는 것, 그러나 바로 그렇기 때문에 자신들에게 아주 신선한 빵을 선사할 수 있다는 것을 금방 알아챘다."[41] 첫 번째 학기 주요 강의에는 15명, 성서 주석 강의에는 50-60명의 수강생이 들어왔다. 두 번째 학기 때는 주요 강의 수강생이 벌써 42명에 달했고, 거기에 더하여 "매시간 구경꾼, 낯선 목사, 학자들, 심지어 동료 교수 슈탕게의 강의를 듣다가 이쪽으로 넘어온 사람들"도 있었다.[42] 괴팅겐에서 바르트의 강의를 들은 사람들 가운데는 H. 란다우-레미Landau-Remy, 하인리히 그라프만Heinrich Graffmann, 한스 에리히 헤스Hans Erich Heß, 엘리자베트 하스Elisabeth Haas(훗날 슐리어[Schlier] 부인), 나중에는 교회의 지도자들이 된 한스 릴예Hans Lilje, 요아힘 베크만Joachim Beckmann, 빌헬름 니젤Wilhelm Niesel이 있었고, 특별한 사랑을 받았던 바이에른 출신 학생 오스카 그레터Oskar Grether, 발터 폰 뢰베니히Walther von Loewenich, 칼 놀트Karl Nold, 볼프강 트릴하스Wolfgang Trillhaas, 헤르만 첼트너Hermann Zeltner, 그리고 스위스 출신의 발터 니그Walter Nigg, 아르투어 메틀러Arthur Mettler가 있었다. 그야말로 각양각색의 사람들이 그의 강의를 들으러 왔다. 그 가운데는 "참전 용사 어르신도 많이 있었고, 중대장 한 분,

포병대장(!) 한 분, 오스트리아 황제 호위대 장교 (그분은 이곳에서 돈을 벌기 위해 하루 몇 시간씩 도로 한복판에서 포장 작업을 하신다) 한 분도 있었다."[43] 몇 학기 뒤에는 "간호사, 노부인, 화학자, 법률가……등의 청강생"이 나타났다. "한번은 어떤 사람이 소총을 들고 왔는데, 철모단에서* 활동하는 사람은 아니었다. 산지기 한 분이 산에서 일을 하다가 막 내려오신 것이었다."[44]

"나는 강의실과 그 밖의 다른 곳에서 당시의 젊은 대학생들을 보았고, 그들의 목소리를 들었다. 그들에 대한 기억은 나의 모든 기억 중에서 가장 환한 부분이다. 그들은 자신들을 '청년 운동가'라고 불렀으며, 또 그렇게 행세했다. 나는 그들의 이런 면을 기분 좋게 인정해 주었고, 여러 면에서 개방적이고 적극적인 그 젊은이들을 금세 좋아하게 되었다. 그들 또한 나에게 좋은 자극과 열정을 불러일으키는 대화 파트너가 되었고, 그들의 비평과 찬성 또는 반대는 이제 막 발전 단계에 있던 나의 신학 연구와 강의를 엄청나게 촉진했다."[45] "자펜빌에서는 부족했던 것, 곧 그저 책과 주고받는 논쟁이 아니라 사람과 더불어 주장도 하고 반론도 펴는 시간을 여기 괴팅겐에서는 충분히" 누릴 수 있었다.[46] "괴팅겐의 학생들이 나에게 쏟아부어 준 감사에 대하여 나는 그들에게 더 크게 감사했다. 그들이 아는 것보다 더 크게 그들에게 감사했다."[47]

그 학생들 가운데 일부는 '슐뤼히테른 청소년'이라는 단체에 속해 있었다. 이 단체는 "그리스도교 색채를 띤 반더포겔이라 할 수 있겠는데, (프랑크푸르트 근처) 슐뤼히테른에 위치한 근거지에서 그들의 예언자와 영웅들이 활동하고 있었다." 바르트는 그들과도 접촉했다. 1921년 12월에

* 철모단(Stahlhelm): 1918년에 창립된 유사 군대 조직으로서 강한 민족주의 성향을 띤 단체였다—영역본 옮긴이.

는 심지어 그곳까지 직접 찾아가, 그 단체의 리더인 에버하르트 아르놀트와 게오르크 플레미히Georg Flemmig, 그리고 틸리히의 친구였던 헤르만 샤프트Hermann Schafft를 방문했다. "이 친구도 통찰력과 기발한 착상으로 가득하고 입담이 좋은 또 한 명의 독일인이었다."[48] 바르트는 소규모의 '개혁 교회 기숙사 학생'들과도 긴밀한 관계를 유지했는데, "안타깝게도 그들 대부분은 전혀 개념이 없는 친구들이었다가 이제야 갑자기 그 '개혁주의'라는 것이 독일 사람들이 흔히 생각하는 것처럼 그렇게 싸구려 취급을 받을 만한 것이 아니라는 사실을 알게 되었다." 어느 해인가 크리스마스 때는 그들의 "육체와 정신과 영혼"을 하나하나 배려하는 의미에서 "비스킷과 담배와 『로마서 주석』 한 권을 건네주어" 그들을 기쁘게 했다.[49] 바르트는 "이런 젊은 남학생과 여학생들에게 둘러싸여 있으면" 자신이 "때로는 자기가 돌보는 벌들 틈에서 일하면서도 그 녀석들에게 쏘이지 않으려고 엄청나게 담배를 피워 대는 양봉가 같기도 하고, 때로는 아이들을 모든 면에서 돌봐 주고 가르치고 격려하고 위로하는 좋은 아빠, 그래서 가끔은 한 녀석을 다른 녀석한테서 보호해 주기도 하는 아빠 같기도 하다고" 생각했다.[50]

바르트는 학생들에게는 선생이었지만 동시에 다른 교수들에게는 동료 교수였다. 그는 약간 거리를 두면서, 그리고 그의 전형적 특징인 경탄과 호기심을 가지고 다른 교수들을 만났다. "보편적 의미에서 학자의 근엄함(그들의 평상시 모습에서 피히테[Fichte] 식의 거만함이 묻어나지 않는 경우는 거의 없는데, 그래도 나름대로는 존경할 만한 모습)이란 어떤 것인지를 독일의 대학 도시라면 어디서나 볼 수 있다."[51] 어쨌거나 그는 괴팅겐 대학교 신학과 동료 교수들에 대해서는 상당한 존경심을 갖고 있었다. "교수실에 들어가 이 거장들 틈에 있으면 나는 작고 추해 보였다." 또는 "그저 구

멍 난 냄비 하나 가지고 사는 주제에 이따금 집 한 채를 홀딱 태워 버리
는……떠돌이 집시" 같기도 했다.[52] 거기서 만난 사람으로는 "전설적인
외교관"이요 "능수능란한 그리스도교 변론가"로서[53] "현대 실증주의 신
학의 옹호자인 칼 슈탕게Carl Stange가 있었고, 종교사학자이면서 구약학
자인 알프레트 베르톨레트Alfred Bertholet가 있었고(그 또한 바젤 출신이었다),
비판적인 신약학자 발터 바우어Walter Bauer, 추밀 고문관 폐하 박사 미르
프트Mirbt가 있었고(교회사, 교회법, 그리고 그와 관련된 농담 전공), 우아한 금
발 수염의 실천신학자 요하네스 마이어Johannes Meyer가 있었다." 또 한 명
의 구약신학자 알프레트 랄프스Alfred Rahlfs, 1922년부터 재직한 진보적
인 조직신학자 게오르크 보버민Georg Wobbermin도 바르트의 동료 교수였
다. 그들은 "너무나 다른 길을 가고 있는" 사람들이었고, 그래서 바르트
는 그들과 가깝게 어울리고 싶은 마음이 없었다.[54] 물론 회의라든가 그
밖의 다른 이유로 함께 모이는 자리는 얼마든지 있었다. 예컨대 1922년
3월 25일에는 모든 교수들이 '천국에 간 리츨'의 무덤에 모여 "리츨 탄생
1백 주년을 기념"하면서 "그에게, 곧 '우리 괴팅겐 신학부의 명성에 기초
를 다진 사람'에게 화환을 바쳤다."[55] 그렇다. "괴팅겐 신학부는 나를 약
간 괴롭히기도 했다. 그들은 나를 밑바닥에 그냥 두려고 했다.……개설
강좌를 공지하는 검은색 게시판에는 나의 강의 안내가 하모늄(풍금의 일
종) 강습 시간 안내와 나란히 붙어 있었으니, 그렇다.……저 아래 저 자
리가 개혁주의 신학의 자리였던 것이다. 체육 시간도 우리 라인에 있었
다.……그러나 나는 결국 이런 상황을 극복했다."[56] 그때 바르트에게 "하
노버에서 개혁 교회란 천년왕국을 믿는 소종파에 불과하다!"는 사실을
알려준 사람이 바로 슈탕게였다.[57]

전체적으로 봤을 때, 바르트의 길과 동료 교수들의 길은 실질적인 면

에서 전혀 겹치지 않았지만, 두 사람은 예외였다! 바르트는 신학부에서 가르치는 두 명의 교회사가에게 관심을 가지게 되었다. 한 사람은 젊은 강사 에릭 페터슨Erik Peterson이었다. 그는 냉소적인 사람이었고 "고독한 산책가"였으며, "이 세상의 모든 것은 지속될 수 없음"을 확신하였고 "온갖 기이한 것들 때문에" 눈에 띄는 사람이었다.[58] 바르트는 1923-1924년 겨울학기에 '토마스 아퀴나스'에 관한 그의 강의를 듣고서 "큰 깨달음을 얻었다." 그리고 그가 "적잖은 은총을 받은 사람"이라는 것을 알아보았다.[59] 바르트의 관심을 끌었던 또 한 사람은 에마누엘 히르쉬Emaneul Hirsch였다. 사실 바르트는 그에게 더 많은 관심을 보였다. 그러나 성격은 전혀 달랐다. 히르쉬는 바르트의 적대자, 대단히 신중하게 받아들여야 할 적대자였기 때문이었다. 그는 바르트와 같은 시기에 괴팅겐에 왔다. 히르쉬는 "박학다식하고 통찰력이 있는 남자"였으며[60] "노련한 토론가", "유연한 곡예사"였고 "루터 연구와 피히테 연구의 대가였으며, 책에서나 나올 법한 수척한 학자의 모습이었는데, 독일 민족주의가 그의 가냘픈 뼛속 깊은 곳까지 스며 있었건만……그래도 주목할 만한 인물"이었다.[61] 바르트는 히르쉬와 자주 만나—연구실에서든, 함께 산책하는 중이든—논쟁을 벌였다. 두 사람은 1922년 2월에 벌써 글로써 한 차례 '통첩교환'을 한 적이 있는데, 거기에는 두 사람의 신학적 차이가 11개의 명제와 반명제로 정리되어 있다. 성서를 보편적 종교 문헌으로 이해하는 입장에 맞서, 바르트는 성서를 하나님의 구체적 계시의 문헌으로 이해하는 자신의 입장을 내세웠다.[62] 그러나 그들의 관계는 변함없이 "친밀하고 건설적인 것"이었다. "활발한 전투"를 주고받았지만 "서로의 공통점을 발견하기도 했다.……그의 괴팍스러움, 베를린 사람다운 것, 아카데믹한 것, 동아리 빙골프Wingolf의 회원다운 것, 어떤 이름을 붙이든 간에 그런 그의 모든 요소를 고스란히 삼키는 것은 대단한 고역이었다. 하지만 그의 입장에서는 나의 다양한 요소들이 못지않게 힘들었을 것이다."[63]

길동무들

칼 바르트가 괴팅겐의 동료 교수들 사이에서, 괴팅겐의 학생들 앞에서 자기만의 길을 찾아 가는 동안, 그의 주변에는 다소간 그와 뜻을 같이 하는 길동무들이 생겨났다. 바르트는 이미 1922년 초반부터 그런 친구들을 차례차례 만나 함께하게 되었다. 제일 먼저는―어느 파업 현장에서―"새빨간 넥타이를 매고" 나타난 프리츠 리프였다.[64] 2월 중순에는 프리드리히 고가르텐이 찾아와서 "사흘 동안 의젓하게 우리의 무대를 올라갔다 내려왔다 했다."[65] 그때 알게 된 것은 "우리가 어느 정도 강력하게 부정을 할 때는 의견이 일치되는데", 그것이 단지 그때뿐이라는 사실이었다.[66] 그런데 이것은 그들의 우정이 발전하는 데 방해가 되기 시작했다. 고가르텐은 히르쉬와, 그리고 파트모스 서클에 속한 생리학 교수 루돌프 에렌베르크Rudolf Ehrenberg와 "맞닥뜨렸는데……심술궂게도 히르쉬에게 자꾸만 수수께끼를 내는 바람에, 결과적으로 그가 '그리스도교'에서 제명되고 말았다." 고가르텐은 "심지어 코페르니쿠스적 세계 구조인지 뭔지에 대해서도" 말했는데, "그것이 현대 교육의 기본 조건이라고 주장했으며, 자기가 철학자 그리제바흐Grisebach와 아홉 통의 편지를 주고받으면서 '근본적인 명료함'을 얻었노라고 심한 자기 자랑을 늘어놓았고, 자기는 **문학적** 대중, 곧 문화인(슈텔첸도르프에 있는 자신의 연구실을 보면 알겠지만, 자기도 그런 문화인 가운데 한 사람)에게 보냄을 받은 사람이라고 말했다.

그런데 '계시와 시간'에 대한 강연에서는 (그 강연 자체는 훌륭했다!) 학생들 앞에서 이상하게도 나와는 다른 교리학자 같은 인상을 주었는데, 이는 그가 아라우에서 그랬던 것과 똑같이, 조금 더 분명하게 말하지 못하고, 결정적인 지점에서 마치 몽둥이를 집어 드는 것마냥 주 예수를 끌고 들어왔기 때문이다."[67]

그때 그는 "나의 강의 시간에도 들어와서, 내가 「하이델베르크 교리문답」과 에베소서에 대해 강의하는 내용을 몇 번인가 들었다. 그리고 그가 슈텔첸도르프로 떠나기에 앞서 내게 했던 말이 아직도 귀에 생생하다. '칼 바르트, 잘 들어 보게나. 내 생각에는 자네가 생각하는 대로 되지 않을 것 같아. 우린 말이야, 하이델베르크 교리문답이나 에베소서에 대해 제대로 말할 수 있기 전에 먼저 '역사'가 무엇인지를 알아야 해.'……나는 그 친구 한테 물었다. '역사가 뭔지, 자네는 도대체 어떻게 알아낼 수 있나?' 그의 대답은 이러했다. '나는 먼저 트뢸치, 딜타이, 그리고 바르텐부르크의 요르크Yorck von Wartenburg를 공부한 다음, 20세기 초반의 위대한 인물들과 씨름하려고 해(그는 본래 피히테에서 시작한 사람이었지만……나중에는 피히테에게서 멀어졌다). 그러니까 우리는 먼저 역사 개념을 찾아내고 [그다음에 가서야 비로소] 거기에 근거하여 에베소서나 「하이델베르크 교리문답」과 같은 텍스트를 읽을 수 있는 거야.'……이미 그때, 1921-1922년 겨울학기에 나는……우리의 견해가 전혀 다르다는 것을 알게 되었다. 나의 입장은 그의 생각과는 정반대였기 때문이다. 나는 먼저 '하이델베르크 교리문답'과 에베소서를 공부하고, 그것을 거친 다음에야 그것을 토대로 '역사'가 무엇인지 이해하려고 했던 것이다. 이것은 정말 두 갈래의 다른 길이었다."[68] 두 사람 사이에 이런 실질적인 차이가 있었음에도 불구하고, 두 사람은 이후로도 서로에게 깊은 관심을 보이며 서로를 찾곤 했다.

이 시기의 바르트가 자주 왕래하던 또 한 사람은, 바르트가 오래전 부터 알고 지냈던 루돌프 불트만이었다. 불트만은 1921년 가을학기부 터 마르부르크 대학교의 신약학 정교수로 활동했다. "물론 당시 불트만 도 자유주의와 결별하는 일에 개입할 자세를 갖추고 있었다.……나는 그를 이해한다고 주장했으며, 어쩌면 그 친구도 나를 이해한다고 주장했 을 것이다. 우리의 입장에는 분명한 공통분모가 있었다."[69] 1922년 2월 말, 바르트는 마르부르크를 방문했다. 거기서 바르트를 제일 먼저 보고 싶어 했던 이들은 몇몇 대학생들이었다. 그들은 "연필로 여기저기 밑줄 그어 놓은 『로마서 주석』을 들고 어느 작은 방에 앉아" 바르트와 토론을 벌이고자 했다. 바르트는 루돌프 오토("완전히 인도의 라자[rajah] 같은 모습") 와 철학자 파울 나토르프Paul Natorp를 찾아가 『로마서 주석』을 증정했다. 그리고 그 기회에 어떤 이상한 '제의'에 참여하게 되었는데, 물론 이것은 "누미노제와는 전혀 관련이 없는 것이었다. 불트만이 그 마술을 이끌었 다. 주제는 밤. 슬픔의 밤, 죽음의 밤, 신비한 밤, 일상적인 밤……. 하여 튼 밤, 어둠, 잠, 휴식, 고요, 여명, 침대 등과 관련된 모든 것을 지쳐 쓰러 질 때까지 언어와 노래와 기도를 총동원하여 토론하고 사색하였다." 바 르트는 그다음에도 "라데 교수의 집에서 헤르멜링크Hermelink, 슈테판과 함께, 그리고 밤의 연설가요 신앙의 기초를 가르치는 사제였던 불트만과 함께 좋은 저녁 시간을 보냈다.……불트만의 상태는, 내가 그 사람의 제 의를 경험한 이후 염려했던 것보다 훨씬 좋았다."[70]

같은 해인 1922년, 불트만은 『로마서 주석』 제2판에 대해 전반적으 로 긍정적인 서평을 썼다. 하지만 "나의 책에서 불트만이 흥미 있어 하 고, 칭찬할 만하다고 본 핵심은 '신앙', 오로지 '신앙'이었다. 그는 내가 이 '신앙'에 대해 주장한 것을 슐라이어마허, 루돌프 오토, 에른스트 트뢸치

가 '종교'라는 말로써 말하고 있는 것과 정말 아무렇지도 않게 같은 선상
에 두었다. 게다가 바울의 로마서까지도 같은 선상에 두려고 했다!"[71] 불
트만의 이런 모습을 보면서, 바르트는 그들이 정말 같은 것을 주장하고
있는지 질문하지 않을 수 없었다. 향후 그들의 만남에서도 이 질문은 계
속해서 따라다녔다. 1922년 3월, 바르트는 『로마서 주석』 제3판 서문을
쓰면서, 어떤 구체적인 지점에 이르러 이 질문을 던졌다. 불트만은 바울
서신에서 그리스도의 영 이외에 다른 영들andere Geister도 발언을 하고 있
다는 주장을 내세웠다. 바르트는 그 주장을 이렇게 맞받아쳤다. 거기서
들려오는 목소리는 모두 그 '다른 영들'의 목소리다. 성서 주석의 과제는
그 다른 영들이 그럼에도 불구하고 얼마만큼이나 그리스도의 영을 섬길
수 있는지 묻는 것이다.

　마르부르크 방문을 마치고 괴팅겐에 돌아온 바르트는, 며칠 후 괴팅
겐의 자유주의자들 앞에서 '스위스 교회 생활'(Das kirchliche Leben in der
Schweiz)이라는 제목으로 강연했다. 거기서 바르트는 그곳이야말로 모
든 자유주의자의 "이상향"이라며 스위스 교회 생활을 비꼬았다.[72] 3월 초
에는, 이 시기에도 그에게 가장 믿을 만한 친구가 되어 준 사람, 브루크
의 목사 투르나이젠이 바르트를 찾아왔다. "교회를 염두에 두고 신학의
근거를 제시하는 것, 신학과 교회를 연결하는 것, 특히 목사의 역할과 신
학을 연결하는 것은 신학적 갱신 운동 전체의 특징이라고……말할 수
있다.……그러나 한편 우리가 꼭 알아야 할 것이 있다. 그것은 그 많은
사람 가운데서 에두아르트 투르나이젠이 최초로 이런 의미에서 교회적
신학의 필요성을 새롭게 깨달은 사람이라는 사실이다. 어쨌거나 나는
이 방향으로 계속 일할 수 있는 자극을 그 친구한테서 받았다. 다른 한
편, 우리가 주목해야 할 것이 있다. 그것은 이 새로운 신학의 테두리 안

에서 명성을 얻은 많은 사람들 가운데, 교회로부터 시작되어 교회를 위한 운동이고자 하는 그 신학의 성격을 어떤 사람도 에두아르트 투르나이젠만큼 구현해 내지 못했다는 사실이다."[73] "괴팅겐 시절에도 그 친구와의 교류와 만남은 일용할 양식보다 절실한 것이었다. 나의 이야기가 그를 기쁘게 한다는 것을 알고 있기 때문에, 내가 누구보다도 그에게 나의 끝없는 걱정, 줄어들기는커녕 점점 늘어나는 그 걱정과 고민을 털어놓을 수 있기 때문에 그런 것만은 아니었다.……나에게 언제나 가장 큰 열망으로 남아 있는 것, 그것은 나의 행동에 대해 그의 판단을 듣고 싶은 열망, 그리고 내가 나아갈 방향을—내가 나의 별을 따라가듯이 그도 자기의 별을 좇아가고는 있지만—항상 그를 보면서 가늠하고픈 열망이 있기 때문이며, 나 자신을 제대로 이해하기 위해서는 그 친구를 이해하고 또그 친구의 이해를 받지 않을 수 없었기 때문이다. 누가 누구를 앞서간다는 말인가? 누가 누구 뒤를 따라간다는 말인가? 우리는 하나였다. 그 하나됨은 결코 지루한 결합이 될 수 없었으니, 그것은 우리가 어떤 사물이나 사람을 계속해서 다르게 보고 이해했기 때문이었다."[74] 두 사람은 휴가를 맞을 때마다 서로의 집을 찾아갔다. 바르트는 "브루크의 그 말쑥한목사관에서……좋은 시간을 마음껏 보낼 수 있었던 것에 대해" 특별한감사의 마음을 느꼈다.[75] 그러나 두 사람의 거주지가 너무 멀리 떨어져있었기 때문에, 그들의 교류는 주로 서신 왕래에 한정되었다. 그래서 브루크(브루겐)와 괴팅겐을 오가는 아주 활발한 서신 왕래가 이루어졌다.

괴팅겐을 처음 방문했던 투르나이젠이 집으로 돌아가고 얼마 안 있어, 바르트가 신학적으로 친밀감을 느낀—하지만 어느 정도 거리를 두었으며 그저 스쳐 지나가듯 만났을 뿐인—또 한 명의 신학자가 괴팅겐을 찾았으니, 바로 파울 틸리히Paul Tillich, 1886-1965였다. 제1차 세계대전 때 군

종장교였던 틸리히는 1919년 베를린 대학교의 강사가 되었다. 그는 베를린에서 칼 메니케, 칼 루트비히 슈미트, 귄터 덴 등과 함께 모임을 꾸려 종교사회주의를 연구하고 있었다. 틸리히는 3월 말 괴팅겐에 와서 바르트를 만났고, 두 번의 깊은 대화를 통해 그를 알게 되었다. 첫 번째 대화에는 두 명의 대학생이 함께 있었는데 "내가 파이프에 담배를 집어넣는다든지, 아니면 잠깐 어떤 말을 해야 할지 모를 때 "그 이방인에게 난데없는 질문을 던지기도" 했다. "그 사람에게서 가장 주목할 만한 것은 '정통 교리에 대한 반감'과 역사 신화학Geschichtsmythologie인데, 보통 때는 철저하게 억눌러 놓은 그의 '초자연적' 욕구가 그 역사 신화학으로 흘러 들어 간다." 두 번째 대화 때는 히르쉬가 "우리 두 사람 간에 자꾸 싸움을 붙이면서 재미있어 했다. 나한테는 틸리히가 비그리스도교적이라고, 틸리히한테는 내가 비학문적이라고 의도적인 비방을 늘어놓았던 것이다. 그런 말이 전혀 사실무근인 것은 아니었고, 실제로 우리 두 사람은 히르쉬에 대항하여 공동의 전선, 약간 좁다란 그 전선을 형성했을 때만 평화조약이 맺어질 수 있는 사이였다. 그러나 당연히 우리는 그런 식의 '유형 구분'을 전혀 받아들이지 않았다. 더욱이 우리는 기본적으로 상대방에게 있는 최선의 것을 생각하고 기대하려고 했다."[76]

변증법적 신학

바르트는 괴팅겐 대학교에서 맞이한 두 번째 학기, 그러니까 1922년 여름학기부터 자신의 주요 강의 시간을 네 시간으로 늘리는 모험을 감행했다. 그것도 처음으로 칼뱅에 관한 강의를 개설했다. 칼뱅은 바르트에게 전혀 예상치 못한 큰 발견이었다. "그것은 폭포, 원시림, 어떤 마성적인 것, 히말라야에서 곧장 떨어져 내리는 무엇, 절대적으로 중국적인, 놀라운, 신화적인 것이다. 그 현상을 제대로 설명하는 건 고사하고, 그것을 그저 내 안에 받아들이기에도 내 몸의 감각 기관, 흡입 기구가 턱없이 부족하다."[77] 바르트는 칼뱅과 그의 신학 연구에 열과 성을 다 쏟아부은 나머지, 그 강의와 동시에 개설한 히브리서 강의를—준비가 안 돼 있었던 것도 아닌데—취소했다. 그렇게 열정적으로 일을 하다가 8월에 스위스에서 충분한 휴식의 시간을 갖게 된 것은 바르트에게 큰 기쁨이었다. 특히 수도원에서 많은 시간을 보내던 바르트는 어느 날인가 다보스에 가서 고가르텐이 좋아하던 철학자요 '예나의 현자'로 알려진 그리제바흐를 방문했다. 비록 그 자리에서는 바르트가 고가르텐보다 그 사람과 "훨씬 잘" 통하는 것 같았지만, 두 사람의 대화는 결코 성공적이지 못했다.[78] 바르트는 이 휴가 기간에, 그가 아주 존경했던 노시인 (노벨상 수상자) 칼 슈피텔러를 방문하기도 했다.

다시 독일로 돌아오자 할 일이 태산 같았다. 그때는 정말 "힘든" 시간이었다. "쉴 새 없이 배우면서 가르치는 것도 모자라, 새로운 신학 사조의 대표자로서 이런저런 강연과 공적인 토론에 나가 기존의 온갖 사조에 맞서 필사적으로 저항하면서 내 입장을 변호해야 했기 때문이다."[79] 바르트는 차츰차츰 독일 곳곳을 누비면서 강연을 했으며, 그러면서 수많은 학자, 목사, '평신도'를 개인적으로 알게 되었고, 나아가 당시 교회의 지배적인 성향과 분위기도 익힐 수 있었다. "독일이라는 나라는 얼마나 크고 다채로운가! 거기서 나는 가방이나 둘러메고 방방곡곡 여행이나 다니는 아저씨가 되어……파이프 담뱃불을 한 번도 꺼뜨리지 않은 채 '급행 기차'와 완행 기차를 오가고, 대합실과 플랫폼을 왔다 갔다 하는 것이었다."[80]

바르트는 1922년 여름학기 휴식 기간을 맞아 자신의 신학을 세 번의 대규모 강연으로 정리할 수 있는 기회, 또한 그것을 대학교 강의실 바깥에 있는 목사·신학자 모임에서 발표할 수 있는 기회를 얻게 되었다. (원래는 네 번째 강의 '계시와 신앙'도 계획했으나, 그 강의는 이루어지지 못했다.) 바르트에게 이 세 번의 강의는 "어떤 답을 제시하는 것보다는, 그를 움직여 가고 있는 질문을 확정해 놓는" 의미를 담고 있었다.[81] 첫 번째 강의는 7월 25일 슐포르타Schulpforta에서 열린, 작센 주 목회자 대회에서 발표되었다. 강연의 주제는 '그리스도교적 선포의 곤경과 약속'이었다. "총감독 야코비 박사 명의로……전달된 초청장에는……'나의 신학 이해에 대한 개관'을 제시해 달라는 요청이 포함되어 있었다."

바르트는 그 과제를 이행하기 위해서 먼저 자기 자신의 경험, 요컨대 설교라는 심각한 상황이 "모든 신학의 본질에 대한 설명"이 되어 버린 경험을 이야기해 주었다. 그래서 바르트에게 신학은, 묻는 인간에게 답을 주는 것으로 그치지 않고 동시에 하나의 질문도 될 수 있을 때, 오로지 그때만 십자가의 신학theologia crucis이 될 수 있다. "그것도 어떤 식이냐면, 어쩌면 가장 소스라쳐 놀란 사람을……다시 한 번, 그가 도무지 알지 못했던 심연의 가장자리로 데려가는 그런 방식이다." 바르트는 이렇게 끝을 맺었다. "우리는 탄식한다. '오소서, 창조주 성령이여!'Veni creator spiritus 그런데 이제는 그 탄식이……우리에게 성령이 이미 있는 양 의기양양할 때보다 희망적이다. 여러분이 이 탄식을 들으셨다면, 이미 '나의 신학'을 개관하신 것이다."[82]

두 번째 강연 '현재의 윤리 문제'(Das Problem der Ethik in der Gegenwart)는 그해 9월 비스바덴Wiesbaden과 뤼네부르크Lüneburg에서 열린 목회자 대

회 때 이루어졌다.

여기서 바르트는 이렇게 전제한다. "현재의 윤리 문제는 불안하게 만듦, 압박, 공격이며, 우리네 삶의 명랑한 구역 안으로 어떤 낯선 나그네, 돌처럼 냉정한 나그네가 끔찍스러운 훼방꾼으로 진입하는 것이다."* 여기서도 변증법적 사유가 모든 것을 주도하고 있다. "하나님이 우리에게 '긍정'을 말하시기 때문에 우리는 이렇게 철저하게……'부정' 안에 설 수 있다." 그러나 동시에 루터파의 정적주의도 비판의 대상이 되었다. "만약 천년설이 없다면—그것이 극히 적은 분량이라 할지라도—윤리도 없다."[83]

그 강연의 자리에는 다양한 부류의 사람들이 와 있었다. 한쪽에는 "현대적인 스타일의, 그러나 의기소침한 도시 목사들이 모여 있는 것 같았고", 또 한쪽에는 "구시대적 분위기"가 느껴지는 사람들, 다른 한쪽에는 "경직된, 이빨 빠진 리츨 추종자들"도 있었다. 바르트는 비스바덴에서 신약학자 마르틴 디벨리우스Martin Dibelius와 칼 루트비히 슈미트를 만났다. 두 사람은 "확실하게 우리 편에" 서 주었다.[84]

그러나 이 강연 시리즈의 하이라이트는 누가 뭐래도 세 번째 강연이었다. '신학의 과제로서 하나님 말씀'(Das Wort Gottes als Aufgabe der Theologie)이라는 제목의 이 강연은 10월 3일 엘거스부르크Elgersburg에서 이루어졌다. 강연자인 바르트의 앞에는 "아무것도 모른 채 자기 확신에 차 있는 '그리스도교 세계 친구들'이 있었는데, 그런 사람들에게는 '주님을 경외함'이 어떤 것인지 생생하게 소개하는 것 외에는 달리 호소할 길

* 모차르트의 오페라 「돈 지오반니」에 나오는 표현—옮긴이.

이 없겠다고 생각했다."⁸⁵ "마치 꿈꾸는 듯한 튀링겐의 숲, 그 숲의 바다, 푸르고 붉고 노란 그 한복판에는 목골 구조에 합각머리 지붕을 인 농가들, 다시 그 한복판에는 오래된 성 한 채……그리고 이제, 형용할 수 없는, 자유주의자들의 행진……아니, 그걸 표현할 수는 없다. 그 연로하신 분들이 유치하게도 깃이 좌우로 탁 트인 하얀 상의에 짧은 바지를 입고 돌아다녔다는 것밖에는 말할 게 없다."⁸⁶

이 강연은 훗날 '변증법적 신학'Dialektische Theologie이라고 불리게 될 신학이 어떤 것인지를 어쩌면 가장 함축적으로 표현하고 있는지도 모른다. 여기서 바르트는 이런 명제를 전개했다. "우리는 신학자로서 하나님에 관해 말해야 한다. 그러나 우리는 인간이기에 하나님에 관해 말할 수 없다. 우리는 이 두 가지, 곧 우리의 당위와 무능을 알고 있고, 바로 그래서 하나님께 영광을 돌려야 한다." 바르트의 강연은 특유의 질문으로 끝맺는다. "신학이 그리스도론의 서문 그 이상이 될 수 있는가, 그 이상이 되어야 하는가? 서문이 **모든 것**을 말할 수도 있다." 왜냐하면 그 모든 것이라도─하나님에 대한 '변증법적' 강의도─'하나님의 말씀'을 말할 수는 없으며, 그저 그 말씀을 가리킬 수 있을 뿐이기 때문이다. 물론 "누구든지 '예수 그리스도'를 말하는 사람은 '그럴 것이다'라고 말해서는 안 되고 '**그렇다**'라고 말해야 한다. 그러나 우리 가운데 어느 누가 '예수 그리스도'를 말할 수 있는 자리에 있는가?" 그는 "하나의 **새로운** 사건이다. 거기로 인도하는 길은 없다. 인간에게는 그것을 포착할 수 있는 기관이 없다. 왜냐하면 그 새로움 자체가 길이요 기관이기 때문이다."⁸⁷

바르트가 강연을 하던 엘게스부르크 설교단의 왼쪽과 오른쪽에는

"석고 천사상이 서 있었는데, 둘 중에 최소한 하나는 '회개하라!'라는 말이 새겨진 방패를 들고 있었다. 그리고 그 천사상은 나를 향하고 있었다." 바르트의 강연은 다시 한 번 엄청난 파장을 일으켰다. 토론의 사회를 맡은 마르틴 라데가 그 파장을 가라앉히려고 상당한 노력을 기울였지만, 이 강연은 자유주의 구세대를 향한 신세대의 반란으로 간주되었다. 이 토론의 자리에서 바르트를 지지해 준 것은 불트만과 고가르텐이었다. "물론 고가르텐도 무겁고 어두운, 그러나 좋은 말을 해주었다. 그 와중에 자신의 마술적인 기교까지도 몽땅 발휘한 덕분에, 그다음으로 말을 시작한 [기센의 교회사학자] 크뤼거Krüger는 '저 젊은 친구'가 방금 말한 것 때문에 자기가 완전히 '얼이 빠졌노라'고 했다."[88] 집으로 돌아오는 길에 바르트는 아이제나흐Eisenach에 들러 루터가 머물던 방을 구경했다.

세 개의 강연 가운데 둘째, 셋째 강연은 당시 바르트의 입장을 간추려 놓은 것이라 할 수 있다. 바르트는 그 두 강연을 다른 곳에서도 그대로 반복했다. 10월 중순, 바르트는 처음으로 북부 독일 개혁 교회의 초청을 받아 그곳에 가게 되었는데, 그 여행은 바르트에게 의미 있는 시간이 되었다. 별 기대 없이 찾아간 그곳에서 사려 깊은 친구들, "나랑 아주 잘 통하는 탁월한 사람들"을 만났기 때문이다. 바르트는 우선 엠덴Emden으로 갔다. "어두운 판넬의 '고위 간부 회의실'에서……열리는 장엄한 '코에투스Coetus 집회'에 참석"해야 했는데, "사방에서……검은 복장의" 개혁 교회 목사들이 "끝없이 이어지는 가로수길, 풍차 방앗간, 제방을 지나" 거기까지 몰려왔다. 그다음 강연지는 벤트하임Bentheim 근처의 노르트호른Nordhorn이었다. "그곳에서는 세상이 완전히 멈춰 서 있었다. 자유주의자는 **흔적도 없다**!……대신, 교리를 정말로 터득한 결연한 노신사들이 있었다."[89] 불과 2주 후, 아직 10월이 가기 전에 이번에는 보훔Bochum에

가서 강연하게 되었다. 바르트는 전과는 또 전혀 다른 분위기를 느낄 수
있었다. "셀 수 없이 많은 공장 굴뚝, 환상적인 기계들, 석탄 먼지로 가득
한 공기, 이곳은 슈틴네스와 튀센의* 제국이다. 나우만이 이곳에 살았으
면 '용광로에서 일하시는 예수'(Jesus am Hochofen)라든가, 뭐 그런 비슷
한 제목의 '성가' 몇 편을 작곡했을 것이다. 그러나 그럴 만한 시기는 이
제 완전히 지나갔다."[90] 마지막으로 12월 초에는 실증주의 목사·신학자
들의 '정기 학회'에 참석하기 위하여, 몇 가지 토론 주제를 준비해서 브레
멘으로 갔다. 거기서도 이전과는 또 다른, 한자Hansa 동맹 도시의 분위기
가 바르트에게 깊은 인상을 남겼다. 바르트는 브레멘의 의사 칼 슈퇴베
잔트Karl Stoevesandt를 만나자마자 친구가 되었다. "자기 학문의 터 위에 든
든히 서 있는 한 사람의 의사가……내 앞에 있었는데, 이제 그에 못지않
은 결연함으로 그리스도교 신앙 위에 서게 되었다."[91]

다시 괴팅겐에 돌아오고 얼마 안 되어, 요하네스 뮐러가 바르트를 찾
아왔다. 뮐러는 교회를 탈퇴한 사람들을 엘마우 성에 모아 뭔가를 하고
있었다. (그곳은 "교화 시설과 댄스 학교를 버무려 놓은 곳"이었다) 그들은—그
장소의 용도 때문에—'개인적 쾌락주의자들'이라는 평을 듣고 있었다.
뮐러의 방문은 "그런 류의 정신과 천상의 예언자들에 대한 나의 혐오감
을 더욱 강화"해 주었다.[92] 이 시기의 바르트는 에렌베르크 형제들, 오이
겐 로젠슈톡, 프란츠 로젠츠바이크Franz Rosenzweig 등이 주도하던 '파트모
스 서클'과도 거리를 두었다. 탐바흐 강연 때 바르트와 접촉한 그 서클
이 "1919-1920년에는 영지주의로 나를 완전히 뒤덮어 질식시키려고 했

* 슈틴네스(Hugo Stinnes, 1870-1924)와 튀센(August Thyssen, 1842-1926): 그 당시 독일의 철강 광산 제조
전력 사업을 주도하던 기업가들—옮긴이.

260

다."[93] 바르트는 1924년 여름, 스위스의 베아텐베르크Beatenberg에서 우연
히 로젠슈톡을 다시 만나 등산을 함께했다.

바르트는 1922년에 다른 두 개의 특이한 모임을 알게 되었다. 하나
는 헤센 주에 있는 반항 교회(反抗敎會)였는데, 이 교회는 프로이센 동맹
에 저항하는 과정에서 생겨난 작은 루터파 교회였다. 그곳에는 "베르제
르커Berserker를* 방불케 하는" 필마Vilmar의** 독특함이 "아주 개성 있고 주
목할 만한 방식으로" 계승되고 있었다.[94] 멜중겐Melsungen에서 바르트에게
이런 형태의 루터파에 대해 소개해 준 사람은 친구 루돌프 슐룽크Rudolf
Schlunck, 1920년 사망였다. 바르트는 탐바흐에서 슐룽크를 처음 알게 되었다.
그는 "기묘한 편협성을 보이다가도 어느샌가 다시 개방적인 모습을 보이
는 반항-사도직Renitenz-Apostolat"을 유지하면서 자기의 길을 걸어갔고, "교
회의 개념과 관련해서는 약간 열광주의적 면모를 내비쳤는데, 나는 교
회 얘기만 나오면 언제나 귀를 쫑긋 세우곤 했다."[95] 같은 시기의 바르트
가 조금 더 가까이 다가간 단체는 엘버펠트Elberfeld에 거점을 두고 활동하
던 네덜란드 개혁 교회 공동체, 콜브뤼게 추종자들이었다. 이곳도 프로
이센의 통합에 저항하는 과정에서 탄생한 특이한 교회였다. 그들의 신
학은 "개혁주의 성향의 극단적 루터주의자" 헤르만 콜브뤼게로부터 나
왔다.[96] 그가 만들어 낸 기묘한 구조의 개혁주의 신학은 바르트에게 기분
좋은 발견이었다. 바르트가 보기에 이 공동체의 특성을 고스란히 체현

---

* 광전사(狂戰士). 북유럽 신화에 등장하는 무시무시한 전사로서. 위급한 상황에서는 자신을 잊고 곰이나 늑대 같
은 상태가 되어 싸운다―옮긴이.

** 아우구스트 필마(August Vilmar, 1800-1868): 보수적인 루터파 신학자로서 마르부르크 대학교 교수였으며. 프
로이센 정부가 추진한 개신교 교회 통합 정책에 반대했다. 그와 뜻을 같이 하는 사람들이 프로이센의 개신교에서 독립
해 나와 1873-1874년 '반항 교회'(Renitente Kirche ungeänderter Augsburgischer Konfession in Hessen)가 생겨
났다―옮긴이.

하고 있는 한 사람이 있었으니, 그는 수염이 덥수룩하고 "강인한 모습의" 프리츠 호른Fritz Horn이었다. 그는 두이스부르크Duisburg의 목사로서 전형적인 '아웃사이더'였다. 바르트는 그가 세속적인 모습을 "의도적으로 내비치는 것"에는 마뜩찮아 했지만, 그에게 있는 "진정한 이스라엘 사람의 모습"에 환한 기쁨을 느꼈다.[97]

1922-1923년 겨울학기, 바르트는 츠빙글리와 야고보서에 관한 강의를 열었다. "나는 야고보서를 바울주의에 대한 끈질긴, 그리고 훌륭한 측면 공격으로 소개했다.······이따금은 내가 전부터 원했던 기회, 곧 종교-사회주의적 좌우현포(左右舷砲)를 날릴 수 있는 기회를 얻기도 했다."[98] 그러나 츠빙글리에 대해서는 실망을 맛봤다. 본래 바르트는 "의욕과 신뢰로 충만하여" 츠빙글리에게 다가섰으며, "인문주의 또한 종교개혁의 하나님, 곧 사랑의 하나님과 관계를 맺을 의사가 있다는 그의 선포"를 진지하게 받아들이려는 의도를 가지고 있었다.[99] 그러나 결과는 전혀 달랐다. 바르트는 부지런히 "계속해서 그의 저서, 그때 이미 출간된 슐러-슐테스 판 츠빙글리 전집을 뒤적이다가" 갑자기 "부정적인 의미의 회심을 경험했는데" 특히 1월 초 "츠빙글리와 보낸 어느 날 밤"의 경험이 가장 컸다. 바르트가 이 취리히 사람에게서 발견한 것은 "그저 우리가 잘 알고 있는 근대 프로테스탄트 신학, 바로 그것이었으며, 거기다 고대 교회의 알껍데기를 조금 덧붙여 놓은 것"이었다. 기분이 언짢았던 바르트는 츠빙글리가 최후를 맞은 카펠 전투 이야기를 들려주는 것으로 강의를 끝맺었다.

츠빙글리를 자세히 파고들던 바르트는 1923년 1월, 예부터 가톨릭과 개신교 사이에 가시처럼 예민한 문제였던 성만찬 문제와 맞닥뜨리게 되었다. "루터의 성만찬 교리는 츠빙글리의 교리와는 비교가 안 될 정도로 탁월하다. 나는 이것을 루터의 초기 저작을 연구하면서 확실히 알게 되었다. 다만 그가 그것을 **고집한 것**은 실수였다.……그런데 나중에 칼뱅이 나타나서, 양쪽 모두 비(非)변증법의 교착상태에 빠져 버린 그 수레를 밀어 다시 움직이게 한 것은 정말 다행스러운 일이었다. 그러나 그것이 전체에 영향을 주기에는 이미 너무 늦어 버린 상황이었다."[100] 바르트는 이런 맥락에서 1923년 7월 '루터의 성만찬 교리에 나타난 발단과 의도'를 주제로 논문을 집필했다. 이 논문에서 바르트는 상당 부분 루터의 가르침을 따르면서도 마지막에 가서는 루터에 대한 칼뱅의 유보적 태도("그렇다-그러나"[Ja-aber])를 두둔했다.

바르트가 칼뱅을 강의하고, 얼마 뒤에 츠빙글리를 강의한 것만 보아도 알 수 있듯이, 일단 그가 개혁 교회의 유산에 관심을 기울이자마자 종교개혁의 유산 전체가 그의 눈앞에서 열리기 시작했다. 자펜빌에서는 종교개혁자들에게 제대로 다가가지 못했다. "나는 물론 루터와 칼뱅을 어느 정도는 공부했다. 그러나 내가 신학생 시절부터 끼고 있던 특이한 안경 탓에" 그때 그곳에서는 "그들의 참된 가르침을 찾아내지 못했다."[101] 괴팅겐에서는 그것이 단번에 바뀌었다. 바르트는 지금까지 자신이 갖고 있던 신학적 관점이란 게 사실상 종교개혁 이전의 입장에 불과하다고 느꼈다. 그것은 "유명론과 아우구스티누스 사상과 신비주의와 위클리프 같은 것 사이, 저 구석 어딘가에 있었는데, 그것만으로는 종교개혁이 아니었다. 그러나 거기서 나중에는 어쨌거나 종교개혁이 나왔다."[102] "나는 이제야 비로소 종교개혁자들, 그리고 죄인이 의롭다 인정을 받고 거룩하게 됨에 관한 그들의 가르침, 나아가 신앙·회개·행위에 관한 가르침, 교회의 본질과 한계에 관한 가르침 등을 제대로 주목하게 되었다. 나는 그들로부터 많은 것을 완전히 새롭게 배워야 했다." 나는 "당시 사람들이 '종교개혁 노선'이라고 부르던 노선으로" 방향을 바꾸었다.[103] 무조건적인 전향은 아니었지만, 각별한 관심을 가지고 그쪽으로 기울어졌다.

요컨대 당시의 신학 공부를 통해 "우리가 도달한 지점은 종교개혁자들의 성서 이해와 하나님 이해였다. 사실 그럴 수밖에 없었다." 그러나 "그렇다고 해서 우리가 쿠터라는 우회로를 거치면서 블룸하르트에게 배운 것이 묻혀 버리지는 않았다."[104] 1922년 말, '그리스도교 사회 윤리의 토대'에 관해 그 당시 로스토크Rostock의 조직신학자 파울 알트하우스Paul Althaus와 벌인 서면상의 논쟁이 그 증거였다. 이 논쟁에서 바르트는 자신이 그사이 종교-사회주의적 관심을 완전히 잊어버린 것이 아니라, 이제 그것을 "죄인이 의롭다는 인정을 받음"(義認)의 토대 위에서 인정할 수 있게 되었음을 보여주었다. 바르트가 자펜빌에서 깨달은 것, 그리고 지금 종교개혁자들에게서 발견한 것이 하나의 독특한 신학으로 결합되었다. 이전의 깨달음은 새로운 정신적 근거를 제공받아 또 다른 강조점을 지니게 되었고, 종교개혁 신학도 또 하나의 특별한 해석을 얻게 된 것이다. 이 신학이 유난히도 '하나님의 말씀'에 집중했기 때문에, 사람들은 그것을 '말씀의 신학'Theologie des Wortes이라고 불렀다. 적절한 명칭이었다. 또한 그 신학의 독특한 사유 형태 때문에—덜 적절하기는 하지만—'변증법적 신학'이라고도 불렀다. "변증법적 신학이라는 이름"은 1922년에 "어느 청중이 우리에게 붙여 준 것이다."[105] "20세기 초까지만 해도 지배적이었던 신학, 곧 '종교적' 인간의 역사적·심리적 자기 해석과는 정반대로" 이 새로운 신학의 특징은 "모든 인간의 자기 이해를 제한하고 규정하는 월등하고 새로운 것, 곧 성서가 하나님·하나님의 말씀·하나님의 계시·하나님 나라·하나님의 역사라고 부르는 바로 그것에 관한 물음이었다. '변증법적'이라는 표현은, 인간에게 절대적인 존재로 다가오시는 하나님과

인간의 대화 속에서 일어나는 사유를 의미하는 것이었다."[106] 이 신학은
"내가 그 당시에는 아직 몰랐던 실존주의와의 근접성"이 어느 정도 있고,
'현상학'과도 마찬가지다.[107] 그러나 당시의 주류 신학에 대해서는 의도적
으로 반기를 들었다. "우리가 옳았을까? 아니면 틀렸을까? 우리는 확실
히 옳았다. 트뢸치와 슈테판의 『신앙론』을 읽어 보라! 그 입장에 아주 건
실하게 서 있는 조직신학 책들, 예컨대 뤼데만이나 제베르크의 『조직신
학』을 읽어 보라! 그야말로 막다른 골목 아닌가! 그 당시 우리에게 반드
시 필요했던 것, 그것은 기존의 문제의식을 그대로 둔 상태에서 강조점
만 약간 이동하는 것(예컨대 보버민, 셰더[Schaeder], 오토 등이 시도했던 것)이
아니라 철저한 방향 전환이었다. 배가 좌초할 위험에 빠졌다. 지금이야
말로 키를 180도 돌려야 할 때다."[108]

　사람들은 '말씀의 신학'을 새로운 신학 사조나 학파로 여겼다. 이 신
학은 그 격동의 시대를 살아가는 격동하는 정신의 소유자들을 매료시켰
다. 그런 사람들 가운데는, 1923년부터 프랑크푸르트 대학교에서 교편
을 잡은 마르틴 부버Martin Buber도 있었다. 부버와는 투르나이젠을 통해
연결되었다. "그는 우리의 관심사를……잘 이해하고 있으며, 우리에게
깊이 공감하고 있다."[109] 반면 기존 신학계는 거의 대부분 이 신학을 거부
했다. 바르트가 이 새로운 신학을 구성해 나갈 때, 뜻을 같이하는 일군의
사람들이 그를 도와주었다. 1923년 1월, 이 '신학'은 자체적인 언론 창구
를 구축하기까지 했으니, 곧 새로운 잡지를 (처음에는 계간으로, 나중에는 두
달에 한 번) 발행하게 된 것이다. 1921년 9월, 『그리스도교 세계』가 이 신
학의 홍보지가 될 뻔했던 적도 있었다. 라데 교수가 이 잡지의 편집 책임
을 바르트에게, 얼마 뒤에는 메르츠에게 넘기려고 했기 때문이다. 그러
나 그 계획은 무산되었고, 철학자 크니터마이어가 편집장의 자리를 맡게

되었다. 1922년 8월, 바르트는 스위스에서 투르나이젠과 고가르텐을 만나 새로운 잡지의 발간을 결의했다. "우리가 이 잡지를 창간한……바로 그날, 투르나이젠과 고가르텐과 내가 한자리에 앉아 있는 사진이 있다. 그때 나는 상당히 잘 어울리는 콧수염을 기르고 있었다. 내 옆에는 고가르텐이 있었는데, 그도 그런 수염을 길렀다. 그런 스타일은 19세기의 유산이다. 어쨌든 나는 눈에 띌 정도로 미심쩍은 시선으로 날카롭게 고가르텐을 바라보고 있다. 반면 투르나이젠은 평화로운 모습으로 우리 두 사람 사이, 한가운데에 앉아 있다. 그는 고가르텐을 이 모임에 포함시켜야 한다고 강력하게 주장했다.……나는 거기에 반대할 마음은 없었다. 그러나 진심을 담아서 찬성하지도 않았다. 고가르텐에게는 내가 완전히 이해할 수 없는 무언가가 늘 있었다."[110]

게다가 이 잡지의 창간은 대단히 의미심장한 장소인 "베르클리"Bergli에서 이루어졌다. 이곳은 취리히 호수의 왼편에 있는 (그 당시만 해도 인적이 드물던) 오버리텐Oberrieden의 상부에 위치하여, 멀리 글레르니쉬 산Glärnisch이 보이는 작고 소박한 여름 별장이었다. 그 별장을 지은 사람은 바르트의 친구 페스탈로치였다. 1920년 여름에 처음 문을 연 뒤로, 그곳은 바르트가 (투르나이젠도 마찬가지였지만) 좋아하는 거주지가 되었다. 바르트는 1950년대까지 1년에 최소한 한 번은 꽤 오랜 시간 동안 그곳에 머물렀다. 그곳에 깃든 분위기, "로테가 사랑했던, 지극히 편안한 고요의 분위기"가 언제나 그를 매료시켰다. 시간이 흐를수록 바르트는 이곳을 '제2의 고향'처럼 느꼈다.[111] 바르트는 이곳에서 휴식을 취하곤 했다. 또한 이곳에서 혹독하게 일하고, 강의나 강연이나 논문을 준비하고 집필하기도 했다. 그래서 여름방학 기간에 바르트를 만나려면 그곳까지 가야 했다. 하지만 일단 그곳까지 찾아온 사람은 페스탈로치 가족이 베푸는 정말 한도 끝도 없는 환대를 맛보게 되었다. 새로운 잡지의 창간 결정이 이루어진 곳도 바로 이곳이었다.

고가르텐은 잡지의 이름을 '말씀'으로 하자고 제안했으나, 바르트에게 그런 이름은 "참을 수 없을 정도로 교만한 것"이었다. "그런 경건한 족쇄보다는 차라리 '바보들의 배'라는 이름이 낫겠다."[112] 그러다가 고가르텐의 논문 제목과 같은 '시간과 시간 사이에서'Zwischen den Zeiten로 이름이 결정됐다. 창간호에는 발간인 세 명의 논문이 실렸다. "우리가 『시간과 시간 사이에서』를 창간했을 때……그때 우리는 우리가 원하는 것과 관련해서는 완전히 하나라고 생각했다. 우리는 20세기 초반 신 개신교주의가 주도하던 실증주의적 자유주의 신학, 혹은 자유주의적 실증주의 신학을 거부했다. 우리는 그 신학이 추구하는 인간-신Menschgott을 거부했다. 그리고 우리는 그 신학의 성소를 간파했다고 생각했다. 거기에 맞서 우리가 원했던 것은 하나님 말씀의 신학이었다. 바야흐로 성서는 우리 젊은 목사들에게 그런 신학이 반드시 필요하다는 것을 절절히 느끼게 해주었으며, 우리는 종교개혁자들이야말로 그런 신학의 모범이라는 것을 발견하게 되었다."[113]

1920년대 바르트의 강연문과 논문은 대부분 『시간과 시간 사이에서』를 통해 지속적으로 발표되었다. 이 잡지는 바르트와 비슷한 생각을 가지고 신학적 사유의 변화를 추구하는 신학자들, 그것도 대개는 젊은 신학자들이 벌써 꽤 많아졌다는 사실을 보여주는 것이기도 했다. 그 잡지에 자기 글을 기고하는 사람들 대부분은 바르트와 신학적으로 가까운 사람들이었다. 초기 집필자로는 발간인 외에도 불트만, 그의 제자 하인리히 슐리어, 그리고 에릭 페터슨, 귄터 덴, 프리츠 호른, 렘샤이트의 목사 빌헬름 뢰브, 괴팅겐의 신학생 기숙사 감독관 요아힘 베크만, 블룸하르트의 사위이자 작가로서 카이저 출판사에서 일하던 오토 브루더가 있었다. 상당수의 스위스 친구들도 이 잡지에 기고했는데, 그들은 알베르트 셰델린, 고트프리트 루트비히, 프리츠 리프, 알프레트 드 쿼르뱅, 에밀 브룬너, 하인리히 바르트, 루카스 크리스트였다. 크리스트는 『로마서 주석』제2판을 출간할 때도 "엄청나게 많은 부분에서 내 문체를 부드럽게 고치기 위해 노고를 아끼지 않았는데, 그것은 없어서는 안 될 윤문이었다."[114]

『시간과 시간 사이에서』의 편집 총책임은 게오르크 메르츠가 맡았다. 그 사람은 "그 직책을 맡기에 필요한 모든 것을 천성적으로, 그리고 하늘의 은혜로써 고루 갖춘 사람이었으며, 일이 고될 때가 많았는데도 언제나 기꺼이 그 일을 수행하면서 다른 사람들에게 활력을 주었고, 필요한 경우에는 의견을 조율하는 역할도 떠맡았다. 부족한 부분이 있으면 그만의 고유한 능력으로 최대한 기분 좋게 보완해 나가면서, 갓 생겨난 그 모임을 언제나 새로운 형태로 편성하고 소개하였다."[115] 메르츠가 편집 책임을 맡게 되자, 바르트는 자연스럽게 그와 자주 함께 일하게 되었다. 예컨대, 1923년 초에 메르츠는 "이 세상 원근각처의 온갖 뉴스를 수집해 놓은 판도라의 상자"에서 제일 우스꽝스러운 것을 골라서 괴팅겐의 바르트를 즐겁게 해주었다. 바르트는 메르츠의 아주 독특한 루터주의를 좋아했다. 메르츠의 루터주의는 "언제나 나를 도취시키는 에피소드 스타일의 세계상" 덕분에 "아주 멋지게 완화되었다."[116] "메르츠는 누가 뭐래도 '말 잘하는 사람'이었고 대화의 대가, 편지 쓰기의 낭만주의자, 중재의 천재였다. 그는 서로 다른 생각을 촉진하기도 하고 하나로 엮어 주기도 했다.……그는 어디를 가든지, 어디에 있든지 소금이 되고 교훈이 되는 사람이었다. 그의 방문은 바르트에게도 하나의 축제였다. 마침 방학이 시작되기 바로 전이었기에, 바르트는 바이에른 출신의 학생들을 조금 붙잡아 두었다가 그 축제에 오게 했다. 메르츠가 방의 한복판에 서서 일장연설을 할 때, 바르트는 소파에 앉아 담배를 피우며, 웃으면서 경청하기만 했다."[117]

『시간과 시간 사이에서』를 간행한 출판사는 1920년 바르트의『로마서 주석』판권을 인수받은 출판사, 곧 뮌헨에 있는 카이저 출판사였다. 메르츠는 이 출판사의 책임자였다. 이 잡지를 간행함으로써 '변증법적 신학'의 전파에 지속적으로 전력투구한다는 것은 위험 부담이 적지 않은 일이었다. 그러나 출판사의 소유주 알베르트 렘프는—더 큰 수익성을 보장하는 다른 책의 출간을 의식적으로 포기하면서—그 결정을 과감히 밀어붙였다. 얼마 후 카이저 출판사는 이 신학의 내적인 노선에 입각하여 종교개혁 시대의 저술, 그리고 그 시대에 관한 저술의 출간까지도 기획했다. 그래서 게오르크 메르츠와 한스 하인리히 보르헤르트가 편집한 '뮌헨 판' 루터 전집, 칼 바르트의 동생 페터와 빌헬름 니첼이 작업한 칼뱅 '선집'이 여기서 나왔다. 카이저 출판사는 "이렇게 제3제국 초반까지 칼 바르트의 출판사가 되었으며……1943년 강제로 문을 닫기 전까지, 이른바 변증법적 신학의 출판사였다. 칼 바르트의 초기 저작은 대부분 크리스티안 카이저 출판사에서 출간되었다."[118] 이 카드를 선택한 것은 출판사에게도 큰 이득이 되었다. "우리의 발행인께서도 그분의 특별한 자리에서 이 사태의 추이에 만족하지 않을 수 없으셨던 것이다."[119]

『시간과 시간 사이에서』가 창간되고, 그와 더불어 '변증법적 신학'이 외적으로도 하나의 독립된 신학 사조로 나름의 모습을 갖추기 시작하던 그때, 바르트는『그리스도교 세계』의 지면을 통해 아돌프 폰 하르낙과 논쟁을 벌였으며, 이로써 그 당시 여전히 주류를 형성하고 있던 자유주의 신학과 한판 대결을 벌이게 되었다.

두 사람은 각각 두 통의 편지에서 신학의 학문성 문제를 다루었다. 하르낙
은 자신의 옛 제자가 "학문적 신학을 경멸"한다며 비난했다. 거기에 바르트
는 이렇게 응수했다. 자기는 결코 학문적 신학을 반대하는 것이 아니라, 근
대적 형태의 신학이 "신학 본연의 주제에서 (종교개혁이 확실하게 제기한 주
제에서) 벗어난 것"에 반대하는 것뿐이다. 베를린의 대가는 문화와 역사적
지식과 도덕 등을 통해 '하나님을 향한 교육'Erziehung zu Gott hin이 가능하다
고 가르쳤지만, 괴팅겐의 젊은 교수는 그런 가르침을 예수의 말씀으로 선명
하게 되받아쳤다. "나를 보내신 아버지께서 이끌지 아니하면 아무라도 내게
올 수 없으니……"(요 6:44). "신학의 과제는 설교의 과제와 하나"라는 바르
트의 명제에 대해 자유주의 신학의 수장은 "교단을 설교단으로" 바꿔 놓아
서는 안 된다고 응수했다. 하르낙은 바르트의 답변을 듣고 나서 이렇게 논
평했다. "나의 질문에 대한 그의 대답은 우리 사이의 간격이 얼마나 큰지를
보여주었을 뿐이다." 그럼에도 하르낙은 화해를 암시하는 말로 논쟁을 마무
리했다.[120] 1년 뒤 바르트는 하르낙에게 보내는 사적인 편지에서 이에 대해
'진정한 존경'의 마음을 담아 감사를 표했다.[121]

바르트가 이러한 '결투'와 새로운 잡지에 관한 일로 바짝 긴장하고 있
던 그 시절, 독일의 정치적 상황도 긴장 국면에서 벗어나지 못하고 있었
다. 바로 그렇기 때문에, 과거 자펜빌 시절에는 전면에 뚜렷하게 부각됐
던 직접적인 정치적 활동이 괴팅겐 시절의 바르트에게서는 아주 현저
히 감소한 것이 더더욱 두드러졌다. 사실 그가 괴팅겐에 초빙받아 갔을
때, 새로운 정치 단체에 가입하지 말라는 요청을 받기도 했다. 그러나 그
때 바르트에게는 그러고 싶은 마음 자체가 없었다. 이것은 당시의 바르
트가 오로지 신학에만 매진했던 정황과 밀접한 연관이 있었다. "우선적

으로 나의 학문적 활동의 근거를 다지기 위해 해야 할 일이 너무나 많았기 때문에……나는 이 낯선 나라에서 약간 뒤로 빠져 있었다."[122] "하지만 이따금 책이나 공책에서 눈을 돌려 다른 것을 보고 듣지 않을 수 없었다. 그때 내가 본 독일은 제1차 세계대전 패배, 그리고 그 후유증에서 ─북독일의 억양으로 발음된 '베르사유'라는 단어는 내 귀에 마치 채찍소리처럼 들렸다─벗어나기 위해 안간힘을 쓰고는 있지만, 실제로는 그럴 수 없는 상황이었다."[123] 바르트가 보기에 "독일인의 정치적 무능력은 한도 끝도 없는" 것 같았다.[124] "중립국에서 온 이방인이 이제는 전후 독일의 모든 면모를 알게 되었는데, 이게 다 인플레이션 덕분이었다." 1922-1923년 겨울, 독일의 화폐 가치는 계속해서 곤두박질쳤다. 1923년 초반 "괴팅겐에서 유난히 활발하게 일었던 루르 투쟁의* 열기"도 여기에 한몫했다. 프랑스군의 침입은 바르트에게도 "격렬한 분노와 반감"을 일으켰다.[125] 물론 바르트는 그 당시 독일에서 들불처럼 번져 나가던 국가주의에 철저하게 반대했으며, 특히 동료 교수들의 쇼비니즘적 반응에 격분했다. "독일 교수들은 야만성을 명민하게, 도덕적이고 그리스도교적으로 합리화하는 데 진정한 대가들이다."[126] 바르트는 괴팅겐의 일부 교수들에게서 나타나는 정치적 보수주의에 대해서도 전혀 동의하지 않았다. "그 대학교에서 추밀 고문관 행세를 하던 교수들은 하나같이 독일 제국의 검정-하양-빨강 국기에 대고 충성을 맹세하든지, 아니면 황제나 비스마르크 등을 맹신했다. 그러니 나에게는 이제 또다시 좌측에 가서 서는 것 외

---

* 1923년 독일이 전쟁 배상금을 지불하지 않았다는 명목으로 프랑스와 벨기에 군대가 독일 공업의 심장부인 루르 지방을 점령한 사건을 루르 점령(Ruhrbesetzung), 혹은 루르 침공(Ruhrinvasion)이라고 부른다. 이 사건은 바이마르 공화국이 처한 위기 상황을 보여주는 중요한 사건 가운데 하나였다. 루르 점령에 대한 저항 운동을 일반적으로 '루르 투쟁'이라 한다—옮긴이.

에는 달리 방도가 없었다." 그러므로 바르트는 누가 뭐래도 자신의 확실한 정치적 견해를 가지고 있었다. 그럼에도 불구하고 그 시기의 바르트는 정치적으로 "그렇게 적극적이지는 않았다. 나는 연구실에서 나의 일을 해야만 했다. 독일의 정치에 관여하는 것보다 더 나은 일을 해야 했다."[127] 그러니까 "나는 그저 정치 활동을 할 시간이 없었던 것이다."[128]

그러나 바르트가 정치적으로 소극적이었던 것은 그가 독일에서 외국인이었던 것, 처음에는 정말 외국인 같은 느낌으로 살았던 것과도 관련이 있었다. 바르트는 방학 때만 되면 기꺼이 스위스로 달려갔다. "내가 독일에서 사는 동안에도 방학이 되면 스위스에서 시간을 보낸 덕에……스위스는 언제나 내 곁에 있었다."[129] "그렇지만 스위스에서 방학을 잘 보내고 나면……언제나 기꺼이 다시 독일로, 독일 사람들에게로 되돌아갔다."[130] 그리고 바르트는 조금씩 독일에 뿌리를 내리기 시작했으며, 1923년 1월에는 (위에서 언급한 루르 투쟁 기간에) 이런 말까지 했다. "이제는 나도 서서히 독일 사람이라는 느낌이 들기 시작했다."[131] 그는 구체적으로 독일 대학생들, 그 밖의 다른 독일인들과 마주하여 자신에게 맡겨진 신학적 과제를 집중적으로 파고들었기 때문에 그런 느낌이 생기지 않을 수 없었던 것이다. 그러므로 이 시기의 바르트는 공식적으로 자신의 정치적 입장을 표명하는 데는 소극적이었지만, 독일의 정치적 상황으로 인해 곤경에 처한 사람들을 돕기 위한 방안을 찾는 데는 적극적이었다. 9월 말, 바르트는 인플레이션 때문에 "수많은 사람들이 처절한 고통"을 당하는 상황에서 「아펜첼 일요신문」(Appenzeller Sonntagsblatt)의 지면을 통해 스위스 사람들에게 이렇게 호소했다. "곤경에 처한 많은 사람들의 짐을 조금이나마 덜어줄 수 있도록 나를 도와주십시오!" 그리고 그의 호소는 나름의 성과를 거두었다.

바르트는 4월에 다시 스위스에 잠깐 다녀온 뒤, 그해 여름에는 종교 개혁 시대의 고백 문서들, 또 이와 관련된 다양한 텍스트를 즐겁게 공부 했다. 그러면서 고린도전서를 주석했는데, 그 결과 "1924년에는 고린도 전서 15장에 관한 책이 출현"했다.[132]

이 책에서 바르트는 고린도전서의 핵심은 바로 15장이라고 주장했다. (불트 만은 서평에서 이 견해에 반대했다.) 여기서 바르트는 성서적 종말론에 대한 자신의 견해를 핵심만 간추려 펼쳐 놓았다. 한 마디로 말해, 그는 "최종적인 것(들)"이란—언제나 우리 앞에 가까이 서 있는—"마지막 이야기"로 이해되 어야지, 이 세상의 "끝장 이야기"로 이해되어서는 안 된다고 생각했다. "최 종적인 것은 제아무리 위대하고 의미심장하다고 해도 그 자체로 **최종적인** 일들은 아니다. 모든 것의 **마지막**에 대해 말하게 될 분만이 최종적인 것에 대해 말하게 될 것이다.……이는 그 어떤 것과 비교할 수 없는, 모든 것보다 철저하게 우월한 실재Wirklichkeit에 대한 말인데, 모든 것의 실존이 완전히 그 실재 안에, 오로지 그 안에만 근거를 두고 있는 것이니, 그야말로 철저한 우 월함이다. 그러므로 그 모든 것의 마지막에 대해 그분이 말하게 될 것이니, 그 마지막이 실제로는 모든 것의 시작이 아니고 무엇이랴."[133]

6월에는 「푀르스터의 논문에 대한 반박」이라는 짧은 비평도 썼다. 여 기서 바르트는 당시 저명한 윤리학자요 교육학자였던 (그리고 평화주의자 였던) 푀르스터에게 이렇게 말했다. 그리스도교 윤리는 이미 기획된 윤 리 프로그램에다 추후에 그리스도교적인 이름표를 붙이는 것이 아니라, 처음부터 그리스도교적 근원에서 나온 것이어야 한다. 그리고 그 근원 은 죄의 용서다.

스위스에서 (베르클리와 그랑빌라드[Grandvillard]에서) 여름방학을 보낸 바르트는 9월 중순—1년 전에 처음 갔던—엠덴에 다시 한 번 가게 되었다. 강연의 주제는 '개혁 교회 교리, 그 본질과 과제'였으며, 이 강연은 지난 학기 대학교 강의의 열매였을 것이다. 바르트는 "그 당시까지만 해도 대단히 전통주의적이었던 독일 개혁 교회 총회 앞에서" 강연을 했던 것인데 "나는 그들이 존경해 마지않는 칼뱅을 일단은 조금 낯설고 충격적인 모습으로 소개해 보려고 했다."[134] 바르트는 이 강연에서 이렇게 말했다. "참된 교리에 대한 물음은 우리를, 우리의 [근대적인] 교회와 그리스도교의 한복판에 있는 빈 공간으로 인도한다." 나아가 "교회는 진리들로—그것이 제아무리 심오하고 생기 있는 진리들이라 할지라도—사는 게 아니다. 교회는 이런저런 교리·이론·확신처럼 우리가 파악**할 수 있는** 것이 아니라 파악**해야 하는** 그 진리로 사는 것인데, 이는 그 진리가 스스로 먼저 사람을 장악했기 때문이다." "개혁 교회의 고백은 인간이 행위가 아니라 믿음으로 의롭다고 인정을 받는다는 사실을 강조하기는 하지만, 그보다 더욱 강조하고 있는 것은 의롭다고 인정하는 주체가 **인간**이 아닌 **하나님**이라는 사실이다." 그런데 바로 그렇기 때문에 이런 질문이 제기된다. "인간의 권리와 존엄성에 대해 크고도 근본적으로 양보하는 모습을 보이는……근대의 좌익 개신교주의, 그리고 우익 개신교주의는 저 가톨릭주의, 그러니까 받아들여야 할 다양한 이단들 때문에 너무나도 슬프게 왜곡된 가톨릭주의와 뭐가 다른가?"[135] 바르트는 이 여행을 통해서 빌헬름 괴터스Wilhelm Goeters, 빌헬름 콜프하우스Wilhelm Kolfhaus, 헤르만 알베르트 헤세Hermann Albert Hesse, 헤르만 클룩키스트 헤세Hermann Klugkist Hesse와 같은 개혁 교회 지도자들, 그리고 교구자치회의 의장인 아우구스트 랑August Lang과 알게 되었다. 괴팅겐으로 돌아오는 길에는 노르데르나이

Norderney 섬에 사는 제자 파울 레오Paul Leo를 방문했다.

바르트의 엠덴 강연이 '교리'의 문제에 대한 새로운 관심을 보여준 것이었다면, 11월 30일 뤼베크에서 행한 강연 '교회와 계시'(Kirche und Offenbarung)는 바르트가 '교회'라는 주제에 몰두하게 되었음을 보여주었다. 그 강연의 결정적인 명제는 이것이다. "진정한 그리스도교 교회는 **심판의 자리에서 은혜를 입은 자들**의 공동체다. 교회가 늘 새롭게 인식해야 할 토대는 인간의 종교적 체험이 아니라, 인간을 향한 신적인 계시의 말씀이다. 이러한 토대, 곧 진정한 그리스도교 교회의 토대는 근본적으로 그리스도교적 주관주의의 **종말**이며, 진정한 그리스도교적 예언의 **전제**다." 이 도시가 가지고 있는 "한자 동맹 도시로서의 광채"가 바르트의 마음에 들었다면, 이 도시의 "유구한 시민 계급과 교회의 결합"은 마음에 들지 않았다. "어쨌거나 목사들은 토마스 만이 묘사한 모습과 완전히 똑같다."[136] 12월에는 괴팅겐의 목사들 앞에서 이 강연을 반복했다. 1924년 2월 말에도 '위대한 호수의 도시 라이프치히'에 가서 뤼베크 강연을 두 번째로 반복했다. (바로 그 전에는 제국 수상을 지낸 미하엘리스[Michaelis]가 괴팅겐을 방문했다. 그가 바르트에게 남긴 인상은 "절대적으로 품위 있고, 그리스도교에 대해서는 확실히 잘못된 견해를 가지고 있는, 총명한, 그러나 그다지 큰 의미는 없는 남자"였다.[137]) 그곳에서는 "어떤 편지에 적혀 있는 것처럼, 최소한 백여 명의 호기심 많은 사람들이" 바르트를 기다리고 있었다. 거기에는 많은 대학생, 목사들이 있었다. "결연한 마음으로 거기 모인 백여 명의 사람들 맨 앞에서 머리를 높이 들고 달려 나온 칼 피셔, 그리고 정말 성실한 칼 아에Karl Aé", 그 밖에 여러 사람이 있었다. "목사들이 나에게 주로 질문한 것은, 내가 분명하게 외치는 칼뱅주의적 다름의 교리Anders-Lehre와 그들의 루터주의를 어떻게 결합할 수 있겠는가 하는 것이었다. 거기에

대해서 나는……모든 것을 검토한 후 거기서 최선의 것을 취하라고 제
안했다." 그곳에서 "나에게 자기 나름의 방식으로 깊은 감명을 준" 사람
이 있었는데, 그는 루트비히 이멜스Ludwig Ihmels 감독이었다. 그는 별도의
자리를 마련하여 바르트와 대화를 나누었다.[138]

1923-1924년 겨울학기에-요한1서 주석과 병행하여-바르트의 생
각을 온통 사로잡은 사람은 그의 오랜 지인, 그러나 지금은 새롭고 비판
적으로 보고 있는 사상가 곧 프리드리히 슐라이어마허였다. 사실은 슐
라이어마허도 개혁 교회의 일원이었다.

"내가 아는 한, 나 이전에도 그렇고 이후에도 그렇고, 그 누구도 슐라이어마
허를 그의 설교를 통해 해석하려는 시도를 하지 않았다. 내가 강의를 통해
시도한 것이 바로 그것이었다. 거기서 출발하여 그의 『종교론』으로, 『독백』
으로, 『성탄축제』로, 그리고 시간이 허락하는 한 『그리스도교 신앙』까지 파
고들려는 것이었다."[139] 바르트의 총체적인 인상은 이것이었다. 슐라이어마
허가 "똑똑하고 교훈적이고 대범하게 한 것을 근대의 무익한 대중은 멍청하
고 미숙하고 불합리하고 소심하게 만들어 버린다." 물론 그의 신학은 "천하
에 둘도 없는 속임수라며 분통을 터뜨리고 소리를 지르고 싶을 때가 자주 있
다. 그러나 상관없다. 그런 식으로는……일이 되지 않는다는 통찰은 상황을
분명하게 해준다. 하지만 질문이 남는다. 그렇다면 어떻게 하자는 것인가?
이 질문은 상황을 더욱 곤란하게 만든다." 그렇다, 바르트는 아주 근본적인
질문을 던졌다. "슐라이어마허의 경우는 따귀 때리기, 곧 그 소리가 부분적
으로는 16세기까지 거슬러 올라가 쟁쟁 울려나는 따귀 때리기 아닌가?"[140]
『성탄축제』에 대한 부분은 1925년 초반에 따로 분리하여 출간했다.

그 학기 강의의 또 다른 성과는 에밀 브룬너의 책에 대한 바르트의 서평(1924)이었다. 브룬너는 프리드리히 췬델Friedrich Zündel을 대부로 두었고, 쿠터의 교회에서 수련목회자로 있었던 터라 사상적으로 바르트와 비슷한 노선을 걷게 되었으나, 꽤 오랜 기간 영국에 머물렀던 경험을 기반으로 자기만의 독특한 색채를 지닌 사람이었다. 옵스탈덴Obstalden의 목사였던 브룬너는 1921년에 펴낸『체험, 인식, 신앙』(Erlebnis, Erkenntnis und Glaube)이라는 책에서 '변증법적 신학'을 지지했는데, 그는 이 책 덕분에 1924년에 취리히 대학교 조직신학 교수가 될 수 있었다. "나의 친구 에밀 브룬너는 우리가 함께 추구하고 시도하는 변화의 과정에서, 그 변화의 맥락에서 도저히 제지할 수 없는 것, 곧 슐라이어마허에게서 돌아서는 것에 대하여 자신의 책『신비주의와 말씀』(Die Mystik und das Wort, 1924)을 통해 아예 노골적으로 입장을 표명했다. 나는『시간과 시간 사이에서』의 지면을 통해 브룬너의 책에 대한 서평을 써야 했다. 그리고 금세 어떤 당혹스러움을 느꼈다. 그의 글에는 나 역시 슐라이어마허에 대해 반대하는 내용들이 많이 등장하는데, 브룬너가 그것을 표현해 내는 방식은 그다지 편안하지 않았다. 우선, 슐라이어마허가 주장했던 내용을 '신비주의'라는 개념으로 표현한 것이 만족스럽지 않았다. 그다음으로 (훗날 나와 브룬너의 갈등과 연계될 수 있는 무언가가 이미 여기에 나타나고 있는데) 나는 브룬너가 (하나님의) 말씀을 관철시키는 것만큼이나 강력하게……F. 에브너Ebner의 반(反)이상주의적 로골로지Logologie를 이용하여 슐라이어마허와 싸우고 또 이기는 모습을 보았기 때문이다. 그러나 세 번째 이유가 제일 중요하다. 나의 방식은 분명히 슐라이어마허에 '반대'했음에도, 나라는 사람은 브룬너처럼 한 점 의혹도 없이……슐라이어마허에 대하여 결코 그렇게 확실하게, 완전히 끝을 내 버릴 수 없었다."[141]

칼 바르트는 이미 그 전, 그러니까 1923년 11월에도 파울 틸리히와 정식으로 한판 논쟁을 벌였다. 그러나 "나와는 모든 면에서 적지 않은 간격이 있으되 그럼에도 나와 가까이에 있는 틸리히 같은 사람과 나의 차이를, 우리 두 사람이 공동으로 염려하는 사안에 별로 관심이 없으되 확신에 찬 사람들이 지켜보는 앞에서 더 벌려 놓는 것은" 결코 쉬운 일이 아니었다. 두 사람의 토론은 표면적으로는 '역설'Paradox 개념에 관한 것이었다. 그러나 그 바탕에는 신학 내에서 예수 그리스도의 지위에 관한 토론이 있었다. "그리스도는 '우리'에게 **절대적인** 구원사"였으나, 틸리히에게 그리스도는 언제 어디서나 존재하며 언제 어디서나 인식할 수 있는 계시의 상징일 뿐이었다. 그 계시라는 것도 어떤 '주어진 것'에 불과해서, 바르트가 주장하는 것처럼 "가장 특별한, 오직 하나님만이 열어 주시는, 오로지 우리가 그분에 의해 인식될 때만 인식할 수 있는 **사건**"은 아니었다.[142]

브룬너에 대한 거리두기, 또 틸리히에 대한 거리두기가 잘 보여주는 것처럼, 바르트의 사상은 자기만의 고유한 길을 따라 전개되었으며, '변증법적 신학'이라는 이름 아래 그저 새로운 학파를 만들거나 대외적으로 하나의 완결된 전선을 형성하는 것은 바르트의 관심과는 거리가 멀었다. 그래서 바르트는 이미 이 시기부터 자신의 신학적 입장을 다른 변증법적 신학자들의 입장과 구별하기 시작했다. 자신만의 독특하고 독자적인 관심사를 알리기 위해, 바르트는 1924년 2월 (어머니에게 헌정한) 자신의 첫 번째 강연집을 출간했다. 책의 제목은 『하나님의 말씀과 신학』으로, 심사숙고 끝에 결정한 제목이었다. 바르트 자신이 정말 원하는 것과 관련하여 계속해서 자신과 완전히 한 마음이라고 느꼈던 사람은 오직 한 사람, 투르나이젠이었다. 그 하나됨의 증거로 두 사람은 바로 그해에 두

번째 설교집을 출간했다(『오소서, 창조주 성령이여』). 첫 번째 설교집의 경우
와 마찬가지로, 각각의 설교가 두 사람 가운데 누구의 설교인지는 표기
되지 않았다. 이 집단의 다른 신학자들에 대한 질문은 더욱 늘어났다. 그
러나 1924년 2월 초, 열두 명의 대학생을 데리고 마르부르크로 간 여행
은, 적어도 불트만과는 근본적인 공통의 요소를 가지고 있다는 인상을
강하게 해주었다. 원래 이 여행의 목적은 불트만의 강연을 듣는 것이었
다. "그 강연에서 기존의 마르부르크 신학은……정말 나쁜 점수를 받았
고, 좋은 것은 정말 좋은 평가를 받았다." 불트만의 강연이 없는 날에는
바르트도 "불트만과 함께 신학과 세미나에서 (우리는 두 랍비처럼 고독한 위
엄에 잠겨 파이프 담배를 피우며 '저 앞에' 앉아 있었고) 이런저런 정보를 제공했
다.……이제 마르부르크는 다시금 진정으로 중부 유럽 지도상의 한 지
점이 되었으며, 그 지도를 보는 이의 눈이 만족스러운 안식을 찾게 되었
다."[143] 고가르텐과의 관계는 이와는 대조적이었다. 1924년 7월에 이루
어진 두 사람의 만남은 공식적인 절교로 이어질 뻔했다.

바르트의 첫 번째 교의학

이제 바르트는 사실상 변증법적 신학자들의 영역 안에서도 아주 독자적
인 길을 걷게 되었다. 이것은 그가 1924년 초반부터 교의학 강의를 준
비하는 방식에서 분명하게 드러났다. "1924년 초반의 겨울방학은 나에
게 잊을 수 없는 시간이다. 나는 괴팅겐의 연구실에 앉아 있었고, 처음으
로 교의학 강의를 진행해야 하는 과제가 내 앞에 있었다. 내가 할 수 있
을까? 어떻게 해야 할까? 아마도 그 문제를 가지고 나처럼 고심했던 사
람은 없었을 것이다. 그때까지 나는 성서학 연구와 교회사 연구를 추진

했기 때문에, 다른 한편으로는 당대의 착실한 신학자 집단이라든가—나한테 점점 분명해진 것처럼—대부분의 최신 신학에서 점점 더 추방되었기 때문에, 나는 그야말로 스승 하나 없이 허허벌판에 혼자 서 있는 꼴이었다. 성서가 스승이 되어야 한다는 것은 알고 있었다. 무엇보다 종교개혁자들을 다시 연구할 필요가 있다는 사실도—그 시기의 몇몇 학자들이 실제로 그랬듯이—분명히 의식하고 있었다. 그러나 '그 누구도 내게 가르쳐 주지 않는 것을 내가 어떻게 할 수 있단 말인가?'……그때 하인리히 슈미트Heinrich Schmid의 루터파 교의학과……헤페의 책이* 나의 수중에 들어왔다. 시대에 뒤떨어져 먼지를 뽀얗게 뒤집어쓰고, 멋도 없으며, 흡사 대수표logarithm table와 같고, 읽고 싶은 마음이 전혀 들지 않을 뿐 아니라, 거의 모든 페이지가 경직되고 믿을 수 없는 것투성이였다. 그 형식과 내용은 나를 비롯하여 많은 사람들이 수십 년 전부터 들어 왔던 '옛 정통 교리'die alte Orthodoxie와 거의 일치했다. 다행스럽게도 나는 곧장 포기하지는 않았다. 나는 읽고, 연구하고, 깊이 생각했다. 그리고 그 모든 노력에 보상이 될 만한 것을 하나 발견했다. 지금의 내가 주로 슐라이어마허나 리츨의 영향을 받은 신학 서적을 통해 너무나도 잘 알고 있는 분위기 속에 있지 않고, 종교개혁자들을 거쳐 성서로 가는 길이 더 의미 있고 자연스럽게 느껴지는 분위기 속에 있다는 발견이 그것이었다. 나는 형체Gestalt 와 실체Substanz가 있는 교의학, 성서적 계시 증언의 핵심 메시지를 지향하는 교의학, 그 하나하나의 풍요로움을 깊이 파고들 줄 아는 교의학을 찾았다.……나는 분명히 **교회**라는 공간 안에 있었으나 또한……그 특성

---

* 하인리히 헤페(Heinrich Heppe), 『개신교 개혁 교회 교의학』(Die Dogmatik der evangelisch-reformierten Kirche), 1861. 옛 개혁파 정통주의 텍스트 모음집—저자.

상 존경할 만한 교회적 **학문**의 공간 안에 있었다.……이 모든 것에도 불구하고 나는 그 정통 교리로 되돌아가는 것(거기 머물러 있으면서 그것을 똑같이 하는 것!)은 불가능하다는 사실을 감지했다. 왜냐하면 내가 그때까지는 오로지 신개신교주의의 형태로만 알고 있던 이른바 '이스라엘의 폐단'Der Schaden Israels이 그 옛날에도 이미 나타나고 있었기 때문이다."[144] 요컨대 무비판적 수용은 확실히 아니지만, 그래도 기꺼이 배우려는 자세로 구(舊)개신교주의의 정통 교리에 대해 개방적인 자세를 취하려는 것인데, '변증법적 신학'을 추구하는 다른 친구들은 당연히 여기에 동조할 수 없었다. 그들은 바르트의 이런 독특한 변화에 고개를 설레설레 흔들 수밖에 없었다. 바르트가 이 특별한 유산을 진지하게 받아들임으로써 도달한 지점이 있었으며, 바로 그 지점에서 그들의 길은 더욱 현격하게 갈라질 것이었다.

첫 번째 교의학 강의를 준비하면서 바르트가 귀 기울이기 시작한 것은 '정통 교리'만이 아니었다. 그는 고대 교부들, 심지어는 가톨릭의 스콜라주의에도 긍정적인 관심을 보이기 시작했다. 그렇다, 바르트는 가톨릭 사유의 영역에서도 미지의 신학적 가능성을 예감했던 것이다. 그래서 이런 포부를 밝히기도 했다. "'개신교주의'의 '바닥'에만 너무 확고히 머무르려 할 게 아니다!"[145] 따라서 바르트가 시도한 교의학은 그저 '정통 교리적'인 것도 스콜라적인 것도 아니었다. 바르트의 교의학에서 정말 새롭고 독특한 점은 "언제 어디서라도 설교단에 선 목사의 상황으로" 되돌아오는 그의 "지독한 끈질김"이었다.

처음 몇 문장이 교의학 전체의 물꼬를 튼다. 그의 글은 이렇게 시작된다. "교의학의 문제는 하나님의 말씀에 대한 학문적 성찰인데, 그 말씀은 하나님께서 계시로 말씀하신 것이며, 예언자와 사도들이 성서를 통해 전달해 준 말씀이며, 오늘날에는 그리스도교의 설교를 통해 선포되고 청취되는, 그리고 마땅히 그래야 하는 말씀이다. 우리가 말하는 교의학 서론은 이러한 성찰의 대상과 필연성과 방법에 대한 근본적인 해명의 시도다." 그리고 바르트는 설명의 제일 앞머리에 토마스 아퀴나스의 기도를 배치했다. "자비하신 하나님, 주님께 구하오니, 주께서 기뻐하시는 것을 뜨겁게 원하고, 사려 깊게 탐구하고, 진실하게 인식하고, 온전하게 설명하여 주님의 이름을 찬양하게 하옵소서. 아멘."

따라서 바르트는 처음부터 자신의 과제를 다음의 관점에서 접근한다. 즉 "교의학은 하나님 말씀, 곧 계시, 성서, 그리고 **그리스도교적 설교**에 대한 성찰이다. 그러므로 교의학의 첫째 대상은 (성서신학이나 교회론이나 신앙이나 종교적 의식이 아니라) 실제로 선포되는 그리스도교적 설교다. 이 설교는 거슬러 올라가면 성서와 계시와 관련됨으로써 '하나님 말씀'으로 인식되어야 하며, 다른 한편으로는 (그리고 이것이야말로 설교를 훈련하는 목적인데) '하나님 말씀'을 통해 비판적으로 규정되어야 한다. 그러므로 교의학이라는 개념은, 계시와 성서에 근거를 둔 그리스도교적 설교의 근본 원칙(도그마)을 드러내는 것을 의미한다."[146] 바로 여기서부터, 이런 의미에서 바르트는 과거의 '정통' 교리를 새롭게 심사숙고할 수 있는 자유를 발견했다. 삼위일체 교리("하나님의 계시에 나타난, 결코 철회될 수 없는 하나님의 주체성 문제"로 이해됨[147]), (신비주의에 맞서기 위해 주장해야 할) 하나님의 속성에 관한 교리, (창조 이전의) 예정에 관한 교리, (무로부터의 창조[creatio ex nihilo]인) 창조에 관한 교리, (타락에 앞서는) 계약에 관한 교리, 그리스도의 인격과 사역에 관한 교리 등. "이런 것이 케케묵은 잡동사니라고 생각하지 말라!"[148] "나는 그렇게 머리가 부서질 정도로 고민하고 또 경탄하다가 마침내 정통 교리가 거의 모든 면에서 옳았다는 사실을 인정할 수밖에 없게 되었으며, 그 옛날 내가 신학도로서 또한 자펜빌의 목사로서는 꿈에도 생각할 수 없었던 내용을 사람들 앞에서 말하게 되었다."[149] '자연 신학'의 수용과 관련해서는 바르트도 약간 불확실했다. 바르트는 정통 교리가 자연 신학까지도 고려하고 있다고 생각했다. 그러나 이제 바르트의 눈에는―바로 이 지점에서 그는 『로마서 주석』의 입장을 넘어서는 것이다―"하나님의 내재"야말로 "위대한 진리"다. "만일 우리가 모든 것이 **무로부터** 창조됐음을 철저하게 믿는다면 말이다."[150]

이 첫 번째 교의학 강의의 한 가지 특이한 점은, 그가 이 강의를―"그당시 괴팅겐 대학교가 겉으로는 그렇게도 루터주의의 모습을 보였음에도―전적으로 낯선 그 사람과의* 연관성을 제시할 때만 '그리스도교 입문'이라는 제목으로 개설할 수 있었으며, 나는 어금니를 깨물어 웃음을 참으면서 세 학기 동안 그런 식의 연극(눈 가리고 아웅)을 할 수 있었다."[151] 슈탕게의 권고로 "신학과 위원회에서는 나에게 제재를 가하기로 했는데, 그것은 내가 교의학 강의를 개혁주의 교의학이라는 이름으로 공지해야 한다는 결정이었다."[152] 물론 바르트는 그 결정을 받아들일 수 없었다. 이 강의의 "초교파적 성격"을 포기하고 싶지 않았던 것이다.[153] 그러나 결국에는 그 제목으로 타협을 보고 강의를 시작했는데, 60명의 학생이 강의에 들어왔다. 이는 "같은 시간에 열리는 슈탕게 교수의 강의에는 엄청난 피해였다."[154] 1924년 여름학기에는 교의학 서설(더불어 빌립보서 강의), 1924-1925년 겨울학기에는 교의학 I, 1925년 여름학기에는 교의학 II, 곧 화해론(그리고 산상수훈 강의), 1925-1926년 겨울학기에는 교의학 III(종

* 칼뱅을 뜻함―저자.

말론)을 강의했다. 그런데 교의학 III 강의가 이루어진 곳은 벌써 괴팅겐이 아니었다. 당시 바르트는 자신이 시도하고 있는 교의학의 생경함과 외로움을 잘 알고 있었다. 그는 이 작업을 하나의 '실험'으로 이해했다. 그리고 이렇게 탄식했다. "오호라, 나는 지금 수백 년 세월의 늪에 빠져 꼼짝 못하고 있구나! 언제나 반대를 생각하는 것만으로도 끔찍스럽게도 어렵구나. 그러니 그 반대를 말하는 것, 표현하는 것, 맥락 속에서 말하는 것은 두말할 나위도 없다."[155] 그랬던 바르트였기에, 1924년 여름방학을 맞아 파니Pany(그라우뷘덴[Graubünden])에서 투르나이젠과 함께 이 새로운 시도에 대해 하나하나 자세히 이야기 나누게 된 것을 크게 기뻐했다.

그 후 바르트는 다시금 몇 번의 강연을 통해 자신의 신학적 관점을 더 많은 청중에게 소개했으며, 그로써 토론을 촉발했다. 10월 말, 바르트는 텐슈테트Tennstedt(튀링겐)에서 개최된 어느 목회자 세미나에서 지난 학기의 빌립보서 강의를 토대로 빌립보서 3장에 대한 주석을 선보였다. 11월 말에는 쾨니히스베르크에 가서 강연했다. 그 여행을 떠나기 하루 전 괴팅겐에서는 어떤 기념비 제작식이 열렸는데, 거기서 힌덴부르크Hindenburg의 모습이 바르트에게 적잖은 "인상을 남겼다!"[156] 쾨니히스베르크로 가던 도중에 베를린에 들러 제베르크의 세미나를 들었고, 리츠만Lietzmann을 찾아가 인사를 드렸다. 정작 쾨니히스베르크에서는 너무 바빠서 "칸트를 생각할 시간이 거의 없었다."[157] 바르트의 강연 '그리스도교적 설교에서 인간의 말과 하나님의 말씀'(Menschenwort und Gotteswort in der christlichen Dogmatik)은 1924년 여름학기 교의학 '서설' 제1장에 기초한 것이었다. 여기서 바르트는 "하나님의 말씀에 주목하고, 그것을 존경하고, 제대로 이해하도록 하는 것", 오직 그것만이 설교의 과제라고 주장했다.[158] 그의 주장에 대한 반향은 "이제는 내게도 서서히 친숙해진 궁정(주관주의, 내재주의, 인간중심주의 극복—만세, 만세! 우리가 늘 말한 게 바로 그 거다)—그러나(그런데……어쩐지 이것은 분명……루터가 우리에게 가르쳤던…… 소중한 유산……)!"에 대한 메아리였다.[159] 바르트는 그 강연에서, 이제 막 박사 학위를 받은 한스 요아힘 이반트Hans Joachim Iwand, 1899-1960를 알게 되 었다. "나는 그를 쾨니히스베르크에서 처음 봤을 때부터 좋아했다.…… 그 사람 안에서 타오르는 불은 그 누구와도 비교할 수 없는 것이었다."[160] 다른 날, 같은 강연을 단치히에서도 했다. 그때도 "다시 한 번, 오래된 교 회의 성물납실"이 그 무대였다. 노회장 칼바이트Kalweit는 (바르트가 그의 집에서 묵었는데) "무조건적으로 동의하면서 다른 목사들에게 권고했다." 바르트는 그 도시가 "하나의 완전한 동화" 같다고 느꼈으며, 한스 멤링 Hans Memling의 그림 「최후의 심판」을 보고 깊은 감명을 받았다.[161]

바르트는 1925년 또 다른 강연을 준비하기에 앞서, 괴팅겐에서 헤르 만 카이저링 백작의 강연을 들었다. 이 철학자는 자신의 '지혜 학파'에 바 르트를 끌어들이려고 했으나, 별로 잘되지 않았다. 바르트는 어느 날엔 가—놀랍게도—'현상학' 철학자 모리츠 가이거Moritz Geiger를 만나게 되었 다. 2월 초순에는 불트만이 "30-40명의 학생들을 이끌고" 강연하러 왔 던 터라 그 강연을 들었다. 이번에는 마르부르크의 친구 불트만의 신학 에 대하여 새로운 우려를 품게 되었다. 그것은 어쩌면 이런 일이 있었 기 때문일 것이다. "나의 인생에서 가장 잊을 수 없는 기억 가운데 하나 는 불트만이 괴팅겐에 있는 나를 찾아왔던 것이다." "우리는 괴팅겐 외곽 의 어느 마을에 자리를 잡고 앉아, 어느 토요일 그곳에서—그때는 사람 들이 그런 걸 좋아했는데—커피와 과자(슈트로이젤 쿠헨)를 즐겼다." 그런 데 거기서 불트만은 "자기가 마르부르크에서 청강하면서 필기도 했던 강 의, 곧 마르틴 하이데거Martin Heidegger의 강의 내용을 몇 시간이나 강의하기 시작했다. 그런 훈련의 목표는? 우리가 다른 모든 사상을 이해할 때와 마찬가지로, 신약성서에 담긴 복음을 이해할 때도 이런 방향에서 (곧 '실존론적으로') 이해하도록 노력해야 한다는 것이다."¹⁶² 어쨌거나 불트만의 방문은 대략 이런 방향으로 흘러갔다. "대중 앞에서 우리는 최대한 한 목소리를 냈으나" 사적인 대화에서는 "차이점도 언급되었다.……그는 내가 '깔끔한' 개념을 쓰지 않는다고 비판했다.……그리고 나는 그의 사유가 너무나 인간학적이고 키르케고르적이고 루터교적이라고 (또한 '고가르텐적'이라고) 비판했다.……그러나 그 모든 차이점을 통해 상당히 유익한 토론이 이루어졌다."¹⁶³

4월 말 바르트는 바젤, 취리히, 베른에서의 강연 때문에 잠깐 동안 다시 스위스에 다녀왔다. 이번 강연은 1923년 여름학기 교의학 강의의 한 부분, 곧 '개혁 교회의 성서 원리'에 관한 것이었다. 여기서 바르트는, 현세적이고 인간적인 책인 성서가 계시를 증거하며, 그래서 그 자체로 하나님의 말씀이고, 그저 그리스도교적 인식의 원천에 불과한 것이 아니라 그 인식의 비판적 규범이라는 원리를 그대로 수용했다. 5월 중순에 바르트는 존경의 마음을 담아, 그러나 비판적으로 (1922년에 타계한) 옛 스승의 이론과 맞붙었다('빌헬름 헤르만의 교의학적 원리 교설'[Die dogmatische Prinzipienlehre bei Wilhelm Herrmann]). 그가 이 주제에 대해 강연한 곳은 우선 하노버였다. 거기서는 특히 베른하르트 되리스Bernhard Dörries가 "루터교의 이름으로" 바르트를 논박했다(그는 1927년 바르트에게 반대하기 위해 아예 책 한 권을 쓴다). 그다음에는 "할버슈타트Halberstadt에 있는 골수 자유주의자들 앞에서" 강연했다. 거기에는 바르트의 학생들이 떼를 지어 같이 갔다. "나는 여태껏 이렇게 확실하게 냄새를 맡아 본 적이 없었으니……이 이야기는 **끝장났고**, 신학적 자유주의는 **절멸 직전**이라는 것 말이다."[164]

당시 바르트가 한 말을 보면, 바르트가 자유주의자들로부터, 또한 헤르만으로부터, 그와 더불어 자기 자신의 과거로부터 얼마나 멀리 떨어져 나왔는지를 느낄 수 있다. "교회는 인간에게 계시를 철저하게 '교리'로서 제시해야 한다. (교리가 아니면 무엇으로 하겠는가? 분명 서정시는 아니고……아무런 표준도 될 수 없는 심정의 분출도 아니지 않는가?) 그리고 이 교리를 '진실이라고 여길 것을' 철저하게 요구해야 한다. (그게 아니면 무엇인가? 그걸 동화라고 여길 수는 없지 않은가?) 우리의 교리는 충분히 신뢰할 만한 것이어서, 그것을 진실이라고 여기지 않을 수 없다."[165]

그로부터 약 14일 뒤인 6월 6일 두이스부르크 교외에 위치한 마이데리히Meiderich에서 열린 독일개혁교회연맹 총회 자리에서 바르트는 '보편적인 개혁 교회 신조의 가능성과 바람직함'이라는 주제로 새로운 강연을 했다. 바르트는 이 자리에서 "라인 강 하류 개혁주의의 세계"를 가까이 접하면서, 그 세계가 "정말 볼 만한 가치가 있는 것"임을 알게 되었다. 그러나 그 사람들은 바르트가 경건주의와 합리주의를 나란히 두자 곧장 동요하는 모습을 보였다. 그 강연에서 바르트는 그리스도교 신앙고백의 조건으로 다음과 같은 것을 언급했다. "하나님이 그것을 원하셔야 한다. 그런데 그것이 하나님이 원하시는 것인지 아닌지를 식별하기 위해서 우리는 뭔가 **특정한 것**을 말해야 하는데, 그것도 교리적으로 그리고 윤리적으로 말할 것이 있어야 한다.……교회는 이 세상에게 뭔가 말할 것이 있는가? 예컨대 파시즘의 문제 등에 대해서?"[166]

이 시기의 바르트는 이런 고민과 나란히, 자기 자신의 외적인 미래에 대해서도 많은 고민을 했다. 괴팅겐을 떠나고 싶은 마음은 이미 오래전부터 있었다. 명예 교수직은 봉급이 형편없었다. 교의학 강의 공지 문제 때문에 괴팅겐 신학부와 한 차례 갈등을 겪고 나자, 그 자리가 법적 권리 면에서 얼마나 취약한지를 똑똑히 알 수 있었다. 그때부터 "신학부와 나의 관계는 최악이었다." 그래서 바르트는 "내가 이 쥐덫에서 빠져나갈 수만 있다면" 정말 좋겠다고 생각했다.[167] 본이나 기센에 초빙되어 갈 수도 있었지만(1923년 12월) 수포로 돌아갔다. 베른 대학교에 초빙받아 가는 것(1924년 7월)은 별로 내키지가 않았다. 1925년 6월에 투르나이젠은 뜻밖의 초청으로 친구인 바르트를 깜짝 놀라게 했다. 1926년 초에 쿠터의 후임으로 취리히 노이뮌스터 교회 목사로 부임하면 어떠냐는 것이었다. 그러나 2월 말, 쿠터가 (투르나이젠에게) 편지 한 통을 썼는데, 바르트는 그 편지를 자신의 신학에 대한 '총체적인 거부'로 받아들일 수밖에 없었기 때문에, 그 제안은 더더욱 마음에 들지 않았다.[168] "그러므로 [투르나이젠 되 나를 괴팅겐에서, 그리고 지금 내가 흠뻑 빠져 있는 교의학 연구에서 끄집어내어 스위스로, 곧 설교단("하나님 나라의 진짜 격전장"[169])으로 되돌리는 데 실패했으며, 나도 그를 괴팅겐 대학교에서 나의 후임으로 만드는 데 실패했다. 두 가지 모두 그렇게 되어야 할 일이었다."[170] 그래도 아직은 취리히로 가는 방안을 고민하고 있던 바르트에게 갑자기 또 다른 문이 열렸다. "1925년 여름학기 말, 그러니까 세 학기에 걸쳐 진행했던 교의학 강의를 막 끝마쳤을 때……뮌스터의 개신교 신학부가 나를 교의학·신약 주석학 교수로 추천했고 그 결과도 성공적이라는 전갈이 왔다. 괴팅겐에서 나의 외적인 지위가 눈에 띄게 제한되는 바람에 자꾸 신경이 쓰이던 터라……이 초청을 전적인 신뢰의 마음으로 따르지 않을 이유가 없었다." 더 정확히 말하자면, 이것은 "원래 조교수가 맡던 자리에 정교수의 신분으로 가게 된 것이었다."[171]

그해 8월, 바르트는 일단 가족과 함께 북해에 있는 발트룸Baltrum 섬에서 휴가를 보냈다. 오랜 친구 빌헬름 뢰브의 가족도 함께했다. 바르트는 뢰브의 아들 가운데 하나의 대부였다. 새로 사귄 친구 칼 슈퇴베잔트의 가족도 함께했다. 원래는 루돌프 불트만의 가족과도 함께 휴가를 보내려고 했으나, "우리는 1킬로미터의 물길로 갈라놓아야 한다"는 불트만 부인의 충고 때문에 무산되고 말았다.[172] 얼마 전 바르트의 가족 구성원이 또 한 명 추가되었다. 1925년 4월 6일, 또 한 명의 아들 한스 야콥이 태어난 것이다. 괴팅겐 교구 감독 칼 미로프Carl Mirow, 알베르트 렘프, 그리고 자펜빌 시절 이웃 동네의 목사였던 파울 쉴트의 부인이 한스의 대부가 되었다. 바르트는 방학을 맞아 모처럼 아버지로서 제대로 가족과 함께하는 시간을 보냈다. 평소에는 너무 일에 몰두한 나머지, 식구들이 "북적대며 살아가는 모습을 그저 유리창 너머로" 바라보곤 했기 때문이다.[173]

그러나 보통 때 식구들과 함께하는 시간이 아예 없었던 것은 아니다. 바르트는 부인 넬리와 함께 괴팅겐 교외로 자전거 여행을 나가기도 했고, 그녀와 함께-예를 들어 1923년 여름에는-헨델 페스티벌 오케스트라 리허설과 공연에 참가해서 연주하기도 했다. 이따금 아이들과 함께-바르트는 자녀들을 "K. B. 전집"이라고 부르기도 했다- 영화관에 가거나 서커스 구경을 갔다. (후자를 더 즐기긴 했다.) 거기서 "가장 경이로운 균형 잡기 묘기를 볼 때면……아이들보다 아빠가 더 좋아했다." 또 어떤 때는 아이들과 동물원에 갔다. "땅 위를 쉴 새 없이 돌아다니는 하이에나, 물속에서 정신없이 움직이는 바다사자, 그리고 표범이 있는 자리에서 산양 두 마리가 서로 박치기를 하고 있는 모습을 보면서 많은 생각을 했다. 아마도 지금 우리는 (이런 짐승들을 감싸고 있는 야생의 냄새까지 포함해서) 이러한 모든 세상 가까운 곳 어딘가에 있을 텐데, 우리도 언젠가는 윤회를 거쳐 저런 [동물] 우리 속에서 온갖 참회의 시간을 거친 뒤에야 더 쓸모 있는 존재가 되는 것 아닐까."[174] 칼 바르트는 "첫째 아들의 편지"에 나오는 "대담무쌍한 표현"에 아주 재미있어 했다. 부모님께 공손히 인사를 올린답시고 "두 분의 성실한, 변함없는 아들 마르쿠스"라고 쓴 것이다.[175] 다른 아들 "슈퇴펠리는……어느 날엔가 예정론을, 그것도 비타협적 칼뱅주의 예정론을 저 혼자의 힘으로 발견하고는, 나한테 그것이 마치 자신의 생각인 양 태연하게 설명하는 모습을 보고" 아버지 바르트는 당혹스러움을 감추지 못했다.[176] 그 아이는 아주 어렸을 적에 이런 질문을 해서 아버지를 깜짝 놀라게 한 적도 있었다. "그런데 아빠, '진짜 중요한 씨(氏)'가 누군지 알아?" "아니, 모르겠는데. 그게 누구야?" "그건 하나님이야!"[177] 칼 바르트가 어렸을 적에는 "나이 든 사람들이 그야말로 강력하게 통치하는 시대"였다. 그러나 바르트 자신은 아이들을 그런 식으로 교육할 수 없었다.[178] "나는 아이들을 상당히 느슨하게 교육했다. 어쩌면 거의 교육하지 않았다고 볼 수 있다. 그 대신……그냥 되는 대로 되고, 하는 대로 하게 놔두었다.……아이들은 언제나 나를 잘 믿고 따랐다.……아이들이 컸을 때도 그들 나름의 독특함을 이해해 주고, 최대한 그들의 길을 동행해 주었다. 부모와 자식 간에 별다른 갈등이나 드라마틱한 사건 같은 것은 없었다. 아주 편안한 관계였고, 그것을 통해 부모인 나도 많은 것을 배울 수 있었다. 하나하나 다 개성이 강한 아이들이었다. 내 입장

---

* Herr Hauptsache(Mr. Essential): '하우프트자헤'(Hauptsache)는 요점, 중심사항, 중요한 일이라는 뜻이다. 일상어에서, 'Hauptsache…' 하고 말을 시작하면, '진짜 중요한 건 말이야……'라는 뜻이다—옮긴이.

에서 뭔가 비판할 게 있는데 그것을 그냥 묻어 두는 법은 없었다. 그러나 그런 비판도 자유롭고, 남자다운 우정의 토대 위에서 이루어졌다."[179]

1925년 9월, 바르트는 다시 베르클리에 갔다. 그때 샤를로테("롤로") 폰 키르쉬바움Charlotte von Kirschbaum을 더 잘 알게 되었다. 그녀는 신학에 아주 관심이 많은 뮌헨의 적십자 간호사로서, 게오르크 메르츠가 주축이 된 모임의 멤버였으며, 이번에 그녀를 스위스로 데려온 것도 메르츠였다. 그곳 체류를 마치고 돌아올 때 바르트는 난생 처음으로 비행기를 타 보았다. 취리히에서 뮌헨으로 가는 비행기였다. 바르트는 "땅에서 그렇게 멀리 떨어져서 위에서 아래를 내려다볼 수 있던" 그 시간을 즐겼다. 10월에는 '괴팅겐 추계 학술 대회'에서 '교회와 신학'의 상호 관계에 관해 강연했고, 엘버펠트에서 열린 어느 '신학 강좌'에 가서도 같은 주제로 강연했다. 이 강연에서 바르트는 무엇보다도 신학이 인정해야 할 권위의 문제를 성찰했다. 여기서 그는 여태껏 큰 기대를 가지고 주목했던 에릭 페터슨과 "지속적인 총격전"을 벌일 수밖에 없다는 사실을 알게 되었다.[180]

뮌스터

그리고 10월 25일에 바르트는 "목사들과 재세례파의 둥지 뮌스터"에 입성했다. 처음에는 바렌도르프슈트라세 23번지, M. 폰 플로트벨von Flottwell 부인 집에서 월세를 내면서 "홀아비 신세로" 지냈다. 그 집에 걸려 있는 빌헬름 1세의 초상화, 곧 "구레나룻을 기른 황제"의 "거대한 유화" 밑에서 바르트는 곧장 일을 시작했다.[181] 괴팅겐의 집을 팔고 뮌스터에서 새 집을 구하는 시간이 길어지면서, 한동안은 뮌스터에서 혼자 지내야 했기 때문이다. 그래서 바르트는 갑작스레 옮겨 온 새로운 일터 뮌스터를 일단 혼자서 알아가야 했다. "이곳 지형의 특징은 거의 대부분이 평지라는 것이다. 도시 외곽의 도로를 따라가다 보면, 서 있는 곳이 어디든 지평선 끝까지 하나의 반듯한 선을 그을 수 있다.……이곳의 주요 건축 재료는 빨간 벽돌이다(그런 집이 수십 억 채는 되는 것 같다).……신앙의 형태는 주로 가톨릭이다. 어디를 가나 가톨릭 수도사, 수녀, 여러 성직자들이 눈에 띈다."[182]

그 후 몇 달 동안 바르트는 가끔 오고 가는 식으로만 가족을 볼 수 있었다. 가장 오래 함께 보낸 시간은 연말연시였다. 1925년의 마지막 밤, 바르트는 헤겔의 손녀 한 사람, 그리고 아내와 함께 모차르트의 음악을 연주하면서 아주 만족스러운 시간을 가졌다. 1926년 1월 초, 바르트는 단치히에서 열리는 목사와 종교교사 신학 교육 세미나에 강연자로 초대받아 갔다. 베를린부터는 불트만과 동행했다. 바르트는 이 세미나에서 (괴팅겐 시절 강의에 기초하여) 빌립보서 3장을 주석했고, 불트만은 "불처럼 타오르는 언변으로 바울과 요한의 종말론에 대해" 말했다.[183] 그 기간에 두 사람은 "마리엔부르크Marienburg에 있는……옛 기사단의 성, 귀신이 나올 것 같은 으스스한 성"을 함께 관광하기도 했다.[184] 바르트는 거기서 또한 번 총감독 칼바이트의 친절한 영접을 받았다. 그는 "똑똑하고, 시야가 넓은 남자로서 철학적으로나 신학적으로 대단한 수준에 오른 사람이다."[185] 그 여행을 마치고 뮌스터로 돌아온 뒤에도 바르트는 당분간 혼자 지내야 했다. 2월에 투르나이젠이, 얼마 뒤에는 샤를로테 폰 키르쉬바움이 처음으로 그를 방문했을 때에도 아직 혼자였다. 3월 4일이 되어서야 바르트는 식구들을 뮌스터로 데려올 수 있었다. 바르트의 가족은 그때부터 4년 동안 힘멜라이히알레Himmelreichallee* 43번지, "진정한 벽돌 탐닉"
이 어떤 것인지를 보여주는 집에서 살게 되었다.[186] 바르트는 그 주소가
대단히 상징적이라고 생각했다. 또한 "나와 마찬가지로 (에를랑겐으로) 이
사했던 특별한 친구 알트하우스가 그곳의 힌덴부르크슈트라세로 오게
된" 것도 그러했다.[187] 약간 다른 맥락이긴 하지만, 바르트 자신의 새 거
주지가 하필 동물원과 묘지 사이에 위치한 것도 어떤 표징 같은 것이라
고 여겼다.

그런 식으로 뮌스터에서의 첫 학기를 버텨 냈다. 그 겨울학기의 하이
라이트는 곧 75세가 되는 아돌프 폰 하르낙과의 마지막 만남이었다. 바
르트는 '종교개혁의 종교사적 의미' 강연을 위해 뮌스터를 찾은 하르낙
과 비교적 긴 시간 동안 이야기를 나눌 수 있었다. 노년의 스승이 바르트
를 다시 만났을 때, 놀랍게도 그 제자는 코케이우스의** 요한복음 주석에
관심을 보였다. 두 사람은 개신교 교의학의 과제에 대해 자세한 대화를
나누었다. "그가 나한테 말하기를, 자기가 만일 교의학을 쓰게 된다면 그
제목은 '하나님 자녀의 생활'(Das Leben der Kinder Gottes)이 될 것이라고
말했는데, 그것이 나한테는 아주 인상적이었다(나는 이것이 하르낙 자신의
특별한 그리스도교적 관점을 아주 잘 표현해 낸 것이라고 생각한다!)." 하르낙은
-"이제는 어떤 논쟁적인 의도 없이"-바르트의 작업에 대해서도 궁금한
점을 물어보았다. "그에 관해 내가 긍정적으로 생각했던 것을 모두 간추
려 본다면, 나는 이렇게 말할 수 있을 것이다. 그는 나에게 괴테 시대를
생생하게 그려 보여준 사람이다. 그는 우리가 인간성을 잊어서는 안 된

---

* 　힘멜라이히알레는 '하늘나라 가로수길'이라는 뜻이고, 힌덴부르크슈트라세는 (세속 정치계를 대표하는) '제국 수
상 힌덴부르크의 거리'라는 뜻으로서 대조를 이룬다―옮긴이.

** 　코케이우스(Johannes Cocceius, 1603-1669): 브레멘 출생의 네덜란드 신학자―옮긴이.

다는 것을 깊숙이 각인시켜 주었다. 만일 우리가 (바로 여기가 그의 길과 나의 길이 갈라지는 지점인데) 그리스도교와 신학의 근원과 본질을 인간성에서 찾으려 하지 않는다면 특히 더 그러하다."[188] "하르낙은 분명히 신개신교주의를 옹호했는데, 신개신교주의에서 실질적인 신앙의 대상은 계시를 통해 나타난 하나님이 아니라, 어떤 신적인 것을 믿는 인간 자신이었다. 성서 아래에서, 그리고 교회 안에서 생각하고 말하는 신학이라면 인간에게 그런 존귀와 의미를 부여할 수 없을 것이다. 그렇다고 해서, 신개신교주의를 나름의 독특한 방식으로 이끌어 온 그 관심사를 완전히 깔아뭉갤 필요는 없다. 성령론의 틀 안에서는 그것도 충분히 논의할 만한 것이다."[189] 훗날 바르트는 자신의 교의학에서, 하르낙이 제안한 그 제목을 어떤 섹션의 표제어로 쓴다.

바르트는 뮌스터에서 보내는 첫 학기에 ('괴팅겐') 교의학의 마지막 부분, 곧 종말론을 ─ 일주일에 한 시간 ─ 강의했다.

이 강의에서 바르트는 아예 처음부터 명토 박아 두었다. "그리스도교 종말론은 한계에 대해, 마지막에 대해 말하고 있는데, 그렇기 때문에 오직 하나님만이 직접적으로 말하실 수 있는 것을 말한다는 사실을 근본적으로 의식하고 있다." 그러므로 "종말론의 대상은……장차 올 **것**das Künftige이 아니라 장차 올 **분**der Künftige이다." 한 걸음 더 나아가 "그리스도교 종말론이 최종적인 것들die letzten Dinge에 관심을 갖는 것은 그것들 때문이 아니라……정반대다. 종말론이 인간을 미래의 비밀과 마주하게 하는 것은 **계시를 위함**이다." "하나님 말씀을 구성하는 계시 그 자체가 종말론적이기 때문이다." 종말론은 인간의 호기심이 아니라 하나님의 말씀을 위한 것이다. 결론적으로 "그리스도교 종말론은 나태한……앎이 아니다." 그것은 "구체적으로 인간을 향한 요구, 곧 믿음과 순종을 요구하는 성격"을 지니고 있다.

이번 학기 바르트의 (네 시간짜리!) 주요 강의는 주석 강의였다. 그는 요한복음을 주석했고, 그 강의를 위해 불트만의 도움을 요청하기도 했다.[190] 그의 주석 방법론에서 특이하게 눈에 띄는 것은, 그가 자신의 "지혜를 주로 그리스어 용어색인에서 얻었다"는 점이다.[191]

그는 이미 도입부에서 이렇게 밝히고 시작한다. "복음이 우리 앞에 마주 서 있을 뿐 아니라 우리를 향해 다가오는 바로 그 현실을……우리가 처음부터 도외시하지 않을 때, 오직 그때에만 우리는 복음의 목소리를 들을 수 있으며, 오직 그때에만 그 복음을 제대로 이해할 수 있다.……정경이란……애초부터 하나님의 이름으로, 그러니까 우리에게 뭔가 근본적으로 새로운 것을 말해 주어야 한다고 주장하며, 우리 자신을 향해 있는 한 말씀, 우리가 그것을 들을 수 있기 전부터 우리와 대화를 시작하신 한 말씀이다." 그렇다고 해서 역사적 문제에 대한 관심이라든가 읽는 이의 노력이 배제되는 것은 아니다. 모든 성서 문헌은 **인간의** 말이기에 불가피하게 역사적 문제에 연루되어 있다. 그리고 성서의 독자는 아직 제대로 알지 못하는 학생으로서, 기꺼이 들으려는 자세를 갖추려고 노력해야 한다.

바르트가 이번 학기에 처음으로 정식 세미나를—칼뱅의 『그리스도교 강요』 세미나—개설하고 진행한 것도 새로운 변화였다. 그래서 "가장 좋았던 것은 내가 흥분하여 말도 많이 더듬고 두 손을 정신없이 휘두르면서 나 자신과 학생들에게……칼뱅을 이해한다는 것이 과연 어떤 것인지" 설명할 수 있었다는 점이다.[192] 바르트는 이 강의를 위해 연구한 것을 기초로 (그리고 1922년 강의를 기초로) 1926년 1월 뮌스터에서 칼뱅에 대해 강연했다. 얼마 후에는 베스트팔렌 주의 목사들을 대상으로 성례전에 관해 강연할 때도 이전의 연구를 토대로 삼았다.

바르트는 뮌스터에 온 뒤에도 금세 다시 바빠졌다. 그는 자기 어깨 위에 놓인 짐 때문에 항상 힘들어했다. "사람들이 정말 열심히 함께 일해 주고 있고, 최근에는 내가 심지어 '박학다식'하다는 소문까지 돌고 있다 니 감동적이고 고무적인 일이지만, 그럼에도 불구하고 나는 최근 몇 주 동안 연속으로 최악의 우울증에 시달리고 있어서, 차라리 스위스로 돌아가서 시골 목사로 살아가려는 도피 계획을 세우기도 했다. 우리가 모든 면에서 얼마나 초보 단계인지, 정말 끔찍하다."[193] 그래서 바르트는 이따금 "그냥 '떠나고 또 떠나고' 싶은 마음, 나아가 교황이나 칼뱅이나 슐라이어마허에 관해서도 마냥 '침묵하고 또 침묵하고' 싶은 마음이었다.[194] 그러나 그거야말로 그럴 수 없는 일이었다. 그래서 바르트는 무거운 짐을 지고서도 자신의 길을 가고 또 갈 수밖에 없었다. 이 시기에 설교는 아주 드문 일이었다. 혹여 설교를 하더라도, 뮌스터의 디아코니아 하우스 설교단에서 가끔 했을 뿐이다. 이제 그의 활동과 발언은 주로 학문적 영역에서 이루어졌다.

바르트가 새로운 대학교에서 만난 베스트팔렌 주의 대학생들은 전체적으로 "깐깐하고 질긴 집단"의 느낌이었다. 그럴수록 그의 강의에서 생기발랄하게 발언하면서 분위기를 주도하는 학생들은 "괴팅겐에서 건너온 단골 무리"였다.[195] 그러나 뮌스터에서도 새로운 학기가 시작될 때마다 "언제나 새롭게 아주 훌륭한 공동체, 온 마음으로 함께하는 공동체가 형성되었다." 바르트는 독일 대학생들을 좋아했다. "그들의 열린 자세, 마음껏 이야기를 풀어내려는 의욕, 교수와 보조를 맞추는 능력, 스스로

1926년 뮌스터 대학교의 개신교 신학부 교수들.

아랫줄 왼쪽부터 오토 슈미츠, 요하네스 헤르만, 게오르크 그뤼츠마허, 게오르크 베릉. 윗줄 왼쪽부터 빌헬름 슈 텔린, 칼 바르트, 요하네스 헤넬.

도 자극을 받고, 교수가 최고의 기량을 발휘할 수 있도록 자극하는 능력" 을 사랑했다.[196] 바르트의 새로운 동료들, 그러니까 비교적 역사가 짧은 (1914년에 신설된) 개신교 신학부의 교수들은 "괴팅겐의 깨물기 집게…… 독극물 분사기보다는 훨씬 친절했다."[197] 바르트는 "여기의 생활이 보다 시피 전통적인 친절함과 평화로움 속에서" 진행되는 것을 편안하게 생 각했다.[198] 바르트의 동료 교수로는 구약신학자 요하네스 헤르만Johannes Hermann과 요하네스 헤넬Johannes Hänel, 신약학자 오토 슈미츠Otto Schmitz가 있었다. 슈미츠는 바젤의 신학원에 있다가 1916년 뮌스터에 왔다. 그는 "우리가 언제라도 기댈 수 있는 선량한 의지를 가진" 사람이었다.[199] 교

수들 가운데 선임자라 할 수 있는 사람은 교회사 교수 게오르크 그뤼츠
마허Georg Grützmacher였다. 그는 바르트보다도 더 "쉴 새 없이 파이프 담배
를 피워대는" 사람이었다.[200] 개혁주의자 칼 바우어Karl Bauer도 같은 학과
에서 활동했다. 조직신학 부문의 정교수는 게오르크 베룽Georg Wehrung이
었으나, 바르트와 가까이 있는 것에 부담감을 느껴 금세 다른 곳으로 가
버렸다. 그가 뮌스터를 떠나자, 바르트가 그의 자리로 들어갔다. 바르트
의 자리에는 베른 태생으로, 빌헬름 헤르만의 충실한 제자인 프리드리
히 빌헬름 슈미트Friedrich Wilhelm Schmidt가 왔다. (바르트는 그 자리에 빌헬름
뢰브를 추천했으나 무산되었고, 베르너 엘러트[Werner Elert]는 청빙을 거절했다.)
1926년 여름학기에는 뉘른베르크에 있는 성 로렌츠 교회 목사로서 (훗
날 올덴부르크의 감독을 지낼) 빌헬름 슈텔린Wilhelm Stählin이 실천신학 교수로
왔다. 그는 베르노이헨 예배·예전 운동의* 리더였다.

　　바르트는 동료 교수들과 인간적으로 상당히 친하게 지내기는 했지
만, 신학적으로 바르트에게 진정한 자극을 준 것은 오히려 가톨릭 신학
부의 교수들이었다. 뮌스터 대학교의 가톨릭 신학부는 규모도 크고 역
사도 훨씬 오래되었다. "나는 이곳에서 자연스럽게 로마 가톨릭 신학자
들도 만나게 되었다. 나는 가끔 로마 가톨릭 예배에 참석하는 기회를 통
해서 상당히 견고한 베스트팔렌 주의 가톨릭을 알게 되었다."[201] 그리고
이런 가톨릭과의 "만남과 사귐은 그곳에서 지내는 동안 아주 소중한 것
이 되었다."[202] 당시 가톨릭 신학부에는 '현대의 아퀴나스주의자'로 불리
던 프란츠 디캄프Franz Diekamp가 있었다.[203] 바르트는 훗날 자신의 『교회

---

*　　혹은 베르노이헨 운동(Berneuchener Bewegung). 제1차 세계대전 이후 혼란 속에 있는 젊은이와 청소년에게 호
소할 수 있는 교회 및 예배 형태를 고민하는 이들이 모여 1922년부터 시작한 개신교 운동—옮긴이.

교의학』에서 디캄프의 『가톨릭 교의학』을 자주 언급하며 그와 대결한다.
그 외에도 도덕신학자 요제프 마우스바흐Joseph Mausbach, 신약학자 막스
마이네르츠Max Meinertz, 선교신학자 요제프 슈미틀린Joseph Schmidlin이 있었
다. 칼 바르트는 특별히 동갑내기 시간강사 베른하르트 로젠묄러Bernhard
Rosenmöller와 서로를 깊이 이해하고 존중하는 좋은 관계를 맺었는데, 로
젠묄러는 훗날 브레슬라우의 철학과에서 활동하게 된다. 바르트는 그
와 대화를 나누면서 가톨릭 교회와 관련하여 이런 확신에 도달하게 되
었다. "근본적인 오류들이 있긴 하지만, 웬일인지 실체는 우리보다 더 잘
보존되어 있으며, 그래서 대화를 나눠 보면, 보통 우리끼리 대화할 때와
는 완전히 다르게 어쩐지 고전적인 대화가 될 수 있었다."[204]

바르트는 1926년 여름학기, 그러니까 뮌스터에서의 두 번째 학기를
맞아 '슐라이어마허 이후 개신교 신학의 역사'라는 제목의 강의를 개설
했다. 바르트에게는 이제 비로소 "기존의 모든 시도와는 정말 완전히 다
른 것에" 착수한 느낌이었다.[205] 이 강의는, 『로마서 주석』을 읽고 비판하
는 사람들이 흔히 주장하는 것과는 달리, 바르트가 '역사'에 대해 결코 적
대적이지 않음을 보여주는 것이었다. 오히려 정반대의 모습을 볼 수 있
었으니, 그는 이따금 "나에게 두 번째 삶이 있다면, 내가 은밀히 아주 좋
아해 왔던 역사 연구에 완전히 몰두하게 되지 않을까" 하는 생각에 잠기
기도 했다.[206] 또한 그가 이러한 주제를 선택한 것은, 그의 신학이 비판적
으로 외면하고자 했던 시대에 대한 명시적인 설명을 내놓는 것이 당시
그의 분명한 관심사였음을 증명하는 것이기도 하다. 바르트가 얼마나
조심스럽고 주의 깊게 그 대상에 관심을 기울이는지, 사실 당황스러울
정도다. 그러나 이것은 그에게 분명한 의도가 있었기 때문이다. 그는 "모
든 것에 대해 최대한 함께 아파하며 온유하게 말하려고 했다. 만일 그 강

의가 성공한다면, 그것은 주임 의사가 병원에 찾아온 것과 같은 모습이 될 것이다.……그러나 이런 비교도 너무 교만한 것 같다."[207] 어쨌거나 바르트는 "그 전체의 모습은 의심스럽지만, 개개의 경우에는 그래도 약간의 좋은 점, 또는 전체에게 약속된 용서가 어떤 식으로든 가시화되도록" 하려고 노력했다.[208]

바르트는 이 시기의 대표적인 신학자를 소개함으로써 19세기의 '역사'를 그려 냈다. 이 강의에서 아마도 결정적으로 중요했던 두 대목은 슐라이어마허에 대한 강의와 루트비히 포이어바흐Ludwig Feuerbach에 대한 강의였다. 바르트는 그 두 대목을 1927년 『시간과 시간 사이에서』에 따로따로 발표했다. 여기서 그는 슐라이어마허의 신학을 "종교·계시·하나님과 인간의 관계를 인간의 속성으로 해명"하려는 시도라고 봤다. 포이어바흐의 반(反)신학은 그 당시 신학의 '은밀한 비밀', 곧 "신학은 이미 오래전부터 인간학이 되었다"는 비밀을 함부로 발설한 "눈 밝은 스파이"로 이해되었다.[209] 특히 포이어바흐에 관한 대목은 고가르텐에 대한 간접적인, 그러나 비판적인 문제 제기이기도 했다. 바르트가 보기에, 고가르텐은 인간됨과 (인간의!) 신앙에 대해 너무나 "루터교적으로" 말하고 있었다.

1926년 여름학기, 바르트는 세미나를 하나 더 개설했다. 이번에는 캔터베리 대주교 안셀무스의 글 「왜 하나님은 인간이 되셨나?」(Cur deus homo)에 관한 세미나였다. 바르트는 이 글에 대해 처음으로 깊이 연구하면서 많은 것을 생각하게 되었다. "그의 말은 '왠지 모르겠지만' 확실히 옳다."[210] 아울러 5월에는 독일그리스도교대학생연합DCSV에서 두 번의 성서 강좌를 진행하면서―'그리스도인의 삶'(Christliches Leben)이라는 제목으로—로마서 12:1-2을 주석했다.

아직은 학기 중이었지만, 바르트는 아내, 그리고 열여섯 명의 학생들과 (5월 28일부터 6월 3일까지) 특별히 의미심장한 네덜란드 여행을 다녀왔다. 처음으로 발 디뎌 본 그 나라에서, 바르트는 "그 어느 때보다도 훌륭하고 감동적인 이레"를 경험했다. 그는 이곳에서 아주 독자적인 형태의 개혁 교회를 발견했고, 대단히 독특한 인간 유형을 알게 되었다. "브레멘과 단치히에 갔을 때 정말 마음에 들었던 것, 그래서 독일의 내륙 지방까지 와서도 (바젤은 말할 것도 없고!) 건강하고 좋은 기분을 주었던 것이 그 바다 공기였는데, 마치 그 바다 공기 비슷한 뭔가가 있다." 그 나라 사람들은 "독일적인 성격, 그리고 조금 더 서쪽 지방의 성격의 절묘한 혼합이라서, 금세 고향 같은 편안함을 느낄 수 있게 된다." 게다가 "그들은 '프린치프'Prinzip(원칙)라고 말하는 대신, 훨씬 기분 좋게 '브힌슬'beginsel이라고 말하는 근사한 언어"를 선사받았다. 그리스도교인들 중에는 "고맙게도 칼뱅주의가 지배적이다. 물론 여러 모로 훼손된 부분이 없지 않지만, 그래도 '구원의 확신' 문제가 아니라 윤리의 문제를 가진 확실한 칼뱅주의다. 무릎 바지도 없고, 종교적인 장난도 없고, 예배와 관련한 소극성도 없다. 모든 것이 약간 건조하고 엄숙하니, 심지어 젊은 사람들한테서도 그렇다. 그런데도 역동성이 있으니, 렘브란트의 「포목상 조합 이사들」이나 「야경」의 광경과 똑같다.……우리는 그 그림 앞에서 오랫동안, 아주 오랫동안 앉아서 감탄했다."

바르트는 그곳 사람들이 자기의 신학에 놀라울 정도로 관심을 기울이고 있으며, "지나치게 욕심부린다 싶을 정도로 더 나아가려는 충동"이 있다는 것을 보게 되었다. "북부 네덜란드에서 우리의 '관심사'를 대변하는 사람들 가운데 가장 중요한 사람"인 테오도루스 람베르투스 하이츠마Theodorus Lambertus Haitjema가 나와서 우리를 맞아 주고, 또 동행해 주었다. 그는 바르트의 '비판적 신학'에 관한 책을 써서 얼마 전에 출판하기도 한 사람이었다. 바르트는 일단 그로닝겐Groningen에 머물렀다. 거기서 그는 빌립보서 3장에 관하여 단치히에서 강연했던 것을 반복했고, 설교도 했고, 공적인 토론에 참여하기도 했다. 바르트에게 '반대하는' 종교사학자 판 드르 레이으브van der Leeuw를 만나 본 시간은 안타깝게도 너무나 짧았다. 그런 다음 "정말 빛나는 도시" 암스테르담으로 갔다. 바르트가 보기에 그곳은 "마치 베니스처럼 물이 많은" 곳이었다. 거기서 그는 어떤 소규모 모임에 초대되어 네덜란드 개혁 교회의 지도자들을 만났고, 그들을 높이 평가하게 되었다. 그때 만난 사람으로는 요한 에이크만 Johan Eijkman, 니코 스튜프큰스Nico Stufkens, 얀 피트르 판 브루흔Jan Pieter van Bruggen, 디릭 트롬프Dirk Tromp가 있었다. 또한 (중요한 반대자로서) 존경받는 설교자이자 학자인 아놀두스 헨드릭 드 하르토흐Arnoldus Hendrik de Hartog 가 있었는데, 그의 "사람됨과 가르침은 쿠터를 연상시켰고" "존경할 만한, 역동적인 사람이며, 신비주의가인데⋯⋯다른 사람이 말을 하면 단한 순간도 경청하지 않고, 그런데도 강력한 증언의 능력이 있는 사람이었다." 마지막으로는 "독자성과 도량에 있어서는 그 누구도 따라올 수 없는" 옵크 노르드만스Oepke Noordmans도 그 자리에 있었다.

바르트는 이 여행의 마지막 여정으로, 라인홀트 제베르크가 회장으로 있는 '유럽 내부 선교 총회'에 모인 대규모 청중 앞에서 '교회와 문화'의 관계에 대해 강연했다.[211] 바르트 자신이 직접 밝히기도 했지만, 여기서 바르트는 탐바흐에서 이미 다루었던 주제를 "7년이 지난 오늘⋯⋯약간 다르게 접근"하고자 했다. 그 강연의 특징은 바르트가 교회와 문화의 근거, 그리고 그 둘의 상호관계의 근거를 오로지 "하나님 말씀이 발설되었고 청취되었다는 결정적인 사건 안에서" 찾으려고 했다는 점이다. 그래서 바르트는 한편으로 이렇게 말할 수 있었다. "문화 활동은……비유가 될 수 있다.……육신이 되신 영원한 로고스의 빛을 되비추는 것일 수있다." 다른 한편으로는 이렇게 말했다. 교회는 "인간을 **위하여** 하나님께희망을 거는 것이지, 인간**에게** 희망을 거는 것이 아니다. 또한 그 인간이하나님의 도움으로 그 탑[바벨탑]을 지어 완성하는 일에 희망을 거는 것도 아니다."[212]

바르트는 8월 말 베르클리에서 말을 타다가 떨어져 중상을 입었는데, 겨울학기가 시작될 때까지도 그 부상 후유증으로 고생을 했다. 의사의 진단에 따르면 "추락으로 인한 우측 어깨 내출혈, 말발굽 타격으로 인한 좌측 허벅지 타박상"이었다. "내가 막 떨어져서 공중에서 몇 바퀴 돌다가 완전히 풀밭 위에 누워서 전혀 움직일 수 없는 상태였을 때, 불과몇 발자국 떨어진 곳에 전신주가 서 있는 것을 보았다. 만약 내가 거기부딪혔다면 상황은 전혀 달라졌을 것이다."[213] 1926년 가을, 바르트는 다시 한 번 처음부터 끝까지 완결된 형태의 교의학 강의를 시도하기로 했다. (괴팅겐 대학교에서 시도한) 첫 번째 강의 내용은 아직 출간할 만한 상태가 아니라고 여겼는데, 그래서 이번에는 강의한 것을 바로바로 출간하여 발표하기로 했다. 바르트는 세 학기에 걸쳐 교의학 강의를 개설했다. 교의학 서설(프롤레고메나), 교의학 I, II. 그가 이 새로운 시도를 거의 끝맺을 무렵, 다시 한 번 사고를 당했다. "뮌스터에는 멀리서 보면 산처럼 보이는 언덕이 몇 개 있는데, 깜깜할 때 거기서 그 묘기를 부리다가 추락했다." 얼마나 제대로 넘어졌는지 한쪽 다리에 깁스를 해야 했고, 한동안은강의도 할 수 없었다.[214]

교의학 강의와 함께, 최소한 1926-1927년 겨울학기와 1927년 여름학기에는 다시금 성서 주석 강의를 병행했다. 우선은 (과거의 형태로) '빌립보서' 강의를 했고 바로 그해에 그 내용을 출간했다.

바르트는 주석의 방식과 관련하여 "과거에 『로마서 주석』에서 시행했던 방식에 나 스스로를 붙잡아 두지 않고—물론 그 의도야 그대로 남아 있지만—새로운 모색 중에 있다"는 사실을 강조했다. 실질적인 내용에서는 다시금 강력한 '종교개혁적' 음색이 전면에 부각되었다. "인간의 관점에서 볼 때, 믿음이란 그 결정적인 행위에서 실패이며, 스스로 뭔가를 해보려는 모든 시도가 절대적으로 실패할 수밖에 없음을 깨닫는 것이다.……만일 인간이 다른 측면을 본다면, 곧 실패자로서 자신이 의롭다는 사실을 보게 된다면……그는 자기 자신을 보는 것이다.……하나님의 관점에서." 그러나 이 "의로움은……심리학적 내용이 될 수 없다. 그것은 하나님의 손에 있다."[215]

1927년 여름학기에는 골로새서를 주석했다. 바르트는 이 강의를 준비하면서 가톨릭 신학자 로베르트 그로셰Robert Grosche의 강해를 참조하면서 많은 도움을 받았다.[216] 세미나 시간에는 무엇보다도 "슐라이어마허의 『그리스도교 신앙』을 집중적으로 읽으면서, 정말 생각할 만한 가치가 있는 이 루네 문자에* 담긴 사악함의 비밀을 캐내려고 했다."[217] 그 후로는 (두 학기 동안) "루터와 칼뱅의 강해를 토대로 갈라디아서 주해" 세미나를 진행했다. 흥미롭게도 똑같은 시기에 불트만도 마르부르크에서—바르트와는 무관하게—같은 제목의 세미나를 개설했다. 바르트는 그 당시에도—이후에도 마찬가지였지만—세미나 준비에 많은 시간을 할애했다.

---

* 고대 북유럽에서 사용되던 각진 모양의 표음 문자로, 마법적인 힘이 깃들어 있다고 인식되었다—옮긴이.

"언제 어느 때라도 그 세미나에서 제일 똑똑한 학생보다 조금은 더 알고 있으려는" 의도였다.[218]

"하나님 말씀에 관한 교리"

그러나 이 시기의 바르트가 온 힘과 노력을 기울인 것은 제2차 교의학이 었다. "아마도 교의학 강의를 그렇게 녹초가 돼서, 그렇게 진이 다 빠진 상태에서 시작하는 사람은 거의 없었을 것이다."[219] 그는 "밤낮으로" 앉아서 "교의학에 새로운 형태를 부여하기 위해" 매진했다. 어찌나 그 일에 몰두했던지 "밤중에 꿈을 꿨는데……안을 향하면서 밖으로 향하는ad intra et ad extra* '존재 양식·위격hypostasis을 가진' 신비스러운 세 사람이 나타나기도 하고, 군주신론Monarchianismus과 종속론Subordinatianismus 사이에서 확고한 니케아 노선을 따라 정밀하게 검토하고 논증해야 할 모든 것들이 꿈속에 나타나기도 했다. 나는 고가르텐이 이 주제에 대해 뭔가 아는 게 있는지 이리저리 들추어 보았지만 허사였다. 모르긴 해도, 바로 이 문제 때문에 머리가 터질 정도로 고민하고 있는 신학 교수는 (가톨릭 신학자들은 물론 예외지만) 나밖에 없을 것이다. 그러나 이제 그럴 수밖에 없다. 왠지 모르겠지만, 나는 이제 막 이 길에 접어들었다."[220] 실제로 이것은 제1차 교의학의 단순한 반복이 아니었다. 이전의 성향은 그대로 유지하되, 완전히 새롭게 써 내려가는 것이었다. 지난번 『로마서 주석』 제2판의 경우가 그랬던 것처럼 "이것 또한 돌 위에 돌 하나도 거의" 남지 않았다.[221] "도

---

*   성부. 성자. 성령 하나님께서 내적으로 서로 관계하시는 특성과 외적으로 활동하시는 특성을 일컫는 라틴어 표현—저자.

대체 어떤 마귀의 장난인지는 모르겠지만, 이번에도 아예 모든 걸 새로 쓸 수밖에 없는" 그 상황에 대해 바르트 자신도 신기하게 생각했다. 하지만 그래서 "모든 것이 더욱 명확해질 것"이라고 믿었다.[222]

이번 교의학은 『로마서 주석』과 마찬가지로 "근대 개신교(약간의 예외는 있지만 안타깝게도 개신교 전체!)에 대한 저항"이다.[223] 바르트는 "주류 신학의 길을 걷지 않은" 신학자들을 자주 인용함으로써 그 '저항'을 표현했다. 그 신학자들이란 예컨대 "아버지 블룸하르트와 아들 블룸하르트, 도르너Dorner, 쇠렌 키르케고르, 헤르만 프리드리히 콜브뤼게Hermann Friedrich Kohlbrügge, 헤르만 쿠터, 율리우스 뮐러Julius Müller, 프란츠 오버베크, 필마였다."[224] 이번 교의학은 "과거의 내가 겨우겨우 자수성가한 사람으로서 과감하게 무시했던 많은 것을 재고하게" 되었다.[225] 이것이 『로마서 주석』과 다른 점이었고, '괴팅겐 교의학'과 비교하면 더욱 두드러진 특징이었다. 바르트의 재고 대상이 된 것은 과거의 교의학과 고대의 교의학에 아직 남아 있는 사유의 여러 문제와 차원들이었다. 그러나 "내가 『로마서 주석』의 시대에 주장했던 것, 곧 하나님과 인간의 이론적·실질적 분리를 ―비록 그것을 포기할 수는 없지만―그냥 그대로 붙잡고 있을 수만은 없었기에, 다시 한 번 철저하게 공부를 해야 했다.……나는 예수 그리스도를 이해해야 했다. 그를 사유의 변두리에서 중심으로 끌고 와야 했다. 또한 나는 주관성을 진리로 받아들일 수 없기에, 키르케고르와는 그 짧은 만남을 뒤로 하고 다시 헤어지지 않을 수 없었다."[226]

키르케고르를 넘어서서 예수 그리스도를 사유의 '중심에' 가져오려는 바르트의 노력은 이번 교의학에서 이제 막 시작된 것이었다. 여기서 그가 지향한 핵심 개념은―나중에는 '예수 그리스도'라고 바꿔서 말하지만―'하나님의 말씀' 개념이었다. 그래서 바르트는 예컨대 이렇게 말할 수 있었다. "하나님과 인간의 관계, 곧 그리스도교가 자신의 가장 순수한 발언의 형태인 교회의 선포를 통해 말하는 그 관계는 **그 자체로 말씀**이다. 인간이 그것에 관해 말하기 때문에 그 관계가 말씀이 되는 것은 아니다. 오히려 그 관계는 원래부터 말씀이다." 바르트는 괴팅겐에서와 마찬가지로 '교의학'을 설교와 연관시켰다. 그럼에도 불구하고, 아니 바로 그렇기 때문에, 이제 바르트는 더욱 근본적으로 교의학을 바로 "그 설교 안에서 선포되는 하나님의 말씀"에 대한 성찰로 이해하려고 했다. 특별히 교의학 『서설』은 신개신교주의 교의학에 대한 비판적 맞대응의 모습을 띠게 되었다. 신개신교주의 교의학의 서설은 그리스도교 신앙의 보편적인 (종교철학이나 심리학 등의 도움을 받은) '전제' 혹은 조건을 다루는 것이 보통인데, 바르트의 교의학 서설은 철저하게 "교의학의 본론 부분에서 끄집어낸 것으로서, 전체 교의학을 조명하는 한 단면", 그리고 "핵심 그 자체로 뛰어들기 위한 예비 도약 형태의" 도입을 의미했으며, 또한 그리스도교 신앙이 그런 보편적인 전제를 가진 것도 아니며 그럴 필요도 없다는 사실을 과시하는 것이었다.[227] 그래서 바르트는 서설을 사실상 "하나님의 말씀에 관한 교리"의 연장으로 생각하고 써 나갔다.

바르트는 1927년 (8월) 여름방학을 가족과 함께 하르츠Harz의 뇌셴로데Nöschenrode에서 보내면서, 교의학 『서설』을 탈고했다. 이 책은 바르트가 직접적으로 교의학을 다룬 것으로는 첫 번째 작품이다. 샤를로테 폰 키르쉬바움이 그 방학을 함께 보내면서 바르트의 작업을 도왔다. 바르트는 원래 여러 권의 『그리스도교 교의학』을 구상하고 있었고, 이 책이 그 시리즈의 제1권이 될 것이라고 생각했다. 바르트는 하르츠에서 그 책의 서문을 쓰면서, 자기 '추종자들'의 우려에 대해 (특별히 게오르크 메르츠를 염두에 두고) 나름의 의견을 피력했다. 그들은 "6년 전 '종교개혁 메시지'의 봄이 찾아 왔다며 약간 목소리를 높여서 축하할 수 있게 되었는데" 이제 바르트에게 "우려스러운 스콜라주의의 가을이 너무 빨리 뒤따라온 것" 아니냐며 의혹을 나타냈던 것이다. 여기에 바르트는 이렇게 맞섰다. "나는 예나 지금이나 평범한 신학자다. 감히 하나님의 말씀이 아니라 그저 '하나님의 말씀에 관한 교리' 정도나 다루는 신학자……그러므로 여느 신학자와 마찬가지로, 내가 하나님의 말씀으로……'어떤 신학을 만들기'라도 하는 것처럼 나쁜 인상을 줄 수밖에 없었고, 지금도 그럴 수밖에 없다. 하나님의 말씀이 스스로 말씀하셨든지 아니하셨든지 나는 신학을 하는 것 이외에 다른 어떤 것을 한다는 생각이 전혀 없다."[228] 어쨌거나 바르트는 포괄적인 교의학을 내놓을 만한 때가 무르익었다고 느꼈다. 게다가 "충분히 도움이 될 만한 사전 작업이 완료된 상태였다."[229] 그러나 그는 이 '교리'가 너무나 새로운 것이라는 사실을 알고 있었다. 그래서 바르트는 "8년 전 나의 『로마서 주석』이 근대 성서 주석의 영역에서 그랬던 것과 비슷하게, 이 교의학도 고독한 길을 걷게 될 것"이라고 추측했다.[230] 한 걸음 더 나아가, 바르트는 자신의 교의학이 하나의 시도에 불과하다는 사실을 분명히 의식하고 있었다. "이것은 내가 평생을 연구하여 이룩해 낸 성숙한 작품이 아니라, 이 분야의 초보자로서 시도해 본 것"이라고 말이다. 사실 그는 "지금 우리에게는 진정한 교의학이 없다"고 주장하기도 했다.[231] 그래서 자신의 작품을 명토 박아 "교의학 초안"Dogmatik im Entwurf이라고 불렀다. 그리고 이런 생각이 얼마 뒤에 더욱 강해지자, 『그리스도교 교의학』을 더 쓰지 않기로 했고, 향후 자신의 뮌스터 교의학 강의도 출판하지 않기로 했다.

뇌셴로데에서·바르트는 투르나이젠을 만나 마음껏 대화를 나누었고, 설교자 발터 크뢰커Walter Kröker와도 건설적인 대화를 나눌 수 있었다. 그런데 바로 그곳에서 바르트에게 찾아온 한 가지 질문이, 그 후로 몇 달 동안 그를 굉장히 힘들게 했다. 얼마 전 베를린 대학교 건이 무산된 상황에서, 이번에는 베른 대학교의 초빙을 받은 것이다. 이 소식을 접한 바르트는 이상하다 싶을 정도로 망설였다. 그는 아주 오랫동안 고민했다. "넓은 바다에서 좁은 운하로 귀환"하는 것이 과연 좋은 일인가, 아니면 "계속 베스트팔렌에 틀어박혀 있어야" 하는가?[232] 바르트가 확실한 결정을 내리는 데 도움을 준 사건들이 있었다. 갑자기 베른의 신문들이 바르트를 신랄하게 비판하기 시작했다. 확인되지도 않은 그의 평화주의를 비판하고, 심지어 그의 애국심 결핍을 비판하는 기사가 실렸다. 게다가 베른 주 정부는 10월 말, 바르트를 초빙하면서, 향후 베른 대학교 교수 자리에 결원이 생기면 그 자리에 자유주의자를 앉힐 수 있는 권리를 요구했다. 그러나 바르트는 그 '권리'를 포기하지 않으면 베른 대학교의 초빙을 받아들이지 않겠다며 단호한 입장을 밝혔고, 결국 초빙은 없던 일이 되었다. 바르트는 이미 청소년 시절부터 베른의 분위기를 싫어했기 때문에, 일이 이렇게 된 것을 더 좋아했다. "만일 그 초빙이 무조건적인 것이었다면, 문을 더 활짝 열어 놓아야 했다. 그래서 나는 그렇게 단호한 항의 표시를 하여 베른 주 정부를 자극하려고 했던 것이다. 그런데 그것이 내 뜻대로 되지 않았다. 그래서 나는 계속해서 외국에 살면서 일을 하는 쪽으로 결정을 내릴 수 있는 상대적 자유를 확보했던 것이다. 오래전에 이곳에 온 스위스 사람들 가운데 상당수도 고향보다는 지금 자기 자리에서 더 편안함을 느꼈다."[233] 바르트가 가려던 자리에는 자유주의자 마르틴 베르너Martin Werner가 오게 되었다. 베르너는 자기가 그 자리를 차지하기 위해 바르트를 비방하는 책자까지 만들었던 바로 그 사람이었

다. 바르트는 1925년 성탄절에, "만일 나의 **곁에서** 질문을 던지는 것이
아니라, 나에게 **맞서** 그저 훈계하고 꾸짖고 싸우려고 한다면" 대화 파트
너로 인정하지 않겠다고 그에게 엄중히 경고했다. "결국에는 어떤 한계
들이 있다."* 결국 바르트는 독일에 있는 자기 '자리'에 남게 되었다. 이
곳저곳에서 바르트를 필요로 했기 때문에, 바르트는 여기 남아서 일하기
로 한 결정이 옳은 결정이었다고 믿을 수 있었다. 그는 대학교에서 교의
학을 연구하면서도 다시금 활발한 강연 활동을 했다. 1927년 초반에는
종교개혁 시대의 핵심 쟁점이었던 '믿음과 행위'의 문제를 새롭게 성찰
했다. 그와 더불어, 윤리 문제를 하나님의 말씀 인식에 근거하여 조명하
고 해명하는 문제에 깊은 관심을 가졌다. 그 문제에 대한 성찰이 두 편의
강연 '의인과 성화'(Rechtfertigung und Heiligung) 그리고 '계명 준수'(Das
Halten der Gebote)에 고스란히 담겨 있다. 첫 번째 강연에서는 루터주의
의 분위기가, 두 번째 강연에서는 칼뱅주의의 분위기가 느껴진다.

바르트는 첫 번째 강연에서, 그리스도교의 설교는 "하나님의 위대한 행위"
를 선포하는 것이지, 인간의 "행위와 업적을 선포하는 것은 아니"라는 점
을 처음부터 분명히 짚고 넘어갔다. 그러므로 "의인과 성화"는 하나같이 인
간에게 이루어지는 "은총의 실행"이다. 하나는 하나님의 행위고 다른 하나
는 인간의 행위인 것이 아니라, 둘 다 "인간에게 이루어지는 하나님의 행위"
다. "요컨대 하나님께서 의롭게 하시고, 하나님께서 거룩하게 하신다." 그런
데 여기서 바르트는 상당히 루터주의적인 설명을 시도했다. 의인(칭의)은

---

* 호라티우스의 경구 "모든 것에는 정도가 있다. 결국에는 어떤 특정한 한계들이 있다"(Est modus in rebus, sunt
certi denique fines), Sermones, 1, 1, 106—옮긴이.

죄인을 **화해시킴**이요, 성화는 **죄인**을 화해시킴이다![234] 두 번째 강연에서 바르트는 관념론에 맞서 다음과 같은 사실을 강조했다. 그리스도교 윤리는 어떤 보편적인 진리를 아는 것이 아니라, "정말 고귀한 요청, 정말 나에게 부딪혀 오는 요청과 마주하여 결정의 자리에 서는 것"인데, 여기서 그 요청은 근본적으로 구체적인 요청이며, "우리는 그 내용을 좌지우지할 수 없다."[235] 바르트는 또 이렇게 덧붙였다. 첫째, 우리는 오직 하나님의 약속이 있기에 그분의 계명을 들을 수 있다. 둘째, 그 계명을 어긴 우리는 오직 의롭다 인정을 받은 죄인으로서, 다시 말해 오직 믿음 안에서 그 계명을 지킬 수 있으리라!

아마도 첫 번째 강연은 1927년 1월 초 겨울방학 강좌 같은 데서 이루어졌던 것 같다. 1월 말 브레멘의 친구들 모임에서 발표한 것도 동일한 강연문이었던 것 같다. 두 번째 강연은 3월 9일 아라우 대학생 대회에서 이루어졌다. 이렇게 바르트는 또다시 이 대회와 인연을 맺을 수 있었다. 스위스를 방문하게 되면 으레 그랬던 것처럼, 바르트는 이번에도 바젤에 계시는 어머니를 찾아뵈었다. 거기서 바르트는 형제들, 친척들, 그리고 바젤에 사는 친구들을 만날 수 있었다. 덕분에 새롭게 알게 된, 그래서 향후 몇 년 동안 바르트가 아주 소중히 여기는 친구가 된 사람은 바젤의 선교 감독관 칼 하르텐슈타인Karl Hartenstein이었다. 바르트는 브루겐에 있는 투르나이젠의 집에도 들렀다. 그곳으로 친구를 찾아가는 일은 이번이 마지막이었다. 투르나이젠이 그곳의 목사직을 (아버지와 이름이 같은) 헤르만 쿠터의 아들에게 넘겨주고, 자기는 바젤의 뮌스터플라츠에 있는 목사관으로 자리를 옮겼기 때문이다. 그곳으로 말할 것 같으면 "인간의 한낮과 저녁나절을 보내기에는 아마 그렇게 행복하지는 않을, 그러나 그런 대로 품위도 있고 의미도 있는 자리"였다.[236] 정확하게 2년 후에 투르

나이젠은 바젤 대성당의 목사가 되었고, 아울러 바젤 대학교에서 실천신
학을 가르치게 되었다.

바르트는 3월 29일부터 4월 2일까지 제2차 네덜란드 여행을 다녀
왔다. 그리고 위의 두 강연을 우트레흐트Utrecht와 레이든Leiden에서 반복
했다. 레이든에서는 교회사학자인 알베르트 에크호프Albert Eekhof의 집에
서 묵었다. 나는 "그 집의 세 살짜리 아기에게 닭 울음소리라든가 뭐 그
런 것을 들려주어서 그의 부인에게 호감을 샀다." 바르트 자신도 눈치를
챘지만, 레이든은 네덜란드 자유주의의 아성이었다. 그러나 그곳 신학
자들과 대화를 나눌 때도 '칼뱅주의'를 '소통의 토대'로 삼았다.[237] 4월 20-
21일, 루돌슈타트Rudolstadt에서 열린 목회자 대회에서도 '의인과 성화'에
관해 강연했다. 바르트는 그곳에서 이른바 '그네시오스 루터주의자'들
을* 만났는데, 그 사람들과는 바르트 자신도 깜짝 놀랄 정도로 의견이 잘
통했다. 연달아, 잘레Saale 강 유역에 있는 도른도르프에서 이틀을 보냈
는데, 그곳은 고가르텐의 새로운 목회지였다. 거기서는 그가 예나 대학
교에 출강하면서 직접적으로 학문적인 활동에 참여할 수 있었다. 두 사
람은 긴 시간 동안 '우호적으로' 토론했지만, 상대방에 대하여 "고개를 흔
들고" 있었다. 바르트는 이렇게 느꼈다. "우리 둘 사이의 연대의 고리라
는 것이 실제로는 얼마나 미심쩍은 것인지를 우리가 직시하고, 그것을
주변 사람들이 모르도록 하는 것밖에는 달리 방도가 없다." 바르트는 그
방문을 계기로 고가르텐의 정신적 친구였던 "막달레네 폰 틸링Magdalene
von Tiling은 정말 대단한 여자요 대단한 루터주의자라는 사실을 알게 되었

---

* 루터 사후에 진정한 루터의 정신을 계승한다는 의미에서, 그리고 반대파와 거리를 두기 위해서, 스스로를 '그네시
오스'(γνήσιος, 참된) 루터주의자라고 부르던 신학자 집단. 초창기에는 그 지도자의 이름을 따서 '플라키안파(派)'라고
도 했다—옮긴이.

다."[238] 6월 9-10일 뤼겐 섬의 푸트부스Putbus에서 열린, 그리스도교대학생
연합회의 발트 해 컨퍼런스 기간에도 똑같은 강연을 반복했다. 발트 해
변에서 이루어진 만남과 토론은 그다지 유쾌하지 않았다. 심지어는 전
혀 예상하지 못했던 격렬한 충돌도 있었는데, 그것은 "푸르헤 경건주의
자들과의 충돌이었고……나는 그들 틈바구니에서 이틀 동안 마치 야만
인이 된 것처럼 지냈다."[239]

가톨릭주의와 마주하여

한 달 뒤인 7월 11일, 바르트는 뮌스터 중앙 정당의 대학 위원회 앞에서
강연했다. 이 새로운 강연의 제목은 '교회의 개념'이었다. 당시 '교회'라
는 주제는 사람들의 입에 많이 오르내렸다. 1926년 오토 디벨리우스Otto
Dibelius의 『교회의 세기』(Das Jahrhundert der Kirche)가 출간되었고, 많은
사람들이 그 책을 읽었다. 물론 바르트는 그 책을 "한 마디로 무가치한
책"이라고 잘라 말했다.[240] 그런 바르트에게 이 주제에 대해 관심이 촉발
된 것은 무엇보다도 뮌스터의 가톨릭 때문이었다. 그래서 바르트는 바
로 이곳 뮌스터에서, 바로 그 주제를 명시적으로 다뤄보는 것이 좋겠다
고 생각했다. 그는 대담하고 씩씩하게 달려들었다. 그리고 가톨릭의 교
리와 확실하게, 생뚱맞다 싶을 정도로 거칠게 맞부딪혔다. "결국 그리스
도 안에서 하나가 되지 못한 양측 사람들에게, 서로를 진지하게 여긴다
는 것은……예컨대 그저 인간적으로 친하게 지내는 것을 의미하지는 않
는다.……물론 우리 모두가 그것을 원하지만 말이다. 오히려 그것은 (서
로를 진지하게 여긴다는 것은) 대립의 부담 전체를……양쪽 모두 다시금 자
기 어깨에 지는 것"이다. 상대편이 "우리에게는 가장 핵심적이고 가장 흔

들림이 없는 그리스도교 진리로부터 끔찍하게도 등을 돌린 상황에서"
그 상대편을 보는 것이며, "그 사람도 나름대로 우리 때문에 똑같이 놀라
고 있음을 확실히 알게 되는 것이다.……그리고 이 수수께끼가 다시 한
번 나에게 말을 건네 오도록 하는 것인데, 그러면 더욱 사려 깊은 가톨릭
신자 혹은 개신교 신자가 되어, 지금은 우리가 알지 못하는 평화, 곧 그
리스도 안에 있는 평화를 더욱 간절하게 바라면서 이 자리를 떠나게 되
는 것이다."[241] 그러나 바르트는 양쪽을 갈라놓는 지점을 지적한다. 가톨
릭은 하나님의 은총에 자기를 맡기는 대신 자기가 그 은총을 조종하고
이용하려고 하는데, 무엇보다 이것이 분리의 지점이다. 바르트가 보기에
는, 우리의 이웃 교회 가톨릭이 종교개혁의 깨달음을 거부하고 계속해서
그런 관행에 묶여 있는 것이야말로 가톨릭의 한 가지 오류, 그러나 근본
적인 오류였다.

하르츠에서 휴가를 보낸 후, 10월 초순에 바르트는 "튀링겐 주의 라
우엔슈타인 성에 집결한 독일대학생학우회 모임에 방문했는데, 그 성은
어떤 끈질긴 이상주의자가 가장 순수하게 중세의 모습을 재현하고자 극
도로 화려하게 지어 놓은 건물이었다." 그는 그곳의 (10월 8일) "제대로 된
연회장"에서 '신학과 현대인'이라는 주제로 강연했다. 이 강연에서 바르
트는 '신학'이 깊이 사유하고 있는 진리, 곧 절대적으로 우월한 진리, 구
체적이고 구속력이 있는 진리, 비판적인 진리와 맞닥뜨린 '현대인'이 취
하게 되는 위험스러운 가능성을 열거했다. 어떤 사람은 그 진리를 즉시
거부한다(무신론). 또 어떤 사람은 (이건 더 나쁜 경우인데) 그 진리를 "아무
렇지도 않은 것으로 만든다"(자유주의). 또 어떤 사람은 (이건 훨씬 더 나쁜
데) 그 진리를 "장악하려고" 한다(가톨릭). 바르트는 그 강연을 끝낸 뒤 샤
를로테 폰 키르쉬바움과 함께 오버프랑켄의 '신의 정원'을 걸었다. 바르

트와 그녀는 연초에도 밤베르크에 갔다가 그곳의 풍광에 감탄했던 적이 있었다.

바르트는 10월 2일, 라우엔슈타인 강연에 앞서 두이스부르크-마이데리히에서 열린 '청소년 축제'에서 두 번 연속으로 설교했다. 그곳은 "교인 전체가 변장한 신학자라는, 도저히 믿을 수 없는 몇몇 교회 가운데 하나"였고, "아무것도 인간에게 돌리지 않고, 오직 은총만을 찬양하는지" 모든 사람이 눈을 시퍼렇게 뜨고 감시하는 분위기였다. 그래서 바르트는 오히려 이곳에서 더욱 성화(聖化)의 필요성을 강조했다. 10월 19일, 바르트는 다시 한 번 그 지역을 찾았다. 이번에는 엘버펠트 개혁교회연맹의 제2차 신학 세미나에서 강연하기 위함이었다. 강연 장소는 "이미 많이 알려진 그리스도교 컨퍼런스 홀이라서 풍금도 있고, 그 밖의 온갖 장식들이 눈에 띄었으며, 바닥이 꺼질 정도로 목사가 많았는데, 예리한 지성의 평신도들도 아주 많았다." 바르트는 이미 '슐라이어마허에서 리츨까지의 신학에 나타난 말씀'이라는 주제로 말해 달라는 부탁을 받은 상태였다. "당연히 내게 맡겨진 과제는, 그 사악한 슐라이어마허를 확실하게 죽이는 것"이었다. "그러나 나는 [그에 대해서는] 아주 짧게만 언급을 했다. 그리고 더 많이, 더 다정다감하게……깨어 있다는 신학자들이나 성서주의자들도 위에서 말한 그 슐라이어마허와……한통속이었다는 사실을 지적했다. 그리고 이 시기에 가장 반가운 사건으로 포이어바흐, 슈트라우스, 콜브뤼게가 있었음도 지적했다.…… 강연이 끝나자, 나의 강연으로 타격을 받은 사람들의 입에서 자연스럽게 엄청난 비탄의 외침이 터져 나왔다. 그러나 그 외침은 처음부터 힘이 없었다. 그곳에서 전문가로 통하던 선량한 괴터스 씨가, 어쨌든 역사적으로는 모든 것이 방금 '저 사람이 말한' 그대로였음을 시인하지 않을 수 없었기 때문이다."[242]

그해 11월과 12월에는 뒤셀도르프에서 '교회의 가르침에 따른 하나님의 계시'에 관한 다섯 번의 연속 강연을 맡았다. 이 시리즈 강연은 바르트의 뮌스터 교의학 전체에 담겨 있는 중요한 인식을 간추려 놓았다.

여기서도 바르트는, 하나님의 계시를 '인간의 자기 계시'로 이해하는 신개신교주의의 해석을 확실하게 거부한다. 그런데 이 강연에서 흥미로운 것은, 하나님은 계시를 통해 오로지 자기 자신에 관해 말씀하시며 인간은 그분에 관해 말할 수 없다는 명제(그러니까 이전에는 바르트 자신이 암묵적으로 대변하던 입장)에 바르트가 상당히 비판적으로 접근하고 있다는 사실이다. 바르트의 새로운 단초는 이것이다. "**하나님**이 나에게 오셨다. 이로써 망상은 사라지는데……내가 어떻게 나 자신에게 왔는지 말해야 한다고 생각하던 망상 말이다. 하나님이 나에게 **오셨다**. 이로써 그 망상은 사라지고, 또 하나 남은 망상이 사라지는데, 이것은 하나님의 계시에 관해서는 오로지 하나님 자신만이 말씀하셔야 한다고 생각하는 망상이다. **하나님**이 **나에게 오셨으므로**……나는 그분의 계시에 관해 말해야 하기 때문에, 그것을 말할 수 있고, 말해도 된다."

바르트는 1928년 초반에 또 한 편의 강연을 준비했다. 한 해 전 '교회' 개념에 관한 강연이 논쟁적이고 신학적인 것이었다면, 이번 강연은 변증법적·비판적으로 그 맥을 이어 나간 것이었다. 강연의 제목은 '개신교 교회를 향한 물음으로서 로마 가톨릭'(Die römische Katholizismus als Frage an die protestantische Kirche)이었다.

바르트가 여기서 '가톨릭'을 철저하게 비판적으로 본 것은 사실이다. 그러나 가톨릭의 그 완결성과 일관성은 높게 평가하면서 이런 결론을 도출해 냈다. 그런 가톨릭에게 온전히 저항할 수 있는 것은 오로지 자기 자신의 개신교적 핵심에 집중하는 '개신교'밖에 없다. 이 개신교는, 원래 '가톨릭'의 미심쩍은 요소였으나 지금은 자기 안에 들어와 버린 그것을 깨끗하게 치워 버린 개신교다. 그러므로 "개신교 교회를 향한 물음"은 바로 이것이다. "개신교 교회는 **교회**인가? 얼마만큼이나 교회(더 자세히 말하자면 '**저항적인**' 교회)인가?"243 바르트는 "우리 시대의 가장 권위 있는 신학자" 가운데 하나인 칼 하임을 예로 들면서 "우리의 노선이 시나브로 얼마나 가늘어지고 위태로워졌는지, 신개신교주의의 전형적인 주장은 얼마나 당연한 것이 되었는지" 입증했다. "나는 신개신교주의의 주장이 가톨릭의 입장에 맞서는 것이 불가능하다고 확신한다. 한편으로는 우리가 로마 가톨릭과 함께 주장해야 마땅한 필수적인 것을 너무 많이 포기해 버리고, 또 한편으로는 로마 가톨릭적인 요소를 스리슬쩍 너무 많이 받아들이는 바람에, 개신교와 가톨릭의 차이가 우연적인 것이 되어 버리는 것이다."244

바르트의 이번 강연은 3월 중순 브레멘에서 이루어졌다. 바르트가 그곳에서 만난 철학자 힌리히 크니터마이어Hinrich Knittermeyer와, 구약에 관심이 있는 칼 레퍼Karl Refer 목사는 앞으로 대화가 잘 통할 것 같은 사람들이었다. 이 강연문은 오스나브뤼크에서도 발표되었다. 그곳에는 1922년부터 바르트와 친구가 된 리하르트 카르벨Richard Karwehl이 살고 있었는데, 그는 메르츠의 처남이기도 했다. 4월 중순, 뒤셀도르프에서 열린 니더라인 지방 설교자 대회에서도 이 강연을 반복했다. 바르트는 그 자리에서 비스마르크에 대해 아주 짧게 비판적인 평가를 내렸는데, 그것이 "분노의 작은 폭풍을 일으켰다. 내가 무슨 **절대적인 성소**를 공격

하기라도 한 것처럼 말이다."('이것이 너희의 우상이니라, 오 이스라엘이여!')[245]

한때는 뮌스터에서, 지금은 튀빙겐에서 활약하고 있는 신학자 칼 하임에 대하여 바르트가 비판적인 언급을 하긴 했지만, 그것이 그 사람에 대한 거부를 의미하는 것은 아니었다. 바르트는 1928년 6월에 발표한 공개서한에서 그에게 이 점을 분명하게 확인해 주었다. 바르트와 칼 하임 사이에 물론 차이는 있었지만, 그래도 두 사람은 1927년부터 카이저 출판사에서 출간하는 신학 연구 총서 시리즈 '프로테스탄티즘의 역사와 교리 연구'의 공동 발행인으로 일했다. 세 번째 공동발행인은 에를랑겐의 조직신학자 파울 알트하우스였다. 1927년 9월, 알트하우스가 뮌스터로 찾아왔을 때, 바르트는 1922년 글로써 서로 논쟁을 벌일 때와는 약간 다른 인상을 그에게서 느꼈다. 그는 "개방적이고 정직한 남자이며, 내가 언제라도 기꺼이 이야기를 나누고 싶은 사람이고, 적대자였다가 중재자가 된 사람이다. 이런 사람은 꼭 있어야 하는 것 아닌가!"[246] 서로에 대한 반대가 다시 첨예해지기도 했지만, 두 사람 간의 인간적인 관계는 꾸준히 지속되었다. 그들은 "조금 더 세속적인 관계, 그러니까 '연구와 교리'의 차원에서는 쉽게 나타나지 않는 관계와 연민의 정을 주고받았다."[247] 새로운 신학 연구 총서의 저자군 가운데 상당수는 바르트와 신학적으로 가까운 젊은 신학자들이었다. 예컨대 "뛰어난 역량을 지닌 나의 제자 오토 프리케Otto Fricke"(훗날 프랑크푸르트에서 목회함), 슈바벤 지역 출신 헤르만 딤Hermann Diem과 파울 솀프가 있었고, 바르트의 지도로 박사 논문을 쓰고 있는 빌헬름 니젤과 에두아르트 엘바인Eduard Ellwein도 거기서 책을 냈다.[248] 1939년부터는 에른스트 볼프Ernst Wolf만이 그 시리즈의 유일한 발행인이었다.

1928년 3월부터 9월까지 바르트의 아내와 제일 어린 세 자녀가 스위스에 가 있었다. 부인이 없는 동안 바르트의 어머니가 뮌스터의 살림을 맡아 주었다. 칼 바르트의 어머니 안나 바르트는 최근 10년 동안 막내아들 하인리히의 살림을 책임져 주었는데, 하인리히가 바젤에서 일하는 출판인의 딸 게르트루트 헬빙Gertrud Helbing과 약혼하면서 그 임무에서 벗어났다. 안나 바르트는 8월까지 뮌스터에 있다가, 남은 생애 10년을 보내게 될 베른으로 다시 돌아갔다.

1928년 여름학기, 바르트는 알브레히트 리츨 세미나를 열었다. 리츨을 좀 더 자세히 들여다보니, 그의 신학은 "가죽처럼 질기고 무미건조한 추밀 고문관의 실증주의"처럼 보였다. 그의 최종적인 관심은 "자기감정이 방해받지 않는 것"이며, "그렇게도 풍부한 지식과 탁월한 예리함을 총동원하여 결국에는 자기 자신을 변명하고" 자신의 "부르주아적 특성"을 변명하는 것이다.[249] 이 세미나에는 63명이 들어왔다. "그 사람들에게 나는 마치 터키 사람처럼 큰 소리로 떠들어 댔다."[250] 이제 바르트는 대단히 엄한 교수님이라는 평을 들었다. 그는 꼼꼼하게 세미나를 준비할 것을 요구했다. 특히 시험 때가 되면, 그는 공포의 대상이었다. 그의 '교의학'은─가령 종교개혁에 대해, 심지어 초기 프로테스탄트 정통 교리에 대해─정확한 지식을 기대했기 때문이다. 그런데 바르트는 거꾸로 학생들 때문에 자기가 "아주 숨 가쁘게" 지낸다고 주장했다. 특히 마르부르크에서 온 불트만의 제자들이 바르트를 힘들게 했다. "그중에서도 그 유명한 하제Hase의 증손자, 그리고 생기발랄한 단발머리 여학생 그레텔 헤르만Gretel Herrmann"이 단연 두드러졌다.[251] 다른 학생들 가운데는, 훗날 고등학교 교사가 된 엘리자베트 슐츠Elisabeth Schulz, 그리고 안나 마리아 로베더Anna Maria Rohwedder가 바르트의 인정을 받았다. 나중에 바르트가 함부르크에 갈 때면 두 사람의 집에서 숙식을 하곤 했다. 빌헬름 베데킨트

Wilhelm Wedekind는 "내성적인, 그러나 숭고하다 싶을 정도로 존경스러운 하노버 사람의 전형"이었다.[252] 점점 수가 늘어나던 외국인 학생들 중에서는 취리히 출신의 에르빈 주츠Erwin Sutz가 있었다. 에드문트 슐링크Edmund Schlink, 크리스티네 부르베크, 하인츠 클로펜부르크Heinz Kloppenburg도 바르트의 눈에 띈 학생들이었다. 하인츠 클로펜부르크는 당시를 이렇게 회상했다. "그 시절에 가장 결정적인 것은……칼 바르트가 학생들에게 일종의 신학적 직감을 일깨웠다는 사실이었다. 그것 때문에 조금 방황하는 경우도 있지만 결국 그 직감은—모든 단편적인 지식과는 전혀 별개로—목사와 신학자를 언제나 다시 본연의 길로 인도해 주는 것이었다."[253]

바르트는 1928년 여름학기에는 성서 주석 강의를 개설하지 않았고, 대신 겨울학기를 맞아 괴팅겐의 야고보서 강의 '개정판'을 시도했다. 바르트의 열세 살짜리 아들 마르쿠스는 "대학생들이 모여 앉은 데서 뒤쪽으로 멀찌감치 떨어져 있는 빈 의자 줄에 앉아" 아버지의 강의를 들었다.[254] 그 아버지는 대단히 기뻐했다. 이번 강의는 아들이 청강한 첫 번째 강의였다. 바르트는 그 여름학기, 이어지는 겨울학기를 맞아 자신이 1927년 강의에서부터 착수했던 주제, 곧 윤리의 문제에 학문적 열정을 기울였다. 바르트는 두 학기에 걸쳐 '윤리학'을 강의했다. 그것은 "암초로 가득한 바다를 통과하는 항해"였다.[255] 그리고 이 '항해'는 두 가지 이유로 인해서 더욱 흥미진진했다. 첫째, 수많은 비평가들이 바르트에게는 윤리학이 결여되어 있다고 공격을 해왔기 때문이다. (가장 최근에는 1928년 4월 바젤에서 바르트의 친동생들이 바르트와 격렬한 토론을 벌이던 중에도 이 문제가 불거져 나왔다.) 둘째, 그런데 바르트는 그 즈음 자신의 친구인 불트만과 고가르텐의 경우 (두 사람의 핵심 개념인 '결단'과 관련하여) 교의학이 "완전히 윤리학으로" 용해되어 버리지 않을까 걱정이 되기 시작했던 것

이다.[256] 그러므로 일단 그 '윤리학'을 시작했다는 **사실**도 중요하고, 그것
을 구체적으로는 **어떻게** 했느냐도 중요하다.

바르트의 윤리학 강의는 일반적인 전통, 곧 교의학은 하나님의 행위와 관련
시키고 윤리학은 인간 및 인간의 행위와 관련시키는 전통과 맞서면서 자신
의 입장을 설명하는 것으로 시작된다. 바르트에 따르면, 신학의 **모든** 분과는
"인간을 향한 하나님 말씀의 실재에 대한 서술"이다. 그러므로 "윤리학에서
도 주된 관심사는 하나님의 말씀에 대한 성찰이다." 그리고 "특별히, 이 하나
님의 말씀이……인간에게……요구한다는 사실에 대한 성찰이다." 그러나
윤리학의 대상은 "인간이 요구하는 하나님의 말씀이 아니라, 인간에게 요구
하는 하나님의 말씀"이다. 그러므로 '무엇이 선한가?'라는 윤리적 질문에 대
한 대답은 벌써 결정되어 있다. "인간은 하나님 말씀을 **듣는 자**로서 행동하
는 한, 선한 행동을 한다. 순종이 선이다. 그러므로 선은 들음에서 오는 것,
곧 하나님의 말씀에서 오는 것이다." 그래서 바르트는 그리스도교 윤리학의
단계 및 분류와 관련해서도 그것이 "인간 행위의 선함에 대한 그리스도교적
이해"에 합당한 것이어야 한다고 주장했다. 이에 상응하여 바르트는 자신
의 "윤리학"을 삼위일체적으로 분류했다. 맨 처음에는 (생명의 계명으로서)
창조주의 계명, 그다음에는 (율법의 계명으로서) 화해자의 계명, 마지막으로
는 (언약의 계명으로서) 구원자의 계명을 다루었다. 그중에서도 특히 가운데
부분이 중요하다. 여기서 하나님의 계명이 특별한 형태를 지니게 되는 것
은, "하나님에게 저항하며" 살아가는 죄인을 향한 시선 때문이다. 그러므로
이 계명은 좀 더 정확히 말하자면 "신적인 저항의 계명"이라고 할 수 있다.
"그렇지만 이것 역시 하나님이 사랑하시는 사람들만 경험할 수 있는 계명이
다." 바르트는 신적인 계명의 세 가지 형식을 계속해서 서술하면서 그때그

때 다음과 같은 질문을 던진다. 첫째, 계명의 **인식**에 관한 질문(소명, 권위, 양심을 통한 인식), 둘째, 계명의 **내용**에 관한 질문("율법의 삼중 직무"-질서, 겸손, 감사에 상응하는 내용), 셋째, 계명의 **성취**에 관한 질문(믿음, 사랑, 소망을 통한 성취).[257]

바르트가 1927년 강연 이후로 중요하게 여기게 된 또 하나의 주제는 '가톨릭 신앙'이었다. 그는 1928-1929년 겨울학기 세미나에서 "토마스 아퀴나스의 저서(『신학대전』 제1권)를 읽은 것을 계기로" 계속해서 가톨릭 연구에 빠져들었다. 아퀴나스의 저서는 "모든 면에서 섬뜩할 정도로 교훈적이었으며", 그 남자가 바르트의 입장에서는 도저히 이의를 제기할 수 없을 정도의 "정밀함으로 집필에 착수했다는, 바로 그것 때문에 실제로 섬뜩했다." "그는 모든 것, 단 하나만 빼고는 정말 모든 걸 알고 있었다. 그는 인간이 강도라는* 사실을 알지 못했다."[258] 토마스 아퀴나스로 인해서 가톨릭에 대해 더 큰 관심을 갖게 된 바르트는, 뮌헨에 사는 예수회 학자 에리히 프르시와라Erich Przywara, 1889-1972를 세미나에 초청하여 논쟁을 벌이기도 했다. 프르시와라는 얼마 전 『가톨릭 신학의 종교 철학』이라는 책을 써서 이름을 날리고 있었다. 프르시와라가 뮌스터에 방문하기 전에도, 바르트는 뮌스터에 강연을 하기 위해 방문한 이런저런 인물들, 예컨대 리하르트 지베크, 파울 틸리히, 헤르만 쿠터와 개인적으로 인사를 나눌 수 있었다. 11월에는 알베르트 슈바이처Albert Schweitzer도 만났

---

* '강도' 혹은 '살인자'라고 번역될 수 있는 옛 독일어 '셰허'(Schächer)는 그리스도교 전통에서 예수의 십자가 처형 때 왼쪽과 오른쪽에 있는 다른 십자가에 매달려 죽은 두 범죄자를 가리키는 표현이다. 특별히 예수의 십자가 처형을 묘사한 예술 작품에서 예수와 함께 등장할 때가 많기 때문에, '셰허'는 독일어권 예술사의 개념이기도 하다. 영역본에서는 '체스 놀이하는 사람'(chess player)으로 잘못 번역됐다—옮긴이.

다. "나는 그에게, 이것[그가 원하는 것]은 '행위에 의한 의로움의 멋들어
진 표본'이라고, 또한 그는 18세기 사람이라고, 아주 친절하게 말해 주었
다. 그 외에는 기분 좋게 이야기도 나누고 전반적으로 좋은 시간을 보냈
다. 그 사람과 다투려는 것은 정말 의미 없는 일이다. 그는 모든 것, 모든
사람과 마찬가지로 자기 자신도 상대적으로 보고 있다. 사람이란 모름
지기 연민을 가지고 있어야 한다는 주장도 분명 옳은 말이고, 우리도 항
상 고민해 볼 만한 문제다."[259]

바르트가 보기에, 이런 식의 방문들 가운데 누구도 부인할 수 없는
최고의 사건은 2월 초순에 이루어진 프르시와라의 방문이었다. 그는 교
회에 관한 강연을 마친 후에 "내 세미나 시간에 들어와 다시 두 시간 동
안 눈부시게 탁월한 학자의 면모를 보여주었으며……추가로 이틀 저녁
이나 나에게 '넘쳐흘렀다.' 그의 주장에 따르면, 사랑의 하나님은ㅡ적어
도 가톨릭 교회 안에서는ㅡ은총으로써 인간에게 넘쳐흐르시는데, 그러
므로 '하나님에게서 비롯된 인간 안의, 인간 위의 하나님'Gott in-über Mensch
von Gott her이라는 공식은 그분의 존재에 대한 속기록이며, 프로테스탄티
즘과 모더니즘의 모든 어리석음과 경직성이……존재의 유비'* 평화 속
에서 해체됨을 의미한다."[260] 바르트는 그 세미나의 자리를 "하나의 상징
이 되게끔" 배치했다. 대담을 염두에 두고 "연단 뒤에 두 개의 소파를 가
져다 놓았다." 그리고 세미나가 시작될 때 이렇게 말했다. "수백 년 만에
개신교 신학자와 가톨릭 신학자가 다시 '한 테이블' 주위에 앉아 엄격하
고 객관적이고 역동적인 '대화'를 벌인다. 우리가 이 대화를 통해 얻고자
하는 것은 값싼 타협이 아니라, 대립하는 관점에 대한 최종적인 명료함

---

*   존재의 유비(analogia entis): 하나님과 인간 사이의 존재적 유사성에 대한 가르침ㅡ저자.

이다."[261] 바르트는 자기 옆에 있는 대화 파트너를 이렇게 묘사했다. "몸은 작은데 머리는 큰 사람이다.……그는 사람들이 어떤 질문을 하더라도, 그 모든 질문에 즉시 대답을 찾아낼 수 있는, 그것도 왠지 모르지만 항상 절묘한 대답, 어떤 방식으로든 핵심을 정확히 짚어 내는 대답을 차분하게 말할 줄 아는 사람이다. 그래서 그 사람을 보면, 이 나무 꼭대기에서 저 나무 꼭대기로 나는 듯 뛰어다니는 다람쥐 같다는 생각이 든다. 언제나 트리엔트 공의회와 바티칸 공의회를 뒤에 두고, 아우구스티누스를 완전히 소화하여 언제든지 줄줄 외울 수 있다.……언제나 교회, 교회, 교회, 그러나 그가 말하는 교회는, 점점 명확해지는 교리의 확고한 축을 중심으로 그 어떤 것보다 생생하고 다양하게 움직이는 교회, 진정 그런 교회다. 그리고 그는 그런 교회의 가시적인 일치의 구현인 것처럼 보인다.……게다가 성서에 관해서도 너무나 해박하다. 그가 제일 좋아하는 사도가 하필이면 바울 사도다. 끝으로 그는 자기에게 있는 미심쩍은 부분까지도 충분히 의식하고 있다.……마지막 토론을 마치고 세미나를 마감하는 순간, 멋진 신조로 그 시간을 마무리했다. 우리 인간은 모두 장난꾸러기다."[262] 이 사람은 여러 가지 면에서 바르트에게 생각거리와 질문거리를 제공해 주었다.

바르트는 그해 3월과 4월에 도르트문트의 대학 위원회의 초청으로 '신학 안에서 운명과 이념'이라는 주제로 일련의 강연을 했는데, 토마스 아퀴나스 독서와 프르시와라와의 만남이 확실히 그 강연에도 영향을 끼쳤다. 이 강연의 주된 관심사는 신학과 철학의 관계였다. 바르트는 그리스도교 신학이 인간 사유의 두 가지 근본 형태, 곧 '실재론'과 '관념론'을 잘 사용하되, "실재의 이중적 측면에 고착되어서는 안 된다고 주장했다. 좀 더 구체적으로 말하자면 운명 속의 하나님과 이념 속의 하나님 가운데 하나만을 찾으려고 해서는 안 된다는 것이다." 왜냐하면 신학은 이 이중적 측면이 지양됨을 알고 있기 때문이다. 그것은 "우리가 이루어 낼 최종적 종합 안에서가 아니라, 스스로를 계시하시는 하나님의 실재 안에서" 지양된다.[263] 바로 이 시기에-바르트를 글로써 알고 있던-어느 미혼모가 바르트를 찾아와 조언을 구했다. 그녀는 그해 가을에 도르트문트에서 사내아이를 출산했고, 바르트는 그 아이의 대부가 되어 주었다. 바로 이 아이가 훗날 유명한 작가로 성장한 페터 륌코르프Peter Rühmkorf다.

겨울학기가 끝나고 초청 강연도 끝나자, 바르트는 몇 달 동안 뮌스터를 떠나 있었다. 뮌스터 대학교는 바르트에게 안식 학기를 허용했는데, 이것은 그가 베른 대학교의 초빙을 거절한 것을 높이 평가한 것이었다. 바르트는 그 시간을 스위스에서 보냈는데, 4월 중순부터 9월 말까지는 또 베르클리에 머물렀다. 다시금 그곳을 찾은 바르트는 그 마을의 풍광에 새롭게 매료되었다. "베르클리 곳곳에 벌써 꽃망울이 터지기 시작한다. 테이블마다 작은 꽃이 장식되어 있고, 쌍둥이는 옷을 홀딱 벗고 찬란한 햇빛을 받으며 초원 위를 달린다. 아담한 집 뒤켠, 아름다운 추억이 곳곳에 스며 있는 그 전망 좋은 곳에서 벌써 점심 식사가 시작된다. 그 모든 것이 우리에게 일러 준다. 잘 될 거라고, 점점 더 좋아질 거라고……. 우리의 교리가 기본적으로 이 땅 위의 삶에 대해 예견하고 있는 것보다도 좋아질 거라고 말이다."[264] 이제 바르트는 거의 대부분의 시간을 신학 연구에 할애했다. 특히 아우구스티누스를 열심히 읽었고, 루터의 작품도 읽었다. 그리고 (최근에 엠덴에서 발표한) 강연문 「성례전에 대한 교리」를-이번에는 시간적인 압박감 없이-새롭게 손봐서 더욱 견고한 글로 다듬었다. 바르트는 그 주제에 대해 이렇게 갈무리했다. 설교는 하나님의 말씀에 대한 "그리스도교적 발언의 증거"다. 그런데 성례전

이 거행될 때는 그 설교와 나란히, 똑같은 하나님의 말씀에 대한 "사건의 증거"가 있는 것이며, 또 마땅히 그래야 한다. 두 번째 증거의 특징은, 그 것이 "결코–우리를 향해 발언된 것과 마찬가지로–우리가 직접 말한 것 으로 뒤바뀔 수 없다는 점이다."[265] 바르트는 이 새로운 강연문을 가지고 6월 초에는 베른에 있는 프랑스인 교회의 성단소(聖壇所)에서, 7월 초에 는 프라텔른에서 강연했다. 7월 8일에는 취리히에서 자유주의자들과 토 론을 벌였는데, 이 토론에는 에밀 브룬너와 오스카 피스터Oskar Pfister도 함 께했다. 며칠 뒤에는 베르클리에서 취리히의 신학생들과 '계시'의 개념 에 관해 논쟁을 벌였다.

그해 여름, 바르트가 이렇게 연구하고 집필하는 동안 바르트를 도와 주러 온 사람이 있었으니, 바로 샤를로테 폰 키르쉬바움이었다. 그녀는 벌써 몇 년 전부터 바르트와 알고 지냈다. 1899년 6월 25일에 태어났으 며, 아버지는 바이에른의 장군이었는데 제1차 세계대전 때 전사했다. 그 녀는 적십자 간호사로 직업 훈련을 받았고, 페스탈로치의 도움으로 뮌헨 에 있는 여학교에 다녔는데, 거기서 비서 업무 수행에 필요한 최고의 교 육을 받았다. 그녀는 이른바 특기생 시험에도 합격했다. 그 시험 가운데 하나가 작문 한 편을 써서 제출하는 것이었는데, 이때 바르트가 슬쩍 '대 필자' 노릇을 하기도 했다. 그해 여름, 그녀는 부지런히 발췌 작업을 해 서 바르트의 '카드 색인'을 보충하는 데 도움을 주었다. 그해 10월에는 아예 뮌스터로 바르트를 따라와서, 그 후로 수십 년 동안 바르트를 도왔 다. 그녀는 "언제나 그의 곁에 있으면서, 모든 면에서 반드시 필요한, 성 실한 비서"로서 바르트에게 큰 도움이 되었다.[266] 그녀는 "신학 및 교회와 관련된 이론적이고 실제적인 문제를 매일 접하면서 금세 그 문제에 익숙 해져서 적극적으로 그 분야에 참여하게 되었을 뿐 아니라, 경탄할 만한 이해력과 판단력, 지칠 줄 모르는 작업 능력의 소유자임을 보여주었다. (특히 내가 주고받은 서신을 정리해 주고, 부분적으로 직접 서신을 작성하기도 했던) 그녀의 도움이 없었다면, 나는 내 작품 가운데……그저 단편만을 남겼을 것이다."[267] 두 사람은 서로를 깊이 신뢰하고 이해했다. 그녀는 바르트의 길고도 독특한 삶의 여정을 긴 호흡으로 함께해 준 사람이었다. 그와 단지 동행하기만 한 것이 아니라, 자기 나름의 방식으로 그에게 큰 영향을 주기도 했다. 바르트가 뭔가를 모색할 때나 앞으로 치고 나갈 때나, 사람을 만날 때나 격렬한 토론을 벌일 때나, 심지어는 잠시 쉬거나 휴식을 취할 때도 그녀는 그에게 큰 도움을 주는, 언제나 신뢰할 만한 파트너였다.

자신의 인생을 이렇듯 칼 바르트와 함께하기로 결심한 것은 그녀 자신에게도 큰 모험이었다. 이로써 그녀는 극도로 고립된 무방비 상태를 자처한 셈이었다. 실제로 많은 사람들, 심지어는 바르트의 좋은 친구들을 비롯해 바르트의 어머니까지도 롤로가 바르트의 삶과 밀착되는 것, 결국 바르트의 집에서 함께 살게 된 것을 불쾌하게 여겼다. 당연한 일이겠지만, 그녀와 바르트의 내적인 친밀함은 특히 바르트의 부인 넬리에게 너무나도 가혹한 인내와 포기를 요구했다. 오히려 부인인 넬리가 뒤로 물러나야 했던 것이다. 그러나 넬리는 남편을 그냥 방치하지는 않았다. 그녀 역시 자기만의 방식으로 바르트의 인생 여정에 동반자가 되고자 했다. 만일 넬리가 뒤에서 아내로서 또한 어머니로서 꾸준히 자기 몫을 맡아 주지 않았다면 초인적인 그의 연구 성과도, 수많은 손님 접대도 불가능했을 것이다. 바르트와 롤로도 이 사실을 잘 알고 있었다. 그럼에도 불구하고 그 세 사람이 함께 지낸다는 것은 이만저만 어려운 일이 아니었다. 바르트는 그 상황에 대한 책임과 비난을 기꺼이 감수했다. 그러나 그는 다른 방도가 없다고 생각했다. 세 사람은 그 상황을 수용하고 견뎌내야 했다. 그들은 이렇게 떠안을 수밖에 없었던 그 짐 때문에 말로 다 표현할 수 없는 고통을 겪었다. 그 상황으로 인해 생겨난 긴장감은 그들의 내면 깊숙한 곳까지 뒤흔들어 놓았다. 바르트와 샤를로테 폰 키르쉬바움이 여름방학이면 정기적으로 베르클리에 간 이유 가운데 하나는, 그 긴장감에서 벗어나기 위한 것이었다. 그러므로 우리는, 그 후 전개될 격동의 세월 속에서 세 사람이 다른 여러 가지 사건과 더불어 그 짐과 긴장을 의연하게 참고 견디기 위해 애썼다는 것을 기억할 필요가 있다. 바르트의 자녀들도 부모님이 겪고 있는 어려움의 무게 아래에서 나름대로 힘들어 했다는 사실 또한 잊어서는 안 된다. 어쨌거나 바르트에게는 그런 시간에도 변함없이 가까운 친구들이 있었다. 그들은 바르트 인생의 이 쓰라리고 아픈 자리를 보면서도 바르트에 대한 우정을 지켰다.

바르트는 그해 여름(6월 8-26일) 롤로, 그리고 페스탈로치 가족과 함께 관광의 성격이 강한 이탈리아 연수 여행을 떠났다. 그것은 "순수하게 즐길 수 있는 여행이요, 여행 그 자체를 위한 여행이며, 우리 일상의 목적론적 성격을 철저하고 근본적으로 벗어나려는 것이었다. 그런데 (로레토에서 멀지 않은) 마체라타에서 갑자기 다섯 번째 여행객이 우리와 결합했다. 그 주인공은 다섯 권의 책에 담긴 성 암브로시우스였다. 뤼디의 탁월한 장사 수완 덕분에 우리는 25퍼센트 할인가로 그 다섯 권을 샀다. 그때부터 그는 우리 차의 뒷자리, 아주 확실하면서 가끔은 거치적거리는 그곳에 자리를 잡았다. 롤로와 관련하여 말하자면, 그녀는 최소한 두 명의 교부 사이에 앉아서 로마에 입성한 것이다." 바르트는 로마, 그중에서도 특히 바티칸에 큰 관심을 보였다. "우리는 제일 먼저 성 베드로 대성당을 찾아갔고, 이 특별한 도시에서 가장 활력 있는 부분이 바로 여기일 거라는 생각에서 여러 차례 더 찾아갔다.……우리는 그 유명한 반구 천장에 올라가서, 거기서 느낄 수 있는 엄청난 정신과 물질을 아주 자세히 관찰하면서 깊은 생각에 잠겼다. 우리는 대성당에서……추기경과 사제와 시종들, 그리고 경호대를 거느린 교황 비오 11세가 축복의 메시지를 전하기 위해 로마의 대중, 혹은 타지에서 온 대중의 박수소리, 만세 소리, 흔들리는 손수건의 물결에 둘러싸여 나왔다가 들어가는 모습을 아주 가까이에서 보기도 했다. 우리가 보기에, 바티칸의 석조 예술작품에는 의도가 너무나 많이 개입되어 있고, 스페인의 전통 행진에는 희극적인 연기가 너무 강해서, 어쩐지 그리스도와 그분의 예언자와 사도, 마지막 때의 일을 생각나게 하지 못한다는 느낌을 받았다." 그 여행 도중 번번이 눈앞에 펼쳐지던 짙푸른 바다를 바라보면서 바르트가 확신하게 된 것이 있었으니, 그것은 "푸른색이야말로 가장 본래적인 색깔이며, 한 걸음 더 나아가서 본래적인 신학적 색깔이라는 사실이다. 푸른색에 비하면, 프로테스탄티즘의 검정색이나 교황의 보라색은 어쩐지 잘못된 것 같기도 하고, 한시적인 것 같기도 하다."[268]

바르트는 사실 그 여행 이후에야 비로소 "이 세상 혹은 유럽에 대해서 조금 더 넓은 기준으로" 보기 시작했다. "1928년까지 나의 인간적 교류는 스위스, 더 나아가 독일, 네덜란드에 제한되어 있었다. 나는 1929년부터 비로소 이탈리아를 보게 되었다." 그리고 거기서 출발해 여러 다른 나라를 보기 시작했다. "전에 나는 연구실과 그 근처에서 공부할 것이 너무 많고 할 일도 많아서, 먼 데까지 가고 싶은 다음이 전혀 없다고 말하곤 했는데, 지금 생각해 보면 어떻게 그런 말을 할 수 있었나 싶다. 그때는 아마 그럴 수밖에 없었겠지만, 어쨌든 지금은 그렇게 생각하지 않는다. 그 먼 나라와 지방들, 그곳의 역사와 현재, 그곳에 사는 사람들이 다소간 분명하게 나에게 말을 건네 오지 않았더라면 어떻게 지금의 내가 있겠는가!"[269] 이 시기의 바르트가 전보다 많은 곳을 두루 돌아다닐 수 있었던 것은 대부분 "뤼디" 페스탈로치―그리고 그의 "충실한 크라이슬러"―덕분이었다.[270]

이전에도 그랬고 이후로도 그러겠지만, 그해 여름에도 바르트가 베르클리에 있었기 때문에 스위스와 독일의 여러 친구들이 앞다투어 그곳으로 달려왔다. 특히 인상적이었던 순간은 5월 하순에 쿠터가 베르클리에 찾아온 것이었다. 이것은 쿠터가 죽기 2년 전의 일이었다. 두 사람은 지난 세월 서로에게서 너무 동떨어진 삶을 살아온 것을 가슴 아파했다. 바르트는 쿠터에게 자신의 생각을 말하는 데 주저함이 없었다. "나는 모든 것을 말하는 동시에 아무것도 말하지 않는 그의 '하나님 담론'에 관해 아주 솔직하게 이야기했다. 그러나 오, 오, 대답은 무엇이었나? 최소한 세 번 분량의 어린이 수업을* 들어야 했다. 게다가 언제나 똑같은 결론을 강조했다. 한 마디로 쿠터 자신은 예수와 예레미야와 바울이 했던 것과 똑같은 일을 했다는 것이다. 교의학이나 윤리학 등을 위해 내가 기울인 모든 노력은 그냥 놀이 차원에서는 허용될 수 있는 일이지만, 실제로는 별로 중요하지도 않고 바람직하지도 않은데, 왜냐하면 '오늘날' 정말 중요한 것은……사도들의 시대와 마찬가지로 '그냥 **하나님**에 관해' 말하는 것이기 때문이라고 했다.……그럴 때는 확고함도 친절함도 아무 소용이 없다. 그가 한창때 그랬던 것처럼, 그의 물결이 그저 우리한테 밀려오는 것이다. 물론 거기에도 선한 것, 사상적으로도 깊고 독창적인 것이 있긴

---

* 쿠터는 어린이 수업(주일학교 수업)을 아주 중요하게 생각했다. 그런데 쿠터가 직접 인도하는 어린이 수업은 엄청나게 길기로 유명했다―영역본 옮긴이.

하다.……하지만 전체적으로 보면, 그리고 외적으로 드러난 것만 가지
고 보면, 그것은 널리 알려진 것처럼 골로새서 2:14-15을 자신에게 적용
한 것이다. 유일한 대승리."[271]

"이 아름다운 여름"은 그렇게 끝이 났고, 바르트는 뮌스터로 돌아갔
다.[272] 그리고 얼마 후 베를린에 갔는데, 그것은 본 대학교 초빙 건과 관
련해 논의할 것이 있었기 때문이다. 바르트는 그 초청을 기꺼이 받아들
이고자 했다. 그는 베를린에서 머잖아 동료 교수가 될 칼 루트비히 슈
미트, 구스타프 횔셔Gustav Hölscher를 만났다. "정통 베를린 포도주 주점에
서" 친구 덴, 사회복지사 게르트루트 슈테벤Gertrud Staewen도 만났다. 게르
트루트는 앞으로 바르트와 가까이 지내면서 그의 싸움에 동참할 사람이
었다. (그녀의 여동생은 법률가 구스타프 하이네맨Gustav Heinemann]과 결혼했
다.[273]) 바르트는 10월 9일 또다시 엘버펠트 신학 세미나 주간에 초대되어
'성령과 그리스도인의 삶'이라는 주제로 상당한 분량의 강연문을 발표했
는데, 이 강연은 그 "아름다운 여름"의 열매이자, 그동안에 몰두했던 신
학 연구의 결과물이었다. 그리고 한편으로는 프르시와라, 또 한편으로는
다른 '변증법적 신학자들'과의 대결을 보여주는 자료이기도 하다.

"성령은 모든 계시에 나타나신 주 하나님이다." 바르트는 이 명제를 기초로
하여, 성령이 '삼위'의 모든 활동에 참여하심을 서술한다. 성령은 "창조주"이
며 "화해자"이고 "구원자"이시다. 그는 하나님의 영과 인간의 영이 철저하게
다름을 강조하면서, 이른바 '창조 질서'Schöpfungsordnungen를 창조주 하나님
의 말씀과 동일시하는 것을 거부한다. (이 글에서는 이 점이 특히 눈에 띈다.)
또한 계시의 주체적 실현은 인간의 일이 아니라 오로지 하나님의 영이 하시
는 일이라고 파악하면서, 바로 그 성령이야말로 하나님 형상의 "유일무이한

실재"이시며, 인간이 "은총을 적대하는 것에 맞서" 싸우시는 분이며, 그러한 인간의 실존 저편에서 하나님의 자녀됨을 만들어 내시는 분으로 이해한다. 이 강연은—끊임없이 루터를 인용하면서—아우구스티누스와 비판적으로 대결하고 있다. 아우구스티누스는 "하나님과 인간 사이에 어떤 연속성이 있다고 보는 가톨릭 사상의 고전적 대변자다. 그러나 프로테스탄티즘 안에도 알게 모르게 이런 사상이 막강한 영향력을 행사하고 있다. 그 사상을 따르자면 인간은 지속적으로 그 연속성을 전제해야 하는데, 그렇게 되면 인간은 자꾸만 자기 자신의 창조자, 자기 자신의 화해자가 되려고 할 수 있다." 그러나 인간 편에서도 지속되고 있는 연결, 곧 하나님과 인간 사이의 연결은 성령 안에서, 오로지 그분 안에서, 그러니까 오직 하나님의 선물로서 '사건'이기 때문에, 그 사건과 무관한 연결은—그것이 이전의 소질이든 장래의 어떤 '주입'의 결과이든—'존재하지' 않는다.[274]

엘버펠트에서는 칼 바르트의 강연과 나란히 그의 동생 하인리히의 강연도 있었다. 하인리히는 '독일 관념론에 나타난 영혼 사상'에 관해 강연했다. 그는 바젤 대학교에서 철학과 부교수로 있었다. 이 시기의 칼 바르트는 동생의 "사상적 높이와 너비에 큰 존경심을 표했으며……그의 고민과 나의 고민이 아주 비슷하다는 사실에 특별한 기쁨을 느꼈다. 다만 그가 약간 외골수로 자기만의 가파른 길을 가는 게 약간 걱정스러울 뿐이었다."[275] 그런 하인리히를 보면서 바르트는 이런 생각까지 했다. "우리가 좋은 목사 하나를 놓쳤구나!"[276] 그러나 칼 바르트와 하인리히 바르트의 관계는 바로 그때부터 긴장 국면에 접어들었다. 신학의 '비어마이어주의'를 추구한 페터 바르트와도 약간 다른 양상의 갈등이 있었다. 그때부터 칼 바르트는 자기 동생들한테서 "형제 콤플렉스의 낭떠러지"를

보는 것 같다며 한숨을 내쉬곤 했다.[277]

1920년대 말의 시대적 상황

10월 말, 뮌스터에서의 마지막 학기가 시작됐다. 이제 바르트는 괴팅겐에 있을 때보다 훨씬 더 독일의 상황 속에 뿌리를 내렸고, 이곳에서 편안함을 느끼게 되었다. 게다가 바르트는 1926년 초에 프로이센 관료로서 독일 시민권까지 얻게 되었다. "나는……이중국적 취득자가 된 것이다. 그래서 가끔 '도이칠란트, 모든 것 위의 도이칠란트……!' 하며 시작하는 독일 국가를 따라 부르기도 했다."[278] 그러나 바로 그 시기, 바르트는 독일의 정치적 격동을 예민하게 느끼지 않을 수 없었다. "나는 깨어 있는 소수의 노력, 선한 의지를 가진 소규모 집단의 노력에 주목했다. 그들은 '바이마르 공화국'과 그 헌법을 소중히 여겼고, 독일 사회민주주의를 건설하고자 했으며, 일단 독일에 대해서라면 상당한 불신을 품고 있는 주변 나라들 사이에서 명예스러운 방식으로 적절한 영토를 확보하고자 했다. 하지만 나는 이른바 '독일 국민당' 당원들의 활동도 보고 들었다. 나의 기억 속에 남아 있는 그들의 모습은, 여태껏 내가 만난 하나님의 모든 피조물 가운데서 가장 불쾌한 모습이었다. 그들은 아무것도 안 배웠고, 아무것도 안 잊어버렸다. 그들은 당시 독일의 기반 위에서 현실적으로 가능한 최선의 것을 이룩하려는 모든 시도를 격침해 버렸으며 선동적인 연설로 분노의 잔을 가득 채웠으니, 결국에는 잔이 넘쳐 그 분노가 향후 20년 동안 독일 국민 전체를 뒤덮게 하는 데 그들이 결정적인 역할을 했던 것이다."[279] "[특별히] 내가 사회생활을 하면서 만난 사람들, 그러니까 회의장이나 대학 평의회 또는 그 밖의 장소에서 알게 된 교수들은 거의 예외 없이……그 가련한 바이마르 공화국에게 최소한의 공정한 기회를 주기는커녕……나의 입장에서는 사보타주^{Sabotage}(태업)라는 말로밖에는 표현할 수 없는 그런 태도를 취했다.……그들은 1919년이 독일에는 해방을 의미했던 것일 수도 있다는 견해를 조롱했다.……그들이 지극히 당연한 것처럼 내세웠던 역사철학은 결국 히틀러주의가 발흥하는 데 최고의 기반을 마련해 준 셈이었다. 내가 그때 놀람을 경험했던 장면을 모두 말해야 할까? 예컨대……황제를 망측하게 그려 놓은 초상화 세 점 때문에 뮌스터 시 의회와 베를린 정부 간에 마찰이 빚어졌다. 뮌스터 대학교는 그 그림을 폐기하지 않겠다고 버텼다. 또 [1929년 가을] 공군 대위 헤르만 괴링$^{Hermann\ Göring}$이 뮌스터 대학교 성스러운 전당의 영접을 받고, 우리 앞에서 두 시간 동안 랑게마르크 축제에* 대해 열변을 토했다."[280] "당시 급부상하던 국가사회주의는, 그 이상이든 방법론이든 지도급 인사들이나 나에게는 처음부터 부조리 그 자체였는데, 내가 거기서 위험을 발견하지 못했던 것은 나의 근본적인 오류였다."[281]

그래서 훗날 바르트는 이런 생각을 자주 했다. "나는 독일 사람들에게……바로 그 1920-1930년대에 거침없이 퍼져 나가던 그 위험천만한 상황에 대해 전혀 다른 방식으로 경고를 했어야 했다."[282]

이 시기의 바르트는 독일의 문화 영역에서 나타나는 움직임을 예의 주시했다. 특히 "내가 여가시간이나 휴가 기간에 읽은 책을 통해 알게 된 것이 있다. 그것은 그 시기의 순수문학$^{schöne\ Literatur}$이 더 이상 '아름다운'^{schön} 문학이 될 수 없었다는 사실이었다. 문학은 오히려 그 분열된 상

---

* 제1차 세계대전 중, 어처구니없게도 아무 경험 없는 학생들로만 구성된 부대 하나가 전장에서 참혹하게 몰살당한 일이 있었다. 1920년대 독일 민족주의자들은 이것이야말로 독일의 지성인들이 스스로를 희생 제물로 바친 아름다운 사건이라고 선전하면서, 대학가에서 이 사건을 대대적으로 기념하는 행사를 열었다—영역본 옮긴이.

황을 정직하게 비춰 내는 거울이 되고자 했다. 저 야만의 세력은 그런 책을 '불온서적'이니 '신경 쇠약 문학'이니 하면서 사회적으로 매장시켰고, 그 가운데 일부는 불태워 버렸다."[283]

바르트가 이보다 훨씬 큰 관심과 애정을 가지고 지켜본 것은 당연히 교회의 태도였다. 그는 신학자로서 독일의 개신교 교회에 대해 남다른 유대감을 가지고 있었다. 그런데 1920년대 말, 개신교 교회는 점점 더 파악하기 힘든 복잡한 모습을 드러냈다. 교회와 관련해서 "나는 전혀 마음이 편할 수 없었다. 두 가지 이유 때문이었다. 독일의 교회는, 적어도 그 교회의 주요 기관이나 여러 모임들은 검정-하양-빨강의* 반동 세력 쪽으로 확실하게 기울어져 있었다. 당시의 교회는 국가에 맞서 처음으로 자립적인 태도를 취하면서, 기이하다 싶을 정도로 의기양양한 자의식을 내보이고 있었으나, 교회의 선포 내용이나 그 깊이는 그러한 자의식에 결코 상응하지 않아 보였다. 여기저기 '감독들'로 넘쳐났다. 감독을 좋아하는 사람들, 감독이 되고 싶어 하는 사람들이었다. 또 어떤 사람들은 시대의 교활함을 조롱하면서, 보랏빛으로 변한 하늘에 완전한 '교회의 세기'의 별이 막 떠오르고 있노라고 외쳤다. 내가 보기에는 두 가지 경향 모두 교회의 본질에는 도움이 될 수 없었다. 그래서 나는 내가 할 수 있는 최대한으로 그 두 경향에 저항했다."[284] 바르트의 저항이 가장 떠들썩하게 드러난 것은 그가 1929년에서 1930년으로 넘어가는 시기에 집필한 논문 「얼마나 오래……?」(Quousque tandem)였다. 여기서 바르트는 "아르가우에서 보낸 아름다운 청소년기의 문체와 정신으로"

---

* 1892년부터 독일제국의 국기를 구성하는 세 가지 색. 1922년부터 1933년까지는 바이마르 공화국의 국기 색이었다—옮긴이.

되돌아가, 위에서 언급한 그 "위풍당당한 자의식"을 "궁극적인 분노"로
비판했다. 그는 교회의 그런 모습이야말로 "개신교 교회의 본질에 대항
하는 반란", 그것도 카틸리나의* 반란이라고 주장하며 맹렬히 공격했다.
배부른 교회는 "하나님의 말씀을 흘려듣고 있으며……그래서 실제 인간
의 실제 문제를 비껴 나간 말만 하고 있다. 입만 열면 '예수 그리스도'를
말하지만 아무도 그 말을 듣지 않는다."[285]

물론 그 배부른 '자의식'에 기묘하게 대립하면서, 그런 식의 확신에
맞서 방법적인 면에서도 한판 싸움을 벌이는 '비판적인' 학파가 1920년
대 말, 적어도 신학의 영역 안에서는 자기 목소리를 내고 있었다. "특별
히 1928-1929년에는 그리제바흐라는 이름이 신학적 논의의 한복판에
서 있었다. 조직신학에 관심이 있는 사람으로서……무언가 자기 얘기를
하고 싶은 신학자라면 긍정적으로든 비판적으로든, 방금 언급된 그 사람
이 열정적으로 신학의 영역에 끌고 들어온 이른바 '비판적 철학'이라는
것과 씨름해야 했으며, 그 철학의 명제를 통해 자기 자신을 총체적으로
'의심해야' 했다. 탁월한 신학자들 간의 대화가 오고 가면서……그 결과
가 책으로 나오기도 했다. 깨어 있는 대학생들은 모두 그 토론에 귀를 기
울였다. 새로운 신학 학파의 알맹이가 형성되고 있는 것 같았다.……그
런데 지금 그때를 회상하니, 그 당시나 얼마 후나―예컨대 '철저 종말론'
이라든가 '신약성서의 탈신화화' 같은 깃발 아래서―우리에게 다가왔던
모든 것이 (그 '비판'의 급진성으로는 훨씬 탁월하지만) 그야말로 어린애 장난
처럼 느껴진다. 그때 우리는 금세 뭔가를 두려워했다가 또 금세 그걸 잊

***

* 카틸리나(BC 108-BC 62): 로마 공화정 말기의 정치가. 몰락한 귀족 가문 출신으로 검찰관, 치안관, 아프리카 총
독을 역임하였다. 국가를 전복하려는 음모를 꾸미다가 키케로에게 살해되었다―옮긴이.

어버리곤 했다. 몇 년이 지나자 신학 내에서 그 '비판적 철학'에 대한 논의는……이상할 정도로 금방 잠잠해졌다."[286]

바르트는 이런 경향과도 대결했다. 그는 1929년 한스 미하엘 뮐러 Hans Michael Müller(요하네스 뮐러의 아들)가 루터에 관해 쓴 책에 대해 서평을 썼다. 뮐러는 고가르텐의 학파에 있다가 탈퇴한 신학자였다. 바르트는 그 서평에서 이렇게 비평했다. "내가 뮐러의 책에 나타난 것보다 더 분명하게 말하고 싶은 것이 있다. 그것은 내가 '시련'Anfechtung이라는 말을 할 때, 그리고 '예수 그리스도'라는 말을 할 때, 결코 똑같은 말을 하는 게 아니라는 사실이다."[287] 인간은 하나님을 "제 마음대로 주관할 수" 없다. 그러나 하나님은 자신을 제 마음대로 주관하실 수 있다. 그래서 육신이 되실 수도 있다. 그리고 신학이 '의심하기'In-Frage-Stellen의 원칙을 내세운다고 해도, 더는 의심할 수 없는 (만일 그렇게 되면 신학의 대상이 사라질 테니까) 실재하는 어떤 사실을 만들어 내실 수도 있다.

공적인 위치에서 신학 활동을 시작하고 보낸 처음 10년 동안, 바르트는 이미 그때부터 다양한 방식으로 신학 토론을 촉발하고 각양각색의 입장과 반론을 자극했다는 점에서 신학적으로 풍요로운 시간을 보냈다. 실제로 얼마 전부터는 그의 저작을 논의의 대상으로 삼은 문헌, 곧 '칼 바르트에 대한' 문헌이 생겨났는데, 그 규모가 점점 불어나는 추세였다. 바르트의 글에 대한 서평과 반박 논문이 나왔고, 그의 글을 해제하면서 때로는 긍정하고 때로는 거부하는 학문적·대중적 논문이나 소책자나 단행본이 나왔다. 저자들의 성향, 학파, 나이, 종파도 천차만별이었다. 게다가 먼 외국에서도 바르트의 사상에 대한 반향이 일어났다. "북아메리카의 아이오와에서" 반응이 왔으며, "중국인들도 우리에 대해 전혀 모르지는 않는 것" 같았다.[288] 그리고 그의 책이 처음으로 – 영어와 덴마크어

로—번역·출간되었다. 1920년대 초반에 "나의 스승 하르낙이……나에
대해서 말하기를 (나로서는 그야말로 잔인한 말이었다) 이 친구 바르트는 학문
적 신학의 주체라기보다는 대상이라고 평가해 주어야 옳을 게야'라고 한
적이 있었다. 어쨌거나 바르트는 이제 그런 "대상"도 되었다. 1920년대에
이미 그것은 현실이었다. "나는 남몰래 피는 제비꽃으로 살아가는 신세를
한탄할 필요가 없었다. 오히려 내가 일전에 나와 관련지어서 말한 이미
지, 곧 종탑 안의 깜깜한 곳을 혼자서 가다가 어마어마하게 큰 종의 밧줄
을 잡아당기는 바람에, 어마어마한 반응을 불러일으키고 그에 걸맞은 주
목을 받게 된 소년의 이미지가 실제로 이루어진 것 같은 느낌이었다."[289]

그러나 바르트는 누가 뭐래도 학문적 신학의 '주체'였다. 이 시기의
바르트에게 신학이란 신뢰할 만한 '입장'을 찾기 위한 모색의 과정을 의
미했다. 그 와중에 1920년대의 주류 신학에 편승할 마음은 점점 더 사라
져 갔다. "내가 보기에……그 당시 신학의 상황은 세 가지 중요한 요인
에 의해 결정되고 있었다. 첫째, 20세기 초반에는 나름 현대적이었던 '자
유주의'……신학의 패권은 이미 심각한 문제로 인식되었으나, 그 기세는
아직도 꺾이지 않은 상황이었다. 둘째, 루터에게 돌아가려는 다양한 시
도가 있었다. 무엇보다도 이른바 '청년 루터'에게 돌아가자는 것이었다.
물론 이것은 새로운 루터 종파주의로 발전될 소지가 많았다. 마지막으
로는 키르케고르에 기댄 '실존 철학'의 기초 위에 신학을 재정립하려는
움직임이 있었다. 그러나 세 가지 길 가운데 어느 것도 선택할 수 없었던
사람이라면, 마치 스위스 사람이 뤼틀리 맹약에* 따라 '겨우내 자기 가축

---

* 스위스 건국 무렵의 전설적인 서약으로. 1291년 스위스 중부의 우리. 슈비츠, 니트발덴 세 칸톤(州)의 대표가 모
여. 당시 그 지역을 지배하던 합스부르크 왕가에 대항하여 자유와 자치권을 지키고자 뤼틀리 언덕에 모여 맺은 '영구
동맹'을 말한다—옮긴이.

을 돌보는 것'처럼, 일단은 자기의 길을 준비하는 것이 최선책이었다. 그 길을 알리는 것은 나중 일이었는데, 나의 경우가 바로 그러했다. 1920년 대 나의 모든 신학적 결실은 내가 진정으로 원하는 방향으로 나가기 위한 준비 단계에 불과했다. 이제 나의 견습생 시절은 완전히 지나갔으나, 나는 아직 방랑하는 장인(匠人)의 시절을 보내고 있었던 것이다."[290]

바르트는 자기만의 길을 찾고 또 걸으면서 어떤 외로움 같은 것을 느끼곤 했다. 뮌스터 시절이 끝나갈 무렵, '변증법적 신학'의 주요 대표자들이 서로에게서 점점 멀어지고 있음이 확연하게 드러나자 그 외로움은 훨씬 더 강해졌다. 이른바 위기의 신학 자체가 명백하게 위기에 빠져 버린 것이었다. "이미 『시간과 시간 사이에서』도 파멸의 조짐을 보이기 시작했다."[291] 서로 간의 차이는 사실 처음부터 눈에 뻔히 보이는 것이었다. 그런데 시간이 지나면서 그 차이가 점점 더 근본적인 성격을 띠게 되었다. 1922년 이후로 그들이 각자 다른 방향으로 나아간 것이 하나의 원인이었다. 시작할 때부터 엄연히 존재했던 차이가 얼마나 큰 것이었는지 그들 스스로도 분명히 알지 못했던 것이 또 다른 원인이었다. 결국 그 차이는 점점 분명하게 모습을 드러냈으며, 바르트는 1927년 4월에 미래를 내다보기라도 한 듯 이렇게 말했다. "어쩌면 '시대와 시대 사이' 내부에서 다시 한 번 엄청난 폭발과 함께 그 문제가 불거질지도 모르겠다."[292] 그런 긴장감도 한동안은 견뎌 낼 만한 것이었다. 그런데 1928년에 "어떤 뻔뻔스러운 젊은 녀석이 주장하기를, 변증법적 신학의 지도자들은 중국 혁명군의 장군들만큼이나 의견 통일을 보지 못한다고 했는데, 우리는 그 말을 그저 불쾌한 농담쯤으로 웃어넘길 수도, 무시해 버릴 수도 없는 상황이었다."[293] 그렇게 주장한 사람은 한스 미하엘 뮐러였다.

바르트도 그 긴장감을 일단 참아 낼 수 있었다. 그러나 이제는 적어도 그것을 아주 분명하게 볼 수 있었다. 예컨대 바르트의 스위스 친구 크리스트와 비저는 고가르텐의 입장을 여전히 우호적으로 보았지만, 바르트에게는 고가르텐이야말로 의심의 대상이었다. "우리 잡지는 몇 년 되지도 않았는데……고가르텐과 내가 암묵적으로 전제하고 있는 생각이 눈에 띄게 다르다는 사실을, 이제 알 만한 사람은 다 알고 있었다." "한 사람은 자기 스스로 공동의 과제라고 여기는 것의 철학적·윤리적 한계 문제에 계속 몰두하고 있고, 다른 한 사람도 그 못지않게 지속적으로 신학의 역사와 교리학에 몰두하고 있었으니, 이런 상황은 이미 당시에도 고민해 봐야 할 문제였다. 하지만 초창기에도 이런 물음이 허공에 맴돌고 있었다. 어째서 기본 전제를 분명하게 해두지 않는 건가? 반대로 이런 물음도 있었다. 도대체 언제, 언제 핵심을 파고들려고 하는가?"[294] "두루두루 치즈를 찍어 보는 방법은 그만두고 직접 치즈로 들어가는 건 도대체 언제 할 건가?"[295] "나는 고가르텐이 복음보다는 그 복음의 배경인 세속성에 더 관심을 가지는 것 같다는 인상을 받았다. 내가 그 친구를 보면서 항상 아쉬웠던 것은, 자꾸만 '세상'을―그가 전에 말하던 질서의 세상이든, 나중에 말하게 될 세속화된 세상이든―곁눈질하지 말고, 한 번이라도 작심하고 앉아서 우리에게 그리스도교 신앙 자체를……설명하는 것이었다. 그런데 그 아쉬움은 점점 더 커지기만 했다."[296]

바르트의 이러한 우려를 확인해 주는 일이 또 있었다. 발트 해 출신으로 고가르텐과 아주 가까운 여(女)남작 막달레네 폰 틸링이 1930년 2월 2일 뮌스터를 방문했다. 바르트는 그녀를 통해서 "도른도르프Dorndorf의 교리를……생생하게" 마주하고는 경악을 금치 못했다.[297] 그녀는 바르트의 세미나에 들어와 함께 토론을 했다. "그 자리에서 폰 틸링은 나에게 이렇게 말했다. (완전히 고가르텐 스타일이었다.) '교수님, 교수님은

도대체 누굽니까? 교수님은 남편이고, 아들이고, 아버지고, 교수지요.'
그리고 나와 관련된 몇 가지를 더 언급했다. 거기다 대고 나는 아주 순진
하게 대답했다. '맞아요. 나는 나지요! 그런데 거기에도 뭔가가 있지요.'
하지만 그녀가, 그리고 고가르텐이 원했던 것은 그런 대답이 아니었다.
그들은 모든 것이 '창조 질서'에 의해 규정된다고 생각했다. 그 질서에 따
라서 우리는 아버지, 어머니, 남편, 공무원, 스위스 사람인 것이고 몇 가
지 직책을 갖게 되는데, 바로 이것이 한 인간을 구성한다는 생각이었다.
나는 그런 견해에 반대하면서 이렇게 대답했다. 나는 내가 그런 관계 속
에 용해되는 것을 허용할 수 없소.”[298]

　불트만에 대한 우려도 점점 깊어졌다. 추측건대 불트만이 "나의『로
마서 주석』을 통해 배운 것은, 철학과 신학의 관계에서 어려운 애매성이
발견된다는 사실인 것 같다. 그러나 나는 그 사실을 상당히 빨리, 최대한
철저하게 잊어버리려 했다.”[299] "내가 불트만에게 아쉬워했던 점은 고가
르텐의 경우와 아주 비슷했다. 이 친구는 도대체 언제 핵심 자체를 말하
고, 그 핵심이 드러나도록 하려는가? 성서 메시지의 역사적-조직신학적
전제라든지 그 틀이라든지, 그런 것에 대한 말은 이제 줄일 때도 되지 않
았는가?”[300] 바르트가 뮌스터에 있는 동안 불트만은 바르트를 꼭 만나서
대화를 나누고 싶어 했지만, 이상하게도 바르트는 불트만과의 직접적인
대화를 피했다. 바르트는 일단 자신의 관심사를 "최대한 단정적으로 펼
쳐 보려는" 마음에서 그랬던 것이다. 또한 불트만과 고가르텐에게도 그
들 나름의 모델을 "더욱 분명하게 전개할 수 있는……시간을 주려는" 마
음이었다.[301] 바르트는 1930년 1월 말이 되어서야 다시 한 번 마르부르
크를 찾아가서 '신학적 윤리와 철학적 윤리'라는 제목으로 강연했다. (그
는 뮌스터의 강사연합회에서도 똑같은 강연을 했다.) 이 강연문은 윤리학 강의

의 일부를 발췌하여 많이 수정한 글이었다. 여기서 바르트의 핵심 명제는 이것이다. "철학은 신학의 시녀ancilla theologiae가 **아니다**. 신학은 오로지 철학과 더불어 교회의 시녀ancilla ecclesiae, 그리스도의 시녀ancilla Christi가 되고자 할 수 있다."[302] 바르트는 마르부르크에서 불트만을 만났다. 그러나 "내가 나중에 토론 시간에, 하지만 오히려 그 전이나 그 후에 개인적으로 불트만과 대화를 나누면서 들은 이야기는 전혀 내 마음에 들지 않았다."[303] 집으로 돌아온 바르트는 마르부르크의 친구에게 편지를 썼다. 바르트는 불트만이 신앙과 계시의 **가능성**을 실존론적·존재론적으로 설명하려는 것은 "신학을 다시금 철학의 손에 넘겨주려는" 시도라며 우려를 표명했다.[304] 이것은 불트만이 단순히 실존주의 철학에 천착하고 있기 때문이 아니라, 그가 도무지 이런 보편적인 '가능성'을 주장하고 있기 때문이었다.

"나는 또한 우리의 신학 잡지 안팎에서, 우리와 같은 부류라고 생각했던 에밀 브룬너가 추구하고 있는 신학은 새로운 깃발을 치켜들고 다시 이집트의 고기 가마가 있는 곳으로—적어도 나는 우리가 결연히 그곳을 함께 떠나왔다고 믿었건만—돌아가려는 시도라고……판단하게 되었다."[305] 바르트는 무엇보다도 브룬너가 (일종의 '논쟁술'에 관심을 보이면서) '자연 신학'을 새롭게 고려하자고 주장한 것에 대해 강력하게 반대했다. "내가 1916년 어간에 기존의 신학 공부의 여파에서……벗어나기 시작한 때부터 우리 세대 신학자들의 과제라고 여겨 왔던 것이 있으니, 그것은 다음과 같다. 우리는 계시를 은총으로 이해하고, 은총을 계시로 이해하는 법을 배워야 하며, 이로써 늘 새롭게 결단하고 회심하여 모든 종류의 '정당한' 혹은 '부당한' 자연 신학으로부터 단호하게 돌아서는 법을 배워야 한다. 그러므로 브룬너가 갑자기 (대략 1929년부터) '신학의 또 다른

과제'니 '접촉점'이니 하는 것을 공식적으로 선전하기 시작했을 때, 내 쪽
에서도 입장을 발표하여 그 길은 결코 나의 길과 같지 않으며, 앞으로도
그렇게 될 수 없다는 사실을 명토 박은 것이 어떻게 그저 한밤중의 실수
였겠는가?"[306]

비슷한 시기에 게오르크 메르츠와 바르트의 관계도 약간 소원해졌
다. 메르츠는 1930년 베텔 신학교의 강사가 되었다(바르트의 옛 스위스 친
구인 빌헬름 피셔가 1928년부터 그 학교에 있었는데, 그 일로 바르트는 대단히 기뻐
했다). "또 내가 의아하게 생각했던 것은……우리와 다소간 가까운 [『시
간과 시간 사이에서』의] 독자들, 그리고 특히 편집장이 이렇게 [편집자들
간의] 분열이 점점 뚜렷해지는데도 새로운 결단을 내릴 때라고 느끼지 못
하는 것이다. 아니, 그들은 도무지 이 분열 자체를 제대로 느끼지 못하는
것 같다. 그들은 두 번째와 세 번째 신조(그리스도에 대한 신앙과 성령에 대한
신앙)에 근거한 나의 선언문을 읽으면서—아마도 사람들은 그것을 선언
문이라고 이해했던 것 같다—그 호소를 듣는 것도 만족스러워하고, 첫 번
째 신조(창조주에 대한 신앙)에 근거한 고가르텐의 선언문을 읽으면서는 일
종의 재보험을 들어 놓는 것도 좋아했던 것이다."[307]

바르트는 자기 자신에 대해서도 충분히 비판적인 사람이었다. 그래
서 지금 자기가 친구들을 보면서 비판하고 있는 문제, 그 친구의 사고방
식에서 나타나는 문제가 자신의 초기 저술에도 나타나고 있음을 발견했
다. 한 가지 예가 '실존 철학'의 요소다. "나는 1921년 로마서를 해설하면
서 실존 철학을 신학에 도입한 것에 일정 부분 책임이 있다. 물론 그때
는 그런 문제를 전혀 예상하지 못했다. 1927년 『그리스도교 교의학 초
안』을 시작할 때 잘 알려진 실수를 했는데, 과거의 대가를 톡톡히 치렀
던 셈이다."[308] 바르트는 '자연 신학'에 대해서도 대가를 치렀다고 생각했

다. "나 역시……정말 자주……'진정한 자연 신학'을 추구했으며, 최근에
도 1927년에 발표한 「교회와 문화」라는 논문에서, 그리고 같은 해에 출
간된 『프롤레고메나』(교의학 서설)의 몇 군데에서 아예 명백하게 그런 입
장을 취했다. 내가 어떻게 그것을 부인할 수 있겠는가!" 그러나 바르트는
1920년대 후반부터 그런 요소를 "계란 껍데기, 격세유전, 퇴행"으로 여
기면서, 그것을 의식적으로 극복하고 제거하려고 노력했다.[309] 그러나 다
른 친구들은 바야흐로 그런 문제 요소를 자기네 신학 모델의 본질적 구
성 요소로 받아들였다고 생각했다.

이렇듯 1930년대로 넘어가는 시기에 이미 '변증법적 신학'의 대표자
들 사이에서는 심각한 대결과 분열이 드러나기 시작했다. 그러나 이와
동시에 바르트에게 새로운 친구들이 생겨났다. 변함없는 우정을 지켜
나가는 친구들도 있었다. 특히 투르나이젠과의 우정이 그랬다. 그는 바
르트의 새로운 문제의식과 여러 가지 의혹을 깊이 이해하고 실질적으로
의기투합할 수 있는 친구였다. "단 한 사람 에두아르트 투르나이젠과 대
화하는 것은 나에게 위로가 되면서, 한편으로는 불안의 원인이기도 했
다. 나는 그와 대화를 할 때마다 그가 나와 같은 고민을 갖고 있다는 사
실, 그렇지만 다른 식으로 표현했다는 사실을 확인할 수 있었다." 물론
그것은 고가르텐, 불트만, 브룬너가 주장하는 것과는 다른 것이었다.[310]
독일에서 바르트의 상황 판단에 동의하는 사람을 꼽는다면 적어도 빌헬
름 뢰브가 있었다. 바르트는 "이 사람이 가장 나이 든 독일인 친구이자
가장 훌륭한 친구"라는 느낌을 받았다.[311]

새로운 길동무가 된 사람들 가운데 "아주 기이한 친구"가 눈에 확 띄
었다. 그는 1928년에 뮌스터 대학교의 교수가 된 사람이었는데, 바르트
와는 1929-1930년이 되어서야 가까워졌다. "철학자 하인리히 숄츠는 한

때 나와 같이 하르낙의 세미나를 들은 적이 있다. 그 후에는 브레슬라우
Breslau에서 조직신학자로 활약했는데, 계율을 잘 지키는 스타일은 확실
히 아니었다.……나중에는 킬Kiel의 철학자로 활동했는데, 완전히 혹은
거의 수학적인 전제 위에서만 학문 활동을 했다. 놀라울 정도로 그리스
어를 잘하고 그 언어를 사랑하며, 아우구스티누스의 영향을 받은 그리
스도교, 박애의 개념에서 정점에 다다른 그리스도교를 사랑하며, 괴테의
세계와 관련된 것이라면 뭐든지 통달한 사람이었다. 게다가 그는 정교
한 음악가였다.……그의 주목할 만한 특징, 곧 그에게서 느껴지는 유쾌
함은 그 사람만의 독특한 것이라서 어떤 개념이나 설명으로 담아내기가
어렵다."[312] "우리 두 사람이 서로 얼마나 다른 피조물인지 생각할 때, 그
가 신학에서 아주 멀리 떨어진 영역으로 옮겨 갔기 때문에 나로서는 감
히 따라갈 엄두조차 나지 않으며, 반면 나는 그가 머리를 설레설레 흔들
만한 신학의 영역에 파고들고 있다는 사실을 생각할 때……그런 우리가
친구가 된 것은……작은 기적과도 같았다. 그런데 그것이 정말 멋진 결
실을 맺었으니, 그 관계는―그 친구라면 이렇게 말할 것이다―'오로지 그
자체하고만 비교될 수 있는 차원의' 관계였다."[313]

바르트는 독일의 정치적 상황, 그리고 독일의 교회와 신학의 상황에
대한 깊은 고민을 안고 뮌스터에서의 마지막 학기를 보냈다. 그의 세미
나 주제는 '칭의(의인)에 대한 종교개혁의 가르침'이었다. 강의 시간에는
―두 번째로―'19세기 프로테스탄트 신학'을 다루었다. 그러나 첫 번째
와는 다른 형태의 강의였다. 이번에는 슐라이어마허에서 시작하지 않
고, 그 전에 레싱, 칸트, 헤르더, 노발리스, 헤겔을 짚어 나갔다. 이번 '신
학' 강의에서는 새로운 강조점이 부각됐다. 이것은 바르트가 이 강의를
하면서 은밀히 염두에 두고 있던 질문이 있었기 때문이다. "변증법적 신

학 전체는……1백 년 전 모든 신학의 진영이 시도했고 또 완수했던……
그런 모든 것을 이제 막 대대적으로 되돌려 놓으려 하고 있는 것" 아닌
가?[314] 1929-1930년 겨울학기에는 학과장을 맡게 된 바람에 일이 더 늘
어났다. 자기의 후임을 정해 놓는 것도 그의 직무 가운데 하나였는데, 바
르트는 고가르텐을 추천했다. 그렇게 열정적인 지지가 아니기도 했지만,
결국 그의 추천은 성사되지 않았다. 다른 교수들은 에밀 브룬너를 추천
했으나 본인이 거절했다. 결국에는 오토 피퍼가 후임으로 오게 되었다.

바르트는 1930년 3월 19일 본에 도착했다. 지난 10년의 세월은 이제
하나의 완결된 시기로서 마무리되었음을 느낄 수 있었다. "나는 1920년
대를 '시간과 시간 사이'의 시간으로 보았으며 또 그렇게 체험했다. 이사
야서 21:12의 어두운 말씀이 마치 표징처럼 들려오는 시간이었다. '파수
꾼이 이르되 아침이 오나니 밤도 오리라. 네가 물으려거든 물으라. 너희
는 돌아올지니라.'"[315]

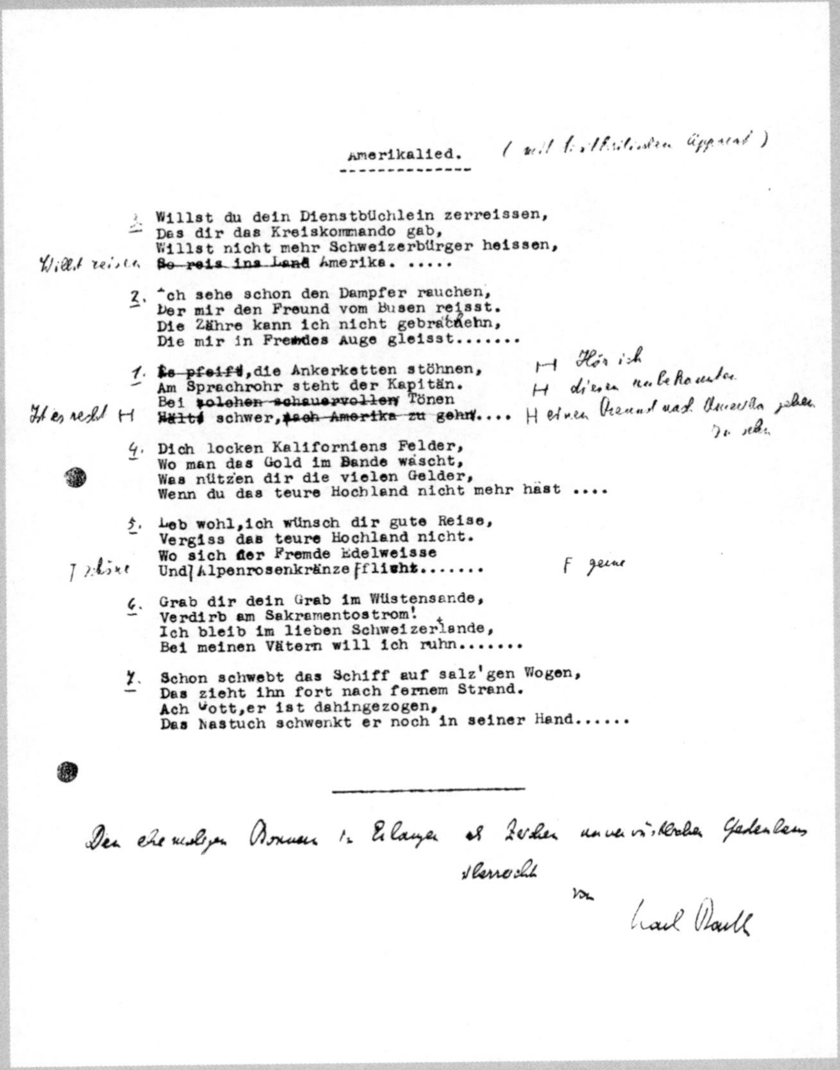

Amerikalied.   (mit *[handwritten, illegible] Apparat*)
----

2. Willst du dein Dienstbüchlein zerreissen,
   Das dir das Kreiskommando gab,
   Willst nicht mehr Schweizerbürger heissen,
   ~~So reis ins Land~~ Amerika. .....

   Willst reisen [handwritten in left margin]

2. ^ch sehe schon den Dampfer rauchen,
   Der mir den Freund vom Busen reisst.
   Die Zähre kann ich nicht gebrächehn,
   Die mir in Fremdes Auge gleisst.......

1. ~~Es pfeift~~, die Ankerketten stöhnen,   H Hör ich
   Am Sprachrohr steht der Kapitän.   H diesen *[illegible]*
   Bei ~~solchen schauervollen~~ Tönen   H einen Freund nach *Amerika geben*
   ~~Wird~~ schwer, ~~nach~~ Amerika zu gehn...   *[illegible] so sehr*

   [handwritten left margin] H

4. Dich locken Kaliforniens Felder,
   Wo man das Gold im Bande wäscht,
   Was nützen dir die vielen Gelder,
   Wenn du das teure Hochland nicht mehr hast ....

5. Leb wohl,ich wünsch dir gute Reise,
   Vergiss das teure Hochland nicht.
   Wo sich ~~der~~ Fremde Edelweisse
   Und] Alpenrosenkränze fflicht.......   F *geine*

   [handwritten left margin] F *[illegible]*

6. Grab dir dein Grab im Wüstensande,
   Verdirb am Sacramentostrom!
   Ich bleib im lieben Schweizerlande,
   Bei meinen Vätern will ich ruhn.......

7. Schon schwebt das Schiff auf salz'gen Wogen,
   Das zieht ihn fort nach fernem Strand.
   Ach Gott,er ist dahingezogen,
   Das Nastuch schwenkt er noch in seiner Hand......

[handwritten] Den ehemaligen Bonner in Erlangen et [...] unvergesslichen Gedenkens überreicht

von

Karl Barth [handwritten signature]

매 학기의 클라이맥스는 종강 파티였다. 학생들은 교수를 우스꽝스럽게 흉내 내는 시간을 빼먹지 않았다. 칼 바르트도 직접 반주를 하면서 '아메리카 노래'(사진)를 부르곤 했다. 1931년 바르트는 이 텍스트를 "한때 본에 있었지만 지금은 에를랑겐에 있는 이들"에게 헌정했다.

괴팅겐과 뮌스터의 신학 교수

괴팅겐 대학교 전경. 1921-1925년, 바르트는 이곳에서 치열하게 공부하면서 신학이라는 학문의 기초를 다졌다.

뮌스터 대학교 시절의 바르트. 바르트는 1926-1930년 뮌스터 대학교 교수로 학생들을 가르치면서, 상당히 중요한 강연 논문을 여러 편 발표했다. 1927년 6월 9-10일에는 뤼겐에서 열린 기독교대학생연합 대회에서 '의인과 성화'라는 주제로 강연을 했다.

취리히 호수 상부에 있는 페스탈로치의 산장 베르클리. 베르
클리는 수십 년간 방학마다 바르트의 고향이 되어 주었다. 바르
트는 이곳에서 일하고, 쉬고, 사람들을 만나고, 대화를 나눴다.

에두아르트 투르나이젠. 바르트와 투르나이젠
사이의 우정은 평생 동안 이어졌다.

1922년 여름 『시간과 시간 사이에서』의 창간을 위해 베르클리에 모인 사람들. 왼쪽부터 마르게리트 투르나이젠, 고가르텐, 루
카스 크리스트, 투르나이젠, 페터 바르트, 칼 바르트, 리하르트 지베크, 게르티 페스탈로치.

에리히 프르시와라. 그는 여러 가지 면에서 바르
트에게 생각거리, 질문거리를 제공해 주었다.

샤를로테 폰 키르쉬바움. 칼 바르트는 게오르크 메르츠를 통해서 1924년에 그녀를 알게 되었고, 이후 그녀는 바르트의 신실한
비서가 되었다.

1925년 베기스에서 친구들과 함께. 고트로프 비저와 부인, 루카스 크리스트와 부인, 발터 슈타이거, 마리 슈트라우프, 프리드리히 고가르텐. 바르트는 다른 스위스 친구들과 달리 고가르텐과는 의사소통이 점점 안 되는 것을 느꼈다.

네덜란드에서 하이츠마와 함께. 1926년 5-6월 바르트는 처음으로 네덜란드를 여행하면서 대단히 인상적인 칼뱅주의를 경험하게 되었다. 네덜란드에서 바르트의 신학을 처음으로 소개한 사람들 가운데 하나가 하이츠마였다.

예순다섯이 된 어머니 안나 바르트와 함께. 어머니는 1928년 여름학기 뮌스터에서 바르트의 살림을 맡아 주었다.

뮌헨의 친구들. 오랜 기간 바르트의 저술을 출간해 준 카이저 출판사의 소유주 알베르트 렘프,
그리고 게오르크 메르츠 목사.

1929년 여름학기 베르클리에서 바르트와 키르쉬바움. 바르트는 이곳에서 안식학기를 보내면서, 샤를로테 폰 키르쉬바움의 도
움을 받아 아우구스티누스와 루터 연구에 열중했다.

5. 본 대학교 시절 1930-1935

오늘의 신학적 실존

본 대학교 교수

1930년 초반에 본 대학교의 오토 리츨Otto Ritschl 교수가 은퇴했다. 그는 1846-1864년에 그 학교에서 활동했던 알브레히트 리츨의 아들이었다. 그의 은퇴로 조직신학 교수 자리가 비었고, 바로 그 자리에 칼 바르트가 초빙된 것이었다. 그래서 바르트는 본으로 이주하여 그 도시의 남부 지 벤게비르크슈트라세 18번지에 자리한 멋진 집 1층에서 살게 되었다. 바로 위층에는 자유주의 성향의 란트그레베Landgrewe 목사가 살고 있었다. 바르트의 새로운 삶과 더불어 본 대학교의 개신교 신학과는 전무후무한 전성기를 맞았다. "거의 150년이 된 신학과의 역사에서 가장 강렬했던 이 시간은……불과 3-4년" 지속되었다. 그러나 이 짧은 시간 동안 본 대학교는 개신교 신학의 중심지가 되었다. 프로테스탄티즘을 향하여 그 신학의 새로운 정립을 호소하고, 직접 그 기초를 놓고, 그 영향력을 전 방위적으로 발산한 사람이 바로 바르트였다. "본 대학교가 전혀 예상하지 못했던 엄청난 수의 학생들이" 갑자기 개신교 신학과에 등록했다. 신학과는 "라인 강 유역의 대중에게 처음으로 생생한 반향을 일으켰으며, 그 여파는 일부 가톨릭 대중에게까지 퍼져 나갔다."[1]

바르트는 본 대학교 개신교 신학과의 동료 교수들과 전반적으로 잘 지냈다. 괴팅겐이나 뮌스터의 신학과 교수들과의 관계보다 훨씬 원활한 소통이 가능했다. 예외가 있었다면 실천신학자 에밀 페니히스도르프 Emil Pfennigsdorf와 조직신학자 요하네스 빌헬름 슈미트-야핑Johannes Wilhelm Schmidt-Japing이었다. 바르트는 이미 1922년에 보훔에서 명석한 '적대자' 슈미트-야핑을 만난 적이 있었다. "그러나 그 사람은 경악스러울 정도로 이미 완전무결한 사람이라는 바로 그것 때문에 처음부터 불리한 위치에 있었다."[2] 그는 "과도기 독일의 지식인, 곧 너무나도 유연한 지식인의 전형이었다."[3] 어쨌거나 바르트는 다른 교수들과는 두루두루 잘 지냈다. 뛰어난 학식으로 존경받는 교회사가 빌헬름 괴터스, 신약성서학과 조직신학 정교수인 한스 에밀 베버Hans Emil Weber와는 가깝게 지냈다. 베버는 "나이로 보나, 삶의 방식으로 보나, 자기가 대변하는 것과 그 세대의 흐름 사이에서 한가운데 서 있었으니, 이쪽이나 저쪽이나 당혹스럽고 불안하고 불만족스러운 느낌이었으며, 자신의 주장을 한 번도 완전하게 관철할 수도 없었다."[4] 신약성서학자로서 『신학 소식』(Theologische Blätter)의 정정한 편집자인 칼 루트비히 슈미트도 있었다. 그는 "온갖 이야기와 농담과 음모의 표본이었으나, 누가 뭐래도 똑똑한 사람이었다."[5] "계절에 따라 태양과의 거리가 다른 것처럼, 우리의 관계도 가까운 때와 멀어지는 때가 반복되었다." 그래도 "우리는 어느 길모퉁이에선가 다시 만나 함께 있었다."[6] 바르트는 슈미트의 조교였던 에른스트 푹스Ernst Fuchs와도 친하게 지냈다. 그가 특별히 존경했던 사람은 구스타프 횔셔였다. "그는 극단적으로 비판적인 성향의 구약학자였으며, 슈미트와는 달리 아주 섬세한 구조를 추구하는 사람이었고, 예리하면서도 호감을 주는 얼굴이었다.……그는 느지막이, 하지만 마침내 신학적 물음에 대한 애정을 갖게 되었는데, 그래도 자신의 영역에서 일어나는 성급한 장난을 결단코 허용하지 않았다."[7] 신학생 기숙사 사감인 프리드리히 호르스트Friedrich Horst도 같은 과에서 활동했다. 바르트는 한때 괴팅겐의 동료 교수였던 페터슨을 본에서 다시 만났는데, 그는 1930년에 막 가톨릭으로 개종했다. 다른 학과 교수들 중에서는 의사 리하르트 지베크를 다시 만났다.

얼마 후 개신교 신학과에 두 명의 교원이 새로 왔는데, 그 두 사람은 앞의 사람들과는 달리 바르트와 인간적으로 아주 가까운 사람들이었으며 그 관계가 지속되었다. 한 사람은 바젤 출신의 프리츠 리프였다. 그는 1930년 가을에 본 대학교의 강사로 위촉받았고, 이듬해에는 조교수로 임명되었다. 그는 여전히 '러시아'에 대해 뜨거운 관심을 가지고 있었는데, 1929년부터 파울 쉬츠Paul Schütz와 함께, 그리고 얼마 후에는 베르쟈예프Berdjajew와 함께 『동방과 서방』(Orient und Okzident)이라는 잡지의 발행인이 되었다. 또 한 사람은 29세의 나이에 본 대학교의 교회사 정교수가 된 에른스트 볼프Ernst Wolf, 1902-1971였다. 바르트는 그를 정교수로 임명할 것을 제안한 사람들 가운데 하나였다. 볼프는 "내가 간절히 되고 싶은 모든 것의 화신이며……진정한 학자로서……피조 세계를 그 맥락 가운데 올바르게 조망하고 있으며, 하늘과 땅 사이에 있는 모든 중요한 대상에 대한 모든 문헌의 지식을 파악하고 언제든 활용할 수 있을 뿐 아니라, 사물을 글로 요약하고 넓게 펼친 다음, 가장 핵심적인 것을 (게다가 적절한 시점에) 표현해 낼 수 있는, 나로서는 절대적으로 놀라운 능력"을 소유한 사람이었다.[8] 두 사람의 우정이 시작된 것은 "잊을 수 없는 그날 아침, 내가 의구심을 내비치며 [그에게] 홀의 추종자가 되려는 것 아니냐고 물었을 때"였다. 이 우정은—"비록 우리가 같은 나무로 깎아 만든 두 사람처럼 보이지는 않았다 할지라도"—서로에 대한 신뢰 속에서 바르트의 생애 마지막까지 지속되었다.[9] "얼마나 신뢰할 만한 정직한 사람인가!"[10] 볼프는 자기보다 나이가 훨씬 많은 이 친구에 대한 깊은 우정의 징표로서 바르트에게 자기 아들 우포의 대부가 되어 달라고 부탁했다.

그 당시 본 대학교 신학생들을 자극하고 매료시킨 교수는 단연 바르트였다. 바르트의 강의에는 그 어느 때보다 많은 학생들이 찾아왔다. "괴팅겐이라는 친절하고 아담한 상점"이 갑자기 "엄청난 규모의 무역 회사가 된 것이었다. 마치 페스탈로치의 회사처럼 말이다."[11] 그의 첫 번째 강의에 들어온 학생 수가 이미 160명이었다.[12] 열린 저녁 토론회는 금세 "무시무시한 군중의 모임"이 되었다.[13] 이렇게 학생들이 몰려드는 바람에 세미나를 운영하는 데 문제가 생겼다. 참가 학생 수가 너무 많으면 세미나를 진행하기 어렵다는 것이 바르트의 생각이었기 때문이다. 그래서 그는 일단 세미나를 두 차례 열기로 했고, 한 세미나에 정규 참가자 30명과 비정규 참가자 15명을 받았다. 세미나 이외에도 별도의 토론 모임을 꾸렸다. 또한 세미나 참가 자격시험을 실시해서 학생들을 엄격하게 걸러 냈다. 1931년 가을에는 응시자의 3분의 2가 떨어졌다. 바르트는 신학과 졸업 시험에서도—그 시험 때문에 이따금 코블렌츠Koblenz에 가야 했는데—깐깐한 시험관이었다. 그는 "목사가 되는 관문을 약간의 두려움과 놀라움으로 둘러싸는 것"이 그리 나쁜 일은 아니라고 생각했다.[14]

바르트의 학생들 가운데는 간혹 가톨릭 신자도 있었고, 외국인 학생의 수도 점점 늘어났다. 바르트는 어떤 아프리카 학생을 염두에 두고 이런 추측을 하기도 했다. "어쩌면 그 친구는 이제 막 깨어나는 아프리카,

모든 것을 동원하여 장차 우리보다 앞서 나갈 아프리카의 전령인지도 모른다."[15] 바르트에게 특히 강한 인상을 남긴 외국인 학생은 어느 일본 인이었다. "타키자와 카즈미Takizawa Kazumi는 그리스도론 강의가 한창이 던 어느 날……불쑥 나타났다. 진정한 철학을 찾던 사람이 신학을 발견 했다. 그는 침대 위에 양반 다리를 하고 앉아서 신약성서를 그리스어 원 문으로 읽었으며, 4주 후에는 상당한 전문 지식을 갖춘 상태에서 토론에 끼어들었고, 얼마 안 있어 자기가 직접 성서 연구반을 열었으며, 학기 말 에는 불트만을 예리하게 비판하는 논문까지 써냈다. 그러나 이 모든 것 에도 불구하고 절대로, 절대로 세례를 받으려고 하지 않았다."[16] 타키자 와 본인은 이렇게 술회했다. "본에서 칼 바르트와의 행복한 만남을 경험 한 이후로……'예수 그리스도'라는 이름은 놀랍게도……내가 결코 벗어 날 수 없는 무언가가 되었다."[17] 바르트의 영향을 받아 개신교인이 된 바 이에른 사람 마르틴 에라스Martin Eras는 이렇게 회상했다. "진정한 설교 자! 그는 우리가 진정한 설교자가 될 수 있도록 도와주려고 했다."[18] 독일 곳곳에서 몰려온 신학생들은 그 왕성한 토론 욕구 때문에 바르트의 눈에 띄었다. 그것은 바르트에게도 큰 자극이 되었지만, 가끔은 그 안에서 "독 일 청소년의 무례함"이 작동하고 있음을 보기도 했다. 요컨대 "자기도 제 대로 이해하지 못하는 어떤 원칙을 가지고 기요틴(단두대)을 만들어 놓 고 무턱대고 사람들의 머리를 잘라 내는" 습관이었다.[19] 그들 가운데 일 부는 불트만이나 고가르텐에게서 배우다가 이번에는 바르트에게 온 학 생들이었다. 그들이 특별히 집착했던 것은 이 세 사람의 차이를 규명하 는 것이었다. 이미 그 차이의 조짐이 나타나긴 했지만, 아직 공식적으로 는 그에 대한 언급이 없었기 때문이다. 학생들 가운데 일부가 특히 바르 트의 눈에 띄었는데, 그들은 바르트와 아주 가깝게 지낼 수 있었다. 게오

르크 아이히홀츠Georg Eichholz, 발터 퓌르스트Walter Fürst, 헬무트 골비처, 하
인츠 클로펜부르크, 발터 크레크Walter Kreck, 에리카 퀴퍼스Erica Küppers, 게
오르크 란첸슈틸Georg Lanzenstiel, 릴리 시몬Lili Simon, 칼 게르하르트 슈테크
Karl Gerhard Steck, 헬무트 트라우프Hellmut Traub 등이 그런 학생들이었다. 이
시기 바르트의 학생들 사이에는 엄청난 면학 분위기가 조성되었다. 그
들은 열심히 공부하고 토론하고, 폭풍우가 몰아치듯 열정적으로 배우고
'질문'했다. 가끔은 자신들의 선생에게도 이의를 제기하며 그를 몰아붙
이기도 했다. 지나치게 열정적인 '바르트주의자'Barthianer의 이미지도 이
런 분위기 때문에 생겨난 것 같다. (디트리히 본회퍼도 이런 모습을 약간 냉소
적으로 이렇게 진단한 적이 있다. "이 사람들은 순수 혈통의 냄새를 기가 막히게 맡
아 낸다. 여기서는 단 한 명의 흑인도 '백인 전용'으로 들어가지 못하리라!")

　바르트가 본 대학교에서 일하기 시작했을 때의 나이가 마흔 넷이었
다. 그는 이 나이의 남자들이 처한 상황을 분명하게 의식하고 있었다. 나
이가 그쯤 된 "사람은……자신의 사고와 행동의 주요 노선과 관련하여
전체적으로는 자기 자신을 납득하게 된다. 그리고 그것을 동시대 사람
들에게—그들이 거기에 관심이 있는 한—알리고, 최대한 그것을 설명해
낸다. 그래서 그 사람들이 보기에 그는 착하든 악하든 어떤 특정한 인물
이 되는 것이다. 그러면 이제 '만들어진 남자'ein gemachter Mann인가? 그렇지
않다. 인생은 신기하게도 이제 비로소 시작이다. 자기가 선택한 입장에
대한 내적·외적 검증과 보존의 시기가 그때부터 시작되기 때문이다. 이
제야 그 입장의 여러 가지 전제를 하나하나 설명해 내고 그 결과를 펼쳐
볼 수 있으며, 이제야 다른 가능성 혹은 다른 인물과 첨예하고 철저하게
대결할 수 있으며, 이제야 그 모든 실질적인 책임을 떠안고 그 부담을 견
더 낼 수 있게 되는 것이다."[20] 바르트는 그렇게 스스로 떠맡은 과제 때문

에 너무나 힘들어서 이런 탄식을 터뜨릴 때가 많았다. "나는 아무래도 이 일을 처리할 만한 능력이 없는 사람인 것 같다."[21] "나는 계속해서 비생산적인 시간을 보낼 때가 많다.……내 안에서 참된 지혜를 막힘없이, 우아하게 길어 올려 종이 위에 옮겨 놓는 시간은 정녕 오지 않을까?"[22]

바르트는 1930년 여름학기와 1930-1931년 겨울학기에—250명의 청중 앞에서—뮌스터 시절의 윤리학 강의를 반복했으며, 그 강의와 나란히 야고보서와 빌립보서 강해 수업을 진행했다. 바르트는 이 윤리학 강의를 상당 부분 개정하여 '노동'에 관한 강연문을 집필했고, 이것을 공적인 강연을 통해 발표했다. 여름학기가 한창이던 6월 중순, 바르트는 처음으로 영국 여행길에 나섰다. 그는 한동안 신학자 존 A. 매케이John Mackay를 매일 찾아가 영어 수업을 받으면서 그 여행을 준비했다. 영국에 도착한 바르트는 이틀 동안 런던에 머물렀다. 국제선교위원회 총무인 J. H. 올덤Oldham이 교회 지도자, 신학자들과의 이런저런 만남을 주선했다. "영국의 친구들은……내가 당시 나의 인식 상태에 준하여 약간 엄격하게 성서의 권위와 하나님의 위엄을 강조하고, 윤리보다 신앙을 우선시하는 모습을 대하면서 감동하기보다는 낯설어하는 것 같았다. 그리고 그때 내가—내 쪽에서도 그 친구들한테 들은 말 때문에 놀란 나머지—그 섬나라에서 마주한 사고방식의 펠라기우스적 요소에 대하여 안타깝게도 상당히 무례한 말을 내뱉었던 것도 기억이 난다." 그는 서투른 영어로 이렇게 외쳤던 것이다. "당신네들은 모두 펠라기우스주의자요!"[23]

그다음 며칠은 글래스고Glasgow와 세인트앤드루스St. Andrews와 에든버러Edinburgh에서 보냈다. "멋진 곳에 자리 잡은 말끔한 미니어처 대학교"인 세인트앤드루스에서는 "아주 괜찮은 동료 던컨Duncan", 구약학자로서 "한때 나의 학생이었던" 포르티어스Porteous를 만났다.[24] 6월 18일, 글래스

고 대학교는 그에게-"독일에서 가장 많이 논의되는 신학자"에게- 명예
박사 학위를 수여했다.²⁵ "박사 학위 수여식은 무척 떠들썩한 행사였다.
나는 옛날에 견신례를 받을 때처럼 무릎을 꿇어야 했다. 그들은 알아들
을 수 없는 라틴어로 나에 대해 뭐라고 중얼중얼거렸다." 그리고 학생들
에게는 "오랫동안 연습했던 한바탕 소동"이 허용되었다. 바르트는 이 기
회에 '후드'를 구입하라는 제안을 받았다. 그것은 "화려한 색깔의 두건 같
은 것인데, 진정한 명예의 징표였다.······나는 나중에 [본에서] 대학교 행
사가 있을 때마다 그것을 입고 돌아다녔다. '기왕에 하려면 제대로 해야
지'라고 생각했다. 나를 놀란 눈으로 바라보는 의대 교수들, 또 다른 교
수들에게는 이렇게 설명했다. 나는 교황의 사절이란 말이오."²⁶ 바르트
는 "에든버러 역에서 런던행 기차를 기다리던 중에" 신학자 H. R. 매킨토
시Mackintosh를 만나 알게 되었다. 매킨토시는 "대단히 진지한 얼굴로 그리
스도의 화해의 죽음에 대한 나의 견해"를 물었다. "그때 나는 아주 궁색
한 답변을 했던 것 같다. 그의 인격은 나에게 잊을 수 없는 인상을 남겼
다." 그는 "끝까지 파고드는 철저함을 무기 삼아······예나 지금이나 자기
안에 생생하게 살아 있는 스코틀랜드 칼뱅주의 전통의 관점에서 [19세기
신학의] 여러 견해들을 넘어서려고 애쓰고 있었다."²⁷

캔터베리 대주교 안셀무스의 제자

바르트는 그해 7월에 프랑크푸르트와 하이델베르크에서 1927년의 강연
'신학과 오늘의 인간'을 반복했다. 그런데 하이델베르크에서는 저명한
여성 지도자 마리안네 베버Marianne Weber를 상당히 화나게 만들었다. 그
러나 "나름의 이유는 있었다. 편안하게 강의하기 위해 작심하고 재킷

본 대학교 시절의 칼 바르트

칼 바르트는 1930-1934년 본 대학교에서 가르치며 자신의 주저인 『교회교의학』 집필을 시작했고, 독일의 교회 투쟁에 참여했다.

을 벗었고, 그때만 해도 일반적으로 착용했던 '빳빳한 스카프'도 벗어서 앞에 놓고 강연을 이어 나갔다."[28] 그해 여름학기, 원래 바르트는 1927년에 나온 『그리스도교 교의학』 제1판을 꼼꼼히 검토해서 제2판을 준비하려고 했다. 앞으로도 계속해서 교의학을 집필해 나갈 것이라는 사실은 그에게도 분명했다. "우리에게는 교재가 이미 충분하다"는 칼 하임의 말에 바르트는 "솔직히 섬뜩한 웃음으로만 대답할 수 있었다."[29] 그런데 지금 바르트는 자신의 첫 번째 교의학 교재를 보면서 갑자기 강한 불만을 느끼게 된 것이었다. 그 불만은 점점 커져서, 그 책의 개정판을 내는 일이 망설여지기 시작했다. 그 '책임'은 안셀무스에게 있었다. 바르트는 본 대학교에서 첫 학기를 맞아 안셀무스 세미나를 개설했다. 그는 이미 뮌스터에 있을 때부터 이 스콜라주의자와 맞닥뜨렸다. "나는 교의학 『서설』에서 확실하게 안셀무스를 전거로 삼았고, 그 바람에 단번에 가톨릭주의와 슐라이어마허주의에 대한 책망을 받게 되었다." 결국 "나는 1930년 여름, 본에서 안셀무스의 「왜 하나님은 인간이 되셨나?」를 가지고 한 학기 동안 세미나를 열었다. 세미나가 진행되면서 처음에는 세미나 참가자들의 여러 가지 질문과 제안이 좋은 자극이 되었고, 그다음에는 특히 [7월 11일] 내가 뮌스터에서 사귄 철학자 친구 하인리히 숄츠가 와서 안셀무스의 프로슬로기온Proslogion에 나타난 신 증명에 대해 강연하는 내용을 들으면서 내 안에 강렬한 열망, 곧 지금까지와는 전혀 다른 방식으로 안셀무스를……다루어 보고 싶은 마음이 일었다."[30]

바르트는 이듬해 내내 안셀무스의 사고방식을 꼼꼼하게 되짚어 보았다. 그리고 1931년 여름, 베르클리에서 그 노력의 결실로 만들어진 원고를 마지막으로 다듬고 있었다. 그런데 바로 그 과정에서 바르트에게 어떤 깨달음의 빛이 비쳐 들었다. 바로 그가 교의학을 처음부터 완전히 새롭게 시작해야 한다는 깨달음이었다. 그리고 이것은 그의 사유가 철저하게 다른 방식으로 "그리스도교 교리를……철학적·인간학적으로 이해하고 설명하려는 시도의 마지막 잔재에서 벗어나야" 한다는 깨달음이었다. "이 결별이 실제로 어떤 것이었는지를 보여주는 자료는 예컨대, 많은 사람들이 읽은 짧은 문건 「아니다!」, 그러니까 브룬너에 대한 반박문으로 1934년에 출간된 그 자료가 아니라 1931년에 나온 책, 곧 캔터베리의 안셀무스의 하나님 증명에 관한 책이다. 그 책은 나의 모든 책 중에서 가장 큰 애정을 가지고 쓴 책이라고 말할 수 있는데……나의 모든 책 중에서 가장 안 읽힌 책이기도 하다."[31]

이 책은 안셀무스의 공식 '이해를 추구하는 신앙'*fides quaerens intellectum*을 자세하게 설명하고 있다. 이제는 바르트도 이 공식을 자신의 신학적 인식론의 기본 모델로 삼는다. 여기서 신앙은 "그리스도의 말씀을 알고 긍정하는 것" 또는 교회의 '신조'(신앙고백)를 알고 긍정하는 것으로 정의된다. 바르트가 이해한 안셀무스에 따르면, 신학에 부과된 이해의 과제는 "이미 말로 표현된, 이미 긍정된 신조를 심사숙고하는 것"이다. 그러나 그 이해는 이해에 대한 **물음**quaerens intellectum의 형태로 진행된다. 좀 더 자세히 말하자면, "하나님의 살아 계심……세 위격으로 존재하심, 인간이 되심 등은 참이라는 사실은 전제하고서" "그것은 **얼마만큼 참인가?**"를 묻는 것이다. 오로지 그것만을, 그러나 인간의 이해력을 총동원하여 묻는 것! 그리고 모든 신학 언어는 부적적한 언어라는 것을, 더 완전해져야 하는 '잠정적인 언어'라는 것을 아는 것이다. 그래서 늘 기도가 동반되지 않을 수 없는 것; 종말론적인 '비전'을 향해 끊임없이 길을 가는 것이다![32] 이 책의 한 부분은 페르디난트 카텐부쉬 Ferdinand Kattenbusch 기념 논문집에 실려 미리 발표되었다.

뮌스터에서 맺어진 바르트와 숄츠의 우정은 거리상의 간격에도 불구하고 건실하게 유지되었다. 바르트도 "우리의 우정은 다른 사람의 눈만이 아니라 우리 스스로의 눈으로 봐도 너무나 신비로운 사실"이라고 말하면서 놀라움을 감추지 못했다.[33] 사실 숄츠는 이제야 비로소 바르트와의 관계가 그런 우정의 관계로 발전하게 된 것이라고 생각했다. "처음에, 우리가 뮌스터에서 공존하던 시절······나는 몇 번인가 마음이 요동하는 만남을 경험한 후에 사실 이런 생각을 했던 적도 있었다. 저 사람[바르트]의 신념에 동조하려면 완전히 저 사람이 하자는 대로 할 준비가 되어 있어야 할 거라고 말이다. 그러나 그것은 착각이었다.······그는 전혀 다른 방식으로 나에게 큰 영향을 끼쳤다. 결정적인 것은 핵심적 실체의 방식을 통한 영향력이었으며, 뮌스터에서 함께 보낸 시절이 끝난 뒤에도 그는 바로 그 방식으로 번번이 나를 만났던 것이다.······우리가 처음 만났을 때, 나는 철학자로 통했다. 내가 그의 신학을 향해 뭔가를 말하고 싶어 했는데, 최소한 그런 의미에서 나는 여전히 철학자였다. 그것은 그에게도 나에게도 도움이 되지 못했다. 그런데 그런 가까움이 할 수 없었던 일이 물리적 간격 덕분에 비로소 가능해졌다."[34] 바르트는 숄츠를 대하던 방식으로—그런 기회가 있을 때마다—다른 철학자들과 어울리곤 했다. "개인적으로 철학자들에 대한 나의 경험은 이런 것이다. 그들은 나를 어느 정도는 존중했고, 내가 신학자로서 그 사람들 가운데 어느 누구에게도 구속될 생각이 없다는 것을 확실하게 내비쳤기 때문에 약간은 꺼려하면서도 나를 존경했다."[35]

1930년 12월 초, 겨울이 한창일 때, 숄츠는 다시 한 번 바르트의 세미나에 초대되어 "개신교 신학의 학문적 가능성과 관련하여 일단은 상당히 문제가 많은 견해를 피력했다."[36] 원래 그 세미나의 주제는 '성화에 관한 종교개혁의 교리'였다. 바르트는 즉시 "그가 우리에게 부과하는 부당한 요구"를 비판했다. "그는 우리의 머리에 학문성이라는 모자를 씌우려고 했다. 그리고 그 학문성과 관련하여 특정한 요구 조건을 제시했다. 진정한 학문이라면 이런저런 모습을 갖춰야 한다는 식이었다. 이것은 정말 '새야, 먹어라. 안 그러면 죽는다!'Vogel friß oder stirb라고* 하는 것과 같았다. 그래서 나는 그에게 친절하고도 솔직하게 이렇게 말해야 했다. 우리는 그런 요구들 가운데 어떤 것도 삼킬 수 없소! 그럴 수는 없소! 하지만 그날 이 사람과 나의 대화는 아주 흥미로운 것이었다."[37] 똑같은 주제에 대해 논하는 다른 자리에서 바르트는 그에게 말했다. 신학이라는 학문은 예수 그리스도께서 죽은 자들 가운데서 부활하신 것에 근거하고 있다고. "그러자 그 친구는 나를 진지하게 쳐다보더니 이렇게 말했다. 그건 물리학과 수학과 화학의 모든 법칙에 어긋나는 것이지만, 이제 나는 자네가 무엇을 주장하는지 이해하겠네."[38]

　이와는 대조적으로 '변증법적 신학'의 대표자들과의 관계는 여전히 잔뜩 찌푸린 상태였다. 그 상태를 단적으로 보여주는 일이 있었다. 그 '대표자들'이 1930년 10월 말 마르부르크에서 모여 내부의 차이에 대해 논의하려던 계획이 수포로 돌아갔던 것이다. 고가르텐과 브룬너는 오지 않겠다고 했다. 그렇다고 해서 바르트가 아쉬워했던 것도 아니다. 그 만남이 외려 "고통스러운 부분만" 드러냈을 거라고 생각했기 때문이다. "각자가 하는 말은 너무 달랐고, 근본적으로 우리는 거의 같은 입장이 아니었다. 고가르텐이 '신분 이론'을 발견하고 브룬너가 '논쟁술'을 발견한 뒤로, 나와 그들과의 관계에서는 뭔가 결정적인 것이 파손되었다. 거기

* (붙잡힌 새에게는) 다른 선택의 여지가 없는 상황을 의미한다—옮긴이.

에 대해서 토론한다는 것은 무척 어려운 일이다."[39] 원래 바르트는 그 만남과 병행하여, 당시 뜨겁게 달아오르는 주제였던 '자연 신학'에 대하여 불트만의 '옛 마르부르크' 학생들 앞에서 강연하기로 약속이 되어 있었다. 그런데 바르트가 그 행사가 열리기 얼마 전에 강연을 취소해 버렸고, 불트만은 여기에 대해 크게 화를 내며 불쾌해했다.[40] 그러나 바르트가 그 강연을 취소한 것은 비판적 논쟁을 두려워했기 때문이 아니었다. 오히려 그는 위에서 언급한 책, 곧 안셀무스에 관한 책에서 그 주제에 대하여, 그리고 세 친구 신학자들의 방법론에 대하여 자신의 입장을 확실하게 밝혔다. 여기서 그의 명제는 분명했다. 신학은 신앙을 전제로 교회 안에서 이루어지는 성찰이다. 오로지 그것이다. 바르트는 그 명제를 붙잡고 다른 견해를 암묵적으로 비판했다. 그 다른 견해란, 신학이 거꾸로 신앙의 전제를 밝혀내야 하며, 그러기 위해서 신앙의 '가능성'을 증명해야 한다는 견해였다. 바르트가 보기에는 이것이야말로 '자연 신학'과 세 신학자의 관심사였다.

바르트는 여기에 맞서 1931년 1월 31일 또 다른 강연을 발표했다. 강연의 주제는 '개신교 교회의 곤경'이었다.

바르트는 교회의 곤경을 본질적인 곤경, 필수적인 곤경, 유익한 곤경으로 구분한다. 이러한 곤경은 개신교 교회가 "십자가 아래 있는 교회"라는 사실에서 비롯된 것이다. 그런데 교회가 "사실상 복음을 부끄러워"하고 "교회의 본질에 근거한 곤경을 인정하지 않으며 그 곤경을 받아들이지 않을 때" 좋지 않은 곤경, 필수적이지 않은 곤경, 유익하지 않은 곤경이 찾아온다. 한편의 곤경은 긍정해야 하고, 다른 한편의 곤경은 저항해야 한다. 바르트는 교회가 운명·권위·질서 등에 대한 이 세상의 주장에 순응하는 것이라든지 "그리스도교와 민족성을 이음표(-)로 연결시키는 것"은 두 번째 형태의 '곤경'이라고 주장했다. "오늘날 독일 민족에게 필요한 것은……복음적 교회의 실존이지, 독일-개신교 교회의 실존이 아니다."[41]

바르트는 이 강연문을 베를린 대학교 대강당에서 읽었다. "1천4백명의 인파가……대강당에 비집고 들어와 엄청나게 혼란스러웠으며, 이러다가 큰 사고가 나지 않을까 걱정이 될 정도였다.……그 강연은 대규모 군중집회를 방불케 했다. 박수갈채가 쏟아지거나 반대의 목소리가 튀어나와 강연이 중간중간 끊기기도 했다.……디벨리우스 감독도 그 강연장에 있었다. 그는 여드렛날 뒤에 바로 그 장소에서 나의 강연에 반대하는 강연으로 응수했다."[42] 바르트는 디벨리우스에게 보내는 답장에서 "디벨리우스 박사의 말을 그대로 하고 있는 그리스도교 **전체**에 대한 (바르트 자신의) **총체적인** 저항"을 확인해 주었다. 그리고 이것은 자기만족과 자기 확신에 빠진 교회의 '라오디게아주의'에 대한 저항이었다.[43] 오토 디벨리우스라는 이름 안에는 "나에게 주어진 깨달음에 따라서 다소간 적극적으로 반대하지 않을 수 없는……무엇인가가 압축되어 있는 것 같았다."[44] 이후로 바르트는 '자주' 그런 느낌을 받았다. 그는 베를린을 떠나기 전에 귄터 덴이 활동하던 '노이베르크 서클'의* 토론 모임에도 참여했다. 베를린의 고대사 박물관에 가는 것도 빠뜨리지 않았다. 거기서 특별히 바르트의 마음에 들었던 것은 '바빌로니아 아스타르테(아스다롯) 신전의 문'이었다.[45] 2주 후 바르트는 베를린에서 했던 강연을 브레멘과 함부

---

* 1920년대 독일에서 전성기를 맞이한 청소년 운동 단체 가운데 하나였다. 사회주의자, 성서 연구회 회원, 학생 등이 모여서 그리스도교적 공동체, 그리스도교적 삶의 형식을 만드는 데 관심을 기울였다─영역본 옮긴이.

르크에서 반복했다. 그리고 그곳을 방문한 김에 거기 사는 친구들과 제
자들을 방문했다. 함부르크에 갔을 때는 알토나 지역의 목사 한스 아스
무센Hans Asmussen을 알게 되었다.

그런데 바르트는 이 강연 여행이 끝나기도 전에 디프테리아 귓병에
걸려 앓기 시작했다. 이 때문에 그는 몇 주 동안 "전투 불능" 상태였다.[46]
프리츠 리프가 바르트의 윤리학 강의를 대신 맡아 주었다. 독일 내 여러
정당의 정치 강령과 이데올로기를 분석함으로써 이번 학기 센세이션을
불러 일으켰던 '열린 저녁 토론회'도 중단될 수밖에 없었다. 바르트는 회
복을 기다리면서 발자크의 책을 쌓아 놓고 읽었다. 그리고 "그 한 사람에
게서 펼쳐져 나온, 세상과 인간에 대한 놀라운 지식"에 감동했다.[47] 4월
에는 베른에 있는 어머니의 집에서 휴식을 취했다. 그가 이렇게 오랜 기
간 동안 연구를 하지 못하는 바람에, 다음 학기 교의학 강의와 더불어 신
학 '총론' 강의까지 하려던 대담한 계획의 실현에 제동이 걸리고 말았다.

『교회교의학』

원래 바르트는 그 교의학 강의에서 그냥 뮌스터 시절의 강의록을―약
간 수정하여―다시 읽으면서, 1927년 출간된 『서설』을 살짝 개정해서 제
2판을 펴낼 준비를 하려고 했다. "그런데 상황이 달라졌다. 인쇄된 상태
로 내 앞에 놓인 제1판을 보고 있노라니 너무나도 분명했다. (다른 사람들
에게도 마찬가지였을 것이다. 책꽂이에 있는 원고를 보면서 느꼈던 것보다 훨씬 분
명했다!) 나 자신이 역사적으로나 본질적으로나 아직 배울 게 많이 남았
다는 사실 말이다. 이 책이 최소한 동료 교수 집단에서 불러일으킨 반대
는 보편적이고 너무나도 격렬했다. 그리고 그사이 신학과 교회와 일반

사회 영역에서 일어난 변화는 나에게 너무나 많은 것을 생각하게 해주었
다.……그래서 나는 대체 '제2판'은 언제 나오는 것이냐는—친절한 혹은
비꼬는 것 같은—물음이 점점 많아졌음에도 그 물음에 신경을 쓰지 않았
고, 1927년 초반의 지평 위에서, 그리고 그러한 분위기 속에서 계속 글을
써 나갈 수도 없었다. 나는 '제1판' 4천 부가 거의 다 팔려서 재판을 찍어
야 될 상황이 되어서야 그 사실을 분명히 인식하게 되었다. 내가……수
년 전 『로마서 주석』 개정판 작업을 할 때의 상황이 반복됐다. 물론 나는
과거와 똑같은 것을 말할 수 있으며, 바로 그것을 말하려고 한다. 그러나
이제 과거의 방식으로는 말할 수 없다. 그러므로 내가 할 수 있는 일이란
처음부터 다시 시작하는 것이다. 그것도 똑같은 것을. 그러나 그 똑같은
것을 다시 한 번 완전히 다르게 말하는 것 말고 뭐가 있겠는가?"[48]

이 작업은 주로—앞서 언급한 바와 같이—안셀무스 연구의 성과였
다. 그리고 그사이 이 주제에 대한 바르트의 연구는 계속 진척되었다. 이
제 그는 교의학을 처음부터 새롭게 시작해야 한다는 것을, 그리고 어떻
게 시작해야 하는지를 알고 있었다. 물론 "비교적 소수의 독자들, 예컨대
한스 우르스 폰 발타자르Hans Urs von Balthasar 같은 사람은 나의 안셀무스
연구가 결코 부수적인 작업이 아니었다는 사실을 제대로 간파해 냈다.
나는 안셀무스를 최대한 내 것으로 만들었고—내가 그 성인을 역사적으
로 다소간 정확하게 이해했던가!—혹은 나 자신의 별을 따르면서 그의
사상을 내면화했던 것이다. 『교회교의학』을 써 내려가면서, 바로 이것이
야말로 오직 신학에게 적합한 사유의 움직임이라고 확신하게 된 것이 있
는데, 나의 안셀무스 연구서는 바로 그 사유의 움직임을 파악하는 데 유
일무이한 열쇠는 아니더라도 하나의 아주 중요한 열쇠라는 사실을 많은
사람들이 놓치고 있는 것 같다."[49]

이제 바르트는 자기가 이 교의학을 통해 무엇을 하려고 하는지, 이 교의학에서 실질적인 핵심은 무엇이 되어야 하는지를 5년 전보다 훨씬 분명하게 알고 있다고 확신했다. "그리스도교의 교리는 절대적으로, 일관되게, 모든 진술에서, 직접적으로나 간접적으로나, 우리를 향한 살아 있는 하나님의 말씀 예수 그리스도에 관한 교리여야 하며, 이로써 그 이름값을 해야 하고, 교회다운 교회를 이 세상에 세워야 한다는 것, 내가 이 사실을 그 기간 동안 배워야 했다는 것이야말로 긍정적으로 새로운 것이었다. 지금의 관점에서 나의 초기 연구를 돌아보니, 내가 이 사실을 어째서 진작 배우고 말하지 않았던가 묻지 않을 수 없다. 정작 제일 중요한 일과 관련하여 인간은 얼마나 더딘 존재인가!……나의 새로운 과제는 기존에 말했던 모든 것을 다시금 철저히 다르게, 그러니까 이제는 예수 그리스도 안에 나타난 하나님의 은혜의 신학으로 두루 꿰어 새롭게 생각하고 말하는 것이었다.……이제 나는 경험을 통해 알게 되었다. 이렇게 집중하자 과거에 비해 모든 것을 훨씬 명료하게, 애매하지 않게, 단순하게, 신앙고백에 합당하게, 심지어 훨씬 자유롭고 개방적이고 포괄적으로 말할 수 있게 되었다. 과거에는―교회의 전통보다는 철학적 체계의 껍질 때문에―적어도 부분적으로는 방해를 받았던 것이다."[50]

이러한 집중은 그에 상응하는 결과를 낳았다. "나는 이 과제를 수행하면서―그것을 그리스도론적 집중christologische Konzentration이라고 부르고 싶다―교회의 전통과, 나아가 종교개혁자들과, 심지어 칼뱅과 (격상된 의미에서) 비판적 대결을 벌이게 되었다는 사실을 감출 수가 없다."[51] 1920년대에는 '종교개혁 노선'으로 확실한 방향 전환을 시도했는데, "이제는 그것을 진척시킬 필요가 있다고 생각했다. 율법과 복음의 관계, 자연과 은총의 관계, 선택과 그리스도론의 관계, 나아가 철학과 신학의 관

계를 좀 더 정확하게 정리할 필요가 있었다. 말하자면 16세기의 방식과
는 다른 방식의 정리가 필요했던 것이다. 나는 정통 '칼뱅주의자'가 될
수 없었기 때문에 루터교적 종파주의에 대해서도 전혀 동정심을 보일
수가 없었다."[52]

바르트가 원하는 것은 종파주의적인 교의학이 아니었다. 이제는 분
명하게, 더욱 의식적으로 『교회교의학』(Kirchliche Dogmatik)을 쓰려고 했
다. 바르트는 자신의 교의학을 이렇듯 더 정확하게 규정한 것이야말로
1927년의 시도와 비교해서 한 걸음 전진했음을 보여주는 것이라고 생각
했다. "책의 제목에 '그리스도교' 대신 '교회'가 들어선 것이 의미하는 바
는……본질적인 것이다. 나는 처음부터 이것을 보여주고 싶었다. 교의
학은 '자유로운' (어디에도 매이지 않는) 학문이 아니라 교회라는 공간에 매
인 학문이다. 거기, 오직 거기서만 가능하고 의미 있는 학문이다.……특
히 이것은, 나 스스로 생각하건대 내가 바야흐로 몇 가지를 (그 가운데는
나 자신의 의도까지 포함된다) 더 잘 이해하게 되었음을 의미한다. 제1판에
서 실존 철학의 논거를 따라 신학을 지지하거나 기껏해야 변호하는 것처
럼 보였던 모든 것을, 제2판에서는 최대한 털어 버렸다."[53] 바르트가 이
개정판에서 처음으로 불트만에 대한 비판을 끼워 넣었고, 고가르텐과의
명시적인 대결을 위한 준비 작업을 시작했다는 사실도 그 맥락에 두드러
지는 특징이었다. 바르트는 그 과정에서 자신에게 질문을 던졌다. "신학
을 인간학의 토대 아래 두려는 그(고가르텐)의 노력은 가톨릭이나 신프로
테스탄티즘의 자연 신학과 도대체 어떤 차이가 있는가?" "128-129쪽은
1931년에 쓴 것이며, 고가르텐에게도 즉시 그 사실을 통보했다.……그
러나 그에 대한 대답은 아직까지 받지 못했다."[54]

교회교의학, 이제는 바로 이거였다. 이것은 1927년보다 훨씬 결정

적인 것이었다. 바르트가 강의하고 싶은 대상, 그가 집필하고 싶은 대상
은 바로 '교의학'이었다. 예컨대 '체계적인' 조직신학은 아니다! "이 형용
사와 명사의 결합은……아주 문제가 많은 전통에서 비롯된 것이다.……
하나의 '체계'란 특정한 철학의 기준에 따라 선별된 기본 개념의 전제 아
래 있는, 그리고 거기에 상응하는 방법에 따라 구성된 사상의 구조물이
다. 신학은 그런 구조의 감옥에서, 그런 강요에 따라서 할 수 있는 것이
아니다. 신학의 대상은 하나님과 인간의 만남의 이야기Geschichte(역사)로
서……구약과 신약의 증언이 언어로 표현하고 있는 그 이야기는 교회가
선포하는 메시지의 근원이요 내용이다. 신학의 대상은—이런 의미에서
이해할 때—'하나님의 말씀'이다. 신학은 자신의 길과 물음과 대답을 선
택할 때, 자신의 개념과 언어와 목표와 한계를 선택할 때, 이 특별한 대
상의 생생한 명령 외에는 하늘에나 땅에나 그 어떤 권위에도 구속되지
않는 연구요 가르침이다. [그러는 한] 신학은 자유로운 학문이다. 신학은
하나님 말씀의 왕적인 자유에 근거한, 그리고 그 자유에 의해 결정된 학
문이기 때문이다. 그러므로 이것은 '체계적 신학'이 아니다."

　그렇다, 교의학이다! "신학, 그것도 '교의학'으로서의 신학은 신약과
구약의 증거를 중심으로, 교회가 예부터 선포해 온, 그리고 지금도 새롭
게 선포해야 할 메시지의 진리를 입증하기 위해 노력한다. 교의학은 과
거와 현재의 공적·개인적 자료에 의해 진리라고 알려져 있는 것, 곧 '교
리들'을 검토한다. 교의학은 언제나 그랬듯이 오늘도 새롭게 그 진리에
대해 묻는다. 교회의 선포는 그 진리에서 비롯되며, 그 진리의 조명을 받
으며, 그 진리를 기준으로 평가받는다. 요컨대 교의학은 교리에 관하여
묻는다."[55] 그래서 교의학은 "교회가 살기 위해 필수적인 기능이다." 다
시 말해, 교의학은 하나님 말씀의 진리를 통한 교회의 실천을 통제하고

비판하는 데 봉사하는 것이다. 그러나 교의학도 그 진리를 오로지 증언 bezeugen할 수 있을 뿐이다. 그렇다! "그것은 하나님 말씀의 진리를 직접적으로든 간접적으로든 증명beweisen하려고 할 수 없다.……교의학은 그저 그 진리의 자기 증명을 신뢰해야 한다. 이 신뢰야말로 교의학의 ("변증론적인") 힘이다. 교의학은 그 힘을 가지고 그리스도교적이든 비그리스도교적이든 모든 사유 형태, 이념, 신화, 세계관, 종교와 관계한다. 이 신뢰안에서 교의학은 자기 자신의 핵심을 의식하고, 바로 그렇기 때문에 개방성과 이해력과 인내심을 가지고, 아직 자기 안에 갇혀 있는 이들을 향한 위대한 희망 속에서 모든 사람을 만날 수 있다. 이 신뢰 안에서 교의학은 여타 학문들의 틈바구니 속에서도 자기만의 법칙을 충실하게 따르면서, 그런 학문들만큼이나 철저하고 명료한 지적인 작업을 수행하기 위해 노력한다."[56]

1932년 말, (루돌프 페스탈로치에게 헌정된) 『교회교의학』의 제1권이 출간되었을 때, 책의 장정부터도 1927년의 책과 달라졌음을 볼 수 있었다. 예컨대 "나는 이 책의 성서신학적 전제와 신학사적 맥락과 논쟁적 관계를 지시하는 데 더 많은 여지를 주고 싶었다. 그래서 이런 내용을 작은 서체의 삽입문으로 압축시켰다. 본래의 교의학적 서술은 사람들이, 특히 신학을 전공하지 않은 사람들이 경우에 따라서 그 보충 논의는 건너뛰고라도 전체적 맥락 속에서 읽을 수 있도록 배치되었다."[57] 그럼에도 불구하고 그 '삽입문'은 (대개는 주석과 관계된 문장이었는데) 바르트에게 매우 중요한 것이었다. 그래서 그는 이따금 큰 글씨 부분, 그러니까 바르트 자신의 서술 부분이 오히려 작은 글씨로 나와야 하지 않을까 하고 고심하기도 했다. 5년 전의 책과 비교할 때 또 다른 차이점도 있었다. "나는 이번에는 훨씬 더 상세하게 설명해야 한다고 생각했다.……모든 문제가 지난 5년 사이에 내게는 훨씬 풍부하고 역동적이고 난해한 모습으로 다가왔다. 나는 더 깊이 파고들어 가 더 넓게 토대를 다져야 했다."[58] 바르트의 『그리스도교 교의학』은 463쪽으로 '프롤레고메나' 전체를 다루었으나, 『교회교의학』 제1권은 514쪽으로 '프롤레고메나'의 절반(부피로 보면 겨우 3분의 1)밖에 보여주지 못했다. 제1권이 이렇듯 광범위한 서술로 시작되었다는 사실이 암시하는 바가 있었다. 그것은 바르트가 이 교의학을 그저 몇 년 안에 끝내려는 것이 아니라, 평생 그것과 씨름하게 될 것이라는 사실이었다. 형식 면에서는 바르트가 자펜빌에서 지도했던 수업과 유사했다. 전체 내용을 몇 개의 단락으로 나누고, 제일 앞에는 학생들에게 하나하나 불러 주면서 받아 적게 했던 핵심 명제를 두었다.

그러므로 『교회교의학』 제1권과 제2권은 '프롤레고메나'로 구성된다. I/1, I/2라는 표시가 두 권의 내적 일관성을 나타낸다. 바르트의 계획에 따르면, 『교회교의학』 II는 하나님을 다루고, 뒤이은 세 권의 책이 각각 창조, 화해, 구원을 다루기로 되어 있었다.

프롤레고메나의 구성은 뮌스터 교의학, 심지어 괴팅겐 교의학의 구조에 많이 의존한다. 그때나 지금이나 프롤레고메나의 의미는 예컨대 (전통적인 교의학이 그랬던 것처럼) 신앙과 신학의 보편적인 (신앙과 신학을 '준비해 주는' 혹은 '이끌어 주는') 전제를 다루고 그것을 주장하는 것이 아니다. 바르트는 오히려 그런 '전제'에 구속되는 것을 거부한다. 그러므로 바르트가 보기에, 프롤레고메나의 의미는 핵심 그 자체를 향해 처음으로 뛰어드는 것이며, 계시가 무엇이고 계시에 대해 어떻게 말할 수 있는지에 대해 첫 번째 해명을 시도하는 것이다. 프롤레고메나에서 중요한 것은 "미리vorher 말해야 하는 것이 아니라 처음으로zuerst 말해야 하는 것"이다. 달리 표현하면 이렇다.

"그러므로 우리가 교의학의 프롤레고메나에서 묻고 있는 것은 교의학의 기준이 되는 하나님의 말씀이다." 사실상 프롤레고메나는 간추린 교의학이 되는 것이다. 그래서 바르트는 처음부터 (괴팅겐이나 뮌스터에서 그랬던 것처럼) 핵심적인 물음에 대한 상세한 대답을 시도한다. "계시에 나타난 하나님은 어떤 분인가?" 그는 고대 교회의 삼위일체론에서 대답을 찾는다. "그리스도교의 하나님 교리(神論)를 정말 그리스도교적인 것으로……만드는 것은 다름 아닌 삼위일체 교리다." 그러나 바르트는 이 교리를 고대 교회보다 더 단호하고 분명하게 계시와 관련시킨다. 그가 보기에 이 교리는 "하나님께서 자신을 주님으로 계시하신다"라는 문장에 대한 주석이다. 또한, 자기를 계시하시는 하나님은 자기를 계시할 수 있는 하나님이라는 진리, 그리고 우리는 계시를 통해 자유로우신 그 하나님, 정말로 하나님 자체와 **완전하게** 만난다는 진리를 설명하고 있다. 그러므로 바르트에게는, 그 계시에 나타난 하나님이 "**아버지**"요 "**아들**"이요 "**영**"이라는 사실을 강조하는 것도 중요하다. 이것은 인간이 자신의 느낌이나 판단을 근거로 그렇게 주장하기 때문이 아니라, 하나님이 본질적으로 ("원래부터", "이미 그 자체로") 아버지요 아들이요 영이시기 때문이다. 그런 의미에서 바르트는 '경세적'ökonomisch 삼위일체만이 아니라 '내재적'immanent 삼위일체도 가르친다.[59]

바르트는 교의학 제1권의 내용을 바탕으로 1931년 여름학기, 1931-1932년 겨울학기 강의를 시작했다. 그의 교의학 강의는—여름에는 아침 7시, 겨울에는 8시에 시작했는데—콘비크트슈트라세에 있는 대형 강의실에서 이루어졌다. 이 강의에서 새로운 것은, 바르트가 매번의 강의를 짧은 기도회로 시작했다는 사실이다. 그는 헤른후트 공동체에서 나온 「오늘의 말씀」(Losung)을 읽고 학생들과 찬송을 합창했다. 이런 시간을 갖게 된 중요한 이유 가운데 하나는, 그의 학생들이 아는 건 너무나 많은 데 "지나치게 경직된 후손들"이 될지도 모른다는 심각한 두려움이었다.[60] 한번은 바르트가 교의학 강의를 하는 도중에 자신의 이러한 염려를 학생들에게 터놓고 얘기한 적도 있었다. 그들은 "하나님, 말씀, 성령, 계시, 신앙, 교회, 성례전 같은 거창한 개념"을 재발견하는 데 열광한 나머지, 갑자기 "너무나 긍정적인" 상태가 되어서, "우리가 비교적 이렇게 거침없이 그런 것에 **대하여**^{über} 말할 수 있게 되었으니, 정말 그런 것에 **관하여**^{von} 말하는 것처럼" 생각한다.[61]

바르트는 1931년 여름학기를 맞아 "이미 여러 번 읽고 관찰한 슐라이어마허"를 다시 한 번─세미나 시간에는 『신앙론』(Glaubenslehre)을, 콜로키움에서는 『신학연구개요』(Kurze Darstellung)를─다루었다.[62] 그런데 학생들의 관심 영역이 지난 몇 년 사이 얼마나 많이 이동했는지, 이 주제에 대한 바르트의 강의는 적어도 초반에는─바르트도 이 사실 때문에 깜짝 놀랐지만─학생들에게 전혀 호응을 불러일으키지 못했다. 그들은 "처음에는 이 음식에 대해 무조건 거부감을 드러냈다. 그래서 나는 이 사람의 역사적 의미에 대해서 일장연설을 하지 않을 수 없었고, 그렇게 해서라도 그들이 그 핵심 문제에 관하여 진지하게 책을 읽고 성찰하게 되기를 바랐다."[63] 학생들을 향한 바르트의 강요, 곧 "단순한 논박을 새로운 해석으로 대치하라"는 주문을 제대로 즐긴 사람은 오직 한 사람 "게오르크 아이히홀츠였다. 그는 해석의 예술가로서 아주 높은 경지를 선보였다."[64] 그해 6월, 겨우 스물다섯의 젊은 나이에 벌써 교수 임용 자격 논문까지 끝마친 디트리히 본회퍼$^{Dietrich\ Bonhoeffer}$가 바르트의 세미나에 몇 차례 들어왔다. 본회퍼는 친구 에르빈 주츠의 소개로 바르트를 개인적으로도 만나게 되었다. 깊은 감명을 받은 본회퍼는 이렇게 말했다. "바르트는 그의 책보다 훨씬 뛰어나다." "그는 상당히 개방적이었고, 핵심과 관련된 것이라면 어떤 반론이라도 수용할 준비가 되어 있었다. 또한 그 핵심에 철저히 집중하고 그 핵심을 향해 격정적으로 파고드는 사람, 그 핵심을 위해서라면 교만하게든 겸손하게든, 독선적이든 완전히 불확실하게든, 어떻게든 말할 수 있는 사람인데, 이런 모습은 자기 자신의 신학에 일차적으로는 도움이 되지 않게 마련이다."[65]

바르트는 자신의 세미나에 가끔 저명인사를 초청하는 관습을 계속 이어 나갔다. 예컨대 6월 말에는 "프리츠 리프가 모셔 온 파리의 정교회 신학자 플로로브스키"와 함께 세미나를 진행했다. 그러나 "나는 이 동방 신학자의 본질성에 대해" 그리고 "모든 것을 받아들여 흐리멍덩하게 만드는 러시아 사유 패턴에 그다지 압도적인 인상을 받지는 못했다."[66] 나중에는 마리아 라아흐의 베네딕트회 수도사들이 세미나에 참석하기도 했다. 바르트가 본 대학교에 머무는 동안 그 수도원의 수도사들과 친밀한 교류가 이루어졌다. 바르트도 여러 번 (때때로 학생들을 데리고) 그 수도원을 방문했다. "나는 그 수도원 사람들로부터, 바이에른에서는 그나마 성공을 거둔 반(反)종교개혁에 관한 가르침을 눈썹 하나 까닥하지 않고 경청해야 했다."[67] 바르트는 거기서 다마수스 빈첸Damasus Winzen과 가까워졌다. 당시 바르트와 활발하게 교류했던 또 한 명의 가톨릭 신자는 쾰른의 로베르트 그로세였다. 바르트는 그와 말이 잘 통했다. 그러나 두 사람이 모두 긍정하는 원칙의 노선 위에서 가능했던 일이다. "우리가 참된 교의학적 불관용으로 마주 서 있을 때, 바로 그때, 오직 그럴 때만 우리는 서로 이야기를 나눌 수 있으며, 큰 성과가 있는 이야기를 나눌 수 있다."[68] 바르트는 겨울학기를 맞아, 그 당시 특히 "변증법적 신학"의 대표자들 사이에서 뜨거운 논란의 대상이었던 "자연 신학의 문제"에 대해 세미나를 열었고, 그의 세미나 시간에는 다시 한 번 에리히 프르시와라가 나타났다. 프르시와라의 저서 『존재의 유비』(Analogia entis)가 막 출간을 기다리고 있던 때였다. 이 제목은 바르트가 가톨릭에 대한 반론을 펼쳐 나가는 데 키워드가 되었다. "나는 '존재의 유비'를 적그리스도가 만들어 낸 발명품 가운데 최고의 발명품이라고 여긴다. 그리고 바로 그것 때문에 가톨릭이 될 수 없겠다고 생각한다. 가톨릭이 되지 않으려는 다른 이유들도 있겠으나, 그런 이유는 단편적이고 시시한 것으로 치부해도 좋을 것이다."[69] 바르트가 "가톨릭의 존재의 유비 교리를 반대한다고 해서 유비의 개념 자체를 부정하는 것은 아니다." 안셀무스와 씨름을 하고 난 다음부터는 바르트도 그 개념 자체를 쓸데없다고 생각하지는 않았다. 아니, 오히려 그 개념은 바르트 자신의 인식론에서도 중요한 역할을 하게 되었다. 그의 주장에 따르면, 하나님과 인간 사이에는 어떤 유비analogia, 혹은 상응관계Entsprechung가 있으며, 바로 그것에 힘입어 인간은 하나님을 인식'할 수 있게' 된다. 그런데 바로 이 지점에서 바르트의 열정적인 반론이 터져 나온다. 요컨대 이 '상응관계'는 인간에게 자연적으로, 어떤 상황에 의해, '존재론적으로' 주어진 것이 아니다. 그것은 인간에게 주어질 것이다. 어떻게? 오직 '신앙' 안에서!analogia fidei 왜냐하면 하나님 인식의 가능성과 하나님 말씀 인식의 가능성이 오로지 그 말씀 자체 안에 주어져 있기 때문이다.[70]

1932년, 게오르크 보버민은 바르트를 신랄하게 비판하면서, 에릭 페터슨과 오스카 바우호퍼Oskar Bauhofer가 가톨릭으로 개종한 것은 바르트의 이러한 신학 때문이라고 했다. 바르트는 그에게 보내는 6월 18일자 편지에서 이렇게 답변했다. 오히려 그 반대다! 그는 가톨릭이야말로 "개신교 신학의 입장에서 섬뜩할 정도로 강력하고 심오한 대화 파트너요,

궁극적으로는 유일하게 진지하게 받아들여야 할 대화 파트너"라고 주장
했다. 가톨릭에 비하면 관념론이니 인지학이니 민속종교니 무신론 같은
것은 "애들 장난"이라고 했다. 당시의 개신교 신학도 이 맞수를 상대하기
에는 너무나 약하다는 것이다. "지금 우리의 군대가……철저하게 패배
한 군대라는 판단에서는, 나 역시 저 탈영병들과 완전히 같은 의견이다."
사흘 뒤, 바르트는 호프만이라는 사람에게 보내는 다른 공개서한에서 이
렇게 적었다. "현재 '프로테스탄트 교회에 대한 일반 사회의 무관심'은 프
로테스탄트 교회가 지난 2백 년 동안 전혀 관심을 끌지 못하는 교회였기
때문인데" 이것은 교회로서의 실체도 잃어버리고, 프로테스탄트 교회로
서의 형체도 완전히 잃어버렸기 때문이다. "가톨릭 교회가 일반 사회에
서 '점점 관심을 끄는' 까닭은, 이들이 교회로서의 실체와 가톨릭 교회로
서의 (적그리스도적인!) 형체를 전반적으로는 잘 유지할 수 있었기 때문이
다." 그 편지에는 또 이런 말이 적혀 있었다. "교회의 선포는 무질서 속에
빠져 있는 이방의 폴리스를 일깨워 정의를 실현하게 해야 하는 것이기에
그 자체로 정치적이다. 교회의 선포가 대변하는 것이 하나님의 구체적
인 계명이라면 그것은 좋은 선포다. 그러나 그 선포가 대변하는 것이 어
떤 정치 이데올로기의 추상적인 진리라면 그것은 나쁜 선포다."

폭풍 앞에서

최근 몇 개월 동안 바르트의 마음이 점점 불안해진 데는 독일의 정치적
추이도 한 몫을 했다. 바야흐로 국가사회주의의 목소리가 점점 거세지
고 있었던 것이다. 독일의 이러한 정치적 상황은 바르트 자신에게는 "운
전할 줄 모르는 남자, 혹은 술 취한 남자가 운전하는 자동차에 앉아 있

을 때"와 같은 느낌이었다.[71] 바르트는 이제 공적으로, 구체적으로 입장을 취하지 않을 수 없다고 생각했다. 그는 서서히 다가오는 악령에 맞서, '민주주의'를 위협하는 세력에 맞서 저항하는 표시로 다시 한 번 사회민주주의와 연대했다. 1931년 5월 1일, 바르트는 독일 사민당에 가입했다. 그는 "사회주의 이념과 가치관의 수용"이 아니라, 지금으로서는 "건강한 정치의 요구"를 가장 잘 받아들일 것이라고 여겨지는 정당에 입당함으로써, 이것이 그의 "구체적인 정치적 결단"을 보여주는 것이라고 이해했다.[72] 여기에는 독일의 정치가들에 대한 바르트의 바람이 담겨져 있었다. 그것은 "스위스의 지방 의회나 연방 의회처럼 가능한 한 제일 가까이에 있는 것, 가장 실현 가능한 것에 집중하는 방식으로 정치를 해나가는 것"이었다.[73]

그러자 여기저기서 바르트를 비난하고 비판하는 목소리가 터져 나왔다. 바르트는 이런 소리를 점점 더 자주 듣게 되었다. 그들이 주로 지적하는 것은 "그래 봐야 나는 스위스 사람"이라는 것이었다. 히르쉬가 멋들어지게 표현한 것처럼, '뿌리에서 우듬지까지' 독일 사람은 아니라는 것이다."[74] 그러니까 독일인처럼 느낄 수 없다는 것이었다. 그러나 바르트는 나름대로 자부심을 가지고 이렇게 말했다. "지금 이렇게 구체적인 입장을 드러내고 또 방어하는 나로 말할 것 같으면, 독일의 역사와……프로이센의 역사를―비스마르크의 연설과 생애에서 시작하여 프리드리히 대제와 몰트케Moltke의 군사 활동, 20세기의 많은 전투에 이르기까지―[철저하게] 공부한 사람이요……심지어 이 영역의 세부적인 내용과 관련해서도, 최소한 독일 국가주의자들이 아는 것만큼은 줄줄 외울 수 있는 사람이다. 나는 저 사람들의 배경에 대한 정보까지도 알고 있지만, 현재의 상황에 대한 그들의 판단에는 결코 동조할 수 없다."[75] 그러나 다른 한편으로 바르트는 "내가 스위스 사람이라는 사실을 한 순간도 잊은 적이 없다. 나는 진정한 이중국적자였다."[76] 또 한번은 약간의 뿌듯함을 내비치며 이렇게 말하기도 했다. "나는 내 안에 있는 스위스 사람의 요소를 잘 알고 있다. 그러나 나는 독일 신학과 교회의 한복판에 완전히, 끝까지 머물고 싶다. 아주 세속적인 작가였던 고트프리트 켈러Gottfried Keller가 이런 느낌을 잘 표현한 적이 있다.

우리에게 환호를! 자유로운 사람들에게는 아직
열정적으로 자유로운 말이 남아 있도다!

거주권 증명서와 관련해서 할 말이 있기는 하지만, 어쨌거나 독일에 대한 나의 사랑, 나의 소속감을 아마도 가장 잘 보여주는 증거가 여기 있다. 그것은 내가 스위스 사람으로서 많은 독일인과 다른데도 불구하고 독일 한복판에서 살고 있다는 것이다. 왜 나를 못 잡아먹어 안달인가? 도대체 무슨 권리로 나에게 이러는 것인가?"[77]

1931년 10월, 헝가리의 개혁주의 신학교 샤로쉬퍼터크Sárospatak는 바르트를 '명예 교수'로 임명했다. 바로 그 10월에 벌어진 하나의 사건은 이후의 정치적인 변화를 단번에 예감하게 해주는 사건이었다. 할레 대학교에서 독일국가주의 성향의 대학생들이 모여 바르트의 친구인 귄터 덴의 교수 임용에 반대하는 격렬한 시위를 벌였다. 그가 1928년에 전쟁에 대해서 (비교적) 비판적인 말을 했던 것이 그 이유였다. "할레의 이른바 독일대학생연합이, 덴이 실천신학 교수로 임용되면 자기네는 예나 대학교나 라이프치히 대학교로 출애굽 하겠다고 위협하는 발언을 했다. 그때 나는 『신학 소식』에……슈미트와 그 밖의 다른 동료 교수들과 함께 성명서를 발표하여, 나도 '인간적인 면에서나 실질적인 면에서나 덴과 연대함'을 밝혔다." 물론 불트만은 함께 서명하려고 하지 않았다. '덴 사건'은 이후 몇 달이 지나도록 잠잠해질 기미가 보이지 않았다. 그리고 신학자 히르쉬와 되리스까지 그 학생들을 뒤에서 지지하는 모습을 보였다. 그러자 바르트는 다시 한 번 그 문제에 대해 입장을 표명하면서 이렇게 물었다. "어째서 전면전을 벌이지 않는가?" 덴 뒤에 서 있는 '변증법적 신학' 전체에 맞서 "열정적으로, 학문적으로" 맞붙어야 하는 것 아닌가?[78] 이 시기의 바르트는 이러한 상황을 대단히 분명하고 심각하게 바라보았다. 1931년 「초핑겐 중앙 신문」(Zofinger Zentralblatt)에 기고한 글에도 이것이 잘 드러나 있다. 여기서 그는 파시즘을 비판하면서 "단 하나의 현실, 곧 국가의 현실에 대한 교조적이고 경직된 지식으로 보나, 전혀 근거라고 할 수 없는 것을 근거랍시고 거기에 호소하는 것으로 보나, 자격을 갖추지 않은 권력으로 나타나는 모습으로 보나" 그것은 영락없이 어떤 '종교'의 특성을 지니고 있다고 꼬집었다. 그리스도교가 그런 종교에게 기대할 수 있는 것이라고는 "오로지 반대"밖에 없으며, 그런 종교에 직면하여 그리스도교는 최대의 유혹에 놓이게 된다. 바로 그 종교에 순응하라는 유혹 말이다.[79]

1932년 봄방학을 맞아 베르클리에 머물던 바르트는 뤼디 페스탈로치와 함께 베를린에 갔다. 거기서 바르트는 (힌덴부르크의 재선을 위해 한 표를 행사하기에 앞서) 4월 11일에 열린 브란덴부르크 선교 대회에 참가하여 '현재의 신학과 선교'(Die Theologie und die Mission in der Gegenwart)라는 제목으로 강연했다.

그는 선교 활동을 다음과 같이 이해했다. "교회는 내부 이방인과 외부 이방

인의 연대를 실행함으로써……교회 안에서 이 세상과……온 세상의 연대
를 실행함으로써, 참된 주님이신 주님에 대한 교회의 고백을 진지한 것으로
만들고자 한다." 바르트에 따르면, 선교 활동을 위한 신학의 과제는 그 활동
에 '무기'를 공급하는 것이 아니라 거기에 '질문'을 던지는 것이다. 선교 활동
이 그 활동의 '근거 및 대상'과 맺고 있는 관계에 대해 묻는 것이다. 우리는
여기서 바르트가 틈만 나면 '자연 신학', '존재의 유비', '접촉점'의 문제와 검
질기게 씨름하고 있음을 볼 수 있다. 바르트의 주장에 따르면, 선교의 메시
지는 "그 메시지가 스스로 미리 설정해 놓아야 하는 지점하고만 접촉할 수
있으며, 전부터 이미 그 자체로 존재한다고 생각되는 그런 지점과는 접촉할
수 없다."[80]

바르트는 이번 베를린 방문에서도 디벨리우스 감독을 만났다. 그런
데 이번에는 선교 책임자 지크프리트 크나크Siegfried Knak도 함께 있었다.
그는 강연 이후의 토론 시간에 바르트를 향해서, 프로이센의 민족 감정
과 스위스의 민족 감정이 어떤 점에서 다른지 물었다. 베를린에서 만난
사람들 중에는 본회퍼도 있었다. 본회퍼는 늦여름에 다시 한 번 (베르클
리에 머무는) 바르트를 방문하여 대화를 나누었다. 베를린에서 본으로 다
시 돌아온 바르트는 러시아의 철학자 베르자예프를 만났다.

1932년 여름학기, 바르트는 '프롤레고메나' 강의를 이어 갔고, 세
미나 시간에는 리츨의 『그리스도교 수업』(Unterricht in der christlichen
Religion)을 다루었다. 이어지는 여름방학에는 드디어―베르클리에서
―『교회교의학』제1권 서문, 그리고『로마서 주석』제2판의 영어 번역본
에 붙이는 서문을 쓰게 되었다. 영국의 신약성서학자 에드윈 호스킨스
Edwyn Hoskyns는 "헌신적인 노력을 기울여서 이 책을 영어로 옮겨 주었다."

이로써 바르트의 신학이 영어권에 영향을 끼치게 되는 계기가 비로소 마련된 셈이었다. 물론 이 책은 독자들을 "어떤 발전의 출발점으로" 인도할 수 있을 뿐이었다. 그 출발 이후로 걷잡을 수 없이 크나큰 발전이 이루어졌다.[81] 비슷한 시기에 푸르헤 출판사Furche-Verlag는 칼 바르트의 사순절과 부활절 '묵상' 스물한 개를 뽑아서 묵상집을 출간했다. 바르트가 오로지 『교회교의학』에 몰두하던 바로 그 기간에도 가끔은 그렇게 "대중적 신앙 훈련 영역"의 글쓰기를 시도했다는 사실은 주목할 만하다. 게다가 바르트는—뮌스터에 있을 때도 그랬지만 이곳 본에서도—나름 규모가 있는 일간지에 그리스도교의 주요 절기에 대한 글을 기고하곤 했다.

1932-1933년 겨울학기 세미나를 위한 기본 텍스트는 칼뱅의 『그리스도교 강요』 제3권이었다. 이 책은 "젊은 사람들과 이런 식의 공부를 하는 데는 최고의 소재"다. 이 책으로부터 배울 것이 아주 많기 때문에, 바르트는 다음 학기에도 이 책으로 공부하기로 했다. 콜로키움에서는 루터의 대교리문답을 다루었고, 열린 토론의 밤에는 에밀 브룬너의 책 중에서도 "수다스럽기 그지없는" 윤리학 책을 다루었다. 여기에 더하여, 관심 있는 110명과 함께 '설교학 기초 세미나'를 열었다.

이 자리에서 펼쳐진 설교학의 특징은 다음과 같은 말에서 잘 드러난다. "오늘날의 신학교나 시험 관리 당국은 주제 설교를 유일한 방법인 것처럼 여기는데, 나는 주제 설교야말로 완전히 불가능한 것이라고 보며, 그래서 그것을 거부한다. 나는 설교학의 필연성을 마치 신앙고백의 항목들처럼 여긴다."[82] 실제로 바르트의 입장은 "현대 프로테스탄티즘의 모든 불행"은 "그들의 설교가 주제 설교가 되었다"는 말로 간추려 볼 수 있다. "예나 지금이나 주제 설교는 (설교자가 성서 해설과 나란히 혹은 성서 해설과 함께—존재의 유비!

-뭔가 자기 스스로 할 수 있는 것을 회중에게 말하려고 하는 엄청난 월권행
위) 신프로테스탄티즘의 방식으로 성서신학과 자연 신학을 결합하는 것이
며……만일 설교가 하나님의 말씀을 섬기면서, 혹은 하나님의 말씀을 섬기
는 것 외에 제2의 다른 어떤 것을 원하거나 의도한다면, 언제나 제2의 그것
이 승리를 거두고 하나님 말씀에 대한 봉사는 사라져 버린다."[83]

바르트는 '설교학 기초 세미나'와 그 밖의 다른 수업 외에도 자신의
주요 강의, 곧 교의학 강의를 열어야 했다. 그 어느 때보다도 할 일이 많
았다. 일에 대한 압박은 더욱 무거워졌다.

이 모든 일에도 불구하고 바르트는 이따금 짬을 내어 현악 사중주에
끼어들어-"겸허하게 비올라 연주자의 역할을 하면서"-모차르트를 연
주했다.[84] 또한 "문학작품, 예컨대 괴테의 작품을 읽으면서 새로운 관점
을 획득한다거나, 수많은 소설을-특히 최근에 출간된 영국의 추리 소설
중에서 최고의 걸작들을-읽는다거나, 비록 잘 하는 건 아니지만 열정적
으로 말을 탄다든가 하는" 짬은 냈다. "지금까지 내가 살아오면서 이렇게
의식적으로, 그리고-비록 아주 힘든 시절이긴 했지만-이렇게 기꺼운
마음으로 살았던 적은 없었던 것 같다." 실제로 바르트는 이렇게 생각했
다. "이 시기를 지나면서……나는 훨씬 더 교회적인 사람이 되었고 동시
에 훨씬 더 세속적인 사람이 되었다."[85] 일 때문에 너무나 바쁜 나날이었
지만, 바르트는 커 가는 자녀들과 함께 시간을 보내기 위해 조금이나마
시간을 할애했다. 물론 실질적인 교육은 바르트의 부인이 맡아 주었다.
그녀는 자녀 교육을 위해 "평생토록 성실하고 열정적으로 에너지를 쏟아
부었다."[86] 큰딸은 벌써 고등학교 졸업시험 준비를 하고 있었다. 둘째 마
르쿠스는 이미 1930년에 자신의 독자적인 견해를 피력하면서 견신례를

거부한 바 있었는데, 바로 그 아들이 공산주의 서클에 관심을 갖고, 거기 친구들과 교류하는 것을 확인한 바르트는 깜짝 놀라지 않을 수 없었다.[87] 크리스토프는 비교적 조용하고 상냥한 아이였고, 마티스는 "왠지 동화의 영역에서" 살고 있는 판타지가 풍부한 유형이었다.[88] 칼 바르트는 한스 야콥이 아마도 유명한 "레이서"가 되든지 "사업가"가 될 것 같다고 생각했지만, 사실 그는 열렬한 자연과학 수집가였다.[89] 그 시절의 마티스는 아버지에게 특별한 인상을 남겼다. 왜냐하면 그 아이가—"당연히 놀랍고 신비한 일이었는데—나무 위라든지 그 밖의 높은 곳에 올라가서 설교하는 것을 좋아했기 때문이다. 그런 종류의 충동은 바르트 집안의 뿌리 깊은 내력인 것 같다."[90]

바르트는 1932-1933년 겨울학기 주요 강의에서 다시 한 번 19세기 신학을 다루었다. 뮌스터에서 그 주제로 두 번 강의를 했으니, 이번이 세 번째였다.

이 강의의 최종적 형태는 본 대학교에서 1932-1933년 겨울학기와 1933년 여름학기에 진행한 강의였다. "나는 먼저, 슐라이어마허 이후 프로테스탄트 신학의 '이전 역사'를 다룬 뒤, 이어서 그 신학의 '역사'에 관해 강의했다. (히틀러의 제국이 시작됐을 때, 나는 막 루소를 강의하고 있었다!) 두 부분은 토르소처럼 미완성 작품으로 남았다. '이전 역사' 강의는 내가 충분히 준비했으며, 특별히 좋아했던 괴테의 글로 끝맺을 계획이었다. '역사' 강의는 트뢸치의 시대까지 끌고 갈 생각이었다. 그러나 시간적 제약 때문에, 원래 계획했던 마무리에 이르지는 못했다."[91] 과거의 강의 원고와 비교할 때 새롭게 추가된 것은 그 '이전 역사' 부분이었다. 여기서 바르트는 다음과 같은 명제를 전개했다. "그 유명한 18세기 교리 비판은—기존에 우리가 배워 왔던 것과는 달리—변화된 세계관에 직면하여 진실성이 돌출한 데서 기인한 것이 아니라, 아주 단순하게 감상적인 자기의식에서, 어떤 특정한 도덕적 태도에서 나온 것이다. 그 시대의 어떤 특별한 지성적 태도에서 비롯된 것이 아니다."[92] 또 한 가지의 특징이 있다. 그것은 바르트가 경건주의와 계몽주의를 "내적인 면에서라기보다는 외적으로 상이한 형체, 결국 **하나의** 본질에서 나온 두 형체"로 설명한다는 점이다. 경건주의와 계몽주의는 "인간의 절대적 자기의식의 영역 안으로 하나님을 끌어들이려"고 한다는 점에서는 완전히 한통속이다.

19세기 프로테스탄트 신학을 주제로 첫 강의를 했을 때와 마찬가지로, 이번에도 주요 신학자들을 중심으로 강의를 풀어 나갔다. 그리고 그 중앙에는—"18세기 신학의 완성이자 극복"이며 "19세기의 교부"인—슐라이어마허가 서 있었다. 그는 "오직 인간이 [신학의] 주체가 되고, 반면 그리스도는 인간의 술어Prädikat가 되어 버렸기에 오로지 인간만이 자리를 차지하고 있는" 신학의 대표자다. 바르트는 또 이렇게 덧붙인다. "그리스도교 신학이 그런 의도를 가졌을 리는 없다는 사실, 그러므로 슐라이어마허도 그런 의도는 아니었을 거라는 사실, 이것이 우리가 발견한 것을 뛰어넘어 우리를 위로해 줄 수 있는 유일한 것이다. 그러나 이것은 진정 하나의 신조다."[93] 바르트가 주요 신학자로 다룬 사람 가운데는 그런 대가들 외에도 블룸하르트나 콜브뤼게 같은 아웃사이더들도 있었다. 그런데 바르트는 이제 그들에 대해서도—이것도 새로운 것이었다—몇 가지 비판적인 질문을 던졌다.

바르트는 이 주제로 강의를 하면서 나름대로의 특별한 목표를 설정해 두었다. 그는 학생들이 "우리 직전의 시대에 대해서 약간 다른 태도를 가지기를 원했다. 나에게서 받은 안내를 잘못 이해하여 그 시대를 너무나 자주, 너무나 격렬하게 당연시하는 것처럼 보이는 사람들이 있는데, 나는 그들에게 그와는 다른 태도를 기대했던 것이다. 나는 학생들이 우리보다 앞서 살았던 그 사람들에 대해서, 최대한 철저하게 선을 그으면서도, 간단히 말하자면, 더 많은 애정을 기울이기를 바랐던 것이다.······ 모름지기 더 나은 주석학, 더 나은 교의학이란······어제와 엊그제의 신학자들, 그들의 역사적 현실에 대해서 더 예리한 시선을 가지는 데 그치지 않고, 무엇보다도 더 열린 시선을 확보함으로써 자신을 입증하고 지켜 나가야 한다. 개방적인 자세로 구체적인 인물 하나하나의 고유한 윤곽에 관심을 가질 것, 자기 앞에 놓인 여러 가지 맥락을 제대로 이해할 것, 자신의 명백한 한계와 약점 앞에서도 인내심과 유머를 잃지 말 것, 가장 심오한 비판을 표명하는 자리에서도 약간의 우아함을 간직할 것······최종적으로는 (최악의 상황에서도) 자기의 그런 모습에 대해 어느 정도 고요한 기쁨을 누릴 것."[94] 바르트는 19세기 신학을 철저하게 비판하면서도 이렇듯 온화하게 그 신학을 평가했던 것이다. 그래서 일각에서는 바르트가 그 시대에 대한 비판을 철회한 것이 아니냐는 의혹도 제기되었다. "새로운 어조라고? 결코 그렇지 않다! 어쩌면 똑같은 하프에서 나는 소리인데, 그 악기의 어떤 줄에서 나는 소리를 사람들이 단지 못 듣고 넘어간 것일 수 있다. 이미 오래전에 땅에 묻혀서 더 이상의 말이 불가능하고 불필요한 사람에 대해 이미 오래전에 완결된 행위에 대한 보고서 작성의 맥락에서 뭔가 말을 해야 할 때의 과제가 있을 것이고, 현재의 교회와 신학의 행위 속에서 아직 살아서 활동하고 있는 사람에게 뭔가를 말해야 할 때의 과제가 있을 것이다. 각각의 과제는 같은 과제일 수 없다. 후자의 경우는 어쨌거나 아직은 흔들어 볼 수 있는 사람, 아직은 발전을 기대할 수 있는 사람, 명제와 반명제를 내놓으면 누군가 다른 사

람이 거기에 신중하게 반응하지 않을 수 없는 사람을 대하는 것이다. 그
런 경우에는 어조가 달라져야 할 것이다."[95] 바르트는 이 강의의 한 부분
(고트프리트 멘켄[Gottfried Menken]에 대한 부분)을 에른스트 프리드리히 칼
뮐러Ernst Friedrich Karl Müller 교수의 70세 기념 논문집(1933)에 실었다. 강의
전체는 1947년이 되어서야 비로소 출간되었다.

"아무 일도 없었던 것처럼"

겨울학기 강의가 한창이던 그 무렵에 바르트의 "태도와 활동에 크나큰
변화가 찾아왔다. 이 변화는 내 인식의 의미나 방향과 관련된 것이 아니
라, 아마도 그것의 적용과 관계된 변화였을 것이다. 나에게 이러한 변화
가 일어난 것은 모두 '총통' 덕분이다."[96] 처음에는 파펜Papen, 그다음에는
슐라이허Schleicher가 수상이 되었을 때 "나는 분노한 나머지 연구실에서
펄쩍펄쩍 뛰었다. 그때 나는 모든 것의 끝장을 예견하면서 우울한 예언
의 말을 내뱉었다. 안 좋은 일이 일어날 거야!"[97] 1933년 1월 30일, 아돌
프 히틀러Adolf Hitler '총통'이 자신의 국가사회주의 정당을 거느리고 베를
린에서 권력을 거머쥐었다. 프란츠 리프는 "우리의 친구 슈미트의 라디
오에서 히틀러의 권력 장악 소식이 흘러나올 때, 그 라디오를 집어서 창
밖으로 던져 버릴 것 같은……표정"을 지었다.[98] 바로 그날, 바르트는 감
기에 걸려 침대에 누워 있는 신세였지만 "이제 내가……어디에 서야 할
지, 어디에는 서지 말아야 하는지" 금세 알 수 있었다. "그 이유는 아주
간단했다. 사랑하는 독일 민족이 가짜 하나님을 경배하기 시작했던 것
이다!……나는 직감적으로 행동했다. 반대하느냐 마느냐 고민할 필요도
없었다."[99] "라우쉬닝은 국가사회주의의 밀교적 형태를 지목하면서 그것

은 순수한, 철두철미한, 궁극적으로는 완전히 반정신적이고 파괴적인 허무주의라고 정의했는데, 이는 핵심을 제대로 파악한 것이다." 이제 바르트는 분명하게 인식했다. "그들의 종교 정책과 교회 정책은 처음부터 그리스도교 신앙과 그 신앙의 고백을 뿌리째 뽑아 없애려는 의도를 가지고 있다고 말할 수 있다. 그런 목표는……오로지 점진적으로, 간접적으로, 온갖 위장을 동원했을 때만 달성할 수 있는 것이었다."[100] 바르트는 부랴부랴 히틀러의 『나의 투쟁』(Mein Kampf)을 읽었다. 그 책을 읽고 나니, 새로운 정권에 대한 바르트의 거부감은 더욱 굳어졌다.

그러나 교회는 "여태껏 한 번도 겪어보지 못한 형태의 이런 원수"와 맞서 싸울 태세가 안 되어 있었다.[101] 심지어 국가사회주의를 그런 '원수'로 인식하지도 못했다. "사실상 프로테스탄트 교회는 이미 수백 년 전부터 덜 도발적이고 덜 공격적인 온갖 잡다한 세력들에 맞추어 자신을 너무나 쉽게 '획일화'했던 터라, 지금 이 순간 교회를 향한 저 졸렬한 요구를……신속하고 확실하게 거부할 만한 능력이 없었다." 그 요구란 교회 자체를, 교회의 메시지를, 교회의 형체를 국가사회주의에 맞게 '획일화' 하라는 요구였다.[102] 바르트는 1919년 탐바흐 강연에서 만난 친구들, 이후에는 『시간과 시간 사이에서』를 통해 새로운 도약을 꿈꾸었던 친구들 가운데 일부, 그리고 자신의 학생들과 청중의 일부가 이런 획일화에 가담하거나 그것을 적어도 가만히 받아들이는 모습을 보면서 깊은 고민과 충격에 빠졌다. 어쩌면 바로 그랬기 때문에 바르트가 다음과 같은 결심을 하게 된 것 같다. "그렇게 많은 사람들이 그저 동의하고 아무도 진지하게 저항하지 않았기 때문에, 나는 좋은 게 좋은 거라며 침묵하고 넘어갈 수 없었다. 나는 위험에 빠진 교회를 향해 꼭 필요한 것을 외치지 않을 수 없었다."[103]

히틀러의 집권 다음 날, 바르트는 알베르트 렘프와 마주 앉아, 지금
이야말로 『시간과 시간 사이에서』의 간행을 중단할 때가 아닌지 고민하
면서 그 문제를 상의했다. "고가르텐이 1920년대에 '권위' 운운하는 말
을 했을 때, 나는 그때 이미 그것을 국가사회주의의 정신적 원흉으로 지
목했다. 게다가 그는 1933년에 이른바 '젊은 종교개혁주의자 운동'에* 가
담했고, 한동안은 '독일그리스도인연맹'이 있는 곳에 모습을 드러내기
도 했다."[104] 바르트는 이제 공식적이고도 명시적으로 고가르텐과 거리를
둠으로써 최소한의 분명한 입장을 보여주어야 한다고 주장했다. 잡지를
폐간하는 문제는 일단 조금 더 지켜보기로 했고, 대신 '발행인' 세 사람의
이름은 빼기로 했다. 이제 바르트는 잡지의 내부 노선과 관련해서는 손
을 떼고, 자기의 글에만 책임을 지게 되었다.

정치적 격변 이후에 "나의 주된 의무는……사회 전반이 들끓고 있는
이런 상황 속에서, 나에게 맡겨진 학생들이 최대한 정상적으로 공부에 매
진할 수 있게 해주는 것이다. 나의 그다음 의무는, 개신교 교회가 외적으
로 변화된 상황 속에서 새로운 정권과 이데올로기의 지배에 굴복하지 않
고 꾸준히 성서의 복음에 복무할 수 있도록 돕는 것이다."[105] 이런 의미에
서 바르트는 '제3제국'이 들어서고 얼마 되지 않은 시기에 '신학의 공리
(公理)로서 제1계명'이라는 주제로 강연했다. 그는 이 강연을 통해, 이러
한 시대에 교회와 신학이 굳게 서 있어야 할 토대가 무엇인지를 명백하게
제시했다. 바르트는 "계시의 개념을, 언제라도 심각한 결과를 불러일으킬
수 있는 접속어 '그리고'를 이용하여, 그 이유야 어떻든 중요한 것으로 간

---

* 1933년 5월 발터 퀴네트와 한스 릴예를 주축으로 일어난 운동. 종교개혁에 대한 신실함과 오늘의 현실에 대한 인
식을 결합하려고 노력했다. 고백 교회 회원들은 이 운동이 처음부터 타협적 입장이었다고 생각했다—영역본 옮긴이.

주되는 여타의 권위(가령 인간의 '실존', '질서', '국가', '민족' 등)와 연결해 보려는 모든 신학적 시도"에는, 하나님 옆에 "다른 우상"을 두는 위험이 도사리고 있다고 보았다. 그래서 바르트는 그리스도교를 향해 이렇게 외쳤다. 이제 우리는 "모든 자연 신학에 작별을 고하고, 마음을 굳게 먹고……오로지 예수 그리스도 안에서 자신을 계시하신 하나님께만 매달려야 한다."[106] 바르트는 이러한 생각을 1933년 3월 10일-첫 번째 덴마크 여행 중-코펜하겐에서, 3월 12일에는 오르후스에서 공표했다. 이것은-바르트의 의견에 따르면-"국가사회주의자들이 직접 국회의사당에 화재를 일으키고, 그 화재를 근거로 야당의 언론과 정치 활동을 억압하기 시작했는데……그 화재 사건이 있고 며칠 뒤에 이루어진 강연이었다."[107]

새로운 권력자들은 야당에 대한 억압을 효율적으로 수행하기 위해 '직업 공무원 제도 재조정을 위한 법률'을 악용하기 시작했고, 그 결과 일부 교수가 해임되거나 전임되었다. 1933년 3월, 사민당은 그 법률 때문에 국가로부터 압박을 받게 된 당원들에게 "사민당 소속을 유지하기 위해 공무원 자격"을 희생시킬 필요는 없다고 공지했다. 조직화된 멤버십에서 물러나 "사회주의에 대한 내적 확신"을 붙잡아야 한다는 취지였다. 바르트는 이 문제에 대해 파울 틸리히와 서신을 교환했다. 틸리히는 개인적으로 사민당의 그 제안을 승인해 주었지만 바르트는 거기에 결정적으로 반대하면서, 하필 이런 시기에 외적인 당원 자격을 고집했다. "나의 이런 모습을 받아들일 마음이 없는 사람이라면 아예 나를 받아들일 수 없다."[108] 프로이센의 문화부 장관 베른하르트 루스트Bernhard Rust에게도 비슷한 말을 했다. 그러면서, 상황이 이러한데 다음 여름학기에도 강의를 할 수 있겠냐고 물었다. 한때 바르트의 『로마서 주석』을 읽었던 루스트 장관은-'소단위 조직 결성'을 시도하지 않는다는 조건하에서-계속 강의는 할 수 있다고 밝혔다. 사민당은 6월에 완전히 금지되고 해체되었다. 그 당시 바르트는 "바로 앞에 학장이 앉아 있는 자리에서……이제 사민당과 나의 관계는 어떻게 되는 것이냐는 질문을 받고 이렇게 대답했다. 이 문제에 관해서는 직접 장관님과 얘기를 끝낸 걸로 알고 있습니다. 아마도 저는 제3제국에서 실제로 최후의 사민당 당원이었던 것 같습니다."[109]

어쨌든 바르트는 1933년 여름학기에도 별다른 방해 없이 일을 할 수 있었다. 베르클리에서 쉬면서 원기를 회복한 바르트는 그 어떤 때보다도 많은 양의 일을 떠맡았다. 일주일에 14시간 강의라니! 지난 겨울학기에 시작한 과목 외에도 (어떤 면에서는 얼마 전에 해임된 칼 루트비히 슈미트를 대신해서) 다시 한 번 요한복음 강의를 열었다. 학생들은 "떼를 지어 몰려왔고, 수업 시간에는 대단히 진지했다." 심지어 "철모단이나* 나치스도 제복을 착용하고" 강의에 들어오기도 했다.[110] 1933년 여름학기, 바르트는 그 학생들을 향해 신학생의 의무에 대해 엄중하게 훈계했다. "바로 지금이야말로 철저하게 진지한 신학적 작업만이 의미 있는 행동일 수 있다."[111] 6월에는 학생들을 위하여 「14개의 뒤셀도르프 명제」를 집중적으로 연구하는 모임을 꾸렸다. 바르트가 적극적으로 가담해서 함께 만든 이 「명제」(6월 4일)는 "교회의 형성에 대한 신학적 선언문"으로서 제3제국의 교회를 향한 (개혁 교회 쪽에서는!) 최초의 권고문 가운데 하나였다. (1528년 베른 논쟁의 첫 번째 명제와 똑같은!) 첫 번째 명제는 이렇다. "그리스도를 유일한 머리로 모시는 거룩한 교회는 하나님의 말씀에서 태어나, 그 말씀 안에 머물며, 낯선 자의 음성은 듣지 않는다."

새로운 정치 상황에 대한 바르트의 공식적 입장 표명 제1호라고 볼

---

* 245쪽 주 참조.

제국 감독 뮐러가 베를린-샬로텐부르크의 구스타프 아돌프 교회에서 기(旗) 봉헌식에 참여한 모습.
칼 바르트는 '독일그리스도인연맹'을 비롯하여 교회가 국가 권력에 편승하는 이러한 상황을 날카롭게 비판하며
「오늘의 신학적 실존」을 썼다.

수 있는 글은, 1933년 6월 24-25일 그가 일필휘지로 써 내려간 「오늘의
신학적 실존」(Theologische Existenz heute)이다. 그 글이 나오기 얼마 전에
는─'나치스'의 권력 과시와는 별개로─이른바 '독일그리스도인연맹 신
앙 운동'이 강력하게 대두하여 선전 활동을 펼치고 있었다. 그들은 4월
3-5일에 집회를 열고, 교회를 나치스의 국가와 획일화할 것을 요구하면
서 "듣도 보도 못한 해군 군목 루트비히 뮐러Ludwig Müller를" 그 집단의 '후
원인'으로 선출했다.[112] 4월 25일, 히틀러는 뮐러 목사에게 교회 관련 문

제에 대한 전권을 부여했다. 그 전에는 갑자기 교회의 지도층 인사들이 모여서 교회법을 새롭게 만든답시고 법석을 떨었는데, 바르트가 보기에는 이것도 상당히 미심쩍은 모임이었다. 카플러Kapler, 마라렌스Marahrens, 헤세로 구성된 '3인 위원회'가 그 일을 주도적으로 추진했다. 새로운 교회법의 필요성은 "우리가 열렬히 사랑하는 조국 독일"의 역사적 변화에서 비롯된 것으로서, 그 정점은 중앙집권적인 '제국 감독'을 요구하는 것이었다. 바르트가 보기에는 "1933년에 나온 감독에 대한 아이디어는 명백히 '국가적 형태'의 모방"이었다. 한 마디로 그것은 '총통의 원리'를 따른 것이었다.[113] 또 이런 일도 있었다. '제국 감독'의 자리에는 (5월 20일자로) 프리드리히 폰 보델슈빙이 청빙받았다. 그런데 갑자기 6월 24일, 주정부 치안판사 아우구스트 예거August Jäger가 프로이센 교회의 국정 위원으로 임명됐다. 보델슈빙은 그 즉시-바로 그날-감독직에서 물러났다.

바르트는 바로 그 순간, 위에서 언급한 투쟁의 서(書)를 쓰기 시작했다. 원본은 훨씬 날카롭고 정치적인 언어로 써 내려갔으나, 약간 온건한 어조로 바꿔 써서 발표하기로 했다. "할 말은 훨씬 더 많았으나, 저 정도 말이라도 할 수 있으려면 약간 '입조심'을 하지 않을 수 없었다."[114] 온건한 버전이라고는 하지만 어지간히 강렬한 외침이었기에 '고백 교회의 첫 번째 나팔 소리'로 울려 퍼지기에는 모자람이 없었다.[115]

바르트는 서두에서 이렇게 선언한다. 지금이야말로 "신학, 오직 신학"을 하는 것이 중요하다. "아무 일도 없었던 것처럼……나는 이것도 하나의 입장 표명이라고 생각한다.……간접적으로는 심지어 정치적인 입장 표명인 것이다!" 바르트는 독일그리스도인연맹의 가르침은 두말할 나위 없는 "거짓된 가르침"이라고 지적했다. 교회는 "인간을 섬기는 것도 아니고 독일 민족을 섬기는 것도 아니기" 때문이다. 교회는 복음을 선포한다. "제3제국 **안에서**" 선포할 수는 있다. 그러나 "제3제국 **아래에서**, 그 제국의 정신 안에서 선포 하는 것은 아니다." 그러므로 교회에 소속됨을 결정하는 것은 "혈연도 아니 고 인종도 아니다." 바르트의 글이 특별히 충격적이었던 것은, 그가 하임이 나 퀴네트나 릴예 등의 주도하에서 중재적 역할을 하던 '젊은 종교개혁주의 자 운동'에 대해서도 "똑같이 날카롭게" 비판을 하며 거리를 두었다는 사실 이다. 그 모임은 한편으로는 교회의 독립성 유지를 추구하면서, 다른 한편 으로는 "새로운 독일 국가에 대한 기쁨의 긍정"을 추구했다. 바르트는 그들 이 독일그리스도인연맹에 대해 "분명하고 철저하게 반대하지 않은 것" 때문 에 그들에게도 날선 비판을 가한다.[116]

"나는 「오늘의 신학적 실존」 제1권에서……어떤 새로운 것을 말하려 했 던 것이 아니다. 그저 내가 언제나 말하고자 했던 것을 말했을 뿐이다. 그것 은 우리가 하나님 외에 다른 신을 섬길 수 없다는 것, 교회를 진리 가운데로 인도하기 위해서는 성서의 성령이면 충분하다는 것, 우리의 죄가 용서되고 우리의 삶에 질서가 부여되는 데는 예수 그리스도의 은총이면 충분하다는 것이다. 단지 내가 이것을 말해야 하는 상황이 갑자기 달라졌을 뿐이다. 그 상황 속에서 나의 말은 더 이상 학문적 이론의 성격을 띨 수 없게 되었다. 내 가 의도한 것도 아닌데 그것은 어떤 외침, 도전, 투쟁 구호, 신앙고백의 성격 을 띠게 되었다. 변화된 것은 내가 아니다. 내가 말을 해야 하는 공간, 그리 고 그 공간 속의 울림이 엄청나게 바뀐 것이다. 나는 이 가르침을 철저하게 반복해 왔다. 그 가르침은 이 새로운 공간 안에서 심화되었고, 자연스럽게 실천과 결단과 행동으로 발전했다."[117]

7월 1일, 바르트는 이 문서 한 부를 아돌프 히틀러에게도 보내면서 이런 말을 덧붙였다. "이것은 독일 개신교 목사들에게 고하는 말이다. 나는 최근의 교회 정치 현실을 보면서 그 목사들에게, 자기 자신의 특별한 자리와 고유한 임무를 심사숙고하라고 권고하려는 것이다."[118] 이 문서의 영향은 실로 엄청난 것이었다. 카이저 출판사는 이 소책자의 보급을 위해 부지런히 뛰어다녔다. 7월 8일에는 벌써 2판을 찍어야 했다. 이 책은 1934년 7월 28일 완전히 압류당할 때까지 적어도 3만7천 권이 인쇄되었다.

"복음의 자유를 위하여"

바르트의 목소리가 멀리 퍼져 나가는 데 결정적인 계기가 된 일이 있었다. 앞서 언급한 '3인 위원회', 그 불행한 모임에 개혁 교회의 대표로 참여한 헤르만 알베르트 헤세(1877-1957) 목사가 바르트의 목소리에 점차 귀를 기울이기 시작한 것이었다. 당시 헤세는 엘버펠트에 위치한 개혁주의 신학교의 책임자로 있었으며, 히틀러 시대가 개막될 때부터 이미 독일 개혁 교회의 대표자로 떠올랐다. 한데 그런 헤세 목사가 조금씩 바르트의 말을 듣기 시작한 것이다. 헤세는 바르트와 중요한 문제를 함께 논의했고 바르트를 "이른바 신학적 코르셋"으로 이용했으며, 결국에는 헤세 자신도 '고백 교회'에서 가장 결연한 투사 가운데 하나가 되었다.[119] 헤세는 기회가 있을 때마다 바르트를 부퍼탈로 불러 꼼꼼하게 조언을 들었는데, 어떤 때는 불시에 연락해서 곧장 약속을 잡기도 했다. 예컨대 「오늘의 신학적 실존」을 집필하고 바로 다음 날의 경우가 그랬다. 바르트는 그곳에서 몇몇 목사들을 만나기도 했다. "나는 말하고, 설득하고, 또 말하고, 젖 먹던 힘까지 다 짜내어 소리를 질러 댔다. 그리고 독일그리스도인연맹에 속한 어떤 사람을 붙잡고서 (그 사람은 오토 베버[Otto Weber], 그야말로 줏대 없는 사람이었지만 상당히 중요한 자리를 차지하고 있었다) 제발 그 사이비 이단에서 나와 교회로 돌아오라고 정중하게 간청하기도 했다."[120] 7월 2일, 헤세는 바르트를 다시 한 번, 이번에는 베를린으로 불렀다. 그 자리는 새로운 '독일 개신교 교회' 헌법의 초안을 마지막으로 검토하는 자리였다. 하지만 바르트는 헤세가 너무나 양보적인 태도를 취한다고 느끼고는 실망해서 중간에 돌아가 버렸다.

교회 대표자들은 7월 11일에 이 헌법을 받아들였고, 사흘 뒤에는 이 것이 제국의 법이 되었다. 7월 20일, 히틀러는 가톨릭 교회와 종교 협약을 맺었다. 7월 23일에는 개신교 교회의 전체 투표가 있었는데, 히틀러의 전폭적인 지원을 받는 독일그리스도인연맹과, 젊은 종교개혁주의자 운동이 밀고 있는 '복음과 교회' 모임이 나란히 후보자 명단을 내놓았다. 바르트는 투표 하루 전날, 본에서 열린 시위에 참가해서 즉석연설을 했다. "복음의 자유를 위한다면, 그 두 명단에 투표할 수 없다." 그도 그럴 것이 "독일그리스도인연맹이 아예 드러내 놓고 큰 목소리로 거침없이 말하는 것을 복음과 교회 모임은 비밀스럽게 나지막한 목소리로, 절제하면서 말할 뿐이다." 두 집단이 대변하는 메시지는 복음의 자유를 해체하고, 따라서 복음 자체를 해체해 버리는 메시지다.[121] 바르트의 연설이 끝나자, 휠셔가 바르트를 부둥켜안고 눈물을 흘렸다. 이런 급박한 상황에서는 자유주의 신학자와 변증법적 신학자가 서로 형제가 될 수 있음을 보여주는 징표였다.

바르트는 그 시위 자리에서—칼 루트비히 슈미트, 에른스트 볼프, 한스 에밀 베버, 구스타프 휠셔, 그리고 법률가 오토 블라이프트로이Otto Bleibtreu, 1904-1959와 함께—임시로 구성한 제3의 명단 '복음의 자유를 위하여'에 투표했다. 적어도 본에서는 이 명단에 표를 던진 사람들의 수가 10퍼센트에 이르렀다. 그리고 바르트는 그 노회의 위원으로 선출되었다. 그러나 독일 전체의 선거 상황은 전혀 달랐다. 이번 선거는 전체 유권자의 4분의 3으로부터 표를 받은 독일그리스도인연맹의 압도적인 승리였다.

이리하여 "1933년 여름, 국가사회주의 정당이 승리하고, 그들의 이데올로기가 압도적인 영향력을 행사하고 있는 상황에서……독일 교회의 가르침과 질서는 이른바 '독일그리스도인연맹'의 통치를 받게 되는 가장 위험한 지경에 봉착했다."[122] 실제로 이후 몇 달은 독일그리스도인연맹의 승리가 분위기를 주도했다. "약간의 소동은 있었지만, 독일 교회 조직의 주요 직책은 고스란히 그 정당의 손에 넘어갔다. 한동안은 어디를 가나 그들의 정신, 그들의 구호, 그들의 표어가 넘쳐 났다."[123] 프로이센 교회 대표단은 9월 6일 '성직자와 교회 직원의 법률관계에 관한 교회법'을 결의했고 거기에는 "불길한 아리안 조항"이 포함되어 있었다.[124] 그 아리안 조항에 따르면, 아리아 혈통이 아닌 사람은 성직에서 일할 수 없다. 아리아 혈통이 아닌 사람과 결혼한 사람도 마찬가지다. 9월 27일, "루트비히 뮐러가 개신교 교회의 수장인 '제국 감독'의 자리에 앉았다."[125] 당시에는 긴 단어를 줄여 부르는 것이 유행이라서 '라이 비'Reibi라고* 부르기도 했다. 그 기간에 베르클리에 있던 바르트는 이러한 상황을 "공식적인 위기 상황"으로 느꼈고, "이러한 교회 지도부에 협력하는 것"은 "갓 침투한 이단 세력을 근본적으로 인정해 주는 것"이라고 여겼다. 따라서 "나는 제국 교회 지도부에서 신설한 신학국 위원직을 맡아 달라는 제안을 거절했으며, 라인 주 교회 본부의 신학 고시 위원회 회원 자

---

* 제국 감독은 독일어로 'Reichs'(제국의)+'bischof'(감독)이다. 두 낱말의 앞부분만 따서 '라이 비'라 한 것이다―옮긴이.

격도 내려놓았다."[126] 이 시기의 바르트는 교회의 실패로 인해 큰 걱정에 휩싸였다. "교회와 신학자 집단은 우리가 아르가우 시절 극도의 분노에 빠졌을 때 상상했던 것보다 전반적으로 훨씬 허약하고, 훨씬 뻔뻔스럽고, 훨씬 모호한 냄새를 풍기는 집단이었다."[127] 그때까지는 가까웠던 친구들도 잠에 취해 있거나, 침묵을 지키고 있거나, 심지어는 잘못된 편에 서 있었다. 그래서 바르트는 이렇게 탄식했다. "어째서 내가 이런 고립감을 느껴야 하는가? 그것도 내가 그렇게도 궁색하게 반대하려는 것이 아니라 정말 기꺼이 한 마음이 되고자 했던 의인들과 함께 있으면서!"[128]

이렇게 탄식은 했지만, 결국 바르트는 그 '의인들'과도 절연했음을, 아니 바로 그들과 절연했음을 가시적으로 드러냈다. 9월 30일, 뮌헨에서 열린 편집회의에서 바르트는 메르츠에게, 더는 『시간과 시간 사이에서』를 펴내는 데 함께할 수 없노라고 선언했다. 10월 18일, 바르트는 신랄한 언어로 그 잡지와의 결별을 공표했는데, 그 이유 가운데는 다음과 같은 것도 있었다. "나는 지난여름……언젠가 「독일 민족성」(Deutsche Volkstum)이라는 글에서 고가르텐이 슈타펠Stapel의 신학을 수용하는 대목을 읽게 되었다. 요컨대 하나님의 법은 독일 민족의 법과 일치한다는 내용이었다. 고가르텐이 이런 식의 고백을 했다는 사실에 비하면……그가 얼마 뒤에 주변 사람들과 더불어 루트비히 뮐러와 요아힘 호센펠더 Joachim Hossenfelder 쪽으로 넘어간 것은……나에게는 상대적으로 부차적인 것이었다. 고가르텐은 그 고백을 통해서 독일그리스도인연맹의 핵심 명제를 받아들인 것이다.……그러나 그 명제에 대한 나의 확실한 거부, 분노의 거부도 철두철미하게 일관성을 지닌 행동이다. 1920년대 초반에 우리가 함께 맞서 싸우려고 했던 것이 있었다. 그것이 지금 독일그리스도인연맹의 교리와 정서와 태도에서 응축된 형태로 나타나 있음을 나는 똑똑히 보고 있다. 독일그리스도인연맹은 신프로테스탄티즘의 나쁜 산물 가운데서도 가장 완전하고 가장 끔찍한 최후의 작품, 그 이상도 그 이하도 아니다.……나는 하나님의 율법에 대한 슈타펠의 글은 복음에 대한 배신이라고 생각한다."[129] 바르트는 이렇게 『시간과 시간 사이에서』와 결별했다. 그리고 공식적으로 고가르텐과 갈라섰다. 동시에 이것은 다른 많은 사람들과의 결별을 의미했다. 투르나이젠은 바르트의 길을 함께 걸어갔으나, 게오르크 메르츠는 바르트를 도무지 이해할 수 없었다.

『시간과 시간 사이에서』의 작업이 빠져서 생긴 공백은 금세 메꿔졌다. 바르트와 투르나이젠이 카이저 출판사에서 10월부터 '비정기적으로 출간되는 문집 시리즈'를 발행하기 시작했던 것이다.[130] 바르트는 6월에 출간된 투쟁의 서가 큰 반향을 일으킨 데 고무되어, 그 시리즈의 제목을 '오늘의 신학적 실존'이라 했다. 이후 출간된 열네 권 가운데 세 권을 제외한 나머지는 모두 바르트의 글이었다. 그 문집은 바르트가 독일의 정치적 상황의 변화를 어떤 생각과 자세로 받아들였는지 잘 보여주는 자료(강연문, 논문, 설교, 명제 등)다. 바르트는 특히 각 권의 서문을 쓸 때마다 '상황'에 대한 입장을 명백하게 드러냈다. 1934년 여름에는 그때까지 출간된 문집이 모두 압류당했다. 그래서 그다음 호부터는 당국의 비위를 많이 건드렸던 비판적인 서문을 포기하게 되었다. 하지만 독자들에게 이렇게 부탁했다. 이 시리즈를 통해 나오는 자신의 글을 읽을 때는 '행과 행 사이에서'(!)* 라는 부제가 달렸다고 생각하면서 읽어 달라고 말이다.

---

* 독일어로 '행과 행 사이에서', 또는 '행과 행 사이를'(Zwischen den Zeilen) 읽는다는 표현은 '행간을 읽는다', 곧 '행간의 뜻을 알아차린다'는 뜻으로 쓰인다. 게다가 얼마 전까지 바르트가 함께 발행하던 잡지의 이름 『시간과 시간 사이에서』(Zwischen den Zeiten)와 철자 하나만 다르지 않은가!─옮긴이.

1936년 10월 10일에는 이 시리즈의 발행도 금지당한다.

다른 한편으로는 1934년 4월부터 카이저 출판사에서 간행된 신학 잡지 『개신교 신학』(Evangelische Theologie)이 『시간과 시간 사이에서』의 자리를 이어받았다. 그래서 처음에는 '『시간과 시간 사이에서』의 뒤를 잇는 월간 잡지'라는 부제를 달고 나왔다. 발행인은 에른스트 볼프였고, 빌헬름 니젤, 파울 셈프, 볼프강 트릴하스가 그 일을 도왔다. 그 잡지에 주로 기고하는 사람들은 바르트의 제자들과 친구들이었고, 이따금 바르트도 직접 글을 실었다.

『시간과 시간 사이에서』와 '이별'하고 나서 채 2주도 지나기 전에, 바르트는 베를린에서 '결단으로서의 종교개혁'(Reformation als Entscheidung)이라는 제목으로 강연했다. "1933년 10월 30일 징-아카데미에서 이루어진……강연회였다."[131] 목사긴급동맹의 모임이 끝난 후, 바르트는 하인리히 포겔Heinrich Vogel과 전철을 타고 가면서 모차르트에 대한 대화에 심취하기도 했다. 바르트의 강연에 대한 광고는 어느 신문에도 나지 않았는데 강연장은 대만원이었다.

그는 종교개혁을 기념하는 맥락에서 뭔가를 말해 달라는 부탁을 받았었다. 그래서 그렇게 했다. 거기에는 이런 신념이 담겨 있었다. "오늘날 루터를 기념하고자 하는 사람은……칼을 잡아야 한다."[132] 바르트는 '결단' 속의 실존이야말로 진정한 종교개혁의 특징이라고 주장했다. 그것은 분명한 양자택일의 결단이며, 교회가 필연적으로 연루되어 있는 결단이다. 교회는 바로 그 결단 속에서 "복음 그리고 민족" 같은 기초가 아니라 "예수 그리스도라는 유일한 기초" 위에 선다. 바르트는 재차 "지금의 교회를 지배하고 있는 움직임"에 대해 비판을 가한다. 그것은 "종교개혁에 역행하는 신프로테스탄티즘의 거대한 반역이 최종적인 형태로 드러난 것이요, 그것의 가장 강력하고 완벽한 형태"라는 것이다. 그는 거기에 맞서 "가차 없이, 그리고 명랑하게" 저항할 것을 촉구했다. "그들의 창을 두들겨라, 그것은 신성한 것이니!"[133] "단 한 마디의 말－저항!" 이 말이 그 당시에는 "어마어마한 반향을 불러일으켰다. 그래서 나는 몇 번인가 말을 잠시 끊었다가 다시 강연을 이어 가야 했다."[134]

바르트는 어느 날엔가 미국의 고위 성직자이자 에큐메니칼 활동가인 찰스 맥팔랜드Charles Macfarland와 만나 대화를 나누었다. 그 만남을 마친 뒤에는 곧장 '총통'을 접견할 예정이었다. 그 자리에서 바르트는 앵글로색슨 교회가 고백 교회를 지지해 주어야 하는데, 그 지지의 유일한 방법은 자연 신학에 맞서 싸우는 고백 교회의 투쟁에 신학적으로 연대하는 것이라고 말했다. 또 이런 말도 했다. 히틀러는 꼬마 루트비히님의 손에 교회를 맡겼는데, "이것은 예컨대 쾨페닉의 대위에게* 제국 군대를 맡기는 것이나 다름없다"고 말이다.[135] 바르트는 나중에 게르하르트 야코비Gerhard Jacobi 목사의 집에서도 이런 말을 거침없이 쏟아 냈는데, 아무래도 그는 그때부터 이미 염탐의 대상이 아니었나 싶다. 그의 이런 언행이 훗날 그의 해임 사유로 지목되었기 때문이다. 바르트가 야코비 목사의 집에서 일부 인사들과 (여기서 바르트는 발터 퀴네트[Walter Künneth]와 격하게 대립했다) 토론한 주제 가운데는, 그럼에도 우리가 독일그리스도인연맹이 판을 치는 교회에 남아 있을 수 있느냐 하는 것도 있었다. 바르트는 －쫓겨나지 않는 한에서는－ 남아 있어야 한다는 의견이었는데, 정확히는 이런 노선이었다. "여기서 함께 일한다는 말의 의미는 저항한다는 것이다." 바르트는 순수하게 교회 정치 차원의 전략을 펴는 것에 대해서는

---

* 89쪽 주 참조.

경고의 목소리를 냈다. "우리는 첫째도 둘째도 셋째도 오직 믿는 인간, 신앙하는 인간이지, 그 외의 어떤 다른 것이 아니다!" 이렇게 토론을 벌이고 있는데 맥팔랜드가 들어와서, 히틀러가 야코비를 접견하고자 한다고 일러주었다. 그러자 야코비가 즉각 내뱉은 말, "나는 바르트를 데려가고 싶습니다."[136] 그러나 그런 일은 일어나지 않았다.

다시 본으로 돌아온 바르트는 11월 6일 어느 목회자 모임에서 독일그리스도인연맹의 「렝스도르프 명제」에 맞서 일곱 개의 「대항 명제」를 발표함으로써 "신설된 주교구 쾰른-아헨의 신학에 반대"했고, "제멋대로 생겨난 세계관"을 하나님 말씀과 연결하려는 행태에 반대했다.[137] 11월 11-12일, 바르트는 교회와 신학의 현재 상황을 근본적으로 논의하기 위하여 리프, 횔셔, 에른스트 볼프와 함께 마르부르크에 가서 불트만을 만났다. 불트만은 하인리히 슐리어Heinrich Schlier, 한스 폰 조덴Hans von Soden과 함께 나왔다. 1934년 5월 초에는 불트만 쪽에서 이와 비슷한 형태로 본을 방문했다. 잠시나마 불트만과 바르트 사이에 다시 한 번 새롭고 깊이 있는 우정의 교류가 이루어졌다. 바르트는 이 마르부르크 친구가 "독일그리스도인연맹에 출입하지 않는 것을 보고는" 꽤나 놀라워했다.[138] 자유주의 신학자인 한스 폰 조덴도 "깜짝 놀랄 만큼 나를 매료시켰다."[139] 어쨌든 앞서 말한 11월의 만남을 통해서 (라이 비' 뮐러에 반대하는) 공동의 성명서까지 만들었다. 그러나 이 성명서는 갑작스레 들이닥친 일련의 사건 때문에 그냥 묻혀 버렸다.

바로 그다음 날(11월 13일)에 독일그리스도인연맹의 구역장이자 교사인 라인홀트 크라우제Reinhold Krause 박사가 베를린 스포츠 광장에 모인 2만여 명의 군중 앞에서 '루터의 민족적 사명'이라는 제목으로 황당무계한 강연을 했다. 크라우제는 "영웅적 예수"를 구약과 대치시키고, 또 한편으로는 신약에 나타난 "유대적인 것"과 대치시켰다. 또한 그의 강연은 "바울에서 칼 바르트에 이르는 변증법적 신학"도 조롱의 대상으로 삼았다.[140] 이 강연은 즉시 독일그리스도인연맹 내부의 이런저런 논쟁과 분열을 불러일으켰다. 이 사건에 대해 바르트의 입장은 이러했다. "우리 모두는……하나님과 천사들 앞에서 부끄러워해야 마땅하다.……우리 안에 깨달음이 얼마나 부족했는지, 크라우제 선생의 저 뻔뻔스러운 영웅심이 아니었으면 이런 분노의 폭풍우가 터져 나오기라도 했겠는가? 그 분노가 진정한 것이었다면 늦어도 지난 6월에는 폭발했어야 옳다."[141] 바르트는 마르부르크에서 본으로 돌아오자마자 야코비의 연락을 받았다. 그리고 "부랴부랴 [베를린에 가서] 그 스포츠 광장 사태로 인해 야기된 새로운 상황에 대해 논의했다."[142] "야코비 주변 사람들의 분위기는 마치 개미굴을 들쑤셔 놓은 것 같았다.……그 한복판에는 보델슈빙과 디벨리우스가 있었다. 안타깝게도 상황이 아주 안 좋았다."[143] 그러나 "내가 보기에 그 모임은 작금의 스포츠 광장 사태라든가 몇몇 사람에 대한 노골적인 면직 사태로 인해 야기된 상황을 교회-정치적으로 이용하려는 열정은 대단했지만, 이런 때일수록 반드시 필요한 근본적인 성찰에 대한 열정은 그다지 느껴지지 않았다. 오늘날 좋은 리더십, 곧 교회의 저항 운동을 이끌어 갈 좋은 리더십에게 기대하는 바에는 못 미치는 것 같았다."[144] 바르트는 이런 식의 태도에는 "구제불능의 위험이 도사리고 있는데, 그것은 최근 교회의 움직임 속에 나타난 갈등, 곧 신프로테스탄티즘과 그 근원인 종교개혁 간의 갈등이 화해를 이루는 것이 아니라 그저 한심스럽게 무효가 되어 버릴 위험이다."[145] 그것은 파산한 독일그리스도인연맹 대신에 "저 씩씩한 사람들의 교회", 그러니까 "호센펠더에 대해서는 혐오의 표현으로 '퉤' 하고 외치면서, 존재의 유비와 관련해서는 해묵은 진창 속으로 아예 더 깊이 들어가 버리는" 사람들의 교회가 들어서게 되는 위험이었다.[146] 그런 의미에서 바르트는 "너무나 다급하게 작성한 비망록"을 베를린의 '목사긴급동맹의 리더들이 모인 자리'에서 펼쳐 읽었다.[147] 물론 "나는 도무지 활약할 기회를 얻지 못했고, 오히려 대대적인 반대에 부딪혔다." 게다가 히틀러(그리고 힌덴부르크)를 만나려던 바르트의 계획도 무산되고 말았다.[148] 바르트는 본회퍼가 그 자리에 없는 것을 무척 안타깝게 생각했다. 적어도 본회퍼는 아주 분명한 관점을 가지고 있었고, 바르트는 그것 때문에 본회퍼를 높이 평가했다. 그런데 본회퍼는 바로 그 기간에 1년 반 동안 런던의 목회지로 물러나 있었던 것이다. 11월 20일, 바르트는 본회퍼에게 편지를 써서, 지금은 "로뎀 나무 아래의 엘리야나 박 넝쿨 아래의 요나 시늉을 할 것"이 아니라 "다음 배를 타고" 돌아와야 할 때라고 했다. 훗날 바르트는 본회퍼가 결국에는 그 충고를—비록 곧장 "다음 배를 타고" 온 것은 아니었지만—따랐으며, 사실상 그것이 본회퍼를 죽음으로 몰아갔다는 생각 때문에 괴로워했다.

그러나 바르트는 바로 그 자리를 계기로 달렘Dahlem의 목사 마르틴 니묄러Martin Niemöller, 1892-1984를 만날 수 있었다. 바르트는 1925년 말에도 뮌스터에서 그를 한 번 만난 적이 있었다. 그러나 그때 베룽의 집에서 만났을 때 니묄러에 대한 인상은 그리 좋지 않았다. "얼마나 프로이센 사람다운가!"[149] 베를린에서 그를 다시 만났지만 그때도 그 사람을 "거의 신뢰할 수 없었다."[150] 하지만 교회투쟁이 계속되는 과정에서 두 사람 사이에 서서히, 그러나 대단히 깊은 차원의 인간적인, 그리고 실질적인 유대관계가 형성되었다. "니묄러는……언제나 '흥분' 상태였다.……그리고 이런 흥분 상태에는 그저 괴상망측한 어떤 단계 이상의 것이 있었다. 그는……지난 몇 년간 독일 사람들이 정말 중요하고 필요하다고—그것이

맞건 틀리건(안타깝게도 대개는 틀렸지만!)—여겼던 모든 것을 거의 다 비껴
갔다.……그는 아주 엄격하고 자제심이 강하고 단호한 사람이지만, 경
우에 따라서는—가령 그가 뭔가를 공격하거나 방어할 때는(그런 일은 아주
자주 있었지만)—다른 사람이 감당하기 어려운 모습을 보여주기도 했다.
그래서 한번은 의장이 (그때는 칼 코흐[Karl Koch]였다) 그를 질책하면서 이
렇게 말했다. '니묄러 형제, 그걸 꼭 그런 식으로 말해야겠소?' 그러면 어
떤 때는 기꺼이 자기의 말을 취소하지만, 그 '니묄러 형제'가 그걸 꼭 그
런 식으로밖에는 말할 수 없다며 버틸 때도 있었다. 그 사람하고 있으면
결코 지루하지는 않았다. 그러나 약간 위험할 때가 많았다. 그의 관심사
는 자기 자신이 아니라 대의명분이었다. 그를 그저 피상적으로만 아는
사람이라 할지라도 그 사실은 확실히 알 수 있었다. 그런데 이렇게 물불
가리지 않는 사람, 신경질적인 사람, 때로는 약간 위압적인 이 사람을 그
대의명분의 담지자로 내세우는 것은 결코 쉬운 일이 아니다." 그런데 바
로 그 남자가 얼마 뒤에는 '독일 개신교 교회'를 상징하는 인물이 된다.
이 교회는 "나름의 방식과 나름의 한계를 가지고 국가사회주의에 저항했
던 교회다.……약간은 덜 알려져 있는, 덜 언급되는 사람들이 있는데, 그
사람들에 대해서도 똑같이 말할 수 있다. 그러나 그들 가운데서 가장 확
연히 도드라진 인물, 어느 정도 상징성을 지닌 인물은……니묄러 한 사
람이었다."[151] 바르트가 보기에, 니묄러는 "늘 흔들리면서도 틀림없이 위
로, 그리고 앞으로 나아가는 방향을 가리켜 보여주는 나침반 바늘" 같은
사람이었다.[152]

그런 와중에 본에서는 엄청나게 바쁜 한 학기가 진작부터 시작되었
다. 바르트는 이번 학기에 『프롤레고메나』의 제2부 앞부분을 강의했다.

바르트는 실제로 "아무 일도 없었던 것처럼" 고대 교회 그리스도론의 복잡
미묘한 문제를 다루면서 '말씀이 육신이 되심'(성육신)에 관한 교리를 간결
하게 풀어 나간다. 이로써 일단 "인간을 위한 하나님의 자유" 대목으로 넘어
간다. 그런데 바르트의 강의 하나하나는 간접적으로나마 확연하게 시사성
을 띤 것이었다. 예컨대 그는 (루터주의가 그렇게도 강조하는) 성육신을 하나
님의 "자유"의 행위로 규정한다. 거꾸로 하나님의 자유는 결단코 전제적인
자유가 아니라 "우리를 위한" 자유로 규정한다. 또한 그는 계시의 현실성에
관해 먼저 말하고, 그런 다음에 비로소 그 "가능성"에 관해 말한다. (그러므
로 이 가능성은 자연적으로 이미 주어진 것이 아니다.) 다른 조항에서는 이렇
게 설명한다. "계시가 역사의 술어인 것이 아니라, 역사가 계시의 술어다."[153]
또한 그는 구약성서와 신약성서가 (하나의 계시와 연결되어 있기 때문에) 떼
려야 뗄 수 없는 관계라는 것을 강조한다.

바르트는 교의학 강의와 나란히 (두 번째로) '산상수훈'을 강의했다. 세
미나 시간에는 '칭의론'을, 콜로키움에서는 보나벤투라와 토마스 아퀴나
스를 다루었다.

12월 10일, 바르트는 다시금 설교를 하게 되었다. 그런데 바로 그 설
교가 큰 파장을 불러일으켰다. 바르트가 그 자리에서 "예수 그리스도는
유대인이었다"고 선언했기 때문이었다. 그 설교는 "유대인 문제를 건드
렸던 것이다. 내가 일부러 그 문제를 건드리려고 했던 것은 아니다. (성서
일과에 따른) 본문을 해석하면서 그 문제를 건드리지 않을 수 없었기 때문
이다."[154] 바르트가 설교를 하는 동안, 몇몇 사람들은 항의의 표시로 교회
밖으로 나갔다. 바르트는 그 자리에 있던 어느 여자 분에게 쓴 편지에서
자신의 생각을 한 번 더 분명하게 밝혔다. "스스로도 유대인이셨던 예수,

이방인과 유대인을 위해 죽으신 예수를 믿는 사람이라면, 지금 우리 시대에 아무렇지도 않게 자행되고 있는 유대인들에 대한 멸시와 학대에는 결코 가담해서는 안 됩니다."[154a] 본에 사는 동안에는 바르트도 가끔 설교단에 올랐다. 슐로스 교회의 대학교 예배 때 주로 설교했다. 그런데 바르트가 딱 하나 싫어했던 것이 있었다. "나는……청소년 때부터 일체의 예배 의식에 대한 거부감을 갖고 있었다.……설교 때문에 독일 교회의 '제단' 앞에 서게 되면 나의 행동이 얼마나 어색한지, 사실 나도 잘 알고 있다. 본에서 살던 때, 한번은 혼자서 아예 마음을 먹고 그 '제단' 앞이 아니라 뒤에 서기도 했다. 하지만 또다시 그러는 건 허용되지 않았다.……전쟁이 끝난 뒤 포펠도르프 교회 문 앞에서, 내 친구 덴은 또 다른 이유 때문에 나한테 아주 가혹한 점수를 주고는 작별을 고했다. 설교는 A 학점, 예전은 F 학점!"[155]

고백 교회

'독일그리스도인연맹'이 교회를 좌지우지하는 상황에 대해서, 개별적 차원의 저항이 아니라 조직적 차원의 저항이 서서히 가시화되기 시작한 것은 1933년 말부터였다. "1933년판 최신 유행 그리스도교에 맞선 투쟁 속에서 제일 먼저 등장한 것은 마르틴 니묄러가 이끄는 이른바 '목사긴급동맹'이었고, 그다음에 좀 더 넓은 기반을 갖추고 일어선 것이 '고백 교회'였다." 그러나 "독일 내에서 고백 교회의 투쟁은 국가사회주의 자체만 겨냥한 것은 아니었다.……그 투쟁은 특정하고 협소한 영역의 질문, 곧 '교회 그 자체는 미래에도 교회로 남을 수 있는가?'라는 질문 속에서 움직였다." 바르트는 금세 이 영역이 너무나 좁다고 생각하게 되었다. 그러나

"나 역시 1934년까지는 정치적 반대 입장을 보류한 상태에서 오로지 이 노선에서만 일해야 한다고 주장했다."[156] 어쨌든 바르트에게는 일단 이 노선 위에서 이루어지는 투쟁이 더 중요한 것이었다. 이런 한계에도 불구하고 '고백 교회'는 진정한 저항의 일면을 보여주었다. "어떻게 그런 운동이 시작됐는지 정확하게 밝혀내는 것은 거의 불가능하다. 독일그리스도인연맹이 모든 곳에서 영향력을 행사하려 드는 과정에서 동원한······ 비이성적이고 물리적인 억압, 그쪽 진영의 이른바 지도급 인사라고 하는 사람들의 정신적·영적 모자람, 그들이 내세우는 대의명분의 이교도적 배경에 대한 불쾌감, 그리고 어쩌면 이제 막 시작된 정치적인 각성, 아니 실망은 인간적으로 볼 때 확실히 중요한 요인이었다. 하지만 거기에는 분명히 뭔가 다른 것이 작용하고 있었다. 1934년 초반에 거의 갑작스럽다 싶게, 개신교 교회 안에 내재된 무엇, 독일에서든 다른 곳에서든 처음 몇 년 동안에는 당연히 그 존재를 의심할 수 없었던 무엇인가가 모습을 드러냈다. 그것은 이 세상의 어떤 권력에도 얽매이지 않는, 오히려 위급한 상황에서 저항할 수 있는 자주적인 인식, 힘, 생명력이었다."[157]

1934년 초의 개혁 교회 대표단 회의는 '고백 교회'의 형성 및 결집과 관련하여 대단히 의미 있는 사건 가운데 하나였다. 신기하게도 그 모임의 대변인 역할을 하는 사람들은-브란덴부르크에 사는 마르틴 알베르츠Martin Albertz를 제외하면-모두 부퍼탈 지역에 살고 있었다. 엘버펠트에는 헤르만 헤세, 빌헬름 니젤, 알프레트 드 쿼르벵이 있었고, 바르멘에는 파울 홈부르크Paul Humburg, 칼 임머Karl Immer, 하르마누스 오벤디크Harmannus Obendiek가 살고 있었다. 앞의 세 사람은 그곳에 있는 신학교의 선생으로 일하고 있었고, 뒤의 세 사람은 게마르케 교회의 목사들이었는데, 교회투쟁의 역사에서 이 게마르케 교회는 아주 중요한 의미가 있는 곳이었다. 특별히 오벤디크는 "나에게 '부퍼탈'을 가장 설득력 있는 모습으로 대변하는 사람"이었다.[158] 그 대표단 회의의 주요 의제는 바르트가 작성한 선언문, 곧 「현재 독일 개신교 교회 내에서 종교개혁 신앙고백의 올바른 이해에 대한 선언」에 대해 논의하는 것이었다. "나는 이 「선언」을⋯⋯1934년 1월 4일, 독일 전체에서 167개의 개신교-개혁주의 교회가 각각 한 명의 목사와 장로를 보내서 구성된 바르멘의 '자유로운 총회' 자리에서 읽고 설명해 달라는 부탁을 받았다. 대표단은 이 선언문을 아무런 수정이나 보완 없이 그대로 받아들이기로 했다. 1월 5일, 바로 그 자리에서 독일 개혁 교회 총회가 열렸다. 총회는 개혁교회연맹의 회원은 '독일그리스도인연맹'에 동시에 가입할 수 없다"고 결의했다. 그 「선언문」의 핵심 명제는 이것이다. 현재의 '본질적 문제'는 "어떻게 우리가 독일그리스도인연맹의 만행에서 (만일 그것이 하나님의 뜻이라면) 벗어날 수 있을까" 하는 것이 아니라 "이미 수백 년 전부터 개신교 교회를 황폐하게 만들고 있는 오류"에 맞서 싸우는 것이다. 그것은 종교개혁 시대에 "교황의 교회나 열광주의가 보여준 오류"와 똑같은 것이다. 요컨대 "하나님의 계시와 나란히⋯⋯인간의 독자성이 교회의 메시지와 형태를⋯⋯결정하게 되는" 오류에 맞서 싸워야 한다.[159] 바르트는 이미 몇 달 전부터 이 명제를 조금씩 다른 언어로 외쳐 왔다. 그런데 새로운 것은, 바르트의 이러한 견해가 "바르멘 회의의 결의를 통해 교회에 어느 정도 효력을 발휘하기 시작했다"는 것이었다. 바르멘에 모인 개혁 교회 대표자들이 그의 주장에 동의했다는 것, 게다가 "곧바로 '현재 독일 개신교'라는 말을 쓰면서 말한 것에 대해서도" 동의가 있었다는 것은 바르트 자신에게 아주 중요한 것이었다. 그의 주장에 따르면, 이 "선언서의 한 마디 한 마디"는 실제로 "엄격한 루터주의자라 할지라도 자기의 신념을 포기하지 않은 채 우리와 함께 선언할 수 있게끔" 작성되었다. 실제로 바르트는 개혁 교회와 루터 교회가 모든 차이에도 불구하고 서로를 재발견하고 "하나의 신앙"을 함께 고백하는 것에 큰 비중을 두었다. 왜냐하면 "지금 교회의 투쟁은 성만찬과 관련된 것이 아니라 제1계명과 관련된 것이며, 이것이야말로 오늘 우리가 '고백'해야 하는 것이기 때문이다. 이와 관련된 곤경이나 과제를 감안할 때, 선조들의 문제는 일단 뒤로 물러나지 않을 수 없다. 다른 말로 하면, 그 문제는 그저 신학 학파의 대립으로서 더는 심각하지 않은, 더는 갈라놓지 않는, 더는 교회를 분열시키지 못하는 것이 되어야 한다."[160]

그 회의가 열리던 날 저녁 "나는 바르멘 게마르케 교회에 모인 수천 명의 청중 앞에서 '하나님의 뜻과 우리의 소망'이라는 제목으로 강연했다. (다른 홀에서도 1천2백 명이 스피커를 통해 그 강연을 들었다.) 그리고 그곳에서 우리가 함께 부른 시편 찬양은 웅장하고 아름다웠다. 그것은 이미 독일 교회를 통한 보편적 저항의 시작이라고 할 만한 것이었다. 그다음 날 저녁 보훔에서도 비슷한 상황이 전개됐고, 그다음 날에는 뤼베크Lübeck의 경우가 그랬다. 보훔과 뤼베크에서는 결국 경찰이 출동해서 문을 봉쇄했다."[161] 바르트는 이 강연에서 "오늘 우리 앞에 또렷한 모습으로 제기된 질문, 그러니까 루터나 칼뱅에게도 이렇게 또렷한 형태로 제기되지 않았던 질문, 그래서 우리가 루터나 칼뱅한테서도 그에 대한 확실한 대답을 찾을 수 없는 질문", 곧 "하나님의 뜻과 우리의 소망이 하나가 될 수 있는……그런 '자연 계시'가 있는가?'라는 질문에 다시금 가차 없이 '아니오'를 외쳤다.[162] 바르트가 보기에, 교회투쟁의 과정에서 전개될 교회적 저항의 모든 가능성은 바로 이 질문에 대한 분명한 '부정'과 관련된다. 그는 뤼베크에서 돌아오는 길에 알토나Altona에 들렀다가 한스 아스무센의 설교를 듣게 되었는데, 그 설교가 바르트에게 깊은 감명을 주었다. "가장 엄중한 태도와 방향성을 지닌 한 마디 한 마디였다."[163] 루터파 아스무센(1898-1968)은 고백 교회의 대열에서 "아마도 가장 탁월한 스승들 가운데 하나"일 것이며 "독창적이고 영감이 넘치는……신학 저술가"다.[164] 바르트와 아스무센은 한동안 아주 가까운 전우였다. 하지만 "안타깝게도 우리가 한 마음 한 뜻이었던 것은 그때뿐이었다."[165]

1934년 초반은 또 다른 이유에서 "신경이 곤두서는 나날"이었다. 바르트가 신학 교수 자리에서 해직될 거라는 소문이 자꾸 나돌았는데, 그 소문을 공공연히 부추겼던 사람은 바로 '라이 비' 뮐러였다. 실제로 본 대학교의 고위 관료들은 그 가능성을 고려하고 있었다. "그들은 대학 교수들, 그리고 나에게도 강의 때마다 이른바 히틀러 인사Hitlergruß로 시작하라는 명령을 내리려고 했고" 바르트는 여기에 완강히 저항했기 때문이다.[166] 바르트는 이미 학기 초에 총장을 찾아가서 말했다. "나는 강의를 매번 기도회로 시작할 것이며, 강의 전체를 하나의 예배로 이해하고 있다. 그러므로 나의 강의에 '독일식 인사'der Deutsche Gruß가 들어설 자리는 없다. 게다가 그런 인사를 하라고 추천하는 말은 있었지만 그에 대한 명령은 없었다." 바르트는 총장과 문화국 장관에게 이 문제와 관련하여 자신의 견해를 서면으로 직접 밝혔다. 설령 그런 명령이 떨어진다고 해도 자신은 그 명령을 따르지 않겠다고 말이다. 그러니 위의 소문이 그냥 하늘에서 뚝 떨어진 것은 아니었다. 그것이 잘못된 경고였다는 사실이 밝혀지긴 했지만, 바르트는 이제 독일에서 자기의 날이 얼마 남지 않았음을 직감했다. 그사이 본 대학교에서는 이미 칼 루트비히 슈미트, 프리츠 리프, 에른스트 폭스가 해임됐다.

1월 22일 밤, 바르트는 예기치 않게 다시 한 번 베를린으로 소집됐

다. 그리고 바로 다음 날, 교회의 지도급 인사들과 신학자들이 모인 자리
에-물론 최고의 불청객으로서-가게 되었다. 히틀러가 양쪽 진영의 교
회 대표자 일곱 명씩을 불러 환영 만찬을 열기로 한 날이 1월 25일이었
는데, 바로 그 만남을 준비하는 모임이었던 것이다. 바르트가 성 미카엘
호텔에서 열린 그 모임에 도착했을 때는, 튀빙겐 신학자 칼 페처Karl Fezer
가 제출한 각서에 막 의견을 모으려던 찰나였다. 바르트는 그 각서를 보
고는 경악을 금치 못했다. 그는 이것을 이단으로 볼 수밖에 없었다. "나
는 [그래서] 1월 23일 칼 페처에게 이렇게 말했다. '우리의 신앙은 다르
다. 우리의 영은 다르다. 우리의 하나님은 다른 하나님이다.'"[167] "이건 그
야말로 폭탄이 터지는 순간이었다. 격렬한 소요가 일어났다. 페처는 얼
굴이 하얗게 질려 실신하기 직전이었다. 어떤 사람들은 지금 그 말이 진
심이냐며 소리를 질렀다. (그 가운데는 고가르텐도 있었다.) 어떤 사람들은
(예컨대 뤼케르트) 그 자리를 뜨려고 했다. 어떤 사람들은 칼 바르트를 밖
으로 내쫓아 버리려고 했고, 또 어떤 사람들은 그리스도교의 사랑 운운
하면서 그 말을 취소하라고 했다. 흥분이 약간 가라앉자……바르트가
다시 말을 이었다. '물론 이것은 나의 진심이다. 이것이 지금 나와 독일
그리스도인연맹 사이의 상황이다. 나는 이것을 9개월 전부터 글로써 밝
혀 왔다.' 마이저Meiser 감독은 신음 소리를 내며 말했다. 개신교 교회의
종말이라고……."[168]

그럼에도 불구하고 바르트는 자신의 말을 철회할 수 없다고 주장했
다. "독일그리스도인연맹이 최고의 대변자를 동원하여 하나님의 말씀을
웬 이방인의 목소리로 덮어 버리는 짓을 지속하는 한, 이 말은 최대한 단
호하고 최대한 공공연하게 공표되어야 한다. 이것은 사람과 관계된 문
제가 아니라 진정한 본질과 관련된 것이다. 독일그리스도인연맹이 내세

우는 주장은 잘못된 것이고, 그것의 뿌리까지도 썩어 있는 상태다. 그들과 관련해서는 오직 양자택일만이 있을 뿐이다. 이것은 그 사람들을 위한 것이 될 수도 있다. 그들이 이 잘못되고 부패한 주장에서 벗어날 수 있도록, 우리는 이 문제 앞에서는 철저하게 냉정하고 냉혹해야 한다. 다른 모든 것은 사랑이 아닐 것이다."[169] 바르트는 히틀러의 만찬을 염두에 두고 그 자리에서 57분 만에 새로운 각서를 작성했다. 그러나 그 각서의 원래 내용은 희석되었으며, 히틀러에 대한 충성 선언으로 인해 완전히 변질되고 말았다. 만찬 당일에 (바르트는 거기에 참석하지 않았다) "이른 바 교회의 지도자들이라는 사람들은, 시시하고 비본질적인 잡담이 아니라 오로지 교회만을 생각해야 했던 그 상황에서 또다시 변절했다. 이것은 감독 체제라는 것이 그야말로 아무것도 아님을 보여주는 전형적인 사례였다. 그들을 수행했던 사람들의 경우, 전에는 약간의 용기가 남아 있었으나 다시금 고분고분하고 복종적인 사람들이 되었다."[170] 바르트가 이번에 베를린에서 만난 사람들 가운데 그나마 이야기가 통했던 극소수의 사람들 중 하나는 쾨니히스베르크의 강사 한스 요아힘 이반트였다. 바르트는 그 와중에, 튀빙겐의 신학자로서 중립적 위치에 있었던 게르하르트 키텔Gerhard Kittel과 장시간 비판적인 대화를 나누었고, 6월과 7월에는 그와 '서신교환'을 통해서 여러 가지 문제, 가령 계시의 이해에 대해, 독일그리스도인연맹이 계시의 두 번째 원천을 들먹이는 것에 대해, "창조"의 신적인 비밀을 "인종, 혈통, 지연, 민족, 국가 등에 대한" 인간적인 "이론"과 혼동하는 것에 대해 의견을 주고받았다.

바르트는 봄방학을 베른에 있는 어머니의 집에서, 그리고 베르클리에서 보냈다. 부활절이 지난 뒤에는 페스탈로치와 함께 일주일간 프랑스를 두루 다니며 여행을 했다. 바르트는 프랑스 음식을 마음껏 즐길 수 있었고, 이따금은 강연을 할 기회도 얻었다. 파리에 가서는 본 대학교에서 쫓겨난 프리츠 리프를 다시 만났다. 그는 파리의 "카페 드라페Café de la Paix에서 온갖 나라에서 건너온 이민자들과 함께" 살면서 "역동적인 시간"을 보내고 있었다.[171] 바르트는 파리의 도미니칸 수도회에서 "프랑스 가톨릭의 학문적 갱신 운동의 대변자들"로 유명한 에티엔 질송Etienne Gilson, 가브리엘 마르셀Gebriel Marcel, 자크 마리탱Jacque Maritain을 만났고, 볼로냐 수르 셴Boulogne sur Seine에 있는 공원에서는 소르본 대학교의 위대한 학자 레비 브륄Levy Bruhl과 레온 브룬쉬비크Léon Brunschvic와 토론했다. 어느 날 저녁에는 그리스도교대학생연합회, 그다음 날 저녁에는 전혀 예기치 않게 에큐메니칼 의회에서 시간을 보냈다. 바르트는 셴 강변의 헌책장수들과 나폴레옹의 기념비, 그리고 슈트라우스 오페레타와 카지노 드 파리Casino de Paris에도 관심을 보였다. 카지노 드 파리에서는 "여성에게 선사된 거의 무제한의 가능성, 그네들의 두 팔, 특히 두 다리를 경우에 따라서 사방으로 버둥거리며, 유혹하며, 암시하며, 유희하며 움직일 수 있는 가능성"을 보고서 경탄했다. 그리고 "나는 다시 한 번 과거의 물음을 떠올렸다. 어째서 교회는 저렇게 노래하고 연기하고 춤을 추는 세속의 자녀들이 하는 것만큼이라도 자신의 본분을 잘 수행할 의지가 없는 걸까?"[172] 피에르 모리Pierre Maury 목사와 빌름 아돌프 피스르트 호프트Willem Adolf Vissert't Hooft는 '안내자'를 자처하고 나서서, 셴 강의 도시를 거니는 바르트와 동행했다. 피스르트 호프트는 1928년에, 프랑스에서는 처음으로 바르트를 소개했다.

바로 그 파리에서, 바르트는 프로테스탄트 신학교의 초청에 따라 4월 10일부터 12일까지 세 번의 칼뱅 세미나, 그리고 "계시-교회-신학" 개념에 대한 세 번의 강의를 프랑스어로 진행했다. 게르티 페스탈로치는 바르트의 프랑스어에 대해 이렇게 품평했다. "훌륭해요! 아무도 그런 프랑스어는 할 수 없을 거예요."[173] 바르트는 "그때 말한 것 가운데 많은 부분이, 혹은 거의 대부분이 그 자리에 있던 사람들로서는 처음 듣는 것" 임을 알고서, 자기가 생각하는 교의학의 핵심 사상을 간명하게 요약해 주었다. 신학에 대한 바르트의 유명한 정의는 세 번째 강의 시간에 나왔다. "모든 학문 가운데 신학은 가장 아름다운 학문으로서, 우리의 머리와 가슴을 가장 풍요롭게 움직이는 학문이며, 인간의 현실에 가장 가깝게 다가오고, 모든 학문이 물어 마지않는 그 진리에 대해 가장 명료한 조망을 선사한다.……그것은 움브리아나 토스카나의 풍경처럼 가장 먼, 그러나 아직은 환히 밝은 전망을 가진 지역이며, 쾰른 대성당이나 밀라노 대성당처럼 정교하고도 기묘한 예술작품이다.……그러나 신학은 모든 학문 가운데 가장 어렵고 위험한 학문으로서, 그것을 공부하는 과정에서 너무나 쉽게 절망에 빠질 수 있으며, 더 나쁜 경우에는 교만으로 끝나게 된다. 제일 나쁜 경우에는 산만해지거나 노쇠해져서 자기 자신의 캐리커처가 될 수도 있다."[174] 바르트는 4월 15일 블랑슈 거리의 루터 교회인 크리스투스 교회에서 '선한 목자'라는 제목으로 설교했다. 요한복음 10장을 본문으로 삼은 이 설교의 제2부는 사흘 후인 4월 18일 저녁 오스나브뤼크의 베르크 교회에서 열린 개혁 교회 총회의 개막 연설의 형태로 발표되었다. 설교 본문을 이런 식으로 나눈 것은, 선한 목자에 대한 말씀이 바로 지금 "독일인이나 프랑스인이나, 루터 교회나 개혁 교회나 차별 없이 모두를 향한" 말씀이라는 것을 가리키는 소박한 암시였다. 바르트는 두 번째 연설에서 성서와 신앙고백을 "근본이 아니라 한갓 장식"으로 만들어 버리는 모든 전략 행위와 정치 행위를 경고했다. 그것은 "삼위일체 하나님의 진리 외에, 우리가 반드시 존중해야 하는 어떤 필수적인 진

리가 또 있기라도 한 것처럼(!)" 착각하는 것이다.[175]

바르멘

바르트는 여름학기를 맞아 교의학 강의를 계속 이어 가면서 세미나 시간에는 "협정 신조Konkordienforme의* 신학"을 다루었고, 콜로키움에서는 아우구스티누스의 『엔키리온』을 읽고 토론했다. 그러나 그 학기에도 새로운 사건사고가 터져 나오기 시작했다. 4월 30일, 바르트는 갑자기 소환되어 몇 시간 동안 취조를 당했다. (특히 지난 10월 맥팔랜드에게 했던 말이 이런 저런 경로를 통해 문화국 장관에게까지 전달된 것이 화근이었다.) 바르트는 그 문제 때문에 한동안 '도시 구금' 형을 받았다. 5월 26일에는 아들 크리스토프가 (비밀 우편 검열로 발각된 어떤 표현 때문에) 황급히 독일을 빠져나가야 했다. 크리스토프는 베른으로 도망쳤다. 형 마르쿠스도 얼마 전 베른 대학교의 신학과에 입학해서 첫 학기를 다니고 있었으며, 누나도 바젤에서 음악과 외국어를 공부하고 있던 터였다. 그러나 바르트는 이런 일에도 겁먹지 않고, 국가의 도발에 맞서 나름의 방식으로 계속 저항해 나갔다.

교회의 저항 운동, 사실 처음에는 아무래도 빈약한 형국이던 그 저항 운동은 시간이 흐르면서ㅡ'고백 교회'의 깃발 아래에서ㅡ더 넓은 기반과 더 분명한 윤곽을 확보하게 되었다. 이 '고백 교회'를 강화하기 위해서 5월 말에 범독일 교회 총회를 소집하자는 결의가 있었다. 이 회의를 위한 신학 명제를 준비하고자, 루터 교회에서는 토마스 브라이트Thomas

---

* 라틴어로는 formula concordiae, 루터 교회의 최종 신앙고백 문서로서, 1577년 선제후 아우구스트 폰 작센(August von Sachsen)의 권유로 만들어졌다ㅡ옮긴이.

Breit와 한스 아스무센, 개혁 교회의 대표로는 칼 바르트가 5월 16일 프랑크푸르트에 있는 '바젤의 뜰'에서 만났다. 그 명제는 아주 기이한 방식으로 탄생했다. 바르트는 그 기이함을 간명한 문구에 담아 표현했다. "루터 교회는 잠을 잤고 개혁 교회는 깨어 있었다."[176] 두 명의 루터주의자가 실제로 "세 시간 동안 낮잠"에 빠져 있을 때 "나는 아주 진한 커피와 브라질 시가 한두 대로 무장하고 6개의 논제로 구성된 본문을 다듬었다."[177] "그 결과, 그날 저녁에는 텍스트가 완성되어 있었다. 나를 자랑하려는 것은 아니지만, 그건 정말 나의 문장이었다."[178] 사람들은 그 텍스트를 신앙고백이 아니라 '신학 선언'Theologische Erklärung이라고 불렀다. "친애하는 루터주의자들이 신앙고백이라는 표현은 원하지 않았다." 그러나 이 본문은 "사실상, 옛날에는 '신앙고백'이라고 불렸던 것으로서, 긍정과 거부의 온갖 기제가 작동하고 있는 텍스트였다. 그 여섯 조항에는 이단 단죄의 문장도 꼬박꼬박 들어가 있었다."[179]

1934년 5월 29일부터 31일까지, 바르멘-게마르케 교회에서는 독일 개신교 교회의 제1차 고백 총회가 열렸다. 베스트팔렌 주의 의장인 칼 코흐가 회의를 인도했고, 독일 전체에서 138명의 대표단이 그 회의에 참여했다. 라인란트, 특히 바르멘에서는 목사 임머, 홈부르크, 슐츠Schulz, 피어링Viering이 왔고, 에센에서는 목사 그래버Graeber, 헬트Held와 법률가 구스타프 하이네만이 대표로 선출되어 왔다. 바르트도 "그 총회에 참석하긴 했으나, 회의 내내 그냥 듣고만 있었다. 어찌나 변방의 인물이었던지, 사람들은……나를 초대하는 걸 거의 잊을 뻔했다."[180] 총회는 교회를 이끌어 갈 12명의 '제국 형제단'을 임명했으며, 총회의 법적인 지위에 대한 선언문과 실천적 사업에 대한 선언문을 통과시켰다. 그러나 총회의 확실한 정점은 「신학 선언」의 채택이었다. 일차적으로는 5월 30일 소집된 위원회 회의에서 그 선언에 관해 밤늦게까지 토론이 벌어졌다. 바로 그때 "세 번째 명제의 첫 번째 문장이 지금처럼 복잡한 형태가 된 것인데, 자세Sasse와 알트하우스는 무슨 일이 있더라도 '성례전'에 대한 언급을 넣고 싶어 했고, 그래서 나도 성령에 관한 언급을 고집하지 않을 수 없었다."[181] 그래서 최종적으로는 이런 문장이 나왔다. 그리스도는 성령을 통하여 말씀과 성례전 속에서 활동하신다! "그때 나는 빌헬름 니젤 옆에 앉아 있었는데······선언문이 낭독되자, 그가 나를 슬쩍 밀면서 이렇게 말했다. 하늘에 있는 칼뱅이 좋아하겠네! 그도 그럴 것이, 지금 저 글은······루터주의자들이 개입을 했는데도, 사실상 아주 전형적인 칼뱅주의 텍스트가 되어 있었다.······사실 나는 원래부터 칼뱅을 이상적인 통합의 신학자라고 이해해 왔다.······그래서 니젤의 말을 들었을 때 기분이 좋았다."[182] 5월 31일, 아스무센의 선언문 해설이 끝나자 총회는 11시 30분 그 선언문을 만장일치로 채택했다. 대표단은 누가 시킨 것도 아닌데 그 자리에서 모두 일어나 찬송을 불렀다. "감사와 찬송을 다 주께 드리어라!"Lob, Ehr und Preis sei Gott* 며칠 후, 바르트는 자신의 강의 시간에 이 「바르멘 선언」을 학생들 앞에서 장엄하게 낭독했다. 6월 9일에는 본에서 열린 어느 강연회에서 이 선언의 의미를 설명했다. 그러나 바르멘 선언으로 발현된 의기투합은 그저 일시적인 것, 부분적인 것이었음이 금세 드러났다. 베르너 엘러트와 파울 알트하우스가 주도한 1934년 6월 11일의 「안스바하의 제안」은 확실한 루터주의·종파주의의 모습을 드러내며 「바르멘 선언」에 맞섰다. 이후로도 이런 반대파는 고백 교회 안에서 "칼 바르트의 신학이 지나치게 많은 비중을 차지하는 것"에 대해 더욱 분명

* 한국찬송가공회 새찬송가 66장 '다 감사드리세'의 3절 가사 첫 부분—옮긴이.

한 거부의 몸짓을 보였다.

어쨌거나 「바르멘 선언」이 채택됐다는 것은 어마어마하게 중요한 사건이었다. 바르트는 이 사건을 어떻게 이해했을까?

"당시 우리가 중요하게 생각한 것은 어떤 확연하고 필연적인 **행위**를 염두에 둔 상태에서 특정한 그리스도교 진리들을 글로써 확정하는 것이었다. 그행위란 독일의 모든 개신교 교회가 '독일그리스도인연맹'의 위협적인 획일화와 과도한 영향력 행사에 대응하여 실천해야 마땅한 저항과 공격을 의미한다. 교회는 자신의 근본 전제를 새롭게 성찰함으로써……굳건해져야 했고……용감하고 확신에 찬 투쟁에 나서야 했다. 더는 넘어질 수 없을 정도로 궁지에 몰린 교회는 확실한 예(긍정)와 아니오(부정)로 '고백'해야 했다. 이 고백이야말로 바르멘 행동의 의미였다." "우리가 바르멘에서 원했던 것은 분산된 (루터주의, 개혁주의, 통합주의, 자유주의, 경건주의) 정신을 한데 **모으는 것**이었다. 통합이나 일치가 아니라 모음이었다. 하나로 모여 한 방을 날리고, 하나로 모여 함께 행진하자는 것이었다. 역사와 전통의 차이를 지워 없애자는 것이 아니다. 이 선언문의 서두에 밝힌 것처럼 '함께 모여, 하나이고 거룩하고 보편적이고 사도적인 교회의 주님 한분에 대한 신앙을 고백'하자는 것이다." 나아가 "이것이야말로 바르멘 선언의 문장이 말하고 있는 것처럼 당시 우리를 하나로 모으는 단 한 가지였다. 그러나 이제 그것은 단한분, 곧 교회의 유일하신 주님, **예수 그리스도**였다. 이것이야말로 우리가, 다시 말해 종교개혁 시대의 신앙고백으로 공부한 우리가 그 고백보다 더 분명하고 정확하게 말해야 하고, 말하고자 하는 핵심이었다. 그 당시 우리가 마주한 질문은 너무나 분명하고 너무나 정확한 것이었다. 지금 이 세상과 교회를 다스리는 것은 **무엇**인가 하는 질문만이 아니라 **누가** 다스리는가 하는 질문이었다. 그렇다면 우리는 누구의 말을 들어야 하는가? 누구를 신뢰하며 복종할 것인가? 바르멘 총회가 바로 이 점, 그러니까 그 선언문에서 정말로 눈에 확 들어오는 지점에서 결연하게 하나의 목소리를 냈다는 것은 신기한 일이기는 하지만, 그 누구도 부정할 수 없는 사실이다."[183]

이렇듯 「바르멘 선언」의 텍스트는 바르트에게 상당히 중요한 것이었다. "이 텍스트는 개신교 교회가 신앙고백적 차원에서 자연 신학의 문제를 비판한 첫 번째 자료였기 때문이다.……그도 그럴 것이, 바르멘 선언은 성서가 우리에게 증언하는 예수 그리스도를 하나님의 한 말씀, 곧 우리가 살거나 죽거나 신뢰하고 복종해야 할 말씀으로 고백하고 있다. 그리고 교회가 바로 이 하나님의 말씀 외에 다른 것을 선포의 원천으로 삼을 수 있다는 가르침은 비난받아 마땅한 거짓 가르침이라는 사실을 명백히 밝히고 있다. 또한 (선언문의 마지막 문장에 나오는 것처럼) 이런 오류를 배격하고, 그 진리를 인정하는 것이 '독일 개신교 교회의 필수불가결한 신학적 토대'라고 선언하고 있다. 이로써 저 불쌍한 '독일그리스도인연맹'을 훌쩍 뛰어넘는, 지금 당장 독일 교회 전체의 상태를 훌쩍 뛰어넘는 하나의 발견에 도달한 것이다. 우리가 이 발견을 진지하게 고려한다면, 그 발견은 교회의 정화를 동반할 것이다. 지금 한창 논의되고 있는 **새로운** 자연 신학으로부터 정화될 뿐 아니라, **모든** 자연 신학으로부터 정화되는 것이다.……바르멘에서 이 선언문을 해설한 한스 아스무센이 아주 간략한 말로 정리한 것처럼, 우리는 '2백 년 전부터 교회를 서서히 황폐하게 만든 그 현상에 맞서' 저항했던 것이다."[184] 훗날 바르트가 딱 하나 '잘못' 했다고 느낀 것이 있었다. 그것은 선언문을 작성하면서 유대인에 관한 문제를 "아주 중요한 문제로 부각시키지" 못한 것이었다. "만일 내가 그

것까지 해냈더라면, 1934년의 정신적 수준을 감안할 때 '고백 교회'조차
도……그 선언문을 수용할 수는 없었을 것이다. 그러나 그렇다고 내가
그 당시에……어떤 형태로든 이 문제를 위해 싸우지 않았던 것에 대한
변명이 될 수는 없다."[185]

"아니다!"

여름방학을 맞은 바르트는 「바르멘 선언」의 채택과 함께 단행된 결단으
로부터 급진적인 결론을 도출해 냈다. 그는 (9월과 10월에 걸쳐) "확실한 논
쟁서"Streitschrift를 집필하는데, 제목은 간단명료한 「아니다!」(Nein)였다.[186]
이는 한때 자신의 친구였던 에밀 브룬너를 겨냥한 것이었다.

브룬너는 얼마 전 「자연과 은총」(Natur und Gnade)이라는 글에서 다음과
같은 명제를 내세웠다. "우리 세대 신학의 과제는 올바른 자연 신학으로 되
돌아가는 길을 찾아내는 것"이라고 말이다. 여기에 대해 바르트는 "분노의"
'아니다!'로 응답한다. 바르트의 주장에 따르면, 브룬너의 명제는 "현재 교
회를 위협하고 있는 잘못된 사상의 동향에 결정적인 지점에서 동조하고 있
다." 바르트는 자기가 이제는 "히르쉬보다도 브룬너에게 더 날카롭게" 말하
지 않을 수 없다고 생각했다. "그것은 그가 나에게 더 가까운 사람이기 때문
이며, 내가 그를……성서에 더 가까운 사람으로 여기기 때문이고……따라
서 지금 이 순간에는 그의 주장이 히르쉬의 주장보다 훨씬 위험해 보이기 때
문이다." 브룬너의 주장에 따르면, 선포는 인간에게서 어떤 '접촉점'을 찾아
야 하며 그런 접촉점을 전제할 수 있다. 브룬너의 이런 주장에 대한 바르트
의 철저한 반대는 유명한데, 이는 그만큼 악명 높은 것이기도 하다. 바르트

가 보기에 그런 식의 주장은 자연 신학을 향해 문이란 문은 다 열어 놓는 꼴이다. 아니다! "아버지와 아들에게서 나온 성령, 그러므로 하나님으로 계시되고 믿어지는 성령은 자기 스스로 만드신 접촉점 외에 다른 접촉점은 전혀 필요치 않은 분이다."[187]

바르트는 그 글의 일부를 "5시와 6시 사이의 새벽 미명 속에서", 그것도 아주 특별한 장소에서 집필했다. "로마의 핀치오 언덕에서 창문을 여니" 저 멀리에서 "영락없이 성 베드로 성당이" 손짓하는 그런 곳이었다. 그 전망이 바르트에게 결정적인 통찰을 주었다. 한 마디로 지금 브룬너의 문제는 '존재의 유비'라는 "로마"의 위협이었다.[188] 이렇듯 이번 여름 '휴가' 때는 일도 많았고, 온갖 사건들이 몰아닥치는 시간이기도 했지만, 바르트는 여유를 내어 동생 페터, 아들 마르쿠스, 또 에른스트 볼프와 함께 이탈리아 여행을 떠났다. 물론 여행을 하면서도 짬짬이 일을 했는데, 그 글을 쓰는 것도 하나의 일이었다. 하지만 그 외에는 모든 걱정과 근심을 다 내려놓고, 여전히 그에게 남아 있는 쾌활함으로 인생을 즐겼다. 그는 트레비 분수를 바라보면서 "환상적인 포도주"를 마셨고[189] "고대의 작품들이 내게 말을 거는 것을 느꼈는데……이것은 전에는 전혀 느끼지 못하던 것이었다."[190]

에밀 브룬너와의 단절이 잘 보여주듯이, 가까웠던 친구들이 하필이면 이렇게 중요한 결단의 시기에 바르트를 떠나 버렸다. 그것도 한두 명이 아니었다. 그래서 바르트는 이렇게 탄식하기도 했다. "내 필생의 작업에 어느 정도 모으는 힘이 부족하다. 내 작업은 어떤 폭발력이라든지, 아니면 어쨌거나 원심력을 지니고 있는 것 같다." 하지만 그는 "바로 그 시기에 새로운 친구들, 그 가운데 일부는 아주 좋은 친구들을 만날 수 있었다."[191] 독일의 교회 지도자들 가운데서는 그런 친구를 찾을 수 없었다. 바르트는 그런 사람들과 대개는 거리를 두고 지냈다. 특히 부름 Wurm 감독이나 마이저 감독 같은 사람은 "교회투쟁 전체의 정체 요인"이라고 생각했다. "하노버의 감독 마라렌스는 아예 말할 필요조차 없다!"[192] 그나마 칼 코흐 의장은 인간적인 면에서는 "이상하게도 나와 잘 통하는 사람"이었다. 그 사람하고는 "이따금……미하엘(베를린의 호텔)에서 멀지 않은 이탈리아 식당에서 백포도주를 마시기도 했고, 한번은 슈타인헤거를* 마시기도 했다."[193] 그러나 바르트가 교회투쟁을 통해 만나게 된 좋은 길벗들, 그러니까 근본적인 문제에 집중하는 과정에서 연결된 친구들은 주로 "목사들"이었다. 그중에서도 가장 가까웠던 사람들에게, 바르트는 1935년에 출간된 자신의 책『크레도』(Credo)를 헌정하면서 이렇게 썼다. "서 있었고, 서 있으며, 서 있을 사람들 모두를 기념하며!" 그 목사들은 한스 아스무센, 헤르만 헤세, (바르트가 자신의 상담자라고 불렀던) 칼 임머, 마르틴 니묄러, 하인리히 포겔이었다. 포겔은 당시 마르크Mark 지방 도브리코프Dobbrikow의 목사였는데, 바르트는 "루터 교회의 괴짜 새"Sonderfall Lutheraner Vögelchen** 포겔 목사를 특별히 좋아했다. "그것은 나와 그 친구가 서로를 악의 없이 놀리면서 놀 수 있었기 때문이다."[194] 물론 진짜 이유는 그가 선명한 시야를 가진 투사였기 때문인데, "잔뜩 흥분해서 잔뜩 인상을 찌푸리고 언제나 그 자리에 있는 사람, 양팔을 마치 풍차처럼 돌리면서 '고백, 고백!'을 외치고, 실제로 자기만의 고백을 보여주는" 사람이

---

*   독일의 빌레펠트와 할레 사이에 있는 슈타인하겐(Steinhagen)에서만 생산되는 진(gin)으로, 독특한 제니퍼베리 향으로 유명하다—옮긴이.

**   독일어로 'Vogel'은 '새'라는 뜻인데, 어떤 사람을 가리켜 가볍게 쓰는 말로 '이상한 사람, 기이한 사람'을 뜻한다. 'Sonderfall'은 그대로 영어로 풀면 'special case'이므로, 루터교 목사 포겔의 이름을 가지고 그의 독특함을 재밌게 표현한 말놀이다—옮긴이.

었기 때문이다.[195] 포겔은 그 시기에 태어난 자기 아들에게 보란 듯이 "칼 마르틴 하인리히"라는 이름을 지어 주었고, 그 이름에 연루된 '칼'과 '마르틴'을 그 아이의 대부로 임명했다.

그 시기의 바르트는 또한 두 명의 비독일인 '목사'를 대단히 존중하면서, 그들을 자신의 신실한 길벗으로 여겼다. 한 사람은 프랑스 사람으로 제네바 근처 페르네 볼테르Ferney-Voltaire에서 목사로 일하던 피에르 모리(1890-1956)였고, 다른 한 사람은 당시 세계학생기독교연맹의 총무였던 피스르트 호프트(1900-1985)였다. 바르트는 1932년 4월 "때마침 휴가를 보내던 어머니의 집에서" 두 사람을 처음 만나게 되었다.[196] 바르트는 그 두 사람이 "독일어나 프랑스어로 마음껏 이야기를 나눌 수 있는 유쾌한 사람들"이라는 것을 이미 그때부터 알아보았다.[197] 그는 특히 모리에게 매료되었다. "그에게는 상당히 깊고도 객관적인 신학적 지식에 대한 욕구가 있었고, 그와 동시에 인간적이고 '개인적인' 것에 대한 탁월한 감각이 있었는데, 그는 이 두 가지를 연결할 줄 아는 사람이었다. 그리고 그 재능이―좁은 의미에서든 넓은 의미에서든―공동체 안에서 복음을 설교하는 데 도움이 되도록 끊임없는 노력을 기울였다." 바르트는 이것이야말로 그의 "위대한 카리스마"라고 생각했다. "나는 그 친구와 나눈 모든 대화를……아주 또렷하게 기억하고 있다. 그것은 그가 말을 할 때, 자기가 아는 것과 모르는 것의 차이를 애매하게 은폐하려고 한 적이 없었기 때문이다. 자기가 무슨 일이 있어도 알려고 하는 것과 여러 가지 이유에서 알고 싶지 않은 것의 차이도 분명했다! 훗날 내가 그를 다시 만날 때면, 일이 너무 많아서 피곤하고 이런저런 고민이 많았는데도 나에게 심드렁한 모습이나 풀죽은 모습을 보인 적이 한 번도 없었으니, 그 친구를 생각하면 기분이 좋을 수밖에 없다. 나는 그를 만날 때마다, 우리가 서로

에게 제기하는 질문에 대한 그의 열정적인 (긍정적이면서도 비판적인) 관심
을 확인할 수 있었다. 그는 정말 이야기하는 법을 아는 사람이었다. 경청
하고 반론하는 것이 무엇인지 아는 사람이었다. (꼭 필요한 순간에는) 침묵
할 줄 아는 사람, 그만 하면 충분하다고 (다음에 봅시다!) 말할 줄 아는 사람
이었다."[198]

모리와 피스르트. 호프트도 1934년 여름에 베르클리에 있던 바르트
를 찾아와 오랫동안 이야기를 나누었다. 특히 모리는 그때부터 이곳을
자주 찾아왔다. 베르클리는 이 시기에 그저 바르트가 좋아하는 휴양지
에 그쳤던 것이 아니라, 그와 많은 친구들을 위한 만남의 장소이기도 했
다. 무섭게 팽창한 폭풍우 한복판의 오아시스이자, 꼭 필요한 전투를 위
해 무기를 제작하는 비밀 공간이기도 했다. 단골손님으로는 에른스트
볼프, 신실한 오스나브뤼크 사람 리하르트 카르벨, 오스나브뤼크에서 교
편을 잡았던 에리카 퀴퍼스("우리는 그녀를 '길 위에서 고백하는 에리카'라고*
불렀다"[199])가 있었는데, 퀴퍼스 부인은 과거에 자기가 가르쳤던 여학생들
과 함께 바르트의 강의를 들으며 신학 공부를 시작했다. 또 머리로나 가
슴으로나 적극적인 관심을 보였던 게르트루트 슈테벤, 그리고 귄터 덴도
단골이었다. 바르트는 덴의 "현명하고도 희망으로 가득한 미소, 그 둘이
결합되어 나로서는 도저히 거부할 수 없는 설득력을 지닌 그 웃음"을 특
히 좋아했다.[200] 롤로의 뮌헨 친구로서 "독특한 멜랑콜리의 소유자" 헤르
타 리스트Herta List도 있었다.[201] 물론 게오르크 메르츠도 있었다. 하지만
그는 "몇몇 다른 친구들처럼, 자기의 (이 경우에는 바이에른-프랑켄-루터 교회

---

* 이 별명은 에리카 퀴퍼스가 『길 위의 고백 교회』(Bekennende Gemeinde auf dem Wege)라는 잡지의 편집자였
던 것을 암시한다—영역본 옮긴이.

라는) 근원으로 확실하게 돌아가 버렸기 때문에, 인간적으로는 그 사람과 여전히 가까웠지만 나의 중요한 관심사와 관련해서는 더는 같은 길을 갈 수 없었다."[202] 그래도 메르츠의 현란한 이야기는—어린이 의자에 앉아 들을 때가 최고였다—재밌게 듣곤 했다. 그 시기 베르클리에 사람들이 모여 있으면 염려와 기쁨이 뒤섞인 독특한 분위기가 강하게 느껴졌다.

"비좁은 방에는 기다란 탁자가 있었는데, 모두가 거기서 식사를 했다.……침대는 야외에도 있었고, 꼭대기까지 꽉 들어찬 작은 방 안에도 있었다. 사람들은 독서도 하고, 축음기에서 흘러나오는 최고의 콘서트도 듣고, 산책도 하고, 진지한 대화도 나누면서" 어울렸다.[203] 단골손님 말고도 옛날부터 알고 지내는 사람, 새로 알게 된 사람, 친구, 학생, 그냥 관심 있는 사람 등 각양각색의 손님들이 그곳을 찾아왔다. 평상시의 바르트는 일을 하면서 대부분의 시간을 보냈다. 그의 펜 끝에서 막 흘러나온 논문이며 강연문 등은 곧장 거기 와 있는 사람들도 읽어 볼 수 있게 해주었다. 하지만 밤이 되면 "하나로 어우러져서 어린애 같은 놀이를 하곤 했다. 예를 들면, 두 사람이 한 팀이 되어 어떤 역사적인 인물이나 문학 속의 인물을 연기하는 것인데, 그러면 어떤 분장을 쓸 것인지 어떤 대사를 할 것인지 함께 고민을 했다. 그러면 나머지 사람들은 그 두 사람이 누구를 연기하고 있는지 알아맞히는 것이었다." 예컨대 바르트는 한번은 '노발리스', 또 한번은 '보델슈빙'을 연기했다. "또 '시를 짓고' 놀았는데, 누군가가 임의로 운(韻)을 제안하면, 모두가 그에 맞춰 시를 지었다."[204]

그 와중에 나온 바르트의 시 한 편이 있으니, 각 연의 마지막 단어가 미리 "제시된" 상태에서 지은 시였다.

고백건대 나는 이 생(生)을 기꺼이 사노라

허나 이건 결실이 아니요 어린 싹에 불과함도 아노라

완성과 지속, 그건 여기서는 영원히 멀어라

외로운 말 하나 남으니, 거기 맞는 운도 없어라

허나 틀려도 아주 틀린 것은

가까이서 메아리치는 먼 곳의 소리를 듣지 못하는 이,

모든 것이 허무한 지금 이곳에서 부요하게 있는 법을 모르는 이,

결실도 없고 보상도 없으되 기꺼이 이 생을 살지 않는 이로다.*

그렇다, 그곳에서는 "기꺼이" 삶을 **살았다!** "깊은 평화의 빛을 환히 비춰 주는 자연 환경이 흔흔한 배경이 되어 주는 그곳에서, 너무나 다양한 사람들이 모인 공동체였지만 진리 추구의 여정에서 하나됨을 느꼈다.……그들은 어떤 인식을 형성하는 데 대화와 사상의 교환이 얼마나 중요한지 알고 있었다."[204a]

1934년 여름, 바르트는 다시 한 번 친구 모리와 피스르트 호프트를 만났는데, 이번에 만난 곳은 완전히 다른 곳, 라 샤테뉴레La Châtaigneraie에서 열린 세계대학생대회의 자리였다. 바르트는 (8월 7일) 이곳에서 '증인으로서의 그리스도인'(Der Christ als Zeuge)이라는 제목으로 강연했다. 그는 "제네바 호수, 쥐라 산맥, 사보이의 산들, 그리고 착한 사람과 악한 사람 모두에게 비추는 태양을……배경"으로 강의하게 된 것을 기뻐했다. 그리고 그에게 폭풍처럼 세차게 쏟아지는 참가자들의 질문에 대응하려고 노력했다. 그는 자기가 "거침없이 흘러가는 강물 속에서, 물살을 거슬

* 독일어로 지은 이 시의 각 연 마지막 단어는 1연 'gern'(기꺼이), 2연 'Keim'(어린 싹), 3연 'fern'(먼), 4연 'Reim'(운), 5연 'sehr'(아주), 6연 'Ton'(소리), 7연 'leer'(허무한), 8연 'Lohn'(보상)이다. 1-3연, 2-4연, 5-7연, 6-8연이 운을 맞추었다—옮긴이.

러 헤엄치는 사람 같다"는 생각이 들었다.

바르트는 이 강연에서 자신이 아주 중요하게 여기는 '증인'Zeuge이라는 개념에 대해 설명한다. 인간이 하나님의 증인이 되는 데는 두 가지 길이 있다. 하나는 "하나님께서 우리에게 그분 자신의 증거Zeugnis를 주셨음을 감사하면서" 그분의 증인이 되는 것이고, 다른 하나는 "하나님께서 우리에게 그분 자신의 증거를 다시 주실 것을 희망하면서" 증인이 되는 것이다. 바르트는 이 말이 무엇을 의미하는지를 설명하기 위해, 조금 전 어느 일본인이 한 말을 예로 든다. 그 사람은 "내적인 삶을 위해서는 칼 바르트를, 외적인 삶을 위해서는 칼 마르크스를" 존경한다고 말했던 것이다. 바르트는 이렇게 설명한다. "결국 중요한 것은, 두 사람의 '칼'을 뒤에 남겨 두고" 모든 인간적인 지혜에서 벗어나 하나님의 지혜를 추구하는 것이다.[205]

바르트는 거기서 다룬 주제를 약간 바꾸어 9월 11일과 12일에는 보마르퀴Vaumarcus에서 프랑스어로, 그다음에는 프라텔른에서 (친구 루카스 크리스트의 구역에서) 독일어로 목사직에 관해 강연했다. 여기서 바르트는 목사직을 "하나님의 말씀을 섬기는 것"으로 이해했다. (이것은 하나님께서 먼저 결정적인 섬김을 우리에게 베푸셨기 때문에 가능한 것이다!)

그런 다음 바르트는 독일로 돌아왔다. 「아니다!」 집필도 막 끝낸 상태였다. 10월 14일에는 뒤셀도르프에서 열리는 평신도 대회에 참여했다. 3만 명의 인파가 몰려들자, 경찰은 집회를 금지시켰다. 사람들은 다함께 주님이 가르쳐 주신 기도를 드리고는 질서정연하게 여러 교회로 흩어졌다. "나는 그날 밤……여기저기서 설교단 위로 올라가야 했다. 그런데 나중에는 밤새도록 그 준비도 안 된 작품을 생각하면서 마음이 불편했다." 바로 그날 밤에 바르트는 외인하우젠Oeynhausen에 가서, 이틀 동안 제2차 고백 총회 준비하는 일을 도왔다. 여기서 그는 제국 형제단에 여러 신학과의 대표자를 받아들이자고 제안했으며, 그 총회 기간에 채택될 '메시지'를 작성하는 데 도움을 주었다. 그 메시지의 마지막 문장은 특별히 바르트가 직접 작성했다. 대단히 힘든 협상의 과정도 있었다. "여기서는 두려움, 교만에 맞서 싸우고, 어떤 때는 목회적인 것의 과잉이라든가 그 밖의 수다스러움에 맞서 싸우고, 또 어떤 때는 정치나 성직자 중심주의가 지나치게 강조되는 경향을 항상 경계해야 했다. 불상사는 막아내고, 정말 뭔가를 말하고 실천할 수 있도록 깨어 있어야 했다." 그 과정에서 바르트는 칼 코흐 의장이 "그 시기에 확실히 뭔가를 배우고 나더니, 함께 일을 하면 일이 잘 되는 남자"라는 것을 알게 되었다.[206]

제2차 고백 총회는 10월 19-20일 베를린-달렘에 있는 니묄러의 교회에서 열렸다. 바르트는 거기서 약간 뒤로 물러나 있었다. 하지만 바이에른 주와 뷔르템베르크 주의 대표단이 고백의 문구를 흐릿하게 만들려고 하는 것처럼 보였을 때, 한 번 발언권을 얻어 "전선을 약화"하는 일체의 시도에 반대하는 목소리를 냈다. 결과적으로는 총회가 잘 진행됐고 그 결과도 좋아서 바르트 자신도 깜짝 놀랐다. "달렘 총회의 결의는 교회법의 측면에서" 고백 교회의 지위를 "규명했다. 그러나 이 규명은 바르멘의 교의학적 규명에 의존한 것이었고, 바로 그랬기 때문에 관철될 수 있었다."[207] 제국 형제단은 '독일개신교교회협의회'의 지도부로 규정되었고, 위원 수는 22명으로 확대되었다. 위원회에 속한 사람으로는 코흐 위원장 외에 최고 위원 브라이트, 목사로는 아스무센과 니묄러, 법률가 피들러Fiedler가 있었고 신학 교수 칼 바르트도 함께했다.

고백 교회의 마지막?

바르트는 마르부르크를 거쳐 본으로 돌아왔다. 그러나 10월 말에 다시 베를린에 올라가 제국 형제단에 참석했는데, 이것은 "달렘 총회의 결의를 실행하는 데 필요한 방침을 만들기 위한 자리였다." 바르트는 11월 1일 쾰른의 구역 총회에서 발언을 했고, 3일에는 본의 베토벤 홀에서 열린 고백 교회의 모임에 법률가 빌헬름 플로르Wilhelm Flor와 함께 왔다. (그곳에서 '어제, 오늘, 내일의 교회'라는 주제로 강연도 했다.) 그가 본 대학교에서 강의와 세미나를 시작하자마자, 고백 교회 내부에서 일종의 혼선이 빚어졌다. 그래서 바르트는 11월 8일과 20일 또다시 베를린에 가게 되었다. 무슨 일이 있었는가? "고백 교회 위원회와 형제단이 가만히 하던 일을 해나가지 못하고, 자꾸만 모호한 가능성을 놓고 끝없는 조언을 구하고 있었다. (이것은 이런저런 국가기관의 뒷계단을 통해 전달된 온갖 뜬소문 때문이었다.) 요컨대 우리가 국가의 인정을 받아 라이 비를 내쫓아 버리고, 불법 기관에서 합법적 '정당성'을 갖춘 기관으로 변모할 수 있다는 소문이었다. 그래서 지금 우리의 모습이 국가로서 '감당할 만한' 모습인가 하는 문제가 크게 대두되었다. 끔찍이도 끈질긴 일단의 사람들이 (특히 마이저, 부름, 마라렌스 감독 주변의 사람들) 그렇지 않다는 대답을 내놓았다." 그들은 국가에 좀 더 순응적인 태도를 취하게 되면 더 많은 '독일 국민'에게 더 가까이 다가설 수 있게 되고, 그래서 '국민 교회'를 구해 낼 수 있을 것이라 소망했다. 바로 그래서 그들은 바르트 주변의 사람들이—이들의 신학적, 종파적, 정치적 견해 때문에—없어졌으면 했고 "혹은 그다지 위험하지 않은 한구석에 몰아넣었으면" 했다. 마라렌스는 그런 바람을 아예 직설적으로 표현했다. "여러분도 같은 의견이겠지만, 현재 독일 개신교 교회의 가장 큰 위험은 칼 바르트입니다."[208] 헤센 주의 대표였던 폰 조덴마저도 이런 방향으로 선회하자, 바르트는 그에게 이렇게 말했다. "한번 생각해 보십시오. 프로이센 혼자서 하노버, 헤센, 뷔르템베르크, 바이에른과 싸우면 어떻게 될까요? 뭐 떠오르는 거 없습니까? 1866년에도 꼭 이런 형국 아니었나요? 그 당시 헤센의 선제후도 눈먼 장님이었지요. 아닙니까?" 그러나 프로이센도 쓰러지고 말았으니, 코흐 의장, 칼 뤼킹Karl Lücking, 요아힘 베크만 같은 "뛰어난 남자들"도 새로운 노선에 동의했던 것이다. 그러나 바르트가 보기에 그 노선의 실체는 순수하게 믿는 대신 국가의 마음에 들고자 하는 것이었다.[209]

11월 20-21일 밤, 사람들이 진정한 '고백 교회'의 종말이라고 부르는 회의가 열렸다. 이제 제국 형제단은 "남부 독일의 감독들과 사악한 보델슈빙의 압력에 밀려……총회의 결의에도 불구하고 무력화되어 버렸고……그 자리를 임시 교회지도부Vorläufige Kirchenleitung, VKL가 차지해 버렸다. 이 새로운 모임이 달렘 총회의 결의를 대하는 태도는 마치 철거 공사를 맡은 회사가 건물을 대하는 태도 같았다."[210] "새로 총회도 열지 않은 상태에서, 한밤중에 성 미하엘 호텔에 모여 한바탕 소란을 벌이면서…… 내린 결정으로 달렘은 무효화되었고, 바르멘은 '온전한' '손댈 수 없는' 종잇조각으로 전락했다."[211] 바르트는 이렇게 주장했다. 고백 교회는 바로 그때 "줏대를 꺾은 것"이며, 그때부터는 "바르멘과 달렘 사이를 달릴 때처럼 기쁘게 전진할 수 없게 됐다."[212] "고백 교회는 올바른 통찰(바르멘)과 결의(달렘)까지는 치고 나갔으나, 그에 상응하는 실천을 하려는 지점에서 점점 거센 방해를 받았고, 결국에는 결정적인 방해에 부딪히고 말았다."[213] 바르트가 보기에 이 변화의 책임은 이른바 온전한 교회의 지도자들에게 있었다. "감독과 고위 성직자 중심의 리더십에 내재된 권위주의-정통주의 본능 및 성향, 정치적으로는 독일-국가주의의 정서가……
하나로 결합해서, 개신교의 저항 운동이 힘차게 전개되는 것을 가로막은
가장 심각한 방해물이 되었다." 오히려 "진지하고 결연하게 싸우는 사람
들을 자꾸만 곤경에 빠뜨리고, 궁지에 몰아넣은" 장본인들도 바로 교회
의 지도자들, 그리고 그들과 비슷한 태도를 가진 사람들이었다.[214]

　11월 22일에는 마라렌스 감독이 VKL의 대표로 선출되기까지 했다.
그는 "국가사회주의 시대를 맞이서……국가사회주의의 세계관은 모든
개신교 그리스도인에게도 구속력이 있다고……공식적으로 선언한 바
있는" 사람이었다.[215] 그러자 바르트는 즉시 제국 형제단에서 탈퇴했다.
많은 사람들이 (특히 브란덴부르크 주의 고백 교회 목사들 2백 명이) 그 결정을
재고해 달라고 부탁했지만, 바르트는 자기의 결정을 고집했다. 헤세, 임
머, 니묄러도 바르트의 뒤를 따라 그 위원회에서 나왔다. 고백 교회의 이
상은 이제 어두워진 것 같았다. 그러나 바르트는 같은 날인 11월 22일
자 편지에서 니묄러에게 이렇게 썼다. "우리는 우리의 이상을 성공에 두
지 않고 하나님께 두었다." 이틀 후에는 브레멘의 어느 교회에서 설교하
면서 이렇게 말했다. "예수의 제자들은 오직 예수에게만 의무가 있는, 그
래서 다른 어떤 사람에게도 의무가 없는 사람들이다. 완전히 매여 있는,
바로 그렇기 때문에 그 매임 속에서 자유로운 사람들이다."[216] 11월 28일
저녁에도 또 한 편의 설교(렘 17:5 "무릇 사람을 믿으며 육신으로 그의 힘을 삼고
마음이 여호와에게서 떠난 그 사람은 저주를 받을 것이라"는 말씀에 대한 설교)를
했다. 바로 그다음 날은 개혁교회연맹의 총회가 열리는 날이었다. 그 자
리에서 개혁교회연맹은 분명하고 일치된 목소리로 고백 교회 노선의 고
수를 확정했다.

본 대학교 교직 활동 마감

그 시기에 바르트는 또 하나의 중요한 결정을 내리게 되었다. 11월 7일, 바르트는 정해진 양식에 따라 '총통'에게 충성 서약을 하라는 요구를 거절했다. 힌덴부르크가 사망하자(8월 2일) 히틀러는 수상직과 대통령직을 통합하고 자기가 그 자리를 차지했다(8월 19일). 그리고 모든 공직 관리들에게 충성 서약을 요구했다. 바르트는 베르클리에서 그 소식을 접했다. "스위스에서 이 강요된 서약에 대한 이야기를 처음 들은 순간부터 아주 분명하게 느꼈던 것이 있다. 그것은 머잖아 나에게도 그 서약이 요구될 터인데, 그러면 나는 가능한 한 구체적이고 실질적으로 고백의 상황에 처하게 될 것이라는 사실이었다." 그렇다고 해서 "내가 관리로서 서약 자체를 거부했던 것은 아니다. 오히려 그 서약에 한 가지를 추가하게 해 달라고 제안했다. 그 추가 구문만 들어있으면 서약을 할 수 있다는 것이었다. 내가 제안한 추가 구문은" 이런 형태였다. "그것(총통에 대한 충성)이 내가 개신교 그리스도인으로서 책임지고 할 수 있는 일이라면", 나는 오직 그런 한에서만 총통에게 충성을 다할 수 있다. "대학의 총장이었던 나우만 교수를 통해 그 서약 이행을 위한 소환장이 전달되었을 때, 나는 즉시……그에게 나의 제안서를 설명했고……그것을 장관님께 전달해 달라고 부탁했다."[217]

이로써 "나의 시간이 찾아왔다. 내가 갑자기 정직 조치를 당한 것이다"(11월 26일). 정직 조치의 근거는 "그의 행동이 직업에 요구되는 존중과 존경과 신뢰의 직책을 감당할 만한 자격을 갖추지 못한 것으로 드러났기" 때문이라고 했다.[218] 바르트는 "내가 정직당하기 바로 전날, 우리가 콘비크트슈트라세 강의실에서 찬송을 함께 부르던 장면을 잊을 수 없다.

영원히 풍성하신 하나님

우리의 삶 속에

언제나 기쁨의 마음과

고귀한 평화를 베풀기 원하시며

그분의 은총 속에서

우리를 계속 붙잡아 주시고

여기나 저기나 모든 곤경에서

우리를 구원해 주시려네."[219]*

다음 날 학생들은 바르트의 강의를 들으러 나왔지만 강의실은 이미 폐쇄되어 있었다. 샤를로테 폰 키르쉬바움이 학생들에게 그 강의가 강제 종결되었다는 소식을 전했다. 12월 7일, 총장은 학생들 앞에서 바르트의 후임으로 독일그리스도인연맹의 회원인 슈미트-야핑 교수를 소개했다. 그런데 그 자리에서 한 학생이 일어나 선언문을 낭독했으니, 용감하게도 이 선언문을 작성한 사람은 신학생 마르틴 에라스, 지크프리트 하예크Siegfried Hajek, 하인리히 크비슈토르프Heinrich Quistorp이었고 다른 2백 명 학우들도 그 선언문에 서명했다. "우리는 칼 바르트 교수의 강의를 다른 사람이 맡아서 계속하는 것에……반대할 수밖에 없다."[220] 그러나 학생들의 이런 시위는 거의 영향력을 발휘하지 못했다. 11월 27일자 정직에 대한 바르트 자신의 항변도 지방 법원에서 전혀 먹혀들지 않았다. 12월 20일, 쾰른에 있는 국가징계위원회는 바르트의 해직 명령을 내렸다.

---

* 한국찬송가공회 새찬송가 66장 '다 감사드리세' 2절에 해당함. "사랑의 하나님 언제나 함께 계셔 기쁨과 평화의 복 내려 주옵소서. 몸과 맘 병들 때 은혜로 지키사 이 세상 악에서 구하여 주소서"—옮긴이.

그 과정에서 바르트는 법정에 출두해야 했다. 그날 아침, 바르트에게 문득 짧은 시구가 떠올랐다. "칼은 악당 아니건만/법정 앞에 서야 했네."* "나는 피고인이었고……어떤 검사가 나를 질책하기 시작했다. 내가 당시 독일에서는 해서는 안 되는 일을 했으며, 반대로 해야 하는 일을 안 했다는 것이었다. 내 앞에는 세 명의 판사가 앉아서 심각하고 미심적은 얼굴로 나를 쳐다보았다. 젊고 유능한 변호사 한 사람이 내 옆에 앉아서, 이 모든 상황이 그렇게 나쁜 건 아니라는 것을 증명하려고 상당히 애썼다. 하지만 어차피 닥쳐올 일이 닥쳐왔다. 나는 유죄 판결을 받았고, 형을 선고받았다."[221] 바르트의 변호사는 귄터 덴의 사촌 오토 블라이프트로이였다. 그는 라인 주 고백 교회의 변호사·법률 고문이었고, 사민당의 당원이었다는 이유로 사법부에서 해직된 사람이었다. 바르트를 고소한 검사는 부지불식간에 국가사회주의의 의도를 노출함으로써 바르트에게 "즐거움"을 주었다. 그 검사의 말에 따르면 이 서약은 "사실상 무제한의 내용"을 담고 있으며, 하나님 앞에서 무엇이 옳은 것인지를 스스로 점검할 수 있는 권한을 누구에게도 허락하지 않는다. "그런 점검은 오히려 심각한 오류다. 총통은 하나님의 계명에 반대되는 것은 그 자체로 요구하지 않는다." 바르트에게도 자신을 변호할 기회가 주어졌다. "그때 나는 플라톤의 책 한 권을 얼른 꺼내서……소크라테스의 변명에 나오는 한 대목을 사람들에게 읽어 주었다. '아테네 사람들이여, 나는 여러분을 진심으로 좋아하는 여러분의 친구요. 그러나 나는 여러분보다는 신에게 복종하려 하오……나는 내가 국가를 위해 수행하는 이 직무보다 더

---

* 1연의 마지막 단어는 'Bösewicht'(악당, 악한)이고 2연의 마지막 단어는 'Gericht'(법정)로 각운을 맞추었다—옮긴이.

큰 선(善)이 국가에게 일어난 적은 아직 없다고 믿고 있소.……아테네 사람들이여, 그러므로 지금 내가 나를 변호하는 것은, 어떤 사람이 생각하는 것처럼 그저 나 자신을 위한 것이 결코 아니오. 오히려 여러분을 위한 것이니, 여러분이 나에게 유죄 선고를 함으로써 신께서 여러분에게 주신 선물을 거역하는 죄를 범하지 않게 하려는 것이오.' 국가가 교회를 인정한다는 것은, 국가에게 정해진 한계선을 긍정한다는 것이며, 이는 국가 자신을 위하는 길이다. 그러면 신학 교수는 이 한계선의 경계를 맡은 파수꾼이며, 그것도 국가에 의해 임명된 파수꾼이다. 특히 최근 횡행하는 국가 이론이, 그리고 검사 선생께서 선포하신 국가 이론이 그 한계선을 침범할 때는 더더욱 그 임무를 다해야 한다. 이 서약 문제든, 강의 때 히틀러 인사를 하는 문제든 나는 내가 오로지 국가로부터 위임받아 반드시 해야 할 일을 했을 뿐이다. 재판관들께서는 먼저 국가의 이익을 유념하시고서, 과연 저런 식의 전체주의가 아무렇지도 않은지 선언하셔야 할 것이다.……만일 그럴 것이 아니라면……저들이 히틀러를 육신이 된 하나님처럼 만들었고 [이로써] 제1계명을 철저히 어겼다는 사실을 분명히 아셔야 할 것이다."[222]

퀼른의 소송에서 서약의 문제는 차라리 지엽적인 문제였으니, 그것은 이 문제와 관련하여 몇 가지 변화가 일어났기 때문이다. 사실 바르트의 이런 행동은 몇몇 친구들한테서조차 일단의 비판 대상이 되었다. 불트만의 경우도 그랬다. 불트만은 바르트에게 서약 이행의 조건 "교정"을 요청했다.[223] 그런데 VKL이 프리드리히 호르스트와 한스 에밀 베버의 발의를 받아들여 12월 7일자로―개혁교회연맹도 이와 비슷한 의미에서 12월 14일자로―선포하기를, 그리스도인에게 서약이란 "하나님을 언급함으로써……성서가 증언하는 하나님의 계명과 충돌할 수도 있는 행동"

을 배제하는 것이라 했다.[224] 바르트는 그 즉시 (12월 18일) 본 대학교 총장과 문화부 장관에게, 이로써 "내가 서약 이행의 조건으로 제시한 추가 문장은……불필요한 것이 되었다"고 말할 수 있게 되었다.[225] 그래서 쾰른의 법정도 그 서약 문제에 대한 바르트의 태도 "하나만으로는 그를 해직하는 데……더는 충분한 요인이 될 수 없다"는 사실을 인식했다.[226] 그래서 다른 주장을 들이댔다. "내가 그런 유보조항을 생각했다는 자체가 이미……국가사회주의를 따르는 국가와 나의 관계가 좋지 않음을 증명하는 것이며, 그러므로 나는 향후 독일 청소년의 교사로 일할 만한 사람이 아님을 증명한다는 것이었다."[227] 바로 그 이유 때문에 바르트는 해직이라는 처벌을 받게 되었다. 바로 그날 저녁, 스물다섯 명의 학생이 바르트의 집 앞에 몰려와서 찬송가 '내 영혼아 주님을 찬양하라!'를* 합창하는 바람에 바르트가 깜짝 놀라기도 했다.

이 결정으로 인해 독일 내에서 바르트의 학문 활동은 끝이 났다. 그러나 그는 본에 조금 더 머물렀다. 1935년 2월 4일, 바르트는 쾰른 법정의 선고에 대한 자신의 상고 신청을 지원해 달라고 베를린에 있는 교회 지도부에 부탁했다. 그는 고백 교회의 지도부가 명백하게 "나의 문제를……그들의 문제로 받아들인다"면 계속해서 그들과 함께 일하겠다고 말했다. 그러나 현실은 바르트의 기대와는 달랐다. "사실 내가 이런 재판을 받게 된 것은 그 당시의 V[K]L과 BR(형제단) 때문이었는데도, 내가 그들에게 형식적 차원의 지원을 요청했을 때 두 위원회는 나를 거들떠보지 않았던지라, 혼자서 끝장을 보는 수밖에 없었다."[228] 제국 형제단이 바르

*　15세기의 멜로디에 맞춰 16세기 초 요한 그라만(Johann Gramann)이 시편 103편을 토대로 작사한 독일 찬송—옮긴이.

트의 요청에 응하지 않자, 바르트는 2월 12일 외인하우젠에서 열린 위원
회 모임에 불참했다. 2월 24일, 이제 자기는 형제단의 손님일 뿐 더 이상
은 명시적으로 함께 일하지 않을 생각이라고 코흐 의장에게 선언했다.
3월 14일, 바르트는 혼자 힘으로—블라이프트로이가 작성해 준 신청 사
유서를 들고서—베를린에 있는 프로이센 상급 행정 재판소에 상소심을
신청했다.

그가 강의를 다시 시작할 수 있느냐 하는 문제는 당분간 결정이 유보
된 상태였다. 그래서 그는 다른 영역에서 더욱 적극적으로 활동했다. 설
교도 여러 번 하게 되었다. 12월 1일, 바르트는 자기 강의를 듣던 학생
들 앞에서 'VKL'의 문제에 대해 설명을 해주었고, 바로 그 12월에 네 번
에 걸친 성서 강좌를 열어 누가복음 1장을 주석했다. 12월 16일에는 라
인 주의 젊은 종교개혁주의자 대회에 참석했다. 17일에는 바르멘-게마
르케에 모인 대규모 청중 앞에서 설교했다. 21일에는 윌젠Uelsen에 가서,
동프리즈란트 교회 당국과 그곳 고백 교회 사이의 갈등을 풀기 위해 장
시간의 협상에 참여하기도 했다. 1935년 1월 초, 바르트는 '자기' 학생들
과 카이저스베르트Kaiserswerth에서 실천신학 수련회를 열었다. 그는 이 자
리에서 '교회 공동체에 알맞은 설교'에 대한 견해를 피력했다. 그런 뒤에
는 몇 주간 스위스에 머물렀다. 그린델발트에서는 옛 친구 마르틴 닐의
집을 찾았고, 베른에서는 어머니의 집, 취리히에 가서는 페스탈로치의
집에 있었다. 2월 3일에는 바르멘-게마르케에서 열린 라인-베스트팔렌
교구의 날 행사에 참가하여 '그 말씀 아래서'(Unter dem Wort)라는 제목
으로 (예수께서 폭풍을 잠잠케 하신 기적에 대해!) 설교했다. 2월 11일에는 묀
헨글라트바흐Mönchen-Gladbach에서 '고백연합Bekenntnisunion의 가능성'에 대
해 강연했다. 그 가능성은 교회투쟁을 통해 다시금 시사성을 띠게 되었

으나, 고백 교회가 계속해서 종파주의로 기울어짐에 따라 자꾸만 반대에 부딪히고 있었던 것이다. 바로 전날, 바르트는 고데스베르크^{Godesberg}에 서 열린 고백 교회 대학생 수련회 자리를 통해 자신의 본 대학교 학생들 과 정식으로 이별의 시간을 마련했다. 거기서 바르트는 시편 119:67과 야고보서 4:6을 주석하면서 이런 말을 덧붙였다. "지금까지 우리는 그야 말로 생생하게, 진지하게 공부해 왔습니다. 나는 이런 나날이 계속될 거 라고 생각했고, 마지막에는 이곳 라인 지역에 묻힐 생각까지 했습니다. 나는 벌써 자리를 뜬 동료 교수들, 곧 자리를 뜨게 될 동료 교수들과 함 께 미래를 계획하고 있었습니다. 그러나 보라! 봄날 밤에 서리가 내렸도 다!'……이제 끝이 왔군요.……이제 나의 마지막 충고를 들으십시오. 주 석, 주석, 다시 한 번 주석!……여러분, 우리에게 주신 성서의 말씀을 꼭 붙드십시오."²²⁹

3월 1일, 바르트는—본의 기차역에서!—일체의 강연 금지 명령을** 받 았다. 그 바람에 바르트의 활동 영역은 더욱 제한되었다. 3월 26일, 바르 트는 거기에 개의치 않고 지겐^{Siegen}의 니콜라이 교회에서 열린 제2차 자 유 개혁 교회 총회 개회식에서 (신종 이데올로기에 직면하여 특별한 의미를 지 니게 된 형상 금지 계명에 대한) 설교했다. 그러나 이것은 바르트가 독일에서 공적으로 자기의 목소리를 낼 수 있었던 마지막 순간이었다. 바야흐로 바르트의 활동은 사적인 대화나 토론으로 제한되었다. 그래서 그는 주 로 고백 교회의 지도자들을 만났지만 그 외의 다른 사람들, 예컨대 요제

---

* '봄날 밤에 서리가 내렸도다'(Es fiel ein Reif in der Frühlingsnacht)는 라인 강 유역의 민요로, 폰 추칼마글 리오(Anton Florentin von Zuccalmaglio)의 시라는 설도 있다. 하인리히 하이네(Heinrich Heine, 1797-1856)가 자신의 시집 「비극」에 소개해서 유명해졌는데, 거기서 하이네는 "이것은 내가 라인 강가에서 들은 진정한 민요다"라 고 밝혔다—옮긴이.

** 게슈타포에 의해. 구두로—영역본 옮긴이.

프 로마드카Josef Hromádka, 1889-1969도 만날 수 있었다. 추가로 논문 한 편이 발표되었다. 바르트는 이 논문 「에르빈 라이스너에게 답하다」에서 다시 한 번 자연 신학의 문제와 씨름하면서 부정적 "접촉점"(예컨대 인간적 절망 에서 접촉점을 찾는 것)까지도 거부했다.

그런데 바르트가 발언의 자유를 빼앗긴 바로 그 시기에 다른 곳에서 ―그것도 굉장한 존경을 받으면서― 자기 목소리를 낼 수 있는 기회가 찾 아왔다. 바르트는 네덜란드의 우트레흐트 대학교에서 2월 8일부터 16번 에 걸친 강의를 할 수 있게 되었다. 강의의 주제는 '교의학의 주요 문제: 사도신경을 중심으로'였다. 그는 매주 금요일 그곳에 갈 때마다 두 번 강 의를 하고, 강의가 끝나자마자 독일로 돌아왔다. 그는 이 강의를 하면서 자기가 "싸우는 교회ecclesia militans의 상황"에 선 채, "유유자적하며 신학을 할 수 있는" 상황에 있는 사람들에게 강의하고 있다는 인상을 강하게 받 았다. 하지만 바르트는 "싸우는 교회의 상황이 저 위대한 시기의 상황, 곧 교회의 도그마(교리)가 생겨나던 시기의 상황과 훨씬 더 유사하다는 사실"을 알아냈다.

바르트는 이 강의를 통해 나온 책에 『크레도』라는* 제목을 붙였다. 여기서 바르트가 이해하는 신앙이란 "인간에게 문제가 되는 하나님의 실재를 인정 하는 행위"다. 그런 의미에서 "결단"이다. 다시 말해, "그 실재에 반대하는 것을 극복함"이다. 하지만 그런 의미에서 "고백"이기도 하다. 더 구체적으 로 말하면, 교회의 고백이다. 바르트는 다음의 주장을 여러 차례 반복한다. "그리스도교 신앙은 하나님을, 오로지 하나님을 그 신앙의 대상으로 삼는다

---

* 신앙고백. 직역하면 '나는 믿는다'는 뜻—저자.

는 사실······바로 그 사실과 더불어 서기도 하고 넘어지기도 한다." 그런데
하나님은 "절대적으로 그리고 전적으로 계시 속에 나타난 하나님이다." 바
르트는 여기서 직설적으로 말한다. 현대 "신학과 교회의 엄청난 재난"은 "세
단어, 곧 필리움 에유스 유니쿰"*Filium ejus unicum*을* 모르는 것에서 시작된다.
만일 우리가 그 세 단어를 이해한다면, 우리는 '창조주'를 그 자체로 이해하
려고 하지 않을 것이다. 오히려 "예수 그리스도를 인식하는 것"이 "창조주
신앙의 원천"도 될 것이며, 그러면 인간을 인식할 때에도 "어떤 '보이는 조
항'Sehartikel만 따지는 것이 아니라 '신앙의 조항'Glaubensartikel도 함께 생각해
봐야 할 것이다."[230]

바르트는 4월 5-6일에 걸쳐 '질의와 응답' 시간을 가짐으로써 강의
를 마무리했다. 그는 이 강의를 통해서 하를렘의 목사인 코르넬리스 헤
이코 미스코트Kornelis Heiko Miskotte를 다시 만나게 되었는데, 두 사람은
1928년부터 서로 알고 지내던 사이였다. 바르트는 그가 대단히 심오한
비평가라는 사실을 알게 되었다.

5월 말, 바르트는 앞으로 어떤 삶을 살게 될지 막막한 상태에서 스위
스로 돌아갔다. 새로운 활동의 가능성을 찾는 일이 점점 절박해졌다. 지
난 3월 7일에도 잠깐 스위스에 들른 적이 있었다. 큰딸 프란치스카와 바
젤의 사업가 막스 첼베거Max Zellweger의 결혼식이 있었기 때문이다. 막
스 첼버거는 일찍부터 비단 사업을 하던 집안의 아들로서, 나중에는 바
젤 화학 회사 부사장의 자리까지 오른다. 바르트는 그때 잠깐 여유를 내
서, 혹시 바젤 대학교 교수 자리를 얻을 수 있는지 알아보기도 했다. 피

---

* (나는 예수 그리스도) "그의 유일한 아들을" (믿는다)—저자.

스르트 호프트도 바르트가 제네바 대학교의 초빙을 받을 수 있게끔 하려고 열심히 노력했다. 그런데 정작 바르트는 여러 가지 어려움에도 불구하고 가능하다면 독일에 남고 싶어 했다. 꼭 대학교가 아니라 다른 곳에서라도 가르치는 일을 계속할 수만 있다면 괜찮다고 생각했다. 그런데다가 제4차 라인 주 고백 교회 총회는 4월 말 "칼 바르트 교수가 자기 일을……계속할 수 있도록 서둘러 신경을 쓰기로" 엄숙히 결의했다.[231] 그러나 결과적으로 바르트는 "구속력이 있는 최종적인 부름의 형태로" 제안된 초빙을 받지 못했고, 그것 때문에 많이 속상해했다.[232] 그렇다. 바르트는 이제 고백 교회 대열에 서있는 사람들 가운데서도 일부는 자기를 탐탁지 않게 생각하고, 자기에게 반대한다는 것을 느끼게 되었다. 그리고 그런 반감과 반대의 원인은 부분적으로는 자신의 신학, 부분적으로 자신의 정치적 처신, 부분적으로 자신의 인격임을 알게 되었다. 마이저 감독은 아예 노골적으로, 바르트가 참가하지도 않고 바르트를 초대하지도 않는 조건하에서 제3차 고백 교회 총회를 6월 초 아우크스부르크에서 개최하겠다고 선언했다. 그래서 바르트는 그 총회에 참석하지 않았다. 그렇게 총회는 시작되었으며, 바르트는 그곳에서 시작된 새로운 "아우크스부르크의 종교 평화Augusburger Religionsfrieden에* 대해 도저히 기뻐할 수 없었다."[233] 그는 이런 고백 교회의 모습을 신랄하게 비판했다. "고백 교회는 불의로 고통당하는 수많은 사람들에게 마음을 쓰지 않는다. 공적인 신뢰와 관련된 가장 단순한 질문에도 할 말을 찾지 못한다. 어쩌

---

* '아우크스부르크 (종교) 평화 협정' 혹은 '아우크스부르크 화의(和議)'라고도 불린다. 1555년 아우크스부르크에서 열린 제국 의회는 각 군주가 종교를 선택할 수 있는 권리를 인정함으로써, 독일 내에서 가톨릭만이 아니라 루터교도 존속할 수 있는 법률적 기초를 마련하였다. 이로써 개신교(루터파)와 로마 가톨릭 간의 신앙적인 갈등을 잠시 해결할 수 있었다. 그러나 개신교와 가톨릭 외에 다른 종파들, 예컨대 칼뱅주의는 제외되었다―옮긴이.

다 말을 하더라도, 그저 자기 문제와 관련해서만 말한다."[234] 그래서 바르트는 이런 결론을 내렸다. 만일 고백 교회의 길이 "바르멘에서 달렘을 거쳐, 정말 아우크스부르크로 가는 길이라면······나는 이러한 교회의 영역에서 결코 유쾌하지 않은 나의 역할이······이제 끝난 거라고 봐도 된다. 아니, 그렇게 볼 수밖에 없다."[235]

5월 21일 베르클리에 도착한 바르트는 그때부터 그곳에서 자신의 불확실한 상황이 정리되기를 기다렸다. 그리고 강연 '오늘의 복음'(Das Evangelium in der Gegenwart)을 준비하는 데 온통 시간을 썼다. 바르트는 아우크스부르크에서 총회가 열리는 동안에 한 번은 베른에서, 또 한 번은 바젤에서 그 주제로 강연했다. 그 강연을 통해 바르트는 교회투쟁의 급진적 결론을 이끌어 냈다. "지금까지 알려진 형태의 교회는 끝났다." 이 세상이 자기에게 "존재의 이유, 곧 주택 불가침권을 허가해 주기를" 바라는 교회를 말하는 것이었다. 이것이 교회에 의미하는 것은 무엇인가? 그것은 "교회가 가난해져야 한다는 것", 그리고 그 교회가 "자기의 고백, 자기의 인식이라는 전혀 새로운 자유를 향해 부름받았다는 것"을 의미하는 것이다.[236]

6월 14일, 베를린에서는 오랫동안 시간을 끌던 상소심 소송이 드디어 결론에 도달했다. 그 결과는 전혀 예상하지 못하던 것이었다. 베를린 재판소는 쾰른의 판결을 철회하고 바르트에게는―'독일식 인사'의 거부, 그리고 1933년 10월 야코비의 집에서 한 발언만을 문제 삼아―벌금형(연봉의 5분의 1)을 선고했다. 그러나 이 선고로 인한 기쁨은 잠깐이었다. 6월 22일, 루스트 장관은 예의 그 악명 높은 법률 규정, 곧 직업 공무원 제도 재조정을 위한 법률 제6항에 근거하여 바르트를 해직시켰다. 그런데 바르트는 그 일이 있자마자 바젤 대학교의 초빙을 받았다. "내가

독일에서 해직당한 것은 토요일이었다. 그런데 그다음 월요일에 바젤
시 위원회가 나를 정교수로 임명했다. 그러니까 나는 일요일 하루만 실
직자였던 셈이다. 이와 관련하여 내가 확실하게 강조하고 싶은 것이 있
다.……그것은 내가 바젤 대학교 교수가 되는 데 기여한 두 사람이 주 정
부 임원 하우저Hauser와 스위스 의회 의원 탈만Thalmann이었는데, 두 사람
모두 공공연한 무신론자였다는 사실이다.……스위스를 다스리는 것은
'하나님의 섭리와 인간의 혼란'Dei providentia et hominum confusione Helvetia regitur
이라더니, 실제로 그런 일이 일어난 것이다."237 바르트의 초빙 조건은 그
가 스위스 국방의 의무를 수용하는 것이었다. 바르트로서는 현재의 상황
을 감안할 때 오히려 기꺼이 받아들일 만한 의무 조건이었다. 여태껏 바르
트가 맡고 있던 본 대학교의 교수직은 얼마 후에 없어졌다. 어찌 보면, 베
를린샬로텐부르크 공과대학의 교수직으로 전환되었다고 할 수도 있다.238

    이렇게 해서 바르트의 독일 시절은 완전히 끝났다. 비교적 짧은 시
간 동안 전무후무한 전성기를 구가했던 본 대학교의 개신교 신학부, 교
회투쟁의 과정 속에서 저항의 아성으로 우뚝 솟아 있던 바로 그 신학부
도 이제 완전히 무너졌다. 바르트가 떠나면서 그의 조교였던 헬무트 골
비처도 떠나야 했다. 골비처는 고백 교회의 설교자가 되었고, 나중에는
달렘에서 니뮐러의 후임이 되었다. 같은 시기 에른스트 볼프도 할레 대
학교로 좌천되었고, 프리드리히 호르스트는 해직되었다. 바르트의 퇴장
은 고백 교회에게도 두 가지 의미에서 큰 손실이었다. 한편으로 고백 교
회는 결연한 아군 한 명을 잃었다. 다른 한편으로는 지금 고백 교회를 위
협하고 있는 고백 피로감Bekenntnismüdigkeit을 비판적으로 경고할 수 있는
사람을 놓친 것이다. 바르트는 먼 곳에서나마 고백 교회와 친밀한 관계
를 유지했으나, 이제 직접 관여하지는 않았다. 구프러시아연합의 형제단

은 7월 초에 회원 교회들에게 보내는 서신에 이렇게 썼다. "우리는 개신교 교회를 위한 칼 바르트 교수의 결정적인 업적에 감사한다. 그의 신학적 작업은 하나님의 말씀이 교회의 가르침과 질서를 바로잡는 유일한 지침이라는 사실을 우리에게 다시 한 번 확인해 주었다.……우리 독일 개신교 교회는……그가 대변하고 있는 본질적인 문제를……다시 내팽개칠 수 없다."[239] 바르트도 본과의 이별을 아주 힘들어했다. "나는 지금까지 나의 교직 생활 가운데 가장 풍요롭고, 가장 생기 넘치는 시절을 이곳에서 보냈다."[240] "나는 이곳이 정말 편하고 좋았다. 그래서 여기보다 약간 빈약한 것들로 둘러싸인 곳, 나의 고향 바젤로 돌아갔을 때, 처음 얼마간은 약간 갑갑하다는 느낌을 받을 정도였다."[241] 샤를로테 폰 키르쉬바움도 바르트의 가족과 함께 바젤에 왔다. 그녀는 계속해서 바르트를 돕기 위해서 "자기의 조국과 친구들에게서 떠나온" 것이었다.[242]

1930년대

1930년 초에 가족들과 함께. 그레테 카르벨, 페터 바르트, 마르쿠스, 롤로 폰 키르쉬바움, 한스 야콥, 칼 바르트, 프란치스카, 크리스토프, 마티스, 넬리 바르트. 가족들은 아버지가 너무 일을 많이 하는 바람에 아버지를 못 볼 때가 많았다.

1931-1932년 영어 수업 학생들과 함께. 바르트와 특별히 가까웠던 학생으로는 헬무트 골비처(오른쪽 위에서 두 번째)와 칼 게르하르트 슈테크(왼쪽 두 번째)가 있었다.

1932년 4월 11일 베를린에서. 바르트는 이곳에서 '신학과 선교'에 대한 강연을 했는데, 이 강연에서 귄터 덴과 함께 힌덴부르크의 재선을 지지하는 목소리를 냈다. 1년 전에는 사민당에 가입하기도 했다. 당시 할레에 있던 귄터 덴은 대학생들의 민족주의적 선동의 주요 표적이었다.

오늘의 신학적 실존

「오늘의 신학적 실존」 표지. 바르트는 이 글에서 교회가 나치-국가와 타협하는 것을 근본적으로 비판했다.

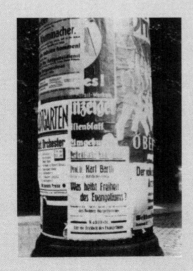

본의 거리에 붙은 바르트의 연설 홍보 포스터(가운데 아래).
교회 선거가 열리기 전날인 1933년 7월 22일, 바르트는 본의 시위 현장에서 '복음의 자유를 위하여'라는 제목으로 연설을 했다.

1. ...

2. ...

3. ...

1934년 5월 16일 프랑크푸르트에서 바르트가 작성한 「바르멘 선언」 초안. 독일 개신교 교회 대표자들은 5월 31일 이 선언문을 채택했다. 예수 그리스도 이외에 다른 모든 권위를 비판하는 이 선언문은 고백 교회의 가장 중요한 고백이었다.

1934년 9월 즐거운 이탈리아 여행 중 플로렌츠에서 동생 페터, 아들 마르쿠스, 에른스트 볼프와 함께. 바르트는 로마에서 에밀 브룬너에게 반대하는 글 「아니다!」를 썼다.

1934년 8월 피에르 모리, 피스르트 호프트와 함께 라 샤테뉴레에서. 바르트는 이곳에서 열린 세계대학생대회에서 '증인으로서의 그리스도인'이라는 제목으로 강연했다.

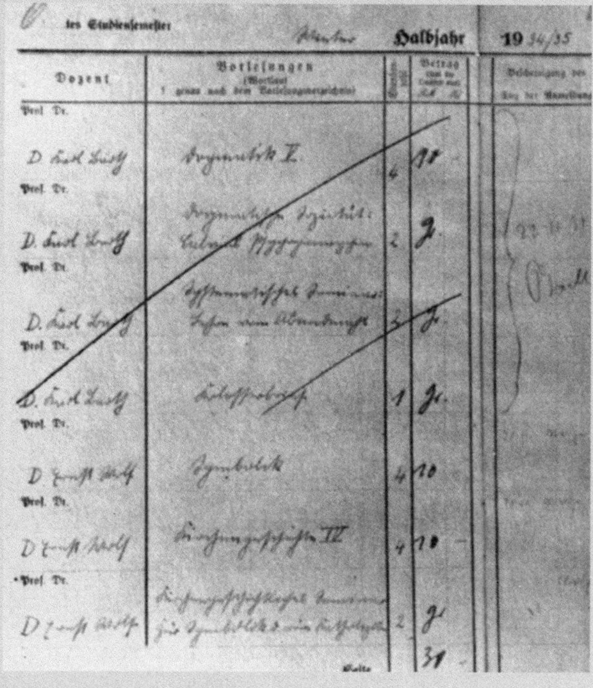

tes Studiensemester Halbjahr 19 34/35

Dozent	Vorlesungen (Wortlaut) genau nach dem Vorlesungsverzeichnis		Betrag
Prof. Dr.	Dogmatik I.	4	9
Prof. Dr.		2	
Prof. Dr.		2	
Prof. Dr.		1	
Prof. Dr.	Symbolik	4	10
Prof. Dr.	Kirchengeschichte IV	4	10
Prof. Dr.		2	
			31

본 생활의 마지막. 1934–1935년 겨울학기 어느 학생의 학적 기록부. 바르트의 강의를 사선으로 지워 버렸다.

6. 성 알반링,바젤 1935-1946

스위스의 목소리

스위스로 돌아오다

"내가 본 대학교에서 해직당한 것이 알려지고 사흘 후에, 바젤 주 정부 위원회가 나를……나의 고향 바젤 대학교의 원외(임시) 교수로 초빙했다."[1] 바르트는 그 제의를 즉시 받아들였다. 그것은 바르트가 독일에서 계속해서 활동할 수 있는 가능성이 사실상 배제됐기 때문만은 아니었다. 아우크스부르크 총회의 나태한 평화를 선택한 고백 교회라면 "그와 동시에 나의 지속적인 도움을 받으려 할 수는 없다"는 것이 바르트의 생각이었기 때문이다.[2] 1935년 7월 8일, 바르트의 가족은 바젤 시내의 성 알반링 St. Albanring 186번지에 입주했다. 그곳은 바르트가 태어난 곳에서 (그리고 오늘날 칼 바르트 광장에서) 멀지 않은 곳에 있었다. "칼뱅이 성 알반 교외에 도착한 날로부터 정확히 4백 년이 흐른 시점이었다."[3] 얼마 전까지 그 집에 살던 사람은 "그 유명한 펠릭스 바인가르트너Felix Weingartner"였다. 그는 "이사 들어오는 나에게 두툼한 필생의 저작, 곧 자기의 그리스도 드라마(!)를 건네주었다."[4] 방 창가에 서면 "독일의 검은 숲과 잇닿은 최후의 지맥을 아주 가까이에서" 볼 수 있었는데, 그 덕분에 바르트는 언제나 독일을 떠올리게 되었다.[5] 이로써 바르트는 "1889년 이후로는 그저 잠깐씩 방문했을 때나 맛보던 바젤 특유의 분위기" 안으로 다시 들어왔다.[6] 이제부터 바르트의 활동은 바젤 신학부, 곧 "그 행적을 우리가 한때 아르가우에서 한없는 경탄과 존경의 마음으로 추종해 마지않았던" 바로 그 신학부에서 펼쳐지기 시작한다.[7]

바르트는 바젤 대학교 강의를 시작하기 전 결코 만만치 않은 대중 강연 과제를 끝내야 했다. 일본의 여덟 개 대학교에서 강연회를 해달라는 초청은 거절했다. 대신 7월 말에는 아돌프 켈러의 초청을 받아들여 제네바에 있는 '에큐메니칼 신학교'에서 '교회와 교회들'이라는 주제로 네 번의 강의를 했는데, 매번의 강의는 잇달아 영어와 프랑스어로 번역됐고, 거기에 더하여 칼뱅 교리문답의 발단에 대한 여섯 번의 세미나를 인도했다. "그건 나를 너무나도 지치게 만드는 일이었다. 그야말로 이른 아침부터 저녁 늦게까지 온갖 사람들 앞에서 말하고, 또 질문에 대답해야 했기 때문이었다." 바르트는 그 강연을 통해서, 비로소 서서히 형태를 갖춰 나가던 에큐메니칼 운동에 대한 비판적인 관심과 기대를—비록 "전반적으로는 이 에큐메니칼 사업이……나에게 일단은 상당히 산만한 인상"을 주었지만—표명했다.[8] 그는 에큐메니칼 문제에 대한 자신의 견해를 발표할 수 있게 된 이 자리에서 다음과 같은 명제를 전개했다. "교회의 통일성에 관한 물음은 교회의 머리이시며 주인이신 예수 그리스도에 대한 물음이 될 수밖에 없다.……하나님과 인간 사이의 유일한 중재자 예수 그리스도가 곧 교회의 통일성이다. 그 통일성 안에 교회에 속한 모든 공동체, 은사, 사람의 다수성(多數性)이 있다. 그러나 그 통일성 때문에 교회의 다수성은 불가능하다." 그러므로 교회의 다수성은 풍요로움이 아니라 곤경이요 죄다. 그것의 극복은 상호 관용이라는 방식으로 도달할 수 있는 것이 아니며, 도무지 "인간에 의해 조작될 수 없고, 오로지 예수 그리스도 안에서 이미 이루어진 교회의 통일성에 복종함으로써 발견되고 인정될 수 있다."[9]

8월 말, 바르트는 프라하의 동료 요제프 로마드카의 초청을 받고 페스탈로치, 샤를로테 폰 키르쉬바움과 함께 모라비아의 미슬리보리체 Mysliborice에 갔다. 물론 그 기회에 프라하를 (그리고 특별한 감동을 안고 그곳의 유대인 묘지를) 방문했다. 그리고 돌아오는 길에는 부다페스트와 베니스도 관광했다. 이 여행 중에 바르트에게 깊은 인상을 준 사람, 그래서 그때부터 언제나 존경심을 품고 대하게 된 사람은 다름 아닌 로마드카였다. 그는 누가 뭐래도 "개척자"였다. "심각한 것이든 덜 심각한 것이든, 그 많고 많은 시련 속에서도 [그는] 언제나 내적 견고함과 순발력을 간직한 사람임을 보여주었다"는 것이 그의 독특함이었다.[10] 이 체코인은 자기만의 길을 가되, 의식적으로 그 옛날 얀 후스의 전통에 잇대어, 아주 독창적인 방식으로 '변증법적 신학'을 대변하게 되었다. 바르트는 그곳 모라비아에서 열린 어느 목회자 대회에서 '교회적 구성의 신학적 전제'를 주제로 강연했다.

여기서 바르트는 "기존 교회의 형태를 아무렇지도 않게 그냥 수용"할 수는 없다는 사실, 교회의 구성은 어쨌든 항상 특정한 역사적·심리학적 전제, 특히 신학적 전제를 가진다는 사실을 설명했다. 그러나 교회의 구성에 대한 성찰은 "은총의 신비에 대한 성찰, (하나님 앞에서) 참된 복종에 대한 성찰"을 통해 "그 근거가 제시되며, 그 내용이 뒷받침되어야" 한다.[11] 바르트는 독일

의 교회투쟁에서 얻은 인식을 구체적인 귀결과 연결시켜 사유하려고 노력
했으며, 독일 사람이 아닌 그리스도인들도 그 투쟁에 참여하게 하려고 노력
했다.

바르트가 독일에서 귀국한 뒤 처음으로 스위스의 목사들과 다시 맞
부딪쳤을 때, 곧 9월 24일 장크트갈렌의 모임에서도 바르트의 관심사는
바로 이것이었다. 그날의 만남은 글자 그대로 맞부딪침(衝突)이었다. 바
르트는 거기서 ('종교개혁의 신앙고백과 우리의 고백'에 관한 강연에서) 그리스
도교의 고백이란 "예수 그리스도께서……진정으로 주님이라는 사실"을
인정하는 순종적인 행위, 곧 "교회의 행위"라고 설명했다.[12] 그리고 이런
기준에 비추어 볼 때, 스위스 교회는 "고백이 약하다"bekenntnisschwach고 지
적했다. 그의 강의에 대한 호응은 좋지 않았다. 그도 그럴 것이 "우리의
불행한 자유주의자들은……내가 아주 전통적인 신앙고백을 제안할 것
이라고 기대했고 거기에 맞게 단단히 무장을 했는데, 나의 강연으로 인
해 양심의 자유라든가 성서 비평이라든가 관용 등에 대한 그들의 장광설
은 이제 하나 마나 한 것이 되어 버렸다. 그래서 그들은 줄기차게 사람을
물고 늘어지더니, 나한테 '신프로테스탄티즘'의 교회성Kirchlichkeit을 (총체
적으로!) 인정하라고 요구했다." 그러나 바르트는 "모든 인간중심주의를
겨냥한 아담한 정죄 선언"으로 거기에 응수했다. 그러자 "길거리든 광장
이든 카페든 가는 곳마다 나의 성직자 행세, 교황 짓거리 등등에 대한 성
토가 대단했다."[13] 바르트는 그 강연 이후의 토론석상에서 자유주의자들
을 "아무 생각 없이, 악의 없이 그냥 '친구들'이라고 불렀다. 다른 건 몰라
도 '형제들'이라고 부르고 싶지는 않았다. 그러자 거기 있던 '실증주의자
들'이 큰 소리로 나의 냉랭함을 탄식하면서 찬송가 '마음과 마음 하나 되

어'(Herz und Herz vereint zusammen)로 응답했다."[14] 그들은 바르트의 발언을 꼬투리 잡아 스위스 사람들에게 바르트를 마치 흉악한 치안사범처럼 중상모략하는 과정에서, 괴벨스의 선동적 매체에 나오는 표현까지 사용했다. 바르트 자신도 이 만남을 통해 스위스 프로테스탄티즘에 대해 철저하게 실망했다. "나는 이제 막……독일 교회의 투쟁과 경험의 현장에서 스위스 교회의 상황으로 되돌아온 것이었고, 그래서 그 변화된 문제의식 가운데 일부만이라도 여기서 활성화되는 데 이바지할 수 있겠다고 생각한 것인데, 아무리 봐도 그건 너무나 순진한 생각이었다. 실제로 그런 생각은 아무런 성과도 내지 못했다.……그때 내 안에 깊이 새겨진 것이 있었으니, 그것은 내가 이곳에서도—훨씬 친절하기는 하지만—상당히 주저주저하는 분위기에 둘러싸여 있으며, 그래서 앞으로도 물살을 거스르며 헤엄칠 수도" 있다는 사실이었다.[15] 9월 29일, 바르트가 바젤 대성당에서 설교하는 날에는 "수천 명에 달하는 청중"이 몰려오기도 했다. (설교 본문은 마태복음 6:24 이하, 너희는 두 주인을 섬길 수 없다!) 한동안 바르트는 스위스에서 아주 "신기한……이방인"이었던 것이다.[16] 그러나 "잠깐이나마 약간의 관심을 받던 시간이 지나가자" 바르트는 적잖은 외로움 속에서 자기의 길을 걸어갈 수밖에 없었다.[17]

며칠 뒤인 10월 7일, 바르트는 칼 임머의 독촉에 못 이겨 독일행을 감행했으니, 바르멘에서 '복음과 율법'이라는 주제로 강연하기 위함이었다. 얼마 후에는 이 강연이 독일의 그리스도인 친구들을 향한 바르트의 '고별 연설'처럼 느껴졌으며, 그때 이후로 수십 년 동안 신학적인 토론의 주제가 되었다.

왜냐하면 이 강연은 독일 그리스도인들에 대한, 그리고 그들의 '민족 규범'

교리에 대한 철저한 비판, 곧 차이의 뿌리까지 파고들어 간 근본적인 비판이었기 때문이다. 다른 측면에서는 심지어 루터의 가르침에 대한, 적어도 루터주의에 대한 중대한 교정 요구, 더 나아가 아스무센과 이반트 같은 친구들에 대한 비판적 질문까지 담고 있다. 바르트의 명제는 "전통적인 순서, 곧 '율법과 복음'이라는 순서"를 뒤집어야 한다는 것이다. "진정과 진심으로 먼저 '율법'을 말하고, 그것을 전제로 비로소 '복음'을 말하려는 사람은 제아무리 좋은 의도를 가진 사람이라고 해도 **하나님의** 율법에 대해서 말하지 않을 것이며, 그래서 **그분의** 복음에 대해서도 확실히 말하지 않을 것이다." 그러므로 "하나님의 뜻이……형식적인 면에서나 내용적인 면에서 은총으로 가시화되는 사건 이외에……다른 어떤 사건에서 하나님의 율법을 읽어 내려는 것은 불확실하고 위험한 일일 뿐 아니라 본말이 전도된 일이다." 다른 한편, 하나님의 은총의 행위는 제자리를 맴도는 것이 아니라 "우리의 행위를 겨냥한 것이며, 우리의 행위가 그분의 행위와 유사해지는 것을 지향한다."[18] 그러므로 율법은 복음을 뒤따른다.

바르트가 "직접 강연을 할 수는 없었기에, 임머 목사가 바르멘 교회를 가득 채운 청중에게 바르트의 강연문을 읽어 주었다. 게슈타포가 이 모든 것을 감시하고 있었다." 바르트의 "학생들과 추종자들이 대규모로 몰려와 열광적으로 그에게 인사하는 것을 보고 깜짝 놀랐던지, 게슈타포는 그날 야간열차 안까지 들어와 내가 국경에 다다를 때까지 나를 따라왔다."[19] 바르트는 그 후로 10년 동안 독일 땅을 밟지 못했다. 이 얼마나 기가 막힌 세월인가!

10월 말이 되어서야 바르트는 "아무 일도 없었던 것처럼" 대학교 강의를 시작했다. 그러나 "사실 얼마나 많은 일이 일어났던가!" 라인 강은

"우수에 젖어, 혹은 유머러스하게 모든 것을 지나쳐 흘러간다. 흐르고 흘러 본까지 간다. 이제 우리가 떠나온 자리에 슈미트-야핑과 슈타우퍼가 앉아서 기지개나 켜고" 있을 것이다.[20] 바르트는 "매일같이 성 알반의 문과 성 알반 교외를 통과해서 대성당을 지나 슈타펠베르크까지 걸어 다녔다. 나는 그곳에 위치한, 눈물 나게 초라한 강의실 '막시뭄'에서 정말 다양한 청중을 상대로 나의 교의학 강의"를 (초반에는 일주일에 다섯 시간, 후에는 네 시간) 이어 나갔다.[21] 바르트는 이후 바젤에서 보내는 시간의 대부분을 이와 관련된 일로 썼다. 첫 학기 때는 칭의 교리에 대한 세미나를 열었다. (그의 집에서) 열린 토론의 밤, 콜로키움도 시작했다. 콜로키움 때는 '리츨'을 주제로 다루었는데, 너무나 지루한 나머지 중간에 '루터'로 바꾸었다.

바르트는 이런 작업을 통해 "본에서 정말 안타깝게 무너져 버린 학과를 이곳에 재건하고자 했다. 달리 말하자면, 여러 나라와 언어권에서 이곳까지 온 대학생들에게 '교회교의학'을 최대한 집중적으로 가르치려는 것이었고, 스위스 학생들에게는 특별히 아주 조금이나마 프로이센의 속도가 어떤 것인지 가르쳐 주려고 했다."[22] 이제 그의 아들 마르쿠스도 이 학생들 가운데 하나가 되었고, 1936년부터는 둘째 아들 크리스토프도 아버지의 수업을 들었다. 그 밖에도 훗날 스위스교회연맹의 회장이 된 발터 지크리스트Walter Sigrist, 유명한 신약학자가 된 에두아르트 슈바이처 Eduard Schweizer, 스코틀랜드에서 온 토마스 토렌스Thomas F. Torrance, 프랑스에서 온 조르주 카잘리Georges Casalis가 그 당시 바르트의 제자였다. 바젤에서 바르트의 수업 시간에는 다양한 유형의 '평신도'들이 항상 있었는데, 특히 몇몇 부인들이 눈에 띄었다. 예컨대 부르크하르트-뤼셔Burckhardt-Lüscher 박사는 20년 동안 "모든, 그야말로 나의 모든 강의에 들어와서 엄청난 속도로 펜을 움직이며 필기를 했다."[23] 그런데 바르트가 약간 힘들어했던 것이 있었다. 그것은 하필이면 "나의 동포, 나의 스위스 학생들이……그네들 특유의 주저함 때문에 약간 더 딱딱한 토양이었기" 때문이다.[24] 바르트가 본에서 느꼈던 분위기와 비교할 때, 스위스 학생들한테서는 전반적으로 "약간 답답하고 썰렁한 분위기"가 감돌았다.[25] 그래서 바르트는 이렇게 탄식하기도 했다. 그들은 "극소수를 제외하고는, 정말 움직이기 힘든 민족, 약간 원초적인 문제에 골몰하는 민족"이다.[26] 한마디로 "외적인 화려함의 차원에서 나의 바젤 교직 생활과 본의 그것을 비교한다면……마치 헤롯 성전과 솔로몬 성전 사이의 차이와 같다고 할 수 있다."[27] 그런데 얼마 후, 정말 주목할 만한 피난민들(정치적·인종적 이유로 쫓겨 온 사람들)이 학생 집단 안에 추가되자 분위기가 약간 바뀌었다. 그들은 "여태껏 자기가 걸어가던 길에서 밖으로 내몰린 상황에서……오로지 본질적인 문제, 오로지 그 본질에 대한 분명한 사랑을 품고 신학 공부를 시작한 사람들이었다. 전직 고위 관리 한 명(한때 나의 최고 상관이었던 리히터[Richter] 교수!), 지방 법원 판사 한 명, 변호사 두 명" 그리고 법학 교수 아르놀트 에어하르트Arnold Ehrhardt도 있었다.[28]

아직은 국경이 열려 있었기 때문에, 독일에서도 바르트의 강의를 들으러 오는 학생들이 있었다. 그 가운데서도 발터 크레크, 헬무트 골비처, 한스 하인리히 볼프는 바르트의 박사과정 학생이 될 수 있었다. "많은 어려움을 뚫고 바젤까지 도착한 독일 학생들은" 훗날 바르트의 경험에 비추어 보건대 "대부분 아주 믿음직하고 쓸모 있는 소규모 부대"였다.[29] 그런데 1939년 바르트에게 들었던 수업을 인정해 줄 수 없다는 결정이 나자, 바젤로 몰려들던 독일 학생들의 물결은 뚝 끊어졌다.

바르트가 바젤에서 강의를 시작하고 얼마 되지 않아, 바젤 대학교 신학과는 해체의 위기를 맞았다. 그러나 신학과 해체 신청은 1936년 시위원회에서 (70대 44로) 부결되었다. 바르트도 처음 3년 동안에는 비전임 교수로 머물렀다. 바르트가 바젤에서 처음 일을 시작했을 때는 두 명의 선임자가 있었다. 한 명은 슐라이어마허주의자인 요하네스 벤틀란트 Johannes Wendland였는데, 그의 후임자가 바로 바르트였다. 또 한 명은 하르낙의 친구인 에버하르트 피셔였다. 그는 "지나간 19세기의 독특한 학문 정신의 순수한 구현"이었다. "그분은 전에 나 때문에 심각하게 한탄을 하셨던 분인데도, 내가 바젤에 왔을 때……그분이 정말 열린 마음으로, 정말 기사답게 나를 환영해 주셨던 것을 결코 잊지 못할 것이다."[30] 1938년에는 오스카 쿨만Oscar Cullmann이 그의 후임자로 왔다. 당시 바젤 대학교 신학과에서는 구약학자 발터 아이히로트Walther Eichrodt와 발터 바움가르트너Walter Baumgartner가 활약하고 있었다. 바르트는 바움가르트너를 "마른 빵 쪼가리 같은 동시대인"이라고 느꼈으며, 그가 자기와는 다른 생각을 가진 사람임을 알았지만, 그럼에도 그의 역사·비평적 에로스 때문에 그를 높이 평가했다.[31] 그 외에도 (1939년까지) 조직신학자 아돌프 쾨베를레 Adolf Köberle, 교회사가 에른스트 슈테헬린, 신약학자 칼 루트비히 슈미트가 있었다. 슈미트는 "학식 면에서나 논쟁 능력 면에서 나보다 훨씬 뛰어난 사람, 그런데도 늘 나에게 자극을 주는……동료 교수였고" 이곳 바젤에서는 "다시금 나에게 가장 가까운 사람"이 되었다.[32] 동료 교수들 가운데 바르트와 "아주 가까운 관계"였던 사람은, 처음에는 물론 "에두아르트 투르나이젠밖에 없었다." 그는 "우리 대학교에서……실천신학 분야, 특히 설교학이라는 까다로운 과목의 강의를 위촉받았다."[33] 실천신학 분야에서는 그 외에 율리우스 슈바이처Julius Schweizer가 교리문답(그리스도교 교육)을 가르쳤다. 1936년에는 조직신학 분야에 프리츠 리프가 비전임 교수로 들어왔다. "그가 우리 대학교에서 가장 독창적인 교수였다고 말해도 결코 과장이 아니다.⋯⋯그의 위대함은 그렇게 다면적이면서도 일면적이고, 그렇게 개방적이면서도 아주 분명한 윤곽을 가지고 있다는 것, 그리고 그의 경우에는—시인의 말과는 다르게—결코 제약 속에서 나타나지 않는 대가다움이다." 그는 고대 근동에 관한 것이나 러시아 정신사에 관한 것이나 교회사, 특히 이단자의 역사에 대해 박학다식했고, (바르트의 막내아들과) "토요일이면 야외로 나가 화석 같은 것을 채취해서" "그 연구를 성숙한 열매로 만들어, 쥐라 산맥의 형성에 관련된 완전히 새로운 가설을 미래의 지질학자들에게 제시하려고 했다."[34]

1936년에는 두 명의 강사가 추가되어 바젤 신학과의 교원 수가 늘어났다. 한 사람은 알프레드 드 퀘르뱅이었는데, 바르트는 그의 윤리적 통찰과 명제가 언제나 "자기만의 무게와 독창적인 형체 및 색채"를 띠고 있다고 평가했다.[35] 또 한 사람은 빌헬름 피셔였는데, 바르트는 "사랑의 하나님이 보내신 자유롭고 천진난만한 음유 시인이면서, 바젤의 전통 문화를 정성껏 지키고 가꾸는 이 사람"을 새삼 좋아하게 되었다. 바르트가 느끼기에, 피셔는 "구약성서와 관련해서는 아주 특별한 은총을 받은 사람이었는데, 그의 견해에 반대하는 목소리들조차도 그 은총만은 완전히 부정할 수 없었다."[36] 바르트와 대치한 '자유사상'에도 무게를 실어준다는 의미에서 그 '노선'의 촉구를 받아들인 결과, 1938년에는 베른의 프리츠 부리Fritz Buri가 부임하여 바르트와 균형을 맞췄다. 철학과에는 하인리히 바르트가 교수로 있었으니, 이제 칼 바르트는 동생과 바젤 대학교의 동료 교수지간이 된 셈이었다. 그러나 두 사람은 오히려 점점 멀어졌다. 바젤에 있는 동안 두 사람의 관계는 확실히 냉랭한, 때로는 "평화롭지 못한 관계"가 지배적이었다. 칼 바르트가 보기에, 동생의 사유는 하나의 포인트를 중심으로 맴돌고 있는데, 바로 그 포인트가 자신의 포인트와 "거의 정반대의 자리에 서 있었다." 하인리히가 보기에 칼 바르트는 "반대를 참아 내지 못하는 사람이었고……그래서 누군가 한 번은, 그에게도 한계가 있다는 것을 보여주어야 했다."[37]

바르트처럼 독일에서 추방당한 빌헬름 피셔는 (1936년부터) 바르트가 속한 교구의 목사이기도 했다. 그는 "우리가 사는 곳에서 몇 집만 건너면 나오는" 집에 살았다. 그는 한때 자펜빌에 찾아가 만났던 바르트와 이곳 바젤에서 활발하게 교류했다. 피셔는 성 야고보 교회에서 설교했는데, 바르트는 그의 설교 듣는 것을 아주 좋아했다. 투르나이젠은 아주 꼼꼼하게 "본문에 있는 모든 것을……말하려고" 하는 데 반해, 피셔의 설교는—"투르나이젠보다는 좁은 의미에서—본문을 주석하는데, 그가 각각의 본문에서 들었던, 그리고 자기 안으로 흡수했던 아주 특별한 것을 말하려고 했다." 그는 "번안(飜案)의 천재였다.……그는 본문을 자기에게 동화시키고, 자기를 완전히 그 본문의 하인으로 만들어 본문의 분위기며 억양까지도 파악하고, 그래서 성서 저자에게서 나타난 우연한 윤곽이 그의 설교단 위에서 제 목소리를 내게 하는 데 놀라운 능력을 가지고 있었다."[38] 바르트는 물론 바젤 대성당에서 투르나이젠의 설교를 듣기도 했다. 추가로 당시 바젤의 탁월한 설교자 세 사람 가운데 나머지 하나였던 발터 뤼티Walter Lüthi의 설교도 들었다. 바르트는 그의 설교를 "건전한 스위스 개혁주의 신학의 표본"이라고 평가했다.[39] 바르트가 그의 "강점"으로 꼽은 것은 특별히 "적용"이었다. 그래서 "[뤼티와] 헬미 피셔Helmi Vischer를 한데 합치면 좋겠다는 생각도 자주 했다."[40] 그에 비해 투르나이젠과의 관계는 한동안 느슨해졌다. 투르나이젠의 설교에 나타나는 보편화의 경향이 바르트의 마음에 들지 않았던 것도 있었지만, 그것이 전부는 아니었다. 투르나이젠은 예나 지금이나 바르트가 친애하는 친구임에는 분명했다. 그러나 그 친구는 바르트가 1921년부터 내디딘 길, 곧 교회교의학의 문제에 대한 관심과 독일의 교회투쟁 과정에서 얻은 깨달음에 대해서는 약간 낯설어하는 모습을 보였다.

바르트는 스위스에 정착한 뒤로는 이따금 직접 설교했다. 대개는 투르나이젠과 피셔를 대신하여 바젤 대성당이나 성 야고보 교회에서 설교했다. 그리고 가끔, 최소한 1년에 한 번은 자펜빌을 찾아가 설교하기도 했다. 1935년에는 또 한 권의 설교집 『위대한 자비』(Die große Barmherzigkeit)가 나왔다. 이번에도 투르나이젠과 함께 펴냈다. 바르트는 그리스도교의 설교란 본질적으로 텍스트 설교, 곧 '성서 주석'Schriftauslegung이어야 하며, "일상의 문제"를 "터치"할 수는 있지만 주제 설교가 되어서는 안 된다는 확신을 갖고 있었는데, 이 설교집에 실린 설교들이 바로 그런 확신의 증거 사례다.[41] 바르트는 이런 설교가 청중, 특히 현대의 청중에게도 합당한 설교라고 생각했다. "나의 경험에 따르면, '불신자'나 '지성인'이나 현대의 청소년들에게 설교를 할 때는, 그들에게서 '계시 수용 능력'을 이끌어 내려는 것처럼 가르치지 않고, 아주 고요하고 단순하게 (그리스도께서 또한 그들을 위해서 죽으시고 부활하신 것을 생각하면서) 마치 '그리스도교'에 대한 그들의 적대감이 별로 중요한 문제가 아니라는 듯이 그들을 대한다면 비교적 훌륭하게 설교할 수 있다. 그렇게 해야 우리는 그들에게 뭔가를 납득시킬 수 있다. 그것은 우리가 주장하는 개신교 신학이 어디에 서 있는지를 그들이 볼 수 있게 되기 때문이다. 그 자리는 오직 믿음을 통해서 의롭다 인정을 받는다는 가르침의 토양이다. 내가 설교하면서 정말 나의 청중에게 가닿았다고, 그들에게 '관심을 불러일으켰다'고 느꼈던 때는, 내가 하나님의 말씀에 대한 '상응'이 이미 '있다'는 생각을 거의 하지 않았을 때, 인간이 그 말씀을 선포할 수 '있다'는 것을 거의 믿지 않았을 때, 내 언어를 수단 삼아 사람들에게 '가닿을 수 있는' 나의 능력을 거의 신뢰하지 않았을 때다. 오히려 본문이 나에게 말하려고 하는 것처럼 보이는 것, 바로 그것을 통해서 내가 최대한 나의 언어를 형성하고 각인하고, 적절하게 만드는 때다."[42] 바르트가 보기에, 설교는 개혁주의 전통에서 모름지기 예배의 핵심 요소다. "매 주일 성만찬을 하는 것은 당연히 예배의 일부이지만, 그것이 실행 불가능하다고 보이는 상황에서는, 훌륭한 설교와 간절한 기도, 그리고 그 앞뒤의 힘찬 회중 찬양이면 충분하다고 생각한다."[43] 바르트는 이따금 기도문 때문에 애를 먹었다. "나는 한동안……예식서에 나와 있는 기도문을 다른 것으로 대치했는데, 그렇다고 즉석에서 기도를 하는 건 아니었고 (나는 그런 모험은 한 번도 한 적이 없다!) 시편의 말씀을 자유롭게 배치해서 사용했다. 몇 년이 지나서야 설교를 준비하면서 예배의 마지막에 들어갈 본문과 예배 시작 때 들어갈 본문을 하나하나 선별해서 적어 놓기 시작했다."[44]

바르트는 본에서 열심히 연습하며 배웠던 취미인 승마를 다시 시작했다. 그는 특히 빌헬름 피셔와 함께 승마를 즐기곤 했는데, 그러면서 잊지 못할 추억도 많이 생겼다. "우리는 밤색 말과 하얀 말을 타고 무텐츠Muttenz나 프라텔른 평야를 달리거나, 타의 추종을 불허하는 속력으로 하르트Hardt 숲속을 달렸는데, 적어도 절반쯤은 계시록에 나오는 기사의 모습 아니었을까!"[45] 한번은 피셔가 "그다음 주일에 설교단에 서서 인사를" 이렇게 한 적도 있었다고 한다.……"친애하는 교우 여러분! 자, 동지들이여, 말 위에 올라타라! 말 위에……!"[46] 바르트도 『교회교의학』의 삽입문에 과감하게도 이런 문장을 써넣었다. "진정 훌륭한 기사라면 절대로 진정한 불신자가 될 수 없다."[47] 바르트는 빈닝겐Binningen의 목사 발터 슈타

이거와도 말을 탔고, 한번은 에밀 브룬너하고도 함께 말을 타고 돌아다
닌 적이 있었다.

교회투쟁의 지속

바젤 시기 초반의 바르트는 그 누구보다도 독일의 상황을 예의주시했
다. 그는 자신이 독일과 긴밀하게 결속되어 있다고 느꼈다. 그런데 그
는 그곳에 팽배한 "거짓과 잔인함, 다른 한편으로는 어리석음과 두려움
이……이제 독일의 경계선을 넘어" 외부로 확산되고 있음을 보았다. 또
한 다른 민족들이 나치스의 근본적 폐해, 곧 제1계명에 대한 조직적인
침해에 대해 너무나 무지함을 보고 소스라쳐 놀랐다. 그래서 바르트는
지금의 독일에 맞서 저항하지 않을 수 없었다. 그래서 "나는 스위스에서
도 교회와 정의로운 국가를 지키기 위해서 국가사회주의에 대한 나의 저
항을 고집하는 것 외에는" 다른 방도가 없었다. "그런 까닭에 독일에서
는 내가 '반국가적 인물 제1호'로 간주"되었으니, 예컨대 뷔르템베르크의
주지사는 "심지어 공적인 연설에서 나를 언급하면서 '이 녀석'이라는 표
현을 썼던" 것이다.[48] 바르트의 저항은 여러 구체적인 활동을 동반했다.
그는 (도망 나온) 독일 학자를 위한 스위스 구호 단체의 바젤 지부장을 맡
았고, 칼 폰 오시에츠키Carl von Ossietzky의 노벨 평화상 수상을 위해 다방면
으로 활약했다. 그는 독일 학생들이 장학금을 받을 수 있도록, 망명자들
이 새로운 일자리를 찾을 수 있도록 도와주었고, 비(非)아리아 사람을 재
워 주기도 했다. 다른 나라에서도 유대인이 배제당하는 일이 없어야 한
다고, 예컨대 치체스터의 벨Bell 주교, 웁살라의 아이템 주교, 파리의 마르
크 뵈네르Marc Boegner에게 탄원서를 쓰기도 했다. 독일에서 추방당한 사

람들과 접촉하기도 했는데, 가령 1936년 초반에는 토마스 만Thomas Mann, 피아니스트 루돌프 제르킨Rudolf Serkin, 11월에는 작가 에른스트 비헤르트 Ernst Wiechert를 만났다. 9월에는 마르틴 부버와 편지를 주고받으면서, 고 가르텐이 하나님에 대한 존중과 "세상의 권위"에 대한 존중을 혼동하는 것과 관련하여 그것을 어떤 의미에서 비판해야 하는지 논의하였다.[49] 고 가르텐은 1937년 초반에 『심판이냐 의심이냐』(Gericht oder Skepsis)라는 책을 출간했고, 거기서 "독일의 신학"이 바르트 신학의 "마력"에서 벗어나야 한다고 역설했다.

바젤에 온 뒤에도 바르트는 특별히 고백 교회의 활동에 주목하면서, 온 마음을 다해 열정적으로 거기에 관여하고자 했다. 그는 "고백 교회가 폭풍 속에서 얼마나 위태롭게 이리저리 흔들리는지" 이렇듯 "멀리 있으니……가까이 있을 때보다 훨씬 더 제대로" 볼 수 있다고 생각했다.[50] 바르트는 위로와 경고와 충고의 편지를 무수히 써서—그 가운데 일부는 중개인을 거쳐 몰래 전달되었고, 일부는 아예 처음부터 암호 같은 말로 썼다—고백 교회 지도부, 친구들, 제자들에게 보냈다. 고백 교회의 대표자들이 끊임없이 바젤, 혹은 베르클리로 바르트를 찾아오기도 했다. 특히 임머, 헤세, 니묄러, 아스무센, 에른스트 볼프가 자주 찾아왔다. 그 가운데서도 볼프는 "신학자로서 또한 친구로서 점점 믿을 만한 사람이 되었다."[51] 그 외에 에리카 퀴퍼스, 케테 자이페르트, 게르트루트 슈테벤 같은 확고부동한 여성들도 있었다. 그는 로베르트 그로세에게 자기가 가톨릭의 교회투쟁에도 "마치 우리의 한 부분인 것처럼" 함께하겠다고 확언했다.[52] 그는 체포된 법률가 바이슬러Weißler 박사의 석방을 위해 노력했으나 성과는 없었다. 제자인 헬무트 트라우프의 석방을 위한 노력은—피스르트 호프트를 통해서—성과를 거두었다. 1935년 12월에는 바르트가

「바젤 신문」의 지면을 통해 제국의 교회국 장관 한스 케를Hanns Kerrl이 얼마 전에 도입한 '비교회적 교회 관리'를 너무나 통렬하게 비난한 나머지, 베른 주재 독일 대사가 외교적 조치를 시도하기도 했다. 1936년 4월 중순, 바르트는 부퍼탈 신학교와 베를린 신학교의 신학 강사들을 네덜란드의 드리베르겐에서 만났다. 그 만남의 중요한 목적은 바르트의 강연 '복음과 율법' 때문에 수면 위로 떠오른 문제를 논의하는 것이었다. 여기서 바르트는 특별히 한스 아스무센과 대립각을 세웠다. 바르트가 그곳을 떠나고 얼마 안 되어, 우트레흐트 대학교는 바르트에게 명예신학박사 학위를 수여했다.

스위스로 돌아온 후 바르트가 교회투쟁과 관련하여 내놓은 입장 표명에서 눈에 띄는 것은 그의 비판적인 어조였는데, 그 비판의 목소리는 시간이 지날수록 점점 강해졌으며, 비판의 대상에는 고백 교회까지 포함됐다. 아니, 그것은 무엇보다도 고백 교회를 향한 비판이었다. 그 바람에 바르트의 입지는 더더욱 좁아졌다. 바르트는 이렇게 생각했다. "우리는 고백 교회가 저 원수의 근본적인 위험성을 일찍부터 알아차리지 못한 것, 그리고 인간의 모든 거짓과 불의를 심판하시는 하나님 말씀의 확실함과 능력으로 저 원수에게 맞서지 못한 것, 그러므로 예수 그리스도의 교회가 마땅히 보여주어야 할 것을 보여주지 못한 사실에 대해 꾸짖을 수 있으며, 또 꾸짖어야 한다."[53] 바르트는 특히 "국가사회주의의 현실 속에서" 제1계명을 고백한다는 것은 "그저 '종교적' 결단이나 교회 정치적 결단만이 아니라 실질적인 정치적 결단을 의미한다는 사실, 그리고 그 결단은 자기 자신의 과제와 선포와 질서 외에 다른 것은 인정하지 않으며 자기 자신 외에 다른 하나님을 인정하지 않는 전제주의 국가에 맞서는 결단이라는 사실"을 고백 교회가 이해하지 못했으며, 심지어는 이해하고 싶어 하지도 않는다고 비판했다.[54] 바로 그 맥락에서 바르트는 고백 교회가 "말씀 선포의 자유와 순수함을 위해서는 투쟁했지만, 예를 들어 유대인에 대한 행태라든가, 정치적 반대파에 대한 기막힌 처우라든가, 새로운 독일 내에서 언론의 자유가 억압당하는 현실이라든가, 그 밖에도 구약 시대의 예언자들이라면 결코 좌시하지 않았을 여러 다른 문제에 대해서는 침묵을 지켰다"며 비난했다.[55]

그럼에도 불구하고, 기쁘고 만족스러운 요소가 있다는 사실은 바르트도 무시하지 않았다. "독일의 언론과 연극과 노동조합과 대학과 군대 등이 모두 '획일화'되었을 때, 그 시스템이 적어도 한 부문에서는 지속적으로 비교적 완강한 저항에 부딪히게 되었는데, 그곳이 바로 개신교 교회였다.……유대인 문제라든가 그 밖의 다른 문제와 관련하여 개신교 교회는 그저 한 줄기의 작고 보잘것없는 불빛, 불길하게 깜박거릴 때가 많은 불빛이었지만……그래도 쓰라린 종말이 올 때까지 저 어둠에 완전히 먹혀 버리지는 않았다."[56] 물론 그는 이 불빛이 1930년대 말에 들어서면서 아주 "불길하게 깜박거렸음"을 지적했는데, 이것은 고백 교회가 그때부터 어느 정도는 도피의 움직임을 보였기 때문이었다. 고백 교회 사람들은 이제 "사방팔방으로 비껴 나가기 시작했고, 달렘 이후 포기한 것을 대치할 수 있는 온갖-솔직히 말하면 더 편안한-대용품을 찾기 시작했다. 그리고 결국에는 그것을 찾아냈다. 예컨대 '건전한 자들'은 그것을 자기네 지역 교회에서 찾았다. 루터주의자들은 그것을 다시금, 아니 이제야 정말로 그들의 종파 안에서 찾았으며, 베르노이헨 운동은 그들의 신비에서 찾았다.……갇힌 자들은 감옥 안에서……고독한 묵상의 온갖 기적을 발견했다.……교회 공동체 안에서 성만찬의 능력을 경험한 것이……하필이면 이상한 방향으로 발전되어, 16세기의 성만찬 논쟁을 땅

속에서 다시 파헤쳐 내고는, 묘지의 음산한 목소리로……성만찬에서 복음의 충만한 위로는 그것을 개혁주의자와 절대로 함께 받지 않는 것에 달렸다고 선포하기 시작했다.……그런 것이 나쁘다고, 혹은 그렇게 중요한 것은 아니라고 하지는 못할망정 말이다." 그런데 "당시 양심의 가책 때문에 그 문제가 등장하게 된 것, 그리고 그리스도의 몸과 관련하여 순수하게 복종하지 못한 그 순간에……그것이 앞세워지고, 이런저런 정서가 올바른 대용품처럼 사용될 수 있었던 것"은 정말 치명적인 일이었다.[57]

고백 교회가 전반적으로 이런 식의 뒷걸음질을 치고 있을 때, 바르트는 정확하게 반대 방향으로 치고 나갔다. 그는 그리스도인이 나치스 국가에 맞서서 직접적으로, 곧 정치적으로 저항할 수밖에 없다는 사실을 깨달았다. 바르트의 경우, 이러한 깨달음은 엄격하게 신학적 근거를 가진 것이었으며, 이러한 근거는 점점 더 분명하게 이 방향을 가리켰다. 그런데 국가사회주의에 대한 그리스도교의 저항에 정치적 차원도 있다는 사실을 확연하게 강조한 것은 바르트가 스위스로 돌아온 뒤의 일이었다. 한편으로 바르트는 지금까지 정치적 입장 표명을 내내 삼갈 수밖에 없었던 것을 대단히 아쉽게 생각했다. "내가 독일에서 보낸 나날을 되돌아볼 때 나 스스로에게 비판할 것이 있다면, 그것은 그 시절 나의 신학적·교회적 과제에 오롯이 집중하느라, 그리고 스위스 사람이 독일의 문제에 끼어든다는 것이 조금 께름칙하던 터라……나를 둘러싼 교회와 세상 속에서 내가 똑똑히 보고 또 너무나 끔찍하게 느꼈던 그런 경향에 대하여 경고하지 않은 것, 암묵적으로만이 아니라 명시적으로, 개인적으로만이 아니라 공개적으로 경고하지 않았다는 것이다."[58] 그러나 다른 한편으로는 바르트도 1933년의 상황에서 "그 특별하고 협소한 문제의 영역" 즉 "교회가 미래에도 교회로 남아 있을 수 있느냐"의 문제를 놓고 투쟁하는 것 자체가 당시 그리스도인들에게는 상당히 중요한 일이요 충분히 어려운 일이었다고 생각했다. "우리가 그 사람들을 비난하고자 한다면, 비난의 내용은 그들이 거기서 출발했다는 것이 아니라, 거기서 출발하여 더 나아가지 못했다는 것이리라."[59] 어쨌거나 바르트는 결과적으로 거기서 더 나아갔다. 그가 나아가는 방향은 나치스 정권에 맞서 정치적으로도 저항하는 쪽이었다. 나치스 독일에 대한 바르트의 저항은 크게 두 단계로 나누어서 생각해 볼 수 있다. 처음에는 **급진적으로** 투쟁하는 것이 중요했고, 그다음에는 **초지일관** 투쟁하는 것이 중요했다.

독일의 교회투쟁에 이렇듯 적극적으로 관여했던 바르트는 스위스의 교인들이 그 투쟁에 관심을 갖게 만드는 것도 자신의 과제 가운데 하나라고 생각했다. 바르트는 글을 써서 기고하는 형태로 그 과제를 수행하고자 했다. 1935년부터 1939년까지는 매년 「츠빙글리 캘린더」(*Zwingli-Kalender*)에 독일 교회의 상황을 알리는 글을 썼다. 이런저런 강연도 그 과제 수행을 위한 장이었다. 바르트는 자신의 강연을 통해 스위스의 교인들에게 고백 교회의 관심사와 현재 상황을 알리려고 노력했다. 1936년 3월에는 샤펜하우젠Schaffenhausen(스위스국제연맹연합회에 게스트로 참여함)과 바젤에서, 9월에는 리퍼스빌Rifferswil과 쿠어Chur에서, 11월에는 아라우와 취리히와 브루크에서, 12월과 이듬해 3월에는 다시 바젤에서, 그사이에는 노이엔부르크Neuenburg와 로잔Lausanne 등에서 강연했다. 그 밖에도 「바젤 신문」의 사장이자 조카인 칼 자르토리우스(바르트에게 대부가 되는 분의 아들)와 그 신문사의 특파원 뵈쉔슈타인Böschenstein을 만나서 교회투쟁 관련 기사를 쓰는 데 조언을 해주기도 했다. "취리히의 개신교 홍보 자료집(아르투어 프라이[Arthur Frey] 박사)과……좋은 관계를 맺어 놓은 덕에" 바르트는 더 많은 영향력을 행사할 수 있었다. 그는 이 자료집을 통해 "중요한 모든 것을……신속하게 알릴 수 있었다."[60] 바르트가 이렇게 부지런히 입장 표명을 할 때마다 기반으로 삼은 명제는 이것이었다. "깨어 있는 의식을 가지고 개신교·개혁주의 교회 안에서 살아가는 스위스 사람이라면, 자기 자신이 독일인이 된 것처럼 독일 교회의 시험과 시련을 심각하게 받아들일 것이다."[61] 이렇듯 바르트는 독일의 교회투쟁을 전적으로 "스위스 프로테스탄티즘을 향한 질문"으로 이해했다. 스위스의 프로테스탄티즘은 "독일의 고백 교회가 막 빠져나오려고 하는 그 잠에서 이미 깨어 일어났는가, 아니면—어차피 수백 년 전부터 깊이 잠들어 있는 상태였으니까—계속해서 잠을 잘 생각이나 하고 있는가?"[62]

물론 바르트의 이런 명제는 스위스에서 거의 공감을 이끌어 내지 못했다. 부분적으로는 오히려 직접적인 반대에 부딪히기까지 했다. 그리고 이것은 "그다지 비중이 크지 않은 일부 스위스 나치스"들의 반대만이 아니었다.[63] "예나 지금이나 스위스 교회는 적어도 겉으로 보기에는 특이하다 싶을 정도로 걱정도 없고 특별한 요구도 없는 영역이라서, 그 안에서는……모두가, 곧 개혁주의자나 옥스퍼드 그룹이나 종교사회주의자, 심지어 우리의 대담무쌍한 '실증주의자들'(그들은 자신들이 얼마나 자유주의적인지 전혀 모르고 있다)까지도 내 앞에서는 우선적으로 단 한 가지 관심사만 가지고 있는 것 같다. 바로 나한테 감동하여 설득당하지 않는 것이다. 좀 더 구체적으로 말하면, 하나님 찬양이 절로 터져 나올 만큼 평화로운 우리 스위스 교회로 독일의 교회투쟁이 확산되게 해서는 안 된다는 것이다."[64] "스위스 교회는 놀라울 정도로 견고한 실체다. 나의 입장에서는 이렇게 말하겠다. 저런 견고함이라면 더 나은 일을 위해 뜻있게 쓰일 수 있을 텐데."[65] 바르트는 스위스 교회에 편만한 이런 태도를 가차 없이 비판했기 때문에 금세 이런저런 논쟁에 휘말리게 되었다. 가령 1937년 가을에는 취리히의 목사 루돌프 그로프Rudolf Grob와, 1938년에는 바젤 대성당의 볼퍼Wolfer 목사와 논쟁을 벌였다. 바르트가 느끼기에는, 다른 데라면 몰라도 바젤의 신학부가 독일의 교회투쟁과 관련하여 보여준 모습은 "말할 때마다 얼굴이 화끈 달아오르는 대목"이었다.[66] 그는 스위스 교회가 ─지금 독일 교회 안에서 치열한 싸움이 벌어지고 있는 문제 상황에 뛰어드는 대신─ 하필이면 지금 같은 때에 이상하다 싶을 정도로 "옥스퍼드 '집단 운동'을 높이 평가하고 있는"지에 주목했다.[67] 에밀 브룬너도 그런 분위기에 휩쓸려 있는 사람들 가운데 하나였다. 바르트는 1936년 1월, 아우엔슈타인 성에서 에밀 브룬너, 고트로프 슈푀리Gottlob Spörri 등과 만나 이 문제를 놓고 이야기했으나, 그 만남은 "깊은 우려 속에서" 헤어짐으로 끝을 맺었다.[68] 그는 '옥스퍼드 운동'에 대한 거부감을 「교회냐 집단이냐」(Kirche oder Gruppe)라는 논문에 붙박아 놓았다. "결정적으로 반대하는 지점은……이 운동이 그리스도교의 갱신을 원하면서 그리스도교의 신비, 곧 은총의 자유와 하나님 이름의 거룩함을 존중하지 않고, 온갖 핑계와 명칭을 갖다 붙이면서 그 신비를 휴머니즘이나 도덕으로 재해석하는 것이다." 그러므로 만일 교회가 "이 운동에 저항하지 않는다면" 이것이 교회를 "뿌리째 파멸시킬 것이다."

신학 연구의 길 1936-1938

바르트는 여태껏 하지 않았던 교수 취임 기념 강의를 함으로써 1936년 여름학기를 시작했다. 이 강의는 사무엘 베렌펠스Samuel Werenfels에 관한 것이었는데, 여기서 바르트는 그를 "바젤 신학자 본연의 모습이 어떤 것인지를 탁월하게 대표하는 사람"으로 보았으며, 애정 어린 비판을 담아 그의 신학을 논했다.[69] 이번 여름학기 세미나 주제는 교회론이었다. 그리고 5월 10일에는 바르트의 50세 생일 파티가 성대하게 열려 그 학기의 클라이맥스를 장식했다. 뤼디 페스탈로치는 모차르트 콘서트 여섯 편을 관람할 수 있는 정기권을 바르트에게 선물했는데, 바르트는 일주일 만에 그 여섯 편을 모두 들었다. 에른스트 볼프, 헤르만 딤, 칼 슈타인바우어Karl Steinbauer, 알베르트 렘프는 카이저 출판사에서 펴낸 기념 논문집을 그에게 선사했다. 이 책에서도 "나의 독일 친구들은……현실의 여러 문제들 때문에 많은 시간과 에너지가 소진된 상황 속에서도, 그 누구도 부인할 수 없는 진지한 사유와 연구를 통해―이것이야말로 언제나 독일의 영예였다―단연 돋보이는 논문을 기고해 주었다."[70] 불트만도 그 "친구들" 가운데 하나였다. 디트리히 본회퍼는 착오가 생기는 바람에 거기에 끼지 못했다. 어쨌든 이 책은 바야흐로 바르트의 신학이 독일어권을 넘어서 네덜란드, 영국, 덴마크, 프랑스, 일본 등에도 영향을 끼치고 있음을, 그리고 "바다 건너편에서도 나의 이름이 거론되면서 다소간 활발한 토론이 벌어지고 있음"을 단적으로 보여주었다.[71] 이 논문집의 첫 번째 논문은 게오르크 아이히홀츠의 「신학생의 문제」(Das Problem des theologischen Schulers)였고, 그의 글은 이런 문장으로 시작되었다. "신학생 앞에 성서가 펼쳐져 있는데, 그 성서는 계속 펼쳐진 상태로 있으며 덮어 놓지 않는다." 이 책에서는 자연스럽게 그 당시 독일 교회의 상황을 바라보는 시선이 도드라졌다. 원래는 '매인 자들의 자유'라는 제목으로 나올 예정이었지만, 검열의 횡포를 거치면서 결국 "아스무센의 논문을 빼고, 그 미심쩍은 제목도 삭제"하는 조건하에서 출판될 수 있었다.[72] 이 책에 실린 바르트의 서지 목록은 그 번호가 202번까지 이어졌으며, 이제 "나의 책과 그 밖의 글들이……다른 여러 나라의 언어로 번역되었음"

을 알게 해주었다. 그 시기의 바르트는 이런저런 명예 표창을 받았는데, 그 가운데는 아주 희한한 것도 있었다. "어떤 열성적인 친구들 때문에 뉴질랜드에 있는 어느 설산이 내 이름으로 불리게 됐다고 한다! 그 이상은 요구할 수 없다. 그러나 어떤 사람이라도 자신의 키를 한 자라도 늘릴 수 없다는 복음서의 말씀을 나는 항상 유념하고 있었다."[73]

하지만 바르트는 그 의미 있는 날을 경축하면서도 이제는 자신도 서서히 나이 든 남자가 되어 가고 있다는 사실을 직시하지 않을 수 없었다. 한동안 "우리는 나이 든 사람들의 수가……점점 줄어드는 것을 바라보고 있었는데……이미 우리 뒤에서 젊은 사람들의 발자국 소리가 들려오기 시작한 것이다.……지금이야말로 전체가 중요하다는 것을 안다. 노년이 가까이 다가왔다. 그와 더불어 그 노년마저 다 지나가면—어쩌면 갑작스럽게 그러기도 전에—맞이하게 될 그것도 가까워진 것이다. 우리에게 아직 우리의 시간과 과제가 있다면, 그런 사실이 의미하는 것은 바로 이것이다. 즉 우리는 사람과 사물의 모든 윤곽을 훨씬 더 또렷하게 보게 되며, 나 자신과 주위 사람들의 태도나 능력에 내재된 여러 가지 문제와 곤궁을 훨씬 생생하게 느끼게 된다는 것이다. 또한 우리의 일과 말이 신중하면서도 신속하고, 어느 정도 부드러우면서도 끈질기고 강렬해야 한다는 것이다. 이제 모든 일이 아주 진지해질 것이다. 아니, 이미 진지하다. 이렇듯 짧은 인생을 선물로 받은 우리가 과연 어떤 사명을 가지고 있었는지, 우리 자신의 엄청난 우매함과 부조리 속에서도 그 사명을 이해했는지, 우리 자신의 불성실 속에서도 그 사명을 하나님의 자유로운 은총의 증거로서 받아들였는지 그렇지 않았는지가 이제는 확실하게 결정이 나야 한다."[74]

얼마 전에는 바르트의 첫 번째 손주 소냐 첼베거Sonja Zellweger가 태어났다. "이따금 할아버지가 그 아이를 태우고 시내를 조심조심 돌아다녔는데······그것을 본 주위 사람들이 깜짝 놀랐다. 원래 바젤 사람들은 잘 놀란다!"[75]

6월 중순에는 (헤르만 헤세와 함께) 제네바 종교개혁 기념식에 참석했다. 이미 바르트는 그해 초에 이 기념일을 내다보고 취리히, 빈터투어, 빌에서 칼뱅에 관해 강연했다. 그러나 "나는 그곳의 청중이 나 때문이 아니라 분명 칼뱅 때문에 그 자리에 왔다고 믿었던 탓에" 약간의 "거부감"을 불러일으켰으니, 이는 그의 강의가 순전히 칼뱅의 말을 인용하는 것으로 끝나 버렸기 때문이다.[76] 제네바의 기념식에서는 설교 한 편만 했다. 바르트는 "완전히 예정론 문제에 몰두한 대회"의 청중이기도 했다. 그곳에서 벌어진 논의, 곧 케케묵은 "아포리아 때문에 거의 구제불능으로 짓눌려 있는 논의"와는 확연히 구별되는 것이 있었으니, 그것은 피에르 모리의 강연이었다. 그는 "우리의 시대가 은총의 선택Gnadenwahl 교리에 담겨 있는 그리스도론적 의미와 토대를 새롭게 상기할 수 있도록" 해주었다.[77] "그 당시 이 '칼뱅주의 대회'의 참가자 대다수는 피에르 모리가 한 말을 가슴 깊이 받아들일 만한 능력이 아직 없었다.······그러나 한 사람이 그 강연문을 아주 꼼꼼하게 읽고 있었으니, 바로 나였다."[78]

바르트가 그 강연문을 더욱 관심 있게 읽었던 때는 "그해 9월 말에서 10월 초까지······헝가리와 트란실바니아 개혁 교회와 데브레첸, 샤로쉬퍼터크, 클루지나포카, 부다페스트, 파퍼의 신학교를 방문하고 오라데아에서는 설교도 하던" 때였다. 그는 (데브레첸과 클루지나포카에서) 자기가 직접 그 주제로 강의했고, 강의가 끝나고 난 뒤에는 토론을 벌였다.

여기서 바르트는 고전적 예정론을 비판하면서 다음과 같은 명제를 내놓았다. "하나님의 선택에 관한 말씀은 하나님의 은총에 관한 말씀에 덧붙일 것이 없다. 그러나 전자는 아주 특이한 방식으로, 분명 필수불가결한 방식으로 후자를 강조했다." 말하자면 이렇게 설명하는 방식이다. "그것은 은총을 받아들이는 은총이다." 다시 말해, "은총의 선택, 곧 예정이 의미하는 것은 은총 안에 있는 은총die Gnade in der Gnade이다. 그러나 은총 안에 있는 은총은 그 은총 안에 있는 하나님의 자유와 다스리심이다." "하나님의 은총의 선택은 계시의 진리다. 더 구체적으로 말하자면, 그것은 성서의 진리다. 아주 구체적으로 말하자면, 그것은 예수 그리스도 안에 있는 진리"며, 그것을 인식하는 것은 "예수 그리스도에 대한 인식의 특정한 형태"다. 이로써 바르트는 "이중 예정"을 고수하지만, 버림받음Verwerfung은 이미 십자가에서 실행되었다고 생각했다. 그러므로 바르트는 특정 인간 집단을 선택받은 사람과 버림받은 사람으로 나누는 것을 거부했다.[79]

바르트는 그 밖에도 (샤로쉬퍼터크, 부다페스트, 파퍼에서) 특별히 그 시기에 대단히 민감한 주제였던 '교회와 국가의 관계'('국가 교회, 자유 교회, 고백 교회')에 관하여 비교적 짧은 강연도 했다. 이 강연에서 눈에 띄는 것은, 바르트가 국가의 권위를 "예수 그리스도 안에서 일어난 화해로부터" 도출해 낸다는 사실이다. 국가는 이 화해에 근거하여 의미심장한 기능을 감당하게 된다. 그리고 그 기능을 "기꺼이" 감당할 수도 있고 "아무래도 좋다는 식으로" 할 수도 있고, 아예 "그러고 싶어 하지 않는" 경우도 있다. 국가의 이런 세 가지 행동 방식에 따라 교회도 위의 세 가지 형태를 가질 수 있다. 그리고 각각의 형태는 나름의 장점과 단점이 있다.

바르트는 그 여행을 통해 드넓은 헝가리 평야의 아름다움을 만끽했다. 몇몇 도시도 방문했는데, 특히 집시 예배당에 매료되었다. 그런데 이번 여행에서는 그야말로 수많은 교수, 학생, 목사, 개혁 교회 감독 등이 정신없이 바르트에게 몰려와 말을 걸고 인사하고 질문을 던지는 바람에, 한번은 바르트가 롤로에게 이렇게 속삭이기도 했다. "너무 말을 많이 해서 혀가 아플 지경이네."[80] 데브레첸 신학교 교수인 벨라 바사디[Béla Vasady] 는 3주 동안 바르트와 동행하며 가는 곳마다 통역을 하느라 수고했다. "그 모든 것이 정말 신기하고, 정말 낯설고, 정말 힘들었다. 특히 그곳의 식사는 서구인의 위장을 감안할 때 지나치다 싶을 정도로 풍성한 잔치 음식이었다. 그러나 전반적으로 그 나라와 그곳 교회의 독특성을 알게 된 것은 중요한 일이었다."[81] 스위스로 돌아오는 길에는 모차르트의 도시 잘츠부르크 방문을 빼놓을 수 없었다. 하지만 유고슬라비아의 페세틱 [Fecetic]에서 '국민 교회 등'에 대해 강연하기로 한 일정은 지킬 수 없게 되었다. 바르트의 '운전기사' 페스탈로치가 통화 위기 문제 때문에 갑작스럽게 취리히로 돌아가야 했기 때문이다. 1937년 1월 30일, 클루지나포카 신학교는 바르트를 신학과 '명예 교수'로 임명했다.

바르트는 1936-1937 겨울학기 초반, 정확히는 11월 3일에 바젤 대학교 대강당에서 '신학적 사유의 근본 형식'에 관해 강연했다. 바르트에 따르면, 신학적 사유는 성서적 사유, 비판적 사유, 실천적 사유여야 한다. 그리고 이러한 사유는 "신학적 사유가 의학적 사유나 군사전략적 사유나 예술적 사유와 마찬가지로 자기 자신에게 부여된 내용[Sachlichkeit]"을 가진 데서 비롯되는데, 그 내용이란 확실한 대상과 연결되어 있음을 뜻하며, 그 대상은 "성서가 증언하는 하나님의 말씀 예수 그리스도"다.[82] 바르트는 그 기간에 취리히와 노이엔베르크에서 '국민 교회 등'에 대한 강연을 반복했다. 이번 학기 세미나는 아돌프 쾨베를레와 공동으로 진행하는 세미나로서 '사도신경'에 대한 개혁 교회의 해석과 루터 교회의 해석을 논하였다. 한번은 바젤 '설교자 학교'의 집회에 초대받은 적도 있었다. 그곳은 칼 바르트의 아버지가 한때 활동했던 곳이기도 하다. 바르트는 그곳에서 경건주의와 관련하여 자신이 비판적인 태도를 취하는 이유를 해명하였다. 1937년 1월에는 로잔에서 칼뱅의 교리문답에 대한 세미나를 열었다.

1937년 3월에는 또 한 번의 여행을 떠났다. 이번 여행의 목적지는 스코틀랜드였으니, 바르트가 애버딘Aberdeen 대학교에서 '기포드 강의'를 하게 된 것이었다. G. D. 헨더슨Henderson은 바르트의 강의를 "즉석에서 영어로 통역했다." 원래 그 강연을 창시한 사람의 의도는 '자연 신학'의 이해와 확산을 촉진하는 것이었다. 그래서 "1935년 여름, 그 강연의 청탁을 받는 명예를 안았을 때, 그 대학교의 교수 위원회에……'나는 모든 자연 신학의 확실한 반대자'라는 사실을 분명하게 상기시켜 주었다." 그런데도 강의 청탁이 취소되지 않았으므로 바르트는 그 과제를 맡으며 이런 확신을 갖게 되었다. "자연 신학도 자기의 입장에서 볼 때 최고의 오류라고 할 수 있는 것을 기준으로 삼아……자기를 측정해 보는 것이" 분명 이득이 될 것이다.

바르트는 1560년 스코틀랜드 신앙고백 텍스트를 강의의 토대로 삼았다. "그 텍스트는 1937년까지는 스코틀랜드에서조차 전혀 알려지지 않은, 거의 접근할 수 없는 텍스트였다. 내가 그곳에서 그 사실을 확인했을 때, 한편으로는 슬프고 한편으로는 우스웠다." "얼마 전까지만 해도 스위스에서 스위스 신앙고백이 거의 그런 형국 아니었던가!" 그러나 그의 강의는 텍스트에 대한 '역사적 분석'을 제공하려는 것이 아니었다. "내가 무엇을 했던가? 나는 그 고백의 역사적 의미를 하나하나 가르치고 나서……오늘을 사는 내가, 스스로 사유하는 내가 그 고백의 진술을 과연 어떤 방식으로 책임져야 하며, 또 책임질 수 있는지를 다시금 하나하나 짚어 가며 말했다. 누구든지 이 문제에 관심 있는 사람이라면, 그 자리를 통해서 내가—내가 점점 (혐오까지는 아니더라도) 낯설어하는……어떤 정통주의와는 달리—교회의 고백에 충실하려고 할 때 무엇을 이해하고 무엇을 이해하지 못하는지 똑똑히 볼 수 있었을 것이다."[83]

바르트가 그 '고백'의 텍스트를—그는 이 고백에서 신선하게 부각된 그리스도 중심주의를 아주 좋아했는데—근거로 하나하나 펼쳐 보인 것은 사실상 '자연 신학'과는 달라도 완전히 다른 것이었다. 다시 한 번 우리가 놀라게 되는 것은, 그가 그리스도 계시에 근거하여 "하나님의 영예와 인간의 영예"는 불가분의 관계임을 공공연하게 말할 수 있었다는 사실이다. "하나님 홀로 하나님이시다. 그러나 하나님은 홀로 계시지 않는다." 그리스도 안에서 "하나님과 인간의 실제로 함께 있음"이 일어나기 때문에, 인간은 "자신의 실존 그 자체로 긍정되며 진지하게 받아들여지고, 하나님의 상대편이자 파트너로 호명되며, 이로써 인간의 독립성이 존중된다.……인간이 하나님께 반드시 필요한 것은 아니지만……하나님께서는 인간 없이 계시려고 하지 않으시는데, 그것이 하나님의 사랑이다."

'하나님 인식'이라는 큰 주제 아래 열 번의 '강의'가 열렸다. 그런데 정확하게 1년 뒤, 똑같은 장소에서 다시 열 번의 강의가 이어졌다. 처음 열 번의 강의와 그대로 연결되는 제2차 강의의 주제는 '예배'였다. 여기서 바르트는 '교회 예배'에 관해서만 이야기하는 데서 그치지 않고, 심지어 —예수 그리스도가 이 세상의 주인이기도 하시기 때문에—그리스도인의 '정치적 예배'에 관해 말하기 시작했다.[83a]

바르트는 그해 3월에 에든버러, 세인트앤드루스, 런던도 방문했다. 런던에서는 "대략 30명의 교회 지도자들"을 만났으며, 독일 목사와 전도사 모임에 참여하여 (로마서 1:19-20에 대해) 이야기도 했다. 물론 영국의 극장("에드가 월리스[Edgar Wallace]의 작품을 극화한 것이었는데 끔찍한 장면이 수도 없이 많이 나오지 뭔가!")과 박물관 몇 군데도 방문했다. 특별히 국립 미술관이 그의 마음에 쏙 들었다. 바르트는 이번 여행에서 어디를 가나 아주 유쾌한 기분이었는데, 그것은 영국 사람들, 그리고 그들의 독특함 때문이었다. "그들은 가깝거나 먼 세계정세와 관련하여 상당히 높게 평가할 수 있을 만큼 건강한 시선, 그때그때 중도를 찾아가는 데 그 어떤 히스테리에도 치우치지 않는 안전함을 가지고 있었고……몸에 좋은 생활 방식, 불이 잘 꺼지지 않는 벽난로가 있었다. 사람들은 그 주위에 둘러 앉아 멋지게 담배를 피우면서 이야기를 나누었다. 하루의 시작은 포리지 (윽!) 마무리는 위스키……그리고 이곳은 전체적인 분위기가, 남한테 어떤 극악무도한 짓을 한다든지 해서 그 사람이 심각하게 화를 내지 않는 한, 너도 다른 사람한테 화를 낼 일이 없는 그런 분위기다." 이것은 "저 훌륭하신 신사들이 자연 신학, 경건주의, 1890년대 스타일의 '역사 비평', 포괄적 교회comprehensive church(이것은 특히 영국성공회의 자랑스러운 명칭 아니던가!), 도덕적 낙관주의와 행동주의 등에 대해……아무런 거리낌 없이" 말하는 것을 들어야 했던 바르트의 경우도 마찬가지였다.[84] 거기서 누군가가 "독일의 고백 교회를 위해 무슨 일을 할 수 있느냐"고 물었을 때 "동정도 아니고 저항의 시위도 아니며 바르멘 제I항에 대한 엄숙한 동의요!"라고 대답한 것도 그 때문이었다.[85] 돌아오는 길에는 파리에 들러 모리를 만났다. 그와 함께 프랑스 요리를 즐기면서, 이 요리야말로 "자기 안에서 소멸시키는 물질주의의 반박"이라 했다. "왜냐하면 여기서는 송아지, 게, 버섯 등이 다른 나라에서 상상도 할 수 없는 정신적 작용을 거쳐 그 모습을 드러내기 때문이다."[86] 두 사람은 베르사유와 트리아농 사이에 있는 어느 산책로에서 『독트리나』(Doctrina)라는 국제 신학 잡지 창간에 대한 계획을 아주 야심차고 진지하게 논의했다. 그러나 바르트는 새로운 형태의 타협주의에 휘말려 들까 두려워 그 계획을 포기했다.

9월에는 다보스에서 스위스 목사들에게 하이델베르크 교리문답을 해설했고, 곧이어 아르데슈에서는 프랑스 목사들에게 갈리아 신앙고백서Confessio Gallicana를 해설했다. 2주 뒤에는 세인트앤드루스 대학교에서 수여하는 명예법학박사 학위를 받기 위해 다시 한 번 스코틀랜드를 방문했다. "세인트앤드루스에서 거행된 의식이 나에게 아주 흥미로웠던 것은……그것이 이 행복한 나라에서는 그리스도교 세계corpus Christianum가 아직은 약화되지 않은 상태로 지속되고 있음을 보여주는 새로운 증거였기 때문이다.……저녁때는 켄트 공작과도 악수를 할 수 있었다. 물론 그가 변증법적 신학의 의미를 확실하게 이해하고 있는 것 같지는 않았다. 그가 나한테 물어본 것이라고는 오로지, 내가 세인트앤드루스에는 처음이냐는 질문뿐이었다. 나는 곧장 영어로 대답했다. 아닙니다, 세 번쨉니다."[87]

하지만 바르트는 (투르나이젠이나 모리와는 달리) 그해 옥스퍼드와 에든버러에서 열린 에큐메니칼 대회에는-'계시'에 대한 글을 기고함으로써 (그는 이 글을 가지고 1936년 4월 제네바에서 강연하기도 했다) 그 대회의 준비에는 동참했지만-의도적으로 참석하지 않았다. 그는 그해의 여러 여행을 통해 "어느 정도는 혼자 힘으로 나의 '에큐메니칼 운동'을" 추진하고 있다고는 생각했지만, 공식적인 에큐메니칼 운동에 대해서는 회의적이었다.[88] "그런 자리를 통해서 이런저런 화기애애한, 그리고 어딘가에는 도움이 될 만한 만남이 있긴 하지만, 이런 고급 국제 관람석에서……그

집어낼 수 있는 최고의 것은 언제나 타협, 또다시 타협이 아닐까?" 그는
이런 에큐메니칼 대회의 결과를 보면서 자기의 느낌이 틀리지 않았다는
것을 확인했다. 그러면서 이렇게 생각했다. "나는 이 일의 본래적 논리와
윤리와 미학에 적합한 사람이 아닌 것 같다. 한동안 거기에 관한 일은 듣
지 않는 것이 좋겠다."[89]

　　이 시기의 바르트는 여러 가지 다양한 과제와 일에 매달려 지냈는데,
가장 중요한 일은 『교회교의학』을 계속 써 내려가는 것이었다. 1937년
여름에는 또 한 권, 곧 프롤레고메나의 후반부(I/2)가 완성되어 나왔다.
이 책은 "끔찍하게 두꺼워서"(1,011쪽) "그것을 '반 권'(半券)이라고 부르는
것이 그야말로 우스운 일이었다."[90] 이 책은 "내용적으로는 상황과 관련
하여 '그저' 간접적인 말이었다."[91] 그러나 어쨌거나 그 상황에 관한 말임
은 분명했으니, 이것은 교회교의학 전체의 "서문을 대신하여" 인용한 루
터의 말이 암시하는 바와 같다. "그리스도께서……그분의 작은 양떼를
그분의 거룩한 말씀으로 지켜 주시기를……사탄에게서 오는 것이든, 사
악한 이 세상에서 오는 것이든 모든 간계와 시험에 맞서서 그 말씀이 그
들을 굳건하고 든든하게 하시기를, 그들의 가슴 속 터질 듯한 신음과 근
심스러운 열망을 들어 주시기를……찔러 죽이는 것, 무시무시한 독사가
뒤꿈치를 무는 일이 더는 일어나지 않기를."

　　제1권에서는 근본적으로 계시의 "주체", 곧 **자기 자신**을 계시하시는 "주님"
에 대한 논의, 곧 삼위일체론을 다룬 데 이어서, 제2권은 우선 그 계시의 실
행, 더 자세히는 계시의 객관적 실행과 주관적 실행에 관하여 말한다. "계
시의 객관적 실재"는 예수 그리스도다. 그는 "육신이 되신 말씀"이며, 그분
의 실재 안에서 "인간을 향한 하나님의 자유"가 전개된다. 하나님이 인간이

될 수 있는 가능성의 근거도 (계시의 담지자가 될 수 있는 인간의 능력이 아니라!) 이 자유의 실재다. 그래서 바르트는 가톨릭 신학과는 다르게 (그리고 자연 신학과도 다르게!) 마리아를, 인간이 계시의 일부가 될 수 있음을 보여주는 사례로 이해하는데, 이것은 결단코 "함께 일으킴"의 의미가 아니라 순수하게 받아들임의 의미에서 그런 것이다. 바르트는 오로지 이런 의미에서 –아버지 프리츠 바르트와는 다르게– 동정녀 탄생을 긍정한다. 이것은 계시의 신비에 대한 설명이 아니라 묘사라는 것이다. 간략한 그리스도론에 이어 간추린 성령론이 전개된다. 왜냐하면 "계시의 주관적 실재"가 바로 **성령**이기 때문이다. 성령의 실재 안에서 "하나님을 향한 인간의 자유"가 펼쳐진다. 그러한 자유의 가능성이 도출되는 것은 오직 그 자유가 실제로– 성령 안에서, 교회라는 공간 안에서– 있기 때문이다. 그렇다면 "종교"는 그러한 자유가 다른 방식으로, "자연적으로" 주어질 수 있는 가능성에 대한 증거 아닐까? 바르트는 '종교의 지양으로서 하나님의 계시'라는 단락에서 거기에 대답한다. "종교"는 하나님께서 주시는 선물을 받는 대신 하나님을 파악하려는 시도, 하나님에게서 듣는 대신 하나님에 관해 말하려는 시도로서 ("그리스도교"도 그런 시도를 할 뿐 아니라, 바로 '그리스도교'가 거기에 앞장선다) "하나님을 저버린 인간의 주요 관심사다."[92] 종교는 언제 어디서나 등장하는 내재적 비판을 통해서(신비주의나 무신론을 통해서)가 아니라 "참된 종교"를 통해서, 곧 죄인을 의롭다고 인정하시는 예수 그리스도를 통해서 지양된다. 바르트는 다른 단락('하나님 자녀의 삶')에서 사랑의 이중 계명을 대대적으로 주석하는데, 거기에 '하나님 사랑'과 '하나님 찬양'이라는 제목을 붙인다.

계시의 **증언**도 계시의 실행에서 빠뜨릴 수 없는 한 부분이다. 그래서 그 뒤를 잇는 두 장은 성서에 대한 교리와 교회의 선포에 대한 교리를 다루되, 모두 그리스도론의 측면과 성령론의 측면에서 접근한다. 첫 번째 장에서 바르트는 비판적인 의식을 가지고 '권위와 자유'의 문제를 논한다. 지금 우리 시대에 "권위라는 말은 갑자기 이 세상이 아주 좋아하는 말이 되었는데 '자유주의'라는 말은……갑자기 이 세상에서 욕설 취급을 받게 되었다." 바르트는 다음과 같은 노선에서 자기 논리를 편다. 교회는 자기 자신을 위해서는 절대적 권위를 요구하지 않으며, 그리스도인 한 사람 한 사람도 자기 자신을 위해서는 절대적 권위를 요구하지 않는다. 절대적 권위는 오로지 성서를 위한 것이다(여기서 바르트는 가톨릭의 전통 개념도 비판하고 "우리의 가슴 속에 있는 하나님", 곧 모더니즘의 하나님, 전제주의의 하나님도 비판하고 있다). 물론 교회에는 "그 말씀 아래의" 권위가 있다(신조, '교부', 신앙고백서!). 그러나 동시에 자유도 있다(성서에 대한 주석과 적용!). 마지막 장, 곧 선포에 관한 장에서는 '교의학'의 근본 주제가 부각된다. 교의학은 교회의 선포에 대하여 비판적으로 그리고 섬기는 자세로 관련을 맺는다. 교의학은 스스로 귀 기울여 들음으로써, "가르치는 교회"가 언제나 새롭게 하나님 말씀을 듣는 교회가 되도록 촉구한다. 교의학은 스스로 가르침으로써, "듣는 교회"가 언제나 새롭게 하나님 말씀을 가르치는 교회가 되도록 촉구한다. 바르트에 따르면, 교의학은 언제나 윤리학을 내포한다. 그 둘의 관계는 심지어 이런 것이다. "교의학 자체는 윤리학일 수밖에 없고, 윤리학은 오로지 교의학이 될 수 있을 뿐이다." 결국 교의학이란 어떤 완결된 체계가 아니다. 교의학의 기준이 되는 참 "교리"는 "종말론적 개념"이기 때문이다.[93]

하지만 『교회교의학』은 이미 하나의 완결된, '정통 교리'의 체계가 된 것 아닌가? 실제로 이런 비난이 "금방 거의 모든 노선에서-친절한 염려에서 원색적인 분노에 이르기까지 다양한 어조로-제기되었다.……나는 역사적으로나 형식적으로나 실질적으로 스콜라주의의 길을 걷고 있었다.……내가 뭐라고 말해야 할까? 송구스러운 마음을 표현하면서, 그렇지만 종교개혁과 고대 교회 사이의 연관성, 삼위일체론과 그리스도론, 도그마 개념, 성서적 정경 개념은 나쁜 의도를 품고 내가 만들어 낸 것은 아니라고 말해 주어야 할까?……자기의 윤리주의는 알아차리지 못하면서 '사변'에 대해서는 투덜거려도 된다고 생각하는 사람들, '열매 없는 스콜라주의' 운운하는 옛날 동화나 '교부들의 그리스적 사유'라는 슬로건에 근거하여 생각하기를 그칠 때 교의학의 가장 중요하고 흥미롭고 아름다운 문제가 시작된다는 사실을 알아보지 못하는 사람들의 저속함을 그저 놀라워해야 할까?……아니면, 제3의 차원이 (한번 신비의……차원이라고 말해 보자) 완전히 사라져 버려서—어쩌면 삼위일체라든가 동정녀 탄생도 함께 사라져 버려서—그 벌로 온갖 쓸데없는 대체물을……찾아 헤매는 현대 프로테스탄티즘의 황폐함과 지루함과 무의미함이 점점 심각해지는 것을 보면서 차라리 울어야 하는 걸까? 뭐가 옳은 길인지는 모르겠지만, 나는 이런 반대를……그냥 지나쳐 갈 것이다.……나는 지금 이렇게 논란이 되고 있는 그 방향으로 걸어가면서 오히려 용기가 샘솟고, 나의 핵심 관심사도 더욱 분명하게 의식하게 된다."[94]

바르트는 1937년 여름학기 때 이미 (성만찬에 관한 세미나, 볼렙의* 『그리스도교 신학 총론』에 대한 콜로키움, 신학 비전공자를 위한 하이델베르크 교리문답 수업도 하면서) 교회교의학 다음 권 집필에 착수했다. 이제 "나는 교회교의학을 쓰면서……안도의 숨을 내쉴 수 있었다.……그때까지는 투쟁의 연속이었다. 온갖 세계관과 이념과 신학과 사이비 교리에서 벗어나

---

*　요하네스 볼렙(Johannes Wolleb) 또는 볼레비우스(Wollebius, 1589-1629): 스위스의 신학자. 『그리스도교 신학 총론』(Compendium theologiae christianae)은 그의 대표작이다—옮긴이.

기 위한, 이른바 해방 투쟁을 하지 않을 수 없었다. 그런데 이제는—그 모든 논쟁을 뒤로하고—그냥 신론으로 넘어가서, 하나님은 어떤 분이며 누구신지를 긍정적인 방식으로 서술할 수 있게 되었다."[95] "물론 부정적 진술도 중요하긴 하지만, 이제 나에게는 전반적으로 긍정의 진술이 부정의 진술보다 중요해졌다. 신학의 영역에서 하나님의 율법, 분노, 고발, 심판에 대한 메시지도 억압해서는 안 되지만, 나에게는 하나님의 은총에 대한 메시지가 더욱 절실해졌다."[96] 그래서 다음 권과 그다음 권은 '신론'을 집중적으로 다룰 것이다(『교회교의학』 II/1, 2). 우리는 그 두 권을 통해서 "우리가 '하나님'을 말할 때 도대체 무엇을 말하는지 배우게 될 것이다."

바르트는 일단 하나님 인식의 문제부터 시작한다. 여기서 바르트의 핵심 문장은 이것이다. "하나님은 오직 하나님을 통해서만 인식된다."[97] 그리고 이 명제에서 다음과 같은 주장을 도출해 낸다. 하나님이 이미 (교회 안에서!) 정말로 인식된다는 전제 아래서만 하나님을 인식할 수 있을 뿐, 그 외에는 하나님을 인식할 수 있는 **가능성**이 없다. 한 걸음 더 나아가 이렇게 주장한다. 하나님을 인식하는 것은 언제나 순수한 **은총**이다. 이 은총은 특정한 형태의 하나님 인식과 호응을 이루는데, 그것은 곧 **유비**analogia의 방식이다. 가톨릭이 말하는 '존재의 유비'에 대한 반대의 입장에는 변함이 없다. 존재의 유비는 "마치 하나님과 피조물을 포괄하는 상위의 존재가 있는 것처럼, 그래서 그 존재를 염두에 두고 창조자와 피조물 사이에 어떤 비교가 가능한 것처럼 주장한다. 거기에 맞서 나는 이렇게 말한다. 그건 말도 안 된다!……창조주와 피조물 사이에는 어떤 이야기가 있을 뿐, 움직임 없는 두 실체의 상호 관계 같은 것이 아니다.……그래서 나는 '신앙의 유비'analogia fidei에 관해 말했다."[98] 바르트는 이렇게 은총에 의한 인식과 신앙을 통해서 실제로 하나님이 **인식된다**는 것을 강조했다. 그는 하나님 인식의 실제적 '대상'은 바로 하나님이라고 주장하며 포이어바흐의 주장에 맞섰다. 그리고 이 '대상'은 오로지 **계시**를 통해서만 인식될 수 있다고 주장하며 자연 신학에 맞섰다. 바르트는 이 주제에 대해 좀 더 자세한 설명을 시도했다. 먼저는 "하나님의 일차적 대상성"에 대해 말하는데, 이 개념에 따르면 하나님은 다른 모든 '대상'과는 달리 우리가 인식을 통해 완전히 붙잡아 가질 수 있는 대상이 아니라, 계시 안에서조차 여전히 감추어져 있는 그런 대상이다. 바르트는 이것과 구별되는 "하나님의 이차적 대상성"에 대해서도 말하는데, 이것은 피조세계의 영역 안에서 그분의 행적과 징표로 계시되는 것이며, 인간은 바로 여기에 힘입어 하나님을 인식할 수 있는데, 그때의 인식도 간접적 인식에 불과하다. '자연 신학'은 계시를 반대하면서 "인간이 은총을 받을 만큼 충분히 열려 있다"고 가르친다. 바르트는 이런 자연 신학이야말로 "복음을 부르주아적으로 변질시킨 것"이라고 선언했다. 인간이 계시와는 별개로 나름의 능력을 가지고 있다는 생각은 교만의 형태만이 아니라 굴욕과 체념의 형태를 띨 수 있다. 이 모든 것은 하나님께서 은총으로 자신을 계시하심에도 그것을 감사함으로 인식하지 않으려는 것이다.[99]

여기서 '자연 신학'을 비판하면서 새롭게 부각된 주장들은 1937-1938년 겨울학기에 바르트가 '자연 신학' 세미나를 진행하면서 찾아낸 자료의 도움을 받았다(그 학기에는 예전에 했던 골로새서 강의를 반복했고, 콜로키움에서는 볼렙의 글을 더 다루었다).

1938년 초에 『교회교의학』 I/2가 인쇄되어 나왔다. 그러나 출판사는 카이저 출판사가 아니었다. 1937년에 카이저 출판사와 바르트의 협력이 금지당했기 때문이다. "그 멋진 뮌헨"이 출판사 소재지로 찍혀 있던 자리에 "그와는 비교할 수 없을 정도로 초라한 명칭, 취리히 호숫가의 촐리콘Zollikon am Zürichsee"이 들어섰다.[100] 이제 바르트의 책을 찍어 내는 출판사는 그곳의 '개신교 서점'Evangelische Buchhandlung이었고, 훗날 '개신교 출판사'Evangelischer Verlag로 명칭이 바뀌었다. 바르트는 남은 생애 동안 그 출판사를 통해 책을 내게 되었고, 출판사 사장인 아르투어 프라이 박사(1897-1955)와 친한 친구가 되었다. 이 출판사는 "순전히 그 사람의 작품이었다. 그는 극도로 어려운 상황 속에서도 신학적 작업의 필요성을 놀라울 정도로 정확하게 이해했으며 헌신적으로 그 일에 뛰어들어 출판사를 꾸리고, 마침내 최고의 출판사를 만들었다."[101] 독일어권의 판매 시장이 현저히 위축된 상황에서 바르트의 교회교의학을 출간한다는 것은 그야말로 "모험심"이 필요한 일이었다. "나는 본질적인 것에 대한 이해심과 애정을 가진 출판인, 거기 더하여 어둠 속으로 뛰어드는 것보다 더 막막해 보이는 상황에서 꼭 필요한 거시적인 안목과 수완을 갖춘 출판인은 많지 않다고 생각한다."[102] "한 인간으로서 그를 알고 있는 사람, 그의 친구가 된 사람이라면 누구를 막론하고 그를 잊지 못하는 이유가 있으니, 하나는 그의 주체적인 판단 및 결단력이다. 그는 어떤 사람에게도 그것을 양보하지 않는다. 다른 하나는 변함없는 신뢰다. 일단 신뢰한 사람이라면, 그는 좋은 날이나 나쁜 날이나, 의견이 통할 때나 충돌할 때나 변함없이 그 사람을 신뢰했다."[103]

1938년에는 바르트가 바젤 신학부의 학장으로 취임했다. 그해 여름 학기에는 교의학 강의를 지속하면서 베드로전서 강의도 했고, 콜로키움에서는 볼렙 읽기를 계속했다. 세례를 주제로 한 세미나에서 "적어도 유아 세례에 대한 칼뱅주의의 입장과 관련해서는 (처음으로) 완전히 부정적인 결론"에 도달하게 되었다.[104] 열린 저녁 토론회에서는 정치적인 문제를 놓고 이야기를 나누었다. 겨울학기 콜로키움에서는 '영국 교회 안에서 교리'의 문제를, 세미나에서는 이그나티우스^{Ignatius}의 영신수련을 다루었다. 겨울학기가 시작되기 전 9월에는 베른 근처의 무리^{Muri}에서 열린 스위스개신교학교연합회에 가서 '복음과 교육'이라는 주제로 강연했다. 그는 여기서 복음이란 예수 그리스도의 메시지를 말하며, 예수 그리스도야말로 "유일하게 '교육된' 사람"으로서, 인간적인 교육의 시도에 대한 비판이자, 도움이자, 희망이라고 소개했다.*

바르트는 그 강연이 끝나자마자 (푸줏간 주인의 차를—"그분의 돼지와 함께"—타고 이동하여) 아르데슈에 가서, 또 한 번 목사들을 위한 (설교의 문제에 대한) 수업을 했다. 바르트는 그곳 목사들에게서 "끔찍한 개인주의"를 경험했다. 바르트는 요즘 같은 상황에서는 그것이 심각한 문제라고 생각했다. "나는 강의를 마치면서 그 사람들에게, 내가 거기 계속 머물러 있으면서 베르노^{Vernoux}라든가 그 밖의 어느 중요한 지역의 목사가 되어, 모든 것 위에 있는 감독의 권위로 그들에게 질서를 가르치고 싶다고 말했다."[105] 물론 그 목사들 가운데서도 바르트의 관심사를 선뜻 받아들이는 사람이 없지는 않았다. 그래서 어떤 사람은 곧장 바르트에게 찾아와서 자기 아들의 대부가 되어 달라고 부탁하기도 했다. 바르트는 10월 초 바젤비트에 모인 종교 교사들을 위해 하이델베르크 교리문답에 대해 강연했다. 11월에는 오버빌과 우스터에서 종교개혁 기념 강연을 했고, 12월에는 바젤에서 '교회적 진보의 의미'에 관해 강연했다.

---

* 독일어 'Bildung'은 '빚다, 형성하다, 도야하다'는 뜻의 동사 'bilden'의 명사형으로서, 우리말로는 '교육, 교양, 형성, 도야' 등으로 번역되며, 그 모든 것을 포괄하는 함축적인 개념이라서 어느 하나로 번역하기 어렵다. '교육된'이라고 번역한 부분도 일상어에서는 (교육을 제대로 받아) '교양'이 있는' 사람을 뜻하는 말로 쓰인다. 그러나 위의 맥락은 넓은 의미의 교육과 관련된 것이라고 보아 '교육'으로 통일하여 옮겼다—옮긴이.

"정치적 예배"

그 시기의 바르트는 신학과 관련된 다양한 과제와 작업에 몰두하면서
도, 자기에게 가장 적절하고 가능한 방식으로 이웃 독일의 상황에 계속
해서 적극적인 관심을 보였다. 그는 1937년 7월에 전직 단치히 시장으
로서 한때 나치스의 지도급 인사였던 헤르만 라우쉬닝Hermann Rauschning
을 만나 장시간 대화하면서, 히틀러 정권의 무대 뒤에서 벌어지고 있는
일에 대해 더욱 깊고 상세하게 알게 되었다. 10월 8일에는 히믈러Himmler
의 '대체 대학에 관한 법령'과 관련하여 고백 교회에 보내는 비망록을 작
성했다. 여기서 그는 그 법령을 절대로 준수해서는 안 된다고 조언했다.
그렇게 되면 고백 교회의 존립 자체가 즉각 위태로워지기 때문이었다.
바르트는 1937년 말 루체른과 올텐에서, 이듬해 1월에는 베른과 바젤에
서, 또 가을에는 아를레스하임에서 고백 교회에 대해 강연했다. 1938년
3월 독일 '제국'이 오스트리아를 합병했을 때 바르트는 영국 방문 중이었
다. 옥스퍼드 대학교에서는 명예신학박사 학위를 수여받았고 애버딘에
서는 또 한 번의 기포드 강의를 하게 되었다. 마지막 강의는 직접적으로
'정치적 예배'를 다루었는데, 이것은 "특정 정치권력에 맞서 적극적으로
저항"하는 것까지 포함할 수 있는 예배를 의미하는 것이었다.[106] 옥스퍼
드와 버밍엄에서는 한 걸음 더 나아가 독일의 교회투쟁을 주제로 강연했
다. 런던에서는 조지 벨 주교, 곧 "치체스터의 주교와 아주 훌륭한 대화"
를 나누었고 영국의 하원을 방문하기도 했는데, 그곳에서는 때마침 국외
정치 문제가 논의되고 있었다. "그때 내가 받은 인상은, 바로 이곳에서
(영국의 집권 여당과 영국 야당 사이의 성스러운 게임!)—인간과 관련된 것이라
면—세계의 정치적 미래가 결정된다는 것이었다. 그리고 이곳에서 내리

는 결정을……어느 정도는 신뢰할 수 있다."[107] 바로 그 시기의 바르트는
영국 사람을 아주 좋아하게 된 나머지 이런 말까지 했다. "내가 스위스
사람이 아니라면 기꺼이 영국 사람이 되고 싶다."[108]

7월 초순에는 (아르투어 프라이와 함께) 우트레흐트에 가서 다시 한 번
고백 교회의 지도자들을 만나, '복음과 율법' 그리고 '교회와 국가'의 문
제를 고민하면서 막중한 과제를 수행하고 있는 그들을 격려했다. 그 만
남이 있기 직전, 곧 6월 20일과 27일에는 브루크와 리슈탈에서 강연했
는데, 그 강연에서는 특별히 '교회와 국가'의 문제에 대한 근본적인 성찰
을 시도했다. 그 강연문은 『칭의와 정의』(Rechtfertigung und Recht)라는
제목으로 출간되었는데, 이 책은 바르트가 더 이상 관여할 수 없게 된 '오
늘의 신학적 실존' 시리즈를 대신하여 새롭게 간행하기 시작한 '신학 연
구'Theologische Studien 시리즈의 첫 번째 책이 되었다.

사실 바르트가 그 강연을 맡게 된 일차적인 의도는 스위스 국민에게
"확실한 정보"를 줌으로써, 오스트리아 합병 이후 스위스 국민이 독일 앞
에서 약해지지 않도록 하는 것이었다.[109] 그러나 바르트는 바로 그 정보
를 주기 위해서 더욱 근본적으로 파고들어 성찰하였다.

바르트가 이 강연에서 묻고 있는 것은—그가 보기에는 종교개혁자들도 이
것을 여전히 분명하게 짚어 내지는 못했다—"하나님의 칭의와 더불어 인간
의 정의도……그리스도교 신앙과 그리스도교적 책임의 대상, 나아가 그리
스도교적 고백의 대상이 되게끔 하는" 관계에 대한 물음이다.[110] 그는 특히
"성서 주석의 길을 통해 '교회와 국가' 문제에 대한 더 나은 관점"에 도달하
고자 했다. 여기서 바르트는 루터의 "두 왕국 이론"Zwei-Reiche-Lehre과는 전혀
다른 해법을 제시했다. 이때부터 바르트는 "두 왕국 이론"이야말로 "오류"이

며, 교회의 정치적 수동성이라는 치명적 문제의 뿌리라고 주장하며 그 가르침에 맞서 싸웠다. 그러면서 이런 견해를 내세웠다. "신약성서가 국가에 관해 말할 때……우리는 근본적으로 그리스도론의 영역 안에 있다. 그것은 신약성서가 교회에 관해서 말할 때와는 다른 차원이다. 그러나 하나의 동일한 영역, 곧 그리스도론의 영역 안에서 우리는……교회에 관한 진술과 아주 독특한 방식으로 평행을 이루고 있다." 바르트는 거기에 근거하여 국가를 긍정적으로 평가할 수 있는 가능성을 찾아냈다. 그는 바로 거기에 근거하여 민주주의(다시 말해 "모든 시민의 책임성 있는 지지 위에" 설립된 공동체다!)야 말로 복음과 가장 잘 어울리는 국가 형태라고 주장했다. 그래서 그는 바로 여기에 근거하여 '스위스 국방의 의무'가 정당한 것이라고 주장하기도 했다. 국가와 교회의 혼동에 대해서는 특별한 말을 하지 않으면서, 바로 거기로부터 교회의 정치적 과제를 도출해 냈다. 요컨대 교회는 국가에 대해 수동적으로 충실한 하인처럼 복종할 것이 아니라, 적극적이고 책임 있게 국가에 참여해야 한다. 물론, 국가를 위해 교회가 할 수 있는 가장 중요한 봉사는 교회의 선포다. "교회로서는 하나님의 칭의를 선포하는 것이 인간적 정의의 수립과 보존을 위한 최고의 봉사다."[111]

이 강연은 바르트가 향후 몇 주 동안, 아니 이후 수년 동안 정치적 발언을 하거나 입장 표명을 할 때마다 '신학적 전제'가 되어 주었다.[112]

그러나 이렇게 정치적 저항이 교회적 저항 속으로 유입되어야 한다는 생각은 "1938-1939년에……특별한 의미에서 감별(鑑別)의 시간"을 맞이했던 고백 교회 안에서는 여전히 몰이해의 대상, 심지어 배격의 대상이었다.[113] 니묄러는 벌써 집단 수용소에 감금되어 있었기 때문에 바르트의 생각을 지지해 줄 수 없었다. 아스무쎈은 "일종의 회심"을 체험했는데, 그 회심이란 것이 "국가의 개입에 맞서 고백 교회가 안타깝게도 항상 그랬던 것보다는 훨씬 소극적이 되어야 한다"는 의미의 회심이었다.[114] 얼마 후, 바르트는 자신이 『칭의와 정의』에서 내세운 관점을 두 번에 걸쳐 구체적으로 적용하는 바람에 고백 교회 지도자들과 더욱 멀어지게 되었다. 첫 번째 적용의 단초가 된 사건은, 그해 여름 독일의 목사들에게 히틀러에 대한 맹세를 하라는 요구가 떨어진 것이었다. 바르트는 5월에 이미 어느 '평의회'에서 결단코 그런 맹세를 해서는 안 된다고 충고했다. 그런데도 "치명적인 '고백' 총회"는 그 요구를 받아들이기로 했고, 바르트는 그에 대해 신랄한 비판의 글을 써서 독일로 보냈다. "독일의 고백 교회에게 인간적 모습을 부여한 참된 고백은 이제 고백 총회가 직접 빠져든 오류와 시험에 맞서 싸울 때에만……온전히 유지될 수 있다."[115] 바르트는 이 맹세 문제에 대한 자신의 입장을 9월 5일 취리히의 한 강연에서 다시 한 번 요약했다.

바로 그날 베른에서는 오랫동안 병상에 계시던 어머니가 돌아가셨다. 바르트는 최근에 어머니를 찾아뵈었는데, 그때 어머니는 "정신이 아주 맑고 명랑한 상태"였다. "그분은 벌써 저 건너편에 가서 말씀하는 것처럼, 온갖 옛날 일과 새로운 일에 대해 온화하고 선명하게, 어떤 때는 아주 장난스럽게 우리와 이야기를 나누셨다.……나는 그렇게 어머니와 이별했다. 그리고 그때를 언제나 흐뭇한 마음으로 떠올리게 된다."[116] 장례식 때는 바르트의 친구인 알베르트 셰델린이 조사를 낭독했다.

9월 19일, 바르트는 요제프 로마드카의 조문 편지에 답장을 썼는데, 이 답장은 『칭의와 정의』의 두 번째 적용이었다. 바르트의 편지는 히틀러의 침공 위협 앞에 있는 체코슬로바키아를 향해 이렇게 호소했다. "이제 체코의 군인 한 사람 한 사람은 유럽의 자유를 위해서만이 아니라 그리

스도교 교회를 위해서 일어서고 쓰러져야 할 것이다."¹¹⁷ "나는 로마드카
에게 보내는 편지에서……지금 막 무장을 한 상태에서 위협하고 공격하
는 세력에 맞서-믿음을 위하여-무장 투쟁하자고 외쳤다." 그것은 "세
계대전을 벌이자는 것이 아니라……저항을 하자는 것이었다."¹¹⁸ 그러자
우렁찬 반대의 합창이 터져 나왔다. 일단 "독일의 모든 언론은 상부의 명
령에 따라 비슷한 내용의 사설을 다양한 제목('전쟁을 사주하는 신학 교수',
'유대인-체코인-칼 바르트', '칼 바르트의 참 모습' 등)으로 실었다." 그러나 "나
름 객관적인 사람들, 개인적으로 친분이 있는 사람들한테서도 우려 섞인
말들, 탄식의 말들, 특히 분노의 말들이……오로지 나한테만 비 오듯 쏟
아졌다." 고백 교회 지도부는 '공식적인 비판서한'을 발표하여 나와 거리
를 두었다.¹¹⁹ 9월 30일, 영국과 프랑스는 뮌헨 회담에서 체코슬로바키아
의 절반을 집어삼킨 히틀러의 침공을 승인해 주었다. "뮌헨 협정이 체결
되자 나는 밤새 한 잠도 자지 못했다." 그리고 "일기장에 이렇게 적었다.
'유럽의 자유가 뮌헨에서 파멸에 이르다!' 이런 생각을 하는 사람은 나 혼
자인 것 같아서 너무나 비참했다. 그 당시 대부분의 사람들은, 히틀러가
만들어 낸 현실을 인정하는 것이 곧 '현실주의'라고 생각했다. 모든 교회
는-스위스의 교회도 마찬가지였지만-평화가 유지된 것을 감사하는 예
배를 드렸다. 6개월 뒤, 히틀러는 그 굴욕적인 협정마저도 보란 듯이 깨
뜨렸다."¹²⁰ 10월부터는 독일에서 바르트의 저서 구매가 일절 금지되었
다. 10월 말, 바르트는 자신을 비판하던 어느 스위스인에게 답장을 쓰면
서 아주 대담한 명제를 내놓았다. "정치적 질서와 자유에 대한 위협은 간
접적으로 교회에 대한 위협이기도 하다. 정의로운 국가는 그 질서와 자
유를 수호하기 위해 나서는데, 그렇다면 교회도 간접적으로 그것을 수호
하는 데 동참하는 것이다." 물론 "교회의 투쟁과 고통은 오로지 종교적

인 것일 수 있다." 그러나 "만일 교회가 그런 문제에 무관심하다면, 그것은 자신의 선포를 진지하게 생각하지 않는 것이다." 그리고 이렇게 덧붙였다. "9월 30일 전후의 상황처럼 정부와 국민과 교회가 그렇게 황당한 속임수에 넘어가 버렸을 때……우리 모두가 그에 대한 대가를 지불해야할 것이다."[121]

바르트는 이렇듯 그리스도인의 정치적 책임을 강조했지만, "하나님의 존귀하심과 모든 그리스도교 메시지의 종말론적 성격, 그리스도교 교회의 유일무이한 과제인 순수한 복음 선포"야말로 "나의 신학적 가르침의 핵심"을 형성한다는 사실에는 추호의 변화도 없었다. "실제 인간과는 동떨어진 추상적이고 초월적인 하나님('하나님은 모든 것이고, 인간은 아무것도 아니다!'), 현재적 의미를 완전히 배제한 추상적인 종말론적 기대, 그리고 그렇게 추상적으로 오로지 초월적인 하나님에게 매달리면서 국가와 사회와는 철저하게 분리된 교회는 나의 머릿속에는 존재하지 않았다. 오직 내 글을 읽는 독자들의 머릿속, 특히 나에 대한 책을 쓰고 서평을 쓴 사람들의 머릿속에나 존재했던 것이다."[122] 지금 바르트의 태도는 이러한 생각을 충분히 확인시켜 주고도 남는 것이었다. 바르트는 자기를 추종하는 사람들 가운데 일부가 자신을 "신학자 또는 정치가의 범주로 나누고, 그다음에는 오직 신학자로서만―어떤 사람들은 정반대로 오직 정치가로서만―관심을 가지고 감동을 받으려고 하면서 나머지 하나는 무슨 치부라도 되는 양 한구석으로 밀어 두고 그것이 없었으면 하고바라는 것"에 대해서도 거부감을 드러냈다.[123]

12월 5일, 바르트는 비프킹겐Wipkingen(취리히) 강연을 통해서, 1938년 내내 심도 깊게 고민했던 주제, 곧 '교회와 국가'의 관계 문제를 당시의 구체적인 상황 속에서 다시 한 번 요약하여 발표했다('오늘의 교회와 정치적 문제'(Die Kirche und die politische Frage von heute]). 그는 여기서 (수정의 밤* 사건 이후 3주밖에 안 된 상황에서!) 이렇게 말했다. "누구든지 유대인을 무조건 적대시하는 사람은……예수 그리스도를 무조건 적대시하는 사람이다. 반유대주의는 성령을 거스르는 죄다."[124] 그날의 강연은 "내가……터키인에게 반대하는 기도를 요청하고, 그 기도를 당시의 정치적 상황에서 교회가 취할 수 있는 결정적인 행위라고 말함으로써" 마무리되었다.[125] 바르트가 이런 말을 한 것은 제1차 비프킹겐 대회 때였고, 이 대회는 1945년까지 다섯 번 더 열렸다. 이 대회를 주최한 것은 '고백교회를 위한 스위스 개신교 구호 사업회'였는데, 이 모임은 1938년 1월 5일 취리히에서 "활동적인 목사 파울 포크트Paul Vogt"가 발의하고 바르트가 결합함으로써 구성되었다.[126]

"원래 '구호 사업회'의 과제는 비교적 자선 사업의 성격을 띤 것이었다. 지치고 피곤한 동료 목사들, 때로는 목사의 부인들이……스위스의 휴양지에서 숙박을 할 수 있게 했다." 바르트는 특별히 발첸하우젠Walzenhausen에서 1938년 8월, 1939년 8월에 고백 교회 지체들을 위한 휴양 코스를 추진했다. 그런데 여기에 '문서 활동'이 추가되었다. 다양한 전단지나 문서를 배포하는 일을 했는데, 거기에는 바르트의 글도 있었다.[127] 그러다가 "독일에서 쫓겨난, 혹은 도망친 유대인이나 유대 그리스도인을 돌보는 활동이 점점 늘어났다."[128] "이런 일에 동참함으로써 그리스도인으로서 나름 진지하게 살아가고자 하는 스위스 사람들이 있었는

---

* 수정의 밤(Kristallnacht): 1938년 11월 9-10일 나치 독일 전역, 그리고 오스트리아 일부에서 유대인들에게 (나치스 돌격대를 중심으로) 집단적인 폭력이 자행되었으며, 독일 정권은 그 사태를 알면서도 개입하지 않았다. 유대인의 상점, 건물, 회당이 주요 습격 대상이 되었고 깨진 유리창이 거리를 가득 메웠다. '깨진 수정의 밤' 또는 '깨진 유리의 밤'이라고도 한다—옮긴이.

데" 바르트는 그 가운데서도 "거의 전설이 되어 버린" 여성 활동가 게르트루트 쿠르츠Gertrud Kurz 박사를 대단히 높이 평가했다. 그녀는 "독일 유대인, 공산주의자, 사회주의자, 억류된 자들을 헌신적으로 돌보고, 그들의 목소리를 대변해 줌으로써……그들에게는 거의 어머니와 같은 존재였다." 그리고 위에서 언급한 파울 포크트 목사는 "그 많은 세월 동안 철저하게 자기를 희생한 나머지……거의 소진되다시피 했다."[129] 바르트는 그 사람을 보면서 "여러 가지 면에서……요한 카스파르 라바터"를 떠올리지 않을 수 없었다.[130] 언제나 최전선에 있던 두 사람, 꿋꿋이 물살을 거스르며 헤엄쳐 나가던 두 사람은 "독일의 고난, 그리고 독일인에 의해 야기된 유대인의 고난에 적극적으로 관여한 스위스 그리스도교"를 상징하는 인물이었다.[130a] 바르트가 이 과제를 지각하는 과정에서 포크트는ー비록 두 사람은 "창조주께서 약간 다른 스타일로 구상하고 만드신 피조물"이었지만ー가장 가까운 길벗이었다.[131] 그 포크트 덕분에, 츠빙글리가 지은 노래 '주님, 이제 직접 마차를 붙들어 주소서!'(Herr, nun selbst den Wagen halt)는* 바르트에게 잊을 수 없는 노래가 되었다. "그 친구[포크트]는……고백 교회를 위한 구호 사업회의 모임을 시작하는 자리에서 이 노래를 자주, 아주 자주 불렀다."[132]

바르트는 비프킹겐 강연문(『교회와 정치』)을 좀 더 간소화하여, 새해(1939년) 첫 주에는 바젤비터의 여러 마을(올팅겐, 겔터킨덴, 킬히베르크, 프라텔른)에서, 5월에는 모티에Môtier에서 프랑스어로 발표했다. "유라 산맥의 북쪽 지역은 더욱 탄탄한 정신적 방어 태세를 갖춰야 했기 때문이다."[133]

---

* 스위스 종교개혁 찬송으로 유명하다. 츠빙글리는 1529년의 처참한 전쟁이 터지기 전에 이 곡을 썼다. 이 찬송이 묘사하는 하나님은 직접 마차의 고삐를 잡으시는 분이다. 그분이 마차를 운전하지 않는 한, 마차는 자꾸 곁길로 내닫는다ー영역본 옮긴이.

이 강연에서 바르트의 가장 첨예한 반(反)명제가 울려 퍼졌다. "우리는 그리스도인이면서 동시에 국가사회주의자일 수 없다." 그해 초반에는 다시 한 번 "프랑스, 네덜란드, 덴마크 여행을 마지막으로 다녀올 수 있었다."[134] 1월의 처음 몇 주 동안에는 비에브르Bièvres에서 목사들에게 베드로전서 일부와 갈리아 신앙고백서를 해설했다. 3월에는 네덜란드의 몇몇 도시(우트레흐트, 레이든, 캄펜, 그로닝겐, 암스테르담)에서 '하나님 말씀의 주권과 신앙의 결단'이라는 주제로 강연했다. 바르트는 이 강연에서 다음과 같이 이야기했다. 말씀의 주권은 신앙의 결단을 배제하는 것이 아니라, 오히려 그 결단을 해명하고 요구한다. 그러나 그 결단은 오로지 "하나님 말씀에 대한 책임 안에서……또한 그 말씀의 주권에 대한 복종 안에서" 올바로 이루어진다. 또 이렇게 말했다. "신앙의 결단은……하나님 말씀의 주권에 대한 선포이면서 동시에 참된 인간성의 선포다."[135] 바르트가 그곳에 도착하기 전에 그의 강연에 대한 사전 검열이 있었다. 바르트한테 강연 도중 정치적인 언급은 하지 않겠다는 서약을 받아 내려고 했던 것이다. 바르트는 이 첫 번째 압력을 다음과 같은 이유에서 거절했다. "아직은 자유로운 나라조차 순전히 독일이 무섭다는 이유로 그런 방법을 사용한다면, 머지않아 유럽은 히틀러의 유럽이 될 것이며, 나는 거기에 터럭만큼이라도 기여하고 싶은 생각이 없다."[136] 두 번째로 압력이 왔을 때는 이런 논리로 물리쳤다. "신학을 말하는 곳에서는 명시적이든 암시적이든 언제나 정치를 말하게 되어 있다."[137] 바르트가 네덜란드에 머무는 동안, 네덜란드의 국무총리 콜레인Coljin이─그 또한 그리스도인이었는데─나에게 독특한 방식으로 관심을 보였으니 "내가 돌아다니는 곳마다 경찰을 붙여 감시하게 한 것이다. 그러더니 결국에는 암스테르담에서 나를 멈춰 세워 놓고, 아주 편안하게 나하고 커피를 마시려고 하는 것이다. 그런데 이번에는 내가 그러고 싶은 마음이 전혀 없지 뭔가!"[138] 바르트는 암스테르담에서 비행기를 타고 덴마크로 가서 뉘보르 Nyborg 해안에서 개최된 목회자 대회에 참여하여 베드로전서 주석을 반복했고 (네덜란드에서 그랬던 것처럼) 유아 세례에 대한 비판적 견해를 밝혀 사람들을 충격 속에 몰아넣기도 했다.

1939년 여름학기에는 또 한 권의 『교회교의학』(II/1)을 완성했다. 바르트는 그 책을 애버딘 대학교와 옥스퍼드 대학교에 헌정했다. 그 책의 후반부는 '하나님의 실재'에 관한 내용이었다.

여기서 바르트는 단순한 행동주의를 배격하면서 하나님의 "존재"에 대해 질문을 던진다. 그는 형이상학적 존재 사변을 거부하면서 그분의 존재를 "행위 안의 존재", 곧 "계시의 행위 안에서"의 존재로 규정한다.[139] 좀 더 자세하게 규정하면 이렇게 말할 수 있다. 하나님의 존재는 "자유 안에서 사랑하는 분"이다. 이러한 변증법적 진술은 하나님의 "특성"에 관한 가르침, 혹은 바르트가 더 선호하는 하나님의 "완전성"에 관한 가르침에 직접적인 영향을 끼친다. 바르트는 그것을 철저하게 예수 그리스도 안에 나타난 계시를 통해 이해하고자 하며, 그 계시의 충만함은 하나님의 "본질"과 "동일하다"고 주장한다.[140] 바르트는 그것을 "하나님의 사랑"과 "하나님의 자유"로 파악한다. 그러나 그는 신적인 완전성의 그 두 가지 형태가 불가분의 관계임을 똑똑히 보여주기 위해, 한 쌍의 상호보완적 개념들이 "하나"의 신적인 완전성을 구성한다고 설명한다. 예컨대 하나님의 은총과 거룩함, 자비와 정의, 통일성과 편재성 등이다. 이 책의 마지막 부분에서는 가령 하나님의 인내에 관해 설명하는데, 그 인내는 다른 것을 위한 여지를 가지고 있기에 그것(다른 것)을 파괴하지 않아도 된다. 또한 하나님의 유일성은 세상의 철저한 탈신성화를 의미한다. 하나님은 전능하시다. 하지만 전능 속에서 "모든 것"을 하시는 것이 아니라 심지어는 어떤 일을 후회하기도 하시고, 기도를 들어"주실 수도 있다." 하나님의 영원은 어떤 무시간성을 의미하는 것이 아니다. 하나님은 오히려 그 영원 속에서 피조물을 위해 시간을 내신다. 하나님의 자비는 그분의 의로움과 떼려야 뗄 수 없는 관계에 있다. 이러한 글은 정치적으로 매우 분망하고 우울한 시기에 써 내려간 것이었으나, 바로 그렇기 때문에 위로의 빛으로 환히 빛나는 것이다.

1939년 여름, 바르트는 세미나 시간에는 국가의 문제를 신학적으로 조명하고, 콜로키움에서는 독일 교회투쟁 문헌을 다룸으로써 외부의 상황에 대해 직접적으로 입장을 표명했다. 6월부터는 바르트의 학문 활동이 새로운 공간에서 펼쳐졌다. 바젤 대학교가 페터스그라벤Petersgraben에 있는 새로운 건물로 이사했고, 신학대학은 라인슈프룽Rheinsprung에 있는 옛 대학교 건물로 들어간 것이다. 바르트는 새로운 대학교 봉헌식에서 고린도전서 3:11 본문("이 닦아 둔 것 외에 능히 다른 터를 닦아 둘 자가 없으니 이 터는 곧 예수 그리스도라")으로 설교했다. 또 취리히와 바젤에서는 (과거에 19세기 신학에 대해 강의했던 것을 토대로) 슈트라우스에 관한 강연도 했는데, 이것은 취리히의 '슈트라우스 사건'* 1백 주년을 기념하는 강연이었다. 바르트는 도로시 세이어즈의** 신학 서적을 번역하기도 했다. "나는

---

* 엄청난 논란의 대상이었던 신학자 다비드 프리드리히 슈트라우스(David Friedrich Strauß)는 1893년 취리히 대학교의 신학과 교수로 초빙되었다. 경건한 그리스도인들은 그 사건에 격분하여 대규모 시위를 벌였고, 유혈 사태까지 벌어진 뒤에야 시위가 끝이 났다. 결국 슈트라우스의 교수 초빙은 취소되었다―영역본 옮긴이.

** 도로시 세이어즈(Dorothy L. Sayers, 1893-1957): 20세기 영국의 뛰어난 소설가, 희곡 작가, 번역가이자 그리스도교 사상가. 동시대 작가인 C. S. 루이스, J. R. R. 톨킨, 찰스 윌리엄스 등과 함께 '옥스퍼드 그리스도인'이라 불렸다 ―옮긴이.

그녀의 추리 소설에······완전히 빠져들어 감탄하며 읽었다." 물론 그녀의 신학은 "영국에서는 거의 필연에 가까운 것처럼 보이는 펠라기우스주의"의 요소를 갖고 있었다.[141] 그 번역서는 1959년에야 출간되었다.

바르트는 독일의 상황을 계속해서 예의주시했다. 1938년 11월에는 요헨 클레퍼Jochen Klepper, 1939년 2월에는 다시 헤르만 라우쉬닝, 4월에는 하인리히 그뤼버Heinrich Grüber, 5월에는 쾰른의 로베르트 그로셰, 로마 드카, 9월에는 전직 수상 요제프 비르트Joseph Wirth를 두 번 만났다. 이렇게 많은 사람들을 만나 기나긴 대화를 나눌 때도 그 주제는 독일의 정치 상황이었다. 그는 이미 4월에, 이제 막 형태를 갖춰 가고 있던 에큐메니칼 진영의 총무 피스르트 호프트를 만나, 일촉즉발 전쟁의 위협에 직면한 독일의 그리스도인들에게 라디오 메시지를 전해야 한다고 몰아붙였다. 그가 제안한 메시지의 내용은 이런 것이었다. "이 전쟁은 온 나라의 그리스도인이 독일 민족을 상대로 벌이는 전쟁이 아니라 우리 모두에게 위험스러운 침략자를 겨냥한 것이다. 우리는 독일에 있는 모든 그리스도인의 양심에 호소한다. 이 전쟁을 막기 위해, 그 침략자의 승리를 막기 위해 할 수 있는 모든 일을 지금 실행에 옮기는 것이야말로 그들의 의무가 아닌가?" 예컨대 병역 거부, 사보타주 등으로 말이다.[142] 피스르트 호프트는 자기에게 그런 메시지를 전할 능력은 없다고 생각했다. 그러나 바르트의 제안은 친구들의 마음을 조금씩 움직이기 시작했다. 바르트는 7월 말-8월 초에 베르클리에서 피스르트 호프트, 에른스트 볼프, 헬무트 골비처, 귄터 덴, 게르트루트 슈테벤, 피에르 모리, 아르투어 프라이를 만났다. 바르트와 같은 "주장을 하는 사람은······아무도 없었다." 친구들은 그의 주장을 거부했다. "어쩌면 그것은······그런 시도가 너무나 익숙지 않고, 너무 새롭고, 너무 대담한 것이기 때문이었으리라."[143] 그들은 근심

어린 대화를 이어가다가 중간중간 계시록의 말씀을 읽었다. "그 며칠 동안 우리의 대화는 끊긴 적이 거의 없었다."[144] 몇몇 친구들이 바르트를 취리히 '박람회'에 데리고 갔다. 바르트는 그 박람회 관람을 (1914년 박람회 때와는 달리) "좋은 일"이라고 여겼는데, 그것은 "엄청난 폭풍이 몰려오기 직전에 우리가 이 박람회를 통해서" 스위스의 독특한 멋을 기분 좋게 "다시 한 번 눈으로 보고 마음에 새길 수 있었기" 때문이었다.[145] 게다가 거기서-'해외에 거주하는 저명한 스위스인'(!)이라는 표제 아래-바르트의 사진도 볼 수 있었다.

제2차 세계대전의 그늘 속에서

1939년 9월 1일 제2차 세계대전이 일어났다. 바로 그 시간 바르트는 "벨첸하우젠에서 개최된 독일 신학자들을 위한 모임에 참여하여 데살로니가전서를 함께 읽고 있었고, 독일에 있는 그리스도인들이 지금같이 명백한 위기의 상황 속에서 구체적으로 어떻게 행동할 것인가에 대한 질문과 한창 씨름하고 있었다. 독일 경계선 바깥에 머물러 있어야 하는가? 전시 복무를 거부해야 하는가? 허공에 대고 총을 쏘아야 하는가?……그러다가 금요일 이른 아침, 우리는 너무나 갑작스레 그 소식을 접하게 되었다. 우리는 아름다운 작별을 나눈 뒤 각자의 길로 갔다." 바르트는 이 전쟁으로 인해 "독일에 있는 사랑하는 많은 사람들에게" 그리고 "모든 나라의 무수한 사람들에게" 닥쳐올 모든 고통을 걱정했다.[146] 하지만 그는 이제 분명히 "히틀러짓거리의 종말이……시작되었다"고 생각했다. "그런 의미에서 심호흡을 하게 된다. 그리고 국가사회주의와 볼셰비즘의 관련성도-전에는 많은 사람들이 믿지 못했지만-이제는 확실하게

칼 바르트가 '제2의 고향'처럼 느낀 베르클리에서 친구들과 함께.

"베르클리는……바르트와 많은 친구들을 위한 만남의 장소이기도 했다. 무섭게 팽창한 폭풍우 한복판의 오아시스이자, 꼭 필요한 전투를 위해 무기를 제작하는 비밀 공간이기도 했다."

드러났다. 모든 것이 근본적으로 훨씬 분명해졌다. 오늘 우리는 이 전쟁이 무엇을 위한 전쟁인지 알 수 있다. 이것은 1914년과 비교할 때 커다란 차이다."[147] "어떤 전쟁을 치르되, 적어도 한쪽 편 사람들이라도 자기네가 선한 대의를 위해 모든 것을 감내하고 모든 희생을 감수할 것이라는 사실을 알았던, 그런 전쟁은 아주 오랫동안 없었다. 그러나 저기 다른 편도 있다. 저들은 그걸 알 수 없다.……그런데도 모든 희생과 고통을 감수해야 한다. 아무리 봐도 가망이 없는 명분을 위해서 말이다. 그러므로 저 가련한 독일 사람들에게 가장 큰 연민을 느끼지 않을 수 없다."[148]

그 후로 몇 년 동안 "나는 내내……나의 조국 스위스에서 지낼 수밖에 없었다. 나는 그 기간에 여러 번 강연회를 다니고, 온갖 대회에 참석하면서 나의 고향을 그 어느 때보다 열심히 돌아다녔고, 그 어느 때보다 잘 알게 되었다. 그러나 스위스의 국경이 곧 나의 국경이었다." "내가 나의 가장 시급하고 중요한 의무로 생각한 것은, 미쳐 돌아가는 유럽의 한복판 어느 한 곳, 그러니까 스위스라는 우리의 섬에서, 특별히 나의 작은 도시 바젤에서ー지금은 승승장구하고 있지만 얼마 후에는 쓰라린 고통을 겪게 될 독일, 그리고 지금은 억압을 당하고 있지만 얼마 후에는 다시 일어설 프랑스를 들여다보면서ー제대로, 그리고 '아무 일도 없었던 것처럼' 신학을 하는 것이었다. 어떤 경우에도 견고하고 지속적이며 확실한 언약이 있는 바로 그 일에 내가 온전히 붙잡혀 있다는 사실이 이렇게 행복했던 적은 없었다."[149] 물론 바르트는 자기가 이런 격동의 시간, "세계사가 가장자리까지" 차고 넘쳐 나던 그 시간에 "아무 데도 갈 수 없고, 무언가 결정적인 일을 함께 할 수 없다"는 것 때문에 안타까워하기도 했다. "그러나 어쩔 수 없는 일이었다. 나는 주로 내면의 전선에서 일하는 수밖에 없었다."[150]

바젤에서 바르트의 강의를 듣는 학생들의 수는 눈에 띄게 줄었다. 한 편으로는 외국인 학생들이 사라졌기 때문이었고, 다른 한편으로는 많은 스위스 대학생들이 군복무를 위해 빠져나갔기 때문이었다. 독일인 학생 가운데는 딱 한 사람, 쿠르트 뮐러Kurt Müller만 남았다. 그나마 그가 "든든 한 기둥" 노릇을 했다.[151] 바르트는 그렇게 남은 "적은 무리"와 더불어 부 단히 자기의 작업을 계속해 나갔다. 그는 그들에게 교의학을 강의했고, 그들과 함께 고전 텍스트를 읽어 나갔다. 전쟁이 지속되는 동안 세미나 시간에는 제2차 헬베티카(스위스) 신앙고백서Confessio Helvetica posterior를 세 학기, 트리엔트 공의회의 성례전 교리, 칼뱅의 그리스도교 강요 III, 안셀 무스의『왜 하나님은 인간이 되셨는가?』, 루터의 선행에 관한 설교, 츠빙 글리의『참된 종교와 거짓 종교에 관하여』(De vera et falsa religione), 하이 델베르크 교리문답에 나타난 가톨릭주의의 관점, 칼뱅의 그리스도교 강 요 I, 1-9 등을 두 학기 동안 다루었다. 소모임에서 다룬 주제는 두 학기 동안 교회법과 협정 신조, 네 학기 동안 슐라이어마허의 저작, 그리고 신 앙고백의 문제, 칸트의 종교철학, 라바터의『영원 조망』(Aussichten in die Ewigkeit), 루터의 '지배 당국'Obrigkeit 이해였다.

강연도 그의 신학 작업의 일부가 되었다. 1939년 10월에는 바젤비 터의 샤우엔베르크Schauenberg에서 열린 목회자 대회에서 마가복음 13장 을 주석했고, 11월에는 베른에서 "그리스도교의 비밀과 인간의 삶"에 대 해 강연했다. 그 강연에 따르면, "그리스도교적인 것"이란 사실 중요한 신비다. "그 신비는……우리가 도달할 수 있는 것이 아니다. 그것이 우 리에게 도달할 수 있을 뿐이다. 우리가 그 신비를 가지고 뭔가를 시작할 수 있는 것이 아니라, 그 신비가 우리와 더불어 모든 것을 시작하고자 한 다.……그 신비는 증명될 수 없다. 신비는 오직 스스로 증명되며, 그러한 자기 증명의 행위 속에서 인식된다."[152] 이 강연문은 그전에 장크트갈렌에서도 발표된 적이 있었다. 그러나 바르트가 급성 담석산통 때문에 그곳에 갈 수 없게 되는 바람에, 최후의 순간에 헤르만 쿠터 2세Hermann Kutter Jr.가 대신 그 강연문을 읽었다. 1940년 3월에는 라디오 방송에 나가 '최근 30년간 신학의 새로운 방향 설정'이라는 주제로, 특히 변증법적 신학을 소개하는 강연을 했다. 1940년 10월에는 뇌샤텔의 트래버스Travers 산에서 '칼뱅의 교리문답에 따른 사도신경 해설'을 (프랑스어로) 시작했고, 6년여에 걸쳐 그때그때 개최된 대회의 자리를 통해 강연이 지속되었다. 여기서 의미심장한 것은 바르트가 그런 문헌을 참조하며 거듭거듭 신학적으로 사고했다는 점이다! 바로 여기서 자극을 받아, 바르트는 아주 독자적인 자기 사상을 전개하게 된 것이다. 게다가 이번에는 프랑스어권 청중이 대단히 적극적이어서 그에게 더 큰 자극이 되었다.

바로 이 '해설' 이곳저곳에 멋들어진 표현들이 많이 나온다. 예컨대 이런 것이다. "인간의 행복은 자신의 삶 속에서 하나님의 지극한 복이 드러나도록 하는 것이며, 하나님의 지극한 복은 인간에게 인간적 행복의 형태로 자기를 선사하는 것이다." "참으로 인간이 되기 위해서는……예수 그리스도를 믿어야 한다." "하나님의 섬세한 아이러니가 있으니, 이는 그분이 우리에게 이렇게 말하시는 것이다. 이제는 너희가 너희 안에서 어떤 철학을 갖고 있으니, 좋다, 그 철학을 가지고 너희의 최선을 다하여라.……단 하나, 너희의 철학이 너희의 '제자됨'을 방해만 하지 않으면 된다!" "하나님은 아낌없이 주시는 분, 기꺼이 주시는 분, 한없이 관대한 분이시다." "어쩌면 지금이야말로 그리스도인들이 프랑스 혁명을 수호해야 할 때인지 모른다." "우리는 하나님이 너무나 영적인 분이시기 때문에 두 손도 없는 분이라고 생각하게 만드는 이상주의적 심령주의를 경계해야 한다. 그것은 틀린 생각이다. 하나님은 두 손을 가지신 분이다. 그것도 (우리가 가진 것 같은······비천한 손 말고) 참된 손 말이다."[153]

바르트의 제자 장-루이 뢰바Jean-Louis Leuba는 바르트가 이처럼 편안하게 풀어 나간 '해설' 강연을 꼼꼼히 필기했다가, 훗날 그것을 책으로 펴냈다. 전쟁 중이던 그 기간, 바르트는 프랑스어권 신학자들, 특히 제네바의 신학자들과 친하게 지냈다. 자크 쿠르부아지에Jacques Courvoisier, 자크 드 세나르클렌Jacques de Senarclens 같은 사람들이 바르트의 친구가 되었다. 뇌샤텔의 목사들과도 친분을 쌓았는데, 그 가운데 바르트와 주로 연락을 주고받던 사람은 장 자크 폰 알멘Jean Jacques von Allmen이었다. 바르트는 베른 주의 쥐라 지방 목사들과도 가깝게 지냈다.

하지만 이 모든 일 가운데서도 바르트의 주요 업무는 자신의 교의학을 계속 써 내려가는 것이었다. 그리고 그는 "그렇게 오랫동안, 그렇게 고요하게 이 위대한 주제를 연구하고 강의할 수 있었던 것"에 감사했다.[154] 그가 바젤의 강의실에서 설파했던 "모든 것의 배경은 전쟁이었고, 우리는 여기서 그 처음과 마지막 시기에 바덴 지방과 알자스 지방에서 무섭게 울려나는 굉음을 걱정했고, 전쟁이 한창일 때는—물론 여러 가지 다른 일도 있었지만—중립국인 우리네 상공으로 영국과 미국의 비행기들이 아무 거리낌 없이 날아가다가 가끔 불쾌한 것을 떨어뜨리기도 했다. 이러한 상황에서도 하나님의 속성과 예정과 그 밖의 모든 것이 인쇄되어 책으로 나올 수 있었던 것은 정말 다행스러운 일이었다."[155] 전쟁이 그 광포함을 드러내기 시작하던 1939년 가을, 바르트는 신론 가운데서도 예정론에 접어들었다. 그의 글은 다시금 상세해졌다. "이 주제를

제대로 이해하기……원한다면, 그야말로 모든 것을 설명하고 넘어가야
했다." 그 과정에서 "꼭 필요한 작업으로 부각된 것은, 지금 나의 교의학
해설의 성서 주석적 배경을, 이전 책에서 했던 것보다 더욱 명확하게 드
러내는 것이었다." 그리고 "내가 신론 제1부를 집필할 때 그랬던 것보다
훨씬 더 많이, 신학적 전통의 난간에서 멀어질 수밖에 없다는 것을 느꼈
다. 예정론을 다룰 때는 최대한 칼뱅의 입장을 견지하면서 거기서 멀리
가지 않고 싶었지만……그럴 수가……없었다. 이 주제에 관한 성서의
말씀을 읽고, 그 말씀이 내게 말하게 하고, 내가 들은 것을 숙고하면 할수
록, 나에게서 새로운 변화가 확고히 자리 잡는 것을 거부할 수 없었다."[156]

그 "새로운 변화"란 바르트가 "은총의 선택에 관한 가르침이 확실하고도 명
확하게 **복음**으로 이해되어야 한다는 사실, 그 가르침은 긍정과 부정 저편의
중립적인 형태의 가르침이 아니라는 사실, 그 가르침은 부정이 아니라 긍정
이며, 긍정과 부정이 아니라 그 발언의 실체와 근원과 핵심 그 자체가 곧 긍
정이라는 사실, 그러므로 은총의 선택은 복음의 총체라는 사실"을−1936년
헝가리 강연에서보다 훨씬 근본적으로−진지하게 받아들이게 된 것이다.
바르트에 따르면 이것(은총의 선택)은 하나님의 "절대적 작정"ein absolutes
Dekret(칼뱅)도 아니다. 이것은 계시 이면에 있는, 말로 표현할 수 없는 어떤
신비도 아니다. 오히려 이것은 계시 안에서 밝혀지고 완성되는 "**구체적** 작
정"decretum concretum이다. "예수 그리스도의 뜻과 다른 하나님의 뜻은 없다."
그러므로 우리는 예수 그리스도를 통해서 "선택하시는 하나님과 직접 관련
을 맺게 된다." 그런데 예수는 "선택하시는 하나님"이실 뿐만 아니라−어떤
특정한 개인 혹은 집단이 아니라 그분 자체가−"선택된 인간"이시다. 그분
이 선택되신 것은, 인간의 버림받음을 "자기 자신의 것"으로 만들려 하심이

다. "하나님께서는 예수 그리스도를 선택하심으로써……인간에게는 선택 됨과 지극한 복과 생명을 돌리셨지만, 자기 자신에게는……버림받음과 저 주와 죽음을 돌리셨다." 그러므로 하나님의 예정에 대한 믿음은 "인간의 버 림받음을 믿지 않는 것Nicht-Glaube"이다. 물론 "그분 안에서", 다시 말해 예 수 그리스도 안에서는 "개개인"만이 선택된 것이 아니라 "공동체"도 선택된 다. 그리고 바르트에 따르면 이 공동체는—이것은 그 당시로서는 대단히 시 사적인 언급이었으니—이스라엘과 교회라는 불가분의 이중 형태를 띤다. 이스라엘은 자기가 선택받았다는 것에 저항하는 인간을 나타내기 위해 선 택된 것이요, 교회는 "하나님께서 받아 주시고 돌보시는 인간이 하나님의 손 안에서 과연 무엇이 되어야 하고 또 될 수 있는지"를 나타내기 위해서 선 택된 것이다. 그렇다고 바르트가 '만인화해론'을 주장하려는 것은 아니다. 하지만 바르트는 "예수 그리스도 안에서 선택된 사람 다수는 **열린** 다수인 데……그것을 **닫힌** 다수로 만드는" 시도에는 반대한다. 그것이 인류의 일부 를 가리키는 것이든, 아니면 무조건 인류 전체를 선택된 다수로 보는 것이든 마찬가지다. 이렇듯 "열린 다수"의 현실에 직면하여 "선택된 공동체"가 감당 해야 할 사명 가운데, 하나님의 은총의 복음을 선포하는 것보다 긴박한 사명 은 없다.[157]

바르트는 예정론에 이어 곧바로—"아주 적절하게도 바로 그 주제 다 음에"—'윤리의 토대'로서 하나님의 계명에 관한 가르침을 다루었다. 이것 은 1928년에 이루어진 윤리학 강의를 "철저하게 쇄신하는 것"이었다.[158]

바르트가 보기에 이것이 "아주 적절한" 까닭은, 먼저 복음이 있고 그다음 에 율법이 따라오기 때문이다. 그리고 윤리학의 과제는 "율법을 복음의 형

태로" 설명해 내는 것(!)이기 때문이다. 윤리학은 "그러므로 예수 그리스도
에 대한 인식에 토대를 두고 있으니, 그가 거룩하게 하시는 하나님이면서 동
시에 거룩하게 된 인간이기 때문이다." 그래서 "윤리학은 신론에 속한다. 자
기 자신을 위하여 인간을 붙잡아 쓰시는 하나님께서……직접 그 인간을 위
해 책임을 지시기 때문이다." 바르트의 윤리학은 두 가지를 강조한다. 하나
는 인간이 하나님께 붙잡히지 않으면 하나님의 은총의 선택인 복음을 듣지
못한다는 점이다. 다른 하나는 그 인간을 붙들고 요구하는 계명은 추상적인
법률이 아니라 자비하신 바로 그 하나님의 계명이라는 사실이다. 그러므로
그것은 어떤 '이상'이 아니라 이미 성취된 계명인 것이다! 윤리학은 "은총의
윤리학이며, 그렇지 않다면 신학적 윤리학이 아니다." 그러므로 "우리가 무
엇을 해야 하는가?"라는 물음에는 이렇게 답할 수 있다. "우리는 그 은총에
상응하는 일을 해야 한다."[159]

바르트는 이렇게 신학 작업을 진척해 나가는 과정에서 새로운 친구,
그 누구보다 지적인 자극을 주는 대화 파트너를 만나게 되었는데, 바로
한스 우르스 폰 발타자르였다. 그는 예수회 신부이며 프르시와라의 제
자로서, 1940년 바젤에 와서 가톨릭 대학생 담당 사제로 일했다. 바르트
는 트리엔트 공의회에 대한 세미나(1941년 여름학기)에 폰 발타자르가 들
어오자, 그를 기꺼이 맞아들이면서 이렇게 말했다. "적이 와서 청강하다
니!" 폰 발타자르는 바르트에게 몇 가지 비판을 했지만 그것은 "그다지
인상 깊은 반격은 아니었다.……그러기에는 그가 나의 교의학을 너무
많이 읽었는지도 모르겠다(엄마 고양이가 어딜 가나 새끼들을 몰고 다니듯이,
그 사람은 어딜 가나 유독 나의 교의학 II/1을 가방에 넣어 가지고 다녔다)." 그 두
사람은 적어도 "볼프강 아마데우스 모차르트에 관해서는, 그리고 국가적

차원의 저항의 필요성과 관해서는 완전히 의기투합했다."[160]

저항!

전쟁이 터진 이후로 바르트를 계속해서 긴장시켰던 것도 바로 이 저항이었다. 그는 결연하게 저항에 동참했다. 그가 저항하지 않을 수 없었던 것은 "특히 진정한 신학을 위한 나의 노력" 때문이었으며, 그 노력이 그의 저항을 결정했다.[161] 바르트는 자신의 다양한 교의학 명제 및 정치적 명제에 관해 이렇게 말했다. "모든 것이 긴밀하게 서로 연결되어 있다."[162] "그 당시 내가 그 문제에 관해 말할 때 갖고 있었던 책임성Verantwortlichkeit은 그리스도교적인 것이었다. 그보다 높은 차원의 책임성은……없다." 바르트는 옛날처럼 특정한 당에 가입하지는 않았다. 비록 그가 스위스 사회민주당과 여전히 같은 노선 위에 있었고, 또한 당시의 스위스 사회민주당은 저항과 관련해서는 놀라울 정도로 의식이 깨어 있었지만 말이다. 그는 당원으로서가 아니라 그저 스위스 사람으로서 저항하기를 원했다. 다시금 "내가 그리스도인으로서……할 수 있게 된 그것을, 스위스 사람으로서 말할 수 있었던 것뿐이다."[163] 그렇다. 바르트는 (언젠가 사민당원 한스 오프레히트[Hans Oprecht]에게 말한 것처럼) 이런 확신을 가지고 있었다. "국가사회주의라는 거짓 신앙의 무시무시한 역동성에 철저하게, 그리고 장기적으로 맞설 수 있는 것은 무(無)신앙도 아니요, 이런저런 성향의 반쪽 신앙도 아니요 오로지 더 나은 신앙, 더 우월한 신앙이니, 확실히 그것은 그리스도교 신앙이다."[164] 그런데 바로 그 신앙을 가진 그리스도인이라면, 정치적으로도 적극적이어야 한다는 것이 바르트의 생각이었다.

그 과정에서 바르트의 내면을 움직이던 생각은 두 가지였다. 하나는 저 히틀러에 대항하여 무조건 저항해야 한다는 생각이었다. 그런데 이 저항은 정신적인, 그리고 군사적인 저항이어야 한다. 바르트가 보기에 이 저항은 "우리의 삶 속에서, 삶을 살 만한 것으로 만드는 모든 것을 앗아 가려는 저 '허무주의의 혁명'을 저지하려는 시도"나 다름없다.[165] 그래서 바르트는 "그리스도교 교회가 과거의 전쟁 때는 아무 생각 없이 민족주의적이고 군국주의적인 말을 자주 내뱉더니, 이번 전쟁에서는 아무 생각 없이 중립적이고 평화주의적인 침묵만 지키려고 한다면" 그것은 잘못된 것이라고 생각했다. "교회는 민주주의 국가 사람들을 설득해서, 자기네가 무슨 하나님과 싸우는 사람들이라도 되는 것처럼 생각하게 해서는 안 된다. 그러나 교회는 그들에게, 우리가 하나님을 위하여 인간적인 존재로 있을 수 있으며, 비인간성이 절망의 힘으로 공격해 오는 것에 저항해야 한다고 말해 주어야 한다."[166] "만일 아무도 그런 말을 하지 않는다면, 바로 교회가 그 말을 해야 한다. 우리의 스위스 향토 방위대가 말할 수 없는 것을 말해야 한다. 이런 방어를 하는 일은 원칙적으로 필요한 일이라는 것 말이다."[167] 과거의 바르트는 '평화주의자'라는 비난을 많이 받았는데, 이제는 심지어 친구들한테서도 '군국주의자'라는 비방을 듣는 처지가 되었다.

두 번째는 스위스야말로 방어할 만한 가치가 있다는 생각이었다. "나는 최근 들어, 자유로운 동맹(연방)의 대의를 그 어느 때보다 사랑하고 칭송하게 되었다."[168] "스위스 사람들에게 익숙한 것, 그것은 우리 삶의 특정한 질서다.……그 질서는 완전한 것과는 거리가 멀다. 그러나 우리는 그 질서 아래에서 책임 있게 살 수 있으며, 또한 그렇게 살아야 한다. 왜냐하면 그 질서는 어쨌거나 자유로운 공동체, 공동체에 봉사하는 자유를 지향하기 때문이다.⋯⋯그런 국가 체계는 하나의 불빛과 같은 것으로서, 비록 작고―솔직히 말해―희미할 때가 많기는 하지만, 자기 자신만이 아니라 모든 민족의 미래를 위해서 계속 타올라야 한다."[169] 그러므로 "우리는 우리 자신을 위해 너무나 많은 것을 잃어버리는 것이 아니라, 미래의 유럽을 위해 많은 것을 지키려는 것이다.⋯⋯그러므로 우리는 이 저항이 반드시 필요한 것이라는 사실을 한 순간도 의심해서는 안 된다." 그래서 "나는⋯⋯그 시기에 그 어느 때보다도 스위스적인 사람, 나 자신이 기대했던 것보다 더 스위스적인 사람이 되었다."[170]

그러나 이런 노선에서 바르트가 지향하던 저항은 스위스의 공식적인 정책에는 저촉되는 것이었다. 바르트가 보기에 스위스의 정책은 한마디로 "교활한 근시안과 근시안적인 교활함의 짬뽕"이었다.[171] 바르트가 생각하는 스위스 특유의 '중립성'이란 "우리 시대의 역사에 관여하지 않는다는 의미가 아니라, 우리의 고유한 방식으로 거기에 관여한다는 의미"였다.[172] "그러나 나는 스위스의 중립성을 해석하되 극단적으로 스위스 동맹의 입장을 내세우면서, 이것만이 정통이고 구속력 있는 것이라고 주장하는 해석에 대해서는 처음부터 단호한 거부의 입장을 표명했다. 이것은 1939년 우리의 군사적 중립이 그야말로 제멋대로, 강제로 재해석되어 '통합적' 중립으로 둔갑한 사건에 대한 거부를 말하는 것이다. 스위스 연방 의회는 바로 여기에 근거하여 연방 정부 차원에서만이 아니라, 모든 스위스 사람들에게 그 시기 유럽의 문제에 대한 입장을 공식적으로 드러내지 못하게 만들었다." 그들은 "다른 사람들이 '자유의 빛'을 위해 싸우고 피 흘리는 동안―그들이 그렇게 하지 않았더라면 지금 우리는 어떻게 됐겠는가?―우리는 바깥을 향해 멍청한 얼굴을 하고, 우리한테야 그놈이 다 그놈이고, 히틀러든 처칠이든 상관없다는 식으로 행동하라고" 하고 싶은 것이다. "괴벨스의 선전이 밀려들어 올 때 문이란 문은 다 열어 주더니, 이제 우리한테는 그런 선전에 맞서 우리가 관철해야 할 진정한 주장을 외치지 못하게 하는 것이다.……그런데 바로 이런 입장이 당시…… 스위스 연방 대통령 베터Wetter의 기막힌 말마따나 '유일하게 가능한 스위스의 입장'으로 간주되었고, 어떤 토론으로도 그 입장을 공격하지 못하도록 경찰력까지 동원했다. 나는— 외국인 망명자와 억류자와 관련하여 분노가 끓어오를 정도로 부당한 처우와 더불어— 이러한 관점을……그 시기 스위스의 이름이 뒤집어쓴 최고의 치욕이라고 생각한다."[173]

바르트의 또 다른 저항은 다른 교회와 그 지도자들에게 '공개서한'을 보내어 그 어떤 것에도 흔들리지 말자고 호소하는 것이었다. 바르트는 1939년 12월에 (찰스 웨스트펄[Charles Westphal] 목사를 통해) 「프랑스로 보내는 편지」를 썼는데, 이 편지는 "심지어 달라디에Daladier 수상까지 신경을 쓰게 만들었고" "프랑스 검열 관청 이외에……스위스의 검열 당국까지" 긴장하게 만들었다. 바르트는 그 편지 덕분에 에마누엘 히르쉬로부터 "독일 민족의 철천지원수"라는 모욕을 당했고, '어떤 소비에트 인민위원'한테는 "독일-러시아 통일의 원수……그리고 무신론의 원수"라는 지탄을 받았다.[174] 바르트의 편지 가운데 특히 격렬한 거부감을 불러일으킨 대목은 "마르틴 루터가 율법과 복음의 관계, 세속적 질서와 영적인 질서의 관계와 관련하여 범한 오류"가 "히틀러주의"로 나타났으며, 그로 인해 과거 독일인의 자연적 영웅주의가 "이념적으로 변용되고……강화되었다"는 부분이었다.[175] 이것과 비슷하게, 확고하고 단호한 저항을 촉구하는 편지가 1939년 말-1940년 초에 치체스터의 감독과 네덜란드의 그리스도인들에게 당도했다. 그 시기의 바르트는 (타반, 베른, 헤르초겐북세, 자넨, 델스베르크에서) 스위스 사람들을 향해 확고부동한 태도를 요청하는 강연을 했다('그리스도인의 방어와 무기'). 그의 강연에 따르면, 그리스도인은 이 세상의 전쟁보다 "훨씬 어렵고, 그 여파가 중차대한" "최후의 투쟁"을 향해 나아가는 사람이다. 그는 그 "일시적인", 그리고 인간적인 전쟁에 임해서는 인간적 도구를 사용하여 용감하고 정의롭게 싸워서 결판을 내라고 독려한다. 전쟁보다 나쁜 것이 있는데, 바로 지금 독일의 "파괴적인 광신주의" 같은 것이다. 그것을 없애기 위해 전쟁이 필요하다. 바르트의 강연은 검열 당국의 문제 제기 때문에 꽤나 늦게, 그것도 한 문장이 삭제된 채로 출간되었다. 히르쉬의 팸플릿을 스위스 목사들에게 무료로 발송했던 베른의 독일 공사관은, 바르트의 새로운 강연문의 판매를 저지하려고 했다. 그 강연문을 인쇄할 때 촐리콘 출판사의 경영자인 한스 헤렌Hans Herren과 불협화음이 빚어졌다. 이것은 그가 바르트와 아르투어 프라이도 모르게 그 원고를 검열 당국에게 보낸 것 때문이었다. 바로 그 이유 때문에, 그 후로는 장크트갈렌 개신교 출판사에서 바르트의 책이 출간되었다.

1940년 4월, "이제는 '칭의와 정의' 그리고 에베소서 6장이 나에게……하나의 현실로 다가왔다. 그것은 내가 무장 지원병으로 신청을 했기 때문이다. 열아홉 살 때는 부적격 판정을 받았는데, 쉰네 살에는 적격 판정을 (그래도 뭔가 발전이 있었다는 것 아닌가!) 받았다. 이제 내 침실에는 철모와 정식 군복, 검이 딸린 총 한 자루 등"이 걸려 있어 "낮이고 밤이고 언제라도 구체적인 결단을 향해 나설 수 있는 태세였다."[176] 그 결과 바르트는 그때부터 전쟁이 끝날 때까지 "간혹 그럭저럭 몇 주 동안" 군인 노릇을 했다. "특별히 훌륭하고 위협적인 전사는 아니었겠지만, 그래도 제대로 무장한, 제대로 훈련받은 군인"이었다.[177] 어쨌거나 그의 특별한 부탁 때문에 그저 행정 업무나 보는 군인 생활을 하지는 않았다. (그의 상관은 선심을 쓴답시고 그를 행정병으로 파견하려 했건만!) 근무 일수를 모두 합하면 104일이었다. 5월 내내 "나는 소방 훈련을 받았고, 그 밖의 다른 군사 기술을 익혔으며, 칠흑 같은 어두운 밤중에 라인 강가에서 바젤의 수자원 보호를 위한 야간 경계도 섰는데, 혹시라도 잠을 잘 때에는 짚단에 누워 잤다. 한번은 이런 일도 있었다. 어떤 전우가 내 이름만 듣더니 친절하게 나한테 물었다. '사람들이 당신을 바르트 교수랑 헷갈리지 않게 하는 방법 같은 거 있소?' 또 한번은 병기창 앞에서 근무를 서다가 하필이면 군단 최고 사령관을 몰라보고 사령관께 드리는 경례를 하지 않아서, 하마터면 감방을 갈 뻔했다. 하지만 약간 덜 고상하고, 게다가 덜 경건한 바젤 출신 전우들과 함께 지내던 시간은 더없이 만족스러운 시간이었다."[178] "나는 그렇게 밤낮으로 함께 지내던 한 민족 사내들과 막역한 사이가 되었다.······그런 친밀감은 과거에는 전혀 느끼지 못하던 것이었다. 그들 가운데 95퍼센트는 교회에 가지 않는 친구들이었는데, 나는 그들에게 이따금 기꺼이, 정말 기꺼이 설교할 때도 있었고, 남자만을 염두에 둔 설교는 도대체 어떤 설교여야 하는지를 다시 한 번 새롭게 배우게 되었다."[179] "그 군인들은 '예루살렘'이라는 말만 들어도 힘들어했다."[180] "경비 중대 V, 내 인생에서 그때의 추억만큼 잃어버리기 싫은 추억은 거의 없다."[181]

바르트가 첫 번째 군복무를 하던 "그 불안의 시대 한복판에서" 아들 마르쿠스가 은행가의 딸인 로제 마리 오스발트Rose Marie Oswald와 결혼했다. 며느리는 신학을 공부하던 아가씨였다. 마르쿠스는 취리히의 파울 포크트 목사 밑에서 수련목회자 기간을 막 끝마치고 곧 부벤도르프에 목사로 부임할 예정이었다. "그곳은 약 1백 년 전 증조부께서 처음으로 목회를 시작하셨던 곳"이었다.[182] 6월 20일 저녁, 그러니까 독일과 프랑스 사이에 휴전 조약이 맺어지기 얼마 전에, 칼 바르트의 동생 페터가 갑작스레 세상을 떠났다. 그는 "아마도 그 시대의 너무나 엄청난 사건과 과도한 긴장 때문에 그야말로 완전히 탈진했던 것 같다.……그는 이런 상황 속에서 그야말로 무방비 상태였다."[183] "내가 나흘 전에 동생을 방문했을 때만 해도, 우리 두 사람은 그런 일이 곧 닥쳐오리라고는 짐작도 못했다.……프랑스의 사태는 고열에 시달리던 그의 마지막 순간까지 그를 괴롭혔다. '우리는 루아르 강을 건너 돌아가지 않을 거야!' 그러나 '우리'는 그렇게 하고 말았다."[184] 그다음 주일, 바르트는 마디스빌Madiswil의 황량한 설교단 위에서 시편 46편으로 설교했다. "그 말씀은 그에게 위로가 된……마지막 말씀이었다."[185] 바르트는 "진짜 안개든 가짜 안개든, 온갖 안개를 헤치고 나와 언제라도 다시 보고, 다시 만났던" 그 동생의 "빈자리를 강하게" 느꼈다. 칼 바르트는 동생 페터를 존경했다. 그는 아주 독창적인 칼뱅 연구가로서 "진지하고도 철저하게", 그러나 약간 까칠한 "공격 정신"을 가지고 자기의 길을 걸어갔다. 그는 내내 독불장군이었다. "그가 신앙과 사유, 신앙과 행위의 일치라고 여겼던 그것이……거의 예외 없이 그만의 독특한 것으로 드러났기 때문이었다." "그가 가진 것 가운데 너무나 많은 것이, 제대로 펼쳐지지도 못하고 끝나 버렸다."[186]

"언뜻 보기에는 아주 견고한 집이었던 우리의 이웃 나라가 마치 카드로 만든 집처럼 허물어졌을 때" 스위스는 충격에 휩싸였다. 전에는 스위스의 국경이 네 개였는데 이제는 "딱 하나만 남았다."[187] 이제 우리는 "생쥐 덫이 되어 버린 나라"에서, "창문도 열 수 없는 작은 방"에서 사는 신세가 되었다.[188] 그사이, 국경 근방에 살던 사람들이 "대규모로 스위스 내부로 밀려들어 왔다."[189] 그 와중에 바르트의 아내와 막내아들은 베아텐베르크로 갔다. 그 아들이 거기서 청소년 농촌 봉사 활동을 하게 되었기 때문이다. "일부 신문 사설에서, 아니 스위스 곳곳에서 심각한 동요가 느껴졌다."[190] "어떤 '지혜로운' 양반들은 말하기를……이제 우리가 기지를 발휘하여 저 새로운 유럽에 편입되어야 한다고 했다."[191] "모호한 말로……이제는 우리가 '옛 사람을 벗어 버려야 할 때'라고 설교할 생각이나 하는" 정부 고위 관계자들은 "우리를 다스리지는 못하고 혼란스럽게만 했다."[192] 바르트는 스위스 군대의 총사령관 앙리 기상Henri Guisan 장군이 7월 25일 뤼틀리 연설에서 패배주의와의 전쟁을 선포하기도 전에, 곧 6월 30일 (프랑스가 무너지고 닷새 뒤에) 베른 주의 지그나우Signau에서 열린 교회 행사에 참여하여 오늘날 "교회의 향토 봉사"는 "군복무까지" 포함하는 것이며, 따라서 그 어떤 타협에도 맞서 용감하게 군복무에 나서야 한다고 말했다. 바르트는 그 강연문을 기상 장군에게도 보냈다. 바르트는 이후로도 정치적인 의사 표명을 할 때마다 "그가 [장군이] 뤼틀리 연설에서……우리에게 제시한 노선 외에 다른 노선을 따르지 않겠다"고 밝혔다.[193] 바르트는 9월에 제네바에서 만난 모리를 통해서, 그리고 투르나이젠의 사위인 조르주 카잘리를 통해서 프랑스 소식을 들었다. 10월에는 패전국 프랑스에 이런 내용의 편지를 써서 보냈다. 히틀러에 맞서 싸울 때는 "종교성의 내적 노선으로" 후퇴해서는 안 되며, "평화라는 이름, 아니 휴전이라는 이름이라 할지라도, 그걸 내세우며" 뒤로 물러서서는 안 된다.[194]

바르트는 "침략이 일어날 경우 국내 방어를 위해 결성된 일종의 비밀조직의 회원"이 되어, 스위스 내부의 패배주의와 맞서 싸우기로 했다.[195] 심지어는 9월 7일, 올텐 역 식당에서 하우자만Hausamann 대위, 아우구스트 린트August R. Lindt, 한스 오프레히트, 에른스트 폰 셍크Ernst von Schenck 등과 함께 '국가적 저항 운동'Aktion nationaler Widerstand을 창설하는 데 일조하기도 했다. 누구든지 선서에 사인만 하면 그 단체에 가입할 수 있었다. 바젤에서는 빌헬름 피서, 프리츠 리프 등이 거기 가담했다. "국가적 저항 운동 바젤 지부의 비밀 모임 장소"는 바르트의 증조부 로츠가 살던 집이었다.[196] 바르트는 이 운동을 하면서 이런저런 자유주의자(진보주의자)나 보수주의자들과도 원만한 관계 속에서 함께 일했다. "한때 '자유주의'라는 말은 (신학의 울타리 바깥에서) 정말 아름다운 단어였는데" 지금 "독일에서는 온갖 전횡에 휩쓸리며 조롱과 비난을 당하는 말이 되면서" 바르트에게 오히려 아주 소중한 개념이 되었다.[197] 그 조직에서 바르트와 제일 잘 통했던 사람은 스위스 사회민주당 의장인 한스 오프레히트 박사였다. 바르트와 오프레히트는 이 '운동'이 전반적으로는 아직도 "너무나 고상하고, 부르주아적이고, 친정부적"이라는 데 의견이 일치했다. "이 '저항 운동'은 1940년 이후 일어난 통탄스러운 일(예컨대 독일 무역 협약, 언론 검열 강화)에 대해서는 도무지……최소한의 저항조차 시도할 능력도 없고 그럴 의지도 없다."[198] 그러니 "이런 무골호인 클럽이 독일 점령 당국에게 부담스러운 존재가 될 것이라고는" 전혀 기대할 수 없다.[199] 바르트의 독촉으로 그 운동 조직의 '정치인들'은 11월에 '교회'를 향해 (기묘하게도 바르트가 작성한!) 호소문을 발표했다. "눈앞에 닥쳐온 위기에 맞서 우리 민족을 내적으로 준비시키는 일에" 교회가 그 나름의 "기여를 해야 한다"는 내용이었다.[200] 개혁 교회는 이 문제와 관련하여 일찍부터 대단히 적극적이었다. 스위스군 사령부의 언론 검열국은 그해 10월에 (아르투어 프라이에게 보내는 편지에서) 개혁 교회를 향해 경고의 메시지를 보냈다. 교회의 과제를 "정치의 영역에서 찾으려고 해서는 안 된다"는 주장이었다.[201]

그러나 이미 "나는 끊임없이, 적어도 한 발은 정치의 영역에 두고" 있었다. 한 마디로 "그리스도인에게는 스위스인이 되어야 한다고, 스위스인에게는 그리스도인이 되어야 한다고 외치고 있었다."[202] 스위스인을 향한 그 '외침'의 하나로서, 바르트는 11월부터 일반 대중을 대상으로 로마서 주석을 시작했다.

"이것은 원래 1940-1941년 겨울학기 바젤의 시민 대학(문화센터) 강의 원고였다. 그 원고를 읽는 것만으로는……그 시절 우리가 경험해야 했던 독특한 긴장감을 전혀 느끼지 못할 것이다. 전무후무한 에피소드 하나만 언급하자. 그 강의 중에서 몇 번은 (로마서 8장 강의를 할 때였다) '무장 지원부대'의 약간 너덜해진 군복을 입고 와서 강의를 하게 되었다." "이 '간추린 로마서 해설'은 1918-1921년에 나온 『로마서 주석』의……동생인 셈이다.……로마서 공부에는 끝이 없다. 그런 의미에서 로마서는 언제나 '기다리고 있다.' (1918년 『로마서 주석』 서문에서 약간은 의기양양하게 표현한 것처럼) 확실히, 또한 나를!……이 책은 과거에 썼던 내용을 발췌한 것이 아니다. 한 번 훑어보기만 해도 알 수 있다.……그때나 지금이나 나의 의도는……바울이 직접 말하게 하는 것이다. 어떤 주석가도 한 발 뒤로 물러서는 부문장, 곧 '내가 그를(바울을) 이해하기로는' 같은 말을 하지 않을 수 없다. 나의 희망은…… 바울이 막강해지는 것이다. 아직도 부족한, 언제나 부족한 주석, 그러니까 수단으로서의 온갖 주석을 모조리 헤치고 나와, 사람들이 직접 그의 목소리를 듣게 될 정도로 강력해지는 것이다." 바르트는 이 새로운 주석에서 로마서를 한 마디로 이렇게 정의한다. 로마서는 '복음'의 해설이다! 무수히 많은 부제를 달고 나타난 하나의 말씀이다. 맨 처음부터 곧장 '복음'에 대해 말한다. 복음은 능력이다. 모든 능력[전능]이다. "다른 모든 능력이며, 다른 모든 능력의 한계인 능력이다. 바로 그 능력이 다른 모든 능력을 다스린다." 그러나 그 능력은 "전능한 구원 사역"의 능력이며, 그것을 이루신 분은 심판자로

서 "구원자"인 분이시다.[203]

그러나 그리스도인에게도 "스위스인이 되라고" 외칠 필요가 있었다. 바르트는 위에서 언급한 저항 운동 조직에 가입하면서 선서한 것을 구체적으로 실천하기로 했다. 바로 그 11월, 그의 강연('오늘 이 시대에 우리 교회와 스위스'[Unsere Kirche und die Schweiz in der heutigen Zeit])이 그것을 잘 보여준다. 여기서 그는 "스위스를 지키기 위해……우리가 할 수 있는 모든 일을 해야 한다"고 강력하게 촉구했다. 그런데 바르트는 또 이렇게 덧붙였다. 스위스의 미래는 "우리가……그리스도교적으로 믿을 것이냐의 여부"에 달려있다.[204] 그해 겨울, 바르트는 이 내용을 프라텔른, 리슈탈, 바젤, 바트빌, 장크트갈렌, 뇌샤텔에서, 그리고 로잔과 제네바에서도-대단한 주목을 받으며-발표했다. 바르트는 그 두 도시에서 강연을 하면서, 스위스 안에서도 로만슈어Romansh를 사용하는 지역에서는 저항의 필연성에 대한 인식이 아주 약하다는 사실을 알게 되었다. 그의 강연이 서부 스위스에서 큰 동요를 일으켰다는 사실은 베를린에도 알려졌다. 독일 쪽에서는 "외교적인 통첩까지 보냈다." 그런데 "그 내용이 상당히 신랄했는지, 그것 때문에 (베른에 있는) 스위스 연방 의사당에는 눈에 띄게 불안한 기운이 감돌았다고 한다."[205] 이듬해 5월, 베를린에서 육군 대령 데니커Däniker가 베른에 찾아와서, 바르트가 "자제력을 잃고 독일을 향해 퍼부은 공격" 때문에 독일 사람들이 대단히 화가 나 있다는 소식을 전했을 때, 그 불안감은 더욱 커졌다. 검열 당국은 그 강연문의 배포를 금지시켰으나, 그것은 똑똑한 장크트갈렌 개신교 출판사가 벌써 수천부를 판매하고 난 뒤의 일이었다. 바르트의 동창이자 스위스 연방 각료였던 에두아르트 폰 슈타이거가 바르트의 정치 개입을 꾸짖자, 바르트는 이렇게 대답할 수밖에 없었다. "나는 앞으로도 나의 특별한 위치와 과제의 영역 안에서 스위스의 저항 정신을 강화한다는 취지에서 반드시 필요한 이 일을 하지 않을 수 없다."²⁰⁶ 폰 슈타이거의 논리는 이런 것이었다. 정부 당국이 신학 논의에 관여하지 않는 것처럼, 신학자 바르트도─아무리 "교회의 예복으로 감싸 놓은" 것이라고 해도─당국의 정치에 대해 왈가왈부할 자격이 없다. 바르트는 신학의 영역에서 정치적 결단을 제외하라는 요구도 거절했으며, 그의 신학은 신학의 옷을 입은 정치 명제에 불과하다는 의혹도 부정했다.

바르트는 앞서 예고한 것을 얼마 후 그대로 실천했다. 1941년 7월 6일 (스위스 건립 650주년을 기념하여) 그바트ᴳʷᵃᵗᵗ의 툰ᵀʰᵘⁿ 호숫가에 집결한, 2천 명이 넘는 '젊은 교회' 회원들 앞에서 바르트는 '전능하신 하나님의 이름으로'(Im Namen Gottes des Allmächtigen)라는 강연을 했다. 그보다 더 많은 사람들이 모인 7월 13일 보마르퀴 집회에서는 프랑스어권 스위스 사람들에게 똑같은 강연을 했다.

여기서 바르트는 스위스에 대한 자신의 견해를 피력한다. 스위스는 분명 그리스도교 국가는 아니지만 (오히려 "거룩하지 않은 스위스"인데) 그럼에도 그리스도교의 토대 위에 세워진 공동체다. 스위스 동맹은 "자유로운 사람들이 모여 된 자유로운 민족들이 법으로 한데 묶인 것"으로서, 비록 그럴 만한 공로가 있는 것은 아니나 실질적으로는 "저 알프스 산정의 붉은 노을과 같으니, 이것은 또한 우리를 비롯하여 서구 전역에 선포된 예수 그리스도의 복음의 반영"이다. 이러한 스위스를 지키기 위해, 그는 동포들을 최대한 비타협적인 방식으로 양자택일의 기로 앞에 세워 놓는다. "굴종이냐 저항이냐!" 이 양자택일 앞에서 그의 선택은 명확하다. 그는 이 저항이 명실상부한 저항이 되도록 하려고 용감한 비판을 감행한다. 첫째, 경제적 약자들이 받는 불이익, 둘째, 정부 안에 사회주의를 대표하는 사람의 부재, 셋째, 언론 및 표현의 자유 제한, 넷째, 망명자의 권리 제한, 그리고 마지막으로 추축국과* 스위스의 활발한 무역에 대한 비판이었다.[207]

그 강연의 마지막 부분은 유례없는 관심과 격분을 불러일으켰다. 그는 이 강연문을 스위스 총사령관과 연방 대통령에게도 보냈다. 출판사도 이런 분위기를 눈치채고 비밀리에 강연문 인쇄 및 판매 작업에 매달렸다. 7월 18일 강연문 판매가 금지됐지만, 그것은 이미 1만6천 부가 판매된 뒤의 일이었다.

이와 거의 동시에 검열 당국은 바르트가 「스위스에서 영국으로 보내는 편지」도 금지시켰다. 이것은 바르트가 부활절 즈음 비들러Vidler 목사와 올덤Oldham 박사의 초청장에 답하면서 위와 비슷하지만 영국을 염두에 둔 생각을 써 내려간 장문의 공개서한이었다. 바르트는 그 강연이 금지되자 즉각 이의 신청을 했다. 강연 금지의 근거는 이런 것이었다. "바르트 교수는 과거의 글에서도 그랬던 것처럼 이번에도 신학이라는 틀을 이용하여, 그가 동포들의 눈앞에 들이대던 거울을 가지고 다른 나라에 대해서도 입장 표명을 하려 하는데, 그런 방식은 스위스와 다른 나라의 올바른 관계에 오히려 방해가 될 뿐이다……."[208] 바르트는 이미 5월 중순에 "최근에 열린 스위스 경찰 고위 관계자 모임에서 나에게 강연 금지 조치를 취해야 한다는 말이 나왔다"는 사실을 들었다.[209] 실제로 검열 당

* 추축국(Achsenmächte, the Axis powers): 1936-1943년의 독일과 이탈리아를 가리키는 말. 1940년 이후로는 일본도 포함됨—옮긴이.

국은 9월에 무리슈탈덴Muristalden(베른 주)의 초등 교원 양성 기관에서 할
예정이었던 강연과, 부브리Vouvry(발레 주) 민간 포로 수용소 강연을 방해
했다. 그들은 바르트에게 "신학적인 것은 괜찮으나, 정치적인 것은 절대
로 안 된다"는 규정을 제시했으나, 바르트는 그런 규정은 "개혁주의 신앙
고백에 대한 도발"이라고 주장하면서, "독일 루터주의의 치명적인 오류"
와 실질적으로 동일한 것이라고 비판했다.[210] 베른 주의 신학연구협의회
와 제4차 비프킹겐 대회 참가자들은 바르트의 입장을 지지하고 나섰다.
"당시 경찰력을 동원하여 나의 목소리를 억누르고, 대화의 기회를 원천
적으로 배제한 공적인 연설을 통해 나의 입장을 비난하는 데 총력을 기
울였던 사람"은 (나는 그에게 개인적으로 만나 대화를 하자고 제안했으나 거절당
했다!) 다름 아닌 에두아르트 폰 슈타이거였다.[211] 경찰청장 피예-골라즈
Pilet-Golaz도 폰 슈타이거와 함께 바르트가 정치적 견해를 전파하지 못하
게 하는 데 앞장섰다. 그러나 스위스 국회 안에서 바르트의 강연 금지 조
치에 대해 반대하는 목소리도 적지 않았다. 육군 대령 슈마허Schumacher는
바르트가 '공작원'일지도 모른다는 의혹을 제기했고, 바르트가 국가에
대한 충성심이 희박한 사람이라는 악성 루머도 돌았다. 하지만 심지어
검열 당국이나 군지도부 내에서도 바르트의 의견과 태도를 환영하고 지
지하는 사람들이 있었다. 그들은 바르트에게 선고된 출판 금지의 법망
을 빠져나갈 수 있는 길을 몰래 알아봐 주기도 했는데, 가끔은 그런 노력
이 효력을 발휘하기도 했다.

　1941년 7월 초, 바르트는 바젤 시내 안에서 이사를 했는데 새로운 주
소는 성 알반링 178번지, 그러니까 전에 살던 집과 별로 떨어져 있지 않
은 곳이었고, 바로 옆집에는 바르트의 딸이 살고 있었다. 그런데 바르트
의 가족이 새집으로 이사하던 시기, 그 가족에게는 크나큰 아픔의 시간

이 있었다. 갓 신학교에 입학하여 이제 막 첫 학기를 시작한 아들 마티아스가, 6월 22일 "독일이 러시아를 침공하던 바로 그날 새벽에" 프륀덴호른Fründenhorn에서 추락하여, 바로 그다음 날 프루티겐Frutigen에서 세상을 떠났던 것이다.[212] 마티아스의 죽음은 "지금까지의 그 어떤 죽음보다도 나에게 뼈아픈 것이었다." 그 아들은 "스무 살이라고는 하지만 아직도 미숙한 구석이 많은 아이였고, 여전히 꿈꾸는 것 같은 상태에서 서서히 현실적인 삶으로 다가서고 있었다." "그러나 우리 모두는, 언제나 독특하게 자기만의 길을 가고자 했던 그의 인생이 그렇게 끝을 맺은 것이며, 우리가 감히 뭐라고 원망할 수 없는 결말이었다고 느꼈다."[213] 그는 부벤도르프에 묻혔고 "고린도전서 13:12 말씀으로 내가 직접 조사(弔辭)를 읽었다."[214]

7월 말, 뮈렌Mürren에서 두 아들 마르쿠스, 크리스토프와 보낸 며칠 간의 휴가는 그런 바르트에게 더더욱 고마운 것이었다. "신학자 세대 간의 관계"는 어떤 모습이어야 하는가? 어떻게 하면 윗세대는 가부장적이지 않고, 젊은 세대는 학문에 게으르지 않은 모습으로 두 세대 간의 관계가 구성될 수 있을까? 바르트는 최근 어느 논문에서 이 문제를 논하기도 했다. 그런데 바르트는 적어도 자기 가족 내에서는 "유감스러운 세대 간의 문제"가 "아예 없거나, 있더라도 아주 밝고 명랑한 역할"을 했다고 말했다. 그리고 바르트는 "내 아들들은 나에게-이것은 모든 아버지에게 주어지는 축복은 아닐진대-최고의 동료"라고 말할 수 있지 않겠냐고 말하기도 했다.[215] 그는 특히 신학에 열중하고 있는 두 아들을 "많은 유익과 자극을 주는 길벗"이라고 평가했다.[216] 크리스토프는 실력을 잘 연마한 덕에, 프라텔른에서 루카스 크리스트의 지도를 받으며 수련목회자 과정을 밟게 되었고, 발터 바움가르트너의 지도로 박사 학위 논문을 쓰게 되었다. 마르쿠스도 시골 목사로 일하면서 여러 가지 신학 연구에 몰두했는데, 그 연구의 방식을 보고 있노라면 "그에게는 신학이 처음부터 단순히 어떤 의무가 아니라 어떤 열정 같은 것"임을 알 수 있었다.[217] 그에 비해, 막내아들 한스 야콥 바르트는 독자적인 길을 걷기 시작했다. 그는 "처음에는 (완전히 미학적인 관점에서) 골해부학, 그다음에는 나비들" 그리고 그다음에는 "엄청난 정열과 집중력으로 그림에 몰두했다."[218] 그 아들은 1942년 일찌감치 학교를 그만두고 "정원사가 되었고 부업으로 그림을 그렸는데" 꽤 일찍부터 "상당한 실력을 갖추게 되었다."[219] 나중에는 자립 정원사가 되었다.

바르트는 그해 방학 때 쉴트호른Schilthorn에 다시 올랐다. 그 시절의 바르트가 결코 거르지 않았던 것, 그것은 자기 주변에 있는 아름다움을 마음껏 느끼는 것이었다. 실제로 그는 사람이 나이를 먹으면 "훨씬 수용력이 좋아진다"고 주장하기도 했다. "자연에 대해서도 그렇고, 인간적으로 유쾌하고 인정할 만한 모든 것들에 대해서도 마찬가지다. 이전까지는 (적어도 나는) 다른 일에 온통 매진하느라 그런 것들을 허겁지겁 그냥 지나쳐 버린 것이다."[220] 그렇게도 좋아했던 승마를 (전쟁 때문에) 못하게 된 바르트는 산행을 즐기기 시작했다. 영화관도 자주 찾았다. 특히 좋아했던 영화는 "불멸의 마를레네 디트리히가" 나오는 작품이었는데…… (나의 교의학 몇 권 쯤에 그녀를 언급해야 할지 모르겠다. 그녀는 대단히 모호하고 특수한 상황을 연기하니까, 아마도……종말론에서 언급해야 하지 않을까?)."[221] 바르트는 영화 관람이 끝나면 '바젤의 주전자'라는 곳에 들러 치즈 한 조각을 먹는 습관이 있었다. 그는 이따금 연극이나 콘서트를 보러 가거나 (그

---

*   마를레네 디트리히(Marlene Dietrich, 1901-1992): 독일 출신으로 미국에서 활동한 영화배우, 가수, 엔터테이너다. 1920년대에 베를린에서 활동하다가 미국으로 건너간 뒤, 1930년대에는 할리우드에서 배우로서 명성을 떨쳤다. 대표작으로 「모로코」, 「붉은 낙인」, 「악마는 여자다」 등이 있다-옮긴이.

의 정치적 입장 때문에) "아무리 칭송해도 지나치지 않은 카바레 코르니혼 Cornichon에 가곤 했다."[222] 순수문학 작품은 보통 "밤이 되어 침대에" 들어서야 읽게 되었는데, "그러면 꽤 오랜 시간 독서에 빠져들곤 했다." 실제로 그는 이런 식으로 수많은 고전 문학, 신간 문학 작품을 읽어 냈다. 그는 현대의 소설 작가들에게 거는 기대를 이런 식으로 말한 적이 있다. "오늘의 인간, 곧 현대인을 묘사함으로써 언제나 보편적인 인간의 모습을 나에게 보여주기를 원한다. 거꾸로, 언제나 보편적인 인간의 모습을 묘사하면서 오늘 우리 시대의 인간을 보여주는 것이다. 그의 소설 한 페이지 한 페이지는, 저자가 이러한 인간의 모습을 감정에 치우침 없이 차분하게 파악하고, 마음 깊은 곳의 심연에서 소소한 몸짓이나 어투에 이르기까지 철저하게 관찰할 뿐 아니라, 어떤 원망이나 경멸도 없이 그 인간의 본디 모습과 패악한 모습을 정직하게 사랑한다는 것을 보여주는 증거가 되었으면 좋겠다. 그는 저자로서 자기가 그 인간에게서 발견한 것만을 그대로 이야기하는 것이다. 그러니까 선생티를 내면서 나한테 뭔가를 가르치려는 일체의 태도를 버리고, 내가 지금 내 앞에 제시된 이미지 앞에서 무슨 생각을 해야 하는지 마는지는 그냥 기꺼이 나한테 맡겨야 한다는 것이다. 마지막으로, 작가는 그렇게 제시된 인간 이미지와 상응하는 형식, 그래서 내적으로 필연적이고 엄격한 형식, 한 마디로 그런 인상적인 형식을 갖추고 있기를 바란다. 그래야 내 앞에 모습을 드러낸 그 시대 속의 인간상, 또한 시대를 초월한 인간상을 금세 다시 잊어버리지 않고 그와 더불어 살며, 어쩌면 늘 새롭게 그와 더불어 살지 않을 수 없을 것이다."[223] 바르트는 그렇게 열심히 일을 할 때나 여가 시간을 보낼 때나, 진지할 때나 가벼운 마음으로 놀 때나, 언제나 고집스럽게 파이프 담배를 피워 댔다. "그 옛날 『로마서 주석』을 두 번이나 여행할 때 나와 함께해 주었던 메릴랜드Maryland 표" 담뱃잎으로 채운 담배였다.[224] 한 번은 다원주의에 맞서 너무 진지하게 싸우는 사람들을 염두에 두고 농담으로 이런 말을 한 적도 있었다. "이 세상 온갖 생물 가운데서 웃기도 하고 담배를 피우기도 하는 것은 오로지 인간뿐인데, 도대체 이 변증가라는 사람들은 아무도 이걸 대단한 걸로 여기지 않다니!"[225]

1941년 여름, 베르클리에서 바르트는 미그로Migro의 설립자 고트리프 두트바일러를* 만났다. 그 만남은 바르트에게 깊은 인상을 남겼다. 그는 "일종의 천재이며 경제 시스템의 예술가였다. 그저 습관적인 것, 누구나 당연하다고 여기는 모든 것 너머에 있는 사람이었다. 끊임없이 새로운 아이디어를 찾아내고……끊임없이 인간의 어리석음에 경악했다. 일반 대중의 어리석음이 아니라 이른바 지도자, 이른바 전문가라는 사람들의 어리석음 말이다. 하지만 또 어떤 때는 그 모든 상황이라든지 사람에 대해서 선한 마음을 품고 웃을 수 있는 사람이었다."[226]

그해 11월, 제4차 비프킹겐 대회 때 바르트는 하마터면 그 '구호 사업회'와 거의 갈라서기 직전까지 갔다. 그것은 그 대회에 참석한 에밀 브룬너를 비롯하여 참가자 대부분이 "구원은 유대인에게서 **온다**"는 문장을 현재형으로 받아들이는 데 반대했기 때문이었다. 바르트는-파울 포크트의 끈질긴 부탁에 못 이겨-결국 그 모임에 남기로 했지만, 딱 한 가지 조건을 내걸었다. 구호 사업회가 앞으로는 신학적인 작업을 포기하고 구호 사업에 전념한다는 조건이었다. 한 주 후에는 베른에 가서 경찰

---

* 고트리프 두트바일러(Gottlieb Duttweiler, 1888-1962): 스위스 최대 소비자 협동조합 미그로의 설립자. 1925년 취리히에서 평범한 가게로 출발한 미그로는 중간상인을 거치지 않고 직거래를 시도하여 사업에 큰 성공을 거두었다. 미그로가 대기업으로 성장한 1941년 두트바일러는 자기 회사를 협동조합으로 전환시켰다. 미그로는 오늘날까지도 세계적으로 중요한 협동조합으로 명성을 얻고 있다-옮긴이.

청 외국인 담당과 과장인 로트문트Rothmund 박사를 방문했다. 바르트는 그 막강한 인물 앞에서 이민자 몇 사람을 대변해 주었다. 그 만남이 있고 얼마 되지 않아, 바르트는 로트문트에게 보내는 서한에서 경찰 당국에 대한 자신의 근본적인 우려를 표명했다. "친애하는 로트문트 박사! 나는 당신을 건너뛰고 당신의 상관[폰 슈타이거]에게 직접 소리칠 수 있다면 좋겠소! 교회는 스위스 의회의 이런저런 의도나 지시에 복종하고 순응해야 하는, 스위스 동맹의 한 부서가 결코 아니란 말이오."[227] 이듬해 1월, 바르트는 명망 있는 구 가톨릭 학자 에른스트 가우클러Ernst Gaugler를 위해 베른에 있는 영국 공사관에 들러 의약품을 얻어 왔다. 그 기회를 이용하여 당시 영국의 상황에 대한 정보를 마음껏 들을 수 있었다. 바르트는 영국이 견고한 입장을 보여주기를 간절히 바랐다.

그 시기에 바르트는 두 번이나 런던의 라디오 방송으로 자기의 메시지를 전달할 수 있게 되었다. 12월에는 "5백 단어 분량으로, 그리고 다른 사람의 목소리로, 독일의 그리스도인에게 보내는" 메시지가 있었다. (스위스에서는 방송이 즉각 금지되었다.) 또 다른 메시지는 독일 사람들이, 그리고 "이스라엘에서 온 우리의 형제자매들이 독일에서 겪어야만 하는" 온갖 고통을 바라보며 형제로서 느끼는 안타까움에 대한 메시지였다. 그러나 그는 그 안타까움 가운데 눈을 들어 하나님을 보았다. 그분은 "우리의 형제가 되셨고, 지금도 우리의 형제가 되시니, 이는 우리의 모든 죄와 수치와 죽음을 친히 우리에게서 거두시기 위함이요, 우리의 구원자로서 이 어둔 세상의 모든 나라와 권세와 폭력을 이기시고 그 모든 것의 참된 주님이 되시기 위함이라."[228] 1942년 4월에도 같은 사람을 통해 또 다른 메시지를 보냈으니, 이번에는 "노르웨이의 그리스도인들에게" 보내는 메시지였다. "우리는 여러분을 핍박하는 사람들을 걱정한다. 그들이야

말로 애도의 대상이다. 여러분이 아니라!" 이는 "여러분이 겪는 고통이
예수 그리스도의 나라와 그분의 교회를 위해, 여러분의 나라와 우리 모
두의 미래를 위해" 열매를 맺게 될 것이기 때문이다.[229] "나는 바로 이 메
시지, 그리고 이전의 메시지 때문에 1942년 8월 18일 바젤 대학교 최고
행정 위원회로부터 견책을 당했다."[230] 바르트는 1941년 3월 6일 한스 베
른트 기제비우스Hans Bernd Gisevius 박사를 통해, 특별히 디트리히 본회퍼를
통해 독일의 상황에 대한 자세한 정보를 얻었다. 본회퍼는 방첩 기관의
비밀 임무를 띠고 스위스를 여행하다가 3월 4일, 8월 31일, 9월 19일에
바르트를 방문했다. 본회퍼는 "그때 나에게……모종의 군사 정부[의 구
성 계획]에 대한 이야기를 했다. 그 조직은 독일 군대가……당시의 전선
과 점령지에 일단 멈춰 서게 하고, 그것을 기반으로 연합군과 협상을 하
려는 계획이었다. 그러나 나는 연합군이 그 협상을 받아들이는 것이 절대
로 불가능하다고 생각했다. 그런 나의 생각을 그에게 말했을 때, 그가 얼
마나 당혹스러워했는지 아직도 선명하게 기억이 난다.……그때 내가 본
회퍼와 나누었던 대화의 정점은……새로운 독일 정부의 형태에 관한 고
민이었다. 그것은 보수적·권위적 형태여야 하는가? 아니면 민주적 형태
의 정부여야 하는가?"[231] 바르트는 1942년 여름 바젤을 방문한 독일의 여
성 작가 리카르다 후흐Ricarda Huch를 만나서, 독일과 관련된 새로운 소식을
직접 들을 수 있었다. 그녀는 취리히에서 자신의 박사 학위 취득 50주년
기념식에 참석했다가 독일로 돌아가던 길에 바젤에 들렀던 것이다.

겨울학기를 잘 보내고, (바로 그 겨울에 탈고한) 교의학 II/2의 출간 날짜
가 다가오던 무렵, 바르트는 다시 한 번 군복무에 임하게 되었다. 바르트
는 (무려 898쪽이나 되는) 그 책의 "교정지 일부"를 루체른 호수 주변에 위
치한 브룬넨Brunnen에서 읽게 되었다. 그곳의 밀가루 창고(!)를 사수하는

임무를 띠고 "야간 근무를 하면서 위병소에 앉아 교정을 봤다.……그때 일화가 하나 있다. 어떤 전우가 그런 나를 보더니 아주 선량한 의도에서 이렇게 질문했다. 그건 '사육제 종이쪼가리'인 거요? 그 말이 무슨 뜻인 지는 바젤에 가서 물어보시라!"[232] 바르트는 이 책을 1940년 3월에 자기 를 '외국인 명예 회원'으로 임명한 '영국과 외국의 성서 공회'(런던)에 헌정 했다. 바르트가 선택 교리와 관련하여 집필한 일련의 작품이―『칼뱅 연 구』라는 제목으로, 제본도 하지 않고―독일로 밀반입된 것도 그 즈음의 일이었다.

하나님의 좋은 창조

그다음 여름학기 바르트의 교의학 강의는 신론에 이어 새로운 주제에 다 가섰으니, 곧 '창조론'(제3권)이었다. 이로써 "나는 나에게 분명히 덜 익숙 하고, 덜 확실한 영역에 들어서게 된 셈이었다. 내가 교회교의학 총론을 써야 한다는 이유 때문에 거기에 대한 의무감을 느끼지 않았더라면, 아 마도 이렇게 빨리 이 주제에 뛰어들지는 않았을 것이다. 내가 아는 사람 들 가운데는 나보다 재주도 뛰어나고 관심도 많고 교육도 잘 받은 상태 라―내가 그들의 전제를 조금만 더 신뢰할 수 있었다면―이 부분의 집필 을 기꺼이 위임하고 싶은 그런 사람들도 있었다." 바르트가 생각하는 "전 제"란 이런 것이었다. 하나님의 창조에 대한 인식, 인간의 피조성에 대한 인식은 "오로지 신적인 자기 증거를 받아들이고 거기에 응답하는 것, 다 시 말해, 오로지 예수 그리스도에 대한 믿음 안에서" 성취된다는 것이며. 이것은 "창조자와 피조물의 하나됨이 그분 안에서 실현된다는 것을 인식 하는 것"이다.[223]

"내가 유일무이한 것으로 붙잡고 있는 신학적 단초 때문에, 일단은 창세기 1-2장의 내용을 원칙적으로 전개하는 방식으로, 한 마디로 유행이 지나도 한참 지난 방식으로 창조주의 활동에 관한 가르침을 서술할 수밖에 없었다." 그 부분이 창조론의 '핵심'을 구성했다. 그 과정에서 드러난 사실은 "내가 그 주제와 밀접한 관련 속에 있는 문제, 곧 자연과학의 문제를 붙잡고 씨름한 적이 없다는 것이었다. 처음에는 그것이 꼭 필요하다고 생각했다. 그러나 시간이 흐르면서 내가 분명히 깨달은 것은, 성서나 그리스도교 교회가 이해하는 하나님의 창조와 관련해서는 그 어떤 자연과학적 질문이나 반론도 있을 수 없으며, 심지어 자연과학의 지원도 있을 수 없다는 사실이었다. 그러므로 그것[창조론]의 본론부에서 독자들이 많이 보게 되는 것은 저 '순진한' 히브리의 '설화'일망정, 흔히들 기대하는 변증이나 논쟁은 눈을 씻고 봐도 없다. 나는 실제로 그 '설화'를 그대로 되풀이하는 것, 오로지 그것만이 교의학에 적합한 과제라고 생각했다. 아마추어 수준에서 생고생하느니 그 과제를 수행하는 것이 훨씬 아름답고 값진 일이라고 생각했다. 다른 경우라면 나 역시도 제대로 알지도 못하면서 이것저것 끌어다 대느라 엄청 고생을 했을 테지만 말이다. 자연과학이 자유롭게 연구하는 영역은 신학이 창조주의 활동으로 묘사하고 있는 영역과는 다른 영역이다. 슬며시 이교도적 신비 직관을 도모한다든가 종교 교리로 변질된 자연과학 말고, 진정한 자연과학이 어쩔 수 없이 한계에 도달하는 지점, 바로 그곳에서 신학은 자유롭게 연구를 펼쳐 나갈 수 있으며, 또 그래야만 한다."[234]

바르트는 위에서 언급한 신학적 "전제"에 따라서 창조론을 전개하려고 했다. 그래서 바르트가 처음부터 강조하기를, "창조론은 그리스도교 신앙고

백의 나머지 내용 전체라고 해도 과언이 아니며, 그 자체로 **신앙의** 조항이
다." 그러므로 창조론의 대상은—그리스도교 가르침의 다른 측면들과 마찬
가지로—아무런 문제없이 "자연스럽게" 인식 가능한 "대상"이 아니다. 바르트
의 이러한 주장이 실질적으로 의미하는 내용은 이것이다. 요컨대 창조는 "하
나님의 모든 활동의 정수"는 아니라 할지라도, 그와 별개로 수행되거나 이해
될 수 있는 하나님의 행위는 아니다. 오히려 그것은 하나님의 행위라는 위대
한 총체에 속한 것이다. 창조는 "은총의 계약을 위한 여지를 만든다." 창조는
"예수 그리스도를 그 시작과 중심과 마지막으로 하는 활동, 곧 하나님께서 인
간과 맺은 계약의 역사를 가능하게 하는 것이다. 이 계약의 역사는 창조의 목
표이며, 창조 자체는 이 역사의 출발점이다." 혹은 이렇게 달리 표현할 수 있
다. 창조는 "계약의 외적인 근거"이며, 계약은 "창조의 내적인 근거"다. 그런
데 여기서 '하나님 형상'에 대한 바르트의 설명이 놀라움을 안겨 준다. 하나님
형상이란—결코 잃어버릴 수 없는 것!—아버지 하나님과 아들 하나님의 삼
위일체적 "자기 만남"Sichbegegnen이 "하나님과 인간의 관계 속에 고스란히 묘
사된 것"을 의미하며, 그것이 다시금 인간적인 차원에서 "나와 너의 마주함",
남자와 여자의 마주함으로 나타난다. 바르트는 이 독특한 상응 관계를 일컬
어—다시 한 번 '존재의 유비'를 반대하는 입장을 드러내되 이번에는 '신앙의
유비'를 더욱 정교하게 기술하면서—"관계의 유비"analogia relationis라고* 말한
다. 바르트의 창조 이해는 이렇듯 은총의 계약에 근거하며, 또한 그것을 지
향한다. 그런 바르트였기에—비록 그때는 전쟁이 정점에 이른 시기였건만!
—창조를 하나님의 "선하신 행위"로 이해할 수 있었다. 바르트는 창조를 (전
통적인 신정론 문제를 포함시켜) 이중적인 선행으로 설명한다. 창조는 그 한

---

* 존재적인 차원이 아니라 오로지 만남 속에서 주어지는 유사성—저자.

계 속에서도 정말로 '있는 것'이며, 또한 "그분께서 그 '있음을 좋다고' 인정
해 주셨다."[235]

"내가 창조론의 마지막 부분에서 한 일은, 어찌 보면 라이프니츠에
대한 명예 회복이라고 할 수 있는데……아무도 내가 그런 일을 하리라
고는 예상하지 못했을 것이다.……나는 그 장을 쓰기에 앞서……모차르
트를 듣고 또 들었다. 예를 들어 플루트 협주곡이나 「마술피리」, 아니면
호른과 바순을 위한 협주곡을 많이 들었다. 그 음악은 나의 작업에 활기
를 불어넣었다."[236]

이렇게 창조론이 제 모습을 드러내던 시기, 바르트는 작년 겨울과 마
찬가지로 계속해서 일부 국가를 향한 '메시지'를 작성했다. 그 가운데 어
떤 "문건이 1942년 7월 '지하 루트로' 네덜란드에 도달"했으니, 헤벨로
테 콜브뤼게Hebelotte Kohlbrügge가 마이크로필름을 입 안에 넣고서 국경을
넘어 밀반입한 것이었다. 거기에는 네덜란드 시민과 그리스도인들이 처
한 현실을 바라보면서 느끼고 있는 "심심한 연민"의 말이 담겨 있었다.
바르트는 네덜란드의 교회가 어떤 상황에서도 "네덜란드의 여왕을 위한
기도"를 드려야 하며, 그렇게 해서 "참된 국가에 대한 고백을 하고, 총체
적인 그리스도교 신앙고백을 함으로써" 나치 국가에 맞설 것을 종용했
다.[237] 9월과 10월에는 두 번 연속으로 미국을 향한 메시지를 보냈다. 그
사이 미국도 전쟁에 개입하게 되었던 것이다. 한번은 정치 잡지인 『포린
어페어스』(Foreign Affairs)에 독일, 네덜란드, 노르웨이, 덴마크, 프랑스,
스위스의 다양한 상황에 대한 보도 기사를 제공하고자 했다. 그리고 거
기에 이런 문장을 덧붙였다. 지금 유럽은 "그 유례를 찾아볼 수 없는 하
나의 끝과 하나의 시작 앞에" 서 있다.[238] 또 한번은 "미국의 성직자" 새뮤

얼 캐버트Samuel Cavert가 바젤과 제네바에서 개인적으로 바르트에게 던진 일곱 개의 질문에 최대한 상세하게 답변한 것이었다. 여기서 바르트는 일체의 십자군 이데올로기를 조심하라고 경고했다. 전쟁의 "끔찍한 소음"에 교회가 "부득불 종교적인 배경 음악을 깔아 주려" 해서는 안 된다고 경고했다. 전쟁은 "공동의 죄 때문에 훼손되고 파괴된 공공의 질서를 되살리기 위한 최후의 수단이며, 어쨌든 끔찍한 수단"임에는 분명한 것인데, 그것을 "신적인 복수의 수단"으로 이해하려는 것에 대해 경고했다. 독일인에 맞서 싸우는 전쟁이 "진실로 그들을 위한 전쟁이기도 할 때", 오직 그럴 때라야 우리는 "양심의 가책을 받지 않을" 수 있다.[239] 바르트는 11월을 맞아 다시 한 번 네덜란드의 "형제자매들"에게 격려와 위로의 편지를 써 보냈다. 그는 자기가 번번이 "개인으로서 이런 편지를 보내야 하며……그래서 그저 자기의 말밖에는 할 수 없고, 사람들이 그것을 그저 그의 말로만 받아들인다는 원천적인 한계" 때문에 아주 불쾌해했다. 바르트는 이럴 때 제네바의 에큐메니칼 사무소가 공식적인 메시지를 발표해 주었으면 하고 기대했다. "제네바에서는 온갖 유용한 자료는 다 모으고, 좋은 보고서도 간행하고, 온갖 준비 연구는 다 하고, 온갖 교류와 연락망은 다 갖추고, 온갖 기술적인 보조는 다 하는데……그런데 역사적으로 이렇게 결정적으로 중요한 순간에 '제네바'는, 그러니까 에큐메니칼 운동은 도대체 뭐 하고 있는지 아무런 소리도 들리지 않으니, 그것을 한탄해 마지않았던 것이다."[240]

그 몇 달 동안 바르트는 스위스 국민을 향한 호소도 그치지 않았다. 7월 말에는 바젤에서 '시련 속에 있는 그리스도인들의 공동체'라는 주제로 강연했고, 9월에는 '1942년 기도의 날' 전단지를 작성했고, 10월에는 여자 전문대학 학생들 앞에서 '국가 안에 있는 그리스도인'이라는 주제로 강연했다. 1942년 여름, 다시금 엄청나게 많은 유대인들이 망명해 오는 모습을 보면서 바르트의 마음도 많이 흔들렸다. "오늘날에는 유대인 문제야말로 그리스도교 신앙고백의 주요 문제"라는 것이 그의 신념이었다. 바로 그렇기 때문에, 베른의 스위스 정부가 망명 흐름이 스위스로 몰려드는 것을 방지한답시고 "자유를 빼앗기고 핍박을 당하는 저 사람들에게 전혀 위로와 도움이 되지 못하는 새로운 장치, 새로운 망명자 피보호권을 만들어 발의하고 통과시켰을 때" 바르트는 더더욱 큰 충격을 받았다. "라인 강은 우리가 1만 명의 난민을 되돌려 보낸 잘못, 이미 받아들인 사람들을 존중하지 않은 잘못을 결코 씻어 주지 않을 것이다."[241] 바르트의 주장에 따르면 "지금 우리 스위스 사람들이 마땅히 난민 구호를 위해 나서야 하는 까닭은 세 가지다. 첫째, 그리스도교적인 근거……난민들은 우리의 관심사다.……'그들이 유대인임에도 불구하고'가 아니라 그들이 바로 유대인이기 때문에, 육체적으로 구세주의 형제이기 때문이다.……둘째, 스위스적인 근거. 이 나라가 저 난민들에게 아직 정의와 자비가 살아 있는 최후의 피난처가 된다면, 그들의 존재는 우리나라에게 영광을 안겨다 주는 것이다.……셋째, 인간적인 근거. 우리는 지금까지 우리에게 감춰져 있던 어떤 것을, 마치 기적처럼, 저 난민들에게서 발견하게 될 것이다."[242]

1942년 여름, 바르트 자신은 전혀 기대하지 않았던 신기한 우정의 싹이 텄고, 이후 몇 년 동안 활짝 꽃을 피웠다. 그것은 의사이면서 의무대 고위 장교였던 알베르트 폰 에를라흐Albert von Erlach와의 우정이었다. 그는 포로 교환 업무 때문에 지금도 자주 독일에 드나들었다. 바르트가 만난 폰 에를라흐는 "사사로이 편 가르기를 하지 않는 명예로운 사람이며 헌신적인 박애주의자"였다.[243] 바르트는 그해 7월 처음으로 그 사람이 속한 "귀족풍의 환경에 며칠간" 머물게 되었다. "게르첸 호숫가에 있는 그의 영지 로젠가르텐Rosengarten은 보통 스위스 의회 의원이나, 외국 사절단이나, 대사관 부속 무관 등이 머무는 곳이고, 때때로 우리의 장군께서 개인 손님 자격으로 출입하시는데, 가끔은 여기서 전 세계와 스위스의 상황과 관련하여 아주 중요한 판단을 내리기도 한다."[244] "인간과 집과 자연환경이 완벽하게 하나로 어우러질 수 있다면, 내가 떠올릴 수 있는 최고의 조합은 에를라흐-로젠가르텐-게르첸호수의 조합이다."[245] "열네 마리의 페키니즈 강아지들이……이곳저곳에 우글대며 짖어 대는데…… 오래된 나무가 있는 환상적인 테라스는 멋진 전경을 연출하고, 알프스의 연봉 전체가 배경으로 서 있다. 집안에서는 18세기의 예술품들을 볼 수 있었다." 바르트는 곧장 8월에 이곳에서 기상 장군을 개인적으로 만날 수 있었다. 그 덕분에 "스위스군의 수장과 가장 말단의 졸병이 한자리에 앉아……현재와 미래에 대하여 긴요한 논의를 할 수" 있었다.[246]

그 시기의 바르트는 "정치 문제에 관한 한, 여전히 말하는 것과 글 쓰는 것이 금지된 사람"이었다.[247] 그해 가을에는 오래전부터 "경찰이 내 전화를 도청하고 있었다"는 사실을 알게 되었다.[248] 그러나 정치적 지형도가 급격히 변하고 있었기 때문에, 바르트 자신도 한동안은 정치적 입장 표명을 자제하는 것도 나쁘지 않다고 생각했다. 스위스의 태도는 눈에 띄게 확고해졌다. 그리고 "1943년 1월 22일에는 트리폴리가 떨어졌다. 1월 31일에는 스탈린그라드, 1944년 6월 6일에는 프랑스의 반격이 시작됐다. 바야흐로 제2차 세계대전의 판세가 역전되고 있었다. 이러한 변화에 대해서, 새로운 문제의식이 치고 올라오기 전까지는 기꺼이 침묵을 지켰던 것이다."[249]

그래서 바르트는 다시금 신학 작업에 집중할 수 있었다. 그의 정규 수업 계획표에 새로운 변화가 하나 생겨났으니, '강의, 세미나, 토론 그룹'으로 짜인 기존 계획표에 프랑스어권 학생들을 위한 '콜로키움'이 추가된 것이다. 바르트가 어떤 수업을 하든 항상 중요하게 생각한 것은 "진정한 인식은, 그리고 그 인식이 계속해서 진정한 것으로 남기 위해서는 새로운 잎사귀와 새로운 꽃잎만 내는 것이 아니라 새로운 뿌리까지 뻗어야 한다"는 사실을 학생들이 언제나 주지하도록 만드는 것이었다.[250] 그래서 그의 학문 활동은 이 시기에도 끊임없이 새롭게 전개되었다. "한 사람이 별다른 일 없이 자기 수레만 끌고 다닐 때 으레 그런 것처럼, 모든 일에는 나름의 요구, 나름의 실패가 있고, 가장 높은 지점이 있는가 하면 평탄한 구간도 있게 마련이다."[251]

신학 강연 요구가 다시금 쇄도하기 시작했다. 1942년 10월에는 제네바에서 로마서 1장과 2장에 대해 강연했다. 이듬해 초에는 장크트갈렌, 바젤, 라 자냐La Sagna에서 '교회 안의 친교'의 문제를 주제로 강연했다. 그는 교회 내에 다양한 집단이 존재한다는 사실, 그리고 각 집단 내에는 자기만의 관심사를 절대화하려는 위협이 도사리고 있다는 사실로 인해서 그 문제가 부각되고 있다고 보았다. 바르트가 제시한 해법은 "사도적 직무"apostolisches Amt였다. 이것은 그 집단 하나하나와 비판적으로 마주하고 있다. 1943년 5월 7일, 바르트가 그바트(툰 주)에 모인 신학생들 앞에서 발표한 강연은 실로 엄청난 파장을 불러일으켰다. 그 폭발력은 2년 전에 발표된 불트만의 '탈신화화' 강연에 비길 만한 것이었다. 물론 바르트는 불트만의 그 주장을 대단히 복잡한 심정으로 받아들였다.

바르트는 그바트 강연('세례에 대한 교회의 가르침')에서 세례를 이렇게 설명한다. 이 성례전은 인간의 구원을 ("사역동사적으로"[kausativl]) **야기**하는 것이 아니라, 그리스도 안에서 인간이 새로워짐을 상징적으로 재현함으로써 그 구원을 ("인지적으로"[kognitiv]) **증언**한다. 바르트는 여기에 근거하여 유아 세례를 거부한다. 그리고 세례받은 사람들을 향하여 이렇게 요구한다. 세례를 받은 사람은 "세례의 수동적 대상에서 탈피하여 자유로운, 다시 말해 자유롭게 자기 자신을 결정하고 자유롭게 신앙을 고백하는……파트너, 곧 예수 그리스도의 파트너가 되어야" 한다. 이런 식으로 세례의 관습을 바꾸는 것은 "개신교 교회가 콘스탄틴적인 그리스도교 세계 안에 머무는 것"을 포기함이요, "현재의 국가 교회 형태를 포기함"이라는 사실을 바르트 자신도 분명히 알고 있었다. "만일 교회가 유아 세례 관습과 결별한다면, 교회는 더 이상 국가 교회나 대중 교회가 될 수 없을 것이다."252

바르트는 그바트의 토론이 '쾨힐린 감독의 의사 표시'로 끝난 것을 아쉬워했다. "우리 학생들은 이제 정말 안심하고 집에 갈 수 있게 되었다. 품위 있는 교회의 심판관께서 지금으로서는 백 퍼센트 확신이 서지 않는다고 하셨으니 그것으로 최후의 말씀이 선포된 셈이었고, 그 사건은 당분간 논의되지 않을 테니 말이다."253

9월에는 "(당 뒤 미디[Dents du Midi] 건너편에 있는) 레장Leysin에 갔는데, 그곳에 위치한 대학 요양소에서 폐질환 치료를 받고 있는 대학생을 위해 닷새 동안 여러 가지 프로그램을 제공했다." '그리스도인과 국가'를 주제로 한 강연(얼마 후 자펜빌에서 이 강연을 반복했다), '그리스도교적 인식'에 대한 강연, 그리고 누가복음 10장에 대한 세미나가 그것이었다. "오후에는 병실 방문도 했다."254 10월에는 뇌샤텔에서 50-60명의 목사들과 함께 골로새서 세미나를 시작했다. 그 세미나도 일정 정도 간격을 두고서 진행했다. 제네바에서는 로마서 세미나를 열기로 했으나 수강 인원이 많지 않아 취소되었다. 바르트는 그때 뇌샤텔에서 했던 세미나를 1944년 1월 로잔에서 다시 개설했다. 거기에는 그 지역의 중견 학자와 신진 학자 2백여 명이 참석했고, 그 가운데 신약학자 P. H. 메누Menoud가 바르트의 마음에 들었다.[255] 2월에는 베른 주의 두 마을, 빌과 키르히베르크Kirchberg 에서 '예수와 민중'이라는 주제로 강연했다. 그 강연이 묘사하는 예수의 모습은, 거짓 '목자'에게 속은 '사람들'의 편이 되어 주는 예수였다. 바르 트는 그 강연을 간추려서 『교회교의학』 IV/2에 실었다. 거의 동시에, 어 느 대학생 잡지의 요청으로 '주지주의는 위험한 것인가?'라는 질문에 대 한 답을 주었다. 바르트의 답변에 따르면, 위험한 것은 사유의 게으름 때 문에 그것을 금지하는 것이며, 또한 실천을 회피하기 위해서 그것을 증 진하는 것이다. 이어지는 겨울학기 세미나에서는 츠빙글리를 다루었는 데, 그 세미나는 아주 흥미로운 방식으로 전개되었다. 바르트는 "자연 신 학과 관련해서는 도무지 나보다도 더 거부감이 심한 젊은 학생들의 단호 하고 우악스러운 손아귀에서 그 츠빙글리를 빼내어, 너무나 많은 것을 의심하게 된 우리의 판단력이 그의 거리낌 없는 표현 방식을 접했을 때 느끼는 것과는 약간 다른 의미에서 그의 주장을 이해할 수 있음을 보여 주려고 했다."[256]

바르트의 집필은 "3월 15일에 벌어진 끔찍한 사건" 때문에 잠시 중단 됐다. 이른바 "바젤 대학교의 총장께서 신학부 학장의 배를 가른" 사건 이었으니, 외과 의사이기도 했던 총장이 전공 실력을 발휘하여 신학부 학장, 곧 칼 바르트의 '반월선상 탈장' 수술을 맡아 준 것이었다. 환자는 "그 수술이 진행되는 동안에 (나의 중요성 때문이 아니라 그 탈장의 중요성 때문 에……) 찍어 둔……뢴트겐 사진 몇 장을 보면서……나의 속사람을 최소 한 그 일부만이라도 볼 수 있게 되었다며" 기뻐했다.[257] 바르트는 1944년 여름학기가 시작되고 난 뒤에도 수술 후유증을 겪었다. 그는 지난 12월에 교의학 제10장 '피조물'(인간론)을 시작했으며, 새 학기에도 방대한 그책의 집필에 매달렸다. 가끔은 그 작업이 여러 가지 다른 이유에서도 무거운 짐처럼 다가왔다. "왜 내가 이 교의학이라는 짐을 졌던가? 그리고 그것 때문에, 어쩌면 연구를 안 하거나 조금 덜 한 채로 그냥 두어도 괜찮을 법한 그 숱한 문제들에 대해 자세한 정보를 주겠다며 나를 다그쳐 왔던가? 그러나 이제는 돌이킬 수도 없다. 그래서 나는 적어도 내가 매일 혹은 매주 일을 충분히 하지 않는다고, 내가 실제로 일하는 분량은 원래 하려고 했던 것의 최소한에 불과하다고 불평하지 않기로 했다."²⁵⁸ 거기다 또 하나의 "짐"이 있었다. "나는 벌써 오래전부터 이 신학적 사유의 영역에서 어떤 운동들을 해왔는데, 처음에는 언제나 혼자 시작했고 혼자모든 책임을 져야 했다. 시간이 흐르자 몇몇 사람들이 뒤따라오기도 하고 함께 가기도 하고, 결국에는―이제 나는 또다시 전혀 다른 곳에 가 있는데―심지어⋯⋯프랑스인, 영국인, 일본인도 그 일을 어느 정도 중요시하기로 작정한 것이다. 그건 고무적인 일이기도 하지만, 바로 당사자인 나에게는 정말 피곤한 일이다."²⁵⁹ 수술 후유증에서 회복되던 시기에 반가운 일이 하나 있었다. 그것은 지난 25년간 아무런 교류도 없이 지냈던 레온하르트 라가츠와 바르트의 관계가 다시 한 번 새롭고 친밀한 관계로 되살아났던 것이다. 이것은 최근 출간된 교회교의학 덕분이었다. 라가츠가 그 책에 대한 서평에서 "나와⋯⋯대대적으로 생각을 같이하는 것을보고" 바르트는 고맙기도 하고 놀랍기도 했다. 라가츠도 바르트의 감사를 "내 인생의 마지막 나날에 화해의 미광(微光)을 비춰 주는 제자의 행동"으로 받아들였다.²⁶⁰ 1년 후 라가츠는 세상을 떠났다.

　　전쟁이 끝나 가는 시기에 꼭 필요한 일이 있을 텐데, 그 일을 위해 자신이 할 수 있는 최고의 기여는 역시 교회교의학을 꿋꿋이 써 내려가는 일이라는 것이 바르트의 생각이었다. "이것이 바로 나의 '구호 사업'이 다."[261] 물론 전쟁으로 피해를 입은 사람들을 위해 다른 방식으로도 도움을 주고자 했다. 그런 의미에서 그들이 체류 허가를 받을 수 있도록 계속해서 직접적인 도움을 주었고, 어떤 사람에게는 의약품을, 어떤 사람에게는 신발류를 구해다 주기도 했다. 1944년 6월에는 (취리히의 랍비 타우베스[Taubes] 박사가 제공한 정보의 도움을 받아) 이제 막 선출된 (최초의!) 사회민주당 의원 에른스트 노프스Ernst Nobs에게 청원서를 보냈다. 바르트는 그 청원서를 통해, 스위스 정부가 헝가리의 유대인을 위해 즉각적이고 결정적인 조치를 취해야 한다고 말했다. 그 일이 있기 얼마 전에는, (콜롬비아 대학교가 주관하는) 강연을 위해 미국에 가려던 계획을 취소했다. 다른 이유도 있었지만, 바르트는 전쟁이 끝나 가던 그 시기에 유럽에서 자기가 해야 할 일이 있다고 생각했다. 그런 의미에서 스위스-노르웨이 협회와 '자유로운 독일 문화를 좋아하는 스위스 사람들의 모임'의 회원이 되었다. 또한 '스위스-소비에트 연합회'와 러시아인 포로를 위한 구호 사업회에 가입해서 활동했다. 바르트는 특히 러시아와 관계된 쪽에서 열심히 활동을 했는데, 이것은 "내가 벌써⋯⋯스위스에 오래전부터 편만해 있는 볼셰비키 혐오증 혹은 공산주의자 혐오증에 반대해왔기 때문이며, 우리가 그쪽에 대해서도 자유롭게 열려 있어야 한다고 오래전부터 주장해 왔기 때문이다."[262] 그가 보기에 러시아에 대한 이런 개방성은 더욱 시의적절한 것이 되었다. 러시아가 히틀러에게 저항하는 바람에 스위스도 큰 이득을 봤기 때문이다.

"나는 너희의 친구!"

"독일의 패배가 확실해지자" 얼마 전까지는 저 무서운 나치 독일을 향해 날카로운 경고의 메시지를 날리던 바르트는 "이제 거꾸로 독일 전체에 대한 무분별한 증오가 만연하는 것에 맞서 싸울" 필요가 있다고 생각했다. 그래서 "나는……이러한 표어를 내걸었다. 이제 우리는 배려와 비판의 자세를 둘 다 갖추고 독일인에게 다가가야 한다."²⁶³ 바르트는 이미 1944년 7월 23일(노르망디 상륙 작전이 있고 한 달 반이 지난 뒤, 또한 그 유명한 '7월 20일'의 사흘 뒤) 뒤렌로트Dürrenroth 강연 '오늘의 시대 사건 속에서 교회의 약속과 책임'(Verheiβung und Verantwortung der christlichen Gemeinde im heutigen Zeitgeschehen)에서 이러한 입장을 처음으로 밝혔다.

바르트는 "이 강연에서 유대인과 독일인 모두에게 동시에 잘 들어맞는 말"을 만들어 냈다.²⁶⁴ "오늘 우리 시대에, 의인이 아니라 죄인을 구하기 위해 오신 예수 그리스도 앞에 서게 될 민족이 있다면, 그 민족은 누가 뭐래도 유대 민족과─이상하게도 그 민족과 닮은─독일 민족이다." "전범국가인 독일이 지금 완전히 힘을 잃고 쓰러져 있는데, 하나님이 심판을 행하신 그 자리에서 다시 한 번 심판을 집행하는 것은 우리의 사명이 아니리라."²⁶⁵

8월 26일, 장크트 야콥 안 데어 비르스 전투* 5백 주년 기념식이 성대

* 1444년 8월 26일, 바젤 근교의 장크트 야콥 안 데어 비르스(St. Jakob an der Birs, 비르스 강가의 성 야곱)에서 구 스위스 동맹군 1천5백여 명과 프랑스의 아르마냑(Armagnac)군 2만여 명이 맞붙은 전투. 스위스 동맹군은 압도적으로 강한 적군 앞에서 무모할 정도의 투쟁 정신을 불사르며 10시간가량 격전을 벌였다. 동맹군은 16명의 도망자를 제외하고 모두 전사했으며, 아르마냑군의 피해도 엄청났다. 이 전투는 스위스인의 용맹스러움을 유럽 전역에 알린 사건이 되었다─옮긴이.

548

하게 열렸다. 바르트는 그해 신학부 학장이었기 때문에 "학위 가운을 입
고 기념 행렬에 끼어 함께 걸으면서" 그 행사에 참여하게 된 것을 불편하
게 생각했다. "최근 몇 년 동안 우리 스위스 사람들이 보여준 모습은……
장크트 야콥 전투에서 싸웠던 그 무모한 사람들의 모습과는 만 분의 일
도 닮지 않았기 때문이다."[266] 바르트는 며칠 뒤 그 축제에서 빠져나와 장
크트모리츠St. Moritz와 다보스에 갈 수 있게 된 것을 기뻐했다. 거기서 바
르트는 '가톨릭 신학의 본질'에 대해, 갈라디아서 4장에 대해 강연했다.
그런데 바로 그 시기에 로마에서 플뤼에의 니콜라우스Nikolaus von der Flüe
를 스위스의 '국가 성인'으로 지명하려는 움직임이 있었고, 스위스에서
는 하필이면 지난 몇 년 동안 너무나 비겁한 모습을 보여주었던 정치가
들이 그런 움직임을 지지하고 있었다. 바르트는─원칙적인 문제는 논외
로 하고─그런 상황을 대단히 불쾌하게 여겼고, 11월에는 어느 신문 사
설을 통해 그 불쾌함을 내비쳤다. 이제는 패색이 완연한 독일과 스위스
의 관계에 대한 바르트의 생각은 그의 강연 원고「독일인들과 우리」(Die
Deutschen und wir)에 잘 나타나 있다. 그는 1945년 초반에 여러 곳(쿠베
[Couvet], 뇌샤텔, 쇠넨베르트, 로어바흐, 올텐, 아를레스하임, 아라우, 제네바, 르 로
클[Le Locle], 라 쇼드퐁[La Chaux-de-Fonds], 베른, 글라루스, 장크트갈렌 등)을 돌
면서 그 강연문을 발표했다.

여기서 바르트는 독일인들에게 지금은 그 어느 때보다도 친구들이 필요하
다고 말한다. "그 모든 것에도 불구하고 친구인 친구"Freunde trotz allem말이다.
그리고 마태복음 11:28을 패러디해서 그 친구의 모습을 묘사한다. 그는 독
일인들에게 이렇게 말한다. "다 내게로 오라! 너희, 맘에 안 드는 사람들아,
사악한 히틀러의 똘마니들아, 잔인한 나치 친위대 병사들아, 못된 게슈타포

무리야, 서글프게도 타협과 협조를 부르대던 사람들아, 또 그렇게 오랫동안 이른바 총통 뒤를 무식하게 따라다니던 우둔한 군중아, 다 내게로 오라! 너희, 자업자득의 결과를 맞은 범죄자, 공범자들아, 다 내게로 오라! 나는 너희를 잘 알고 있으나, 너희가 어떤 자들이고 무슨 일을 했는지 묻지 않는다. 나는 그저 너희가 이제 끝장이 났으며, 좋든 싫든 처음부터 다시 시작할 수밖에 없는 지경인 것을 보고 있다. 이제 내가 너희에게 새 힘을 주겠다. 나는 다름 아닌 바로 너희와 함께, 바닥부터 새롭게 시작하려고 한다! 민주주의 이념, 사회적 이념, 그리스도교적 이념을 언제나 소중하게 여기며, 그런 이념으로 부풀어 있는 스위스 사람들이 만일 너희에게 관심을 보이지 않는다면, 그렇다면 내가 있다.……내가 너희를 위해 있겠다! 나는 너희의 **변함없는 친구다.**"[267] 스위스 사람들은 "독일 때문에 직접적인 피해를 겪지도 않았는데" 이는 히틀러에 저항하기에는 스위스가 너무나 약했기 때문이며, 그래서 바르트는 스위스 사람들이 "제일 먼저 나서서 그런 모범을 보여주는 것"이 좋다고 생각했다.[268] 그는 강력한 독일 앞에서는 약한 모습을 보이던 사람들이, 패전국 독일 앞에서는 가혹한 모습으로 돌변하지 않을까 걱정하면서 이런 말을 한 것이다. 만일 그런 모습을 보인다면, 그것은 "우리 조국의 두 번째 수치"가 될 것이라고 말이다.[269]

그때 이후로 바르트가 번번이 강조하던 말은 예컨대 이런 것이었다. 이제 우리는 "오로지 '그럼에도 불구하고의 우정'Freundschaft trotz에 대해 말해야 한다." 모든 독일인은 "1933년 이후 일어난 일에 대해 책임을 져야" 한다.[270] "독일 문제를 내적으로 치료하는 작업은 히틀러 시대의 극단적인 타락상에만 한정되는 것이 아니라 비스마르크 시대, 심지어 프리드리히 대제 시대의 뿌리까지 거슬러 올라가야 한다."[271] 바르트가 이런 말을 한 것은, 이 마지막이 지나가면 오직 **완전한** 새 출발이 전개될 것이라고 확신했기 때문이다. 고작 15년 역사의 대단원이 아니라, 훨씬 더 오래된 역사의 대단원이 이제 막을 내렸다. 새 출발은 그 기나긴 대단원을 어딘가에서 다시 한 번 펼치자는 것이 아니다. "내가 온 마음으로 동참하고자 하는 새로운 독일의 역사는 새로운 장을 펼침으로써 시작된다."[272] 바르트의 이러한 생각은 1945년에도 이미 약간의 거부감을 불러일으켰다. 스위스 사람들이 보기에 그의 태도는 너무 온순했고, 독일 망명자들이 느끼기에는 너무 급진적이었다. 바르트는 그 망명자들이 느끼는 거부감과 씨름하면서 3월과 4월에 두 개의 공개서한을 작성했다. 하나는 에른스트 프리트렌들러Ernst Friedländler에게, 하나는 헤르만 하이슬러Hermann Heisler 박사에게 보내는 편지였다.

그에 반해, 바르트가 1944년 12월부터 긴밀한 관계를 맺어 온 '자유로운 독일'Freies Deutschländ, FD 위원회 사람들과는 모든 면에서 생각이 잘 통했다. 실제로 '성 알반링 178번지'는 그 운동의 "제2센터 비슷한 곳"이었다. "롤로 폰 키르쉬바움은 볼프강 랑호프,* 그리고 과거 프로이센의 차관이었던 S. 아베그Abegg와 함께 그 운동의 회장단으로" 활동했다. 그녀는 이 일을 통해 고백 교회를 대변하고자 했고, 그 동아리에서 활약하던 "빨간, 혹은 불그스레한 사람들과도 놀랄 만큼 잘 어울렸다."[273] 바르트는 이 운동의 비교적 후방에서 활동했다. "나는 이 모임에서……처음으로 상당히 중요한 공산주의자들, 그리고-그리 유쾌하지는 않았지만

---

* 볼프강 랑호프(Wolfgang Langhoff, 1901-1966): 독일의 연극인이자 연극 감독. 그의 작품 「늪지의 병사들: 나치 강제 수용소 13개월」(Die Moorsoldaten, 13 Monate Konzentrationslager, 1935)은 나치스의 잔인무도함을 현실감 있게 보도한 첫 번째 기록으로 세계적인 관심을 받았다. 히틀러 집권 이후 나치즘에 반대했다는 이유로 정치범이 되어 강제 수용소에서 살아가던 사람들의 고통과 희망을 그려 냈다-옮긴이.

─공산주의적 방법을 가까이에서 알게 되었다."[274] 개신교 망명자 대표단에게도 '자유로운 독일' 위원회를 소개해야 한다는 목소리가 있었기 때문에, 바르트는 칼 뷔르츠부르거Karl Würzburger와 오토 잘로몬Otto Salomon 같은 사람들을 1945년 2월 10일의 모임에 초대했다. "여기 내 집에서 열린 그 모임에서⋯⋯나는 일종의 중재자 역할을 맡아 그 모임을 이끌어야 했다."[275] 그러나 "안타깝게도 그리스도인 망명자들은 타자들이 선의를 가지고 훨씬 단순 소박한 모습을 보여준 것에 비해 그다지 긍정적인 모습을 보여주지 못했다. 스스로 무신론자를 자처하고는 있지만 오히려 그 타자들이 실제로는 훨씬 그리스도교적인 반응을 보여주었다."[276] "내가 그 사람들에게서 발견한 것은 지금 독일 민족이 잃어버린 그 본질적인 문제를 위한 무조건적인 실천이었다." 게다가 그 실천은 "모든 독일인의 책임에 대한 무조건적인 인정"을 토대로 한 것이었으며, "독일의 모든 세력이 단결하여 실질적인 통일과 재건과 회복의 과제"에 뛰어들되 아주 구체적으로 뛰어들겠다는 의미였다. 그래서 바르트는 1945년 12월 그 모임이 해체될 때까지 "기꺼이 FD와 대화의 관계를 유지했다."[277]

4월 초, 바르트는 '바젤 선교회 활동가 모임'에 초대되어 마태복음 28:16 이하의 말씀을 가지고 강연했다. 당시 바르트의 사유와 실천이 어디에 기초한 것인지를 잘 보여주는 강연이었다. "예수께서 사용하시는 권세 외에 객관적으로 다른 권세는 없다."[278] 며칠 뒤 바르트는 '맨체스터 저녁 뉴스'Manchester Evening News를 통해 '독일이 어떻게 건강해질 수 있을까?'라는 질문에 대답할 수 있는 기회를 잡았다. 여기서 그는 연합국이 독일을 어떻게 대할 것인가 하는 문제와 관련하여 자신의 바람을 이렇게 요약했다. "권력을 쥐고 있어도 얼마나 신사답게 처신할 수 있는지를 그들에게 보여주시오!" 그들에게 "우리가⋯⋯민주주의, 자유, 충성, 인간

성, 지혜를……어떻게 이해하고 있는지……구체적인 시청각 수업을 베
푸시오!"[279] 바르트는 5월 8일 "승리의 날 저녁"에 슈피츠Spiez에서 강연했
다. (이후 바젤, 베른, 취리히, 그리고 어느 망명자 수용소에서 그 강연을 반복했다.)
여기서 바르트는 "전후 재건을 위한 영적 전제 조건"에 대해 성찰했다.
그는 이렇게 말했다. "이를 위해 필요한 것은 새로운 영, 곧 책임 있고 인
간적이고 연대를 지향하는 건설적이고 깨어 있는 영이다. 그렇다면 그
것은 **거룩한** 영, 곧 성령이다." 그는 전쟁의 종식을 맞이하여 (저자는 밝히
지 않고) 감사와 회개와 의무에 관한 글을 썼고, 바젤의 교회 위원회가 그
것을 인쇄하여, 그다음 주일 바젤의 모든 설교단에서는 그의 글이 낭독
되었다.

얼마 후―처음에는 당연히 조심스럽게―"외부 세계로 가는 문이 다
시 열렸다. 나에게 그 문이란 무엇보다도 독일로 가는 문을 의미한다. 내
가 일전에 아주 오랫동안, 아주 흠뻑 빠져서 즐겁게 살았던 그곳, 수없이
많은 친구들, 또 아주 끈질긴 원수들을 남겨 놓고 떠나온 그곳으로 가는
문이 열린 것이다."[280] "너무나 오랜만에 다시금 처음으로 편지 봉투에 독
일 주소를 써넣을" 수 있게 되자 "가슴이 뭉클했다."[281] 수신인은 신실한
슈바벤 사람 고트힐프 베버Gotthilf Weber였다. 바르트는 알폰스 쾨힐린, 파
울 포크트, 게르트루트 쿠르츠, 자크 쿠르부아지에와는 교회의 독일 구
호 위원회에서 활동했고, 동료인 에른스트 슈테헬린과는 "세속적인" 구
호 단체에서 활동했다.

바르트는 오래전부터 "국가, 전쟁, 국가사회주의, 스위스의 저항 등
의 문제와 관련하여 1938년 이후 내가 발표했던 중요한 글들을……한데
모아 출간"하려는 계획을 갖고 있었던 터라, 당장 그 계획을 현실화했다.
"향후 독일과의 관계를 염두에 둘 때……과연 내가 무엇을 말했으며 무

엇을 말하지 않았는지" 분명히 해두는 것이 "나에게 특별히 중요하다"고 생각했기 때문이다.[282] 이렇게 해서 출간된 책이 『스위스의 목소리』(*Eine Schweizer Stimme*)였다. 문은 다른 방향으로도 열렸다. 그래서 오이겐 게르스텐마이어Eugen Gerstenmaier 박사가 스위스를 방문했고, 바르트는 그에 대해 신랄한 비판의 기사를 썼다. 어쩌면 "해묵은 신학·교회·정치의 식초를……잽싸게, 능숙하고 경건하게 확 쏟아 버리는 게 아니라, 세 번째 병에서 네 번째 병으로 옮겨 담아야 하는" 시간이 찾아올지도 모른다.[283] 7월에는 "전쟁 포로 상태에 있는 독일 신학자들에게 보내는" 공개서한을 썼다. 이제 독일은―"욥처럼 불쌍하고, 나사로처럼 불쌍하고, 성전 세리처럼 불쌍하니"―다른 어떤 민족보다 유리한 상황을 맞이한 것이다. "이제 그에게 남은 것이라고는 새롭게 시작하는 것밖에는 없다."[284] 그와 동시에, 막 강제 수용소에서 풀려난 마르틴 니묄러에게는 진심 어린 격려와 지지를 보내 주었다. 바르트는 그 악명 높은 나폴리 인터뷰마저도* "그 사람이 '유보트U-Boot에서 설교단'까지 오는 여행을 아직 완전히 끝내지 않은" 증거라며 니묄러를 두둔해 주었다.[285] 같은 해 7월에 그는 베른에서 포크트, 피스르트 호프트, 아돌프 프로이덴베르크Adolf Freudenberg, 한스 베른트 기제비우스, 그리고 쿠르츠의 부인을 만나 "에큐메니칼 진영이 나아갈 길"에 대해 논의했다. 또한 두 번이나 브라이스가우의 프라이부르크Freiburg까지 가서 프랑스군의 선임 군목 마르셀 슈투름Marcel Sturm, 법학자 에릭 볼프Erik Wolf와 기분 좋은 만남의 시간을 가졌다. 심지어 독일인

---

* 1945년 6월 5일, 니묄러는 나폴리에서 분노에 가득 찬 상태로 인터뷰를 했다. (분명 그가 강제 수용소에서 풀려나자마자 연합군에 의해 다시 감금당한 것 때문이었을 것이다.) 그는 자신이 강제 수용소에서 군대를 지원하기도 했고, 히틀러에 대한 그의 반대가 정치적인 것이 아니라 종교적인 것이었다는 등의 말을 함으로써 당시 회자되던 그에 대한 '신화적인' 견해를 산산조각 냈다―영역본 옮긴이.

과 프랑스인이 한자리에 둘러앉아 대화를 나눌 수 있도록 분위기를 유도
하기도 했다. 상호존중에 기초한 에릭 볼프와의 우정은 바로 그때부터
시작되었다. 바르트는 그를 "가장 흥미로운 동시대인"으로 여겼다. 그는
"여러 방면에서 대단히 명석하고 학식이 깊으며, 우수 어린 유머의 사람
이었고, 나아가 마르틴 하이데거의 좋은 친구"였다.[286]

1945년 가을학기, 바르트는 세미나 수업만 개설했다. 교의학 강의는
그의 요청에 따라 면제되었다. 그는 그 시간을 활용하여 기어이 '창조론'
원고를 마무리하고 싶었던 것이다. 그러나 바르트가 워낙 독일 문제에
적극적으로 관여한 탓에 원고 마감은 뒤로 미뤄졌다. 물론 그가 자꾸만
늘어나는 엄청난 양의 내용을 원래 계획된 구성 안에 집어넣으려고 애쓰
다 보니 그렇게 된 것일 수도 있다.

그 구성에 따라 창조론은—신론과 마찬가지로—두 권으로 나뉘어져야 했
다. 한 권은 창조주와 피조물(인간론)을 다루고, 또 한 권은—II/2에 상응하
여—예정론과 창조 윤리를 다루려고 했던 것이다. 그러나 바르트는 그해 가
을을 맞아 즉각 ("겨우") 488쪽에 달하는 두툼한 책에 창조론만 담아 (그러니
까 지금의 형태로는 아직 만족스럽지 않은 인간론 없이) 출간했다. 게다가 '창
조주와 그분의 계시'라는 장 전체도 (그 장에 속한 두 절, 곧 신과 신들, 그리고
신앙과 세계관도) 일단 제외할 수밖에 없었다. 바르트가 원래 그 장에서 하
고 싶었던 말은 이런 것들이다. "하나님의 계시는……모든 신들에 대한 비
판"이다. "그 신들은 신들의 황혼을 거치면서 신적인 권위를 상실하는 것이
요……그 신들의 본질이 원래 신적인 것이 아니라 피조물적인 것이라는 사
실이 다시금 가시화된다." 또 이런 말을 하고 싶어 했다. "그러므로 모든 완
결된 세계관, 또한 그 완결성에 기초하여 존경과 권위를 요구하는 세계관에

반대하는 것"도 "창조주에 대한 신앙의 본질"에 속한다.

8월에는 베르클리에서 모리를 기쁘게 다시 만났다. 8월 말-9월 초
에는 비참하게 무너진 독일을 찾아, 수많은 독일 친구들과 기쁨의 인사
를 나눌 수 있었다. 바르트는 군용 지프차를 타고 "미국 특수 기관의 능
수능란한 비호를 받으면서 처음으로 맘껏 독일을 여행할 수 있었는데,
프랑크푸르트에서는 '고백 교회의 형제단' 재건에 참여했고, 나중에 트
라이자Treysa에서는 공식적인 '독일개신교교회협의회'Evangelische Kirche in
Deutschland의 재건 작업에 참여했다."[287] "그 여행은 상당히 고된 여행이었
을 뿐 아니라, 거의 모험과도 같은 여행이었다." 바르트는 프랑크푸르트
에 도착하자마자 "내 친구 니묄러 곁에 앉아 밤늦게까지 붙어 있었다."
형제단 모임은 그를 "고백 교회 대표자 12인 가운데 한 명"으로 선발하
여 트라이자로 파견했다.[288] 프랑크푸르트에서는 라데 교수의 부인(도라
[Dora], 결혼 전 성은 나우만[Naumann])과 에리히 푀르스터Erich Foerster도 방문
했고, 전에 거칠게 대우한 적이 있었던 게르스텐마이어도 만나 알게 되
었다. 그리고 "나는 폐허가 되어 버린 괴테 생가 앞에……서 있었다."[289]
트라이자에 도착한 바르트는 그 모임의 의장이었던 부름 감독을 보면서,
교회투쟁 시절과는 달리 깊은 감동을 느꼈다. "나는 그가 향후 임시 지
도부 결성을 위한 치명적인 회의의 정점에서 주 교회·감독제도·루터주
의·독일 성향을 띤 사람들과 진지하게 대결하는 모습을 보았다." 바르
트는 그런 그의 모습에 전반적으로 경의를 표하지 않을 수 없었다.[290] 스
위스로 돌아오는 길에는 마르부르크에 들러 불트만을 만났고, 본에 들
렀을 때는 한때 그가 활약했던 곳이 폐허가 되어 있는 것을 보았다. "참
인상적인 것은, 그때 내가 참가했던 신학자 대회에서 많은 사람들이 악

마에 대한 이야기를 했다는 점이다. '우리는 사탄의 두 눈을 보았소.' 그런 말이 거의 열광적인 분위기 속에서 터져 나왔다.……나는 한동안 그런 말을 듣고만 있었다. 그러나 더는 침묵할 수 없게 되었다. '여러분, 그런 말을 하면서 마치 마술적인 세계관에 빠져들 것만 같군요!' 나는 내 친구들에게 이렇게 물었다. 왜 그렇게 악마 얘기만 하는 거요? 왜 구체적으로, 우리가 정치적으로는 정말 바보들이었다고 말하지 않는 거요? 여러분의 스위스인 동료가 이 자리에서 여러분에게 합리적인 사고를 촉구할 수밖에 없는 것을 이해해 주기 바라오."[291] 한번은 헬무트 틸리케Helmut Thielicke가 그런 비슷한 말을 했을 때, 그러니까 자기도 악마의 두 눈을 보았다는 식으로 이야기했을 때, 바르트는 이렇게 대꾸했다. 그것이 "악마"에게 깊은 인상을 주지는 못했나 보구먼![292]

　　바르트는 이렇듯 살아남은 사람들과의 재회를 기뻐했던 만큼, 엄청난 규모의 파괴와 그 파괴에서 빠져나오지 못한 친구들의 소식으로 큰 충격을 받았다. 그가 가장 염려스러워 했던 것은, 트라이자에서 드러난 교회의 얼굴이었다. "놀랍게도 이 교회는-1933년의 '독일그리스도인연맹' 회원들이 지금은 자연스럽게 사라지거나 숨어 버리거나 (아주 소수는) 진심으로 회개하는 상황과는 별개로-내가 1933년에 봤던 그 모습, 곧 파멸을 향해 치닫던 때와 거의 똑같은 구조, 똑같은 분파, 똑같은 경향을 보이고 있었다. 물론 맹렬하게 전진하는 사람들, 곧 1930년과 1945년 사이에 제대로 저항했던 사람들, 또한 새 시대의 가르침을 실현하려는 사람들도 (그런 사람들 중에서도 단연 으뜸은 니뮐러!) 없지는 않았지만, 그들은 너무나도 소수였고, 실제로 일을 주도하는 집단이나 리더들은 그들과는 거리가 먼 사람들이었다. 여기서 나는 예나 지금이나 '주 교회'의 형식과 질서에만 관심을 가진 사람들과 맞닥뜨렸다. 그 관심은 온갖 새롭고 놀

라운 일에 대한 관심, 강화된 종파주의와 성직자 중심주의에 대한 관심,
그 밖에도 온갖 형태로 창궐하는 예전주의Liturgismus에 대한 관심을 통해
개선되지 않았다. 나는 여전히 이러한 관심이 그 어떤 것보다 강하게 남
아 있음을 발견했다. 예컨대 성서 안에서 그리스도교의 메시지를 새롭
게 하고, 지금 우리 눈앞에 펼쳐진 새로운 상황에 그 메시지를 적용하기
위한 물음보다도 그런 관심이 더욱 강한 형편이다. 교회의 주된 관심사
는 여전히 몇몇 지도급 인사들, 주도적 집단의 관심사일 뿐, 교회 전체의
관심사가 되지 못하고 있는 것 같다. 말할 수 없는 시련 속에 빠져 있는
독일 민족에게 복음을 선포할 수 있는 최선의 길을 찾아내려는 그런 단
순한 관심은……거의 느껴지지 않았다."²⁹³ 적어도 그 시기에는 바르트
가 종전의 시점에서 그토록 간절하게 바랐던 '새로운 출발'에 필요한 자
세를 아예 찾아보기 어려운 지경이었다. 바르트는 그럴수록 이런 경향
에 온 힘을 다해 맞서려고 했다. 도대체 왜 그랬는가? 그것은 "내가 독일
신학자들을……그들이 몰두하고 있는……성례전·예전·종파·직제·
감독직 등에 대한 심오한 연구에서 끄집어내어, 지금 독일이 처해 있는
내적·외적 곤궁의 실체와 진정한 복음 앞에 세워 놓고 싶었기 때문이다.
그들은 독일 사람들 앞에서 그 복음을 어떤 신비한 것처럼 꾸며 내려고
할 것이 아니라, 그들을 향해 그 복음을 소박한 말로 말해야 한다."²⁹⁴

다시 스위스로 돌아온 바르트는 「벨트보헤」(Weltwoche)라는 주간지
와의 첫 번째 인터뷰('우리 죄를 사하여 주옵시고')에서 독일의 현황을
보도했으며, 두 번째 인터뷰에서는 스위스가 전쟁 중에 보여준 모습을
비판적으로 논평했다('우리의 곤경은 열매를 맺어야 한다'). 그는 10월 1일 뇌
샤텔에서, 10월 14일에는 제6차 비프킹겐 대회에서 '제3제국의 멸망 이
후의 개신교 교회'라는 주제로 강연했다. 비프킹겐 대회는 "그 구호 단체

를 와해시키려는" 에밀 브룬너의 "배신행위"에 맞서, '고백 교회'를 지향하는 모습으로 그 단체를 유지하기로 결의했다.[295] 바르트는 그 강연에서 (이미 9월 28일에 니묄러에게 알린) 독일 교회를 향한 자신의 특별한 바람을 표명하기도 했다. 그 바람이란, 독일 교회가 에큐메니칼위원회 앞에서 공식적으로 자신들의 잘못을 시인하는 것이었다. 요컨대 독일 민족은 히틀러를 추종함으로써 "잘못된 길에 빠져" 헤맸고, 오늘의 곤궁은 바로 "그 오류의 결과"이며, 교회도 "그 오류에 책임이 있다"는 고백이 필요했던 것이다.[296] 실제로 나흘 뒤에 이른바 슈투트가르트 죄책 고백Stuttgarter Schulderklärung이 발표되었다. 그러나 바르트에게는 그 고백이 너무나 모호해 보였다. 그래서 바르트는 아스무센에게 보내는 편지에서 이렇게 썼다. "슈투트가르트에서 사람들이 훨씬 더 많이 신경을 쓴 것은, 그들이 다른 사람에 대해 마음에 품고 있던 내용이다."[297] 그 일로 바르트와 아스무센은 완전히 결별했다. 다른 사람을 탓할 노릇도 아니고, 복고주의에 빠질 노릇도 아니다. 무엇보다도 노예의식에서 벗어나는 것이 중요하다. 이것이 바르트의 생각이었다. 이것은 바르트가 "뷔르템베르크 주의 내무부 장관의 초청으로" 다시 한 번 독일을 방문하여 "1945년 11월 2일, 슈투트가르트에 위치한 뷔르템베르크 국립 극장에서" 연설한 내용, 곧 '독일인을 향한 한 마디'에 고스란히 담겨 있는 생각이다. "그 슈투트가르트 연설은 (나는 튀빙겐 대학교에서도 그 연설을 했는데, 슈투트가르트에서는 2천 명, 튀빙겐에서는 1천5백 명의 청중이 모였다) 어쨌거나 아주 흥미로운 역사적 사건이었다. 왜냐하면 독일 패전 이후 외국인(시민)이 공식적인 자리에서 그렇게 많은 청중을 향해 연설을 한 것은, 내가 아는 한 이것이 처음이었기 때문이다."[298] "나는 그때 튀빙겐에서 누린 환대를 늘 고맙게 생각한다."[299] 바르트가 그런 환대를 경험한 곳은 카를로 슈미트의 집이었다.

　겨울학기 때는 새롭게 시작한 인간론 강의, 칼뱅 세미나(그리스도교 강요 I), 하르낙의 『그리스도교의 본질』에 대한 토론 모임을 개설했다. 학기 중에 "최후의 하르낙 학파"의 한 사람이었던 에버하르트 피셔가 세상을 떠났다. "나는 바젤 대학교와 신학부의 이름으로 조사를 읽었는데……그 옛날, 내가 『로마서 주석』 제2판을 쓸 무렵에는 그 사람이나 나나 상상도 할 수 없었던 조사였다."[300] 그해 12월, 바르트는 독일 지원 프로젝트의 일환으로 카바레 코르니혼이 취리히 영화관에서 오전 공연을 하는데, 그 공연의 개막 연설을 맡아서 했다. 12월 31일에는 라디오 방송을 통해 1945년을 "회고"했다. 여기서 바르트는 제2차 세계대전이 끝나는 시점에서 일본에 원자폭탄이 투하된 것을 생각하며 무거운 마음으로 미래를 전망했다. 그는 이렇게 말했다. "그 어떤 전쟁보다도 끔찍했던 이 전쟁의 종말은 [이로써] 또 다른 전쟁이 가져올 수 있는 도저히 예측 불가능한 결과에 대한 전망과 연결되고 말았다. 그러므로 앞으로는 아예 전쟁이 일어나지 못하도록 하는 방안에 대한 물음, 아울러 견고하고 확고한 평화에 대한 물음은 이제 그 누구도 가벼이 넘길 수 없는 급박한 문제."[301] 바르트는 새해 1월을 맞아 다시 한 번 뇌샤텔에서 (세례에 대한) 세미나를 지도했다. 그 밖에도 갑자기 편지 왕래가 급증하는 바람에 할 일이 많아졌다. 바르트를 찾아오는 방문객 수도 눈에 띄게 늘었다. 1월에는 헝가리의 라즐로 파프Laszlo Pap와 미국의 캐버트 박사가 찾아왔다. 2월에는 치체스터의 벨 주교가 찾아와서 "나는……사람들이 있는 거리에서 그에게 이렇게 말했다. '당신은 내가 만난 사람들 중에서 가장 친절한 사람이오, 그런데 약간은 너무 친절하오!' 또한 2급 쿠페 자동차에 타고 떠나려는 그의 귀에 대고 '교황을 너무 사랑하진 마시오!'라고 속삭이기도 했다."[302]

2월과 3월에는 마르틴 니묄러가 왔다. 그의 방문을 통해서 "우리는······ 모든 기대를 뛰어넘어······큰 기쁨을 느꼈고, 많은 것을 배울 수 있었다."[303] 바르트는 니묄러에 대한 기사 한 편을 미리 발표함으로써, 니묄러의 스위스 방문을 준비했다.

'제3제국의 멸망' 직후 새로운 시대의 첫 단락이 시작되었다. 그 시간을 온몸으로 살아 냈던 바르트에게는 이런 확신이 자리 잡았다. 이제는 역사의 무대에서 사라져 버린 거짓 예언자들, 곧 "새로운 유럽, 새로운 세계를 부르짖던 예언자들"이 원했던 것은 "전혀 새로운 것이 아니었다. 오히려 전혀 좋지 않았던 옛 시대를 너무나 적절하게 완성한 것이었다." 이 확신은 또 하나의 확신과 맞물렸으니 그것은 "그 예언자들 이후의 유럽, 나아가 이 세계는 중요한 전환점에 서 있으며, 그 전환점에서 시작하여 새로운 방향의 새로운 길을 추구하고 찾아내지 않으면 안 된다." 그래서 바르트는―이미 나타나기 시작한 그 모든 실망과 두려움에도 불구하고― 희망을 품었다. 그것은 앞으로 "뭔가 **다른** 노선 위에서 새로운 삶이 시도될 것"이라는 희망이었다. 그 노선은 "어제의 자객들이 내달았던 노선과 다를 뿐 아니라, 나머지인 우리가 결국에는 어슬렁어슬렁 한 지점을 보고 걸어가다가 결국에는 그 지점에서 자객들의 손에 걸려들 수밖에 없었던 바로 그 노선과도 다른 것이어야 한다."[304]

바젤의 교수

바젤 대성당 뒤편에서. 칼 바르트는 1886년 6월 20일 이곳에서 세례를 받았으며, 1935년–1947년 사이에는 이곳에서 가끔 설교 하기도 했다.

신학과 학장으로 다른 동료 교수들과 함께. 가운데가 칼 바르트, 오른쪽에는 W. 바움가르트너, W. 아이히로트, 왼쪽에는 E. 슈테헬린, K. L. 슈미트.

분노로 가득한 「아니다!」를 쓰고 1년 뒤인 1935년, 에밀 브룬너와 함께. 이 시기의 바르트는 말을 타고 달리는 것을 좋아했다.

1939년 바젤 대학교 신학과 세미나 시간에 학생들과 토론하는 바르트.

1936년 4월 드리베르겐에서 대화하기 위해 만난 사람들. K. 임머, M. 알베르츠, H. 아스무센, H. 오벤디크, W. 니젤.

1937년 9월 본회퍼의 친구로서 달렘에서 온 프란츠 힐데브란트와 (롤로 폰 키르쉬바움과 함께) 베르클리에서 대화하면서.

1939년 전쟁이 터지기 직전, 팽팽한 긴장 속에서 함께 이야기를 나누었던 사람들. 샤를로테 폰 키르쉬바움, 칼 바르트, G. 슈테벤, 볼프 부부, 루트 페스탈로치, H. 골비처, 아래 왼쪽에는 P. 모리.

강연 여행

1935년 8월 첫 번째 동구권 여행 중 모라비아의 미슬리보리체에서. 페스탈로치, 롤로 폰 키르쉬바움, 게르트루트 슈테벤과 함께.

1936년 가을 루마니아의 트란실바니아 주 클루지나포카에서 기념
식수를 하면서. 바르트의 오른쪽에는 바사헬리 감독과 타바시 교수.

1936년의 헝가리 여행 중 제자인 퇴뢰크 박사(왼쪽에서 세 번째), 통역을 맡은 바사디(오른쪽에서 두 번째)와 함께.

제2차 세계대전

피난하는 사람들. 전쟁이 터지자 수많은 사람들이 스위스로 피난하고자 했으나, 스위스로 들어오지 못하는 경우도 많이 있었다.

1940년 4월 바르트는 자발적으로 군 복무 신청을 하고 무장 지원병이 되었다.

1941년 7월 6일 그바트 강연 '전능하신 하나님의 이름으로'. 이날 이곳에는 2천 명이 넘는 청중이 모였다.

1941년 여름 바르트는 두 아들 크리스토프, 마르쿠스와 함께 쉴트호른을 등반했다. 한 달 전에는 아들 마티아스가 사고를 당해 세상을 떠나고 말았다.

7. 필거슈트라세 25번지, 바젤 1946-1955

동과 서 사이에서

본 대학교, 객원 교수 생활 두 학기

바르트가 보기에도, 세계대전 이후의 '세계'에 주어진 과제는—포괄적으로 착수해야 할—재건의 과제였다. 그는 이 거대한 과제 앞에서 자기 나름의 기여를 하기 원했다. 사실 바르트는 지금까지 집필한 『교회교의학』여러 권으로 "이미 몇 가지 기여를 하려고 시도"했으며, 그것은 "애초부터 향후 독일의 재건, 그 가운데서도 정신적·영적 재건을 염두에 둔 것이었다."[1] 그런데 1946년 초반에는 그 과제를 이제 조금 다른 방식으로, 조금 더 직접적인 방식으로 수행해야 하는 것 아닌가 하는 질문을 던지게 되었다. "독일 재건의 문제는 나 개인에게 너무나 큰 문제일 뿐만 아니라 주변 세계와 독일인 때문에 너무나 복잡해져 버린 문제라서, 나는 어쩔 수 없이 양자택일의 상황 앞에 서 있는 셈이었다. 아예 독일로 돌아가서 내게 남겨진 시간과 에너지를 오로지 독일의 문제에만 쏟아부을 것인가? 아니면 다시 나의 본업, 곧 『교회교의학』 집필에 전념하여 가능하면 그것을 끝내는 한편, 독일 문제라든가 다른 외국 문제에 대한 직접적인 개입은 개별적인 기회로 제한하는 게 낫지 않을까? 나는 후자를 선택해야 한다고 생각했다."[2]

하지만 바르트는 적어도 한시적으로는 독일의 재건 과정에 직접 관여하기로 결정했다. 그 대신 1946년 바젤 대학교 총장직에 취임하려던 계획을 취소했다. 그가 1945년 8월에 독일을 여행할 때부터 "특정 부류의 사람들이 나에게 아주 간절하게 요청하기를, 본으로 돌아와서 지금 독일에 꼭 필요한 재건 사업에 도움을 달라고 했다." 그 자리에서 "나는 그곳에서 진행되고 있는 작업에 도움을 주기 위해서 어쩌면 두 학기 정도, 여름학기를 본에 와서 가르칠 용의가 있다고 말해 버렸다."[3] 바젤의 교육부는 이 일을 위해 바르트에게 유급 휴가를 주었고, 1946년 여름학기 강의를 위해 바젤 대학교는 에밀 브룬너를 바르트의 대체 교원으로 지명했다. 4월 중순, 바르트는 바젤에서 다시 한 번 이사를 하게 되었다. 바르트의 새 집은 "이름도 아름다운 필거슈트라세Pilgerstraße* 25번지, 선교 회관에서 멀지 않은 곳"이었다.[4] 바르트는 이사를 마치고 며칠 있다가 샤를로테 폰 키르쉬바움과 함께 본으로 떠났다. 바르트가 꼭 데려가고 싶었던 스위스 학생 여섯 명은 안타깝게도 함께 갈 수 없게 되었다. 5월 "초순에 나는 스위스 적십자 마크를 단 라인 강 화물선을 타고" 바젤에서 본까지 갔다. "우리는 찬란한 봄의 광채 속에서 그 옛날의 아름다움과 감동을 고스란히 간직한 강변의 풍경 하나하나를 보았다. 동시에 여기저기 파괴된 벙커의 흔적도 보았다. 곳곳에서 침몰한 선박, 무너져 내린 다리, 폭격으로 폐허가 된 도시를 보았다. 도이체스 에크Deutsches Eck

---

* '순례자의 거리'라는 뜻—옮긴이.

에* 서 있던 옛 독일의 상징이 치욕스럽게 고꾸라진 채 쓰러져 있는 것도 보았다."⁵

  "우리가 손수레에 짐 가방이며 상자를 싣고 라인 강에서 [본] 시내까지 들어왔을 때, 아주 자연스럽게 미소를 띤 모습으로 우리를 맞아준 것은 귄터 덴이었다." 바르트는 슐로스슈트라세 14번지 2층에 있는 작은 방 두 개를 얻었다. "나의 서재는……식사하는 곳이 되기도 하고, 응접실이 되기도 하고, 때로는……잠자는 곳"이 될 수밖에 없었다.⁶ 이로써 바르트는 다시 한 번 "우리가 멀찍이서 볼 때는 아무래도 우러스럽고 고개를 설레설레 흔들게 만드는 독일이라는 나라의 한복판에서, 이렇듯 불가사의하고 흥미로우면서도 까다로운 민족의 틈바구니에서, 낯선 외부세계의 기묘한 사자(使者)가 되었으나, 내면적으로 모든 일에 즉시 공감할 수 있었기에 완벽하게 그들 가운데 한 사람으로 살아가게 되었다." "일단 나는 철저하게 보고 듣고 관찰하고, 인상을 수집하는 데 집중했다. 삶의 온갖 비참함이 이리 얽히고 저리 설키면서 점점 강화되는 추세였다. 이런 상황에서는 어떤 그럴싸한 결론을 내리는 것보다는 일단 침묵을 지키면서 심사숙고하는 편이 나았다."⁷ 이런 바르트가 (스위스 총영사 바이스[Weiβ]의 집에서) 두 번에 걸쳐 꽤 오랜 시간 동안 "경청"한 사람 가운데 하나가 바로 콘라트 아데나워Konrad Adenauer였는데, 그에게서 그다지 좋은 인상을 받지는 못했다. 한번은 "롤로도……적포도주 한 잔을 그의 바지에 쏟을 뻔한 적도 있었다."⁸ 바르트는 그에게-지난 2월에는 구스타프 하이네만에게 (편지로)-'그리스도교 민주주의 정당'의 창립을 간곡하게

* '독일의 모퉁이'라는 뜻으로, 코블렌츠에서 모젤 강과 라인 강이 합류하는 지점을 가리키는 말. 1897년 이곳에는 독일 통일을 이룩한 황제를 기념하기 위해 카이저 빌헬름 1세 기마상이 세워졌다. 1945년 3월 이 기마상은 미군의 포격을 맞아 훼손되었다-옮긴이.

573

말렸다. 교회와 정치의 관계는 떼려야 뗄 수 없는 관계인 것이 분명하지만 그 둘의 관계가 그리스도교 정당을 만드는 방식으로 실현되어서는 안 된다는 것이 바르트의 생각이었다. 실제로 바르트는 독일의 정당들이 전쟁 이전처럼 "어떤 형이상학적 종파 같은" 행동을 할까 봐 두려워했다. 그러므로 이제는 정치적 실천 이전의 저급한 차원에서 정당이 설립되는 일은 결코 용납되어서는 안 된다는 것이다.[8a]

바르트가 본에서 아주 예외적으로 친밀한 관계를 유지했던 사람으로는 우선 "자기 이름의 명예를 지키며 사는 블라이프트로이* 박사"가 있었다.[9] 1934년에 쾰른에서 바르트를 변호했던 그는 당시 주 정부 법률고문으로 활동하고 있었다. 그의 친척인 귄터 덴, 또 "모든 사건을 제대로 파악하고 그 사건을 정확한 맥락에 위치시킬 수 있는 능력을 가진 여자" 케테 자이페르트Käthe Seifert도 바르트의 좋은 친구가 되었다.[10] 바르트가 빌헬름 괴터스를 제대로 알게 된 것도 바로 그때의 일이었다. "그는 자기 안에 있는 세계 전체를 이야기로 풀어냈다. 라인란트, 구 개혁 교회, 지나간 시대의 규칙적인 혹은 불규칙적인 지성들의 운집과 그들 사이의 확실한 혹은 모호한 관계, 그들의 지혜와 놀라운 능력……그가 자기 안에 생생하게 살아 있는 모든 것을 마치 오늘 일처럼 늘어놓을 때, 나는 언제나 즐거운 마음으로 그의 이야기에 귀 기울였다."[11] 바르트는-학장인 에텔베르트 슈타우퍼Ethelbert Stauffer만 제외하고는-개신교 신학부 동료 교수인 마르틴 노트Martin Noth, 한스 에밀 베버, 하인리히 슐리어, 헤르만 슐링겐지펜Hermann Schlingensiepen과도 두루 잘 지냈다. 그는 5월 10일 블라이프

* 이 이름에는 '머무르다. 그대로 유지하다' 등의 뜻을 가진 동사 'bleiben'과 '신실하다. 충실하다'는 뜻의 부사 'treu'가 들어 있다. '신실함을 간직한다(간직하라!)'는 의미가 담겨 있는 것으로 볼 수 있다-옮긴이.

트로이의 집에서 그저 동료 교수 몇 사람, 그리고 괴팅겐에서 달려온 에른스트 볼프와 더불어 자신의 60세 생일 축하의 자리를 소박하게 마련했다. 잔치 음식이라고는 감자와 샐러드 한 접시가 전부였지만 "필거슈트라세에서 먹을 수도 있었던, 그러나 결국은 놓치고 만 최고의 케이크만큼이나 의미 있고 기분 좋은 식사였다."[12] 영국에서 도착한 편지 한 통도 그날 바르트에게는 커다란 기쁨이 되었다. 그 편지에는 많은 교회 지도자들과 신학자들의 서명이 담겨 있었다. 바르트의 동료 신학자인 프레더릭 캠필드Frederick Camfield가 편집한, 약간 늦게 출간된 기념 논문집 『과거의 종교개혁과 새로운 종교개혁』(Reformation old and new)도 그 편지와 함께 도착했다. 프랑스 친구들, 그리고 프랑스어권 스위스 친구들도 『헌정과 감사』(Hommage et Reconaissance)라는 제목으로 기념 논문집을 보내왔다. 그 외에도 사민당과 노동조합, 라인 주 교회 등의 축하 인사를 받았다.

5월 17일 여름학기가 시작됐다. 바르트는 사도신경에 이어 '교의학 개요'를 강의하고자 했다. "약간 조심스럽게, 하지만 반갑게 인사를 했고, 늘 그랬던 것처럼 그날의 말씀과 기도문을 읽었으며……그러고는 무슨 특별한 개강 연설도 없이 곧장 교의학의 본질과 목적에 대해 이야기하기 시작했다."[12] "한때는 정말 멋지고 아름다웠으나 지금은 반쯤 폐허가 된 선제후의 궁궐 건물에서 아침 7시부터 강의했다. 강의가 끝난 다음에는 우리 스스로를 격려하는 의미에서 시편 찬양, 혹은 찬송가에 있는 다른 찬양 한 곡을 부르곤 했다. 8시쯤 되면 건물의 잔해를 부수는 기계 소리가 들려오기 시작했기 때문에, 우리는 안뜰에서 재건 공사가 시작된 것을 알 수 있었다. (어느 날 나는 순전히 호기심에 이끌려 폐허 더미 이곳저곳을 돌아다니다가 슐라이어마허 흉상 하나를 발견했는데, 놀랍게도 전혀 손상을 입지 않은 상태였다. 나는 그것을 얼른 가져다가 어딘가에 잘 세워 두어 그 명예를 되찾아 주었다.) 강의에 들어온 학생의 절반은 신학생들이었고, 또 다른 절반은 다른 학과 학생들이었다. 대부분의 독일 학생들은 각각 나름의 방식으로, 나름의 자리에서 기대 이상으로 열심히 참여해 주었다. 나의 본 대학교 학생들에게서도 그런 모습을 엿볼 수 있었다. 다시 미소를 배워야 했던 그들의 진지한 얼굴은 나에게 깊은 인상을 남겼다. 또한 나도 (지난날의 온갖 나쁜 소문에 둘러싸인) 이방인으로서 그들에게 남다른 인상을 남겼던 것 같다. 나는 그 당시의 상황을 결코 잊을 수 없다. 그 학기는 우연히도 내가 강단에서 보낸 50번째 학기였다. 그 시간이 지나갔을 때, 나는 그 학기야말로 나에게 가장 아름다운 학기였다는 인상을 지울 수가 없었다."[13]

바르트의 교의학을 잘 아는 사람이라면 이번 학기 강의에서 "새로운 것을 거의 발견할 수 없었을 것"이다. 그러나 거기에는 그 학기만의 새로운 분위기가 있었으니, 이것은 "일반적으로 내가 강의를 할 때는 낱말 하나하나까지 빠뜨리지 않고 적어 놓은 강의록을 보고 했는데, 이번에는 내 생애 처음으로 그 강의록 없이 그저……핵심 명제만 놓고서 파격적으로 자유롭게 강의를 했기 때문이다. 내가 보건대 독일의 현재 상황은 그야말로 원시 상태다. 그렇기 때문에 나는 '읽기'가 아니라 '말하기'를 하지 않을 수 없었다."[14] 바르트가 보기에, 지금 이곳에서 "오로지 학문적 선생의 역할만 하려는 것은 불가능한" 일이며 (워낙에 나는 그런 선생과는 거리가 멀어서 이러한 상황에 잘 맞았다) 오히려 "경우에 따라서는 선교사, 주일학교 교사, 대중 연설가, 박애주의자 노릇까지도" 하지 않을 수 없다.[15] 하지만 바르트는 그런 강의 "형태야말로 "다시금 '시간과 시간 사이'의 시간이 된 우리의 시간에 대한 증거 자료가 될 만한 것이었고, 비단 독일의 경우에만 그런 것도 아니었다." 그 강의의 핵심 명제 가운데 하나는 이것 이었다. "오직 **한분의** 주님만이 계신다. 이 주님은 이 세상의 주님, 곧 예수 그리스도시다." 바르트는 거기에 덧붙여, 그 예수는 바로 **유대인** 예수(!)라는 점을 강조했다. "여기가 핵심이다. 지금 우리가 인식하고자 하는 것이 아무리 고차원적이고 아무리 수수께끼 같고 아무리 어렵다 할지라도 우리는 그렇게 말할 수 있어야 한다. 바로 이 지점에서 모든 것이 아주 단순해진다.……바로 여기, 바로 이 한복판에서, 나는 조직신학 교수로서 여러분에게 이렇게 외치지 않을 수 없다. 잘 들어 보라! 이제 정말 중요한 말을 하겠다! 학문을 선택할 것이냐, 아니면 엄청난 어리석음을 선택할 것이냐! 바로 여기서 나는 마치 어린아이들을 가르치는 주일학교 교사처럼 여러분 앞에 서 있다. 그는 정말 네 살짜리 어린이도 이해할 수 있도록 '세상은 없어졌네, 그리스도 나셨네, 기뻐하라, 너 그리스도교여!' 하고 말할 것이 있어야 한다." "그 주간에는 나에게 여러 차례" 이런 질문을 던지는 사람들이 있었다. "교수님, 이 강의를 듣는 사람들 가운데 상당수가 그리스도인이 아니라는 사실을 모르고 계십니까?' 그러면 나는 그때마다 껄껄 웃으면서 이렇게 말했다. '나한테는 별 상관없소!' 만일 그리스도교 신앙이 사람을 다른 사람과 나누고 떼어 놓는 것이라면 그거야말로 끔찍한 것이리라. 그러나 그리스도교 신앙은 모든 사람을 하나로 모으고 묶어 낼 수 있는 가장 강력한 동인(動因)이다."[16]

바르트는 특별히 세미나(강의를 위한 토론 수업) 시간을 통해서, "누가봐도 재능과 감수성과 순발력을 갖춘 젊은이들이 지적으로 심각하게 황

---

*   독일에서 가장 널리 알려진 크리스마스 노래 가운데 하나인 '오, 기쁜 사람이여!'(O du fröhliche)에 나오는 가사—옮긴이.

폐화되어 있는 것"을 알아차렸다.[17] 그래서 그 세미나를 여러 개의 모둠
으로 나누고, 모둠으로 먼저 모여 강의 자료를 놓고 토론을 벌인 다음 전
체 모임을 갖도록 했다. 집중 토론 모임에서는 바르멘 선언문을 다루었
고, 학생들의 요구에 의해 개설된 저녁 토론회에서는 일련의 정치적 주
제를 놓고 토론했다. 1946년의 본 대학교 학생은 "1936년의 대학생과
는 완전히 다른 모습이었다.……그러나 전반적으로 볼 때 나쁜 방향으
로 달라진 것 같지는 않다." 물론 신세대 대학생들은 "청소년기를 약간
이상하게 보낸 흔적이 역력했다." 그러나 "나는 원칙적으로는 그 누구에
게도……독일의 대학생은 아마도 잠재적으로는 여전히 '나치'가 아닐까?
하는 식의 질문을 던져 본 적이 없다.……나는 사람들이 다시 한 번 아주
객관적인 토대 위에서 편견 없이 그 학생들에게 말을 건네고, 그들을 진
지하게 대하고, 또한 그들의 기분이 약간 좋아진다면, 모든 것이 제대로
될 것이라고 생각했다. 그래서 나는 열심히 노력했고……그 옛날 그들
의 선배들과 처음 만났을 때만큼이나 빨리 (혹은 그때보다 빨리) 그들과 잘
지낼 수 있게 되었다. 나는 그들에게서 놀라울 정도의 개방성과 의욕과
적극성을 발견했으며, 학문의 대상과 방법에 대한 이해력이 급격히 좋아
지는 것을 발견했으며, 마지막으로는 나에 대한 감사를 보았다. 그것은
나에게 큰 감동이었다." 바르트는 물질적인 면에서도 학생들을 도와주
려고 애썼다. 그는 "식료품과 담배를 꽉꽉 채운 듬직한 배 한 척"을 보내
달라고 스위스 사람들을 향해 호소했다.[18] "우리는 지나치게 격정적으로
식료품 공급을 요구했다는 이유로 고향인 베른으로부터 질책을 듣기도
했다."[19] 그런 바르트였기에, 구호물자를 가득 실은 스위스의 차량 행렬
이 본에 도착했을 때, 그리고 "나에게는 너무나 익숙한 스위스 군복을 입
은 장교며 사병들이—여기서는 그 모습이 얼마나 아름답고 평화로워 보

였던지—함께 온 것을 보았을 때" 그 누구보다 기뻐했던 것이다. 게다가 "그 군인들이 모조리 나의 강의에도 들어왔으니 적잖은 동요가 일었던 것도 무리는 아니었으리라!"[20]

강의도 강의였지만, 집에서는 원근각처에서 몰려오는 여러 손님을 영접해야 했고 헤아릴 수 없이 많은 편지를 읽고 써야 했던 것이 본에서의 일상이었다. 바르트는 연합군 국가의 주요 인사들과도 지혜롭게 관계를 열고 또 그것을 유지해 나갔다. 제일 먼저 손꼽을 만한 사람은 본 대학교 담당 장교 로널드 그레고리 스미스Ronald Gregory Smith였다. 그는 한때 스코틀랜드의 목사였다가 시인이 된 사람으로서 "사시나무처럼 여린 영혼, 선한 의지로 가득한 영혼이었으나, 이 세계를 견뎌 내기에는 너무나 섬세한 영혼이었다."[21] 게다가 "나는 외부에서도—일반적으로는 대단히 규모가 큰 청중을 대상으로—거의 스무 번의 강연을 했고······다섯 번의 설교를 했고, 여러 번 라디오 방송을 탔고, 이런저런 인터뷰에 응했다."[22] 그런 강연회 자리에서도 원고 없이, 그냥 키워드 몇 개나 핵심 명제만 가지고 자유롭게 이야기를 풀어 갔다. 여러 곳에서 강연을 하기는 했지만 강연의 주제는 (지크부르크[Siegburg]에서 갑자기 강연을 금지당한 니묄러를 대신하여 완전히 즉흥적으로 '종교개혁[Reformation]이냐 복고[Restauration]냐라는 주제로 강연했던 것을 제외하면) 더도 덜도 아닌 네 개, 곧 '로마서 13장', '그리스도교 윤리', '오늘의 유럽과 그리스도교의 선포', '그리스도인 공동체와 시민 공동체'였다. 두 번째 강연은 먼저 복음에 기초하여 율법을 이해하고, 그 율법이 제시하는 윤리의 윤곽을 그려 냈다. 세 번째 강연은 명확한 입장과 선견지명을 가지고 유럽의 상황을 묘사했다. 바르트에 따르면, 바야흐로 유럽은 "두 개의 맷돌 사이에 끼인" 형국, 곧 "서쪽에서나 동쪽에서나 심각한 위협"과 영향을 받는 형국이 될 것이다.

그러나 이러한 상황은 오히려 교회에게는 "자유롭고 주체적인 말씀"을 선포할 수 있는 기회가 될 것이다.[23] '그리스도인 공동체와 시민 공동체'는 엄청난 관심을 불러일으켰다. 여기서 바르트는 그 주제를 철저하게 바르멘 선언 제5명제에 근거하여, "그러니까 사실상 독일의 고백 교회의 관점에서 접근했다."

여기서 바르트는 교회와 국가를 그저 나란히 서 있는 두 개의 영역으로 파악해서는 안 된다고 말한다. 오히려 그 둘은 하나의 똑같은 중심점을 가진 두 개의 원으로서 하나는 작은 원, 다른 하나는 큰 원이라고 설명할 수 있다. 국가는 "교회 바깥에 있지만, 예수 그리스도의 통치권 바깥에 있는 것은 아니다." 그리스도는 국가와 교회 모두의 주님이시기 때문에, 그 둘은 "같은 근원과 같은 중심"을 가지고 있다. 이로써 바르트는 국가의 근거를 자연법에 두려는 시도를 거부하고, 이 세상의 '자율성'에 대한 가르침도 철저하게 부정한다. 나아가 교회가 정치적으로 무관심한 것을 비판하고, 그와 동시에 그리스도인의 정치적 행동이 이 세상과의 정직한 연대에서 벗어나는 것도 비판하며, 그리스도인의 정치적 결단이 주님의 권위 외에 다른 권위를 존중하는 것에 대해서도 반대의 입장을 분명히 한다. 또한 바르트는 교회가 선포하는 하나님 나라와 관련하여 "정치적 체제의 비유 능력과 비유의 필요성"을 주장한다. 바르트는 자신의 주장이 두 영역을 혼동하고 있다고는 생각하지 않았다. 오히려 그는 그리스도인이 정치에 나선다면 "다른 것은 몰라도 자기가 그리스도인이라는 사실을 내세우지 않을 때에만" 그럴 수 있다고, 그러므로 예컨대 그리스도교 정당 같은 것을 만들어서 정치를 해서는 안 된다고 주장한다.[24]

네 개의 강연 가운데 세 강연, 그리고 『교회교의학 개요』는 뮌헨의 카이저 출판사에서 바로 출간되었다. 특히 『교회교의학 개요』는 많은 사람들이 읽었고, 무엇보다 '평신도들'이 좋아했다. 전쟁 전까지만 해도 한동안 '바르트'의 출판사로 간주되었던 카이저 출판사, 그러나 곧 바르트 저서 판매 금지 조치를 당했던 그 출판사에서 이제는 다시 바르트의 책을 낼 수 있게 되었다. 그러나 전체적으로 볼 때는 소수의 몇 권만 발간하게 된 것이었다. 저자인 바르트가 개신교 출판사 촐리콘과의 계약 관계에 묶여 있기 때문이었다.

바르트는 그 강연을 하면서 독일 곳곳을 돌아다녔다. 고데스베르크, 오버카셀, 프랑크푸르트, 뒤셀도르프, 오버하우젠, 쾰른, 뫼르스, 젤샤이트, 베를린, 괴팅겐, 파펜부르크(개신교신학협의회 대회!), 바르멘, 슈투트가르트, 뮌헨, 슈베밍겐 등 어디를 가나 많은 사람들과 인사를 나누었고, 많은 문제를 놓고 토론을 벌였다. 뮌스터를 통과해 갈 때는 하인리히 숄츠를 만났고, 괴팅겐에서는 '그리스도인 공동체와 시민 공동체'에 대한 강의를 하는데 (마지막으로) 프리드리히 고가르텐을 봤다. 그는 "맨 앞줄에 앉아, 그야말로 메피스토펠레스 같은 얼굴로 나를 바라보고 있었다. 그 친구는 나한테 인사를 하려고 온 것이 아니었다. 나도 우리가 서로 얘기를 나누지 않는 편이 좋겠다고 생각했다. 더는 끄집어낼 것도 없을 테니 말이다."[25] 그 여행의 하이라이트는—영국군 기차를 타고 간—베를린 여행이었다. 일단 바르트는 "샬로텐부르크 역에서 우연히" 에두아르트 투르나이젠과 마주치게 되었다. 투르나이젠은 프랑스군에 머물던 사위도 만나볼 겸, 몇 군데서 강의도 할 겸 베를린에 왔던 것이다. "그 사흘 동안 말로는 거의 표현할 수 없을 만큼 바쁘게 왔다 갔다 했다. 거기서 나는 수많은 독일인, 프랑스인, 영국인, 미국인, 러시아인, 교회 지도자, 그

581

리스도인, 공산주의자를 만났다.······예스럽고 역사적인 것이라면 모조리, 말로 담아낼 수 없을 정도로 비참하게 무너져 바닥에 뒹굴었고, 사람들이 북적대는 모습은 뭉개진 개미굴을 연상케 했다. 그 사람들 중에는 자기가 뭘 원하는지 아주 잘 아는 사람도 있었고, 알고 있다고 생각하는 사람도 있었고, 전혀 알지 못하는 사람도 있었다."[26] 베를린에서는 '소비에트 러시아의 문화 담당 장교' 툴파노프Tulpanow 대령이 "나를 아주 편안하게 맞아 주었고, 바로 그 자리에서 사회주의 통일당의 최고 간부들과 장시간 대화를 나누게 되었다."[27] "사람들이 나를 어떤 홀로 안내했다. 거기에는 긴 탁자가 하나 놓여 있었는데, 내 맞은편에는―나 있는 쪽에는 나 혼자만 있었는데―피크Pieck, 그로테볼Grotewohl, 그리고 독특한 수염이 인상적인 울브리히트Ulbricht도 이미 와 있었고, 침머만이라는 남자, 그 밖에도 몇몇 인사들이 앉아 있었다. 누군가가 어떤 식으로든 그 사람들에게 내가 중요한 사람이라고 귀엣말을 해주었던지, 나도 거기서 그 사람들과 이야기를 나눌 수 있었다. 그 만남은 순수하게 시각적인 면에서 보더라도 기묘한 만남이었다. 그 긴 탁자는 레오나르도 다 빈치의「최후의 만찬」을 연상시켰다." "그 울브리히트가······나의 스위스적인, 너무나도 스위스적인 훈계를 듣느라고 얼굴을 찡그리던 모습을 나는 지금도 생생하게 기억한다." "그 자리에서 피크가 나에게 한 말 가운데 두 가지는 잊을 수가 없다. 하나는 이것이다. '교수님, 지금 우리 독일이 필요한 것은 바로 십계명이외다!' 나는 이렇게 대답했다. '맞습니다, 의장님! 그중에서도 특히 첫 번째 계명이지요!' 두 번째로 인상적이었던 것은 이런 말이었다. '이제······2년만 지나면 이곳 동쪽의 상황이······아주 좋아져서, 모든 서독 사람들이 호시탐탐 우리 쪽으로 건너오려고 할 거요.' 나도 즉시 '과연 그렇게 될는지 한번 지켜봅시다' 하고 대답했다."[28]

　　다시 본으로 돌아온 바르트는「연합군 군사 정부에 대한 열한 가지 비판」을 작성했다.[29] 바르트가 아직 베를린에 있을 때, 영국 점령군의 교육 및 종교 문제 담당자인 크레이튼Creighton 대령에게 직접 말하기도 한 내용이었다. 바르트는 그 글을 통해, 당시 연합군이 "독일에 적용하고 있는 통치 및 행정의 기술"은 "독일 민족이 역사상 한 번도 보지 못하고 알지 못했던 모든 것, 곧 (휴머니즘, 자유, 정의 같은 것에 기초한) 민주적인 사고방식·생활방식·정치와 관련하여 구체적인 실물 학습"을 제공하지 못하고 있음을 비판했다. 바르트의 이런 비판은 영국군의 군대 신문에 실렸고, 그쪽에서도 상당한 공감을 이끌어 냈다. 바르트는 현명하게도 이런 노력을 독일 사람들이 모르게 하려고 조심했다. 오히려 그들을 향해서도 다른 종류의 비판을 가했다. 바르트가 보기에 지금 독일인들은 자기 자신의 죄를 충분히 인정하지 않고, 너무나 "성급하게 다른 사람들에 대한 원망으로 옮겨 갔다." 게다가 교회가 그런 분위기를 주도하든지, 아니면 최소한 거기에 편승하고 있었다. 독일 교회는 전반적으로 볼 때 "결정적인 순간에는 저 슈투트가르트 선언에도 불구하고 [다시 말해, 그곳에서 발표된 '죄책 고백'에도 불구하고] 여전히 전혀 회개할 준비가 안 된 교회, 마음이 굳은 교회"의 모습처럼 비쳤다.[30] 회개할 준비가 되지 않은 교회는 자꾸만 과거로 돌아가려는 경향을 보였고, 그런 독일인의 모습 때문에 바르트는 걱정하지 않을 수가 없었다. 바르트는 "가장 작은 단위의 모임들이 제한된 범위에서 책임을 지면서 일단 아래로부터의 민주주의를 연습하고, 그다음에는 거기에 바탕을 두고 점차적으로 더 큰 규모의 모임을 구성해서 민주적인 국가를 제대로 건설할 수 있는" 기회를 정치적으로 놓쳐 버린 것에 안타까움을 표했다.[31] 그는 독일 사람들이 자기 자신의 갱신에 대한 물음은 접어두고 "이제 본격적으로 '동부 전선'의 연계를 고집"하며 맹목적으로 매달리는 것을 보며 안타까워했다.[32] 또한 교회가 난데없이 "16세기의 박물관으로……혹은 중세의 박물관으로" 되돌아가기만 할 뿐 "교회를 근본적으로 새롭게 일으켜 세우는 데"는 마음을 쓰지 않는 것에 대해 안타까워했다.[33]

8월 말, 바르트는 이런 걱정에 잠긴 채 스위스로 돌아왔다. 그는 베르클리에서 휴식의 기간을 보내던 중 잠깐 취리히에 들러, 윈스턴 처칠의 그 유명한 유럽 강연을 집중해서 들어 볼 수 있었다. 그 강연은 연합군의 정치와 관련하여 바르트가 가지고 있는 일반적인 느낌을 재확인해 주었다. 요컨대 "일전에 전쟁에 쏟아부었던 에너지와 비교할 때" 지금 꼭 필요한 "정치적 지혜는……일단 그보다 모자란 형편이었다."[34] 바르트는 10월에 프라텔른에서는 자신의 독일 방문에 대해, 자펜빌에서는 '교회'에 대해 강연했다. 자펜빌 강연회 자리에는 그 옛날 바르트에게 견신례 수업을 받은 120명의 옛 학생들이 모여 있었다. 그사이 그들도 "회장단이니 인장이니 그런 것을 제대로 갖춘 독자적인 동아리"를 조직했다.[35] 바로 그 시기에 BBC 방송을 통해 다시 한 번 바르트의 메시지가 중계되었다. 거기서 "나는 이런 말을 했다. 지금이야말로 (꼭 독일의 경우만 그런 것이 아니라) 여태껏 교회가 이 세상을 향해 던지던 질문을 역방향으로 던져 볼 때인 것 같다. 이 세상이 잠깐 기분전환 하는 셈 치고 교회를 향해 이렇게 묻는 것이다. 지금 교회에서는 도대체 무슨 일이 벌어지고 있지? 교회가 자신의 높은 지위에, 그리고 스스로 제기한 요구에 상응하는 모습을 보이지 못하는 까닭은 도대체 뭘까?[36] 그리고 얼마 후 겨울학기가 시작됐다. 강의 시간에는 '인간론'을 부분적으로 반복하면서 그 내용을 좀 더 심화하기도 했다. 세미나 때는 하이델베르크 교리문답을, 집중 토론 모임에서는 루터의 『(그리스도인의) 자유에 대하여』(De libertate)를 다루었다. 그 학기부터는 다시금 외국인 학생들이 바젤에 와서 공부할 수 있었기 때문에, 순식간에 이 신생 대학교는 "더 이상 꼬마에게 너무 큰 어른 옷을 입혀 놓은 것 같은 모습이 아니었다."[37] 바르트는 본에서 알게 된 여섯 명의 독일 학생이 (그 가운데 하나는 법학도 헬무트 시몬[Helmut Simon]이었다) 입국 허가를 받을 수 있게 하려고 애를 썼다.

국경이 다시 열리자, 그 겨울학기에는 바르트를 방문하는 사람들의 수가 급증했다. 바르트는 그들과 다방면에 걸친 대화를 나눌 수 있었다. 그 대화에서는 최근의 과거사에 대한 입장, 그리고 가까운 미래에 대한 입장 표명이 중요한 역할을 했다. 당시 바르트와 대화를 나눈 사람으로는 마르틴 니묄러, 에릭 볼프, 하인츠 클로펜부르크, 덴마크에서 온 잔트베크Sandbek와 레긴 프렌터Regin Prenter, 피스르트 호프트, 폴란드의 얀 스제루다Jan Szeruda 감독, 체코의 요제프 수체크Josef B. Souček, 헝가리의 바나바스 내지Barnabas Nagy, 미국인 홈리그하우젠Homrighausen, 스웨덴의 라그나 브링Ragnar Bring, 앤더스 니그렌Anders Nygren 등이 있었다. 특히 니그렌과의 만남은 놀라울 정도로 반가운 만남이었다. 그를 통해서 "나는 전혀 새로운 루터를 알게 되었으니" 그가 말하는 루터는 독일에서 알려진 루터와는 다른 모습이었다.[38] "나는 생기발랄한 스칸디나비아 사람들에게, 그네들이 바이마르 판(版)에서 발견했노라고 주장하는……전혀 다른 모습의 그 루터에 대해 가능하면 빨리, 그리고 자세하게 가르쳐 달라고 부탁했다."[39] 바르트는 (그는 1947년 초에 가서야 군복무를 마쳤는데) 앙리 기상 장군을 다시 한 번 만날 기회를 얻었다. 장군은 전쟁과 관련하여 비판적인 보도를 했던 것 때문에 당시 상당한 논란에 휩싸여 있었다. 나는 그에게 "손을 내밀어 악수를 하면서, 그저 소박한 시민의 한 사람으로서 바로 그 보도로 인해 그에게 감사하고 있다는 말을 해주었다."[40] 또 한번은 라인홀트 니버Reinhold Niebuhr가 바르트의 집을 찾아왔다. 바르트는 "우리가 두 마리의 맹견처럼 조심스럽게 서로를 탐색하게 될지, 아니면 금세라도 사납게 짖어 대며 상대방을 향해 달려들지, 아니면 평화롭게 어울리면서 일광욕이나 하게 될지" 긴장한 상태에서 그를 맞았다.[41] 그러나 두 사람은 "아주 좋은 대화"를 나누었다.[42]

이제는 당연한 일이었지만, 바르트는 그 겨울에도 여러 차례 외부 강연을 해야 했다. 노이엔부르크에서는 종교개혁 시대 교리문답의 주기도 이해를 주제로 세미나를 시작했다(1948-1949년 겨울학기까지 지속되었다). 타반Tavannes과 라 자냐와 모르쥬Morges에서는 '오늘의 유럽과 선포'에 대한 강연을 반복했다. 바젤의 어느 교회에서는 '성서는 하나님의 말씀인가?'라는 주제로 강연했다. 취리히와 베른에서는 '독일 대학생, 어제와 오늘'이라는 주제로 강연을 했는데, 거기서 바르트는 상당히 논란이 될 만한 언급을 했다. 대다수의 독일 교수들이 아직까지도 대변하고 있는 "1920년대 보수주의·국가주의 학자 유형은 히틀러의 선구자 노릇을 했으며, 오늘날에도 위험스러운 것이니" 이것은 학생들을 "자유로운 인간"으로 교육하는 데 무능하기 때문이라는 것이다. 몇몇 사람들이 그 문장에 반론을 제기했고, 하이델베르크의 동물학자 에리히 폰 홀스트Erich von Holst와 바르트는 한 차례 공개서한을 주고받았다. 1947년 초, 바르트가 두 번이나 에큐메니칼 운동에 협조한 것은 의미심장한 일이었다. 첫 번째 활동은 1월 초에 "보세이Bossey에서 열린 국제 성서학자 컨퍼런스"에서 '성서의 권위와 의미'에 대해 강연을 한 것이었다.[43]

성서적 증언의 "대상"이 "유일무이한 것"이기 때문에, 그 증언 자체도 "이 시대에는 하나님 말씀의 유일한 형태, 곧 이 시대의 교회와 세상을 위해 유일하게 기준을 제시해 줄 수 있는 형태"다. 그러므로 온 교회가 "에큐메니칼 정신으로 하나됨"은 "성서의 그러한 특정한 권위가 그 안에서 제대로 통용되고 있느냐 그렇지 않느냐에 따라서 진리가 될 수도 있고 허상이 될 수도 있다."[44]

그러나 바르트는 그 대회가 채 끝나기도 전에 바젤로 돌아와야 했으니, 그의 전임자였던 요하네스 벤트란트가 세상을 떠나 장례를 치러야 했기 때문이었다. 바르트는 장례식장에서 조사를 읽었다. 에큐메니칼 영역에서 바르트의 두 번째 기여는 세계교회협의회의 암스테르담 총회 준비를 위해 (루터교의 구스타프 아울렌[Gustav Aulén], 정교회의 게오르게스 플로로브스키[Georges Florovsky]와 나란히)『교회에 대한 논문』을 집필한 것이었다.

바르트는 '교회-살아 계신 주 예수 그리스도의 살아 있는 공동체'라는 제목으로 자신의 생각을 써 내려간다. 바르트 자신의 주장에 따르면 그가 "이렇게 정밀하고 상세하게" 자기 생각을 피력한 것은 "처음이었다." 여기서 그의 사상은 "이른바 '회중교회주의'의 노선 위에서" 움직이고 있다. 그는 교회를 엄격하게 "모임의 사건"이라는 관점에서 이해하고, 거기에 근거하여 "교회의 '상위 당국' 개념 일체를—감독제의 형태든 대표회의의 형태든—해체하고, 모든 것을 (약간은 '청교도들' 스타일로) 교회 회중이라는 터전 위에 세워 놓았다."[45]

1947년 여름학기를 맞아, 바르트는 바젤 대학교의 강의를 스웨덴 신학자 구스타프 빈그렌[Gustaf Wingren]이 대신하도록 하고, 본 대학교 강의를 위해 독일로 떠났다. 이번에도 배를 타고 갔는데 "대부분의 시간은 선실에서 일을 하며" 보냈다. 다시 본에 머무는 동안 바르트의 숙소는 누스알레 2번지였다. 그곳은 "지질학 연구소로 쓰이는 아주 육중한 건물"이었는데, "푸르른 공원 한복판"에 있어서 "내 연구실에 앉아 있으면 곧장……레바논의 멋진 백향목이 눈에 들어왔다."[46] "지난해와 비교해 볼 때, 여러 가지 면에서 상황이 변한 것 같았다. 물론 학생들 대부분의 학문적 수준은 크게 나아지지 않았다." 세미나 참석을 위한 예비 시험을 봤는데 그 결과가 너무나 형편없어서 "할 수 없이……모두에게 은혜를 베풀어" 세미나에 들어올 수 있게 해주었는데, 그것은 "흡사 만인화해론을 떠올리게 할 만한 것이었다." "수강생의 수는 영국 군정의 특별 인가 조치로 인해……두 배 혹은 세 배로 증가했다.……그러나 학생들의 정신적 분위기에서는 그사이에 다시금 어떤 냉담함이, 심지어 어떤 반항적인 것이 느껴졌다. 전반적으로는 나의 강의에 집중하는 분위기였지만 그런 문제가 번번이 눈에 띄었다. 그것을 극복하는 데는 상당한 노력이 필요했다. 하지만 학기 말이 가까이 왔을 때는 어쨌거나 그 문제를 극복하는 데 성공했다." "뷔르템베르크 출신으로 키 작고 익살스러운 한 학생은, 내가 학생들에게 쏟아붓는 노력을 '당나귀의 인내'라고* 이름 붙였다." "본 대학교에서 내가 맡은 과제는 네 시간짜리 개인 강의 하나('하이델베르크 교리문답에 따른 그리스도교 교리'), 한 시간짜리 공개 강의 하나('그리스도교의 계시 개념'), 그리고 두 시간짜리 세미나 하나('교회와 국가')였다."[47] 강의는 "이른 아침 7시에 (그 여름 스위스의 시계로는 새벽 5시!) 시작되었으며" 강의실은 "포펠스도르프알레에 있는 화학 연구실이었다. 나는 거기서

---

* 그다지 추천하고 싶지 않은, 명예롭지도 않은 노력이지만, 하여튼 엄청난 노력과 인내를 가리키는 말—옮긴이.

온갖 희한한 형태의 유리관과 기계에 둘러싸여 마치 파우스트 박사의 최신판, 그 희귀한 책에 나오는 모습으로 내 일을 하곤 했다." "나는 여기서 잘 먹히는 부당 거래를 통해 (그 당시 모든 사람이 바라 마지않던 '스위스 식료품 세트'를 그 연구소 관리인에게 안겨 주었던 것!) 그 공간을 확보했다."[48]

「하이델베르크 교리문답」에 관한 강의는 그 문답서에 대한 역사적 주석이 아니라 교의학적 진술, 곧 "예수 그리스도의 복음에 대한 진술"이었다. 어떤 이념이나 삶의 규칙 같은 것이 아니라 복음에 대한 강의였다! 바르트가 강의 초반에 밝힌 것처럼, 이 강의가 가리켜 보이고자 하는 메시지는 오직 하나였다. "너희, 슬픔의 영들아 비켜라, 기쁨의 주 그리스도께서 들어오신다!"* 이 강의는 바로 이 메시지에 복무하려는 것이다. 복음은 "인간이 '가지고 있는' 죽은 자산이 아니다. 그리스도교를 그렇게 자본주의적 관점에서 파악하려는 태도는 마땅히 경계해야 할지니!……" 복음은 오히려 우리가 항상 새롭게 추구해야 하는 무엇이다. "모든 신학은 인간에게서 눈을 떼서 그분을 가리키는 일, 오로지 그 일에 봉사해야 한다. 그렇게 할 때에만 교회가 살아난다." 바르트가 그러한 '진술'을 교리문답과 연결한 까닭은 '개혁주의 정통 교리'를 설파하려는 것이 아니었다. 그리스도교의 사유는 성서와 결부된 것이면서, 또한—거리낌 없는 감사의 마음으로—"선조들"과 결부되어 있다. 이 강의의 경우 개혁주의 선조들과 결부되어 있다는 것이 의미심장한데, 이는 그들이 공유하고 있는 복음적 인식이 '종파주의'를 막아 주는 도구가 되기 때문이다. "나는 종파주의야말로……현재 독일의 신학과 교회 안에서 일

---

* 요한 제바스티안 바흐가 1723년에 라이프치히에서 작곡한 모테트 「예수, 나의 기쁨」(Jesu, meine Freude, BWV 227) 후반부에 나오는 가사—옮긴이.

어나고 있는 문제 가운데 가장 우려스러운 것이라고 여긴다."[48a]

　계시 개념에 대한 강의에서는 그리스도교에서 말하는 계시의 특수성을 논구한다. 바르트가 보기에 그리스도교의 계시는 우리 삶에 필수불가결한 사건, 모든 인간에게 진지한 관심사가 되는 긍정의 사건, 절대적인 사건이다. 바로 그 계시를 통해서 근본적으로는 감추어진 무엇, 인간이 범접할 수 없는 무엇, 인간이 아무런 영향도 끼칠 수 없는 자유로운 어떤 실상이 환히 밝혀진다. 아니, 이미 결정적으로 드러났다. 그 실상은 철저하게 "인간 바깥에서" 와서, 인간을 철저하게 사로잡는다.

　다시 네 달 동안 독일에 머물면서 바르트는 지난해와 마찬가지로 강연 일정 덕분에 독일 곳곳을 여행하게 되었다. "신속하게 움직이는 자동차, 혹은 (덜 유쾌하긴 하지만) 기차를 타고 떠나니 [여행을 하면] 언제나 드넓은 독일의 풍경이 있었고, 강연장과 교회는 언제나 사람들로 가득했고, 언제나 많은 토론이 벌어졌는데, 그때마다 정신을 바짝 차리고 다른 사람이 무슨 말을 하는지를 들어야 그에 알맞은 대답을 할 수 있었다. 따로따로 혹은 단체로 몰려와서 무언가를 말하거나 물어보거나 불평하기도 했다. 그렇다! 독일인들은 이렇듯 언제나……나름의 좋은 버릇과 나쁜 버릇을 그대로 간직한 채, 그 모든 것에도 불구하고 언제나 나의 관심을 끌었고, 자유자재로 바람을 넣었다 뺐다 하는 것이었다." "나는 본, 고데스베르크, 쾰른, 아헨, 펠베르트, 바르멘, 노이슈타트, 도르트문트, 뮌스터, 다름슈타트, 함부르크, 올덴부르크, 베를린, 드레스덴, 프랑크푸르트, 뮌헨, 슈투트가르트, 괴핑겐에서 대규모 청중을 상대로 강연했으며, 모두 합쳐 네 번 설교했다." 함부르크에서는 심지어 "옷깃에 주름장식이 달린" 옷을 입기도 했다.[49] 함부르크에서는 헬무트 트라우프가 사회를 보던 어느 토론회에 참석해서 종파주의 문제, 정치와의 관계 문제를 놓고 장시간 논쟁을 벌이기도 했다. 올덴부르크에서는 개신교 신학자 협회, 바르멘에서는 개혁 교회 목사 모임, 다름슈타트에서는 고백 교회 형제단, 프랑크푸르트에서는 개혁 교회 총회 앞에서 강연했다. 친하게 지내던 법률가 파울 슐체 추어 비셰Paul Schulze zur Wiesche의 차를 타고 가던 중 갑자기 바퀴 하나가 통째로 빠져나간 일도 있었다. "다행히도 아주 노련한 운전사가 운전대를 잡고 있어서……비틀거리며 달리던 자동차를 무사히 세울 수 있었다."[50] 노이슈타트에 도착한 바르트는 팔츠 주의 포도주를 사랑하고 칭송하는 법을 배웠다. 뮌헨에서는 마이저 감독을 방문했고, 뮌헨으로 가던 길에 뉘른베르크에서는 게오르크 메르츠의 집에 들렀다. 그는 "여전히 인간적으로는 아주 선량하고, 명랑하고, 균형감 있는" 모습이었다.[51] 바르트는 슈투트가르트에서 빌헬름 짐펜되르퍼Wilhelm Simpfendörfer 장관을 만났다. 그의 대학생 아들 둘이 바르트에게서 공부를 배우고 있었던 것이다. 바르트는 여행 중 강연하는 데 필요한 자료를 미리미리 준비해 두었다. 하나는 암스테르담 대회를 위해 써둔 논문, 곧 교회에 대한 자료였고, 또 하나는 바르멘 선언 제6명제('하나님의 자유로운 은총에 관한 메시지')에 대한 주석이었고, 또 하나는 「그리스도와 우리 그리스도인」이라는 강연문이었는데, 이것은 재건을 위해 요구되는 모든 노력에 꼭 필요한 '토대'를 제시하려는 것이었다. 두 번째 강연 자료가 강조하는 것은, 하나님이 그저 "자유로운 은총"만 행사하시는 분이 아니라 그분의 본성에 따라 **존재**하는 분이며, 그러므로 교회는 그 은총에 대한 메시지를 말하는 데서 그치는 것이 아니라 바로 그 은총을 향해서 **살아가야** 한다는 것이다.

　이번 여행에서 8월 초순의 베를린 방문은 그 하이라이트였다. 이번

에는 독일 목사들과 그 밖의 다른 그리스도인들 앞에서 강연만 한 것이
아니라 그들과 함께 이야기도 나누게 되었다(라디오 방송에도 두 번 출연했
다). 바르트는 또한 "프랑스 점령 정부의 고위 간부", "영국군 사령관", "똑
똑한 아시아인 툴파노프와 그의 조수 예르몰라예프Jermolajew"와 이야기
를 나눌 수 있었다. 스위스 외교 사절의 집에 초대받아 갔을 때는 베를린
의 여성 시장 루이제 슈뢰더Louise Schröder를 만나 인사를 나눴다.[52] 한번은
"독일의 진짜 공산주의자들, 골수 공산주의자들과 마주 앉아 오후 한나
절을 다 보냈다.……나는 그들에게 마지막으로 할 말이 있었다. '실례지
만 제가 여러분에게 성서의 한 구절을 말씀해 드리고 싶습니다!' 그러고
는 '전도서'에 나오는 말씀을 인용했다. '지나치게 의인이 되지도 말며 지
나치게 지혜자도 되지 말라 어찌하여 스스로 패망하게 하겠느냐.' (그리
고 이렇게 덧붙였다. 이것은 정말 서독의 교회에게도 주시는 말씀일 겁니다!) 그리
고 또 한 구절을 들려주었다. '지나치게 무신론적인gottlos* 자가 되지도 말
며 지나치게 우매한 자도 되지 말라 어찌하여 기한 전에 죽으려고 하느
냐.' (그리고 이렇게 덧붙였다. 이제 이것은 동쪽의 여러분을 향해 주시는 말씀일 겁
니다!)"[53] 드레스덴에는 이틀간 머물렀다. 드레스덴의 리히터Richter 시장
은 직접 바르트를 데리고 다니면서 "예외적으로 끔찍하게 파괴된 그 도
시"를 보여주었다. 바르트는 그곳에서 고백 교회의 평신도 대표자들을
만나면서, 전반적으로 "정말 마음에 드는" 루터교의 모습을 접하게 되었
다. 3천5백 명의 청중 앞에서 ('교회……'에 대해) 강연을 끝낸 뒤 어느 연회
자리에서 "나는 어느 소비에트 장교 옆에 앉았다. 나는 식사 자리를 마무

---

* 독일어의 'gottlos'는 일단 '하나님'(Gott)이 '없는'(los) 상태. 하나님을 부정하는 무신론적인 상태를 암시하는 형용
사인데 일반적으로 '사악한, 타락한, 패역한'의 의미로 쓰인다. 개역개정과 표준새번역 성경은 '악인이 되지도 말고' 혹
은 '악하게 살지도 말고'라고 옮겼다—옮긴이.

리하는 연설에서 도스토옙스키의 아름다운 휴머니즘에 관한 이야기를 꺼냈고, 이 나라에 주둔하는 붉은 군대는 바로 그런 휴머니즘을 보여줄 수 있는 절호의 찬스를 잡은 것이라고 말함으로써 그의 관심을 끌었다." "그날 저녁 나는 조그만 상품권 하나를 받았는데, 그 상품권의 한 면에는 '고백 교회'라는 말이 씌어 있었고, 다른 한 면에는 단순하고 큰 글씨로 이렇게 적혀 있었다. '화주(火酒) 한 잔!' 그리고 다시 그런 일은 없었다."[54]

바르트는 독일 동쪽을 여행하면서 동과 서의 대립을 직접 체험하게 되었다. 그리고 이내 질문이 터져 나왔다. 동과 서의 갈등이 불거지기 시작한 이 상황 속에서 교회는 과연 어떤 입장을 취해야 하는가? 이 질문은 그 후로 수년 동안 바르트의 중요한 관심사였다. 얼마 후에는 그에 못지않게 바르트를 긴장시킨 또 하나의 질문이 제기되었다. 이번에는 불트만이 시도하고 있는 신약성서의 탈신화화에 대한 입장 표명이었다. 그 문제가 심각하게 부각된 것도 바로 그해 여름의 일이었다. 부름 감독은 독일개신교교회협의회 의장의 권한으로 바르트에게 신학적 검증을 의뢰했다. 그 계기가 된 것은 한스 브룬스Hans Bruns 목사의 문제 제기였다. 그는 다음과 같은 질문을 던졌다. 불트만이 "빈 무덤" 이야기를 "전설"이라고 말하는 것을 어떻게 평가(혹은 단죄)해야 하는가? 어떻게 이 사람을 문책하고, 그의 영향력을 저지할 것인가? 바르트는 이에 대해 상세하게 대답했다. 먼저 '전설'이라는 개념을 그가 제대로 이해하고 쓰고 있다면, 그 개념 자체를 못마땅하게 여기지는 않는다고 말했다. 자신이 우려하는 것은 오히려 전혀 다른 지점이다. 바르트의 생각으로는 불트만이 "신약성서 본문 해석의 표준"으로 활용하고 있는 "실존주의 도식"이 탈신화화보다 더욱 심각한 문제다. 그러므로 (불트만을 향해) 질문을 던지는 사람 스스로도 그 도식을 따르고 있지는 않은가도 중요한 문제라는 것이다.

그러나 바르트는 불트만을 제지하기 위해 어떤 교회적 차원의 조처를 취하는 것에 대해서는 반대했다. 정녕 그에게 맞서고자 한다면, 오로지 더 나은 신학으로 맞서야 할 것이다.[55]

1947-1948 겨울학기의 수업과 연구

바르트는 (에른스트 볼프와 함께) 엥가딘Engadin과 베르클리에서 며칠간 휴가를 보낸 뒤, 바젤 대학교에서 겨울학기를 시작했다. 그는 '인간론' 강의를 계속하는 한편, 추가 설명을 하는 자리에서 곧장 불트만에 대한 이야기를 꺼냈다. 바르트는 불트만의 부활절 이해(부활절이 믿음 생성의 사건이라는)에 맞서 이런 주장을 제시했다. 예수는 부활절에 자기 제자들을 **마주하여** 친히 나타나셨고, 그래서 그들의 믿음이 비로소 가능해졌다는 것이다. 바르트는 내친김에 탈신화화 프로그램 전체에 대한 보편적 질문 몇 가지를 제기했다. 역사적으로는 증명이 불가능하지만, 그래도 실제적인 사건이 존재하지 않는가? 도대체 "근대의 세계관"이 성서의 내용과 관련하여 근본적으로 구속력을 가질 수 있는가? 등의 질문이었다.

> 이러한 보충 설명은 좀 더 넓은 맥락의 일부에 불과하다. 그 넓은 맥락이 우리에게 보여주는 것은, 인간은 오로지 "자기에게 주어진 삶의 과거·현재·미래의 기한 내"에서만 인간이라는 것이다. 이와 유사한 방식으로 이미 드러난 사실이 있으니, 인간은 오로지 하나님 앞에서 책임을 지는 존재이기 때문에 인간이라는 사실, 또한 인간은 "만남 속에 존재함으로써……너와 나로 만나고, 남자와 여자로 만나는 존재이기 때문에" 인간이라는 사실, 또한 인간은 영혼과 육체의 다름과 같음 속에서, 그 온전함 속에서 존재한다는 사실

이 바로 그것이다. "처음에는 '인간과 인간성'이라는 절을 두고, 그 절에서 인간 개별자와 인간 집단과 공동체에 대한 내용을 다루려고 했으나, 그 문제에 대한 신학적 접근과 관련하여 충분한 확신이 없었고, 그래서 주제를 제대로 다룰 수 있다는 확신이 서지 않았기 때문에 결국 제외시키기로 했다." (그러나 1952년, 그 절에서 로마서 5장 주석 부분을 따로 떼어 내서 『그리스도와 아담』이라는 제목으로 출간했다.) 인간론과 관련하여 그 밖의 다른 인식의 근거가 되고 있는 것은 그리스도론적 성찰("예수, 하나님을 위한 인간", "예수, 다른 인간을 위한 인간", "예수, 온전한 인간", "예수, 시간의 주인")이다. 바르트는 이전보다 훨씬 근본적인 명제를 제시한다. 비록 인간론이 그리스도론은 아니지만, "인간 예수는 계시된 하나님의 말씀으로서……하나님께서 창조하신 인간 존재에 관한 인식의 원천"이라는 명제가 바로 그것이다. 바르트의 주장에 따르면, 신학이 아닌 다른 학문은 "인간적인 것의 현상" 하나하나를 인식할 수는 있지만 "진정한 인간" 자체는 인식할 수 없다. 진정한 인간은 오로지 예수 그리스도 안에서만 인식될 수 있다. "진정한" 인간은 피조물인 인간 그 자체도 아니요, 피조물인 자신의 본성을 거슬러 죄를 짓는 인간도 아니다. "비록 죄인이지만, 하나님의 **은총**에 참여하는 죄인이 바로 진정한 인간이다."[56] 일부 독자는— 예컨대 하인리히 포겔은—그 책의 마지막 장 때문에 거부감을 느꼈다. 그 부분에서 바르트는 이런 주장을 펼친다. 우리의 죽음이 실질적으로 심판의 성격을 가지고 있는 것은 사실이다. 그러나 그 자체는 인간의 선한 본성에 속한다. 그러므로 "영원한 생명"은 지금 우리의 생명이 어떤 식으로 변하거나 지속되는 것이 아니라, 이미 존재하던 우리의 생명이 계시되는 것이다.

이 인간론은 피히테, 니체, 야스퍼스에 대한 비판까지 포괄하는 것이었다. 그에 비해, 주요 신학자들의 저작을 "참고하려는 노력은 이번에는 비교적 희박했다." 그것은 "이번 책이⋯⋯예컨대 II/2의 경우보다도⋯⋯ 기존의 교의학 전통에서 더욱 멀어진" 것과도 관련이 있었다. "내가 살펴본 교부들은 비교적 초기나 최근이나 할 것 없이 그 누구도, 내가 유일하게 가능하다고 여겼던 신학적 인간 인식의 길을 선택하려고 하지 않았다.⋯⋯그래서 이번에도 나의 사상적 토대를 논증하기 위해서 성서 본문에 대한 성찰을 많이, 아주 많이 시도할 수밖에 없었다." 바르트는 동시대의 주석가들에게서 이렇다 할 도움을 받지 못하는 상황을 안타까워했다. 친구인 불트만의 경우도 마찬가지였다. 바르트가 볼 때는 "교의학자가 양심의 거리낌 없이, 또한 넉넉한 신뢰를 품고서 자신의 동료, 곧 구약학자나 신약학자의 연구 결과를 활용할 수 있는 때는 아직 오지 않은 것" 같았다. 그런데 "어쩌면 그것은 양측 학자들 모두가 다시금 뭔가를 분명히 깨달았기 때문이기도 하다. 요컨대 교의학자에게도 주석의 책임이 있으며, 주석학자에게도 교의학적 책임이 있다는 사실 말이다! 어쨌든 수많은 주석학자들이 이러한 상호 배움의 수업에서 아직 자신의 몫을 제대로 습득하지 못했기 때문에, 혹은 그것을 아직 충분히 훈련하지 못했기 때문에⋯⋯교의학자의 입장에서는—비전문가가 범할 수 있는 위험을 무릅쓰고라도— 직접 자신의 '성서적 논거'를 파악해 내는 수밖에 없는 것이다."[57]

바르트는 역사·비평적 주석의 권리를 부정하지 않았다. 『교회교의학』에서 성서 인용을 할 때는 "거의 규칙에 가까울 정도로 빈번하게" 취리히 번역을 사용했다.[58] 바르트의 성서 주석에서 제일 먼저 눈에 띄는 것은, 구체적인 본문 주석을 도외시하면서 순전히 주석의 방법만 놓고 따지는 논의에 대한 혐오였다. 그의 주장에 따르면 "해석학은 독립적인 대화의 대상이 될 수 없으며, 해석학의 문제에 대한 접근과 대답은 무수히 많은 해석학적 행위를—서로를 교정하고 보완하는, 그리고 무엇보다도 구체적인 본문의 내용과 관련된 모든 행위를—통해서만 가능하다."[59] 바르트 성서 주석의 또 다른 특징은, 본문의 역사적 '이전'Vorher과 '이후'Nachher를 어떤 식으로든 가정하면서 그것이 갖추어져야 성서 텍스트의 의미가 밝혀질 수 있다고 주장하는 이른바 "방법의 강요"에 대한 혐오였다. "어떤 가상의 이전 단계가 있다거나, 나아가 어떤 외경이나 위경과 공통점이 있다거나……그래야 '성서적' 견해가 되는 것처럼……여기는 형국이다! 나는 그런 게 아니라……본문 자체가, 지금의 모습 그대로, 이른바 이전이라든가 이후와 명확히 구분되어, 뭔가 **자기만의 것**을 말하는 데 집중하는 것이 '마음에 든다.'sympathisch……본문 자체가 말하려고 하는 바로 그것이야말로 나의 '공감'Sympathie을 살 만한 것이다."[60]

바르트는 1947-1948년 겨울학기에 출간된 '인간론' 마지막 장에서 처음으로 두 아들의 저서를 참조했다. 하나는 에른스트 볼프의 지도를 받은 마르쿠스 바르트의 신약성서학 박사 논문 「목격자: 사도들의 인자 인식에 대한 하나의 연구」(Augenzeuge. Eine Untersuchung über die Wahrnehmung des Menschensohnes durch die Apostel)였고, 또 하나는 발터 바움가르트너가 지도한 크리스토프 바르트의 박사 논문 「구약성서의 개인 탄식시와 감사시에 나타난, 죽음에서의 구원」(Die Errettung vom Tode in den individuellen Klage- und Dankliedern des Alten Testaments) 이었다. 1947년 크리스토프는 자기 아버지가 과거에(1932-1933) 본에서 '19세기 프로테스탄트 신학의 역사'에 대해 강의한 것을 잘 정리하여 책으로 나올 수 있게 해주었다. 그리고 그해 가을 바젤 선교회가 파견하는 선교사가 되어 훗날 인도네시아라고 불리게 되는 곳으로 떠났다. "10월의 어느 날, 보르네오로 가는 배가 있는 곳까지 기차를 타고 가게 된 크리스토프가, 그 기차에 올라타면서 마지막으로 남긴 말은 '모든 사람은 자기가 할 수 있는 일을 한다'였다."[61] 그는 반자르마신Banjarmasin에서 토착민 목사들의 신학 교사가 되었다. 칼 바르트는 아버지로서 그 어느 때보다도 아들들과 친하게 지낼 수 있었다. 그는 아들들 하나하나의 독특함이 "어딘지 모르게 내 성격이나 모습의 한 부분과" 닮은 것 같다고 생각했다.[62] 아버지는 종종 부벤도르프에 들러서 아들 마르쿠스의 설교를 들었다. 그 당시 "내가 두루두루 들어 본 설교 가운데 가장 즐겨 듣게 된 설교는 마르쿠스의 설교"였다.[63] 칼 바르트는 마르쿠스가 다섯 명의 자녀에게 "믿음직스럽고 아름다운 목소리로……들려주는 성서 이야기"도 함께 들으면서 즐거워했다. 할아버지로서 칼 바르트의 바람은 "저 씨앗들 가운데 어떤 것이라도, 어떤 형태로든 저 아이들의 삶 속에서 활짝 꽃을 피우는 것"이었다.[64] 바르트는 그 많은 손주들이 쑥쑥 자라나는 모습을 따뜻하게 지켜보면서, 그 아이들이 어떻게 자기의 재능을 펼쳐 갈까 궁금해했다. "모든 것이 이렇게도 빠르게 움직이는구나, 모든 것이 새로 편집되어 새롭게 펼쳐지는구나."[65] "최근에는 손주 녀석 가운데 하나가 나한테 오더니, 할아버지 얼굴에 이렇게 주름이 많은 건 할아버지가 지금까지 너무 많이 웃어서 그런 것 같다고 말하지 뭔가."[66]

1948년 초, 바르트는 '피조물' 집필을 끝냈다. 이로써 8백 쪽에 달하는 교의학 III/2가 완성됐다. 바르트의 학생이자, 바르트의 집에서 함께 살고 있던 프리드리히 헤어초크Friedrich Herzog가 최종 교정을 봐 주었다. 바르트는 이 책을 60세 생일을 맞은 친구 투르나이젠에게 헌정했으며, 거기에 이런 소망의 문구를 덧붙였다. "자네의 노년이 자네의 청년기와 같기를!" 이제 1947-1948년 겨울학기도 서서히 저물어 가고 있었다. 바르트는 그 학기 세미나에서 칼뱅의 교회론을 비판적으로 성찰했고, 집중 토론 모임에서는 "관념론에 대해서는 너무나도 무지한 오늘의 젊은 신학생들에게 헤르만의 저작을 소개하면서, 40년 전 우리에게는 구원의 반석과도 같았던 신학 사상을 가르쳐 주려고……온갖 노력을 다했다."[67] 1948년 1월에는 "장래가 촉망되는 베른 청년" 한 사람과 친분을 맺게 되었는데, 그 사람이 바로 젊은 작가 프리드리히 뒤렌마트Friedrich Dürrenmatt 였다. 그는 "대단히 종교적이면서도 세속적인, 정말 흥미로운 야인(野人)" 이었다. 바르트가 보기에 뒤렌마트의 태도는 "1921년에 나온 『로마서 주석』의 태도와 똑같은" 데가 있었다. 바르트는 뒤렌마트, 그리고 연극 감독 쿠르트 호르비츠Kurt Horwitz, 여배우 마리아 베커Maria Becker와 함께 그리스도교적 드라마의 가능성에 대해 열띤 토론을 벌였다. 바르트는 적어도 뒤렌마트의 「눈먼 사람」(Der Blinde)과 같은 작품이라면 충분히 가능하다는 입장이었다.[68] 그 겨울에도 바르트는 여러 곳에서 (자펜빌, 노이하우젠, 취리히, 그라프스, 바인펠덴, 루가노, 툰, 바젤에서) 강연했고, 강연의 주제는 1947년에 그가 경험한 독일 교회였다.

바르트는 여름학기에 다시 한 번 독일에서 여름학기 강의 요청을 받았지만 그것을 받아들이지 않았다. 본 대학교의 총장을 맡아 달라는 요청은 두말할 나위도 없었다. 바르트는 지난 여름학기를 너무나도 안타까운 "실패로 기억하고 있었다. 나는 나의 사명을 잘 감당하지 못했다. 적절한 말을 찾지 못했다."[69] 그는 독일 교회의 일반적 모습에도 크게 실망했다. "우리의 독일루터교연맹을 보든……예전주의를 보든, 한편에는 불트만의 '탈신화화'가 있고 다른 한편에는 신 경건주의가 있는 상황을 보든, 또다시 디벨리우스가 노회한 힘을 발휘하며 조종하고 있는 새로운 개신교적·국가적 발전 과정을 보든" 바르트가 보기에 "독일의 정치와 독일의 교회는 이미 대대적으로 과거로 복귀하는 중이었다."⁷⁰ 그래서 "나에게 독일로 가는 문은 이제 닫힌 것 같다는 느낌을 받았다. 나에게는 양자택일만이 있는 것 같았다. 하나는 사실상 결국 고백 교회마저 수용해 버린 그 일반적인 노선에 동참하는 것인데, 그러자면 내가 할 말을 꾹 눌러서 참고 지내야 한다. 그게 아니라면 나는, 사람도 잘 모르고 사정도 잘 모르는 상황이라 도대체 무슨 소리인지 알아먹을 수 없는, 아마 지혜롭지도 않고 잘 이해도 할 수 없는 고함이나 지르게 될 것이다."⁷¹ 이 모든 상황을 고려할 때, 아예 앞으로 몇 년간은 독일에 가지 않기로 했다.

그래서 바르트는 계속해서 바젤에 머물면서 학생들을 가르치게 되었다. 그 기간에 바젤 신학부의 교수진에 약간의 변화가 생겼다. 쾨베를레가 떠난 자리에는 네덜란드의 윤리학자 헨드릭 판 오이은Hendrik van Oyen이 임용됐다. 신학부 교수들 대부분은 신학부의 분위기가 너무 한쪽으로, 곧 바르트 쪽으로만 쏠리지 않고 균형을 맞춰야 한다는 입장이었다. 바르트의 바람은 자기 제자인 게오르크 아이히홀츠가 그 자리에 들어오는 것이었지만, 그래서 그 계획은 결국 무산되고 말았다. 역시 이와 비슷한 입장을 취하고 있던 (바젤 대학교) 최고 행정 위원회는 자유주의자인 프리츠 부리를 부교수로 승진시켰다. 반면 빌헬름 피셔는 몽펠리에Montpellier, 알프레트 드 쿼르벵은 베른으로 갔다. 또 잠깐이긴 하지만 베르너 비더Werner Bieder가 "바젤 대학교의 명예 교수 모임 '원로 베르톨레트'의 일원으로" 강의를 맡기도 했다.⁷²

저명한 철학자 칼 야스퍼스Karl Jaspers가 바젤 대학교의 동료 교수로 부임한 것은 1948년의 일이었다. 바르트는 이 철학자에게 깊은 "존경심"을 느꼈다. 그는 "여러 면에서 산만해진 현대인의 마음을 끊임없이 인간의 현존재라는 근본적·궁극적 질문 앞에 세워 놓고, 그 질문을 단단히

붙잡게 만드는 능력을 가진 사람이었다.……제2강당은―이곳은 여기
서 우리 교수들이 사용할 수 있는 공간 중에서 제일 큰 강의실인데―[그
의] 공적인 활동의 자리였고, 그에 비해 나는 그보다 조금 소박한 제1강
당, 그러니까 글자 그대로 바로 [그의] 발치에 있는* 강의실을 썼다. 열심
있는 학생들은, 야곱의 꿈에서 천사들이 사다리를 타고 오르락내리락했
던 것처럼 두 강의실을 연결해 주는 계단을 부지런히 오르내렸다. 130여
년 전 베를린 대학교에서 헤겔과 슐라이어마허가 강의하던 때는 강의실
위치가 어땠는지 잘 모르겠으나―바젤 대학교 학생들은 그 두 사람과 우
리 두 사람을 비교하면서 은근히 자부심을 느끼기도 했다―이런 배치였
을 수도 있고, 이와 비슷하거나 아니면 정반대의 배치였을 것이다. 철학
과 신학 중에서 누가 누구의 '시녀'인가? 두 '학과 간의 논쟁'이 벌어지면,
한쪽에서는 이렇게, 다른 쪽에서는 저렇게 단정을 지었으나, 그런 논쟁
은 일 없는 구경꾼들의 논쟁일 뿐 할 일 많은 일꾼이 나설 문제가 아닌지
라, 우리 두 사람은 그런 논쟁에는 전혀 관여하지 않았다. 우리의 공통점
은 소우주와 대우주를 제약하고 제어하는 신비를 인식하기 위한 노력이
다. [우리는] 서로 완전히 다른 관점을 가지고 있고, 그래서 [우리의] 가르
침은 첫마디부터가 같을 수 없었다. 그러나 우리 두 사람이 같은 의견인
것은, 그 신비 자체가 결국은 동일한 것이라는 사실이다. 또 하나, 우리
가 의견을 같이하는 지점은, 그 신비의 증언에 최대한 진지하게 헌신하
는 것이야말로 진정 가치 있는 일이라는 생각이다."[73]
　국경이 다시 열리고, 이제는 독일 사람들도 서서히 국경을 넘어올 수

---

*　독일어로 (누군가의) '발치(발아래)에 있다'(zu Füßen liegen)란 표현에는 (그 사람 발아래) 몸을 구푸려 절을 할
정도로 (그 사람을) '존경해 마지않다'는 뜻이 있다―옮긴이.

있게 되자, 바젤의 신학생 수는 눈에 띄게 증가했다. 이미 1947-1948년 겨울학기에 들어서면서 "우리는……정말 하룻밤 사이에 그야말로 에큐메니칼한 학과가 되어, 오히려 스위스 학생은 소수가 되었고, 독일에서 온 학생 20명, 거기다 프랑스, 네덜란드, 미국, 영국, 헝가리, 체코, 노르웨이, 덴마크에서 온 학생들, 아이슬란드 학생 한 명, 핀란드 학생 한 명이 활보"하는 곳이 되었으며, 그 학생들은 "하나같이 나한테서 뭔가를 배우려고" 했다.[74] 1948년 여름학기에는 바르트의 강의를 듣는 학생들의 수가 너무 많아서, 기존에 사용하던 강의실 17호를 포기하고 제1강당으로 옮겨가야 했다. 훗날 바르트는 바로 그곳에서 자신의 교의학을 강의하게 된다. 바르트는 그 강당이 썩 마음에 들진 않았다. "창문이 죄다 뒤쪽에 있어서, 강의를 듣는 학생들의 얼굴을 제대로 알아볼 수 없었기" 때문이다.[75] 그 학기부터 바르트의 섭리론Vorsehungslehre 강의가 시작되었다. 세미나 시간에는 종교개혁자들의 갈라디아서 주석을 논했고, 집중 토론 모임에서는 루터의 대(大)교리문답을 다루었다. 한번은 학생들의 모임에 초대되어 '사도신경'에 대해 강연했다.

그의 강의는 지금도 계속 집필 중인 『교회교의학』 원고를—매 시간 연달아서—제일 먼저 공식적으로 낭독하는 시간이 되었다. 그러므로 바르트 『교회교의학』의 "삶의 자리"Sitz im Leben는, 장차 목사가 될 사람들 앞에서 강의할 때의 그 말이라고 해도 과언이 아니리라. 바르트는 학문 활동의 세월을 보내는 동안 세미나와 콜로키움도 주요 강의 못지않게 진지하고 중요하게 생각했다. "나는 보통 일주일에 열 시간 강의를 했는데, 그 가운데 여섯 시간을 이런 세미나와 콜로키움에 쏟아부으면서, 대학생에게는 이런 형태로 전달되는 내용이야말로 가장 직접적으로 가장 많은 성과를 거둘 수 있는 학문적 수업의 구성 요소라는 사실을 점점 더 확

신하게 되었다. 대학생은 중요한 텍스트를 가지고 **읽는 법**을 배워야 한
다. 요컨대 그런 텍스트의 깊은 내용을 처음에는 고요하고 완전하게 의
식하고, 그다음에는 읽은 것을 역사적 맥락 속에서 이해하고, 마지막으로
는 그것에 대해 비판적으로 입장을 취하는 것이다. 그러기 위해서는 자극
과 지도와 교정이 필요한데, 공동 작업을 통해서 그런 것을 제공받을 수
있다. 그런 공동 작업에서는 학생이 한편으로는 교수나 강사로부터 상임
연구원 대우를 받고, 다른 한편으로는 동료들의 시도에 진중하고 열린
자세로 함께 동참해야 한다.……여기서 중요한 것은……그 학생이 연
구 활동에 적극적으로 참여함으로써 그 가르침을 향해 활짝 열리는 것이
다."[76] 이런 적극적인 참여를 촉진하기 위해, 바르트는 1950-1951년 겨
울학기에 세미나 수업을 열면서 "각각의 텍스트를 가지고 공동 학습하는
데 필요한 간단한 안내의 말"을 하는 관습을 도입했다.[77]

이런 식으로 '차세대' 신학자를 학문적으로 견고하게 키워 내는 것이
바르트의 중요한 관심사였다. 그래서 바르트 주위에는 언제나 상당히
많은 수의 신학생들이 모여들어, 박사 논문과 교수 임용 자격 논문을 쓰
는 데 지도를 받았다. 펠릭스 플뤼키거Felix Flückiger, 에두아르트 뷔스Eduard
Bueß, 제임스 라이치James Leitch, J. A. 판 베이크van Wyk, 존 톰슨John Thompson,
제임스 로빈슨James M. Robinson, 프리드리히 헤어초크, 에버하르트 휘브너
Eberhard Hübner, 귀도 슈미트Guido Schmidt, 막스 가이거Max Geiger, 하인리히
오트Heinrich Ott 등이 그런 신학생들이었다. 그러나 바르트는 신학생의 미
래는 원칙적으로 목사 직무의 구체적 실천이라는 사실을 결코 잊지 않
았다. 사실 그의 수업은 일차적으로 이 실천을 지향하고 있었다. 바르트
는 전문 연구자, 신학자가 되려는 학생들에게도 이 실천이 기본 전제가
되어야 한다고 생각했다. 만일 그 학생들이 "많이 언급하는 그 '케리그마'

를 자기 자신의 책임으로 떠안지 않는다면, 구약 정경과 신약 정경의 근원적 형태 안에 있는 그 케리그마를 설교와 그리스도교 교육과 목회상담을 통해 겸손과 인내와 지혜와 사랑으로 대변함으로써 자신의 교회 공동체를 구체적으로 섬기지 않는다면, 그저 그 케리그마에 **대하여** 사유하고 '대화'만 하려고 한다면" 우리는 그들이 "어디를 가든지" 그 사실을 눈치챌 것이다. "그렇게 되면 흥미로울 수는 있으되, 근본적으로는 언제나 삭막하기 그지없는 관념적인 신학이 나올 뿐이다. 그런 신학은 본질을 놓고 신물 나게 오래 지껄이기만 할 뿐 아무것도 제대로 보지 못하기 때문에, 결국에는 자기 자신을 절대화하고, 저 혼자 잘난 척 오만하고 공허한 몸짓을 보일 수밖에 없다. 중요한 것을 중요하지 않다 하고, 중요하지 않은 것은 중요하다 하고, 다소간 변덕스러운 자기의 주장을 강연하거나 설교할 때만 진지해질 것인데, 특별히 그들이 좋아해 마지않는 신학과 안에 정치적 논쟁이라도 불거지면 완전히 진지해질 것이다."[78]

"국가 질서의 변화 안에서 그리스도교 공동체"

1948년 여름에는 독일로 가지 않게 된 바르트는-새 학기가 시작되기 전에-다른 곳으로 여행을 하게 되었으니, 그것은 그의 두 번째 헝가리 여행이었다. 그는 리기 산에서 휴가를 보내면서 그 여행을 준비했고, 3월 말에 비행기를 타고 헝가리로 향했다. "헝가리의 개혁 교회가 나와 나의 비서 샤를로테 폰 키르쉬바움을 초대했다. 나의 과제는 다섯 개 도시에서 목사, 교수, 장로, 신학생, 그 밖의 교회 관계자와 청중 앞에서 강연을 하는 것이었다. 데브레첸에서는 폭격으로 심한 타격을 입었다가 막 복구를 끝마친 '위대한 교회'에서 설교했다." "온유한 사람이 땅을 얻

바젤 대학교에서 칼 바르트.

칼 바르트는 1935년-1962년 이곳에서 학생들을 가르쳤다.

게" 된다(!)는 본문으로 설교했다. "부다페스트에서는 공식적인 자리에
서 오전 내내 질문을 받고 (그 가운데 어떤 것들은 너무나도 구체적인 질문이었
다) 거기에 대한 답변을 시도했다. 헝가리 교회와 신학계의 유명 인사 대
부분을 다시 만나게 되었고 새로 알게 된 사람들도 있었으며, 다소간 상
세한 이야기도 나눌 수 있었다. 헝가리의 졸탄 틸디Zoltan Tildy 대통령도
나를 친절하고 소탈하게 맞아 주었다. 스위스 외교 사절 파이스트Feißt 박
사는 조국에 대한 좋은 기억을 상기시켜 주었다. 어머니가 바젤 사람인
어느 헝가리 목사(이름은 보도키[Bodoky])가 가는 데마다 통역을 맡아 수고
해 주었다."[79]

그곳에서 먼저 (샤로쉬퍼터크와 부다페스트) 발표된 강연의 주제는 '오
늘의 청소년, 그들의 유산과 책임'이었다. 이 강연에서 "내가 칸트의 말
('용기를 내어, 너의 이성을 사용하라!')을 인용했을 때, 전혀 계획되지 않았지
만 우레와 같은 박수가 터져 나왔다." 바르트는 계속해서 말을 이었다.
"일반적으로 나이 든 사람들이 젊은 사람을 탓하곤 하는데, 이제는 그 방
향이 바뀔 수도 있다. 이제는 너희가 우리를 향해 질문하기를, 너희를 이
런 하찮고 하찮은 상태에서 끄집어내어 너희의 미래를 향해 떠나보내는
것을 우리가 도대체 어떻게 생각하느냐고 할 수 있는 것이다." (미슈콜츠,
드레브첸, 부다페스트, 파퍼, 쇼프론에서 발표한) 두 번째 강연은 '진정한 교회'
에 관한 것이었다. 바르트는 여기서 "진정한 교회"를 "진정으로 사람을
교화하는 공연"과 비교했다. "내가 이곳 헝가리에서 경험한 그 공연은 저
절로 경탄이 터져 나오는 멋진 예술인데, 예컨대 집시 밴드의 연주를 보
면, 연주자 한 사람 한 사람의 눈과 귀는 철저하게 제1바이올린 연주자
에게 집중하면서 오로지 그의 즉흥 연주를 따라가기 위해 노력한다. 바
로 그렇기 때문에 필연적으로, 자연스럽게, 행복하게 다른 모든 연주자

와 함께 연주하게 되는 것이다!" 바르트는 (샤로쉬퍼터크와 부다페스트에서 발표한) 세 번째 강연('국가 질서의 변화 안에 있는 그리스도인 공동체')에서 이전 강연 '그리스도인 공동체와 시민 공동체'에서 제시했던 명제를 성찰했는데, 특별히 "시민 공동체" 안에서 "국가 질서"가 변화하는 것에 초점을 맞추어 그 성찰을 시도했다.

그는 이러한 변화가 그때마다 "그리스도인 공동체"에게 위험스러운 유혹이 될 수 있음을 지적한다. 첫째, 새로운 질서에 무조건 반대하면서 원칙적으로 옛 질서에 매달리거나, 그게 아니면 앞의 것과 똑같이 원칙적인 편파성을 띠고서 새로운 질서에 편승하거나, 그것도 아니면 거짓된 중립성을 유지하면서 비정치적 "내면의" 노선으로 들어가 버리는 유혹이다. 그런 유혹에 맞서 "그리스도인 공동체는……그 변화 앞에서 독립적인 자세로……그러면서도 깊은 관심을 가지고 관여하면서, 옛 질서의 대변자들과 새 질서의 대변자들이……모두 겸손함을 잃지 않고, 하나님을 찬양하고, 인간성을 고양하도록 요청하며, 나아가 그들 모두가 [그리스도의 죽음과 부활 안에서!] 이 거대한 변화를 신뢰할 수 있도록, 그리고 그분의 계시를 소망할 수 있도록 초대할 수 있을 때 비로소 국가 질서의 변화 속에서 자기 사명을 제대로 감당하게 될 것이다."[80]

바르트는 바로 이 지점에서, 공산주의 정권하에 있는 헝가리의 그리스도인들과 의견의 일치를 보았다고 생각했다. 그는 "새로운 국가에 대한 반대와 협조 사이에서 정신을 바짝 차리고 올바른 길을 가려고 노력하는—자신의 죄책을 돌아보고 분명한 입장을 보이는—교회, 그러면서도 복음을 전하고 교회를 세우는 일에 열심인 교회"의 모습을 그곳에서 발견했다.[81] 바르트에게 헝가리 교회의 이런 모습은 서독 그리스도교의 모습보다 훨씬 강렬하게 다가왔다. "이런 이야기를 모두 듣고 난 다음, 나는 그들이 하고 있는 일이 옳다고 말해 주었다. 그것이 내가 그들에게 해준 '조언'의 전부였다."[82] "또 하나 추가로 말하자면……스위스로 돌아가는 길에 프라하 공항에서 체코 친구들 몇 사람을 만나 이야기를 나누게 되었는데, 그 나라의 상황도 이와 상당히 비슷하다는 것을 알게 되었다." 그러나 벌써 5월에는—야노스 페터Janos Peter 목사가 방문한 후—헝가리의 친구들에게 공개서한을 보내면서, 바르트 자신이 보기에는 그들이 최근 "새로운 질서에 순응하는 방향으로……너무 많이 나간 것" 같다는 의견을 밝혔다.[83] 그 후에도 여러 차례—라바스Ravasz 감독과 대화를 나누면서, 베레츠키Bereczky 감독이나 야노스 페터에게 편지를 보내면서—이와 유사한 경고의 메시지를 전했지만, 서방측은 그런 사실을 모르게 했다. 안 그래도 덜커덩덜커덩 요란스러운 소리를 내며 신나게 돌아가고 있는 반공(反共)이라는 물레방아에 물을 더 부어 주고 싶지는 않았기 때문이다.

그런데 바르트의 바로 그런 태도 때문에, 스위스 언론은 그야말로 "썩은 계란과 죽은 고양이의 소나기를" 그에게 퍼부었다.[84] "이런 문제와 관련해서는 확실하게 스위스의 정서가 뭔지를 보여주는" 에밀 브룬너는 바르트에게 공개적인 질문을 던졌다.[85] 국가사회주의에 맞서 싸울 때는 그렇게도 적극적이었던 바르트가 어째서 "공산주의에 반대하고, 공산주의에 맞서 고백하는 데는 전혀 다른 모습"인지를 공개적으로 물었던 것이다.[86] 그에 대한 바르트의 답변(「오늘의 신학적 실존」이라는 제목으로 발표됨)은 의도적으로 "광신적이고 천박한 원리원칙주의 자체만을 겨냥하여 논박했다."[87] 그의 주장에 따르면, 그리스도의 교회는 결코 '원칙적'으로 판단하는 것이 아니라 "경우에 따라" 판단하고, 그래서 그때그때 "새로운 현상을 새롭게" 평가한다.[88] 그 당시와 오늘의 차이는 예컨대 이런 것이다. 지금 서구에서는 볼셰비즘의 "신격화"가 그렇게 심각한 문제로 부각되지 않지만, 갈색의 위험이 드리워진 그 당시 나치스 시대에는* 바로 그것이 중대한 문제였다. 교회는 "모든 시민이 어차피 매일매일 신문에서 읽을 수 있는 내용을 다시 한 번 말하는" 데 그쳐서는 안 된다.[89] 바르트는 근본적으로 이런 의견이었다. "나는 공산주의에 대한 모든 두려움에 반대한다. 선한 양심을 가진 민족, 민주적이고 사회적인 삶의 질서가 제대로 잡혀 있는 민족은 공산주의를 두려워할 필요가 없다. 예수 그리스도의 복음을 굳게 확신하는 교회는 더 말할 나위도 없다."[90] 그해 7월, 바르트는 로트베르크 성에서 열린 벨기에-독일 캠프에서 대학생들과 이 문제에 대해 토론을 벌였다.

그 당시 바르트가 브루너에게 대응하는 어투를 보면, 1934년 냉혹하게 "아니다!"를 외칠 때처럼 또다시 그의 마음을 상하게 하지나 않을까 하여 상당히 조심하는 모습을 볼 수 있다. 10월 초, 바르트는 독일-스위스 학과 모임에서 그를 만났다. 거기서 "나와 에밀 브루너는 모두가 깜짝 놀랄 만큼 서로를 정중히 대했다.……그래서 이제 곧 천년왕국이 도래하겠군!이라는 말이 나올 정도였다. 그런데 마르틴 베르너가 나타나자 그 환상이 다 깨지고 말았다."[91] 어쨌거나 그 이후로 "이곳 스위스에서는" 동서 양 진영의 갈등을 둘러싼 격앙된 분위기, 특히 바르트가 '헝가리'에 대한 입장 표명을 하고 난 뒤에 더더욱 확연해진 "대중적 차원의……격분"이 잦아들 기미가 보이지 않았다. "마침내 나는 그런 분위기에 근본적

* 히틀러와 나치스가 항상 갈색 제복을 입고 다녔던 것을 암시한다―옮긴이.

으로 맞서면서 나의 입장을 천명하기로 결단했다. 그래서 베른 대성당 위원회의 요청을 받아들였고, [1949년 2월] 6일, 먼저는 툰 시내의 교회에서, 그다음에는 베른 대성당에서 나의 화력을 총동원했다." 그때 그에게 제시된 주제는 '동과 서 사이의 교회'Die Kirche zwischen Ost und West였다.[92]

이 강연은—4월에는 제네바에서도 발표되는데—동서 진영의 대립 앞에서 교회가 어떤 자세를 취해야 하는가라는 질문에 대한 바르트의 견해를 확실하게 드러냈다. 또한 이 강연으로 인해, '헝가리' 논쟁 때부터 시작된 인신공격, 곧 바르트에 대한 스위스 언론의 공격은 향후 수개월간 더욱 격렬해졌다. 그리고 이제 그 공격은 바르트 한 사람이 아니라 모든 바르트주의자에게로 확대되었는데, 특히 알베르트 셰델린, 또 그사이 베른 대학교에 초빙된 발터 뤼티, 신학교 운영자 알프레트 팡크하우저 Alfred Fankhauser가 주요 표적이었다. 같은 해 2월, 헝가리의 추기경 민젠티 Mindszenty가 국가 반역 혐의로 체포되어 재판을 받게 된 사건은 언론의 맹렬한 공격에 기름을 끼얹은 격이었다. 물론 바르트는 강연을 시작하자마자 미리 주의를 주었다. "동서 간의 정치적 갈등 문제에는 뜨거운 관심을 가졌으나, 교회에 대해서는 그저 뜨뜻미지근한 관심을 가진 사람이라면" 자기의 강연을 듣다가 분명히 화를 내게 될 것이라는 경고였다.

바르트의 핵심 명제는 이것이다. 동구권과 서구권의 형성은 권력 갈등과 이데올로기 갈등에 기초한 것이며, 교회는 둘 중 어느 한 쪽을 편들 까닭이 없다. "전제주의적 만행을 저지르는" 동구권의 편을 들 필요도 없고, 그 동구권에게 비판의 빌미를 제공하는 서구권의 편을 들 필요도 없다. "현재의 상황 속에서 예수 그리스도의 교회가 걸어가야 할 길"은 위대한 자유 안에서 걷는 "또 다른 길, 제3의 길, 자기만의 길"이어야 한다.[93] 바르트를 신랄하게 공

격했던 사람들은 바로 이 명제는 무시하고, 비교적 부차적인 맥락에서 언급
되고 있는 국가사회주의와 공산주의의 구별 문제를 끌고 나와 바르트의 러
시아 예속성을 운운하곤 했으니, 그야말로 이 시대의 히스테리를 단적으로
보여주는 것이었다. 바르트는 동서 양 진영의 갈등과 관련하여 기회가 있을
때마다 이런 구호를 외쳤다. "두려워하지 말라!" 이 구호는 1949년에 에른
스트 볼프가 편집·출간한 바르트 설교집의 제목이기도 하다. 이 설교집은
1934년부터 1948년까지 바르트가 한 설교를 묶어 놓았다.

암스테르담 세계교회협의회 총회

헝가리 여행 이후, 바르트가 동서의 대립 문제에 휘말려 한참 신경을 쓰
던 시기에, 또 하나의 과제가 그에게 많은 생각거리와 일거리를 안겨 주
었으니, 에큐메니칼 운동에 동참하는 문제가 바로 그것이었다. 바르트
는 암스테르담에서 열리는 제1차 세계교회협의회 총회를 준비하는 데
도움을 달라는 부탁을 받았다. 특히 총회를 여는 주제 강연을 (네 개의 준
비 분과에 대한 입장 표명과 함께) 맡아 달라는 부탁을 받았다. 바르트는 이
요청을 수락하면서 에큐메니칼 운동에 관여하게 되었다. 1948년 1월에
그 제안이 처음 전달되었을 때, 바르트는 일단 손사래를 쳤다. 그런 바르
트를 설득하고 격려한 것은 로마드카였다. "그 무거운 짐을 질 수 있고,
또 져야 하는 어깨가 있다네."[94] "나는 그 전에는 전혀, 혹은 거의 '에큐메
니칼 운동'에 관여하지 않았다. 도대체 나는 일체의 '운동' 자체에 언제나
약간 회의적인 사람인지라, 오히려 그 운동에 대해 전반적으로 반대하는
입장이었다.……그러나 이번에는……고백건대, 내 마음이 바뀌었다."
"좀 더 자세히 살펴보니, 이러한 공동 작업과 공동 책임이 흥미로운 것일

뿐만 아니라 중요한 것임을 알게 되었다."⁹⁵ 1948년 여름학기가 끝나자
(이 시기 바르트는 매제 칼 린트의 죽음 때문에 마음이 무거운 상태였다) 부벤도르
프의 목사관에 틀어박혀 강연을 준비했다.

　바르트는 네 개의 분과 위원회가 모이는 나흘간의 준비 대회(바우트
스호튼[Woudschoten])에도 참석했다. 마침내 8월 24일, 암스테르담에서
그의 강연이 발표되었다. 그에게 주어진 주제는 '세상의 무질서와 하나
님의 구원 계획'이었다.

　"나의 강연은……그 주제의 순서를 완전히 뒤집어야 한다는 방향으로 흘러
갔다. 먼저 하나님의 구원 계획을 말하고, 그다음에 비로소 세상의 혼란에
대해 말해야 한다."⁹⁶ 그렇지 않으면 그리스도교는 지상의 곤경을 인간적으
로 묘사하고 판단하는 데 고착될 뿐 아니라, 결국에는 그 곤경과 싸워 그것
을 극복하는 데도 인간적인 계획과 방책을 동원하는 심각한 위기 상황이 생
겨난다는 것이 바르트의 생각이었다. 그러므로 "이런 전 세계적인 그리스
도교 앞에서는……무엇보다도 루터파의 복음 이해를 다시 한 번 아주 분명
하게 부각"시키고 "마지막으로 다시 이사야 8:10을 인용하는 것"밖에는 다
른 방법이 없다. 그러므로 바르트는 준비 과정에서 끊임없이 나타나는 생
각, 곧 "궁극적으로 오로지 하나님만이 하실 수 있는 일, 하나님께서 철저히
홀로 이루고자 하시는 그 일을 우리 그리스도인, 우리 교인들이 수행해야 하
는 것처럼 여기는" 생각을 비판했다. "이 악한 세상을 선한 세상으로 바꾸는
것은 우리의 일이 아니다. 하나님은 이 세상을 다스리는 통치권을 우리에게
넘겨주지 않으셨다.……이 세상의 정치적·사회적 무질서 한복판에서 우리
는 그분의 증인이 되어야 한다. 바로 이것이 우리에게 요구되는 것 전부다.
그 증인의 역할을 제대로 감당하기에도 두 손이 모자랄 정도로 할 일이 많

다." 준비 작업과 관련해서도 몇 가지 개별적인 불만을 표시했다. "사람들은 '이 세상의 무질서와 하나님의 구원 계획에 대해……말하고, 또한 그리스도의 재림과 하나님의 섭리와 성령에 대해 말하는데, 다른 한편 사유 재산과 자본과 이자 등에 대해서는 네 분과 모두 그저 침묵만" 지키고 있다.[97]

암스테르담 대회에서 바르트가 맡은 또 다른 과제는 개혁 교회의 특별 행사에서 개회 연설을 하는 것, '매일 오후 교회 여성을 위한 특별 위원회'의 회장으로 활동하는 것이었다. 바르트는 "그리스도교 여성들"에게, "바울 사도는 그들의 질문과 관련하여 갈라디아서 3:28 (그들은 이 구절을 오직 기쁜 마음으로 긍정했다!) 외에도 다른 말씀, 마찬가지로 중요하고 올바른 말씀을 남겼다고" 했지만, 그들을 설득하는 데는 실패했다. 바르트는 어느 체육관에서 릴예 감독의 인도로 진행된 제1분과(교회와 일치 문제)에 들어가 공동 작업에 참여했다. "내가 제1분과에서 적극적으로 활동하면서 새롭게 발견한 것은……신학의 영역 안에서 '교의학'과 '상징론'만 필요한 것이 아니라 '에큐메니즘' 같은 것도 필요하다는 사실이었다. 이것은 다양한 교회의 다양한 신학자들이 만나, 일치 속의 차이를 발견하고 차이 속에서 일치를 발견하는 형태로 어울리는 기술, 완전히 하나되지는 못하더라도 한 걸음 더 가까워질 수 있는 기술을 말하는 것이다.……나는 거기서 특별히 플로로브스키, 영국성공회의 램지Ramsey(이 사람과 나의 관계에 대해서도 제3자들은 이런 말을 했다. 이런 식으로 계속된다면야 천년왕국이 '머지않았군!'), 루터주의자 니그렌과 함께 일하면서 그 기술을 연습했다." "게다가 나는 아무도 개의치 않고 (분과 토론을 할 때는 말할 것도 없고, 기자회견을 하거나, 심지어 공적인 연설을 할 때도) 국제 대회 수준의 영어로 말하고 다녔다."

공식 대회장 외부에서도 수많은 만남이 있었다. 그중에서도 "스웨덴의 감독 회장 에를링 아이뎀Erling Eidem은 나와 팔짱을 낀 상태로 암스테르담 절반을 돌아다녔고, 대회 마지막 날에는 나를 아예 얼싸안고 입을 맞추었다." "열성적인 독일의 루터교인 에드문트 슐링크 앞에서 참 짓궂은 행동이었다." 또한 "화려한 색상의 옷을 입은, 인도의 마르 도마Mar Thoma 교회 감독도 만났다. 적어도 요한복음 20장에 대한 (사도 도마를 두둔한) 나의 주석, 비교적 잘 알려진 더 나은 주석은 그의 마음을 기쁘게 했다."[98] 게오르크 메르츠도 만났다. 그는 "아이고, 제발이지 나의 종파를 인정해 주시오!"라는 말로 바르트를 웃겼다.[99] 율리아나 여왕의 대관식에는 서른 명의 유명인사가 초청되었는데, 바르트도 릴예 감독, 미스코트와 함께 그 서른 명에 들어 대관식을 볼 수 있게 되었다. 그 행사는 "왕궁 안에서도 빛의 정원에서 거행되었는데……베른하르트 왕자가 근처 어딘가에 있었던 것으로 기억한다." 바르트는 그 김에 존 포스터 덜레스도* 개인적으로 만나게 되었다. 그러나 그는 "차갑고 거부하는" 눈빛이었으며, "나 역시 (그가) 별로 마음에 들지 않았다."[100] 궁정에서 먹은 "음식"은 "어렸을 적 동화책을 읽으면서 상상했던 것과 똑같은 모습"이었다. 바르트와 마찬가지로 거기 초대된 인도네시아 대표는 (네덜란드와의 전쟁 때문에!) 그 초대를 받아들여야 할지 말아야 할지 망설이다가 바르트에게 "심판관"이 되어 달라고 부탁을 했다. "그가 아주 훌륭한 공화주의자라면……그리고 훌륭한 그리스도인이라면……충분히 그 초대를 받아들일 수 있다고 판결을 내렸다. 그리고 키 작은 그 남자에게……왕을 알현하

---

* 존 포스터 덜레스(John Foster Dulles, 1888-1959): 미국의 외교 정책을 공식화한 외교관이자 정치가. 제2차 세계대전 이후 냉전기에 대소련 정책을 입안했으며, 1953-1959년 아이젠하워 대통령 시절 미국의 52대 국무 장관을 지냈다—옮긴이.

는 자리에 함께 가겠다고 약속했다. 왕 앞에서 몸을 얼마나 구부리는지
는 내가 하는 걸 보고 맞춰서 하라고 일러 주었다." "한 마디로 아침부터
저녁까지 항상 많은 일이 있었고, 나는 매일 밤 피에르 모리와 함께 호텔
바에서 '볼스' 한 잔을 마시면서 하루를 마감하곤 했다."[101]

바르트는 '암스테르담 대회'를 전반적으로 "의미 있고 훌륭한 시간"
으로 생각했다. "나에게 특히 인상적이고 만족스러웠던 것은 다음과 같
은 것이었다. 첫째, '젊은' 교회들 현상. 나는 인도에서 온 V. E. 데바두트
Devadutt, 실론 섬에서 온 나일즈와……하루 저녁을 함께 보내면서 확실하
게 깨달은 것이 있다. 그것은 이곳 유럽에서 하나님 말씀의 소나기, 그러
니까 유럽 내에서 '여기저기 떠돌던 소나기'를 거의 찾아볼 수 없게 된 까
닭은 그것이 어디 다른 곳으로 가 버렸기 때문이라는 것……둘째, 그리
스도교 세계가 유엔과는 달리 심각한 분열을 겪고 있지만……그래도 주
목할 만한 일치에 도달했다는 사실……셋째, '사람들'이 암스테르담 대
회에 거는 '기대' 같은 것이 있었으나, 대회의 여러 논의와 결정 사항이
그 기대에서 비교적 자유로웠다는 것……넷째, 준비 대회와 본 대회를
비교할 때……신학적 무게 중심이 '위'에서 '아래'를 고찰하는 쪽으로 확
연히 옮겨 간 것……다섯째, 결과적으로 세계교회협의회의 구성이 교회
적 의미의 서방 진영 구축으로 이어지지 않았다는 것이다."[102]

암스테르담 대회가 끝난 뒤에도 몇 가지 할 일이 남아 있었다. 그해
10월, 바르트는 바젤에서 알폰스 쾨힐린, 에른스트 슈테헬린과 함께 "암
스테르담에서 느낀 점"을 발표하게 되었다. 그 대회에 가톨릭 교회가 참
가하지 않은 것에 대해 바르트가 어떤 말을 했는데, 그 말 때문에 화가
단단히 난 가톨릭 신자 장 다니엘루Jean Daniélou와 한 차례 서신을 주고받
기도 했다. 라인홀트 니버와도 서신을 한 번 주고받았으니, 이는 그가 바

르트를 정적주의라고 비난했기 때문인데, 그 비난은 바르트에게 해당되는 내용이 전혀 아니었다. 그래서 바르트는 이런 생각을 하게 되었다. "미국식으로 그리스도교를 사유하고 말하는 방식과 우리 대륙의 방식 사이에 다시 한 번 충돌이 일어날 것 같다. 그 충돌은 교회 간의 충돌보다 중요하고, 어쩌면 훨씬 위험한 것이 될 것이다."[103] 바르트는 '미국인'의 사고방식에 선과 악 등의 대립은 있는데 "제3의 차원"이 없음을 아쉬워했다. 그것은 하나님의 말씀, 성령, 하나님의 은총, 심판 등을 말한다. 그리고 "이 모든 것은 어떤 원칙 같은 것이 아니라……모두 사건에 대한 명칭이다." 이듬해 3월, 바르트는 취리히-비프킹겐의 강연('스위스 개혁 교회와 에큐메니칼 운동의 과제')에서 에큐메니칼 운동이 스위스의 상황에 미치는 영향, 특히 스위스의 "미래의 방향"에 미치는 영향을 논구하고자 했다. 그 과정에서 스위스 '교회와 신학 연구 모임'이 창립되었다. (고트로프 비저가 의장을 맡았는데, 이후 활발한 활동을 보이지는 못했다.) 이 모임이 '고백 교회를 위한 구호 사업회'의 신학 작업을 맡고, 자선 사업과 관련된 부분은 전적으로 '스위스 개신교 교회 구호 사업회'에서 맡기로 했다. 끝으로 바르트는 그해 7월, 바젤에서 세계교회협의회 대회 제1분과의 작업에 대해 소개하는 시간을 가졌다('일치되지 않은 교회의 부끄러운 모습'). 바르트가 암스테르담 대회에 동참한 이후로, 바르트의 집에는 '에큐메니칼' 손님의 방문이 빈번해졌다. 그해 여름에는 인도의 라오 순다Rao Sundar와 쿨란드라Kulandra 감독, 실론 섬에서는 S. 셀바레트남Selvaretnam이 찾아왔다.

바르트는 암스테르담 대회에서 많은 사람들로부터 강연 요청을 받았다. 하지만 미국 여행은 아직 관심이 없었고, 독일 여행은 당분간 생각이 없었다. 차라리 인도나 실론 섬으로 오라는 요청이 솔깃했고, 스웨덴·핀란드·노르웨이·덴마크 여행은 아예 날짜까지 (1949년 2-3월로) 확

정했지만 건강상의 이유로 취소할 수밖에 없었다. 그나마 프랑스 여행
은 차질 없이 진행되었다. 일찌감치 1948년 9월로 잡힌 여행이었다. 프
랑스 여행을 마치고 돌아온 뒤, 바젤에서 불트만과 함께 『교회교의학』
III/2에 나오는 문제의 구절을 놓고 토론을 벌였으나 상호 이해에 도달
하지는 못했다. 프랑스 파리의 비에브르에서는 "루이 14세의 수의사(!)
가 머물던 여름 별장"에서 열린 '그리스도교대학생연맹 명예 회원 대회'
에 초청되어 "새로운 인간의 실재"에 대하여 (『교회교의학』 III/2에 곧장 기대
어) 세 번의 강연을 했다.[104] 그 강연은 "오직 프랑스에서만 멋지고 활발하
게 일고 있는 논의의 흐름 속에서" 이루어졌다.[105] 그 기회에 "나는 나폴
레옹의 무덤, 노트르담 사원, 루브르 박물관을 다시 한 번 찾아갔고, 포
트루아얄 오 샹Port Royal aux Champs이 서글픈 폐허가 되어 있는 것도 처음
보았고, 에펠 탑 꼭대기에도 올랐다."[106] 그 외에도 "나는 파리의 그레뱅
박물관Mesée Grévin에 있는" 오목 거울의 방에 들어가서 동심의 세계에 완
전히 빠져들었다.[107] 베르사유에서 "[우리는] 마리 앙투아네트를 생각하
면서, 어째서 인간의 위대함과 죄와 비참은 이토록 긴밀하게 연결되는
지, 그리고 긴 세월이 흐른 뒤에는 이렇듯 고요함 속에 하나로 어우러져
그 모습을 드러내는지 묻지 않을 수 없었다."[108]

1949-1951년의 수업과 연구

1948년 겨울학기가 시작되었다. 그해 내내 엄청난 양의 일을 하면서도
제대로 휴가를 갖지 못한 바르트는 자연스럽게 피로를 느꼈지만, 그런데
도 곧장 새로운 일에 몰두할 수밖에 없었다. 바르트가 새로운 강의(하나
님의 섭리에 대한 강의!)를 준비하면서 아예 작심하고 자주 찾아간 곳은 바

젤의 동물원이었다. "창조와 섭리에 대한 강의를 이어 나가기에 앞서, 그
곳에서 동물 하나하나를 자세히 살펴보고자 함이었다."¹⁰⁹ 세미나와 집중
토론 모임에서는 "『교회교의학』 왼편과 오른편에서 날고 있는 두 괴물",
곧 바티칸 공의회와 슐라이어마허를 다루었다.¹¹⁰ 바르트는 가톨릭의 공
의회를 논하면서 "바티칸이 [당시] 쥐고 있던 종교적 권위를 가지고 아무
것도 하지 않아서, 스위스의 주 교회 위원회라도 할 수 있는 평범하고 세
속적인 대응밖에 하지 못했음"에 "번번이 놀라고 분개하지 않을 수 없었
다."¹¹¹

　　암스테르담에서 로마 가톨릭이 에큐메니칼 운동에 참여하지 않은
것 때문에 노골적으로 실망감을 표출했던 바르트는, 하필이면 바로 그
학기에 가톨릭과의 새로운 대화 가능성을 발견하고는 신선한 충격을
받았다. 게다가 그 가능성은 말하자면 바로 그의 문 앞에서 펼쳐졌다.
1948-1949년 겨울학기, 그곳 바젤에서 한스 우르스 폰 발타자르가 '칼
바르트와 가톨릭주의'라는 제목으로 열 편의, 그것도 대단히 주목할 만
한 강연을 했던 것이다. 1952년에는 바로 그 강연을 토대로 『칼 바르트』
라는 책이 출간되었고, 그 책은 더 큰 관심을 모았다. 바르트는 "나도 그
사람한테서 나 자신에 대해 배우기" 위해, 기회가 될 때마다 그 강연을
들었다. 강연이 끝나면 "그때마다 몇 사람이 발타자르와 함께 '하론'Chron
으로 몰려가서 작전 훈련 평가회를 가졌다."¹¹² '하론'은 바젤 슈팔렌토어
Spalentor 근처에 있는 포도주집으로, 바르트가 학생들이나 손님들을 데리
고 자주 가던 곳이었다. 그곳에서 한번은 "이런 말이 오고 가기도 했다.
발타자르: '내가 천국에 가면 마리아한테 가서 어깨를 툭툭 치면서 이렇
게 말할 거요. 자매여, 참 좋은 일을 하셨소!' 롤로: '그러면 마리아가 이
렇게 대답할 거예요. 형제여, 나를 잘못 보셨소!'" 한번은 남은 손님의 수

가 약간 줄었을 때였는데, "발타자르가 나중에 아주 평온한 마음으로 이렇게 말했다. '아주 좋아! 이런 식으로 계속 간다면, 마지막에는 우리만 남을 테고, 그러면 드디어 우리가 생각하는 것을 말할 수 있겠지요!' 지옥에 대해서 (이것 역시 하론에서 처음으로) 이런 말도 했다. 그런 것이 있다는 교리는 있지만, 누군가가 거기 있다는 교리는 없다!" 어쨌거나 바르트는 그 자리에서 "가톨릭 교회와 신학의 개혁, 그것도 내부로부터의 개혁을 모색하고 (토마스 아퀴나스에 맞서는, 더 나아가 심지어 아우구스티누스에게 맞서는) 그 개혁을 추진하기 위해서 나를 마치 트로이의 목마처럼 투입할 생각을 하는" 가톨릭 신학자를 보면서 아연실색했다.[113]

그해 겨울, 바르트와 발타자르는─발타자르의 정신적 친구인 아드리엔느 케기 폰 슈파이어Adrienne Kaegi-von Speyer와 함께─"아인지델른 Einsiedeln에 가기도 했다. 거기서 우리는……거의 스물네 시간 동안 모차르트의 음반을 들었다. 그런데 우리의 그 독특한 친구가 그나덴카펠레Gnadenkappele에서 사제로서 미사를 집전하는 모습을 보면서 감탄하기도 했다."[114] 발타자르와의 신선하고 심오한 만남 덕분에 모차르트에 대한 바르트의 사랑은 새롭게 불타올랐다. 그 여행을 다녀온 뒤, 바르트는 『교회교의학』 III/3 '공허'das Nichtige에 관한 대목을 집필하면서 "어떤 감동에 이끌려……모차르트에 대한 특별 보충 설명을 쓰기도 했다."[115] 그 즈음 바르트는 전축도 하나 샀는데, 그 전축은 "제일 중요한 가구"로 자리를 잡았으며[116] "여기 내 연구실에서는 모차르트의 수많은 음반이 날이면 날마다 울려 퍼졌다. 나는 아주 어릴 때도 그랬지만, 커가면서 더욱 모차르트의 음악을 좋아했다. 나에게 모차르트의 위치는 아주 확고한 것이었다. 모차르트에 비하면 바흐도 그저 세례 요한에 불과하고, 베토벤은 헤르마스의 목자는 아니더라도 오리게네스 정도에 불과하다고 생각했다."[117] 일반적으로 신학자들은 요한 제바스티안 바흐를 아주 좋아한다. 그러나 바르트는 너무나 의도적이고 너무나 정교한 "설교 욕구" 때문에 거부감을 느꼈다. 그에 비해 모차르트의 음악은 모든 의도에서 자유로운, 순수한 놀이였고, 바로 그것이 바르트를 매료시켰다.[118] 그러므로 "이제 그 누구와도 비교할 수 없는 음악가의 마술피리, 심포니, 콘체르토, 레퀴엠이 모든 것 위에 울려 퍼진다."[119] "나의 서재에서 점점 영역을 넓혀 가던 음반 코너는 희한하게도 바이마르 판 루터 전집 바로 아래"에 놓여 있었다.[120] 그 즈음에는 "거의 매일 아침, 저 위층에서 샤워하는 소리가 끝나기가 무섭게" 모차르트의 음반 하나를 틀어 집안 가득 흘러넘치게 하는 것이 "아름다운 습관"으로 자리를 잡았다. 이것은 "나에게 허락된 또 하루의 시간이 시작되었음을 알리는 표시"였다.[121]

지독하고 끈질긴 감기, 또 한 차례의 작은 수술 때문에 피로감이 가시지 않았던 겨울학기가 드디어 끝났다. 바르트는 아르투어 프라이와 함께 로카르노에 가서 휴식을 취했다. 바르트는 자기의 건강 상태가 이렇게 비참해진 것은 "아무래도……그 공허 때문인 것" 같다고 말했다. 그의 교의학 집필이 하필이면 그것을 다루고 있다 보니까 "더 집중적으로 조명되는 것을 막으려고 한바탕 반항하고 있다"는 것이다.[122] 그러나 바르트는 다시 한 번 "독수리처럼, 아니면 만족스러운 늙은 참새처럼 날개를 펴고 날아오를 수 있는" 기회가 주어지기를 바랐다.[123] 휴가에서 돌아오자, 바르트 부인은 막내를 데리고 포르투갈에 있는 언니의 집에 가서 몇 달 동안 머물렀다. 그해 봄방학 때는 롤로 폰 키르쉬바움도 '여성에 관한 개신교의 가르침'('진정한 여성')이라는 주제로 네 차례 강연하게 된 것 때문에 비에브르에 가 있었다. 롤로는 가톨릭의 마리아 해석이나, 실존주의의 시몬 드 보부아르 해석 외부에서 그 의미를 찾으려고 했다. 롤로는 이미 오래전부터 그 주제를 깊이 파고들었다. 그녀의 연구 및 통찰의 일부가 『교회교의학』 III/2에 반영되었고, 다른 부분은 강연을 통해 발표되었다. 1950년 초에는 제네바에서 시몬 드 보부아르에 대해, 1951년 초에는 바젤에서 '말씀 선포와 여성의 사명'에 대해 강연이 있었다. 바르트는 '연설가에게 필요한 열 가지 규칙'을 롤로의 손에 쥐어 주면서 이런 충고도 덧붙였다. "자기가 다루고 있는 주제에 철저히 집중할 것, 자기가 호소하려는 청중에게 철저히 집중할 것! 연설은 저쪽 지점에서 이쪽 지점으로 가는 길 위에서 태어나는 법!" 끝으로 "두려워하지 말라! 자기를 잊고, 모든 일이 분명 잘 되리라는 것을 기억하라!" 『교회교의학』 다음 권의 서문에서, 바르트는 "지난 20년간 내 곁에서 묵묵히 나를 도와준" 신실한 비서에게 경의를 표했다. "그녀는 교의학이 하나씩 완성되는 과정에서 나 못지않게 자신의 삶과 힘을 쏟아부었다.……나는 이런 도움을 받는다는 것이 어떤 것인지를 알고 있다."[124]

1949년 여름에는 (지난해 여름에 시작한!) 또 한 권의 『교회교의학』 원고가 완성되었다. 하지만 바르트는 그 원고를 이듬해 여름에 가서야 출간하게 했다. 원래는 창조 윤리 부분을 포함시키려고 했지만, 분량이 너무 많아서 III/3에는 들어갈 수 없게 되었다.

"이 책은 세 개의 위대한 주제를 다루고 있다. 하나님 아버지의 섭리, 왼편에 있는 그분의 나라, 천사의 역할이 그것이다. 이 주제는 '창조주와 피조물'이라는 제목 아래, 이전의 책에 나오는 하위 단락보다도 약간 느슨하게 요약되었다. 형식적인 조직성은 조금 더 엄격해져서, 어떤 비평가는 그걸 보고 찬탄하고 어떤 비평가는 의혹의 시선으로 바라보는데, 사실 그것이 나의 '관심사'는 아니다. 오히려 나에게 어떤 관심사라는 것이 있다면, 그것은 모든 것에서, 모든 것을 무릅쓰고 그리스도론이라는 실마리를 단단히 붙잡는 것이다. 그래서 최근에 어떤 사람은 나에게 '그리스도 일원론'이라는 비난의 꼬리표를 달아 놓았다. 하지만 나는 새로운 영역에서도 계속해서 그것을 단단히 붙잡으려고 한다. 나의 그런 모습을 못마땅해하는 사람에게 나는 이렇게 묻고 싶다. 그리스도교 신학자가 선한 양심과 기쁜 마음으로 무조건 매달릴 만한 것이 있다면, 그것은 그 어떤 경우에도 일차적으로 또한 궁극적으로 '오직 그리스도'를 숙고하는 것 말고 다른 게 있는가?"[125]

'자연 신학'의 모든 형태와 맞서 싸웠던 바르트가 교의학 제3부에서 벌써 창조에 관해 쓸 수 있게 해준 것, 그것은 바로 "그리스도 중심적" 사고였다.

"어쨌거나 나는 이 책의 핵심은 섭리론이라고 생각하는데, 거기서 나는 고대 정통 교리의 도식(하나님의 보존, 동행, 통치)을 예상보다 흔쾌히 받아들일 수 있었다. 그러나 내가 그것을 얼마나 많이 교정해 놓았는지도 간과할 수 없을 것이다." 그 교정이란 다음과 같은 깨달음을 최대한 철저하게 강조하는 것이다. 요컨대 섭리 신앙이란 (아무런 어려움 없이 금방 가까이 다가설 수 있는 진리가 아니라) 엄밀한 의미의 **신앙**이며, 그것도 (세계관이나 역사철학이 아니라) **하나님** 자체에 대한 신앙이고, 그러므로 (어떤 "더 높은 힘"에 대한 것이 아니라) **계약**의 하나님, **복음**의 하나님에 대한 신앙이라는 깨달음이다. 그러므로 그 신적인 섭리가 지켜지고 있는 것은 "하나님의 신실함"으로 이해될 수 있는데, 바로 그 신실함 속에서 "하나님은 피조물을 통치하시며, 창조 세계에서 일어나는 모든 일을 각각 계약의 사건, 은총의 사건, 구원의 사건에 배속·종속시키시고 그 사건에 복무하도록 하신다." 그다음 절에서는 악과 관련하여 하나님의 섭리 문제를 다루고 있다. 바르트는 그 악을 무(無)라고 부르지 않고 (왜냐하면 그것은, 인간이 거기에 저항할 수 있다고 생각하는 바로 그때, 인간을 압도할 만큼 그렇게 실제적이기 때문에) "공허"라고 부른다. 그러나 그것은 (예수 그리스도 안에서 극복되었기 때문에) "정말 공허한 것"이다. "나는 가능하면 하나님과 악마를 한달음에 언급하지 않으려고 한다."[126] 이것이 바르트의 주요 관심사였다. 바르트는 보충 설명에서도 이것을 분명하게 강조하기 위해 "라이프니츠의 신정론, 슐라이어마허의 죄론, 더 나아가 하이데거나 사르트르 같은 실존주의 철학자들이 말하는 무에 대해서 자세히 언급하면서 이런 결론에 도달한다. 그들도 뭔가 낌새는 챘지만, 근본적으로는 공허에 대해 아무것도 모르고 있다."[127] 바르트가 보기에, 악이 공허로 인식되고 공허가 악으로 인식될 수 있는 것은, 엄밀히 말해, 그것을 극복한 분 안에서, 곧 예수 그리스도 안에서만 가능한 일이며, 그분 안이 아닌 다른 어디에서는 그것에 대한 오해가 있을 뿐이다.

바르트는 1949년 여름에 출간된—그러니까 하필이면 '탈신화화'의 파도가 무섭게 치솟던 때!—제3부의 마지막 권에서 천사론을 쓰면서 아주 흥겨워했다. 바르트는 천사를 "하나님의 순수한 증거자들"이라고 설명했다. 그가 "어깨 으쓱* 천사론"Angelologie des Achselzuckens이라고 부른, 근대주의자들의 천사론을 다루면서는 수업 시간이 "약간 사육제 같은 시간이 되기도 했다.……그때 내가, 그 신학자들은 천사들에게 거주 허가는 내주지 않았지만 체류 허가 비자는 발급해 준 것 같다고 말하자, 강의실은 폭소로 가득 찼다."[128] 이런 맥락에서 '천국'에 대한 이론을 연구하던

---

* 잘 모르거나, 관심이 별로 없을 때 쓰는 동작—옮긴이.

바르트가 어느 날에는 "아주 명랑하게" 롤로의 방으로 들어오면서 이렇게 한 마디 했다. "하늘은 정말 엄청나게 흥미로운 곳이야!"[129] 그에 비해 '악마'에 대한 논의에는 전혀 마음이 내키지 않았고, 어쩔 수 없이 언급을 하더라도 "아주 짧고 언짢은 투였다." "나는 천사를 좋아한다. 악마나 악마론은 좋아하지 않는다(그것은 탈신화화 때문이 아니다. 악마란 좋아할 만한 것이 아니기 때문이다)."[130] 이로써 바르트는 독일의 전후 신학(예컨대 아스무센의 신학)의 경향, 곧 악마론이 중요한 역할을 하던 신학적 경향과는 확실하게 거리를 두었다.

1949년 여름방학, 바르트는 '바르멘 혹은 아우구스타나'라는 제목의 비판적인 강연을 하는 것이 과연 적절한지, 지금이 그 강연을 할 만한 때인지 한동안 고민에 빠졌다. 원래 바르트는 그 강연을 통해, 자신에게 점점 큰 걱정거리가 되고 있는 독일 교회의 상황에 대해 나름의 입장 표명을 하려고 했다. 바르트가 보기에 독일의 루터파는 바로 그 '아우크스부르크 고백서'Confessio Augustana를 지나치게 중요시하고 있었다. 그는 그 여름학기 세미나에서 (집중 토론 모임에서는 볼렙[Wolleb]의 윤리학을 다루었는데) 직접 그 신조를 다루면서, 거기에 대해 점점 더 의구심을 품게 되었다. 이제 그 신조는 바르트에게 "불충분한 작품"으로 보였다. "정말 어설픈 머리와 두뇌의 소유자만이 자기 자신과 다른 사람을 향해, 이것이야말로 [우리] 교회의 기초를 세울 만한 반석이라고 주장하고 다닐 것이다."[131] 그러나 그런 말을 터뜨렸어야 할 강연은 성사되지 않았다. 그나마 베르클리에서 휴가를 보내면서 에른스트 볼프와 게오르크 메르츠에게는 이런 생각과 우려를 터놓을 수 있었다. 볼프는 바르트의 견해를 상당 부분 수긍했지만, 메르츠는 전혀 그러지 못했다. "내가 그 친구한테 그때처럼 그렇게 심하게 고개를 흔든 적은 한 번도 없었다. 그런데 우리가 거기서 그와 함께 시간을 보내던 그때처럼 그를 좋아한 적도 없었다. 사람과 사람 간의 우정이란 서로가 서로에게 매료되는 것, 때로는 온 힘을 다해 상대방을 뒤흔드는 것, 그러나 근본적으로는 그를 바꿀 수 없다는 사실에 실망하지 않는 것, 그럼에도 불구하고, 아니 바로 그렇기 때문에 그들과 더불어 '받아들여짐'이 가능해지는 것을 의미하는데, 나에게 메르츠는 그런 우정이 어떤 것인지를 보여주는 대표적인 사례였다."[132] 바르트는 12월에 에큐메니칼 운동 본부에서 일하는 미국인 실베스터 미첼펠더Sylvester Michelfelder에게 보내는 편지에서도 독일 루터파에 대한 심각한 우려를 다시 한 번 표명했다. (그런데 그의 입장 표명이 공개되어 문제가 되자 바르트는 그것을 유감스럽게 생각했다.) 그는 독일 교회의 "끈질긴 종파주의적 낭만주의, 정치적 반동과의 고집스러운 유대, 예배의식을 낭만화하는 납득할 수 없는 모습, 교회투쟁 시기의 흐리멍덩한 태도"를 비판했으며, 최근에는 "독일루터교연맹으로 분리해 나옴으로써 독일개신교협의회의 연합을 방해한 것"을 꼬집었다. 바르트는 "이반트, 에른스트 볼프, 하인리히 포겔 같은 개인" 몇 사람만이 예외적으로 그런 흐름에서 벗어나 있다고 보았다.[133]

바로 그 여름방학 기간에 또 다른 강연 일정이 있었는데, 그 계기가 아주 흥미로운 것이었다. 바르트는 1949년 8월 말 '제네바 국제 대회'에 참석하여 '새로운 휴머니즘을 위하여'라는 주제를 놓고 공식적인 토론을 벌이게 되었다. 프랑스의 도미니칸 수도회 A. J. 마이듀Maydieu와 바르트는 "온갖 유형의 지성적인 현세주의자들 틈바구니에서……그리스도교를 대변하게 되었다."[134] 바르트도 '그리스도교 메시지의 시사성'에 대한 강연으로 그 행사에 나름의 기여를 했다. "유럽 전역에서 그곳을 찾은 철학자, 역사가, 오리엔탈리스트, 자연과학자, 신학자, 마르크스주의자들은 청중을 앞에 두고 이야기하는 것만이 아니라, 서로가 한 테이블에 둘러앉아—모두 각자가 처한 특별한 자리에 근거하여—개방적이면서도 분명하게, 그러나 역시 책임감 있는 자세로, 최소한 부분적으로는 유머도 섞어 가면서 한참 이야기를 나누었다." 이런 토론의 장에서 바르트는 특별히 마이듀와 생각이 잘 통했다. 사실 그는 오래전부터 바르트가 아주 아끼면서 친하게 지내 온 가톨릭 친구였다. 그런데 바로 "이 가톨릭 친구와 나는……다른 참가자들이 제시하는 모델과 예컨대 '그리스도교적 휴머니즘'을 대치, 대립시킬 필요가 없다는 점에서 확실한 의견의 일치를 보았다."

"'그리스도교 휴머니즘'은 형용모순이다.……복음의 주된 문제도 물론 **인간**이다. 그러나 인간에 **대한**, 인간을 **위한**(또는 인간에게 **맞서는**!), 인간을 **향한** 복음서의 메시지는 다른 휴머니즘이 중단되는 바로 그 지점에서 시작된다.……우리는 복음의 입장에서 그런 휴머니즘을 모두 이해하고, 어느 정도는 긍정하고 그 효력을 인정해 줄 수 있다.……그러나 우리는 결국 복음에 근거하여 그 모든 휴머니즘에 반론을 제기할 수도 있다." 거기에는 "동시에 약간의 무신론, 약간의 우상숭배"의 맛이 난다. "나는 제네바에서—그 대회의 주제를 고찰하기 위해서, 하지만 그 개념의 역사적·추상적 의미를 의도적으로 구부려서—'**하나님의** 휴머니즘'이라는 표현을 썼다. 이것은 인간이 생각해서 만들어 내고 실천하는 인간성이 아니라 인간을 향한 하나님의 친절하심으로 이해할 수 있으며, 바로 그것이 인간의 모든 권리와 존엄의 근원이고 기준이라는 뜻으로 이해할 수 있다."[135]

그 대회의 "결과는 이렇게 요약할 수 있다. 과거의 휴머니스트들이 새로운 휴머니즘을 찾아 나섰는데, 그리스도교와 공산주의 사이 (어느 참가자의 표현을 빌자면 '위턱과 아래턱 사이') 중간에 매끄럽지 못하게 끼어 있는 느낌이었다가, 조금 지나서는 위대한 야스퍼스의 상대주의적 지혜를 통해서 돌파구를 찾은 것 같다가, 마지막에는 편안한 마음으로 증기선을 타고 코페Coppet 성에 가서 스탈 부인Madame de Stael의 혼령이 차린 풍성한 식탁을 생각하게 된다.……이 축제를 통해 맛볼 수 있었던 부차적인, 그렇지만 적지 않은 기쁨은 피에르 모리를 자주 만나는 것이었고, 함께 보낸 시간 중에서 최고는 크니 서커스* 구경이었는데 거기서 바다사자들이 보여준……놀라운 능력, 그리고 갑자기 터져 나오는 그들의 혁명적인 분노가 최고의 기쁨이었다."[136]

제네바 회의가 끝난 후 바르트는 며칠 동안 게르첸 호수에 머물면서 휴식을 취했다. 그리고 그곳에서 다시 한 번 기상 장군과 만났다. 바르트와 장군은 "팔짱을 끼고" 공원을 누비면서 서로에게 연민을 느꼈다. "그 사람도 지금은 (전쟁 중 스위스 정치에 대한 코멘트 때문에) 스위스 의회의 노여움을 사고 있는 처지였다."[137] 바젤로 돌아온 바르트는 가톨릭 신학자 로마노 과르디니Romano Guardini의 방문을 받았다. "그러나 그는 미학과 가치관의 문제에 관심이 많은 사람이라 나와는 잘 맞지 않았다." 얼마 후에는 미국인 학자 폴 마이니어Paul Minear가 찾아왔다. "그 사람과 나는 몇 가지 중요한 문제와 관해 완전한 합의를 보았다."[138] 다시 겨울학기가 시작됐다. 바르트는 강의 시간에『교회교의학』시리즈의 다음 주제인 '윤리학'을 가르치기 시작했다. 집중 토론 모임에서는 갈리아 신앙고백서와 벨기에 신앙고백서Confessio Belgica를, 세미나 시간에는 트리엔트 공의회의 칭

* 스위스 최대의 서커스단―옮긴이.

의론을 다루었다. 겨울학기 수업을 들으러 온 학생 가운데 이번에는 볼프하르트 판넨베르크Wolfhart Pannenberg가 눈에 띄었다. 바르트는 이번 겨울학기에 취리히에서도—"칼뱅의 그리스도교 강요 I, 1-9에 대해—수업을 해야 했는데, 그것은 에밀 브룬너가 아마도 일본인과 인도인을 상대로 '접촉점'을 찾기 위해서 아시아에 [머물고] 있었기 때문이다. 반면에 나는 그의 학생들에게 부드럽게, 전혀 그를 언급하지 않으면서, 어쨌거나 칼뱅은 그런 기법을 멀리했다는 사실을 확실하게 납득시켰다."[139] "이전이나 나중이나 아르투어 프라이와는 정기적으로 만나서 좋은 시간을 보냈고, 때때로 아돌프 켈러와……발터 구트Walter Gut도 만났다."[140] 바르트는 그런 만남과 만남 속에서 "술도 강하고, 문학에도 강한" 취리히의 심리학자 한스 후버Hans Huber 박사를 알게 되었다. 그 사람은 자기가 "불가지론자인 것처럼 행세"했지만 신학에 대해 "일종의 야성적인 관심"을 가지고 있었으며, 특히 바르트의 신학에 관심이 많았다. 그래서 그때 이후로 바르트와 상당히 친하게 지냈다.[141] 바르트는 1950년 1월, 그 사람의 집에서 문학 교수인 에밀 슈타이거Emil Staiger를 알게 되었다. 그 사람을 통해서 "나는 역겨운 괴테-신학 이야기를 많이 들었다. 하지만 볼프강 아마데우스와* 관련하여 아주 엄격하고 순수하고 진솔한 가르침을 주었기 때문에 그를 용서하는 쪽으로 마음이 기울었다."[142]

그 겨울 바르트의 대외 강연은 자신이 이미 강의했던 내용을 비교적 자유롭게 설명하는 형태였다. 가을에는 무리스탈덴 사범대학에서 『교회교의학』 III/2의 내용을 설명했고, 비르스펠덴Birsfelden 남성연합회에서는

---

* 볼프강 아마데우스 모차르트를 가리킴. 요한 '볼프강' 폰 괴테와 모차르트의 이름에 똑같이 '볼프강'이 들어가는 것을 염두에 두고 말한 것이다—옮긴이.

'그리스도교는 실패했다!'는 제목으로 강연했다. 이듬해 1월에는—취리히와 스트라스부르에서—제네바 휴머니즘 대회에 관해 보고하는 시간을 가졌다. 특히 스트라스부르는 "나에게 휘황찬란한 '환영식'을 베풀어 주었는데……관공서, 대학, 군대(!), 가톨릭 교회와 개신교 교회, 멋진 모자를 쓴 부인들까지 동원되었다. 나는 프랑스어로 즉석연설을 하고, '스트라스부르 라디오 방송'과 두 번 인터뷰하고, 정치학·신학 전공 학생들과 토론도 하고, 통역이 따라붙은 강연도 하고……그 모든 것을 24시간 안에 해냈다."[143] 2월에는 베른의 '초핑기아'에서 열두 개의 명제를 토대로 삼아 '정치 교육의 요인으로서 교회'에 대해 강연했다. 3월에는 초핑겐 구역, 몽벨리야르 구역의 목사들, 그리고 취리히에 있는 '에밀 브룬너의 친구들'과 토론을 벌였다.

바르트는 전년도 12월에 스위스 라디오 방송에 출연하여 '유대인 문제와 그리스도교의 응답'(Die Judenfrage und ihre christliche Beantwortung)이라는 제목으로 강연했다. 이 강연은 『교회교의학』 III/3의 한 부분을 간추린 것으로서 많은 사람의 주목을 받았다. 바르트는 여기서 이런 논제를 폈다. 보편적인 관용의 개념을 가지고는 유대인의 특수성을 이해할 수도 없고 반유대주의에 대적할 수도 없다. 또 이렇게 주장했다. 유대인과 그리스도인을 갈라놓는 것이 사실은 그 둘을 이어 주는 것이니, 그것은 곧 "골고다 십자가에 달린 유대인"이다. 바르트의 주장은 "유대인들에게, 그리고 특히 (이곳 스위스에도 버젓이 존재하는!) 반유대주의자들에게 적잖은 소요를 일으켰다."[144] 나아가 이 강연은 1950년 1월과 3월에 바젤의 유대인 청년회 '에무나'Emuna와 '종교 대화'의 시간을 갖게 만든 요인이기도 했다. "물론 그 자리에는 그 청년회에 속하지 않은 다른 이스라엘 사람들도 많이 와 있었다. 사람들로 빼곡한 그 호텔 강당에 있으니, 그 어느 때보다도 요단 평야에 와 있는 기분이었다." 바르트는 그 자리에서 "메시아는 이미 오셨고, 율법은 이미 성취되었으며, 도덕은 감사함을 드러내는 하나의 행위라는 등의 입장"을 유대인 대화 파트너들에게 "확인시켜 줄 수밖에" 없었다.[145] 유대인과 대화할 때 겪게 되는 어려움, 곧 바로 이 지점에서 발생하는 어려움은 그다음 겨울학기, 마르틴 부버의 강연에 참석했을 때에도 다시금 부각되었다. "그의 강연에서는 구약성서의 딱 절반"만, 다시 말해 "진노와 은거의 천둥 구름 속에 계시는 야훼만이 명시적으로 드러났다."[146]

1950년 봄방학에는 아들 마르쿠스가 아버지를 차에 태우고 툰 호숫가에서 열리는 신학자 좌담회에 모시고 갔다. 거기서 바르트는 구 가톨릭 학자 아르놀트 길크Arnold Gilg, 1887-1967와 에른스트 가우클러와 대담을 나누었는데, 두 사람은 바르트가 전부터 상당히 높이 평가하던 학자들이었다. 바르트는 자펜빌에서 목회를 할 때 이미 길크를 알게 되었고, 그때부터 "내내 그의 행적을 넘겨다보면서 좋아했으니, 그는 신학 연구와 신학 수업이 너무나 혼란스러워진 그런 상황 속에서 아주 독특하고도 아주 신뢰할 만한, 그리고 장래가 촉망되는 인물이었다." 그 자동차 안에서 "나는 [그가]……지식 욕구로 가득한 어느 학자에게 테르툴리아누스와 관련된 까다로운 문제에 대하여―나도 읽어보지 못한 전문 잡지 여러 개의 이름과 페이지까지 자유자재로 인용하면서―즉석에서 엄청난 정보를 주는 모습을 보았다.……마치 아무나 그렇게 할 수 있는 것처럼!"[147] 얼마 후, 바르트는 또다시 아들 마르쿠스와 함께 일주일 동안 "부르고뉴 지방을 통과해서 르와르 강까지 갔다가, 다시 강을 타고……애틀랜타 해안까지 갔다.……수많은 계곡, 산, 평야, 성당, 특히 성채들……그 모든 것을 우리는 마음껏 즐겼으며……크고 작은 게, 굴, 달팽이 요리 등등

그 지역이 제공하는 최고의 음식과 음료를 맛보았고……그 지역 주민의
자유롭고 활기찬 삶의 모습도 경험할 수 있었다."¹⁴⁸ 자동차를 타고 가는
도중에는, 마르쿠스가 막 집필 중인 책의 충격적인 내용이 대화의 소재
가 되었다. 원래 마르쿠스는 유아 세례에 대한 아버지의 비판을 인정하
지 않았다. 그러다가 아버지의 생각으로 넘어온 것인데, 이제는 자기 자
녀에게 세례를 베풀지 못하게 할 뿐 아니라, 아버지의 비판까지도 뛰어
넘어 세례를 성례전으로 이해하는 것 자체를 부정하는 데까지 이르렀다
(이러한 견해는 그의 책에 그대로 담겼다). 여름학기 세미나는 칼뱅의 종말론
에 관한 것이었고, 집중 토론 모임에서는 마리아론을 다루었다. 바르트
는 푹 쉬고 싶은 마음이 강했던지라, 학기가 끝나자마자 베르클리로 가
서 "내 평생에 가장 고요하고 편안한 휴가"를 보냈다. 아침에는 막 작업
을 시작한 윤리학을 다른 사람들에게 읽어 주었고, 저녁에는 고트헬프
의 작품 가운데 일부를 읽어 주었다. 이따금 산책도 하고, '테이블 럭비'
게임도 하고, 기차를 타고 나가서 황소 시장을 구경하고 온 적도 있었다.
그 와중에도 손님은 많았다. "마치 개미 떼가 기어오르는 것 같았다." 네
덜란드의 베르코프와 미스코트, 헝가리의 베레츠키와 페터, "프린스턴의
유쾌한 교수 폴 레만Paul Lehmann"이 바르트를 찾았다. 바르트는 레만에
게 1952년에 미국을 한 번 방문하겠다고 약속했다(그러나 그 약속을 지키지
는 못했다).¹⁴⁹ 휴가가 끝날 무렵에는 아르투어 프라이와 며칠 동안 투르벤
계곡의 귀렌바트Gyrenbad에 갔는데, 그곳은 이후로 바르트가 즐겨 찾는
휴양지가 되었다.

1950년은 로마 가톨릭이 '거룩한' 해로 선포한 해이기도 했다. 그래
서 그해는 바르트의 관심과 주목을 끌었다. 바르트는 1949-1950년 겨
울학기 세미나를 통해서 그 사건을 조망할 채비를 갖추었다. 물론 바르

트가 보기에 '트리엔트 공의회의 칭의론'은 "하나의 나쁘고 나쁜 역사"였
다. 그 역사를 바라보면서 아마도 이런 질문을 던질 수 있을 것이다. "그
리스도의 재림 이전에 과연 하나의 교회Una Sancta가 형체를 갖출 수 있을
까?"[150] 이 질문은 '거룩한 해'를 맞아 바르트에게 더욱 절실한 질문이 되
었다. 여름학기가 시작되자, 바르트는 이 축제의 해를 감안하여 집중 토
론 모임에서 마리아론을 공부했고, 뒤이은 겨울학기에는 교황의 회칙
「신비한 몸」(Mystici Corporis)을 연구했다. 그해 8월에는 새로운 회칙「인
류」(Humani generis)가 반포되었다. 바르트는 즉시 그 회칙을 읽었고, 결
국에는 "고개를 설레설레 흔들면서" 폰 발타자르와 그 회칙의 문제를 놓
고 상의했다. 바르트는 이 회칙 때문에 "나의 가톨릭 친구들이 들고 있
던 생명의 등불이, 완전히 꺼져 버린 것은 아니지만 그래도 거의 꺼져 버
릴 정도로 위태로워졌다"고 생각했다.[151] 여기서 그가 떠올렸던 사람들은
"적지 않은 수의 독일 친구들, 특히 프랑스 친구들"이었는데, 그들은 발
타자르처럼 "완전히 새롭게-비록 스타일이나 강조점은 조금씩 다르지
만-중심을 바라보려 했던, 달리 말해 '믿음의 창시자요 완성자'이신 분
을 바라보려 했던, 모든 신학과 모든 에큐메니칼 운동의 유일한 토대인
그분을 바라보려고 했던 친구들이다."[152] 얼마 전부터 그 '친구'에 속하는
사람으로는-폰 발타자르 외에도-벨기에의 도미니크회 수도사 제롬 하
머Jérôme Hâmer가 있었다. 바르트는 한동안 하머와 생각이 잘 통했다. 그
가 (바르트에 대한!) 박사 논문을 쓸 때보다 훨씬 나아진 것 같았다. 그래
서 바르트는 그가 새로운 '알료샤'가 될 것이라고 기대하기도 했다.[153] 그
러나 훗날 그 신부가 갑자기 너무나 정통주의·아퀴나스주의적인 모습
을 보이자, 그 기대는 실망으로 바뀌고 말았다. 최근에 그 '친구'의 범위
에 들어온 사람으로는 프랑스의 영리한 예수회 신부 앙리 부이야르Henri

Bouillard가 있었는데, 그도 바르트에 관한 박사 논문을 쓰고자 했다. 또 한 사람은, 제네바 대회에서 만난 뒤로 바르트와 계속해서 연락을 주고받던 명랑한 허풍선이 마이듀였다. 그는 심각한 질문에도 유쾌한 대답을 해서 바르트를 웃게 만들었다. 예컨대 이런 식이었다. "「인류」가 분명하게 요구한 것이니까, 어떻게 하면 앞으로 교황의 회칙을 더욱 진지하게 생각할까요? 아, 그건 겨우 회칙 하나에 나오는 말이니까, 무류(無謬)한 말은 아니라오." 또 한번은 두 사람이 그 "치욕스러운 주제", 곧 교황 무류성에 관한 주제를 놓고 이야기를 하고 있었다. "우리가 완전히 그 문제에 사로잡혀 있는데, 그가 나에게 친절하게도 이렇게 말했다. 교황 얘기는 그만합시다, 예수 그리스도에 대해 이야기합시다! 그래서 나는 이렇게 맞장구쳤다.……우린 같은 의견일세!"[154]

11월 1일, 비오 12세가 마리아 승천 교리를 선포한 일도 바르트의 마음을 흔들어 놓았다. 심지어 바르트는 그 경축 행사에 참여하고 싶다는 생각을 품기도 했다. "한 번쯤은 어떤 사람이 무류한 말을 하는 그 자리에 있고 싶다." 더 실질적인 이유도 있었다. "내가 마리아론에 점점 더 많은 관심을 갖게 되는 것은, 로마 가톨릭 전체의 방법론적 원리 비슷한 것이 그 안에 있다고 보기 때문이다." 바르트는 그 자리에 참여하고 싶은 이유를, 과거 자신의 본 대학교 학생이었던 왈도파 신자 발도 비나이Valdo Vinay에게 그렇게 설명했던 것이다.[155] 그러나 결국 그는 성 베드로 성당 예약석에 가서 앉지 못했다. 그는 교황의 회칙과 마찬가지로 마리아 승천 교리도 대단히 의심스러운 것으로 간주했다. "1950년의 몇 가지 결정으로……여러 개의 문이 닫혀 버렸으니, 일단 우리는 그 결정에 대해 약간의 거리를 두지 않을 수 없다."[156] 그나마 1951년에는 "한스 우르스 폰 발타자르가 나에게 헌정한, 그 유명한 책"이 출간되었다. "그 책은 내가

『교회교의학』에서 예수 그리스도에 철저하게 집중한 것, 그와 더불어 암시된 그리스도교적 실재 개념에 집중한 것을 제대로 이해하고 있다. 지금 내 주변에 차츰차츰 규모가 늘어난 작은 도서관에 꽂힌 대다수의 저술보다도 훨씬 강력하게, 비교할 수 없을 정도로 강력하게 그 사실을 이해하고 있다."¹⁵⁷ 그러나 폰 발타자르가 바르트의 그리스도 중심주의를 인정하는 데 그치지 않고, 그것을 "그리스도론적 협소화"라고 비판하자, 그때부터 바르트는 발타자르에게 유보적인 입장을 취하게 되었다.

1950-1951년 겨울학기가 시작되기 전, 바르트는 뇌샤텔에서 칼뱅의 『그리스도교 강요』 제3권에 대한 세미나를 개설했다. 오래 쉬었다가 다시 시작되는 세미나 과정이었다. 바젤 대학교의 세미나 시간에는 슐라이어마허에 대한 (그의『그리스도교 신앙』을 텍스트로 삼아) 새로운 분석을 시도했다. 거기서 "내가 [슐라이어마허를] 상당히 높이 치켜세웠더니, 나중에는 사람들이 그가 결국 옳았던 것 아닌가 하며 갈팡질팡할 정도였다. 물론 나는 마지막 수업 시간에 그 허상을 깨뜨려 주었다."¹⁵⁸ 바르트는 다음 학기에도 지속될 토의를 위해서 엄격하게 원칙을 세웠다. "지금 바젤의 신학은 전반적으로 그에게 전혀 관심을 기울이지 않는데, 바젤 학파야말로 다른 신학 교육 기관과 똑같은, 아니 그보다 훨씬 큰 철저함과 애정을 가지고 그를 연구해야 마땅하다."¹⁵⁹

이제 바르트는 수업 이외의 다른 업무를 최대한 피하고자 했다. 그는 (1951년부터) 바젤 대학교 총장을 맡아 달라는 부탁을 받았으나, 재차 거절했다. 바울의 유럽 선교 1천9백 년을 기념하기 위해 아테네에 와 달라는 부탁도 사양했다. "내가 생각하기에, 사람들이 나를 바로 그 자리, 곧 아레오바고 광장에 세워 놓고 싶었던 것 같다."¹⁶⁰ 바르트는 혹여 어떤 약속을 하더라도 가급적이면 강연자보다는 토론자로 가려고 했다. 예컨대 12월에는 보세이에서 온 에큐메니칼 운동가들과, 그리고 (슈바멘딩겐 [Schwamendingen]에서) 취리히의 목사들과 앉아 토론을 벌였다. 취리히 의 목사들은 바르트 앞에서 왠지 "경직된" 것처럼 보였던 터라, 바르트는 그들과 헤어지면서 노래 한 소절을 불러 주었다. "떨지 마시라, 야단 마 시라, 오두막은 무너지지 않으리니!"[161] 이듬해 봄에는 아라우의 목사들 과도 비슷한 모임을 가졌다.

3월에는 정말 오랜만에 독일 땅을 밟았다. 그때도 강연자가 아니라 토론자로, 평범한 청중의 한 사람으로 간 것이었다. (지난해 가을, 대학생들 과 대화하느라 잠깐 바덴에 들렀던 것을 제외하면) 거의 4년 만의 독일행이었 다. 헤르보른 성에 위치한 헤센 주 신학원에서 신학 세미나가 열렸고, 바르트의 독일 친구 70여 명이 그곳에 모였다. 참가자들은 당시의 주 요 쟁점이었던 해석학의 문제, '창조와 계약', '율법과 복음', 정치적 상황 에 대한 문제를 함께 논의했다. 강연자는 오토 베버, 헬무트 골비처, 한 스 요아힘 이반트였다. 베버는 괴팅겐 대학교의 교수로서, 한때 바르트 가 맡았던 자리를 맡아 가르치고 있었고, 골비처는 러시아 포로로 잡혀 있다가 막 풀려나서, 한때 바르트가 가르쳤던 본 대학교에서 교의학을 강의하고 있었다. 바르트는 헤르보른에서 이반트를 보면서, 이 세상에 서 개혁된 루터주의자reformierter Lutheraner보다 아름다운 것은 없다고 말 했다.[162] 이번 독일 방문에서 바르트의 주된 관심사는 보편적인 "보수 반 동"Reaktion에 맞서서 교회의 저항을 강화하는 것이었다. 그러나 "적지 않 은 사람들이 교회와 신학의—정말이지 화가 머리끝까지 나게 만드는 —보수 반동에 대한 감정적 반응을 전제로" 신학을 하고 있다고 지적하 면서, 그런 "유혹"에도 빠지지 말 것을 당부했다.[163]

강연 요청을 몇 번 거절한 덕분에 연구와 집필을 위한 시간이 좀 더 많아지나 했건만, 이런저런 문제와 정보와 고민과 부탁을 안고 바르트의 집을 찾아오는 사람들이 워낙 많았던 탓에 생각만큼 여유가 생기지는 않았다. 바르트는 진지하게 자신의 충고와 의견을 구하는 사람들에게 최대한 잘해 주려고 노력했다. 자신의 생각에 자극을 주고, 그 생각을 성숙하게 발전시키는 데는 다양한 사람들과의 지속적인 만남도 분명 필요했던 것이다.

그 시기에 바르트를 찾아온 사람들 가운데 특별히 그의 기억에 남은 사람으로 인도네시아에서 온 타크디르 알리스자바나Takdir Alisjahbana가 있었다. 그는 관용을 핵심 가치로 내세우는 '자유주의적 개인주의' 위에 새로운 인도네시아를 건설하려는 의도에 대해 바르트의 입장을 듣고 싶어 했다. "나는 그 선량한 사람에게 진지하게 충고하기를, 그의 동포들에게 하필 그 약을 투입하는 것은 좋지 않다고 말해 주었다. 우리 유럽은 그 약을 잘 복용하고 나서 2백 년 만에 결국 두 번이나 세계대전을 겪었고, 히틀러 같은 사람을 겪어야 했으며, 그 약을 복용했지만 지금 당신네가 두려워 마지않는 공산주의에 대해서도 별로 저항력이 생기지 않았노라고 일러 주었다. 하지만 그건 쇠귀에 경 읽기였다."[164] 그 사람은 바르트의 말을 오해했다. 그리고 나중에는 바르트가 불관용을 지지했다며 비난했다. "또 한번은 유쾌한 아르메니아계 미국인 하루투리안Haroutourian 교수가 찾아왔는데, 그는 나한테 파이프 하나와 추리 소설 네 권을 선물로 주더니……저녁 내내 필리오케Filioque라든지* 육체의 구원 등에 대해 정말 놀랍기 그지없는 생각을 늘어놓았다."[165] 일본기독교단 회장 코자키 미치오Kozaki Michio도 찾아와서 "그곳의 주요 문제에 대해 나와 의논했다."[166]

---

* 성령이 '성자'에게서도 나왔다는 가르침—저자.

교회교의학을 계속 집필하다

그 밖에는 최대한의 집중력을 발휘하여 교회교의학 집필에 몰두했다. 바르트는 바로 이 일이야말로 자기에게 맡겨진 가장 중요한 일이라는 것을 확신했다. 물론 그 일에는 엄청난 시간과 노력이 필요했다. 학기 중에 "가장 어려운 내용을 담은 원고, 그것도 곧장 인쇄가 가능할 정도로 완성된 원고를 매일 최소한 여덟 쪽은 써야 했다."[167] 바르트에게 네 시간의 교의학 강의란 "거의 30-40시간의 준비와 똑같은 것이었다."[168] 바르트는 자신이 결코 능수능란한 작가가 아니라고 생각했다. "나는 흔히들 생각하는 것보다 훨씬 힘들게 일하면서 살았다."[169] 나이가 드니까 "강의하는 것이 점점 힘들어졌고, 그래서 강의가 있을 때마다 어떤 때는 오전 내내, 어떤 때는 전날 저녁 내내, 또 어떤 때는 수업이 없는 수요일이나 토요일에도 완전히 일에 매달려서, 문장을 고치든지 더 예리하게 만들든지 하다가 강의 시작 직전까지 그런 식일 때도 있었다."[170] 그러면 "오늘 오후 강의 시간에" 강의한 내용이 곧장 "출판사에 넘길 원고가 되었다."[171]

　　바르트는 나이가 들수록 집필을 힘들어하기만 한 것이 아니라, 오히려 더욱 집필에 박차를 가했다. "선하신 하나님께서 내가 하는 일에 얼마나 더 인내를 보여주실지, 오직 그분만이 아신다."[172] 어쨌거나 "나는 성서가 예측하고 있는 인간 평균 연령의 하한선을⋯⋯바로 눈앞에 두고 있다. 나는 서두르지 않을 수가 없다. 도저히 피할 수 없는 공적인 모임, 부가 업무, 내가 어쩔 수 없는 상황 등등은 지금도 충분히 많다. 몇 년째 일주일에 10시간 강의를 하고 있는데⋯⋯그 정도면 학문적 의무도 다하고 있다고 생각한다. 수면 시간과 최소한의 여가 시간도 있어야 한다. 그러나 비교적 대외 장식의 성격이 강해서 내가 없어도 된다고 생각되는 모임이라면, 그 시간은 나를 위해 쓰기로 한다."[173] 바르트는 그래서 어떤 것은 번번이 사양을 하고, 어떤 것은 보류하거나 아니면 약속을 못 지키게 되는 그런 상황을 안타깝게 생각했다. "정말 드넓은 바다 같은 교의학 집필"에 전념하느라 시간이 모자랐기 때문이었다. 하지만 달리 방도가 없었다. 시간이 흐를수록 그 교의학은 "자기와 경쟁하려 드는 모든 업무에 대해 질투심을 보였다."[174]

바르트가 그렇게 끈질기게 자신의 주요 저작에 매달린 덕분에 (분량 면에서나 내용 면에서나) 묵직한 후속 작품들이 비교적 빠른 속도로 그 모습을 드러냈다. 교의학이 시작되고 늘어나는 것을 누구보다 가까운 곳에서 지켜보면서 그 작업을 도왔던 샤를로테 폰 키르쉬바움의 고백에 따르면, 그렇게 한 권 한 권, 한 장 또 한 장이 완성될 때마다 "숨 막힐 정도로 긴장되는 순간을 맛보았는데, 마치 어떤 거대한 바위 덩어리가 누군가의 끊임없는 몰입 속에서, 끝없이 다시 만져 보고 어떤 형태를 다시 만들어 내는 지칠 줄 모르는 작업 속에서 서서히, 정말 서서히 형체를 갖춰 가는 모습을 보는 것 같았다."[175] 바르트가 헤르보른에 갔을 때는, 이미 일곱 권이 출간됐고 여덟 번째 책의 원고가 완료된 상태였다. 교의학의 부피가 점점 늘어나자 바르트 자신도 가끔은 이런 질문에 빠졌다. "이게 무슨 솔로몬 성전 공사인가, 아니면 바벨탑 공사인가? 내 생각에는 하늘의 천사들이 가끔 내 작업을 보면서 킥킥 웃을 것이 분명하다. 다만 그 킥킥 웃음이 그나마 호의적인 웃음일 거라고 생각하고 싶다."[176] 하지만 때로는 뭔가에 짓눌린 듯 한숨을 내쉬기도 했다. "내 또래들은 대부분 곧 은퇴해서 연금을 받으며 편안히 살 테고, 어떤 친구들은 벌써 그렇게 살고 있는데! 아, 내가 20년 전 겁도 없이 이 막막하고 위태로운 모험에 뛰어들 생각을 하지 않았더라면 얼마나 좋았을까! 이게 도대체 누구에게 좋으라고 하는 거냐? 이런 질문이 수도 없이 머릿속에 맴돌았다. 새로운 영역이 내 앞에 나타나면 그것이 또 흥미진진해 보여, 또다시 그 영역에 뛰어들지 않고는 못 견디니, 도대체 누구 좋으라고 이러는 거냐?"[177] 그사이 바르트의 교의학은 부피가 너무 늘어나서, 1950년 오토 베버는 바르트 교의학의 목차만 간추려 책으로 냈다. "벌써 이렇게 광대해진 교회교의학의 영토를 조망하는 데 필요한 지도를 편찬"하려는 것이었다.[178]

바르트가 그 여덟 권을 쓰면서 확실하게 느끼게 된 것이 있었다. "나는 서서히 (물론 지금도 여전히 '싸움을 즐기는' 편이지만!) 긍정에 대한 감각을 익히게 되었으니, 사람이란 모름지기 그 긍정으로부터, 그 긍정과 함께 살 수도 있고 죽을 수도 있다." "'아니다!'라고 말하는 것이 최후의 기술은 아니다. 모든 거짓 우상을 무너뜨리는 것이 최후의 과제는 아니다."[179] 바르트의 이런 태도는 실존주의에 경도된 신학의 "파괴하기"와 선을 그으려는 것이기도 했다. 이제 바르트에게는 파괴적인 말보다는 건설적인 말, 긍정적인 말, 뭔가를 일으켜 세우는 말이 더 중요하고 본질적인 것이었다. 그의 교의학에서도 직접적인 논쟁이나 비판은 점점 약화되는 경향을 보였다. 그러나 바르트가 말하는 긍정적·건설적 사유는 예컨대 보수적·정통주의적 교리의 건물을 짓고 그 안에 사는 것을 의미하지는 않았다. 물론 바르트는 '정통주의자'라는 비난을 받는 것을 전혀 꺼리지 않았다. 만일 그것이, 열린 마음으로 교부들로부터 "배우려는" 신학자를 의미한다면 말이다. 그러나 자신의 교리적 입장을 어떤 스승, 어떤 학파, 어떤 종파에 고착시키려는 태도는 단호히 거절했다. 특히 그 당시의 종파주의는 인정할 수도 없었고, 인정하고 싶은 마음도 없었다. "종파란 사람이 (한 번만이 아니라 계속해서) 그것을 통과해 가라고 있는 것이지, 거기로 되돌아가 집을 짓고 눌러앉아서 그 입장에서만 생각하고 거기에만 묶여서 사유하라고 있는 것은 아니다. 교회가 고집스럽게 어느 한 사람한테―그가 토마스 아퀴나스든지……루터든지 칼뱅이든지―고착되어, 그의 학파를 만들고 한 가지 형태의 교리만 내세우는 것은 도움이 되지 않는다. 계속해서 앞을 내다봐야지, 원칙을 고집하며 자꾸 뒤를 돌아보는 것도 전혀 도움이 되지 않는다."[180] 바르트는 자신의 교의학 역시 어떤 새로운 교리적 관점의 완성으로 이해되지 않기를 바랐다. "나는 교회교의학 전체를 하나의 집이 아니라, 우리가 걸어갈 **길**에 대한 안내로 여긴다. 이 교회교의학은 정적인 개념이 아니라 역동적인 개념으로만 표현될 수 있는 어떤 본질의 움직임에 대한 서술인 것이다. 그런데 '집'은 정적인 개념이다."[181]

바르트는 어느 누구에게도 그 여덟 권을 다 읽어야 한다고 말하지 않았다. "그러나 나에 대해 말하고자 하는 사람은 나의 책을……어쨌든 읽어야 할 텐데, 그것도 (만일 그가 저널리스트가 아니라 진지한 사람이요, 그저 페이지나 슬슬 넘기는 신학자가 아니라 진지한 신학자라면) 철저하게 읽어야 할 것이다. 나에 대해 온갖 것을 알고 있다고 생각하는 사람, 그래서 뭐든 말할 수 있다고 생각하는 사람들 중에서는 이 조건 하나도 만족시키지 못하는 사람이 있다. 그래서 나는 예나 지금이나 나에 대한 말을 듣고도 그냥 거기에 대해 침묵할 수 있는 것이다." 바르트는 독자들이 자기를 "읽는 데 그치지 않고, 이해하는 데까지 나아가기를" 바랐다. 여기서 유념할 것이 있으니, 이것은 나에게 동의하라는 뜻이 결코 아니라는 사실이다. "우리는 서로에게 동의나 하고 박수나 쳐 주자고 있는 것이 아니다. 만일 '바르트주의자' 같은 것이 있다면, 나는 거기 속하지 않을 것이다. 우리는 서로에게서 배우려고 있는 것이다. 서로가 써서 발표한 것을 가지고 서

로에게 최고의 것을 만들어 주기 위해 여기 있는 것이다. 그런 다음에는
―어떤 신학 '학파'가 아니라 교회에서, 그것도 자립적으로―우리의 길을
가는 것이다. 그러나 바로 그 일을 위해서 서로를 이해해야 한다."[182]

바르트는 (810쪽에 달하는) 새로운『교회교의학』III/4를 (자연과학의 성
격이 강한) '보스턴에 있는 미국 예술 및 과학 아카데미'에 헌정했다. 이것
은 그 단체가 바르트의 64번째 생일을 맞아 그를 '외국인 명예 회원'으로
임명한 데 대한 감사의 표시였다. 이번 책이 출간되는 데는 그의 제자 하
이노 팔케Heino Falcke의 도움이 컸다. 출판사는 이 책을―이전과 이후에도
그랬듯이―빌에 위치한 그래픽 회사 슐러Schüler에 맡겨 인쇄하도록 했다.
거기서는 "열성적인 하크 씨Herr Haag가 그 업무"를 맡았는데, "어찌나 열
성적인지"『교회교의학』III/4의 조판 작업이 끝났을 뿐인데도 나한테 전
화를 걸어서 "정식으로 찬송가를……불러 주었다."[183]

이 새로운 책에서는 드디어 "창조론이……그리스도교적 인식의 바로 이 영
역에서 발생하는 **윤리적** 물음과 답변을 서술하는 것으로 끝을 맺는다."[184]
그 윤리는 다음과 같은 전제를 토대로 전개된다. "하나님의 말씀은 진리요
약속이다. 그러나 그것은 계명이기도 하다. 그 계명은 일차적으로 창조주
하나님의 계명으로서, 그의 피조물인 인간을 향한 계명이다. 이것은―그로
써 설정된 공간 안에서도― 예수 그리스도를 통한 하나님의 말씀이다. 하나
님의 계명은 또한 그분의 은혜로운 제안이다." 이 은총의 말씀은 일찍부터
피조물인 인간을 주장하신다. 바르트는 "앞 권에 서술된 창조론에서 이미
그 근거가 제시된 관점, 곧 신앙고백문의 첫 번째 조항과 두 번째 조항을 같
이 보는 관점, 다시 말해, 추상적인 율법의 관점이 아니라 복음의 관점에서"
창조 윤리를 정립하고자 한다.[185]

바르트는 바로 그런 까닭에 '창조 질서'에 대한 교리를 가차 없이 부정한다. 만일 그 "창조 질서"라는 것이 하나님의 말씀과 무관한 것, "자연적"으로 인식될 수 있는 법칙성 같은 것을 의미할 경우에 그렇다. 바르트도 "질서"는 존재한다고 생각했다. 그러나 그것은 "어떤 법칙, 규정, 명령 같은 것"이 아니다. "그것은 어떤 구역인데, 그 안에서 하나님은 명령하시고 인간은 순종하거나 혹은 불순종하는, 그런 구역이다." 그런데 창조주의 계명이 피조물에게 해당되기 때문에, 이 "구역"은 결코 어떤 중립적인 영역이 아니라, 예수 그리스도 안에 나타난 인간됨의 구조다. 그래서 바르트는 앞서 '인간론'에서 소개한 인간됨의 네 가지 측면에 따라 자신의 윤리를 구분한다. 하나님 앞에서의 자유(휴일, 신앙고백, 기도), 공동체 안에서의 자유(결혼, 부모와 자식 등), 생명을 향한 자유(자살, 사형, 전쟁, 낙태, 노동의 문제), 한계 안에서의 자유(직업, 생명 연한, 명예). 그러므로 바르트 윤리의 가장 핵심 개념은 "자유" 개념이다. 이 자유는 "순종"의 반대 개념이 아니라 "하나님 자녀의 자유"이며, 그렇기 때문에 바로 "순종의 자유이고, 그래서 진정한 자유"다. 이 윤리의 두드러진 특징은 무엇보다도 휴일 계명을 언급하고 그것을 강조하는 것으로 시작한다는 점이다. 바르트는 심지어 이렇게 주장한다. "휴일 계명은 다른 모든 계명을 **해명한다**." 인간은 하나님께서 자신의 은총으로 "인간의 일을 하나님 **자신의** 손으로 가져 오셨다는 사실, 곧 인간의 손에서 **빼내셨다**는 사실을 기쁘게 받아들여야 할 것이다." 이것은 무엇을 의미하는가? 휴일 계명은 인간에게 **믿을 것**을 명령하신다. 그 상태로 "일"하러 가라는 것이다.[186]

이 윤리학은 1951년 가을에 출간되었다. 그때 바르트는 스위스 라디오 방송을 통해, 에른스트 폰 솅크가 그 책의 주제와 관련하여 제기한 몇 가지 질문에 답변하기도 했다.

화해론

이제 막 65세가 된 신학자 앞에는 그의 교의학 핵심 과제, 곧 화해론이
버티고 서 있었다. 바르트는 1951년 여름학기부터 화해론 강의를 시작
하려고 했다. 그는 헤르보른 대회가 끝난 뒤, 아르투어 프라이와 함께 테
신에서 방학을 보내는 동안 화해론의 내용과 배치를 심사숙고했다. 잠
깐 동안 제목을 '화해론'이라 하지 않고 '계약론'이라 할까 고민했지만, 그
냥 기존의 제목으로 가기로 했다. 비록 그에 대한 해석이 분분하더라도
말이다. 하지만 이 모든 것을 어떤 식으로 전개하고 배열할 것인가? "나
는 로카르노Locarno에서 이 계획과 관련하여, 그러니까 그리스도론에서
시작해서 교회론까지 가고, 거기에 윤리까지 아우르는 이 계획과 관련하
여 어떤 완전한 꿈을 꾸었다. 그 꿈 때문에 새벽 2시에 잠에서 깼다. 다음
날 아침에 일어나 그 꿈을 부랴부랴 종이 위에 옮겨 놓았다."[187] 바르트는
그때 "본" 계획의 첫 단락을 일단 여름학기 강의 시간에 풀어 놓았다. "거
기서 나는 '임마누엘'을 새롭게 설명하는 형태로 주제 전체에 대한 안내
와 조망"을 제공했다.[188]

화해론(두꺼운 책 세 권으로 거의 3천 쪽에 달하는 분량!)의 배열은 "그리스도
의 직무", 곧 제사장·왕·예언자로서의 "삼중 직무"munus triplex에 관한 칼뱅
의 구분을 따른다. 그리고 그 세 가지 직무가 추구하고 있는 측면을 그리스
도론·구원론·성령론의 순서로 고찰한다. 그리스도의 삼중 직무를 더 자세
히 이해하기 위하여, 처음의 두 직무는 두 가지 신분(낮춤의 신분과 높여짐
의 신분)과 두 가지 본성(참 하나님과 참 인간)에 대한 전통적 교리와 연결시
키고, 예언자 직무에 관한 서술에서는 두 가지 신분과 본성의 **하나됨**을 강조

한다. 그래서 다음과 같은 정교한 윤곽이 드러난다. "화해론의 내용은 예수 그리스도를 아는 것이다. 첫째, 그는 참된 하나님, 곧 자기를 직접 낮추심으로써 화해를 이루시는 하나님이다. 둘째, 그는 참된 인간, 곧 하나님이 높이심으로써 화해를 맛본 인간이다. 셋째, 그는 이 두 가지의 하나됨 안에서 우리의 화해를 보증하고 증언하는 분이다. 예수 그리스도에 대한 세 겹의 인식은 인간의 **죄**에 대한 인식을 포함한다. 인간의 교만Hochmut, 인간의 태만Trägeheit, 인간의 기만Lüge이 그것이다. 또한 이것은 그분의 화해가 **성취**되는 사건에 대한 인식이기도 하다. 그분의 칭의, 그분의 성화, 그분의 소명이 그것이다. 또한 이것은 **성령**의 활동에 대한 인식이기도 하다. 그분은 그리스도교 공동체를 모으시고, 일으켜 세우시고, 파송하신다. 또한 이것은 예수 그리스도 안에서 **그리스도인**의 존재에 대한 인식, 곧 믿음, 사랑, 소망 안에서 존재함에 대한 인식이다."[189]

이 배열은 대단히 중요한 결단을 의미한다. 이제 바르트는 그리스도의 인성, 그분의 "본성"을 말하되―과거의 전통처럼―우리를 향한 그분의 활동과 따로 떼어 내서 말하려 하지 않는 것이다. 한 마디로, 구원론에서 완전히 동떨어진 채로 그리스도론을 전개하려 하지 않는다. 또한 그분의 활동에 대해 말하되, 곧 우리를 위한 그분의 "의미"에 대해 말하되―최근의 신학처럼―그분의 인성과는 별개로 말하려 하지 않는 것이다. 바르트는 그분의 활동에 관한 가르침을 그분의 인성에 관한 가르침에 고스란히 포함시키고, 그 반대로도 하려 한다. 그러므로 죄론도 하나의 고립된 주제로 다루지 않는다. 특히 죄론을 화해론의 전제처럼 배치하려고 하지 않는다. 오히려 죄론은 화해론 바로 뒤에 배치된다. 요컨대, 엄밀히 말해 죄는 하나님의 행위에 대한 저항으로 이해되어야 한다. 어떤 추상적이고 보편적인 율법에 대한 거부가 아니라, 하나님의 은총에 대한 거부다. 사실 그 거부는 은총이 있을 때라야 비로소 인식되는 거부다. 근본적으로 그 거부는 때늦은 거부이며, 하나님의 은총을 폐기할 수 없는 거부다. 더 나아가 바르트는 구원을 결정적으로 (루 터주의의 경우처럼) 칭의에 맞춰, 아니면 (경건주의처럼) 성화에 맞춰, 아니 면 (성공회처럼) 소명에 맞춰 이해하려고 하지 않는다. 그는 그리스도에 대 한 인식에 기초하여 그 세 가지 관점을 균등하게 강조한다는 점에서 에큐메 니칼 신학을 전개하려고 한다. 끝으로 바르트는 그 자체로 건실한 성령론을 전개하려 하지 않는다. 성령론을 오히려 화해론의 통합적 구성 요소로 간주 하고자 한다. 바르트에 따르면 성령론은 엄밀히 말해 "예수 그리스도의 권 능"에 관한 가르침이며, "화해의 주관적 실현"에 관한 가르침이다. 또한 이 것은 개개인에게서 먼저 이루어지는 것이 아니라, 일단 그리스도교 공동체 안에서 이루어진다. 그런 다음에야, 오직 그 공동체 안에서 개개인에게도 실현되는 것이다.

이제 막 시작한 『교회교의학』 IV/1에서는 일단 화해론의 첫 번째 측면, 곧 "참 하나님"이신 예수 그리스도의 인성과 활동을 다루었다. 바르트는 이 부분을 집필하기 위해서 하르낙이 "찬란하게" 써 내려간 고대 교회 그리스 도론을 읽으면서 새롭게 공부했다. 물론 "나는 왜인지 그의 말을 한 마디도 믿지 않으려는 경향이 있었다. 그가 우리에게 말하는 것과는 완전히 **달라야 한다**."[190] 바르트에 따르면 예수 그리스도의 진정한 신성은 그분이—참 하나 님으로서!—(아버지) 하나님께 "순종"했다는 것, 그가—하나님의 영원하신 아들로서—"인간의 형제"가 되셨으며—"주인"으로서—"종"이 되셔서 자기를 낮추셨다는 것, 또한 그가—심판자로서—"우리 대신 심판을 당하셨다"는 것 에서 "입증"된다. 이로써 그는 참 하나님으로서 제사장의 직무를 수행한다. 이런 관점에서, 한편으로는 고전적 그리스도론이 그리스도의 "본성"에 대해 말할 때 나타나는 개념의 정체Statik가 극복된다. 그래서 첫 마디가 이렇게 시작된다. "화해는 역사Geschichte다." 그러나 이 관점은 다른 한편으로—바르트는 여기에 큰 가치를 두는데—그리스도의 신성은 그 낮추심으로 인해 협소해지거나 어두워지거나 심지어 폐기되지 않는다는 점을 확고히 붙잡는다. 그분의 신성은 오히려 바로 그 안에서 "입증"된다. 그 제사장적 활동이 특히 십자가에서 완성되었기 때문에, 바르트는 부활절을 "예수 그리스도의 행위와 고난이 하나님의 거룩하고 선하신 의지를 배제하거나 거역한 것이 아니라 그 의지에 상응하는 것이라는 사실, 그리고 특히 우리의 죽음을 대신한 그분의 죽음은 결코 헛되지 않고 **유효한 것**이며, 우리의 멸망이 아니라 **우리의 구원**을 위해 일어난 사건이라는 사실"을 하나님께서 확언·확증하시는 사건으로 이해한다. 그는 피상적인 십자가 신학에 맞서 이렇게 말한다. "부활의 아침 이전으로 **되돌아가는 것은 불가능하다**." 바르트가 '칭의'에 관한 부분에서 주장하고자 하는 것은, 단지 인간만이 의롭다 인정받는 것이 아니라 하나님 자신도 의롭다 인정받는다는 사실이다. 칭의 안에서는 하나님의 은총과 하나님의 공의가 대립되지 않는다. 은총으로 나타나시는 하나님이 공의를 행하시기 때문이다. 교회론을 다루면서도 바르트가 중요하게 생각하는 것은, 교회가 철저하게 그 "머리"이신 예수 그리스도의 관점에서 이해되어야 한다는 점이다. 교회는 그의 "몸"이며, 그의 "현세적·역사적 실존 형식"이다. 교회의 머리이신 분이 또한 "온 인류"(교회는 그 일부에 불과함)의 머리가 되신다는 인식은—바르트의 주장에 따르면—교회의 상대화를 의미한다. 그렇다면 "교회 바깥에는 구원이 없다"는 문장은 "그리스도 바깥에는 구원이 없다"는 문장으로 바뀌어야 한다. 그 인식은 교회 자신에게도 도전이 된다. 요컨대 교회는 자기 자신에게 고착되어서는 안 된다. 끝으로 바르트는 '믿음'을 신학의 원칙으로 부각시킨 '신앙론'과 의도적으로 대립각을 세우면서, 그리스도인의 믿음에 대한 부분은 책의 제일 마지막에 가서, 그것도 아주 간략하게만 언급한다. 게다가 그 부분에 ("믿음이냐 행위냐'의 잘못된 양자택일을 극복하기 위해) '믿음의 행위'라는 제목을 붙인다. 그런데 이 "행위"는―철저하게 "믿음의 대상"과 관련된― 인정Anerkennen, 인식Erkennen, 고백Bekennen으로 구성되어 있다.[191]

이렇게 집중적으로 '화해론'에 몰두하면서, 바르트는 근본적으로 모든 신학의 심장이라고 할 수 있는 "대상", 곧 **예수 그리스도**를 아는 문제와 씨름하게 되었다. "이것을 놓치면 결국 전체를 놓치는 것이요, 최소한 이것만 제대로 따라가면 전체도 그냥 놓치지는 않을 것이다."[192] 바르트는 '그리스도 중심주의자'로 간주되었다. 어떤 의미에서는 실제로 그랬다. "물론 나 자신도 요한복음 1:14이 모든 신학의 핵심과 주제이며, 사실상 신학 전체를 한 마디로 표현한 것이라는 사실을 제대로 깨닫기까지 멀고 먼 길(혹은 에움길!)을 걸어 왔다.……모든 신학적 물음의 해답을 그리스도 안에서 찾는 일이 도대체 어떻게 가능할까?……우리가 단호하고 끈질기게 그리스도 안에서 그 해답을 구한다면, 그래서 실제로 바로 그분 안에서 해답을 발견할 수 있음을, '그 안에 지혜와 지식의 모든 보화가 감추어져 있음'(골 2:3)을 확인한다면 가능하다.……나에게 어떤 그리스도론의 원칙이나 방법론 같은 건 없다. 오히려 나는 신학적인 질문을 하나하나 던지는 과정에서……어떤 그리스도론적 교리가 아니라 예수 그리스도를 중심으로 (그가 살아 계신다! 그가 다스리신다! 그가 승리하신다!) 늘 새롭게―어느 경우는 아예 처음부터 새롭게―방향설정을 하려고 한다. 그러면 나는 어떤 물음에 대한 답을 찾는 과정에서 언제나 아주 특별한 길을 걸어가게 된다. 아니, 차라리 아주 특별한 방식으로 인도하심을 받는다고 해야 할 것이다. 그러므로 방법은 늘 새롭게 바뀌거나 변형될 수밖에 없다. 나는 푸아티에의 힐라리오가* 한 말을 좋아한다. '본질(내용)이 말에 종속된 것이 아니라, 말이 내용에 종속된 것이다.' 신학의 혁명 전체가 바로 이 말에 담겨 있다. 만일 우리가 이 말을 가슴 깊이 새겼다면, 신학의 끝없는 오류와 비생산적인 말과 지루함은 없었을 것이다. 그리스도론적인 신학의 문제는 우선 **생명**과 직결된 문제다. 그것은 신학이 본질과 맞닥뜨리는, 곧 '보이지 아니하는 하나님의 형상이요 모든 피조물보다 먼저 나신 분이요 교회의 머리가 되시는!(골 1:15-20)……그분과 맞닥뜨리는 물음이다."[193]

바르트가 『교회교의학』 IV을 집필하던 바로 그 시기에 바르트의 신학에 대한 수많은 해석과 비판이 쏟아졌다. 1952년, 예컨대 네덜란드의 신학자 마리누스 피트르 판 데이크Marinus Pieter van Dijk와 프랑스어권 스위스 학자 모리스 니저Maurice Neeser는 그를 비판하면서 "내가 근본적으로는 '실존주의자'나 다름없다"고 말했다. 그런데 바로 그해에 "불트만은 내가 실존주의를 전혀 진지하게 여기려고 하지 않는다며, 신랄하게 비판했다."[194] 지난 30년 동안 바르트의 신학이 "존재하지도" 않는 것처럼 취급하던 「신학 문헌 신문」(Theologische Literaturzeitung)도 나름의 방식으로 바르트의 교의학에 대한 입장을 취했다.[195] 1953년에는 근본주의자 코르넬리우스 반 틸Cornelius van Til이 바르트에 대해 책 한 권을 써냈는데, 그 책에 따르면 "나는……아마도 역사상 가장 끔찍한 이단이다."[196] 바르트는 그 많은 비판 중에서 자신이 예수 그리스도에 집중하는 것을 문제 삼는 비판에만 주목했다. 그리고 그에 맞서 몇 번인가 역비판을 시도했

---

* 푸아티에의 힐라리오(Hilarius von Poitiers, 300-368년): 푸아티에의 주교이자 교회학자. 아리우스파에 맞서서 적극적으로 싸웠기에 '아리우스파를 부수는 망치' 또는 '서방의 아타나시오'로 알려지기도 했다—옮긴이.

다. 1951년, 폰 발타자르는 "나에게 '그리스도론적 협소화'라고 비판"했
다. 발타자르는 자신이 협소하다고 느끼는 것을 피하기 위해서 그리스
도와 나란히, 그리스도의 역사의 거룩한 '반복'도 있다고 가정했다. 바르
트는 발타자르에게 이렇게 맞섰다. "예수 그리스도의 존재와 행위에는
반복이 필요 없다. 그는 현존하시며, 그분 자신의 진리와 능력 안에서 활
동하신다." 그러면서 이런 질문을 던졌다. 이것을 다르게 본다면, 그 사
람은 "예수 그리스도가……더 이상 그리스도교 신앙의 대상이요 근원
일 수 없다"고 주장하는 것이 아닌가?[197] 1951년 본회퍼의 옥중서신(『저항
과 복종』)이 출간되었다. 그러나 그 안에는 상호 모순적인 해석이 상당히
많았다. 바르트는 그 "수수께끼 같은 말"을 보면서, 그 책을 낸 것이 과연
본회퍼에게 "좋은 일"인지 아닌지 모르겠다고 했다.[198] 특히 그 책에 핵심
용어처럼 등장하는 이른바 '계시실증주의'Offenbarungspositivismus라는 말은
이후 약간 다른 말들로 교체되면서 바르트를 비판하는 데 쓰이곤 했다.
거기에 대해 바르트는 간단한 코멘트만 남겼다. 그런 비판에 대해서는
"뭔가 이성적인 말을 시작할 수가 없다." 그냥 교리를 던져 주고, "새야,
먹어라. 안 그러면 죽는다!"* "『교회교의학』 어디에서 내가 그런 식으로
말한다는 것인가?"[199] 한동안은 네덜란드의 개혁주의자들이 바르트를 거
세게 공격했다. (그래서 바르트는 언젠가 "내가 그렇게 많은 반박을 당했는데도
아직 죽지 않은 것"이 신기하다고 말하기도 했다.[200]) 그런데 바로 그 진영에서
1954년에 한 권의 책이 나왔는데, 헤리트 코르넬리스 베르카우브르Gerrit
Cornelis Berkouwer의『은총의 승리』(Der Triumph der Gnade)라는 책이었다.
이 책은 경청과 질문의 꼼꼼함 때문에 바르트에게 여러모로 생각할 거리

---

* 367쪽 주 참조.

를 제공했다. 그의 비판에 따르면, 바르트는 너무나 "승리에 도취되어 있으며", 악의 심각성을 무시하고 '은총'에 대해서 말한다. 하지만 "나는 그 제목만 보고도 약간 주춤했다. '……대승리.' 물론 나는 그 말을 쓴 적이 있고 지금도 쓰고 있다. 하지만 여기서처럼 그렇게 단정적으로 쓰지 않는다. 차라리 '……자유'라고 했으면 좋았을 것이다. 그리고 '은총의……' 대신에 '예수 그리스도의……'라고 했으면 훨씬 좋았을 것이다. 나에게서 나타나는, 나에게서 관철되는 모든 조직신학은 (어쨌거나 나는 그런 의도를 품고 있는데) 그 '이름'의 (이 개념의 성서적 의미에서) 영향력을 최대한 정확하게 드러내 보여주고자 하는 것이며, 그런 의미에서 각각의 상황 속에서 어떤 역사(이야기)를 들려주는 것이다." 그것은 투쟁의 역사, 그러나 승리에 빛나는 투쟁의 역사다.[201]

불과 불 사이에서

바르트가 한창 "화해"에 관해 말하던 하필 그때, 스위스 언론은 그 어느 때보다 격렬한 비판과 비난의 집중포화를 바르트에게 쏟아부었다. 어쩌다가 그렇게 되었을까? 바르트는 1949년 베른 강연 이후에도 계속해서 "동과 서 사이 제3의 길"을 추구했다. 그래서 그는 1950년 5월, 일리야 에렌부르크Ilja Ehrenburg가 "핵무기 반대 스톡홀름(사실은 모스크바) 평화 선언문에 사인을 받고자" 했을 때, "두 시간가량의 설전을 벌인 뒤, 빈손으로 돌아가게" 했다. "그렇게 명백한 선전 행위에 나는 또 한 번…… 단호한 거부 의사를 표명한 것이다. 그러자 그는 내가 '속물'이라며 비방하고 다니기 시작했다.……그래서 두 개의 불 사이에 놓인' 신세가 되었다."[202] 바르트는 반대쪽과 유대를 강화하고 싶어 하지도 않았다. 어쨌거나 1950년 여름, 바르트는 확실한 소식통을 통해서, 미국 비밀경찰이 자신을 감시하고 있다는 사실과 "그들이 가지고 있는 차트에서 내 점수가 아주 안 좋다는 사실(동쪽 친구들[eastern friends]이 너무 많다!)"을 알게 되었다.[203] 바르트는 독일의 재무장에 대해 반대하면서도 "제3의 길"을 추구했다. 독일의 재무장은 그 자체로 동서 냉전을 아주 첨예하게 만드는 것이라고 보았다. 그래서 바르트는 "서독이 스탈린에게 맞서 싸운다는 명목으로 '재무장'하는 것과 관련하여, 독일 내에서 극단적인 무지의 물결과 고백의 물결을 일으키고 있는 그 논쟁"에 큰 관심을 보였다. 1950년 10월, 그는 베를린에 있는 볼프-디터 침머만Wolf-Dieter Zimmermann에게 보내는 공개서한에서 이 논쟁에 대한 자신의 입장을 밝혔다. "이 시대 그리스도교의 목소리는 이런 것이어야 한다. 두려워하지 말라!" 또 이런 말도 했다. "공산주의를 원하지 않는 사람이라면—우리 모두도 공산주의를 원하지 않는데—진지한 사회주의를 지지해야 한다."[204] 하나의 원칙으로서 평화주의는 예나 지금이나 바르트가 거부하는 것이었다. 그러나 독일의 재무장에 대해서도 구체적 상황에 근거하여 거부의 입장을 분명히 했다. 이 점에서는 마르틴 니묄러, 구스타프 하이네만과 근본적으로 같은 의견이었다. 하이네만은 그것 때문에 용감하게 장관직에서 물러났다. 12월 초, 하이네만은 강연차 바젤을 방문했고, 그 기회에 바르트의 집에도 들렀다. 바르트는 "그에게 경의를 표하기 위하여 별도의 토론 모임을 열었다."[205] 니묄러의 60번째 생일을 기념하는 글(1952)에서, 바르트는 니묄러와 자신의 의기투합 방식에 대해 이렇게 설명했다. "지금으로부터 그

---

*   독일어에서 '두 개의 불 사이에 빠지다'(zwischen zwei Feuern geraten)라는 표현은 '동시에 두 가지 난관에 봉착하다'는 뜻이다—옮긴이.

리 오래되지 않은 어느 날, 마르틴 니묄러와 나는 간단한 대화를 나누었는데, 이런 식의 말이 오고 갔다. 나: 이보게 마르틴, 난 말이야, 당신이 조직신학을 그렇게 조금 하는데도 거의 언제나 핵심을 파악하는 것을 보며 놀란다니까! 그 사람: 이보게 칼, 난 말이야, 당신이 조직신학을 그렇게 많이 하는데도 거의 언제나 핵심을 파악하는 것을 보며 놀란다니까!"[206]

바르트가 추구하는 "제3의 길"은 실제로 동쪽 진영의 길과 서쪽 진영의 길 사이에 있는 제3의 길을 의미했다. 그것은 평화를 위한 실천, 그러나 '냉전'에는 반대하는 단호한 실천을 의미했다. 그러나 동시에 반공에 대한 부정이기도 했다. "지금 공산주의의 현실을 보면서 나는 동구권 공산주의에 대한 어떤 호감도 가질 수 없다. 나는 공산주의 영역에서 사는 것을 결코 좋아하지 않는다. 나는 그 누구도 그곳에서 억지로 살기를 바라지 않는다. 그러나 나는 그런 호감과 반감을 지금 서구권의 경우처럼……그렇게 점점 더 극명하게 표출하는 것이 정치적으로, 심지어 그리스도교적으로 꼭 필요한 일, 혹은 허용된 일이라고 보지는 않는다. 나는 원칙주의적인 반공주의가 공산주의 자체보다 훨씬 더 나쁜 것이라고 생각한다.……'우리 안에 있는 히틀러'만이 원칙주의적인 반공주의자가 될 수 있다는 사실을……벌써 잊은 것인가?……내 생각으로는……평화에 관해, 하나님 나라의 희망에 관해 그 누구도 따라올 수 없는 탁월한 증거를 제시함으로써 책임 있는 정치가들을 돕고, 여론 형성에도 도움을 주는 것이야말로 교회의 사명이다. 그런데 교회는 아무런 생각과 고민 없이 그 조잡하고 허술한 서구 진영의 대의명분을 자기 것으로 받아들임으로써……복음의 대의에 큰 손상을 입혔으며, 인간적인 판단으로는 앞으로 교회가 아무리 훌륭하게 에큐메니칼 운동과 선교 활동을 벌인다고 해도 당분간은 그 손상을 보상할 수 없을 것이다."[207] 도대체 왜 반공주의 대해 이렇게 분명하게 '아니오!'를 선언했을까? "안티Anti라는 말은 **반대**를 의미한다. 하나님은 인간에게 반대하는 분이 아니라 인간을 **위하는** 분이다. 공산주의자도 인간이다. 하나님은 공산주의자도 위하신다. 그러므로 그리스도인도 공산주의자에게 반대할 수 없고, 공산주의자를 위할 수 있을 뿐이다. 나는 공산주의를 위하지는 않는다(찬성하지는 않는다). 그러나 공산주의에 반대하는 말은 오직 그가 공산주의자를 위할 때에만 할 수 있다."[208] 이런 의미에서 바르트는 공산주의자도 아니지만, 반공주의자도 아니었다. 그는 그리스도인이라면 시류를 거스를 수 있어야 한다고 외쳤다. 그것은 양쪽 진영 모두에게 해당되는 말이다. "이쪽이든 저쪽이든 상대방을 향한 악선전만 하다 보니, 다른 사람 눈에 있는 티끌 외에는 아무것도 보지 못하는 꼴이다."[209]

그럼에도 불구하고 안타까운 일이 벌어지고 말았다. 1950년 9월, 스위스 연방 의원 마르쿠스 펠트만Markus Feldmann이 베른 연방 의회에서 칼 바르트를 맹렬하게 공격했다. 그는 바르트가 공산주의에 호의적이며, 교회를 통해 "권력을 요구"함으로써 스위스의 존립을 위태롭게 했다(!)며 비난을 퍼부었다. 귀렌바트에서 휴가를 보내던 바르트는 그 정치인에게 질문을 던졌다. "나름대로 그리스도인이요 또한 스위스 사람인 두 사람 사이에 어떻게 이런 일이 일어날 수 있는가?"[210] 그러면서 상호 이해를 위해 대화를 하자고 제안했다. 펠트만은 위에서 언급된 문제만 놓고 이야기한다면 대화에 응하겠다고 밝혔다. 바르트는 즉각 일곱 개의 간단한 질문을 작성해서 그에게 보냈다. 펠트만은 1951년 2월에 가서야 답변을 해왔다. 그러나 그 답변은 바르트의 질문에 대한 것이 아니라, 그 질문을 근거로 무조건 바르트를 비난하는 것이었다. 그것은 내용상으로나 문체상으로나 "유일무이한 기소장"(아니면 차라리 정식 판결문이라고 해야 하나?)으로밖에는 느껴지지 않았다.[211] 그래서 바르트는 그 대화를 거절했다. 그런데 바르트로서는 너무나 황당한 일이 벌어졌다. 그 일이 있고 얼마 후에 펠트만은—국민이 낸 세금으로!—"그 편지 내용을, 나에게 일언반구 문의도 없이, 베른 당국의 공식 브로슈어에······공개했다. 그리고······스위스의 모든 신문사에 뿌렸다."[212]

그러자 몇 달 동안 스위스의 거의 모든 신문이 분노의 거친 폭풍으로 일어섰다. "스위스의 크고 작은 일간지들은 가장 외진 곳에 사는 사람들한테까지도 나를 공산주의자의 친구라고" 비방함으로써 "나의 존재에 대한 깊은 관심을 드러내고자" 했다. 심지어 「스위스 정치 통신」(Schweizerische Politsche Korrespondenz)은 "지금이야말로 저 신학 교수를 다시 한 번 법정에 세워야 할 때가 아닌지······정말 진지하게" 묻고 있었다. "사회민주주의자들이 나를 제일 끔찍하게 대했다. 그나마 슈피츠의 「민족의 친구」(Volksfreund)에서는······제일 좋은 평을 받았다."[213] 알베르트 셰델린과 아르투어 프라이도 친구를 변호해 주었다. 약 70명의 베른 목사들도 나에게 지지서한을 보내왔고, "아울러 케이크 하나가 도착했는데, 그 케이크는 이런 라틴어 문구로 치장되어 있었다. '많은 이의 마음은 들판의 남자가 아니라 수염에게 있다!'Multorum corda non Agricolae sed Barbae sunt"[214]* 바르트는 비난에 대해 응답하지 않기로 작정했다. 그 대신 "기쁜 마음으로 침묵하는 그리스도교의 인내를 훈련하기로 했다. 그러나 이것이 약간은 위협적인 촌철의 요소를 가지고 있었다는 사실은 인정하는데, 그래도 이것은 누가 봐도 비그리스도교적인 인간 경멸에 대

---

* 독일어 이름 '펠트만'은 '들판' 혹은 '농지'를 뜻하는 'Feld'와 남자를 뜻하는 'mann'이 합쳐진 말인데, 라틴어 'Agricola'는 들판에서 일하는 사람(농부)을 뜻하며, '바르트'라는 이름은 '수염'이라는 뜻의 'Bart'와 비슷하다—옮긴이.

한 반항이었다."[215] 바르트는 이런 자신의 태도를 간접적으로 해명했다. 언론 캠페인이 막 전개되던 시점에 바르트는 '윤리'의 마지막 부분, 곧 방어할 필요가 없는 '명예'에 대한 부분을 쓰고 있었으니, 바로 여기서 그에 대한 해명을 찾아볼 수 있다.[216]

어쨌든 바르트는 "동과 서 사이의 좁다란 지점에……갇혀 있고" 싶지 않았다. "지금 우리에게 필요한 것은" 동과 서 사이를 "왔다 갔다 날아다니는 새들이다. 특정 당파를 편드는 것이 아니다!"[217] 그는 자기가 서구권의 입장을 지지하지 않았기 때문에, 동구권의 그리스도인들에게도 충고의 말을 할 수 있다고 생각했다. 그래서 그들에게 "공산주의에 대한 찬성을……그리스도교 메시지의 일부로, 신앙고백의 일부로 만들지" 말라고 경고했다. 그는 1951년 늦여름 헝가리의 베레츠키 감독에게 처음에는 (취리히에서) 말로, 그다음에는 글로 그런 입장을 전달했다.[218] 오직 동구권 형제들을 수신인으로 상정한 이 경고의 메시지는 1952년 초, 도무지 밝혀낼 수 없는 누군가의 몰지각한 수작으로 서구 언론에 발표되었다. 바르트로서는 너무나 불쾌한 일이 아닐 수 없었다. 1951년 10월, 제네바를 방문한 바르트는 사석에서 스위스 언론의 "달러 예속 상태"라는 말을 한 적이 있었는데, 누군가의 경솔함으로 그 말이 언론에 보도되는 바람에 또 한 번 소란이 일었다. 1951년 말, 펠트만이─특히 "공산주의에 우호적인 사람들"을 가만 놔두지 않는 그의 열심 때문에─연방 의원으로 당선된 뒤로는 분위기가 약간 누그러졌다. "그래도 연방 의회에서 세 표는 내 편이었다."[219]

1952년 1월, 그런 바르트에게 아주 놀랍고도 흐뭇한 통보가 날아왔다. "영국 국왕 폐하께서 평화를 위한 나의 공헌을 인정하셔서 왕실 훈장을 하사하신다는" 소식이었다.[220] "아하! 시편 23:5이로구나! 서구권에서 가장 높은 자리에 앉으신 분께서 공산주의의 의혹을 씻어 주시는 이 사람은 누구냐? 그러나 저녁이 오기 전에 낮을 칭송하지 말지어다."[221] 그도 그럴 것이, 바젤 시 의회는 "1846년의 법령을 희한하게 적용하여" 훈장 수령을 금지했다.[222] 바르트는 교수직에서 은퇴한 뒤인 1962년에 가서야 그 훈장을 받게 된다. 그 당시 『교회교의학』 IV/1을 집필 중이던 "나는 그 사건을 하나의 비유로 사용했다. 이미 왔으나, 아직 세상의 권위와 권력에 의해 감춰진 하늘나라에 대한 비유로 말이다."[223] 바로 그 무렵, 바르트는 또 한 번 사람들의 원성을 살 만한 행동을 했다. 바젤 대성당의 유리를 그림이 들어간 새 유리로 교체하는 문제 때문에 투표하러 모인 사람들 앞에서 엄격한 '칼뱅주의'의 입장을 표명했기 때문이었다. "우리는 나름의 충분한 근거를 가지고, 십계명의 두 번째 계명, 곧 '너는 그 어떤 상(像)도 만들어서는 안 된다'는 이 계명이 매우 중요하고 의미 있는 것이라는 의견을 고수할 수 있다. 예배와 관련해서는 말할 것도 없고, 재능 있는 예술가의 탁월한 작품의 경우라도 결코 용인할 수 없다." 어쨌거나 유권자들은 인공 유리창 교체에 반대하는 쪽에 표를 던졌다.

이후 몇 달 동안에도 바르트는 끊임없이―동서 진영의 문제와 관련된―정치 문제와 씨름했다. 5월 10일에는 아라우 지역에서 교회와 정치에 대해 유명 인사들과 토론을 벌였고, 5월 25일에는 스위스 라디오 방송에 출연했다. 바르트에게 주어진 질문은 "도대체 우리가 무엇을 해야 하는가?"였다. 여기서 우리란 "작고" 무력한 사람들, 그래서 현재의 권력 다툼에 아무런 영향력도 행사할 수 없는 것처럼 보이는 사람들을 의미한다. 그의 대답은 간단했다. "우리는 이렇게 많이 두려워할 필요가 없다!" 그해 여름에는, 그 당시 독일 교회를 온통 뒤덮어 놓아 거의 분열의 문턱으로 몰고 간 문제, 곧 독일의 재무장 문제를 놓고 고심하다가 마침내 그 문제에 대한 근본적인 입장을 천명했다.

그는 「신앙의 하나됨과 정치적 결단」이라는 논문에서, 그리스도인이 어떤 결단을 내릴 때 필요한 "게임 규칙" 몇 가지를 제안한다. 그에 따르면, 교회는 그리스도인들에게 어떤 정치적 결단을 지시해서도 안 되고 (그것이 단순한 "개인적 판단의 문제"인 것처럼) 그들의 "자유에 맡겨"서도 안 된다. 교회는 그들에게 이것이 하나님을 향한 순종 혹은 불순종의 문제라는 것을 확실하게 각인해 주어야 한다. 여기에는 제3의 것이 없다. 바르트의 이런 주장은 암묵적으로 그의 제자인 골비처의 입장을 비판하고 있다. 당시 골비처는 "정치적 결단"을 사실상 "개인적 판단의 문제"로 취급했기 때문이다.

바르트는 그 전에도 『교회와 남자』(Kirche und Mann)라는 잡지 편집자에게 보내는 편지에서, 현재의 구체적 상황에서 그의 선택은 어떤 것인지 다시 한 번 확실하게 보여준 적이 있었다. 그는 재무장에 반대하는 입장이며, 이 입장과 관련해서는 "니묄러와 하이네만에게 백 퍼센트 동조"한다는 것이었다. 비록 그 두 사람이 때때로 "애매한" 주장을 내세운다 하더라도 말이다. "모할스키Mochalsky에게도 동조하며, 현재의 정치적 흐름에 명예롭고 단호하게 저항하는 모든 사람에게 동조한다."

그해 9월, 바르트는 알자스의 콜마르에서 티세랑Tisserant 추기경과 대화를 나누면서, 바티칸이 이런 정치적 사안에 대해 어떤 태도를 취하고 있는지 들을 수 있는 흔치 않은 기회를 얻었다. "추기경과의 만남은……흥미로웠다.……물론, 그때까지 나는 이 사람이 도대체 나한테서 무엇을 원하는지 알지 못했다.……그러나 내 입장에서는 아주 흥미로운 얘기를 그를 통해 듣게 되었다. 예컨대 이런 얘기들이다. 교황은 사실상 동구권

1952년 9월 콜마르에서 티세랑 추기경(바르트 왼쪽)과의 만남.
이 만남을 통해 바르트는 정치적 사안에 대한 바티칸의 태도를 알 수 있었다.

과 서구권 중에서 하나를 선택하려고 하지 않는다. 교황은 공산주의 자
체를 반대하는 것이 아니라, 오직 '무신론적 유물론'materialisme athee 때문에
배격하는 것이다. 그는 독일의 재무장에 찬성하지 않는다. 그는 J. 슈테
피나크Stepinac와 민젠티의 사례를 신앙에 의한 박해 사례가 아닌 것으로
본다 등등."224

탈신화화?

바르트가 '화해론'을 연구하고 집필하면서 조금씩 강의도 할 무렵, 정치
논쟁 외에 또 다른 논쟁이 바르트를 바짝 긴장시켰다. "우리도 이렇게 사

건 사고가 많은 20세기의 20년대, 30년대를 헤치며 살아온 '왕년의 투사
들'인데, 갑자기 또 하나의 새로운 신학 운동이 나타나 우리를 짓밟고 지
나가 버리는 것 같았다. 그 새로운 운동의 핵심 용어는 신학 언어의 '탈
신화화'와 '실존주의화'였다. 그리고 그 운동의 핵심에는 우리의 친구, 루
돌프 불트만이라는 거인이 버티고 있었다." "내가 그 사람에 대해 유보
적인 태도를 취할 수밖에 없었던 이유는, 그를 반대하는 사람들이 주로
성토의 대상으로 삼고 있는 신약성서의 '탈신화화'라기보다는, 신약성서
메시지의 '실존주의화'였다."[225] "내가 탈신화화와 관련한 움직임에 썰렁
한 태도를 보인 것은……내가 보기에 그 탈신화화가 너무나 유머가 없
는 것이기 때문이다. 한 걸음 더 나아가, 탈신화화는 현대인과의 '대화'를
이끌어 내기 위한 것이라고 하지만, 이 피조물에 대한 나의 경험에 비추
어볼 때, 탈신화화는 효율적인 수단이라고 여겨지지 않기 때문이다. 변
증론은 적어도 나에게는 너무나 의심스럽거나 생소한 시도다. 그것이
어떤 형태라 할지라도, 아무리 뺄 것을 다 뺀 형태라 할지라도 말이다.
그러나 나는 그다음 주제, 곧 실존주의화에 대한 묵직한 보도는 귀 기울
여 들었다. 그 노선에 서 있는 사람들은 우리의 신학 언어가 이런 실존
주의화를 필요로 한다고 말한다."[226] 그러나 이러한 목표 설정을 따르자
면 결국 "신학은 다시금 철학적 인간학의 막다른 골목에 빠질 수밖에 없
다.……나는 수십 년 전부터 신학을 거기서 끄집어내야 한다고 주장하
지 않았던가. '하나님에 대해 말하는 것'은 '인간에 대해 약간 높은 목소
리로 말하는 것' 이상을 의미한다―이것이 그 당시 나의 비판적 출발점
이었다. 그런데 사람들이 또다시 이 출발점을 포기하려고 하는 것이다.
내 눈이 틀리지 않았다. 불트만과 그의 제자들은 이 시대의 순풍을 등 뒤
에 받으며 앞으로 나아갈 수 있을 것이다. 그에 비해, 나는 그들의 가르

침에 반대함으로써 젊은 세대가 (우리를) 괴상하다고 생각하는 것까지도 감수해야 한다."[227]

그러나 오해해서는 안 된다. 바르트는 철학으로부터—실존주의 철학도 마찬가지!—긍정적으로 배울 수 있는 가능성까지 부정한 것은 아니다. "우리는 그리스도인으로서 천차만별의 사고방식을 차근히 생각해볼 수 있는 자유를 가지고 있다. 예컨대 나는 마르크스주의의 몇 가지 요소를 차근차근 생각할 수 있는데, 그렇다고 마르크스주의자가 되는 것은 아니다.……요즘에는 실존주의가 나타났다. 분명 그 안에도 뭔가 중요한 것이 있다.……나한테는 헤겔에 대한 지식이 조금 부족하다. 그런데도 얼마든지 약간은 '헤겔식으로 한다.' 그리스도인으로서 그 정도 자유는 있다.……그저 절충주의 수준으로 하는 것이다."[228] 바르트는 신학에 미치는 철학의 영향이 배제될 수도 없고 그럴 필요도 없다고 생각했다. 그러나 철학을 사용하는 것이 어떤 원칙적인 것이 되어서는 안 된다. 의도적인 절충주의, 누구나 알 수 있는 절충주의의 수준에서 그것을 사용할 수 있을 뿐이다.

바르트는 "이렇듯 무겁게 출렁이는 불트만 논쟁을……차분히 고찰하면서" 화해론 첫 권을 써 내려갔다.[229] 사실 이 책 전체는 마르부르크의 친구 불트만의 가르침에 대한 바르트의 응답의 성격을 띠고 있었다.

"현재의 신학적 상황 때문에, 또한 이 책의 특별한 주제 때문에 나는 [이 책에서] 루돌프 불트만과 끊임없이 집중적인 대화를 하지 않을 수 없었다. 물론 대개는 고요하게 이루어진 대화였지만 말이다. 그의 이름이 자주 거론되지는 않는다. 그러나 그의 생각은 거의 모든 곳에 배어 있다. 나는 그의 방법과 그의 결론을 염두에 두면서도 완전히 의도적으로 그를 거론하지 않았다."[230] "나는 불트만과 그 학파가 단순히 '신화'라고 이해하는 것, 그래서 자꾸만 물리치려고 하는 바로 그것을 더 훌륭하게 서술하는 것만이 그의 탈신화화를 탈신화하는 길이라고 생각한다."[231]

이 문제에 관심을 가진 신학생들이 바르트와 불트만의 암묵적 논쟁에 적극 가담했다. 당시 바젤 대학교 신학생 160여 명 가운데 절반 이상이 독일에서 온 학생들이었다. 그런데 바로 이 독일 학생들은 특별히 세미나 시간이 되면 "골똘히 생각하고 적극적으로 토론하기를 즐기는 자세 때문에 언제나 다른 나라 학생들, 특히 우리 스위스 학생들의 경탄의 대상이었다." 스위스 학생들은 "자기네가 무슨 뱃새다 연못가의 남자라고, 어떤 질문에 대답할 때면 항상 속도가 느렸다."[232] 1951년 여름학기 세미나에서는 슐라이어마허의 신앙론을 다루었는데, 한창 불타오르는 불트만 논쟁이 그 수업의 배경이었다. (집중 토론 수업에서는 법의 신학적 기초에 대한 자크 엘룰[Jacques Ellul]의 저서를 다루었다.) 이제는 바르트의 학생 가운데 미국 학생의 수가 급격히 늘었기 때문에, 이번 여름학기부터는—이미 오래전부터 개설된 프랑스어 콜로키움과 나란히—정기적으로 영어 콜로키움이 개설되었다.

7월에는 세계교회협의회의 에번스턴Evanston 총회 준비 대회에 참여했다. 그 후에는 베르클리에서, 또 프라이의 가족과 브리스텐 위쪽 골체른알프Golzernalb의 한적한 산간 마을에서 휴가를 보냈다. 그 외딴 마을에서는 노천의 우물 말고는 씻을 데가 따로 없었다. 1951-1952년 겨울학기가 시작됐다. 불트만 논쟁에 대한 학생들의 관심은 대단했다. 그래서 바르트는 더는 지체하지 않고 그 마르부르크의 거장이 제기하는 주장과 아예 명시적으로 맞붙었다. 이번 학기 집중 토론 모임은 취소되었다. 반면 세미나 시간에는 '케리그마와 신화'의 문제를 다루기로 했다. "세미나실은……사람들로 가득했다. 이런 적은 한 번도 없었다."[233] "학생들이 워낙 관심을 많이 보이고 있어서……불트만이 제기한 질문, 거꾸로 불트만에게 제기하는 질문, 그리고 거기에 대한 객관적인 찬성과 반대가 생기발랄하게, 때로는 뜨겁게 쏟아져 나왔다. 어떤 판결을 내리는 것은 우리의 일이 아니었다. 그러나—한 사람 한 사람이 책임 있는 입장 표명을 하는 데 필요한 전제 조건으로서—그 문제 자체의 윤곽이 어지간히 가시화되도록 하는 것은 충분히 할 수 있는 일이었다."[234] 학기 말, 성공회의 스티븐 닐Stephen Neill 주교가 신학과 학생들에게 성공회에 대한 강연을 했을 때, 바르트는 "그쪽 교회로 개종하고 싶은 마음을 참느라고 혼났다"고 말한 적도 있었다.[235] 실제로 바르트는 "저런 구부러진 지팡이(주교의 지팡이)를 가지고" 싶다는 생각을 했다. 한 번쯤은 "권위 있는 목자의 서신"으로 일부 신학자들을 본연의 모습으로 돌려놓고 싶었던 것이다.[236]

바르트는 1950년 10월에 불트만의 친구 바움가르트너의 바젤 집에서 개인적으로 불트만과 만났다. 바르트는 헤어지면서 새로 나온 바젤의 시가 전차를 가리키며 불트만에게 이런 암시를 건넸다. 아마도 이게 '탈신화화'의 요구에 대한 아주 중요한 증거가 아닐까? 1952년 3월 18일, 그는 하론에서 불트만과 다시 만나서, 그에게 몇 가지 질문을 던졌다. 바르트가 보기에, 그때의 불트만은 바젤 친구의 반론을 그 어느 때보다 열린 자세로 경청했다. "그는 신앙의 '객관적 대상'의 문제를 철저하게 생각해 봐야겠다고 말했다. 바로 거기가 빈틈이라고 말이다."[237]

바르트는 지난 겨울학기의 세미나 수업 초록을 문서 형태로 적어 놓았고, 그 문서는 여름학기 중에 출간되었다. 이것은 불트만을 겨냥한 논박의 글이 아니라—제목이 이미 암시하듯이—"그를 이해하기 위한 시도"

였다. 그래서 페이지마다 열린 질문으로 빼곡했다. 바르트는 한 권을 곧장 적장에게 헌정하면서 「피가로의 결혼」에 나오는 한 구절을 인용했다. "오 천사여, 나를 용서하오!" 그러자 불트만은 장문의 답변 마지막에 그 인용문의 다음 소절을 적어 넣음으로써 아주 매력적인 화해의 메시지를 보내왔다. "나 어찌 화를 내리오? 내 심장은 당신을 향해 뛰고 있소!" 물론 바르트는 불트만의 답장을 정체불명의 수수께끼라고 평했다. 불트만이 시종일관 신약성서에 대한 "가장 적절한 주석"die sachgemäße Auslegung 이라고 주장하는 것이 바르트에게는 "강제 가죽조끼 착용"Anlegung einer Zwangsjacke처럼* 느껴졌기 때문이다.[238] 바르트는 이 불트만 문건에 덧붙인 후기에서 바젤의 동료 교수인 프리츠 부리와의 차이를 뚜렷하게 부각한다. 바르트는 그의 신학을 보면서 이런 느낌을 받는다고 했다. "불트만은 아직 수영복은 입고 있는데, 부리는 아예 그것마저 벗어 버렸다."[239]

6월에는 다시 한 번 바젤의 '실증주의' 목사들 앞에서 탈신화화 문제에 대해 강연했다. 그리고 그 불트만 문건과 동시에, 그러니까 1952년 여름학기에, 로마서 5장에 대한 주석을 출간했으니, 이것은 원래 『교회교의학』 III/2의 한 절로 들어가려다가 빠진 부분으로, 제목은 『그리스도와 아담』이었다.

이 책은 발타자르가 (바르트에 대한 책에서) 새롭게 제기한 문제, 곧 '본성과 은총'의 관계 문제에 대한 간접적 응답이자, 불트만에 대한 간접적 입장 표명이었다. 얼마 후 불트만은 이 책을 평가하면서 그 서평에 "제목을 붙이기

---

* 광인의 난폭행위를 막기 위해 의료용으로 쓰는 윗옷인데, 뒤에서 잠글 수 있으며 소매가 길다. '주석'(Aus-legung, 풀어냄)이라는 말과 '착용'(An-legung, 집어넣음)이라는 말의 대비가 흥미롭다—옮긴이.

를 '로마서 5장에 따른 아담과 그리스도'라고 했는데, 이미 이 제목이 모든 것을 말해 주고 있다. (다시 한 번 바퀴를 힘껏 거꾸로 돌려놓았다.) 불트만은 바르트의 주장을 철저하게 거부했던 것이다."[240]

불트만을 겨냥한 바르트의 반론은 나름의 파장을 일으켰다. 1953년 초반, 게르하르트 에벨링Gerhard Ebeling은 바르트를 학과 총회에 초대했고 그 자리에서 신학 방법론의 문제에 대해 강연을 해달라고 부탁했다. 그러나 바르트는 거절했다. "불트만이 나의 연구에 대답한 내용만 보더라도, 또다시 이 논의에 뛰어드는 것은 그렇게 가망 있는 일 같지가 않았다." 할 말은 이미 다한 것이다. 더욱이 "올바른 해석학에 대한 문제는 주석의 **방법**에 대한 논의에서 결판나는 것이 아니라, 오로지 주석 그 자체에서 결판이 난다. 내가 보기에는, 방법론 자체에 대한 논의는 뜬구름 잡는 논의로 끝날 공산이 크다."[241]

1951-1952년 겨울학기가 끝날 때 바르트는 상당히 기운이 빠진 상태였다. 학기 중에 알게 된 것이었지만, 당뇨가 그의 건강을 약하게 만들었던 것이다. 그러나 철저하게 다이어트를 하고("나는 정말 기꺼이 면류[麵類]를 포기했다!"[242]) 휴가도 보내면서 다시금 건강을 회복했다. 이번 휴가는 사위인 막스 첼베거와 함께 루가노에서 보냈다. 이제 바르트는 새롭게 원기를 충전하여 다음 학기를 시작할 수 있었다. "그 여름학기의 [세미나] 주제로 멜란히톤의 『신학총론』(Loci Communes, 1521)을 거의 동등하게 다루게 된 것은, 단순히 [지난 겨울학기의 열정적인 불트만 세미나에 대한] 기억 때문이 아니라 객관적인 맥락 때문이었다. 바르트는 그 책을 마치 요즘에 나온 책인 것처럼 다루었다. 요즘 불트만이 참고하고 있는 노선은, 어쨌거나 루터에 의해 영감을 받은 종교개혁 신학의 태동기

에 나타난 하나의 노선이라는 사실은 분명하다. 그 세미나에 참석한 학생들은 상당히 영리한 친구들이라서 세미나 첫 시간에 벌써 그것을 알아챘다."[243] 특별히 이번 학기에 바르트의 마음에 든 학생은 스웨덴 학생 군나르 힐러달Gunnar Hillerdal이었다. 학생들은 바르트의 66번째 생일을 맞아 "하늘에서 곧장 떨어진 루터 박사의 편지를 읽어 주어"—이것은 그 세미나에 대한 유쾌한 반응이었으니!—바르트를 기쁘게 해주었다.[244]

1952-1953년 겨울학기, 바르트는 세미나 시간에—"저 넓은 들판에 외로이!"—조금 생뚱맞은 시도를 했다. 헤겔주의자인 알로이스 에마누엘 비더만Alois Emanuel Biedermann의 교의학을 강독했던 것이다. "나는 세미나에 필요한 만큼의 책을 구하기 위해서 사냥하듯 이리저리 뛰어다녀야 했는데……나로서는 정말 힘든 사냥이었고, 자유주의의 입장에서는 약간 부끄러운 일 아니었을까!"[245] 바르트는 그의 저서를 학생들과 함께 읽으면서, 이 취리히의 자유주의자를 "처음에는 모든 면에서 못마땅하게 생각했으나, 얼마 후에는 그에게 감탄하게 되었고, 그 사람이야말로 존경을 받아 마땅한 사람이라고 학생들에게 추천했으며, 특히 나의 독일인 학생들에게는……그를 전형적인 스위스 '토산품'이라고 소개했다."[246] 집중 토론 모임에서는—외국어 콜로키움 때도 그랬지만—바르트 자신의 『교회교의학』을 계속해서 읽어 나갔다. 1953년 초반에는—그 학기 세미나에 영감을 받아—요하네스 라트예Johannes Rathje에게 보내는 편지에서, 한때 바르트 자신이 경험한 "자유로운 프로테스탄티즘의 세계"에 대한 기억을 풀어 썼다. 바르트는 그 세계를 비판하면서, 거기에는 우정은 있지만 "성도의 교제communio sanctorum와 같은 것은" 없었다고 말했다. 5월에는 다시 한 번 자유주의자들을 직접 만났다. 이번에는 다른 곳이 아니라 바젤에서의 만남이었다. "나는 이른바 자유 그리스도교 대회(그 자리에서

당황스러운 처지가 된 불트만을 야스퍼스가 완전히 망가뜨려 놓았던가!) 기간
에 프리츠 부리, 마르틴 베르너와 함께 성 알반링 교회 목사관에서 뜻 깊
은 저녁 시간을 보냈다. 나는 그들이 떠나온 성도의 교제 안으로 되돌아
오라고 친절한, 그러나 분명한 초대의 말을 건넸다. 그러나 부리는 그것
도 역시 하나의 '신화'일 거라고 대꾸했다."[247]

"인간의 높이 들림"

1953년 초, 바르트는 자신의 학생이었던 프리드리히-빌헬름 마르크바르
트Friedrich-Wilhelm Marquardt와 게르하르트 바우어Gerhard Bauer의 도움을 받아
화해론 제1부(『교회교의학』 IV/1)를 출간했다. 그는 지난 겨울학기에 그 원
고를 끝냈는데, 그것도 그가 마지막 강의 시간에 마지막 부분을 읽는 그
순간 "정확하게 종이 울리면서 마무리되었다."[248] 바르트는 (895쪽이나 되
는) 이 책을 세 아들에게 헌정했다. 큰아들 마르쿠스는 그사이(2월 초)에
미국으로 가게 되었다. 미국 '중서부' 아이오와 주의 더뷰크Dubuque에 위
치한 작은 장로교 신학교에서 신약학 교수직을 맡게 된 것이다. 칼 바르
트의 친구인 아더 코크래인Arthur Cochrane도 그 학교에서 일하고 있었다.
마르쿠스 바르트가 부벤도르프 교회에서 고별 설교를 할 때 아버지 칼
바르트도 그 자리에 있었다. "그때 나는 교회에서……약간 흐느꼈다. 그
모든 마무리와 이별이 나한테도 절절하게 다가왔기 때문이었다."[249] 둘
째 크리스토프는 마침 그 시기에 안식년을 받아 고향에 와 있었다. 지난
해 7월, 칼 바르트는 직접 암스테르담 항구까지 그 아들을 맞으러 나가
서 "감격하여 얼싸안고" 재회를 기뻐했는데, "살찐 송아지 한 마리를 잡
지는 않았지만, '야생 오리' 고기를 함께 먹으며" 잔치를 벌였다.[250] 아버

지 바르트는 "크리스토프가 있다는 사실에 고무되어, 다시 체스를 두기
시작했다.……그러나 몇 시간 동안 접전을 벌이면 보통 4대 1정도의 점
수로 지곤 했다."[251] 5월 초에는 크리스토프도 다시 5년을 일하기 위해서
인도네시아로 떠났다. 이번에는 자카르타에 있는 대학교에서 일하게 되
었다. 셋째인 한스 야콥 바르트도 그 여름에는 뮌헨 근방에서 그림을 그
리겠다며 떠나가 버렸다. 그러자 아버지한테는 이런 생각이 들었다. "그
때 나는 야곱처럼 '너희가 나에게 내 자식들을 잃게 하도다. 요셉도 없어
졌고 시므온도 없어졌거늘 베냐민을 또 빼앗아 가고자 하니 이는 다 나
를 해롭게 함이로다' 하고 탄식하게 되었다."[252] 그러나 그는 자신을 위로
하기 위해 이런 생각도 했다. "이제 태양은 모든 학문 중에서 가장 아름다
운 학문에 종사하는 우리 가문의 남자들 가운데 적어도 한 명한테는 빛을
비추고 있는 셈이다."[253] 한스 야콥은 간호사이면서 안마사인 레나테 닝
크Renate Ninck와 약혼을 했다. 그녀의 아버지는 리헨Riehen의 심리학자이자
필적학자였다. 1954년 4월, 두 사람은 고트로프 비저의 주례로 약혼식
을 올렸다. 그러나 얼마 후에 거행된 두 사람의 결혼식은 너무나 갑작스
럽고 충격적인 사건 때문에 중간에 끝나 버렸는데, 그것은 신부의 아버
지가 인사의 말씀을 하다가 갑자기 쓰러지더니 그 자리에서 세상을 떠났
기 때문이다. 투르나이젠과 비저는 이틀 뒤 장례식에서 조사를 맡았다.

　이제 바르트는 점점 더 외부 일에는 관여하지 않고 교의학 집필에 몰
두했다. 어느 잡지에서는 그를 "집에 은둔하는 히에로니무스"라고 부르
기도 했다. 그의 작업은 점점 더 많은 인정과 존경을 받게 되었다. 그 시
기에도 (피스르트 호프트와 하인리히 헬트를 포함하여) 많은 사람들이 바르트
를 찾아왔다. "제네바에서도 아주 중요한 손님이 찾아왔다. 세나르클렌
과 뤼제 두 사람이 나에게 건네준 것은 『교회교의학』 I/1의 프랑스어 번

역본으로 아주 멋진 장정의 책이었다. 최소한의 예비 독자 1천 명이 확보되었고, 그 수는 앞으로 더 늘어날 것이라고 했다."254 제네바의 라보에 피데Labor et Fides 출판사가 앞으로도 바르트의 교의학을 프랑스어로 번역해서 출간하기로 했다. 번역은 프랑스어권 스위스 목사 페르낭 뤼제Fernad Ryser가 맡았다. 같은 시기, 바르트의 교의학 영어 번역 작업도 한창이었다. G. W. 브로밀리Bromiley와 토렌스가 책임 편집자가 되었고, 열다섯 명의 전문가가 번역에 달려들었다. 영어 번역본은 1956년 에든버러의 클라크Clark 출판사와 뉴욕의 스크라이브너스Scribner's 출판사에서 나올 예정이었다. 1959년부터는 도쿄의 신교 출판사가 바르트 교의학 번역본 출간 준비를 시작했고, 번역은 독문학 교수인 이노우에 요시오Inoue Yoshio가 맡았다. 무엇보다『교회교의학』의 독일어 원본이 점점 더 많은 사랑을 받고 있었다. (예약 신청인의 수가 7천 명을 돌파했다.) 특히 독일에서는 많은 사람들이 "부지런히 사고, 아마 읽기도 하는 것 같았다.……신학 문헌 신문이라든가 그 밖의 다른 신학전문 기관지의 축복 메시지가 전혀 없었는데도 말이다."255

1953년 여름학기의 시작과 함께, 바르트는 화해론 제2부, 자신의『교회교의학』 열 번째 책(IV/2)을 시작했다. "나는 화해론의 두 번째 문(아래에서 위로 가는!)을 열면서 처음 몇 시간 동안은 수도(원) 생활에 대해 이야기했다."256 "내가 그때 했던 이야기는 기존의『교회교의학』에서 그랬던 것보다-긍정적으로든 부정적으로든-더 충격적일 수도 있는 내용이었다. 여전히 (아마도 1921년『로마서 주석』이 야기한 정신적 마취 상태에서 아직도 헤어 나오지 못한 상태라서!) '인간이 하나님께 올라가든지 아니면 하나님이 인간에게 내려오시든지'의 양자택일이 나의 교의학의 핵심 진술이라고 생각하는 사람이나, 교의학 제4부 1권을 보면서도 성령의 새롭게 하시

는 활동과 인간이 높이 들림을 받는 것과 화해·성화·사랑에 참여하는
것에 대해 (다행스럽게도 혹은 걱정스럽게도) 거의 이해하지 못하거나 전혀
이해하지 못한 사람이라면, 이번 책에서 내가 바로 그런 내용을 가장 강
렬하고 가장 자세하게 다루고 있다는 사실과 맞닥뜨리게 될 것이다."[257]

『교회교의학』 IV/1은 종교개혁의 관심사를 다루었다. 그런데 『교회교의학』
IV/2는 한편으로는 로마 가톨릭 신학의 관심사와 "거기서 '거룩한 은총'이라
고 부르는 것"의 관심사를 다루었고, 다른 한편으로는 "경건주의자들과 공
동체에서 살아가는 사람들의 관심사를 더욱 충족시키려고 했다."[258] 바르트
가 이렇게 "다른" 관심사를 공공연히 다룰 수 있었던 데는 이유가 있었다. 그
는 그리스도의 높이 들림을 그리스도의 낮추심 다음에 오는 현상, 그저 부
가적인 현상으로 이해하고 싶지 않았다. 성화도 칭의에 뒤따르는 부가적 현
상이 아니다. 또한 그는 그 두 가지를 서로 상이한 행위, 차례로 일어난 행
위로 이해하고 싶지도 않았다. 그 둘은 하나의 실재, 한분 예수 그리스도께
서 이루신 한 행위의 두 가지 측면일 뿐이다. "'예수 그리스도'를 말하는 사
람은 '하나님 아들의 낮추심'만을 말할 수가 없다. 그것을 말할 때 이미 '사람
의 아들의 높이 들림'을 말한 것이다." 바르트는 이런 의미에서, 그러니까 그
리스도를 아는 것에 또한 이런 측면이 있다는 것을 강조함으로써 "꿋꿋하게
'루터로부터' 사유하는 사람들"과 거리두기를 하는 것이다. 그는 로마 가톨
릭과 경건주의의 '관심사'를 다루되, 그가 대화 파트너로 삼은 가톨릭 신학
자나 경건주의자가 그 관심사를 대변하는 방식에 대해서는 확실하게 수정
을 가한다. 바르트의 수정안은 특별히 이런 모습이다. 그는 그리스도 현실
성Christuswirklichkeit의 두 번째 측면을 설명하면서도 철저하게 첫 번째 측면
을 전제하고, 그것과 함께 사유하고자 한다. 또한 "인간 예수"야말로 인간이

높여지고 거룩해질 수 있는 유일하고 완전한 근거, 유일하고 완전한 능력과
보증이라는 사실을 근본적으로 중요시함으로써 수정을 가하는 것이다. 바
르트에 따르면, 인간은 이미 일어난 성화에 참여할 때만, **가장** 거룩하신 분
이요 **유일하게** 거룩하신 분에게 참여할 때만 비로소 "거룩해질" 수 있다. 이
책에서 또 한 가지 주목할 만한 것은, 바르트가—세기의 전환기에 논쟁의 대
상이었던 '예수의 생애' 문제를 받아들여, '역사적 예수' 논의가 새롭게 불타
오르는 시점에서—**인간** 예수를 자세하게 묘사하고 있다는 점이다. 그런데
예수에 대한 묘사는 복음서의 증언 이전으로 들어가지 않고, 오직 그것만
을 묘사한다. "부활절 이전"의 인간을 그려 내는 것이 아니라, 부활절의 빛
으로 본 "왕적인 인간"을 보여주려고 한다. 죄와 관련된 절에서 바르트는 아
주 과감한 문장을 적어 놓는다. "죄는 어리석음이기도 하며, 어리석음은 죄
이기도 하다." 교회에 대한 장에서는 교회 공동체를 "형제적인 그리스도 통
치"bruderschaftliche Christokratie로 이해하는데, 그 안에서는 영의 교회와 법적인
제도로서의 교회가 상충되지 않는다. 복음적인 '교회법'을 수립하는 것도 생
명력 있는 교회의 일부로 간주된다. 마지막 장, 곧 사랑에 관한 장에서는 상
당히 낯선 주장과 만나게 된다. 근대 신학이 극구 부정하던 것, 곧 직접적인
하나님 사랑과 예수 사랑이 존재한다는 주장이 그것이다. 바르트는 거기서
한 걸음 더 나아간다. 우리가 사랑해야 할 '이웃'은 아무나 다 되는 것이 아니
라, 일단 예수 그리스도의 교회 안에서 만나는 이웃이다. 왜냐하면 이웃 사
랑이란 본질적으로 상호성 안에서 이루어지는 사랑의 증언, 곧 하나님 사랑
의 증언이기 때문이다. '이웃'은 나에게, 나는 그에게 하나님의 사랑을 증언
하는 것이다.[259]

바르트는 전과는 달리 경건주의자들과 아주 가깝게 지내게 되었다.

"그렇다고 내가 경건주의자가 된 것은 아니지만" 말이다. 이러한 변화는 그사이 바르트의 신학 사상에 변화가 생겼기 때문이기도 하지만, 그와 동시에—바르트가 생각하기에는—그 파트너에게도 변화가 일어났기 때문이다. "내가 잘못 본 것이 아니라면, 요즘 그 사람들은 예전에 내가 봤던 것보다 훨씬 개방적이고, 훨씬 특색 있는 모습으로 자신들의 가르침과 실천을 구성해 나가고 있다. 적어도 나는 그렇게 느낀다. 그래서 나는 그들을 예전보다 더 잘 이해하게 되었노라고 고백하는 데 부끄러움이 없다."[260] 이런 변화에 큰 영향을 미친 사람 하나를 기억할 필요가 있다. 칼 바르트는 그 사람을 1937년에 처음 알게 된 뒤로, 만날 때마다 그 사람을 더 존중하게 되었다. "리하르트 임베르크Richard Imberg, 그는 큄리겐Gümligen의 실로암 사회복지 센터의 총책임자로서, 학문과는 거리가 먼 와일드한 사람이었다. 그래서 더더욱 힘이 있는 신학자였다. 나는 그의 따뜻한 인간성 덕분에 이런 공동체 운동의 전혀 새로운 측면을 알게 되었다."[261] 게다가 임베르크는 "만인화해론을 선포하는 설교자였다. 언젠가 나는 그에게 말했다. '나는 만인화해론을 믿지 않소. 하지만 만인의 화해자 예수 그리스도는 믿고 있소'라고 말이다."[262]

바르트가 『교회교의학』 IV/2의 "터널" 속에서 끈질기게 앞으로 나아가고 있을 때, 1953년 여름학기가 시작되었다. 이번 학기부터는 집중 토론 모임에 헬무트 골비처가 참여하면서 많은 자극을 주었다. 세미나 시간에는 "꿋꿋하게 루터로부터 사유하는 사람들"의 문제를 직접적으로 다루었다. 그 세미나는 "전무후무한 열성적인 참여"와 (창문턱이며 어디며 앉을 만한 데는 다 앉았다!) "그 주제, 곧 1520년의 루터라는 주제 때문에 언제라도 불꽃이 튈 것 같은 분위기"로 인해 단연 눈에 띄는 세미나였다.[263] 무엇보다도 "가장 많이 참여한 독일 학생들이 그 세미나를 통해서 루터의 규범화를 탈피하여, 저 위대한 마르틴 루터와 관련해서도 일종의 탈신화화를 시도하려는 자세는 그 세미나에 긴장감을 불어넣었다."[264] 바르트는 괴팅겐 시절부터 조롱조로 이런 라틴어를 날리곤 했다. "독일인의 정신은 본질적으로 루터적이다!"*Anima Germanica naturaliter Lutherana*[265] 바르트는 그 구절을 이 세미나에서도 시시때때로 읊어 댐으로써 "독일 정신"을 자극하여, 그들이 자기네 전통을 비판적으로 극복하는 데 박차를 가했다. 이 루터 세미나에 크게 고무된 바르트는 다음 겨울학기에는 '칼뱅의 칭의론' 세미나를 열기로 마음을 먹었다.

그해 여름, 바르트의 생일 때는 "두 명의 대학생, 그리고 우리 바젤 대학교 수위 아저씨이자 비올라의 대가께서 플루트 트리오를 결성하여 아름다운 연주를 해주었고……그렇게 축제 분위기로 하루를 열었는데, 나는 그 연주자들에게 다음 날 강의실에서도 120여 명의 교의학 팬들을 위해서도 그 곡을 (당연히 모차르트의 곡이었다) 연주해 달라고 부탁했다. 그러자 이 공간에도 형언할 수 없는 환한 빛이 스며들었다."[266] 바르트는 그 달에 또 하루 시간을 내어 메네도르프Männedorf에 갔다. "독일어권 스위스의 목사 부인들 160명이 모인 대회였고, 나는 그들이 서면으로 작성한 온갖 질문에 답변을 해야 했다. 예컨대 이런 질문이 있었다. '어떻게 나의 구원을 확신할 수 있나요?'……또 이런 질문도 있었다.……'내가 사랑하는 고인(故人)들을 저 세상에서 다시 만날 수 있나요?' (대답: 네, 그렇습니다. 하지만 다른 사람들도 함께!)"[267] 그 만남이 그럭저럭 괜찮았는지, 바르트는 1년 후에도 그 대회에 오기로 했다. 또 한번은 바젤의 목회자 협회에서 교회 안에 있는 이미지들과 관련된 문제를 놓고 헨드릭 판 오이은과 논쟁을 벌였다. 집으로 돌아오는 길에 고트로프 비저가 바르트에게 강력하게 반발하며 (스위스 사투리로) 이렇게 말했다. "넌 네 말이 언제나

옳다고 주장하는 거냐!" 그러자 바르트는 씩 웃으며 대꾸했다. "내 말은
언제나 옳아!"

에번스턴 세계교회협의회 준비

여름휴가 기간에는─투르나이젠의 가족과 생뤽St. Lüc에서 기분 좋은 휴
가를 보낸 뒤─8월 말에 에번스턴 세계교회협의회 제3차 준비 위원회
에 참여했다. 바르트에게는 그 준비 작업이 점점 더 기쁜 일이 되었다.
1951년 7월 20-30일, 스물다섯 명의 전문가 위원회가 처음 소집되었다.
바르트는 이 회의에 대해 별로 좋지 않은 기억을 가지고 있었다. "우리
는 열흘 동안 앉아서 이야기를 했다. 건강하게 빛나는 이빨과 위대한 결
단력을 가진, 그런데 아무런 문제도 없는 미국인들이 (그 선두에는 니버가!)
있었고……영국인들(에든버러에서 온 끔찍한 베일리[Baillie]가 가장 눈에 띄는
사람이었다), 독일인들(이번에는 친애하는, 깊이 있는 신학자 하인리히 포겔, 하이
델베르크에서 온 명석한 신학자 슐링크가 언급할 만한 인물이었다), 네덜란드에
서는 후큰데이크Hoekendijk……크라머Kraemer가 왔다." 프라하에서는 로마
드카, 실론 섬에서는 나일스, 프랑스에서는 정교회 신학자 플로로브스키
와 로저 멜Roger Mehl이 왔으며 "스웨덴에서는 빈그렌, 황금 해안에서는 베
타Baeta 부부(두 사람은 정말 석탄처럼 까맸으나, 나는 그들과 잘 어울렸다), 일본
에서는 지적인 여성 학자 미스 다케타Miß Daketa가 왔다. 그녀는 독일어를
배워서 제대로 신학을 알고 싶다고 했다. 그래서 나는 쉬는 시간에 독일
어의 몇 가지 비밀을 살짝 알려 주었다. 친애하는 스위스에서는 에밀 브
룬너와 내가 참석했다."[268] 바르트는 그 당시 대회의 주제 전반을 주도하
는 정신에 별로 만족할 수 없었다. 아니, 실망했다. 그는 이 대회를 미국

이 아니라 뉴델리에서 열어야 한다고 주장했으며, 주제도 '교회와 세상의 희망'이 아니라 "예수 그리스도, 십자가에 달린 주님, 이 세상의 유일한 희망"으로 바꿔야 한다고 주장했으나 아무 소용이 없었다. 니버가 총회 주제를 고민하다가 하필이면 종말론을 "옆으로 치워 두었을" 때, 바르트는 "격분했고, 여기에는 희망이 없다고 생각해서……그 무대를 떠나려고 했다." 그런데 앞서 언급한 그 일본 대표가 얼른 바르트와 니버 사이의 대화를 제안함으로써 바르트의 이탈을 막았다.[269] 그럼에도 불구하고 바르트는 "아주 복잡한 심경을 안고" 바젤로 돌아왔다. 그는 "내가 이 일을 계속 같이 해야 하는지" 고민했다. "앵글로색슨 사람들, 에큐메니칼 미소……다양한 관점을 무한정 평준화하는 작업……이 모든 것이 지속되면서 결국, 적어도 나는 완전히 질려 버렸다."[270] 바르트가 특히 안타까워한 것은 "우리가 그리스도교의 희망에 대해 기뻐하지는 못할망정, 머리가 깨질 정도로 고민만 해야 한다는 사실"이었다.[271] 바르트는 미국의 어느 잡지 지면을 빌어 '그리스도교의 희망'에 대한 자신의 견해를 요약해서 소개했다. "그리스도인의 희망은 인간적으로 모든 희망이 끊어진 곳에서 일어난 하나의 사건에 그 기원을 두고 있다. 그것은 예수 그리스도께서 골고다 십자가에서 돌아가신 사건이다."[272]

그런데 1952년 9월 초에 열린 제2차 준비 모임에서는 훨씬 풍요로운 공동 작업이 이루어졌다. 이번 모임의 장소는 "제네바 호숫가 아름답고 한적한 곳, 새롭게 단장한 셀리니Céligny의 샤토 드 보세이Château de Bossey였고……게다가 비교적 젊은 실업가 그룹이" 결합했다. "대회의 성격상 빠질 수 없는 신학 교수 집단 외에도 일련의 평신도들이 아주 적극적으로" 자기 의견을 개진했다. 예컨대 철학자 도널드 매키넌Donald MacKinnon은 그 대회 때 발표될 공동의 보고서를 만들자고 했다. "출신도 다르고 지향점도 다른 스무 명이 머리를 맞대고 하나의 문건을 만들어 낸다는 것은 결코 간단한 일이 아니다!" 그러나 작년과는 달리 참가자들 간에 이해와 협력이 원활하게 이루어졌다. "어쩌면 이제 우리가 서로를 잘 알고 있기 때문일 수도 있다. 어쩌면 그사이에 모두들 이 문제를 곰곰이 더 생각해 보고, 성서도 읽고 그러다 보니 자연스럽게 서로에게 더 가까워진 것일 수도 있다.……어쩌면 우리 시대의 곤경 때문에 우리가 서로 더 이해하지 않을 수 없는 상황일 수도 있다. 또 이번에는 파릇파릇한 남인도의 감독 레슬리 뉴비긴Lesslie Newbigin이 의장을 맡았기 때문이라고 추측해 보기도 한다. 그의 객관적이고 명료한 모습, 인간적 책임성, 특별히 그의 영적인 자기 규율은 처음부터 모든 사람을 하나로 묶는 힘이었다. 보세이 대회는 작은 한 걸음이었다. 아직도 먼 길이 남아 있었다.……그렇지만 우리는 그리스도교의 희망에 대해 말만 한 것이 아니라, 그 아름다운 희망 속에 실제로 함께 있었던 것이다."[273]

제3차 준비 대회에서는 서로를 존중하면서 서로를 더 이해할 수 있게 되었다. 바르트 자신도 대단히 만족스러워 했다. "우리는 1951년, 1952년, 1953년 세 번의 모임을 통해 확실히 가까워졌다. 미국인들과 나의 관계도 좋아졌다. (마이니어, 캘룬[Calhoun], 뮤얼더[Muelder] 등도 나름 좋은 사람들이었다.) 다드Dodd도 인간적으로 아주 마음에 들었고 (물론 교회론과 관련해서는 여전히 유보적이지만) 신학적으로도 그렇게 나쁘지 않았다. 다른 유럽 신학자들(슐링크, 로저 멜, 포겔)과의 협력도—아슬아슬할 때가 없지는 않았지만—최고의 성과를 냈다. (내 친구 포겔은 시도 때도 없이 뭔가에 도취되어 정신없이 떠들거나, 자기가 작곡한 음악을 연주하기도 했다.) 앵글로색슨 사람들이 그렇게 독실하게 기도하는 척만 안 했으면 참 좋았을 것이다. 어느 날 저녁 기도 때는 주의 기도를 두 번, 영광송(Gloria patri)은 다섯 번인가 여섯 번을 했다. 그래서 나중에 내가 그 사람들한테 이렇게 말했다. 내가 만약 하나님이라면 천둥을 울리시면서 '알았다, 알았어. 그렇게 하마. 네 기도를 들었다!' 하고 대답하실 거라고.……그날의 압권은 조그만 고양이 한 마리였다. 그 녀석은 예식에 불법적으로 끼어들어, 여기서 야옹 저기서 야옹 하며 돌아다니더니, 결국에는 가장 열심히 기도하는 어떤 사람의 등 위에 올라가서 마치 깃발처럼 꼬리를 흔들어 댔다. 에번스턴에서는 아마도 사자가 그런 비슷한 역할을 맡아야 할 것이다."[274]

바로 이 제네바 대회를 통해 총회 주제에 대한 위원회 '보고서'-집중적인 공동 작업을 통해-세 번째 안, 곧 최종안이 나왔다. 이 보고서의 맺음말을 써서 덧붙이는 것을 누가 할 것인가 논의가 있었고, 위원회는 만장일치로 바르트에게 그 일을 맡겼다. 바르트는 하루 동안 작업하여 맺음말을 완성했고, 그 글은 위원회 전체의 동의를 얻었다.

그 글은 "예수 그리스도가 세상의 희망"이라는 위대한 진리가 여기 나열된 수많은 생각들보다 "훨씬 더 타당한 사유의 가치가 있음"을 고백하면서 시작된다. 그리고 교회를 향한 열린 질문으로 끝난다. "교회는 주님이시요 머리이신 그분의 진정한 증인인가?……교회는 이 세상에서는 영원한 거처를 구하지 않고 오직 미래의 거처를 추구하는 순례자인가?……교회는 저 동쪽에서 밝아 오는 빛을 내다보면서 새로운 날의 시작을 아는 파수꾼들의 모임인가?……교회는 지금 굶주리고 목마르고 헐벗고 병들고 옥에 갇힌 형제들 안에서 장차 오실 왕의 모습을 알아볼 수 있는 공동체인가?"

1953년 8월에 열린, 에번스턴 세계교회협의회 총회 준비를 위한 보세이 대회.

칼 바르트(아랫줄 오른쪽에서 세 번째)의 왼쪽에는 플로로브스키, 뉴비긴, 피스르트 호프트, 바르트의 뒤에는 훗날 그의 며느리가 되는 M. Cl. 프롬멜, 그녀의 왼쪽에는 H. 포겔, E. 슐링크, D. T. 니일즈.

"자유의 선물"

한 달 후인 9월 21일에 바르트는 다시 한 번 (6년 만에 처음으로!) 독일에서 강연을 하게 되었으니, 빌레펠트에서 열린 개신교 신학 협회 강연이 그 것이었다. 두 명의 친구가 그 여행길에 동행했다. 한 명은 "슈바벤의 주석 및 은 세공사" 하랄트 부흐루커Harald Buchrucker, 다른 한 명은 슈바벤의 목사 헤르만 딤이었다. 훗날 튀빙겐 대학교의 정교수가 된 헤르만 딤은 "개성이 넘치는 독창성"으로 바르트와 불트만을 잇는 다리를 만들어 보려고 하던 사람이었다.[275] 바르트는 그 여행을 통해서 "악마 같기도 하고 천사 같기도 한 그 혼란 속에서도 비길 데 없이 흥미롭고 사랑스러운 독

일에 대한 진정한 향수랄까, 그런 비슷한 것을" 느꼈다. 에른스트 볼프가
사회자로 나선 빌레펠트 대회는 바르트의 평생에 가장 휘황찬란한 모임
가운데 하나였다. 거기서 바르트는 헤아릴 수 없이 많은 독일의 신·구세
대 학자들, 외국 친구들, 제자들을 만났다. 그러나 "특별히 내 주위에 군
집한 비(非)불트만 학파의 '열병'(閱兵)에서 느껴지는 그리 유쾌하지 않은
측면"은 그저 두려울 뿐이었다.[276] 또 이런 자신의 모습을 가만히 지켜보
며 이런 생각도 했다. "나의 영적인 건강을 위해서는……스위스라는 겸
손의 계곡에서 지내는 것이 훨씬 좋을 것이다."[277] 동독의 신학자들도 왔
는데, 그들을 이끌고 온 사람은 발터 포이리히Walter Feurich와 요하네스 하
멜Johannes Hamel이었다. 바르트는 그해 초에 동독의 차이써Zaisser 장관에
게, 그때 막 체포된 친구 하멜의 석방을 부탁하기도 했다. 하멜을 다시
보게 된 것은 그래서 더더욱 기쁜 일이었다. 1천여 명의 청중 앞에서 바
르트가 강연한 주제는 '자유의 선물'이었다.

　

바르트는 겉으로는 드러나지 않게 불트만의 신학과 대결하면서, 다른 한편
으로는 서구 정치권이 기치로 내건 '자유'의 개념과 대결하면서 자신의 자유
론을 펼쳐 나간다. 바르트에 따르면, 자유란 자연적인 권리도 아니고 자연
스럽게 주어진 소유물도 아니다. 그것은 오직 하나님의 은혜로운 선물이며,
하나님 자신의 자유에 기반을 둔 것이다. 그러나 자유는 우리가 맘대로 조
정할 수 있는 어떤 형식적인 힘이 아니다, 선택의 자유를 말함도 아니다. 오
히려 만남 속에서의 자유, 무엇인가를 위한/향한 자유다. 어떤 자유로운 신
학자의 실존에 관한 그의 이야기는 청중의 폭소를 자아내기도 했다. 예컨대
자유로운 신학자는 "적어도 자신의 사유 속에서는, 언제나 새롭게 시작할
수 있는" 자유를 가지고 있다. "즉, 예수 그리스도의 부활을 자신의 이성(理

性) 사용을 위한 지시로서 진지하게 생각할 수 있다.……상당히 진지하게, 경건하게, 지적이고 날카롭게 시작해서 그렇게 추진되기는 하지만, 위에서 내리비치는 빛이 부족한 신학, 그래서 평온함이 부족한 신학이 있다. 그러나 그 빛과 평온함이 없는 신학자는 이 어두운 세상에 음울한 손님이요, 형제들에게 별로 달갑지 않은 훈계자가 될 수밖에 없다. 그런 사람은 아무리 잘해도 베토벤이나 브람스……정도에 그친다!"[278]

바르트는 돌아오는 길에 뮌스터에 들러 하인리히 숄츠를 만났다. 그는 "정신적으로는 옛날처럼 생기발랄하고 날카로웠으나 육체적으로는 아주 연약한 상태에 있었다."[279] 그 후에는 "명랑한 팔츠 주"의 목사 칼 한트리히Karl Handrich의 집에 들렀다. 그리고 그가 목회하는 교회에서는 소규모의 관심 있는 사람들의 모임에 참석하여 여섯 시간 동안이나 질의응답 시간을 가졌다. 당시 그곳의 수련목회자였던 페르디난트 한Ferdinand Hahn의 의견 표명이 바르트의 마음에 들었다. 페르디난트 한은 훗날 신약학 교수가 된다.

바르트는 완전히 탈진한 상태에서 바젤로 돌아왔다. 얼마 전까지만 해도 에번스턴 총회에 참석해서 그 기회에 콜롬비아·예일·프린스턴·버클리·토론토 대학교에서 강연하기로 확고하게 계획을 세워 두었건만, 이제는 그 계획을 취소하기로 마음을 먹었다. "빌레펠트 대회를 계기로 내가 아주 분명하게 깨달은 것이 있다. 그것은 미국에서 나에게 기대하고 요구하는 것보다는 이 두꺼운 책[교회교의학]을 쓰는 것이, 내가 인류를 위해 할 수 있는—도무지 그런 게 가능하다면!—더 나은 봉사의 일이라는 사실이다. 빌레펠트 대회에 참여하면서, 내가 얼마나 빨리 체력의 한계를 느끼는지 알게 되었다."[280] 그래서 제2차 세계교회협의회 총회를 위한 바르트의 기여는 총회 주제에 대한 신학적 준비 작업에 한정되었다. 바르트는 이후 몇 달 동안 그 주제에 대해 바젤의 목회자 모임, 아르가우 지방회, 취리히, 장크트갈렌에서 강연했다.

이제 강연에 대한 의욕은 현격히 줄어들었다. "이제 나는……특별한 계기라든가 주제 때문에 내가 반드시 나서야 하는 경우를 제외하고는……강연은 하지 않겠다."[281] 그러나 "강연 대신 질의응답의 자리에" 초대를 받으면 흔쾌히 응할 때가 많아졌다.[282] "그래서 나는 나름의 기술을 개발했는데, 대규모 모임이든 소규모 모임이든 나한테서 뭔가를 듣고 싶어 하는 사람들이 미리 질문을 던지게 하고, 나는 토론 중에 그 질문에 답을 하는 그런 기술이었다."[283] 연말에는 슈바멘딩겐에서 그런 모임이 한 번 있었는데, "훨씬 '더 나은' 취리히, 그 밖에도 스위스 동부의 온갖 민족이……그곳에 몰려왔으며" 모차르트 사중주가 장엄하게 울려 퍼지면서 행사가 시작되었다.[284] (1년 뒤에도 똑같은 행사가 열렸다.) 1954년 새해에 라이나흐의 목회자 모임에서, 3월에는 슈투트가르트에서 3백 명의 참가자들과 함께 그런 행사를 가졌다. 며칠 뒤 "나는 슈베비쉬그뮌트Schwäbisch-Gmünd에서 강연을 하나 들었는데, 그것은 바로 나에 대한 강연(!)이었다. 내가 정말 높이 평가하는 음악평론가 위르겐 우데Jürgen Uhde가 '칼 바르트의 신학에 나타난 모차르트의 음악'이라는 제목으로 강연을 (중간중간 음악이 들어갔다. 정말 멋진 행사 아닌가!) 했던 것이다."[285] 1953-1954년 겨울에는 샤를로테 폰 키르쉬바움이 다시 한 번 순회강연 길에 올랐다. 성서적 여성관이라는 주제로 함부르크와 (루르 지역의) 뮐하임Mühlheim에서 강연을 하게 된 것이었다. 바르트는 바젤에서, 마침 취리히에 한 학기 동안 객원 교수로 와 있었던 불트만의 강연 '종말론과 역사'(Eschatologie und Geschichte)를 듣게 되었다. 바르트가 보기에, 불트만의 강연은 "전혀 새로운 것이 없었고, 옛것도 그다지 인상적으로 말하지 못했다."[286] 한번은 덴마크의 신학자 쇠에가 바르트를 찾아왔다. "그는 대부분의 스칸디나비아 사람들과 마찬가지로 나를 그리 만족스러워하지 않았다. 내가 타락이라든가 그런 것을 별로 진지하게 생각하지 않는다는 것이다. 나는 그 대화를 한 마디로 요약했다. '우리는 그리스도에 대해서는 한 의견인 것 같습니다. 그러나 악마에 대해서는 그렇지 않은 것 같습니다.'"[287] "스칸디나비아 사람들" 가운데서 이와 비슷한 논점을 가지고 바르트를 비판하는 글을 쓴 사람으로는 레긴 프렌터와 구스타프 빈그렌이 있었다. 빈그렌은 '하나님-악마-도식'과 관련하여 바르트가 짚어 내지 못한 이런저런 점을 지적했다. 그러나 바르트는 이렇게 생각했다. "나를 반박하려면 나의 저작에 상응하는 총체적 기획의 형태로 반박해야지, 저렇게……그르렁그르렁거리는 것으로는 안 된다."[288]

그해 여름학기, 바르트의 세미나는 "에번스턴 에큐메니칼 총회(1954년 8월) 주제 '그리스도—세상의 희망'을 위한 준비 텍스트였다. 그 세미나는 총회 지도부에게 유대인 문제와 관련한 청원서를 작성하는 것으로 마무리되었다. 이 청원서로 우리가 원했던 결과를 얻어 내지는 못했지만, 그 문건은 상당한 인정을 받았다."[289] 총회 참가자 대다수는, 그리스도인의 희망에 이스라엘을 더욱 철저하게 수용해야 한다는 그 청원서의 견해를 거부했다. "나는 이 그리스도교 공의회에서 하필이면 그 옛날 아모리 족속의 후예들, 아말렉 족속의 후예들이 이스라엘의 희망을 망쳐 놓으리라고는 전혀 생각하지 못했다."[290] 바르트가 비록 에번스턴 총회에는 가지 못했지만, 그래도 그의 청중은 여전히 에큐메니칼했다. 독일 학생 외에도 서른 명이 넘는 미국 학생들, 게다가 각 나라의 대표들이 있었고, "다행스럽게도 다섯 명의 스위스 학생들"도 있었다.[291] "별써 두 학기째 이곳에 머물고 있는 그리스 학생 하나는⋯⋯고마움의 표시였는지 아니면 그리스의 풍습이었는지는 모르겠지만, 마지막에 두 번이나 내 손에 키스를 했다! 반면 어떤 우루과이 남학생은 내 수업 시간에 볼테르주의에⋯⋯대한 투쟁을 강화하고자 했다. 정말 없는 게 없지 뭔가!"[292] 외국인 학생들 가운데는 명랑한 남아프리카인 요하네스 롬바르트Johannes Lombard가 바르트와 가깝게 지냈다. 그 학생은 하루가 멀다 하고 "샬로티 자매와 작은 아버지(바로 나!)"의 집에 드나들었으며, "그렇게 정신없이 뛰어다니며 '하늘 위로 날아오를 것 같은 환희'와 '죽을 것 같은 우울함' 사이를 오갔다."[293] 그는 바르트 밑에서 박사 논문을 쓰던 열다섯 명의 학생 가운데 하나였다. 요하네스 롬바르트 외에는 (훗날 "나의 학파를 아주 과격하게 박차고 나간"[294]) 폴 반 뷰렌Paul van Buren, 그리고 셜리 거스리 Shirley Guthrie, 존 갓세이John Godsey, 찰스 홀Charles Hall 등이 있었다. 독일 학생 중에는 루돌프 스멘트Rudolf Smend, 에케하르트 뵈르쉬Ekkehard Börsch, 홀거 잠존Holger Samson, 디트리히 브라운Dietrich Braun, 위르겐 팡마이어Jürgen Fangmeier, 트루츠 렌토르프Trutz Rendtorff, 하인츠 에두아르트 퇴트Heinz Eduard Tödt 등이 그 시절을 함께 보냈다. 물론 바르트에게 아쉬움이 남는 부분도 있었다. "누가 열심히 공부하는지, 또 그가 어떤 학생인지는 그 학생의 바젤 체류가 거의 끝나는 시점이 되어서야 드러나곤 한다. '이제 뭔가 본격적으로 시작되어야 하는데'라는 생각을 하면서 그들을 보내자니 비애를 느끼지 않을 수 없다."[295] 집중 토론 모임에서는 대화가 "자꾸만⋯⋯아는 척 많이 하는 젊은 친구들이⋯⋯제기하는 질문으로 되돌아갔다. 도대체 『교회교의학』만의 독특한 '사유 형식'은 무엇인가? 그것을 알게 된다면, 그의 특별한 출발점에서 시작하여 부단히 자신의 목표를 향해 돌진하는 그 기차에 올라탈 것인가, 올라타지 않을 것인가를 결정할 수 있지 않을까?"[296]

1954년 여름, 바르트를 찾아온 사람 중에는 아주 특이한 "미국인이 있었는데……그는 시카고에 있는 무디 성경 연구소에서 온 사람이었다.……일단 들어와 앉더니, 나에게 1백 달러를 건네면서 그리스도의 재림에 관한 논문 한 편을 써 달라고 하는 것이었다. 나는 즉시 가룟 유다를 떠올리면서 정중하고도 단호하게 거절했다.……나는 그 사람을 바깥으로 내보냈는데, 나가기 직전에 그가 또 이렇게 말했다. 성경에는 '내 양을 먹이라!'라고 쓰여 있는데, 당신은 성경에 '내 기린을 먹이라!'라고 쓰여 있는 것처럼 대하시는군요."[297] 한번은 영국의 구약학자 H. H. 라울리Rowley의 입에서, 모세의 '유일신 사상'은 장인 이드로한테서 나온 것이라는 말이 나왔다. "나중에 나는 그 사람에게 말했다.……난 지금 내 사위한테 가서, 현명한 장인을 둔 것이 얼마나 영예스러운 일인지 말해 주려고 한다네!"[298] 또 한번은 "우리 시대의 아주 독특한 인물 기제비우스가" 바르트를 찾아왔다. 히틀러 시대에 대한 그 사람의 박학다식한 설명은 바르트를 항상 매료시켰다. 게다가 이번에는 "키안티를 많이 마셔서 그런지 더 막힘없이 이야기를 했다."[299] 8월에는 다시 생뢱에서 투르나이젠 가족, 프라이 가족, 힐다 하이네만Hilda Heinemann과 함께 휴가를 보냈다. 그 기간에 "3,030미터 높이의 벨라 톨라Bella Tola라는 산 정상까지 등산"도 했다.[300] 그 후에는 롤로 폰 키르쉬바움, 에른스트 볼프, 페스탈로치 식구들과 함께 또 한 번의 이탈리아 여행을 갔다. 여행의 목적지는 로마와 나폴리였지만, 일단 플로렌츠로 갔다. "그 도시에 사는 나의 위대한 친구 이름은 산드로 보티첼리Sandro Botticelli다. 그는 우피치 산에 살고 있다. 나는 이번에 그 친구를 제대로 만나 볼 수 있었다."[301] 바르트는 그 이탈리아 화가의 "그림에 나타난 풍성한, 그러나 언제나 고요하게 너울거리는 선의 흐름"이며, 무엇보다도 "인간의 눈에 대한 심오한 통찰, 질문과 대답"을 보면서 내내 경탄을 금치 못했다.[302] 방학의 나머지는 게르첸 호숫가에서 보내면서 모리를 통해 '에번스턴 총회'에 대해 자세한 이야기를 들었다.

다시 바젤로 돌아온 바르트에게, 이번에는 로마드카가 찾아왔다. 로마드카도 그 총회에 참석했다가 귀국하던 길에 잠깐 들른 것이었다. 두 사람의 대화는 공산주의 국가에서 그리스도인의 협조에 관한 문제로 귀착되었다. 바르트는 그에게 "좁은 길"을 떠나지 말라고 강력하게 권고했다. "서구권의 교회와 동구권의 교회는 양쪽의……체제를 추종하는 세력 가운데 어느 한 쪽으로 기울어지지 않고 그 좁은 길을 구하고 찾아야 할 것이다."[303] 그러나 바르트가 로마드카에게 이런 부탁을 할 수 있었던 것은, 우리 시대의 다른 어떤 사람들의 손을 다 합친 것보다 "로마드카의 새끼손가락이 더 낫다고" 생각했기 때문이었다.[304]

쿼리겐의 질의응답 모임에 갔다 오고, 친구 임베르크를 찾아갔다 오고, 샤우엔부르크에서 바젤의 '실증주의' 목사들 모임에 갔다 오니, 어느새 겨울학기가 시작됐다. 세미나 시간에 다룬 주제는 '루터와 열광주의자들'이었다. 바르트는 이 세미나를 통해, 제2차 세계대전 이후 그를 끊임없이 고민하게 만들었던 문제, 곧 정치와 신학의 문제와 씨름하게 되었다. "매번의 세미나는 어떤 식으로든 흥분과 혼란을 동반한 시간이었다. 세미나가 끝날 무렵, 우리는 너무나 낯선 모습의 루터, 처음에 느꼈던 것보다 훨씬 더 낯설어진 루터와 마주하게 되었다.……루터의 입장을 해명하고 루터를 변호하기 위해 프랑크푸르트에서 여기까지 온 슈테크가 와 있었지만, 그 역시 큰 변화를 가져올 수는 없었다."[305] "친애하는 ('나의') 독일 학생들"은 지난번 루터 세미나 때와 마찬가지로 "약간 당황스러운 모습으로……직접 몇 가지 질문을 던지면서, 아버지 루터와 (모든 독일 신학자들이 자기 나름의 이미지를 가지고 멋지게 손질한 루터, 그런 다음에는 아예 모든 신학의 표준처럼 떠받들곤 하는 그 루터와) 온몸으로 부딪히며 대결할 수 있게 되었다."[306] 그 학기에는 취라 주에서 온 스물다섯 명의 목사들과 정기적으로 만나 토론하는 시간도 만들었다.

늦가을, 바르트에게 정치적인 입장 표명의 기회가 찾아왔다. 제2차 세계대전 후 10년을 보내면서 어느 정도 구체적인 형태를 갖추게 된 독일의 '재건'에 대해 직접적인 발언을 할 수 있는 기회였다. 헤센 주 정부가 11월 14일 비스바덴에서 '추모의 날' 행사를 여는데, 바르트에게 추모 연설을 맡긴 것이었다. "그때 내가 한 말은 모두, 아주 자세하게 고민해서 한 말이다."[307] 그가 하려던 말은 상당히 날이 서 있는 내용이었던 것이다.

그는 이른바 "고상한 양반들"도 지난 전쟁에 책임이 있다는 것을 확실하게 말했다. 그 전쟁의 희생자는 일차적으로 유대인이며, 예컨대 '붉은 악단'Rote Kapelle도* 그 희생자에 속한다고 말했다. 또 그는 구체적인 행동이 뒤따르는 추모의 날 행사가 되어야 한다고 말했다. "우리는 그런 일이 다시는 일어나지 않도록 해야 한다." 그러고는 지난 5월, 그리고 늦여름에 (제네바 대회에 대해, 아데나워의 유럽 방위 공동체 정책에 대해) 두 번의 인터뷰에서 발표한 입장을 반복했다. 요컨대 독일은 중립을 지켜야 하며, 비무장 상태로 남아야 한다는 입장이었다. 바르트는, 자신의 "재무장 **반대**"는 곧 "독일적 본질의

---

* 소련과 접촉하면서 제2차 세계대전 기간 중에는 나치에 저항했던 모임들을 통칭한 것으로, 게슈타포가 그 모임들을 부르던 명칭이다—옮긴이.

탈신화화 **찬성**"이라고 말했다.[308]

이로써 바르트는 자기가 구스타프 하이네만, 하인리히 그뤼버, (얼마
전에 바젤을 방문한) 울리히 노아크 교수Ulrich Noack, 마르틴 니묄러와 같은
노선임을 분명히 밝혔다. 니묄러는 행사 전날 바르트를 잘 맞이해 주면
서, 바르트에게 '황금 십자가'das goldene Kreuz를* 걸어 주었다. "나는 그 참
에 처음이자 마지막으로 잠깐 동안 그걸 걸어 보았다."[309] 바르트의 연설
은 그야말로 엄청난 반응을 불러일으켰다. 연설이 끝난 뒤 바르트는 친
Zinn 장관과 오찬을 나누었으나, 그가 속한 사회민주당 정권은 즉시 그의
연설 내용에서 거리를 두었다. 바르트는 "아데나워 패거리의 고함질"보
다도 그게 더 안타까웠다.[310]

그 "아데나워 패거리" 가운데서도 제일 앞장서서 바르트를 공격했던
사람은 오이겐 게르스텐마이어였다. 바르트는 이듬해 3월 「와이셔츠 깃
빳빳한 게르스텐마이어 씨」라는 제목의 글로 그에게 응수했다. 바로 그
3월, 헤렌알프Herrenalb에서 열린 동서독 교목 토론회에 초대된 바르트는
바로 이 문제를 놓고 에버하르트 뮐러Eberhard Müller, 그리고 한스 폰 캄펜
하우젠Hans von Campenhausen과 크게 한 판 붙었다. 특히 캄펜하우젠은 "칼
바르트가 자신의 정치적 견해를 저런 식으로 이야기하니까 다른 의견을
가진 사람은 의혹의 대상이 될 수밖에 없다면서, 화가 나서 몸을 부들부
들 떨었다. 그러나 칼 바르트는 이렇게 말할 뿐이었다. 그렇다면 당신은
어째서 당신의 입장을 똑같은 [그리스도교적인] 설득력을 가지고 발표하
지 않습니까?"[311]

---

* 감독의 권위를 상징하는 것으로, 독일 주교회의 감독(혹은 그와 맞먹는 지도자)이 매고 다닌다—영역본 옮긴이.

　바르트는 세계대전 이후 끈질기게 자신의 정치적 의견을 발표해 왔으나, 돌아보건대 그런 의견을 가진 자기는 언제나 물살을 거스르며 헤엄쳐야 했고, 대부분 사람들은 자기의 의견을 들으려고 하지 않았다는 생각이 들었다. "대부분의 '서구 그리스도교 국가들'이나 우리나라 사람들이나 하나같이 덜레스나 아데나워 편에서 잘 지내면서 냉전을 지속시키려고 하는데, 내 힘으로는 이런 상황을 조금도 바꿀 수 없다."[312] 그러나 냉전에 대한 바르트의 비판도 전혀 달라지지 않았다. 그것 때문에 스위스 안팎에서 온갖 반론에 부딪힐 수밖에 없었다. 이것은 그 시기의 바르트에게 "실제로 끊임없이 나를 따라다니던, 또한 나를 괴롭히던 시련이었다.……나이가 들수록 이런 깨달음이 더 분명해지는 것을 느낀다. 진실은 조금 이르든 더디든 저절로 적당한 만큼 드러나는 법이니, 비록 그런 시련을 겪고는 있지만 양심에는 전혀 가책이 없다면, 너무 격렬하게 자기를 방어하거나 변호하려고 하지 않는 편이 좋다는 것이다. 아니, 아예 자기방어나 자기변호를 안 하는 편이 더 낫다."[313] 이 깨달음은 이제 그의 안에서 더욱더 확실해졌다. 바르트는 이것을 일본인 동료 쿠와다 씨에게 (쿠와다는 1955년 여름, 자신의 오랜 친구 칸 엔키치와 함께 바르트를 방문했다) 이런 식으로 전달했다. "오늘 이 시대에 평화를 위해 꼭 일어나야 할 일이 있다면, 그것은 일차적으로……영적인 개혁일 텐데, 그러므로 누구보다도 그리스도인 자신과 교회의 회개, 곧 자기가 전하는 메시지의 진리를 향한 회개일 것이오. 그것을 위해 필요한 일이 여럿 있겠지만, 그 가운데 하나는 더 나은 신학 한 아름! 이것이야말로……우리 앞에 있는 몫이고……나 또한 온 민족의 평화를 위해 그런 식으로 기여하려고 하오."[314]

　그 시절의 바르트는 방학을 맞아도 베르클리에 있는 페스탈로치의 별장에 가는 일이 거의 없었다. 그곳은 1920년대 이후로 바르트가 그렇

게 즐겨, 그렇게 자주 찾았던 곳 아닌가! 그러나 바르트가 그곳에 갈 수
없는, 가고 싶지 않은 외적인 이유가 있었고, 내적인 이유도 있었다. 한
때 그들을 하나로 묶어 주었던 관심사가 서로 다른 방향으로 흘러갔다.
처음에는 거의 티가 나지 않았지만, 서서히 그 간격이 멀어졌다. 그렇다!
오늘의 바르트를 있게 한 우정, 그 친구들과의 관계는 시간이 흐르면서
점점 서먹서먹한 관계가 되었다. 그것은 모두에게 정말 가슴 아픈 일이
었다. 그래서 바르트는 벌써 오래전부터 다른 곳에서 휴가를 보내는 쪽
으로 마음이 기울었다. 예컨대 1955년 초에는 에멘탈Emmental 지역의 카
프Kapf라는 마을, 그곳 사람들이 흔히 "슈퇴클리"라고* 부르는 곳에서 휴
가를 보냈다. 투르나이젠이 그곳에 별장 하나를 빌려 놓았던 것이다. 베
른 고지의 알프스가 보이고 "크고 작은 언덕과 계곡의 바다"와 "딸랑거리
는 종을 달고 여유롭게 풀을 뜯는 젖소들"이 보이는 멋진 풍광의 휴식처
였다.[315] 여기서 바르트는 여름학기에 시작할『교회교의학』IV/2의 마지
막-'사랑'에 관한-부분을 준비했다. 그 여름학기에는 슐라이어마허의
『종교론』에 대한 세미나도 열었다. 뒤이은 여름방학에는 다시금 이런저
런 질의응답 모임(뢰어아흐[Lörrach]에서는 바덴 주의 목사들, 바젤에서는 팔츠
주의 목사들, 슈투트가르트에서는 슈바벤 지역의 목사들을 위한 모임)에 시간을
내는 한편, "베르클리가 문을 닫은 이후에……우리가 찾아가곤 했던 피
난처", 바르트의 새로운 "밧모 섬"인 귀렌바트에 가 있었다.[316] 그곳은 "아
직도 1890년대 스타일이긴 하지만 환상적인 휴식처였다. 취리히 고지
의 숲에 위치한 고즈넉한 마을이었다. 그곳을 찾는 사람들은 내로라하

* 슈퇴클리(Stöckli): 베른 사투리로 농가 옆에 지어 놓은 작은 움막집. 자식들이 농장 일을 할 때, 나이 든 부모가
쉬면서 머무를 수 있는 곳이다—영역본 옮긴이.

는 사람들이 아니라 그저 평범한 사람들이었다. 안 그래도 만족스러운 곳인데 식사도 아주 훌륭하고—언젠가 그 연로하신 그뤼츠마허께서 스위스에 들러 본 다음 이곳에 왔다가 환호성을 지르며 말씀하셨던 것처럼—'게다가 값도 저렴했다!' 매일 다섯 시 반에 수영을 하고……매일 한 시간 마사지를 받고, 매일 저녁 선술집에서 시원하게 한잔 마셨다."[317] "원래 나는 취리히 주에 대해서는 약간 미심쩍어 했지만, 여기라면 아무런 문제도 없다."[318] 바로 이곳에서 바르트는『교회교의학』다음 권(982쪽!)의 서문을 썼다. 이번에는 브레멘에 있는 친구의 아들, 힌리히 슈퇴베잔트 Hinrich Stoevesandt가 편집을 도왔다. 바르트는 그 서문을 통해 이렇게 공지했다. "올해 10월 1일부로 나의 주소는 필거슈트라세 25번지가 아니라 브루더홀츠알레 26번지가 된다."

이번 이사는 바르트의 인생에 또 한 번의 매듭을 의미했다. 제2차 세계대전 이후 10년이라는 세월이 지나간 것이다. 이제 바르트도 칠순을 눈앞에 두고 있었다. 교수로서 공식 임기는 끝났다. 바젤 대학교는 이미 바르트의 후임에 대한 논의를 시작했다. 어쩔 수 없이 새로운 시간을 맞이하기는 하겠지만, 그것이 드라마틱하거나 비극적이지는 않기를 바라는 것이 바르트의 마음이었다. "저기 저것은 사람들과의 관계나 실질적인 과제 때문에, 여기 이것은 하나님 때문에 이러나저러나 제대로 붙잡힌 사람이라면, 그 사람한테 제일 좋은 것은……마치 승마를 하는 말이 그래야 하는 것처럼, 장애물 하나를 넘으면 또 하나를 넘는 것이다."[319] "최근에는 어떤 학생이 단어 하나하나까지 아주 신중하게 골라 이렇게 질문을 던졌다. '이런 말씀을 드려도 되는지 모르겠지만, 만일 선생님께서 더 이상 계시지 않는다면 이 모든 것은 어떻게 될까요?' 내가 그것을 다시 한 번 생각하게 해주었으니……그 학생은 참 옳은 일을 한 것이다.

'그래도 아직은 내가 저녁 들녘을 거닐고 있구나.'"[320] "우리 인생의 그림자가 점점 길어지고 있다.……그러나 그 그림자는 우리 앞에서 빛나고 있는 빛 때문에 생긴 것이기에, 뒤에 있는 그림자를 바라볼 것이 아니라 우리 앞에 있는 위대한 빛을 마주보며 나아가야 하리라."[321]

1946년 5월 본 대학교 객원 교수로 가기 위해 라인 강 화물선에 오른 칼 바르트.

전쟁이 끝난 후

폐허가 된 본 대학교. 1946년 여름학기는 이곳에서 진행되었다.

1946년 (바르트의 요청으로) 구호물자를 가지고 본에 도착한 스위스 병사들. 바르트는 학문적인 면에서만 아니라 물질적인 면에서도 학생들을 도와주려 애썼다.

1946년 나치 수용소에서 풀려난 친구 마르틴 니묄러와 함께. 두 사람은 이후의 투쟁 속에서도 긴밀한 유대 관계를 유지했다.

1951년 3월 헤르보른에서 만난 친구들. 윗줄 왼쪽부터 W. 니젤, W. 크레크, E. 볼프, H. 골비처, O. 베버, H. E. 헤스, 아래 왼쪽부터 G. 하이네만, 칼 바르트.

1956년 3월 부퍼탈에서 열린 개신교 신학 협회 대회. J. 베크만, H. J. 이반트, W. 슈네멜허와 함께.

1957년 1월 하노버에서 열린 괴테 학회. 바르트 뒤에는 릴
예 감독과 에른스트 볼프, 제일 왼쪽에는 K. H. 미스코트.

에큐메니칼 운동에 동참하다

암스테르담 세계교회협의회 총회. 바르트는 릴예 감독이 의장을 맡은 제1분과에서 활동했다.

휴식

1946년 개신교 출판사 촐리콘의 책임자인 아르투어 프라이 박사와 함께 개 경주를 구경하면서.

1946년 아들 마르쿠스가 담임하는 부벤도르프 교회에서 손주 안나, 페터와 함께.

1952년 에번스턴 총회를 준비하는 보세이 대회 휴식 시간에 마르셀 슈투름 목사의 아들과 함께.

1950년 9월 18일, 한스 야콥 바르트가 그린 글을 쓰고 있는 칼 바르트.

1957년 5월 5일, 한스 야콥 바르트가 그린 넬리 바르트.

1954년 8월 카피톨리니의 비너스 앞에서.

1956년 7월 람베스 궁전에서 캔터베리 대주교 제프리 프랜시스 피셔 경의 영접을 받다.

8. 브루더홀츠알레 26번지, 바젤 1955-1962

사랑의 하나님의
행복한 게릴라 대원

축하와 기념의 해 1956년

1955년 10월, 바르트는 단출해진 식구들과 함께 이사를 했다. 이제는 시내 한복판이 아니라 "바젤 시 서쪽 언덕 위, 공기도 좋고 주위에는 초록의 자연이 더 많은 곳, 훨씬 작아지긴 했지만 그만큼 현대적이고 편안한 집에서 살게 되었다. 이제 아무도 우리를 그 집에서 쫓아내지 못할 것이다. 그 집은 내가 구입한 집이기 때문이다."[1] 사람들은 그곳을 "브루더홀츠"Bruderholz라고 불렀다. 이사는 결코 쉬운 일이 아니었다. 그것은 "우리 집 살림의 규모와 복잡함 때문이었다. 여기저기 많이 주고 어떤 것은 팔기도 했는데 전혀 줄어들지 않았다. 우리는 30미터 정도의 화물칸이 필요했고 거기에 70-80개의 상자를 실었는데, 모조리 못을 박아야 했다! 그런데 그 상자에는 책만 담겨 있었다." 바르트가 느끼기에 그 이사는 "그야말로 과거의 우주에서 새로운 우주로의 이전이라고 할 수 있을 만큼 (고린도후서 5:1-2의 이미지를 생각해 보라!) 아주 상징적인 사건"이었다.[2]

새 학기부터 집중 토론 모임은 바르트의 집에서 아주 가까운 곳에 위치한 식당 '브루더홀츠'에서 모이기로 했다. 바젤 대학교, 신학과 건물까지 가는 길은 멀어졌다. 바르트는 보통 때 '시가 전차'를 타고 출퇴근했다. 전차를 타고 오가는 길에서는, 그 안에 붙어있는 광고에 자극을 받아 광고 문구를 지어내는 데 열중하기도 했다. 예컨대 "옥스퍼드 그룹에 부호만이 있다면, 맛있는 스프의 세계에선 크노르가 지배한다!"라든지 "모자 없는 유행? 말도 안 돼! 그럼 머리가 없어도 되겠네?" 등. (아르본[Arbond]에서는 실제로 이 문구가 광고에 사용됐다.) 바르트는 몇 년 전부터 (챙 있는) 모자를 쓰고 다니지 않았다. 그 대신 베레모 하나로 머리를 덮고 다녔다.

집도 집이지만, 바르트가 연구실로 사용하는 서재도 작았다. 바르트는 책상 위에 다시 마티아스 그뤼네발트의 그림 「십자가 처형」(Kreuzigung)을, 그 아래에는 아버지의 사진 한 장을 걸어 놓았다. 그 책상에 앉아 왼쪽을 보면 "작지만 고요하고 사랑스러운 정원"(아내는 잊지 못할 장크트갈렌 사투리로 "게르틀리"라고 불렀다)이 금방 눈에 들어왔다.[3] 서재에는 손님 접대를 위해 네 개의 안락의자와 탁자 하나가 있었는데, 그 외에는 바르트가 제일 소중하게 여기는 책들이, 거의 천장에 닿기 직전까지 공간을 차지했다. 교부, 스콜라 학자, 종교개혁자, 정통주의자의 저작, 슐라이어마허의 저작, 그리고 바르트 자신의 저작들이 있었다. 또한 엄청난 분량의 모차르트 관련 서적들이 있었다. 그가 아끼는 다른 책들은 다른 방 이곳저곳에 자리를 잡았다. 상당수는 바로 옆에 있는 샤를로테 폰 키르쉬바움의 작업실, 그리고 창고에 있었다. 훗날 크리스토프가 "인도네시아에서는 왕실에서나 볼 수 있는, 여러 가지 상징이 새겨진 큼지막한 천"을 아버지에게 선물했는데, 칼 바르트는 그것을 서재에 있는 "판도라의 상자를 보호하고 가리기 위해" 걸어 놓았다. 그 판도라의 상자란 바이마르

바젤 브루더홀츠에 위치한 칼 바르트의 새로운 작업실.

책상 위에는 그뤼네발트의 그림이, 열린 문 위에는 모차르트의 사진이, 그 옆면 문 위에는 칼뱅의 사진이 걸려 있다. "신학자의 연구실에 칼뱅의 사진과 모차르트의 사진이 나란히 걸려 있는 경우는 아마 거의 없을 것이다."

판 루터 전집(!)을 말하는 것이었다.[4]

    이제 얼마 남지 않은 1956년은 그가 70번째 생일을 맞는 해라서 아무래도 특별한 시간이 될 것 같았다. 물론 "나에게……1956년은 모차르트 탄생 2백 주년이라서 더더욱 의미 있는 해가 되었다."[5] "1756년에 작지만 위대한 그 남자가 태어났다는 사실, 이것이야말로 그해의 가장 중요한 기억이다."[6] 바르트는 그해 1월, 모차르트의 탄생 2백 주년 기념일을 맞아 자기 나름의 방식으로 그날을 마음껏 축하했다. 일단은 새로 나온 모차르트 음반을 사느라고 엄청난 비용을 지출했다("근검절약의 도시 바젤에서 어떻게 그럴 수가 있는가?"⁷). 그리고 기념의 글 몇 편을 썼는데, 그 가운데 하나가 (하늘나라에 있는) '모차르트에게 바치는 감사의 편지'였다. 마지막으로는 수없이 많은 모차르트 콘서트를 관람했다. "바젤 콘서트 홀에서 열린 음악회에서 클라라 하스킬Clara Haskil이 F장조 콘체르토를 연주할 때는 갑자기 어떤 환상도 봤다. 바로 내 앞에 날개를 단 그의 모습이 보이는 것이었다. 그 모습이 하도 생생해서, 나는 하마터면 눈물을 흘릴 뻔했다. 그건 정말 대단한 환상이었다. 그렇지 않은가? 너무나 대단해서, 나름 신비적인 체험을 했다는 발타자르에게 그 얘기를 했더니, 그 사람도 경건한 자세로 내 말에 귀를 기울였던 것이다. 어쨌거나 이제 나는 그 사람의 말년의 풍모가 어떤 모습이었는지 상세히 알게 되었다."⁸ 바르트가 쓴 기념의 글 가운데 이런 대목도 경탄을 자아낸다. "언젠가 내가 하늘나라에 가면, 일단 모차르트의 안부부터 묻고 나서, 그다음에야 아우구스티누스·토마스 아퀴나스·루터·칼뱅·슐라이어마허의 안부를 물을 것이다."⁹

"개인적으로는 내가 바젤 시의 모차르트 기념의 날 행사에서 그의 생애와 작품에 대해 기념사를 맡게 된 것이야말로" 그해의 클라이맥스였다. 바르트는 이틀 전 툰에서도 그 기념사를 읽었다. 어쨌거나 1월 29일, 바르트는 바젤의 슈타트카지노* 내에 있는 대음악당에서 그 글을 강연 형태로 발표했다. 강연 전후에는 모차르트의 관악 세레나데가 연주되었다. 그날의 행사는 라디오로 생중계되었다. 바르트는 그 기념사를 쓰면서 이런 생각도 했다. 음악을 학문적으로 더 깊이 연구하다 보니 "그 옛

---

* 슈타트카지노(Stadtcasino): 바젤에서 제일 큰 공공건물로, 식당과 연회장과 콘서트홀이 그 안에 있다—영역본 옮긴이.

날 내 영역에서 하르낙이나 트뢸치 등과 충돌했던 것과 비슷하게 그 영역(음악학)을 쥐락펴락하는 대가들과 마찰을 빚게 될 것이 분명했다."[10] 어쨌든 바르트는 그 강연 덕분에 모차르트와 자신의 관계를 더 깊이 생각해 볼 수 있는 기회를 얻었다.

그 강연의 제목은 '모차르트의 자유'였다. 바르트가 보기에 그 자유의 본질은 "그가 연주하고 끊임없이 연주했다"는 것이며, 그러면서도 인간의 한계, 인간의 죽음을 분명하게 인식하고 있었다는 사실이다. 그의 연주는 "위대하고 자유로운 사실성"을 특징으로 한다. 그렇기 때문에 "그 어떤 악마도 찾아볼 수 없다." "그는 주관적인 것을 주제로 삼지 않았다."[11] "나는 미적인 재능이 특출한 사람도 아니요 미학 공부를 한 사람도 아니며, 게다가 구원사를 예술사의 한 부분과 혼동하거나 동일시하는 경향도 없는 사람이다. 그러나 모차르트 음악의 찬란한 음향과 멜로디는—복음으로서가 아니라, 하나님의 자유로운 은총에 관한 복음에 계시된 하나님 나라의 비유로서—오래전부터 나에게 말을 건네 왔으며, 지금도 변함없는 최고의 신선함으로 나에게 말 걸어온다. 신학이든 정치든 나를 움직여 온 모든 것들은······모차르트의 음악이 없었다면 생각할 수 없으리라. 신학자의 연구실에 칼뱅의 사진과 모차르트의 사진이 나란히 걸려 있는 경우는 아마 거의 없을 것이다."[12]

바르트가 이렇듯 모차르트에 열중하던 시기에, (새로운 『교회교의학』 IV/3을 다루기 시작한) 겨울학기 교의학 강의가 때마침 인간과 이 세상의 영역에서 '하나님 나라 비유'의 신학을 상세하고 철저하게 짚어 나가고 있었다는 사실은 주목할 만한 일이었다. 그는 그리스도인들이 그 비유를 제대로 보고, 항상 그 비유를 염두에 두면서 살아가기를 바랐다. 교회라는 영역 바깥에서도 말이다. 그해 6월, 노이엔부르크와 제네바에서 위의 모차르트 강연을 반복했다. 모차르트에 대한 바르트의 글이 여기저기 소개되자마자 소중한 만남들이 이어졌다. 예컨대 하이델베르크의 피부과 의사인 그라이터Greither 박사, 괴팅겐의 역사학자 하임펠Heimpel과 접촉이 있었다. 에를랑겐의 신학자 파울 알트하우스도 다시 만나게 되었다. 사실 두 사람은 오랫동안 서로에 대해서 침묵을 지키던 중이었다. 그 옛날 바르트의 학창 시절 친구로서, 지금은 베른 의대 교수로 있는 알베르트 쉬프바흐와도 다시 연락을 주고받게 되었는데, 그는 바르트에게 다짜고짜 이렇게 물었다. "넌 꼭 신학이 아니더라도 이렇게 괜찮은 글을 쓸 능력이 되는데, 어쩌자고 신학을 해서 그런 고생을 하고 있냐?"[13] 바르트는 스위스의 모차르트 위원회에서도 적극적으로 활동했다. 작가이면서 장관이었던 칼 부르크하르트Carl J. Burckhardt, 지휘자인 파울 자허Paul Sacher도 그 위원회 소속이었다. 바르트는 그 위원회 모임이라면 어디든 망설이지 않고 달려갔다. 그 덕분에 그해 가을 브루네크 성에서 역사가 장 R. 폰 잘리스Jean von Salis를 만나 아주 의미 있는 시간을 가질 수 있었다. 3월에는 루트비히스부르크에서 친한 피아니스트이자 음악학자인 위르겐 우데와 환담을 나누기도 했다. 우데는 바르트가 파울 힌데미트Paul Hindemith한테도 관심을 갖게 하려고 노력했지만 큰 성과는 없었다. 바르트는 이렇게 고백할 수밖에 없었다. "안타깝게도 나는 바로 그……현대 예술은 (그 세 가지 형식 중에서 그 어떤 것도) 전혀 모르겠소. 거기에 대해서는 부정적인 평가를 할 게 없소. 그래서 내가 알기로 한 번도 나쁜 말을 한 적이 없지요. 내가 그 부분을 전혀 이해하지 못하고, 관심도 없다는 것이 슬픈 일이기는 하지만……어쩌면 하늘나라에 가서는, 여기서 내게 감춰졌던 것이 환히 밝아져 분명하게 될지 누가 알겠소? 하지만 지금 나한테 그런 일이 벌어지지 않는 건 참 아쉬운 노릇이군요."[14]

그해 3월 바르트에게는 두 번의 흥미로운 여행이 있었는데, 우데와의 만남도 그 가운데 한 여행을 통해 주어진 기회였다. 첫 번째 여행은 부퍼탈에서 열린 개신교 신학자 협회 모임에 참석하기 위한 여행이었다. "빈정거리기 좋아하는 사람들은 엘버펠트의 그 행사를 '바르트 축제'라고 불렀다." 그는 그날 저녁에도-예배당을 가득 메운 청중 앞에서-모차르트에 대한 강연을 기분 좋게 되풀이했고, 이어지는 토론 시간에는 정치적 현안에 대한 자신의 의견을 표명했다. 그 당시 서독의 정치 상황은 동독과의 관계 문제로 크게 술렁이고 있었다. "나의 주된 주장은 '동독 교회의 문제는 서독 교회'라는 것이었다." 그 자리에서 바르트는 자신의 친구들에게 "정치를 완전히 무의미한 것으로 생각하는 신학의 스퀼라, 신학을 전혀 신경 쓰지 않는 정치의 카립디스"를* 경계해야 한다고 진지하게 충고했다.[15] 그 자리에서 "나는……내가 좋아하고, 몇 가지 중요한 점에서는 나보다 훨씬 뛰어난……친구 한스 이반트와 대립하기도 했다. 그는 강연을 하면서……그가 할 수 있는 최대한의 역량을 발휘하여 강력하게 이렇게 말했다. 신학 전체의 그리스도론적 집중!……나보고 나의 입장을 말해 보라고 해서, 이렇게 말했다. 나는 가끔 '그리스도론'이라는 말이 좋지 않게 느껴진다. 내가 추구하는 것은 그리스도론이 아니고, 그리스도 중심주의나 그리스도론적 지향성도 아니고, 오로지 그**분 자신**이다. 그리스도론에 대한 모든 연구는-나 역시 그런 연구에 약간 몰두한 적은 있지만-바로 그 지점으로 치고 나가기 위한 비판적 보조 작업에 불과하다. 그 지점에 도달하면 변화산 위의 제자들처럼 '예수

* 173쪽 주 참조.

밖에는 보이지 않는' 것이다."[16] 바르트는 집으로 돌아오는 길에, 이제는 모두 늙어 버린 옛 친구 카르벨, 슈퇴베잔트, 숄츠를 방문했다.

두 번째 여행은 지독한 감기 탓에 약해진 몸을 이끌고 나선 여행이었다. "생고타르 고개를 지날 때는 정말 좋았는데, 롬바르디아 평야를 지나 베니스로 가는 길은 별로 좋지 않았다." 이탈리아의 철학자 움베르토 캄파뇰로Umberto Campagnolo가 베니스에서 열리는 유럽문화 학회에 실로네Silone, 베르코르Vercors, 스티븐 스펜더Stephen Spender, 그리고 네 명의 소련 지성인과 함께 바르트를 초대한 것이었다. "문화의 수행자들과 함께 있는 것은 (내 옆에 앉아 있던 사람은 장 폴 사르트르!) 나쁘지 않았다. 비록 문화의 본질이 무엇인가에 대한 나의 질문에 아무런 답이 없었지만 말이다. 그곳에서 나는 (프랑스어로) 믿음과 소망과 사랑에 관해, 우리처럼 학문·예술·문학 등에 종사하는 사람은 아니지만 훨씬 교양이 있는 노동자들에 관해, 그리고 성금요일과 부활절에 관해 (그때가 바로 성 토요일이었다) 짤막한 즉흥 연설을 했다. 나는 감기 때문에 확실히 어려움이 많았는데도 소련 대표단 단장은 '혁명적인' 연설이었다며 칭찬을 해주었다." "이탈리아 상원 의원 한 사람이 특별히 롤로와 나를 데리고 두칼레 궁전을 안내해 주었다." "우리는 곤돌라도 타보았다. 나는 비둘기들에게 손에 잡히는 대로 (수백 리라어치) 모이를 주었고, 그러다 보니 비둘기들이 제일 먼저 배가 불렀던 것 같다. 부활절 아침에 왈도파 예배에 참석하여 (거기 적힌 성경 구절을 보고 내용을 대충 짐작하면서) 설교를 듣고, 성만찬에 참여했던 것도 좋았다. 그곳의 장로들은 어찌나 반가워하던지……하마터면 그분들에게 포옹을 당할 뻔했다."[17] 그 후 며칠 동안, 바르트는 롤로 폰 키르쉬바움, 막스 첼베거와 함께 브베Vevey에 있는 시그날 드 셰브르Signal de Chexbres에서 며칠간 휴식을 취했다. 그런 다음 프랑스 영토로 들어가려는

데 신기한 일이 벌어졌다. 바르트라는 이름이 블랙리스트에 올라 있으니 프랑스 입국을 허가할 수 없다는 것이었다. 나중에 자초지종을 들어보니, 전쟁이 끝나 프랑스가 해방되었는데도 그의 이름을 리스트에서 삭제하지 않아서 벌어진 해프닝이었다.

당시 바젤의 법령에 따르면, 대학 교수는 70세가 되면 자동적으로 은퇴하게 되어 있었다. 그런데 바르트가 1956년 여름학기를 정교수로 보낼 수 있는지, 그럴 수 없는지는 꽤 오랫동안 결정되지 않았다. 수개월 동안 "나의 은퇴와 후임 문제를 놓고 갑론을박을 벌이다가 많은 사람들의 의견이 모아졌고" 마침내 "행정처에서 나에게 작은 서류조각 하나를 보내서 건조하게" 통보하기를 "비록 내가 법정 연령 제한을 넘겼지만 '예외적으로 당분간' 교수직이 연장"되며, 후임자 임명도 취소되었다고 했다. "그 [전문가] 위원회에서 나의 '세속'적이고 '국제'적인 중요성에 대해 발언하여, 그런 결정이 내려지는 데 일조한 사람은 바로 야스퍼스였다."[18] 감기 때문에 몸이 많이 약해졌고, 얼마 후에 있을 축제 행사도 준비해야 했기 때문에 바르트는 이번 여름학기 주요 강의는 하지 않기로 했다. 안 그래도 2년 전부터는 강의 시간을 일주일에 세 시간으로 줄였다. 그래서 세미나, 집중 토론 수업, 콜로키움만 진행했다. 지난 학기까지는 세미나 시간에 두 학기 연달아 슐라이어마허의 단편을 다루었는데, 이번에는 가톨릭의 교회론을 다루기로 했다. 그 세미나에 자극을 받아, 겨울학기 세미나에서는 마티아스 셰벤Matthias Scheeben의 『그리스도교의 신비』를 읽기로 했다. 바르트의 견해에 따르면, 셰벤이야말로 "근대 로마 가톨릭 교회가 키워 낸 사람 가운데 독일어권에서는 가장 위대한 인물"이었다.[19]

바젤 신학부에는 이미 약간의 변화가 있었고, 다른 변화들도 막 일어나고 있었다. 1954년 1월 초에는 오랫동안 지병으로 고생하던 칼 루트비히 슈미트가 세상을 떠났다. 그 대신 1953-1954년 겨울학기부터 이미 스웨덴의 루터주의자 보 라이케Bo Reicke가 그 자리를 맡아 학생들을 가르치고 있었다. 1954년에는 마티아스 리시Mathias Rissi가, 그보다 앞서 1951년에는 에두아르트 뷔스와 (칼 루트비히의 아들) 마르틴 안톤 슈미트Martin Anton Schmidt가 강사로 채용되었다. 그러나 마르틴 안톤은 금방 미국으로 날아갔고, 뷔스는 1959년 에두아르트 투르나이젠의 후임이 되었다. 1956년에는 막스 가이거와 하인리히 오트 또한 강사가 되었다. 1958년에는 에른스트 예니Ernst Jenni가 바움가르트너의 자리를 물려받았다. 바르트는 다른 교수들과 그렇게 가까운 사이는 아니었다. "나는—이곳에서……오랫동안 서먹서먹한 관계로 지냈던 나의 친동생 하인리히는 말할 것도 없고—같은 과 교수들하고도……가깝게 지내지 못했다. 혹시 그런 적이 있었다 해도 아주 가끔이었다. 실질적이고 기술적인 이유 때문에, 혹은 더 심오한 이유 때문에 각자 자기의 길을 갔던 것이다. 물론 그것은 이상적인 상황은 결코 아니었다. 또 다른 이유가 있다면, 그것은 우리 가운데 (전부는 아니더라도) 일부가 각자의 일에 완전히 붙잡혀서—우리를 (부분적으로나마) 변명하기 위해서라고 말할 수도 있는데—뭔가 주목할 만한 일을 벌이고 있었기 때문이다."[20] 다른 학과 교수들 중에서 바르트가 오래전부터 알던 사람으로는 법학과의 막스 게르비히, 노인학을 가르치는 아돌프 피셔가 있었다. 그 밖에는—역사학자 봉주르같이 아주 드문 경우를 제외하고는—교수들과 거의 접촉이 없었고, 그나마 우연히 교수 휴게실에서나 보는 게 전부였다. 바르트도 나름 그 방의 분위기를 좋아했다. "케기Kägi 씨와 빈트셰들러Bindschedler 여사가 온건한 휴머니즘에 대해 이야기를 했다. 블린Blin 씨는 까다로운 신학적 질문을 던졌고 나는 거기에 프랑스어로 대답해야 했다. 볼프람 폰 덴 슈타이넨Wolfram von den Steinen 씨는 무슨 일에든 아주 신비로운 미소를 지었다. 그 어떤 것도 학문의 보편성Universitas literarum을 벗어나지 않았다!"[21] 바르트가 존경한 사람으로 생물학자 아돌프 포르트만Adolf Portmann이 있었는데, 바르트가 보기에 그 사람은 신학자에게도 귀감이 될 만한 학문적 태도의 표본이었다.

5월 10일, 그의 70번째 생일은 그가 이제 영락없는 노인이 되었음을 자신에게 확인해 주었다. 만약 칼 바르트의 아버지가 살아 있었다면 백 살이 되는 해이기도 했다. 그래서 가족들은 가을에 베른에서 한 차례 만나 그것을 기념하는 작은 가족 파티를 열어 그를 추모했다. 칼 바르트는 벌써 오래전부터 머리가 허옇게 센 할아버지였다. 얼마 전에는 열 번째 손주가 태어났다. "거의 때를 같이하여 열 번째 교의학이 출간되었다."[22] "나는 온갖 풍상을 다 겪고, 가끔 번개를 맞아 상한 데도 있고, 껍데기에는 이런저런 행인들의 낙서까지 새겨진 채 자기 자리를 지키고 서 있는 늙은 전나무 같다는 느낌이 들었다."[23] "내가 말을 타고 산과 들을 누비던 시절은……까마득한 옛날이었다. 산을 오르고 싶은 마음도 전혀 없었다(전도서 12:5 상반절 참조). 글 쓰는 속도도 눈에 띄게 느려졌다."[24] "나이를 이쯤 먹었으면―신학을 하는 나의 동기들은 이제 모두 은퇴했다―젊은 사람들의 작업을 옆에서 재미있게 지켜보기나 하는 게 맞다." 그런데 "나에게는 그런 게으름(혹은 퇴락)의 기회가 아직 주어지지 않았다. 나는 [얼마 전에] 종합 검진을 받았는데, 그 검사를 담당한 최고의 전문의 쵸프 Tschopp 박사는 나의 심장과 신장이 대단히 만족스러운 상태라고 하면서, 특히 심장은 젊은 사람의 심장 같다고 평가했다." 그러니까 "나는……지금 내 나이대의 많은 사람들이 앓고 있는 이런저런 병을 생각하면, 그런 병에 걸려 시험에 들지 않은 것에 감사하고, 또 좋은 공기와 물과 알맞은 식사와 적당한 운동 덕분에 비교적 건강하게 지내는 것에 감사하고, 또 예나 지금이나 성실하게 담배를 피운 것이 해가 되기는커녕 도리어 도움이 된 것에 감사한다.……그런데 내가 외적인 면에서 이런 상태를 유지할 수 있도록 이 세상에서 가장 든든한 기여를 해준 것은" 교회교의학이었다. 이 일은 "나에게 계속적인 작업과 완성을 촉구했으며, 내가 고개를 떨구고 두 팔을 내려뜨리는 것을 허용하지 않았다.……얼마나 이렇게 할 수 있느냐는 또 다른 문제다."[25]

바르트의 70회 생일은 예수승천일과 겹쳤다. 그가 그날 처음으로 한 일은 (시편 34:6에 대한) 설교였다. 이 설교는 "글자 그대로 '옥에 갇힌 영혼들'에게 한" 설교, 더 자세히 말하면 바젤 교도소 수감자들을 위한 설교였다.[26] 에른스트 볼프는 이것을 아주 간단명료한 문구로 만들었다. "칼 바르트, 끝내 형무소에 가다!"[27] 바르트는 이미 2년 전부터 바젤 교도소를 방문하여 설교하곤 했는데, 설교를 거의 그곳에서만 했다. "그곳에서 상담 활동을 하던 개혁 교회 목사 마르틴 슈바르츠Martin Schwarz가 어느 날 나보고 그 일을 대신 맡아 달라고 부탁했다. 그때부터 나는 매년 그곳을 찾았다. 1년에 몇 번씩 그 교도소 교회에 가는 일은 언제나 기꺼운 일이었다."[28] 1964년까지 모두 28번이나 갔다. "그래서 어떤 사람들은 이런 장난스러운 생각의 유희도 즐겼다. 바르트의 설교를 듣고 싶으면 바젤에 와서 죄를 짓고 감방에 가야 한다!"[29] 바르트에게 이 과제는 크나큰 매력이었다. "그곳에서는 진정한 삶의 든든한 터전에 대한 그리움을 절절하게 느낄 수 있었고, 그런 분위기 속에서 복음은 놀라운 친밀성과 자명성을 확보했다." "웬일인지 이곳은 평범한 그리스도인들이 모이는 평범한 교회보다 모든 것이 더 실제적이었다."[30]

바르트는 보통 짧은 성구 하나를 가지고 설교했다. 때로는 "내 은혜가 네게 족하다" 같은 네 낱말이 전부였다. 그리고 복음을 최대한 명료하게 선포하고자 했다. 한번은 이렇게 설교한다. 최초의 그리스도교 공동체는 예수, 그리고 예수처럼 십자가에 못 박힌 죄수들로 구성되어 있었다고. 로마서 11:32을 본문으로 설교할 때는 "모두!"라는 단어를 있는 힘껏 강조했다. 한번은 또 이렇게 설교한다. "그 누구보다도 옥에 갇힌 사람들과 연대하신 분이 있었으니, 바로 그분이시다." 그분은 예수 그리스도! "우리 주님, 당신을 불쌍히 여기시는 주님이시다. 친히 갇히셔서 당신을, 우리 모두를 풀어 주시는 분이시다." 또 다른 설교에서는 이렇게 말한다. 모든 인간은 피고다. 그러나 "우리가 출두해야 할" 곳은 화해자 그리스도의 재판정이다. 바르트는 다른 설교에서 이렇게 강조한다. "하나님의 명령은 이것이다. 너는 얼마든지 나의 사랑을 받을 수 있다!" 또 다른 곳에서는 말하기를, "나는 크리스마스 축제가 대성당이나 엥겔가세(천사의 거리)에 있는 채플, 그러니까 괜찮은 사람들이 예배를 드리는 그곳과 어울리는지는 잘 모르겠다. 그러나 바로 이곳 형무소하고는 잘 어울린다고 확신한다."[31] 대부분의 설교 다음에는 성만찬이 뒤따랐다. "그곳에서 예배를 준비하고 인도할 때 드리는 기도는 나에게 설교만큼이나 중요한 것이었다."[32] 바르트는 청중을 향해 마냥 쏟아붓듯이 설교하고 싶지 않았다. 그는 그들을 개인적으로도 알아 가려고 했고, 그래서 감방을 하나하나 찾아다닐 때도 많았다. 예컨대 그는 이렇게 보고한 적도 있었다. "오늘 아침 나는 살인자 세 명, 사기꾼 두 명, 성범죄자 한 명의 말을 깊이 들어 주었다. 나는 한 마디도 끼워 넣거나 덧붙이지 않았고, 각 사람에게 굵은 담배 한 대씩을 건넸다." 한번은 스스로도 깜짝 놀라면서 이런 질문을 던졌다. "정말이지, 내가 무슨 낙관주의자라도 된 것일까? 만물 회복의 삿된 가르침이나 전하고 다니는 떠돌이라도 된 것일까? 나는 거기에 있는 사람들 가운데 누구를 만나더라도 절망감이나 우울함을 느껴 본 적이 없다. 오히려 모든 사람에게서 나에게도 용기가 되고 기쁨이 되는 무언가를 보았다고 생각하니 말이다."[33]

1956년 5월 10일도 바로 그곳에서 예배를 인도하는 것으로 시작되었다. 그다음에는 집에서 하인리히 헬트를 만나기로 약속이 잡혀 있었다. 그는 "라인란트 개신교교회협의회 의장으로서, 나에게는……분에 넘치는 미사여구로 축하의 인사를 전해 주었다."[34] 오후에는 가족들과 함께 시간을 보냈다. 그들은 바르트를 위한 단막극 한 편을 만들어서 직접 연기해 주었다. 백 세를 넘긴 칼 바르트가 하늘나라 문 앞에 당도하여 교회교의학을 내려놓고 곧장 모차르트를 찾아 허겁지겁 두리번거린다는 내용의 콩트였다. 그 가족 행사에는 친한 친구 몇 사람도 초대되었다. 이제는 그들도 모두 고령이었다. 바르트의 절친한 친구 몇 사람의 모습은 이미 볼 수 없게 되었다. 진실한 친구였던 피에르 모리, 아르투어 프라이가 얼마 전에 세상을 떠났다. 특히 프라이는 "매주 수요일, 매주 토요일 우리 집 초인종을 누르고 ('아르투어 왔다!') 들어와서 한참 이야기를 나누곤 했다. 그는 나에게 (그리고 롤로에게!) 더없이 진실한, 무조건 믿을 수 있는 친구였다."[35] 이것은 모리에게도 그대로 해당되는 말이었다. 그들의 죽음은 "인간적인 면에서나 실질적인 면에서나 우리에게 크나큰 손실이었다. 그 손실이 크게 느껴질수록 우리는 아직 남아 있는 친구들에게 강한 애착을 느꼈다."[36] 아르투어 프라이의 뒤를 이어 막스 가이거가 '개신교 출판사'의 책임 편집자, 출판사의 매니저 자리에 올랐다. 세상을 떠나기 전, 프라이는 마르셀 펜들러Marcel Pfändler를 출판사 대표로 추천했다.

또 한 사람의 모습도 보이지 않게 되었다. "나와는 전혀 다른 세상에 뿌리를 내리고 살던 사촌 형, 화가였던 파울 바실리우스 바르트(1881-1955)였다." 그와 나는 "상당히 늦게야 친해졌는데, 신기하게도 아주 좋은 관계를 맺게 되었다."[37] 칼 바르트가 보기에, 그에게는 "그 어떤 가식이나 강박이나 고집도 없이, 선명하고 확실하고 유쾌하게" 눈과 마음으로 모든 아름다운 것을 볼 수 있는 능력이 있었다. "그의 노력과 나의 노력 사이에는 잠재적 연관성, 뭐라고 딱 꼬집어 말할 수는 없지만 확실히 어떤 연관성이 있었다."[38] 1954-1955년 겨울학기, 파울 바실리우스는 신학자 사촌 동생을 열네 번이나 만나면서 칼 바르트의 초상화 두 점을 그려 냈다. 하나는 프랑크푸르트의 개혁 교회가 주문한 것이었다. "그 교회의 장로실에 칼뱅과 요하네스 아 라스코Johannes a Lasco와 나란히 걸어 두려는" 것이었다.[39] 다른 그림은 바르트의 바젤 친구인 베네딕트 피셔 Benedikt Vischer가 구입해서―바르트의 70번째 생일을 맞아―바젤 대학교에 기증했다. 그 그림은 레겐츠 홀의 "어떤 여성의학과 교수의 그림(그것도 파울 바실리우스가 그린 것!), 그리고 고대 그리스어 교수의 그림 옆에" 걸렸다.[40]

5월 11일 기념행사의 자리에서 그림 증정식도 같이 열렸다. 바르트는 그 행사에 학생들도 참석할 수 있게 해달라고 부탁했다. 그 자리에는 바르트의 친구들, 여러 대학교와 교회 대표자들이 참석하여 바르트의 업적을 기렸다. 폴렌바이더Vollenweider 목사는 바젤 교회의 이름으로, 콘스탄틴 폰 디체Constantin von Dietze는 독일 교회의 이름으로, 피스르트 호프트는 세계교회협의회의 이름으로 축하의 말을 전했다. 그 자리에서 바르트에게 두툼한 기념 논문집이 전달되었다. 책 제목은 『대답』(Antwort)이었다. 에른스트 볼프가 편집한 이 논문집에는 "독일 신학자들이 많은 글을 실었고, 그 밖에도 저 인도의 불교인에 이르기까지 세계 이곳저곳의

학자들이 글을 기고하여, 어마어마한 부피의 책"이 되었다.⁴¹ 모두 78명의 학자들이 기고했다. 이 책은 학문과 교회의 영역에서 바르트의 친구가 얼마나 많은지를 보여줄 뿐만 아니라, 바르트가 얼마나 많은 사람에게 얼마나 다양한 자극을 주었는지를 보여주는 기록이었다. 그 책의 백미는 투르나이젠이 공개한 서신, 곧 1914-1921년 사이에 그가 바르트와 주고받은 편지였다. (바르트는 2년 후 투르나이젠의 70회 생일을 맞아―『살아 있는 과거』라는 제목으로―두 사람이 그 이후인 1921-1925년에 주고받은 편지를 출간하도록 했다.) 『대답』은 1955년까지 발표한 글의 목록을 덧붙였다. 총 406편의 글이 발표되었고 12개 언어로 번역되었다. 그 외에도 일련의 다른 축하문집이 있었다. 바젤 동료들의 논문집, 젊은 스위스 신학자들의 논문집, 마르틴 로크레머Martin Rohkrämer가 편집한 라인 주 목사들의 설교집, 남아메리카의 논문집, 일본의 논문집, 루터파 신학자들의 논문집이 있었다. 바르트는 이 모든 헌정 논문집, 홍수처럼 밀려오는 축하 서신을 기쁘게 받았다. 그러나 한 가지 물음이 떠올랐다. "키르케고르가 이런 행사를 보면 뭐라고 말할까? 신약성서의 관점에서는……뭐라고 말할 수 있을까? 무엇보다도 하늘에서 이 모든 것을 보시면 뭐라고 평가하실까?" "구약의 예언자들과 신약의 사도들 가운데 그 누구도 70회 생일을 축하할 수 없었다."⁴²

그래서 바르트는 사람들이 자기에게 경의를 표하는 것을 무비판적으로 받아들이고 싶지 않았다. 특히 자신의 학생들 앞에서는 더욱 그런 우려를 느꼈다. 자신의 생일을 맞아 이런저런 경축의 말을 하는 학생들의 시선을 다른 데로 향하게 하는 것이 그의 관심사였다. 물론 그들의 친절한 메아리에는 감사의 마음을 품었다. 그러나 바르트는 제자들이 스스로를 그의 제자로 이해해서는 안 된다고 경고했다. "신학은……자유로운 인간을 요구한다.⋯⋯그리고 나는 내 인생의 결과로 어떤 새로운 학파가 형성되는 것을 원치 않는다. 나는⋯⋯들을 귀가 있는 사람에게는 누구나 이렇게 말하곤 한다. 나 자신은 '바르트주의자'가 아니오. 난 뭔가를 배운 다음에는, 그것으로부터 자유로워져서 더 배우려고 한단 말이오." 바르트는 또 이렇게 말하기도 했다. "**좋은** '바르트주의자'—만약 그런 것이 벌써 있다면!—의 기준은 바로 이것이니, 바르트 자신이 그 사람한테서 뭔가 배울 수 있고, 뭔가 배워야 한다는 것이다."[43] 어쨌든 간에 "가능한 한 나의 이름을 가지고 야단법석을 떨지 말라! 우리에게는 단 하나의 흥미로운 이름이 있을 뿐, 그 밖의 다른 이름을 드높이는 것은 거짓의 올무가 될 수 있으며 주위의 다른 사람에게는 지루한 질투심과 완고함을 일으킬 뿐이다. 내가 한 말 가운데 그 어떤 것도 무비판적으로 받아들이지 말고, 우리 모두의 심판자요 탁월한 스승이신 하나님의 유일하게 참된 말씀에 비추어 나의 모든 말을 하나하나 점검하라! 여러분이 내가 한 말을 통해서 **그분**의 말씀으로 인도된다면, 여러분은 나를 제대로 이해한 것이다. 좋은 신학자는 이데올로기와 원칙과 방법의 건물에 살지 않는다. 그는 모든 건물을 두루 찾아다니되 결국에는 다시 밖으로 나오는 사람이다. 그는 언제나 길을 가는 사람이다. 그의 눈은 저 멀리 하나님의 높은 산과 끝없는 바다를 보고 있다. 또한 가장 가까운 곳에 있는 사람들을 보고 있다. 선한 사람과 악한 사람, 행복한 사람과 불행한 사람, 그리스도인과 이방인, 서양인과 동양인, 그 모두에게 그는 최대한 겸손하게 증인으로 살아가는 것이다."[44]

그가 먼 길을 걸어오는 동안 확실하게 배운 것이 있다면, 그 가운데 하나는 바로 이것이었다. "신학은 그 어떤 경우에도 아름다운 과제, 행복한 과제다.⋯⋯내가 젊어서 처음 신학을 시작했을 때는, 이 일과 관련하여 걱정하고 괴로워할 때가 많았다. 그러나 나중에는 깨닫게 되었다. 만일 우리가 신학을 제대로 붙잡는다면, 그 신학이야말로 우리를 올바른 길로 인도하여―비록 수많은 어려움과 고단한 일이 우리를 기다리고 있지만―마침내 환한 그곳에 이르게 할 것이다. 언젠가 '얼굴과 얼굴을 맞대고'(고전 13:12) 보게 될 그때를 갈망하면서 자기 자신을 위해 그리고 타자를 위해 **살아갈** 수 있는, 그 환한 곳 말이다."[45] 어쨌거나 바르트는 그 생일을 계기로 지난 50여 년간 걸어온 신학적 사유의 길, 특별히『로마서 주석』이후 걸어온 길을 다시 한 번 돌아볼 수 있었다. 지금의 그는 "어떤 사람이 섣불리 주장하듯이 '새로운 바르트'인 것은 아니다." "그러나 내가 지금까지 살아오면서 뭔가를 새로 배운 것은 사실이다. 그랬기를 바란다! 지칠 줄 모르고 배우는 것, (이 경우에는 신학 연구) 끊임없이 배우는 것, 바로 이것을 위해서 나이를 먹는 것 아닐까? 또 그럴 수만 있다면 나이를 먹어도 계속 젊음을 유지하게 되는 것 아닐까? 그사이 내가 배운 것이 있다면, 그것은 창조주 하나님에 관해 말하되, 피조물인 인간이 그분과 마주하여, 또 그분과의 관계 속에서 보이지 않게 되는 것이 아니라, 오히려 제대로 보이게끔 말하는 것이다. 지금 내가 예전보다 더 잘 표현할 수 있게 된 것, 그것은 하나님의 자유롭고 절대적인 은총의 능력을 통해서 인간의 참된 자유도 존재한다는 사실이다. 그 자유란 복종의 자유, 하나님의 자녀로 살아가는 자유를 말한다. 오늘의 나는 하나님의 지혜로우신 인내를, 또한 하나님의 말씀과 하나님의 성령이 각 사람과 인류 전체 안에서 일으키시는 도발과 갱신의 역사를 이전보다 더 잘 이해하고 경외할 수 있게 되었다. 내가 과거에 배우고 주장했던 것을 망각하거나 부정한다고는 생각하지 않는다. 그러나 과거에 내가 나의 주변 세계와 처절하게 충돌하던 때와 비교할 때, 하나님과 사람의 위대한 본질에 대한 나의 사고와 발언은 지금 더 평화로워졌고, 더 명랑해졌다고 생각한다."[46]

이러한 사상적 진보의 발자취는 지난 세월 그가 써 내려간 엄청난 분량의 저술에 고스란히 녹아 있다. 그런데 신기하게도 정작 바르트 자신은 그것이 그저 하나씩 하나씩 생겨난 것이라고 생각했다. "내가 기억하기로는, 나의 신학 연구 여정 중에서 내가 바로 다음에 내디딜 한 걸음 외에 그 너머를 바라보거나 계획했던 적은 단 한 번도 없었던 것 같다. 그 한 걸음도 그때까지 내가 걸어온 길에 기초해서 자연스럽게, 그리고 그때그때 새로운 상황 속에서 새롭게 나타나는 필연성과 가능성에 대한 내 나름의 이미지 속에서 자연스럽게 내딛는 한 걸음이었다. 나는 언제나 그런 길을 걸어온 한 남자였다. 그때까지 내가 배운 것, 깨달은 것을 그대로 안고 늘 새로운 현재 앞에 도달했다. 그리고 어떤 성서적인, 혹은 역사적인, 혹은 교훈적인 복합체 앞에, 때로는 외부에서 나에게 던져 준 어떤 주제 앞에, 때로는 아주 시사적인 (예컨대 정치적인) 주제 앞에 서 있었다. 그때그때마다 어떤 새로운 것 앞에 서게 되었던 것이다. 내가 그 새로운 것을 붙잡았다기보다는 그것이 나를 붙잡았다고 해야 맞을 것이다. 그러면 나는 최대한 그 새로운 것과 겨루었다. 그때마다 끔찍하게 힘들었고, 내일이나 모레를 생각할 수도 없는 처지였다. 한 번도 어떤 계획 같은 걸 세우고 거기에 따라 움직여 본 적이 없었다. 오히려 나의 생각과 글과 말은 그때그때 나에게 닥쳐오는 사람, 사건, 상황, 그런 것과 연관된 질문, 수수께끼와의 만남 속에서 이루어졌다.……나는 어떤 특정한 사람이 되려고 하지도 않았고, 어떤 특정한 것을 행하거나 말하려고 하지도 않았다. 그저 나를 위한 시간이 왔을 때, 그런 사람이 되고, 그런 말이나 행동을 하게 된 것이다. 벌써 25년 전부터 시작한 교회교의학 집필도 마찬가지다. 한 학기를 보내면 또 한 학기, 한 주를 보내면 또 한 주를 맞이하며 그렇게 살아왔다. 나의 다른 책, 강연, 설교도 마찬가지다. 이 모든 것이 마치 나무들 같다. 큰 나무든 아주 작은 나무든, 그것이 싹트고 자라나고 풍성해지는 것을 내가 보기는 하되, 그 생명이 나한테 달린 것은 아니었다. 그저 그 생장의 과정을 주의 깊게 살펴보며 그 나무와 함께했을 뿐……나는 일용할 양식을 위해 기도했고, 그것을 받았고, 먹었으며, 내일 걱정은 내일이 알아서 하도록 했다."[47]

1956년 6월, 바르트는 한스 우르스 폰 발타자르와 아드리엔느 케기-폰 슈파이어와 함께 파리에 갔다. 거기서 그들은 앙리 부이야르라는 "어느 예수회원의 박사 시험"을 참관하기로 되어 있었다. 그는 "나에 관하여 1천2백 쪽에 달하는 박사 논문을 썼고, 다섯 시간 동안 (소르본 대학교에서) 나에 대해 심문을 당한 후, 중국식당에서 축하 자리를 마련했다."[48] 이런 시험은 "논문의 '대상'이 세상을 떠난 뒤였다면 아주 특별한 사건이었을 텐데……그 대상이 팔팔하게 살아 있고, 게다가 그 자리에 있었으니 전체적인 과정에 긴장감이 고조되었다. 하지만 더 유쾌하기도 했다."[49] 바르트는 부이야르를 보면서 깜짝 놀랐다. 그는 대단히 독특한 방식으로 바르트의 사상에 가까이 접근한 또 한 사람의 가톨릭 신자였다. "그 사람 또한 당황스러울 정도로 나와 잘 통한다. 그도 나를 트로이의 목마처럼 가톨릭 신학 안으로 집어넣으려고 한다. 그 또한 나에게 약간의 비판과 수정의 손짓을 하고 있다. 그러나 그는 한스 우르스[폰 발타자르]처럼 성녀 데레사 혹은 엘리자베트를 내세우지 않고, 칸트적 성격을 띤 초월론적 신앙의 존재론ontologie de la foi을 주장한다.……논문 여기저기서 암시하는 내용에 따르면……내가 불신자를 위해in partibus infidelium 가톨릭의 교부 비슷한 것이 될 수 있는 기회가 아직은 남아 있다는 것이다."[50] 얼마 후에는 바로 그곳에서 또 "한 명의 뛰어난 스위스 가톨릭 신부"이자, "루체른 출신의 생기발랄한 신학자인 한스 큉Hans Küng"이 학위 취득을 눈앞에 두고 있었다. "그는 로마의 게르마니쿰에서,* 그러니까 이른바 교황의 코앞에서 '나의' 칭의론에 대한 박사 논문을 써서 제출했다."[51] 바르트는 이미 얼마 전부터 그와 활발하게 서신을 주고받았다. 한스 큉의 책은 "무엇보다도 칭의라는 핵심 주제와 관련하여 내가 주석하고 주장하는 종교개혁의 교리, 그리고 제대로 이해된 로마 가톨릭의 교리 사이에는 본질적인 차이가 없다(!)는 것을……정밀하게 증명해 냈다. 지금까지는 그 어떤 공식 기관도 그의 책을 공개적으로 부정하지 않았다. 오히려 저명한 인사들로부터 명백하게 칭찬을 받고 있다. 그렇다면 이제 뭐라고 해야 할까? 새천년이 동터 오는 것일까? 새천년이 곧 도달하는 것일까? 그랬으면 얼마나 좋을까!"[52] 1957년 1월, 바르트는 이 책에 서문을 써주었다. (그의 생애 처음으로 가톨릭 교회의 출판 승인을 받은 것이다!) 거기에는 이런 말이 나온다. 만일 큉이 여기서 대변하는 교리가 진정 가톨릭적인 것이라면 "그 고장의 수호신과 단둘이 대화 좀 나눠 볼 요량으로, 트리엔트의 성 마리아 마지오레 교회에 벌써 두 번 가본 적이 있는 나조차도 얼른 그곳을 다시 한 번 찾아가야 할 것 같다. 그리고 이번에는 통회하는 심정으로 고백하리라. 아버지, 제가 죄를 지었나이다!"

파리 일정 이후 2주 동안 바르트는 또 한 번의 외국 여행을 추진했다. 1954년 가을, 부다페스트의 개혁 교회 신학교에서 (생애 다섯 번째로) 명예신학박사 학위를 받은 바르트에게, 1956년에는 에든버러 대학교에서 (생애 두 번째) 명예법학박사 학위를 수여했다. 바르트는 그 답례로『교

---

* 로욜라의 이그나티우스가 독일인 사제 후보생을 위해 세운 신학교. 교황청 소속 엘리트 학교로 손꼽힌다―옮긴이.

회교의학』 IV/2는 부다페스트 신학교에, 『교회교의학』 IV/3은 에든버러 대학교에 헌정했다. 그리고 7월 6일 스코틀랜드에서 열리는 학위 수여식에는 직접 참석하기로 했다. 칼 바르트는 아들 마르쿠스와 함께 영국으로 떠났다. 그 당시 마르쿠스 바르트는 시카고에 있는 연합신학부에서 신약학을 강의하고 있었다. "런던에서는 추가로 기념 논문집(그리스도론 논문)을 선사받았고, 에든버러에서는 명예법학박사 학위를 받았다. 런던에서는 캔터베리 대주교와 (그 위치까지 오르신 노신사들의 초상화가 걸려 있는 람베스 궁전[Lambeth-Palace]에서 안셀무스의 초상화가 어떤 것인지 알고 싶었지만 그러지 못했다!) 악수를 했고, 에든버러에서는 콘소트 왕자와 악수를 할 수 있었다."[53] 필립 왕자는 "나한테 뭔가 개인적인 이야기를 했는데……막 박수소리가 터져 나오는 바람에 제대로 알아듣지 못했다." "람베스 궁전에서도 이런저런 연설이 이어졌다.……'나는 그의 책을 읽지 않았습니다. 그러나 그는 분명히 탁월한 사람입니다. 그러나 나는 그의 생각에는 결코 동의하지 않습니다' 같은 약간 유머러스한 언급도 있었다."[54] 바르트는 이번 여행 중 다시 한 번 조지 벨 주교를 방문했다. "악의 없는 에큐메니칼 지도자인 그는……치체스터에 있는 주교 관저에서 만찬을 베풀어 주었다. 그의 따뜻한 마음을 나는 결코 잊지 못할 것이다."[55] 그것이 벨 주교와의 마지막 만남이었다.

이번 여름학기에는 주요 강의가 없었기 때문에, 바르트는 여러 가지 다른 일에 충분히 시간을 쓸 수 있었다. 그래서 그해 여름과 가을에는 여러 번의 '질의응답 모임'에 참여했다. 스트라스부르와 제네바에서 그런 행사가 있었고, 바젤의 '실증주의' 목사 모임, 바젤 선교센터, 베른 주의 쥐라 산악지대 타반의 구역회에서도 (『교회교의학』 IV/2에 대해) 그런 시간을 가졌다. 한번은 두 아들, 사위와 함께 아르가우 지방의 뮐링겐에 가서

"11세기부터, 혹은 그보다 오래전부터 바르트 가문이 살았던 곳, 나 역시 익숙한 그곳을 직접 답사했다." 그곳의 "마을 대표와 주민들은 영국의 대주교와 백작에게 받았던 대접과 비교해도 손색이 없을 정도로 정중하게 우리를 맞아 주고 또 숙식을 제공해 주었다."[56] 그 즈음 바르트는 어느 강연 요청을 받아 기꺼이 수락했다. 그는 이 강연문을 준비하면서 또 다른 방식으로 자신의 과거와 맞닥뜨리게 되었다.

"하나님의 인간성"

1956년 8월, 다시 귀렌바트에서 나날을 보내던 바르트는 한달음에 강연문을 써 내려갔다. 그리고 9월 25일, 아라우에 모인 스위스목회자연합회 회원들 앞에서 그 강연문을 발표했다. 사실 그 강연문은 연초에 '남부 독일 방송'Süddeutsche Rundfunk을 염두에 두고 써놓은 강연문 「예수의 인간성」에 기초한 것이었다. '하나님의 인간성'(Die Menschlichkeit Gottes)이라는 특색 있는 제목을 달고 있는 아라우 강연은 여태껏 교회교의학을 통해 말해 왔던 것과 비교할 때 내용적으로는 전혀 새로운 것이 없다. 그러나 이 강연은 "변증법적 신학의 출발" 이후로 그의 사상이 정말 철저하게 변모했다는 것을 가장 잘 보여주는 자료다. "신기하게도 사람들은 이제야 그 변화를 의식하게 되었다. 오래전에 읽어서 알 수도 있었을 텐데 말이다. 나에게는 그저 회상이었는데, 많은 사람에게 그것은 새로운 발견이었다."[57] 1920년에 "내가 위대한 스승 아돌프 폰 하르낙에게 맞서" "전적인 타자"를 외쳤던 바로 그 장소, 대의원 홀에서, 이제 바르트는 당시의 신학에 대한 개정에 들어갔다.

모름지기 "진정한 개정이란……나중에 가서 후퇴하는 것을 의미하는 것이 아니라, 과거에 말했던 것을 이제야 제대로, 더 훌륭하게 말할 수 있게 되는 새로운 단초, 새로운 공격을 뜻한다." 그러므로 바르트는 인간중심적인 신학의 모든 영역, 곧 경건주의와 자유주의와 '실증주의' 영역과는 달리 "40여 년 전 우리 안에서 거세게 일어나기 시작했던 것", 곧 "하나님의 신성"Gottes Göttlichkeit에 대한 인식을 결코 취소할 마음이 없었다. 그러나 그 당시 그에게는 완전히 감춰져 있었던 의미, 곧 "하나님의 신성은 그 자체로 인간성의 성격을 지닌 신성"이라는 의미에서 그 인식을 새롭게 규명하고자 했다. "예나 지금이나 하나님의 신성에 관한 문장은 오직 이런 형태 안에서 이전 시대의 [인간중심적] 신학과 대결해야 한다. 한 톨의 진리particula veri, 비록 우리가 그것의 약함을 완벽하게 꿰뚫어 본다고 하더라도, 우리는 그것을 완전히 부정할 수는 없다. 우리는 그것을 경솔하게 내팽개치는 것이 아니라 긍정적으로 수용하려는 것이다. 하나님의 신성, 곧 우리가 제대로 이해한 **신성**은 그의 인간성을 포함한다.……예수 그리스도는 진리의 말씀이요 '하나님 아버지의 마음을 비추는 거울'이다. 그렇다면 니체의 말, 곧 인간은 극복되어야 할 무엇이라는 니체의 말은 무례한 거짓말이다. 만일 예수 그리스도가 그런 분이라면, 하나님의 진리란 오직 이것……그분의 **인간 사랑**Menschenfreundlichkeit이다."[58] 강연이 끝나고 식사를 함께하는 자리에서 아르가우 지방 의원 킴Kim은, 그 옛날 자펜빌의 목사가 "오 아르가우여, 하나님께서 너를 불쌍히 여기시기를!" 하고 말했던 것을 환기한 다음, "그래서 하나님께서 아르가우를 불쌍히 여기셨다!"고 말해, 바르트를 기쁘게 해주었다.

이 강연의 주요 사상은 또 다른 강연으로 이어졌다. 바르트는 이듬해 초(1월 8일) 하노버에서 괴테 학회의 강연 시리즈 가운데 하나를 맡아

'19세기 개신교 신학'이라는 제목으로 강연했다.

여기서 바르트는—과거에 자신이 아주 비판적으로 고찰했던—그 세기에 대해 여전히 몇 가지 의문을 품고는 있지만, 이제는 그 세기를 향해 무조건 '아니오!'라고 말하지 않는다는 사실을 분명히 밝히고 있다. "19세기는 그냥 끝나 버린 것이 아니며, 그 세기의 신학도 마찬가지다." 어떻게 해서 바르트는 이런 방향에 대해서도 그렇게 개방적이고 긍정적인 생각을 할 수 있었을까? 가장 근본적인 이유는 그가 '신학'을 더 이상 "하나님에 관한 가르침"으로만 이해하려 하지 않고 "신인간학"Theoanthropologie, 곧 "하나님과 인간에 관한 가르침, 곧 하나님과 인간의 교류와 친교에 관한 가르침"으로 이해하고자 하기 때문이다.[59]

그가 이 강연을 하던 거대한 홀은 청중으로 꽉 차 있었고, 옆에 있는 두 방에서도 스피커를 통해 그의 강연을 들었다. 1954년 비스바덴 강연 때는 바르트의 편안한 옷차림이 사람들의 심기를 건드렸다면, 이번에는 너무 격식을 갖춘 연미복이 센세이션을 일으켰다. 강연이 끝난 뒤에는, 바르트의 제자였던 쿠르트 뮐러의 집에 친구 몇 사람과 괴테 학회 회원들이 모여 또다시 열띤 토론을 벌였다. 한스 릴예 감독을 다시 만난 것도 바로 그 자리였다. 그는 이런 '디아스포라' 모임에 끼어 있어도 전혀 불편하지 않다고 고백했다. "꽤 늦은 밤 시간에는 일부 대담무쌍한 성직자들이 나의 베레모를 벗겨 그의 머리에 씌우기도 했는데, 릴예 감독한테도 그게 나름 잘 어울렸다." 바르트는 하노버에 들른 김에 그 도시의 골든 북에 이름을 올려 달라는 초대를 받았다. 거기서 바르트는 몇몇 저널리스트들과 함께 있었는데, 우연히—어떤 그림을 보고 나서—"1866년 하노버 사람들이 프로이센(!)에 맞서 싸워 승리를 거둔 역사에 대해 그들보다 뛰어난 지식을 과시하는 바람에" 그들이 당혹스러워하기도 했다.[60] 하노버로 올라가는 도중에 프랑크푸르트에 들러―칼 게르하르트 슈테크의 안내로―그곳의 철학자 아도르노Adorno, 호르크하이머Horkheimer, 바인슈토크Weinstock, 슈투름펠스Sturmfels 등을 만났다. 얼마 전 작고한 하인리히 숄츠를 추념하면서는 '신학과 철학' 사이의 대화에 좋은 다리가 있음을 확인했는데, 후기 하이데거를 끌고 들어오려고 하면서부터는 오히려 대화가 자꾸만 끊어지는 것을 느꼈다.

1956-1957년 겨울학기, 바르트는 새로운 활력을 가지고 『교회교의학』 IV/3의 집필에 착수할 수 있었다. 화해론 1권에서는 하나님 아들의 낮추심을, 화해론 2권에서는 사람의 아들의 높이 들림을 다루었다면, 이번 3권에서는 "하나님-인간"Gottmensch이신 예수 그리스도와 그분의 낮추심과 높이 들림의 사역이 결국 하나라는 사실을 강조하려고 했다. 바르트는 바로 이것에 대해 말하고자 했고, 그래서 다음과 같은 문장을 제시했다. 예수 그리스도 안에서, 그분의 낮추심과 높이 들림 안에서 완성된 "화해, 그것은 일어남과 동시에 알려진다."[61]

이 간단명료한 문장은 두 부류의 견해와 비판적으로 거리를 두고 있다. 한편으로는 화해를 그 자체로 완결된 어떤 상태로 보는 견해와 거리를 둔다. 다른 한편으로는, 인간을 위하여 화해가 확실하게 드러나는 것이 마치 인간적 노력에 달린 것처럼 말하는 일부 가르침과 거리를 둔다. "화해론 제3권에서는 예수 그리스도의 '예언자 직무'의 의미와 영향력에 대한 물음이 나를 이 주제로 이끌었다. 오늘날 이 주제는 이론적으로나 실천적으로나 아주 다양한 맥락 속에서, 천차만별의 제목으로 모든 종파의 교회에서 한창 진행되고 있는 논의의 전면에 부각되어 있다. 그러나 내가 보기에, 아직까지 그 논의들은 엄격하게 복음적 핵심을 지향하는 신학적 토대를 찾지 못한 상태다. 오늘 우리가 자유롭게, 혹은 어쩔 수 없이 '그리스도(혹은 교회)와 세상'이라는 주제를 치열하게 탐문하고자 할 때, 결정적인 전제가 될 수 있는 것이 과연 무엇인가? 종교개혁 신학은, 또한 종교개혁 이후의 신학은 그 물음 앞에서 거의, 혹은 전혀 아는 것이 없다.……그런 논의 자체(예컨대 선교, 복음화, 평신도 사역, 교회와 문화, 교회와 국가, 그리스도교와 사회주의 등에 대한 논의)를 파고드는 것은 나의 의도가 아니다. 내가 중요하게 생각하는 것은 바로 그런 논의에 필요한 (결코 당연하지 않은) 근본적인 전제를 찾아내는 것이다. 그런데 그 과정에서 모든 것이 하나의 통찰로 귀결됐다. 우리가 전면적으로 수용하고 추진해야 하는, '사람들 앞에서 행하는 고백'Bekennen vor den Menschen은 그리스도인의 삶 속에서 그저 지엽적인 것에 불과한 것이 아니라 ―그것이 살아 계신 예수 그리스도의 행위에 근거한 것이기 때문에― 핵심에 속하는 것이라는 통찰이 그것이다. 그렇다, 바로 이 증언의 문제에서 어떤 그리스도인이 진정한 그리스도인이냐 아니냐, 어떤 그리스도교 공동체가 진정한 그리스도교 공동체냐 아니냐가 결판난다."[62]

바르트는 부활하신 예수를 "참된 증인"으로 이해하면서, 그분의 형상에 대한 철저한 고민에서 출발하여 그 주제를 파고든다. "만일 어떤 그리스도교적·신학적 원칙이란 게 있다면, 바로 이것이다. 예수 그리스도께서 부활하셨다. 그분은 참으로 부활하셨다!"[63] 그는 이 원칙에 근거하여, 그가 예전부터 아주 소중하게 여기던 "증언"의 개념을 성찰한다. 바르트가 보기에는 이 개념이야말로 (선포까지 포함하여) **모든** 그리스도교적 행위의 진수(眞髓)다. 그것도 두 가지 의미에서 그렇다. 첫째, 모든 그리스도교적 행위의 최고 형태는 인간이 계시를 (인과적으로나 도구적으로 실현·전달·재현하는 것이 아니라) **증언하는 것**, 그 이상도 이하도 아니다. 둘째, 그런데 바로 그 증인으로서 인간은 실제로 (수동적으로 수용하기만 하는 것이 아니라) 적극적으로 "협력하면서" 그 화해에, 그리고 화해의 계시에 참여한다. 그렇다! 심지어 바르트는—돌들도 깨어나 예수 그리스도의 능력을 "증언"할 수 있음을 기억하면서—하나님의 유일하신 말씀das eine Wort Gottes과 나란히 참된 말씀들wahre Worte이 있을 수 있다고 말한다. 그것은 하나의 진리의 여러 가지 현상들이며, 교회 안에서만이 아니라 교회 밖에서도 그런 말씀들, 그런 현상들이 있을 수 있다. 그러나 특별히 예수 그리스도의 교회는 "증인들"의 공동체로 이해되어야 하므로, 교회는 결단코 그 자체로 목적이 되어서는 안 된다는 사실을 준엄하게 역설한다. 교회는 "이 세상을 위해 존재한다. 교회는 모두를 위해, 모든 인간을 위해 말해야 한다.……교회는 안정된 상태에서 벗어나서, 중심에서 벗어나서 존재한다.……교회가 '탈중심적으로' 돌고 있는 그 중심은 물론……세상 그 자체가 아니라, 하나님이 위하시는 세상일 것이다."[64] 바르트는 그리스도인의 증언 과제야말로 부활절과 "그리스도의 재림" 사이에 있는 시간의 의미라고 이해한다. 그러므로 이 책은 그리스도교의 희망에 관한 설명으로 마무리된다. 여기서 바르트의 독특성은 그리스도 재림의 세 가지 형태를 개념적으로 구분한다는 점이다. 첫째는 부활과 동시에 일어난 재림이고, 둘째는 성령 강림을 통해 오늘의 사건으로 일어나는 재림이며, 마지막은 미래의 (보편적인, 총체적인, 결정적인) 계시 안에서 일어나게 될 "파루시아!"다. '만인화해' 문제에 대한 바르트의 변증법적 입장도 독특한 부분이다. 바르트의 사상에 '만인화해론'의 위험이 도사리고 있다는 비판에 맞서서, 바르트는 이렇게 말한다. 우리는 (하나님의 은총을 진지하게 고려하기 때문에) "결단코 그것을 기대해서는 안 된다." 그러나 (우리의 마음보다 훨씬 크신 은총을 생각하며) 거기에 대해 "열려 있어야 한다."[65]

헝가리 시민 봉기가 일어난 1956년 10월 23일, 바르트는 화해론 제
3권 중에서 '예수는 승리자!' 부분을 강의하기 시작했다. 바르트는 그해
6월에는 베레츠키 감독과, 10월에는 (본 대학교 시절 바르트의 제자였던) 라
즐로 파프 교수와 헝가리의 정치적 상황에 대해 이야기를 나눌 수 있었
다. 그리고 헝가리의 정권과 신학적으로 타협하려는 경향에 대해 우려
의 마음을 전했다. 곧 겨울 내내 "세계정세의 변화는 그의 마음을 어둡
게 만들었다. 그런 상황에서 우리 스위스가 어떤 태도를 취하고 있는가
를 보면 마음은 더 어두워지고 갑갑해졌다. 지난 1933년에는 본에서,
1938-1941년에는 이곳 바젤에서 겪어야 했던 고립의 시간 이후로 내가
이때처럼 외로웠던 적은 없었다.⋯⋯스위스 노동당원 일부에 대한 야비
한 마녀사냥이 있었다. 스위스의 중립주의를 철회해야 한다는 말도 안
되는 주장이 쏟아져 나왔다.⋯⋯그리스도교 세계 안에서도 모든 것이
흔들리기 시작했다."[66] 바로 그런 시기에 "나의 아주 소중한 친구 한 사람
이 바젤 대성당에서 마태복음 8:28 이하의 본문으로 설교했다. 귀신 들
린 자에게서 그 귀신을 내쫓아 돼지 떼에게 들어가게 한 내용의 본문이
었다. 설교는 아주 훌륭했다. 크레믈린의 귀신들도 언젠가는 쫓겨 나갈
것이라는 기대를 품게 만드는 설교였다. 설교가 끝난 뒤, 나는 그 친구에
게 가서 말했다. 설교자가 빠뜨린 것이 딱 하나 있다고. 귀신들이 들어간
돼지들 말이다. 이 경우라면 그 돼지들은 바로 우리 자신일 가능성이 크
다."[67] 그 설교자의 이름은 에두아르트 투르나이젠이었다.

　바르트의 견해는 이런 것이었다. 헝가리의 공산주의는 "스스로 심판
을 내렸다. 그러므로 우리의 심판은⋯⋯전혀 필요치 않다." 그는 여기서
한 걸음 더 나아갔다. 다른 사람 눈에 있는 티끌에 관심을 두기보다는 제
눈의 들보를 자각해야 한다. 그런 의미에서 바르트는 기꺼이 "어떤 글을

쓰려고 했다. 이 글에 비하면 1933년에 쓴 「오늘의 신학적 실존」은 그냥 가볍게 스쳐 지나가는 바람에 불과할 것이다."[68] 그러나 바르트는 주저했다. "오늘의 현실이 아모스 5:13이나, 사무엘상 3:11과 같은 그런 상황이 아닐까?"[69] 결국 그는 아무것도 쓰지 않았고, 지금의 상황에 대해 침묵을 지켰다. 그런데도 "내가 이 모든 일에 대해—('비통과 혐오'의 마음으로) 3분 간 침묵이 아니라—아예 침묵으로 일관했다고 해서, 안타깝게도 나의 조국 스위스는 또다시 나를 미워하기 시작했다."[70] 그걸로 충분하지 않았던가! "이제는 미국에서도 나를 겨냥한 비난이 쏟아졌다. 어째서 칼 바르트는 헝가리에 대해 침묵하는가?" 이것은 라인홀트 니버의 목소리였다. "그러나 칼 바르트는 끝까지 침묵을 지켰고, 자신이 왜 그러는지도 알고 있었다."[71] "그 질문은 누가 봐도 진짜 질문이 아니다. 다른 사람과 교류하고 친교하고 싶어 하는 어느 그리스도인의 실질적인 필요에서 나온 질문이 아니라, 화가 나서 어쩔 줄 모르는 서구 정치가의 안전한 성곽에서 나온 것으로서……상대편을 궁지에 빠뜨리려는 질문이다. 그는 나를 몰아쳐서 그가 믿고 있는 원시적 반공주의를 억지로라도 고백하게 하거나, 아니면 나를 은밀히 공산주의에 찬동하는 사람으로 까발려 놓음으로써 어떻게든 신학자로서 나의 신망까지 망가뜨리려는 것이었다. 그러니 내가 거기다 대고 뭐라고 말해야 할까?"[72] 그럼에도 불구하고, 아니 어쩌면 그가 그렇게 침묵을 지켰기 때문에, 바르트는 위기에 처한 헝가리 사람들을 도울 수 있게 되었다. "나는……다섯 사람을 위해……개입했고, 그 당시……어떤 장관으로부터 친절한 전보 답신을 받았으며, 내가 원했던 것을 이루었다."[73]

바르트가 1957년 여름학기에 집필한 『교회교의학』에도 헝가리의 위기에 대한, 그리고 특별히 그 당시 서구의 반응에 대한 그의 간접적 입장 표명이 분명하게 드러났다.

그는 여기서, 예수가 "승리자"임을 강조하되, 그가 "겟세마네와 골고다의 승리자"이며 오직 "완전한 패배 속에서의 완전한 승리자"이심을 특별히 강하게 부각시킨다. "하나님의 말씀이 위대해지는 것"은 세계사의 흐름 속에서 어둠과 모순의 심화와 함께 일어난다. 그러므로 승리자 예수의 "행위"는 오늘의 현실 속에서는 그분의 "수난"Passion, 그분이 "형제들"과 "함께 고난당함"Mitleiden으로 나타난다. 또한 그는 기만(거짓)이야말로 본질적으로 그리스도교적인 죄의 형태라고 설명한다. 이를 위해서 바르트는 욥기 주석에 많은 부분을 할애한다. 바르트의 욥기 주석에 따르면, 욥의 친구들이 가지고 있던 신학은 그 자체로는 옳은 것이지만, 욥이 당하고 있는 구체적인 현실에서는 "거짓"으로 판명된다. 여기서 바르트는 그 당시 논의가 한창이던 핵무기 문제에 대해 은근히 자신의 견해를 드러내고 있다. 그러면서 "그리스도교적인 서구 유럽"의 문제까지 고민하고 있다.

교의학 강의 외에도 몇 가지 다른 과제가 있었다. 봄방학에는 두 번의 라디오 방송 강연을 준비했다. 하나는 (바르트에 따르면 어떤 그리스도인에게는 정말로 큰 문제였던) '영원불멸'의 문제에 관한 것이었고, 또 다른 하나는 ('물량화'와 '사유화'의 위협에 처한, 그러나 어떻든지 간에 자유의 부름을 받은) "이 시대의 개개인"에 관한 강연이었다. 그 외에도 뇌샤텔에서는 칼뱅의 유아세례론의 문제에 대해 강연했다. 뮌헨에서 바젤을 찾아온 고트리프 죙겐Gottlieb Söhngen이 신앙의 유비에 대해 강연하는 것을 듣기도 했다. 바르트는 그를 "새로운 가톨릭 신학"의 선구자라고 평가하면서 그의 강연을 반겼다.[74] 바르트는 지난겨울과 마찬가지로 이번 여름에도 며칠간(6월 7-12일) 바이에른 지방을 두루 여행했다. 그는 마리아 렘프 부인을 방문했고, 칼 슈타인바우어의 설교를 즐겨 들었으며, 친애하는 리제로테 놀트 부인의 '선교원'에서 며칠 묵고, 그사이 많이 늙은 게오르크 메르츠를—마지막으로—만나 의미 있는 시간을 보냈다. 바르트와 메르츠는 지난 수십 년 동안 서로에게서 상당히 멀어졌다. 그럼에도 두 사람은 여전히 가까웠다. 그들은 팔짱을 끼고 얼마만큼 함께 걷다가 다시 헤어졌다. 이번 여행의 하이라이트는 룸멜스베르크Rummelsberg에서 열린 바이에른 목회자 형제단 대회에 참석한 것이었다. 그 대회에서 바르트에게는 디츠펠빙거Dietzfelbinger 감독의 모습이 아주 인상적이었다. 그곳에서도 바르트는 토론 모임에 초대되어 질의응답 시간을 보냈다. 여기서 주로 논의된 내용은 예배의 문제였다. 바르트는—때때로 '반칼뱅주의적'이고 노골적으로 루터주의를 드러내는 논객들의 발언에 자극을 받아—확실하게 자기 입장을 표명하면서 몇 가지 중요한 명제와 반명제를 내놓았다. 예컨대 천상의 교회에 관해서는 다음과 같이 말했다. "그렇게 영원한 교회만 얘기하지 맙시다. 이 세상에 있는 이 세상의 자녀를 지루하게 할 셈인가!" 예전학과 관련해서는 이런 말도 했다. "일차적인 '예전 진행자'는 예수 그리스도 자신이다." 그리고 이차적인 진행자는 목사가 아니라 "회중 전체"다! 성례전과 관련해서는 이렇게 말했다. "오직 하나의 성례전이 있다. 그것은 죽은 자 가운데 부활하신 분 자신이다." 설교와 관련해서는 이렇게 말했다. 설교란 "선포일 뿐만 아니라 경배와 간구"이며, 엄밀하게 말해 "교회 공동체의 행위"다![75]

　제2차 세계대전 직후에도 그런 느낌이 강했지만, 바르트는 이번에도 독일의 루터주의가 영 마음에 들지 않았다. 바이에른에서 그런 루터주의를 다시 만난 것이다. 바르트는 그 문제에 깊은 관심을 가졌기 때문에 1957-1958년 겨울학기 세미나에서는 신 루터주의를 제대로 한 번 자세하게 다루었다. 이를 위해 교재로 선택한 것이 베르너 엘러트의 교의학이었다. "솔직히 말해, 정말 최선을 다하긴 했지만 성공적인 시도는 아니었다. 한편으로는 어두운 역사 비관주의를 깔고, 다른 한편으로는 끈덕지게 종파주의를 고집하고, 정작 성서 메시지의 핵심은 아득히 먼 곳에서 간신히 눈에 띄는, 그런 조직신학의 현상을 보면서 우리는 충격에 빠졌다.……내가 보기에……앞으로 세미나 시간에는 이렇게 독실하고 심오하면서도 너무나 비생산적인 학파의 글은 당분간 읽지 않을 것 같다."[76]

바르트의 강의를 들으러 몰려오는 학생의 수는 줄어들기보다는 오히려 늘어났다. 그리고 전반적으로 볼 때―바르트는 그렇게 봤다―그 신학생들 사이에서 불트만의 물음에 대한 관심은 사라져 갔다. "지금 젊은 세대의 관심이, 지난 10여 년간 이 영역을 지나치게 주도했던 방법 물음Methodenfragen에서 본질 물음Sachfragen으로 옮겨 간 것 같아서 아주 기쁘다."[77] 그리고 이제는―앞으로도 계속 그런 경향이 나타나는데―에벨링의 수업을 듣는 신학생 중에서 정기적으로 바르트의 세미나와 집중 토론 모임에 참석하러 취리히에서 바젤까지 오는 학생들도 생겨났다. 이번 겨울학기에는 그 신학생들 가운데 "생기 있게 토론에 참여했던" 에버하르트 융엘Eberhard Jüngel이 단연 돋보였다.[78] 새로 시작된 여름학기에는―최신 루터주의 답사를 끝내고―기쁜 마음으로 다시 '칼뱅'에게 돌아왔다. 스위스의 공산주의자 콘라트 파르너Konrad Farner가 바르트를 열심히 찾아왔던 학기이기도 했다. "한 가지 신기한 일도 있었다. 그 여름학기에 영어 콜로키움에 들어온 '학생들' 중에 미국인 신학 교수가 네 명이나 와 있었다. 예전에도 몇 사람이 그런 적이 있었는데, 그들은 안식년을 이용하여 1년 동안 바젤에 와서 지내기로 한 것이다." 그리고 또 한 가지 신기한 일이 있었다. 프랑스어 콜로키움에는 한 학생이 들어왔는데 "글쎄 그가 이탈리아 왈도파였던 것이다!" 그 콜로키움에는 알자스 지방의 목사들 몇 명도 들어왔다.[79]

바르트가 이런저런 모임에서 '대화'를 할 때도 형식적으로는 세미나 시간이나 콜로키움과 거의 비슷했다. 그리고 이제는 그 '대화'가 과거의 '강연'을 거의 대치했다고 말할 수 있게 되었다. 바르트와의 대화는, 청중 가운데 몇몇 사람이 적어서 낸 질문을 보고서 대답을 하고, 또 이어지는 토론 시간에 바르트 자신의 입장을 표명하는 형태로 이루어졌다. 이런 대화 모임에서 사람들이 느낀 것은, 바르트가 즉석에서 자기를 향해 날아오는 반론과 반박 앞에서도 전혀 머뭇거림 없이 곧바로 자신의 통찰과 인식을 잘 설명하고 개진하는, 놀라운 순발력과 완결성을 가진 사람이라는 사실이었다. 이런 방식으로 1957-1958년 겨울에는 바젤 선교회관의 선교사들과 바젤의 목사들, 바젤 지방 '존넨호프'에 있는 개신교 수녀들, 보세이의 에큐메니칼 수업 참가자들, 그리고 튀빙겐 슈티프트의 강사들과 대화했고, 이어지는 여름에는 힐데스하임에 있는 루터교 신학교 사람들과 대화했다. 바젤의 선교회관에서는 매년 규칙적으로 '대화' 모임이 열렸다. 거기서는 안식년을 맞아 고국으로 돌아온 선교사들이 고민하는 문제들이 대화의 주제가 되었다. 보세이에서 온 사람들과의 만남도 이런 식이었다. 그들은 1월 중에 한 날을 잡아 신학 교수 한스 하인리히 볼프, 니코스 니시오티스Nikos Nissiotis를 필두로 바젤에 와서 함께 대화를 나누었다.

"생명이 걸린 문제"

바르트에게 1958년은 핵무장과 관련된 문제로 바쁜 한 해였다. 그는 이 문제가 여러 가지 면에서 시급한 문제라고 판단했다. 1957년에도 벌써 두 번이나 이 문제와 관련된 입장 표명을 했다. 독일 학자 열 명이 핵무장에 저항하며 싸우고, 알베르트 슈바이처도 핵무기 반대의 목소리를 높이고 있을 때, 바르트는 성금요일을 맞아 그들과의 연대를 보여주는 짧고도 명확한 메시지를 발표했다. "서구권과 동구권의 인류는 지금 진행 중인 광기에 맞서 일어서야 한다.……이것은 생명이 걸린 문제다. 이것은 인류 전체의 문제다." 6월에는 바르샤바 라디오 방송국에 보내는 전보에서, 필요한 경우에는 어느 한 쪽이라도 핵무기 개발을 포기해야 한다고 열강에 호소했다. 1958년부터는 독일군이나 스위스군이 핵무기로 무장할 수도 있는 상황에서 그 문제에 관한 논의를 전개했다. 4월에 독일 교회 형제단은 독일교회협의회 대표단 앞으로 공식 청원서를 보냈으며, 그 청원서의 핵심은 핵전쟁 준비를 죄악으로 규정하는 열 개의 명제였다. 그 가운데서도 제10명제가 압권이었는데, "그로 인해 무시무시한 성토의 목소리가 메아리쳤고, 심약한 형제들 사이에서도 약간의 한숨이 새어 나왔다."[80] 이 명제에 가장 열렬히 반대한 것은 한스 아스무센이었다. 그는 핵폭탄 투척만이 죄가 아니라 그것을 그만두는 것도 죄가 될 수 있다는 반론을 폈다. 그리고 자신의 입장 표명에「세 가지 신앙 조항의 부정」이라는 상당히 논쟁적인 제목을 붙였는데, 이 제목이 가리키는 것은 다름 아닌 제10명제였다. 제10명제에는 이렇게 쓰여 있다. "그리스도인이 이 문제에 대하여 반대의 입장을 대변하거나 중립적인 입장을 대변하는 것은 있을 수 없는 일이다. 그 두 가지 입장은 그리스도교 신앙의 세 가지 조항을 모두 부정하는 것이다." 그런데 독일의 신문에는 "바르트 교수가 그 '청원서'의 열 가지 명제에 동의하지 않는다"는 루머가 떠돌았다. 그래서 바르트는 "나는 그 명제(제10명제까지 포함하여!)를 마치 내가 직접 쓰기라도 한 것처럼, 그 명제에 동의한다"고 천지사방에 알렸다.[81] 그런 말을 쓰는 데 전혀 거리낌이 없었던 것은, 그 명제의 익명의 저자가 바로 자신(!)이기 때문이었다. 바르트는 이 일과 관련하여 독일 교회 형제단 대표자들과 긴밀한 관계망 속에 있었다. 그런 이유로 에른스트 볼프는 한넬로레 한쉬Hannelore Hansch, 마르틴 로크레머, 헬무트 시몬과 함께 여러 번 바르트를 방문했다. 바르트는 봄과 여름에 이 문제를 놓고 구스타프 하이네만과도 깊은 대화를 나누었다. "그 사람이 독일 연방 수상이 되기 전부터, 그와 나는 친구처럼 편하게 지내는 사이였다." 7월 31일에는 프라이부르크의 대학생 교회 학생들과 이 문제에 대해 펠트베르크 Feldberg에서 좌담회를 가졌다. 그런데 "안타깝게도 그 자리에서 밝혀진 사실로는, 아주 영리하고 괜찮은 사람인 에릭 볼프가 (강단 있는 그의 부인과는 달리!) 너무나 엉뚱한 세력과 연루되어 있었다."[82] 그해 여름, 바르트는 이 문제를 직접적으로 다룬 여섯 개의 명제를 써서 그 형제단에 주었다. 그 명제의 제목은 「오늘의 바르멘: 1934년 바르멘 선언의 반대 조항의 부활」이었다. 10월 초, 바르트는 프랑크푸르트에서 열린 형제단 대회에 참여하여 '신앙, 고백, 결단'이라는 제목으로 강연할 예정이었고, 강연문의 내용도 그 명제의 정신과 일맥상통하는 것이었다. 그러나 바르트는 건강상의 이유로 그 계획을 취소할 수밖에 없었다.

바르트는 단지 독일의 핵무장만을 반대한 것이 아니라 "모든 민족과 국가의 핵무장을 반대했다. 핵전쟁은 결코 합법적인 전쟁이 될 수 없다. 그것은 모든 것의 파멸을 가져올 뿐이다."[83] 그런데도 핵무기를 갖지 못해 안달인 정치가들의 극성스러움을 보면서 바르트는 장탄식을 터뜨리기도 했다. 바르트가 보기에 지금 "우리는 정신 병원에 있거나, 제 앞가림 못하는 꼬마들의 유치원에 있는 것 같은 느낌이다. 아니, 그 둘을 합친 것, 그러니까 정신 병원 안에 있는 유아 병동에서 살고 있는 것 같다. 주여, 불쌍히 여기소서!*kyrie eleison*"[84] 이런 바르트였으니 스위스의 핵무장도 당연히 반대했다. 그러나 바르트의 반대는 대대적인 저항에 부딪혔다. 스위스교회연합의 신학 위원회가 제일 먼저 조치를 취했다. 바르트는 이미 수년 전부터 그 위원회에 속해 있었다. (바르트는 바로 그해인 1958년에 성공회·장로교 연합을 위한 신학 검증 작업을 맡기도 했다.) 그런데 바로 그 위원회가 핵무장 이슈에 입장 표명을 했던 것이다. 이를 위해 "그야말로 원자핵 붕괴의 순간처럼 긴장 가득한" 회의가 열렸고 그 결과 두 개의 상반된 입장이 도출되었다. "하나는 에른스트 슈테헬린에게서 영감을 받은 견해였다. 안타깝게도 우리의 피조 세계가 많이 파괴된 상태이며 앞으로도 계속해서 망가지고 있는 상황이라면서, 어쩔 수 없는 탄식과 함께 다음과 같은 결론에 도달했다는 것이다. 그런데 그 결론이란 것이, 핵을 가지고 장난이나 하는 저 연방 위원들과 군사주의자들을 그냥 내버려 둘 수밖에 없다는 것이다. (누가 이런 우울한 견해에 동조했던가? 에두아르트 슈바이처였다. 그 사람……한동안 불트만과 시시덕거리더니 결국 그렇게 된 것 아닌가!) 또 다른 견해는 나의 입장이었다." 나한테 지지를 보낸 사람은 베른의 구약학자 J. J. 슈탐Stamm이었다.[85]

바르트는―『교회교의학』을 읽고 있는!―스위스군의 사단장 한 명과도 이 문제를 놓고 깊이 있는 논의를 했다. 그의 이름은 알프레트 에른스트였다. 바르트가 1957년 말에 알게 된 이 사람은 ("음험한 취리히의 좌석에 앉아 있는 사람들과는 달리") "인간적인 면에서나 신앙적인 면에서나 존경할

만한" 사람이었다.[86] 두 사람은 그때부터 정기적으로 서로 편지를 주고
받고 서로를 찾아가 만나기도 했다. 군사 문제에 관심이 많은 신학자, 신
학에 관심이 많은 군 지휘관의 만남이었다. 물론 핵무기에 관해서는 의
견의 일치를 보지 못했다. 에른스트 장군조차도 바르트의 생각을 바꾸
지 못했던 것이다. 바르트는—더 근본적인 차원의 반론은 차치하고라도
—핵무기의 수용은 스위스의 정치적 중립을 완전히 포기하는 것이라는
견해를 끝끝내 고수했던 것이다. 그래서 하인리히 부흐빈더, 프리츠 리
프와 함께 스위스의 핵무기 도입에 반대하는 운동에 가담했다. 이런 복
잡한 문제 상황 속에서 "공식적으로도 내 편을 들어준 사람들" 가운데 신
학자로는 리프 외에 고트로프 비저가 "거의 유일했다." 그가 "자기 개인
의 입장을 표명할 때 보여준 신중함, 평정, 용기"는 바르트에게 큰 감명
을 주었다.[87] 이 문제와 관련하여 바르트와 의견이 잘 통했던 사람으로
유명한 배우 한스 디터 휘시Hans Dieter Hüsch도 있었다. 바르트는 그의 카
바레Kabarett를* 좋아해서 자주 관람했으며, 그 기간에는 가끔 개인적으로
만나기도 했다. 그러나 현실 정치는 그들의 반대를 거의 고려하지 않았
고, 그해 7월 바젤에서 열릴 예정이었던 핵무장 반대 국제 대회 추진을
금지했다. 1959년 초 런던에서 그 대회가 열렸을 때, 프리츠 리프는 바
르트의 경축사 원고를 들고 그곳에 참가하게 되었다. 그 원고에서 바르
트는 이런 의견을 개진했다. 직접적인 투쟁으로는 핵무장을 막을 수 없
으며, 오직 간접적으로만, 곧 현 세계의 정치 상황을 주도하는 이념적
대립과 그로 인해 야기된 두려움의 극복을 통해서만 막아 낼 수 있을 것
이다.

---

*   춤과 노래 등으로 정치 및 시사 문제를 풍자하는 무대 예술—옮긴이.

1958년 여름, 바르트는 또 다른 방식으로 동구권과 서구권의 대립 문제에 주의를 기울였다. 그는 (7월에) 요제프 로마드카의 글에 후기를 써주면서, 동과 서 사이에서 교회가 어떤 입장을 취해야 하는지에 대한 자신의 새로운 견해를 일곱 개의 명제로 표명했다.

거기서 바르트는 이렇게 주장한다. 이쪽의 교회든 저쪽의 교회든 마찬가지로, 전통이나 이념이나 역사해석이나, 그 어떤 것에도 원칙적으로 묶여서는 안 된다. 단 하나, 복음을 선포한다는 과제 외에는 그 어떤 것에도 구속되어서는 안 된다. 또한 신앙의 온전한 개방성으로 그 과제를 붙잡아야 한다. 그 개방성을 지닌 사람은 이렇게 전제할 수 있다. "예수 그리스도는 '마르크스주의자'를 위해서도 죽으셨고 '자본주의자'·'제국주의자'·'파시스트'를 위해서도 죽으셨다."[88]

바르트는 당시 로마드카의 생각과 자신의 견해 사이에 아직 완전하게 규명되지 못한 점이 있다고 생각했다. 그리고 위의 명제에서 그 점을 (명시적으로는 아니지만) 은연하게 암시했다. 바르트가—다른 친구들과는 달리—"[이른바 프라하의] 범(汎)그리스도교 평화 운동의 열기에 충분히 공감은 했지만 그렇게 마음이 편치는 않았던" 것에는 그 불명확한 점도 한 몫을 했다.[89] 두 사람은 이후로도 그 불명확한 점 때문에 신경을 많이 썼다. 물론 두 사람의 우정에 금이 가지는 않았다. 하지만 그렇다고 그 점이 완전하게 규명되지도 않았다. 이것은 두 사람 모두에게 상당히 안타까운 일이었다. 바르트는 적어도 그 지점에서는 다른 두 명의 프라하 친구, 곧 요제프 수체크와 얀 로흐만Jan Lochmann과 말이 더 잘 통한다고 생각했다. 어쨌거나 바르트의 입장에서는 자신의 견해를 계속해서 다른 형태로 반복하는 것 외에는 달리 방도가 없었다. 요컨대 복음은 우리를 "지금 '냉전' 체제 속에서 서로 적대하고 반목하는 세력, 이념, 이해 관계의 구름 너머의" 어떤 곳으로 인도한다. 그러므로 자신은 "신학적 사유와 사회·정치적 사유를 동일시하거나, 또는 그 둘을 따로따로 나란히 두거나, 그 둘을 유사한 것으로 만들려는 일체의 시도에……극도의 알레르기 반응을 보인다. 그런 사유 안에서는 적응의 주체(해당 신학자의 정치적 통찰과 견해)에* 대한 적응 대상(복음)의** 우월성이 명확하지 않고, 정확하게 자리매김되어 있지 않으며, 분명하게 가시화되지 않았다." 그러나 그곳, 곧 모든 대립을 넘어서 있는 그 어떤 곳이 사회정치적 문제에 대한 무관심을 의미하는 것은 아니다. 오히려 단호한 '입장 표명'의 단초가 된다. "우리의 말을 가지고, 하나님의 뜻을 위하여 인간 그 자체와 연대하면서 (다시 말해, 우익과 좌익의 사람들, 고난당하고 투쟁하는 사람들, 정의로운 사람들과 불의한 사람들, 그리스도인들과 무신론자들, 모두와 연대하면서…… 비판적이면서도 깊이 이해하면서 서로서로 모두에게) 도움이 되려는 그런 입장 표명"의 자극제가 되는 것이다.[90]

8월에는 소책자 형태의 공개서한 한 편을 썼는데, 그 제목은 「독일 민주주의 공화국의∴ 어느 목사에게 보내는 편지」였다. 여기서 바르트는 그 나라에서 살아가는 그리스도인의 생활과 관련하여 그 목사가 제기한 문제에 대해 목회상담의 차원에서 여러 가지 조언을 해주었다.

바르트는 베드로전서 5:8-9을 자유롭게 풀이하면서 오늘날 동서 진영의 대

---

* (우리가) 거기 맞추어 적용해야 할 대상―저자.

** 적용되어야 할 것―저자.

∴ 동독(東獨)을 뜻함―옮긴이.

립 상황에서 "믿음 안에 굳게 서서 맞서 싸운다"는 것은 과연 무엇을 의미하는지 이야기한다. 우리 그리스도인이 맞서 싸워야 할 진짜 "사자"는 (그놈이 "동구의 사자"든 "서구의 사자"든) 외부의 어떤 위협이 아니라 "늑대들과 더불어 울부짖게" 만드는 유혹이거나 "저들에게 잡아먹힐지도 모른다는 두려움"의 유혹일지니……. "한 마디로 말해, 행동으로 하나님을 부인하게 만드는 유혹이다." 그러므로 맞서 싸운다는 것은 어떤 특정한 투쟁에 나서는 것이 아니라, "**하나님**을 진지하고 기쁘게 믿고, 그분을 증언하려는" 소박한 자세이며…… "그것이 우리의 사명이다." 특히 무슨 안간힘을 써서라도 "국민 교회"의 형태를 방어하려는 것은 의미 없는 일이다. 동독 그리스도인의 소명은 오히려 "(국민의 교회가 아니라) 국민을 **위한** 교회로서, 교회의 새로운 길을 추구하거나 어쩌면 그 길을 이미 시작한 그리스도교 공동체의 삶, 곧 '하나님께서 (온 마음으로 특별히) 사랑하시는 동쪽 영역'으로서 그리스도교 공동체의 삶을 우리에게, 다른 사람들에게 모범적으로 실천하여 보여주는 것"이리라.[91] 바르트는 에멘탈의 카프에 있는 투르나이젠의 여름별장에서 이 「편지」를 한달음에 써 내려갔다. 그는 이 편지를 몇몇 사람에게 미리 읽어주었다. 편지 내용을 맨 처음 듣게 된 사람으로는 롤로 폰 키르쉬바움 외에도, 그 기간 바르트와 자주 휴가를 같이 보냈던 게르트루트 슈테벤이 있었고, 거기서 아주 가까운 곳에서 휴식을 취하곤 했던 헬무트 트라우프가 있었다.

그 「편지」를 받은 동독의 그리스도인들은 감사의 메아리로 화답했지만, 동독과 서독의 언론, 특히 스위스 언론의 전반적인 분위기는 대단히 비판적이었다. 바르트는 약간의 실망감을 담아 이렇게 말했다. "이 스위스 사람들과 의기투합이 되는 것은 내 생전에는 불가능할 일일 것 같다."[92] "가끔은 한밤중에「젤트빌라Seldwyla의* 어느 목사에게 보내는 편지」라는 제목의 글을 또 한 편 쓸까 하는 생각을 한다. 그래서 그 사람들, 달 뒤편에서 살아가는 그 사람들에게** 땅으로 한 번 내려와 보라고 분명하게 말해 주고 싶다."[93] 바르트의 편지에 담겨 있는 견해는 서독 정치권의 마음에도 들지 않았다. 원래는 1953년 가을에 그에게 '독일 출판인 협회 평화상'이 수여될 예정이었으나, 독일 연방 초대 수상 테오도어 호이스Theodor Heuss는 그 계획을 무산시켰다. 바르트 대신 그 상을 받게 된 사람은 바젤 대학교의 동료 교수인 칼 야스퍼스였다.

"지치지 않고 계속, 계속……"

그 기간에 바르트가 겪을 수밖에 없었던 고립과 소외는 그를 상당히 힘들게 했다. 이듬해 초가 되자 '형제단 회원' 몇 사람을 다시 만나고 싶은 마음이 강해졌다. 그들은 핵무기 논란 때문에 새롭게 가까워진 친구들이었다. 두르라흐Durlach의 한넬로레 한쉬, 카를스루에의 헬무트 시몬, 그리고 슈투트가르트와 그 인근에도 이런 친구들이 있었다. 바르트의 친구 고트힐프 베버의 아내인 도레가 한숨을 내쉬며 걸쭉한 슈바벤 사투리로 한 마디 했는데, 그 덕분에 바르트는 한바탕 웃을 수 있었다. "아이고 칼, 이제 우린 영영 '패거리'에 못 끼는 거유?"[94] 그러나 바르트는 그 한숨의 의미를 이해했다. 그는 동독 문제와 핵무장 문제에 대한 입장 표명 때

---

* 고트프리트 켈러(1819-1890)의 소설집「젤트빌라의 사람들」을 염두에 둔 것으로 짐작된다. 소설 속에 나오는 허구적 공간 젤트빌라는 스위스의 산간마을인데, 그곳 사람들은 미래를 내다보는 눈이라든가 올곧은 목적의식이 부족하여 편협하고 보수적이며, 경쟁자에 대한 시기와 질투에 사로잡혀 경박하게도 큰 불행을 자초하곤 한다—옮긴이.

** 완전히 세상을 모르고 현실과 동떨어져서 살고 있는 사람들을 가리키는 표현—옮긴이.

문에 수많은 몰이해와 반대에 부딪혀야 했으며, 자꾸만 그런 꼴을 당하
다 보니 자기가 무슨 "괴팍한 비타협주의자"처럼 느껴질 때도 있었던 것
이다. 그는 "어떤 노래를 부르고는 있으나, 서쪽과 동쪽의 경건한 서민
혹은 불경건한 서민 다수의 거센 합창에 맞서 노래하고 있는 터라, 멀리
서는 그 목소리를 도저히 들을 수 없는" 그런 외로운 사람들 가운데 하나
였던 것이다. "그러다 보면, 그들도 무기력감에 빠져 용기를 잃고, 그저
다수의 무리에 끼어서 살아가고 싶다는 생각이 들 때도 많았던 것이다."
이런 상황에서 도대체 뭘 해야 하는가? 바르트의 짧고 냉정한 대답은 이
것이었다. "지치지 않고 계속, 계속……!"[95]

  지치지 않고 계속! 바르트는 「동독의 어느 목사에게 보내는 편지」를
다 쓰기가 무섭게 또 한 걸음을 내디뎠다. 그가 여태껏 한 번도 직접적으
로 다루지 않았던 주제에 몰두했던 것이니, 그 주제는 '신학과 철학'의 관
계에 대한 물음이었다. 그는 친동생 하인리히 바르트의 70회 생일을 기
념하는 논문집(1960)에 자신의 논문 한 편을 기고하게 된 계기로 그 물
음과 씨름하게 되었다. 1958년 여름, 칼 바르트는—이번에도 '카프'에서
—'철학자와 신학자의 대결과 대화'를 자기 나름의 관점에서 이해하고 설
명하는 논문 한 편을 썼다.

  그의 전제는 일단 그 둘이 "하나의 유일하고 완전한 진리"와 맞닥뜨린다는
것이고, 두 번째는 그 진리가 그 "둘보다 뛰어난" 것이기 때문에 그 둘이 "하
늘에서 아래를 향해" 말할 수는 없다는 것이다! 바르트는 철학자와 신학자
의 본질적인 차이를 인식 대상의 차이로 보지 않는다. 철학과 신학이라는
인식 추구의 대상이 다른 것이 아니라 그 "순서"와 "결과"가 다른 것이다. 인
식을 추구하며 노력하는 신학자의 사유는 "위"에서 (하나님으로부터) "아래"

로 (인간을 향해) 전개된다. 그래야만 "아래"로부터 "위"로의 사유도 가능하다. 반면 철학자는 정반대의 길을 간다. 신학자가 어떻게 그 특별한 길에 도달하게 되느냐고 물어 올 수 있다. 그러면 신학자는—바르트에 따르면—"너무 나이브한 것 아닌가 부끄러워할 것도 없고, 이런저런 복잡한 단서를 붙일 것도 없고, 단도직입적으로 대답해야 한다.……예수 그리스도가 그 유일한 진리, 완전한 진리이며, 바로 그 진리가 나의 생각과 말이 나아갈 길을 엄격하게 지시하지만 (신학자에게) 철학의 길은 그만큼 엄격하게 단절되고 있다고 말이다."

1960년, 바르트는 이 논문에 관해 철학자 빌헬름 바이셰델Wilhelm Weischedel과 서신을 주고받았다. 바르트는 바이셰델에게 보내는 편지에 이렇게 적었다. "물론 이것은 하나의 '싸움'이다. 우리의 싸움은—철학자는 철학자로, 신학자는 신학자로 생각하고 말하고 글을 쓰면서—분명히 실제적인 싸움이지 그저 설득하자는 것이 아니다. 그런 싸움을 하자고, 이번에는 내가 나를 한 번 설득시켰다."[96]

지치지 말고, 계속! 그러나 바르트는 바로 그해 여름, 친동생을 기념하는 논문집에 실릴 글과 그 '편지'를 쓰면서, 조금 다른 의미에서, 그러니까 한 마디로 육체적인 의미에서 엄청난 피로감을 느꼈다. 그 피로감은 쉽게 가시지 않았다. 이제 바르트는 자신의 나이를 처절하게 실감했다. 마지막 여름학기에는 크게 한숨을 쉬며 이렇게 말했다. "한 주 한 주가 왜 이렇게 힘든가! 롤로는 내가 진작부터 이렇게 숨이 차서 헉헉거리며 지냈다고는 하는데……나의 주관적인 느낌으로는 이 짐이 점점 더 무거워지는 것 같다. 그래서 가끔은 롤로가 나한테 한 시간 휴강 처방을 해주면 다시 호흡을 가다듬을 수 있었다."[97] 바르트에게는 그 어느 때보다도 휴가가 필요했고, 그 기간에 다른 일을 하는 것이 아니라 순수하게 휴식만 취할 수 있는 충분한 시간이 필요했던 것이다. 바르트는 시간을 오로지 그런 식으로 보내는 것이 얼마나 큰 도움이 되는지를 몸소 체험했다. "약간 독서를 하고, 또는 그것마저 쉬고, 파이프 담배를 피우고, 의식적으로 혹은 그저 멍하니 주변을 바라보고, 아무런 계획도 짜지 않고 무엇도 하지 않고, 그래서 시간을 허비했다고 불평하지도 않는다. 사실 시간을 허비한 것이 곧 얻은 것이었기 때문이다."[98] 그 시기의 바르트는 티치노 강가의 브리오네Brione에서 봄방학을 보내곤 했다. 대개는 사위인 막스 첼베거가 동행했다. 바르트는 뼛속까지 바젤 토박이인 사위를 아주 좋아했다. 그곳에서 바르트는 헬무트 골비처, 에른스트 볼프, 구스타프 하이네만 등과 만나곤 했다. 여름휴가는 다른 단골 휴가처에서 보냈다. 언제부턴가는 자녀들과 함께 휴가를 보내기도 했다.

그 대신 학기 중에는 최대한 활기차게 지내려고 노력했다. 매일 아침 정확히 같은 시간에 찬물로 샤워로 하는 습관도 열심히 지켰고, 잠을 잘 때는 "언제나 창문을 활짝 열어 놓고" 자는 습관도 꾸준했다. 또한 "저녁에는 심호흡 운동, 아침에는 체조까지 했으니, 한 마디로 '움직이면서 교의학!'을 한 셈이다." 거기다가 가끔은 "나 말고도 아데나워나 교황 비오 12세 같은 유명인이 즐기는 로열 젤리 '한 세트'를 먹기도 했고……각종 비타민 영양제도 먹었다." "더욱이 내게는 아주 믿을 만한 의사 선생님이 있었으며, 그분의 지시라면 뭐든 정확하게 지켰다. 게다가 그분은 이성적인 분이라서 파이프 담배를 피우는 것을 처음부터 전혀 문제 삼지 않았기 때문에, 그분의 지시를 더 잘 따를 수 있었다."[99] 바르트는 그 모든 것 덕분에, 그리고 타고난 건강 덕분에 나이에 비해 아주 정정했다. 그 시기의 바르트는 가끔 피곤하고 지칠 때야 있었지만―이상하게 자주 찾아오는 '급성 요통'을 제외하면—몸져누울 정도로 아픈 적은 없었다. 오히려 "나는 내 또래 다른 친구들과 비교하면 놀라울 정도로, 과분할 정도로 건강하다. 그래서 이런저런 신학적 훈련의 장으로—롤로가 자못 감동해서 표현한 바에 따르면—'내달릴' 수 있다."[100] 그래서 바르트는 "사랑의 하나님께서 인내로 나를 지켜 주시고, 나에게 호흡을 주시고, 뭔가를 쓸 수 있는 아이디어를 주시고, 훌륭한 학생들을 많이 보내 주신 것"을 크나큰 선물로 여겼다.[101]

쉬고 싶은 마음은 점점 커졌지만, 바르트는 아직 "은퇴"를 생각하지는 않았다. 그의 시간과 그의 관심을 요구하는 일들이 줄어들기는커녕, 사방에서 더더욱 몰려드는 추세였던 것도 그가 은퇴를 생각할 수 없는 요인 가운데 하나였다. 그에게 끊임없이 닥쳐오는 과제들에는 학문 활동과 글쓰기 작업에 관련된 것 외에도, 엄청난 양의 편지를 읽고 답장을 쓰는 일도 있었으니, 그러면서 바르트는 정말 수많은 사람들의 온갖 관심사와 마주하게 되었다. 또 하나의 중대한 과제는 그를 만나려고 찾아오는 천차만별의 사람들을 맞이하는 일이었다. 방문객 가운데는 "정말 흥미롭고 괜찮은 사람들도 있었지만, 그냥 '시간 잡아먹는 사람'처럼 느껴지는 이들도 많았다." 그때는 "손님이 찾아오고, 꽤 오랜 시간 함께 있어 주고, 그 만남을 잘 마무리해서 돌려보내지 않는 날이……단 하루도 없었다." 다양한 연령층의 제자, 친구, 잘 아는 신학자, 잘 모르는 신학자, 목사, 평신도들이 유럽 이곳저곳에서 찾아와 여러 가지 소식과 질문을 꺼내 놓았다. "인도인과 중국인도 무대에 등장했다." 거기다 일본인이 가세했다. "그 먼 나라(일본) 사람들이 나를 대할 때마다 나에게 보여 주는 감사와 관대함에는 사람을 부끄럽게 만드는 뭔가가 있다." 또 "미국 땅에서는" 진지한 학자들도 왔지만, 그냥 "호기심으로 온 사람들"(May I take a picture?)도 있었다.[102] 그런 사람들에게는 바젤 동물원에 있는 기린과 코뿔소를 꼭 가서 보라고 말해 준 다음에 얼른 인사를 하고 돌려보냈다. 1958년 가을에 브루더홀츠를 찾아온 사람들 가운데 "의미 있는 사람은 인도의 마르 도마 교회에서 온 한 남자였는데, 나는 그 특별한 사도에 대한 나의 존경을 고백하지 않을 수 없었다." 그리고 또 나를 찾아온 사람이 바로 "파울 틸리히였다. 그는 인간적으로는 매력적인데, 신학적으로는 (아, 이럴 수가! 나는……겨울학기 내내 그 사람에 대한 세미나를 열기로 했는데!) 도저히 용납할 수 없다."[103] 바르트가 보기에, 틸리히는 정말 안타깝게도 (니버와 마찬가지로) "마치 내가 1920년 이후로 줄곧 잠만 잔 것처럼" 말했고, 그런 태도는 바르트가 틸리히와 대화할 때 방해가 되던 요인 가운데 하나였다.[104]

1958-1959년 겨울학기에 개설된 틸리히 세미나의 주된 관심은 "틸리히의 '상관관계 방법'을 응급 처치하는 것이었다. 결코 좋은 일은 아니었으나, 나는 계속해서 그를 최대한 긍정적으로 해석하려고 했으며, 마치 사냥개처럼 물려고 덤비는 학생들로부터 그를 방어하려고 노력했다."[105] 그 학기 바르트는 한동안 바젤의 안과 병원을 다니기도 했다. 악화된 시력을 검사하는 차원에서 그 후로도 가끔 그곳을 찾았다. 그다음 여름학기 세미나 시간에는 학생들에게—지난 학기에 다루었던 틸리히의 사유 방법과 대결하는 의미에서—바르트 자신의 신학적 인식 방법을 다시 한 번 명시적으로 전달해 주었다. 그 세미나의 토대는 바르트의 안셀무스였다. 바르트가 안셀무스에 관해 썼던 책이, 얼마 전 힌리히 슈퇴베잔트의 개정 작업을 거쳐 새롭게 출간되었다. 그 학기에는 정규 학사 일정 외에도 몇 가지 다른 행사들이 있었다. 한번은 (베른에서) 부퍼탈 신학교 학생들, 또 뇌샤텔 지방의 목회자들, 대학생연합회 '초핑기아' 회원들

과 이야기를 나누었다. '초핑기아'에는 그다음 겨울에도 다시 한 번 초청을 받았다.

1959년은 칼뱅을 기념하는 해였고, 그해 여름 제네바에서는 이를 축하하는 행사가 열렸다. 바르트도 여기에 큰 관심을 보였다. 칼뱅은 바르트에게 이미 오래전부터 제일 중요한 신학적 스승이었다. 바르트는 칼뱅의 사유 방식을 학생들에게도 모범적인 것으로 소개했지만, 그 자신이 칼뱅을 통해 결정적인 자극을 받아 많은 생각을 하게 되었으며, 그를 염두에 두고 여러 가지 질문을 던질 수 있었다. 그래서 그는 1957년 여름학기, 그리고 1958년 여름학기에도 다시 한 번 칼뱅 세미나를 개설했다.

첫 번째 세미나에서 "다시 한 번 명확해진 것이 있는데, 그것은 비록 유아 세례의 근거를 제시할 수 있다고 하더라도, 칼뱅이 하려던 방식으로는 절대 안 된다는 사실이었다."[106] 두 번째 세미나에서는 칼뱅의 성만찬 교리를 검토했는데, 거기서 다시금 분명하게 드러난 것은 "신학의 거장 칼뱅에 대해서도 심각한 의구심을 품지 않을 수 없다는 사실이었다. 특히 그의 신론, 거기에 근거한 예정론, 또 그것이 그의 그리스도교 신앙 해석에 끼친 영향에 대해서 말이다. 그러나 이런 복합적인 문제를 일단 괄호 안에 묶는 건 어려운 일이 아니다. 그리고 다시 칼뱅의 명료한 시야, 무엇보다도 복음의 핵심에 대한 그의 명료한 시야를 마주하며 기쁨을 느끼는 것이다."[107]

1959-1960년 겨울학기와 1960년 여름학기에도 계속해서 칼뱅 세미나를 할 예정이었다. 이번에는 바르트가 오래전부터 관심을 기울였던, 그러면서도 대단히 우려스러워했던 칼뱅의 인식론(『그리스도교 강요』 I, 1-9)을 다루려는 것이었다.

바르트는 칼뱅 기념의 해를 맞아, 제네바의 종교개혁자 칼뱅과 자신의 관계를 돌아보는 의미에서 두 편의 글을 썼다. 하나는「신학자 칼뱅」이라는 제목의 글이었고, 다른 하나는『그리스도교 강요』신판 서문이었다. 그 서문에는 이런 말이 나온다.

"칼뱅은−루터와는 달리−천재가 아니었다. 대신 양심적인 주석가, 엄격하고 건실한 사상가, 그리고 부단히 그리스도교와 교회의 실천적 삶을⋯⋯고민하는 신학자였다.⋯⋯그는−교회사에서 유례를 찾아보기 힘든 탁월한 스승으로서−사려 깊은 독자들이 자기의 연구 결과를 그대로 받아들이는 것이 아니라, 자기의 연구 자체를 이어받아서 자기의 뒤를 따라 새로운 결과를 향해서 계속해서 앞으로 나아가게끔 몰아댄다. 칼뱅의『그리스도교 강요』를 통해서, 칼뱅이 주목했던 그 진리를 추구하되 자기 자신의 눈과 귀를 사용하여 추가하는 것을 배운 사람, 오직 그런 그리스도인과 신학자만이 '칼뱅주의자'라 할 수 있다."

독일인들도 루터를 오직 이런 의미에서 '스승'으로 삼았으면 하는 것이 바르트의 바람이었다. 바르트 자신도 바로 그런 의미에서 칼뱅의 제자가 되려고 했다. 자기 제자들에게도 바로 그런 의미에서 스승이 되고자 했다.

6월 6일, 제네바 대학교는 칼뱅 기념의 해를 맞아 바르트에게 명예신학박사 학위를 수여했고, 바르트 자신도 이것을 아주 특별한 의미로 받아들이며 기쁨을 감추지 못했다. 우선 이 영예는 칼뱅과 긴밀한 연관이 있는 대학에서 수여하는 것이었다. 또한 이것은 그가 제네바에서 수련 목회자 생활을 시작하고 정확하게 50년 만의 일이었다. 또한 "이것은 스위스의 공식 기관이 나에게 생전 처음으로 대단히 친절한 말을 건넨" 사건이었기 때문이다. 그러나 바르트가 그 덕분에 경험하게 된 축하 행사는, 50년 전의 행사와 마찬가지로 그다지 마음에 들지 않았다. "그 모든 것이 의도는 괜찮았으나 근본적으로는 끔찍스러운 시누아즈리chinoiserie처럼* 느껴졌다. (칼뱅 같았으면 이걸 '가장무도회'라 했을 것이다.) 나는 거기 있으면서 '너희가 서로 영광을 취하고 어찌 믿을 수 있느냐?'** 하는 질문이 자꾸만 떠올랐다."[108]

한 달 뒤 바르트는 다시 제네바에 나타났다. 이번에는 안식 학기를 맞아 귀국하는 아들 크리스토프를 마중하러 공항에 나간 것이었다. 마지막으로 크리스토프를 본 것이 1957년의 일이었다. 그때 인도네시아로 돌아간 크리스토프는 그곳에서 대학생세계연맹 소속으로 활동하고 있던 여성 신학자 마리-클레르 프롬멜Marie-Claire Frommel과 약혼을 했다. 그녀의 아버지는 제네바 대학교 약학 교수였고, 할아버지는 신학 교수였던 가스통 프롬멜Gaston Frommel이었다. 바르트는 1905년 생크로아St. Croix에서 개최된 대학생 대회에서 가스통 프롬멜 교수를 보았고, 그의 "거의 불타오르는 듯한 경건주의"를 생생하게 기억하고 있었다.[109] 바르트는 제네바 공항에서 새 며느리와 처음으로 상봉했다. 그리고 크리스토프의 첫 아이의 모습도 볼 수 있었다. 생후 2개월밖에 안 된 이 손주는 "벌써부터 눈에 띄게 영리하고 음악적이고 경건해서" 바르트에게 큰 기쁨이 되었다.[110] 새 식구를 맞아 식구가 더 늘어난 상황에서 바르트는 이런 말을 했다. "나는 아주 개성이 강한 며느리를 세 명이나 두었다는 측면에서 봐도

* 근대 유럽 미술에 나타난 중국적인 것, 중국적인 특성이나 분위기를 뜻하는 프랑스어. 여기서는 지나친 화려함과 낭비를 가리키는 말—옮긴이.
** 요한복음 5:44 참조—옮긴이.

아주 부유한 사람이다. 며느리 한 명 한 명이 저마다의 성향을 가지고 있는데……어느 누구도 밋밋하게 일반적인 기준에 합하거나, 혹은 그 기준에 따라 평가할 수 있는 여자들이 아니다. 그런 여자들은 방방곡곡 차고 넘치지 않은가."[111]

겨울학기가 한창이던 1959년 11월 22일, 바르트는 스트라스부르에서 명예신학박사 학위를 하나 더 받았다. 그 자리에서 "나는……드골 장군과 두 번이나 악수를 하게 되었는데, 이로써 나도……그의 두꺼운 자서전에 [곧바로] 올라가게 되었다." 막 대통령이 된 장군은 "신문 사진으로 봤던 것보다는……더 호감이 갔으며, 기분 나쁘지 않은 실용주의를 가진 사람이었다.……그러나 이제 프랑스에서 민주주의는 당분간 끝나 버린 것 같았다."[112] 바르트는 조르주 카잘리, 앙드레 뒤마André Dumas, 로저 멜, 도미니크 수도회의 이브 콩가르Yves Congar 같은 그곳의 친구, 지인들과 이야기를 나눌 수 있는 절호의 기회를 잘 활용했다. 당시 뜨거운 논란의 대상이었던 알제리 문제, 새로운 교황 요한이 예고한 공의회가 주된 이야깃거리였다. "그때 나는……콩가르 신부에게 물었다. 우리 같은 외부인이 공의회를 위해 뭘 할 수 있겠소? 그러자 그가 대답했다. '우리는 공의회를 위해 기도해야 합니다!' '좋소.' 그것이 대답이었다." 실제로 바르트는 그 당시 어떤 예배 시간에 공식적이고 직접적으로 교황을 위해 기도했다. 그러자 고개를 설레설레 흔들며 웅성대는 사람들이 있었다. "'저 사람이 교황을 위해 기도했다!' 그래서 내가 즉시 대답했다. '그렇소, 그에게도 기도가 필요하오!'"[113]

1959-1960년 겨울학기 기간에 바르트에게는 두 개의 또 다른, 신기한 영예가 선사되었다. 성탄절을 맞아 독일의 주간지 「슈피겔」이 바르트를 표지 기사의 주인공으로 선정했다. 그 기사의 제목은 바르트가 직접

제안했다. '사랑의 하나님의 행복한 게릴라 대원'(Ein fröhlicher Partisan des lieben Gottes).[114] 겨울이 지나고 사육제 시즌이 왔을 때, 바르트는 '초핑겐의 작은 콘서트'에 초대되었고, "라이브로 무대 위에 올라가야 했다." "어느 배우 한 사람이 나를 웃음거리로 만들었다. 예컨대 그 배우가 이런 질문을 던졌다. 영구 기관과 바르트의 차이는 뭘까요? "사람들이 없어요!라고 하자, 배우는 이렇게 대답했다. 아닙니다. 영구 기관은 **불가능합니다.** 그런데 K. B.는 **불가녕함니다.*** 바젤에서는 나무가 하늘까지 치솟게 그냥 놔두지 않으니까요." "나는 쉬는 시간에 내 역할을 맡은 젊은 배우와 관객들 앞에서 사진을 찍었다.……적어도 여기 바젤에서는 이런 상황을……이런 방식으로 처리하지 않을 수 없다."[115]

"대답"이라는 범주

바르트는 1958-1959년 겨울학기 강의를 하는 동안 또 한 권의 『교회교의학』을 완성했다. 『교회교의학』 IV/3이었다. 이 책은 분량이 너무나 많아서(1,107쪽!) 두 권으로 나누어 출간하게 되었다. 그래서 독자들이 "이번에는 글자 그대로 '들고 다닐 만한' 책 두 권을 손에 쥐게" 되었다.[116] 교정 작업을 할 때는 이번에도 힌리히 슈퇴베잔트가 도움을 주었다. 바르트는 『교회교의학』 다음 권 집필을 철저하게 준비하기 위해서, 그다음 학기에는 좋든 싫든 교의학 강의를 포기하기로 했다.

1959-1960년 겨울학기부터는 심기일전하여 『교회교의학』 IV/4를

* 표준 독일어로 '불가능하다'는 뜻의 부사는 '운-뫼크리히'라고 발음하는데, 스위스 사투리로는 '운-메크리히'라고 하는 것에 착안해서 만든 우스갯소리다―옮긴이.

752

1959년 11월 22일 스트라스부르에서 열린 명예박사 학위 수여식.
샤를 드골 대통령이 중앙에 있고, 칼 바르트는 사진 오른편에 서 있다.

위한 내용을 강의하기 시작했다. "발타자르는 나를 '영원한 풍요의 상
징!'……이라고 부르기도" 했으니, 이는 바르트가 지금도 계속, 계속 뭔
가를 생산해 내고 있었기 때문이다. 새로운 책을 준비하면서 "나는……
여름에 신약성서를 다시 한 번 처음부터 끝까지, 한 글자 한 글자 자세
히 읽었는데 (다만 요한계시록과 관련해서는 아직도 오리무중일 때가 많았다!) 그
러면서 수없이 많은 메모를 했다. 많은 생각이 강물처럼 내 안에 흘러
들어 온다. 이것은 또한 나의 청중, 나의 독자에게도 흘러들어 갈 터이
니!……희한한 일이다. 나이 일흔셋에도 여전히 이렇게 새롭게 시작할
수 있다니!"[117]

그러나 물론 지금도 완전히 집필에만 전념할 수 있는 상황은 아니었

칼 바르트

다. 새로운 자료를 하나하나 점검하며 조금씩 앞으로 나아가는 동안, 최소한의 요구와 과제는 떠맡을 수밖에 없었다. 예컨대 1959년 12월에는 바젤의 병원 관계자 모임에 초청되어 '그리스도교 윤리'에 대해 강연했다. 봄방학에는 브리오네에 머물면서, 비교적 짧은 시간 안에 "아주 독특한 논문 한 편을 썼는데, 그 제목은 「오늘날 자유주의 신학의 가능성」이었다." 이 논문은 스위스 자유주의자들의 잡지에서 그에게 부탁한 논문이었다. "나는 그들에게, 다시 한 번 비더만이나 슐라이어마허나 마르틴 부버나 라가츠에게서 출발하여 거기서 그들의 구원을 찾아보라고 권하면서도, 그것이 성공할는지의 여부는 장담할 수 없노라고 말했다."[118] 5월 10일, 바르트는 "급히 풀다Fulda로 가던 도중에" 74번째 생일을 맞았다. "그 여행은 성 보니파시오의 무덤을 찾아가는 순례길이 아니라……독일의 교도소 담당 목사들, 상담사들이 모이는 자리에 초대되어, 그 특수한 영역과 관련된 신학적 문제를 놓고 함께 이야기를 나눠 달라는 부탁을 받고 갔던 여행이었다. 이 여행은 학기 중에 간 여행인지라 단기간의 기분 전환 이상의 의미는 없었다. 그나마 뷔르츠부르크에 들러서 틸만 리멘슈나이더Tilman Riemenschneider의 영접을 받았다."[119]

풀다에서 바르트는 질의응답 형식의 대화를 통해 처벌 제도와 교도소 제도에 대한 근본적인 규명을 시도한다. 바르트 자신도 이따금 교도소 설교자, 교도소 상담자로 이 문제와 직접 맞닥뜨리고 있는 상황이었다. (신적인) 예정에 의해 범죄자가 되는 경우가 존재하느냐는 질문에 바르트는 이렇게 대답한다. 어떤 병적인 성향, 곧 "범죄를 짓게 만드는 성향"은 존재한다. 그러나 "건강한 사람"도 건강하지 못한 ("덜 위험한?") 성향 때문에 고생을 한다. 어쨌든 악한 사람이 미리 정해졌다는 식의 신적인 예정은 없다. 잃어버린

754

모든 인간의 "구원을 위한 신적인 예정(은총의 선택)"만이 존재한다. 처벌에 대한 물음에도 같은 맥락에서 대답한다. 우리는 처벌을 "속죄가 아니라 배려의 조치로 이해하고 추진하고 수용해야 한다.

7월 19일, 바르트는 하루 코스로 스트라스부르에 가서 또 다른 질의 응답 모임에 참여했다. 그 모임은 세계그리스도교대학생협의회 대회의 일환으로 열린 행사였다. 거기서 대학생들은 우리 시대의 사회적 문제에 뜨거운 관심을 나타냈다. 젊은이들의 그런 관심과 질문은 에큐메니칼 운동의 사상적 변화를 예고하는 것이었다. 바르트는 자기처럼 강사로 초청된 에큐메니칼 활동가 친구들, 곧 피스르트 호프트, 레슬리 뉴비긴, 대니얼 나일즈Daniel T. Niles도 만나게 되었다.

1960년 여름학기가 끝나갈 무렵─이제 바르트는 정확하게 25년을 바젤에서 가르친 것이다─바젤 대학교는 학교 설립 5백 주년 기념행사를 개최하게 되었다. 그 행사를 준비하기 위해 위원회로 모인 자리에서 "나는 야스퍼스가 이끄는 다수와 한바탕 논쟁을 벌였다." 왜냐하면 바젤 대학교가 "전 세계를 향해 초청의 메시지를 보낸다면서 오직 서구권[의 대학들]만 (마드리드, 과테말라, 온두라스 등을 포함하여)" 초청하고, 반면 "철의 장막 저편에 있는 나라의 모든 손님은 제외하려"고 하기 때문이었다.[120] 바르트는 교육부에 보내는 진정서에서, 그리고 어느 신문사의 사설에서 이런 식으로 "자격 있는, 혹은 자격 없는" 손님을 갈라놓는 행태에 반대의 목소리를 냈다. 결국 이 문제에 관해 모종의 타협이 이루어지긴 했지만, 바르트는 아예 보란 듯이 그 행사와 거리를 두었다. 그래서 기념행사가 거행되던 며칠 동안은 귀렌바트에 가서 나타나질 않았다. 그곳에서 바르트는 계속 교의학 연구에 몰두했고, 롤로 폰 키르쉬바움은 얼마 후 독일에서 발표할 강연을 준비했다.

그런 바르트였지만 바젤 대학교 창립을 기념하면서 최소한 세 편의 글을 발표했다. 그는 그 가운데 한 논문에서, 자기가 가르치는 신학 분과, 곧 '조직신학'에 대한 자신의 이해를 피력했다. 바젤의 주요 일간지 두 곳에 보낸 글에서는 대학교 안에 존재하는 '신학과'의 문제에 대해 자신의 입장을 표명했다.

첫 번째 글에서는 신학과의 실질적 과제에 대해 설명한다. 신학과의 존재 이유는 "한 마디로, 미래의 목사들에게 그들의 직업 수행에 필요한 책가방을 제공하고, 그 안에 들어 있는 내용을 잘 사용하는 데 필요한 이성적 지침을 주는 것이다. 목사의 일을 하는 데는 그것보다 훨씬 중요한 것이 필요할 것이다. 그러나 이 책가방과 지침도 없어서는 안 될 것이다. 그래서 우리는 그것을, 혹은 그것의 첫걸음을—나중에도 계속 공부해야 할 것이다!—제공할 수 있으며, 제공해야 하는 것이다."[121] 두 번째 글은, 요즘도 대학교에 신학과가 있어야 하느냐는 질문에 대한 대답이었다. 바르트는 이렇게 대답한다. "내가 평생의 과제로 붙잡고 실천했던 신학의 과제, 특별히 현대적인 과제는 원래 그리스도교가 어떤 것인지를 모든 면에서 다시금 설명해 내는 것이다. 그리스도교의 모든 여파, 모든 위험성까지 포함해서 말이다. 적어도 나의 경험에 따르면 이렇게 말할 수 있다. 신학이 그 과제를 수행하는 만큼, 바로 그만큼 세상은 신학에게 귀를 기울일 것이고 신학을 존경할 것이다. 그러나……단순한 중재, 도피, 과장의 신학은 그 어느 때보다도 소리를 내지 못할 것이다."[122]

바르트가 꾸준히 써 내려가고 있는 교의학 다음 권은 "(III/4와 나란히)

예수 그리스도 안에서 완성된 화해, 곧 세상과 하나님의 화해의 관점에
서 바라본 윤리의 문제에 한 장을 할애할 것이다.……이번에는 그리스
도교의 윤리를, 하나님의 은총의 활동과 은총의 말씀에 상응하는 인간의
자유로운 응답의 행위로 파악하고, 그리스도인의 삶을 이렇듯 가장 내
밀한 측면에서 전개해 보려는 것이었다. 이런 응답의 행위를 요구하시
고 또한 가능하게 하시는 하나님의 은사를 기억하는 것에서 시작하여 한
걸음 한 걸음 앞으로 나아가는 것이다. 그리고 계속해서 윤리를 우리 인
간에게 주어진 응답의 과제로 파악하는 것이다." 바르트는 『교회교의학』
III/4에 나왔던 문장을 다시 한 번 썼다. 그리스도교 윤리는 자기가 스스
로 지시Weisung를 내릴 수 없다. 그저 지도Unterweisung를 할 수 있을 뿐이다.
즉 "내가 무엇을 해야 할까?"라는 질문을 제대로 던져서 하나님의 응답
을 열린 마음으로 기꺼이 받아들일 수 있도록 지도해 주는 역할을 하는
것이다. 『교회교의학』 III/4가 '자유'라는 핵심적 관점 아래서 조명된 것이
라면, 『교회교의학』 IV/4는 (은총의 계약에 상응하는) '신실함'의 관점 아래
서 접근할 계획이었다. 그런데 바르트는 화해의 윤리 중간 부분을—내
용적인 면에서는 그 장의 본체 부분—시작하면서 곧장 '신실함'Treue 개념
의 몇 가지 요소를 다룬 다음, 원래 그 뒤에 오기로 되어 있던 내용은 일
단 포기했다. 그 대신 "그리스도인의 삶의 다양한 실천적 측면"을 "주기
도를 기초로" 설명하기로 했다. 그에 따라, 중간 부분의 목차도 '주기도'
의 개별적 기도 하나하나로 대치했다. 그러나 다른 모든 계획에 선행하
는 그의 계획은, 화해의 윤리 맨 앞부분에서 놀랍게도—"그리스도인의
삶의 근거에 대한 설명으로서—세례의 교리를 전개하는 것이었다. 성령
세례, 이것은 하나님의 활동이다. 물세례, 이것은 예배하는 인간의 활동
이다." 그리고 그 책의 마지막에 가서는 "모든 것의 결론이요 절정으로

서" 성만찬 교리를 다룰 예정이었다. 바르트는 성만찬을 교회 공동체의 순종 행위, 곧 하나님 앞에서, 그리고 하나님만이 일으키시는 "갱신과 보존" 앞에서 공동체가 수행하는 순종의 행위로 이해하고자 했다. 그래서 바르트는 성만찬을 "자기를 희생하신 예수 그리스도의 임재에 응답하는, 그리고 그분의 미래를 마주하여 바라보는 감사의 고백"으로 파악하려고 했다.[123]

세례에 대한 논의에서는 1943년에 쓴 세례 논문의 경우와 마찬가지로 다시 한 번 유아 세례에 대한 단호한 거부가 강조된다. 그런데 이번에는 그 논문과는 또 달리—아들 마르쿠스의 논문을 읽고 영향을 받아—물세례를 성례전으로 이해하는 것 자체도 거부한다. 바르트는 오직 예수 그리스도의 부활, 그리고 성령을 부어주신 사건만을 "성례전"이라고 부른다. 이 "성례전"이 그리스도인의 삶에 근거를 제시하기 때문에, 바르트는 "성령세례"라는 말을 쓰려는 것이다. 바르트에 따르면, 성령세례는 물세례와 엄격하게 구분되어야 한다. 물세례는 순수하게 인간의 행위다. 물세례는 성령세례에 대한 응답과 간구일 뿐이다. 그래서 바르트는 이렇게 강조한다. 물세례는 예수 자신의 세례에 근거를 둔다. 그러므로 이것은 그리스도인의 삶 속에서 공식적인 첫 걸음이며, 이후의 한 걸음 또 한 걸음을 위해 의미심장한 초석이 된다.

그다음 단계부터는 "주기도"를 토대로 그리스도교 윤리를 전개해 나간다. 바르트는 "기도하라 그리고 노동하라!"ora et labora가 정말 긴밀한 관계라고 생각했기 때문이다. "아바, 아버지!"라는 부름이야말로 "그리스도교 윤리의 근본 행위"다. 바르트는 첫 번째 간구와 상응하여 먼저 "하나님의 영광을 위한 열심"을 다룬다. 이 세상과 교회와 자기 자신이 하나님을 알지만, 또한 너무나 모른다는 사실(온갖 형태의 불신앙과 무신론 등) 때문에 고통스러워하는 것, 이것이 바르트가 이해하는바 "하나님의 영광에 대한 열심"이다. 여기서 눈에 띄는 것은—바르트가 철저하게 '자연 신학'을 비판하고 난 뒤인데—하나님이 이 "세상"에 알려져 있다고 말하는데, 심지어 주관적으로가 아니라 객관적으로도(!) 알려져 있다고 말한다는 사실이다. 여기서 바르트는 칼뱅의 『그리스도교 강요』 앞부분의 통찰을 그 어느 때보다도 적극적으로 받아들인다. 바르트는 1959-1960년 겨울학기와 1960년 여름학기에 다시 한번 칼뱅 세미나를 이끌었다. (주기도의) 두 번째 간구를 주석하면서, 바르트는 "인간적 정의를 위한 투쟁"에 대해 말한다. 바르트에 따르면, 이 투쟁은 "주인 없는 권세들"을 향한 것이다. 이것은 인간이 하나님에게서 떨어져 나온 것과 유사하게, 인간의 삶의 가능성이 인간 자신에게서 떨어져 나와 오히려 인간을 지배함으로써 생겨난 권력을 말한다(정치적 절대주의, 돈, 이념, 나아가 유행, 스포츠, 교통!). 바르트는 인간이 하나님 나라를 실현할 수 없는 것은 말할 것도 없고, 하나님 나라를 준비할 수도 없다는 점을 명확하게 강조한다. 하나님 나라는 이 세상에 대해서만이 아니라 그리스도교 교회에 대해서도 "하나의 독보적인 요인"이다.

그런데 바르트는 바로 이 지점에서 이 책의 집필을, 아니 교회교의학 전체의 집필을 중단해야 했다. 『교회교의학』 IV/4 가운데 세 개의 단편만이 인쇄되어 세상의 빛을 보았을 뿐, 나머지는 미출간 원고로 남아 버렸다. 세 편의 글은 친구인 코르넬리스 헤이코 미스코트, 에릭 볼프, 에른스트 볼프의 기념 논문집에 실렸다. 그 가운데서 에른스트 볼프의 60세 생일 기념 논문에 실린 부분은, 신학사에서 주로 대립적인 것으로 논의되곤 했던 세 개념, 곧 "우리 밖에extra nos, 우리를 위하여pro nobis, 우리 안에in nobis"를 대담하게 아우른 것 때문에 특별한 관심의 대상이 되었다.

바르트가 보기에, 하나님의 구원 행위를 말하면서 불트만주의자들은 "나를 위한"pro me 행위를 강조하고, 경건주의자들은 "내 안에서"in me 일어난 행위를 강조한다. 그런데 바르트는—벌써 제목부터가 그것을 암시하고 있지만—그것을 함께 말할 수 있다고 생각한다. 하나의 조건만 갖추어진다면 가능하다. 그것은 "나" 대신 "우리"를 말하고, 특히 "우리 밖에"라는 근본적인 전제가 결코 폐기될 수 없는 확고한 것으로 자리 잡는 것이다. 바르트가 마지막 『교회교의학』에서 그리스도교적 실존을 "자유로운 응답 행위"라고 이해한 것은 사실상 한편으로는 경건주의와 대화하고, 다른 한편으로는 불트만학파와 대화하기 위한 것이다. 바르트의 그리스도교적 실존 이해는 두 가지를 다 강조한다. 하나는 하나님의 행위, 그리고 다른 하나는 스스로 책임을 지고 결단을 하는 실존이다. 그 두 가지가 근본적으로 상호 관련되어 있다. 이렇게 해서 바르트의 주장은 위의 두 집단이 내세우는 실존과 결단 사상에 비판적인 대안이 되면서, 동시에 두 집단의 문제의식을 긍정적으로 수용하는 것이 된다.

"탄식하고 소망하는 것……"

바로 그 기간에 바르트는 두 집단 가운데 적어도 하나, 곧 경건주의자들과는 여러 가지 면에서 희망적인 대화를 나눌 수 있었다. 아직 『교회교의학』 IV/4 집필을 시작하기 전인 1959년 10월 6일, 바르트는 독일과 스위스의 공동체 관련자들과 하루 종일 좌담회를 가졌다. 막스 피셔Max Fischer 목사가 소집한 그 모임에 참가한 사람들 가운데 괴팅겐의 건축가 오토 크노프로흐Otto Knobloch가 있었는데, 바르트는 이미 오래전부터 그를 알았으며 소중하게 생각하고 있었다. 바르트가 『교회교의학』 IV/2에서 "경

1959년, 원고를 수정하고 있는 칼 바르트.

30년 동안 그의 주된 작업은 열두 권의 두꺼운 책 『교회교의학』을 쓰는 것이었다. 이 일은 그에게 "계속적인 작업과

완성을 촉구했으며……고개를 떨구고 두 팔을 내려뜨리는 것을 허용하지 않았다."

건주의의 관심사"를 대단히 열린 자세로 받아들인 것이 대화의 촉매제 역할을 했다. 바르트는 자신이 그 옛날 경건주의에 반대했던 것을 상기했다. 하지만 경건주의가 자기에게 반대했던 것도 사실이라고 짚어 주었다. "우리 모두가 함께 발전적인 방향으로 나가게 된 것은 다행스러운 일이다. 우리는 본질적인 면에서는 하나라는 사실을 확신하면서 함께 이야기를 나눌 것이다. 지금 우리는 명확하지 않은 부분을 해명하려는 것이지 맞서 싸우려는 것이 아니다." 물론 해명할 것이 적은 건 아니었다. 논의는 주로 신자와 불신자의 명확한 경계와 구분에 관한 것이었다. 바르트는 자신의 대화 파트너가 왜 그렇게 열정적으로 그런 경계에 관심을 가지는지, 이해할 수도 없고 인정할 수도 없었다. 반대로 경건주의자들은 바르트의 신학이 정말 특이하게 그 경계를 상대화하는 것을 수용하려고 하지 않았다. 바르트의 명제는 이것이었다. "우리 신자들은……늘 새롭게 신자가 되어야 한다.……다른 사람들은 이미, 그들이 장차 되어야 하는……그런 존재다." 경건주의자들은 바르트의 그 명제를 반박했다. 이것은 당분간 양측의 이해를 불가능하게 만드는 벽이었다.

빌리 그레이엄Billy Graham과의 대화에서도 그와 똑같은 벽이 드러났다. 바르트는 1960년 8월, 아들 마르쿠스의 소개로 발레 주Wallis에서 빌리 그레이엄을 만났다. 두 사람의 만남은 인간적으로는 화기애애한 분위기였다. "그는 아주 괜찮은 친구였다. 인간적으로 선량하고 개방적인 자세로 이야기를 주고받을 수 있었다. 저 사람도 귀 기울일 줄 아는구나 하는 느낌이 들기도 했다. 저런 스타일로 복음 나팔을 불고 다니는 사람의 경우는 그게 당연한 일이 아니다." 2주 후 바젤에 온 빌리 그레이엄은 바르트의 집을 방문했다. 그때도 바르트는 좋은 인상을 받았다. "그러나 그날 저녁, 그가 성 야곱 경기장에서 마구 떠드는 말을 들었을 때, 그의

대중적 영향력의 증인이 되었을 때는 사정이 전혀 달라졌다."[124] 그때 "나
는 경악을 금치 못했다. 그는 미친 사람처럼 움직였다. 그가 외치는 것은
전혀 복음이 아니었다."[125] "그건 권총 사격이었다.……그것은 기쁨의 소
식이 아니라 율법 설교였다. 그는 사람들이 깜짝 놀라게 만들려고 했다.
위협, 그것이 인상적인 것이다. 사람들은 기쁨을 느끼기보다는 무서워
놀라는 것을 훨씬 더 원한다. 누군가가 그들의 지옥을 더 뜨겁게 만들면
그만큼 더 많이 '달리는' 것이 인간이다." 그러나 그 성공이 이런 설교를
정당화해 주지는 않는다. 우리는 복음을 율법으로 만들어서는 안 되며,
복음을 "무슨 상품처럼 '팔아서도' 안 된다.……우리는 사랑의 하나님이
그분의 일을 하시도록 맡겨 드려야 한다."[126]

1960년 겨울학기가 시작되기 전 10월 12일에는, 그에 비해 아주 긍
정적인 만남이 있었다. 그것은 독일·네덜란드·스위스 헤른후트 형제
단* 지도자들과의 만남이었다. 바젤 형제단 공동체에서 만나서 나눈 그
대화는 경건주의 대표단과 나눈 대화만큼이나 그에게 의미심장한 것이
었다. 몇 년 전부터 바르트는 그 당시 경건주의자들 사이에서는 거의 이
방인 취급을 받았던 한 사람, 곧 친첸도르프 백작에 대해서 상당한 관
심을 보였다. 바르트는 이미 1952년 크리스마스이브에 불트만에게 보
낸 편지에서 이렇게 적었다. "내가 신약성서에서 점점 그 중심인물에만,
혹은 오로지 그 중심인물의 표징과 그의 빛 안에 있는 것에만 몰두하기
시작했기 때문에, 그런 의미에서 나는 점점 친첸도르프주의자가 되었
다."[127] 그래서 바르트는 그날의 대화를 이러한 고백으로 시작했다. "만일

---

*   니콜라우스 루트비히 폰 친첸도르프(Nikolaus Ludwig von Zinzendorf, 1700-1760)와 모라비아 형제단이 만나
시작된 공동체―옮긴이.

친첸도르프의 사상이 핵심적인 면에서는—형식은 항상 그렇지 않지만
—옳은 것이었다면, 그러니까 예수 그리스도라는 중심, 오로지 그분과의
관련 속에서……하나님과 이 세상의 화해가 이미 완전하게 이루어진 것
으로 본 것이며, 복음과 율법의 관계를 제대로 이해한 것이며, 교회를 어
린 양의 공동체요 살아 계신 그리스도의 공동체로 본 것과 관련하여—만
일 그가 옳았다면, 그렇다면 나도 겸손하게 말할 수 있다. 그렇다면, 나
역시 옳다고! 나의 신학 전체도 바로 그 중심의 주변을 맴돌고 있다. 바
로 그 중심 안에서 온갖 시련을 겪고 있다. 친첸도르프가 일어서면 나도
일어서고, 그가 넘어지면 나도 넘어진다."[128]

약 반년 뒤인 1961년 5월 중순, 바르트는 로이티-하슬리베르크Reuti-
Hasliberg에서 스위스 감리교회 목사들과 함께 있는 자리에서도 이와 비슷
한 대화를 나누었다. 그 대화는 아주 화기애애한 분위기에서 진행되었
다. 다만 지난번 친첸도르프에 대해서는 바르트가 완전하게 인정했는데,
이번에 존 웨슬리John Wesley에 대해서도 그만큼 인정했다고는 말할 수 없
다. 대화의 주된 주제는 '구원 체험'과 회개 설교에 관한 물음이었다. 첫
번째 물음과 관련하여 바르트는 이렇게 대답했다. "나는 구원 체험을 부
인하지 않는다.……그러나 구원 체험은 골고다에서 일어난 그것이다.
그것에 비하면 나의 개인적인 체험은 작은 그릇에 불과하다." 두 번째
물음에 대해서는 이렇게 말했다. "여기는 교회, 저기는 현대인, 우리 그
리스도인은 이제 '회개'metanoia를 선포하노라. 이런 식의 이미지를 접하
면 나는 항상 끔찍하다는 느낌이 든다.……그런 이미지는 결국 친구냐
적이냐의 이분법으로 귀결된다. 만일 이 세상이 그것을 눈치챈다면? 그
런 생각을 하는 사람들, 더 잘 안다고 생각하는 사람들이 오는구나 하면
짜증으로 반응할 것이다. 우리는 그리스도인으로서 충분히 열린 자세

를 취할 수 없다. 다른 사람들, 저기 극장이나 스포츠 경기장에 앉아 있
는 사람들, 그들은 우리의 형제요 자매다. 오직 그들과 연대함으로써 우
리는 그리스도를 따르는 위대한 여정을 걸어가자고 초대할 수 있는 것이
다.……만일 우리가 죄인들 가운데 '가장 고귀한' 자들이 되고자 하지 않
는다면, 우리는 다른 죄인들에게 아무것도 말할 수 없다."

이로써 바르트는 그런 다양한 공동체 사람들과는 다양한 문제에 대
해 어느 정도 공감대를 형성할 수 있었다. 그러나 그가 교의학을 집필하
는 과정에서 잠잠히 염두에 두고 있었던 또 하나의 집단, 곧 불트만 학파
와는 안타깝게도 그런 만족스러운 대화가 이루어지지 않았다. 그런 바
르트에게 약간이나마 문을 연 사람이 있었으니, 바로 튀빙겐의 신약학자
에른스트 케제만Ernst Käsemann이었다. 1960년 1월, 바르트는 그와 편지
한 통을 주고받으면서 처음으로 인사를 나누었다. 바르트는 "우리 두 사
람을 긴장시키는 문제, 곧 주석적 신학과 '조직적' 신학의 관계 문제를 놓
고서 한 번 의견을 나눠 보자며" 그를 바젤로 초대했다.[129] 5월 중순, 튀빙
겐의 신약학자는 정말로 바르트를 찾아왔다. 바르트는 일단 "아주 간단
한" 질문을 던져서 케제만을 당황스럽게 만들었다. "나한테 한번 말해 주
시오. '역사적'historisch이라는 말은 무슨 뜻이고 '비평·비판적'kritisch이라는
말은 무슨 뜻입니까? 그리고 두 낱말 사이에 있는 이음표(-)는 무엇을 의
미합니까?" 그 질문으로 시작된 대화는, 불트만 학파의 학자들 중에서는
그래도 케제만이 바르트와 가장 솔직하게 소통할 만한 사람이라는 것을
보여주었다.

바로 그 학파가 그 당시 적어도 독일어권에서는 (오히려 그들의 스승보
다도) 신학계를 주도하고 있었다. "한때는 모두 불트만 집안 사람들이었
지만 지금은 분열에 빠져 있는 사람들의 여러 가지 실험, 그리고 그 실험

에 대한 학생들의 관심이" 당시의 상황을 지배하고 있었다.[130] 심지어 바르트는 "불트만의 제자들이 다양한 방식으로 추구하고 있는 문제가 앞으로도 꽤 오랫동안 주목을 받는다 하더라도 전혀 이상할 것이 없다"고 생각했다. 그러나 바르트가 보기에, 그런 '실험'은 실효성도 없고 지속성도 없는 것이었다. "오래된, 그러나 늘 새로운 주제, 곧 '신앙과 역사'라는 주제와 관련해서는 오늘의 구약학자들이 저 권위 있는 학자들보다 훨씬 더 나은 길을 걷고 있다는 사실이 나에게는 예나 지금이나 아주 흥미롭다." 여기서 그 "권위 있는 학자들"이란 불트만의 영향을 받은 "신약학자들인데, 지금 그들이 칼과 몽둥이로 무장하고 다시 한 번 '역사적 예수'를 탐구하기 시작했으니 나로서는 적잖이 당황스럽다. 나는 과거에도 그랬지만 지금도 그런 탐구에는 동참하고 싶지 않다."[131] 부활의 관점에서 바라본 예수는 제외하고 '부활절 이전'의 예수를 '탐구'하려는 시도를 바르트는 승인할 수 없었고, 그 학파의 대표자들(예컨대 에벨링)이 신학을 "고립된 신앙 이론"의 틀 안에 우겨 넣으려는 시도 또한 인정할 수 없었다. 게다가 그들이 말하는 신앙이란 "인격적인 상대방Gegenüber과의 마주 섬Gegen-Stand"을 포기하는 것을 여전히 본질로 붙잡고 있는 신앙이다.[132] 바르트는 그런 시도를 신학의 퇴보라고 볼 수밖에 없었다. "바르트의 노선에서 19세기는······다시금 많은 사람의 낙원이 되었다. 그것이 잃어버린 낙원이든 되찾은 낙원이든 말이다. 우리는 그 사람들을 위해, 혹은 그 사람들에게 반대하여─정신의 역사가 또 한 번 그런 소용돌이 속으로 몰려가고 있으니─뭔가 효과적인 일을 할 수가 없다. 나는 어디선가, 이제 '포스트 바르트주의'의 시대가 도래하고 있다는 글을 읽은 적이 있다. 그래서 나는 나의 학생들에게 이렇게 설명했다. 아마 그럴 수도 있겠다고, 그러나 여기서 확실히 알아야 할 것이 있는데, 그것은 이런 상황을 좀 더 책임 있는 방식으로 바꿔 내든지 아니면 더 낮게 만드는 일이 바로 여러 분에게 달려 있다는 사실이다!"[133]

바르트는 불트만 학파의 득세가 "제2차 세계대전 이후 나를 점점 더 우울하게 만들었던 상황, 곧 서독의 정치·교회·교회 정치가 보여준 보수 반동의 분위기와 밀접하게 관련되어 있다"고 믿었다.[134] "신학계는 별의별 성향의 불트만주의자들이, 정치계는 절대 물러서지 않는 아데나워주의자들이 지배하고 있었다."[135] 그러나 바르트는 이런 상황에 직면해서도 자신에게―"비록 아직은 분명하게 보이지 않지만"―이런 질문을 던졌다. "마침내 우리는 예전보다 확실히 더 좋은 신학을 선보이게 되었는데, 도대체 또 뭐가 잘못됐기에 지금 우리는 저 일반적인 보수 반동에 (나는 거기에……불트만주의자들의 신학도 포함시킨다) 맞서 '멈춰!'를, 그러고 나서 '전진!'을 외쳐야 하는 상황이 되었는가? 전반적인 상황 전체는 새로운 노래, 주님께 부를 새로운 노래를 요청하고 있다. 우리가 그 노래를 부르게 될까?……혹은 우리 모두가―노인이든 청년이든 현명한 자든 우매한 자든―거대한 심판을 받아야 할까? 그 심판이 우리 다음 세대에게 교훈이 될까? 그래, 이렇게 저렇게 고민해 볼 수 있다. 나도 그럴 때가 종종 있다.……그럴 때 제일 좋은 것은 시편 하나를 읽거나, 파울 게르하르트의* 찬송시(예컨대 「네가 잘 알다시피 너는 하나의 인간이니……」)를 읽고, 그 내용에 따라 탄식하든지 소망하든지 하는 것이다."[136]

당시 바르트가 다시금 대화하고 소통하려 했으나 그럴 수 없었던 또 한 사람은 취리히의 신학 교수 에밀 브룬너였다. 11월 19일, 바젤에서

---

* 파울 게르하르트(Paul Gerhardt, 1607-1676): 독일의 대표적인 찬송 시인. 루터파 정통주의의 신학을 경건주의 사상과 결합시킨 찬송시 작사가로 유명하다―옮긴이.

막 박사 학위를 한 미국인 일본 선교사 존 헤셀링크John Hesselink가 두 사람의 만남을 주선했다. 그러나 그 만남은 실망스럽게 끝나고 말았다. 한때의 친구가 다시 가까워지는 시간을 기대했지만 그렇게 되지 못했다. 얼마 전 바르트는 BBC 방송 리포터와 인터뷰를 하면서, 자기와 브룬너의 관계를 고래와 코끼리의 관계로 비유한 적이 있었다. "두 동물은 모두 하나님의 피조물이지만, 서로 만날 수는 없답니다."[137] 그날의 만남도 이 비유를 확인해 주는 것처럼 보였다.

1961년 여름학기, 바르트의 75번째 생일잔치가 학기 중에 열렸다. 바르트는 여전히 놀라울 정도로 정정하게 자신의 일을 해나갔다. 독일에서 추방당한 사람들이 만든 잡지에 '고향'이라는 주제로 글을 쓴 것도 이 시기의 일이었다. 어떤 사람에게 "고향"이란 "대가 없이 주어진 선물"일 수 있지만, 그 "고향에 대한 절대적인 '권리'는 없다"는 내용이었다. 그의 글은 추방 당사자들에게 격노의 폭풍을 일으켰다. 여성 작가 아그네스 미겔Agnes Miegel도 그 폭풍 속에 있었다. 한번은 '자유'라는 주제로 편성된 라디오 강연 시리즈에 나가 자신의 의견을 발표하기도 했다. 또 '교수님 생각은 어떤가요?'라는 라디오 프로그램에도 (1960년에도 한 차례 등장한 바 있지만) 한 번 출연했다. 그리고 '종파 간의 공존 가능성'에 대한 신문 기사를 쓰기도 했다. 종파 간의 공통점을 보면서도, 차이점을 분명히 인식하고 진지하게 여길 때 공존의 가능성이 있다는 것이 그의 견해였다. 스위스 국경일을 맞아서는 취리히 신문 지면을 통해 "오늘 우리에게 가장 중요한 국가적 과제는 무엇인가?"라는 물음에 답했다. 오늘날 스위스는 "반목을 뛰어넘는 인간적인 우월성"을 (특히 냉전이라는 반목!) 간직해야 하며 "다른 세계의 진정한 고민과 인간적으로 연대"해야 (특히 제3세계와!) 하며 "이로써 자기 자신의 선한 대의명분과 자신의 미래를 확신"해야 할 것이다. 바르트는 여기서 자신이 오랫동안 심사숙고한 생각을 꺼내 놓은 것이었다. 요컨대 "아시아와 아프리카의 각성"은 미래의 주요 문제가 될 것이다. 또한 그는 "지금 우리 민족과 조국을 위해서 가장 훌륭한 일을 하고 있는 사람은 바깥에서 [제3세계에서] 헌신하고 있는 스위스의 기술자, 교사, 의사, 선교사"라고 역설했다. 1960년에서 1961년으로 넘어가는 송구영신의 밤에 라디오 방송을 통해 스위스 동포에게 보낸 메시지에서도 이와 비슷한 말을 했다. 바젤 선교센터에서 취리히의 목사들, 브루더홀츠 지역 교인들, 파더보른Paderborn의 신학생들, 거기 신학과 교수 알베르트 브란덴부르크, 바젤 교도소의 수감자들, 바젤의 목사들과 소규모의 질의응답 모임도 계속 이어졌다. 그해 9월에는 귀렌바트에서 휴가를 보내던 중, 초핑겐에 가서 '교회와 신학'이라는 주제로 간단한 강연을 하기도 했다. 바르트는 그 옛날 자펜빌 교회 위원회 의장이었던 사람도 그곳에 와서 강연을 하게 된 것을 알고는 아주 흡족해했다.

백조의 노래

1961년 5월, 바르트의 75번째 생일 파티에는 절친한 친구들만 초대되었는데, 올덴부르크의 감독 야코비와 라인란트 교회 대표 요아힘 베크만도 그 자리에 함께했다. 그런데 그 자리에서 "나는……나의 네덜란드 친구 미스코트를……무진장 화나게" 했는데, 그것은 "내가 이런 말을 했기 때문이다. 나는 적대자를 기다리고 있다! 그러나 그 적대자란 나와 같은 토대 위에서, 나와 같은 규모로, 나에게 맞서, 나를 능가할 적대자를 의미하는 것이었다. 왜냐하면 내 저작의 무상함을 [나 자신이] 잘 알고 있었기 때문이다." "나는 『교회교의학』으로 내가 할 말을 다했다고는 생각하지 않았다. 내가 아주 확실히 알고 있는 것, 그것은 어느 페이지든 핵심 내용이 달라질 수 있으며 더 나아질 수 있다는 사실이다."[138] 바르트의 75번째 생일을 맞아 "베를린에 있는 칼 쿠피쉬Karl Kupisch가 나의 논문 몇 편을 모아서 책을 냈는데 거기에 『우상이 흔들린다』(Der Götze wackelt)라는 희한한 제목을 붙였다. 그가 나한테 그 제목 이야기를 꺼냈을 때 처음에는 약간 놀랐다.……그리고 이렇게 말했다. 누구든 그 제목을 나와 연결시키겠군요. 그렇지, 그 사람이 이제는 일흔 다섯이 되었구나. '그 우상이 흔들린다.' 그러자 쿠피쉬는 그런 뜻이 아니라고 해명했다."[139]

그 생일은 바르트에게 또 다른 방식으로 자신의 한계를 절감하게 해주었다. 바르트는 오래전부터 이런 바람을 가지고 있었다. "아직까지는 내 주변에 모여드는 저 생기발랄한 다수의 학생들이 언젠가는 나한테 더들을 게 없어 지겨워할 텐데, 할 수만 있다면 그걸 제때 알아차리고 싶다."[140] 여전히―바젤의 규모와 비교하면―엄청난 학생들이 그의 수업을 들었다. 영어 콜로키움에만 80명이 넘는 학생들이 몰렸다. "때로는 하이델베르크, 튀빙겐, 취리히에서 자동차를 타고 여기까지 오는 학생들도 있었는데, 그 가운데는 언제나 놀라울 정도로 명석하고 뛰어난 학생들이 눈에 띄었다.……주요 강의 시간에는 (세 명의 카메룬 학생, 세 명의 인도네시아 학생 외에도) 일본 학생 한 명이 있었다. 그 일본 학생은 강의의 처음부터 끝까지를 다 녹음해서, 나중에 그것을……다섯 번이나 반복해서 들음으로써, 독일어 공부도 하고 신학 공부도 했다."[141] 바르트에게 박사 논문 지도를 받는 학생들도 여럿이었다. 귈라 바크자이Gyula Barczay, 오가와 케이지Ogawa Keiji, 칼 함머Karl Hammer, 한스 루Hans Ruh, 미국인 마리온 콘디트Marion W. Conditt, 대니얼 풀러Daniel Fuller, 제임스 와그너James Wagner, 알렉산더 매클웨이Alexander J. McKelway가 있었다. 그러나 바르트는 바야흐로 교직에서 은퇴할 때가 가까이 온 것을 느꼈다. 그는 자기가 이 일을 더는 제대로 수행할 수 없다고 생각했다. "나의 저술과 관련된 모든 일이 너무나 끔찍하게 힘들고 두려워졌다."[142] 벌써 오래전부터, 한 번의 강의를 위해 "매번 강의록을 두 번이나 직접 손으로 써놓아야" 했다.[143] 강의도 두 시간 이상을 할 수 없었다. 바르트도 이제는 인정할 수밖에 없었다. "나는 그냥 하던 일을 하는 것만으로도 피곤할 때가 많다."[144]

바르트 자신의 의사를 존중하여 1961년 여름학기가 그의 마지막 학기로 공표되었다. 바르트는 그 학기의 세미나 시간에 『교회교의학』의 성만찬 논의를 다루려고 했다. 지난 겨울학기에 가톨릭 교회의 성만찬 이론을 검토했던 터라, 이번에는 루터의 성만찬 이론을 논구하고자 했다. 그는 은퇴한 후에도, 적어도 책상에서는 일을 계속해서 자신의 교의학을 힘닿는 데까지 밀어붙이기로 굳게 마음먹었다. 이번 여름학기, 바르트는 주기도의 두 번째 간구 "주님의 나라가 임하시며!"를 "윤리적"으로 주석하면서, 블룸하르트 부자의 업적을 높이 기리는 데 많은 지면을 할애한다. 두 사람은 바르트가 여태껏 걸어온 기나긴 여정의 출발점에서 '하나님 나라'에 대한 새로운 깨달음을 일깨워 준 사람들이었던 것이다. 바르트는 그 부분을 마무리하면서 찬송시 한 편을 인용했다.

예수, 승리의 영웅, 모든 원수 이기시네
예수, 그 발아래, 온 세상 곧 엎드리네
예수, 찬란한 광채로 오실 이
어둔 밤에서 빛으로 이끄실 이.*

---

* 요한 크리스토프 블룸하르트(Johann Christoph Blumhardt, 1805-1880)의 찬송시―옮긴이.

바르트는 짤막한 후기에서 자신이 교직에 몸담은 세월이 40년이라고 밝혔다. 그리고 그 세월을 이스라엘의 광야 생활 40년과 비교했다. 그러므로 자기 앞에 전개될 미래는 은퇴의 삶이 아니라, '가나안 진입' 이후 이스라엘의 상황과 비슷하게, 새로운 싸움이 될 것이라고 했다.

그사이에 바르트의 후임에 대한 논의가 본격화되었다. 사실 그 논의는 이상하리만큼 오래 끌었다. "그것은 내 후임 선정의 과정에서―베를린의 골비처가 물망에 오른 상황이었다―정치적인 문제가 (매카시즘!) 발생했기 때문이었다."[145] "골비처를 둘러싸고, 작게는 바젤 차원의 교회투쟁이, 크게는 스위스 전체의 교회투쟁이 불붙었다. 나는 그 투쟁에 가담하지 않았으나, 그 과정에서 여러 사람의 속생각이 고스란히 드러났다."[146] 그들은 스위스의 입장에서 정치적으로 골비처를 받아들일 수 없다고 주장했다. 그러나 추가적으로 바르트의 신학과 정치적 성향에 대한 해묵은 혐오감이 다시 한 번 활활 불타올랐다. 학기가 끝날 때까지도 결정이 나지 않았다. 그러다 보니 "나는……대학 교수직에서 은퇴를 해 놓고서도, 1961-1962년 겨울학기에 나 자신을 대신하여, 그리고 아직까지도 베일에 가려 있는 나의 후임을 대신하여 세미나와 토론 수업과 강의를 맡게 되는 일이 벌어졌다."[147] 나의 후임에 대한 논의는 겨울학기 내내 계속되었다. "결국 다양한 형상의 무지와 속임수가 그야말로 계시록에 나오는 것 같은 승리를 거두었다."[148] 이로써 "그들은 내가 반길 만한 후임을 두지 않기로 아예 작정을 했다는 사실이……너무나도 분명해졌다."[149] 골비처처럼 "탁월한 정신과 두뇌, 그런 탁월한 심성의 소유자를 한가운데 세울 수 있는 절호의 기회를 내팽개치다니, 그것도 이렇듯 부끄러운 방식으로 내팽개치다니, 바젤 사람들은, 아니 스위스 사람들은 얼마나 한심한 바보란 말인가!"[150] "나는 머리를 감싸며 내 조국 스위스,

자유로운 세상이라고 떠들어 대는 나의 조국을 부끄러워했다. 루터가 말한 대로 말세가 머지않았다. 물론 그는 이렇게 덧붙였지, 그래도 그때까지는 나무 몇 그루 심어야겠다고."[151] 바르트의 후임은 골비처가 아니라, 젊은 스위스 신학자 하인리히 오트였다.

바르트의 고별식은 처음부터 끝까지 "일종의 불명예 퇴임"처럼 디자인되었다.[152] 1962년 3월 1일 바르트의 마지막 강의에 이어, 정치경제학자 에드가르 잘린Edgar Salin이 부총장 자격으로 와서 연설하면서 바르트의 정치적 성향을 비판적으로 평가했다. 당연히 학생들은 이런 식의 불친절한 고별식에 대해 강력하게 항의하는 표시로 마룻바닥을 발로 비벼 소리를 내고 고함을 질러 댔다. 바르트는 마지막 학기 세미나에서 칼뱅의 『그리스도인의 삶』을 다뤘다. 그런데 주요 강의 시간에는─교의학 강의를 이어가지 않고─"백조의 노래Schwanengesang를* 부를 수 있는 기회를 백분 활용하고자 했다. 그래서 내가 지금까지 개신교 신학의 영역에서 신학생으로 5년, 목사로 12년, 교수로 40년을 사는 동안 온갖 우여곡절을 겪으면서 근본적으로 추구했던 것, 배운 것, 앞장서서 주장했던 그 모든 것에 대해 우리 시대 사람들에게 간략하게 설명할 기회를 붙잡고자 했다." 그래서 "나는 '입문' 강의의 형태를 취했다. 사실 바젤 대학교의 교과 과정에는 그런 형태의 강의가 벌써 오래전에 없어진 상황이었다. 그러니 수강 학생의 수가 적었던 것도 한탄할 노릇은 아니었다." 처음에는 어느 정도 규모가 있는 제2강의실에서 강의하다가, 마지막에는 강당으로 장소를 옮겨야 했다.[153]

---

* 고대 신화에 따르면 백조는 죽기 전에 가장 아름다운 노래를 부른다고 한다. 그래서 백조의 노래라는 표현은 관용적으로 어떤 시인이나 작곡가가 남긴 최후의 작품을 가리키는 말로 쓰인다─옮긴이.

바르트는 '개신교 신학 입문' 강의를 네 부분으로 나누고, 각각을 다시 네 개의 단락, 곧 '신학의 자리'와 '신학적 실존'(놀람, 당황, 의무!), '신학이 처하는 위험 상황'(고독, 회의, 시험), '신학의 일'(연구, 기도, 봉사)로 나눈다. 강의를 시작하면서 바르트는 신학을 겸손한 동시에 자유로운 학문, 비판적인 동시에 즐거운 학문이라고 설명한다. 첫 번째 단락에서 새롭게 눈에 띄는 변화는 그가 하나님의 말씀과 성서의 말씀, 혹은 교회의 말씀을 구분한다는 점이다. (성서의 말씀, 교회의 말씀은 하나님의 말씀에 관한 첫 번째, 두 번째 **증언**에 불과하다.) 이러한 구분은 바르트 자신이 과거에는 하나님의 말씀에 세 가지 형태(계시, 성서, 선포)가 있다고 가르쳤으나, 지금은 그 가르침을 스스로 수정했다는 사실을 보여준다.

바르트는 자신의 "입문"을 "철학 신학 뒤범벅(그 옛날 아브라함 칼로브[Abraham Calov]의 표현!)에 나름의 대안"을 제시하려는 시도로 이해했다. "그런데 그 대안이 많은 사람의 눈에는 가장 새로운 것처럼 강렬한 빛을 발했던 것 같다." 그래서 바르트는 다시 한 번 그것을 힘주어 말한다. 신학의 주제는 인간도 아니요 신앙도 아니요 오직 하나님이다. 그러나 "복음의 하나님"이다. 그 하나님에 대해 말한다는 것은, 하나님이 "영국의 왕관처럼, 그저 상징"인 것처럼 "추가적이고 부가적으로" 말하는 것이 결단코 아니다.

바르트는 이처럼 명확한 관점에서 자신의 주장을 펼쳤으나, 그가 이 자리에서 제시한 신학의 독특한 개방성도 확연히 눈에 띄었다. 이 개방성은 "어떻게 신학은 신학Theo-logie, 곧 신적인 로고스에 대한 인간적 논리가 될 수 있는가?"라는 물음에 대한 그의 근본적인 대답을 의미했다. 그는 이렇게 대답했다. "신학 자체로 신학이 되는 것은 결코 아니다. 그것은 신학에게 닥쳐오는 것이다.……[하나님의] 영이 그에게, 그 위에 오신다. 신학은 그 영을 거절하지 못하고, 그 영을 제 것으로 삼지도 못한 다. 그저 그 영을 기뻐하면서 그 영에 부응하는 것이다." 이렇게 활짝 열 린 바르트였기에 이런 물음도 던질 수 있었던 것이다. "어쩌면 알베르트 슈바이처 같이 문제 많은 신학자가—그 신학의 대상이 되시는 분이 보실 때는—더 나은 몫을 택한 것 아닐까? 슈바이처와 마찬가지로, 이 세상 곳 곳에서 아무런 신학적 고민 없이도 그저 상처를 싸매 주고, 주린 자를 먹 이고, 목마른 자에게 마실 것을 주고, 부모 없는 어린이들에게 고향을 마 련해 주는 사람들, 그들이 더 나은 몫을 택한 것 아닐까?' 이처럼 활짝 열 린 바르트였기에—그의 공생애 **마지막** 순간에!—신학적 작업에 관하여 이런 말을 남길 수 있었다. "신학 작업을 하려는 사람이라면 이미 해결 된 문제, 이미 완성된 결과, 이미 확실해진 결론이나 편안하게 넘겨받으 려고 해서는 안 된다.……오히려 매일, 아니 매순간 새롭게 **시작**해야 한 다." 이 강의의 종점이자 정점은 '사랑'을 주제로 한 마지막 시간이었다. 바로 그 자리에서 그가 마지막으로 남긴 말은 고대 교회의 라틴어 영광 송이었다. "성부, 성자, 성령께 영광. 태초부터 계신 분, 지금이나 언제나, 영원에서 영원까지 계시도다!"[154]

화해론에서 '교회 공동체의 성장'을 강의하기 위해 만든 강의안 초안(『교회교의학』 IV/2, 725).

1952년의 루돌프 불트만. 한때 도반이었던 루돌프 불트만과는 1950년
도에도 계속해서 (때로는 간접적으로, 때로는 직접) 대화를 나누었다.

1954년 사촌 형 파울 바실리우스 바르트와 함께. 화가인 그가 칼 바르트의 초상화 두 점을 그리게 되면서, "나와는 전혀 다른
세상에 뿌리를 내리고 살던" 사촌 형과의 아주 친밀한 관계가 시작되었다.

1957년 여름 스위스에서. 왼쪽부터 마르틴 니묄러, 게르투르트 슈테벤, 샤를로테 폰 키르쉬바움, 엘제 니묄러, 얀 니묄러, 칼 바르트.

바르트의 70세 생일에 모인 G. 덴, H. 골비처. 왼쪽에는 한스 야콥 바르트. 벌써 많은 친구들이 세상을 떠났기 때문에 "아직 남아 있는 친구들에게 끌리는 것을 느낀다."

1960년 사육제 기간에 열린 '초핑겐의 작은 콘서트' 연극의 한 장면. 칼 바르트 역할을 맡은 배우(통 안의 모자 쓴 인물)가 샤를로테 폰 키르쉬바움과의 만남을 연기하고 있다.

바르트는 1960년 11월 20일, 바젤의 브루더홀츠에서 에밀 브룬너를 마지막으로 만났다. "고래와 코끼리처럼 다른 두 피조물?"

교수이자 연설가, 대화 파트너로서 칼 바르트

1960년 학술제 때 바젤 대학교 신학과 교수들이 아우구스티너가세를 걸어가고 있다. 왼쪽부터 W. 비더, E. 예니, F. 리프, F. 부리, E. 슈테헬린, 칼 바르트.

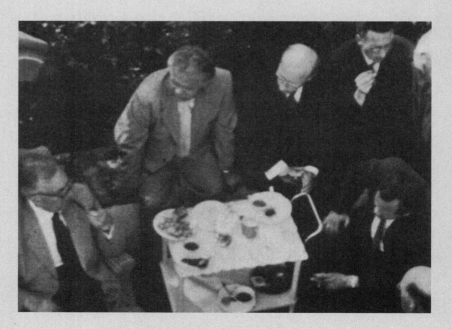

1957년 슈타른베르크 호숫가 하우스 렘프에 모인 바이에른의 목사들과 함께.

식당 '브루더홀츠'에서 학생들과 이야기하는 바르트. 1955년부터 바르트는 이곳에서 독일어, 프랑스어, 영어 콜로키움을 진행하며 학생들을 지도했다.

1961년 교의학 강의 중인 칼 바르트. 이 세미나에서는 성만찬 논의가 주제로 다루어졌다.

세미나 시간에 학생들과 논쟁하는 칼 바르트. 바르트는 1920년대부터 세미나 준비에 많은 시간을 할애했다. "언제 어느 때라도 그 세미나에서 제일 똑똑한 학생보다 조금은 더 알고 있으려는" 의도였다.

1962년 3월 브리오네에서 롤로 폰 키르쉬바움, H. 골비처, 헤르만 딤과 함께. 바로 다음 날, 바젤 시는 골비처를 바르트의 후임으로 받아들이는 것을 거부했다.

1962년 4월 시카고의 2천 명 청중 앞에서 진행된 공개 토론회. Fr. 쿠크, E. J. 카넬, J. J. 페튜코프스키, 마르쿠스 바르트, 칼 바르트, J. 펠리칸, W. 스트링펠로우, H. 프라이, Sh. 옥덴.

1962년 프린스턴에서 마틴 루터 킹 2세와 함께.

1968년 2월 로이엔베르크에서 막스 가이거, 주치의였던 알프레드 브릴만과 함께.

9. 은퇴 이후의 나날 1962-1968

아직 우리에게 허락하신
마지막 발걸음[*]

미국 여행

1962년 3월 1일, 바르트는 고별 강의를 마침으로써 은퇴 생활에 돌입했
다. "이른바 '은퇴' 생활"이었다.[1] 일전에 바르트는 이 시기의 삶을 염두에
두고서 이런 글을 쓴 적이 있었다. "어떤 노인의 모습을 가만히 보건대,
계명에 관한 물음은 그에게도 여전히 중요한 물음이건만 그의 존재나 행
위가 그 물음이 마치 다 끝난 얘기처럼 대한다든지, 지금까지의 대답을
기계적으로 반복한다든지 한다면, 그리고 그저 아무런 관심 없이 쉬는
것을 노년의 권리처럼 생각한다면, 우리는 그런 존재와 행위를 현명하지
못하다고 말할 수밖에 없다. 그것은 마치 노인에게는 아무런 미래도 없
으며, 그러니까 본래적인 오늘, 충만한 오늘도 없으며 그저 과거만 있고,
만족스럽든지 불만족스럽든지 하여간 가만히 앉아서 돌아보는 것만 있

---

*   에두아르트 투르나이젠 기념 논문집 가운데 『살아 있는 과거』(*Lebendige Vergangenheit*)에서 인용—저자.

고, 모든 일을 끝낸 사람의 요지부동(!)만 있다는 식이다.⋯⋯머잖아 닥쳐올 추락 때문에, 심판자가 가까이 오셨기 때문에 책임의 물살은 그 어느 때보다도 거센데, 다른 때도 아니고 바로 그런 때에 그냥 뻣뻣이 굳어서 넋 놓고 가만히 있어도 되는 것처럼 말이다.⋯⋯그리스도교의 관점에서는 이렇게 말하는 것이 최선이다. 노인이야말로 지난날 우리가 흥겨운 마음으로 부르고 또 부르던 노래의 가사, 곧 '내 힘만 의지할 때는 패할 수밖에 없도다. 힘 있는 장수 나와서 날 대신하여 싸우네!'* 이 노랫말을 의지하여 살아야 하는, 아니 살아도 되는(!) 절호의 기회를 잡은 사람이다."[2]

그런 의미에서 바르트가 여태껏 가 본 그 어떤 여행보다 먼 여행을 감행함으로써 자신의 "은퇴 생활"을 시작했다는 사실은 의미심장한 일이었다. "대학 교수 생활을 끝내자마자, 그러니까 76세가 되자마자 나는 ─요즘 젊은 교수들은 아주 이른 나이에 그런 풍성한 경험을 하곤 하지만─7주 동안 미국을 여행하면서 거대한 대륙의 동부, 서부, 중부의 이곳저곳에서 강의를 하게 됐다."[3] 바르트는 이미 1920년대 말부터 미국에와 달라는 초청을 수없이 자주 받았지만, 그때마다 거절을 했다. 그는 자주 이런 식의 변명을 하곤 했다. 넘치도록 많은 수의 미국 학생들이 자기한테 와서 공부를 했으니, 굳이 내가 거기 가지 않아도 된다는 것이었다. "요즘 많은 유럽인들이 그러듯이 나도 미국 여행을 하는 것보다는 오히려 이런 형태로 미국을 위해 더 풍성하고 유용한 일을 할 수 있다고⋯⋯생각한다."[4] 얼마 전까지만 해도 "내가 하늘나라에 가면 그 아래쪽 어느

---

* 마르틴 루터의 '내 주는 강한 성이요'의 2절 가사. 독일어 가사를 직역하면 '우리의 힘으로는 아무것도 되지 않으니, 우리는 심지어 곧 패한다. 하나님께서 직접 선발하신 참된 사람이 우리를 대신하여 싸운다!'─옮긴이.

한구석에서 미국을 보는 것"으로 만족할 것 같았다.[5] 그러나 결국 바르트는 생전에 그 땅을 직접 볼 수 있게 되었다. 샤를로테 폰 키르쉬바움과 크리스토프 바르트도 함께 미국행 비행기에 올랐다. 미국에 도착한 뒤로는 마르쿠스 바르트도 함께했다. 바르트 자신에게는 약간 걱정도 되는 여행이었다. "이 나이에 내가 그 모든 걸 잘 버텨 낼 수 있을까", "내가 그 사람들한테……실망을 안겨 주지나 않을까, 이번 여행 때문에 나 스스로를 바보로 만들지 않을까?" 본래 바르트의 계획은 미국에 있는 "동시대인들을 보고, 그들의 말을 듣는 것"이었다.[6] 그러나 바르트 본인도 사람들에게 뭔가 말을 해야 했다. 그래서 '개신교 신학 입문'의 처음 다섯 개 강의록을 가지고 갔고, 그의 제자인 그로버 폴리Grover Foley가 그것을 번역했다.

그는 미국 여행을 즐겼다. 오죽하면 아들 크리스토프의 입에서 "내가 우리 가족 중에서 '제일 잘 즐기는 사람'이며, 다만 '즐기는 일에 제일 중독된 사람'이 아니기를 바란다는 말이 나왔겠는가. 하지만 그건 나조차도 부인할 수 없는 사실이었다. 내가 그 몇 주간 만난 그 나라와 사람들은 나에게 엄청난 기쁨을 안겨 주었다."[7] 천차만별의 새로운 경험과 느낌으로 충만한 여행이었다. "이 모든 것을……그저 '판타스틱'fantastic이라는 한 단어로 요약할 수 있을 것 같다. 그 말은 내가 뉴욕에서 관람한 연극, 테네시 윌리엄스Tennessee Williams의 연극에서도 중요한 역할을 한 단어였다.……그렇다. 모든 것이 '판타스틱'했다. 두 대양 사이의 대륙을 비행기로 자동차로 종횡무진 누비며 만난 그 숱한 강과 개울, 평야, 언덕, 산, 애리조나 사막, 그랜드캐니언(물론 그 아래까지 내려가는 것은 여러 가지를 고려할 때 삼가기로 했다), 샌프란시스코 만, 금문교, 시카고와 뉴욕에 있는 하늘을 찌르는 듯한 빌딩들, 수많은 자동차들이 들고나면서 끝없이 번쩍번쩍 눈부신 도로, 다양한 국적과 계층과 인종의 사람들, 각기 다른 목표를 가진 사람들이 북적이는 도시, 신적인 섭리와 경쟁하려는 듯 모든 삶을 (교회와 신학까지도!) 조직화하고 표준화하는 모습, 미국인 기자들의 지식 욕과 프레젠테이션 테크닉"도 그랬다. 바르트는 세 번이나 기자회견을 하면서 그런 기자들을 상대해야 했다. "나의 강의를 듣겠다고, 내가 참석하는 토론회를 보겠다고 몰려온……수많은 사람들도 '판타스틱'했다. 나는 그렇게 거대한 '대중성'에 둘러싸여 있는 것이 영 낯설었다."[8] 예컨대 「타임」지는 바르트의 미국 방문에 맞춰 바르트에 대한 표지 기사를 실었다.

약 3주 동안은 아들 마르쿠스 바르트의 가족이 거주하고 있는 시카고에 머물렀다. 거기서 칼 바르트는 대학생, '비즈니스맨', 유대인 학자, 배우, 가톨릭 신학자, 골수 공산주의자 모임, 종교사학자 미르치아 엘리아데Mircea Eliade, 복음주의자 빌리 그레이엄 등 각계각층의 사람들을 만나 대화했다. 시카고에서는 위에서 언급한 다섯 편의 강의를 했고, 4월 27일에는 명예신학박사 학위를 받았다. 또한 야로슬라브 펠리칸 교수의 사회로 진행되는 두 번의 공개 토론회에 토론자로 참석했다. 그 토론회는 "예수회 신부 한 사람, 유대교 랍비 한 사람, 자유주의 개신교인 한 사람, 정통주의 개신교인 한 사람, 평신도 한 사람이 '원탁에 둘러앉아' 청중이 보는 앞에서 대화를 나누는 형식이었다." 거기 나온 평신도는 바르트가 대단히 존경하는 변호사 윌리엄 스트링펠로우William Stringfellow였다. "그 토론회에는 두 번 다 2천에서 3천 명(!)의 청중이 모였다. 그 자리는 완전히 열린 토론의 자리였다. 당연히 가시화될 수밖에 없었던 의견 대립을 슬며시 묻어두거나 대충 넘겨 버리지 않고 열정적으로, 그러나 객관적으로 맞붙어 싸웠다. 우리가 많이 한 말은 '툭 터놓고 얘기합시다!'라는 말이었다."[9] 바르트의 마지막 말은 만일 자신이 미국의 신학자라면 자유의 신학ᵃ theology of freedom을 만들어 내겠다는 것이었다. "자유의 신학에서 자유란……훌륭한 전통의 유럽에 대한 어떤 형태의 열등감으로부터"의 자유이면서, 그와 동시에 "아시아와 아프리카에 대한……우월감으로부터"의 자유이며, 그래서 "휴머니티를 위한" 자유다. 이 신학은 뉴욕의 '자유의 여신상'이 표현하고 있는 자유liberty를 탈신화하는 신학이며, "그 아들"께서 우리를 자유롭게 하심으로써 우리가 비로소 얻게 되는 자유freedom에 기초한 신학이다.

바르트는 시카고에 머무는 동안 잠깐 짬을 내어 미시시피 강변에 있는 더뷰크 대학 신학교에 들르기도 했다. 시카고를 떠난 다음에는 프린스턴에 머물렀고, 거기서 (워필드 강좌에 초대되어) 강연을 했고, 이번에도 많은 청중 앞에서 공개 토론회에 참여했다. 거기서 바르트를 반갑게 맞아준 사람은 매코드McCord 박사, 그리고 왕년에 바르트의 "영어 선생"이었던 매케이 박사였다. 그는 프린스턴에서 마틴 루터 킹 2세Martin Luther King Jr.의 설교도 들었다. 안타깝게도 설교 후 대화를 나눌 시간은 없었고, 그 대신 교회 문 앞에서 사진 한 장을 찍었다. 다음 목적지는 워싱턴이었다. 거기서는 주미 스위스 대사 아우구스트 린트가 바르트를 맞았고, 하루는 케네디 대통령의 참모들과 저녁 식사를 함께하며 대화를 나누기도 했다. 리치몬드에 도착한 바르트는 자신의 76번째 생일을 맞았다. 그곳의 대학생들은 바르트에게 '그는 참 괜찮은 사람이야!'(For he's a jolly good fellow)를* 불러 주었다. 그다음에는 샌프란시스코를 방문했다. 거기서 바르트가 찾아간 곳은 그가 열광했던 차이나타운, 산 안셀모 신학

---

* 영어권에서 어떤 사람의 특별한 사건, 생일, 승진, 결혼 등을 축하하는 자리에서 그에게 불러 주는 유명한 노래—옮긴이.

교, 그리고 (두 번째로) 뉴욕 신학교와 유니언 신학교였다.

"미국을 여행하는 사람들이 그다지 중요하게 생각하지 않는 곳, 혹은 다른 이유 때문에 나 같은 사람이 아니면 그다지 가 보고 싶지 않은 곳도 몇 군데 가보았다." 예컨대 미국의 교도소들을 찾아가 봤다. 바젤 교도소의 설교자인 바르트는 미국의 교도소에도 가 보고 싶었고, 결국 허가도 받아 냈다. 그런데 그가 마주한 그곳의 현실은 부분적으로 정말 끔찍한 것이라서, 어느 기자회견 자리에서는 그곳을 단테의 신곡에 나오는 지옥과 비교했다. 그 밖에도 그가 가보고 싶었던 곳은─인종 문제에 대한 그의 근본적인 관심 때문에─"맨해튼 북쪽의 그 악명 높은 동부 할렘"이었다. 그는 "치외법권의 비호 아래서", 곧 그곳에서 활동하고 있는 변호사 스트링펠로우가 수행을 했기에 그 지역을 돌아볼 수 있었다. "아주 강인한 두 여성의 알찬 설명" 덕분에 그는 이 두 영역에 대한 그의 호기심을 충분히 만족시킬 수 있었다. 두 여성은 교도소 개혁 운동가 안나 크로스 Anna M. Kross 여사, 그리고 "자기 확신으로 성장하는 새로운 미국 흑인 운동의 선구자" 안나 헤지만Anna Hedgemann 박사였다. 세 번째로 바르트가 꼭 가 보고 싶어 했던 곳은 미국 남북전쟁의 격전지였다. 그는 "당시 수많은 고통과 비명 속에서 탄생한 그것이 현대 미국의 현실이자 신화라는 사실을 알고 있다"는 바로 그 이유에서 이 전쟁을 중요하게 생각했다.[10] 그래서 바르트는 실제로 "1863년 7월 2일, 게티즈버그 전투가 치열했던 곳을 몇 군데 돌아보았는데……어떤 민첩한 젊은 장교 한 사람이 내가 책으로만 알던 내용을 하나하나 보여주며 설명해 주었다. 그 가운데는 그곳의 루터교 신학교 앞에 서있는 루터 동상도 있었는데, 그 자리는 남북전쟁 때 리 장군General Lee이 사령부 막사를 설치한 곳이었다."[11] 그곳을 돌아보던 중 "나는……세인트 제임스 강가에 있는, 남북전쟁 때 무너

1962년 5월 미국 여행 도중, 게티즈버그에서 남북전쟁 때 쓰던 총으로 시험 사격을 하는 바르트.
"나는……1백 년 된 머스켓 총으로……과녁을 정확하게 맞혀서 스위스 군대의 명예를 과시했다."

진 요새에서 1백 년 된 머스켓 총으로 사격을 한번 해볼 수 있는 기회가 있었는데, 과녁을 정확하게 맞혀서 스위스 군대의 명예를 과시했다. 그것은 좋게 보면, 나의 또 다른 능력과 성취의 상징으로 볼 수도 있는 사건이었다."[12]

대화

미국 여행을 마치고 돌아온 다음에야 본격적으로 은퇴 이후의 삶에 돌입했다. 처음에는 아주 만족스러워하면서 이런 언급도 했다. "이제 나에게 찾아온 '은퇴'의 시간을 맞아 고요히 많은 독서를 할 수 있게 된 것이 얼마나 좋은지 모른다. 성스러운 책과 세속적인 책을 마음껏 번갈아 가며 읽는다. 실존주의자들의 끝없는 잡담을 듣고 있을 때는 도저히 참을 수 없는 하품으로 몸이 휘청할 때도 있지만……나는 그것이 지속적인 상태가 될 수 없다는 사실을 이미 알고 있다." 이제는 강의에 대한 부담 없이 『교회교의학』 집필을 계속하기로 계획해 놓았다. "바야흐로 지금은 내가 그 옛날 단 한 명의 학생도 없이 로마서를 두 번이나 주석하던 그 원초적인 상태로 되돌아가야 할 때다."[13] 그러나 과연 교의학을 계속 써 내려가는 것이 정말 좋은 일인지 회의가 들기도 했다. "작금의 신학적 현실을 보면서 권태에 가까운 피로감에 빠지지나 않았으면 좋겠다! 실존주의 신학자들의 모습을 보면 볼수록 혐오와 역겨움을 느끼게 된다.……내가 지금까지 열두 권의 교의학을 썼는데도 이런 대홍수의 물결을 막아 내지 못했는데, 열세 번째, 열네 번째 책을 쓰는 것이 과연 의미가 있을까? 사람들이 내 말을……공손한 자세로 귀 기울여 듣긴 하지만, 결과적으로는 전혀 듣지 않은 셈이니……저 홍수를 멎게 하려면 다른 사람, 새로운 사람이 필요한 것 아닐까?……이제는 드디어 내 시간이 생긴 것이며, '동양적인 고요함 속에서, 모든 활동가를 조롱하면서' 조금은 관망하라는 초대를 받은 것 아닐까? 다른 사람들은 자기들에게 주어진 시간을 그런 식으로 쓰지 않는가?"[14]

바르트는 그 질문에 대한 대답을 당분간 보류하기로 했다. 6월 말, 그는 그라우뷘덴의 플림스에 초대되어 갔다. 발터 뤼티, 그리고 감리교회의 페르디난트 지크Ferdinand Sigg 감독과 함께 개신교 출판인 3백 명이 모인 자리에서 강연을 하게 되어 있었던 것이다. 바르트는 그 두 사람의 강연을 잘 들었다. 바르트 자신은 '질의응답'의 형식으로 청중과 이야기를 나누었는데, 그날은 특히 "전체주의 국가에서 교회가 어떤 가능성"을 가지고 있는지에 대한 문제를 집중적으로 논의했다. 바르트는 그 문제에 이렇게 답변했다. "모든 국가는 본질적으로 전체주의적 요소를 가지고 있다." 그런데 "전체주의적인 세계, 전체주의적인 국가 안에 있는 교회에게는 단 **하나**의 가능성만이 있으니" 그것은 "예수를 중심으로" 운집하는 것이다. "교회는 주변이요, 그분은 중심이다. 이것이 교회의 가능성이다." 그 외에도 비교적 개인적인 차원의 질문도 있었다. 예컨대 나이 많은 신학자의 실존에 관한 질문이 나왔는데, 거기에 대한 바르트의 대답은 의미심장한 것이었다. 바르트는 자기 자신의 경우에는 나이를 먹으니까 '아니'라고 말하고 싶은 마음, "썰고 자르고" 싶은 마음은 줄어들고 "뭔가 긍정적인 것을 말하는" 기쁨은 늘어났다고 고백했다. 그러고는 이런 추측도 덧붙였다. 이런 변화는 지혜가 깊어졌기 때문이라고 할 수도 있지만, 이 지혜라는 것은 "희한하게도 약간 노령의 쇠약함과 뒤섞인" 것일 수도 있다는 것이다. 바르트는 평소에도 이 질문을 깊이 생각했으며, 얼마 뒤에는 이런 글을 썼다. "나이를 먹고 지나온 날을 돌아보니 현명하고 부드러워진다. 하지만 잿더미 아래에 아직 희미한 불빛이 꺼지지 않고 살아 있다. 이것은 나의 경험이기도 하다. 그래서─여기에는 장점도 있고 단점도 있는데─목판 소묘의 자리에는 연필 소묘가, 유화의 색감이 있던 자리에는 파스텔의 색감이, 트럼펫의 자리에는 오카리나가 자리를 잡는다."[15]

그해 여름 바르트는 "아들, 며느리, 그리고 인도네시아에서 온 아주 독특한 두 녀석과 흐뭇한 시간"을 보냈다. 9월에는 친구인 에른스트 볼프가 살고 있는 발헨 호숫가Walchensee에 가서 지냈는데 "거기서 나는 내 오른쪽 팔을 부러뜨리는 개가를 올렸다."[16] 그래서 바트 뵐츠Bad Tölz에 있는 어느 병원에서 며칠간 입원을 해야 했다. 거기에 있는 동안 "요제프슈탈Josefstal에서 열리는 [카이저 출판사의] 소규모 신학 세미나에 잠시 갔다 올 수 있었는데, 붕대를 칭칭 감고 거기 나타났다."[17] 바르트는 그 세미나에 참석한 신학자들과 대화하면서 아주 좋아했다. 특히 게르하르트 폰 라트Gerhard von Rad와의 대화는 큰 기쁨이었다. 바르트는 작금의 구약신학이 전반적으로 볼 때 실존주의에 거의 전염되지 않은 것을 보며 감탄하는 자신의 심경을 그에게 그대로 털어놓았다. 한편 그 부상이 일어난 뒤 "롤로는 나한테 전혀 거리낌 없이……이렇게 '아픈 걸 싫어하는' 사람은 처음 봤다고 말했다."[18]

여름학기 기간 내내 바젤에서 아무것도 가르치지 않고 보내고 나니, 겨울학기 기간에는 신학생들과 뭔가 함께하는 작업을 하고 싶다는 마음이 강렬해졌다. 물론 "바젤 대학교는……나를 상당히 혐오하고 있었다." 그래서 바르트는 이제부터 "집 근처에 있는 식당(레스토랑 브루더홀츠)에서 철저하게 사적인 모임을 갖기로" 했다. "몇 개의 콜로키움을 진행하는데, 공식적인 안내표에는 언제나 똑같이 '강의하지는 않을 것'임을 밝혀놓았다."[19] 바르트는 그 후로도 몇 학기 동안은 이런 콜로키움을 지속할 수 있었다. 매번 『교회교의학』 중에서 30쪽 정도를 놓고 토론하는 형식이었다. "집중 토론 모임, 영어와 프랑스어 콜로키움에 참여하는" 대학생은 "바로 내 앞에서 자기의 주된 질문, 의심, 반론을 마음껏 늘어놓을 수 있고 거기에 대한 나의 설명을 들을 수 있었다."[20] 바르트는 "내가 여전히 젊디젊은 신학생들이 귀 기울일 만한 뭔가를 가지고 있는 것 같아" 내심 놀랐다. 실제로 "여느 때처럼 많은" 학생들이 몰려왔다. 그리고 그들은 "나에게 가장 신선한 자극"이 되었다.[21] 영어 콜로키움에는 "50-60명의 학생들이 왔는데, 그 가운데는 여덟 살 어린이도 있었다. 베이비시터를 구하지 못한 엄마가 데려온 아이였다. 아마 다음번에는 젖먹이 아이도 같이 와서 윤리학의 기본 개념에 대한 이야기를 들을 것이다."²² 독일어로 진행되는 집중 토론 모임은 가장 많은 학생 수를 자랑했다. 그 가운데는 매번 취리히에서 함께 온 학생들이 있었다. 그들이 배우고 있는 선생들도 아주 다양했다. 하지만 약간의 적응 기간이 지나면—바르트 자신은 그렇게 느꼈다—언제나 "기록된 말이 성취되었으니……성경에 기록된 말이 아니라 릴케의 시에 기록된, '그들은 미소를 지었고 서서히 기뻐하였다'는* 말이 성취된 것이다."²³ 거기다 더하여 바르트 자신의 학생들, 부분적으로 박사과정 학생들을 위한 소규모 모임을 정기적으로 꾸렸다. 거기서 바르트는 독일인 제자 위르겐 팡마이어와 미국인 제자 그로버 폴리가 우애 있게 논쟁을 벌이는 것을 지켜보기도 했다. 가끔은 옛 친구 에두아르트 투르나이젠, 디트리히 리츨Dietrich Ritschl, 마르틴 안톤 슈미트가 그 자리에 동참하기도 했다. 그 모임에서는 박사과정 학생들 자신의 학위 논문이나 위르겐 몰트만Jürgen Moltmann, 볼프하르트 판넨베르크, 하인리히 포겔, 오스카 쿨만, 테야르 드 샤르댕Teilhard de Chardin, 에버하르트 융엘, 밀란 마코벡Milan Machovec 등이 쓴 신간 서적에 대해 토론을 벌였다. 마코벡은 프라하의 무신론자면서 희한하게도 신학에 관심을 가진 사람이었는데, 바르트는 그 사람을 이 모임에 한 번 초대하기도 했다.

그 시기의 바르트가 개설한 '과외 수업'에는 정기적인 모임 외에 다른 것들도 많았다.²⁴ 1962년 말에는 몇 달 동안 거의 쉴 새 없이 계속되는 과제를 다시금 놀랄 만한 신선함과 순발력으로 수행해 냈다. 물론 그는 "이

---

* 라이너 마리아 릴케(Rainer Maria Rilke, 1987-1926)의 시집 「나의 축제를 위하여」(Mir zur Feier)에 실린 시의 한 대목—옮긴이.

상하게도……자꾸만 자고 싶어 하는 것을 느꼈고 그만큼 자는 능력도 생겼다."²⁵ 그래서 "급기야는 과거에 내가 그렇게도 경멸하던 관습, 곧 잠깐 낮잠을 자는 관습을 받아들이고 말았다. 어디선가 침대와 관(棺)은 형제지간이라는 말을 읽기는 했지만 말이다."²⁶ 안 그래도 나이는 속일 수가 없었다. "신체적으로나 정신적으로나 삶의 의욕이 자꾸만 감소한다. 조금 더 의욕을 가지고 뭔가를 하고 싶은데, 그럴 만한 의욕이 없다."²⁷ 그럼에도 불구하고 한동안은 여러 가지 방식으로, 여러 가지 방면으로 활동도 하고 자기 발언도 하는 데 별다른 지장이 없었다. 그래서 또 이런 말도 했다. "조용히 쉬는 건……아직도 멀고 먼 일이다. 찾아오는 사람이 (또는 편지가……) 많아서 그렇고, 크고 작은 규모의 모임에 불려 다니면서 사람들의 질문에 답변을 하느라 그렇다."²⁸ 그렇다. "내 주변은…… 마치 벌집과 같다. 나는 은퇴 후의 삶이 지금보다는 조금 더 한가하지 않을까 생각했는데 말이다."²⁹

1962년 성탄절에는 어느 소비자 신문에 '하나님의 탄생'Gottes Geburt에 관한 기사를 하나 실었다. 꼬리에 꼬리를 무는 질의응답 모임과 이런저런 인터뷰도 그가 "고요한 상태"Ruhe-Stand에* 들어가지 못하게 하는 요인이었다. "나는 그런 식의 발언을 좋아한다. 그런 발언을 하면서 나는 아직 살아 있는 것을 느낀다."³⁰ 바르트가 공식적으로 뭔가 말을 하더라도 이제는 강연의 형태로 하지 않고 그런 대화의 형식을 택한 것은, 단순히 그의 체력이 약해졌기 때문만은 아니었다. "한 사람이 몇 시간이고 내내 이야기를 하고, 다른 사람들은 그 사람의 머릿속에 떠오르는 것을 가만

---

* 독일어로 '은퇴(생활)' 혹은 '퇴직·연금 생활'을 뜻하는 'Ruhestand'는 고요하다는 뜻의 'Ruhe'와 상태를 뜻하는 'Stand'로 이루어져 있다—옮긴이.

히 듣고 앉아 있어야 하는 대규모 강연의 시대는……아마도 끝난 것 같
다는 것이 내 생각이다. 이건 나의 경우만 그런 것이 아니라 전반적으로
그렇다는 얘기다. 신학이든 교회든 지금 우리에게 필요한 것은—아, 나
는 이 웃기는 단어를 다시 쓰고 싶지는 않지만!—'대화'^{Gespräch}다. 내가 말
하고 싶은 것은, 우리가 서로서로 이야기하고 서로서로 치고 나와 대답
하자는 것이다. 어떤 한 사람이 마치 성령께서 자기한테 무언가 불러주
시기라도 한 것처럼 다른 사람들 앞에 나와서 외치는 대신 말이다."[31]

　　1962년 11월 26일, 바젤의 청십자 회관에서 스위스 '청십자'의 대표
들을 만났을 때도 그런 식으로 모임이 진행되었다. 주제는 '복음적인 자
유'였다. "나는 그 자리에서 그 사람들을 격려하며 이렇게 권면했다. 좋
다. 여러분은 복음적인 자유 안에서 여러분의 길, '청십자'와 함께하는
길을 걸어갈 수 있으며, 또한 그래야 한다. 이것이 마땅한 일이요 꼭 필
요한 일이다. 주저할 것 없다! 여러분이 할 수 있는 최선을 다하라!"[32]
1963년 1월에는 보세이의 에큐메니칼 대학생들, 취리히의 대학생들, 브
루더홀츠 지역 개혁 교회 교인들과 질의응답 시간을 가졌다. 바르트는
바로 그 1월에 어떤 인터뷰를 하면서 자기와 스위스의 관계에 관해 발언
을 했는데, 바로 그 발언 때문에 조국을 분노하게 만들었다. 거기서 바르
트는 "우리가 '유럽이라는 마을의 얼간이'$^{Dorftrottel\ Europas}$가 될 위기에 처
해 있다"고 말했으니 어쩔 수 없는 일이었다. "오, 자꾸만 반복되는 '혀
의 죄'로다!"[33] 그 인터뷰의 제목은 '우리에게는 자기 자신의 상대성 의식
이 부족하다!'였다. 3월 초에는 프라하와 동베를린에 가서 이런 대화 형
태의 모임을 가지려고 했지만 다시 취소하고 말았다. 그 여행과 결부된
부담과 긴장을 피하려고 했던 것이다. 그 대신 3월 중순에 파리에 갔다.
1963년에는 세 번이나 파리에 가게 되는데, 그 가운데 첫 번째 여행이었

다. 파리에 갈 때마다 조르주 카잘리와의 TV 인터뷰 일정이 있었다. 카잘리는 바르트와 "큰 일이든 작은 일이든 아주 잘" 통하는 친구였다.[34] 첫 번째 파리 여행에서는 그곳의 개신교 신학과에서 질의응답 시간을 가졌고, 10월 말 두 번째 여행 때는 비에브르에서 120명의 목사들과 나흘간의 콜로키움('개신교 신학 입문')을 진행했다.

그해 6월에는 바젤의 어느 에큐메니칼 대학생 모임에 나가서, 또 한 번은―사위 막스 첼베거가 회장을 맡은―도시 선교회에 나가서 질의응답 형식으로 자신의 생각을 나누었다. 7월 15일에는 독일 뷔르템베르크 주의 교회 형제단 회원 74명이 바젤을 방문하여 하루 종일 활발한 대화를 나누었다. 그날의 특별한 주제는 그리스도인의 정치적 예배였다. 여름휴가를 보낸 후 9월에는 바젤의 어느 신문사와 (롤프 호흐후트의 「대리인」[Stellvertreter]에* 대한) 인터뷰를 했다. 10월에는 BBC와의 인터뷰, 북부 독일 라디오 방송과의 인터뷰가 있었고, 11월에는―조금 있으면 30주년을 맞는 「바르멘 선언」에 관해―남부 독일 라디오 방송과 인터뷰를 했다. 10월 12일에는 괴팅겐의 대학생들이 찾아와서 바르트의 사상 속에서 성서, 인간의 자유, 신학, 종말론의 관계에 관해 이야기를 나누었다. 11월 4일에는 라인 지역의 신참 목사들과 비슷한 질문을 놓고 토론을 벌였다. 1964년 3월 2일, 튀빙겐 슈티프트의 레페텐트** 및 신학생들과 하루 종일 대화를 나누었는데, 거기서도 거의 똑같은 질문이 나왔다. 1963년 11월

---

* 롤프 호흐후트(Rolf Hochhuths, 1931-): 독일의 극작가. 1964년에 상연된 그의 작품 「대리인」은 히틀러의 유대인 박해에 침묵했던 교황 비오 12세를 비판하는 내용을 담고 있어서 유럽 전역에 큰 파장을 불러일으켰다―옮긴이.

** 튀빙겐의 슈티프트(Stift)는 독일 신학생들에게는 가장 유명한 기숙사일 것이며, 그 기원은 종교개혁 시절까지 거슬러 올라간다. 레페텐트(Repetent)는 학생들 중에서, 또는 박사 학위 논문을 쓰고 있는 미래의 학자들 중에서 뛰어난 엘리트, 혹은 강사로서 자질을 갖춘 사람으로서 어린 신학생들을 가르치는 데 도움을 주는 이를 가리키는 말이다―영역본 옮긴이.

중순에는 '겔터킨덴Gelterkinden의 개신교 수녀 수도원'에서 질의응답 모임을 가졌다. "그곳의 수녀들은 수도원 서약의 탁월함과 관련하여 나로부터 지속적으로 위로와 격려를 받기 원했다."[35]

이렇게 많고 많은 대화 모임은 아주 평화로운 분위기에서 진행되었고, 거의 명랑하다 싶을 정도로 분위기가 좋을 때가 많았다. 한바탕 웃음이 터져 나오는 바람에 대화가 끊길 때도 있었다. 다만 라인 지역의 신참 목사들과 대화를 나눌 때는 불트만과 관련된 논쟁 때문에 청중의 의견이 첨예하게 갈려 격한 말이 오고 가기도 했다. 그 자리에서 "한 젊은이가……나한테……대놓고 공격적인 말을 퍼부었다. '바르트 교수님, 교수님은 역사를 만드셨지요. 하지만 이제 교수님도 역사가 되셨습니다. 우리 젊은 세대는 새로운 해안을 향해 나아가기 시작했습니다!' 나는 그에게 대답했다. '그거 좋은 일이오! 그런 얘기를 듣게 되어 나도 참 기쁩니다. 어디, 그 새로운 해안에 대해서 우리한테 이야기 좀 해주세요!' 정말 안타깝게도 그 젊은이는 거기에 관해 아무런 말도 해주지 못했다.……요즘……교회에는 아주 호감이 가는 젊은 사람들이 많다.……그들은 거의 모든 걸 완전히 새롭게 만들어야 한다고 우렁차게 소리친다. 지금까지 존재했던 것 대신에 뭐가 들어서야 하는지, 만일 하나님이 [그것을] 그들에게 말씀해 주신다면, 그들이 하나님께서 말하게 하신 말을 한다면, 그것을 다른 사람들에게도 말해 줄 수 있다면, 그렇다면 교회의 새로운 방향 설정에 관한 제안도 진지하고 신뢰할 만한 것이 될 것이다."[36]

바르트는 이런 대화나 인터뷰 자리에서 현재 개신교 신학의 상태에 대한 자신의 불쾌함을 드러냈다. 그는 지금의 상태를 "신학적 허영의 시장"vanity fair처럼 느꼈다. "그 무대 위에서 날고뛰고 있는 것은……틸리히, 불트만의 제자들, 그리고 본회퍼의 미심쩍은 그림자다. 그리고 저 불쌍한 로빈슨 감독은 20만 부가 팔린 『신에게 솔직히』(Honest to God)에서, 앞서 언급한 모든 것으로부터 공허한 거품만을 떠낸 다음 그 것을 최종적인 지혜인 양—게다가 불트만한테서 확실하게 칭찬까지 받 은 상태로—시장에 내놓았다."[37] 이 감독의 신학은 "또다시 뒤를 돌아보 며 이런 독일 신학자들을 향해 얇고 희미한 빛을" 던지고 있는데,[38] 바르 트가 보기에 그의 신학은 궁색하기 짝이 없는 "바람 빠진 타이어의 신 학"Plattfußtheologie이었다.[39] 1964년 초, 바르트는 자신의 불트만 연구서의 재판(再版)에 '서문'을 쓰면서도 이와 비슷한 분위기의 비판적 입장을 간 단히 표명했다. 또한 "요즘 들어, 나이가 지긋한 사람이든 젊은 사람이 든 적잖은 사람들이 '바르트와 불트만 너머'에서 자기 입장을 찾고자 하 는데" 그런 사람들에게 바르트는 이런 충고를 해주었다. "그런 시도는 그 만두고, 두 사람 가운데 어느 한 쪽의 물음을 끈질기게 붙들고 가는 길을 선택하고 그 길을 끝까지 걸어가라. 장차 더 나은 신학이라는 낙원 입구 오른쪽과 왼쪽에 나란히 버티고 서 있는 사자 장식으로 꼭 맞는 사람은 루돌프 불트만이나 내가 아니고—틸리히와 나도 아니고—본회퍼(사후에 오늘의 유행에 맞게 치장된 본회퍼)와 나도 아니다."[40]

이런 식의 대화 모임에서 바르트가 자주 받은 질문은 그 당시 개신교 신학 논의에서 중요한 역할을 하고 있던 하나의 질문이었으니, 성서 본문의 이해 가능성에 대한 질문, 곧 '해석학적' 문제에 대한 물음이었다. 바르트는 (그 문 제 자체가 아니라) 그 문제가 주도적인 주제가 되는 것, 별도로 다루어야 할 주제로 격상되는 것은 진퇴유곡의 상황에 빠질 수밖에 없다고 보았다. 그것 은 "우리가 1920년에 벗어났다고 생각했던" 상황으로 돌아가는 것이다. 그 래서 바르트는 "해석학에 대한 편협 고루한 수다"를 조롱했으며[41] "신학의 시장에서 돌아다니는 '언어사건'Sprachgeschehen을 예의주시하면서 (그 개념을 가장 큰 목소리로 강조하는 사람들을 나는 고라의 일당, 혹은 정원 난쟁이* 국제 연합이라고 부르곤 한다) 그것 때문에 단단히 화가 나거나 마음껏 놀려 대는 자유"를 누렸다.[42] 라인 지방에서 온 사람들과 대화하는 자리에서 바르트는 자신의 견해를 이렇게 요약한다. "중요한 것은 우리가 성서의 증언을 만나는 것이 아니라, 성서의 증언 속에서 증언되는 분을 만나는 것이다." 그분을 만나기 위해서 기도하고, 또한 일해야 한다. 우리가 반드시 해야 하는 일이란 그 증언을 "역사적-비평적"으로 읽되, 그 증언이 "과연 그분을 증언하는지, 얼마만큼 그분을 증언하는지" 물으면서 읽는 것이다. 그 과정에서 "우리가 그 증언에 부여하는 탁월성이……하나님 말씀의 자유를 제한하는 일"은 어떤 경우에도 일어나서는 안 된다. "오히려 그 말씀 고유의 탁월성을 인정해야 한다. 이것이 개별적으로는 결코 간단한 과정이 아니다. 거기서 일어나야 하는 일은 언제나 새로운 문제가 된다. 물론 우리는 이런저런 존재론이나 세계관을 염두에 두고는 있다. 그것이 금지된 것은 아니다.……다만 우리가 성서를 읽을 때는, 지금 우리가 읽고 있는 것이 궁극적인 권위라고 생각하면서 읽어서는 안 된다. 그것 자체도 종속된 것이다.……우리가 할 일은 그저 모든 문과 창문을 열어 놓는 것이다. 그러니까 집에 처박혀 있어서는 안 된다는 것이다. '고기'의 맛이 나는 집, 그것도 경건하고 이성적인 고기의 맛(!)이 나는 집에 가만히 틀어박혀 있어서는 안 된다. 아니, 우리는 모조리 이 집 안에 있다. 그러나 이제 창문을 열어라! 문을 모두 열어라! 그래야 바람이 들어오지 않겠는가!"[43]

* 정원 난쟁이(Gartenzwerg): 유럽에서 정원을 장식하기 위해 세워 놓은 난쟁이상을 일컫는 말. 보잘것없는 사람이나 흉측한 사람이라는 의미에서 비꼬는 말로도 쓰인다—옮긴이.

그런데 이런 대화나 인터뷰에서 바르트가 희망에 찬 경탄을 내비치는 대상이 있었으니, 바로 최근의 새로운 가톨릭 신앙이었다. "얼마 전까지만 해도 우리 모두는 가톨릭 신앙을 아주 경직된 구조라고 여겼다. 그런데 지금은 갑자기······새로운 움직임을 보이기 시작했다. 그것도 상당히 흥미로운 방향으로 나아가고 있다."[44] 바르트는 1963년 6월에 세상을 떠난 교황 요한 23세를 이 운동의 대표자로 지목하며 그를 높이 평가했다. "연로하신 안젤로 론칼리Angelo Roncalli가 실질적으로 교황의 지위를 풍요롭게 했다는 사실이 나에게는 의미심장하게 다가온다. 과거에 가톨릭을 비판하면서 이러쿵저러쿵 하던 얘기를 지금은 무작정 쏟아 놓을 수는 없게 되었다. 그는 아주 좋은 사람이었다."[45] "한번 3백 년, 혹은 6백 년 전으로 거슬러 올라가 보자, 그리고 다른 교황들을 두루 살펴보자. 그러면 정말로 '선한 목자'pater bonus(교황을 일컫는 말)를 찾아볼 수가 없다. 그러나 이제는 그런 사람이 하나 나왔다.······그는 선한 목자가 가져야 할 특성 가운데서 적어도 일부는 확실하게 보여주었다."[46] 바르트는 그 새로운 움직임에 깊은 관심을 가지고 제2차 바티칸 공의회를 예의주시했다. 그는 이 공의회의 감동적인 과정에 대한 정보를 문건을 통해 접했을 뿐만 아니라, 그 현장에서 '전문가'로 활약한 한스 큉, 개신교 참관인으로 참가했던 오스카 쿨만을 통해 자세히 들을 수 있었다. 1963년 가을, 바르트는 베아Bea 추기경의 비서실로부터 공의회 제3차 분과 모임에 참관인 자격으로 참여해 달라는 초대를 받기도 했다. 그러나 그걸 버텨 낼 만큼의 건강은 안 되는 것 같아서 그 기회를 포기할 수밖에 없었다. 하지만 미사 전문에 요셉을 받아들인 것에 대해—그가 좋아하는 약간의 디테일을 부각시키기 위해—나름의 해석을 시도했다. "교회의 수호자(또한 모범)로는 이렇듯 감동적이면서도 순종적인 인물, 봉사하는 인물이 오히려 마리아보다 낮다고 생각한다. 마리아의 기능과 교회의 기능은 비교할 수 있는 것이 아니다."[47] 1963년 『레알리테』(Réalité)라는 잡지와의 긴 인터뷰('교회의 접근에 대하여')와 논문 한 편(「제2차 바티칸 공의회에 대한 성찰」)에서도 새로운 가톨릭 신앙 운동에 대한 경탄이 그대로 드러났다. 특히 논문에는 이런 말이 나온다. "가톨릭 내부에 엿보이는 갱신의 징조가 향후 로마와의 '대화' 가능성에 대한 약간 지루한 질문보다 훨씬 흥미로운 것 같다."[48]

1963년에는 앞서 언급한 것 외에도 몇 가지 다른 일이 있었다. 예컨대 4월 중순에는 사위와 함께 코펜하겐을 여행했다. 거기서 바르트는 "전혀 예상치 못한 소식을 접하게 되었는데, 그것은 그가……어떤 상을 수여받는다는 것이었고, 지금까지 그 상을 받은 사람들은 윈스턴 처칠, 알베르트 슈바이처, 이고르 스트라빈스키Igor Strawinsky, 닐스 보어 등이 있었다. 그러므로 그가 이 상을 받게 된 것은, 그 역시 유럽 문화의 창달에 크게 이바지했기 때문이었다."[49] "키르케고르가 살아 있지 않은 것이 얼마나 다행인가! 그가 살아 있었다면, 나한테 다가와서 이렇게 말했을 것이다. 진정한 예언자에게는 그런 상이 수여되는 게 아니라 돌멩이가 날아오는 법이오."[50] 4월 19일, 소닝Sonning 상 수상식에서는 닐스 한센 쇠에 Niels Hansen Søe가 바르트를 위한 찬사를 낭독했으며, 바르트 자신은 답사를 통해 키르케고르와 자신의 관계 역사를 간략하게 소개해 주었다. 요컨대 "나는 그를 선생님으로 생각하는데, 모름지기 신학자라면 한 번은 그의 학교를 다녀야 한다. 그 학교를 못 거친 사람아, 그대는 불쌍한 자로다! 그러나 그 학교에 그냥 남아 있어서는 안 되고, 거기로 돌아가는 것도 별로 좋지 않은 일이로다!"[51] 그해 5월은 키르케고르 탄생 150주년이 되는 때였고, 바르트는 곧 비슷한 내용으로 그에 관한 글 한 편을 발

표했다. 바르트는 상금 11만 크라운의 대부분을—"삭개오라도 그 이상
은 못했을 텐데!"[52]—바젤 선교회와 도시 선교회, 스위스 교회 구호단에
기부했고, 바르트의 선조들이 살았던 뮐링겐 지역의 불우이웃 돕기 성금
으로 냈다. 일부는 집을 사느라고 진 빚을 갚는 데 썼다.

바르트는 바로 그해에 또 한 번의 명예를 수여받게 되었다. 11월
6일, 파리가 바르트에게 명예박사 학위를 수여했던 것이다. 그해 세 번째
파리 여행의 주된 목적은 "소르본 대학교가 (라 마르세예즈[La Marseillaise]가
울려 퍼지는 가운데) 나에게 수여하는 박사 학위를 (16세기에 바로 그 소르본
대학교에 의해 화형장으로 내몰린 종교개혁자를 기억하면서……!) 받는 것이었
다."[53] 거기서는 철학자 폴 리쾨르Paul Ricoeur가 찬사를 낭독했다.

봄에 코펜하겐 여행을 마치고 돌아온 일주일 후의 일이었다. 주로 개
발도상국의 대학생으로 구성된 3백 명의 학생들이 '모범 박람회'의 손님
자격으로 바젤에 와서 머물고 있었는데, 바르트는 그 학생들에게 '신학'
이라는 학문을 소개하는 강연을 맡았다.

> 거기서 그는 마르크스의 종교 비판이 옳았다고 말한다. 그런데 "그리스도교
> 는 종교가 아니다." 하나님은 "예수 그리스도 안에서……자신을 증명하시는
> 분이다. 그것 외에 다른 증명은 없다." 그런 맥락에서 이런 비판적인 견해도
> 밝힌다. "종교적인 서양은 있지만, 그리스도교적인 서양은 없다. 예수 그리
> 스도와 맞닥뜨린 서양의 사람들이 있을 뿐이다." 그리고 이렇게 덧붙인다.
> "언젠가는 우리같이 늙은 유럽보다는 아시아와 아프리카에서 [진정한 그리
> 스도교를] 더 잘 이해하고 실천하는 날이 올 수도 있다."[54]

6월 중순에는 「취리히 주간」에 '무신론, 찬성과 반대'라는 주제로 기

사를 실었다. 원래 바르트는 슈투트가르트의 막스 벤제Max Bense 교수의
무신론에 대한 입장을 취해 달라는 부탁을 받았다. 그러나 자신이 왜 그
렇게 하지 않는지를 곧장 밝혀 놓았다. "어떤 교수가 공격을 하면 또 다
른 어떤 교수가 방어해야 하는 '그리스도교'라면, 그 이름을 달고 다닐 자
격이 없다." 더 나아가, 예수 그리스도 안에 나타난 하나님은 "막스 벤제
와 나에게 유효한 '무신론자'를 오래전부터, 철저하게, 결정적으로 전혀
신경 쓰지 않으신다." 바르트는 자신과 대화하는 파트너가 자신의 합리
성 때문에 걱정할 필요가 없다고 말한다. 그리스도교 신앙은 사유에 반
대하지 않는다. 오히려 사유를 찬성한다. 그러나 그것은 어떤 특정한 사
유에 대한 찬성이다. "사유Denken란……심사숙고Nachdenken를 의미한다."
그는 마지막으로 이렇게 말한다. 정말 위험한 것은 벤제 교수의 마일드
한 무신론이나 동구권의 와일드한 무신론이 아니다. 바로 그리스도인들
의 **실천적** 무신론praktischer Atheismus이다!

그해 여름, 바르트는 '스위스 개혁주의 신학'의 특징에 관한 논문 한
편을 썼다(이 논문은 한때 바르트의 비판자였던 벌카우어[Berkouwer]를 위한 기
념 논문집에 실렸다). "스위스 신학의 과제는, 언젠가 어떤 독일인 신학 교
수가 무례하게 말한 것처럼, 독일의 담배를 가져다가 토착화하여 엽궐련
을 만드는 것"이 결코 아니다.[55] 바르트는 스위스 신학의 고유한 특징은
"확실하고 건조한 급진주의"와 "눈에 확 띄는 냉정한 객관성"과 "중재를
추구하는 명시적인 경향", 그리고 윤리학과 교육학에 대한 애정이라고
주장했다. 그 여름에-브란덴부르크 지방 개혁 교회의 부탁을 받고-또
한 편의 논문을 썼는데, 이번에는 약간 성격이 다른 논문이었다. 최근
에 동독의 교회는「자유와 봉사에 대한 열 가지 조항」(Zehn Artikeln über
Freiheit und Dienst)이라는 문건을 발표했고, 그 안에 국가와 교회의 관계

에 대한 입장을 밝혔는데, 바로 그 문건에 대한 '신학적 검토'가 요구되었던 것이다. 바르트는 그 문건에 철저한 그리스도론, 종말론이 부족한 것, "봉사를 위한 자유"라는 의미에서 '자유'와 '봉사' 개념의 명확한 연결이 부족한 것을 아쉬워했다.

1963년에는 또다시 많은 방문객이 바르트의 집을 찾아왔다. "헤아릴 수 없을 만큼 많은 사람이 오는데……모든 만남이 상당한 분량의 '상담 시간'을 요구했다." 각국의 신사들이 찾아왔는데, 특히 "독일인이 많았다. 나는 특별히 독일 사람들을 위해 태어난 것 같다." 한번은 "스페인에서 젊은 예수회 신부가 왔는데, 자연과 은총의 관계를 바로잡기 위해 자기도 온 힘을 기울이겠다고 다짐을 했다. 프랑스에서는 아주 명랑한 구세군 대령께서 찾아오셨다." 그 사람 앞에서, 바르트는 자기가 평생 열심히 지켜 낸 파이프 담배 습관을 옹호했다. 하지만 "죄가 시가렛(궐련)으로부터 비로소 시작된다"는 사실은 인정했다. "한 마디로 나는 절대로……외로움을 탓할 수 없다."[56] 여름에는 수도원에서 며칠, 카프에서 며칠, 그리고 (마지막으로!) 베르클리에서 며칠을 보낸 다음, 귀렌바트에 가서 네덜란드 친구 코르넬리스 헤이코 미스코트와 휴가를 보냈다. 바르트에게는 그 친구와 나누는 대화가 언제나 흥미로웠다. 게다가 그는 『교회교의학』의 출간을 그 누구보다도 "기쁜 마음으로 이해해 주고, 이해하는 마음으로 기뻐해 주는" 사람이었기 때문이다. 그는 미스코트를 "내 친구들 가운데 선견자요 시인"이라고 부르면서 높이 평가했다. "문학의 세계에 관한 한 나와는 비교할 수 없을 정도로 드넓은 그의 식견과 통찰"은 바르트에게 깊은 인상을 남겼다.[57] 그해 12월, 파울 틸리히와의 마지막 만남도 아주 감동적이었다. "나는 그 사람에게, 지금이야말로 제대로 회심할 때라고 권면했다. 그러나 그는 당분간 그러고 싶은 생각이 없는 것 같았다."[58]

"아직은 완전히 끝나지 않았다"

1963년까지만 해도 이렇게 왕성했던 작업 속도가, 대략 1964년 초반부터 갑자기 확 떨어졌다. 바르트는 1963년 크리스마스이브를 맞아 바젤 교도소에서 또 한 편의 설교를 했다. 요한복음 16:33에 기초한 그 설교는 많은 사람들의 주목을 받았다. 스위스 라디오 방송과 남부 독일 라디오 방송이 그날의 설교를 생중계했다. 1964년 부활절에도 거기서 다시 한 번, 요한복음 20:19-20을 본문으로 설교했다. 2월 말에는 헤센 방송, 북부 독일 방송과 인터뷰, 5월에는 남서부 독일 방송과 미국 잡지『크리스천 투데이』와 각각 인터뷰를 했다. 같은 달, 칼뱅 서거 4백 주년을 기념하여 바르트의 글 한 편이 발표되었다. 비판이 빠지지 않은, 그러나 고마움이 확연히 드러나는 짤막한 글이었다. 4월 초에는 라인란트까지 장거리 여행도 했다. 유아 세례의 연기에 대한 세미나가 열리는 뮐하임까지 갔던 것이다. 거기서 그는 아들 마르쿠스의 강연을 (그는 얼마 전 시카고에서 자리를 옮겨 피츠버그에서 가르치게 되었다) 경청하려고 했다. 그리고 그저 그 자리에 있는 것만으로, 그 문제를 끌어안고 고민하고 길을 찾는 사람들에게 격려를 해주고 싶었다. 바르트는 1년 전에도 베스트팔렌 지방 교회 대표 에른스트 빌름Ernst Wilm이 바젤을 찾아왔을 때, 교회 지도부가 이런 사람들의 고민에 관심을 가질 수 있게 하려고 노력했다. "그가 나를……떠나가는데, 나는 이미 길을 걸어가고 있는 그 사람을 향해 소리쳤다. '그 정신을 약하게 하지 마시오!' 그가 이것을 그만둘 것 같다는 느낌은 들지 않았지만 말이다."[59]

이 모든 것에도 불구하고 바르트는 진작부터 건강이 많이 나빠진 것을 느꼈다. 1964년 봄 "확실하게 어떤 안 좋은 기운을 느꼈고, 그것이 점점 심각한 병으로 발전했다."⁶⁰ 바르트는 78번째 생일을 보낸 뒤 친구들에게 이렇게 소식을 전했다. "이 땅 위의 장막이 무너지기 시작한 것은 분명하지만……내가 아직은 완전히 끝나지 않았다. 그래, 아직은!" 하지만 그저 탄식이 터져 나올 때도 있었다. "솔직히 말하면, 내가 전에는 늙어 가는 것이……이보다는 쉬울 줄 알았고, 이른바 '은퇴 생활'도……약간은 더 행복할 거라고 생각했다."⁶¹ 바르트는 그해 8월—전립선 제거 수술 때문에—바젤의 베데스다 병원에 입원했다. "거기서는 친절하고 실력 있는 간호사, 봉사자들이 온화함과 인내로 나를 잘 돌봐 주었다."⁶² "미국인 의학 박사 한 분이 와서 나에게 '주님께서 선생님이 더 많은 일을 할 수 있도록 지켜 주시기를 바랍니다!' 하고 영어로 말해 주었다. 그 사람은 이곳을 여행하다가 나의 아래쪽 기관의 기능에 대해 관심을 가지게 되었다고 했다."⁶³ 수술에서 회복되기가 무섭게, 바르트는 다시 한 번 베데스다 병원에 장기 입원하게 되었다. 왜냐하면 "1964년 크리스마스 직전에 가벼운 뇌졸중 비슷한 것이 찾아왔기 때문이다. 그래서 나는 (어쩌면 이것은 내가 평생토록 너무 많은 말을 한 것에 대한 경고의 메시지였던가?) 반나절 동안 한 마디도 못하다가—아마도 현재 주류 신약학계가 전반적으로 제3의 복음서를 무시하는 것에 대한 무의식적 저항에서, 아니면 적어도 나를 돌보던 간호사에게 교훈을 주기 위해서—지금의 내 상태를 말해 주는 '스가랴'라는 이름(눅 1:22!)이 입술에서 분명하게 발음되었다. 그러고 나자, 비교적 빨리 다른 말로도 내 상태에 대해, 중요한 문제에 대해 말을 할 수 있게 되었다. 그 후로는 이런 일이 일어나지 않았다. 아직까지는!"⁶⁴

바르트는 퇴원을 하고 얼마 지나지 않아, 다시금—네덜란드인 게오르게 푸칭거George Puchinger와 함께 가톨릭과 바르트 자신과의 관계에 대해 인터뷰를 할 때도─정교하게 말하고 대답할 수 있게 되었다. 그런데 조금 나았는가 싶더니, 또다시 병원 신세를 지게 되었다. 이번에는 바젤의 시민 병원이었다. "거기서 나는 현대 의학의 실험 대상이 되어 신기한 경험을 (네 달을 꽉 채워서!) 했다." 1965년 7월부터 10월까지의 입원이었다.[65] 그때 "나는……집회서 38장이 그렇게도 칭송하는 의사와 약사의 학식과 기예(분명 바젤의 화학-약학 산업에 대한 예언!)를 아주 실존적으로 경험하면서 다방면의 지식을 쌓을 수 있게 되었다. 그러나 친절한 간호사 부대의 보살핌도 말로 다 칭송할 수 없을 만큼 고귀한 것이었다."[66] 바르트는 그 간호사들과 규칙적으로 저녁 기도회를 드렸다. 그는 가톨릭 간호사 한 명이 '아베 마리아'를 외우며 기도하는 것도 허용해 주었다. 그들 가운데 한 사람을 위해서는 "결혼 상대를 잘 고르기 위한 검토용 질문"을 써주기도 했다. "시민 병원의 간호사들 가운데 가장 상냥한 간호사가 나한테 해준 가장 상냥한 말은, 내가 '자매들의 형제'라는 말이었다."[67] 바르트는 그곳에 있으면서 금세 새로운 활력을 가지고 "다른 신학자들의 저술을 읽었고, 그 외에도 특히 찬송가에 나오는 이런저런 곡들을 혼자서 부르기도 했다.……병원에 있으면서도 담배 파이프의 불이 꺼지는 때는 거의 없었다.……나는 거기서 성경 다음으로, 이상하게도 괴테의 작품을 많이 읽었다."[68]

10월 말, 바르트는 다시 브루더홀츠로 돌아왔다. "내가 아직 살아서 읽고, 대화하고, 담배 피우고, 시편과 찬송가를 노래하고, 모차르트의 음악을 듣고, 열네 명의 손주들을 보며 기뻐하고, 또 이와 비슷한 행복한 나날을 보낼 수 있음을 하나님께, 그리고 여러 사람들에게 감사한다."[69] "내가……조금 더 삶을 누릴 수 있었던 것은 분명히 하나님의 선한 뜻이다."[70] "아직 완전히 극복되지 않은 육신의 약함은—나는 그 약함이 드러나는 부분을 '취리히 아랫마을'Zurich-Niederdorf이라고 부르곤 했다—나에게는 괴롭고 수치스러운 것이며, 주변 사람들에게는 귀찮고 부담스러운 것이지만, 그래도 당분간 위험한 것은 아니다. 그 약함이 내 머리의 작용을 방해하는 것 같지는 않다."[71] 그러나 그 후로 나타난 증세가 있었으니 "나는 나 스스로도 전혀 이해할 수 없는 어떤 슬픔에 맞서 싸워야 할 때가 많았고, 한번 그런 슬픔이 찾아오면 내 인생의 모든 성취가 아무 소용 없었다."[72] "그러나 나는 나 자신에게 끊임없이 이렇게 말했고, 지금도 말하고 있다. 사랑의 하나님과 천사들은 내가 지난 50년 동안 써낸 아름다운 것들 가운데 그 일부를 이제는 조금이나마 살아 낼 수 있는지 궁금해하실 것이다." 게다가 "다른 친구들은 벌써 오래전부터 이런 어려움을 겪었는데, 거기에 비하면 나는 건강한 시간을 충분히, 너무 충분히 누렸다고 볼 수 있다."[73] 어쨌거나 바르트는 "모든 사람의 삶에는……그늘이 있다는 것……결코 가시지 않는 짙은 그늘이 있다는 사실"을 그 어느 때보다 분명히 알게 되었다. "어쩌면 그 그늘이 가시지 않는 것은 하나님의 뜻일 수도 있으니, 결국 그 그늘이 우리를 바로 그곳에 꽉 붙들어 놓아, 거기서 우리는 그저 하나님의 사랑을 받는 자로서, 오직 그런 존재로서 그분을 다시 사랑하고 찬양할 수 있는 것이다."[74]

바르트는 두 번째로 전립선 수술을 받았고, 그때부터는 남은 생애 동안 도뇨관(導尿管)을 달고 생활해야 했기 때문에, 항상 옆에서 보살펴 주는 사람이 있어야 했다. 간호를 위해 매일 한두 차례 간호보조원이 방문했다. 그 외의 병간호는 아내인 넬리의 몫이었다. 그녀는 "나한테 필요한 모든 조치를……간호사만큼이나, 혹은 그보다 잘" 마스터했다.[75] 가까이에 사는 의사 한 분이 왕진을 맡았다. 그는 "나보다 40년 젊은 가톨릭 의

사 알프레트 브릴만Alfred Briellmann이었다." 그는 "나에게 생기를 북돋워 주기 위해서 자주 찾아와서……의학적인 것 외에도 아주 인간적인 이야 기, 그리고 그리스도교와 교회에 관한 이야기도 나누었다."[76]

바르트가 "비교적 괜찮은 상태가 되어 인간적인 존엄성을 되찾았다 싶었던" 그 시기에 안타까운 일이 일어났다.[77] "1930년부터 내 곁에 있으 면서, 모든 면에서 꼭 필요한 충실한 비서 역할을 해주었던 샤를로테 폰 키르쉬바움이 나의 병보다 치명적인 병에 (확실하게 표면화된 것은 1965년 에서 1966년으로 넘어가는 시점부터) 걸리고 말았던 것이다. 『교회교의학』 집 필과 출간에 엄청난 몫을 감당해 주었던 그녀가 이제는 아무 일도 할 수 없는 상태가 되었다."[78] 벌써 오래전부터 그녀의 뇌에 문제가 있다는 사 실이 알려졌다. 그러다가 1966년 1월 초에는 요양원에 들어가지 않으면 안 될 정도로 증세가 악화되었다. 바르트는 매주 "일요일 롤로 폰 키르쉬 바움을 찾아가 리엔Riehen의 '존넨할데'Sonnenhalde에서 함께 보내는 시간을 기다렸다.……이제 그녀는 뇌질환 때문에 완전히 베일에 가려진 존재 같았다. 그 옛날의 모습처럼 말이다." 바르트는 그녀를 방문할 때마다 찬 송가를 불러 주었다. 한번은 그녀가 그 노래를 듣고는 "헤어지려는 찰나 에 말하기를 '그래, 우린 참 좋은 시간을 함께했지!'……그녀는 그렇게 쇠 약한 상태에서도 나에게 교훈이 되었다."[79] 그녀가 물러난 후, 바르트는 자기 학생 가운데 하나였던 에버하르트 부쉬Eberhard Busch를 불러서, 정기 적으로 이런저런 사무와 보조 과제를 처리하도록 했다. 롤로는 10년 동 안이나 고통의 나날을 보내다가 1975년 7월 24일 세상을 떠났다. "아주 오랜, 느린 이별이었다.……그녀는 서서히 멀어져 갔다"(헬무트 골비처).

바르트는 원래 1965년 12월에도 바젤 형무소에서 설교를 하려고 했 으나, 그렇게 할 수 없었다. 이후로도 그럴 수 있는 날은 오지 않았다. 그로써 1964년 3월 29일 부활절 설교, 곧 "주님을 만난" 제자들의 기쁨(요 20:19-20)에 대한 설교가 그의 마지막 설교가 되었다. 바르트가 평생 쓴 설교는 대략 670편(!)이다. 그렇게 많이 설교를 하고, 그렇게 많은 설교를 출간했지만, 희한하게도 "설교 묵상이라는 장르는 내가 한 번도 시도해보지 않은 장르였고……나는 내가 한 설교에 대해 '묵상'을 한다는 것이 어렵게 느껴지기 때문에, 나로서는 이것이 다른 사람에게 도움이 될는지 잘 모르겠다."[80] 이제 바르트는 철저하게 설교를 **듣는 사람**이 되었다. 브루더홀츠에서 바젤비트 쪽에 위치한 비닝겐-보트밍겐Binningen-Bottmingen에서 활동하고 있는 프리츠 뒤르스트 목사Fritz Dürst의 설교는 몇 년 전부터 바르트가 제일 좋아하는 설교였다. 그러나 바르트는 바젤 시내 구역에 속한 브루더홀츠 교회의 예배에도 참여했고, 가끔은 "그 구역의 가톨릭 교회, 클라우스 형제에게 지정된 교회에 방문하기도 했는데, 그 교회의 목사는 나를……사람들 앞에서 '브루더홀츠의 교부'라고 불렀다." 그렇다! 바르트는 한동안 두 교회 사이에 종파를 초월한 만남이 일어나도록 하기 위해서 노력을 기울였다. "나는 그 둘 사이를 '국경 왕래자'처럼 왔다 갔다 했다."[81] 주일에 예배하러 교회에 가는 것이 힘들어지자 라디오로 "주일마다……한 번이 아니라……두 번의 설교를 들었는데, 하나는 가톨릭, 또 하나는 개신교의 설교였다."[82]

그의 교도소 설교 제1권은 1959년에 출간되었는데 그 제목은 『간힌 자에게 해방을』(Den Gefangenen Befreiung)이었다. "바젤 형무소에서 선포된 새로운 설교"도 1965년 말에 제2권으로 묶여 나왔다.

이 마지막 설교집의 제목 『너는 내게 부르짖으라!』(Rufe mich an)는 설교 자체에 대한 이해, 나아가 전체 예배에 대한 이해를 암시하는 의도적인 제목이다. "교회 공동체의 삶 전체의 중심인 예배는 하나의 총체, 더 자세히 말해 은혜로운 하나님을 향한 간구Anrufung의 총체로서 드러나야 한다." 예배는 회중의 찬양, 그리고 "예배 행위의 인도자로 봉사하는 교인의 입을 통해 온 공동체가 감사하고 회개하며, 특히 예배 가운데 하나님께서 임재하시고 그 예배를 도와주심을 바라는 간청을 드리는 것으로 시작된다. 그 예배는 설교를 향해 상승한다. (긴 것보다는 간단한!) 성서 말씀을 주석하고 적용하는 설교를 통해서 하나님을 향한 간구는 권면과 선포로 바뀐다. 설교 이후의 예배는 하강의 단계를 거쳐 마침기도에 이른다. 마침기도는 설교 메시지를 (이제 다시금 하나님을 향한 직접적인 간구의 형태로) 간략하게 요약한다. 그러나 그 기도를 통해서 예배는 최대한 바깥쪽을 향해, 다른 모든 사람을 향해, 다른 교회와 온 세계를 향해……최대한 활짝 열린 중보의 간구가 된다. 회중은 두 번째 찬송을 통해서 마침기도를 자신의 기도로 삼는다." 노년의 바르트가 이해한 예배의 마지막은 축도다.[83]

노신학자 칼 바르트는 이런 예배 이해를 토대로, 예배의 진행과 공간에 대한 몇 가지 구체적인 제안을 내놓는다. 공간과 관련해서는, 회중의 좌석을 반원형으로 하는 게 좋겠다고 제안했다. "중앙을 어떻게 구성할 것인가 하는 문제를 푸는 이상적인 방안"은 "눈에 띄는, 그러나 '제단'과는 분명하게 구별되는, 약간 높이가 있는 나무 탁자를 세워 놓는 것이다. 그 탁자는―운반이 가능한 교탁을 하나 추가해 놓으면―설교단으로 쓰일 수도 있고, 성만찬 탁자로 쓰일 수도 있고, '세례반'(洗禮盤)의 자리로 쓰일 수도 있다.…… 프로테스탄트 교회 건물 안에는 절대로 그림이나 상징물을 들여놓아서는 안 된다. (예수 그리스도의 본성과 활동의 실재성을 재현하는 것은……좁은 의미의 '예배'를 드리는 교회 공동체, 그리고 무엇보다도 삶 속에서 행동하는 교회 공동체밖에 없다. 그림이나 상징은 그것을 재현할 수 없다!)"[84] 또 "내가 보기에 오르간은 그리스도교 예배의 맥락에서 글자 그대로 '끔찍한' 악기로서, 그것은 콘서트홀에나 어울리지 교회에는 전혀 어울리지 않는다. 오르간 대신 네 개의 관악기로 회중 찬양을 반주할 수 있다."⁸⁵ 예배 순서와 관련해서는, 헌금을 "모든 것이 끝나고 나갈 때" 하지는 말자고 제안했다. 그리고 무엇보다도 성만찬을 규칙적으로 해야 한다고 주장했다. "어째서 우리는 매주, 모든 교회에서 (적어도 온 회중이 모인 자리에서) 성만찬을 거행하지 않는 걸까? 성만찬을 매주 거행하면 우리의 설교는 그렇게 길어질 수 없을 테고……오르간 연주도 그렇게 자주 들어가지 못할 것이다. 그러면 설교자나 청중이나……부담이 훨씬 줄어들 것 아닌가! 이따금은 세례가……(그때도 불필요한 말의 홍수는 피하고) 모든 것의 출발점이 될 수 있다. 이렇게 되면 우리가 정말 포괄적인 의미에서 '말씀의 교회'Kirche des Wortes가 되지 않을까? 그냥 말로 끝나는 교회가 아니라 육신이 되신 말씀의 교회 말이다."⁸⁶

바르트는 나이와 병 때문에 체력이 급격히 떨어진 상태라 더는 설교를 할 수 없게 되었다. 그러나 최소한 다른 방식으로는 자신의 일, 자신의 과제를 수행하려고 했다. "우리가 살면서 외적으로나 내적으로 어렵고 불쾌한 일을 만났을 때, '어떻게 해야 할까?'라는 질문에 대한 답을 찾기 위해 인간적인 차원에서 일어나는 것 가운데, 내 경험에 비추어 볼 때 최고의 선택, 아니 어쩌면 근본적으로는 단 하나밖에 없는 선택은, 상황에서 도피하지 말고 그 상황의 요구를 자기 것으로 받아들이며 그때그때 자기에게 요구되는 것에—스스로는 요구를 내세우지 않으면서—집중하는 것이다. 그렇다고 실제적인 고통을 치유할 수는 없다. 그러나 그 고통을 품위 있게, 어떤 식으로든 유익하게 견뎌 내는 법을 배울 수는 있다."⁸⁷ 그러므로 바르트도 설교단 위에서는 아니지만, 적어도 책상에서는 나름의 활동을 계속 해나갈 수 있었다. 지금 그가 사용하는 책상은 아버지에게 물려받은 그 책상, 그러니까 바르트가 줄기차게 『교회교의학』을 써내던 그 책상이 아니었다. "피츠버그의 장로교 사람들이 그 책상을 가져가고 (이름을 새겨서 그곳 박물관에 모셔 두었다!) 대신 멋진 새 책상을 선물해 주었다."[88] 1966년 1월, 바르트는 이 새롭고 예쁜 책상에서 열심히 자서전을 쓰기 시작했다. 그리고 자서전에 이런 모토를 붙였다.

이 모든 세상에서
우리는 무엇이며, 무엇을 가지고 있습니까.
아버지, 그것은 오직
당신께서 우리에게 주신 것 아닙니까.

바르트는 바로 그 뒤에, 자신의 삶은 또 다른 의미에서 자기만의 성취가 아니라고 설명했다. 자신의 삶은 조상의 삶에서 시작되었기 때문이다. 바르트는 많은 공을 들여서 자신의 외증조부 칼 프리드리히 자르토리우스의 삶을 애정을 담아 차근차근 기술했다. 알코올 때문에 수치스럽게 무너진 그분에 대해 다른 가족들은 침묵으로 일관했기 때문에, 바르트는 더더욱 그 선조에 대해 관심을 기울였다. 그러나 바로 그 장을 끝내자마자, 바르트는 이 작업을 당분간 미뤄 두기로 했다.

자서전 작업이 뒤로 밀리게 만든 첫 번째 행사는 5월 10일에 맞이한 그의 80번째 생일 행사였다. 이제는 칼 바르트 자신도 증조부가 되었다. 이렇게 장수한 할아버지가 되어 보니 이런 축하의 자리를 통해, 그야말로 엄청나게 불어난 '후손'들을 볼 수 있었다. "우리는 모두가 정말……가깝게 잘 지내고 있다."[89] 딸의 셋째 아들 막술리Maxuli, 마르쿠스의 첫째 아들 페터와 반짝이는 크리스마스트리 아래 뒤엉켜 권투를 하던 시절은 옛날 옛적 일이 되어 버렸다. 마르쿠스의 자녀 다섯과 프란치스카의 자녀 넷은 그사이 모두 어른이 되어 자기 인생을 살고 있었다. 둘째 외손녀는 벌써 자녀가 둘이었다. 칼 바르트는 두 증손주를 정말 좋아했다. "시간이 지날수록 그 꼬마아이들과 관련된 것은 온통 내 마음을 사로잡는다."[90] 막내 외손자 디터 첼베거Dieter Zellweger는 고등학생 때 할아버지 칼 바르트한테 직접 신학 수업을 받았다. 그래서 디터는—손자들 가운데 두 번째로—신학과에 가기로 결심을 했다. 한스 야콥 바르트의 두 딸도 할아버지, 할머니의 집에 자주 놀러 왔다. 1965년에는 크리스토프의 가정도 돌아왔다. 이번에는 인도네시아에서 완전히 떠나온 것이어서, 바젤의 브루더홀츠 가까운 곳에 집을 얻었다. 그 집에도 이미 세 명의 아이들이 있었고 1967년에는 넷째도 태어났다. 칼 바르트는 아들 크리스토프 덕분에 구약학에 관한 새로운 소식을 접하고 대화를 나눌 수 있어서 무척 행복해했다. 그러나 크리스토프는 마인츠 대학교 구약학 교수로 초빙되는 바람에, 1967년 가을에 다시금 먼 곳으로 이사를 해야 했다. 노년의 칼 바르트는 어떤 마음으로 후손들을 바라보았을까? 그는 80번째 생일을 맞이하기 직전 "다 큰 자녀를 대하는 노인의 생활 수칙" 몇 가지를 소개했다. 예컨대 이런 것이다. "당신의 가족이나 친척 중에서 어느 정도 어른이 된 사람이라면……당신의 원칙을 따라서 사는 것이 아니라……자기 인생을 살아갈 권리가 있음을 명심하라." 또한 "당신은 그들을 어떤 경우에도 그냥 내버려 두어서는 안 된다. 한편으로는 자유를 주고, 다른 한편으로는 명랑한 의연함으로 그들을 지켜봐야 한다. 하나님을 신뢰하면서 그들이 최선의 삶을 살 것이라고 믿어야 하며, 무슨 일이 있어도 그들을 사랑하며 그들을 위해 기도해야 한다."

1963년 클로스터스에서 사위, 손녀사위, 증손주와 함께.
칼 바르트는 아이들을 아주 좋아했다.

바르트는 80번째 생일을 맞이하면서 "한때 나에게 가까웠던, 혹은 덜 가까웠던 친구들, 지인들은 벌써 오래전에, 혹은 얼마 전에 세상을 떠났는데……내가 살아서 이런 날을 맞이할 수" 있다는 사실에 놀라움을 표현했다. 더군다나 얼마 전에는 "나도 한두 번은 먼저 간 사람들의 뒤를 이을 뻔하지 않았던가!"[91] 작년에도 하인리히 바르트와 파울 틸리히가 세상을 떠났다. 1963년 말에 틸리히는 마지막으로 바르트를 찾아와서 팔레스타인 여행 이야기를 들려줬던 적이 있었다. 바르트는 이런 생각을 했다. "그는 자기가 나사렛에 갔을 때 '**여기서** 말씀이 육신이 되었도다!'*Hic* verbum caro factum est라고 쓰인 비문(碑文)을 보긴 봤지만 그것을 인정할 수는 없다고 했는데, 이제는 그 친구도 그 비문에 관해 확실

819

히 더 많은 것을 알게 되었을 거야. 우리는 '함께 얽혀 있는 운명'Schickung im Zusammenhang(겔레르트)을 찬양하면서, 언젠가는 모든 것을 더 잘 알게 될 터이니!"⁹² 1966년 4월에는 에밀 브룬너도 세상을 떠났다. 브룬너가 죽기 직전에, 바르트는 그의 친구 페터 포겔장거Peter Vogelsanger에게 이런 부탁을 했다. "그 친구가 아직 살아 있다면, 그리고 가능하다면, 그에게 다시 한 번 이렇게 말해 주시오. '**우리의** 하나님께 맡기세!' 나도 그렇게 말하더라고 전해주시오. 그리고 그에게 말해 주시오. 정말 그러하다고. 내가 그에게 맞서 '아니야!'라고 외쳐야 했던 시간은 오래전에 지나갔다고. 지금 우리는 위대하고 자비하신 하나님께서 우리 모두에게 은혜롭게 '그래'라고 말해 주셔서, 오로지 그 덕분에 살고 있는 거라고."⁹³ 이 말은 브룬너가 살아서 가장 마지막으로 들은 말이었다. 5월에는 파울 알트하우스가, 그해 겨울에는 프리드리히 고가르텐이 세상을 떠났다. 불트만과 "나는 이제……구세대의 마지막 남은 기둥, 서서히 허물어져 가는 기둥이었다."⁹⁴ 불트만은 바르트의 80번째 생일을 맞아 "의연한 용기"를 빌어 주었다. 그것이 두 사람이 주고받은 마지막 말이었다.

칼 바르트의 80세 생일 축하 파티는-마르틴 기념교회에서-막스 가이거Max Geiger가 지휘하는 모차르트 콘서트로 시작되었다. 5월 9일에 열린 공식 축하 행사에는 스위스의 신학자들 외에도 서독·동독·프랑스·노르웨이(라이다르 하우게 교수[Reidar Haugel])·네덜란드·미국·체코슬로바키아 등 원근각처의 친구 신학자들, 그리고 정치가 구스타프 하이네만, 외교관이자 역사가인 한스 베른트 기제비우스, 역사학자 에드가 봉주르Edgar Bonjour, 의학박사 프리츠 콜러Fritz Koller, 게르하르트 볼프-하이데거Gerhard Wolf-Heidegger, 파울 킬홀츠Paul Kielholz, 군사령관 알프레트 에른스트, '평화 사역'을 하고 있던 파울 포크트와 게르트루트 쿠르츠도 왔다.

바르트가 티치노Ticino에서 알게 된 화가 부부 슈톡하우젠Stockhausen 내외
도 왔다. 본 대학교의 총장은 "묵직한 황금 목걸이를 명예롭게 내 목에
걸어 주었는데……그 목걸이는 본 대학교의 명예 위원이었던 독일 연방
수상 호이스가 걸고 다니던 것이었다. 내가 프랑크푸르트에서 상을 받
는 것을 원하지 않았던* 바로 그 호이스 말이다."95

바젤 대학교의 총장은 1962년 바르트의 '불명예' 은퇴식으로 실추
됐던 그의 명예를 회복시켰다. 위르겐 팡마이어는 막스 가이거, 에버하
르트 부쉬와 함께 편집한 기념 논문집을 바르트에게 헌정했다. 두툼한
그 논문집의 제목은 『파레시아』(Parrhesia, 명랑한 확신)였다. 거기 실린 서
른 두 편의 논문은 거의 대부분 "비교적 젊은, 젊은, 아주 젊은" 신학자
들의 글이었다. 바르트는 이렇게 화려한 축하 인사에 대한 응답으로 '감
사의 연설'을 했다. 바르트는 여기서 자신을 나귀, 곧 "주 예수님을 태우
고 예루살렘에 들어간" 나귀와 비교했다. "내가 나의 인생을 통해 뭔가
해낸 것이 있다면, 그것은 그 옛날 자기 딴에는 꽤 무거운 짐을 지고 가
야 했던 그 나귀의 공적과 비슷한 것이리라. 제자들은 미리 가서 나귀 주
인에게 말했다. '주님께서 쓰시려고 하십니다.' 우리 시대에는 하나님께
서 나를 있는 모습 그대로, 또 사람들이 나에 관해서 말하는 모든 고약
한 것에도 불구하고 한번 쓰시기로 하신 것 같다. 그래서 나는 쓰임을 받
았다.……나는 거기 있었다. 그렇다. '전투는 끝났고, 적은 물러갔고, 나
는 화물차 위에 앉았네.' 그렇게 나는 거기 있었다. 그것이 나의 공적이
었다. 나는 바로 거기 있었다."96 며칠 후, 나의 생일을 축하하기 위해 동
독에서 "세 명의……중요한 사람이 내 집을 방문했다. 게랄트 괴팅Gerald

---

* 호이스는 바르트가 독일 출판업계의 평화상을 받지 못하게 한 적이 있었다―저자.

Götting, 한스 자이게바서Hans Seigewasser, 그리고 우니온 출판사Union Verlag의 발행인 귄터 비르트Günther Wirth였다. 그들은 러시아 상표의 무시무시한 자동차를 타고 (브루더홀츠 주민들은 세 시간 반 동안이나 집 앞에 서서 그 자동차를 구경했다) 동방 박사 세 사람처럼 많은 선물(마이센 식기 세트 등!)을 가져왔다."[97]

사도들의 무덤을 향하여

생일 축하 파티가 끝난 후, 바르트는 이제 더 이상 자서전이라는 것을 쓰면서 자기 자신, 그리고 자신의 '과거'에 집중하고 싶지 않다는 생각이 들었다. 그래서 그 작업을 전면 중단하고 "다시 한 번 신학적 현재에 관심을 기울이기"로 했다.[98] 그렇다고 해서 "예를 들어, 저 어리석은 '하나님의 죽음' 신학을 둘러싼 논쟁에 참여하고 싶은 마음은 없다. 지금 대서양의 이편과 저편에서 왕성하게 일어나고 있는 그 신학 운동은 저 영광스러운 실존주의 신학의 마지막 열매, 가장 아름다운 열매였다.……하지만 이것만큼이나 어리석은, 이른바 '고백 운동'에 참여하고 싶은 생각은 아예 없다. 그 운동에 뛰어들어야 한다고 나서는 사람들을 보아하니 앞서 언급한 다른 운동에 맞서기에는 정신적으로나 신학적으로나 소명도 부족하고 능력도 부족한 사람들이지 뭔가!"[99] 바르트는 3월 중순에도 그 고백 운동에 대한 소견을 간단하게 발표한 적이 있었다. 거기서 그는 그들의 고백이 과연 핵무기에 반대하는 고백, 미국의 베트남 전쟁에 반대하는 고백, 새로운 반유대주의에 반대하는 고백, 독일이 1945년의 국경을 인정하면서 동유럽과 평화 조약을 맺는 것에 찬성하는 고백까지 포함하는 것인지 물었다. "만일 여러분의 올바른 고백, 곧 성서가 증언하듯 우리를 위해 십자가에서 죽으시고 부활하신 예수 그리스도에 대한 고백이 그런 고백을 포함하고 표명하는 것이라면, 그 고백은 **옳은** 고백이며, 소중하고 풍요로운 고백이다." 만일 그렇지 않다면 그 고백은 "옳지 않은 고백이며, 죽은 고백이요 싸구려 고백이며, 모기는 거르고 낙타는 삼키는 고백, 다시 말해 바리새파의 고백이다."[100] 5월에는 북부 독일 방송과의 인터뷰에서 이런 생각을 재차 천명하면서 또 덧붙이기를, 이 운동은 "모든 불트만 학파와 마찬가지로, 이미 오래전에 극복된 19세기 사상으로 회귀하자는 것 외에 다른 것이 아니"라고 말했다.

바르트는 이런 흐름을 한 마디로 전혀 주목할 만한 것, 의미 있는 것으로 여기지 않았지만 "제2차 바티칸 공의회의 성과에 대해서는 언제나 열렬한 관심"을 보였고, 공의회 이후의 가톨릭 신앙에도 상당한 관심을 기울였다.[101] "나는……우리에게 훨씬 절실하게 다가오는 문제, 객관적으로 훨씬 더 중요한 문제인 로마 가톨릭에 대해 오래전부터 관심을 가지기 시작했다. 나는 입원 중에도 괴테, 예레미아스 고트헬프Jeremias Gotthelf, 고트프리트 켈러 등 훌륭한 작가의 작품과 더불어, 공의회와 관련하여 내가 얻을 수 있는 모든 소식과 (우선은) 독일어 자료들을 읽었다."[102] 1966년 봄과 여름에는 "공의회를 거쳐 나온 열여섯 권의 라틴어 텍스트, 그리고 그 공의회를 집중적으로 분석한 대표적인 문헌 몇 권을 철저하게 공부했다."[103] 이로써 바르트는 "우리 같은 타자에게는 아주 신기한 그것, 사람들이 '가톨릭'이라고 부르는 그것이……오늘날 새로운 단초에 힘입어 새로운 목표를 향해 움직여 나가는 것을" 예의주시했다. "그 새로운 목표가 그들의 전통보다 우리에게 많은 생각거리를 안겨 준다. 물론 그 전통적인 것은 지금도 함께 영향을 끼치고 있으며, 어쩌면 우리에게 교훈이 되기 위해서라도 금방 사라져 버리지는 않을 것이다."[104] 바르트는

"그 공의회 때, 혹은 그 이전과 이후에 가톨릭 교회 안에 생겨난 운동, 그리고 앞으로도 확실히 지속될 그 진지하고 강력한 운동을 기뻐하되, 낙관주의에 빠져서가 아니라 그리스도교의 희망 안에서 진심으로 기뻐하는 사람들" 가운데 자기도 한 사람임을 자신 있게 밝혔다.[105]

"걱정하지 마시오, 내가 가톨릭 교인이 되는 건 아니니까!"[106] "우리가 저쪽 로마 가톨릭 교회로 넘어가든지, 아니면 저쪽에서 우리 쪽으로 넘어오든지 '개종'Konversion 자체로는 아무런 의미도 없다. (저쪽이나 이쪽이나 죄 지은 건 마찬가지!) 그것이 의미 있는 것이 되기 위해서는 다른 교회로의 '개종'이 아니라, 하나의·거룩한·보편적인·사도적인 교회의 주인이신 예수 그리스도께로 '개종'하는 필연적 형태의 '개종'이 되어야 한다. 그쪽이나 이쪽이나 근본적으로 중요한 것은 이것이다. 곧 모든 사람이 자신의 자리에서, 자신의 교회에서 한분이신 주님의 부름을 받고 있으며, 자신의 직분을 다하라는 부름을 받고 있다는 사실이 그것이다."[107] 그러나 바르트는 그런 '개종'이 현재 개신교 교회 쪽보다는 새로운 가톨릭 신앙 안에서 더욱 결정적으로 일어나고 있는 것이 아닌지 물으면서 점점 더 불안함을 느끼기도 했다. "만일 어느 날엔가 로마가 (로마이기를 그치지 않은 상태에서) 복음의 말씀과 정신에 따라 교회를 갱신하는 일에서 우리를 훨씬 능가해서, 우리가 어두운 곳으로 밀려나면 어떻게 하나? 만일 우리가 첫째는 꼴찌가 되고, 꼴찌는 첫째가 되는 것을 경험한다면? 저쪽 선한 목자의 목소리가 우리의 목소리보다 더 또렷한 반응을 얻게 된다면?"[108] 물론 바르트가 가톨릭 교회의 갱신을 무조건 과대평가했던 것은 아니다. 바르트는 자기가 "저쪽에서 일어나고 있는 참담한 일도 아주 구체적으로 들여다보고" 있다고 생각했다.[109] 바르트가 보기에, 예수 그리스도에 대한 그런 개종(회심)의 의미에서 교회를 새롭게 하는 것과 가톨릭 진영의 '진보' 세력의 관심사가 무조건 일치하는 것은 아니다. 바르트는 가톨릭 진보에 대해서도 나름의 우려를 가지고 있었다. 특히 "일부 가톨릭 인사들이 너무나 '개신교인들'처럼 되어, 우리가 16세기부터 저지른 오류를" 반복하게 될까 봐 걱정했다.[110] 그래서 이렇게 경고했다. "교황 비오 9세를 생각해 보시오. 젊은 혁명가가 구닥다리 반동이 되는 것이 얼마나 쉬운지!"[111] 이런 염려에도 불구하고 바르트는 "고요히 우애를 지켜 나가는 희망"을 결단코 포기하지 않았다. 그리고 그 희망은 "바로 우리 자신의 문 앞에 있는 크고 작은 문제를 깨끗하게 정리하려는 마음과 결부되어 있었다."[112]

바르트는 수도사 제도의 갱신과 관련하여 작은 도움을 주고자, 이미 그해 초반에―몬세라트Montserrat 베네딕트 수도회의 요청으로―'수도원 생활'에 대한 몇 가지 명제를 작성한 적이 있었다. 바르트의 견해에 따르면, 그런 특별한 수도사와 수녀의 공동체는 특별히 자유로운 은총에 의존하고 있으며, 그들의 사명과 의미는 **모든** 자매와 형제, 곧 모든 인간에게 "모범적인" 것이다. 6월에는 한스 큉이 튀빙겐에서 젊은 가톨릭 신학자들을 여러 명 데리고 바젤에 와서 바르트와 장시간 이야기를 나누었다. 바르트는 그 가톨릭 신학자들 중에도 확실한 불트만주의자, 칼뱅 전문가가 있는 것을 보고 깜짝 놀라기도 했다. 바르트로 하여금 대단히 긍정적인 미래를 예감하게 해주었던 그날의 대화는 이런 질문으로 마무리되었다. "우리는 실제로 '분리된' 혹은 '분리되지 않은' 형제와 자매로서 식탁에 둘러앉을 수 있을까? 얼마만큼 그럴 수 있을까?"[113] 바르트는 그해 여름―처음에는 크리스토프의 식구와 같이, 나중에는 마르쿠스의 가족도 결합하여―발레 산에서 휴가를 보내면서도 공의회 문서 연구를 계속했다. 고맙게도 주일에는 미사에 참석할 수 있었다. 게다가 바르트는 자신의 삶이 다시 한 번 새롭게 꽃피는 것을 느끼며 기뻐했다. "아침 샤워는 시원한 산속의 물로 하는 샤워라서 유난히 신선한 느낌을 주었다. 나는 이렇게 나이 많은 신사치고는 꽤 많은 거리를 걸어 다니면서 경치를 구경했다. 게다가 이곳의 와인도 제법 마실 만했다."[114]

공의회 이후의 가톨릭에 대한 바르트의 연구는 1966년 가을에 클라이맥스에 도달했다. 바르트는 1963년 제2차 바티칸 공의회 마지막 분과 모임에 참관해 달라는 요청을 받았으나 사양할 수밖에 없었다. 그래서 그는 베아 추기경에게, 그때 이루어지지 못한 것을 지금 이룰 수 있게 해달라고, 그래서 공의회의 의미와 중요성을 현장에서 직접 느낄 수 있게 해달라고 요청했다. 그러자 바르트는 추기경으로부터 명예로운 초대를 받을 수 있었다. 그래서 그는 9월 말 엿새 동안의 여행, 곧 "사도들의 무덤을 향한 순례 여행"peregrinatio ad limina Apostolorum을 떠나게 되었다. 아내와 주치의 브릴만이 그와 동행했다. "반대편에서는 빌레브란츠Willebrands 주교……아인지델른의 참 사람 마그누스 뢰러Magnus Löhrer……때로는 M. 잘츠만Salzmann, 발레 상부 지역에 사는 어떤 사람들이 그때그때 나와서 우리를 인도해 주고, 소개해 주고, 가르쳐 주고, 때로는 약간 세속적인 형태로 우리에게 기쁨과 생기를 선사해 주었다."[115] 바르트는 로마에 머물면서 "제2차 바티칸 공의회의 여러 가지 문헌들 가운데 아홉 개 문제에 관해 예수회 신부, 도미니크회 신부 등과 소규모 대화를 나누었는데, 문제 하나하나마다 두 가지 유형의 질문으로 접근했다." 하나는 비판적인 유형의 물음이었고, 다른 하나는 상호 이해를 위한 물음이었다. "나는 이런저런 위원회에게 그런 질문을 던졌고, 질문에 상응하는 대답을 들을 수 있었다.……오로지 (최고 추기경 회의에서!) 오타비아니Ottaviani와 파렌테Parente만 약간 어두운 표정을 지었을 뿐이다."[116] 안타깝게도 "베아 추기경과 함께 보낸 저녁 시간도 약간 안 좋게 기억하고 있다. 나는 그가

그렇게 좋은 입장을 조금 더 좋은 신학으로 표현해 내지 못하는 것을 보며 정말 깜짝 놀랐다. 그래서 그랬는지, 나를 수행했던 사람이 나중에 나한테 지적해 준 것처럼 약간 신경질적인 반응이 나오기도 했다."[117] "나의 기억 속에 가장 기분 좋은 만남으로 남아 있는 것은······그레고리오 대학교의 옥상 테라스에서 예수회 신부들과 대화했던 시간이었다. 그 눈부신 가을 날씨에 내가 앉은 자리에서는 성 베드로 대성당의 반구 천장이 정면으로 보였고, 바로 그랬기 때문에 그렇게 줄기차게 이어지는 토론 속에서도 내가 지금 어디에 있는지를 잊지 않을 수 있었다."[118]

그는 또한 자기가 물어야 할 질문이 무엇인지도 잊지 않고 있었다. 바르트의 질문은 하나의 핵심 질문을 지향하고 있었다. "우리의 주, 임금, 심판자이신 **그리스도**와 그분의 **교회** 사이의 차이는 어디에 있는가?" 그는 날카로운 질문으로 많은 사람을 당혹스럽게 한 적도 있었다. 예컨대 이런 질문이었다. 만일 마리아가 "평신도 사도직의 모범", 그리고 "사도들의 여왕"이라면, 이것은 "교회 사도직의 다른 모든 형태보다 평신도 사도직을 우위에 둔다는 뜻"인가? 바르트는 로마에서 몇 시간 동안 '왈도파 형제 공동체'의 신학교에 들렀다. 마지막 날에는 국제 가톨릭 신학자 회의에 참석했다. 그때 "참석자들이 박수로 나를 맞아 주었고······ 거기 참여한 추기경들과 더불어 (그들이 쓰는 모자는 없었지만, 마치 나도 그들 가운데 한 사람인 것처럼) 소개를 받았으며······그들과 똑같은 높이의 의자에 앉아 있었다." 공식 회의가 끝난 다음에는 "라너, 라칭거, 젬멜로트Semmelroth 같은 신학자들과 친밀한 대화를 더 나눌 수 있었다." 거기서 "나는 그 사람들이 마리아론에 대해 약간씩 다르게 생각하는 것을 직접 말해 달라고 부탁했다."[119]

"우리의 로마 여행 중에서, 비록 실질적인 것은 아니지만 그래도 정말 극적인 클라이맥스가 있었다면, 그것은 로마 가톨릭 교회 심장부 거룩한 곳에서 경험한 환영 만찬회였다." 바로 그 바티칸의 교황 바오로 6세는 "우리를……글자 그대로 양팔을 활짝 벌려서 맞아 주셨다."[120] 그는 "진심으로 존경할 만한, 정말 사랑스러운 사람이라는 느낌이 들었고, 하지만 어딘지 모르게 불쌍한 느낌이 드는 사람이었다. 그는 주님께서 베드로에게 맡기신 열쇠를 지니고 다니는 것이 얼마나 어려운 일인지, 거의 감동에 가까운 고백으로 이야기를 시작했다."[121] "나는 감히……그에게, 내가 가지고 있었던 한두 가지 질문을 던졌다. 예컨대 공의회 문서는 나 같은 사람을 끊임없이 '분리된 형제'fratres sejuncti라고 부르는데, 그런 나의 신학적 지위는 어떻게 되는지, 또한……그 문구에서 '형제'라는 단어가 강조되어야 한다는 데 동의하시는지 물었다. 여기에는 교황도 동의하는 것 같았다. 마리아론과 관련된 질문도 그냥 넘어가지 않았다. 교황은 내가 교회의 본질과 기능의 원형적 이미지로서 성모 마리아, 곧 훗날에 가서야 하늘의 여왕으로 높여진 주님의 여종ancilla domini보다는 예수의 부친 요셉을 더 선호한다는 말을 이미 들은 것 같았다. 교황은 내가 비록 고령이긴 하지만 이 문제에 관해 나에게 더 깊은 깨달음이 선사되기를 바라며, 나를 위해 기도하겠노라고 약속했다." 한 시간의 알현을 마치면서, 바르트는 교황에게 자신의 책 네 권을—"1934년 바르멘 총회 때부터 가지고 다녔던 낡은 서류가방에서 꺼내서"—선물했다.[122] 교황은 그에게 바티칸 도서관이 소장하고 있는 필사본의 복제품 하나를 선물했다. 교황 알현이 끝난 다음에는 교황 요한 23세와 비오 12세의 무덤을 찾아가 보았다. 바르트가 이번 로마 여행을 통해서 얻게 된 전체적인 인상은 이것이었다. "저쪽의 교회와 신학은 내가 생각했던 것 이상으로 움직여 갔다."[123] 그리고 어쨌거나 "교황은 적그리스도가 아니다!"[124]

교황 바오로에게 선물한 책에 친필로 쓴 헌정문은 거기서 한 걸음 더 나아 갔다. 그것은 근본적으로 새로워진 그리스도교, '복음적 가톨릭'evangelisch-katholisch 교회로 연합한 그리스도교에 대한 바르트의 간절한 소망을 부분적 으로 선취한 것이었다. 그는 라틴어로 이렇게 적었다. "한분 주님에 대한 하 나의 섬김 안에서 이 책을 교황 바오로 6세, 하나님의 가장 낮은 종에게, 분 리된 형제 칼 바르트 드림."

로마 여행은 "적어도 소규모 세미나의 형태로라도 다시 한 번 가르치 는 일을 하고 싶다는 마음이 들게 했다."[125] 1964년부터 건강 때문에 이 런저런 토론 모임을 열지 못했기 때문에, 1966-1967년 겨울학기에는 다 시 세미나를 (그 당시 바르트는 그것을 "콜로키움"이라고 부르는 걸 더 좋아했는 데) 열었고, 그 모임은 나델베르크Nadelberg에 있는 신학과 신축 건물에서 열렸다. 보통은 한 학생이 발제로 세미나를 시작하고, 연이어 그 발제에 대해 토론을 하는 것이 일반적이었는데, 이번에는 세미나 진행 방식이 바뀌었다. 바르트는 1959년에 처음 도입한 방법, 곧 "수업 시간마다 각 각 네 명이 참여하는 원탁회의 방식을 채택했다."[126] 세미나의 주제는 지 난 공의회 때 발표된 칙령 「하나님의 말씀」(Dei Verbum, 신적인 계시에 관 하여[De Divina Revelatione])이었다. 바르트는 그 칙령이 아주 중요하다고 생각했으며, 그 내용도 전반적으로 훌륭하다고 여겼다. 마지막 시간에는 튀빙겐의 가톨릭 신학자 요제프 라칭거Joseph Ratzinger를 초청했고, 그에 게 열린 질문 몇 가지를 던졌다. 바르트는 로마에서 만난 스트라스부르 의 도미니크회 수사 이브 콩가르의 부탁을 받고, 그 세미나의 성과를 "화 평스럽고 비판적인" 소논문 「트리엔트 공의회와 제1차 바티칸 공의회의 발자취를 따라서」(Conciliorum Tridentini et Vaticani I inhaerens vestigii)로 요약했다. 그는 이 논문에서, 제2차 바티칸 공의회는―내부의 주장과는 달리―트리엔트 공의회와 제1차 바티칸 공의회를 훨씬 뛰어넘는 것임을 증명했다.

교의학이 중단되다

그해 겨울, 바르트는 교의학 강의를 중단한 이후로 거의 손도 대지 않았던 화해론 제4권(윤리)을 더 써서 최소한 "완성된 단편"의 형태로 출간하기로 결정했다. 바로 그 부분을 출간하려는 이유는 우선, 세례의 갱신에 대하여 문제의식을 가지고 있는 사람들을 나름대로 지지해 주자는 것이었다. 특히 "독일과 스위스의 '프로테스탄트' 교회 지도층들, 점점 더 또렷하게 부각되고 있는 그 문제와 관련하여 실질적으로는 양자택일만이 가능하다는 사실을 전혀 이해하려고 하지 않는 교회 지도층들 앞에서, 한때 유효했던 지고의 질서를 장엄하고 권위 있게 인용하여(!) 그 문제에 주의를 환기하려는 것이다."[127] 1958년 여름, 특히 라인란트 지방이 유아 세례를 그런 식으로 옹호한다고 느꼈던 바르트는 지방 교회 대표 베크만에게 편지를 보내어, 세례에 관한 여러 가지 견해를 논의할 수 있는 장을 마련해 달라고 촉구했으며, 또 그가 "교회를 지도하는 직책을 맡은 사람으로서 메고 다니는 그 십자가는……남들 앞에 내세우는 직권의 상징으로 메고 다닐 것이 아니라 우리 주님의 뒤를 따라감으로써 가시적으로 어깨에 메고 가야" 할 것이라고 말했다.[128] 이 책을 내는 두 번째 이유는 실질적인 관심사였다. 요컨대 세례를 책임성의 세례로 보는 견해에 입각하여 "다시 한 번" 근본적으로 "교회와 그리스도인에게 부과된 책임"에 관해 말하려는 것이었다. 왜냐하면 "오늘날 사람들은 아주 기꺼이 아주 많이 (너무나 기꺼이 너무나 많이) 이른바 성숙하게 된 세상과 마주한 하나님에 관해 말한다. 그러나 (그것이 어떤 모양이든지) 내가 그보다 훨씬 더 관심을 갖는 것은, 하나님과 세상과 마주하여 성숙하게 되어야 하는 인간이다. 한 마디로 성숙한 그리스도인과 성숙한 그리스도교다. 하나님 앞에서 책임감을 가지고 생각하고 말하고 행동하는 인간, 하나님을 향한 살아 있는 희망 속에서 살아가는 인간, 이 세상에서 섬김의 삶을 살아가고, 자유롭게 고백하며, 끊임없이 기도하는 인간이다."[129]

몇 개의 부설을 끼워 넣으니 이 단편집도 247쪽에 달하는 한 권의 책이 되었다. 바르트는 이 책을—"크나큰 감사의 마음으로"—부인 넬리에게 헌정했다. "이제 나는 그녀와—책에 나오는 필레몬과 바우키스처럼*—정말 조화로운, 이른바 '인생의 황혼'을 함께 축하할 수 있게 되었다."[130] 바르트의 생애 말년에 두 사람은 다시금 서로에게 가까워졌다. 모든 것이 지나간 뒤, 그들 두 사람의 관계를 더더욱 평화로운 빛으로 바라볼 수 있는 시간이 주어졌다. 넬리 바르트는 남편의 건강을 돌보는 데 많은 노력을 기울였을 뿐 아니라, 짬을 내어 남편의 저술을 읽기도 했고, 남편과 함께 여러 모임에 참석했다.

칼 바르트는 자신의 세례론이 얼마나 과감하고 단호한 주장인지 알고 있었다. "이 책은 인간적으로 추측할 때 내가 어느 정도 규모의 단행본으로 내는 책으로는 마지막 책이 될 터인데, 내가 보기에는 이 책도 신학과 교회의 영역에서 다시 한 번 외로운 신세가 될 것 같다. 약 50년 전에 내가 처음 발 디뎌 놓은 그 외로움 말이다. 이 책 때문에 나는 물러나

---

* 그리스 신화에 나오는 노부부. 나그네의 모습으로 나타난 제우스와 헤르메스를 환대하여 여러 가지 보상을 받고, 한날한시에 죽게 해달라는 소원도 이루어져 생을 마감하는 날 필레몬은 떡갈나무가, 바우키스는 보리수나무가 되었다—옮긴이.

는 마당에도 좋은 소리를 못 듣게 될 판국이다. 그러나 나중에 언젠가는 사람들이 이 문제에 대해서도 내가 옳았다고 할 날이 올 것이다."[131]

실제로 이 책은 바르트의 "마지막 책"이 되었다. 그가 써 내려간『교회교의학』의 마지막이기도 했다. 이로써『교회교의학』은 "현재 상태만으로도 결코 적잖은 분량이건만"−9,185쪽!−"미완의 작품"으로 남았다. 칼뱅의『그리스도교 강요』의 아홉 배, 토마스 아퀴나스의『신학대전』의 거의 두 배다! "예고된『교회교의학』나머지는 도대체 언제 나오느냐고 묻는 사람들이 많이 있었다." 어떤 사람들은 "여든다섯의 아데나워가 하고 있는 일을 모범으로" 제시했는데, 그런 사람들에게 바르트는 이렇게 대답했다. "그래서 그 모양 그 꼴이오!"[132] 또 어떤 사람들한테는 "이런 질문으로 맞받아쳐서 그들을 당혹스럽게 만들었다. 지금까지 나온 책은 다 읽으셨소? 얼마나 읽으셨소? 얼마나 깊이 읽고 소화해 내셨소?……또 다른 사람들에게는 중세의 위대한 신학 '대전'이나 위대한 성당 건축물이 대부분 미완의 작품으로 남았다는 사실을 지적해 주었고, 또 다른 사람들에게는 모차르트의 레퀴엠도 모차르트가 너무나 일찍 죽는 바람에 '눈물의 날'(Lacrimosa) 중간 부분에서 중단되었다는 사실을 지적해 주었다.……어떤 사람들에게는, 성서에 쓰인 것처럼, 그리고『교회교의학』 II/1에도 쓰인 것처럼 '완전성'이란 하나님의 핵심적 특성이며, 그래서 인간의 작품이 도모하거나 모방할 만한 것이 아님을 지적해 주었다. 그러나 이 모든 것은 물론−특히 위의 여러 가지 비교와 관련해서는−한 가지 너무나도 분명한 사실을 감추기 위한 변명에 불과하다. 요컨대 그 작품을 계속 써서 완성하는 데 꼭 필요한 육체적인 힘, 그 작업을 위해 없어서는 안 되는 정신적인 활력이 부족해지기 시작했다는 것이다.……얼마 전까지 사람들은 나를 '말년의 바르트'später Barth라고 불렀는데, 이제 그 바르트가 계속해서 좋은 성과를 내기에는 정말 너무 늦어 버린$^{zu \; spät}$ 것이다."[133]

그래서 화해론 제2부(IV/4)와 제5권 '구원론'(종말론)은 완성되지 못했다. 바르트는 한편으로는 물론 이렇게 생각했다. "사람들이 그렇게도 원하는 종말론과 관련해서 상당 부분은 지금까지 나온 책에서도 간접적으로, 때로는 직접적으로 추론할 수 있다."[134] 그러나 다른 한편, 이 주제는 하나의 총체로서 전개되어야 마땅한 주제이며, 개별적인 내용 하나하나를 잘 따져 가며 생각해야 한다. 바르트 자신도 그 주제를 직접 다루고 싶었을 것이다. 신학 전반에서도 이 주제에 대한 관심이 한창 고조됐던 터라, 할 수만 있으면 그렇게 했을 것이다. 그러나 바르트는 자기가 그렇게 나름의 종말론을 내놓는다 하더라도, 별 수 없이 이 영역에서도 "일단 처음에는 외롭게 홀로 서 있을 것"이라고 추측했다. "교회교의학의 다른 핵심 주장들이……그랬던 것처럼 말이다."[135] 현재의 종말론 논의만 보더라도 그런 추측을 할 수밖에 없었다. 바르트가 가장 회의적이었던 것은 테야르 드 샤르댕의 종말론이었다. "그는 자꾸만 모든 영지주의의 뿌리에서 변증론을 펼치지 않는가! 내가 보기에……테야르 드 샤르댕은 그야말로 영지주의의 전형적인 사례임이 분명하다. 그런 영지주의의 맥락에서는 복음이 빛을 발할 수 없다. 거기서 드러났다고 말하는 실재, 믿어야 한다고 말하는 실재는……'진화'의 신성이다."[136] 바르트는 몰트만의 『희망의 신학』에 대해서는 우려의 목소리를 냈다. 요컨대 '일방성'(Einlinigkeit)에 대한 문제 제기였다. 바르트가 보기에 몰트만은 "바로 그 일방성 안에서 모든 신학을 종말론으로 환원"한다. "구원은……'영원히 **풍성한** 하나님'$^{der \; ewig \; reiche}$ Gott에 대한 인식에서 온다." 그러나 몰트만의 "하나님은 나한테는 약간 가난해^{pover} 보인다."[137] 바르트는 판넨베르크에 대해서도 이런 문제 제기를 했다. "어제는 이렇게, 오늘은 이렇게 전개되는 것이 '역사적인' 개연성 계산이라는 것인데, 그는 이렇듯 바람에 날리는 모래" 위에 집을 지으려고 하지 않는가? 그의 그리스도란 그저 "보편적으로 전제된 인간론·우주론·존재론의 상징"에 불과한 것 아닌가?[138]

그렇다면 바르트 자신은 종말론을 어떻게 이해하려고 했는가? "나는 몇 가지 암시만을 주려고 한다. '옛' 세상과 '새' 세상은 간접적으로 동일하다. 예수 그리스도 안에서 옛 세상의 화해가 이미 이루어졌기 때문에, 세 세상은 옛 세상 안에 이미 현존한다. 아직 일어나지 않은 일은 (그래서 '묵시적' 종말론!) 그것의 드러남(계시)", 일반적이고 결정적이고 우주적인 계시다![139] 이 것을 다른 방식으로 말해 보자. "영원한 삶[영생]이란 지금 우리의 삶 배후에 있는 다른 두 번째 삶이 아니라 바로 이 삶, 그러나 지금 여기에 살고 있는 우리에게는 감춰져 있는 뒷면에 있는 삶, 하나님께서 보시는 삶이다. 그 것은 하나님께서 예수 그리스도 안에서 온 세상을 위하여, 또한 우리를 위하여 행하신 일과의 관계 속에 있는 삶이다. 그러므로 우리는—우리의 죽음을 바라보면서도—우리 자신이 심판의 영광 속에서, 또한 하나님의 은총 속에서 그(죽은 자 가운데서 부활하신 예수 그리스도)와 함께 드러날 것을 기다리고 희망한다. 그것은 새로운 것이 되리라. 지금 온 세상을, 또한 우리의 삶에 드리워진 덮개(눈물, 죽음, 고통, 비명, 아픔)는 치워지고, 하나님의 (이미 예수 그리스도 안에서 완수된) 뜻이 우리 눈앞에 펼쳐질 것이며, 우리의 가장 깊은 수치의 대상이 우리의 기쁜 감사와 찬양의 대상이 될 것이다. 나는 이것을 옛 시인 겔레르트의 시구를 빌어 말하련다.

나 그때에는 빛 속에서 그것을 알아보리라.

이 세상에선 어둡게만 보이던 그것을,

아름답고 찬란하다고 말하리라.

여기서는 도저히 알 수 없는 그 일을,

그때에는 나의 영혼, 찬양과 감사로

함께 얽혀 있는 운명을 보리라."[140]*

바르트 자신도 직접 말한 적이 있지만, 『교회교의학』은 바르트가 남긴 마지막 말이 아니다. 적어도 그건 아니다! "나는……『교회교의학』을 마무리로 보지 않고, 새로운 공동의 발언을 위한 출발로 이해한다." 즉 올바른 신학이란 어떤 것인지 함께 묻고 이야기함의 시작이다.[141] 바르트는 자신의 『교회교의학』이 바로 거기에 일조했다고 생각했다. 그렇기 때문에 그 책이 주목받는 것을 고마워할 수 있었으며, 최근 들어 그다지 주목받지 못하는 것을 의연하게 받아들일 수 있었다. "누가 그걸 읽을까? 나는 전혀 한탄할 필요가 없다. 내가 알기로는 수많은 목사들, 비신학자들……그리고 가톨릭 신자들이 이 책을 읽고 있다. 그래 봐야 개신교-학문적 신학 책이라고? 게다가 독일 신학? 게다가 조직신학?……그래도 나는 눈물 한 방울 흘리지 않는다."[142] 바르트는 자기가 어떤 경우에도 포기하지 않는, 자신의 본질적 물음을 확실하게 의식하고 있었기에, 자신의 발견이 제대로 주목받지 못하는 상황에서도 평온하게 이렇게 말할 수 있었다. 『교회교의학』은 "때를 기다려야 한다."[143] 어쨌거나 적잖은 목사들이 그 책을 읽고 활용한다는 것이 그에게는 큰 기쁨과 만족이었다. 바르

---

* 크리스티안 퓌어히테고트 겔레르트(Christian Fürchtegott Gellert, 1715-1769): 계몽주의 시대 독일의 시인, 철학자. 바르트가 인용한 시구는 「영원한 삶의 위로」(Trost des ewigen Lebens)라는 시의 한 연이다—옮긴이.

칼 바르트

트가 『교회교의학』을 집필하면서 항상 염두에 둔 것도 바로 그들, 그들의 일, 그들의 과제였다. 바로 그렇기 때문에 헬무트 트라우프, 슈바벤 사람 헬무트 괴스Helmut Goes와 고트힐프 베버, 팔츠 사람 칼 한트리히, 헤센의 부부 목사 슈벤첼Schwenzel, 바이에른 사람 칼 슈타인바우어, 라인란트 사람 베르너 코흐Werner Koch, 마르틴 로크레머, 동독에서 활약하는 한넬로테 라이펜Hannelotte Reiffen과 그 밖의 여러 목사들이 소중한 친구가 된 것도 바르트의 큰 기쁨이었다.

바르트의 『교회교의학』이 가장 중요하게 생각한 것은 복음의 주석과 해설이었다. 『교회교의학』에 뭔가 선한 것이 있다면, 바르트가 보기에 그것은 언제나 새롭게 복음을 가리켜 보이는 것, 오로지 그것뿐이다. "나는 파이프를 입에 물고, 성서와 그 밖에 다른 좋은 책을 읽으면서 깊이 생각한 다음, 나의 마음을 온통 쏟아 놓는 것처럼 써 내려갔다. 그러나 그동안 복음은 나 없이, 그리고 나를 거슬러 언제나 새로운 여지, 새로운 영역을 만들어 냈다."144 "그렇다. 때때로 나는 얼마나 자유롭고, 얼마나 과분한 은총이 나의 삶과 행동과 활동을 다스리셨는지를 보면서 깜짝깜짝 놀란다. 나에게 아주 낯선 사건처럼 느껴지기도 한다. 그것은 영웅과는 너무나 거리가 먼 나의 인생 여정, 하루 또 하루 한해 또 한해……게다가 오래전부터 약간 헉헉거리면서, 그저……당장 내 앞에 일어날 일만 생각하고, 마땅히 걸어야 할 길에서 한참 뒤떨어진 것 같은 느낌이었던, 그런 나의 삶의 여정과는 기묘한 대조를 이루는 사건이다. 나는 자주 어떤 생각에 잠길 때가 있다. 나의 인생과 비교할 때, 나만큼 혹은 그보다 훨씬 더 많은 노력을 기울였건만, 그 인생이 완전히, 혹은 반쯤 어둠 속에 묻혀 있는 많은 사람들에 대해 자꾸만 생각하게 되는 것이다. '유명해지는'berühmt 것은……아주 기분 좋은 일이다. 그러나 결국에 가서는, 궁극적으로는 누가 '칭찬을 받게'gerühmt 될 것인가?"[145] 바르트는 『교회교의학』
의 생성도 이런 식으로 이해했기 때문에, 거기 쓰인 말도 상대적인 것으
로 볼 수 있었으며, 또 그렇게 보려고 했다. "하늘나라에 가면 필요한 모
든 것을 알게 될 테니, 종이 위에다 뭘 쓰거나 읽지 않아도 될 것이다."[146]
그래, "그러면 나는 폐지 신세가 된 『교회교의학』을 하늘나라 맨 바닥 어
딘가에 처박아 둘 것이다. 사실 천사들은 이미 오래전부터 그 책의 부피
가 점점 늘어나는 것을 보고 신기하게 생각했다."[147] 바르트는 자기가 받
은 열한 개의 명예박사 학위 모자에 대해서도 이와 비슷한 생각을 했다.
"하늘나라에 가면 모조리 옷 보관소에 맡겨 버릴" 것이다.[148]

『교회교의학』의 마지막 단편의 출간은 바르트의 왕성한 생산 활동의
종지부를 의미했다. 그것을 바라보는 바르트에게 애처로운 마음이 들지
않을 수 없었다. 그러나 "아직 살아 있는 신학자 중에서 나만큼 많은 책
을 쓴 사람은 없다"는 것도 잘 알고 있었다. "나에 관한 책도 그야말로 무
시무시하게 많이 쏟아져 나왔다"는 것도 알고 있었다. "한 사람의 신학자
로서 아직 살아 있는 동안에 이처럼 많은 연구와 저술의 대상이 되는 일
은 거의 없을 것이다."[149] "때때로 나는 내가 의학적으로 대단히 흥미로
운 질병에 걸린 사람, 그래서 하얀 가운을 입은 근엄한 의사들에게 둘러
싸여 수술대 위에 누워 있는 사람 같다는 생각을 한다. 가만히 누워 있으
면서, 이 사람 저 사람이 나름의 전문 지식을 가지고 나의 여러 가지 신
체 기관의 구조와 상태에 대해, 또한 그 원인에 대해 뭔가를 찾아내고 서
로 이야기하는 것을 엿듣고 있는 것이다."[150] 이제 바르트는 생산 활동에
서 완전히 물러났다. 그런 바르트에게 남은 희망과 소망이 있다면, 그것
은 다음 세대 신학자들이 자기네에게 맡겨진 과제를 훌륭하게 완수하는
것이었다. "각각의 신학자는……자기 나름의 영역에서 하나님의 영광과

이웃의 영광을 위해, 내가 시도한 것과 똑같은 것을 나보다 좀 더 잘, 아
니 훨씬 잘 하도록 신경 써야 할 것이다."¹⁵¹ 자신의 작품 이해와 관련하
여 바르트가 중요하게 생각했던 것이 있다. 그것은 바르트의 글을 읽고
바르트를 연구하는 사람들이 그의 책 속에서 그저 생각의 유희가 아니
라, 최대한 조심스러운 생각의 노동이 수행되고 있음을 확실하게 인식하
는 것이었다. "나의 책은 단순히 나의 연구에서 솟아 나온 것일 뿐만 아
니라 나 자신과의 싸움, 그리고 이 세상과 인생의 여러 문제들과의 싸움,
그 길고도 치열한 싸움에서 나온 것이라는 사실을 잘 생각해 볼 필요가
있다. 그러므로 그 책을 제대로 이해하기 위해서는 이론적 관심만 가지
고 읽을 것이 아니라, 지난 세월 동안 나를 움직였던 저 실제적인 들음ᵈᵃˢ
praktisches Hören에 참여하려고 노력하면서 읽어야 한다."¹⁵²

조그마한 공간에서

어쨌든 바르트에게서 또 다른 주저(主著)가 나오지는 않았다. "이제 내 발
은 여러 가지 면에서 볼 때 아주 조그마한 공간에서만 왔다 갔다 하고 있
다.……여행을 하고, 걸어서 어딘가에 가고, 산책을 하고, 한때는 승마도
했지만, 그런 시절은 갔다. 대규모 집회에 나가 연설을 하던 시절, 이런
저런 대회나 모임에 참가하던 시절도 모두 지나갔다. 모든 것에는 때가
있다. 내 경우에도, 그 모든 것에는 때가 있었다."¹⁵³ 이제는 겨우 몇 걸음
걷는 것이 전부였다. 글을 쓰는 일도 거의 없었다. 1967년 부활절을 맞
아 오랜만에 '부활절의 신비'(그 신비는 "새로운 인간, 곧 자유로운 인간의 실존"
이다!)에 대한 신문 기사 한 편을 썼다. 그러나 전반적으로 볼 때 바르트
는 "더 이상 생산자는 아니었지만, 여러 가지 정신적 생산물의 부지런한

소비자"였다.[154] 그의 독서는 "전에는 거의 상상할 수 없을 만큼의 분량" 이었다. 편지를 쓰는 일도 그리 마음이 내키지 않는지라 많이 하지는 않았다. 그래도 쓸 때는 "마음껏 공개장 형태로" 쓰곤 했다.[155] 방문객도 많이 받을 수 없었다. 그 대신 그를 규칙적으로 찾아오는 소수의 몇 사람들과 함께 있는 것을 더 좋아했다. 그 시기의 바르트를 자주 찾아왔던 사람, 그리고 바르트가 그 사람과의 대화를 소중히 여겼던 한 사람이 바로 에버하르트 융엘이었다. 그는 1966-1967년 겨울학기부터 취리히에서 조직신학을 가르치고 있었다. 융엘은 루돌프 불트만과 에른스트 푹스에서 시작해서 『교회교의학』의 신론을 새롭게 설명하려는 시도를 하던 중이었다. 그는 바르트가 큰 기대를 가지고 귀 기울이며 대화하는 젊은 신학자 가운데 한 사람이었다. 1967년 여름학기, 바르트는 어느 정도 기력을 회복했다고 느끼고 또 한 번의 세미나를 열었다. 이번에는 칼뱅에 대한 세미나였다. 바르트가 보기에 칼뱅은 종교개혁자들 중에서도 아주 탁월한 에큐메니칼 신학자였다. 바르트는 이 세미나를 통해 바로 이 점을 보여주려고 노력했다. 특히 칼뱅의 성령론과 신앙론을 다루기로 했는데, 이는 바르트가 그 두 가지를 칼뱅의 신학 가운데 최고로 여겼기 때문이었다.

그해 7월, 바르트가 발레Valais에 머물고 있을 때 "고령의 나이에도 아주 신기하고 새로운 우정을 누리게 되었으니, 그것은 독일의 작가 칼 추크마이어와의* 우정이었다. 나는……사스페에 있는 그를 찾아갔는데, 그때부터 활발한 서신 왕래가 이루어졌다." 이듬해 봄에는 추크마이어가 바르트를 만나기 위해 바젤을 방문했다. "그 사람한테는 책으로 꽉

---

* 칼 추크마이어(Carl Zuckmayer, 1896-1977): 독일의 극작가. 세계대전과 결부된 현대의 여러 가지 문제를 비판적으로 다룬 작품을 썼다. 프로이센의 군국주의를 풍자한 「쾨페닉의 대위」(1931)는 그의 가장 뛰어난 작품으로 꼽힌다―옮긴이.

차 있는 집에 있는 것이 아주 편안한 것 같았다. 그는 한 인간이다. 그리
고 그에게도 아주 진지한 가능성과 아주 쾌활한 가능성이 다 있었다."
1967년 여름, 바르트는 발레의 산악지대에 있다가 몸이 급격히 안 좋아
지는 바람에-바르트는 죽음이 임박했다고 느꼈다-전혀 의도한 건 아
니었지만 "발레에서도 꽤나 높은 지대에 속하는 그곳에서 한밤중에 병원
차에 실려서 곧장 바젤 병원으로 이송되었다."[156] 그러나 바르트는 놀라
울 정도로 빨리 회복되었다.

그러고 나서는 다시 가톨릭 교회와 관련된 문제에 집중했다. 그는
스위스 연방 헌법이 예수회를 금지하는 것에 반대하는 신문 기사를 썼
다. 그리고 바르트 자신이 보기에는 너무나 무모하게 행동하는 젊고 진
보적인 가톨릭 신학자 한 사람에게 공개서한을 보내어 이런 메시지를
전했다. "진리를 사랑으로 대변하고 사랑으로 말하지 않는다면, 그 진리
는……진리이기를 그친다." 그 여름에 바르트는 '마리아슈타인' 모임에*
초대되어 이야기를 한 적이 있었고, 그 후로는 "바젤과 그 주변의 가톨릭
신부 후보자들 가운데 그때 자극을 받은 사람들과 몇 차례 환담을 나누
었다."[157] (그 가운데 한 번의 모임에 대한 진술이 가톨릭 잡지 『지향』[Orientierung]
에 실렸다.) 또 한번은 프라이부르크의 가톨릭 신학자 아돌프 콜핑Adolf
Kolping, 그리고 그의 학생들과 함께 만나 이야기를 나누었다. 바르트는
칼 라너Karl Rahner와도 편지를 주고받았고, 심지어는 '성하'(聖下) 교황 바
오로 6세와도 한 차례 서신을 주고받았다. 교황은 일부는 자기가 직접,
부분적으로는 치코냐니Cicognani 추기경을 통해서 답변했다. 바르트는 교

---

*   마리아슈타인(Mariastein): 바젤 근처에 있는 베네딕트 수도원. 지속적인 교회 개혁을 고민하는 가톨릭 지성인들
의 거점이 되었다—영역본 옮긴이.

황에게 바티칸판 로마서를 출판하면 어떻겠냐는 제안을 했고, 얼마 후면 그렇게 될 거라는 답을 들었다. 그래서 바르트는 1968년 9월 말에 교황에게 편지를 썼다. 그는 "이 특별한 사례에서도 로마의 생각과 바젤의 생각이-이 순간 내가 두 장소를 나란히 언급하는 것이 허용된다면-우연히, 혹은 우연찮게 같은 방향으로 움직인 것에 대해" 기쁨을 느낀다고 했다. 그리고 나서는 이른바 「피임약 회칙」(Pillen-Enzyklika)과 관련하여 자연 계시의 문제에 대해 자세하게 의견을 전개했다. 바르트는 자신의 성서 이해에 따르면 자연법도 양심도 "계시의 근원"으로 볼 수 없다는 것을 교황에게 설명했다. 그래서였는지, 1967-1968년 겨울학기 콜로키움의 주제는 다시금 가톨릭, 곧 제2차 바티칸 공의회의 (교회에 대한) 헌장 「인류의 빛」(Lumen Gentium)이었다. 그것은 "나의 소박한 학문적 회복기의 세 번째 세미나"였다.[158]

12월 13일에는 비넨베르크(바젤란트)에서 메노나이트 교인들을 만나서, 여러 가지 질문에 답하고 이야기를 나누는 시간을 가졌다. 그는 '국가교회'에 저항했던 유서 깊은 재세례파 운동을 호의적으로 평가했다. 그래, "약간의 오순절 운동은 세상의 소금으로서 우리 모두에게 해가 되지는 않을 것이다." 다른 한편으로는 너무나 강박적으로 경건한 체하는 데에 빠지지 말 것을 당부했다. "정말 중요한 것은, 하나님 안에서 유쾌하고 발랄한 사람들이 있는 것이다." 오늘날 그리스도교의 모습에서 그가 가장 기뻐하고 있는 것은 성서로 돌아가려는 움직임, 하나됨을 추구하는 움직임, 그리고 그리스도교는 어떤 사적인 문제나 종교적인 문제가 아니라 세계의 주요 관심사라는 깨달음으로 나아가고 있는 움직임이라고 했다. 이스라엘 문제와 관련해서는-1967년 '10월 전쟁' 이후로는 친구들의 의견도 두 진영으로 나뉘었다-이렇게 언급했다. 현재의 상황에 대한 정치적인 평가와 이스라엘 백성에 대한 성서적 관점은 분리해야 한다. 물론 이스라엘이 국가를 설립한 것을, 여호수아의 지도 아래 가나안 땅을 차지한 것과 비슷한 것으로 보는 사람도 있고, 하나님이 그 백성을 망하게 내버려 두지 않으셨다는 징표로 받아들이는 사람도 있다. "지금 우리는 신문에서 읽을 수 있다. 하나님은 자신의 언약을 지키신다는 것을."

그해 겨울에도 바르트는 또 한 번 건강상의 위기를 맞았다. 먼저 "나의 사랑하는 아내 넬리가……1967년 12월 갑자기 건강이 안 좋아져서, 일평생 신실하게 열정적으로 쏟아부어 주던 그녀의 체력이 거의 바닥까지 주저앉고 말았다."[159] 넬리 바르트도 이제 곧 일흔다섯을 바라보는 나이였다. 그녀는 두 달간 병원에 입원했고, 남편은 그동안 딸네 집에 가 있었다. 그런데 거기 있으면서도—심각한 폐렴 증세 때문에—병원에 실려 갔다. 그런데 퇴원하고 나흘 만인 2월 28일, 바르트는 "바젤란트 주의 구릉지 한복판"인 로이엔베르크Leuenberg에 나타나서—한스 우르스 폰 발타자르와 나란히—'교회 갱신'에 대해 강연했다. 그 자리에서 바르트는 이런 생각을 전개했다. "만일 교회가 갱신과 개혁 속에서 존재하지 않는다면, 또한 그 갱신 속에서 살아가는 것이 교회의 본질이 되지 못한다면……그것은 결코 교회가 아니리라." 청중의 구성은 특기할 만했다. "로마 가톨릭 주교 다섯 명, 구 가톨릭 한 명, 거기에 상응하는 개신교교회연맹의 '고위 성직자들', 그리고 준공식적인 두 개의 '대화' 위원회 대표들……모두가 만족스러워했다. 하나님의 태양은 경이롭게, 그러나 다정하게 모든 것을 비춰 주셨다. 새천년이 코앞에 다가온 것일까? 모차르트의 음악이 두 번이나 연주되었다는 사실이 그 방향으로 나아가고 있음을 암시하는지도 모른다. 나는 주교님들께 로마에 가시면 모차르트를 성인(聖人) 명부에는 못 올리더라도 복자(福者) 명부에는 올리게끔 해보시라고 추천했다."[160]

바르트는 1968년 여름학기에도 콜로키움을 열었다. 그는 여기서 다시 한 번, 그리고 마지막으로 "19세기의 (그리고 20세기에도!) 교부" 슐라이어마허의 『종교론』과 씨름하기로 했다.[161] 이로써 바르트는 슐라이어마허 탄생 2백 주년을 맞아 나름의 기여를 하고자 했다. 그리고 "바젤 신학부가 그것을……기념하기 위해 뭘 하고 있는지 아무 소리도 들리지 않는 데 대해" 속상해했다.[162] 바르트는 그해 여름 슐라이어마허 선집 '후기'를 쓰면서, 이 위대한 신학자와 자신의 관계가 얼마나 변화무쌍한 것이었는지 간략하게 소개해 놓았다. 처음에는 열광적으로 그를 받아들였다가 나중에는 격렬하게 비판했지만, 한 번도 그에게서 벗어나지 않았고, 언제나 그의 질문을 붙잡고 씨름했다. "나는 사실 슐라이어마허에게 그렇게 많이 반대하면서도……그를 떠올릴 때마다 뭔가 독특한 기분을 느끼게 되는데,「피가로의 결혼」에 등장하는 바르톨로 박사는 그 기분을 이렇게 멋지게 표현하고 있다. '내면의 목소리는 언제나 그에게 좋은 쪽으로 말하더이다.'"[163] 바르트는 심지어 이런 말도 했다. "내가 하늘나라에서 슐라이어마허를 '다시 만나'면 아주 흥겨운 만남이 될 것 같다."[164]

그 '후기'의 말미에 가서, 바르트는 자신의 '꿈' 하나를 살짝 암시했다. 사실 바르트는 말로는 이미 여러 차례 그 꿈에 대해 이야기를 하곤 했다. 그것은 어떤 한 사람이, 어쩌면 한 시대 전체가 "성령의 신학"을 만들어 내는 꿈이었다. "나는 그 옛날 모세가 약속의 땅을 먼발치서 바라볼 수 있었던 것처럼" 그 신학을 보고 있다.[165] 그가 바라보는 신학은, 자신의 신학처럼 그리스도론의 지배적인 관점에서 쓰인 신학이 아니라, 성령론의 관점에서 쓰인 신학이며, 18세기와 19세기의 신학을 반복하거나 계승하는 신학이 아니라 그 신학의 주된 관심사를 제대로 이해하고 그것을 계속 사유하는 신학이다.

그 학기도 잘 끝내고 '후기'도 다 써서 보냈다. 그다음에는 부퍼탈의 팡마이어 교수와 그 제자들이 와서 이야기를 나누고 돌아갔다. 그런데 그 모든 일을 잘 마친 바르트에게 아주 비참한 느낌이 찾아왔다. 바르트는 심각한 우울증에 빠졌다. 그는 이따금 약간 아이러니하게 이런 말을 했다. "나는 '영원히 풍성한 하나님'께서 내 생애의 잔고(殘高)를 가지고 도대체……어떤 계획을 가지고 계신지……정말 궁금하다."[166] 8월 21일, 러시아가 프라하를 침공한 그날, 바르트는 갑자기 장이 얽혀서 생명이 위독한 상황까지 갔다. 그러나 신속한 수술 덕분에 다시 한 번 목숨을 건졌다. 폐렴이 같이 오는 바람에 사태가 더 복잡해졌던 "아주 무서운 일"이었다. 바르트는 비교적 빨리, 그러나 상당히 "지치고 훨씬 쇠약해진 상태"로 집에 돌아왔다. 겨울학기에도―예정론(『교회교의학』 II/2)에 대해!―콜로키움을 할 계획이었으나 이제는 불가능한 일이었다. 10월 말에는 독일의 다름슈타트Darmstadt에 가서 "에벨링이나 푹스도 아니고, '언어 사건' 운운하는 해석학이나 교회지도학 전문가도 아니고 바로 내가 '나의 학문적 산문의 언어적 힘'을 기리는 뜻에서 수여되는 '지그문트 프로이트 상'을 받을" 예정이었으나 그것도 이제는 불가능해졌다.[167] 물론 그런 상을 받게 된 명예는 그의 큰 기쁨이었다. 또 얼마 전에는 "프랑스 도덕 과학 및 정치 아카데미의 정회원"으로 승격되기도 했다.

"마지막 말―하나의 이름"

그래도 아직까지는 다양한 독서가 가능했다. 예컨대 바르트는 빌헬름 단티네Wilhelm Dantine나 쿠르트 뤼티Kurt Lüthi("Ch. Kaiser 출판사에서 나온 N.

B.")의 책을 읽게 되었는데 "거기서는 아주 심오한 질문, 곧 "이제 바르트는 시대에 뒤떨어진 것인가?"라는 질문에 대해 천차만별의 관점에서 토론이 이루어진다."[168] 바르트는 짧은 글 몇 편을 써내기도 했다. 프랑스의 어느 잡지에 실은 글은 "예수는 그에게 무엇을 의미하는가?"라는 질문에 대한 나름의 답변이었다. 여기서 그는 아주 독특한 고백을 했다. "나의 예수 그리스도, 곧 그가 불러 모으시고 사명을 주신 교회의 예수 그리스도······언제나 어디서나, 또한 그 교회에게 맡기신 메시지에 따르면 모든 인간과 온 세계를 위하여 항상 계셨고, 지금도 계시며, 앞으로도 계실 (그 이상도 이하도, 그 외의 다른 어떤 것도 아닌) 바로 그분이다."[169] 또한 바르트는 1969년 초반에 스위스 라디오 방송에 올릴 두 편의 프로그램 녹화에 참여했다. 하나는 "가톨릭과 개신교의 라디오 설교" 애청자로서 자신의 느낌과 생각을 터놓고 이야기하는 자리였다. 다른 하나는 '자유주의'라는 개념, 특히 '자유주의 신학'이라는 개념에 대한 견해를 밝히는 자리였다. 바르트는 그 개념에 대한 나름의 이해를 설명한 다음, 거기에 근거하여 이런 파격적인 대답을 내놓았다. "나 자신도 자유주의자요. 어쩌면 자신을······자유주의자라고 부르는 사람들보다 더 자유주의적일 거요."[170] 스위스 라디오 방송 프로그램 '한 손님을 위한 음악'에도 초대되어, 11월 중순에 방송될 그 프로그램을 함께 녹화했다. 바르트는 그 자리에서 오로지 모차르트의 음악만 추천하면서 사이사이에 자기가 살아온 삶의 이야기를 재미있게 늘어놓았다. 그가 마지막으로 남긴 말은 이것이었다. "신학자이자 정치가로서 내가 해야 할 마지막 말은 '은총'과 같은 어떤 개념어가 아니라 하나의 이름, 곧 예수 그리스도다. **그가** 은총이다. **그가** 이 세상과 교회 너머에 있는, 또한 신학 너머에 있는 궁극적인 것이다.······내가 평생 노력한 것은, 그 이름을 점점 더 드러내면서 이렇게 말

하는 것이었다. 거기! 그 이름 이외에 다른 이름에는 구원이 없다. 거기
에 구원이 있기 때문이다. 노동의 동력, 투쟁의 동력도 거기에 있다. 공
동체의 동력, 이웃과의 연대의 동력도 거기에 있다. 내가 평생 연약함과
우둔함 속에서 밝혀낸 모든 것이 거기에 있다. 거기에 그것이 있다."[171]
그러고는 모차르트의 「미사 브레비스」(Missa Brevis) D장조 마지막 부분
의 연주를 부탁했다. '세상 죄를 지고 가는 하나님 어린양, 우리를 긍휼히
여기소서. 우리에게 평화를 주소서!'

11월 말 작가 알브레히트 괴스Albrecht Goes가 바르트의 집에 찾아왔을
때, 두 사람은 모차르트에 대해, 또한 토마스 만과 프리드리히 실러에 대
해 많은 이야기를 나누었다. 알브레히트는 바르트가 여러 해 전부터 잘
알고 지내는 슈바벤의 목사 헬무트 괴스와 형제지간이었다. 12월 3일에
는 가톨릭 교수 요하네스 파이너Johannes Feiner가 바르트를 방문했다. 그
는 바르트에게, 1969년 1월 중순 취리히의 파울루스 아카데미에서 열리
는 에큐메니칼 기도 주간 행사 때 가톨릭 교인과 개혁 교회 교인의 모임
에서 강연을 하나 해달라고 부탁했다. 바르트는 이 과제에 매료되었다.
그리고 그 자리에서 '출발—전향—고백'이라는 주제를 잡았다. 그는 곧장
그 강연문 작성에 돌입했다. 바르트는 그 강연을 통해서 상호 이해를 촉
구하려고 했는데, 이것은 여러 교회들 간의 상호 이해라기보다는, 여러
교회들 안에 있는 '진보주의자'와 '보수주의자' 간의 상호 이해를 위한 것
이었다. 그는 제목에 나오는 세 가지 개념이 "교회의 움직임"에서 나타나
는 특징을 함축하고 있다고 이해했다.[172] 그 움직임이란 한편으로는 새것
을 향한 애정, 곧 옛것에 대한 거부다. 그러난 새로운 것을 향한 모든 추
구는 독자적으로 이루어질 수 없으며, 기존의 것에 대한 모든 부정도 언
제나 "다정하고 명랑한 부정"이 될 수 있다. 그러나 그 움직임에는 항상

"옛것"을 향한 돌아섬이 있다. 그리고 이 "옛것"이란 지나간 시대를 의미하는 것이 아니라 예수 그리스도를 말한다. 물론 예수 그리스도는 "새것"이기도 하다. 그러나 그분은 우리가 지나간 시간에 대해 감사할 수 있도록 격려해 주신다. 바르트는 강연 원고 집필을 잠시 쉬면서, 그 옛날 바젤을 배경으로 한 게르트루트 렌도르프Gertrud Lendorff의 책을 읽었다.

12월 7일 저녁, 바르트는 자신의 조교와 그 아내를 자기 집으로 불렀다. 그 시절의 바르트는 자주 두 사람을 불러서 저녁 시간을 보내곤 했다. 그들은 여느 때처럼, 자펜빌 초기의 설교 두 편을 읽고, 이어서 모차르트의 음악을 듣고, 파이프 담배를 피우고, 와인을 마셨다. 마지막으로 대림절 찬송 몇 곡을 같이 불렀다. 바르트가 아주 어렸을 적에 배운 아벨 부르크하르트의 (바젤 사투리로 된) 어린이 찬송 몇 곡은 바르트 혼자서 불렀다. 한 곡은 "어린양을 좋아하는Schefli······grysli lieb 주 예수"를 찬양하는 노래였고, 다른 한 곡은 이런 내용이었다.

> 이제는 기쁘게 잠자러 가지요Jetzt schlof I frehlig y
> 오늘도 재미난 하루였지요's ischt hitte luschtig gsi
> 사랑의 하나님 나를 돌봐 주세요Der lieb Gott het recht an mi denkt

12월 8일 대림절 둘째 주일, 바르트는 라디오로 마리아의 동정 수태를 기념하는 가톨릭 설교를 감사한 마음으로 청취했다. 나머지 시간은 부인과 함께 사위 집에서 보냈다. 매주 그랬던 것처럼, 바르트는 거기서 사위인 막스 첼베거의 도움을 받아 샤를로테 폰 키르쉬바움이 있는 요양원을 찾아갔다. 가고 오는 동안, 바르트는 이상하게도 자신의 죽음에 대해 많은 이야기를 했고, 심지어 장례 절차와 관련하여 몇 가지

82세의 칼 바르트. 1968년 12월 6일 서재에서 찍은 마지막 사진.
"지금은 어둡기만 한 모든 것이 은총의 빛 안에서 아주 환해질 것이다."

세부적인 것을 말해 주려고 했다. 12월 9일 월요일, 바르트는 하루 종일 강연 원고 집필에 매달렸다. 저녁 9시쯤 두 통의 전화가 오는 바람에 작업을 그만둬야 했는데, 그때까지 그 일을 하고 있었던 것이다. 첫 번째는 칼 바르트의 대자(代子) 윌리 바르트Ueli Barth의 전화였다. 칼 바르트는 그에게, 따뜻한 위로의 언어로 그리스도교의 희망을 가리켜 보여주는 찬송가 가사 하나를 외워서 들려주었다. 두 번째 전화의 주인공, 그러니까 그렇게 늦은 시간에도 바르트와 통화하고 싶어 했던 사람은, 60년 동안 한결같이 든든한 친구였던 에두아르트 투르나이젠이었다. 두 사람은 암담한 세계정세에 대해 이야기를 주고받았다. 바르트는 이렇게 말했다. "그러나 어깨를 늘어뜨리지 말자! 절대로! '그가 모든 것을 다스리신다!'es wird regiert"* 그 두 통의 전화가 걸려오기 전까지, 바르트는 강연 원고 초안에 몇 문장을 쓰고 있었다. 교회가 신앙의 선조들에게 귀 기울여야 한다는 내용이었다. "'하나님은 죽은 자들의 하나님이 아니라 산 자들의 하나님이다.' '그들은 모두 그분을 바라보며 산다.' 사도들로부터, 엊그제와 어제의 교부들에 이르기까지."173 바르트는 완성되지 못한 문장을 그대로 두고, 내일 그 일을 계속하기로 했다. 그러나 그는 내일을 경험하지 못했다. 그는 잠을 자면서 아무도 모르게 숨을 거두었다. 이튿날 아침, 부인 넬리가 칼 바르트의 침대에 갔을 때, 그는 마치 잠을 자는 것처럼 침대 위에 누워 있었다. 두 손은 잠들기 전 기도하던 손의 모습 그대로 가지런히 포개져 있었다. 저쪽에서는 모차르트의 음악이 울려 퍼지고 있었다. 아무것도 모르는 넬리는 그 음악으로 남편을 깨우려고 했던 것이다.

얼마 전, 바르트는 편지에 이런 말을 적었다. "돌아보니, 나는 어느

---

*　크리스토프 블룸하르트의 말―저자.

누구도 그 어떤 것도 불평할 게 없는 사람이었다. 다만 내가 통탄할 것이 있다면 나 자신이 오늘, 어제, 그제, 엊그제 하지 못한 것이리니, 그것은 진심으로 감사하지 못한 것이다. 아마도 내 앞에는 아직 힘겨운 나날들이 남아 있을 것이다. 그리고 가깝거나 먼 어느 날에는 나도 확실히 죽을 것이다. 어제를 돌아볼 때, 그보다 앞서간 모든 날을 돌아볼 때, 또한 앞으로 다가올 나날을 바라볼 때, 끝으로 확실하게 다가올 그 마지막 날을 내다볼 때, 내게 남은 일이라고는 '주님이 베푸신 모든 은혜를 잊지 말아라!' 이 말씀을 부단히 떠올리며 그것을 내 안에 새기는 일밖에 없다."[174] 바르트는 그 편지에는 쓰지 않은 문장을 오히려 자신의 원고 초안에 집어넣었다. "내가 편안하게 죽을지, 힘들게 죽을지 어찌 알겠는가? 내가 아는 것은 오직 이것, 나의 죽음도 나의 삶의 일부가 될 것이라는……사실이다.……그러면 나는—이것은 우리 모두의 운명, 한계, 목표다—더이상 '여기 있지'dasein 않을 것이다. 그러나 나는 내가 진정한 선과 진정한 악에 대해 생각하고 말하고 행동했던 모든 것과 더불어, 내가 진정한 어려움과 진정한 아름다움을 통해 경험한 모든 것과 더불어, 나의 온전한 '현존재'Dasein 안에서 그것과 더불어 드러나리니, 곧 재판관이신 그리스도 앞에서 환히 드러나리라. 그분 앞에서 나는 실패자에 불과하다. 전체적으로 나는 분명한 실패자였다. 그러나 오로지……그분의 약속에 따라 '의롭다고 인정받은 죄인'으로서 그분 앞에 설 수 있으며, 그렇게 서게 될 것이다. 그날이 오면……지금은 어둡기만 한 모든 것이 은총의 빛 안에서 아주 환해질 것이다."

12월 13일, 칼 바르트는 바젤의 회른리 공동묘지에 묻혔다. 장례식에는 가족, 친척, 가장 가까웠던 친구들이 참석했다. 바르트가 마지막으로 다녔던 브루더홀츠 교회 담임목사, 바르트의 마지막 조교가 조사를 낭독했고, 하관식 때는 아들 마르쿠스와 크리스토프가 성경 말씀을 한 구절씩 읽었다. 12월 14일, 칼 바르트의 추모식이 열리는 바젤 대성당은 수많은 사람들로 가득 찼다. 그날의 추모식은 라디오로 생중계되었다. 바젤 대학교 신학과 학장인 막스 가이거와 바젤 주 정부 의장 루카스 부르크하르트가 추모의 연설을 했다. 독일 교회와 독일 대학을 대표하여 헬무트 골비처, 동구권 교회를 대표하여 요제프 로마드카, 가톨릭 신학자로는 한스 큉, 젊은 신학자를 대표하여 에버하르트 융엘, 세계교회협의회를 대표하여 빌름 피스르트 호프트의 조사가 이어졌다. 그 중간에는 모차르트의 플루트 협주곡 G장조 제1악장 연주가 있었다. 그러나 이 모든 것 앞에 서 있는 것은 바젤 대성당의 목사 베르너 펜트자크^{Werner} Pfendsack가 낭독한 시편 103편의 말씀이었다. "내 영혼아, 주님을 찬송하여라. 마음을 다하여 그 거룩하신 이름을 찬송하여라. 내 영혼아, 주님을 찬송하여라. 주님이 베푸신 모든 은혜를 잊지 말아라!" 그리고 이 모든 것의 마지막으로 다함께 찬송가 '다 감사드리세!'를 합창했다. 칼 바르트는 그 찬송 중에서도 "영원히 풍성한 하나님"을 향한 간구를 담은 2절을 특히 좋아했다. 여기 그 노래의 마지막이 울려 퍼진다.

감사와 찬송을 다 주께 드리어라.
저 높은 곳에서 다스리시는 주님
영원한 하나님 다 경배할지라.
전에도 이제도 장래도 영원히.

1966년 가톨릭 신학자 한스 큉, 개혁 교회 설교가 발터 뤼티와 함께. 그들은 80세 생일을 맞은 칼 바르트를 찾아왔다. 왼쪽에는 헬무트 트라우프.

1966년 9월 바티칸 여행 중 로마 콜로세움 앞에서 빌레브란츠 주교와 함께.

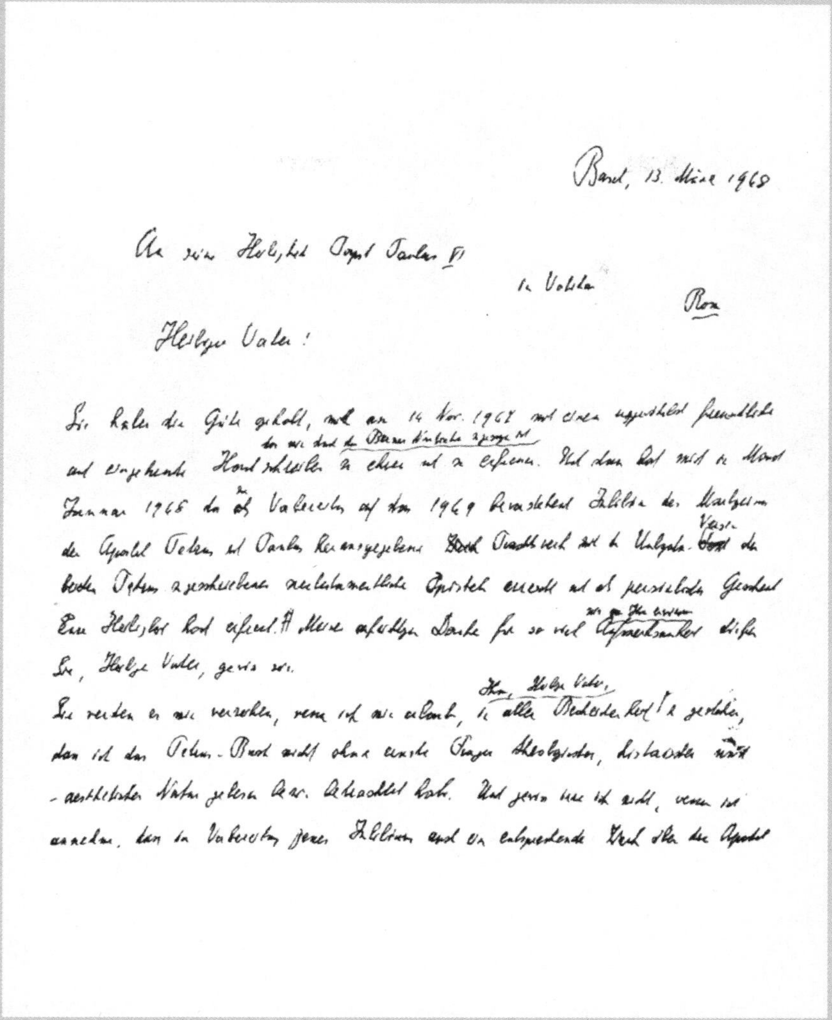
Basel, 13. März 1968

An seine Heiligkeit Papst Paulus VI

im Vatikan

Rom

Heiliger Vater!

'성하' 교황 바오로 6세에게 보내는 1968년 3월 13일자 편지 초안.

1968년 2월 28일 로이엔베르크에서 스위스 교회 지도자들과 함께. 왼쪽부터 U. 퀴리 감독, A. 라반치, 칼 바르트, 폰데라흐 감독, 한스 우르스 폰 발타자르, 하슬러 감독, 헹기 감독.

손자 루카스와 체스를 두면서. 바르트는 이따금 짬을 내어 체스를 두곤 했는데, 루카스는 할아버지를 궁지에 몰아넣곤 했다.

1962년 첫째 증손주 올리비에 쇼퍼를 안고서. 바르트는 꼬마 아이들에게 관심이 많았다.

1968년 6월 부인 넬리, 사위 막스 첼베거, 그리고 둘째 증손주와 함께.

딸 프란치스카 첼베거, 부인 넬리 바르트와 함께.

1968년 12월 9일 저녁까지 작업했던 마지막 강연문의 마지막 부분. 바르트는 이날 밤에 세상을 떠났고, 이 원고는 미완의 문장으로 끝나고 말았다.

1968년 12월 13일, 칼 바르트는 스위스 바젤의 회른리 공동묘지에 묻혔다. 그는 미완으로 남은 강연 원고 초안에 이렇게 적어 넣었다. "내가 아는 것은 오직, 나의 죽음도 나의 삶의 일부가 될 것이라는 사실이다.……나는 내가 생각하고 말하고 행동했던 모든 것과 더불어, 내가 경험한 모든 것과 더불어 나의 온전한 현존재 안에서 드러나리니, 곧 재판관이신 그리스도 앞에 환히 드러나리라."

부록

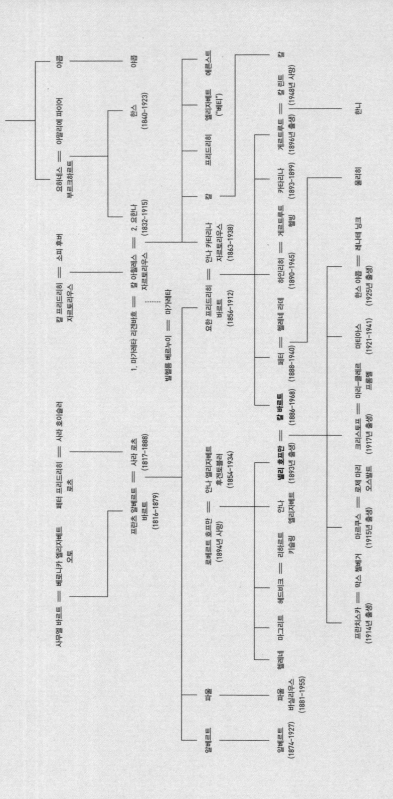

부흐홀츠 가계도

주

저자가 명시되지 않은 인용문은 모두 칼 바르트의 것이다. 그가 발표한 작품에 나오는 인용문은 최대한 간단하게 표시했다. 자주 인용되는 저작, 이름, 잡지 등은 아래에 제시된 약어로 표시했다. 출간되지 않은 편지나그 외의 문서는 바젤의 Barth-Archiv에 있는 원본이나 복사본의 제목을 따라 표시했다. 편지 인용은 그때그때 날짜를 제시했다.

일반적인 약어

Antwort 칼 바르트 70세 생일 기념 논문집(1956).

Br. 편지.

C.B. 크리스토프 바르트.

Ch.v.K. 샤를로테 폰 키르쉬바움.

CW『그리스도교 세계』(*Christliche Welt*).

EvTh『개신교 신학』(*Evangelische Theologie*).

FS 기념 문집(Festschrift).

KRS『스위스 개혁주의 교회 공보』(*Kirchenblatt für die reformierte Schweiz*).

M.B. 마르쿠스 바르트.

M.Z. 막스 첼베거-바르트.

Moltmann 몰트만이 편집한 변증법적 신학의 발단(Anfänge der Dialektischen Theologie).

Nekr. 인쇄된 추도사.

RGG『역사와 현재의 종교 대사전』(*Lexikon für Religion in Geschichte und Gegenwart*), 제3판.

StdG『교회 공동체의 목소리』(*Stimme der Gemeinde*).

Th. 에두아르트 투르나이젠.

ThExh '오늘의 신학적 실존'(Theologische Existenz heute).

ThSt '신학 연구'(Theologische Studien).

ZThK『신학과 교회』(*Zeitschrift für Theologie und Kirche*).

ZZ『시간과 시간 사이에서』(*Zwischen den Zeite*).

바르트의 작품 약어

ABT 자서전적 텍스트(Autobiographische Texte).

    I (자서전적 스케치) 뮌스터 대학교 개신교 신학과 기념 앨범, 1927.

    II 스위스의 유명한 인물(Schweizer Köpfe)에 실린 생애 여정(Lebenslauf), 1945.

    III (자서전적 스케치) 본 대학교 개신교 신학과 기념 앨범, 1946.

    IV 자기 진술, 1964.

    V (1966년에 시작한 바르트의 회고록 앞부분).

VI How my mind changed I - 1928-1938(칼 쿠피쉬 편, 『우상이 흔들린다』[*Der Götze wackelt*], 1961, 181쪽 이하).

VII How my mind changed II - 1938-1948(위의 책, 190쪽 이하).

VIII How my mind changed III - 1948-1958(위의 책, 200쪽 이하).

IX 회고(알베르트 셰델린 기념 문집 Das Wort sie sollen lassen stehn, 1950, 1쪽 이하).

BwBu 서신교환 Karl Barth-Rudolf Bultmann, 1922-1966, 1971.

BwTh* 서신교환 Karl Barth-Eduard Thurneysen, 1914-1925, Siebenstern-TB 71, 1966.

BwTh I 서신교환 Karl Barth-Eduard Thurneysen, 1913-1921, 1973.

BwTh II 서신교환 Karl Barth-Eduard Thurneysen, 1921-1930, 1974.

CD Prolegomena zur Christlichen Dogmatik. Die Lehre vom Worte Gottes, 1927.

GA 바르트 전집(Gesamt-Ausgabe), 1971년부터 TVZ-Verlag Zurich에서 출간.

Gespr. 칼 바르트가 다양한 사람들과 대화(Gespräche)한 것을 속기하거나 녹음한 것.

I 슈투트가르트에서, 1954년 3월.

II 팔츠 주의 목사 및 평신도들과, 1953년 9월.

III 플림스에서 기독교인 서적상들과, 1962년 6월 24일.

IV 뷔르템베르크 주의 형제단과, 1963년 7월 15일.

V 괴팅겐 대학교 학생들과, 1963년 10월 12일.

VI 라인 주의 청소년 담당 목사들과, 1963년 11월 4일.

VII 튀빙겐 대학교 학생들과, 1964년 3월 2일.

VIII 부퍼탈 대학교 학생들과, 1968년 7월 1일.

IX 스위스의 감리교 설교자들과, 1961년 5월 16일.

X 경건주의 대표자들과, 1959년 10월 6일.

KD 『교회교의학』(*Kirchliche Dogmatik*), 1932년 이후.

Kirchenkampf 교회투쟁에 대한 칼 바르트의 언급(Karl Barth zum Kirchenkampf). Beteiligung-Mahnung-Zuspruch. ThExh NF 49, 1956.

LZ Letzte Zeugnisse, 1969.

Nachwort 슐라이어마허 선집의 "후기", Siebenstern-TB 113/114, 1968.

Pred. 설교집.

I Suchet Gott, so werdet ihr leben!, 1917, 2. Aufl. 1928.

II Komm, Schöpfer Geist!, 1924.

III Die große Barmherzigkeit, 1935.

IV Fürchte dich nicht!, 1949.

V Den Gefangenen Befreiung, 1959.

VI Rufe mich an!, 1965.

Prot. Theol. Die protestantische Theologie im 19. Jahrhundert. Ihre Geschichte und Vorgeschichte, 1947.

Protokoll Sitzungsprotokoll der Kirchenpflege Safenwil(작성자 칼 바르트).

Rom. I Der Römerbrief, 1919.

Rom. II Der Römerbrief, 2. Aufl. 1922.

Vortr. 강의록.

I Das Wort Gottes und die Theologie, 1924.

II Die Theologie und die Kirche, 1928.

III Theologische Fragen und Antworten, 1957.

주

IV Eine Schweizer Stimme 1938-45, 1945, 2 Aufl. 1953.
V Der Götze wackelt(칼 쿠퍼쉬 편), 1961.

1

카를라: 유년기와 청소년기 1886-1904

1. ABT I.
2. ABT II.
3. 같은 곳.
4. ABT V.
5. Nekr. F. A. Barth.
6. ABT V.
7. ABT II.
8. ABT V.
9. Nekr. Sara Barth.
10. ABT V.
11. F. Barth, Christus unsere Hoffnung.
12. 같은 곳 VI.
13. ABT II.
14. Br. (E. Sartorius에게), 2. 1. 49.
15. 같은 곳.
16. ABT V.
17. Br. (G. Merz에게), 5. 10. 48.
18. Nachwort, 292.
19. ABT V.
20. Br. (E. Sartorius에게), 4. 6. 49.
21. ABT II.
22. ABT V.
23. Vortr. "Der 3. Aug. 1833", 1901. 5. 1.
24. ABT V.
25. 같은 곳.
26. Br. (Th.에게), 1931. 9. 22.
27. Br. (Th.에게), 1928. 5. 26.
28. Nekr. Anna Barth-Sartorius.
29. ABT II.
30. Prot. Theol., 124.
31. 같은 곳.
32. W. A. Mozart 1756/1956, 1956, 48-49.
33. Br. (W. Kaegi에게), 1944. 1. 2.

34. Br. (H. Barth에게), 1955. 3. 3.
35. Pred. IV, 300.
36. Br. (Renate Barth에게), 1956. 3. 18.
37. ABT V.
38. Br. (E. Sartorius에게), 1948. 1. 1.
39. ABT V, 그리고 Br. (E. Sartorius에게), 1948. 1. 1.
40. Br. (E. Rickli), 1950. 3. 21.
41. KD IV/2, 125.
42. Nachwort, 295.
43. Gespr. IX.
44. ABT I.
45. Gespr. VIII.
46. ABT II.
47. ABT I.
48. Br. (Dora Scheuner에게), 1940. 6. 20.
49. Nekr. Anna Barth.
50. Br. (Anna Barth에게), 1960. 4. 6.
51. H. Fischer-Barnicol과의 인터뷰, 1964.
52. F. Barth, Christus unsere Hoffnung, 4.
53. Br. (G. Lindt에게), 1940. 7. 17.
54. Br. (G. Lindt에게), 1939. 12. 30.
55. Br. (G. Lindt에게), 1944. 8. 17.
56. Pred. V, 64.
57. Br. (G. Lindt에게), 1942. 5. 11.
58. EvTh 1966, 169 감사의 말.
59. Br. (C. B.에게), 1949. 4. 14.
60. H. Barth를 위한 FS. Philosophie und Theologie.
61. Br. (가족에게), 1947. 8. 13.
62. Pred. V, 151-2.
63. Libertas ex veritate, 1965: Gesprek over Rome-Reformatie.
64. Moltmann I, 40.
65. ABT I.
66. ABT II.
67. A. von Tavel, 70 Jahre Freies Gymnasium, 1934, 129.
68. 같은 책, 70.
69. ABT I.
70. Br. (G. Pfister에게), 1941. 11. 29.
71. Br. (E. Huber에게), 1951. 1. 14, Br. (Zellweger 식구들에게), 1947. 6. 29.
72. Br. (Marie-Claire Barth에게), 1959. 3. 22.
73. Br. (Marie-Claire Barth에게), 1960. 2. 14.
74. ABT I.
75. ABT II.

76. W. A. Mozart, 7과 LZ, 17.
77. ABT I.
78. ABT II.
79. ABT I.
80. ABT V.
81. "일본에 있는 나의 친구들에게", 1956년 초.
82. Br. (C. B.에게), 1956. 4. 28.
83. ABT IX, 1.
84. Br. (W. Spoendlin에게), 1928. 1. 4.
85. ABT I.
86. 주 23 참조.
87. Br. (E. Sartorius에게), 1941. 8. 7.
88. Br. (A. v. Erlach에게), 1942. 2. 21.
89. ABT I.
90. ABT V.
91. 같은 곳.
92. Nekr. Johanna Sartorius.
93. Nekr. Elisabeth Sartorius.
94. ABT V.
95. Br. (부모님께), 1899?
96. Br. (E. Rickli에게), 1950. 3. 21.
97. Die Lehre vom Worte Gottes, 1927, IX.
98. 주 23 참조.
99. ABT V.
100. Br. (할머니께), 1903. 12. 24?
101. Br. (E. Sartorius에게), 1944. 1. 2.
102. Br. (M. Feldmann에게), 1950. 9. 16.
103. Br. (E. Huber에게), 1951. 1. 14.
104. ABT I.
105. LZ, 16.
106. 주 103 참조.
107. ABT I.
108. ABT II.
109. Br. (H. Scholz에게), 1953. 5. 24.
110. Gespr. VIII.
111. 같은 곳.
112. Br. (Anna Barth-Sartorius에게), 1899?
113. ABT I.
114. ABT II.
115. ABT I.
116. Nekr. Anna Barth.
117. Br. (Anna Barth-Sartorius에게), 1899?

118. E. Bethge, D. Bonhoeffer, 1967, 217.

119. Br. (A. Hirzel에게), 1957. 7. 22.

120. Br. (M. B.에게), 1963. 11. 27/29.

121. 주 119 참조.

122. Br. (G. Bohnenblust), 1953. 6.

123. ABT IX, 1-2.

124. ABT II.

125. 주 122 참조.

126. ABT IV.

127. Br. (J. Jaggi에게), 1951. 8. 1.

128. ABT IX, 3.

129. R. Aeschenbacher, Seid Täter des Wortes, 제2판(1910)에 대한 F. Barth의 서문, V 이하.

130. ABT I.

131. 주 127 참조.

132. Lehre und Forschung an der Universität Basel, 1960, 35-36: Systematische Theologie.

133. ABT I.

134. 주 132 참조.

135. 주 127 참조.

136. ABT III.

137. Br. (부모님께), 1904. 7. 11.

138. Br. (H. Petersen에게), 1960. 7. 21.

139. ABT I.

140. 같은 곳.

2

신학생: 대학생 시절과 수련목회자 시절 1904-1911

1. ABT I.

2. 같은 곳.

3. H. Fischer-Barnicol과의 인터뷰, 1964. ABT IV, Nachwort, 290.

4. ABT IV.

5. Nachwort, 290-1.

6. H. Fischer-Barnicol과의 인터뷰, 1964.

7. 주 5 참조.

8. ABT IV.

9. 주 6 참조.

10. Nachwort, 291.

11. 주 6 참조.

12. ABT IV.

13. ABT I.

14. Nachwort, 290.

15. ABT I.

16. 설교 1912. 10. 13.

17. ABT I.

18. Br. (W. Spoedlin에게), 1904. 11. 16.

19. 할머니께 드리는 칼 바르트의 소원 쪽지.

20. Br. (W. Spoedlin에게), 1904. 11. 28.

21. 같은 곳.

22. Br. (A. Koechlin에게), 1945. 1. 5.

23. Br. (L. Christ에게), 1951. 10. 27.

24. Br. (Oskar Farner에게 70세 생일을 축하하며), O. Farner, Erinnerungen, 1954, 111.

25. KD IV/3, IX.

26. Basler Nachrichten(1968. 7. 11): E. Thurneysen zum 60. Geburtstag.

27. P. Gruner, Menschenwege und Gotteswege, 1942, 170.

28. Br. (C.B.에게), 1942. 7. 11.

29. ABT I.

30. BwTh II, 288.

31. 같은 곳.

32. ABT I.

33. Nachwort, 290-1.

34. Br. (Agnes von Zahn에게), 1935. 12. 23.

35. KD I/2, 734.

36. 주 34 참조.

37. Br. (E. Scholz에게), 1957. 1. 6.

38. Nachwort, 291.

39. 주 34 참조.

40. ABT I.

41. 주 6 참조.

42. 주 34 참조.

43. ABT IV.

44. Nachwort, 290.

45. Nachwort, 291.

46. Vortr. II, 240.

47. Feuille Centrale de la société susse de Zofingue, 48. Jg., 279-80.

48. Br. (W. Spoedlin에게), 1907. 6. 11.

49. Br. (R. Pestalozzi에게), 1949. 12. 30.

50. Br. (G. Dalsgaard에게), 1960. 2. 14.

51. LZ, 17-8.

52. Br. (G. Dehn에게), 1962. 9. 13.

53. Br. (W. Spoedlin에게), 1906. 5. 29.

54. Br. (G. Dalsgaard에게), 1960. 2. 14.

55. Br. (K. Huber에게), 1948. 12. 13.

56. Br. (G. Dalsgaard에게), 1943. 5. 19.

57. Gespr. VII.

58. ABT I.

59. ABT V.

60. ABT I.

61. Gespr. VII.

62. ABT I.

63. Gespr. VII.

64. ABT I.

65. Gespr. VII.

66. Br. (W. Spoedlin에게), 1908. 1. 6.

67. ABT I.

68. Br. (W. Spoedlin에게), 1907. 11. 4.

69. Gespr. VII.

70. ABT I.

71. Br. (A. Graf에게), 1955. 3. 18.

72. Br. (W. Spoedlin에게), 1908. 6. 21.

73. ABT I.

74. Vortr. II, 265.

75. 같은 곳, 240.

76. ABT I.

77. Gespr. VIII.

78. ABT I.

79. Vortr. II, 265.

80. 같은 곳, 267.

81. H. Fischer-Barnicol과의 인터뷰, 1964.

82. 같은 곳.

83. Vortr. II, 279.

84. BwTh II, 386 참조.

85. Br. (W. Spoedlin에게), 1908. 6. 21.

86. ABT I.

87. Br. (W. Spoedlin에게), 1908. 8. 11.

88. ABT I.

89. ABT II.

90. Br. (J. Rathje에게), 1947. 4. 27.

91. Br. (Dora Rade에게), 1940. 4. 7.

92. Br. (M./Dora Rade에게), 1939. 10. 7.

93. ABT I.

94. Gemeinde-Blatt Genf, 1909, Nr. 32: Aus einem Teller.

95. ABT I.

96. 주 26 참조.

97. Br. (W. Jannasch에게), 1949. 11. 28.

98. ABT I.

99. KD IV/1, 427.

100. ABT I.

101. ZThK 1909, 319-20.

102. Vortr. II, 279.

103. ABT IV.

104. 주 90 참조.

105. ABT II.

106. Vortr. II, 241.

107. Br. (W. Spoedlin에게), 1909. 11. 12.

108. ABT I.

109. Gemeinde-Blatt Genf, 1909, Nr. 33: Christ ist geboren!

110. 설교 1910. 7. 3.

111. ABT I.

112. 설교 1911. 7. 9.

113. Gemeinde-Blatt Genf, 1910, Nr. 39: Etwas über die Kirche.

114. Br. (F. J. Leenhardt에게), 1959. 2. 14.

115. Br. (A. Keller에게), 1956. 5. 20.

116. 설교 1911. 4. 14; 1910. 8. 7; 1910. 1. 10; 1908. 6. 3; 1910. 7. 3; 1910. 5. 22; 1910. 1. 1; 1910. 5. 22; 1910. 10. 30; 1910. 1. 1.

117. 주 113 참조.

118. Basler Nachrichten, 1911, Nr. 119: Pour la dignité de Genève.

119. Gemende-Blatt Genf, 1910, Nr. 37: Konfirmanden-Abende.

120. Br. (W. Spoedlin에게), 1910. 1. 26.

121. Gemeinde-Blatt Genf, 1910, Nr. 38: Gott im Vaterland.

122. Zofinger Zentralblatt, 1910/11, Nr. 6: John Mott und die christl. Studentenbewegung.

123. Nachwort, 292. 1909년 8월 29일 일기 참조. "Beutezug in Großvaters Bibliothek".

124. Nachwort, 292.

125. Br. (H. Thielicke에게), 1967. 11. 7.

126. ABT I.

127. KD IV/1, 316.

128. Schweizer Theologische Zeitschrift, 1912, 70. 72: Der christliche Glaube und die Geschichte.

129. ABT I.

130. Basler Nachrichten, 1911, Nr. 47: John Mott의 강연문. 주 122 참조.

131. 주 118 참조; KRS 1911, Nr. 21: Wir wollen nicht, daß dieser über uns herrsche!

132. 설교 1917. 4. 11: Über die Grenze!

133. Wir wollen nicht…

134. Br. (W. Spoedlin에게), 1911. 6. 19.

3

목사 동지: 자펜빌 교회 시절 1911-1921

1. ABT I.

2. Br. (어느 목사에게), 1940. 4. 1.

3. BwTh I, 375.

4. E. Thurneysen, BwTh*, 18-9.

5. ABT II.

6. ABT I.

7. ABT II.

8. LZ, 19.

9. E. Thurneysen, BwTh*, 19. 28.

10. BwTh I, 188.

11. BwTh I, 223.

12. 주 9 참조.

13. Protokoll 1912. 9. 4.

14. 같은 곳, 1911. 7. 27(추가기입).

15. 설교 1912. 9. 22.

16. H. Fischer-Barnicol과의 인터뷰, 1964.

17. Nachwort, 293.

18. 설교 1911. 12. 3.

19. 주 15 참조.

20. Homiletik, 1966, 98.

21. 설교 1912. 4. 5; 1912. 9. 29; 1911. 1. 29; 1911. 8. 20.

22. BwTh I, 176.

23. Br. (어느 목사에게), 1953. 9. 17.

24. BwTh I, 61.

25. 같은 곳, 269-70.

26. 같은 곳, 393. 238 참조.

27. Protokoll 1918. 8. 28.

28. Vortr. V, 113.

29. ThExh 37, 29-30.

30. BwTh II, 341.

31. Br. (W. Spoedlin에게), 1910. 11. 25.

32. J. Fangmeier, Erziehung in Zeugenschaft, 1964, 25.

33. BwTh I, 271.

34. Protokoll, 1911. 12. 29; 1914. 3. 31.

35. 아르가우 교회 위원회 기록 1920. 3. 24.

36. BwTh I, 258.

37. 같은 곳 220.

38. 같은 곳 361.

39. BwTh II, 144; I, 142.

40. 같은 곳 I, 30.

41. BwTh II, 232.

42. Gespr. IV.

43. Br. (E. Wilhelm에게), 1960. 4. 27.

44. Protokoll 1916. 6. 9 참조; BwTh I, 142.

45. Generalbericht d. ev.-ref. Kirche d. Kt. Aargau, 1921, 14.

46. BwTh I, 80.

47. Libertas ex veritate, 1965: Gesprek over Rome-Reformatie; BwTh I, 217; Br. (Grolimund 목사에게),
    1934. 1. 8.

48. ABT I.

49. Prof. D. F. Barth, Bern, 1912, 9.

50. F. Barth, Christus unsere Hoffnung에 실린 M. Lauterburg의 서문, XVII.

51. BwTh I, 26.

52. Nachwort, 292.

53. ABT I; Nachwort, 292.

54. Kirchen- und Dorfgeschichte von Safenwil, 1966, 48.

55. F. Barth, Christus unsere Hoffnung, 19-20.

56. Br. (Peter Barth에게), 1912. 8. 29.

57. 강연 "Evangelium und Sozialismus" 1914. 2. 1.

58. BwTh I, 21.

59. Gespr. IV.

60. BwTh I, 3.

61. Br. (W. Spoedlin에게), 1913. 6. 20.

62. BwTh I, 84.

63. Balser Nachrichten, 1948. 7. 11: E. Thurneysen zum 60. Geburtstag.

64. ABT I.

65. BwTh°, 18: E. Thurneysen.

66. BwTh I, 524: E. Thurneysen.

67. BwTh II, 406.

68. BwTh I, 85.

69. BwTh II, 614.

70. 주 63 참조.

71. 주 65 참조.

72. FS fur E. Thurneysen z. 70. Geb., 1958, 12-3: Lebendige Vergangenheit.

73. 같은 곳.

74. E. Thurneysen, Das Wort Gottes und die Kirche, 1971, 227 이하: Geleitwort.

75. BwTh I, 212.

76. 같은 곳 158.

77. G. Merz, Wege und Wandlungen, 1961, 254-5.

78. Br. (K.L. Schmidt에게), 1939. 4. 14.

79. BwTh I, 86.

80. ABT II.

81. BwTh I, 144, 192.

82. 같은 곳 159.

83. 같은 곳 232.

84. Nachwort, 293.

85. 주 16 참조.

86. KD I/1, 75.

87. KD II/1, 714.

88. FS für G.C. Berkouwer, 1965, 36: Reformierte Theologie in der Schweiz.

89. Br. (H. Schädelin에게), 1961. 12. 20.

90. ABT IX, 3-4.

91. Nachwort, 293.

92. KD I/1, 275.

93. Bericht von der XV. Aarauer Studenten-Konferenz, 1911. 3.

94. ABT IX, 2.

95. Nekr. M. Gerwig 1965, 8.

96. KD IV/3, IX.

97. BwTh I, 70.

98. Br. (W. Spoedlin에게), 1913. 12. 22.

99. CW 1914, 777: "Die Hilfe" 1913.

99a. 1914년의 설교. GA Reihe I, 1974, 365-6. 168. 23. 241. 42. 47. 193.

100. Homiletik, 1966, 98.

101. ABT II.

102. Nachwort, 293.

103. Br. (W. Spoedlin에게), 1915. 1. 4.

104. ABT I.

105. ABT IX, 4.

106. 주 102 참조.

107. BwTh I, 19.

108. 주 102 참조.

109. ABT I.

110. 주 105 참조.

111. KD III/4, 515(그 회의는 1912년 11월 24일에 이미 열렸다).

112. Gespr. IV.

113. ABT II.

114. 주 105 참조.

115. BwTh I, 30.

116. Br. (W. Spoedlin에게), 1915. 1. 4.

117. LZ, 41-2; Neuer Freier Aargauer, 1919, Nr. 157: Ein Wort an das aargauische Bürgertum.

118. Br. (P. Barth에게), 1914. 5. 18.

119. 주 116 참조.
120. ABT I.
121. 주 63 참조.
122. Br. (Dora Rade에게), 1940. 4. 17.
123. Moltmann I, 42.
124. 같은 곳 48-9.
125. Moltmann I, 45.
126. Der freie Schweizer Arbeiter, 1916, Nr. 47: Auf das Reich Gottes warten.
127. BwTh I, 39.
128. Br. (아들들에게), 1955. 9. 17.
129. BwTh I, 62.
130. 같은 곳 33.
131. 같은 곳 79.
132. 같은 곳 238.
133. Vortr. I, 27.
134. Balser Nachrichten, 1965. 12. 11./12: Kirchenkritik vom "Flohmärt".
135. BwTh I, 143.
136. 같은 곳 88.
137. 주 134 참조.
138. BwTh I, 103.
139. 같은 곳 106-7.
140. 같은 곳 122.
141. Br. (W. Spoedlin에게), 1916. 1. 18.
142. Br. (W. Spoedlin에게), 1916. 1. 7.
143. Vortr. I, 15.
144. 주 45 참조. 21.
145. BwTh I, 10.
146. 같은 곳 46.
147. 같은 곳 83.
148. 같은 곳 157.
149. 같은 곳 252. 247.
150. Vortr. I, 101-2.
151. Br. (P. Barth에게), 1932. 4. 29.
152. Br. (W. Scherffig에게), 1949. 8. 20.
153. 주 126 참조.
154. M. Mattmüller, Ragaz II, 1968, 220 이하. 228-9.
155. 같은 곳 229.
156. ABT I.
157. BwTh I, 110-1.
158. ABT I.
159. BwTh I, 144-5.
160. Nachwort, 294.

161. BwTh I, 525.

162. 주 160 참조.

163. BwTh I, 145.

164. 주 63 참조.

165. 주 160 참조.

166. Nacwort, 294-5.

167. ABT II.

168. ABT I.

169. LZ, 19.

170. Nachwort, 295.

171. LZ, 19.

172. ABT II.

173. M. Mattmuller, Ragaz II, 245.

174. BwTh I, 236.

175. Gespr. VIII.

176. Nachwort, 295.

177. BwTh I, 148.

178. ABT I.

179. Nachwort, 295.

180. Systematische Theologie, 1961, 36.

181. Röm. II, 299.

182. 같은 곳 39. 25.

183. 같은 곳 35-6.

184. 같은 곳 97. 118. 25. 264.

185. Röm. II, 223.

186. Vortr. II, 241.

187. Röm. I, 24-5.

188. BwTh I, 148.

189. 같은 곳 159.

190. Vortr. I, 29.

191. BwTh I, 223.

192. 같은 곳 189.

193. 같은 곳 247-8.

194. Pred. I, 98. 102 이하.

195. Neuer Freier Aargauer, 1919, Nr. 188: Das, was uns nicht geschehen soll(바르트가 직접 고쳐 놓은 것).

196. ABT II.

197. EvTh 1966, 618: Dankeswort.

198. Gespr. VIII.

199. LZ, 44-5.

200. BwTh I, 229.

201. Gespr. VIII.

202. Protokoll 1917. 12. 18.

203. Gespr. VIII.

204. BwTh I, 224.

205. KRS, 1955, 134: W. Vischer zum 60. Geburtstag.

206. Basler Nachrichten, 1958. 10. 22: Prof. Fritz Lieb.

207. EvTh 1962, 282-3: Ein Brief an den Jubilar. [F. Lieb]

208. BwTh I, 264.

209. 같은 곳 281.

210. Röm. I, 1963(재판)의 서문.

211. BwTh I, 300.

212. 같은 곳.

213. 같은 곳 321.

214. Protokoll 1919. 8. 10.

215. 주 207 참조.

216. Br. (E. Sartorius에게), 1944. 12. 14.

217. BwTh I, 313. 350.

218. 같은 곳 325.

219. BwTh II, 105.

220. BwTh I, 343.

221. G. Dehn, Die alte Zeit, die vorigen Jahre, 1964, 217.

222. G. Merz, Wege, 238.

223. BwTh I, 344.

224. Vortr. I, 51. 36.

225. M. Mattmüller, Ragaz II, 255.

226. G. Merz, Wege, 240-1.

227. ABT I.

228. Br. (G. Dehn에게), 1957. 7. 16.

229. ABT I.

230. Br. (H. Scholz에게), 1954. 8. 2.

231. BwTh I, 367.

232. 같은 곳.

233. 같은 곳 368.

234. 주 210 참조.

235. 주 210 참조.

236. BwTh I, 441.

237. Medicus Viator. FS für R. Siebeck, 1959, 1: Grußwort.

237a. Pred. II, 253, 210. 226. 259. 243-4.

238. ABT I.

239. Br. (H. Hug에게), 1945. 2. 16.

240. Br. (Agnes von Zahn에게), 1935. 12. 23.

241. BwTh I, 379-80.

242. Br. (어느 동료 교수에게), 1940. 12. 23.

243. Nachwort, 295.

244. ABT I.

245. EvTh 1963, 339-40: Dank und Reverenz.

246. 주 242 참조.

247. BwTh I, 398.

248. Nachwort, 295.

249. Vortr. I, 79.

250. 주 245 참조.

251. Nachwort, 295.

252. ABT I.

253. Nachwort, 295.

254. ABT I.

255. BwTh I, 435.

256. G. Merz, Wege, 244에서 인용.

257. BwTh I, 435.

258. 주 210 참조.

259. Nachwort, 295.

260. Röm. II, XIX.

261. BwTh I, 463.

262. 같은 곳 481.

263. 같은 곳 471.

264. 같은 곳 492.

265. 같은 곳 508.

266. Röm. II, XIX.

267. BwTh I, 493.

268. 같은 곳.

269. 주 207 참조.

270. ABT IV.

271. BwTh I, 448.

272. 같은 곳 438.

273. 주 245 참조.

274. Die Menschlichkeit Gottes. ThSt 48, 1956, 5 이하.

275. BwTh I, 485.

276. Röm. II, 18. 6. 73.

277. 같은 곳 12. 244. 84. 118.

278. Vortr. V, 112.

279. KD II/1, 715-6.

280. 주 210 참조.

281. ABT II.

282. CD, IX.

283. EvTh 1966, 616-7: Dankesworte.

284. Br. (C.B.에게), 1949. 9. 29.

285. BwTh I, 407.

286. 같은 곳 315.

287. 같은 곳 408.

288. 같은 곳 312.

289. 같은 곳 270.

290. Röm. II, XIX.

291. BwTh II, 489; I, 429.

292. 주 210 참조.

293. ABT I.

294. BwTh I, 468.

295. Reformierte Theologie in der Schweiz, 36.

296. BwTh I, 488.

297. 같은 곳 458.

298. Generalbericht d. ev.-ref. Kirche d. Kt. Aargau, 1921, 12. 44.

299. BwTh I, 497.

300. 같은 곳 526.

301. 같은 곳 477.

302. 같은 곳 526.

303. ThExh 37, 23.

304. BwTh I, 525.

305. BwTh II, 235.

306. ABT II.

4

시간과 시간 사이에서: 괴팅겐과 뮌스터의 신학 교수 시절 1921-1930

1. ABT II; ABT I.

2. Br. (W. Spoedlin에게), 1921. 12. 21.

3. BwTh II, 8.

4. ABT IX, 5-6.

5. Pred. II, 31.

6. BwTh II, 8.

7. Nachwort, 291.

8. ABT II.

9. ABT I.

10. Nachwort, 296.

11. Rund-Br., 1961. 5월.

12. H. Fischer-Barnicol과의 인터뷰, 1964.

13. BwTh II, 91.

14. 같은 곳 81.

15. 같은 곳 91.

16. 같은 곳 40.

17. 같은 곳 134.

18. 같은 곳 97.

19. 같은 곳 105.

20. 같은 곳 81.

21. Br. (H. Stoevesandt에게), 1959. 8. 29.

22. ABT I; BwTh II, 34. 75.

23. ABT II.

24. ABT I.

25. BwTh II, 35.

26. 같은 곳 6. 37. 9.

27. BwBu, 215.

28. ABT I.

29. Rom I, 1963(재판) 서문.

30. BwTh II, 127.

31. 같은 곳 22.

32. Gespr. VII.

33. Di Auferstehung der Toten, 1924, 4. Aufl. 1953, III.

34. 주 2 참조.

35. BwTh II, 164. 252. 329.

36. 같은 곳 72.

37. 같은 곳 20.

38. FS für M. Doerne, 1970, 364: W. Trillhaas, K. B. in Göttingen.

39. ABT II.

40. BwTh II, 9.

41. 주 12 참조.

42. BwTh II, 86.

43. 같은 곳 9.

44. 같은 곳 329.

45. Magnum, 1961, 4월: Zwischenzeit.

46. 주 2 참조.

47. ABT I.

48. 주 2 참조; BwTh II, 33.

49. 주 2 참조; BwTh II, 125.

50. 주 2 참조.

51. Vortr. II, 264-5.

52. 주 12 참조; BwTh II, 21.

53. BwTh I, 504; II, 22.

54. 주 2 참조.

55. BwTh II, 59-60.

56. 주 12 참조.

57. BwTh II, 77.

58. Br. (Fr. Bolgiani에게), 1963. 8. 12; BwTh II, 6; Br. (O. Cullmann에게), 1963. 8. 12.

59. BwTh II, 211.

60. KD IV/3, 20.

61. 주 2 참조; BwTh II, 23.

62. BwTh II, 211.

63. 같은 곳 73.

64. 같은 곳 35.

65. 같은 곳 46.

66. Gespr. VII.

67. BwTh II, 46-7.

68. Gespr. VII.

69. 같은 곳.

70. BwTh II, 48-9.

71. Nachwort, 301.

72. BwTh II, 50.

73. E. Thurneysen, Das Wort Gottes und die Kirche, 1971, 227: Geleitwort.

74. FS für E. Thurneysen z. 70. Geb., 1958, 13-4: Lebendige Vergangenheit.

75. BwTh II, 500.

76. 같은 곳 64.

77. 같은 곳 80.

78. 같은 곳 643, 98.

79. ABT I.

80. BwTh II, 116.

81. Br. (M. Neeser에게), 1949. 12. 27.

82. Vortr. I, 99. 102. 113. 123.

83. 같은 곳 133. 147. 140.

84. BwTh II, 102. 105.

85. 주 81 참조.

86. BwTh II, 103.

87. Vortr. I, 158. 178. 165.

88. BwTh II, 105.

89. 같은 곳 111-2.

90. 같은 곳 116.

91. Br. (K. Stoevesandt에게), 1952. 8. 8.

92. Gespr. VIII; BwTh II, 121.

93. Br. (K. H. Miskotte), 1956. 7. 12.

94. Prot. Theol., 570. 572.

95. BwTh II, 307.

96. KD IV/1, 585.

97. BwTh II, 379. 213.

98. 같은 곳 151.

99. 같은 곳 132. 124.

100. Gespr. VIII; BwTh II, 132-3.

101. ABT IV.

102. BwTh II, 30.

103. ABT IV.

104. ABT IX, 5.

105. ZZ 1933, 536: Abschied.

106. Br. (Kröner-Verlag에게), 1954. 3. 7.

107. 주 81 참조; BwTh II, 329.

108. ThSt 48, 1956, 6-7: Die Menschlichkeit Gottes.

109. BwTh II, 204: E. Thurneysen.

110. Gespr. VII.

111. Br. (Th.에게), 1931. 8. 9; ABT I.

112. BwTh II, 110.

113. 주 110 참조.

114. Röm. II, XXIV.

115. Abschied, 537.

116. BwTh II, 129; Br. (G. Merz에게), 1950. 5. 5.

117. W. Trillhaas (주 38 참조), 365.

118. 125 Jahre Chr. K. Verlag, 1970, 140: E. Wolf, Der Chr. Kaiser Verlag.

119. 주 115 참조.

120. Vortr. III, 14. 17.

121. Agnes von Zahn, A v. Harnack, 1936, 534-5.

122. LZ, 22.

123. 주 45 참조.

124. BwTh II, 198.

125. 같은 곳 130.

126. 같은 곳 131.

127. LZ, 42-3.

128. Gespr. VIII.

129. ABT II.

130. ABT I.

131. BwTh II, 130.

132. ABT I.

133. Die Auferstehung der Toten, 59.

134. 주 81 참조.

135. Vortr. I 180. 188. 200-1.

136. BwTh II, 286. 209.

137. 같은 곳 232.

138. 같은 곳 232 이하.

139. Nachwort, 297.

140. BwTh II, 223. 235.

141. Nachwort, 296-7.

142. Moltmann I, 175. 184.

143. BwTh II, 231.

144. H. Heppe, Dogmatik, 1935의 서문: Zum Geleit.

145. BwTh II, 224.

146. 같은 곳 251.

147. 같은 곳 254.

148. 같은 곳 253.

149. 같은 곳 328-9.

150. 같은 곳 302.

151. Nachwort, 297.

152. BwTh II, 213.

153. 같은 곳 221.

154. 같은 곳 251.

155. 같은 곳 303. 252.

156. 같은 곳 287 이하.

157. 같은 곳.

158. ZZ 1925, 127: Menschenwort und Gotteswort in der christlichen Predigt.

159. 주 156 참조.

160. Rund-Br. 1960. 5. 25(바르트는 모임 날짜를 1922년으로 잘못 기입해 놓았다).

161. BwTh II, 291. 285.

162. 같은 곳 306-7; Gespr. VII(바르트는 모임 날짜를 1922년으로 잘못 기입해 놓았다).

163. BwTh II, 306-7.

164. 같은 곳 330.

165. Vortr. II, 283.

166. BwTh II, 331.

167. 같은 곳 236.

168. 같은 곳 313 이하.

169. 쿠터가 1925년 6월 16일 칼 바르트에게 보낸 편지에 나오는 표현.

170. 주 74 참조.

171. ABT I; BwTh II, 359.

172. BwBu, 50.

173. BwTh II, 336.

174. 같은 곳 255. 166. 238.

175. 같은 곳 383.

176. 같은 곳 615.

177. Pred. V, 7.

178. Br. (E. Sartorius에게), 1944. 1. 2.

179. Br. (L. Christ에게), 1952. 5. 18.

180. BwTh II, 370-1.

181. BwBu, 56; BwTh II, 377-8.

182. BwTh II, 397-8.

183. 같은 곳 393.

184. 같은 곳 400.

185. 같은 곳 291.

186. 같은 곳 397.

187. 같은 곳 377.

188. Br. (Agnes von Zahn에게), 1935. 12. 23.

189. KD I/2, 403-4.

190. BwBu, 50. 53.

191. BwTh II, 390.

192. 같은 곳 396.

193. 같은 곳 396-7.

194. 같은 곳 650.

195. 같은 곳 398.

196. Br. (A. Lüpkes에게), 1944. 5. 21.

197. BwTh II, 398. 365.

198. Br. (K. Heim에게), 1928. 6. 12.

199. Br. (부퍼탈의 강사들에게), 1957. 10. 26.

200. BwTh II, 639.

201. Gesprek over Rome-Reformatie. Interview mit G. Puchinger, 1965.

202. ABT II.

203. KD III/3, 462.

204. BwTh II, 680.

205. 같은 곳 409.

206. Br. (Rheinfelder에게), 1962. 7. 14.

207. BwTh II, 409.

208. 같은 곳 423.

209. Vortr. II, 226. 228.

210. BwTh II, 411.

211. 같은 곳 413 이하.

212. Vortr. II, 372. 384.

213. BwTh II, 429.

214. 같은 곳 557.

215. Erklärung des Philipperbriefes, 1927, 5. Aufl. 1947, Vorwort; 98-9.

216. BwTh II, 407.

217. 같은 곳 442.

218. 같은 곳.

219. 같은 곳 435.

220. 같은 곳 436. 448.

221. 같은 곳 441.

222. 같은 곳 390.

223. CD, VII.

주

224. 같은 곳 VI.
225. H. Fischer-Barnicol과의 인터뷰, 1964.
226. ABT IV.
227. CD, 25. 112. 16.
228. 같은 곳 VIII-IX.
229. KD I/1, VI.
230. CD, VII.
231. 같은 곳 V. VIII.
232. BwTh II, 516-7.
233. Br. (W. Spoedlin에게), 1928. 1. 4.
234. ZZ 1927, 285. 290: Rechtfertigung und Heiligung.
235. Vortr. III, 35. 37.
236. BwTh II, 499.
237. 같은 곳 490-1.
238. 같은 곳 500-1.
239. 같은 곳 507.
240. 같은 곳 639.
241. Vortr. II, 286-7.
242. BwTh II, 535 이하.
243. Vortr. II, 349.
244. Vortr. II, 344; Br. (K. Heim에게), 1928. 6. 12.
245. Vortr. II, 361.
246. BwTh II, 523.
247. Br. (P. Althaus에게), 1958. 2. 12.
248. BwTh II, 596.
249. 같은 곳 598. 558-9.
250. 같은 곳 578.
251. BwBu, 90.
252. Br. (Th.에게), 1931. 2. 22.
253. Antwort, 871.
254. Br. (M. B.에게), 1963. 2. 26.
255. BwTh II, 615.
256. Ethik 1928, GA II, 10.
257. 같은 곳 18. 29. 81. 82. 79. 92 이하.
258. BwTh II, 638.
259. 같은 곳 628.
260. 같은 곳 652.
261. Gespräch zwischen den Kirchen, 1956, 7-8: E. Przywara.
262. BwTh II, 652-3.
263. Vortr. III, 61.
264. BwTh II, 659-60.
265. ZZ 1929, 429: Die Lehre von den Sakramenten.

266. KD IV/4, VIII.

267. Zeugnis Juni 1940.

268. "Italienische Eilreise"(칼 바르트가 손으로 쓴 기행문).

269. ABT VI, 183.

270. Br. (Th.에게), 1929. 5. 30.

271. 같은 곳.

272. BwTh II, 668.

273. 같은 곳 678.

274. Zur Lehre vom Heiligen Geist, 1930, 39-40. 95.

275. BwTh II, 555.

276. Br. (Th.에게), 1931. 4. 2.

277. BwTh II, 590. 578.

278. Gespr. VIII.

279. Magnum, 1961년 4월: Zwischenzeit.

280. Göttinger Univ.-Zeitung, 1947년 7월: Universitätslehrer-eine Gefahr?

281. 주 279 참조.

282. Br. (J. Scheiwiler에게), 1943. 12. 11.

283. 주 279 참조.

284. 주 279 참조.

285. Vortr. V, 31. 28.

286. G. Schmidt의 박사 학위 논문 심사서(1952. 4. 2).

287. ZZ 1929, 563: Bemerkungen zu H. M. Müllers Lutherbuch.

288. BwTh II, 210. 113.

289. Röm. I, 1963(재판) 서문.

290. 주 279 참조.

291. Gespr. VII.

292. BwBu, 70.

293. ZZ 1933, 536-7: Abschied.

294. 같은 곳.

295. BwTh II, 688.

296. Gespr. VII.

297. BwTh II, 716.

298. Gespr. VII.

299. Br. (H. W. Bartsch에게), 1959. 3. 20.

300. Gespr. VII.

301. BwBu, 70.

302. Ethik 1928, GA II, 74.

303. BwTh II, 700.

304. BwBu, 101.

305. Abschied, 538.

306. ThExh 14, 7-8: Nein!

307. 주 305 참조.

308. KD III/4, VIII.

309. 주 306 참조.

310. 주 305 참조.

311. BwTh II, 482.

312. 같은 곳 693.

313. Br. (E. Scholz에게), 1957. 1. 6.

314. BwBu, 102.

315. 주 279 참조.

5

오늘의 신학적 실존: 본 대학교 시절 1930-1935

1. RGG I, 1359-60.

2. BwTh II, 117.

3. Br. (Becker 교수에게), 1947. 8. 14.

4. Br. (H. Weber에게), 1950. 6. 24.

5. BwTh II, 677.

6. Br. (K.L. Schmidt에게), 1941. 2. 4.

7. BwTh II, 677.

8. Br. (E. Wolf에게), 1961. 7. 28.

9. Br. (E. Wolf에게), 1952. 7. 31.

10. Br. (C.B.에게), 1954. 6. 7.

11. Br. (Th.에게), 1931. 2. 22.

12. Br. (Th.에게), 1930. 3. 20.

13. 같은 곳.

14. Br. (Th.에게), 1931. 11. 24.

15. Br. (Th.에게), 1931. 5. 29.

16. Br. (K. Takizawa에게), 1958. 8. 4.

17. Antwort, 911.

18. 같은 곳 874.

19. BwTh II, 225.

20. ABT VI, 182.

21. Br. (Th.에게), 1931. 3. 8.

22. Br. (Th.에게), 1931. 11. 24.

23. 람베스 궁전 연설, 1956. 7. 4.

24. BwBu, 160-1.

25. Br. (Ch. v. K.이 Th.에게), 1930. 6. 14.

26. BwBu, 160-1.

27. J. Leitch의 박사 학위 논문 심사서(1952. 3).

28. Br. (Erik Wolf에게), 1968. 11. 27.

29. ZZ, 1931, 451: Brief an K. Heim.

30. Fides quaerens intellectum. 2. Aufl. 1958, 7.

31. ABT VI, 185-6.

32. Fides quaerens intellectum, 21. 26. 59. 30.

33. 같은 곳 10.

34. Antwort, 866-6: H. Scholz.

35. Br. (H. Kraemer), 1952. 11. 29.

36. Br. (Th.에게), 1930. 12. 10.

37. Gespr. V.

38. Gespr. VII.

39. BwBu, 118.

40. BwBu, 105-129.

41. ZZ 1931, Die Not der evangelischen Kirche, 91. 100. 115. 116.

42. Br. (Th.에게), 1931. 2. 22.

43. Die Not der evangelischen Kirche, 122. 120.

44. Br. (O. Dibelius에게), 1956. 5. 17.

45. Br. (Th.에게), 1931. 2. 22.

46. 같은 곳.

47. Br. (Th.에게), 1931. 3. 8.

48. KD I/1, VI.

49. Fides quaerens intellectum, 10.

50. ABT VI, 185-6.

51. 같은 곳 186.

52. ABT IV.

53. KD I/1, VIII.

54. ZZ 1933, 537: Abschied.

55. Dogmatik im Grundriß의 영어 번역판 Geleitwort, 1947(영어판 1949).

56. Lehre und Forschung an der Universität Basel, 1960, 38: Systematische Theologie.

57. KD I/1, VII.

58. 같은 곳.

59. 같은 곳 41. 43. 313. 318. 323. 404.

60. Br. (Th.에게), 1931. 1. 9.

61. KD I/1, 168-9.

62. Br. (Th.에게), 1931. 5. 29.

63. 같은 곳.

64. StdG 1966, H. Gollwitzer, 284.

65. E. Bethge, D. Bonhoeffer, 216-7에서 인용.

66. Br. (Th.에게), 1931. 7. 2.

67. Br. (H.U.von Baltahsar에게), 1950. 1. 25.

68. KD I/2, 924.

69. KD I/1, VIII-IX.
70. 같은 곳 257-8. 234.
71. Br. (Th.에게), 1931. 11. 24.
72. K. Kupisch, Karl Barth, 1971, 75.
73. Br. (Th.에게), 1931. 11. 24.
74. Abschied, 543.
75. Br. (O. Dibelius), 1956. 5. 17.
76. Br. (E. Wolf), 1965. 11. 15.
77. 주 74 참조.
78. Frankfurter Zeitung 1932. 2. 15: Warum führt man den Kampf nicht auf der ganzen Linie?
79. Vortr. III, 94. 96.
80. ZZ 1932: Die Theologie und die Mission in der Gegenwart, 191. 202. 197.
81. ZZ 1932, 477-8: 「로마서 주석」 영어판 서문.
82. Br. (Th.에게), 1932. 12. 23.
83. Die Kirche Jesu Christi. ThExh 5, 3-4.
84. Br. (L. Kreyssig에게), 1950. 9. 18.
85. ABT VI, 186. 182.
86. Rund-Br. 1968. 5월.
87. Br. (Th.에게), 1932. 12. 23.
88. Br. (Th.에게), 1928. 12. 21.
89. Br. (Th.에게), 1932. 12. 23.
90. Br. (S. Barth에게), 1959. 12. 23.
91. Prot. Theol., V.
92. Br. (Th.에게), 1932. 12. 23.
93. Pro. Theol., 65-6. 379. 424.
94. 같은 곳 IV.
95. Br. (A. Keller에게), 1947. 9. 18.
96. ABT VI, 187-8.
97. H. Fischer-Barnicol과의 인터뷰, 1964.
98. EvTh 1962, Ein Brief an den Jubilar, 283.
99. LZ, 34-5.
100. Vortr. IV, 258.
101. Kirchenkampf, 62.
102. 같은 곳.
103. ABT VI, 187.
104. Br. (K. Ihlenfeld에게), 1955. 6. 4.
105. ABT II.
106. Vortr. III, 138. 143.
107. Vortr. IV, 91.
108. 주 72 참조.
109. Gespr. VIII.
110. Br. (Th.에게), 1933. 6. 27.

111. Br. (Ch.v.K이 Th.에게), 1933. 6. 2.

112. Kirchenkampf, 31.

113. ThExh 1, 15: Theologische Existenz heute.

114. Br. (Th.에게), 1933. 6. 27.

115. Gespr. VII.

116. Theologische Existenz heute, 3. 24. 30.

117. ABT VI, 187-8.

118. EvTh 1963, 390.

119. Br. (Th.에게), 1933. 7. 3.

120. Br. (Th.에게), 1933. 6. 27.

121. ThExh 2, 10. 13: Für die Freiheit des Evangelium.

122. ABT VI, 187.

123. 주 112 참조.

124. ThExh 4, 4: Lutherfeier 1933.

125. Kirchenkampf, 31.

126. ThExh 3, 3: Reformation als Entscheidung.

127. Br. (Th.에게), 1933. 10. 16.

128. Br. (Th.에게), 1933. 8. 25.

129. Abschied, 539.

130. 같은 곳 544.

131. 주 126 참조.

132. Lutherfeier 1933, 3.

133. 같은 곳 22 이하.

134. Der deutsche Kirchenkampf, 1937, 12.

135. W. Niemöller, Wort und Tat im Kirchenkampf, 1969, 72.

136. 같은 곳 70. 71. 73.

137. Lutherfeier 1933, 3. 17.

138. BwBu, 152-3.

139. BwBu, 138.

140. D. Schmidt, M. Niemöller, 2. Aufl., 1960, 104.

141. Die Kirche Jesu Christi, 6.

142. BwBu, 140.

143. Br. (Th.에게), 1933. 11. 16.

144. Lutherfeier 1933, 3.

145. 같은 곳 5.

146. Br. (Th.에게), 1933. 11. 29.

147. Lutherfeier 1933, 3.

148. Br. (Th.에게), 1933. 11. 16.

149. D. Schmidt, M. Niemöller, 7. 1. 62.

150. BwBu, 140.

151. Balser Kirchenbote, 1945. 11월: Niemöller.

152. Br. (M. Niemöller에게), 1962. 1. 7.

153. KD I/2, 64.

154. Die Kirche Jesu Christi, 16. 3.

154a. Br. (E. Steffens에게), 1934. 1. 10.

155. Gebete, 1963, 5.

156. Vortr. IV, 259-60.

157. Kirchenkampf, 32-3.

158. Br. (W. Niesel에게), 1954. 12. 31.

159. ThExh 7, 3 이하. 9. 6-7: Gottes Wille und unsere Wünsche.

160. 같은 곳.

161. Br. (Th.에게), 1934. 1. 8.

162. Gottes Wille und unsere Wünsche, 25.

163. 주 161 참조.

164. Br. (J. Baillie에게), 1937. 12. 3.

165. H. Fischer-Barnicol과의 인터뷰, 1964.

166. ABT II.

167. Gottes Wille und unsere Wünsche, 4.

168. Br. (Ch.v.K이 Th.에게), 1934. 1. 26.

169. Gottes Wille und unsere Wünsche, 4.

170. Kirchenkampf, 19.

171. Ein Brief an den Jubilar, 284.

172. Handschriftl. Reisebericht von K.B. und Ch.v.K..

173. StdG 1966, 301. Erica Küppers.

174. ThExh 9, 13. 34: Offenbarung, Kirche, Theologie.

175. ThExh 10, 14. 19: Der gute Hirte.

176. Gespr. VII.

177. Br. (W. Niemöller에게), 1953. 10. 17.

178. Gespr. VII.

179. 같은 곳.

180. Kirche und Mann, 1954. 5월: Barmen-damals und heute.

181. 주 177 참조.

182. Gespr. VII.

183. 주 180 참조.

184. KD II/1, 194. 196-7.

185. EvTh 1968, 555: Br. (E. Bethge에게)

186. ThExh 14, 11. 4: Nein!

187. 같은 곳 7. 4-5. 56.

188. 같은 곳 32; Gespr. VIII.

189. Br. (R. Barth에게), 1964. 6. 8.

190. ABT VI, 186.

191. 같은 곳 184.

192. Gespr. VII.

193. Br. (K. Kupisch에게), 1956. 2. 10.

194. Br. (H. Vogel에게), 1956. 9. 5.

195. Br. (D. Bonhoeffer에게), 1933. 11. 20.

196. Br. (A. Finet에게), 1956. 1. 25.

197. Br. (Th.에게), 1932. 3. 24.

198. Preface. Zu: P. Maury. La prédestination, 1957, 6-7.

199. Br. (M.B.에게), 1953. 3. 8.

200. Br. (G. Dehn에게), 1957. 4. 16.

201. Br. (T. List에게), 1954. 2. 16.

202. Br. (C.B.에게), 1959. 12. 29.

203. Br. (Anna Barth에게), 1935. 8. 5.

204. StdG 1966, 301-2: Erica Küppers.

205. ThExh 12, 4. 25: Der Christ als Zeuge; Vortr. III, 189. 192. 195.

206. Br. (Th.에게), 1934. 10. 22.

207. KD II/1, 197.

208. Br. (Th.에게), 1934. 11. 23.

209. Vortrag 1934. 12. 1.

210. Br. (Erik Wolf에게), 1946. 3. 16.

211. Br. (M. Niemöller에게), 1946. 6. 29.

212. Br. (J. Beckmann에게), 1949. 7. 20.

213. 주 210 참조.

214. Die evangelische Kirche in Deutschland nach dem Zusammenbruch des Dritten Reiches, 1945, 33.

215. Some remars on the allied policy, 1946. 7. 21.

216. ThExh 17, 5: Drei Predigten.

217. Br. (H. von Soden에게), 1934. 12. 5; BwBu, 266-7.

218. ABT II; BwBu, 262.

219. Kirchenkampf, 75.

220. Antwort, 877.

221. Br. (Th.에게), 1934. 12. 24; Pred. VI, 89.

222. Br. (Th.에게), 1934. 12. 24.

223. BwBu, 157.

224. K. Kupisch, Karl Barth, 91.

225. 같은 곳.

226. W. Niemöller, Kampf und Zeugnis der Bekennenden Kirche, 1948, 230.

227. Br. (E. Imobersteg에게), 1946. 3. 15.

228. Br. (P. Humburg에게), 1935. 2. 9; (W. Niesel에게), 1948. 1. 24.

229. ThExh 25, 16-7: Das Evangelium in der Gegenwart.

230. Credo, 1935, 150-1. 5-6. 46. 16. 46. 37. 113.

231. W. Niemöller, Kampf und Zeugnis, 246.

232. Br. (H. Hesse에게), 1935. 6. 30.

233. W. Niemöller, Kampf und Zeugnis, 238에서 인용.

234. 주 232 참조.

235. 같은 곳.

236. Das Evangelium in der Gegenwart, 33. 31. 34-5.

237. ExTh 1966, 618: Dankesworte.

238. Br. (Th. Creighton에게), 1946. 12. 28.

239. W. Niemöller, Kampf und Zeugnis, 231.

240. ABT II.

241. 주 237 참조.

242. Br. (K. Huber에게), 1948. 12. 13.

6

스위스의 목소리: 성 알반링, 바젤 1935-1946

1. ABT III.

2. W. Niemöller, Wort und Tat im Kirchenkampf, 171에서 인용.

3. Br. (E. Sartorius에게), 1935. 8. 3.

4. Br. (E. Wolf에게), 1935. 7. 30.

5. 같은 곳.

6. ABT II.

7. Basler Nachrichten, 1948. 7. 11: E. Thurneysen zum 60. Geburtstag.

8. 주 4 참조; Br. (Nelly Barth에게), 1935. 8. 1.

9. Vortr. III, 217. 225.

10. Br. (J. Hromádka에게), 1964. 6. 6.

11. Vortr. III, 233. 237.

12. 같은 곳 260-1.

13. Br. (H. Traub), 1935. 9. 29.

14. FS für G. C. Berkouwer, 1965, 33-4: Reformierte Theologie in der Schweiz.

15. Br. (A. Koechlin에게), 1944. 6. 28.

16. 주 13 참조; Br. (W. Niesel에게), 1936. 8. 21.

17. 주 15 참조.

18. ThExh 32, 5. 11: Evangelium und Gesetz.

19. Br. (Ch.v.K이 A. Lempp에게), 1935. 10. 10.

20. Br. (E. Fuchs에게), 1935. 11. 15.

21. Br. (K. Preiswerk에게), 1936. 1. 18.

22. Br. (K. Hesse에게), 1935. 11. 16.

23. Br. (아들들에게), 1954. 3. 9.

24. Kirchenkampf, 74.

25. 주 21 참조.

26. Br. (아들들에게), 1953. 12. 20.

27. Br. (N.N.교수 부인에게), 1937. 8. 7.

28. Br. (A. Keller에게), 1936. 6. 27.

29. Br. (A. Koechlin에게), 1939. 6. 26.

30. KRS, 1946. 2. 21, 54-5: Zum Andenken an E. Vischer.

31. Br. (C.D.에게), 1960. 9. 18.

32. KD IV/3, IX; Br. (E. Wolf에게), 1935. 7. 30.

33. 주 22. 7 참조.

34. Basler Nachrichten 1958. 10. 22: Prof. F. Lieb; EvTh 1962, 284: Ein Brief an den Jubilar.

35. Br. (Kuratel에게), 1944. 2. 19.

36. KRS, 1955. 4. 28: W. Fischer zum 60. Geburtstag; Br. (K. Immer에게), 1937. 2. 27.

37. Br. (M. Schloch에게), 1967. 10. 17; (G. Lindt에게), 1936. 12. 12, 1940. 7. 12.

38. Br. (Dr. Geßler에게), 1936. 7. 28.

39. Reformierte Theologie in der Schweiz, 36.

40. Br. (W. Lüthi에게), 1939. 10. 17.

41. ThExh 5, 3: Die Kirche Jesu Christi; Pred. III 서문 참조.

42. ThExh 14, 62: Nein!

43. Br. (J. Beckmann에게), 1947. 3. 31.

44. Gebete, 1969, 6.

45. Br. (W. Fischer에게), 1948. 2. 19.

46. Br. (W. Fischer에게), 1955. 3. 18.

47. KD III/4, 400.

48. ABT VI, 188-9; Br. (H. Hesse에게), 1937. 7. 26.

49. Br. (M. Buber가 K. B.에게), 1936. 9. 21.

50. Br. (W. Niesel에게), 1936. 1. 19.

51. Br. (H. Asmussen에게), 1935. 8. 11.

52. Br. (R. Grosche에게), 1935. 8. 1.

53. Kirchenkampf, 34.

54. ABT VI, 188.

55. 주 53 참조.

56. Br. (H. Dohle에게), 1960. 8. 19.

57. Br. (M. Niemöller에게), 1946. 6. 29.

58. Kirchenkampf, 91.

59. Vortr. IV, 260.

60. Br. (K. Immer에게), 1937. 2. 27.

61. A. Frey, Der Kampf der evangelischen Kirche in Deutschland, 1937, 8: Zum Geleit.

62. Kirchenkampf, 66.

63. 주 60 참조.

64. Br. (W. Niesel에게), 1936. 8. 21.

65. Br. (A. Koechlin에게), 1944. 6. 28.

66. Br. (Hellbardt 목사에게), 1937. 1. 10.

67. KD I/2, 260.

68. Br. (G. Spörri에게), 1936. 3. 26.

69. Prot. Theol., 124.

70. Br. (K. Hesse에게), 1936. 5. 16.

71. ABT II.

72. Br. (W. Niesel에게), 1936. 8. 21.

73. ABT II.

74. ABT VI, 182-3.

75. Br. (Ch.v.K.이 R. Karwehl에게), 1936. 5. 27.

76. ThExh 43, 7: Calvinfeier 1936.

77. KD II/2, 168.

78. P. Maury, Prädestination, 1959, 5: Vorwort.

79. ThExh 47, 3. 6. 10. 13: Gottes Gnadenwahl.

80. Ch.v.K., "Bericht über unsere Herbstreise in den Osten".

81. Br. (Ch.v.K이 P. Maury에게), 1936. 10. 18.

82. Vortr. III, 284-5.

83. Gotteserkenntnis und Gottesdienst, 1938, 7. 44. 5-6. 68-9.

84. Br. (E. Wolf에게), 1937. 3. 30.

85. Br. (H. Hesse에게), 1937. 3. 29.

86. 주 84 참조.

87. Br. (G. Henderson에게), 1937. 10. 8.

88. ABT VI, 183.

89. Br. (W.A. Visser't Hooft에게), 1937. 7. 22.

90. Br. (K.L. Schmidt에게), 1937. 8. 7.

91. Br. (H. Hesse에게), 1937. 7. 26.

92. KD I/2, 327.

93. 같은 곳 743. 890. 967.

94. KD I/1, IX-X.

95. Gespr. X.

96. ABT VII, 191.

97. KD II/1, 1. 200.

98. Gespr. VII.

99. KD II/1, 150. 157.

100. 주 91 참조.

101. Schweiz. EPD, 1955. 11. 7: Nachruf für Dr. A. Frey.

102. KD III/4, X.

103. 주 101 참조.

104. Br. (A. Koechlin에게?), 1938. 9. 1.

105. Br. (Spiro 목사에게), 1952. 3. 12; (P. Maury에게), 1938. 10. 12.

106. Gotteserkenntnis und Gottesdienst, 215.

107. Br. (Principal Fyfe에게), 1938. 4. 3; (Voigt 씨에게).

108. Br. (G. Bell에게), 1946. 5. 31.

109. Br. (W. G. Meyer에게), 1938. 4. 13.

110. ThSt 1, 3: Rechtfertigung und Recht.

111. 같은 곳 7. 20. 41. 43. 45.

112. Vortr. IV, 11.

113. Kirchenkampf, 60.

114. 같은 곳 57.

115. 같은 곳 58. 79.

116. Br. (P. Maury에게), 1938. 10. 12.

117. Br. (H. Vogel에게), 1938. 9. 19.

118. Br. (A. Keller에게), 1938. 10. 17; Vortr. V, 152.

119. Br. (B. Vasady에게), 1938. 11. 9; Votr. V, 150.

120. 주 116 참조; Vortr. V, 150-1.

121. KRS, 1938. 11. 24: Noch einmal-Frieden oder Gerechtigkeit?

122. ABT VI, 189.

123. Br. (H. Thomas에게), 1947. 6. 19.

124. Vortr. IV, 90.

125. Die evangelische Kirche in Deutschland nach dem Zusammenbruch des Dritten Reiches, 1945, 59.

126. ABT VII, 193.

127. Br. (베른의 어느 목사에게), 1939. 1. 22.

128. Wege des Friedens. FS für Gertrud Kurz, 1960, 15: Ein Brief.

129. 같은 곳; Br. (M. Niemöller에게), 1946. 7. 9.

130. Br. (P. Vogt에게), 1950. 5. 21.

130a. Br. (M. Niemöller에게), 1946. 7. 9.

131. Br. (P. Vogt에게), 1950. 5. 21.

132. Br. (F. Lieb에게), 1964. 2. 20.

133. Br. (M. B.에게), 1939. 3. 8.

134. ABT VII, 192.

135. ThSt 5, 16-7. 21: Die Souveränität des Wortes Gottes.

136. Br. (네덜란드의 어느 동료에게), 1939. 2. 27.

137. Br. (레이든의 어느 대학생에게), 1939. 2. 27.

138. Br. (K. L. Schmidt에게), 1939. 4. 7.

139. KD II/1, 288.

140. 같은 곳 362-3.

141. Br. (Dorothy Sayers에게), 1939. 9. 7.

142. Br. (W. A. Visser't Hooft에게), 1939. 4. 13.

143. H. Gollwitzer, Forderung der Freiheit, 2. Aufl. 1964, 338.

144. Br. (C. B.에게), 1939. 8. 3.

145. Vortr. IV, 164.

146. Br. (F. Zellweger에게), 1939. 9. 7.

147. Br. (G. Lindt에게), 1939. 9. 18.

148. 주 146 참조.

149. ABT VII, 192-3.

150. Br. (G. Lindt에게), 1943. 1. 2.

151. Br. (A. Bronkhorst에게), 1940. 4. 27.

152. Junge Kirche 1956, 204: Das christliche Geheimnis und das menschliche Leben.

153. Das Glaubensbekenntnis der Kirche, 1967, 17. 18. 19. 140. 53. 33.

154. Br. (Maller 목사에게), 1942. 2. 22.

155. Br. (O. Weber에게), 1949. 6. 20.

156. KD II/2, VII.

157. 같은 곳 13. 108. 115. 133. 177. 182. 291. 466.

158. Br. (C. B.에게), 31. 5. 41.

159. KD II/2, 564. 598. 640.

160. 주 158 참조.

161. Br. (H. Oprecht에게), 1942. 1. 17.

162. Br.(Dr. Tökés에게), 1940. 9. 25.

163. Vortr. IV, 8.

164. Br. (H. Oprecht에게), 1941. 3. 7.

165. Vortr. IV, 136.

166. 같은 곳 111-2.

167. 같은 곳 102.

168. 같은 곳 12.

169. 같은 곳 164. 166.

170. ABT VII, 193.

171. 주 161 참조.

172. Vortr. IV, 109.

173. 같은 곳 8-9.

174. Br. (W. A. Visser't Hooft에게), 1940. 1. 24; (Ch. Westphal에게), 1940. 3. 20; (P. Barth에게), 1940. 3. 20.

175. Vortr. IV, 113.

176. Br. (A. Bronkhorst에게), 1940. 4. 27.

177. ABT II; ABT VII, 193.

178. Br. (E. Sartorius에게), 1940. 9. 10.

179. ABT VII, 193-4.

180. Gespr. II.

181. ABT VII, 194.

182. 주 178 참조.

183. Peter Barths "Lebenslauf" von K.B., 1940.

184. 주 178 참조.

185. 주 183 참조.

186. Br. (Dora Scheuner에게), 1940. 6. 20; 주 183. 178 참조.

187. Vortr. IV, 157. 215.

188. Br. (Maller 목사에게), 1942. 2. 22; (G. Ott에게), 1941. 5. 10.

189. Br. (E. Sartorius에게), 1940. 9. 10.

190. Vortr. IV, 171.

191. Gespr. IV.

192. Vortr. IV, 167.

193. Br. (Abt. f. Presse etc. im Armeestab에게), 1941. 5. 3.

194. Vortr. IV, 155.
195. ABT VII, 193.
196. ABT V.
197. Vortr. IV, 99.
198. 주 161 참조; Br. (F. Frei에게), 1942. 1. 31.
199. 주 161 참조.
200. In Extremis, 1940, 181: Politiker fragen die Kirche.
201. E. Bonjour, Geschichte der schweizerischen Neutralität V, 1970, 185.
202. Br. ("Pumchen"에게), 1940. 12. 22.
203. Kurze Erklärung des Römerbriefes, Siebenstern-TB 94, 1967, 55-6. 20 이하.
204. Vortr. IV, 167. 178.
205. Br. (Studer 목사에게), 1941. 5. 10.
206. Br. (E. von Steiger에게), 1941. 6. 11.
207. Vortr. IV, 209-10. 218 이하.
208. Br. (Dr. Bally-Gerber에게), 1941. 8. 6.
209. Br. (Roduner 목사에게), 1941. 5. 17.
210. Br. (Oberst Bäschlin에게), 1941. 9. 22.
211. Br. (Roduner 목사에게), 1942. 6. 14.
212. Br. (R. Freymond에게), 1946. 1. 25.
213. Br. (W. Spoedlin에게), 1941. 6. 29; (A. Frey에게), 1941. 7. 2; (K. Takizawa에게), 1949. 5. 28.
214. Br. (E. Sartorium에게), 1944. 5. 11.
215. ABT VII, 192.
216. Br. (W. Loew에게), 1946. 2. 16.
217. Br. (A. Cochrane에게), 1953. 3. 16.
218. Br. (H. J. Barth의 스승들에게), 1942. 5. 6.
219. 주 212 참조.
220. Br. (M. Z. 에게), 1943. 10. 28.
221. Br. ("Pumchen"에게), 1943. 10. 28.
222. Vortr. IV, 367.
223. Br. (Helene Barth에게), 1944. 1. 22; (Basler) Nationalzeitung, 1934: Welches Buch halten Sie für wesentlich?
224. Br. (Th.에게), 1931. 8. 9.
225. KD III/2, 96.
226. Br. (Nelly Barth에게), 1941. 8. 17.
227. Br. (Dr. Rothmund에게), 1941. 11. 26.
228. Vortr. IV, 240-1.
229. 같은 곳 243.
230. 같은 곳 242.
231. Br. (J. Glenhøj에게), 1956. 9. 7.
232. KD II/2, VI.
233. KD III/1, 서문. I.
234. 같은 곳 서문.

235. 같은 곳 1. 46. 44. 103. 258. 207. 377.

236. Vortr. V, 112.

237. Vortr. IV, 245-6.

238. 같은 곳 269.

239. 같은 곳 285. 279-80.

240. 같은 곳 299-300.

241. Br. (Maller 목사에게), 1942. 2. 22; 다니엘 9:18에 대한 설교(1942); Weltwoche, 1945. 12. 21: Unser Malaise muß fruchtbar werden.

242. Manuskript Barths: Thesen zur Flüchtlingshilfe, 1942 가을.

243. Br., 1947. 3. 6.

244. Br. (K. L. Schmidt에게), 1942. 8. 6.

245. Br. (A. von Erlach에게), 1957. 7. 17.

246. Br. (C. B.에게), 1942. 8. 5.

247. Br. (F. Frei에게), 1942. 1. 31.

248. Br. (A. Frey에게), 1942. 10. 27.

249. Vortr. IV, 306.

250. Br. (C. Maurer에게), 1943. 10. 5.

251. Br. (K. L. Schmidt에게), 1942. 7. 3.

252. ThSt 14, 40. 39: Die kirchliche Lehre von der Taufe.

253. Br. (W. A. Visser't Hooft에게), 1943. 5. 9.

254. Br. (U. Barth에게), 1943. 9. 30; (J. de la Harpe에게), 1943. 9. 21.

255. Br. (K. L. Schmidt에게), 1944. 1. 15.

256. Br. (O. Farner에게), 1943. 12. 11.

257. Br. (W. Gut에게), 1944. 2. 21; (A. Keller에게), 1944. 5. 7.

258. Br. (G. Lindt에게), 1943. 12. 31.

259. Br. (G. Lindt에게), 1936. 12. 12.

260. Br. (L. Ragaz에게), 1944. 4. 22; (Ragaz가 K. Barth에게), 1944. 6. 28.

261. Br. (P. Vogt에게), 1944. 6. 28.

262. Br. (Gesellschaft Schweiz-Sowjetunion에게), 1945. 3. 22.

263. Br. (R. Freymond에게), 1946. 1. 25.

264. Br. (A. Keller에게), 1944. 7. 21.

265. Vortr. IV, 330-1.

266. Br. (G. Schmidt에게), 1944. 7. 20.

267. Vortr. IV, 354-5.

268. 같은 곳 334 이하.

269. Br. (M. von Heyer에게), 1945. 9. 27.

270. Vortr. IV, 397. 392.

271. ABT VII, 194.

272. Br. (Dr. Sonntag에게), 1945. 6. 21.

273. Br. (K. Müller에게), 1945. 6. 9.

274. ABT VII, 194-5.

275. Br. (F. Siegmund-Schultze에게), 1945. 5. 11.

276. Br. (P. Vogt에게), 1945. 3. 28.

277. 주 275 참조.

278. Auslegung von Matth. 28, 16-20, 1945. 3. 12.

279. Vortr. IV, 371 이하.

280. ABT VII, 194.

281. Br. (G. Weber에게), 1945. 5. 16.

282. Br. (J. L. Leuba에게), 1944. 7. 6.

283. Kirchenkampf, 89.

284. 같은 곳 92.

285. Br. (G. Weber에게), 1945. 6. 28.

286. Br. (G. Ott에게), 1960. 3. 7.

287. ABT VII, 195.

288. Weltwoche, 1945. 9. 14: Und vergib uns unsere Schuld.

289. Die evangelische Kirche in Deutschland nach dem Zusammenbruch des Dritten Reiches, 22.

290. Br. (A. Keller에게), 1945. 9. 28.

291. 주 288 참조.

292. Jeunesse, 1960 12월: Que pensez-vous du diable et des anges?

293. ABT VII, 195.

294. Br. (E. Bizer에게), 1946. 10. 10.

295. Br. (O. Fricke에게), 1945. 10. 30.

296. 주 289: 37 참조.

297. Br. (H. Asmussen에게), 1946. 6. 8.

298. Br. (M. Hottinger에게), 1946. 1. 18.

299. Br. (C. Schmid에게), 1956. 5. 18.

300. Br. (W. Loew에게), 1946. 2. 16.

301. Schweizer Radio-Zeitung, 1946, Nr. 2: Ein Rückblick auf das Jahr 1945.

302. Br. (E. Wolf에게), 1946. 3. 16.

303. Br. (Broxil Koch에게), 1946. 3. 12.

304. Vortr. IV, 414-5.

7

동과 서 사이에서: 필거슈트라세 25번지, 바젤 1946-1955

1. Br. (R. Siebeck에게), 1946. 1. 19.

2. ABT VII, 196.

3. Br. (C. Milville에게), 1945. 11. 12.

4. Br. (A. von Erlach에게), 1945. 3. 3.

5. Bonner Universitäts-Zeitung, 1946. 10. 18: Prof. K. Barths Gruß an die deutschen Studenten.

6. Br. (Ch.v.K이 Gertrud Staewen에게), 1946. 6. 5; Br. (가족에게), 1946. 5. 17.

7. Br. (A. Frey에게), 1946. 5. 24; (가족에게), 1946. 5. 17.

8. Br. (G. Lindt에게), 1954. 8.

8a. Some remarks on allied policy, 1946; Vortr. V, 98-9.

9. Br. (가족에게), 1947. 5. 9.

10. Br. (가족에게), 1946. 7. 7.

11. Br. (Goeters 부인에게), 1953. 5. 16.

12. Br. (가족에게), 1946. 5. 17.

13. Dogmatik im Grundriß, 1947 (제3판), 5-6.

14. 같은 곳.

15. Br. (A. Frey에게), 1946. 5. 24.

16. 주 13: 109 참조. 84 이하. 77. 110.

17. 주 15 참조.

18. In Extremis, 1946, 71-2: Abschiedsgruß an die Bonner Studenten.

19. Br. (Ch.v.K.이 E. Wolf에게), 1946. 6. 17.

20. Br. (가족에게), 1946. 6. 2.

21. Br. (가족에게), 1947. 5. 26.

22. Br. (수신: 바젤 시 교육부), 1946. 9. 5.

23. Die christliche Verkündigung im heutigen Europa, 1946, 11. 17.

24. Christengemeinde und Bürgergemeinde, 1946, 55. 14. 13. 29. 48.

25. Gespr. VIII.

26. Br. (가족에게), 1946. 12. 23.

27. 주 22 참조.

28. Gespr. IV; Br. (Erik Wolf에게), 1968. 11. 27.

29. Br. (K. Seifert에게), 1946. 12. 23.

30. Br. (M. Niemöller에게), 1946. 6. 29; 1946. 6. 7.

31. Journal de Genève, 1946, Nr. 303: Die deutsche Frage heute.

32. Br. (G. Dehn에게), 1947. 10. 26.

33. Br. (M. Eras에게), 1947. 4. 6.

34. Schweizer Radio-Zeitung, 1946, Nr. 2: Ein Rückblick auf das Jahr 1945.

35. 주 32 참조.

36. 주 29 참조.

37. Br. (Ch.v.K.이 E. Wolf에게), 1947. 11. 7.

38. Vortr. V, 115.

39. Br. (C. B.에게), 1948. 2. 25.

40. Br. (C. B.에게), 1947. 11. 24.

41. Br. (C. B.에게), 1947. 4. 1.

42. Gespräche nach Amsterdam, 1949, 30.

43. Br. (E. Sartorius에게), 1947. 4. 1.

44. ThSt 22, 7. 19: Die Schrift und die Kirche.

45. Br. (N. Ehrenström에게), 1947. 4. 1; (E. Sartorius에게), 1947. 4. 1.

46. 주 9 참조.

47. Br. (C. Milville에게), 1947. 9. 22; (Rosemarie Barth에게), 1947. 5. 16; (가족에게), 1947. 8. 1.

48. Die christliche Lehre nach dem Heidelberger Katechismus, 7-8; 주 9 참조.

48a. Die christliche Lehre, 12-3. 60. 16.

49. Br. (가족에게), 1947. 8. 1; (C. Milville에게), 1947. 9. 22.

50. Br. (Ch.v.K이 O. Knobloch에게), 1960. 1. 23.

51. Br. (G. Dehn에게), 1947. 9. 20.

52. Br. (가족에게), 1947. 8. 13.

53. Die Kirche zwischen Ost und West, 1949, 30-1.

54. 주 52 참조; Br. (H. Obendiek에게), 1947. 8. 15 (L. Denneberg에게), 1959. 3. 27.

55. BwBu, 287 이하.

56. KD III/2, 524. VIII. 47. 36.

57. 같은 곳 VIII.

58. Br. 1954. 3. 13.

59. Br. (H. Diem에게), 1949. 11. 27.

60. Br. (W. Baumgarten에게), 1950. 7. 12.

61. Br. (W. Vischer에게), 1948. 2. 29.

62. Br. (C. B.에게), 1949. 8. 11.

63. Br. (C. B.에게), 1951. 3. 25.

64. Br. (M. B.에게), 1964. 2. 11.

65. Br. (G. Lindt에게), 1943. 12. 31.

66. Br. (E. Sartorius에게), 1948. 1. 1.

67. Br. (C. B.에게), 1947. 12. 13.

68. Br. (C. B.에게), 1948. 1. 16./17, 2. 14.

69. Br. (W. Niesel에게), 1950. 8. 8.

70. Br. (W. Scherffig에게), 1949. 8. 20.

71. Br. (R. Karwehl에게), 1949. 5. 28.

72. Br. (C. B.에게), 1948. 1. 16./17.

73. Br. (K. Jaspers에게), 1953. 2. 21.

74. Br. (K. Seifert에게), 1948. 1. 7.

75. Br. (C. B.에게), 1948. 5. 1.

76. Seminarbericht 1950. 1. 9.

77. Seminarbericht 1951.

78. Br. (H. Ott에게), 1950. 7. 21.

79. Die christliche Gemeinde im Wechsel der Staatsordnungen 1948, 55 이하.

80. 같은 곳 10. 57. 23. 35. 45.

81. Br. (H. Mochalski에게), 1948. 4. 25.

82. Br. (G. Traub에게), 1948. 12. 5.

83. 주 79: 57-8. 75 참조.

84. Br. (A. Koechlin에게), 1948. 9. 20.

85. Br. (C. B.에게), 1948. 9. 30.

86. 주 79: 66 참조.

87. Br. (W. Lüthi에게), 1948. 6. 13.

88. 주 86 참조.

89. 주 79: 69 참조.

90. Br. (Wattwil 교회에게), 1948. 12. 25.

91. Br. (C. B.에게), 1948. 11. 6.

92. Br. (C. B.에게), 1949. 2. 15.

93. Die Kirche zwischen Ost und West, 3. 10-1.

94. Br. (Ch.v.K.이 K. Seifert에게), 1948. 1. 31.

95. ABT VII, 197.

96. LZ, 25-6.

97. Br. (C. B.에게), 1948. 8. 10; Die Unordnung der Welt und Gottes Heilplan, 1948.

98. Br. (C. B.에게), 1948. 9. 30; (G. Lanzenstiel에게), 1949. 11. 28.

99. Br. (G. Merz에게), 1948. 10. 5.

100. Br. (K. Handrich에게), 1953. 4. 3.

101. Br. (C. B.에게), 1948. 9. 30.

102. 같은 곳.

103. ABT VII, 198.

104. 주 99 참조.

105. ThSt 27, 3: Die Wirklichkeit des neuen Menschen.

106. 주 101 참조.

107. Gespräche nach Amsterdam, 24.

108. 주 99 참조.

109. 주 91 참조.

110. 같은 곳.

111. 주 92 참조.

112. Br. (F. Gehrig에게), 1948. 12. 5.

113. Br. (C. B.에게), 1948. 12. 30.

114. 주 92 참조.

115. 같은 곳.

116. Br. (C. B.에게), 1949. 6. 23.

117. Br. (H. Weber에게), 1949. 5. 23.

118. Br. (H. Stratenwerth에게), 1960. 4. 5.

119. Br. (C. B.에게), 1949. 8. 11.

120. Br. (Dr. Studer에게), 1950. 9. 19.

121. Br. (C. B.에게), 1950. 1. 7.

122. Br. (C. B.에게), 1948. 12. 30.

123. 주 113 참조.

124. KD III/3, VI-VII.

125. 같은 곳 V.

126. 같은 곳 VI. 47.

127. 주 92 참조.

128. Br. (F. Herzog에게), 1949. 5. 21.

129. Br. (Ch. v.K.이 C. B.에게), 1949. 6. 11.

130. KD III/3, VI.
131. Br. (O. Weber에게), 1949. 6. 20.
132. Br. (R. Pestalozzi에게), 1949. 12. 30.
133. Br. 1949. 12. 17.
134. Br. (H. Gollwitzer에게), 1950. 1. 8.
135. ThSt 28, 13 이하, 21-2: Humanismus.
136. Br. (C. B.에게), 1949. 9. 29.
137. 같은 곳.
138. Br. (C. B.에게), 1949. 11. 24.
139. Br. (G. Gloege에게), 1949. 11. 26.
140. Br. (C. B.에게), 1950. 2. 26.
141. Br. (C. B.에게), 1954. 6. 7; (M. B.에게), 1950. 8. 11.
142. Br. (H.U. von Balthasar에게), 1950. 1. 25.
143. 주 140 참조.
144. Br. (C. B.에게), 1950. 1. 7.
145. Br. (C. B.에게), 1950. 2. 26; 3. 28.
146. Br. (C. B.에게), 1950. 12. 22.
147. Br. (A. Gilg에게), 1956. 11. 23.
148. Br. (C. B.에게), 1950. 5. 7.
149. Br. (C. B.에게), 1950. 9. 21.
150. 주 134 참조.
151. Br. (D. Schellong에게), 1950. 10. 12; (H. Weber에게), 1950. 10. 15.
152. KD IV/1, 858.
153. Br. (아들들에게), 1953. 9. 14.
154. Br. (C. B.에게), 1951. 3. 25; Gespr. VII.
155. Br. (H. Weber에게), 1950. 10. 15; (V. Vinay에게), 1950. 10. 15.
156. Br. (C. B.에게), 1951. 3. 25.
157. 주 152 참조.
158. 주 156 참조.
159. Seminarbericht 1950/51.
160. 주 156 참조.
161. Br. (Gerty Pestalozzi에게), 1951. 1. 3.
162. Br. (H. J. Iwand에게), 1951. 4. 29.
163. 같은 곳.
164. Br. (C. B.에게), 1951. 6. 2.
165. Br. (C. B.에게), 1951. 7. 13.
166. Br. (C. B.에게), 1951. 8. 25.
167. Br. (G. Harbsmeier에게), 1952. 11. 29.
168. Br. (Th.L. Haitjema에게), 1949. 5. 14.
169. Br. (코애투스 개혁파 설교가에게), 1949. 4. 26.
170. Br. (C. B.에게), 1949. 6. 23.
171. Br. (R. Will에게), 1946. 12. 28.

172. Br. (H. Scholz에게), 1954. 8. 2.

173. Br. (K. L. Schmidt에게), 1948. 6. 2.

174. Br. (P. Vogt에게), 1953. 1. 10; (Dr. Krueger에게), 1953. 11. 16.

175. Br. (C. B.에게); (H. Gollwitzer에게), 1952. 10. 19.

176. Br. (C. B.에게), 1949. 11. 24.

177. Br. (C. B.에게), 1950. 5. 7.

178. O. Weber, Karl Barths Kirchliche Dogmatik, 1950, 6: Geleitwort.

179. KD III/4, IX.

180. 같은 곳.

181. Gespr. VI.

182. 주 178: 5 참조.

183. Br. (C. B.에게), 1951. 6. 2.

184. KD III/4, VII.

185. KD III/4의 광고문.

186. 같은 곳; KD III/4, 31. 745. 58. 63.

187. 주 183 참조.

188. 주 162 참조.

189. KD IV/1, 83.

190. Br. (C. B.에게), 1951. 7. 13.

191. KD IV/1, 171 이하. 336-7. 379-80. 738-9. 769.

192. KD IV/1, 서문.

193. Br. (B. Gherardini에게), 1952. 5. 24.

194. BwBu, 200; Br. (A. Bronkhorst에게), 1952. 12. 28.

195. Br. (C. H. Ratschow에게), 1958. 1. 2.

196. Br. (G. W. Bromiley에게), 1961. 6. 1.

197. KD IV/1, 858-9.

198. Br. (H. Müller에게), 1961. 4. 7.

199. Br. (J. Glenthøj에게), 1956. 9. 7; Gespr. II.

200. Br. (M. P. van Dijk에게), 1952. 12. 29.

201. Br. (G. C. Berkouwer에게), 1954. 12. 30.

202. Br. (C. B.에게), 1950. 11. 18.

203. Br. (C. B.에게), 1950. 9. 21.

204. Br. (C. B.에게), 1950. 11. 18; Vortr. V, 150 이하.

205. Br. (C. B.에게), 1950. 12. 22.

206. Bekennende Kirche. FS für M. Niemöller, 1952, 9: Barmen.

207. ABT VIII, 201-2.

208. Br. (Th. Schnyder에게), 1958. 6. 8.

209. Br. (G. Jacob에게), 1955. 2. 18.

210. Br. (M. Feldmann에게), 1950. 9. 16.

211. Br. (M. Feldmann에게), 1951. 2. 10.

212. Br. (C. B.에게), 1951. 8. 25.

213. Br. (H. Weber에게), 1950. 10. 15; (C. B.에게), 1951. 8. 25.

214. Br. (베른의 친구들에게), 1951. 12. 21.
215. 주 212 참조.
216. KD III/4, 782.
217. Br. (A. Bereczky에게), 1952. 1. 6.
218. Br. (A. Bereczky에게), 1951. 9. 16.
219. Br. (C. B.에게), 1952. 1. 18.
220. Br. (영국 외교사절에게), 1952. 10. 13.
221. Br. (C. B.에게), 1952. 3. 9.
222. Br. (H. Obendiek에게), 1952. 3. 25.
223. 주 221 참조.
224. Br. (G. Casalis에게), 1952. 10. 13.
225. Nachwort, 298; ABT IV.
226. Nachwort, 298.
227. ABT IV.
228. Gespr. II.
229. Br. (C. B.에게), 1951. 11. 25.
230. KD IV/1, 서문.
231. Br. (W. Herrenbrück에게), 1952. 2. 15.
232. Br. (G. Gloege에게), 1949. 11. 26.
233. 주 229 참조.
234. Seminarbericht, 1953. 1. 17.
235. Br. (C. B.에게), 1952. 3. 9.
236. Br. (St. Neill에게), 1953. 3. 18.
237. Br. (Ch.v. K이 W. Simpfendörfer에게), 1952. 5. 16.
238. BwBu, 197.
239. 주 235 참조.
240. Vorbemerkung. Zur Neuausgabe von "Rudolf Bultmann" und "Christus und Adam", 1964, 5.
241. Br. (G. Ebeling에게), 1952. 12. 7.
242. 주 235 참조.
243. 주 234 참조.
244. Rund-Br., 1952. 5. 20.
245. Schweizer Theologische Umschau, 1960, 97: Möglichkeiten liberalen Theologie heute.
246. Br. (G. Merz에게), 1953. 3. 16.
247. Br. (아들들에게), 1953. 5. 22.
248. Br. (M. B.에게), 1953. 3. 8.
249. 같은 곳.
250. Br. (E. Wolf에게), 1951. 7. 31.
251. Br. (M. B.에게), 1953. 4. 4.
252. Br. (아들들에게), 1953. 5. 22.
253. ABT VIII, 201.
254. 주 251 참조.
255. Br. (E. Wolf에게), 1955. 3. 18.

256. 주 252 참조.

257. KD IV/2, VI.

258. 같은 곳 VII.

259. 같은 곳 30. VII. 578 이하. 462. 770. 918 이하.

260. 같은 곳 VII.

261. KD IV/3, IX.

262. Gespr. IX.

263. Br. (아들들에게), 1953. 7. 12.

264. Br. (G., Lieselotte Schwenzel에게), 1953. 7. 28.

265. Br. (E. Kühler에게), 1960. 4. 5.

266. Br. (H. Scholz에게), 1953. 5. 24.

267. 주 252 참조.

268. Br. (C. B.에게), 1951. 8. 25.

269. Br. (Ch.v. K.이 Nelly Barth에게), 1951. 7. 26.

270. 주 268 참조.

271. Br. (St. Neill에게), 1953. 3. 11.

272. Episcopal Churchnews, Richmond/USA, 1952. 7. 8: The Christian Hope.

273. Die Woche, 1952. Nr. 44: Kirchen schließen Bekanntschaft.

274. Br. (아들들에게), 1953. 9. 14.

275. Br. (K. Seifert에게), 1953. 10. 7; (W. Simpfendörfer에게), 1954. 5. 12.

276. Br. (E. Wolf에게), 1953. 10. 3.

277. 같은 곳.

278. ThSt 39, 21-2: Das Geschenk der Freiheit.

279. 주 276 참조.

280. Br. (W. A. Visser't Hooft에게), 1953. 10. 18.

281. Br. (G. Lindt에게), 1955. 2. 24.

282. Br. (U. Barth에게), 1954. 3. 19.

283. Br. (H. Scholz에게), 1954. 8. 2.

284. Br. (아들들에게), 1954. 3. 9.

285. 주 282 참조.

286. Br. (F. Herzog에게), 1954. 2. 13.

287. Br. (아들들에게), 1953. 12. 20.

288. Br. (A. von Erlach에게), 1949. 11. 22.

289. Seminarbericht 1953/54.

290. Br. (M. B.에게), 1954. 8. 19.

291. Br. (M. B.에게), 1954. 5. 9.

292. 주 287 참조.

293. 주 284 참조.

294. Br. (M. B.에게), 1964. 2. 11.

295. Br. (C. B.에게), 1954. 7. 13.

296. Br. (아들들에게), 1954. 12. 22.

297. Br. (M. B.에게), 1954. 7. 12.

298. 주 295 참조.

299. Br. (아들들에게), 1954. 9. 19.

300. Br. (G. Lindt에게), 1954. 8.

301. Br. (B. Gherardini에게), 1954. 9. 18.

302. W. A. Mozart 1756/1956, 1956, 49.

303. Br. (J. Souček에게), 1954. 8. 4.

304. J. Hromádka, Evangelium fur Atheisten, 1969, 62에 대한 후기.

305. Br. (아들들에게), 1955. 3. 17.

306. 주 296 참조.

307. Br. (G. Heinemann에게), 1954. 11. 19.

308. Gesamtdeutsche Rundschau, 1955. 3. 18: Gerstenmaier auf den Stehkragen.

309. Br. (M. Niemöller에게), 1955. 1. 28.

310. Br. (H. Schmidt에게), 1954. 11. 20.

311. Br. (Ch.v. K.이 H.E. Tödt에게), 1955. 6. 19.

312. Br. (H. H. Brunner에게), 1955. 8. 30.

313. ABT VIII, 205.

314. Br. (H. Kuwada에게), 1963. 1. 22.

315. Br. (Dora Scheuner에게), 1956. 9. 7.

316. Br. (G. Merz에게), 1956. 8. 28; (H. Vogel에게), 1960. 3. 9.

317. Br. (C. B.에게), 1950. 9. 21.

318. Br. (Daniel Barth에게), 1954. 7. 8.

319. Br. (Gertrud Staewen에게), 1954. 7. 15.

320. KD IV/2, X.

321. Br. (H. Hesse에게), 1954. 10. 27.

8

사랑의 하나님의 행복한 게릴라 대원: 브루더홀츠알레 26번지, 바젤 1955-1962

1. Br. (P. van Buren에게), 1955. 11. 18.

2. Br. (아들들에게), 1955. 10. 20.

3. Rund-Br., 1968. 5.

4. Br. (M. B.에게), 1959. 8. 24.

5. ABT VIII, 209.

6. Br. (R. Ley에게), 1955. 8. 31.

7. Br. (B. Vischer에게), 1955. 7. 19.

8. Br. (M. B.에게), 1956. 4. 21.

9. W. A. Mozart, 1756/1956, 1956, 8.

10. Br. (E. Wolf에게), 1955. 12. 26.

11. W. A. Mozart, 37. 39. 38. 44.

12. 주 5 참조.

13. Br. (R. Morgenthaler에게), 1963. 10. 15.

14. Br. (K. Lüthi에게), 1963. 6. 22.

15. Br. (M. B.에게), 1956. 4. 21; (D. Mendt에게), 1956. 4. 22; (G. Heipp에게), 1956. 3. 23.

16. Gespr. V.

17. Br. (M. B.에게), 1956. 4. 21; (C. B.에게), 1956. 4. 28.

18. Br. (G. Lindt에게), 1955. 2. 16; (G. Merz에게), 1956. 4. 28; (아들들에게), 1955. 12. 21.

19. Br. (J. Scheiwiler에게), 1944. 1. 22.

20. Br. (H. van Oyen에게), 1968. 12.

21. Br. (H. Barth에게), 1955. 3. 3.

22. Br. (R. Barth-Ninck에게), 1956. 3. 18.

23. Br. (H. Obendiek에게), 1952. 3. 25.

24. ABT VIII, 200.

25. Br. (아들들에게), 1953. 9. 14; ABT VIII, 201.

26. Br. (H. Scholz에게), 1954. 8. 2.

27. Br. (W. Niesel에게), 1954. 12. 31.

28. Pred. V, VII.

29. 같은 곳 189.

30. Br. (A. von Erlach에게), 1955. 5. 17; (H. Scholz에게), 1954. 8. 2.

31. Pred. VI, 8-9. 69; Br. (K. Scherf에게), 1960. 4. 5.

32. Pred. V, VII.

33. Br. (M. B.에게), 1957. 7. 15.16; (M. Schwarz에게), 1955. 8. 1.

34. KD IV/3, VIII.

35. Br. (아들들에게), 1955. 12. 21.

36. Br. (B. Nagy에게), 1955. 11. 18.

37. 주 34 참조.

38. Br. (P.B. Barth에게), 1951. 10. 28.

39. Br. (C. B.에게), 1954. 6. 7.

40. Br. (E. Imperatori에게), 1955. 7. 14.

41. Br. (C. B.에게), 1956. 4. 28. 그 불교인은 일본 사람이었지, 인도 사람이 아니었다.

42. Br. (M. B.에게), 1956. 4. 21; (K. H. Miskotte에게), 1956. 7. 12.

43. Br. ("일본에 있는 나의 친구들에게"), 1956; (F. W. Camfield에게), 1947. 10. 7.

44. Br. ("일본에 있는 나의 친구들에게"), 1956.

45. 같은 곳.

46. 1956년 7월, 람베스 궁전 연설.

47. Br. (Th. A. Gill에게), 1957. 8. 10.

48. Br. (H. Vogel에게), 1956. 9. 5.

49. Br. (Ch.v. K이 K.G. Steck에게), 1956. 7. 5.

50. Br. (아들들에게), 1953. 9. 14.

51. Br. (아들들에게), 1955. 9. 17; (C. B.에게), 1956. 9. 16.

52. ABT VIII, 208.

53. Br. (K. H. Miskotte에게), 1956. 7. 12.

54. Br. (C. B.에게), 1956. 9. 16; (J. S. L. Parker에게), 1956. 7. 10.

55. KD IV/3, IX.

56. Br. (E. Barth에게), 1956. 8. 13; (C. B.에게), 1956. 9. 16.

57. H. Fischer-Barnicol과의 인터뷰, 1964.

58. ThSt 48, 7. 3. 10. 15: Die Menschlichkeit Gottes.

59. ThSt 49, 3: Evangelische Theologie im 19. Jahrhundert.

60. Br. (W. Herrenbrück에게), 1963. 7. 13.

61. KD IV/3, 8-9.

62. 같은 곳 VII-VIII.

63. 같은 곳 47.

64. 같은 곳 872.

65. 같은 곳 550.

66. Br. (아들들에게), 1956. 12. 26.

67. Die Woche, 1963, Nr. 4: Uns fehlt das Bewußtsein der eigenen Relativität.

68. Br. (R. von Bergen에게), 1956. 11. 10; 주 66 참조.

69. Br. (F. Flückiger에게), 1956. 12. 1.

70. Br. (J. Bäschlin에게), 1957. 7. 22.

71. Br. (A. von Erlach에게), 1957. 7. 17.

72. Br. (동독의 어느 목사에게), 1958. 6.

73. Br. (H. Ott에게), 1957. 7. 17.

74. Br. (M. B.에게), 1957. 7. 15./16.

75. Br. (Ch.v. K.이 친구들에게), 1957. 6. 17.

76. Seminarbericht 1957/58.

77. Seminarbericht 1955/56.

78. E. Jüngel에 대한 추천서, 1958.

79. 주 76 참조.

80. Br. (자녀들에게), 1958. 7. 28.

81. Br. (H. Simon에게), 1958. 9. 25.

82. Br. (자녀들에게), 1958. 10. 12.

83. Br. (윤성범에게), 1958. 6. 16.

84. Br. (K. Stoevesandt에게), 1958. 7. 25.

85. 주 82 참조.

86. 같은 곳.

87. Br. (J. Hamel에게), 1959. 3. 23; G. Wieser를 위한 Laudatio, 1957.

88. J. Hromádka, Evangelium fur Atheisten, 1969에 대한 후기, 63.

89. Br. (M. B.에게), 1964. 2. 11.

90. Br. (J. Hromádka에게), 1962. 12. 18; 1963. 7. 10.

91. Br. (동독의 어느 목사에게), 11. 15. 28.

92. Br. (A. von Erlach에게), 1959. 5. 26.

93. Br. (Marie-Claire Barth에게), 1959. 3. 22.

94. Br. (Ch.v. K이 M. B.에게), 1959. 5. 1.

95. Rund-Br., 1959 5월.

96. Br. (W. Weischedel에게), 1960. 5. 9.

97. Br. (자녀들에게), 1958. 7. 28.

98. Br. (M. B.에게), 1957. 7. 15.

99. Br. (R. Siebeck에게), 1957. 10. 8; (자녀들에게), 1958. 10. 12; (R. Karwehl에게), 1952. 3. 13.

100. Br. (C. B.에게), 1958. 5. 25.

101. Br. (A. von Erlach에게), 1958. 8. 24 .

102. Br. (M. B.에게), 1959. 8. 24; (C. B.에게), 1961. 1. 8; (M. B.에게), 1957. 12. 24; (자녀들에게), 1958. 7. 28.

103. 주 82 참조.

104. Br. (C. W. Kegley에게), 1960. 7. 9.

105. Br. (M. B.에게), 1958. 12. 20.

106. Br. (M. B.에게), 1957. 7. 15/16.

107. 주 76 참조.

108. Br. (F. J. Leenhardt에게), 1959. 2. 14; (C. B.에게), 1959. 6. 8.

109. Br. (C. B.에게), 1957. 11. 11.

110. ABT VIII, 201.

111. Br. (Rosemarie Barth에게), 1959. 12. 31.

112. Br. (C. B.에게), 1959. 12. 29; (Ch.v. K.이 G. Barczy에게), 1959. 12. 6.

113. Gespr. VII; IX.

114. Br. (G. Wolff에게), 1959. 9. 2.

115. Br. (Erik Wolf에게), 1960. 3. 7; (K. Handrich에게), 1960. 3. 7.

116. KD IV/3, VII.

117. Br. (C. B.에게), 1959. 12. 29; (M. B.에게), 1959. 9. 29.

118. Br. (C. B.에게), 1960. 4. 6.

119. Rund-Br., 1960. 5. 15.

120. Br. (M. B.에게), 1959. 8. 24; (H. Vogel에게), 1960. 3. 9.

121. Basler Nachrichten, 1960. 6. 26: Die Theologische Fakultät.

122. (Basler) National-Zeitung, 1960. 6. 26: Die Theologie in der heutigen Welt.

123. KD IV/4, IX.

124. Br. (C. B.에게), 1960. 9. 18.

125. Br. (G. Casalis에게), 1960. 8. 31.

126. Gespr. IX.

127. BwBu, 199.

128. Civitas praesens, 1961, Nr. 13: Protokoll des Gesprächs zwischen K.B. und Vertretern der Brüdergemeine.

129. Br. (E. Käsemann에게), 1960. 1. 3.

130. Br. (Rosemarie Barth에게), 1961. 4. 7.

131. ABT VIII, 207.

132. Br. (G. Ebeling에게), 1959. 7. 29.

133. Br. (R. Karwehl에게), 1960. 12. 26.

134. Br. (A. Hege에게), 1962. 4. 3.

135. Br. (U. Smid에게), 1962. 2. 11.

136. Br. (F. Middendorf에게), 1962. 4. 5.

137. Junge Kirche 1961, 276: Fernsehinterview mit dem BBC.

138. Gespr. VI.

139. Gespr. III.

140. Br. (C. B.에게), 1960. 4. 6.

141. Br. (M. B.에게), 1960. 12. 24.

142. Br. (G. Casalis에게), 1960. 8. 31.

143. Br. (C. B.에게), 1958. 5. 25.

144. Br. (C. B.에게), 1961. 1. 8.

145. Br. (A. Bereczky에게), 1961. 7. 18.

146. Br. (E. Wolf에게), 1961. 7. 28.

147. Einführung in die evangelische Theologie, 1962, 7.

148. Br. (H. Goes에게), 1962. 7. 17.

149. Br. (K. H. Miskotte에게), 1962. 7. 16.

150. Br. (H. Gollwitzer에게), 1962. 7. 31.

151. Br. (M. B.에게), 1962. 2. 11.

152. 주 149 참조.

153. Einführung in die evangelische Theologie, 7-8.

154. 같은 곳 7. 11. 14. 65. 155. 182. 224.

9

아직 우리에게 허락하신 마지막 발걸음: 은퇴 이후의 나날 1962-1968

1. Rund-Br. 1964. 5. 25.

2. KD III/4, 707-8.

3. KD IV/4, VIII.

4. ABT VIII, 209.

5. Br. (W. A. Visser't Hooft에게), 1953. 10. 18.

6. Br. (M. B.에게), 1962. 2. 11.

7. Br. (M. Z.에게), 1962. 5. 19.

8. The Christian Century, 1963, Nr. 1, 7 이하: Remembrances of America(바르트의 독일어 초고에서 인용).

9. Die Woche, 1963, Nr. 4: Uns fehlt das Bewußtsein der eigenen Relativität.

10. 주 8 참조.

11. Br. (H. Goes에게), 1962. 7. 17.

12. Br. (E. Hubacher에게), 1962. 6. 6.

13. 주 11 참조.

14. Br. (H. Gollwitzer에게), 1962. 7. 31.

15. Br. (G. Dehn에게), 1962. 9. 13.

16. Br. (A. Hirzel에게), 1962. 11. 28.

17. Br. (H. Dietzfelbinger에게), 1962. 10. 27.

18. Br. (E. Wolf에게), 1962. 11. 8.

19. 주 14 참조.

20. Lehre und Forschung an der Universität Basel, 1960, 37: Systematische Theologie.

21. Br. (C. B.에게), 1963. 2. 27; (A. Hirzel에게), 1962. 11. 28.

22. 주 18 참조.

23. Gespr. VI.

24. Br. (C. B.에게), 1963. 2. 27.

25. Br. (M. B.에게), 1963. 2. 26.

26. Br. (M. B.에게), 1963. 11. 27/29.

27. Br. (E. Wolf에게), 1963. 8. 14.

28. Br. (N. N.에게), 1963. 10. 31.

29. Br. (O. Cullmann에게), 1963. 10. 30.

30. Gespr. VII.

31. Gespr. IV.

32. 같은 곳.

33. Br. (C. B.에게), 1963. 2. 27.

34. Br. (G. Casalis에게), 1963. 10. 28.

35. 주 26 참조.

36. LZ, 65-6.

37. Br. (H. H. Brunner에게), 1963. 11. 21; (C. B.에게), 1963. 6. 18.

38. Gespr. VI.

39. Vorbemerkung. Zur Neuausgabe von "Rudolf Bultmann" und "Christus und Adam", 1964.

40. 같은 곳.

41. Br. (C. B.에게), 1964. 3. 13.

42. Rund-Br., 1964. 5.

43. Gespr. VI.

44. Gespr. VII.

45. Br. (C. B.에게), 1963. 6. 18.

46. Gespr. VII.

47. Br. (B. A. Willems에게), 1963. 3. 6.

48. 주 45 참조.

49. EvTh 1963, 337: Dank und Reverenz.

50. Br. (M. B.에게), 1963. 2. 26.

51. Dank und Reverenz, 341-2.

52. 주 45 참조.

53. 주 46 참조.

54. KRs 1963, 181-2: Das Christentum und die Religion.

55. FS für G. C. Berkouwer, 1965, 28: Reformierte Theologie in der Schweiz.

56. 주 26 참조.

57. FS für K. H. Miskotte, 1961, 280: Das Gebot des gnädigen Gottes; Br. (K. H. Miskotte에게), 1956. 7. 12.

58. Br. (M. B.에게), 1964. 2. 11.

59. Br. (D. Schellong에게), 1963. 3. 5.

60. KD IV/4, VIII.

61. Rund-Br. 1964. 5. 25.

62. Br. (A. de Quervain에게), 1965. 4. 28.

63. Br. (R. Karwehl에게), 1964. 11. 8.

64. 주 60 참조.

65. Br. (E. Jüngel에게), 1965. 11. 3.

66. Br. (E. Wolf에게), 1965. 11. 15.

67. Br. (G. Schwenzel에게), 1965. 11. 8.

68. Br. (R. Karwehl에게), 1965. 11. 5.

69. 주 67 참조.

70. Br. (E. Wolf에게), 1965. 11. 15.

71. Rund-Br. 1967. 5.

72. Br. (Brunner 부인에게), 1966. 3. 7.

73. Br. (M. Gabriel에게), 1966. 1. 14; (A. de Quervain에게), 1965. 4. 28.

74. Br. (N. N.에게), 1961. 12. 20.

75. Br. (M. Löhre에게), 1966. 8. 18.

76. Rund-Br. 1968. 5.

77. 주 68 참조.

78. KD IV/4, VIII.

79. 주 76 참조.

80. Br. (M. Fischer에게), 1962. 10. 26.

81. Rund-Br. 1968. 5; Br. (R. Karwehl에게), 1967. 2. 1.

82. 주 76 참조.

83. Gebete, 1963, 7-8.

84. Br. ("Werk"에게), 1959. 4. 23.

85. Br. (Honemeyer에게), 1968. 7. 13.

86. LZ, 54-5.

87. Br. (J. Lombard에게), 1954. 8. 24.

88. Br. (E. Wolf에게), 1965. 11. 15.

89. Rund-Br. 1968. 5.

90. Br. (M. B.에게), 1963. 2. 26.

91. Rund-Br. 1966. 6.

92. 주 88 참조.

93. Br. (P. Vogelsanger에게), 1966. 4. 4.

94. Br. (E. Jüngel에게), 1965. 11. 3.

95. Br. (W. Querl에게), 1968. 9. 30.

96. EvTh 1966, 619.

97. Br. (E. Wolf에게), 1966. 5. 21.

98. Ad Limina Apostolorum, 1967, 9.

99. 같은 곳.

100. Br. (A. Grau에게), 1966. 3. 16.

101. KD IV/4, VIII.

102. 주 98: 9-10 참조.

103. 같은 곳 10.

104. Nachrichten aus dem Kösel-Verlag, F. 26, 1967, 23: Autorität der Freiheit.

105. Orientierung, 1967, 267: In diesem Zeichen wirst du nicht siegen.

106. 주 89 참조.

107. 주 98: 18 참조.

108. Zwischenstation. FS für K. Kupisch, 1963. 15-6: Überlegungen zum 2. Vatikan. Konzil.

109. 주 89 참조.

110. 같은 곳; Ad Limina, 17.

111. 주 105 참조.

112. 주 98: 18 참조.

113. Br. (H. Küng에게), 1966. 6. 27.

114. Br. (E. Busch에게), 1966. 7. 10.

115. 주 98: 13 참조.

116. Br. (E. Wolf에게), 1966. 10. 3.

117. Br. (J.G.M. Willebrands에게), 1966. 10. 11.

118. 주 98: 13 참조.

119. 같은 곳 27. 35. 15.

120. 같은 곳.

121. Br. (E. Schlink에게), 1966. 10. 21.

122. 주 98: 18 참조.

123. 주 116 참조.

124. 주 122 참조.

125. KD IV/4, IX.

126. Seminarbericht, 1961. 1. 4.

127. KD IV/4, XI.

128. Br. (J. Beckmann에게), 1968. 6. 29.

129. KD IV/4, X.

130. Rund-Br. 1968. 5.

131. 주 129 참조.

132. KD IV/4, VII; Br. (M. B.에게), 1963. 2. 26.

133. KD IV/4, VII, IX.

134. 같은 곳 VII.

135. Br. (W. A. Visser't Hooft에게), 1953. 3. 8.

136. Br. (G. Casalis에게), 1963. 8. 18.

137. Br. (J. Moltmann에게), 1964. 11. 17.

138. Br. (W. Pannenberg에게), 1964. 12. 7.

139. 주 135 참조.

140. Br. (W. Rüegg에게), 1961. 7. 6.

141. 주 8 참조.

142. Br. (C. H. Ratschow에게), 1958. 1. 2.

143. Br. (W. Herrenbrück에게), 1963. 7. 13.

144. Br. (M. Fischer에게), 1956. 4. 26.

145. Rund-Br., 1961. 5.

146. Br. (J. Lombard에게), 1955. 3. 24.

147. Br. (H. J. Iwand에게), 1953. 7. 27.

148. Br. (K. H. Miskotte에게), 1962. 7. 16.

149. Br. (J. Lochman에게), 1961. 10. 30.

150. Br. (M. Storch에게), 1964. 4. 26; (M. Neeser에게), 1952. 12. 27; 「로마서 주석」 I의 재인쇄본 서문, 1963.

151. 주 145 참조.

152. Br. (N. N.에게), 1963. 10. 31.

153. Rund-Br. 1967. 5.

154. Rund-Br. 1964. 5.

155. 주 153 참조.

156. Rund-Br. 1968. 5.

157. 같은 곳.

158. Br. (H. Gollwitzer에게), 1967. 11. 7.

159. 주 156 참조.

160. Br. (K. P. Gertz에게), 1968. 2. 29.

161. Nachwort, 290.

162. Br. (G. Müller에게), 1968. 11. 27.

163. Nachwort, 297-8.

164. 같은 곳 310.

165. Br. (C. B.에게), 1968. 5. 14.

166. Br. (R. Karwehl에게), 1967. 2. 1.

167. Br. (R. Karwehl에게), 1968. 10. 30.

168. 같은 곳.

169. LZ, 7.

170. LZ, 33-4. 27.

171. LZ, 30-1.

172. LZ, 61.

173. LZ, 71.

174. Rund-Br. 1968. 5.

'Was sollen wir tun?', *Christliche Welt 23*, 1909, 236-7.

'Moderne Theologie und Reichgottesarbeit', *Zeitschrift für Theologie und Kirche 19*, 1909, 317-21.

'Der christliche Glaube und die Geschichte', *Schweizerische Theologische Zeitschrift* 1 and 2, 1912.

'Der Glaube an den persönlichen Gott', *Zeitschrift für Theologie und Kirche* 24, 1914, 21-32, 65-96.

Suchet Gott, so werdet ihr Leben!, G. A. Bäschlin, 1917(Eduard Thurneysen과 함께).

Der Römerbrief(제1판), G. A. Bäschlin, 1919.

Briefwechsel Karl Barth-Eduard Thurneysen, 1913-1921, Evangelischer Verlag 1973.

Der Römerbrief(제2판), Christian Kaiser Verlag, 1922. (『로마서 강해』한들출판사)

Das Wort Gottes und die Theologie, Christian Kaiser Verlag, 1924(강연 1916-1924). (『말씀과 신학: 칼 바르트 논문집 1』대한기독교서회)

Komm, Schöpfer Geist!, Christian Kaiser Verlag, 1924(Eduard Thurneysen과 함께).

Die Auferstehung der Toten, Christian Kaiser Verlag, 1924.

Erklärung des Philipperbriefes, Christian Kaiser Verlag, 1927.

Prolegomena zur Christlichen Dogmatik. Die Lehre vom Worte Gottes, Christian Kaiser Verlag, 1928.

Die Theologie und die Kirche, Christian Kaiser Verlag, 1928.

Fides quaerens intellectum, Christian Kaiser Verlag, 1931. (『이해를 추구하는 믿음—안셀무스의 신학적 체계와 연관한 신 존재 증명』한국문화사)

Briefwechsel Karl Barth-Eduard Thurneysen, 1921-1930, Evangelischer Verlag, 1974.

Die Kirchliche Dogmatik I, 1, Die Lehre vom Wort Gottes, Christian Kaiser Verlag, 1932. (『교회교의학 I/1-하나님의 말씀에 관한 교의』대한기독교서회)

Theologische Existenz heute, Christian Kaiser Verlag, 1933.

Offenbarung, Kirche, Theologie, Theologische Existenz heute 9, 1934.

Nein! Antwort an Emil Brunner, Theologische Existenz heute 14, 1934.

Credo, Christian Kaiser Verlag, 1935. (『사도신경 해설』크리스챤다이제스트)

Die grosse Barmherzigkeit, Christian Kaiser Verlag, 1935.

Karl Barth zum Kirchenkampf, Beteiligung-Mahnung-Zuspruch, Theologische Existenz heute 49, 1956.

Theologische Fragen und Antworten, Evangelischer Verlag, 1957(논문 모음집).

Gotteserkenntnis und Gottesdienst, Evangelischer Verlag, 1938.

Die Kirchliche Dogmatik I, 2, Die Lehre vom Wort Gottes, Evangelischer Verlag 1939. (『교회교의학 I/2-하나님의 말씀에 관한 교의』대한기독교서회)

Die Kirchliche Dogmatik II, 1, Die Lehre von Gott, 1940. (『교회교의학 II/1-하나님에 관한 교의』대한기독교서회)

La Confession de la Foi de l'Église, Delachaux et Niestlé, 1940.

Kurze Erklärung des Römerbriefes(1941), Christian Kaiser Verlag, 1956.

Die Kirchliche Dogmatik II, 2, Die Lehre von Gott, 1942. (『교회교의학 II/2-하나님에 관한 교의』대한기

독교서회)

Die Kirchliche Lehre von der Taufe, Theologische Studien 14, 1943.

Eine Schweizer Stimme, Evangelischer Verlag, 1945(정치적 발언, 1938-1945).

Die Kirchliche Dogmatik III, 1, *Die Lehre von der Schöpfung*, 1945.

Die Protestantische Theologie im 19. Jahrhundert. Ihre Geschichte und Vorgeschichte, Evangelischer
   Verlag, 1947.

Dogmatik im Grundriss, Christian Kaiser Verlag & Evangelischer Verlag, 1947. (『교의학 개요』 크리스챤
   다이제스트)

Die Kirchliche Dogmatik III, 2, *Die Lehre von der Schöpfung*, 1948.

Fürchte dich nicht!, Christian Kaiser Verlag, 1949(설교, 1934-1948).

Die Kirchliche Dogmatik III, 3, *Die Lehre von der Schöpfung*, 1950.

Die Kirchliche Dogmatik III, 4, *Die Lehre von der Schöpfung*, 1951.

Rudolf Bultmann: Ein Versuch, ihm zu Verstehen, Evangelischer Verlag, 1952.

Christus und Adam, Evangelischer Verlag, 1952. (『그리스도와 아담』 대한기독교서회)

Die Kirchliche Dogmatik IV, 1, *Die Lehre von der Versöhnung*, 1953.

Die Kirchliche Dogmatik IV, 2, *Die Lehre von der Versöhnung*, 1955. (『교회교의학 IV/2—화해에 대한 교
   의』 대한기독교서회)

Die Menschlichkeit Gottes, Theologische Studien 48, 1956.

W. A. Mozart 1756-1956, Evangelischer Verlag, 1956. (『볼프강 아마데우스 모차르트』 분도출판사, 『칼바
   르트가 쓴 모짜르트 이야기』 예솔)

Brief an einen Pfarrer in der DDR, Evangelischer Verlag, 1958.

Den Gefangenen Befreiung, Evangelischer Verlag, 1959.

Die Kirchliche Dogmatik IV, 3, 1, *Die Lehre von der Versöhnung*, 1959.

Die Kirchliche Dogmatik IV, 3, 2, 1960. (『교회교의학 IV/3-2—화해에 대한 교의』 대한기독교서회)

Der Götze wackelt, Evangelischer Verlag, 1961.

Einführung in die evangelische Theologie, Evangelischer Verlag, 1962. (『복음주의 신학입문』 크리스챤다
   이제스트)

Ruf mich an!, Evangelischer Verlag, 1965.

Ad limina apostolorum, Evangelischer Verlag, 1967.

Die Kirchliche Dogmatik IV, 4(단편), 1968. (『교회교의학 IV/4』 대한기독교서회)

Letzte Zeugnisse, Evangelischer Verlag, 1969. (『마지막 증언들』 한들출판사)

※ Evangelischer Verlag(EVZ)은 최근에 와서 Theologischer Verlag Zürich(TVZ)이 되었다.